5., vollständig überarb

GW01398719

Reiseziele und Routen

Nordosten

Meath und
die Midlands

Der Osten und
der Südosten

Der Südwesten

Der Westen

Nordirland

Isle of Man

Anhang

Bernd Biege

IRLAND

Isle of Man

STEFAN LOOSE
TRAVEL HANDBÜCHER

Inhalt

Routenplaner 8

Highlights 8
Reiseziele und Routen 23
Klima und Reisezeit 39
Reisekosten 42

Travelinfos von A bis Z 44

Anreise 45
Botschaften 47
Einkaufen 48
Essen und Trinken 48
Fair reisen 54
Feste und Feiertage 55
Fotografieren 56
Frauen unterwegs 56
Geld 57
Gepäck und Ausrüstung 58
Gesundheit 59
Informationen 60
Jobben in Irland 61
Kinder 62
Maße und Elektrizität 62
Medien 63
Nationalparks 64
Post 65
Reisende mit Behinderungen 65
Reiseveranstalter 65
Schwule und Lesben 66
Sicherheit 66
Sport und Aktivitäten 68
Sprachkurse 76
Telefon und Internet 77
Transport 77
Übernachtung 83
Verhaltenstipps 87
Versicherungen 88
Visa 88
Weiterreise 88
Zeit und Kalender 89
Zoll 89

Land und Leute 90

Geografie 91
Flora und Fauna 91
Bevölkerung 92
Geschichte 93
Regierung und Politik 111
Wirtschaft 112
Religion 113
Kunst und Kultur 114

Dublin 120

Am Parnell Square 124
O'Connell Street 128
Östlich der O'Connell Street 130
Urbanes Abenteuer:
    der Royal Canal Way 132
Custom House, IFSC und
    Docklands 134
O'Connell Bridge und Umgebung 136
Westlich der O'Connell Street 136
Temple Bar 137
Georges Street und
    Grafton Street 138
Am College Green 139
Kildare Street 141
St. Stephen's Green und Umgebung 143
Am Merrion Square 145
Grand Canal Docks und Poolbeg 148
Das alte Herrschaftszentrum 149
Das Kathedralenviertel 149
Kilmainham 153

Collins Barracks und Umgebung 155
Smithfield und Four Courts 156
Nördliches Umland von Dublin 172
Howth und Umgebung......................172
Malahide..174
Swords 175
Lusk..175
Skerries...176
Balbriggan......................................176
Im Nordwesten von Dublin...............177
Blessington Basin 177
Mountjoy Prison..............................177
Mount Prospect Cemetery.................177
National Botanic Gardens 179
Dunsink Observatory........................179
Phoenix Park 179
Park-Häuser 179
Dublin Zoo.....................................180
Das fröhliche Loch in der Wand..........180
Südlich von Dublin City 180
Mount Jerome Cemetery 180
Dún Laoghaire
   und Umgebung..............................181

Cavan Town 203
Von Cavan Town
   Richtung Nordwesten.....................205
Von Cavan Town Richtung Südosten....209

Meath und die Midlands 212

County Meath................................215
Ashbourne und Dunboyne 215
Newgrange und Brú na Bóinne 217
Slane und Umgebung........................220
Tara 222
Kells...224
Trim und Umgebung.........................225
Am Fluss Boyne 228
County Westmeath 230
Fore und Umgebung.........................231
Multyfarnham und Umgebung............231
Mullingar und Umgebung..................233
Athlone...235
County Roscommon 238
Boyle und Umgebung........................238
Strokestown und Umgebung..............240
Roscommon....................................243
County Longford............................245
Longford Town................................246
Edgeworthstown..............................247
Granard 247
Corlea Trackway Visitor Centre...........248
County Offaly...............................248
Lough Boora Discovery Park..............249
Clonmacnoise.................................249
Tullamore und Umgebung..................252
Birr und Umgebung..........................253
Unterwegs auf dem
   Slieve Bloom Way..........................256
County Laois 259
Portlaoise und Stradbally 259
County Carlow..............................262
Carlow Town und Umgebung 262

Nordosten 184

County Louth................................187
Drogheda und Umgebung..................187
Dundalk...192
Der Tain Way durch
   die Cooley Mountains 194
Halbinsel Cooley.............................196
Carlingford und
   Umgebung 196
County Monaghan 199
Monaghan Town..............................199
Inishkeen 201
Clones...201
County Cavan 202
Von Clones nach Cavan 202

County Tipperary	264
Cashel und Umgebung	264
Tipperary Town und Umgebung	267
Cahir	268
Mitchelstown Caves	271
Clonmel	272
Carrick-on-Suir	272

Wanderung auf dem South Leinster Way	326
Graiguenamanagh	328
County Waterford	328
Waterford City	328
Passage East	332
Dunmore East	332
Tramore	332
Dungarvan	333
Ardmore	335
Lismore und Umgebung	336

Der Osten und der Südosten 274

County Kildare	277
Leixlip	277
Maynooth	278
Von Maynooth nach Naas	280
Kildare Town und Umgebung	282
Athy und Umgebung	285
County Wicklow	286
Durch die Wicklow Mountains bis Glendalough	286
Glendalough und Laragh	289
Von Glendalough bis Avoca	292
Entlang der Westseite der Wicklow Mountains	295
Unterwegs auf dem Wicklow Way	296
Enniskerry	300
Roundwood	301
Die Küste des County Wicklow	301
County Wexford	306
Enniscorthy	306
Wexford und Umgebung	309
Rosslare und Umgebung	312
Halbinsel Hook	314
New Ross und Umgebung	316
County Kilkenny	318
City of Kilkenny	318
Dunmore Cave	324
Bennetsbridge	324
Jerpoint Abbey und Kells Priory	325
Inistioge	325

Der Südwesten 338

County Cork	340
Cork City	340
Fota Island	351
Cobh	351
Blarney	353
Midleton	354
Youghal	355
Am Blackwater River	356
Kinsale	357
Clonakilty und Umgebung	360
Skibbereen und Umgebung	362
Baltimore	363
Halbinsel Mizen Head	364
Halbinsel Sheep's Head	365
Bantry und Umgebung	365
Glengarriff und Umgebung	366
Halbinsel Beara	369
Unterwegs auf dem Beara Way	372
County Kerry	374
Killarney und Umgebung	374
Killarney National Park	380
Hillwalking auf dem Carrauntoohil	382
Ring of Kerry	384
Halbinsel Iveragh: der Kerry Way	390
Halbinsel Dingle	394
Wandern auf dem Dingle Way	396
Von Dingle nach Tralee	404

Tralee und Umgebung	404
Ballybunion	407
Listowel und Umgebung	408

Glencolumbkille und Umgebung	500
Ardara	501
Der abgelegene Nordwesten	501
Letterkenny	505
Glenveagh National Park	506
Inishowen Peninsula	507

Der Westen 410

County Limerick	413
Limerick City	413
Umgebung von Limerick City	419
Entlang der Shannon-Bucht	420
Adare und Umgebung	421
County Clare	422
Ennis	422
Südöstlich von Ennis	424
Südwestlich von Ennis	427
Cliffs of Moher	430
Der Burren	431
Den Burren Way entlang	434
County Galway	439
Galway City	439
Rund um Galway City	447
Aran Islands	450
Wandern auf Inishmore	454
Connemara	456
County Mayo	461
Südliches County Mayo	462
Zum Gipfel des Croagh Patrick	468
Achill Island	471
Nördliches County Mayo	476
County Sligo	479
Sligo Town und Umgebung	479
Carrowmore	484
Südlich von Sligo Town	485
Nördlich von Sligo Town	486
County Leitrim	487
Rund um den Lough Gill	488
Carrick-on-Shannon und Umgebung	489
County Donegal	491
Donegal Town	491
Südliches County Donegal	495
Slieve League	498

Nordirland 510

Counties Derry, Antrim und Down	512
Derry / Londonderry	512
Von Derry zum Giant's Causeway	522
Giant's Causeway	522
Causeway Coast	523
Glens of Antrim	527
Carrickfergus	529
Wanderung auf dem Ulster Way	530
Antrim Town und Lough Neagh	532
Von Bangor bis zu den Mourne Mountains	533
Hillsborough	540
Newry	540
Counties Fermanagh, Tyrone und Armagh	541
Slieve Gullion Forest Park	541
Killevy Churches	541
Armagh	541
Navan Fort	544
Von Armagh nach Omagh	545
Enniskillen	549
Rings um Lough Erne	552
Mit dem Hausboot über den Lough Erne	554
Belfast	560
Donegall Square	562
Donegall Place und Royal Avenue	564
Cathedral Quarter und Lagan Lookout	565
Am Ufer des Lagan	567
Südliche Innenstadt	567
Golden Mile und Universitätsviertel	569

West Belfast:
   Falls und Shankill 569
Außerhalb der Stadt 571
Östliche Vororte............................. 571

Isle of Man **580**

Douglas 584
Raad ny Foillan –
   mit Möwen unterwegs.................. 588
Laxey und Snaefell 591

Ramsey und der Inselnorden.............. 593
Peel 595
Port Erin und Port St. Mary 597
Railway Rambles – Wandern
   mit Bahnanschluss...................... 598
Castletown 600

Anhang.............................. **602**

Sprachführer............................... 602
Glossar...................................... 605
Bücher 608
Filme 610
Index.. 612
Bildnachweis 622
Impressum 623
Kartenverzeichnis 624

Reiseatlas.............................. **625**

Themen

Weniger fliegen – länger bleiben! Reisen und Klimawandel	45
Whalewatching an Irlands Küsten	73
Irische Freischaren	105
Was haben uns die Briten gebracht?	107
Brexit – und was nun?	110
Dublins bestes Dorf	123
Dublin Love/Hate	125
James Joyce, Autor des *Ulysses*	129
Die organisierte Fröhlichkeit	139
Dublins georgianisches Erbe – und seine Türen	146
Buchkunst und „Heilige Schriften"	148
Osteraufstand 1916	154
Die Mumien, die zu Dracula wurden	157
Irlands phallische Wegweiser – Rundtürme	189
Ardee – Mythologie, Burgen und Durchgangsverkehr	192
Táin Bó Cúailnge – der große Viehdiebstahl	198
Die Anderswelt schlägt zurück …	205
Cavan – die neue Pilgerstätte für Gourmets	208
Irische Missionare in Mitteleuropa	210
Newgrange: Alles nur eine moderne Fälschung?	220
Die Schlacht am Boyne und die ewige Verwirrung	227
Die rote Fahne aus Meath	230
Sheela na Gigs und Heilige Quellen	232
Wie Loch Ness … Seeungeheuer in Irland	236
The Great Famine – die Große Hungersnot	241
Ein Blick in die Landschaft(szerstörung)	242
Königsstätten – ein Etikettenschwindel?	244
Die klaren Wasser des Shannon?	247
Der erste Crash	252
Der flexible Bischof Miler Magrath	265
It's a Long Way … Folk und Schlager	270
Die katholische Kirche, der Sex, die Sklavinnen und der Staat	279
Der Brunnen der Heiligen Brigid	282
Saint Brigid, Irlands First Lady	283
Deutsche Hinterlassenschaften	286
Warum man nicht überall laufen darf …	289
Mit 1 PS auf Irlandtour	294
Prinz Michael der Überflieger	313
Irlands Diaspora	316
Alice Kyteler, die Hexe von Kilkenny	320
Bier ist mehr als Guinness	323
Raleigh und Boyle – zwei Legenden in Cork	355
Michael Collins	361
Schmuggel in Irlands Südwesten	375
Vergessene Inseln	386
Der Star-Wars-Wahn	389
Fungi, der Dingle-Delphin	395
Wild Atlantic Way – das Beste vom Westen?	415
Sich einen Reim auf Limerick machen	418
Der Claddagh, Exportartikel Nummer eins	441
Aran-Pullover – aus Tradition	452
Saint Patrick – Irlands Nationalheiliger	466
Heinrich! Mir graut vor dir!	475
Hier liegt der Yeats begraben … oder?	481
Irische Fischer ohne Romantik	497
Wer hat die höchsten Klippen im Land?	499
Neutral oder nicht?	508
Derry, Londonderry, Stroke City	518
Ulster-Scots	551
Plantation Castles	558
Der Teppich von Belfast	569
Die Isle of Man im Steckbrief	583
Tolle Tage beim TT	592
Schwanzlos oder mehrfach gehörnt – Tierwelt der Isle of Man	593

IRLAND
Die Highlights

Irland ist für viele ein Traum-Reiseziel. Aber wenn der Traum Wirklichkeit wird, fällt die Auswahl manchmal schwer. Was darf man nicht verpassen? Diese Highlights machen die Irlandreise komplett – lebendige Metropolen, grandiose Landschaften und faszinierende Relikte aus vergangenen Zeiten.

1

DUBLIN Dublin – Irlands lebendige Hauptstadt, längst nicht mehr nur der „Big Smoke", sondern ein herausgeputztes Hauptstädtchen mit einem wunderbar erhaltenen georgianischen Stadtbild (inklusive der berühmten „Doors of Dublin"), interessanten Museen und Galerien, Pubs bis zum Abwinken. Und seit einigen Jahren auch multikulturell geprägt. Dank der Immigranten wurden sogar „ur-irische" Einrichtungen wie der Markt in der Moore Street verjüngt. S. 120

2 NEWGRANGE UND BRÚ NA BÓINNE Beeindruckende steinerne Zeugen einer vergessenen Kultur – die Ganggräber von Newgrange, Knowth und Dowth, eingepasst in die Landschaft an einer Biegung des Flusses Boyne. S. 217

3 CLONMACNOISE Die Klosterstadt am Shannon eignet sich gut als Station auf dem Weg nach Westen – heute wie schon vor Jahrhunderten. Früher Pilgerstätte der Gläubigen, heute ein Hauptziel der Reisenden in den Midlands. S. 249

4 GLENDALOUGH (Abb. Folgeseite) In der Einsamkeit des Tals der zwei Seen lassen sich auf kurzen Wanderwegen verlassene Kirchen und Klöster entdecken. S. 289

5 HALBINSEL DINGLE UND DIE BLASKET ISLANDS

Irland, wie es die Postkarte zeigt: Steilküsten, Strände und Berge. Dingle lockt mit all dem – was sich auch in hohen Besucherzahlen niederschlägt. Die verlassenen Blasket Islands dagegen waren schon immer eine Welt für sich und sind heute noch ein Refugium der Ruhe. S. 394

6 BURREN Raue Karstlandschaft mit verstecktem Charme – der Burren ist nur auf den ersten Blick „Mondlandschaft". Und mittlerweile verkehrstechnisch weitaus besser erschlossen als der Erdtrabant. S. 431

7

7 ARAN ISLANDS Inseln am Ende der Welt – nur drei der sieben vom Atlantik umtosten Eilande sind bewohnt. Beliebt als Ausflugsziel, und dennoch lässt sich nach der letzten Fähre die Einsamkeit mitten im Meer genießen. S. 450

8 CARROWMORE Die Dolmen und Ganggräber der prähistorischen Friedhofsanlage geben bis heute Rätsel auf. Und sind der Stoff zahlreicher Theorien, Legenden und Reiseerzählungen. S. 484

9 SLIEVE LEAGUE (Abb. Folgeseite) Wo kann man schon 600 m über dem Meer wandern? Sleave League hat die höchsten Meeresklippen Europas. S. 498

7

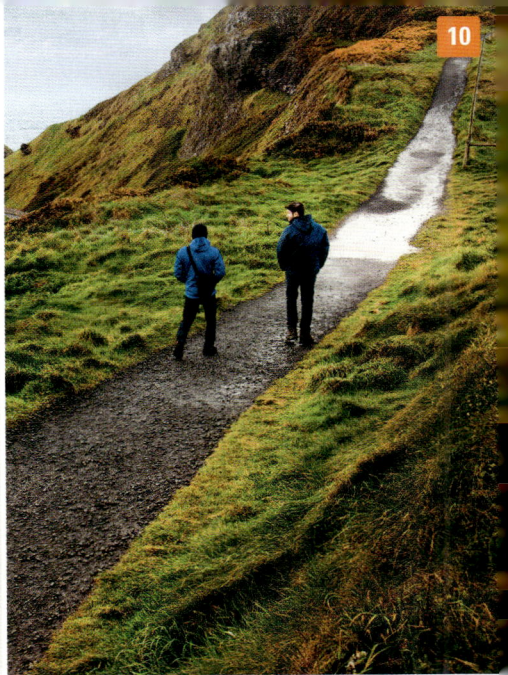

10 GIANT'S CAUSEWAY

Glaubt man der Legende, so dienten die bizarren Basalt-säulen dem Helden Finn McCool als Brücke nach Schottland – auf dem Weg zu seiner Geliebten. Heute sind sie eine Kletter- und Wanderattraktion für Besucher aus Nah und Fern. S. 522

11 ULSTER AMERICAN FOLK PARK

Von Nordirland in die USA an einem Nachmittag – im Ulster American Folk Park wird die Geschichte der Auswanderung lebendig. S. 547

12 BELFAST (Abb. Folgeseite)

Frontstadt, die ihren Frieden gefunden hat – Belfast hat sich in den letzten Jahren immens gewandelt. S. 560

Reiseziele und Routen

Warum eigentlich Irland als Reiseziel, ja geradezu als Traumziel? Die Insel am Westrand Europas übt nach wie vor eine ungeheure Faszination aus. Die Gründe dafür liegen eigentlich auf der Hand – grandiose Natur, mit einsamen Moorlandschaften und Bergketten, mit rauen, windumtosten Küsten, und dazu das schier immerwährende Grün. Auch die menschlichen Spuren lassen sich sehen: von den Monumenten aus der Vorzeit über frühchristliche Kirchen und die typisch irischen Rundtürme, über (oft romantisch verfallene) Burgen und Schlösser bis hin zu prachtvollen Gutsherrensitzen und aufregender moderner Architektur.

Und dann gibt es da noch den „Mythos Irland", an dem Musiker, Schriftsteller, Werbeschaffende im Tourismus, ja sogar Produzenten von Fernsehfilmen à la Rosamunde Pilcher eifrig mitgewirkt haben. Auch der deutsche Nobelpreisträger Heinrich Böll, der eine Zeit lang in einem Häuschen auf Achill Island lebte (S. 471), seine ganz persönlichen Irland-Erfahrungen und -Beobachtungen in einem *Irischen Tagebuch* niederlegte. Und obwohl Böll bewusst idealisierte, nahmen viele Leser seine Beschreibung des idyllischen Landlebens in Irland für bare Münze. Träumten fortan davon, selbst in einem Cottage irgendwo im Nirgendwo am Westrand Europas ein einfaches, beschauliches Leben zu führen. Selbst sechs Jahrzehnte nach Erstveröffentlichung wird das *Irische Tagebuch* als immer noch aktuelle und wahrheitsgetreue Beschreibung Irlands angesehen. Genau wie durch irische Folkloregruppen wie die „Dubliners" populär gewordenen republikanischen Trink- und Kampflieder, die „Rebel Songs", ungebrochen ihre Fans finden, auch wenn sich die irische Musik, geschweige denn die irische Politik, längst weiterentwickelt hat.

Real-Irland? Lange schon stimmen die Postkartenbilder und folkloristischen Mythen damit nicht mehr überein. Auch in Irland spannt der Bauer den Esel nur noch für zahlendes Publikum vor den Karren, sonst steigt er ganz entspannt in seinen japanischen Geländewagen und durchquert das Land auf modernen Autobahnen, an denen Neubaugebiete liegen, die weder Reetdach noch Sprossenfenster aufweisen. Irland hat sich modernisiert, ist mittlerweile Lichtjahre von dem romantisierenden Bild der Werbung entfernt. Was, das muss ganz klar gesagt werden, für die Iren selbst eine äußerst positive Entwicklung war – denn vieles, was von Besuchern als romantisch und unverfälscht angesehen wurde, war in Wirklichkeit Ausdruck von Armut und Rückständigkeit.

Anderes blieb, etwa die grandiosen, vom Menschen gar nicht beherrschbaren Naturlandschaften. An der Westküste z. B., scheinbar ewigem Wind und den unaufhörlichen Wellen des Atlantiks ausgesetzt, oft zerklüftet und dann wieder wie durch einen gigantischen Spaten abgetrennt wirkend. Besuchermagnete: Sandstrände in geschützten Buchten, eingerahmt von steilen Felswänden. Grüne Wiesen mit Meerblick, urplötzlich an einer steilen Kante abbrechend, mehrere hundert Meter tiefer nie enden wollende, tosende Brandung. Und die Gischt „dort unten" sprüht selbst dem Besucher hoch oben auf der Klippe ins Gesicht. Irland ist abseits der ausgetretenen Wege ein Land der Urgewalten, in der man Einsamkeit erfahren kann. Das verkarstete Plateau des Burren, die Wicklow Mountains, die Nordküste erlauben es, der Zivilisation zumindest für eine Weile zu entfliehen.

Auch als Land der Legenden zieht Irland viele Besucher an. Die faszinierenden Zeugen der Vorzeit, etwa das Ganggrab von Newgrange und der sagenumwobene Hügel von Tara, sind wahrscheinlich die bekanntesten Orte. Hier kann man sich den legendären Gestalten aus den alten Sagen am nächsten fühlen.

Nach einem echten *Irish Breakfast* auf Klippen über den Atlantik schauen, am Abend das multikulturelle Treiben in Belfast oder Dublin genießen oder zwischendurch einfach ein Guinness im Pub – **Bernd Biege** mag dies alles an Irland, seiner Wahlheimat. Die ihn auch nach vielen Jahren immer noch überraschen und erstaunen kann.

■ Muss man in Irland Irisch können?

Ach was – die weitaus meisten Menschen auf der Insel sprechen Englisch als Mutter- und Alltagssprache. Zweitwichtigste Sprache wäre Polnisch.

■ Sind die Iren wirklich so freundlich und hilfsbereit, wie man sagt?

Die Mehrheit der Bevölkerung ist aufgeschlossen und freundlich, auch gerne mal bereit „to lend a hand". Jedenfalls so lange, wie dies nicht ausgenutzt wird. Lädt etwa ein Ire zum Bier ein, erwartet er die unmittelbare Revanche.

■ Ist Irland auch ohne Auto zu bewältigen?

Grundsätzlich ja – allerdings ist das Verkehrsnetz von Bus und Bahn sehr lückenhaft und auch oft nur auf örtliche Bedürfnisse (besonders bei den Fahrtzeiten) ausgelegt. Reisende ohne Auto werden sich beschränken und lange Wartezeiten einplanen müssen.

■ Linksverkehr – ein Problem?

Nach einer kurzen Gewöhnungsphase nicht mehr, das Fahren im Linksverkehr ist einfacher, als man es sich vorstellt. Allerdings sollte man sich immer wieder daran erinnern lassen, dass es in Irland „andersrum" läuft – etwa mit einem kleinen Notizzettel am Armaturenbrett.

■ Ist Nordirland gefährlich?

Im Prinzip nicht – die Gefahr, ein Opfer von Terrorismus (und anderer Gewalt) zu werden, ist nicht größer als etwa in Deutschland, den USA oder Großbritannien.

■ Welches sind die besten Pubs im Land?

Eine unbeantwortbare Frage, echt irisch sind 99,9 %, und „typisch" ist ein ungenauer Begriff im Lande selber. Grundsätzlich empfehle ich immer, den Pub um die Ecke zu probieren … oder einfach Einheimische zu fragen, etwa in der Unterkunft. Oder eben die alten Favoriten wie den Crown Liquor Saloon (S. 574) in Belfast, vielleicht Irlands schönster Pub, zu besuchen.

■ Was sind die schönsten Geheimtipps abseits der Hauptrouten?

Spontan fallen mir immer die Klippen von Slieve League ein, oder auch Achill Island, beides wesentlich beeindruckender als die Cliffs of Moher. Emain Macha braucht sich hinter Tara nicht zu verstecken, und auch die benachbarte Kathedralenstadt Armagh ist einen Abstecher wert. Newgrange hat die fast unerschlossene Alternative Dowth in Sichtweite. In Dublin kann man statt der Warteschlange am Book of Kells vielleicht die Chester Beatty Library (kostenlos dazu) genießen. Und statt den gut ausgeschilderten Touristenrouten an der Westküste, vom Ring of Kerry zum Wild Atlantic Way, zu folgen, sollte man vielleicht die nordirische Küste entlangreisen.

Noch Fragen? 🖳 www.**www.stefan-loose.de/globetrotter-forum**

Birr Castle – wie aus dem Märchenbuch

Und nicht zuletzt kann man heute noch die sprichwörtliche irische Gastfreundschaft erleben. Vorausgesetzt, man nimmt sich etwas Zeit, um mit den Menschen in Kontakt zu treten. Wer auf die „Grüne Insel" fliegt, um im Eiltempo eine Sehenswürdigkeit nach der anderen abzuhaken, der wird das „wahre Irland" nicht finden, sondern sich stattdessen mit der „Ware Irland" zufriedengeben müssen. Wer aber die schnellste Strecke mal zugunsten der (zugegeben manchmal anstrengenden) „scenic route" verlässt, der kann sich auf ein ganz anderes Irland freuen. Ein Irland mit versteckten Schönheiten, einsamen Plätzen und sehr viel Romantik. Wie schon Heinrich Böll sagte: „Dieses Irland gibt es wirklich …"

Reiseziele

Irland am Wasser

Die Küste

Nirgendwo in Irland, so heißt es, sei man mehr als zwei Stunden Fahrtzeit vom offenen Meer entfernt. Grundsätzlich stimmt diese Faustregel – wenn man nicht gerade im Stau im Dubliner Straßenverkehr steht! Dank einer Küstenlänge von rund 8000 km findet wohl jeder Reisende den Küstenstrich, der ihm zusagt. Tropische Strände und Badevergnügen wie am Mittelmeer darf man nicht erwarten, das Meer ist selbst im Hochsommer oft richtig kalt. Zudem sind Irlands Küsten an vielen Stellen von steil aufragenden Klippen geprägt, den höchsten Europas. Doch gerade diese Landschaft macht den ganz besonderen Reiz Irlands aus. Wo sonst kann man in Europa in rund 600 m Höhe oberhalb des Meeres entlangwandern und das fantastische Schauspiel beobachten, wenn die Wellen an der Steilküste anbranden und weiße Gischt meterhoch aufspritzt?

Doch natürlich gibt es auch in Irland lange **Sandstrände**, die im Hochsommer erholsame Tage am Meer versprechen und für Familien mit Kindern bestens geeignet sind. Dabei sollten sich Urlauber allerdings vorher über die aktuelle Wasserqualität informieren, 🖥 www.blueflag. global, einige irische Strände haben in den letzten Jahren die „Blaue Flagge" wieder aberkannt bekommen. An unbewachten Badestränden sollte man zudem etwas Vorsicht walten lassen, der Gezeitenwechsel und Strömungen können Schwimmer gefährden. An besonders gefähr-

© DUMONT BILDARCHIV / JÜRGEN MODROW

Achill Island Am westlichen Zipfel der sehr gebirgigen und von Steilküsten geprägten Insel Achill erhebt sich direkt am Meer der 667 m hohe Berg Croaghaun. S. 471

Causeway Coast An der Nordküste des County Antrim erstreckt sich links und rechts des bekannten Giant's Causeway (S. 522) eine bizarre Küstenlandschaft mit „Orgelpfeifen" aus Basaltsäulen und in die Felsen hineingewaschenen Höhlen.

Cliffs of Moher Der Klassiker für alle Irlandtouristen und zugleich trauriges Beispiel dafür, wie Natur gnadenlos vermarktet werden kann. S. 430

Halbinseln im Südwesten Die Halbinseln Dingle (S. 394), Iveragh (S. 390) und Beara (S. 369) bieten zahlreiche Steilküsten, die jeweils mit Rundtouren sehr gut erschlossen sind.

Hook Head Ein fast 1000 Jahre alter Leuchtturm ist nicht die einzige Attraktion an der südöstlichen Spitze von Wexford, die Küstenlandschaft wechselt von lieblich zu bizarr. S. 314

Howth Cliff Walk Ein ideales Ausflugsziel von Dublin aus ist die Halbinsel Howth. Ein Klippenwanderweg führt um sie herum und bietet schöne Ausblicke auf die Bucht von Dublin. S. 172

Killary Harbour Irlands einziger Fjord besitzt keine Steilküste, sondern ist eine enge, von sehr hohen Bergen eingeschlossene Meeresbucht, die am besten vom Boot aus zu genießen ist. S. 461

Slieve League Vielleicht die dramatischste Steilküste Irlands mit teils sehr schmalen Wanderwegen. Nur was für Mutige! Von den Klippen geht es 600 m steil bergab ins Meer. S. 498

lichen Stellen sind meist Warnschilder angebracht.

Inseln

Irland hat neben seinen bizarren Küstenstrichen auch zahlreiche Inseln zu bieten, die einen erholsamen Urlaub versprechen. Teilweise kann man bequem mit dem Auto anreisen und findet

hier allen erdenklichen Komfort. Andere Inseln eignen sich allenfalls für Tagesausflüge.

Achill Island (S. 471) mit seinen imposanten Klippen und herrlichen Stränden ist die wohl am leichtesten zu erreichende Insel und seit Heinrich Bölls Zeiten auch eines der populärsten Reiseziele unter deutschen Touristen. Der schmale Sund wird auf einer Brücke so schnell überquert, dass man kaum merkt, das Festland verlassen zu haben.

Die **Aran Islands** (S. 450) vor der Galway Bay wurden bekannt durch den Film *Man of Aran* und die warmen Pullover, die hier traditionell hergestellt wurden. Vom Festland aus erreicht man die Inseln mühelos mit der Fähre oder dem Flugzeug. Sie bieten nahezu ungestörten Urlaub umgeben von Meer. Die meisten Besucher kommen jedoch als Tagesgäste.

Bere Island (S. 370) ist eine felsige Insel südlich der Halbinsel Beara, die man mit einer Fähre von Castletownbere aus leicht erreicht und die ideal ist für ausgedehnte Wanderungen. Der Ausblick von den sehr hohen Bergen ist unvergesslich, vorausgesetzt allerdings, das Wetter spielt mit.

Die **Blasket Islands** (S. 399) vor der Dingle-Halbinsel, Gegenstand zahlreicher Erzählungen, sind seit vielen Jahrzehnten nicht mehr bewohnt. Besucher finden eine Art „Geisterstadt" vor, über deren Geschichte das Blasket Centre auf dem Festland ausführlich informiert.

Von Cleggan aus fahren täglich mehrere Boote auf die kleine Insel **Inishbofin** (S. 459) vor der Küste von Connemara, ideal für einen Tagesausflug, bei dem man ausgedehnte Wanderungen über weite Wiesen unternehmen kann, die dann jäh an steilen Klippen enden. Die Festung eines spanischen Piraten kann ebenfalls erforscht werden.

Ireland's Eye (S. 172) ist eine kleine Insel, fast zum Greifen nahe vor Howth gelegen. Vom Hafen aus verkehren kleine Fähren, die Besuchergruppen auf das karge Eiland bringen, wo man ganz hervorragend Meeresvögel beobachten oder einen alten Festungsturm und die Ruinen einer Kirche besichtigen kann. Ein typischer Sonntagsausflug für die Einwohner Dublins und eine angenehme Abwechslung bei einem längeren Aufenthalt in der Hauptstadt.

Die Insel **Mahee** (S. 538) im Strangford Lough (einem Meeresarm) ist so abgelegen, dass die dort befindliche Klosteranlage Nendrum samt einem Rundturm über Jahrhunderte hinweg schlicht vergessen wurde. Belohnt wird die weite Fahrt über Brücken und Dämme mit Einsamkeit und dem schönen Ausblick auf den Meeresarm.

Die **Isle of Man** behandelt ein separates Kapitel in diesem Buch (S. 580, als selbstständiger Staat hat sie das verdient – und auch wenn sie manchmal so „typisch irisch" erscheint, so hat sie doch eine eigene Kultur. Auch von den Iren geprägt ...

Nur wenige Menschen leben auf der Insel **Rathlin** (S. 526) nördlich des County Antrim, die bekannt ist für ihre weißen Klippen und eine ungeheuer große Zahl an hier nistenden Seevögeln. Die Überfahrt erfolgt von Ballycastle.

Skellig Michael (S. 388), das ehemalige Kloster auf einer schroffen Felseninsel vor der Halbinsel Iveragh, gehört heute zum Weltkulturerbe der UNESCO und sollte nur von sportlichen – und auch schwindelfreien – Besuchern betreten werden.

Seen

Nicht zuletzt prägen zahlreiche Seen die irische Landschaft. Auch sie sind touristische Anziehungspunkte. Wie z. B. die **Lakes of Killarney**, die miteinander verbundenen Seen im Nationalpark von Killarney (S. 380). Sie sind von einmaliger Schönheit und lassen sich auf die verschiedensten Arten erkunden, z. B. bei der Fahrt auf einem kleinen, offenen Boot, etwas bequemer geht es mit einem der neuen „Wasserbusse".

Nördlich der Stadt Galway (S. 439) zieht sich der **Lough Corrib** weit in die Landschaft von Connemara (S. 456) hinein. Eine Umrundung mit dem Auto kann einen ganzen Tag in Anspruch nehmen, romantischer ist eine Bootsfahrt von Galway aus bis nach Cong (S. 462).

Lough Erne (S. 554) besteht aus zwei durch den Fluss Erne verbundenen Seen. Lower Lough Erne (im Norden) und Upper Lough Erne (im Süden) bilden ein landschaftlich sehr reizvolles Gebiet, in dem sich auch zahlreiche historisch interessante Stellen befinden. Die Erkundung ist mit einem Hausboot oder auf Ausflugsfahrten ab Enniskillen (S. 549) möglich.

Der **Lough Neagh** (S. 532) ist Irlands größter Binnensee, dessen Größe und Schönheit man am besten beim Landeanflug auf den Belfast

Empfehlenswerte Strände

Brittas Bay Ein sehr langer Strandabschnitt zwischen Arklow und Wicklow, populär auch bei Nudisten. S. 306

Bull Island Der Hausstrand vieler Dubliner, eine im Laufe der Jahre künstlich entstandene Insel mit einer schönen Dünenlandschaft, in der sich eine eigene Mäuseart angesiedelt hat. S. 173

Inch Wie ein schlaffes Anhängsel ragt dieser fast endlos wirkende Strand in die Bucht von Dingle hinein und bietet genug Platz, selbst an den schönsten Sommertagen. S. 404

Keel Vielleicht der beste Badestrand auf Achill Island (S. 472), sollte nicht mit den kleineren und nur über eine sehr alpine Strecke erreichbaren Badestrand von Keem (S. 473) verwechselt werden.

Killiney Einer der schöneren Strände im südlichen County Dublin, hier haben viele gut betuchte Iren und bekannte Künstler ihr Domizil. S. 182

Rosslare Knapp 10 km Strand erstrecken sich im Südosten in einer der sonnigsten Gegenden Irlands. S. 312

Tramore Wörtlich übersetzt heißt der Ort einfach „Großer Strand", einer der beliebtesten Urlaubsorte der Iren. S. 332

International Airport erkennt, wenn die große Wasserfläche unter einem im Sonnenlicht glitzert. Der See ist ein beliebtes Segelrevier, weil der Wind hier bisweilen für Bedingungen wie auf dem offenen Meer sorgt. Zahlreiche Wanderwege führen am Seeufer entlang.

Der **Lough Ree** (S. 235) nördlich von Athlone ist ausgesprochen beliebt bei Urlaubern, die ihre Ferien auf einem Hausboot verbringen wollen, zumal der große See dank seiner zahlreichen Inseln viel Abwechslung bietet. Dazu gehört auch eine Attraktion, die einen das Gruseln lehrt: Das Lough Ree Monster soll seit Urzeiten sein Unwesen in den Tiefen treiben.

Der schön gelegene **Lough Sheelin** (S. 210) ist vor allem unter Anglern bekannt, denn der große See im County Cavan ist berühmt für seinen Forellen-Reichtum. Das Gewässer lässt sich

per Boot erkunden – das Ross House, 🖥 www.ross-house.com, z. B. vermietet schwimmende Untersätze.

Kanäle und Flüsse

Die großen Flüsse Irlands und die Kanäle sind ebenfalls beliebte Reiseziele – sei es für Hausbootfans (S. 554, „Mit dem Hausboot über den Lough Erne") oder für Leute, die lange Uferspaziergänge unternehmen möchten. Der Shannon, der Erne, der Barrow, der Grand Canal und der Royal Canal bieten zahlreiche Gelegenheiten (S. 132, „Der Royal Canal Way"). Eine Herausforderung bietet das „Riverwalking": Über Stock und Stein wird ein Flussbett erwandert (S. 71).

Schauplätze der Geschichte

Geschichtsinteressierte, die Irland bereisen, haben in der Regel zwei Interessenschwerpunkte: zum einen die Religionsgeschichte, die sich mit der Entwicklung des Christentums in Irland, mit den zahlreichen Heiligen und Pilgerstätten beschäftigt (S. 113). Zum anderen den irischen Freiheitskampf, von dem oft eine hoffnungslos romantisierende Vorstellung besteht, die mit der Realität nur ansatzweise übereinstimmt. Dabei hat Irlands Geschichte so viel mehr zu bieten als Not, Elend und Krieg. Wer sich intensiver mit der interessanten Historie des Landes beschäftigen möchte, der sollte folgende Orte besuchen:

Vor- und Frühgeschichte

Ausflüge zu den wichtigsten Stätten der Vorzeit können in der Nähe von Dublin beginnen, etwa in **Newgrange** (S. 217) oder **Tara** (S. 222). Etwas weiter entfernt liegt **Loughcrew** (S. 229). Bei **Armagh** findet man Emain Macha (S. 544), bei **Sligo** den gigantischen Friedhof von Carrowmore (S. 484).

Mittelalterliches Irland

Sehenswert sind die großen Burganlagen bei **Trim** (S. 225) oder **Limerick** (S. 413), die Klöster von **Mellifont** (S. 190) und **Fore** (S. 231), auf jeden Fall auch das **Museum Dublinia** (S. 152) und die Museen in **Waterford** (S. 328).

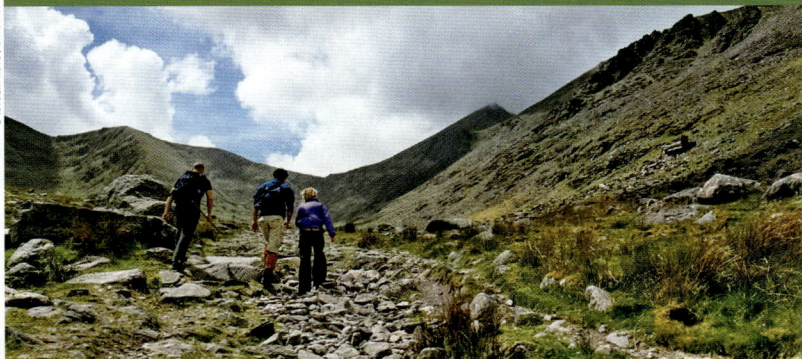

Wer auf Schusters Rappen unterwegs ist, wird Natur und Landschaft auf ganz besondere Weise kennenlernen. Und Irland eignet sich hervorragend zum Wandern, nicht zuletzt dank des ausgezeichneten Netzes an **Fernwanderwegen** und des ausgeglichenen Klimas, das Wandertouren das ganze Jahr über möglich macht.

Aran Island Ways Insgesamt drei Wanderwege unterschiedlicher Länge machen mit den Aran-Inseln bekannt. Der Wanderweg auf Inishmaan ist 8 km, der auf Inisheer rund 12 km lang, und Inishmore bietet einen 6 km und einen 18 km langen Wanderweg. S. 450

Beara Way Ein fantastischer, fast 200 km langer Wanderweg führt über den Bergrücken der Halbinsel Beara. S. 372

Burren Way Der insgesamt über 120 km lange Weg von Lahinch nach Corofin führt an den Cliffs of Moher vorbei und quer durch die Einöde des Burren. S. 434

Dingle Way Der kürzeste der drei Wanderwege auf den Halbinseln im Südwesten ist 168 km lang und führt in einem Kreis um die Halbinsel Dingle. Der Weg beginnt in Tralee und schließt u. a. Camp, Inch, Annascaul, Lispole, Dingle, Ventry, Dunquin, Ballydavid, Brandon, Cloghane, Stradbally und Castlegregory ein. S. 396

Kerry Way Es geht 214 km durch das wunderschöne County Kerry, über die Halbinsel Iveragh (bekannt durch den Ring of Kerry) und durch den Nationalpark in Killarney. Die Strecke beschreibt einen Rundkurs. S. 390

Slieve Bloom Way Dieser rund 84 km lange Rundweg durch die Slieve Bloom Mountains führt durch eine einsame Gebirgslandschaft. S. 256

South Leinster Way Der sich durch die Berglandschaft der Counties Carlow und Kilkenny ziehende Weg ist etwa 107 km lang und führt von Clonegal über Borris, Inistioge und Mullinavat nach Carrick-on-Suir. S. 326

Tain Way Es geht 40 km durch das County Louth und quer über die sagenumwobenen Cooley Mountains. Die Rundtour führt von Carlingford über Omeath, Ravensdale und zurück nach Carlingford. S. 194

Ulster Way Die Königsklasse unter den Fernwanderwegen in Irland bietet genug Strecke für mehrere Wanderurlaube, insgesamt beträgt die Entfernung ungefähr 1000 km. S. 530

Wicklow Way Der klassische Bergwanderweg südlich von Dublin zieht sich über 127 km nach Süden hin. Die ausgeschilderte Strecke beginnt im Marlay Park und führt über Glendalough bis nach Clonegall. S. 296

© SHUTTERSTOCK.COM/PETER KROCKA

Leuchttürme sind oft Sehnsuchtsmarkierungen – wie hier an der irischen Ostküste.

Rebellen gegen die Krone

Die versuchte Landung in der **Bantry Bay** (S. 365), die **Rebellion von 1798** (S. 99) oder auch der **Osteraufstand 1916** (S. 102), Irland ist voll von Erinnerungen an den Jahrhunderte dauernden Befreiungskampf.

Der Nordirlandkonflikt

Ob nun die Plantation Castles von **Fermanagh** (S. 541) oder die Stadtmauer von **Derry** (S. 512), sie alle erinnern an die Kolonialisierung, die in den Bürgerkrieg im 20. Jh. mündete. Heute zeugen etwa in **Belfast** zahlreiche überdimensionale Wandgemälde (S. 562) von diesen noch immer nicht verheilten Wunden.

Irland für Literaturliebhaber

Irland hat gleich vier Literaturnobelpreisträger vorzuweisen: George Bernard Shaw, William Butler Yeats, Samuel Beckett und Seamus Heaney. Dazu kommen noch zahlreiche andere Literaten, vom international bewunderten Schriftsteller James Joyce bis zu Cecilia Ahern, der hochbezahlten Produzentin von romantischem Herzschmerz.

In **Sligo und Umgebung** holte sich der Nobelpreisträger, Mystiker und Patriot **William Butler Yeats** seine Inspiration. Auf seinen Spuren kann gewandert werden, bis hin zu seinem (umstrittenen) Grab auf dem Friedhof von Drumcliff unterhalb des **Ben Bulben** (S. 482). Fans von **James Joyce** werden Dublin besuchen. Mit dem *Ulysses* in der Hand kommt man zwar nicht durchs ganze Land, lernt aber die Hauptstadt Dublin bis ins Detail kennen. Wer dies im Kreise Gleichgesinnter tun möchte, der kann jedes Jahr am „Bloomsday" die Wanderung am Martello Tower in **Sandycove** (S. 181) beginnen. Besucher, die in **Navan Fort bei Armagh** weilen, sollten wissen: Wohl an keiner Stelle in Irland ist man den alten **Mythen** so nahe wie auf dem geheimnisvollen Hügel von **Emain Macha** (S. 544). Von hier ist es nur ein kurzer Weg zu den Gebirgspässen, die Cúchulainn gegen die Männer von Connaught verteidigte (S. 198).

Das **Trinity College und seine Old Library** in Dublin sind Aufbewahrungsort des vielleicht berühmtesten Manuskriptes des Mittelalters, des fantastisch illustrierten **Book of Kells** (S. 95),

von dem aber immer nur eine aufgeschlagene Seite zu sehen ist. Aber das Bibliotheksgebäude selbst lässt die Herzen aller Bücherfreunde höherschlagen. Und schließlich bewahrt die **Chester Beatty Library** (S. 148) in Dublin eine umfangreiche, sehr ansprechend präsentierte Sammlung von Büchern und Manuskripten aus allen Perioden der Menschheitsgeschichte auf, mit einem Schwerpunkt auf religiösen Texten.

Die Insel der Heiligen

Die zentrale Rolle, die das Christentum heute noch in Irland spielt, kann kaum überbetont werden. Zwar hat vor allem die katholische Kirche unter den Skandalen der letzten Jahre erheblich gelitten und der gesellschaftliche Einfluss der Kirche, gleich welcher Konfession, ist etwas zurückgegangen, ein Wort von der Kanzel hat aber immer noch die Kraft des Gesetzes. Zumindest in kleineren Orten, in denen der Pfarrer noch eine der wichtigsten Persönlichkeiten sein kann.

Irland weist zahlreiche Gedenkstätten für Heilige auf, von Brigid in Kildare bis zu St. Oliver Plunkett in Drogheda. Ausgesprochen präsent jedoch ist der **Nationalheilige Patrick**. Eine Rundfahrt durch Irland auf seinen Spuren könnte etwa folgende Ziele einschließen: **St. Patrick's Cathedral** in **Dublin** (S. 149) – angeblich gründete er hier eine seiner ersten Kirchen; **Slane** (S. 220) – auf diesem Hügel entzündete Patrick das Osterfeuer und forderte den auf Tara residierenden Hochkönig direkt heraus; auf Irlands heiligem Berg **Croagh Patrick** (S. 468) meditierte und fastete Patrick 40 Tage, noch heute ist die Besteigung des Berges eine populäre Pilgerfahrt; auch auf **St. Patrick's Purgatory** im **Lough Derg** (S. 495) soll Patrick gefastet und gebetet haben; heute fasten und beten auf der kleinen Insel barfüßige Pilger an langen Wochenenden im Sommer; **Armagh** (S. 541) ist die wichtigste Stadt sowohl der katholischen Kirche in Irland als auch der Church of Ireland, seit Patricks Zeiten soll der Bischof dieser Stadt der Führer der irischen Christenheit sein. Direkt neben der kleinen Kathedrale von **Downpatrick** (S. 536) soll Patrick begraben liegen, ein Findling mit seinem Namen markiert das einfache Grab. Am Fuße des Hügels ist dem Heiligen ein modernes und sehr sehenswertes Museum gewidmet.

Aktivurlaub

Wer im Urlaub so richtig aktiv werden will, der ist in Irland goldrichtig – das Kapitel „Sport und Aktivitäten" (S. 68) bietet Anregungen. Beliebt sind, neben Wanderungen durch die Natur, vor allem Bergsteigen, Coasteering („Küstenklettern"), Hochseilgärten, Kanu- und Kajakfahrten auf den Binnengewässern und an den Küsten, Kitesurfing, Radfahren, Reiten, Riverwalking, Segeln, Surfen, Tauchen und Whalewatching (Letzteres jedoch ohne Erfolgsgarantie) in freier Natur oder vom Boot aus.

Reiserouten

Die eine, optimale Reiseroute für jeden Irlandbesucher gibt es nicht. Zu unterschiedlich sind die individuellen Vorlieben, zu vielfältig die Landschaften, zu breit das Angebot an Sehenswürdigkeiten und Attraktionen. Und doch: Bestimmte Highlights möchte wohl niemand auf einer Irlandreise versäumen. Hier also einige Tourenvorschläge.

Kulturelle Highlights

■ 12 bis 14 Tage

Der erste Tag gehört **Dublin** (S. 120). Nach einem Besuch des Nationalmuseums sowohl in der Kildare Street (S. 142) als auch in der Außenstelle, den Collins Barracks (S. 155), ist man bestens vertraut mit der irischen Geschichte und Kultur. Wer sich für die irische Trinkkultur interessiert, dem sei ein Abstecher in die Guinness-Brauerei (S. 153) empfohlen, am Abend stehen ein Theaterbesuch oder etwas Folklore im Pub auf dem Programm. Ein Tagesausflug von Dublin aus ermöglicht anschließend die Besichtigung sowohl der Weltkulturerbestätte **Newgrange** (S. 217) als auch des Hügels von **Tara** (S. 222), gut organisierte Bustouren mit vorbestellten Eintrittskarten in Newgrange kann fast jedes Hotel vermitteln. Ein weiterer Tagesausflug führt in die **Wicklow Mountains** (S. 286) und zu den mittelalterlichen Klosterruinen von **Glendalough** (S. 289). Hierfür sind ebenfalls organisierte Bustouren ideal. Am Abend wird dann der Mietwagen abgeholt, bevor man am nächsten Morgen zur Rundreise startet. Von Dublin aus geht es über 300 km quer durchs Land in den Südwesten nach **Killarney** (S. 374). Mit etwas Glück kann dort dann schon ein verspätetes Mittagessen eingenommen werden, bevor man den Rest des Tages mit ausgedehnten Spaziergängen verbringt. Von Killarney aus erreicht man leicht den **Ring of Kerry** (S. 384), für viele Besucher ein Highlight ihrer Irlandreise. Vielleicht passt eine lohnenswerte Bootsfahrt hinaus zu den **Skelligs** (S. 386), die zum Weltkulturerbe zählen, noch in den Zeitplan. Eine Strecke von rund 250 km mit einem Schlenker an den berühmten **Cliffs of Moher** (S. 430) entlang und über das Karstgebiet des **Burren** (S. 431) bringt den Besucher dann nach **Galway** (S. 439) und **Salthill** (S. 444). Am darauffolgenden Tag sollte man einen Tagesausflug auf die **Aran Islands** (S. 450) unternehmen, am besten mit der Fähre oder – etwas unökologischer – mit dem Flugzeug.

Im großen Bogen geht es nun am nächsten Tag durch Connemara, mit Zwischenstopps in **Roundstone** (S. 457), **Clifden** (S. 458) oder an der **Kylemore Abbey** (S. 460). Am Fjord von **Killary** (S. 461) entlang, erreicht man schließlich **Westport** (S. 466). Ein kurzer Abstecher im Abendlicht zum imposanten **Croagh Patrick** (S. 468), dem 765 m hohen Berg an der Küste, ist bestimmt noch möglich, danach ein Pint in Matt Malloys Pub (S. 467) und ein weiches Bett. Die Fahrt geht dann über **Castlebar** (S. 464) und Swinford weiter nach **Sligo** (S. 479). Hier locken das Grab von William Butler Yeats in **Drumcliff** (S. 481), der imposante **Ben Bulben** (S. 482) und der nicht minder faszinierende **Knocknarea** (S. 482) sowie der Steinzeitfriedhof von **Carrowmore** (S. 484).

Von Sligo geht es weiter nach **Donegal Town** (S. 491) und nach **Killybegs** (S. 497), danach hoch über dem Meer zu den Klippen von **Slieve League** (S. 498). Spätestens hier wird klar, warum die dagegen fast zwergenhaften Cliffs of Moher nur im Vorbeifahren gestreift wurden. Anschließend führt die Tour nach Osten. Nach einer kurzen Besichtigung von **Derry** (S. 512) mit einem Spaziergang auf der mittelalterlichen Stadtmauer geht die Fahrt zum Aufsehen erregenden **Giant's Causeway** (S. 522), der nicht ohne Grund zum Weltnaturerbe zählt. Hierfür sollte man mindestens zwei bis drei Stunden einplanen, bevor man über Ballymena nach **Belfast** (S. 560) weiterfährt. Im Stadtzentrum findet man zahlreiche bezahlbare Unterkünfte. Der Abend kann z. B. im Crown Liquor Saloon (S. 574) ausklingen. Belfast selbst lässt sich zu Fuß oder mit einem der offenen Doppeldeckerbusse in einigen Stunden erkunden, sodass eilige Besucher schon am späten Nachmittag die Rückfahrt nach **Dublin** antreten können.

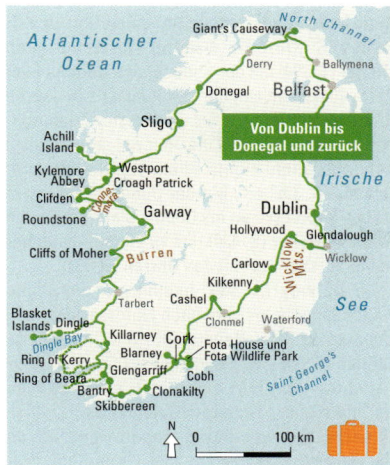

Von Dublin bis Donegal und zurück

Von Dublin bis Donegal und zurück

■ 2 Wochen

Es ist ein weitverbreiteter Wunsch von Irlandbesuchern, das Land auf einer Rundreise komplett kennenzulernen. Zwar ist Irland recht klein, doch sollte man die Entfernungen nicht unterschätzen. Wer „ganz Irland in einer Woche" machen möchte, der wird die meiste Zeit im Auto verbringen. Sinnvoller erscheint es da, sich einige Highlights herauszupicken und diese gezielt anzusteuern.

Von **Dublin** (S. 120) aus geht es zunächst nach Süden, durch die **Wicklow Mountains** (S. 286) und nach **Glendalough** (S. 289), wo im wunderschönen „Tal der Seen" die berühmten Klosterruinen aus dem Mittelalter locken. Über **Hollywood** (S. 295) und **Carlow** (S. 262) erreicht man das bildschöne Städtchen **Kilkenny** (S. 318).

Der Weg führt am nächsten Tag weiter über die N76 nach Clonmel und von da aus zum beeindruckenden **Rock of Cashel** (S. 265). Etappenziel ist das lebhafte **Cork** (S. 340), sofern der Besucher nicht auf dem Weg dorthin dem Sirenengesang der nahe gelegenen Burg von **Blarney** (S. 353) erliegt.

Ein Ausflug auf die östliche Seite des Cork Harbour bietet sich an. Hier locken der **Fota Wildlife Park** (S. 351), das **Fota House** (S. 351), in dem interessante Landschaftsbilder zu sehen sind, und die sehr schöne und geschichtsträchtige Stadt **Cobh** (S. 351), von der aus einst zahlreiche irische Auswanderer ihre Heimat verließen. Von Cork aus geht es in den Westen. Die Fahrt führt an der Südküste entlang über **Clonakilty** (S. 360) und **Skibbereen** (S. 362) bis nach **Bantry** (S. 365) oder **Glengarriff** (S. 366).

Auf keinen Fall versäumen sollte man die Umrundung der Halbinsel Beara auf dem **Ring of Beara** (S. 369). Hier erlebt der Besucher die wunderschöne Natur und die schroffe Küstenlandschaft des irischen Südwestens hautnah.

Danach die Entscheidung: Soll es einmal um den **Ring of Kerry** (S. 384) gehen oder genießt man lieber ganz entspannt einen Tag in **Killarney** (S. 374)? Ein weiterer Abstecher nach **Dingle** (S. 394) mit der Chance, den **Delphin Fungi** (S. 404) zu sehen, der seit nunmehr 36 Jahren in der Bucht lebt, ist für die meisten Irlandtouristen unverzichtbar. Eine Tour um die Halbinsel schließt auch einen Blick auf die **Blasket Islands** (S. 399) ein. Mit der Shannonfähre geht es bei Tarbert weiter ins County Clare, bis zu den **Cliffs of Moher** (S. 430) und zu einem Abstecher in die Karstlandschaft des **Burren** (S. 431).

In **Galway** (S. 439) beginnt die nördliche Hälfte der Tour, es geht nach Nordwesten, nach Connemara. Die „Hauptstadt" von Connemara, **Clifden** (S. 458), ist ein idealer Ort für eine Übernachtung. Von hier aus bieten sich Ausflüge an, etwa zum Fischerort **Roundstone** (S. 457). Danach steht eine etwas längere Fahrt an: an der **Kylemore Abbey** (S. 460) vorbei und über **Westport** (S. 466) und den **Croagh Patrick** (S. 468) bis hinauf nach **Achill Island** (S. 471).

Von hier sind Touren nach **Sligo** (S. 479) und **Donegal** (S. 491) oder sogar bis an den **Giant's Causeway** (S. 522) möglich. Diese Touren sind jedoch mit erheblichen Fahrtzeiten verbunden. Auf jeden Fall sollte man den Rückweg nach Dublin (mindestens einen halben Tag) noch in den Zeitplan einkalkulieren.

Durch den Südwesten

■ 1 Woche

Wer eine Reise in den Südwesten Irlands plant, der sollte vorab genau überlegen, welchen Zielflughafen er wählt: Cork, Shannon oder sogar Kerry. Dublin anzufliegen hat den Nachteil, dass man von dort recht lange (je nach Verkehrslage 4–6 Std.) unterwegs ist, bis der Südwesten Irlands erreicht ist. Zwar sind die Verbindungen von Dublin in den Südwesten mittlerweile besser geworden, die Straßen wurden

Unterwegs mit Auto, Rad, Bus und Bahn

Irland ist ein klassisches Reiseland für Autofahrer – denn viele Sehenswürdigkeiten sind ohne eigenen fahrbaren Untersatz gar nicht gut erreichbar. Motorradtouristen leiden oft unter dem typischen irischen Wetter und gelegentlich grottenschlechten Straßen, Radfahrer müssen sich zudem meistens auf eine bestimmte Region beschränken. Eine große Tour durch Irland mit öffentlichen Verkehrsmitteln ist zwar möglich, würde aber längere Wanderstrecken beinhalten und viel tote Zeit im Wartezustand. Die gute Nachricht: Wer rechtzeitig plant, wird sowohl einen günstigen Flug als auch einen preiswerten Mietwagentarif erwischen. Die Anfahrt mit dem eigenen Wagen und der Fähre (die zudem noch zwei bis vier kostbare Urlaubstage beansprucht), ist meist teurer.

Eigentlich alle großen Mietwagenfirmen haben an den Flughäfen Anmietstationen – auch Einwegmieten, etwa zwischen Dublin und Cork, sind i. d. R. möglich. Beim Preisvergleich ist das Internet unschlagbar, wobei die Webseiten der Mietwagenfirmen meistens die schlechtesten Preise und Konditionen bieten. Zahlreiche Internetportale dagegen suchen schnell die günstigsten Angebote aller Firmen zusammen. Als sehr empfehlenswert hat sich **mietwagen24**, 🖥 www.mietwagen24.de, erwiesen. Und bitte nicht an falscher Stelle sparen. Eine Buchung sollte immer eine Vollkaskoversicherung einschließen, mit möglichst geringem Selbstbehalt und Einschluss von Reifen, Windschutzscheibe sowie Schäden am Unterboden.

Mehr zum Thema Transport in Irland auf S. 77.

modernisiert, aber die gerade einmal zehnminütige Fahrtstrecke vom Kerry Airport in die Touristenhochburg Killarney ist ein gutes Argument für den Direktflug in den Südwesten. Ein genaues Studium der Flugpläne und Straßenkarten wird empfohlen. Wie auch immer die Anreise erfolgt: Wer eine einwöchige Autotour durch den Südwesten plant, der sollte Killarney als Ausgangspunkt wählen.

Nach einer Übernachtung in **Killarney** (S. 374) wird man am nächsten Tag erst einmal die nähere Umgebung erkunden. Die Besichtigung des Ortes (entweder zu Fuß oder von der Pferdekutsche aus) und der Seenlandschaft (per Bootsfahrt) nimmt den ganzen Tag in Anspruch. Am nächsten Tag steht eines der Highlights jeder Irlandreise auf dem Programm: die rund 180 km lange Fahrt auf dem **Ring of Kerry** (S. 384) mit seinen malerischen Buchten im Süden und Westen der Iveragh-Halbinsel. Anschließend geht es weiter nach **Tralee** (S. 404), wo ein kurzer Stopp bei der Windmühle von **Blennerville** (S. 405) lohnt, bevor man weiterfährt Richtung Westen, über Camp und Kilcummin zum **Connor Pass** (S. 404). Von hier bietet sich schon eine schöne Aussicht auf die Dingle Bay, der Ort **Dingle** (S. 44) samt seinem weltbekannten Delphin (S. 44) ist das nächste Etappenziel. Einen ganzen Tag kann der **Slea Head Drive** (S. 398) beanspruchen, zumindest wenn man ihn mit einem Besuch auf den vorgelagerten **Blasket Islands** (S. 399) kombiniert. Am nächsten Tag geht die Fahrt über **Inch** (S. 404) mit seinem wunderschönen Strand und Castlemaine nach Farranfore und wieder nach Killarney. Hier beginnt die Bergstrecke: Man verlässt Killarney am nächsten Morgen über die N71, erklimmt zunächst **Moll's Gap** (S. 385), danach geht es zum Mittagessen bergab nach **Kenmare** (S. 385). Frisch gestärkt, folgt man weiter der N71 nach Süden, bis der Aufstieg zum **Caha Pass** und zum **Turner's Rock Tunnel** erreicht ist, danach geht es auf der kurvigen Straße wieder bergab bis zum geschützten **Glengarriff** (S. 366). Wer nun noch Lust hat, auch den nächsten Tag im Auto zu verbringen, könnte eine schöne Tagestour auf dem **Ring of Beara** (S. 369) unternehmen. Die Alternative ist eine Bootsfahrt hinaus nach **Garinish Island** (S. 367), wo man ausgedehnte Spaziergänge durch die schönen Gärten unternehmen kann. Wanderbegeisterte sollten überlegen, ob sie ein Stück dem **Beara Way** (S. 372) in die Bergwelt folgen. Von Glengarriff geht es zurück nach **Killarney**, dort endet die einwöchige Autotour durch den Südwesten, die viele, fast schon zu viele Eindrücke in kürzester Zeit bietet.

Entlang der Westküste

■ 1 Woche

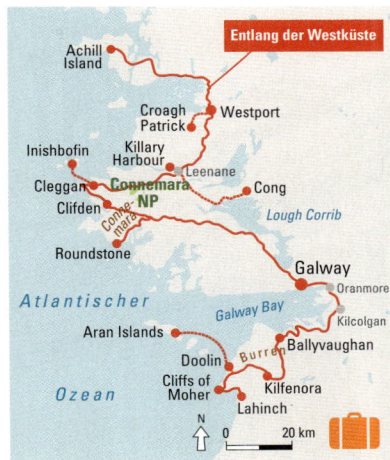

Auch bei einer Reise durch Irlands Westen stellt sich zuerst die Frage, wohin die Anreise gehen soll. Die großen Flughäfen von Shannon im Süden und Knock im Norden stellen durchaus passable Alternativen zu Dublin dar – wenngleich seit Eröffnung der Autobahn die Fahrt von Dublin nach Galway längst keinen Tag mehr dauert. Wer am Vormittag in Dublin landet, kann in der Regel – ob mit Mietwagen oder Fernbus (diese fahren direkt ab Dublin Airport) – den Nachmittagskaffee schon in Galway genießen. Hier ein Vorschlag für eine einwöchige Tour durch den irischen Westen ab Galway:

Von **Galway** (S. 439) aus geht es zunächst nach Süden, über Oranmore und Kilcolgan an die Südküste der Galway Bay und dieser folgend bis **Ballyvaughan** (S. 437). Von hier aus führt die

R480 nach Süden durch die Karstlandschaft des **Burren** (S. 431), dann nach **Kilfenora** (S. 438) und schließlich an die berühmten **Cliffs of Moher** (S. 430), die schon einen ersten Vorgeschmack von den eindrucksvollsten Klippenlandschaften Irlands geben. Am besten sucht man sich in der Nähe der Klippen eine Übernachtungsmöglichkeit, z. B. in **Lahinch** (S. 429) oder **Doolin** (S. 432). Von Doolin aus legen Fähren zu den **Aran Islands** (S. 450) ab; diesen Tagesausflug sollte man nicht verpassen, das Auto bleibt jedoch auf dem Festland. Wer den teilweise immer noch sehr archaisch wirkenden Lebensstil der Inselbewohner näher kennenlernen und einen lebhaften Eindruck davon bekommen möchte, wie den Wind, Wellen und Wetter den Alltag auf den Inseln beeinflussen können, der sollte ein paar Tage bleiben und die Aran Islands zu Fuß oder mit dem gemieteten Fahrrad intensiv erkunden. Wieder über Galway und die N59 geht es dann nach Connemara, nach einem Schlenker über **Roundstone** (S. 457) erreicht man das Etappenziel **Clifden** (S. 458) oder das kleinere **Cleggan** (S. 459). Wer Zeit hat, legt einen weiteren Inseltag auf **Inishbofin** (Fähre ab Cleggan, S. 460) ein, dann locken der **Connemara National Park** (S. 460) und der **Fjord von Killary** (S. 461). Über Leenane und **Westport** (S. 466), wo sich ein Abstecher zum **Croagh Patrick** (S. 468) anbietet, geht es danach rund 130 km bis nach **Achill Island** (S. 471). Eine Alternative wäre (unter Verzicht auf Achill) der wesentlich kürzere Weg durch das Joyce Country nach **Cong** (S. 462) am Ufer des großen Lough Corrib.

Durch Nordirland

■ 1 Woche

Wer eine Reise durch Nordirland plant, fliegt in der Regel nach Belfast, das über zwei Flughäfen verfügt: Einer liegt direkt am Belfast Lough, der andere am Lough Neagh, beide sind für einen schnellen Transfer bestens geeignet. Aber auch Dublin bietet sich als Zielflughafen an. Über die M1 ist man mittlerweile in rund 80 Min. an der Grenze, danach geht es über die A1 nur unwesentlich langsamer weiter nach Belfast. Die Hauptstadt Nordirlands ist Ausgangspunkt der

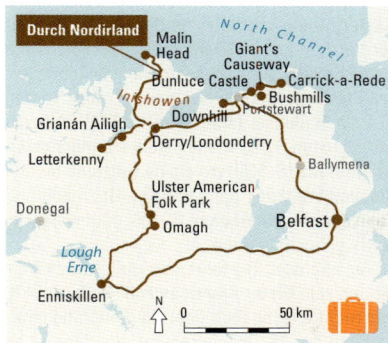

hier beschriebenen einwöchigen Tour. Wer mit dem Auto unterwegs ist, sollte wissen, dass das Straßennetz in Nordirland besser ausgebaut ist als in der Republik und daher einige längere Fahrtstrecken am Stück erlaubt.

Den ersten Tag sollte jeder Besucher nutzen, um **Belfast** (S. 560) zu Fuß oder mit einem der Doppeldeckerbusse zu erkunden. Selbst die einst verrufenen Gegenden, etwa rund um die Falls Road (S. 570) und die Shankill Road (S. 570), gehören heute zum touristischen Programm. Da das Nahverkehrsnetz relativ gut ausgebaut ist, sind auch noch Ausflüge etwa zum Ulster Folk & Transport Museum (S. 571) oder in den landschaftlich reizvoll gelegenen Zoo (S. 571) möglich. Am nächsten Morgen geht es über die M2 und A26 nach Norden in Richtung **Giant's Causeway** (S. 522). Dieses einmalige Naturerlebnis sollte man auf keinen Fall versäumen.

Ein tagesfüllendes Programm wird die Tour dann, wenn man noch die Hängebrücke von **Carrick-a-Rede** (S. 526) und die bizarre Strandlandschaft westlich von **Dunluce Castle** (S. 524) besucht. Alternativ kann man auch die **Whiskeydestille von Bushmills** (S. 525) besichtigen. Hier gibt's auch viele Übernachtungsmöglichkeiten.

Am nächsten Tag geht es weiter nach Westen, über die reizvollen Touristenorte Portrush und Portstewart bis zum **Mussenden Temple bei Downhill** (S. 522). Für die Besichtigung der geschichtsträchtigen Stadt **Derry** (S. 512) sollte man mindestens einen halben Tag einplanen.

Von Derry aus geht es in westliche Richtung über die A2 in die Republik Irland, die nur einen

Katzensprung von Derry entfernt liegt, und weiter zum berühmten **Grianán Ailigh** (S. 507). Nach einer Besichtigung dieses geheimnisumwitterten Steinforts führt der Weg weiter nach Norden auf die Halbinsel **Inishowen** (S. 508) und zum nördlichsten Punkt Irlands, dem sturmumtosten **Malin Head** (S. 508), wo einige Gebäude an den Zweiten Weltkrieg erinnern. Eine Übernachtung kann dann in **Letterkenny** (S. 505) oder wieder in Derry gebucht werden.

Am nächsten Tag fährt man zurück nach Nordirland zum **Ulster American Folk Park** (S. 547), der recht anschaulich über die Emigrationsbewegung des 18. Jhs. informiert. Von hier ist es ein Katzensprung bis **Omagh** (S. 547), wo sich Übernachtungsmöglichkeiten bieten.

Von Omagh aus ist am nächsten Tag rasch das (vor)letzte Etappenziel der Route erreicht: das hübsche **Enniskillen** (S. 549) am **Lough Erne** (S. 554), das über zahlreiche Pubs und Restaurants verfügt und außerdem ein beliebter Stopp für Ferienreisende auf dem Hausboot ist. Von hier kehrt man nach Belfast zurück.

Die Budget-Route

■ 1 Woche

Auch wer nur ein kleines Budget zur Verfügung hat, kann Irland bereisen – mithilfe der Budgettipps in diesem Buch findet man vor Ort schnell eine preisgünstige Unterkunft. Die meisten Hostels bieten eine Küche für Selbstversorger, damit ist schon ein großer Posten der Reisekosten geschrumpft.

Bleibt der Transport. Wer auf einen Mietwagen zurückgreifen kann, bleibt bei einer Reise

Streckenplanung mit der AA

Die **Automobile Association** (AA, britisch-irisches Pendant zum ADAC) bietet auf ihrer Webseite, 🖥 www.theaa.ie, nicht nur aktuelle Verkehrsmeldungen, sondern auch einen hervorragenden Streckenplaner (Route Planner). Die angegebenen Entfernungen und vor allem Fahrtzeiten können als das letzte Wort zur Planung einer Tagesetappe gelten. Außerdem gibt es hier aktuelle Verkehrsinformationen, Wetterwarnungen und auch Situationsberichte aus dem Flugverkehr und von den Fähren.

zu zweit schnell unter den Kosten des billigsten Transportmittels im Land und kann zwischen den ab S. 32 vorgeschlagenen Routen frei wählen.

Eine Woche Irland ohne Mietwagen ist aber auch unter 200 € „Fixkosten" (also ohne Verpflegung und Eintritte) machbar. Folgende Route wäre eine Idee: Zwei Übernachtungen in **Dublin**, das auch mit kostenlosen Sehenswürdigkeiten lockt (S. 131). Fahrt mit der Bahn nach **Galway** (für günstigste Tickets online buchen, auf dieser Strecke ca. 20 €), wo die nächste Übernachtung stattfindet (S. 444). Mit einem Open Road Pass von Bus Éireann fährt man die nächsten drei Tage für 60 €. Die Busfahrt am ersten Tag führt nach **Lahinch** (S. 429) und an die **Cliffs of Moher** (S. 430). Am zweiten Tag geht es von Galway über Castlebar nach **Achill Island** (S. 471). Von Achill Island am dritten Tag nach **Westport** (S. 466) und zum **Croagh Patrick** (S. 468); Übernachtung in Westport, der quirligen Provinzmetropole. Von dort nimmt man am letzten Tag den Zug zurück nach Dublin (wieder online ca. 20 € online) zum Flug in die Heimat. Gesamtkosten für Transport unter 110 € (inkl. Flughafentransfer in Dublin), für Unterkunft vielleicht 90 € (Bett im Schlafsaal, Nebensaison), dazu Lebensmittel und Eintritte.

Wichtig für das Budget ist auch die Reisezeit – wer an die Sommerferien gebunden ist, muss mit höheren Preisen rechnen. Und im Januar und Februar reist es sich am billigsten. Aber Vorsicht: Irische Preise können sich so schnell wie das Wetter ändern, das heutige Schnäppchenangebot kann morgen schon Schnee von gestern sein

Klima und Reisezeit

Klima

Irland wird nicht ohne Grund gerne als „Grüne Insel" bezeichnet – es ist in der Tat jahrein, jahraus grün. Das liegt an einem gemäßigten, ausgeglichenen **Klima** … und leider auch einer doch beachtlichen und relativ konstanten **Niederschlagsmenge**. Es scheint Besuchern oft, als gäbe es keine echten Jahreszeiten. Spötter behaupten, der Unterschied zwischen dem irischen Sommer und dem irischen Winter spiegele sich lediglich in den leicht unterschiedlichen Temperaturen des Regens wider. Übrigens ist auch das Image als Land der Regenbogen korrekt, der ständige Wetterwechsel, oft zwischen Regen und Sonnenschein, macht dieses Naturphänomen nahezu zum Alltagserlebnis.

Die **Durchschnittstemperatur** in Irland steigt im Sommer (nur im Juli/Aug) gerade mal auf 20°C. Nördlich einer imaginären Linie Galway–Dublin kann man sogar mit 1 oder 2°C weniger rechnen. Der Süden wird durch den **Golfstrom** etwas begünstigt, hier wachsen sogar Palmen. Dass sie den Winter überleben, liegt daran, dass das Thermometer eigentlich nur nachts, in höheren Lagen oder (bislang jedenfalls) in seltenen Frostperioden unter den Gefrierpunkt fällt. Heftige, lang anhaltende Kälte- oder Hitzeperioden kommen jedoch auch vor.

Die beiden wärmsten Monate in Irland insgesamt sind der Juli und der August, der niederschlagsärmste Monat ist dagegen überraschenderweise der April. Den Rekord an Sonnenstunden hat seit vielen Jahren der irische Südosten inne, die Gegend um Rosslare gilt als die sonnigste Ecke Irlands. Im Winter dagegen zählen die Umgebung der Ortschaft Birr und das County Cavan mit zu den kältesten Gegenden des Landes.

Winter in Irland

Belfast

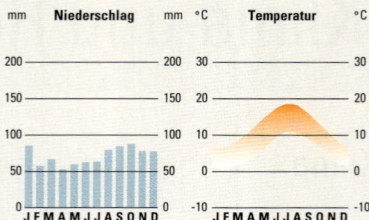

Claremorris

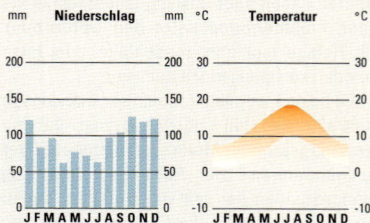

Cork

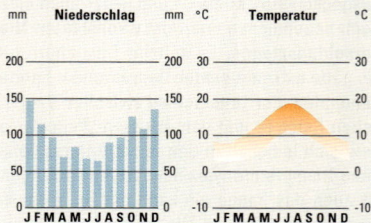

Dublin

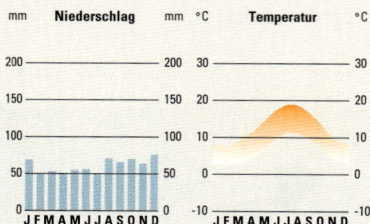

Malin

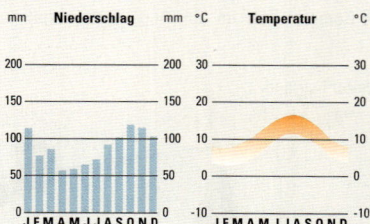

Rosslare

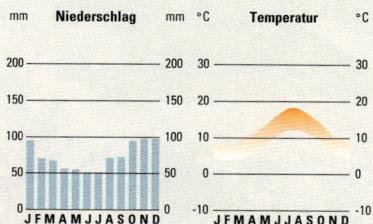

Valentia Island

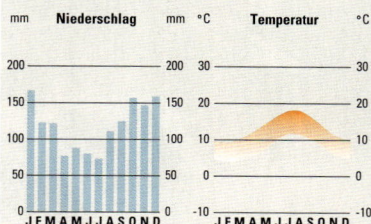

Reisezeit

Irlands „klassische" Reisezeit wird von zwei Kalenderdaten bestimmt: Um Ostern beginnt der Ansturm der Touristen, Ende Oktober schließen viele Attraktionen und die meisten saisonal betriebenen B&Bs ihre Pforten. Aus diesem Schema heraus fällt eigentlich nur der St. Patrick's Day (17. März), der für ein enormes Reiseaufkommen sorgt. Von November bis Mitte März sinkt Irland touristisch gesehen in einen Dornröschenschlaf.

Innerhalb Irlands sind die Hauptreisezeiten von den jeweiligen Feiertagen und verlängerten Wochenenden bestimmt, dazu von den Schulferien im Juli und August.

Ein empfehlenswerter Reisemonat ist der September. Die Temperaturen sind meist noch angenehm, der Regen beherrschbar. Die Sehenswürdigkeiten sind noch geöffnet, aber nicht mehr überlaufen. Zudem beginnt bereits die Nebensaison, in der in vielen Unterkünften die Preise purzeln.

Eine Alternative ist der eher regenarme Monat April, der allerdings mit einigen kühlen Tagen aufwarten kann. Langsam bereitet man sich auf die bevorstehende Saison vor, viele Sehenswürdigkeiten aber sind noch geschlossen oder haben nur eingeschränkte Öffnungszeiten. Besonders empfehlenswert ist diese Zeit für ausgedehnte Wandertouren.

Irland außerhalb der Saison

Von Ende Oktober bis Mitte März ist in Irland nichts mehr los. Die stark kommerzialisierten Feierlichkeiten um Halloween oder Samhain sind ein letztes Aufbegehren, Advent und Weihnachten in Irland lassen kaum festliche Gefühle aufkommen. Und ein Aufenthalt zu Silvester hinterlässt bei den meisten Menschen ein Gefühl wie ein vom Regen durchweichter Chinaböller. Es gibt wesentlich angenehmere Länder, um dort den Spätherbst und Winter zu erleben. Das hat weniger mit den Temperaturen zu tun, denn der Winter in Irland ist selten arktisch und es gibt herrliche, sonnige Tage mit einem wunderbaren Licht, das allerdings früh wieder schwindet. Viel entscheidender ist, dass nahezu ganz Irland – außerhalb der Einkaufszentren – in dieser Zeitspanne von einer Art „Winterschlaf" ergriffen wird. Auch viele B&Bs bleiben dann geschlossen.

Allerdings bietet Irland außerhalb der Saison den Vorteil, dass nur ganz wenige Touristen unterwegs sind, man selbst in besseren Hotels Schnäppchen machen kann und sogar die Hauptattraktionen kaum besucht sind. Wobei eine Recherche im Vorfeld lohnt: Nicht jede als „geschlossen" bezeichnete Einrichtung ist es auch. Ein bekanntes Beispiel ist Tara, wo die offiziellen Öffnungszeiten nur für das Besucherzentrum gelten, keineswegs jedoch für die Anlage selbst. Tatsächlich kann man Tara, wie viele prähistorische Denkmäler, im Winter besser und ungestörter genießen als in der Saison.

Enorm wichtig für einen Irlandaufenthalt außerhalb der Hauptsaison ist aber die richtige Kleidung: Regenfest und windabweisend sollte sie in jedem Falle sein. Die feuchtkalten Winde Irlands sind wesentlich durchdringender als die meist moderaten Temperaturen.

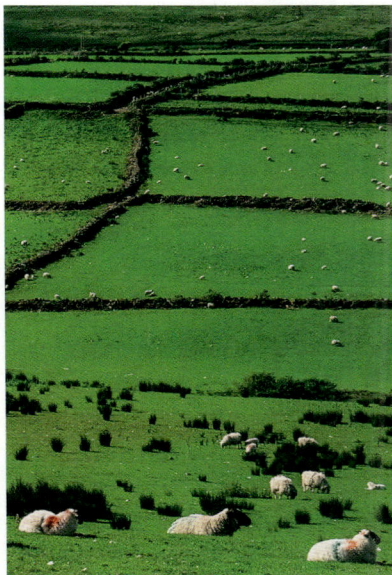

© DUMONT BILDARCHIV / JÜRGEN MODROW

Reisekosten

Irland ist eines der teuersten Länder Europas. Egal ob man sich in der Metropole Dublin oder dem hintersten Winkel Donegals befindet, das **Preisniveau** ist überall annähernd gleich. Anders bei den **Benzinpreisen**: Sie können von Tankstelle zu Tankstelle um bis zu 10 % schwanken, auch wenn es sich um die gleiche Marke handelt. Und beim Bier – für den Preis eines Guinness in Temple Bar kann man sich in der Provinz schon fast zwei gönnen.

Eine Preiskalkulation für den Irlandurlaub ist dennoch schwierig, hängt sie doch wesentlich von den individuellen Ansprüchen ab. Ein Beispiel: zwei Liter Mineralwasser aus dem Supermarkt kosten weit weniger als 75 Cent, eine Halbliterflasche im „Convenience Store" dagegen schon gerne über 2 €.

Bei manchen Waren betragen die Preisunterschiede bis zu 400 %. Das ist etwa die Spanne zwischen einem Toastbrot „Hausmarke" im billigen Supermarkt und demselben Brot einer großen Marke in einem Dorfladen. Und noch ein Hinweis: In Irland sind Waren in größeren Mengen oftmals um ein Vielfaches billiger, teilweise

Temple Bar: In Dublins Vergnügungsviertel geht es tagsüber eher beschaulich zu.

© DUMONT BILDARCHIV / OLAF MEINHARDT

bekommt man die doppelte Menge für nur ein, zwei Cent mehr.

Tagesbudget

Der klassische Rucksackreisende, der in Massenunterkünften ohne großen Komfort schläft, sich seine Mahlzeiten in der Gemeinschaftsküche selber kocht und überwiegend zu Fuß unterwegs ist, kann auf der untersten Stufe der Kostenleiter Platz nehmen. Mit rund 20–25 € pro Tag und Person sollte man sich schon durchschlagen können, zumindest in der Nebensaison und mit dem Glück, immer das günstigste Bett im Hostel zu erwischen.

Wer sich in B&Bs einmietet und abends seine Hauptmahlzeit im Pub oder einem günstigen Restaurant einnimmt, der kann das Tagesbudget bei mindestens 60 € p. P. ansetzen. Ein Budget von 100 € pro Tag ermöglicht schon den Aufenthalt in guten Mittelklasse-Hotels oder besseren B&Bs, gelegentliche Restaurantbesuche, bei denen man nicht auf das Tagesmenü zurückgreifen muss, und auch einige Extras.

€ Spartipps

Übernachten und Essen

Am besten sparen kann man bei **Unterkunft und Verpflegung**! Wer in einfachen Hostels übernachtet und selbst kocht, wird die geringsten Kosten haben. Details s. „Essen und Trinken" (S. 48) sowie „Übernachtung" (S. 83).

Sehenswürdigkeiten

Die zwei wichtigsten Sparmöglichkeiten bei **Besichtigungen** sind zum einen die **Heritage Card**, 🖥 www.heritageireland.ie. Für 40 € hat man ein Jahr lang freien Eintritt zu den wichtigsten Sehenswürdigkeiten des Landes. Da hier auch einige der wichtigsten Highlights eingeschlossen sind, kann sich diese Investition enorm schnell amortisieren. Zum anderen bietet auf dem privaten Sektor **Heritage Island** ein Gutscheinheft („Touring Guide") an, das für unter 9 € (inkl. Versand) viele Ermäßigungen bietet. Details unter 🖥 www.heritageisland.com.

Transport

Sparen kann man auch beim **Transport** – mit etwas Planung. Die in Irland erhältlichen **Busfahrkarten** gelten jeweils eine bestimmte Anzahl von Tagen in einem bestimmten Zeitraum – z. B. acht Tage Fahrt innerhalb von 15 Tagen. Der **Bus Éireann Open Road Travel Pass** für acht Fahrttage (in 16 Tagen) kostet 142,50 €, gilt aber nur in der Republik, 🖥 www.buseireann.ie.

Spartipps beim **Bahnfahren**: **Interrail** bietet ein Irland-Ticket (inkl. Nordirland) für z. B. acht Tage im Monat an, Kosten 206 € für Erwachsene (Jugendliche 148 €), 🖥 www.interrail.ie. Nur fünf Tage (aus beliebigen 15) gültig ist der **Explorer Pass**, den Irish Rail anbietet – er gilt aber nur in der Republik und kostet 160 €, 🖥 www.irishrail.ie. Nur in Nordirland gilt dagegen **iLink**, dafür aber auf allen öffentlichen Verkehrsmitteln – eine Woche kostet für einen Erwachsenen rund 60 £, 🖥 www.translink.co.uk.

Was kostet wie viel?	
Mineralwasser	2,20 €
Tasse Kaffee	2,50 €
Softgetränk	2,50–5 €
Bier	4,50–5 €
Frühstück im Restaurant/Café	5–12 €
Mittagsmenü	ab 9,50 €
Abendessen im Pub/Carvery	ab ca. 12 €
Abendessen im Restaurant	ab ca. 20 €
Benzin (1 l) (in Nordirland etwas teurer, Diesel in der Republik etwas günstiger)	1,45 €
Taxifahrt (Dublin Flughafen bis Innenstadt)	ab 35 €
Mietwagen pro Tag	ab 30–50 €
Bett im Hostel	ca. 16–20 €
Übernachtung p. P. im B&B (gehoben)	35–45 €
Übernachtung im Mittelklassehotel, mit Frühstück (DZ)	70–150 €

Travelinfos von A bis Z

Eigentlich ist Irland ja nur einen Katzensprung von Mitteleuropa entfernt – nimmt man den Flieger, denn auf Straße oder Schiene darf man schon etwa zwei Tage unterwegs sein. Die Insel am Westrand Europas präsentiert sich dem Besucher dann teils modern in den Metropolen, teils ursprünglich auf dem „flachen Land". Und ist touristisch sehr gut erschlossen, manchmal vielleicht sogar zu gut. Normale englische Sprachkenntnisse reichen aus, um Land und Leuten wirklich nahezukommen. Also fast ein ideales Reiseziel.

WAPPEN VON CORK COUNTY; © BERND BIEGE

Inhalt

Anreise	45
Botschaften	47
Einkaufen	48
Essen und Trinken	48
Fair reisen	54
Feste und Feiertage	55
Fotografieren	56
Frauen unterwegs	56
Geld	57
Gepäck und Ausrüstung	58
Gesundheit	59
Informationen	60
Jobben in Irland	61
Kinder	62
Maße und Elektrizität	62
Medien	63
Nationalparks	64
Post	65
Reisende mit Behinderungen	65
Reiseveranstalter	65
Schwule und Lesben	66
Sicherheit	66
Sport und Aktivitäten	68
Sprachkurse	76
Telefon und Internet	77
Transport	77
Übernachtung	83
Verhaltenstipps	87
Versicherungen	88
Visa	88
Weiterreise	88
Zeit und Kalender	89
Zoll	89

Kurz und knapp

Flugdauer Frankfurt – Dublin: 2 Std.

Einreise EU-Bürger und Schweizer benötigen für Irland und Nordirland einen noch mindestens sechs Monate gültigen Personalausweis oder Reisepass.

Geld Währung ist der Euro (Irland) bzw. das britische Pfund (Nordirland). Geldautomaten sind weitverbreitet. Die meisten Läden akzeptieren Kreditkarten, meist muss eine PIN eingegeben werden.

Zeitverschiebung MEZ minus 1 Std.

Anreise

Mit dem Flugzeug

Schnellste Anreise nach Irland bietet das Flugzeug, in Zeiten der Billigflieger ist es dazu oft auch noch die preiswerteste. Schon für unter 20 € kann man mit etwas Glück ein Ticket nach Dublin bekommen. Nachteile sind: eingeschränktes Gepäck und die Notwendigkeit, das Weiterkommen auf der Insel selbst zu organisieren. Von verschiedenen mitteleuropäischen Flughäfen gehen täglich Flüge nach Irland. Führende Fluglinien sind Ryanair, 🖥 www.ryanair.com, und Aer Lingus, 🖥 www.aerlingus.com. Auch EasyJet, 🖥 www.easyjet.com, Eurowings, 🖥 www.eurowings.com, 🖥 www.jet2.com, Lufthansa, 🖥 www.lufthansa.de, und Swiss, 🖥 www.swiss.com, bieten Flüge nach Irland an.

Dublin ist der größte Flughafen Irlands – und zu den Hauptabflugzeiten sind Verzögerungen bei der Sicherheitskontrolle nach wie vor vorprogrammiert. Eine beliebte Alternative für Besucher des Südwestens sind die Flughäfen **Shannon**, **Kerry** und **Cork**.

Einige Verbindungen vom Kontinent bestehen auch nach **Belfast** – dabei ist zu beachten, dass der Belfast International Airport am Lough Neagh liegt, nur der Belfast City Airport befindet sich nahe der Stadt.

Flughäfen und Fähren

Weitere Regionalflughäfen mit Linienflügen befinden sich in **Derry**, **Donegal**, auf den **Aran-Inseln** und in **Waterford**. Allenfalls Donegal und die Aran-Inseln sind dabei für Besucher noch als Flugziele interessant.

An allen großen Flughäfen sind Autovermieter präsent. Unbedingt reservieren – Anmietung vor Ort ist teurer.

Weniger fliegen – länger bleiben! Reisen und Klimawandel

Der Klimawandel ist vielleicht das dringlichste Thema, mit dem wir uns in Zukunft befassen müssen. Wer reist, erzeugt auch CO_2: Der Flugverkehr trägt mit einem Anteil von bis zu 10 % zur globalen Erwärmung bei. Wir sehen das Reisen dennoch als Bereicherung: Es verbindet Menschen und Kulturen und kann einen wichtigen Beitrag für die wirtschaftliche Entwicklung eines Landes leisten. Reisen bringt aber auch eine Verantwortung mit sich. Dazu gehört darüber nachzudenken, wie oft wir fliegen und was wir tun können, um die Umweltschäden auszugleichen, die wir mit unseren Reisen verursachen. Wir können insgesamt weniger reisen – oder weniger fliegen, länger bleiben und Nachtflüge meiden (da sie mehr Schaden verursachen). Und wir können einen Beitrag an ein Ausgleichsprogramm wie 🖥 **www.atmosfair.de** leisten.

nachdenken • klimabewusst reisen
atmosfair

Dabei ermittelt ein Emissionsrechner, wie viel CO_2 der Flug produziert und was es kostet, eine vergleichbare Menge Klimagase einzusparen. Mit dem Betrag werden Projekte in Entwicklungsländern unterstützt, die den Ausstoß von Klimagasen verringern helfen.

Mit dem Auto oder Motorrad

Eine Anreise mit dem eigenen Auto oder Motorrad hat den Vorteil, dass man in Irland sofort mobil ist. Sie beinhaltet aber auch lange Fahrtzeiten und immer mindestens eine Fährfahrt. Theoretisch benötigt man von Deutschland nach Irland ungefähr 24 Stunden – wenn alles wie am Schnürchen läuft! Verpasst man eine Fähre, sind oft auch die Anschlussverbindungen passé oder müssen, mit Kosten verbunden, auf die nächste passende Verbindung umgebucht werden.

Direkte Fährverbindungen vom Kontinent bestehen ab Frankreich, alternativ nutzt man die „Landbridge" über Großbritannien. Bei der „Landbridge"-Variante kann man entweder zwei Fähren oder eine Fähre und den Kanaltunnel, 🖥 www.eurotunnel.com, kombinieren. Hierbei ist unbedingt ausreichend Zeitpuffer einzuplanen.

Eine klassische Route von Frankfurt aus wäre die Fahrt über Belgien und/oder Frankreich nach Calais. Von hier verkehren komfortable Fähren oder der Zug im Eurotunnel. Auf der Fähre kann man sich die Beine vertreten und auch etwas essen (oder wenige Stunden Schlaf mehr oder minder ungestört genießen), dann geht es an London vorbei nach Wales. Der Fährhafen Holyhead bietet täglich mehrere direkte Verbindungen nach Dublin.

Fährverbindungen

Cairnryan (Schottland) nach Belfast (Schnellfähre und normale Fähre, 2 bzw. 3 Std.), Stena Line, 🖥 www.stenaline.ie
Cairnryan (Schottland) nach Larne, 1 3/4 Std., P&O Irish Sea, 🖥 www.poferrys.com
Cherbourg (F) nach Dublin, 21 Std., Irish Ferries, 🖥 www.irishferries.com
Cherbourg (F) nach Rosslare, 19 Std., Stena Line, 🖥 www.stenaline.ie
Douglas (Isle of Man) nach Belfast oder Dublin, jeweils 3 Std., Isle of Man Steam Packet Co., 🖥 www.steam-packet.com
Fishguard (Wales) nach Rosslare, 3 1/2 Std., Stena Line, 🖥 www.stenaline.ie
Holyhead (Wales) nach Dublin (3 1/4 Std.), Irish Ferries, 🖥 www.irishferries.com oder Stena Line, 🖥 www.stenaline.ie

Liverpool (England) nach Belfast, 8 Std., Stena Line, 🖥 www.stenaline.ie
Liverpool (England) nach Dublin, 8 Std., P&O Irish Sea, 🖥 www.poferrys.com
Pembroke (Wales) nach Rosslare, 4 Std., Irish Ferries, 🖥 www.irishferries.com
Roscoff (F) nach Cork, 14 Std., Brittany Ferries, 🖥 www.brittanyferries.ie
Roscoff (F) nach Rosslare, 18 Std., Irish Ferries, 🖥 www.irishferries.com

Mit der Bahn

Die Anreise mit der Bahn ist vergleichbar der Anreise mit dem Auto, kostet aber, je nachdem wie oft man umsteigen muss, erheblich mehr Zeit. Wer sich daran nicht stört, für den kann die Bahnfahrt zu einer interessanten Alternative werden, etwa wenn noch ein Zwischenaufenthalt in London eingeplant wird. Dabei sollte man sich im Vorfeld genau über die Fahrpreise der mit den Fähren kombinierten Tickets erkundigen. Gerade in Großbritannien können die Fahrpreise zwischen einer Vorbestellung im Internet und einem Kauf am Bahnhof um ein Vielfaches variieren.

Für diese Tour sollte man mindestens 24 Stunden veranschlagen, abhängig von der Zeitreserve, die man sich in Brüssel, London und Holyhead zum Umsteigen gönnt. Die Kosten betragen, je nach saisonalen Angeboten, mindestens 250 €.

Mit dem Bus

Empfehlen kann man die Anreise mit dem Bus nicht, da sie oft eine Langstreckentortur ist. Die Busfahrt von Frankfurt/Main nach Dublin z. B. dauert mindestens 26 Stunden. Von manchen deutschen Städten fahren zwei Busse pro Tag. Der Vorteil: Man muss sich nur um eine Umsteigestation kümmern, eigentlich alle internationalen Verbindungen laufen über London Victoria.

Die fast 13-stündige Fahrt von Köln nach London ist im Verbund von **Eurolines**, 🖥 www.eurolines.com, schon für unter 50 € zu haben (Ticket ohne Umbuchungsmöglichkeit). Ab dort geht es mit **Bus Éireann**, 🖥 www.buseireann.ie, weiter, auch die Strecke bis Dublin nimmt noch einmal 13 Stunden in Anspruch, das Ticket ist schon ab 52 € erhältlich.

Botschaften

In Irland

Botschaft der Bundesrepublik Deutschland
31 Trimleston Av., Booterstown, Blackrock, Dublin
📞 01-2776100
🖥 www.dublin.diplo.de
🕐 generell Mo–Do 8–17, Fr 8–14 Uhr – aber unbedingt vorher anrufen.

Botschaft der Republik Österreich
6 Ailesbury Rd., Dublin 4
📞 01-2694577
🖥 www.bmeia.gv.at/oeb-dublin
🕐 nach Vereinbarung

Botschaft der Schweiz
6 Ailesbury Rd., Ballsbridge, Dublin 4
📞 01-2186382
🖥 www.eda.admin.ch/countries/ireland/de/home/vertretungen/botschaft.html
🕐 nach Vereinbarung

Irische Botschaften

… in Deutschland
Embassy of Ireland
Jägerstr. 51, 10117 Berlin
📞 030-220720
🖥 www.dfa.ie/irish-embassy/Germany
🕐 Mo–Fr 9.30–12.30 Uhr (nur mit tel. Voranmeldung), tel. Beratung Mo–Fr 9.30–12.30, 14.30–16.30 Uhr

… in Österreich
Embassy of Ireland
Rotenturmstr. 16-18, 5. Stock, 1010 Wien
📞 01-7154246
🖥 www.dfa.ie/irish-embassy/Austria
🕐 Mo–Fr 9.30–12.30 Uhr, tel. Beratung Mo–Fr 9–13 und 14–17 Uhr

… in der Schweiz
Embassy of Ireland
Kirchenfeldstr. 68, 3000 Bern 6
📞 031-3500380

Das eigene Fahrrad mitnehmen

Wer sein Fahrrad mit nach Irland nehmen möchte, muss dies gut planen und u. U. teuer bezahlen. Auf einem Dachgepäckträger montiert erhöht es in der Regel den Fährpreis. Und sonst? Ob man nun mit dem Bus, der Bahn oder dem Flugzeug anreist, ein Fahrrad gilt immer als Sondergepäck, das unbedingt frühzeitig angemeldet werden muss (ausgenommen kleinste klappbare Fahrräder). Wer den Drahtesel mit in den Flieger nehmen will, muss ihn zuvor nach Vorschrift verpacken; die jeweiligen Anweisungen findet man auf den Internetseiten der jeweiligen Fluglinie. Auf jeden Fall wird es zu erhöhten Gepäckgebühren kommen.
In vielen Fällen wird es günstiger, ein Fahrrad vor Ort zu mieten (S. 82).

Einkaufen

Irland ist ein Einkaufsparadies – jedenfalls was die **Öffnungszeiten** angeht. Die meisten Geschäfte sind von Montag bis Samstag zwischen 9 und 17 Uhr geöffnet, oftmals noch länger. Auch der Sonntag ist kein Ruhetag, die Geschäfte öffnen jedoch etwas später (und in kleineren Gemeinden gar nicht), selbst an Feiertagen kann man in Kaufhäusern und Supermärkten einkaufen. Nur am 25. Dezember bleiben alle Geschäfte geschlossen. Auf den Dörfern sind die Ladenöffnungszeiten zwar etwas eingeschränkter, in der Regel findet sich jedoch immer ein kleiner Kaufmann, der zumindest die wichtigsten Lebensmittel sowie Zeitungen und Zigaretten verkauft. Anders bei den **Tankstellen**: Selbst in den Großstädten schließen sie oft am Abend und öffnen erst wieder ab etwa 7 Uhr morgens.

Natürlich hat dieser Rund-um-die-Uhr-Service seinen Preis. Dies spürt man vor allem bei kleinen Geschäften, deren **Preise** für viele Artikel unverhältnismäßig hoch sind (hier also nur in Notlagen einkaufen). Lebensmittel und Dinge des täglichen Bedarfs sind bei den Supermarktketten (vor allem Aldi, Dunnes, Lidl, SuperValu und Tesco, in Nordirland auch Asda und Sainsbury) am günstigsten. Preisvergleiche zwischen den Supermärkten lohnen sich, vor allem bei hochpreisigen Artikeln.

Neben Bargeld akzeptieren die meisten Geschäfte auch **Kreditkarten**, die jedoch mit Chip- und-PIN-Technologie ausgestattet sein sollten. Daneben ist der Karteneinsatz oft von einem Einkauf in Mindesthöhe (meist 10 € oder 10 £) abhängig.

Zigaretten sind richtig teuer! Raucher sollten sich unbedingt noch in der Heimat eindecken (Höchstmengen s. „Zoll" S. 89).

Ebenfalls meist hoch sind die Kosten für **Alkohol** jeder Art. Tatsächlich kann es günstiger sein, in Deutschland gekauften irischen Whiskey mit sich zu führen, als das „Wasser des Lebens" im Erzeugerland selbst zu kaufen.

Als typische **Souvenirs** aus Irland gelten alle Arten von Guinness-Fanartikeln (die gibt es für jeden Geschmack und Geldbeutel), Aran-Pullover, Sportbekleidung mit den Farben und Emblemen irischer Vereine oder Counties, Claddagh-Ringe und -Anhänger (S. 441), Kleidung und vor allem Mützen aus Tweed und mit „typisch keltischen Motiven" verzierte Gebrauchsgegenstände oder Schmuckstücke. Ungeheuer populär sind auch kleine Keramikmodelle von irischen Häusern, für die ein Stückchen Torf zum Abbrennen beigelegt wird – Räuchermännchen auf Irisch.

Irisches Kunsthandwerk wird oftmals von den Künstlern direkt verkauft, an zahlreichen Orten haben sie sich in Gemeinschaftsateliers zusammengefunden und lassen sich bei der Arbeit über die Schulter schauen. Ein sehr schönes Beispiel ist das Kilkenny Design Center (S. 320), aber auch wesentlich einfacher gehaltene Einrichtungen wie das Donegal Craft Village (S. 492) oder der Buttermarket in Enniskillen (S. 550) sind einen Zwischenstopp wert. Dabei werden in den verschiedenen Betrieben die unterschiedlichsten Artikel hergestellt, von Strickwaren über Drechslerarbeiten bis hin zu Schmiedekunst. Sehr oft trifft man auch auf Töpfer, von denen einige mittlerweile international erfolgreich sind. Diese haben dann aber meist nicht mehr nur ein kleines Studio, sie betreiben regelrechte „Ausflugsziele", wie z. B. Louis Mulcahy auf der Dingle Halbinsel (S. 404).

Essen und Trinken

Das einzige im Ausland wirklich bekannte irische Gericht ist das Irish Stew. Dabei hat das Land kulinarisch weitaus mehr zu bieten und durchaus auch bei guter Qualität. Basis der meisten regionaltypischen Gerichte ist fast immer die Kartoffel.

Grundsätzlich kann man in Irland aber auch überleben, ohne einmal lokale Küche genossen zu haben – Fast-Food-Ketten und internationale, vor allem asiatische, Restaurants machen es möglich, sogar den Verlegenheitsgang zum „Chippie" (Schnellimbiss mit dem typischen

Gericht Fish 'n' Chips, oft von italienischen Immigranten betrieben) zu vermeiden.

Restaurants

In ganz Irland bieten Restaurants **gutbürgerliche** Küche an. Vor allem auf dem Lande gibt es zahlreiche, oft an Pubs angeschlossene Speisegaststätten, in denen teilweise auch typisch irische Gerichte wie Colcannon und Boxty (S. 52) serviert werden. In den größeren Städten sind Restaurants oft sehr teuer, was nicht immer eine Garantie für Service und Qualität darstellt. **Gourmet-Lokale** erkennt man, wenn überhaupt, an Plaketten oder Auszeichnungen neben dem Eingang. Wer tatsächlich eine kulinarische Reise durch Irland wagen will, der sollte in den sehr guten, jährlich neu erscheinenden Restaurantführer von Georgina Campbell investieren.

In den letzten Jahren haben immer mehr Restaurants verschiedener **Länderküchen** geöffnet, die sich erfolgreich am Markt behaupten. Den Anfang machten vor allem indische Restaurants (oft von Pakistanis betrieben) und der allfällige „Chinese", der seit einigen Jahren auch gerne Thai-Gerichte anbietet. Die Qualität dieser Restaurants ist unterschiedlich, es empfiehlt sich ein Blick in den Gastraum: Sitzen dort viele Angehörige der jeweiligen ethnischen Minderheit, ist die Küche zumindest „authentisch" – was für den westlichen Gaumen bei einem Vindaloo schon den Feuertod bedeuten kann. Gerade in den großen Städten sind noch afrikanische, vorderasiatische und osteuropäische Restaurants dazugekommen. Die meisten Pizza-Restaurants pflegen einen eher US-amerikanischen Stil.

Kaufhausrestaurants können eine Alternative sein. Diese bieten meist Frühstück, Mittagessen und Kaffee an, je nach Öffnungszeit des Kaufhauses auch noch warme Abendmahlzeiten. In der Regel sind die Mahlzeiten recht günstig und von ordentlicher Qualität, wenn auch nicht unbedingt eine kulinarische Offenbarung.

An die großen Museen mit hohem Publikumsverkehr sind meist Cafés oder sogar **Museumsrestaurants** angeschlossen, die in der Regel aber einen eigenen Wirtschaftsbetrieb bilden und z. T. hohe Mieten zahlen, was sich wieder

auf die Preise niederschlagen kann. Doch hat ein Museumsrestaurant auch klare Vorteile – man kann zwischen all der Kultur pausieren und muss nicht lange rumsuchen. Die Bandbreite von Qualität und Preis in diesen Restaurants ist enorm, ein kurzer Blick auf das Angebot kann gelegentlich wie eine kalte Dusche wirken. Andererseits gibt es auch wirklich empfehlenswerte Ecken, wie etwa das Silk Road Café (S. 162) in der Chester Beatty Library.

Vegetarische Restaurants findet man nur selten, der Verzehr von Fleisch ist nach wie vor Standard. Sehr empfehlenswert sind allerdings die Govinda's-Restaurants in Dublin, die nach den Richtlinien der Hare-Krishna-Bewegung betrieben werden und garantiert fleischlose (oder auch „Karma-freie") Gerichte anbieten. In den meisten anderen Restaurants muss die Speisekarte genau nach vegetarischen Optionen durchsucht werden, die breiteste Auswahl bieten dabei asiatische und indische Restaurants.

Pubs

Größere Pubs haben oft ein recht gutes Angebot an Mahlzeiten, das sogar preislich attraktiv sein kann (den größten Profit machen die Wirte immer noch mit flüssiger Nahrung). Dabei unterscheidet man zwischen Pub Food und Carvery, obwohl die Grenzen mittlerweile stark verschwommen sind. Pub Food sind im Wesent-

Pub-Etikette

In Pubs gibt es keine Bedienung am Tisch. Getränke werden am Tresen bestellt und sofort bezahlt, dann sucht man sich einen Platz. Besucher, die sich in einer fröhlichen Runde mit Iren befinden, lernen schnell das verhängnisvolle „Rundensystem" kennen. Diese Tradition verlangt, dass jeder am Tisch eine Runde schmeißt. Wer sich davor drückt, trinkt am nächsten Abend alleine. Das System hat zwei Nachteile. Nachteil Nr. 1: Jeder Mittrinker versucht, seine Runde noch vor der Sperrstunde einzubringen. Sind also acht Mann in der Runde, müssen (mindestens) acht Pints pro Person vernichtet werden. Nachteil Nr. 2 ist, dass viele Ausländer das System nicht begreifen oder sogar ausnutzen und sich freihalten lassen. Also bitte darauf achten, angemessen früh die eigene Runde einzubringen, dann kann man auch unbesorgt später aus dem Kreislauf aussteigen, ohne böse Blicke zu ernten.

lichen Snacks und kleine Mahlzeiten, die schnell zubereitet werden können und lediglich das Getränk ergänzen. Hat der Pub eine Carvery, gibt es einen Tresen, hinter dem frische Stücke vom Braten abgeschnitten werden und dann zusammen mit Kartoffeln und Gemüse eine wirklich vollwertige Mahlzeit bilden.

Cafés

Obwohl Irland nicht das klassische Kaffeeland ist, haben sich zahlreiche Cafés hier etabliert. Die meisten davon bieten auch kleine Imbisse an, wobei dies von süßen Teilchen bis hin zu vollwertigen Mittagessen reichen kann. Die Preise schwanken stark, es lohnt sich aber oft, Kombi-Angebote wahrzunehmen. So kann etwa ein Bagel mit Kaffee billiger werden als ein Bagel ohne Kaffee! Eine böse Falle in vielen Cafés ist aber die Frage: „Möchten Sie noch …?" Während einige Cafés Beilagen schon in den Endpreis einkalkuliert haben, berechnen andere sie extra. Daher immer fragen, ob die angebotene Beilage im Preis inbegriffen ist.

Fast Food

In Irland sind die großen internationalen Fast-Food-Ketten vertreten: also **Burger King**, **Kentucky Fried Chicken**, **McDonalds** und **Subway**. Das Angebot ist etwa dasselbe wie in Kontinentaleuropa.

Drei irische Ketten gesellen sich hinzu. **O'Briens** bietet vor allem belegtes Weißbrot in einigen Dutzend Versionen an, frisch zubereitet hinter dem Tresen. **Supermacs** ist die irische Version einer Hamburger-Kette, hat aber einige landestypische Gerichte wie die Breakfast Roll. Als Dritter im Bunde existiert **Abrakebabra**, eine vor allem auf Döner Kebab spezialisierte Kette – wobei hier der Kebab ausschließlich aus Pressfleisch hergestellt wird.

Fish 'n' Chips, das archetypische Abendessen aus der Tüte, muss jeder Besucher mindestens einmal probiert haben, komplett mit einer Handvoll Salz und ungefähr einem halben Liter Essig auf den Chips. Um Überraschungen zu vermeiden, sei gesagt, dass Chips nicht den bekannten Kartoffelchips entsprechen, sondern eher eine sehr grob zurechtgeschnittene Variante von Pommes frites sind. Der Fischanteil in diesem traditionsreichen Gericht kann aus verschiedenen Fischsorten bestehen, die preislich unterschiedlich gehandelt werden. Der Fisch wird vor der Zubereitung in einer Fritteuse mit einer Art Panade umhüllt, entweder tatsächlich aus Brotkrümeln bestehend *(breaded)* oder in Form eines Teiges *(battered)*. Bestellt man das Gericht mit *salt and vinegar,* wird meistens ziemlich stark gesalzen und Essig in angemessener Menge dazugegeben. Anfänger sollten *just a bit* bestellen. Eine typische Beilage in Nordirland sind *Mushy Peas*, bis auf die Konsistenz von Kartoffelbrei zerkochte Erbsen.

Trinkgeld

Gibt man in Irland Trinkgeld? Und wie viel? Dazu gibt es keine klaren Regeln. Dennoch ein paar Hinweise: In **Pubs** wird in der Regel kein Trinkgeld gegeben, das Personal erwartet auch keins. In **Restaurants und** Cafés **mit Tischbedienung** liegt das Trinkgeld im Ermessen des Gas-

Im Pub ist der Tresen der kommunikative Mittelpunkt.

tes. Ein Richtwert ist 10 %. Viele Restaurants allerdings berechnen eine Pauschale, die „Service Charge", was ein Trinkgeld unnötig macht. Die Pauschale muss auf der Speisekarte ausgewiesen sein.

Der einzige andere Berufsstand in Irland, der auf Trinkgeld wartet, sind **Taxifahrer**. Auch hier ist der Richtwert 10 % oder eine annähernde Rundung des Fahrpreises.

Supermärkte

In vielen Supermärkten und auch kleineren Geschäften wird etwa zwischen 10 und 14 Uhr warmes Essen von der heißen Theke angeboten. Zwar nicht unbedingt der kulinarische Höhepunkt einer Irland-Reise, aber oftmals bietet der **Deli Counter** eine preisgünstige Möglichkeit, sich den Bauch vollzuschlagen. Die Preise variieren dabei sehr stark, am günstigsten sind meist die großen Supermarktketten. Das Standardangebot beginnt meistens mit diversen Kartoffelsorten, dazu dann Würstchen, Schinken, Spiegelei und andere Beilagen. Teilweise können auch selbst belegte Pizzen binnen Minuten

aufgebacken werden. Größere Märkte haben oft auch Rippchen, Schweinshaxen, Hähnchenteile oder ganze Brathähnchen im Angebot. Letztere sind aber nicht annähernd so knusprig, wie man es gewohnt sein mag. Auch einige **Schlachtereien** haben im Verkaufsraum eine heiße Theke.

Größere Supermärkte bieten oft eine **Salattheke**, die eigene Zusammenstellung wird dann nach Gewicht abgerechnet. Gewöhnungsbedürftig sind die zahlreichen schweren, mit Mayonnaise belasteten Salate. Es lohnt sich auch, einen Blick in die Kühlregale zu werfen, wo oftmals abgepackte Salate erhältlich sind. Diese sind gelegentlich preiswerter und appetitlicher.

Das bunt belegte Weißbrot, das **Sandwich**, wird eigentlich an jeder Straßenecke angeboten. Wer keine ausgewiesene Sandwich-Bar findet, springt in den nächsten Laden und findet dort eine Auswahl im Kühlregal. Beliebt ist vor allem BLT (Bacon, Lettuce and Tomato, also gekochter Schinken mit etwas Beilage), ungewöhnliche Inhaltsstoffe sind für den Mitteleuropäer *Stuffing* (eine Masse aus Brotkrümeln und Gewürz, mit der etwa ein Truthahn gefüllt wird) und *Coleslaw* (eine Mischung aus Weißkohl, Karotten und Mayonnaise). Leider sind mittlerweile viele Sandwiches hoffnungslos überteuert, ein Preisvergleich lohnt sich. Supermärkte bieten oft auch attraktive Kombi-Angebote mit Getränken.

Selbstversorger

Am günstigsten lebt der Selbstversorger, der Lebensmittel im Laden kauft und dann selbst zubereitet. So z. B. lässt sich eine Riesenportion Sandwiches für eine fünfköpfige Familie für den Bruchteil eines Preises herstellen, den ein wesentlich bescheideneres Mahl aus der Kühltheke kosten würde.

Bioprodukte

In allen größeren irischen Geschäften gibt es eine zumindest kleine Auswahl an Bioprodukten, meist gekennzeichnet durch die Bezeichnung „Organic". Die Preisunterschiede zu den konventionellen (nicht unbedingt schlechteren) Produkten können erheblich sein. Man sollte auch auf das Herkunftsland achten, teilweise wird Gemüse aus ökologischem Anbau im Kühlcontainer eingeflogen.

Wer bei seiner Ernährung bestimmte Produkte vermeiden muss (oder will), der hat es in Irland leicht. Eigentlich jeder Supermarkt hat etwa glutenfreie Produkte, auch Sojamilch ist fast überall zu bekommen.

Typisch irische Gerichte

Boxty vor allem in der nördlichen Hälfte Irlands bekannte Beilage aus geriebenen (rohen) Kartoffeln, die dann gepresst werden und vor dem Essen in die Bratpfanne oder auf den Grill kommen. Neben dem klassischen Boxty, der als etwa faustgroßes Stück verkauft wird, gibt es **Boxty Bread** und **Boxty Pancakes**.

Breakfast Roll zu Deutsch etwa „Frühstücks-Brötchen". Ein komplettes Irish Breakfast wird in ein Baguette gepresst und kann dann locker während der Fahrt zur Arbeitsstelle genossen werden. Als Extras gibt es diverse Saucen.

Brown Sauce eine vor allem aus Essig bestehende Sauce, Alternative zum Ketchup.

Champ in Ulster gebräuchliche Bezeichnung für Colcannon.

Chip Butty zwei Scheiben Toastbrot mit einer Portion Chips dazwischen, gewöhnungsbedürftig, aber nahrhaft.

Chips grob geschnittene und frittierte Kartoffeln, die irische Variante der Pommes frites.

Coddlepot oder Dublin Coddle Eintopfgericht aus Kartoffeln, Zwiebeln, Würstchen und Schinken. Die ideale Basis für einen langen Abend im Pub.

Colcannon sättigender und leckerer Mix aus Kartoffelbrei, kleingehacktem Kohl und Zwiebeln, serviert mit darauf schmelzender Butter.

Crisps die irische Bezeichnung für Kartoffelchips, das Spektrum der Geschmackssorten reicht von „gesalzen" über „gesalzen mit Essig" bis hin zu „Ente in Hoi-Sin-Sauce". Crisps werden oft als vollwertige Beilage gereicht, etwa zum Sandwich oder zum Salat.

Custard Vanillesauce.

Irish Breakfast der Tagesbedarf an Kalorien für einen normalen Menschen auf dem Frühstücksteller. Das durchschnittliche Frühstück besteht aus Spiegelei oder Rührei, einem gebratenen Stück **Potato Bread**, gebratenen Würstchen, gebratenem Pudding, gegrilltem Schinken, sautierten Pilzen, gebackenen Bohnen in einer sehr süßen Tomatensauce und (eine Konzession an den Vitamingehalt) einer halben, gegrillten Tomate. Dazu gibt es Toast, Butter, Marmelade sowie Ketchup und **Brown Sauce**. Und in der Regel eine Kanne Tee.

Irish Stew Eintopfgericht aus Lammfleisch, Kartoffeln und Zwiebeln, in den letzten Jahren ergänzt durch Karotten.

Jam Konfitüre.

Marmalade Marmelade aus Zitrusfrüchten.

Pasties Teigtaschen mit unterschiedlichen Füllungen, Klassiker ist „Cornish" (Hackfleisch, Kartoffeln und Gemüse).

Pickled Eggs gekochte Eier, in Essig eingelegt.

Pies Pasteten mit unterschiedlichen Füllungen.

Porridge Haferbrei, der mit Milch oder Wasser gekocht und entweder süß oder gesalzen gegessen wird.

Potato Bread meist ein flaches, an einen quadratisches Pfannkuchen erinnerndes Brot, das aus Mehl und Kartoffeln hergestellt wird.

Pudding oft keine Süßspeise, sondern eine deftige „Wurst". Von vielen Touristen gefürchtet wird der **Black Pudding**, zu dessen hauptsächlichen Inhaltsstoffen Blut gehört.

Shepherd's Pie ein nahrhaftes Gericht auf der Basis von Hackfleisch mit Gemüse, die Mixtur wird dann mit Kartoffelbrei überdeckt und gebacken.

Southern Fried Chicken gebratenes oder frittiertes Huhn in einer würzigen Umhüllung.

Spotted Dick wörtlich übersetzt ein „gefleckter Richard" oder ein „pickeliger Penis", in Wirklichkeit aber eine sehr gut schmeckende Süßspeise aus Mehl, Fett und getrockneten Früchten, meist Korinthen, mit Vanillesauce.

Three in One eine Spezialität vieler chinesischer Imbisse, die ultimative „Fusion" und die Basis ungezählter Abendmahlzeiten von Pubbesuchern und Partygängern. In einem Behälter aus Aluminium findet man ein Gemisch aus Chips, gekochtem Reis und Currysauce. Magenfüllend.

Ulster Fry nordirische Variante des Irish Breakfast, die sich nur minimal unterscheidet, aber oft von einem Stück in Butter gebratenen Toast oder (seltener) Sodabrot begleitet wird.

Getränke

Grundsätzlich sind in den Supermarktregalen alle gängigen und in Mitteleuropa bekannten Getränkemarken erhältlich. Vorsicht ist lediglich geboten bei den sogenannten **Squash**, dies sind Saftkonzentrate, die unbedingt mit Wasser verdünnt werden müssen. **Mineralwasser** ist teilweise sehr teuer, die Qualität aber oft nicht höher als beim Leitungswasser.

Besonders beliebte und bekannte Getränke in Irland sind:

Ale ein meist dunkles Bier (Ausnahme **Pale Ale**) mit würzigem Geschmack, etwas an Bock- oder Starkbier erinnernd.

Cider eine Art herber Apfelwein, Varianten sind der liebliche **Sweet Cider** und der (seltener erhältliche) **Scrumpy**, eine trübe Version.

Die Qualität des irischen Trinkwassers ist generell gut, kann aber lokal und zeitweise stark schwanken. Gelegentlich wird schon mal ein ganzes Wassernetz als „gesundheitsgefährdend" eingestuft. Dabei sind Farbe und Geruch nicht unbedingt ein Hinweis auf Gefahren. Wer sichergehen will, sollte sich vor Ort erkundigen oder doch lieber Flaschenwasser trinken. S. auch S. 59.

Guinness Markenname eines in Dublin gebrauten Stout (s. u.), aber auch anderer Produkte der Brauerei – etwa Guinness Malta (alkoholfreies Malzbier aus Nigeria) und das in Afrika beliebte Guinness Foreign Extra (mit hohem Alkoholanteil).

Herbal Tea / Infusion Früchte- oder Kräutertee.

Horlicks ein Malztrunk, der heiß genossen für erholsamen Schlaf sorgen soll.

Irish Coffee eine Kombination aus heißem Kaffee, irischen Whiskey und Sahne. Ursprünglich erfunden, um die Lebensgeister der ersten Transatlantik-Passagiere wieder zu beleben.

Irish Cream ein Likör mit hohem Sahneanteil.

Kaffee Die Qualität des Kaffees in Irland ist sehr schwankend, zumal selbst bessere Restaurants nicht davor zurückschrecken, den billigsten Instantkaffee auszuschenken.

Lager ein helles, süffiges Bier, das am ehesten dem Pils nahekommt (aber dieses nicht erreicht) – Getränk der Wahl für Kampftrinker, auch bekannt als „Lager Louts".

Stout ein dunkles, fast schwarzes Bier mit sehr intensivem Geschmack, der bekannteste Markenname ist Guinness.

Poitin oder Poteen Das „kleine Töpfchen" ist der gängige Name für einen aus Kartoffeln, Getreide, Hefe und teilweise Früchten destillierten Schnaps.

Porter ursprünglich eine etwas schwächere Version des Stout (s. o.), der Begriff ist nicht mehr im allgemeinen Gebrauch.

Tee grundsätzlich schwarzer Tee. Irland ist das Land der westlichen Welt, in dem am meisten Tee pro Kopf getrunken wird, in der Regel mit Milch und Zucker. Die bekannteste Variante

„Trinken" in der Öffentlichkeit

Der Genuss von Alkohol im öffentlichen Raum, also vor allem auf Straßen und Plätzen, ist mittlerweile in fast allen Städten untersagt und wird mit deftigen Geldstrafen geahndet. Die Hinweisschilder zeigen meist einen rot durchgestrichenen Bierhumpen ... die Ausrede, man trinke doch aus der Dose, wird nicht akzeptiert. Als Tourist kommt man bei einer Zuwiderhandlung in der Regel mit einer freundlichen Ermahnung davon, sollte diese jedoch nicht herausfordern.

abseits des ganz normalen Schwarztees ist der mit Bergamottöl verfeinerte **Earl Grey**. **Specialty Teas**, aromatisierte oder gemischte Teesorten, sind im Supermarkt erhältlich. Die in Mitteleuropa verbreiteten Teeläden sind so gut wie unbekannt, aber viele osteuropäische Läden bieten eine gute Auswahl.

Wein Das Weinangebot in Irland hat sich, vor allem in Restaurants der etwas gehobenen Preisklasse, in den letzten Jahren verbessert. Es ist zwar noch nicht unbedingt von Weltklasse, hat jedoch das alte Vorurteil hinter sich gelassen, dass es genau zwei Weine zur Auswahl gäbe: roten und weißen. Sehr bekannt sind australische und kalifornische Weine, die Auswahl an europäischen Weinen ist mehr oder minder zufällig. Der beliebteste deutsche Wein ist Liebfrauenmilch.

Whiskey neben Guinness das zweite Nationalgetränk und von verschiedenen Herstellern in einer verwirrenden Anzahl von Varianten erhältlich. Kenner genießen das goldene Wasser des Lebens (so die ursprüngliche Bedeutung) unverdünnt und auf Raumtemperatur.

Fair reisen

Reisende sind in Irland nicht bloß unbeteiligte Zuschauer, sondern auch Verbraucher und „Verursacher". Und das im positiven wie negativen Sinne: Touristen können z. B. die örtliche Wirtschaft kräftig ankurbeln (in Irland spricht man unverhohlen von „Tourismusindustrie"), ihre oft lockerer sitzenden Geldbeutel treiben dabei aber die Preise schnell in die Höhe, sodass sich der Einheimische abwenden muss. Auf der einen Seite werden Naturräume geschützt, eben weil der Besucher Irlands unzerstörte Natur erwartet ... und auf der anderen Seite wird die Zufahrt durch Straßenbaumaßnahmen erleichtert, die Einheimische nie erwartet hätten.

Generell beginnt „fair reisen" damit, dass man sich nicht schlechter als daheim verhält. Jeder Mensch akzeptiert, dass Urlauber einige Gepflogenheiten nicht kennen. Ausgeprägtes „antisocial behaviour" dagegen, und das beginnt beim achtlos weggeworfenen Müll, ist nirgendwo gerne gesehen.

Stichwort Umweltschutz

Umweltschutz ist in Irland ein schwieriges Thema. Die Beseitigung von **Altlasten**, illegalen Mülldeponien und nicht mehr zeitgemäßen Industriebetrieben geht nur schleppend voran. Gleichzeitig hat sich durch die **enorm gestiegene Motorisierung** der irischen Bevölkerung der Ausstoß von Abgasen so stark erhöht, dass die angestrebten Maximalwerte kaum realistisch erscheinen. Die jahrelange Dieseleuphorie hat zudem die Feinstaubbelastungen radikal nach oben getrieben. Diesen großen Problemen gesellen sich die ganz kleinen, in der Masse aber schwerwiegenden Probleme hinzu. So ist es für irische Bauern kaum verständlich, dass sie ihre **Gülle** nicht in der Nähe von oder direkt in Gewässer entsorgen dürfen. Und für den

Fair und grün – gewusst wo

Einrichtungen, die sich durch ein starkes ökologisches oder soziales Engagement auszeichnen, sind in diesem Buch mit einem Baumsymbol gekennzeichnet. Sie setzen z. B. auf Solarenergie, sind auf harmonische und verträgliche Weise in die Umwelt integriert oder verwenden in ihrem Restaurantbetrieb überwiegend ökologisch angebaute oder regionale Produkte.

Privathaushalt ist die **illegale Müllentsorgung** oft das probate Sparmittel.

Dazu ist etwa das romantische (wenn auch wenig effiziente) **Torffeuer** ein Sargnagel für die irischen Moorlandschaften, deren industrielle Ausbeutung kurz davor steht, diese auf Jahrtausende zu zerstören. Torf wird in Irland intensiv abgebaut, er ist sogar der ineffiziente heimische Rohstoff zur Energieerzeugung.

Einige Probleme fallen gar nicht sofort ins Auge – so gehören weite Gebiete des Landes zu Gefahrenzonen, in denen aus dem Boden ausströmendes **Radon** auf Dauer die Anwohner schädigt. Mittlerweile betreibt die Regierung hier eine offensive Informationspolitik, neue Baurichtlinien sollen eine Verstrahlung der Einwohner verhindern.

- An- und Abreise verursachen CO_2 – über Kompensationsprogramme lässt sich der Ausstoß neutralisieren (S. 45); Inlandflüge in Irland sollte man generell vermeiden.
- Klimaanlagen sind echte Stromfresser und in Irland meist überflüssig; beim Verlassen des Zimmers ausschalten, bei Normaltemperaturen gar nicht erst einschalten.
- Kleinigkeiten machen, in der Summe, einen großen Unterschied – die eigene Trinkflasche nachfüllen, statt schon wieder eine Plastikflasche zu kaufen, aufladbare Akkus statt Batterien verwenden, einen eigenen Einkaufsbeutel mitbringen, biologisch abbaubare Shampoos und Seifen verwenden. Letzteres klingt fast übertrieben, gerade auf dem Lande ist jedoch die Abwasserleitung in die Klärgrube noch üblich.

Menschen im Fokus

- Respektvoller Umgang miteinander ist eigentlich selbstverständlich, aber nicht jedes Fettnäpfchen ist auf Anhieb zu erkennen. Privateigentum (wie auch Privatland) ist den Iren fast so heilig wie alles, was mit der (katholischen) Kirche zu tun hat. Reisende verhalten sich in diesen Bereichen besser zurückhaltend.

- Mit dem Portemonnaie lässt sich Einfluss nehmen – ob man nun lokal bucht oder tatsächlich in Irland hergestellte Waren direkt vom Produzenten (vom Kunstschmied bis hin zum Eierhändler) kauft.
- Bettler, darunter Kinder, sind leider auch in Irland keine Seltenheit – gerade in Großstädten sieht man sowohl Iren wie auch Südosteuropäer mit der aufgehaltenen Hand stehen. Die Jugendlichen sind dabei meist der schwächste Teil von größeren „Familienunternehmen", hier also bitte kein Geld geben.

Feste und Feiertage

Für die Reiseplanung sollte man drei Dinge wissen: Die Feiertagsregelungen in der Republik und in Nordirland unterscheiden sich voneinander, wobei lediglich am 25. Dezember wirklich alles geschlossen bleibt.

Bewegliche Feiertage, die auf ein Wochenende fallen, werden am darauf folgenden Montag nachgeholt. Ist der 1. Januar etwa ein Samstag, wird stattdessen der 3. Januar freigegeben. An solchen verlängerten Wochenenden (zu denen auch alle Bank Holidays gehören) scheint ganz Irland unterwegs zu seien, viele touristische Ziele sind dann überlaufen. Für die Urlaubsplanung heißt das, die Unterkünfte rechtzeitig zu buchen. Zudem können Banken geschlossen, die Bankomaten regelrecht geplündert sein.

Und schließlich gibt es eine absolute Unzuverlässigkeit im Umgang mit den Feiertagen allgemein – an den meisten sind nur die Banken und Behörden wirklich geschlossen, Geschäfte in den größeren Orten dagegen öffnen wie an einem Sonntag spätestens gegen Mittag und schließen etwa gegen 17 oder 18 Uhr.

Gesetzliche Feiertage

1. Januar Neujahrstag
17. März Saint Patrick's Day
Karfreitag gesetzlicher Feiertag nur in Nordirland, in der Republik Irland haben die Banken und Behörden geschlossen

Ostermontag

Erster Montag im Mai Bank Holiday

Letzter Montag im Mai Bank Holiday nur in Nordirland

Erster Montag im Juni Bank Holiday nur in der Republik Irland

12. Juli Battle of the Boyne Day oder Orangemen's Day, nur in Nordirland

Erster Montag im August Bank Holiday in der Republik Irland

Letzter Montag im August Bank Holiday nur in Nordirland

Letzter Montag im Oktober Bank Holiday nur in der Republik Irland

25. Dezember Christmas Day, der einzige Tag des Jahres, an dem tatsächlich ganz Irland stillsteht

26. Dezember St. Stephen's Day oder Boxing Day

Weitere wichtige Festtage

Neben den gesetzlichen Feiertagen gibt es einige wichtige religiöse Festtage. Sie werden jedoch eher im Privatbereich begangen und haben keinen Einfluss auf Öffnungszeiten oder das Geschäftsleben:

Februar St. Bridget's Day, auch Frühlingsanfang (im vorchristlichen Kalender Imbolc).

Aschermittwoch Viele Katholiken tragen heute noch das Kreuz aus Asche auf der Stirn.

31. Oktober Halloween (im vorchristlichen Kalender Samhain), vielerorts Grusel-Paraden.

8. Dezember Fest der Unbefleckten Empfängnis und traditionell der Tag, an dem die Landbevölkerung in der nächstgrößeren Stadt Weihnachtsgeschenke kauft, mit viel Gedränge in den Einkaufsstraßen ist zu rechnen.

Fotografieren

Fantastische Fotomotive findet man in Irland im Überfluss. Taktgefühl ist, wie stets, angezeigt, wenn man Menschen ablichten möchte. Durch Missbrauchsskandale und sensationsheischende Berichterstattung sind viele Iren, aber auch Behörden und öffentliche Einrichtungen, mittlerweile gegen „Pädophile" übersensibilisiert. Oftmals reicht der Verdacht, man wolle ein fremdes Kind fotografieren, um eine Auseinandersetzung mit cholerischen Erwachsenen zu provozieren. In vielen Einrichtungen ist es sogar ausdrücklich untersagt, fremde Kinder zu fotografieren.

Nicht unproblematisch ist es auch, bei Demonstrationen und Versammlungen, die im Zusammenhang mit der Teilung Irlands stehen, zu fotografieren. Es wird immer besorgte Bürger geben, die hinter dem Fotografen einen Spitzel der anderen Seite vermuten. Auch hier kann es schnell zu handgreiflichen Auseinandersetzungen kommen.

Ob man in Museen und Ausstellungen fotografieren darf, sollte man am Informationsschalter erfragen. Meist geben Piktogramme einen Hinweis. Wo sie fehlen, heißt das noch lange nicht, dass Fotografieren erlaubt ist.

Frauen unterwegs

Generell ist Irland ein sicheres Reiseland für Frauen. Und doch gibt es ein paar Dinge zu beachten. Die Zahl der Vergewaltigungen und sexuellen Belästigungen ist in den letzten Jah-

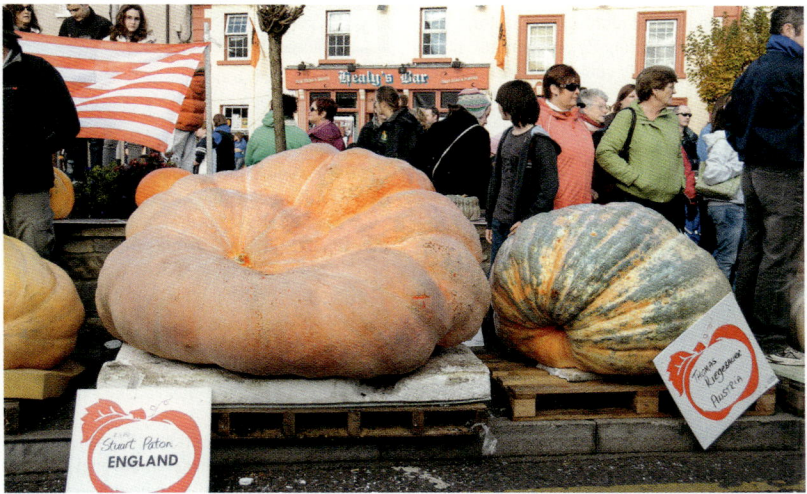

Eindruck schinden beim Virginia Pumpkin Festival im Oktober

ren laufend angestiegen. Dabei ist natürlich die Grenze zwischen einem willkommenen Flirt und einer sexuellen Belästigung individuell verschieden. Das Bild des charmanten, verschmitzten Iren, der seine Aufmerksamkeit gerne den Touristinnen widmet, kann sich schnell ins Gegenteil verkehren. Viele Iren scheinen die Bedeutung des Wortes „Nein" flexibel auszulegen und können im Laufe eines Abends im Pub sehr lästig werden. In so einem Fall ist die beste Methode, ihnen das Desinteresse an näherem Kontakt ohne dezente Umschreibungen direkt ins Gesicht zu sagen.

Auf keinen Fall ist es zu empfehlen, alleine auf sogenannte „House Partys" mitzugehen, wenn der Pub schließt. Oft sind die „Feierlichkeiten" durch extremen Alkohol- und Drogengenuss geprägt.

Geld

In der **Republik Irland** gilt der Euro, wobei Scheine über 50 € kaum gebräuchlich sind und oft nur zögerlich oder überhaupt nicht an-

genommen werden. Automaten akzeptieren in der Regel kein „Kupfergeld", also Münzen kleiner als 10 Cent. In Geschäften wird mittlerweile „gerundet", also der nächstgelegene 5-Cent-Betrag kassiert.

In **Nordirland** gilt das **Pfund Sterling** (£, ein Pfund entspricht 100 Pence, p – aktueller Wechselkurs unter 🖥 www.xe.com), das es als Münzgeld zu 1 p, 2 p, 5 p, 10 p, 20 p, 50 p, 1 £ und 2 £ gibt. Als Geldscheine sind vor allem Werte von 5, 10, 20 und 50 £ im Umlauf, Scheine in höheren Notierungen werden wiederum selten verwendet und akzeptiert.

Ganz wichtig: Die verschiedenen Privatbanken im Vereinigten Königreich haben das Recht, **eigene Geldscheine** auszugeben, die überall in Nordirland akzeptiert werden. So sind neben den Noten der Bank of England auch Noten der Bank of Ireland, Danske Bank, Northern Bank oder Ulster Bank im Umlauf. Dazu kommen (allerdings wesentlich seltener) schottische Banknoten.

Für den Reisenden besonders **wichtig**: Beim Rücktausch von Banknoten, die nicht von der Bank of England ausgegeben wurden, kann es im Heimatland zu Schwierigkeiten kommen.

In grenznahen Städten und in Belfast werden oft auch Euros als Zahlungsmittel akzeptiert – auf den jeweils vom Geschäft festgelegten Wechselkurs achten! Es werden fast nur Banknoten angenommen, das Wechselgeld wird in Pfund Sterling gegeben.

An Bargeld kommt man problemlos. **Bankomaten** (ATM, Cash Machine, auch „Hole in the Wall" genannt) sind weitverbreitet und werden oft auch in Geschäften oder Tankstellen bereitgestellt. Dabei wird meistens schon im Bedienfeld angezeigt, welche Karten akzeptiert werden. Wegen der zu erwartenden Kosten sollte man vor der Abfahrt die eigene Bank kontaktieren.

Zahlung mit der **Bankkarte** ist in vielen Geschäften möglich, man sollte sich vor der Fahrt bei der eigenen Bank über die Akzeptanz (oder das Partnersystem) und die Kosten informieren. **Kreditkarten** werden allgemein akzeptiert, sind jedoch oft nur mit Chip und PIN benutzbar. Kleinere Geschäfte erlauben den Einsatz von Kreditkarten oft nur ab einer bestimmten Summe.

Die Zahlung mit einem **Scheck** ist zwar in Irland noch verbreitet, Schecks von ausländischen Banken werden jedoch nicht angenommen. Seit einigen Jahren akzeptieren viele Banken auch keine **Reiseschecks** mehr.

Bankkarten und Kreditkarten sperren

Zentraler Sperrnotruf: ☎ +49-116116

Gepäck und Ausrüstung

Mit welchem Gepäck man reist, hängt von der Reiseart und von der Saison ab. Da die Fluggesellschaften klare Begrenzungen vorgeben und z. B. die irischen Eisenbahnen recht klein dimensionierte Gepäckräume haben, empfiehlt es sich, möglichst kompakt zu packen. Wer mit einem kleinen Gepäckstück zurechtkommt, ist in jeder Situation im Vorteil. Oftmals ist dabei der **Rucksack** die sinnvollste Alternative.

Der **Diebstahl** von größeren Gepäckstücken ist relativ selten, dennoch sollte man sein Gepäck prinzipiell nicht unbeaufsichtigt lassen. Dies kann aber mitunter zum Problem werden, denn eine **Gepäckaufbewahrung** wird

---

✗ Gepäck-Check

Hier eine kleine Liste von Gegenständen, die sich bei Urlauben in Irland als sinnvoll und fast unverzichtbar erweisen:

☐ **Adapter für Elektrogeräte** Für elektrische Geräte und Ladegeräte wird auf jeden Fall ein Adapter gebraucht, der von der üblichen Steckdose mit drei rechteckigen Öffnungen auf eine mitteleuropäische Steckdose übergeht. Solche Adapter sind vielerorts in Irland erhältlich, besser ist es jedoch, gleich einen mitzubringen. Der Adapter sollte möglichst keine eigene Sicherung haben oder aber für 13 Ampere geeignet sein. USB-Steckdosen sind in Irland selten.

☐ **Essbesteck** Immer praktisch, wenn man einen Salat aus dem Kühlregal oder ein *Takeaway* kauft und dann irgendwo in Ruhe genießen möchte. Ein einfaches Campingbesteck reicht.

☐ **Gefrierbeutel** Immer praktisch, wenn etwas schnell und ordentlich verpackt werden soll, vom Sandwich bis zum Müll. Der Vorteil gegenüber anderen Beuteln ist die Haltbarkeit und Widerstandsfähigkeit.

☐ **Heftpflaster** für kleinere Verletzungen oder wunde Stellen an den Füßen.

☐ **Kondome** Sexuell übertragbare Krankheiten sind in Irland relativ häufig, Kondome dazu teuer und im entscheidenden Moment garantiert nicht einfach zu bekommen.

☐ **Taschenlampe** Eine kleine Taschenlampe kann sehr hilfreich sein.

☐ **Taschenmesser** Ein einfaches Taschenmesser leistet mitunter gute Dienste – aber auf Handgepäckbestimmungen achten.

---

man meist vergebens suchen und die wenigen Schließfächer selbst in großen Bahnhöfen scheinen mitunter dauerhaft belegt zu sein. Man muss sich also darauf einstellen, das Gepäck beim Transit zwischen den Unterkünften immer bei sich zu führen.

Ins Gepäck gehören auf jeden Fall festes Schuhwerk, ein warmer Pullover und eine Regenjacke. Das Wetter in Irland ist mit „wechselhaft" eher schmeichelnd umschrieben. Man muss immer mit Niederschlägen rechnen, dazu kommen selbst im Hochsommer kältere Tage. Abzuraten ist von einem Regenschirm, der im Gewühl der Stadt nur stört und auf dem Lande eher vom Wind weggerissen wird, als dass er Schutz bietet.

Nur in den Städten gibt es **Waschsalons** mit Selbstbedienung, bei zahlreichen **Reinigungen** kann man jedoch auch normale Wäsche abgeben. Allerdings kann sie meist erst am Abend des nächsten Arbeitstages abgeholt werden. Einige Hostels bieten auch Waschservice, entweder in Selbstbedienung oder durch das Personal. Bei Unterkunft in einem B&B ist es oft durchaus möglich, gegen einen kleinen Aufpreis eine Waschmaschine mitlaufen zu lassen.

Gesundheit

Besondere Gesundheitsgefahren sind für Irland nicht bekannt, daher sind auch keine vorbeugenden Impfungen notwendig. Selbst in der freien Natur sind Ansteckungsgefahren gering – Irland kennt keine Tollwut und die wenigen Zecken übertragen nur selten Krankheiten. Die Gefahr einer Ansteckung etwa mit Hepatitis C durch mangelnde Hygiene ist allerdings gegeben. Reisende sollten sich auch bewusst sein, dass sexuell übertragbare Krankheiten in Irland relativ häufig vorkommen und man sich daher ohne geeignete Schutzmaßnahmen schnell anstecken kann.

Ein großes Problem, wenn auch meistens kein ernsthaftes Gesundheitsrisiko, kann sich aus dem **Leitungswasser** ergeben. Gerade auf dem Lande, aber auch in Großstädten, ist das Wasser mitunter bakteriell belastet. In der westirischen Stadt Galway etwa war zeitweise während der Hochsaison das Leitungswasser nur nach Abkochen genießbar. Solche Warnungen werden jedoch eigentlich immer erst herausgegeben, wenn es bereits eine größere Anzahl von Erkrankungen gegeben hat. Da die örtliche Bevölkerung eine gewisse Resistenz gegen kleinere Verunreinigungen aufgebaut hat, sind Touristen oftmals das erste Opfer einer „normalen" Wasserqualität.

Arztbesuche

Benötigt man medizinischen Rat oder Hilfe, ist der Gang zu einem *General Practitioner* (GP, Allgemeinarzt) üblich – Fachärzte können nur mit Überweisung besucht werden. Eine Alternative ist die Notaufnahme eines Krankenhauses, wo man jedoch mit langen Wartezeiten rechnen muss. In beiden Fällen muss der Patient normalerweise die Behandlungskosten tragen, beim Arzt in Höhe von etwa 50 €, im Krankenhaus das Doppelte. Dies kann in der Republik Irland durch die **Europäische Krankenversicherungskarte** (EKVK) vermieden werden, die rechtzeitig vor der Reise bei der eigenen Krankenversicherung beantragt werden muss.

Bei Zahnschmerzen sollte man den nächstgelegenen *Dentist* anrufen und einen Termin vereinbaren, um zumindest eine schmerzstillende Behandlung durchführen zu lassen. Für darüber hinausgehende Behandlungen sind längere Wartefristen in Kauf zu nehmen.

Eine zusätzliche private **Auslandskrankenversicherung** kann nützlich sein, vor allem wenn sie den Rücktransport in die Heimat mit abdeckt. Je nach den endgültigen Brexit-Bedingungen kann sie in Nordirland unabdingbar sein.

Medikamente

Vom Arzt verschriebene Medikamente müssen grundsätzlich bezahlt werden. Apotheken sind meist durch ein grünes Kreuz gekennzeichnet und als *Pharmacy* oder *Chemist* bekannt. Wer wegen chronischer Erkrankungen auf bestimmte Medikamente angewiesen ist, sollte diese in ausreichender Menge mitführen und auch die Beipackzettel dabeihaben – nicht jedes Medikament ist unter dem gleichen Markennamen in

Im Notfall

Bei einem akuten medizinischen Notfall oder Unfall kann man unter der Telefonnummer **112** (oder 999) einen Rettungswagen anfordern. Dieselbe Nummer gilt auch für Polizei und Feuerwehr.

Irland erhältlich. Kopfschmerztabletten, Hustensaft u. Ä. sind auch in normalen Läden und vielen Tankstellen erhältlich.

Entgegen immer noch kursierender Gerüchte ist der Verkauf von Verhütungsmitteln in Irland mittlerweile legal – Kondome sind fast überall erhältlich, aber teuer. Die Pille muss durch einen Arzt verschrieben werden, in den Städten ist der Gang zu einer Beratungsstelle für Familienplanung oder in ein Frauengesundheitszentrum oft der schnellste und einfachste Weg. Letztere sind auch die Anlaufstellen, wenn es zu ungeschütztem Geschlechtsverkehr gekommen ist und die Möglichkeit einer Schwangerschaft besteht.

Die „Pille danach" ist mittlerweile in so gut wie allen Apotheken rezeptfrei (aber nur nach Beratungsgespräch über Risiken und Nebenwirkungen) erhältlich.

Informationen

Zur Einstimmung vor Reiseantritt oder zur gezielten Vorbereitung der Irlandreise lohnt es sich, die Websites des Irischen Fremdenverkehrsamtes oder anderer Organisationen zu besuchen.

Fremdenverkehrsämter

Tourism Ireland
Büro Deutschland
Gutleutstr. 32, 60329 Frankfurt, ✆ 069-9238150, 🖥 www.ireland.com/de-de
Büro Österreich/Schweiz
Untere Donaustr. 11, 1020 Wien, ✆ 01-581892270, 🖥 www.ireland.com/de-at

Nützliche Websites

Allgemeine oder spezielle Informationen zu Irland findet man auf folgenden Internetseiten:

🖥 **www.auswaertiges-amt.de**
Aktuelle Länderinformationen, auch spezielle Hinweise zu Sicherheitsfragen.

🖥 **www.ireland.com**
🖥 **www.discovernorthernireland.com**
Letztere sind die offiziellen Seiten der irischen Tourismusbehörden, untergliedert nach Regionen und Spezialthemen.

Daneben gibt es zahlreiche Internetseiten von den örtlichen Fremdenverkehrsämtern. Deren Informationen sind oftmals deckungsgleich mit der allgemeinen Seite, gehen aber gelegentlich mehr ins Detail und können auch andere Abbildungen aufweisen (nicht unwichtig bei der Entscheidung, ob eine Sehenswürdigkeit einen Umweg wert ist). Nicht selten stolpert man darüber, dass auf verschiedenen offiziellen Internetseiten unterschiedliche Öffnungszeiten und Preise für ein und dieselbe Sehenswürdigkeit angegeben sind – in dem Fall am besten kurz anrufen.

🖥 **www.ticketmaster.ie**
Die größte Website für Veranstaltungstickets, für die wichtigsten Events können hier Eintrittskarten (auch Abholung an der Abendkasse) vorbestellt werden.

🖥 **www.heritageireland.ie**
Offizielle Website der unter staatlicher Verwaltung stehenden Altertümer, bietet eine sehr gute Übersicht auch in Deutsch mit sehr vielen nützlichen Tipps.

🖥 **www.megalithomania.com**
Private Website, die sich ausschließlich mit prähistorischen Monumenten befasst und dazu eine einmalige Auswahl an Fotos präsentiert.

🖥 **www.cain.ulst.ac.uk**
Conflict Archive on the Internet – vielleicht die beste Seite überhaupt zum Nordirlandkonflikt, rein dokumentarisch und ohne jede Wertung.

🖥 **www.gov.ie** und
🖥 **www.northernireland.gov.uk**
Die offiziellen Webseiten der Regierungen der Republik Irland und Nordirlands bieten umfassende Informationen, doch es ist etwas mühsam, sich dort durchzuklicken.

🖥 **www.citizensinformation.ie**
Vorbildlich ist die Bürgerinformationsseite der irischen Regierung, auf der die wichtigsten Infos sinnvoll nach Themen geordnet und vor allem in verständlichem Englisch präsentiert werden.

Websites verschiedener Medien

Folgende Seiten sind zur aktuellen Information sehr hilfreich, z. T. enthalten sie auch gute Veranstaltungshinweise und Tipps für Ausflüge (vor allem Do und Fr und für das Wochenende):

- 🖥 **www.rte.ie** – RTÉ, staatliches irisches Radio und Fernsehen.
- 🖥 **www.bbc.co.uk** – BBC, staatliches britisches Radio und Fernsehen.
- 🖥 **www.irishtimes.com** – Irish Times, Tageszeitung aus Dublin.
- 🖥 **www.independent.ie** – Irish Independent, Tageszeitung aus Dublin.
- 🖥 **www.examiner.ie** – Irish Examiner, Tageszeitung aus Cork.
- 🖥 **www.belfasttelegraph.co.uk** – Belfast Telegraph, Tageszeitung aus Belfast.
- 🖥 **www.boards.ie** – Hier liest man, welche Themen im Moment das Land beschäftigen. Riesiges Internetforum.

Landkarten

Für die grobe Reiseplanung reicht im Regelfall eine Übersichtskarte von gesamt Irland, auf der die wichtigsten Städte und Straßen eingezeichnet sind. Werden für Teilstrecken oder die gesamte Planung genaue Angaben der besten Routen und der zu veranschlagenden Fahrzeiten benötigt, ist der laufend aktualisierte und kostenlos im Internet verfügbare Routenplaner der **Automobile Association Ireland** das beste Hilfsmittel (S. 38).

Für Autotouristen besonders empfehlenswert ist der kompakte Straßenatlas von **Ordnance Survey Ireland** (OSI), der regelmäßig aktualisiert wird und die wichtigsten Informationen bereithält. Dieser Autoatlas ist in Irland eigentlich in jedem Buchladen erhältlich (darauf achten, dass man auch wirklich die aktuellste Version kauft).

Wer detaillierte Informationen zu bestimmten Gebieten braucht, der sollte auf die im Maßstab 1:50 000 gehaltenen Karten aus der Discovery Series zurückgreifen, die auf dem Lande bis auf das Niveau einzelner Häuser genau sind, wirklich jede Straße und auch jeden Feldweg anzeigen und zudem auch wertvolle Informationen

über prähistorische Monumente enthalten. Der einzige Nachteil ist, dass Irland in diesem Maßstab nicht weniger als 89 Karten aufweist. Die Karten sind in den meisten Buchläden erhältlich, nicht selten ist jedoch gerade die Karte der jeweiligen Region, in der man sich befindet, ausverkauft. Eine Bestellung vor Beginn der Reise zahlt sich auf jeden Fall aus.

In den letzten Jahren hat Ordnance Survey Ireland verschiedene Kartensets speziell für Touristen herausgebracht, die z. B. Fernwanderwege abdecken. Diese können eine sehr sinnvolle Alternative zu den Einzelkarten der Discovery Series sein. Das gesamte Angebot von OSI, 🖥 www.osi.ie, ist auf deren Webseite zu sehen.

Jobben in Irland

Besucher aus der EU und den EEA-Staaten (European Economic Area, Europäischer Wirtschaftsraum, beinhaltet auch Island, Liechtenstein und Norwegen) sowie der Schweiz können in Irland ohne ein Arbeitsvisum eine **Anstellung** annehmen – vorausgesetzt sie besorgen sich eine Sozialversicherungs- und Steuernummer (PPS-Number, 🖥 www.welfare.ie).

Wer sich als **Straßenkünstler** betätigen will, hat in Irland ein weites Feld, das sich jedoch fast nur auf die größeren Städte beschränkt, teilweise auch durch örtliche Regelungen genehmigungspflichtig ist. Die Konkurrenz ist hart. Die beliebte Methode, sich einfach an einer Touristenattraktion zu platzieren, ist mittlerweile auch schwieriger geworden. An den Cliffs of Moher etwa, früher ein beliebtes Ziel abgebrannter Rucksacktouristen mit einer Billigflöte, werden Straßenmusiker ohne Genehmigung von Sicherheitsleuten vertrieben. Und die Hoffnung, mit spontanen Auftritten in Pubs Geld zu verdienen, sollten sich Musiker am besten gleich aus dem Kopf schlagen.

Immer wieder taucht die Idee auf, sich gegen Kost und Logis zur Arbeit auf einem **Bauernhof** zu verpflichten. Tatsächlich gibt es einige Programme, die u. a. freiwillige Helfer auf Biohöfen vermitteln. Über ihren Wert kann man geteilter Meinung sein. Während die Helfer meistens sehr viel Enthusiasmus mitbringen, sind sie auf manchen Höfen doch nur billige Arbeitskräfte, die den Profit maximieren sollen. Auf anderen Höfen dagegen werden sie sogar in das Familienleben integriert.

Eine traditionelle Job-Möglichkeit bieten **Au-Pair**-Stellen, mittlerweile übrigens auch für Männer. Die meisten Familien suchen jedoch eine weibliche Kraft zur Betreuung der Kinder und für Mitarbeit im Haushalt. Leider ist in den letzten Jahren die ursprüngliche Idee des Au Pair zu einer anspruchslosen und billigen Haushaltshilfe degeneriert, es bewerben sich auch Menschen älteren Semesters aus rein wirtschaftlichen Gründen. Wer sich für eine Au-Pair-Stelle interessiert, sollte sich bei einer Agentur melden, die auch als Ansprechpartner bei Problemen und in Notfällen zur Verfügung steht.

Kinder

Irland mit Kindern ist ein Spagat – allzu viele ausgesprochene Kinderattraktionen gibt es nicht. Neben **Strandvergnügen** und **Zoobesuchen** begeistern sich die meisten Kinder für die großen Freilichtmuseen, in denen auch Darsteller in den traditionellen Kostümen einen Einblick in das Leben vergangener Zeiten gewähren. Vorbildlich sind etwa der **Ulster American Folk Park** (S. 547), der **Irish National Heritage Park** (S. 311) oder auch das **Ulster Folk & Transport Museum** (S. 311). Und mit dem **Tayto Park** (S. 215) wurde ein echter Freizeitpark eingerichtet. Daneben sind auch zahlreiche sportliche Aktivitäten für Kinder geeignet.

Generell sind die Iren Kindern gegenüber positiv eingestellt, für manche Besucher aus Mitteleuropa oftmals sogar überraschend ungezwungen. Die Toleranz von irischen Eltern lautstark quengelnden Kindern gegenüber scheint höher zu sein als bei deutschen Eltern. Das kann sich jedoch binnen einer Sekunde ändern. Dann sehen sich die Kids archaischen Erziehungsmethoden, gekoppelt mit einem Schwall derbster Flüche, ausgesetzt.

Grundsätzlich dürfen Kinder unter 18 Jahren nur in Begleitung von Erziehungsberechtigten

und bis maximal 21 Uhr, von Mai bis September 22 Uhr, in einem Pub sein. Darüber hinaus hat jeder Wirt das Hausrecht und darf Kinder aus dem Schankraum verbannen. Das passiert generell aber nur, wenn das Kind durch sein Benehmen anderen Gästen auf die Nerven geht. Oder aber, wenn nach Einschätzung des Wirtes seine Kneipe oder deren Stammgäste einen schlechten Einfluss auf das Kind ausüben. In sehr seltenen Ausnahmefällen kann der Wirt schlicht und einfach Kinder nicht leiden.

Mittlerweile schränken auch einige Restaurants und Cafés den Zutritt mit Kind ein.

Maße und Elektrizität

Dem Status Irlands als geteilte Insel entsprechend, werden im Straßenverkehr zwei verschiedene Maßeinheiten angewendet. In der **Republik Irland** ist das gesamte System auf **Kilometern** basierend, bei Entfernungsangaben und Geschwindigkeitsbeschränkungen.

In **Nordirland** dagegen ist die Einheit der Wahl die **Meile**. Im Straßenverkehr sind Entfernungen und auch Geschwindigkeitsbeschränkungen so angegeben.

Rasch umgerechnet	
1 Mile	1,61 km
1 Yard	0,91 m
1 Foot	30,48 cm
1 Inch	2,54 cm

Ein besonderes Problem sind **Kleidergrößen**, denn hier kann der Kunde niemals sicher sein, welche Größe gerade gemeint ist. Die verschiedenen Systeme sind fast parallel im Gebrauch, viele Kleidungsstücke sind Importware, die nicht besonders ausgezeichnet wird. Konkrete Maßangaben (Bundweite, Brustumfang) können sowohl in Inch als auch in Zentimetern erfolgen und die mit Kleidergrößen versehenen Label müssen nicht unbedingt der mitteleuropäischen Auffassung entsprechen. Zum Glück werden die meisten von Touristen gekauften Artikel in vereinfachten Größen wie „XL" verkauft.

Irlands Stromversorgung basiert auf 220 Volt Wechselstrom, sodass alle Elektrogeräte problemlos funktionieren sollten. Ein geeigneter **Adapter** gehört allerdings ins Gepäck. Mietwagen verfügen meist über eine Autosteckdose, ideal geeignet für Ladegeräte während der Fahrt.

Medien

Als 1912 die *Titanic* im Eismeer versank, berichtete eine irische Zeitung angeblich unter der Hauptschlagzeile „Corkman Drowns" über die Katastrophe. Wer sich heute die irischen Medien ansieht, wird oft eine ähnliche Nachrichtenaufmachung wiederfinden. Der Autounfall eines Iren im Ausland nimmt oft mehr Raum ein als ein im selben Land gleichzeitig stattfindender blutiger Staatsstreich. Reisende sollten also darauf gefasst sein, die eine oder andere Nachricht aus der Heimat zu verpassen.

Presse

Die wichtigsten Printmedien Irlands kann man an einer Hand abzählen: *Belfast Telegraph* (Belfast, tgl. außer So), *Irish Examiner* (Cork, tgl. außer So), *Irish Independent* und *Irish Times* (beide Dublin, tgl. außer So), dazu die irische Ausgabe der Londoner *Times* (tgl. außer So). Weitere Tageszeitungen sind die zahlreichen Boulevardblätter und einige Abendzeitungen, in allen diesen sind Klatsch und Tratsch wichtiger als harte Fakten. Hinzu kommen verschiedene Sonntagszeitungen, die oft von beachtlicher Dicke sind – sehr zu empfehlen ist die altehrwürdige *Sunday Times*, die in einer spezifisch lokalen Ausgabe erscheint.

Lokalzeitungen erscheinen oft nur einmal in der Woche und berichten tatsächlich nur über lokale Ereignisse, teils mit großen Zeitverzögerungen. Für Touristen haben sie meist nur durch ihren Veranstaltungsteil einen gewissen Wert.

Ausländische Zeitungen und Zeitschriften sind eigentlich nur in den Großstädten zu bekommen und selbst dort nicht unbedingt aktuell oder in großer Menge vorhanden.

Radio

Im Radio tummeln sich neben den staatlichen Sendern RTE (Irland) und BBC (Nordirland) zahlreiche z. T. kleinste Privatsender. Auch hier beschränkt sich die Nachrichtenauswahl oft auf den reinen Lokalbereich. Der beste Tipp: einfach öfter die Kanäle wechseln.

Fernsehen

Das Fernsehen in Irland beschränkt sich im Wesentlichen auf maximal acht Kanäle, von denen nicht alle auf der ganzen Insel zu empfangen

> ### Talkshows ohne Ende
>
> Irlands Radioprogramm wird von Sendungen dominiert, die den Hörer zur Interaktion per Telefon einladen und eine Art „Talkshow des Volkes" darstellen. Je skurriler die Geschichte und je extremer die Meinung, desto besser für das Programm.
>
> Wer wirklich erfahren will, was Irland und die Iren im Alltag so bewegt, der sollte hier reinhören. An guten Tagen wird man aus dem Staunen nicht herauskommen. Nationaler Knaller ist Joe Duffy mit „Lifeline" auf RTÉ Radio 1, hier werden die Fährnisse des irischen Lebens lang, breit und heftig melancholisch zu Gehör gebracht: *„But, but, Joe … think of the children, Joe!"*

sind: die öffentlich-rechtlichen Sender RTE1 und RTE2 (Republik Irland) sowie BBC1 und BBC2 (Nordirland), die Privatsender Virgin Media One (Republik Irland) sowie UTV und Channel 4 (Nordirland), dazu der irischsprachige Sender TG4 (öffentlich-rechtlich, Republik Irland). Die wichtigsten Nachrichten kommen um 18 Uhr auf RTE1 und BBC1, auf UTV sind die News at Ten (22 Uhr) empfehlenswert.

Nationalparks

Die irischen Nationalparks sind nicht vergleichbar etwa mit jenen in den USA, sie sind wesentlich kleiner und bei Weitem nicht so spektakulär. Generell sind sie gut erschlossen und bergen keine besonderen Gefahren, so lange man auf den (meist gut ausgeschilderten) offiziellen Wegen bleibt. Eintrittsgelder werden nicht erhoben, die Parks sind das ganze Jahr über zugänglich. In Nordirland gibt es bislang keinen Nationalpark.

Neben den Nationalparks existieren auf der Insel zahlreiche Forest Parks, die meist von der Forstbehörde betrieben werden und neben dem kommerziellen Forstbetrieb (der teilweise auch in den irischen Nationalparks zu bemerken ist) eine Rolle als Naherholungsgebiete spielen. Sie sind mitunter, vor allem in der Hauptsaison, eintrittspflichtig. Beispiele sind der **Glenariff Forest Park** im County Antrim (S. 528), der **Lough Key Forest Park** im County Roscommon (S. 238) und das **Silent Valley**, das gigantische Trinkwasserreservoir für Belfast in den Mourne Mountains (S. 539).

Vor allem im Küstenbereich findet man **Vogelschutzgebiete**, die jeweils örtlich ausgeschildert und auch auf Karten vermerkt sind.

Irlands Nationalparks auf einen Blick

Irland hat sechs erklärte Nationalparks, die allesamt für Touristen zugänglich sind:

Ballycroy National Park,
⌨ www.ballycroynationalpark.ie
Ein ausgedehntes, aber nicht sehr spektakuläres Moorgebiet im County Mayo, das auch als Vogelschutzgebiet dient.

Burren National Park,
⌨ www.burrennationalpark.ie
Die Karstlandschaft südlich der Galway Bay im County Clare gehört zu den Höhepunkten einer Irlandreise (S. 431).

Connemara National Park,
⌨ www.connemaranationalpark.ie
Eine sehr schöne Wald- und Berglandschaft im County Galway, die vor allem für lange Wanderungen interessant ist (S. 460).

Glenveagh National Park,
⌨ www.glenveaghnationalpark.ie
Ein unter Schutz gestelltes Stück des County Donegal, in dem man mit sehr viel Glück Adler beobachten kann (S. 506).

Killarney National Park,
⌨ www.killarneynationalpark.ie
Irland wie aus dem Bilderbuch, mit Seen, Wäldern, Rotwild und einigen sehr schönen Ausblicken von den Bergen (S. 380).

Wicklow Mountains National Park,
⌨ www.wicklowmountainsnationalpark.ie
Weite Teile der Berge südlich der Hauptstadt Dublin wurden unter Naturschutz gestellt, den größten Genuss findet man im Tal von Glendalough (S. 289) oder auf dem Wicklow Way (S. 296), der mehrere Tage in Anspruch nimmt.

Post

In der Republik Irland ist **An Post** tätig, Briefkästen und Postämter sind an ihrer grasgrünen Farbe erkennbar. In Nordirland liegt die Postbeförderung in den Händen der **Royal Mail**, deren Identität vor allem durch die feuerrote Farbe bestimmt wird. Briefmarken sind in beiden Teilen des Landes auch in vielen anderen Geschäften erhältlich – aber nicht grenzüberschreitend gültig.

In beiden Landesteilen sind reine Postämter im Verschwinden begriffen und werden durch Poststellen in Geschäften und Supermärkten abgelöst. Diese haben oft eingeschränkte Öffnungszeiten und bieten nicht immer das komplette Dienstleistungsangebot, haben aber immer Briefmarken und nehmen Post an.

Reisende mit Behinderungen

Reisende mit Behinderungen werden in Irland sehr unterschiedliche Gegebenheiten vorfinden – während viele Museen und öffentliche Gebäude gut auf behinderte Besucher eingestellt sind, etwa mit Rampen und eigenen Toiletten, bleiben andere Attraktionen für Menschen mit Handicap vollkommen unzugänglich. Der Hügel von Tara (S. 222) etwa ist schon bei kleineren Einschränkungen der Mobilität ein Problem, prähistorische Monumente wie Newgrange (S. 217) sind definitiv nicht mit einem Rollstuhl zu besichtigen und auch mit Gehhilfen eher eine Qual.

Auch die Nutzung von öffentlichen Verkehrsmitteln kann, vor allem außerhalb Dublins, eine kaum zu meisternde Herausforderung darstellen. Positiv hingegen ist, dass Behinderten in Irland relativ schnell Hilfestellung gegeben wird.

Wer auf einen **Begleithund** angewiesen ist, sollte unbedingt beachten, dass die Abschottung Irlands gegenüber Haustieren aus Europa (und dazu zählen auch Blinden- oder Rettungshunde) immer noch sehr streng und eine Einreise nur über das „Pet Passport Scheme" überhaupt sinnvoll ist (genaue Bestimmungen unter 🖳 www.agriculture.gov.ie/pets).

Reiseveranstalter

Die unterschiedlichsten Reiseveranstalter bieten Irlandreisen an: von relativ teuren Studienreisen bis zu Schnäppchenangeboten beim Discounter. Das Erstaunliche dabei: Auf den ersten Blick unterscheiden sich oftmals die Leistungen kaum, die Reiserouten sind bisweilen fast identisch. Daher ist es unbedingt empfehlenswert, sich intensiv mit den Reiseplänen und den angebotenen Leistungen zu beschäftigen.

Dies ist umso wichtiger, sollte man ein spezielles Interesse mit der Reise verbinden. Die üblichen Rundreisen sind oft derart deckungsgleich, dass allenfalls das Alter des Reisebusses und die Größe des Hotelzimmers die z. T. erheblichen Preisunterschiede zu rechtfertigen scheint. Wesentlich wichtiger werden Unterschiede dagegen bei Aktivreisen, z. B. Wanderreisen. Die Werbetexte versprechen stets, dass man das ganz Besondere Irlands und die unverfälschte Natur entdecken wird, gerne auch leicht esoterisch-keltisch angehaucht. Die Frage ist nur: Wandert man abseits der ausgetretenen Pfade oder entlang touristischer Highlights? In unterschiedlich langen Tagesetappen an verschiedenen Orten oder auf einem geradezu militärisch geplanten Marsch einen der Fernwanderwege entlang? Mit dem Rucksack und einem Feldbett im Hostel oder doch eher mit bequemem Gepäcktransfer und etwas höherwertiger Unterkunft? Natürlich sind die individuellen Bedürfnisse ausschlaggebend, doch auch hier lohnen Preisvergleiche.

Vielleicht das bunteste Programm an **Rundreisen** bietet **Paddywagon Tours**, 5 Beresford Pl., Lower Gardiner St., Dublin 1, ✆ 01-8230822, 🖳 www.paddywagontours.com. In relativ kleinen Gruppen und ungezwungener Atmosphäre kann man Irland auf Touren von drei, sechs oder zehn Tagen entdecken, meist ab Dublin. Die Preise sind sehr erschwinglich, besonderen Komfort und viel Privatsphäre darf man allerdings nicht erwarten. Dennoch: eine der einfachsten Möglichkeiten, ganz Irland preisgünstig kennenzulernen.

Etwas konservativer, komfortabler und teurer sind die Angebote für Rundreisen mit Bus und Bahn, die **Railtours Ireland**, Railtours House, 16 Amiens St., Dublin 1, ✆ 01-8560045, 🖥 www.railtoursireland.com, anbietet.

Einige Veranstalter haben sich auf **Wanderreisen** spezialisiert. Sehr zufrieden sind Reisende mit den geführten Wandertouren von **Highländer Reisen**, Takustr. 1-3, 50825 Köln, ✆ 0221-29248480, 🖥 www.highlaender-reisen.de. Maßgeschneiderte Wandertouren bietet auch **The Pathway Porter**, Plato Business Park, Dublin 15, ✆ 086-0566212, 🖥 www.thepathwayporter.co.uk, an, auf dem beliebten Kerry Way und dem Dingle Way sogar im „Linienverkehr".

Auf den **Bootstourismus** spezialisiert hat sich seit Jahren **Shannon-Travel Bootsreisen**, Stefan Kupner, Bergweg 6, 59427 Unna, ✆ 02303-963777, 🖥 www.shannon-travel.de. Trotz des Firmennamens werden nicht nur Boote auf dem Shannon angeboten. Ebenfalls Boote bietet einer der führenden Anbieter von **Angelreisen** mit sehr guten Kenntnissen der irischen Verhältnisse: **Kingfisher Reisen** (Rhein-Kurier GmbH), Pastor-Klein-Str. 17, Haus A, 56073 Koblenz, ✆ 0261-915540, 🖥 www.kingfisher-angelreisen.de.

Studienreisen mit sehr kompetenter Führung bietet u. a. Dr. Tigges, Gebeco GmbH & Co KG, Holzkoppelweg 19, 24118 Kiel, ✆ 0431-54460, 🖥 www.drtigges.de. Gerade bei Studienreisen sollte der Kunde allerdings darauf achten, dass diese so weit wie möglich auf sein Interesse zugeschnitten sind.

Schwule und Lesben

Homosexualität ist in Irland schon lange nicht mehr strafbar, aber nach wie vor oft mit einem Stigma belegt, trotz der 2015 erfolgten Legalisierung der gleichgeschlechtlichen Ehe, trotz eines 2017 gewählten schwulen *Taoiseach*. In der Republik und Nordirland sind es vor allem die dominierenden Kirchen, Katholiken wie Presbyterianer, die sich streng gegen Homosexualität

wenden. Mit starken Vorurteilen ist immer noch v. a. außerhalb der Ballungsräume zu rechnen.

Homosexuelle Touristen werden am ehesten Probleme bekommen, wenn sie ein B&B aufsuchen. Werden zwei Frauen noch als Bewohner eines Doppelzimmers akzeptiert, kann bei zwei Männern diese Grenze schon überschritten sein. Dabei steckt der Teufel schon im Detail – ein „Double" (mit einem Doppelbett) ist verfänglicher als ein „Twin" (mit zwei getrennten Betten). Ist solche Diskriminierung legal? An sich nicht, aber so lange sie nicht offen geschieht (sondern etwa mit der Ausrede, man sei voll und habe nur das Schild noch nicht umgestellt), wird sie schwer nachzuweisen sein.

Sicherheit

Irland gilt gemeinhin als sicheres Reiseland, was aber nicht bedeutet, dass gar keine Kriminalität existiert. Gewaltverbrechen und Vergewaltigungen nehmen in den letzten Jahren sogar stetig zu. Generell unterscheiden sich die Gefahren in Irland nicht wesentlich von denen in den mitteleuropäischen Ländern. Touristen sollten jedoch ein paar Dinge wissen und beherzigen.

Thema **Ausländerfeindlichkeit**: Die weitaus größte Mehrheit der Iren ist nicht ausländerfeindlich, auch wenn oft ein unterschwelliges Misstrauen gegenüber Fremden herrscht. Touristen werden dies kaum zu spüren bekommen, erst bei einem längeren Aufenthalt kristallisieren sich manche Probleme heraus. Ganz besonders gegenüber dunkelhäutigen Menschen bestehen noch viele Vorurteile, die gelegentlich in sehr hässlichen Bemerkungen (seltener in physischer Gewalt) gipfeln. Als deutscher Tourist sollte man sich auf ein sehr vereinfachtes Weltbild einstellen, in dem das „Dritte Reich" immer noch eine große Rolle spielt.

Diebstahl

Autodiebstahl gilt in manchen irischen Kreisen als Kavaliersdelikt – das Fahrzeug ist daher immer abzuschließen, auch wenn es nur für kurze

Sollte man Opfer einer Straftat werden, ist auf jeden Fall die **Polizei** (Garda oder PSNI) aufzusuchen. Diese wird behilflich sein und ein Protokoll aufnehmen, das für spätere Versicherungsfragen unbedingt benötigt wird. Des Weiteren kann die Polizei Tipps geben, an welche Stellen man sich wenden muss, etwa um Kreditkarten sperren zu lassen oder einen entwendeten Reisepass wieder zu beschaffen.

Notruf für Polizei, Feuerwehr, Rettungsdienst: ☎ **112** oder **999**.

Opferhilfe für Touristen: Touristen, die in der Republik Opfer eines Verbrechens geworden sind, können sich auch an den Irish Tourist Assistance Service (Pearse Street Garda Station, Pearse St., Dublin 2, ☎ 01-6669354, 🖥 www.itas.ie) wenden.

Zeit verlassen wird. Zudem sollte der Fahrer niemals das Auto verlassen, ohne den Zündschlüssel abgezogen zu haben.

Grundsätzlich gilt: Keine Wertsachen im Hotelzimmer oder im Auto zurücklassen, vor allem nicht gut sichtbar. Bei Autos sollte zudem der Innenraum freigehalten werden, um „Smash and Grab"-Aktionen nicht herauszufordern. Eine weitere beliebte Art von Diebstahl ist es, eine abgestellte Tasche oder einen Rucksack im Vorbeigehen mitzunehmen. Dem beugt man durch Befestigung des Trageriemens am Stuhl oder am Tisch vor. Taschen- und Trickdiebe sind in Irland genauso wie im Rest der Welt tätig und konzentrieren sich entweder auf große Menschenmengen oder auf allzu sorglose Passanten mit offenen Taschen. Das beste Rezept dagegen ist, wichtige Papiere und die Brieftasche direkt am Körper und möglichst in einer engen oder verschließbaren Tasche zu tragen. Auch Brustbeutel und Geldgürtel sind eine wertvolle Hilfe.

An Geldautomaten finden nicht selten Trickdiebstähle statt: Ein Täter lenkt den Nutzer ab, der zweite, oft altersbedingt kleinwüchsige Täter greift sich derweil schnell das Geld.

Straßenraub und tätliche Angriffe

Sogar in belebten Gegenden kommt es mitunter zu Fällen von Straßenraub, der meist die unmittelbare Androhung von Gewalt mit sich zieht. Hier gilt nur eine Regel: Konfrontation vermei-

den! Jeder materielle Verlust kann ersetzt werden, ein Stich mit dem Messer dagegen kann den Verlust des Lebens bedeuten.

Zu einem tätlichen Angriff, zu körperlicher Gewalt – ob voraussehbar oder vollkommen überraschend – kann es in Irland schnell kommen. Die gerade Rechte als Antwort auf eine Bemerkung kommt nicht selten vor, besonders in den Nachtstunden ist Konfliktvermeidung grundsätzlich angebracht. Raucht etwa ein anderer Passagier im Bus, dann beschwert man sich beim Busfahrer, nimmt aber auf keinen Fall dem Raucher seine Zigarette selber weg. Wird man von einem Betrunkenen angerempelt, entschuldigt man sich und geht weiter. Die größte Gefahr eines tätlichen Angriffs besteht generell um die Schließungszeit der Pubs (und Nachtclubs, einige Stunden später) herum, in städtischen Bereichen und vor allem am Wochenende.

Betrug

Als Tourist das Opfer eines Betrügers zu werden, ist in Irland relativ unwahrscheinlich. Zwar mag nicht jeder, der einen Wegezoll erhebt oder ein Lotterie-Ticket verkauft, auch dazu befugt sein, hier geht es aber meist um kleine Summen. Größere Summen kommen bei (schon mal provozierten) Unfällen im Straßenverkehr ins Spiel, hier sollte immer eine Aufnahme des Unfalls durch die Polizei eingeleitet werden. Ein ganz eigenes Thema sind Kreditkarten, diese sollten niemals aus der Hand gegeben werden oder zumindest immer im Blickfeld bleiben.

Sport und Aktivitäten

Wassersport, Wandern, Radfahren, Reiten ... Irland bietet zahlreiche Möglichkeiten, an der frischen Luft aktiv Sport zu treiben. Die unzähligen Seen und Flüsse sind hervorragendes Terrain für Kanu- und Kajakfahrer, herrliche Naturlandschaften laden zum Wandern, Walken oder Radeln ein, und passionierte Reiter können Irland vom Sattel aus erkunden. Wer selbst nicht aktiv Sport treiben, sondern anderen beim Schwitzen zuschauen möchte, der kann zwischen dem Besuch eines Rugby- oder gar ein Gaelic-Football-Spieles wählen.

Wer gerne schwimmen geht, sollte wissen, dass der Atlantik selbst im Sommer eiskalt ist. Alternativen bieten mancherorts Hallenbäder. Allerdings sind sie relativ dünn gesät und verfügen nur über eingeschränkte Öffnungszeiten, ihre Ausstattung erscheint oftmals vorsintflutlich. Andere Sportarten wie Tennis oder Badminton können teilweise nur in Clubs gespielt werden.

Wer im Urlaub spezielle Sportarten betreiben möchte, sollte vorher Kontakt zu den jeweiligen Dachorganisationen aufnehmen.

Bergsteigen

Bergsteiger finden reichlich Betätigungsmöglichkeiten, von alpinen Gipfeln (mit maximal rund 1000 m Höhe) bis hin zu Steilwänden in ehemaligen Steinbrüchen wie Dalkey (S. 181), die oft wesentlich herausfordernder sind.

Die beste Zeit für Bergsteigertouren sind die Monate von April bis Oktober. Aber auch außerhalb dieser Zeit lassen sich Bergtouren unternehmen, die dann etwas besser vorbereitet und unter Berücksichtigung der stark verkürzten Dauer des Tageslichtes geplant werden müssen. Das wechselhafte Wetter macht es notwendig, dass sich Bergsteiger auch auf Regen und Kälte einstellen müssen, wenn am Morgen die Sonne scheint. Eine entsprechende Notfallausrüstung (Rettungsdecke, warme Kleidung) ist immer empfehlenswert.

Mountaineering Ireland, 🖳 www.mountain eering.ie, ist die Dachorganisation für alle berg

steigerischen Aktivitäten in Irland, die Webseite hält sämtliche Informationen bereit, die man sich wünschen kann. Sie bietet auch Links zu örtlichen Vereinen, die für anspruchsvollere Bergtouren Hilfestellung geben. Gelegentlich ist es hier auch möglich, Ausrüstung zu leihen – im Regelfall muss der Bergsteiger jedoch seine eigene mitbringen.

Coasteering (Küstenklettern)

Wer etwa Hook Head besucht und eine Klippenwanderung wagt, der wird eventuell auch Menschen beim Coasteering (Küstenklettern) beobachten können. Weite Teile der irischen Küste sind nun einmal mit Klippen gesegnet und teilweise nur in gewagten Kletterpartien zugänglich. Das macht die Herausforderung für die Freunde des Coasteering aus. Sie wandern auch an der Küste entlang, müssen dabei aber auch klettern, springen, in Höhlen herumkriechen und teilweise auch einmal tauchen. Coasteering ist nichts für Anfänger ohne örtliche Kenntnisse oder Unterstützung. Wer unterhalb der Flutmarke in einer Höhle feststeckt, der lernt allenfalls noch den „Fliegenden Holländer" kennen, mit steigendem Wasser schwinden die Überlebenschancen.

Generell sollte man die Gefahr an der Küste nicht unterschätzen, erst vor wenigen Jahren starb ein weltbekannter Freeclimber, als er beim Ausruhen nach einem erfolgreichen Klettergang von einer Welle ins Meer gespült wurde. Touristen sollten sich einem der zahlreichen Zentren anvertrauen, die entsprechende Kurse anbieten und auch für die nötige Sicherung sorgen (Adressen s. unten).

Wer das Coasteering ausprobieren möchte, sollte dies nicht auf eigene Faust, sondern unter fachlicher Anleitung tun. Hier eine Liste mit Kontaktadressen erfahrener und bewährter Anbieter:

Achill Outdoor Education Centre,
County Mayo, 🖳 www.achilloutdoor.com
Ardclinis Outdoor Adventure Centre,
County Antrim, 🖳 www.ardclinis.com
Burren Outdoor Education Centre,
County Clare, 🖳 www.burrenoec.com

© DUMONT BILDARCHIV / OLAF MEINHARDT

Klettern ist in Irland auch direkt am Meer attraktiv.

Cappanalea Outdoor Education Centre,
County Kerry, ⌨ www.cappanalea.ie
Gartan Outdoor Education Centre,
County Donegal, ⌨ www.gartan.com
Kilfinane Outdoor Education Centre,
County Limerick, ⌨ www.kilfinaneoec.com
Shielbaggan Outdoor Education Centre,
County Wexford, ⌨ www.shielbagganoec.com
Tollymore Mountain Centre, County Down,
⌨ www.tollymore.com
Xplore Outdoors Activity Centre,
County Derry, ⌨ www.xploreoutdoors.co.uk

Kanu und Kajak

Irlands zahlreiche Seen, Flüsse und Kanäle
bieten Wasserwanderern fantastische Möglichkeiten. Auch in vielen Küstenbereichen ist das
Kajakfahren eine beliebte Sportart. Den Irland-
Neuling mag es zwar überraschen, dass Kajakfahrer etwa in West Cork auf dem Atlantik unterwegs sind, doch für die Iren ist diese sportliche
Herausforderung nichts Ungewöhnliches. Gerade die wilden und schroffen Küstenlandschaften
des Südwestens sind prädestiniert dazu, sie aus

einer ungewöhnlichen Perspektive zu besichtigen, aus der Robbenperspektive sozusagen.
Der Kajakfahrer sollte jedoch um die Gefahren
wissen, sonst könnte er bei ungünstigen Wind-
und Wetterverhältnissen erst in Neufundland
wieder Boden unter die Füße bekommen.

Seakayaking ist in Irland langsam immer populärer geworden. Die Vorteile liegen auf der
Hand: Mit einem Kajak kann der Paddelfreund
nahezu überall ins Wasser und findet auch an
den meisten Stellen wieder einen Weg hinaus.
Geringer Tiefgang und ein geringes Gewicht machen es möglich, das Boot überall abseits einer
Steilküste wieder an Land zu ziehen. Auch der
Transport stellt kein Problem dar, zwei Kajaks
passen selbst auf einen Kleinwagen. Dass speziell West Cork sich für diesen Sport anbietet,
verwundert kaum. Zahlreiche kleine Buchten,
vorgelagerte Inseln und idyllische Küstenab-
schnitte machen die Region zu einer der
schönsten Küstenlandschaften Irlands. Doch
sie ist nicht nur romantisch und abwechslungsreich, sondern auch immer mit einem Wetterschutz verbunden – bei plötzlich aufkommendem starkem Wind kann der Paddler eigentlich
immer relativ schnell eine Leeseite erreichen.

Die besten Infos rund um den Sport findet man auf der Webseite der Irish Canoe Union, 🖥 **www.canoe.ie.**

Wer das Seakayaking erlernen möchte, hat vor allem im Südwesten der Insel Möglichkeiten dazu. Hier bieten einige Firmen Kurse, organisierte Touren und auch den Verleih von Kajaks an. Da sich die Kosten je nach Saison und Angebot stark unterscheiden, ist eine direkte Anfrage erforderlich.

Zu den größeren, bekannten Anbietern zählen:

Atlantic Sea Kayaking in Skibbereen, 🖥 www.atlanticseakayaking.com
H2O Sea Kayaking in Kinsale, 🖥 www.h2oseakayaking.com
Kinsale Outdoor Education Centre, 🖥 www.kinsaleoec.com

High Ropes

Was bei uns der Hochseilgarten ist, das sind den Iren die High Ropes – eine Kombination aus klassischen Bergsteigtechniken, Trainingskursen für militärische Spezialeinheiten und einer großen Portion „Tarzan im Urwald". Denn man schwingt sich auch ohne Hast von Ast zu Ast. Kletterkurse sind in Irland generell sehr beliebt, eine schöne Möglichkeit bietet sich z. B. in Killary. Der Fjord von Killary (S. 461) bietet Aktivurlaubern schon lange die Möglichkeit zum Wassersport und zu Bergwanderungen, nun wird hier in Kursen auch das Klettern mit dem Seil vermittelt. Selbst Anfänger kommen so in den Genuss dieser schwindelerregenden Aktivität. Nicht immer finden solche Kurse in freier Natur statt, die meisten Zentren greifen auf künstliche „Hindernisse" zurück, die aber anstrengender als ein echter Fels sein können. Ganz ruhig auf einem leicht hin- und herschwingenden Telegrafenmasten zu stehen, ist nicht gerade die einfachste Übung!

Zum Ausprobieren bieten sich folgende Möglichkeiten:
Carlingford Adventure Centre, County Louth, 🖥 www.carlingfordadventure.com
Delphi Resort, County Galway, 🖥 www.delphimountainresort.com

Killary Adventure, County Galway, 🖥 www.killaryadventure.com
Kippure Estate, County Wicklow, 🖥 www.kippure.com
Loughcrew Estate, County Meath, 🖥 www.loughcrew.com
Lurgaboy Lodge Adventure Centre, County Armagh, 🖥 www.lurgaboylodge.com
University of Limerick Activity Centre, County Clare, 🖥 www.ulac.ie
In einer „Light-Version" kann man es auch im **Tayto Park** bei Ashbourne (S. 215) ausprobieren.

Kitesurfing

Dieser Sport bekam in den letzten Jahren ungeheuren Zulauf. Waren zu Beginn des Jahrhunderts ganze drei Kitesurfer noch ein seltener Anblick im Wasser, sind es heute teilweise mehrere Dutzend Männer und Frauen, die sich auf einem Surfbrett von einem Drachen durch die Brandung ziehen lassen. Einem Lenkdrachen oder, genauer gesagt, einem gestelllosen Konstrukt, das Insider als „Matte" bezeichnen. Kitesurfen ist ein Sport, der alle Sinne fordert … vor allem aber den Gleichgewichtssinn.

Wer schon Erfahrung und das richtige Equipment mitbringt (ein Kälteschutzanzug ist unerlässlich), kann sich direkt auf die Wellen der Dublin Bay wagen. Zahlreiche Kitesurfer tummeln sich bei Bull Island. Bitte bedenken: Bull Island ist auch ein Badestrand. Das Wasser ist stellenweise extrem flach, was mit einer überraschenden Vollbremsung einhergehen kann.

Anfänger sollten auf keinen Fall einfach den Drachen in den Wind hängen! Das kann böse enden und gefährdet auch andere Wassersportler. Es ist ratsam, einen Kurs zu belegen, etwa bei **Pure Magic,** 🖥 www.puremagic.ie, in Dublin und auf Achill Island.

Radfahren

Der Radsport ist in Irland relativ populär, wird aber auf eine recht unorganisierte und z. T. gefährliche Weise betrieben. Dies wird anderen Straßenteilnehmern meist dann schlagartig klar, wenn ihnen hinter einer Ecke ein Pulk Radfahrer im Renndress und ohne jede Absicherung entgegengeschossen kommt. Wobei man sich fragt, wie ein modernes Rennrad überhaupt die irischen Straßen „überleben" kann. Reisende werden das Fahrrad allerdings eher als umweltfreundliches Transportmittel von A nach B nutzen. Siehe dazu S. 82.

Reiten

Irland ist nach wie vor ein Pferdeland, zahlreiche Pferdehöfe oder Reitställe bieten neben Trainingsstunden auch geführte Ausritte am Strand oder durch die Landschaft an. Die Qualität ist dabei so unterschiedlich wie die Preisgestaltung. Wer einen Ausritt unternehmen möchte, sollte auf jeden Fall vorher Modalitäten und Kosten in Erfahrung bringen (zumindest einen Helm muss man sich meist leihen) und sich auch über die Route erkundigen. So ist ein Dubliner Reitstall, auf den ersten Blick recht idyllisch gelegen, dafür bekannt, dass bei Ausritten in den Phoenix Park erst einmal einer der meistbefahrenen Kreisverkehre der Stadt gequert werden muss.

Die besten Informationen zum Thema bietet die Webseite von **Equestrian Holidays Ireland**, 🖥 www.ehi.ie, eine Vereinigung von geprüften Reitställen, die sich als zuverlässiger Partner erwiesen hat.

Riverwalking

Eine herausfordernde Sportart, deren Name täuscht. Hier geht es keineswegs um einen gemütlichen Spaziergang am Ufer eines Flusses entlang. Im Gegenteil: Es geht darum, das Flussbett zu erwandern. Kein alltägliches Abenteuer, das man nur in der Gruppe angehen sollte. Zum Glück ist der Begriff „Fluss" in Irland recht weitgefasst. Die meisten so bezeichneten Gewässer sind flach und breit, nach kontinentaleuropäischen Maßstäben eher Bäche. Zum Riverwalking – bei tief ins Land einschneidenden Flüssen auch als Canyoning oder Gorge Walking bekannt – ist eine gute Ausrüstung (Schutzanzüge,

Schwimmwesten und in der Regel Helme) unerlässlich. Ein wackliger Kiesel kann ausreichen, um eine mehrere hundert Meter anhaltende Rutschpartie flussabwärts einzuleiten. Und manchmal muss diese auch freiwillig erfolgen, denn einige Strecken gehen über Wasserfälle. Abseilen oder kontrolliert herunterrutschen? – das ist dann hier die Frage.

Anfänger können Riverwalking auch in speziellen Zentren erlernen. Hier eine Auswahl:

Birr Outdoor Education Centre, County Offaly, 🖥 www.birroec.ie

Delphi Resort, County Galway, 🖥 www.delphimountainresort.com

Gartan Outdoor Education Centre, County Donegal, 🖥 www.gartan.com

Kilfinane Outdoor Education Centre, County Limerick, 🖥 www.kilfinaneoec.com

Killary Adventure Centre, County Galway, 🖥 www.killaryadventure.com

Lilliput Adventure Centre, County Westmeath, 🖥 www.lilliputadventure.com

Petersburg Outdoor Education Centre, County Galway, 🖥 www.petersburg.ie

Segeln, Surfen, Tauchen

An den Küsten und an vielen Seen sind Segelclubs ansässig. Wer hier mitsegeln möchte, muss in der Regel Vereinsmitglied sein oder Kontakte zu Seglern besitzen. An verschiedenen Orten kann man jedoch auch ein **Segelboot** mieten, eines der größeren Unternehmen mit unterschiedlichen Booten ist Baltimore Yacht Charters in West Cork, 🖥 www.baltimoreyachtcharters.com. Im Gegensatz zu den beliebten Hausbooten, die auf den Binnengewässern unterwegs sind, ist dies jedoch nicht ohne entsprechende Erfahrung möglich. Was genau man vorweisen muss, ist mit dem Vermieter zu klären – ein Segelschein sollte auf jeden Fall vorhanden sein.

Für Anfänger wird z. B. ein Drascombe Lugger angeboten, ein recht einfach zu handhabendes Familienboot (125 € pro Tag, 575 € pro Woche). Und wer noch gar keine Segelerfahrung besitzt, der kann sich auch ein Boot samt Besatzung chartern.

Whalewatching an Irlands Küsten

Wohl nirgendwo in Europa kann man Wale und
andere Meeressäuger so gut beobachten wie
in Irland. Dafür sorgen der offene Atlantik, der
warme Golfstrom und ein ganz spezieller Status. Im Juni 1991 erklärte die irische Regierung
alle Territorialgewässer zu einem Schutzgebiet
für Wale und Delphine, das erste dieser Art in
Europa. Ein Jahr vorher war bereits die private
Irish Whale and Dolphin Group (IWDG) gegründet worden, die mit ihrer Website 🖳 www.
iwdg.ie die vielleicht besten Informationen zum
Thema liefert. Allein die Liste von Sichtungen
lässt die Artenvielfalt in irischen Gewässern
erahnen.

Von der Küste aus

Mit Whalewatching assoziiert man meist Schiffstouren hinaus auf hohe See, wo man mit ziemlich hoher Wahrscheinlichkeit Wale sehen wird.
In Irland ist das nicht nötig. Denn von den zahlreichen höher gelegenen Küstenabschnitten hat
man eine weitaus bessere Sicht übers Meer als
von einem kleinen Boot aus. Und natürlich kostet
das auch nicht so viel! Die IWDG weist allerdings
darauf hin, dass regelmäßige Beobachtungen
von einem Standort aus am vielversprechendsten sind. Man sollte also nicht an jedem bekannten Beobachtungspunkt eine Sichtung erwarten.
Wale und Delphine sind Wildtiere, keine bezahlten Künstler mit genauen Auftrittszeiten.

Gute Beobachtungspunkte

Einige bekannte und beliebte Beobachtungspunkte, von Dublin aus im Uhrzeigersinn:

Dublin – Howth Head und Dalkey Bay
Wicklow – Bray Head
Wexford – Saltee Islands und Hook Head
Waterford – Helvick und Ardmore Head
Cork – Old Head of Kinsale, Sevens Head, Galley
Head, Cape Clear Island, Mizen Head und
Dursey Island
Kerry – Bolus Head, Valentia Island, die Skelligs,
Slea Head, die Blasket Islands und Kerry Head
Clare – Shannonmündung, Loop Head und Black
Head
Galway – Galway Bay, Ballinakill und Killary
Harbour
Mayo – Achill Head, Erris Head, Benwee Head
und Downpatrick Head

Surfern bietet die Atlantikküste, vor allem in
den Counties Sligo und Donegal (aber auch im
Surfer-Paradies Lahinch, County Clare), atemberaubende Wellen und an den meisten Tagen
sehr gute Verhältnisse zum Wellenreiten. Dafür
sorgt nicht zuletzt der Wind, der fast immer kräftig bläst. Dabei ist jedoch ein Wärmeschutz unerlässlich.

Die beliebtesten Plätze zum Surfen sind Portrush in Nordirland, Dunfanaghy, Bloody Fore-

land und Dungloe im nördlichen Donegal sowie
Rossnowlagh und Bundoran an der Westküste
Donegals. Weitere Surfspots ziehen sich die
Westküste hinab, in Sligo sind es Strandhill,
Aughris, Easkey und Enniscrone. Belmullet,
Achill Island und die Gegend von Westport/Louisburgh sind im County Mayo beliebt. Etwas ruhiger sind die Wellen in Galway, allenfalls die
Gegend rund um Clifden wird für Surfer empfohlen. Lahinch im County Clare schließlich ist

Sligo – Aughris Head und Mullaghmore
Donegal – St. John's Point, Malinmore, Dawros Head und die Inishowen Peninsula
Derry – Mündungsbereich des Lough Foyle
Antrim – Benbane Head, Fair Head, Whitehead
Down – Copeland Islands und St. John's Point

Tourismus und Naturschutz miteinander vereinbaren

Daneben gibt es mittlerweile aber auch eine ganze Reihe von Tourenanbietern, die Besuchern dabei behilflich sind, die Meeressäuger zu beobachten. Nicht immer mit hehren Tierschutzgedanken, meist steht das Geschäft im Vordergrund. Weswegen die IWDG detaillierte Empfehlungen für solche Aktivitäten entwickelt hat und sich bemüht, die Betreiber der Boote von ihren Vorstellungen zu überzeugen. Ziel ist es, Tourismus mit Naturschutz zu vereinbaren und Whalewatching als „sustainable industry" zu etablieren. Zu erhalten ist jede Industrie aber nur so lange, wie es Rohstoffe gibt. Der Rohstoff sind die Wale – und wenn diese durch zu viele Beobachtungsboote und zu rücksichtlose Skipper vertrieben werden, endet die Show eben.

Empfehlenswerte Anbieter
Hier eine Auswahl von Betreibern, die sich als vernünftige Vertreter ihrer Zunft erwiesen haben:
Cork Whale Watch
Catsletownshend, Skibbereen, County Cork, ✆ 086-3850568, 🖥 www.corkwhalewatch.com
Aquaventures Ltd.
Baltimore, County Cork, ✆ 087-7961456, 🖥 www.aquaventures.ie

Youghal Dive Charters
County Cork, ✆ 087-0947903 oder ✆ 087-2112488, 🖥 www.seahunter.ie
Dolphin Discovery Kilrush
Cappa Upper, Kilrush, County Clare, ✆ 065-9051327, 🖥 www.discoverdolphins.ie
Dolphinwatch Carrigaholt
County Clare, ✆ 065-9058156, 🖥 www.dolphinwatch.ie
Brazen Hussy Charter
Connemara, County Galway, ✆ 086-2795118, 🖥 www.brazenhussy.ie
North Irish Lodge
County Antrim, ✆ 028-93382246, 🖥 www.northirishlodge.com

Den Lebensbereich der Tiere respektieren
Und noch ein letztes warnendes Wort: Ganz gleich ob Wal oder Delphin, es handelt sich um Wildtiere, die an näherem Kontakt zum Menschen wenig interessiert sind. Im Gegenteil, man sollte ihren Lebensraum unbedingt respektieren. Sonst kann es einem ergehen wie jenem deutschen Touristen vor einigen Jahren, der jubelnd ins Wasser gehüpft war und unbedingt mit einigen Delphinen schwimmen wollte. Als er jedoch in deren persönlichen Bereich eindrang, nahm ihm das einer der Delphine ziemlich übel und setzte zum verteidigenden Rammstoß an. Ob Zufall oder vielleicht auch ausgezeichnete Kenntnis der menschlichen Anatomie – der Delphin rammte seine harte Schnauze mit hoher Geschwindigkeit in den Unterleib des Mannes.

schon voll auf das Surfen eingestellt, hier unterbieten sich die Schulen und Brettverleihe geradezu mit den Preisen. Vielleicht ist Lahinch auch der Ort, an dem Besucher der Insel am ehesten schnell einmal Wellenreiten können. Gleich gefolgt von Ballybunion und Castlegregory im County Kerry, ebenfalls sehr stark auf den Surftourismus eingestellt. An der Südküste sind Clonakilty und Tramore sehr gut erschlossen. Am wenigsten gesurft wird an der Ostküste, Wind-

verhältnisse und mangelnder Wellengang machen sie für Surfer eher unattraktiv. Die besten Infos zum Surfen in Irland bietet die Irish Surfing Association, 🖥 www.irishsurfing.ie.

Der **Tauchsport** ist in Irland immer beliebter geworden, es gibt sehr viele örtliche Vereine und eine beachtliche Anzahl an Tauchschulen, die auch geführte Tauchgänge anbieten. Die Auswahl der Tauchziele ist immer davon abhängig, wie viel Erfahrung man mitbringt; ohne international anerkannten Tauchschein wird man sich weder Ausrüstung leihen noch auf einen geführten Tauchgang gehen können. Zwar wird auch Anfängerschulung in Irland angeboten, dies ist jedoch für Touristen aus verschiedenen Gründen (Kosten und Wassertemperatur stehen ganz vorne) weniger attraktiv. Sehr beliebt ist in Irland das Wracktauchen, das aber nur in erfahrener Begleitung gewagt werden sollte. Eine sehr gute Übersicht über die verschiedenen Tauchschulen und -zentren bietet die Webseite der irischen Sporttaucher, 🖳 www.scuba.ie.

Wandern

Irland ist ein Wanderparadies. Es gibt zahlreiche **Fernwanderwege** und sehr viele ausgeschilderte **Rundwege** in Naturschutzgebieten, die eine oder mehrere Stunden in Anspruch nehmen. Und natürlich ist es auch möglich, mit Landkarte, Kompass und Lunchpaket im Rucksack auf eigene Faust seinen Weg zu finden (s. auch S. 29, Wanderwege).

Und doch gibt es ein paar Einschränkungen: Da wäre zuerst das Wetter zu nennen. Denn allzu häufig regnet es auf der „Grünen Insel" –

Tipps für Wandertouren

Informative Websites
Irish Trails, 🖳 www.irishtrails.ie
Mountaineering Council of Ireland, 🖳 www.mountaineering.ie
Outdoor Recreation Northern Ireland, 🖳 www.outdoorrecreationni.com
Ulster Federation of Rambling Clubs, 🖳 www.ufrc-online.co.uk

Buchtipp
Die wohl besten Wanderführer für Irland schreibt Helen Fairbairn – von kurzen Wanderungen bis zu langen Strecken quer durchs Land. Alle Touren sind mit Übersichtskarten versehen, diese dienen jedoch nur der groben Orientierung, sodass genaueres Kartenmaterial benötigt wird (s. u.).

Veranstalter von geführten Touren
Empfohlen werden vor allem die organisierten Wanderungen von Highländer Reisen und von Pathway Porter, Adressen S. 65.

Ausrüstung
Wegen des wechselhaften Wetters empfiehlt sich bei der Wahl der Kleidung das „Zwiebelsystem", mit mehreren Lagen, von denen die äußerste einen zuverlässigen Wind- und Wetterschutz bieten muss. Feste Wanderstiefel sind unerlässlich. Ein guter Wanderstock ist auf Bergstrecken sehr hilfreich. Immer mitführen sollte man einen kleinen Vorrat an Nahrung und Getränken, in der Nähe der Wanderwege findet man nur selten Geschäfte oder Gaststätten. Ein Mobiltelefon für den Notfall ist generell ratsam, allerdings sind etwa in den Wicklow Mountains viele Gebiete ohne Empfang. Ganz wichtig bei Wanderungen gerade an der Küste ist ein Schutz mit Sonnencreme – weht eine angenehme, frische Brise vom Meer, merkt man nicht, wie die Haut auf den Armen langsam verbrennt.

Was man noch beachten sollte
Die Beschilderung von Wanderwegen kann oft verwirrend sein, man ist nie davor gefeit, eine falsche Richtung einzuschlagen. Bei plötzlich aufkommendem Nebel, einer sich absenkenden Wolkendecke oder Einbruch von Dunkelheit ist extreme Vorsicht geboten. Niemals ignorieren darf man Schilder, die den Zutritt verbieten – die Aufrechterhaltung des irischen Netzes an Wanderwegen ist streckenweise sehr stark von der Kooperation örtlicher Landbesitzer abhängig. Die Missachtung von Privateigentum kann schnell zur Schließung ganzer Wegstrecken führen.

wohl dem, der solide Regenkleidung im Gepäck hat. Ein größeres Problem aber können die irischen Landbesitzer sein, die nicht unbedingt bereit sind, ihr Eigentum für die Öffentlichkeit freizugeben. Hauptsächlich Versicherungsgründe stecken hinter dieser Verweigerung eines (oft nur vermeintlichen) Wegerechtes. Aber auch das Verhalten mancher Wanderer hat Anlass zu Konflikten gegeben, von spontan auf Weiden entsorgtem Müll bis hin zu Weidegattern, die nicht wieder geschlossen wurden.

Mittlerweile werden von zahlreichen Firmen **geführte Wandertouren** kreuz und quer durch Irland angeboten: teilweise in kleinen Etappen und mit Ruhepausen, teilweise als strammer Marsch über mehrere Tage, teilweise mit Komfortunterkunft und Gepäcktransport, teilweise mit Rucksack von Jugendherberge zu Jugendherberge. Doch wer Irland per pedes „erobern" will, muss sich nicht zwingend einer geführten Tour anschließen. Das Netz der ausgewiesenen Fernwanderwege ist hervorragend, außerdem sind zahlreiche **Wanderführer** im Buchhandel erhältlich, das z. T. sehr detaillierte **Kartenmaterial** bekommt man in den meisten Outdoor-Läden. Dabei ist darauf zu achten, dass es sich jeweils um die neueste Auflage handelt. Ideal ist es, sich diese Unterlagen vor Ort zu besorgen und gleich das Gespräch mit dem Fachpersonal zu suchen. Hier erhält man die aktuellsten Informationen zu Streckenänderungen oder Alternativrouten.

Anhänger des **Nordic Walking** finden auf den Fernwanderwegen, im Gebirge oder an den Küsten beste Bedingungen vor. Mittlerweile haben sich auch die Einheimischen an diesen Anblick gewöhnt und begegnen den stockschwingenden Kontinentaleuropäern nicht mehr ganz so fassungslos. Bei der Anreise beachten, dass die mitzubringenden Wanderstöcke i. d. R. nicht ins Handgepäck dürfen.

Sportveranstaltungen

Sportbegeisterte Besucher werden vielleicht die Gelegenheit beim Schopfe packen und einem sportlichen Wettkampf beiwohnen. Auf der internationalen Sportbühne ist Irland zwar eher selten vertreten, Ausnahmen sind in den letzten Jahren das Springreiten, Leichtathletik, Golf und der Boxsport.

Fußballfans können zwischen zwei Ligen wählen: Sowohl in Nordirland als auch in der Republik spielen professionelle Vereine, allerdings nicht auf dem Niveau der Premier League. Man sollte jedoch nie vergessen, dass die Karriere einiger Stars der englischen Liga bei irischen Provinzvereinen begonnen hat. Mit etwas Glück sieht man hier vielleicht die Großverdiener von morgen kicken. Übrigens wird Fußball, wie wir ihn kennen, immer als Association Football oder kurz Soccer bezeichnet.

Wesentlich populärer ist zumindest in der Republik **Gaelic Football**, die spezifisch irische Variante des Spiels, die eine ungeheuer lange Tradition haben soll. Unterschiede zum in Mitteleuropa bekannten Fußballspiel bestehen u. a. in den Möglichkeiten, Punkte zu machen (ein Schuss über die Latte gilt). Der wichtigste Unterschied ist jedoch, dass der Ball auch mit der Hand gespielt werden darf.

Gleich hinter Gaelic Football in der Popularität kommt **Hurling**, ein dem Hockey ähnliches Spiel, angeblich die schnellste Mannschaftssportart der Welt. Ein kleiner Ball wird mit hölzernen Schlägern vorangetrieben oder auch auf ihnen getragen. Tragen die Aktiven Röcke, nennt sich die Sportart **Camogie**. Dies ist die etwas abgeschwächte Version des Hurling für Frauen – die jedoch mit nicht weniger Enthusiasmus und Körpereinsatz gespielt wird. Als weitere „gälische" Sportart gibt es noch **Handball**, der jedoch weniger mit dem in Deutschland gespielten Handball (in Irland offiziell „Olympic Handball") zu tun hat, sondern schon fast an Squash erinnert. Streng reguliert werden alle diese Sportarten durch die Gaelic Athletic Association, kurz GAA. Da es eigentlich in jeder Gemeinde in der Republik Irland und auch in vielen Gemeinden in Nordirland mindestens ein Footballteam gibt, hat man reichlich Gelegenheit, ein Spiel zu sehen. Wenn sich die Regeln auch Besuchern nicht unbedingt schnell erschließen, so ist ein Nachmittag auf den örtlichen GAA-Grounds doch immer unterhaltsam.

Ungeheuer an Popularität gewonnen hat in den letzten Jahren **Rugby**. Dieser eigentlich typisch englische Mannschaftssport wird zwar schon seit weit über 100 Jahren in Irland gespielt, die jüngsten internationalen Erfolge von irischen Mannschaften haben jedoch für ein verstärktes Interesse gesorgt. Regelmäßige Spiele werden am ehesten in den größeren Städten ausgetragen, in der internationalen Liga sind die Teams von Munster, Leinster und Ulster vertreten. Eine interessante Fußnote: Rugby ist die einzige Sportart, in der Nordirland und die Republik eine gemeinsame Nationalmannschaft stellen. Was regelmäßig zu Problemen beim Abspielen der Nationalhymne führt, es wurde eine eigene Rugby-Hymne geschaffen.

Die wahrscheinlich **wichtigsten Sportereignisse Irlands** finden im September statt – dann spielen die besten Mannschaften in den „gälischen Sportarten" im Dubliner Croke Park um die Pokale. Das erste und dritte Wochenende im September sind die Fixtermine. Das zweite und vierte Wochenende sind für eventuelle Neuauflagen vorgesehen, denn in den Gaelic Games gibt es nach einem Unentschieden kein Elfmeterschießen. Stattdessen wiederholt man einfach das Spiel komplett.

Neben diesen sehr populären Sportarten sind Wettkämpfe und Turniere aller Art für Zuschauer zugänglich. In Belfast etwa gibt es regelmäßig **Eishockey-Spiele**, in Dublin ist die **Horse Show** im August ein international wichtiges Springreitturnier, **Pferderennen** finden mit schöner Regelmäßigkeit statt und sind teilweise gesellschaftliche Ereignisse. Nicht zuletzt locken große **Golfturniere** Profis auf die Insel.

Das Rennpferd des kleinen Mannes ist in Irland nach wie vor der Windhund, in eigenen Stadien finden viel besuchte **Windhunderennen** statt – wobei allerdings nicht verschwiegen werden soll, dass sich dieser Rennbetrieb und Tierschutz nicht unbedingt vertragen. Am Rande der Rennbahn kommt es immer wieder zu unschönen Szenen.

Sprachkurse

Es gibt in Irland zahlreiche Anbieter von Sprachkursen sowohl für **Englisch** (Hauptzentren Dublin und Galway) als auch für **Irisch** (hauptsächlich in den Gaeltacht-Gebieten, aber auch in Dublin). Ein weitverbreitetes Vorurteil ist, dass man in Irland kein „richtiges Englisch" lernen könne. Ein Sprachkurs in England sei sinnvoller, da dort in jeder britischen Sprachschule das BBC-Englisch (sog. Received Pronounciation, RP) in Reinstform gelehrt werde. Tatsächlich wird jede Sprachschule von örtlichen oder persönlichen Dialekten beeinflusst, sodass der Schulungsort nahezu austauschbar ist.

Sprachschulen
Bei der Suche nach einem Sprachkurs sollte man unbedingt die Leistungen der Schulen vergleichen und versuchen, Erfahrungsberichte von anderen Teilnehmern zu erhalten. Eine Reihe von irischen Sprachschulen mit z. T. wohlklingenden Namen und hohen Gebühren hat sich in den letzten Jahren als reines Visa-Beschaffungssystem für asiatische und afrikanische „Studenten" herausgestellt.

Eine sehr gute Übersicht über Sprachschulen bietet die Webseite der **MEI**, 🖥 www.mei.ie, ein Verband von rund 60 qualifizierten und anerkannten Sprachschulen, die an 120 Standorten in Irland Programme anbieten. Die Kurse rangieren dabei vom einfachen Schulenglisch über spezialisiertes Business English bis hin zur Zertifizierung für Englischlehrer.

Wer seinen Sprachurlaub nicht selbst organisieren möchte, kann sich bei zahlreichen Reiseveranstaltern über Pakete informieren, in denen Transport, Unterkunft, Verpflegung sowie ein Ausflugsprogramm enthalten sind. Oft können diese wesentlich günstiger sein als ein selbst zusammengestelltes Programm.

Wer dagegen in Irland Irisch lernen möchte, dem sei **Oideas Gael**, 🖥 www.oideas-gael.com, ans Herz gelegt. Diese alteingesessene Sprachschule in Glencolumbkille (S. 500) bietet jedes Jahr zahlreiche Kurse speziell für Anfänger, für Fortgeschrittene und sogar für Lehrer an. Dabei sind die Preise nicht unbedingt exorbitant, ein Wochenkurs kostet 200 € (natürlich nur der Unterricht). Auf der Website vertreibt Oideas Gael auch zahlreiche Hilfsmittel zum eigenständigen Erlernen der Sprache. Lernwillige sollten allerdings bedenken, dass der örtliche Dialekt immer ganz anders klingen kann.

Telefon und Internet

Die Versorgung mit öffentlichen Fernsprechern und Telefonzellen hat unter dem Siegeszug des allgegenwärtigen **Handys** stark gelitten – in Irland gibt es mehr aktive Mobiltelefone als Einwohner, streckenweise aber kaum noch öffentlichen Zugang ins Festnetz. In der Großstadt findet man gelegentlich Call Shops, die vor allem für Ferngespräche in exotische Länder günstige Tarife bieten.

Nach den neuen EU-Bestimmungen zum Wegfall der Roaminggebühren lohnt sich eine irische SIM-Karte allenfalls noch, wenn man erhebliche Datenvolumen umwälzen muss (und diese nicht im Tarif abgedeckt sind). Wie sich der Brexit auf die Roamingkosten in Nordirland auswirken wird, ist noch unklar.

Internetzugang

In Zeiten der Smartphones finden sich nur noch wenige **Internet-Cafés** in größeren Orten. Zusätzlich gibt es Internet-Terminals verschiedener Firmen, die in einer Art Telefonzelle das Surfen im Minutentakt erlauben, allerdings zu teilweise exorbitanten Kosten. Solche Internetzugänge sind allerdings definitiv im Aussterben begriffen.

Man kann in den Städten viele kostenlose **WLAN**-Hotspots vorfinden, vor allem im Lobbybereich vieler Hotels und Hostels. Die großen Mobiltelefonanbieter in Irland (Vodaphone,

Meteor, Three) bieten auch über USB anschließbare Modems für einen mobilen Internetzugang, ohne Vertrag nutzbar. Abgesehen von der nicht immer optimalen Netzabdeckung kann dies eine Alternative für alle Menschen sein, die auch im Urlaub mehrere Gigabyte auf ihren Laptop ziehen müssen.

Ein eingeschränkter kostenloser Internetzugang wird auch von den **Bibliotheken** im Land angeboten – dieser ist aber nicht immer für Laufkundschaft nutzbar (am Infoschalter nach den jeweiligen Modalitäten vor Ort erkundigen), nicht alle haben WLAN. Oftmals sind diese Netze zusätzlich durch Firewalls oder Filterprogramme stark eingeschränkt, nicht immer ist der Zugriff auf alle Webmail-Anbieter möglich.

Transport

Flüge

Es gibt eigentlich nur eine innerirische Flugverbindung, die für Touristen interessant ist – die Strecke zwischen Dublin und Donegal. Auch wer die Aran-Inseln besuchen möchte, sollte über einen Flug nachdenken. Das geht nicht nur schnell, man hat mit etwas Glück auch einen fantastischen Blick auf die Inseln aus der Luft.

Eisenbahn

Das irische Eisenbahnnetz (Karte S. 79) hat sich immer noch nicht von den erheblichen Streichungen und Streckenstilllegungen Mitte des 20. Jhs. erholt. Es bietet zwar von Dublin aus einige interessante Strecken in die Provinz an, ein dichtes Netz fehlt jedoch. Wer Irland mit der Eisenbahn bereisen will, muss z. T. erhebliche Fahrtzeiten (bedingt durch Umwege) in Kauf nehmen und in vielen Gegenden auf den Bus umsteigen. Landschaftlich reizvolle Strecken gibt es an der Ostküste. Die Strecke von Dublin nach Süden führt direkt am Meer entlang, ähnlich zwischen Dublin und Belfast, zumindest auf weiten Strecken. Eine sehr interessante Bahnfahrt verspricht die Tour von Belfast nach Derry,

Die wichtigsten Vorwahlen	
Vorwahlen aus Irland (Republik und Nordirland):	
Deutschland	0049
Österreich	0043
Schweiz	0041
Vorwahlen nach Irland	
Republik Irland (dann Ortsvorwahl ohne 0, gefolgt von der Rufnummer)	00353
Nordirland (dann Rufnummer)	004428
aus der Republik Irland (plus Rufnummer)	048

wo die Schienen teilweise unter der Steilküste verlaufen. Anbieter sind **Irish Rail (CIE)**, 🖥 www.irishrail.ie, und **Northern Ireland Railways (NIR)**, 🖥 www.translink.co.uk.

Die Luxuszüge des **Belmond Grand Hibernian** (🖥 www.belmond.com) sind extravagante Pauschalreisen für Bestbetuchte, definitiv außerhalb des Spektrums dieses Reiseführers.

Busse

Auf den ersten Blick ist das irische Busnetz relativ gut ausgebaut, im Detail weist es jedoch einige Lücken auf, und die Frequenz der Fahrten lässt streckenweise sehr zu wünschen übrig. Der dominierende Anbieter in der Republik Irland ist **Bus Éireann**, 🖥 www.buseireann.ie, in Nordirland **Ulsterbus**, 🖥 www.translink.co.uk. Beide Firmen bieten auch grenzüberschreitenden Verkehr an, teilweise in direkter Zusammenarbeit. Daneben bestehen noch private Linien im Fernverkehr zwischen den großen Städten, vom Flughafen Dublin etwa fahren Busse direkt nach Galway. Nur einige größere Städte haben einen Busbahnhof, in kleineren Orten fahren die Busse meist an einer Haltestelle in der Ortsmitte ab. Der Standard der eingesetzten Busse ist unterschiedlich, ebenso deren Geschwindigkeit – am schnellsten sind die sogenannten Expresslinien, andere Busse verlassen für jede größere Siedlung die Hauptstraße und halten auch schon mal an einsamen Gehöften an.

Wer vorhat, sich mit dem Bus durch Irland zu bewegen, der sollte seine Streckenplanung flexibel halten und sich zeitnah über das Internet oder am Busbahnhof die aktuellen Fahrpläne besorgen. Gedruckte Fahrplanhefte sind langfristig zunehmend wertlos geworden – wenn sie überhaupt noch neu aufgelegt werden.

Gerade für Touristen interessant sind die verschiedenen **Bus-Pässe**, die eine erhebliche Vergünstigung gegenüber Einzelfahrkarten bedeuten können. Eine Besonderheit der irischen Netzkarten ist die Gültigkeit an einer bestimmten Anzahl Tage in einer bestimmten Periode, etwa acht Tage binnen 16 Tagen. Dies führt immer wieder zu Verwirrung. Konkret bedeutet das, dass die Netzkarte 16 Tage lang gültig ist, in dieser Zeit aber nur an acht Tagen genutzt werden kann. Wer also jeden Tag auf Achse sein möchte, der muss sich zwei dieser Netzkarten kaufen.

Folgende Bus- und Bahnpässe sind derzeit erhältlich:

Open Road Pass – können auf Strecken von Bus Éireann, 🖥 www.buseireann.ie, genutzt werden. Kosten für drei Reisetage bei sechs Tagen Gültigkeit 60 €. Ob sich diese Netzkarte lohnt, ist nicht ganz leicht zu ermitteln – die zahlreichen Vergünstigungen etwa bei Tagesrückfahrkarten oder Nutzung privater Busse erschweren Reisenden den Überblick. Der Vorteil liegt jedoch darin, dass die Transportkosten auf jeden Fall kalkulierbar bleiben.

Günstige Tickets

€ Die Preisgestaltung der meisten öffentlichen Verkehrsmittel in Irland gleicht aus Sicht der Kunden einem Lotteriespiel. Verlierer ist dabei eigentlich immer derjenige, der direkt am Bahnhof oder im Bus selbst das Ticket löst. Denn in diesem Fall bezahlt man den vollen Fahrpreis, der mit etwas Vorplanung gar nicht fällig gewesen wäre. **Bus Éireann**, 🖥 www.buseireann.ie, **Irish Rail**, 🖥 www.irishrail.ie, und **Northern Ireland Railways**, 🖥 www.translink.co.uk, bieten alle ein breites Spektrum an Alternativen zur einfachen Fahrt an. Tagesrückfahrkarten, Mehrfahrtenkarten, Wochenkarten und spezielle Kombinationsangebote können enorme Einsparungen ergeben, ebenso spezielle Angebote für Studenten, Familien oder Senioren. Das Angebot wechselt relativ häufig. Deshalb sollte man sich rechtzeitig vor Reiseantritt im Internet über das aktuelle Ticketangebot informieren, eventuell auch kurzfristig vor Ort noch einmal. Wie verwirrend die irischen Eisenbahnpreise sein können, sei an einem Beispiel kurz erläutert. Für die Fahrt zwischen Dublin und Killarney bezahlt man im Internet vielleicht 24 € je Strecke, vorgebucht und mit Glück. Dieselbe Fahrkarte kostet am Schalter rund das Doppelte! Weitere Ermäßigungen lassen sich durch den Kauf von bestimmten Pässen oder Zeitkarten (s. „Busse") erzielen.

Bahnstrecken

Map labels (rail network of Ireland):

Atlantischer Ozean · North Channel · Irische See · Saint George's Channel · ISLE OF MAN

Portrush · Coleraine · Derry · Ballymena · Larne · Antrim · Bangor · Belfast · Lurgan · Portadown · Lisburn · Newry · Dundalk · Ramsey · Snaefell · Douglas · Port Erin · Castletown

Sligo · Collooney · Ballymote · Ballina · Foxford · Boyle · Carrick-on-Shannon · Dromod · Castlebar · Manulla JCTN · Westport · Castlerea · Claremorris · Ballyhaunis · Longford · Edgeworthstown · Drogheda · Laytown · Gormanstown · Balbriggan · Skerries · Roscommon · Mullingar · Rush & Lusk · Woodlawn · Athlone · Kilcock · Maynooth · Malahide · Attymon · Clara · Tullamore · Ennfield · Dublin, Connolly, Pearse St., Heuston · Athenry · Ballinasloe · Monasterevin · Dún Laoghaire · Galway · Bray · Portarlington · Newbridge · Greystones · Ardrahan · Portlaoise · Kildare · Gort · Roscrea · Athy · Wicklow · Cloghjordan · Rathdrum · Ennis · Nenagh · Ballybrophy · Carlow · Arklow · Birdhill · Templemore · Sixmilebridge · Castle Connel · Kilkenny · Muine Bheag · Gorey · Limerick · Thurles · Durlas · Limerick JCTN · Tipperary · Thomastown · Enniscorthy (Inis Córthaidh) · Kilmallock · Clonmel · Wexford · Tralee · Charleville Ráth Luirc · Cahir · Carrick-on-Suir · Rosslare Strand · Rosslare Europort · Farranfore · Rathmore · Banteer · Mallow · Waterford · Killarney · Millstreet · Glounthaune · Midleton · Cork · Cobh An Cóbh · Saint George's Channel

N · 0 · 100 km

Eine eigene Netzkarte ist in Nordirland erhältlich, **iLink** bietet für rund 60 £ eine Woche uneingeschränkte Nutzung des gesamten Nahverkehrsangebotes in der Provinz („Zone 4"). Nähere Informationen unter 🖥 www.translink.co.uk.

Auto

Wer viel von Irland sehen und auch abgelegene Sehenswürdigkeiten besichtigen möchte, sollte die Insel mit dem Auto erkunden. Zeitsparend ist auf jeden Fall der Flug nach Irland, kombiniert mit einem Mietwagen, der dann auch die einheimische Rechtslenkung aufweist. Womit man beim Thema **Linksverkehr** wäre. Während der ersten Kilometer auf der „falschen Straßenseite" fühlt sich jeder Besucher in seine erste Fahrstunde zurückversetzt. Der Gewöhnungseffekt tritt jedoch schnell ein und das Fahren wird immer entspannter. Kleinere Fehler werden den meisten Fahrern vom Kontinent passieren, zu schweren Unfällen kommt es aber (auch Dank der niedrigen Durchschnittsgeschwindigkeit) äußerst selten.

Mietwagen

Das eigene Auto hat schlicht den Vorteil, dass der Wagen einem bekannt ist. Bei einem **Mietwagen** bedarf es der Gewöhnung an die jetzt mit der linken Hand zu bedienende Gangschaltung (Gas- und Bremspedal sind nicht vertauscht). Der große Vorteil des Mietwagens ist aber tatsächlich die Rechtslenkung, denn die dem Linksverkehr angepasste Fahrerposition bietet eine wesentlich bessere Übersicht über den Straßenverkehr. Das Überholen auf einer unübersichtlichen Strecke ist mit einem Linkslenker teilweise unmöglich.

Ist ein Mietwagen teuer? Das hängt von zahlreichen Faktoren ab (Mietdauer, Paketumfang, Fahrzeugklasse, Abhol- und Abgabeort, Einwegmieten sind exorbitant teuer) – man muss jedoch mit Mindestkosten von rund 25 € pro Tag für einen Kleinwagen rechnen.

Die Voraussetzungen, um einen Mietwagen zu leihen, sind in Irland je nach Anbieter unterschiedlich. Grundsätzlich ist der Standardmieter mindestens 25 Jahre alt, hat seit mindestens zwei Jahren einen uneingeschränkt gültigen Führerschein eines mitteleuropäischen Staates und fährt mit Schaltgetriebe. Alles, was hiervon abweicht, kann die Kosten schnell in die Höhe treiben. So werden jüngere Fahrer und Führerscheinneulinge nur gegen Aufpreis ein Fahrzeug bekommen. Wer einen Automatikwagen wünscht, der zahlt mindestens kräftig drauf. Zu den jeweiligen Bestimmungen im Detail geben die Webseiten der folgenden Vermieter Auskunft:

Avis Rent A Car, 🖳 www.avis.ie
Budget Car Rental, 🖳 www.budget.ie
CarHire.ie, 🖳 www.carhire.ie
Dooley Car Rentals, 🖳 www.dan-dooley.ie
Enterprise Rent-a-Car, 🖳 www.enterprise.ie
Europcar Ireland, 🖳 www.europcar.ie
Hertz Car Rental, 🖳 www.hertz.ie
Sixt, 🖳 www.sixt.ie
Thrifty Car Rental, 🖳 www.thrifty.ie

Theoretisch lassen sich auch direkt nach Landung am Flughafen Schnäppchen finden, empfehlenswerter ist es jedoch, rechtzeitig im Voraus einen Mietwagen zu buchen. Seit einigen Jahren haben viele Mietwagenfirmen die Kapazitäten spürbar zurückgeschraubt, zum Teil kam es bei kurzfristigen Anmietwünschen sogar zu Engpässen. Dass die günstigsten Angebote rasch weg sind, liegt dabei auf der Hand. Ohnehin sind die Konditionen bei Direktanmietung meist schlechter als bei Anmietung über ein Reisebüro oder einen Broker. Sehr günstige Preise mit einem umfassenden Versicherungsangebot bietet i. d. R. **Mietwagen24**, 🖳 www.mietwagen24.de.

Es gibt nur wenige Vermietungen von **Wohnmobilen**, die Preise sind relativ hoch und das Fahren auf den teilweise sehr engen Straßen oftmals nicht unbedingt erholsam. Eine kostengünstige und vor allem praktische Alternative sind die kleinen Wohnmobile von Bunk Campers, 🖳 www.bunkcampers.com. Diese sind auf handelsüblichen Lieferwagen aufgebaut, dadurch sind sie kompakt und im Verbrauch sehr günstig. Das kleinste Modell, der „Roadie", ist im Prinzip ein ausgebauter Kombi. Mit dem kann man sogar unproblematisch in den meisten Parkhäusern der Städte unterkommen (natürlich zum Parken, nicht zum Übernachten).

Irland ohne Auto?

Die schlechte Nachricht gleich vorweg – Irland ist nicht unbedingt ein ideales Land für Alternativreisende und Rucksacktouristen. Im Gegenteil: Die „Grüne Insel" lässt Reisenden für eine individuelle Route in einem eingeschränkten Zeitrahmen kaum eine andere Wahl als die Benutzung eines Autos. Viele Sehenswürdigkeiten sind ohne eigenen fahrbaren Untersatz kaum erreichbar. Die Frequenz und Streckenführung öffentlicher Verkehrsmittel ist selten an die Bedürfnisse der Touristen angepasst, als Alternative gibt es lediglich organisierte Bustouren oder eben die Klassiker Fahrrad oder Wanderstiefel.

Wer allerdings Mut zur Lücke hat und sich dazu entschließt, nur einen kleinen Teil Irlands zu erforschen, der hat mit diesem erzwungenen langsamen Reisen vielleicht das große Los gezogen. Ein Vorschlag für eine Reise auf eigene Faust mit Bus und Bahn ist die Budget-Route auf S. 38.

Entfernungen (in km)

	Athlone	Belfast	Cork	Derry	Donegal	Dublin	Dundalk	Galway	Kilkenny	Killarney	Limerick	Portlaoise	Roscommon	Rosslare	Shannon Airport	Sligo	Waterford	Wexford
Belfast	227																	
Cork	219	424																
Derry	209	117	428															
Donegal	183	180	402	69														
Dublin	126	167	257	237	222													
Dundalk	145	84	325	156	158	85												
Galway	93	306	209	272	204	219	238											
Kilkenny	126	284	148	335	309	117	198	172										
Killarney	232	436	87	441	407	309	352	193	198									
Limerick	121	323	105	328	296	198	241	105	113	111								
Portlaoise	74	253	174	282	257	84	151	150	51	225	114							
Roscommon	32	224	251	211	151	146	151	82	158	264	151	106						
Rosslare	209	330	208	397	391	163	246	274	100	275	211	135	241					
Shannon Airport	134	346	129	351	283	222	265	92	137	135	24	138	154	235				
Sligo	117	206	336	135	66	217	167	138	245	343	232	191	85	327	219			
Waterford	174	333	126	383	357	158	243	220	48	193	129	100	208	82	153	293		
Wexford	188	309	178	378	372	142	227	253	80	254	190	114	222	19	214	307	63	
Wicklow	177	219	267	288	275	51	137	270	124	335	227	124	198	116	251	261	141	90

Unterwegs im Straßenverkehr

Die wichtigsten **Verkehrsregeln** sind schnell aufgezählt: Es herrscht Linksverkehr, Verkehrsinseln werden links umfahren, Kreisverkehre im Uhrzeigersinn befahren, überholt wird auf der rechten Seite. Also eigentlich alles umgekehrt wie auf dem Kontinent. Die Geschwindigkeitsbeschränkungen sind generell 50 km/h in Ortschaften, 80 km/h auf Landstraßen, 100 km/h auf Hauptstraßen (N-Roads in der Republik, A-Roads in Nordirland) und 120 km/h auf Autobahnen. Zu beachten sind auch gelbe Linien am Straßenrand, sie markieren in der Regel ein Parkverbot. Falschparken kann sehr teuer werden, in vielen Städten werden Reifenkrallen und ganz schnelle Abschleppwagen eingesetzt. Eine weitere gelbe Markierung in Form einer deutlichen Schraffierung kennzeichnet oft Kreuzungen oder Bereiche von Einfahrten, die bei Rückstau nicht befahren werden dürfen.

Achtung an Kreuzungen bei gleichberechtigten Straßen – das gerade durchfahrende (oder nach links abbiegende) Fahrzeug hat die Vorfahrt vor dem Rechtsabbieger. Dies ist nicht nur für den Kontinentaleuropäer problematisch, auch scheinen viele Iren diese Regel absolut nicht zu kennen. Und geben Gas. Apropos Vorfahrt … das Vorfahrtsrecht ist in den irischen „Rules of the Road" (zu finden unter 🖥 www.rsa.ie) kein absolutes Recht, man hat sich „entgegenkommend" zu zeigen. Im Zweifelsfall also nachgeben.

Die **Verkehrszeichen** in Nordirland entsprechen weitgehend den in Mitteleuropa gebräuchlichen. In der Republik Irland gibt es eine Reihe von Abweichungen, die jedoch leicht erkennbar sind und nur selten für Verwirrung sorgen. Ganz besonders wichtig sind allerdings die Warnzeichen vor Kreuzungen, bei denen das Schema der Kreuzung in verschieden dicken Linien aufgezeichnet wird. Die dicke Linie hat immer Vorfahrt – befindet man sich auf der Straße, die durch eine dünne Linie angedeutet ist, muss man bremsbereit sein. Dankenswerterweise ist der Kreuzungsbereich in den meisten Fällen auf der nicht vorfahrtsberechtigten Straße noch einmal mit einem Stoppschild gekennzeichnet (das allerdings dem achteckigen, roten Stoppschild entsprechen muss).

Neben den Benzinkosten (etwa 1,40 €, Diesel etwas günstiger) kommen auf Autofahrer mitunter beträchtliche **Parkgebühren** zu. Eine Stunde

Trampen

Eine Fahrt durch Irland per Anhalter ist nach wie vor möglich. Etwas Glück gehört jedoch auch dazu, will man an entlegenen Stellen vom Fleck kommen. Obwohl vom Trampen nicht generell abgeraten werden muss, ist es umgekehrt auch nicht unbedingt empfehlenswert. Besonders allein reisende Frauen sollten eher auf Bus oder Bahn umsteigen.

auf einem öffentlichen Parkplatz in der Provinz kostet vielleicht nur 40 Cent, auf einem ähnlichen Parkplatz in Dublin dagegen schnell mehr als 4 €. Oftmals muss die Parkgebühr im Voraus entrichtet werden, ein Automat druckt einen Schein mit der maximalen Parkdauer. Dabei ist darauf zu achten, dass auch der korrekte Automat verwendet wird; in Dublin etwa gibt es drei verschiedene Preiskategorien, deren jeweilige Automaten in Sichtweite stehen können. Schilder am Straßenrand machen dann deutlich, welcher Automat (meist mit Farbcodierung) der richtige ist.

Bei einer ganzen Anzahl von Autobahnen in der Republik Irland besteht **Mautpflicht**, die meist direkt an der Mautstelle bezahlt werden muss. Eine Ausnahme ist die M50 bei der Querung der Liffey, hier wird lediglich das Kennzeichen registriert und dann eine Zahlung binnen eines Tages erwartet (per App, im Internet (⌨ www.eflow.ie) oder auch bei verschiedenen Zahlstellen, ⌨ www.payzone.ie). Man sollte sich nicht darauf verlassen, dass ein ausländisches Kennzeichen verschont wird, die wesentlich kostenintensivere Mahnung wird auch ins europäische Ausland verschickt.

Noch ein Wort zur **Verkehrssicherheit**: In Irland besteht Anschnallpflicht, auch auf den Rücksitzen, Kinder müssen in einem geeigneten Kindersitz untergebracht sein. Es ist verboten, ein Handy während der Fahrt auch nur in der Hand zu halten – reines Telefonieren mit Freisprecheinrichtung ist legal. Das Fahren in angetrunkenem Zustand oder unter Einfluss von Drogen oder Medikamenten ist selbstverständlich verboten. Die Promillegrenze liegt bei 0,5 für den normalen Pkw-Fahrer.

Straßenverhältnisse

Irische Straßen sind wie das Wetter – extrem wechselhaft und voller Überraschungen. Generell sind Autobahnen und Hauptverkehrsstraßen gut in Schuss, danach geht es aber rasant bergab. Unterspülungen, ein brüchiger Untergrund oder schlicht Fehlkonstruktionen können vor allem in den Wintermonaten schnell beeindruckende Schlaglöcher entstehen lassen. Die gute Nachricht: Diese sind zur Hauptreisezeit in der Regel beseitigt.

Generell sollte man in Irland etwas aufmerksamer und vorsichtiger fahren, kein Land für Raser und Kilometerfresser. Und vor allem auf kurvigen Nebenstraßen im ländlichen Bereich das Tempo drosseln – landwirtschaftliche Maschinen sind fast das ganze Jahr unterwegs und nehmen nicht selten die gesamte Straßenbreite ein.

Wildunfälle sind relativ selten, im ländlichen Bereich können jedoch Haus- und Nutztiere auf der Straße laufen. Besondere Vorsicht ist zudem in den Bereichen geboten, wo Schafe frei grasen dürfen, etwa den Wicklow Mountains oder am Ring of Kerry.

Motorrad

Irland mit dem Motorrad zu bereisen, kann ein ganz besonderes Erlebnis sein. Allerdings nur für Tourenfahrer, die nicht unbedingt auf Geschwindigkeit aus sind. Und natürlich sind wetterfeste Kleidung und ein robustes Fahrzeug angebracht. Motorradfahrer sollten unbedingt vor der Reise Informationen über Werkstätten sammeln und sich auch eine Liste der jeweiligen Händler und Vertretungen geben lassen. Diese bekommt man über den eigenen Fachhändler oder eben den Importeur/Hersteller. Das Servicenetz für Motorräder ist, vorsichtig ausgedrückt, grobmaschig. Schon eine Reifenpanne kann zu einem mehrtägigen Aufenthalt führen, da der Ersatz erst aus Dublin oder Belfast bestellt und dann mit dem Kurier angeliefert werden muss. Eine Dose Pannenspray gehört einfach zum Equipment. Nordirland ist übrigens motorradfreundlicher als die Republik, dort sind auch mehr irische Motorradfahrer unterwegs.

Fahrrad

Wegen des zunehmenden Verkehrs sind weite Teile Irlands leider mittlerweile für Fahrradfahrer nicht mehr so gut geeignet. Der Radfahrer wird mehr als störendes Hindernis denn als Partner auf der Straße angesehen. Nach wie vor gibt es jedoch Urlauber, die auf diese Art der Fortbewegung schwören und auch keine Probleme mit dem irischen Straßenverkehr sehen. Wer allerdings daheim nur auf Radwanderwegen unterwegs ist und intensives Verkehrsgewühl meidet, der sollte sich auf eine Radtour in Irland gut vorbereiten und vor Ort auf jeden Fall auffällige Kleidung tragen, am besten eine Warnweste. Die z. T. engen, unübersichtlichen und mit Schlaglöchern übersäten Straßen sowie die oft nicht sehr rücksichtsvollen Autofahrer verlangen vom Radfahrer erhöhte Aufmerksamkeit. Das Radeln bei Nacht, Nebel oder anderen schlechten Sichtbedingungen sollte nach Möglichkeit vermieden werden.

Spezielle Radwege neben den Straßen findet man recht selten. Nur wenige Radwege, etwa an den Seen von Killarney oder im Dubliner Phoenix Park, versprechen ein wirklich ungestörtes Radelvergnügen. Die meisten Radwanderrouten führen über öffentliche Straßen. Die Broschüre *Cycling In Ireland* ist bei der irischen Touristeninformation erhältlich und gibt Informationen über zwei Dutzend empfohlene Radwanderwege. Sie sind vor Ort jedoch nicht immer gut beschildert, sodass gutes Kartenmaterial (Discovery Serie von OSI, 🖳 www.osi.ie) unerlässlich ist.

Soll das Fahrrad auf längeren Strecken transportiert werden, kann es gelegentlich zu Problemen kommen. Die Fernbusse von Bus Éireann und Ulsterbus können Fahrräder im Gepäckraum mitführen, wenn sie noch freien Platz darin haben. Eine Garantie für die Mitnahme gibt es aber nicht, besonders am Freitag- und Sonntagsabend kann es zu Engpässen kommen. Dieselbe Situation entsteht im Prinzip auch bei Nutzung der Bahn; im Zuge der Modernisierung des Fuhrparks wurde die Kapazität zur Fahrradmitnahme immer weiter eingeschränkt, z. T. sogar ganz abgebaut. **Tipp**: Klappräder gelten als Handgepäck!

Taxi

Früher war ein Taxischein in Irland eine Lizenz zum Gelddrucken, seit der Deregulierung dieses Bereiches gibt es oft mehr Taxis als Fahrgäste. Für Touristen ist das Taxi eher für einen schnellen Transfer, z. B. von der Stadt zum Flughafen, interessant, oder wenn es wirklich gar

kein anderes Verkehrsmittel ans gewünschte Ziel gibt. Die Fahrt ist relativ teuer – man kann sich die derzeit gültigen Tarife für die jeweilige Fahrtstrecke unter 🖳 www.transportforireland. ie/taxi/taxi-fare-estimator errechnen lassen. Übrigens erkennt man lizenzierte Taxis in der Republik am gelb-blauen Dachschild, überdimensionalen grün-blauen Türaufklebern und dem sichtbar angebrachten Taxiführerschein des Fahrers. In Nordirland wird das alles etwas lockerer gesehen …

Übernachtung

Die Bandbreite an Übernachtungsmöglichkeiten ist riesig und reicht von einfachen Zeltplätzen bis hin zu Luxushotels mit Thai-Massage und Golfplatz. Für welche Art der Unterkunft man sich entscheidet, ist vor allem eine Frage des Geldes. Übernachtungskosten (außer im Hostel) liegen in der Regel immer über 25 € pro Person, je nach Komfort und Saison teilweise sogar deutlich darüber.

Und auch die oftmals verlockenden Mindestpreise von Hostels werden in der Regel nur im 20-Betten-Schlafsaal bei langfristiger Vorbuchung für die absolute Nebensaison angeboten, weswegen in diesem Buch auch solche „Lockangebote" gerne ignoriert werden.

Sehr lohnend können große Buchungsportale wie 🖳 www.booking.com sein – hier bekommt man nicht nur einen schnellen Preisüberblick, sondern auch oft eine günstige Stornoregelung (teilweise bis zum Anreisetermin ohne Kosten).

Hotels

Der Begriff „Hotels" schließt eine nahezu unüberschaubare Bandbreite von Unterkünften ein und erlaubt keine generelle Aussage, was die Qualität anbetrifft. Ebenso unterschiedlich können natürlich die **Preise** ausfallen. Ein Hotelzimmer der Touristenklasse ohne großen Komfort kostet, je nach Lage und Saison, bei Belegung mit zwei bis drei Personen mit Glück nur 50 €, nicht selten 100 €. In manchen Luxushotels kann man für eine Nacht sogar vierstellige Summen loswerden. Bei der Buchung eines Hotels, entweder über die Webseite des Hotels oder der Hotelkette oder über eine der zahlreichen Buchungsmaschinen (die gelegentlich billiger sind als die eigenen Hotelseiten), sollten Reisende darauf achten, welche Extras eingeschlossen sind. Viele irische Hotels sind leider dazu übergegangen, ein typisch US-amerikanisches Angebot zu machen: Der Übernachtungspreis bezieht sich rein auf das Zimmer, beinhaltet kein Frühstück. Ein Frühstück kann dann zugebucht werden, die Preise hierfür sind oftmals unverschämt hoch. In abgelegenen Gebieten bleibt den Gästen aber oft keine andere Möglichkeit, als das Frühstück mitzubuchen.

Viele irische Hotels älterer Bauart haben sehr kleine Zimmer (Mindestgröße für ein Zweibettzimmer ist 14 m²), deren Ausstattung oftmals etwas antiquiert ist, was allerdings auch wieder einen gewissen Charme hat. Neuere Hotels, vor allem die der internationalen Ketten, bieten meist größere Zimmer. Dieser Vorteil wird allerdings mit einer absoluten Seelenlosigkeit erkauft – ist der Vorhang einmal zugezogen, kann man nicht mehr ansatzweise spüren, ob man in Dublin, Dallas oder Düsseldorf ist.

Die gängigen **Hotelkategorien** rangieren zwischen einem und fünf Sternen:

- fünf Sterne: Luxushotel
- vier Sterne: sehr gutes Hotel mit großen Zimmern
- drei Sterne: mittelgroße Zimmer mit komfortabler Einrichtung
- zwei Sterne: kleine bis mittelgroße Zimmer, nicht immer mit eigenem Bad
- ein Stern: einfache Unterkunft

Grundsätzlich dieselben Kategorien gelten auch für Guesthouses, hier wird allerdings keine Kategorie mit fünf Sternen verzeichnet. Die Unterkunft kann generell etwas einfacher sein.

Bei allen Unterkünften empfiehlt es sich, auf **besondere Angebote** zu achten, die sowohl in den Buchungsmaschinen im Internet, auf den eigenen Webseiten der Hotels oder auch über Reisebüros zu finden sind. Besonders beliebt sind Kombinationen von zwei oder drei Übernachtungen mit Frühstück und einem oder zwei Abendessen. Diese sind oftmals für denselben Preis erhältlich wie einzeln gebuchte Übernachtungen ohne jede Verpflegung.

Bed & Breakfast

Die klassische Unterkunft ist nach wie vor das B&B: Privatleute bieten eine Nacht im Gästezimmer ihres Hauses mit Frühstück. Ursprünglich aus einer Notlage heraus entstanden, denn es gab nicht genug Fremdenzimmer, um dem Touristenansturm gerecht zu werden, entpuppte sich das B&B zugleich als perfekte Hinzuverdienstmöglichkeit für viele Familien, die auch noch steuerlich sehr begünstigt wurde. Mittlerweile allerdings ist das B&B weitgehend zu einem reinen Wirtschaftsbetrieb mutiert und die Abfertigung gleicht jener in einem kleinen Hotel. Die Idee vom „Familienanschluss" ist längst überholt, und doch gibt es immer wieder auch positive Überraschungen.

Die Möglichkeiten, ein B&B zu buchen, sind vielfältig. So gibt es eigene Verzeichnisse mit angeschlossenen Buchungssystemen im Internet, teilweise bieten diese auch ein Gutscheinsystem an, bei dem die Unterkunft an eine Agentur vorausbezahlt wird. Dieses hat sich jedoch in den letzten Jahren eher als nachteilig erwiesen, für Reisende ebenso wie für „Hoteliers".

Folgende **B&B-Verzeichnisse** geben einen guten Überblick:

Preiskategorien der Unterkünfte

Wir haben die Unterkünfte in sechs Kategorien unterteilt. Die Preise beziehen sich auf ein Doppelzimmer.

	Irland	Nordirland
❶	bis 40 €	bis 35 £
❷	bis 75 €	bis 60 £
❸	bis 100 €	bis 85 £
❹	bis 140 €	bis 110 £
❺	bis 175 €	bis 135 £
❻	über 175 €	über 135 £

- www.bandbireland.com
- www.bedandbreakfastireland.net
- www.irishbnb.com
- www.ireland-bnb.com
- www.irishfarmholidays.com

Eine weitere Buchungsmöglichkeit bieten die örtlichen Touristeninformationen, die meist eine moderate Gebühr für diese Dienstleistung erheben, einem aber im Gegenzug dann auch eine Wegbeschreibung geben können. Es ist auch durchaus üblich, dass die Wirtsleute weitere B&Bs in der Umgebung kennen und empfehlen und dann auch per Telefon buchen. Die direkteste Möglichkeit ist es, einfach an einem B&B anzuhalten (99 % sind durch ein Hinweisschild gekennzeichnet, das meist auch über die Verfügbarkeit von Zimmern informiert) und sich nach Preis und Zimmerausstattung zu erkundigen.

Der durchschnittliche Preis für eine Übernachtung liegt (eigentlich immer inkl. Frühstück, wobei ein klassisches „Irisches Frühstück" mit Ei und Speck nicht immer garantiert ist) zwischen 30 und 40 € p. P. Für Einzelzimmer wird oft ein erheblicher Aufschlag erhoben. Bei der Zimmerausstattung sind mittlerweile Fernseher und ein Wasserkocher Standard, die Mehrzahl der Zimmer hat ein eigenes Bad und WC (*en suite* oder *private bath*). Für die Bezahlung bevorzugen die meisten Wirtsleute übrigens Bargeld, eine Quittung wird nur auf Nachfrage gegeben. Die Zahlung mit Kreditkarte ist oft gar nicht möglich, in anderen Fällen wird eine Bearbeitungsgebühr erhoben.

Wer eine Übernachtung an einem bestimmten Ort wünscht, der sollte in der Hochsaison unbedingt ein B&B vorausbuchen. In der Nebensaison kann es funktionieren, einfach die Straßen entlangzufahren und bei einem an-

Vorsicht Nebenkostenfalle!

Bei der Buchung eines Ferienhauses sollte darauf geachtet werden, welche Nebenkosten enthalten sind und was vor Ort noch beglichen werden muss. Die Heiz- und Stromkosten für ein Ferienhaus können je nach Abrechnungsmodus des Vermieters schnell sehr hoch werden.

Hotelzimmer

Single Einzelzimmer, die auch vom Komfort meist niedrigste Kategorie überhaupt, gerade in älteren Hotels kann es sich um die Besenkammer mit einem Feldbett handeln.
Double Doppelzimmer mit einem Doppelbett (s. u.).
Twin Doppelzimmer mit getrennten Betten.
Family entweder ein Doppelzimmer mit zusätzlichen Einzelbetten (oder Ausziehcouch) oder eben ein größeres Zimmer, in das je nach Bedarf zusätzliche Betten oder auch ein spezielles Kinderbett eingestellt werden können.
En suite Dieser Zusatz bedeutet, dass sich Bad und WC direkt an das Zimmer anschließen, gerade in älteren Häusern oder kleinen B&B nicht selbstverständlich.
Private Bath Dieser Zusatz bedeutet, dass der Gast ein Bad und WC zur alleinigen Benutzung hat, dies kann jedoch auch auf der anderen Seite des Ganges liegen.
Shared Bath Der Zusatz bedeutet, dass der Gast sich Bad und WC mit anderen Gästen teilen muss.
Bettgrößen – Viele irische Betten sind nur 1,90 m lang, in der Breite unterscheidet man zwischen Single (90 cm), Double (knapp 140 cm, also sehr kuschelig), King (150 cm) und Super King (180 cm).

sprechenden Haus mit dem Schild „Vacancies" (Zimmer frei) nach einer Unterkunft zu fragen.

Ferienhäuser

Ideal für Familien und kleinere Gruppen sind eventuell sogenannte Holiday Cottages oder Holiday Homes, also kurzzeitig gemietete Wohnungen oder Häuser mit kompletter Ausstattung und mehreren Schlafzimmern. Diese Häuser weisen in der Regel den Komfort auf, den man von zu Hause gewohnt ist. Küche und Wohnzimmer gehören zur Mindestausstattung, ebenso Fernseher und Herd. Die Zahl der Schlafzimmer und damit die mögliche Belegung variiert enorm, ebenso wie die Preise. Je nach Ausstattung, Lage und Komfort kann eine solche Ferienwohnung p. P. sogar denselben Preis wie ein B&B oder ein günstiges Hotel haben. Die Möglichkeit zur Selbstversorgung aber spart deutlich Kosten. Viele dieser Ferienhäuser gehören aber zu Feriensiedlungen, sodass man sich unter Touristen bewegt.

Ferienwohnungen werden meist wochenweise vermietet, mit festen An- und Abreisetagen. Über die folgenden Webseiten können zuverlässig Ferienwohnungen und -häuser gebucht werden:

- 🖥 www.iscf.ie
- 🖥 www.rentacottage.ie

Interessant ist auf jeden Fall ein Preisvergleich, ein und dasselbe Haus wird oft zu unterschiedlichen Preisen angeboten (auch auf 🖥 www.booking.com). Ist der Name oder Standort bekannt, lässt sich mit Google testen, wo das Haus am günstigsten zu bekommen ist. Das kann über eine Buchungsmaschine, über einen Reiseveranstalter oder auch direkt beim Vermieter selbst sein.

Jugendherbergen und Hostels

Diese Einrichtungen unterscheiden sich eigentlich nur in ihrer Zugehörigkeit zum internationalen Jugendherbergswerk oder eben ihrem „unabhängigen" Status. Das klassische Bild der Jugendherberge hat sich mittlerweile überlebt, auch wenn es in abgelegenen Gegenden noch immer diese sehr spartanischen Einrichtungen

Airbnb und Kollegen

Beliebt bei Reisenden sind Kurzzeitmieten in Privatimmobilien, etwa über Airbnb – in Irland sind diese jedoch zu einem Problem geworden. Denn für viele Vermieter ist es attraktiver und lohnender, eine Immobilie häppchenweise zu vermieten, als sie einem Dauermieter zu übergeben. Resultat: Dem ohnehin angespannten Wohnungsmarkt werden Objekte entzogen, die Einheimischen leiden darunter. Praktikable gesetzliche Regelungen werden gesucht.

gibt. Die meisten Hostels können mittlerweile mit einer ganzen Bandbreite an Räumen aufwarten, vom einfachen Zweibettzimmer über die Familienunterkunft bis hin zum Etagenbett in einem großen Schlafsaal (nicht immer nach Geschlechtern getrennt).

Dementsprechend unterschiedlich sind auch die Übernachtungskosten. Ein Bett in einem größeren Schlafsaal kann bei längerer Belegung schon auf unter 10 € sinken, ein Zweibettzimmer mit Bad kann mitunter mehr kosten als ein Hotel der einfachen Klasse. Für eine Übernachtung sollten mindestens 15 € eingeplant werden, je nach gewünschtem Komfort und erhoffter Privatsphäre. Hostels sind über das Internet buchbar, über dieselben Seiten wie Hotels oder über eigene Hostel-Seiten. Empfehlenswert sind:

- 🖥 www.anoige.ie
- 🖥 www.booking.com
- 🖥 www.hini.org.uk
- 🖥 www.independenthostelsireland.com
- 🖥 www.hostelworld.com

Die meisten Hostels bieten ihren Gästen aber auch Annehmlichkeiten, die ein Hotel nicht hat, etwa eine Küche für Selbstversorger oder auch die Möglichkeit zum Wäschewaschen. Eine Sperrstunde gibt es eigentlich nicht mehr. Da Hostels in den größeren Städten und Touristenzentren gerne von Gruppen fröhlicher Party-Touristen genutzt werden, kann es schon mal zu Einschränkungen bei der Nachtruhe kommen. Im Allgemeinen nehmen die Gäste in den Hostels aber Rücksicht aufeinander. In Dublin jedoch sollten sich ruhebedürftige Menschen am Wochenende lieber in einem konventionellen Hotel oder B&B einmieten.

Insgesamt gibt es in Irland weit über hundert Hostels mit unterschiedlichsten Größen und Ausstattungen. Sie liegen in größeren Städten, in Touristenregionen und z. T. auch in Gegenden, in die sich nur selten ein Mensch verirrt.

Campingplätze

Wer mit dem Wohnwagen *(caravan)*, Wohnmobil *(motorhome)* oder Zelt unterwegs ist, der muss sich auf einem der rund 130 Campingplätze einquartieren. Diese sind in der Regel recht abgelegen und oft nicht an öffentliche Verkehrsmittel angebunden. Wer lieber außerhalb von Campingplätzen nächtigen möchte, muss in jedem Fall die Genehmigung des Grundbesitzers einholen. Auf öffentlichem Grund wird diese in aller Regel nicht erteilt (s. auch S. 234). Die Ausstattung der Campingplätze, die es nicht flächendeckend gibt, und damit auch die Preise sind sehr unterschiedlich: Das Zelt auf dem Rasen hinter einem Hostel aufzuschlagen, kostet vielleicht 5 €, ein Stellplatz mit Stromanschluss und anderem Komfort auf einem zertifizierten Campingplatz dagegen 20–30 € pro Nacht. Sehr gute Informationen auf 🖳 www.camping-ireland.ie.

Andere Übernachtungsmöglichkeiten

Hausboote
Weniger eine Art der Unterbringung als vielmehr eine Urlaubsphilosophie. Vor allem auf dem Shannon und am Lough Erne werden viele Hausboote vermietet, meist wochenweise. Einen Bootsführerschein oder spezielle Vorerfahrung braucht man nicht (S. 554, „Mit dem Hausboot über den Lough Erne").

Bauernhöfe
„Farmhouse Accommodation" ist im Grundsatz nichts anderes als B&B auf einem Bauernhof, nicht unbedingt für Langschläfer geeignet, aber für manche Familien vielleicht von Interesse. Allerdings sollte man sich vorher unbedingt erkundigen, ob Teile der landwirtschaftlichen Anlagen besichtigt werden können oder sogar als „Besucherattraktion" ausgebaut sind. In der Regel wird der Gast schon aus Sicherheits- und Gesundheitsgründen keinen Zugang zu den Wirtschaftsbereichen haben.

Schlösser und Herrenhäuser
Ein Teil der irischen Schlösser und Herrenhäuser ist zu Unterkünften umgebaut worden oder nimmt Gäste auf. Der Standard der Unterkunft variiert von einem einfachen Guesthouse bis hin zu Fünf-Sterne-Hotels. Möchte man sich

als Gast wirklich einmal wie der Schlossherr fühlen, sollte man letztgenannte Möglichkeit wählen und sich nach Strich und Faden verwöhnen lassen. Eine besonders empfehlenswerte Internetadresse ist hier das Portal von Hidden Ireland, 🖳 www.hiddenireland.ie.

Verhaltenstipps

Grundsätzlich sollte man sich ja vor Reiseantritt mit den kulturellen Gepflogenheiten des Ziellandes auseinandersetzen. So vermeidet man Konflikte oder die Möglichkeit, ins „Fettnäpfchen" zu treten. Allerdings sind die Iren Touristen gegenüber enorm verzeihlich, kleinere Fehler werden mit einem Lachen übergangen. Ja sogar bei Autofahrern, die es schaffen, auf der falschen Seite einer Verkehrsinsel vorbeizufahren. Solange es nicht kracht, wird gelacht – oder auch schon mal ein Vogel oder der erhobene Mittelfinger gezeigt. Meist herrscht ein sehr entspanntes Verhältnis vor, Ausnahmen bilden mitunter Gespräche mit alkoholisierten Menschen am späten Abend.

Einige Themen sollten aber in der Diskussion erst einmal vermieden werden, um nicht den Stein des Anstoßes zu bieten, den andere dann quer durch das Glashaus werfen können: z. B. **Politik**. Irische Politik ist ein Minenfeld, egal ob nun im Norden oder im Süden. Es kann auch heute noch zu heftigen Auseinandersetzungen führen, wenn eine Diskussion politisch wird. Iren haben grundsätzlich (zumindest im Pub) sehr polarisierte Meinungen zu allen möglichen Themen, zu Parteien und Politikern. Auch internationale Politik kann zum Problemfall werden – etwa die **Flüchtlingskrise** und der **Zuzug von Ausländern**.

Anderes Stichwort: **Terrorismus**. Die meisten Iren haben von den Auseinandersetzungen in und um Nordirland ein wesentlich weniger romantisches Bild als das, was einige Touristen im Herzen tragen. Das bringt das Leben in einem Land mit sich, in dem ein abgestelltes Auto schon einmal in einem Feuerball explodieren konnte und Dutzende Menschen in den Tod riss. Als Außenstehender sollte man tunlichst vermeiden, von den „Helden des Widerstands" zu schwärmen.

Und dann wäre da noch die **Religion**. Auch wenn die katholische Kirche in den letzten Jahren starke Rückschläge im Ansehen und in der Zahl der Kirchenbesucher hinnehmen musste, der Glauben spielt nach wie vor eine wichtige Rolle im Leben vieler Iren. Immerhin ist dies ein Land, in dem „Blasphemie" mit hohen Geldstrafen geahndet werden kann. Und nicht nur die Katholiken verstehen keinen Spaß, wenn es um ihren Glauben geht. Auch die vor allem in Nordirland ansässigen Presbyterianer sind oftmals recht konservativ. Ein lockerer Witz über religiöse Themen kann sehr übel genommen werden.

EU-Subventionen: Der Tenor in den meisten irischen Pubs zum Thema Europäische Union ist in etwa, dass Brüssel dem kleinen Mann das Leben schwermacht und dass so langsam jede Art von Freiheit durch zentralistische Bestrebungen den Bach hinuntergeht. Danke, Merkel und Macron! Kontern Besucher solche Bemerkungen mit einem Hinweis auf die zahlreichen Gelder, die aus den Töpfen der Gemeinschaft nach Irland geflossen sind, nehmen ihnen das nicht nur die EU-Kritiker schnell sehr übel. Auch das Thema Quotenregelungen in Landwirtschaft oder Fischfang sollte man nicht in die Diskussion einfließen lassen.

Und nun zum **Wetter**. Das irische Wetter ist wechselhaft, Ende der Diskussion. Die schon fast genetisch veranlagte Akzeptanz dieser Tatsache hat bei den meisten Iren dazu geführt, dass eigentlich jeder Tag ein „not too bad a day" ist. Immer nicken. Fluchen kann man immer noch, wenn man vom Pub durch knietiefes Wasser und prasselnden Regen zum Auto watet.

And finally: **Don't mention the war!** Dieser alte Grundsatz aus der Fernsehserie *Fawlty Towers* lässt sich nicht immer beherrschen, vor allem deutsche Touristen werden gerne mit der Vergangenheit konfrontiert. Keineswegs in einer aggressiven, fast immer aber in einer befremdlichen Weise. Geschichtskenntnisse sind selten die besten und eine Bewunderung für das „Dritte Reich", vor allem wegen der Bomben auf England, kann zumindest in der Republik schon mal vernommen werden.

Versicherungen

Reisende mit Anspruch auf eine **Europäische Krankenversicherungskarte** (in English European Health Insurance Card, EHIC) sollten auf jeden Fall die aktuelle Karte mit sich führen. Diese berechtigt dann in der Republik Irland zu denselben Leistungen, wie sie ein irischer Staatsbürger erhält. Genaue Infos zu den Abrechnungsmodalitäten erhält man unter 🖵 www.ehic.ie. In Nordirland sind die endgültigen Regelungen noch vom Brexit abhängig. Weitere spezielle Reiseversicherungen für den Fall von Krankheit oder Unfall können helfen. Eine **Reiserücktrittsversicherung** ist empfehlenswert, wenn man große finanzielle Vorleistungen erbringen muss (Flugbuchungen, Kautionen).

Visa

Der durchschnittliche Leser dieses Reiseführers wird kein Visum für Irland oder Nordirland benötigen – die Einreise von Bürgern der EU- und der EEA-Staaten (European Economic Area, Europäischer Wirtschaftsraum, beinhaltet auch Island, Liechtenstein und Norwegen) sowie der Schweiz ist in der Republik Irland uneingeschränkt möglich, es gibt keine maximale Aufenthaltsdauer. Bürger anderer Länder sollten sich allerdings genau mit den Einreise- und Aufenthaltsbedingungen befassen, um Probleme zu vermeiden. Unbedingt ist zu beachten, dass ein für Irland gültiges Visum schon vor dem Brexit nicht in Nordirland gilt (und umgekehrt genauso wenig). Hier kommt es rasch zu einem „illegalen Aufenthalt". Beachten sollte man allerdings, in welcher Form der Brexit diese Lage beeinflussen wird – spruchreif ist nichts.

Weiterreise

Es ist eine reizvolle Idee, den Aufenthalt in Irland mit einem Besuch in den „keltischen Nachbarländern" zu kombinieren. Hier einige Ideen:

Isle of Man

Die zwischen Nordengland und Irland liegende Insel Man hat jetzt ein eigenes Kapitel in diesem Buch (S. 580)!

Schottland

Fährverbindungen direkt nach Schottland bestehen von Nordirland aus, Fahrzeit 2–3 Std. In Kombination mit einem nordenglischen Hafen an der Ostküste kann eine „Landbridge" auch einen kurzen Aufenthalt in Schottland beinhalten. Abstecher per Flugzeug etwa nach Glasgow oder Edinburgh sind sogar als Tagesausflug von verschiedenen Flughäfen Irlands aus möglich.

Wales

Die schnellste Verbindung in das landschaftlich reizvolle nördliche Wales bietet die Fähre ab Dublin. Auch hier ist wieder die Möglichkeit der „Landbridge" zu erwägen. Diese Möglichkeit bieten auch die Fährverbindungen ab Rosslare in das südliche Wales, das ebenfalls seine Reize hat. Abstecher in die interessante Hauptstadt Cardiff sind auch mit dem Flugzeug als Tagesausflug von Dublin möglich.

England

Eigentlich alle „Landbridge"-Verbindungen laufen durch englisches Gebiet, sodass ein Zwischenstopp etwa in London durchaus Sinn machen kann. London ist meist auch der Umsteigepunkt für viele Flugreisende, die keine Direktverbindung nach Irland gebucht haben. Da es sich hier meist um Point-to-Point-Verbindungen handelt, ist ein Aufenthalt von einem oder zwei Tagen vor dem Weiterflug kein Problem.

Frankreich

Aus dem irischen Süden bestehen Fährverbindungen ab Cork, Rosslare und Dublin direkt nach Frankreich (Roscoff oder Cherbourg), die vor allem für Besucher aus dem südlicheren Mitteleuropa interessant sein können. Und die Gelegenheit bieten, noch ein paar Tage die französische Atlantikküste zu genießen. Man bleibt damit ja schließlich auch im „keltischen Bereich" Europas …

Zeit und Kalender

In Irland gilt die **Greenwich Mean Time** (GMT), die gegenüber der Mitteleuropäischen Zeit eine Stunde zurückliegt. Die Umstellung von Normalzeit auf **Sommerzeit** (Daylight Saving Time) erfolgt zeitgleich mit Mitteleuropa. Reisende dürfen in Westirland einen sehr späten Sonnenuntergang genießen – die Region liegt rein theoretisch nämlich schon in der nächsten Zeitzone (GMT-1).

Irland verwendet den Gregorianischen Kalender, wie in Europa überall üblich.

Zoll

Reisende aus EU-Staaten können im Regelfall alle Dinge des persönlichen Bedarfs ohne weitere Verzollung in die Republik Irland einführen und auch beliebig viele Waren zurück in die Heimat nehmen. Die Definition der Menge, die zum persönlichen Bedarf zählt, ist dabei eine Auslegungssache. Als unproblematisch haben sich folgende Mengen erwiesen: 800 Zigaretten, 400 Zigarillos, 200 Zigarren, 1 kg Tabak, 10 l Branntwein, 20 l andere Alkoholika, 90 l Wein, 110 l Bier. Einen absoluten Anspruch auf die abgabenfreie Einfuhr dieser Waren hat man nicht. Bei Waren aus einigen osteuropäischen Staaten, besonders Zigaretten, werden wesentlich strengere Maßstäbe angelegt. Wichtig ist es auf jeden Fall, Kaufquittungen mit sich zu führen, die dem Nachweis dienen, dass die Waren bereits in der EU verzollt und versteuert wurden. Im Post-Brexit-Nordirland gelten andere Bestimmungen.

Die derzeit gültigen Richtwerte und bestehende Ausnahmeregelungen werden auf den jeweiligen Seiten des Zolls im Internet angezeigt: unter 🖥 www.revenue.ie und 🖥 www.gov.uk. Diese Seiten informieren auch darüber, welche Gegenstände nicht eingeführt werden dürfen. Dazu gehören u. a. Waffen, auch Schreckschusspistolen oder Pfeffersprays, illegale Drogen und bestimmte Medien (z. B. pornografische oder 0gewaltverherrlichende DVDs oder Bücher).

Land und Leute

Irland im Klischee, das sind weite Wiesen, schroffe Steilküsten, Dichter am Tresen, Musiker allerorten, und das Fußvolk immer mit einem verschmitzten Lächeln dem Fremden behilflich. Außer natürlich, man legt gerade einen tapferen Hinterhalt gegen die bösen britischen Besatzer. Stimmt irgendwie alles, ist aber auch nicht unbedingt die ganze Wahrheit. Vor allem der bewaffnete Konflikt ist mittlerweile in den Hintergrund getreten. Aber was muss man als Besucher nun wirklich über Irland wissen?

PUB IN DUBLIN; © DUMONT BILDARCHIV/OLAF MEINHARDT

Inhalt

Geografie	91
Flora und Fauna	91
Bevölkerung	92
Geschichte	101
Regierung und Politik	111
Wirtschaft	112
Religion	113
Kunst und Architektur	114

Steckbrief
Irland (IRL) Nordirland (NI)

Offizieller Name: Éire bzw. Northern Ireland

Staatsform: Parlamentarische Demokratie (IRL), dezentrales Parlament innerhalb einer konstitutionell-parlamentarischen Monarchie mit vorgeschriebener Teilung der Macht zwischen den verschiedenen Parteien (NI)

Hauptstädte: Dublin (IRL), Belfast (NI)

Staatsoberhäupter: Präsident Michael D. Higgins (IRL), Königin Elizabeth II. (NI)

Regierungschefs: Taoiseach Leo Varadkar (IRL), der Posten des First Minister (NI) war bei Redaktionsschluss vakant.

Einwohnerzahl: IRL 4,8 Mio., NI 1,9 Mio.

Anteil der Stadtbevölkerung: Republik Irland über 60 %, in NI wesentlich höher

Sprachen: Englisch, teilweise Irisch, in Nordirland teilweise Ulster-Scots

Internetzugang: IRL 82 %, NI 80 % der Bevölkerung (z. T. nur via Mobilnetz)

Glücksindex: Platz 16 (IRL) und Platz 15 (UK) von 156 (World Happiness Report 2019)

Geografie

Fläche: Republik Irland 70 273 km², Nordirland 13 843 km²

Länge der Grenze zwischen Republik und Nordirland: 360 km

Küstenlinie (gesamt): 5631 km

Größte Städte: Dublin (1 173 200 Einw.) und Belfast (847 200 Einw.)

Längste Flüsse: Shannon (370 km, Republik Irland), Bann (129 km, Nordirland)

Größte Binnengewässer: Lough Corrib (Republik Irland), Lough Neagh (Nordirland)

Höchste Berge: Carrantuohill (1038 m, Republik Irland), Slieve Donard (850 m, Nordirland)

Grob gesagt hat Irland die Form einer großen, flachen Schale mit hohem Rand, schwimmend im Meer. Die zentrale Ebene, im Englischen treffend die Midlands genannt, wird eingefasst von den entlang der Küstenlinie und oft unmittelbar am Meer aufragenden Gebirgen. Vom höchsten Berg Irlands, dem Carrantuohill im County Kerry (1038 m), hat man auch gleich einen ausgezeichneten Blick über den Atlantik, von Nordirlands Slieve Donard über die Irische See und die Isle of Man. Die Midlands dagegen sind eher unspektakulär, oft mit Mooren überzogen. Mit einer maximalen Nord-Süd-Ausdehnung von 485 km und einer Ost-West-Ausdehnung von bis zu 304 km ist Irland ein Stück kleiner als Bayern und Thüringen zusammengenommen.

Längster Fluss der Insel ist der Shannon, der bei Glangevlin im County Cavan entspringt, in seinem Verlauf die Grenze zum „Westen" des Landes bildet und bei Limerick ins Meer mündet. Touristen zieht es meist zuerst an die vielerorts spektakuläre, windumtoste Küste, die sich über mehrere Tausend Kilometer erstreckt und Hunderte von Meeresarmen und Buchten, steilen Klippen und Sandstränden aufweist. Dieses Potenzial wird mittlerweile gezielt vermarktet – der Wild Atlantic Way (S. 415) ist das hervorragende Beispiel.

Zu den echten landschaftlichen Besonderheiten des Landes zählen die Karstlandschaft des Burren (S. 431) und die Basaltsäulen am Giant's Causeway (S. 522). Spektakulär sind auch die Klippen an der Atlantikküste, etwa an den Cliffs of Moher (S. 430), auf Achill Island (S. 471) oder am Slieve League (S. 498). Sie erreichen locker schwindelerregende 600 m Höhe.

Flora und Fauna

Der hier auslaufende Golfstrom und das generell milde Klima haben dafür gesorgt, dass viele Pflanzen in Irland heimisch werden konnten, die man in diesen Breiten eher nicht vermuten würde. So weist die **Pflanzenwelt** Irlands alpine und mediterrane Gewächse auf – und gleichzeitig solche, die eher für Nordeuropa typisch sind. Paradebeispiel ist dabei immer der Südwesten, Cork hat die rote Fuchsie sogar zur „Nationalpflanze" erhoben. Importgewächse wie der bei Gartengestaltern und Touristen beliebte Rhododendron aber haben sich in der freien Natur wild vermehrt und bedrohen die einheimische Flora. Ihm und dem Japanknöterich geht man mittlerweile radikal zu Leibe, mit Werkzeug, Feuer und sogar Gift.

Botanisch Interessierte sollten den angeblich kargen Burren ansteuern – hier wachsen auf und zwischen Kalksteinen arktische, alpine und mediterrane Pflanzen, an einigen Orten sogar seltene Orchideenarten. Mit **Wäldern** ist Irland dagegen nicht mehr so reich gesegnet, vieles wurde in den vergangenen Jahrhunderten abgeholzt. Vereinzelt trifft man auf Eichen-, Kiefern- und Fichtenwälder, oft gemischt mit Tannen und Lärchen. Die staatlich geförderte Wiederaufforstung findet nicht immer in sinnvoller Weise statt und ist oft mehr „tree farming", Sitka-Fichten in Reih und Glied, mit regelmäßiger (und optisch dramatisch unschöner) Abholzung.

Die **Tierwelt** ist weitaus weniger artenreich, als man es vom Kontinent gewohnt ist, viele ursprünglich in Irland ansässige Tierarten sind längst ausgerottet, etwa Bären und Wölfe. Andere schafften es nach der letzten Eiszeit einfach nicht (wieder?) auf die Insel. Der Quälgeist aller Gärtner etwa, der Maulwurf, konnte sich nicht nach Irland durchwühlen. Insgesamt sind hier nur knapp 30 Arten von Landsäugetieren heimisch, wobei fast ein Viertel Fledermausarten sind. Und einige andere sind späte Importe: Das Kaninchen schleppten die Anglo-Normannen mit, um den Speiseplan zu bereichern. Und Nerze flüchteten aus Fellfarmen.

Vogelfreunde allerdings sollten unbedingt ein Fernglas mitnehmen. Rund 200 heimische Vogelarten und fast genauso viele Zugvögel lassen sich beobachten. Besonders an den klippenreichen Küsten und auf den Inseln sind große Brutkolonien anzutreffen. Brutzeit ist vor allem in den Monaten Mai und Juni. Auch an den Seen und Marschen im Landesinneren leben zahlreiche Wasservögel.

Ganz besondere Tierbeobachtungen sind mit etwas Glück vor allem an der Westküste möglich, wo sich **Wale und Delphine** tummeln (s. Kasten S. 72). Gelegentlich werden sogar Orcas gesichtet.

Das Tier, mit dem Touristen allerdings den meisten in Erinnerung bleibenden Kontakt haben werden, sind die *midges* – ein Sammelbegriff für alle Arten von **Mücken**. Sie können in Feuchtgebieten und in Meeresnähe vor allem am Abend zur Plage werden und reagieren auch nicht unbedingt (außer mit hämischem Lachen) auf gängige Anti-Mücken-Mittel.

Bevölkerung

Einwohner: Republik Irland 4,8 Mio., Nordirland ca. 1,9 Mio.

Bevölkerungsdichte: Republik Irland 658 Einw./km^2, Nordirland 132 Einw./km^2

Lebenserwartung: 81,5 Jahre

Stadtbevölkerung: über 60 % in der Republik, wesentlich höher in Nordirland

In Irland leben, natürlich, Iren. Wie man „Iren" definiert? Geht man davon aus, dass es sich um eine im Pass eingetragene Staatsangehörigkeit handelt, dann schließt man die Nordiren aus und schafft gleichzeitig durch die mittlerweile beachtliche Anzahl von Immigranten aus Europa, Asien, Afrika und Amerika Verwirrung. Geht man dagegen (wie völkisch gesinnte Iren) von einer Art „irischen Rasse" aus, dann ist man ebenso auf dem Holzweg. Und „irisch" mit „kel-

tisch" gleichzusetzen, ist auch nicht korrekt. Tatsächlich ist es schwer zu definieren, was ein Ire oder eine Irin ist.

Allein das Klischee des Rothaarigen ist schon falsch, diese ungewöhnliche Haarfarbe ist auch auf der grünen Insel eher selten vertreten. Die Mehrzahl der Iren ist dunkelhaarig. Und einige Iren entsprechen sogar mehr dem mediterranen Typ – der Legende nach Abkömmlinge von Überlebenden der Spanischen Armada. Tatsächlich sind Iren das Produkt einer Jahrtausende andauernden Völkervermischung, hervorgerufen durch Invasionen und Migrationen.

Nordirland hat zudem ganz besondere Probleme mit dem Begriff „irisch". Während Nationalisten auf diese Bezeichnung bestehen, wehren sich Unionisten mit Händen und Füßen dagegen. Sie bestehen darauf, dass sie Briten sind. „Ulstermen" vielleicht noch …, wobei auch der Provinzname Ulster als Synonym zu Nordirland wieder Unsinn ist.

Völkergemisch

Die Insel Irland ist für die letzten rund 12 500 Jahre als menschliches Siedlungsgebiet nachweisbar. Wahrscheinlich kamen erste Immigranten aus Kontinentaleuropa, über das heutige Großbritannien und längst versunkene Landbrücken, als die Eiszeit sich verabschiedete. Spätere (nachweisbare) Migrationen brachten Wikinger, Anglo-Normannen und dann vor allem Engländer und Schotten ins Land. Sie alle vermischten sich schnell mit den Eingeborenen, wurden assimiliert, sodass heute von „den" Iren streng genommen gar nicht gesprochen werden kann.

Untersuchungen brachten erst vor wenigen Jahren das nicht unbedingt populäre Ergebnis hervor, dass die Iren von ihren genetischen Anlagen fast identisch mit den Briten sind. Letzten Endes reduziert sich so „Irischsein" auf eine Staatsbürgerschaft oder ein Lebensgefühl.

Es wird viel diskutiert, wie hoch heute der Ausländeranteil in Irland ist. Bei Volkszählungen scheinen sich Nicht-Iren bei der Angabe ihrer Daten etwas zurückzuhalten; ein Botschafter aus dem Baltikum rechnet etwa mit 100 % mehr Landsleuten auf der Insel, die mangels Sprachkenntnissen den Fragebogen aber nicht ausfüllten. Und es sind nach wie vor, trotz wesentlich verschärfter Bestimmungen, zahlreiche asiatische und afrikanische „Studenten" im Lande, deren akademisches Wochenpensum in einem krassen Missverhältnis zu ihren „Aushilfsjobs" steht. Eines allerdings scheint festzustehen: Die größte Ausländergruppe sind Polen.

Sprache

Keineswegs sollte man sich darauf verlassen, dass Iren auch **Irisch** sprechen (Irisch: Gaeilge). Nominell die erste Sprache des Landes, spielt Irisch in der Realität eine vollkommen untergeordnete Rolle. Zwar muss jedes Kind die Sprache in der Schule lernen, und auch jedes offizielle Dokument muss auf Irisch vorliegen, tatsächlich spricht aber nur 1 % der Bevölkerung im Alltag regelmäßig Irisch.

Wer **Englisch** spricht, der kommt in Irland auf jeden Fall zurecht. Dies spiegelt sich auch im täglichen Leben wider, auf Irisch vorliegende offizielle Schriften werden kaum beachtet, solange die englische Version nicht vergriffen ist. Bei Geldinstituten etwa übersteigt die Zahl der auf Chinesisch oder Polnisch benötigten Broschüren weit die Zahl der ausgegebenen irischen Prospekte. Polnisch ist de facto die am zweithäufigsten gesprochene Sprache in Irland.

In Nordirland gibt es mittlerweile sogar drei offiziell anerkannte Idiome. Neben der Sprache der Mehrheit, also Englisch, und der Sprache der nationalistischen Minderheit, also Irisch, hat sich **Ulster-Scots** dazugesellt, die „wiederentdeckte" Sprache der schottischen Immigranten.

Geschichte

Irlands Geschichte ist verworren genug, um ganze Bände voll von Erklärungsversuchen zu schreiben, komplizierte Irrungen und Wirrungen waren historisch und sind aktuell an der Tagesordnung. Hier nun ein Versuch, diese etwas in Übersicht zu bringen. Beginnend mit einer Überraschung.

Älter als gedacht …

Vor kurzer Zeit wurden die Iren überraschend älter – als grob definierte Gruppe, nicht individuell. Galt bis 2016 noch Mount Sandel im County Derry als früheste Spur menschlicher Siedlung, so sorgte ein seit 1903 im Archiv schlummernder Bärenknochen aus dem County Clare für die Sensation. Denn der war von Menschen bearbeitet – und rund 12 500 Jahre alt. Mount Sandel brachte es auf weit weniger, und in Windeseile war der Beginn der menschlichen Siedlung auf der Grünen Insel um 2500 Jahre früher anzusetzen.

Was im Prinzip wenig sagt … die letzte Eiszeit hat schlicht alle Spuren plattgemacht, und so ist ein Höhlenfund aus Clare eines der wenigen Indizien für eine Datierung. Aber eben auch sicher nicht das allerletzte Wort.

Ausufernde Prähistorie

Alles, was wir über Irlands frühe Geschichte wissen, kommt aus exakt zwei Quellen – nämlich nüchternen archäologischen Befunden und geradezu trunken wirkenden Legenden, die erst

ZEITLEISTE

um 10 500 v. Chr.	um 2500 v. Chr.
Erste (nachweisbare) Besiedlung Irlands. Man isst Bär.	Irland hat eine gut organisierte Agrargesellschaft, Monumente wie Newgrange werden errichtet.

im Mittelalter aufgezeichnet wurden. Sie beide miteinander in Einklang zu bringen, war lange Zeit das Bemühen der oftmals recht völkisch orientierten irischen Altertumskundler.

Ihre „Bibel" war das „Buch der Invasionen", auf Irisch „Leabhar Gabhála na hÉireann", eine Pseudohistorie der Insel. Entstanden im frühen Mittelalter, aus der kreativen Ader christlicher Dichter und Denker geflossen. Die Erzählung beginnt mit der biblischen Schöpfungsgeschichte, um sich dann auf Irland zu konzentrieren, und eine Welle Invasoren nach der anderen ins Land schwappen zu lassen. Mit dabei sind Skythen, Ägypter, Noahs weitere Verwandtschaft, Halbgötter, Monstren und einige Spanier. Irgendwie bildeten sich daraus dann die Gälen, die wahren Iren. Ein Multi-Kulti-Volksstamm in der Fremde, denn nach der Sintflut war Irland ja wüst und leer.

Alles Quatsch? Nicht ganz ... Die ersten Menschen kamen wohl über Landbrücke von Großbritannien aus nach Irland.

Zu Beginn der jüngeren Steinzeit scheint es dann eine zweite Siedlungswelle gegeben zu haben, eventuell aber auch nur einen Kultursprung. Auf jeden Fall wurden etwa 2500 v. Chr. Monumente wie **Newgrange** (S. 217) errichtet, die nur eine geordnete, technologisch versierte Gesellschaft schaffen konnte. Ackerbau und Waldrodung sind dagegen leichte Übungen.

Einige Jahrhunderte später tauchen die „Becher-Leute" in Irland auf, die **Bronzezeit** beginnt. Um 600 v. Chr. schließlich wurde Irland langsam Teil des **keltischen Kulturkreises**, eine „keltische Invasion" lässt sich allerdings nicht nachweisen. Stattdessen kann man vielleicht von einer Entwicklung der Kultur sprechen, in der sich auch das Konzept des irischen Hochkönigs

durchsetzte. Kein zentralistischer Alleinherrscher, sondern mehr ein anerkannter Richter unter den über hundert Kleinkönigen in Irland. **Tara** wurde zu seiner Residenz ernannt – zumindest der Legende nach.

Die große Zeit des Römischen Kaiserreiches ging dagegen an Irland so gut wie spurlos vorüber – es blieb jedoch bei kleineren Handelskontakten, die Insel war nicht wichtig genug für eine Invasion. Um 150 erwähnt Ptolemäus Irland nur am Rande. Bekannt für die wilden Einwohner, die „scoti". Die mit schöner Regelmäßigkeit die nördlichen Teile von Großbritannien zunächst plünderten, dann kolonialisierten. Die irischen Eindringlinge gründeten ihren eigenen Kleinstaat, „Schottland" genannt.

Die Christen kommen – und bleiben

Irland und seine barbarischen Einwohner waren auch in Rom bekannt, also entsandte der Papst um 430 einen gewissen **Palladius** als Bischof und Missionar dorthin. Und 432 legte man noch mal nach, als weiterer Missionar wurde **Patrick** gen Westen geschickt. Dieser kannte die Insel zumindest schon – er war hier vor Jahren als Sklave gefangen gehalten worden. Und er war von der Idee beseelt, mit der **Missionierung** die Endzeit herbeizuführen.

Palladius und Patrick waren tatsächlich enorm erfolgreich, gründeten in den nächsten Jahrzehnten zahlreiche Klöster und Kirchen. Palladius aber vergaß man, und Patrick wurde selbst zur Legende. Die meisten ihm zugeschriebenen

um 600–200 v. Chr.	um 430	um 800
Irland wird „keltisch", kulturell gesehen ... eine Migration lässt sich nicht nachweisen.	Irland wird christlich, 432 beginnt der spätere Nationalheilige Patrick seine Mission.	Die Wikinger kommen, rauben, bleiben, Wikingerstädte wie Dublin und Wexford entstehen.

Wundertaten allerdings lassen sich schnell in das Reich der Legende verbannen – so etwa die Geschichte, Patrick habe die Schlangen aus Irland verscheucht. Interpretiert man die „Schlangen" als das Heidentum, dann hat die Geschichte einen gewissen Wahrheitsgehalt. Zoologen allerdings werden immer anmerken, dass es in Irland auch vor Patricks Mission keine Schlangen gab.

Die Iren jedenfalls übernahmen das Christentum bald mit Leib und Seele. Zahlreiche Klöster entstanden und ab 563 wurde der christliche Glauben sogar zum Exportartikel – der irische Mönch **Columba** gründete ein Kloster auf den Hebriden. Weite Teile Mitteleuropas wurden von irischen Missionaren heimgesucht, nicht wenige starben als Märtyrer. Irische Klöster wurden zu Stätten der Bildung und Kunst. Reich bebilderte Manuskripte entstanden, darunter das berühmte **Book of Kells** (S. 141).

Allerdings entfernte man sich in der Kirchenlehre auch zusehends von Rom, hielt mit aktuellen Entwicklungen nicht immer mit. Zum großen Knackpunkt wurde dann eine Nichtigkeit – die Festlegung des genauen Datums für das Osterfest. Im Jahre 664 wurde auf der Synode von Whitby beschlossen, dass Rom in solchen Sachen künftig allein das Sagen habe. Bis zum Einzug der Mönchsorden vom Kontinent einige Jahrhunderte später blieb die irische Kirche jedoch ein Völkchen von Individualisten.

Interludium – die Wikinger

Hatte man sich so in Sachen geistliche Probleme arrangiert, waren zunehmend weltliche Probleme auf der Tagesordnung. Denn das Jahrtausende andauernde gegenseitige Plündern zwischen den Iren selbst wurde empfindlich gestört. Kurz vor Ende des 8. Jhs. begannen die ersten Wikingerüberfälle auf irische Siedlungen und vor allem Klöster; die typischen **Rundtürme** (S. 188) wirkten auf die Nordmänner wie eine Neonreklame.

Damit nicht genug – Irland bot den per Schiff marodierenden Skandinaviern auch durchaus begehrenswertes Siedlungsland. Um 836 begann die Erkundung des irischen Festlandes, immer an den Flüssen entlang, ab 837 wurden Flussmündungen und die Bucht von Dublin Winterquartier. Eine Handvoll Jahre später waren die Wikinger in Irland etabliert, nahmen mit den Iren diplomatische Kontakte auf, beteiligten sich am Wechselspiel der irischen Allianzen … deren byzantinische Komplexität „Game of Thrones" wie ein einfach gestricktes Ammenmärchen erscheinen lassen.

In den nächsten hundert Jahren verwandelten sich die Winterquartiere in große Städte, Dublin, Waterford und Limerick sind nur drei Beispiele davon. Gleichzeitig wuchs allerdings die Unzufriedenheit der Iren, die eine Übernahme ihres Landes durch die fremden Invasoren befürchteten. 967 etwa plünderten sie die Wikingersiedlung in Limerick. Kurz danach wurde mit **Brian Boru** ein fähiger, skrupelloser Feldherr König von Munster. Um die Jahrtausendwende hatte Brian nicht nur seine irischen Konkurrenten ausgeschaltet, auch der Wikingerkönig von Dublin, Sitric Seidenbart, hatte sich ihm unterworfen. Die Wahl zum irischen Hochkönig, auch genannt „Kaiser der Schotten", im Jahr 1002 war nur noch Formsache. 1014 schließlich schaffte es Brian bei der

1014	Mitte des 12. Jhs.	1169
Irlands Hochkönig Brian Boru geht aus einem Bürgerkrieg mit internationaler Beteiligung der Wikinger als Sieger hervor – und wird prompt ermordet.	Irlands noch immer „keltisch geprägte" Kirche wird endgültig auf die Linie Roms eingeschworen.	Dermot McMurrough, König von Leinster, holt sich mit Hilfe anglo-normannischer Söldner seinen Thron zurück. Strongbow und Kollegen bleiben, übernehmen die Herrschaft.

Schlacht von Clontarf, die Wikinger endgültig und vernichtend zu schlagen. Ein Triumph, den er selbst nicht auskosten konnte – der Hochkönig wurde unmittelbar nach dem Sieg getötet, als seine Leibwache schon feierte.

Allerdings – auch hier haben die irischen Geschichtsschreiber wieder geklittert, denn Brian hat nicht „die Wikinger" besiegt, sondern sein Heer und eine Fraktion eben der Fremdlinge gegen Rivalen ins Feld geführt. Rivalen, die Iren, Wikinger und Söldner in ihren Reihen hatten. Und auch verschwanden die Wikinger nicht sang- und klanglos aus Irland, sie wurden schlicht assimiliert, wurden die ersten dokumentarisch belegten „New Irish".

Mittelalter mit Veränderungen

Nahezu unbemerkt vollzog sich als nächstes eine friedliche Invasion: 1142 gründeten die Zisterzienser in **Mellifont** (S. 190) ihr erstes Kloster, damit hielten die europäischen Mönchsorden Einzug auf der Insel, räumten mit der verlotterten irischen Kirche auf, Roms Einfluss wuchs. Und der englische **Papst Adrian IV.** befand dann 1155 auch überraschend, dass er König Henry II. von England die Nachbarinsel Irland als Geschenk überreichen könne. So jedenfalls die offizielle Version, die päpstliche Bulle mag aber auch eine Fälschung gewesen sein. Auf jeden Fall fiel der gierige Blick der gerade von den Normannen unterworfenen Nachbarinsel auf das kleinere Irland.

Inmitten verwirrender inneririscher Machtkämpfe ging nun ausgerechnet der ambitionierte **Dermot MacMurrough**, König von Leinster, als

schlechter Verlierer hervor. 1166 setzte Dermot sich nach England ab und begann im Exil, eine Armee von alten Weggefährten und Abenteurern zusammenzustellen. Die anglo-normannischen Fürsten vor allem in Wales, denen gerade das Land zum Verteilen ausging, zeigten sich sehr interessiert …

1169 kehrte Dermot mit seinen neuen Verbündeten zurück nach Irland. Und der Earl of Pembroke, Richard fitz Gilbert de Clare, erwies sich dabei als der talentierteste und rücksichtsloseste aller Heerführer. Heute nur noch unter seinem Beinahmen **Strongbow** bekannt, heiratete er Dermots Tochter und sicherte sich so den Thron von Leinster. Die anglo-normannische, später englische Herrschaft über Irland hatte begonnen. 1175 nannte sich zwar Rory O'Connor noch Hochkönig, konnte aber nur über nicht von Anglo-Normannen einkassierte Teile Irlands herrschen, zudem als Vasall Henrys. Zwei Jahre später wurde **Prinz John**, Bruder des Richard Löwenherz, offiziell zum Herrscher Irlands ernannt. Er festigte und erweiterte die englische Herrschaft über Irland, u. a. durch den Bau vieler Festungen.

Wer meint, dass nun eine dunkle Epoche in der Geschichte des Landes anbrach, der irrt. Im 13. Jh. begann die sogenannte **klassische Epoche** in der irischen Literatur, die bis etwa 1600 anhielt. Und am Ende des 13. Jhs. trat das **irische Parlament** erstmals in Dublin zusammen.

Frieden allerdings war dem Land nicht vergönnt, 1315 ließ sich der Schotte **Edward Bruce** zum irischen Hochkönig proklamieren (sein Bruder Robert trug schon die schottische Krone), um die Engländer mit einer zweiten Front zu konfrontieren. Sein Plan schlug jedoch spektakulär

1366	1494	1557
Die Statuten von Kilkenny verbieten den weitgehend assimilierten „englischen" Siedlern die Annahme irischer Sitten, den Gebrauch der Landessprache, die Heirat mit Iren.	Poyning's Law macht klar: Englisches Recht ist künftig auch automatisch irisches Recht, keine Diskussion!	Irlands Midlands werden an englische Kolonisten verteilt … unter der katholischen Maria Tudor.

fehl, ein bescheidenes Grab in irischer Erde war sein ganzer Erfolg. Rund 20 Jahre später führten Unruhen dazu, dass die Engländer ihre Kontrolle über Connacht und Ulster zeitweise verloren. Die Situation im Lande war weiterhin chaotisch, die Mitte des 14. Jhs. ausbrechende **schwarze Pest** tat ein Übriges. Ungefähr ein Drittel der Gesamtbevölkerung starb an der Krankheit.

Und dann wurden den Engländern auch noch ihre eigenen Landsleute in Irland suspekt – es ging das Gerücht, dass diese irischer als die Iren werden würden, gar nach mehr Unabhängigkeit strebten. Sie waren denselben Weg gegangen wie die Wikinger vor ihnen, Assimilation und fröhliche Beteiligung am inneririschen Ränkeschmieden. In den **Statuten von Kilkenny** wurde aber 1366 flugs bestimmt, dass künftig Siedler aus England die irische Sprache nicht verwenden dürften. Weitere Sicherheit sollten die ersten Rassengesetze bieten, nach denen Eheschließungen zwischen Siedlern und Iren verboten wurden.

Von London aus regiert? Das setzte sich nicht als Ideal durch. Mehrfach schlug sich der etablierte anglo-irische Adel auf die Seite obskurer Umstürzler wie Lambert Simnel oder Perkin Warbeck. Gab es Ärger um die englischen Thronfolger, konnte man sicher sein, dass die Iren mitmischten – in der Regel auf der Seite der Verlierer. Dazu kam die irische Tendenz, das Land auch durch endlose Debatten und immer wieder herausgeschobene Entscheidungen nahezu unregierbar zu machen.

1494 schließlich machten die Engländer Nägel mit Köpfen: **Poyning's Law** legte fest, dass künftig vom englischen Parlament verabschiedete Gesetze automatisch und ohne Debatte

auch in Irland Gültigkeit erhielten. Ein mehr theoretischer Schritt, denn die folgenden Jahre waren von Bürgerkrieg und Aufständen geprägt, de facto herrschten **Anarchie und Raubrittertum**.

Reformation und Beginn der Kolonialisierung

Londons Eingriffe in die inneren Angelegenheiten Irlands wurden schließlich im wahrsten Sinne des Wortes dadurch gekrönt, dass **Henry VIII.** durch das Parlament den brandneuen Titel **König von Irland** zugesprochen bekam. Und siehe: Aller Landbesitz in Irland wurde, Ordnung muss sein, erstmal dem neuen König übertragen. Der konnte dann die Ländereien neu verteilen, seine Günstlinge jubelten. Die Loslösung der Kirche von Rom, die Auflösung der Klöster … ein neuer Besen kehrte aus.

Alles retour: Henrys erstgeborene Tochter Mary, im Volksmund auch als „**blutige Maria**" bekannt, brachte den Katholizismus zurück, machte Irland aber endgültig zur Verfügungsmasse und **Kolonie**. Unter ihr begann 1557 die Ansiedlung von Immigranten in Offaly und Laois. Eine Politik, die auch Schwester und Nachfolgerin **Elizabeth I.** konsequent weiterverfolgte, bei ihr wieder gekoppelt mit wenig dezenten Maßnahmen, die die Reformation auch in Irland durchsetzen sollten. Und war die Kolonisierung Irlands zu Anfang noch vor allem eine Privatangelegenheit, wurde sie 1576 zur offiziellen Regierungspolitik Englands. Durchgesetzt mit Feuer und Schwert, denn für viele Immigranten

1641–58	1688	1690
Katholisch-irische Aufstände gegen Reformation und Fremdherrschaft, Oliver Cromwell sorgt mit Schwert und Axt für klare Verhältnisse, macht Irland endgültig zur Kolonie.	Glorious Revolution – der protestantische Wilhelm von Oranien ist nach Parlamentsbeschluss anstelle des katholisch-sympathisierenden James II. König von England.	Die Schlacht am Boyne endet mit der Niederlage und Flucht James II., sein Traum von der Krone ist vorbei, Irlands Traum von mehr Selbstbestimmung kurz danach auch wieder.

musste erst einmal Platz geschaffen werden. Irische Aufstände, teilweise gefördert durch die spanische Krone, wurden nach und nach niedergeschlagen.

Zu Beginn des 17. Jhs. lag die irische Sache am Boden, der schottisch-englische König James I. nahm die Kapitulation der Rebellen an und durfte zusehen, wie 1607 die wichtigsten irischen Adligen bei der „Flucht der Herzöge" (**Flight of the Earls**) ins Exil gingen. Unmittelbar danach begannen besonders in Ulster massive Zwangsansiedlungen vor allem **schottischer Presbyterianer**.

Der Englische Bürgerkrieg lieferte dann den nächsten Ansatz für eine irische Rebellion. Keine gute Idee – zwischen 1641 und 1658 erlebte Irland den totalen **Krieg**. Dieser begann mit einem **katholischen Aufstand**, der an Brutalität kaum zu überbieten war. So jedenfalls schien es, bis **Oliver Cromwell** sich selbst der irischen Rebellen annahm und einen Befriedungsfeldzug startete, der heute unter dem Stichwort „ethnische Säuberung" die Nachrichten beherrschen würde. Cromwell erkaufte sich die Loyalität seiner Soldaten, indem er ihnen Landgüter im „befreiten" Irland versprach. Die Iren wurden vor die Wahl gestellt: „To Hell or to Connacht". Leben im kargen Westen, oder Rübe ab.

Nachdem Charles II. wieder den englischen Thron bestiegen hatte, kam es wieder zu einer teilweisen Kehrtwendung. Zumindest unschuldige Katholiken konnten ihre Ländereien von den Kolonisten zurückfordern. Die Beamten der englischen Krone legten allerdings sehr strenge Maßstäbe an, was die jeweilige „Unschuld" betraf. Wieder einmal waren es vor allem die engsten Freunde des englischen Königs, die profitierten.

Absolutismus kontra Aufklärung

Einige Jahre später begann **James II.** plötzlich katholische Tendenzen zu zeigen. Und sich als absolutistischer Herrscher zu etablieren. Was ihn, nicht völlig überraschend, prompt die englische Krone kostete – 1688 kam es zur **Glorious Revolution** und James II. wurde durch **Wilhelm von Oranien** ersetzt.

Glück gehabt, mag man sagen – seinen Vater hatte das antiparlamentarische Agieren ja noch den Kopf gekostet. James II. sah das aber anders. Vom eigenen, gottgegebenen Recht auf den englischen, schottischen und irischen Thron überzeugt, arrangierte sich James mit dem katholischen König von Frankreich und versuchte, seine Machtbasis in Irland zu errichten. Dabei aber hatte er offensichtlich nicht mit dem Widerstand der protestantischen Siedler gerechnet, die seinen Truppen die Stadttore von Derry 1689 überraschend vor der Nase zuschlugen. Und William um Hilfe angingen. Der sich dann auch nach Irland aufmachte, für klare Verhälnisse sorgen.

Nur ein Jahr später kam es zur ersten und einzigen Schlacht, bei der beide Könige tatsächlich anwesend waren. Am Fluss Boyne versuchte James, den Vormarsch Williams auf Dublin zu stoppen (s. Kasten S. 227). Erfolglos. James floh Hals über Kopf nach Frankreich, William beseitigte methodisch (und oft wenig zimperlich) den Widerstand in Irland. Und da der Kampf um den Thron unweigerlich mit der Religion verbunden schien (und obwohl ausgerechnet der Protestant William den Segen des Paps-

1795	1798	um 1830
Gründung des Oranierordens zur Bewahrung der protestantischen Vorherrschaft in Irland – koste es, was es wolle.	Irisch-nationalistische Rebellion unter dem Protestanten Wolfe Tone, Invasion französischer Revolutionstruppen … wie immer recht schnell und blutig niedergeschlagen.	Daniel O'Connell's Kampagne für eine katholische Emanzipation sorgt für Entspannung auf zivilem Weg, die katholische Diskriminierung lässt nach.

tes hatte), kamen ab 1695 erste **anti-katholische Gesetze** zum Tragen.

Gleichzeitig verschrieb man sich jedoch dem Fortschritt – die Royal Dublin Society förderte ab 1731 sowohl die Naturwissenschaften wie auch die Künste. 1737 erschien in Belfast erstmals der *News Letter*, heute die älteste kontinuierlich gedruckte Zeitung der Welt. Händel führte seinen Messias erstmals in Dublin auf (1741), die Rotunda öffnete als erste Geburtsklinik auf den Britischen Inseln (1751), und ein gewisser Arthur Guinness begann in Dublin, sein dunkles Bier zu brauen (1759).

Die irische Hauptstadt boomte und ihr neu erstarktes Selbstbewusstsein äußerte sich auch politisch: **Henry Grattan** wurde Führer und bekanntester Agitator der „Patriotischen" Opposition im irischen Parlament. Und dieses Parlament schaffte es sogar, nach fast drei Jahrhunderten Abhängigkeit von London im Jahr 1782 wieder die legislative Unabhängigkeit zu erhalten. Für ein paar Jahre.

Wesentlich mehr Freiheit und Unabhängigkeit forderten allerdings die Männer um den **Patrioten Wolfe Tone**, die durch die Französische Revolution inspiriert, gleiche Rechte auch für Katholiken forderten und sich als „United Irishmen" im selben Jahr etablierten, als mit dem Custom House (S. 567) ein deutliches Symbol der britischen Macht in Dublin geschaffen wurde – 1791.

Nur ein Jahr später wurden Katholiken wieder zum Anwaltsberuf zugelassen, die katholische Emanzipation begann 1793. Nicht ohne Reaktion einiger radikaler Protestanten – der **Oranierorden** wurde 1795 gegründet, um die protestantische Macht zu sichern.

Rebellionen, Reformen und der große Hunger

Der langfristige politische Prozess weckte jedoch bei radikaleren Reformern Ungeduld, die revolutionäre Aktion wurde verlangt. Die für 1796 geplante Rebellion kam nicht in die Puschen. Aber zwei Jahre später folgte ein wesentlich besser organisierter und auch die Massen teilweise mitreißender Aufstand.

Iren aus dem Exil und eine französische Armee landeten gemeinsam, Wolfe Tone an der Spitze. Das Jahr: 1798. Gleichzeitig ergriffen Rebellen in weiten Teilen des Landes die meist hoffnungslos improvisierten Waffen. Kurzfristige Erfolge erwiesen sich jedoch als Strohfeuer, die britische Armee, hessische Söldner und der Krone loyale irische Einheiten gewannen die Oberhand. Wolfe Tone wurde festgenommen und beging kurz vor seiner Hinrichtung Selbstmord. Überlebende Rebellen wurden gejagt, exekutiert oder deportiert. Übrigens – religiöse Themen spielten bei der Planung der Rebellion weniger eine Rolle, denn die Köpfe waren Protestanten, Freidenker und Katholiken, vereint eben durch einen eindeutig nationalistisch geprägten Freiheitsdrang, aber meist ohne echtes Konzept.

Ein von Wolfe Tone inspirierter Aufstand, geleitet von **Robert Emmet**, endete 1803 noch wesentlich schneller und mit der Hinrichtung des Rebellenführers. Seine Rede unmittelbar vor der Hinrichtung allerdings gehört mit zu der viel zitierten patriotischen Klassikern des irischen Widerstandes. Die Iren lieben einfach ihre noblen Verlierer!

ab 1845	1858	ab 1869
Wiederholte Kartoffel-Missernten, die zur katastrophalen Hungersnot führen – und zu Massenemigration.	Gründung der Irish Republican Brotherhood in Irland, sowie der Fenian Brotherhood in den USA.	Reformen beschneiden die Vorherrschaft der Church of Ireland im religiösen wie politischen Leben.

Dem Establishment war es allerdings in Dublin zu heiß geworden, vielleicht auch nur zu langweilig. Im Jahr 1800 unternahm das **irische Parlament** einen in der Geschichte einmaligen Schritt – es **löste sich selbst auf**. Die irischen Abgeordneten beschlossen, ihr Land künftig von London aus zu regieren und ihre Abgeordnetensitze in Westminster einzunehmen, komplett mit Zweitwohnsitz an den Fleischtöpfen der Hauptstadt.

Wollten Iren künftig in der irischen Politik mitmischen, mussten sie dies in London tun – oder zu außerparlamentarischen Mitteln greifen, mit populistischer Rhetorik oder der Waffe in der Hand. Dublin verlor im Zuge dieser Änderungen an Bedeutung – aus der irischen Hauptstadt wurde ein weiteres britisches Provinzstädtchen. Zwar begann zum Ende der Napoleonischen Ära in Irland der reguläre Postkutschendienst, und 1817 wurde der Royal Canal eröffnet, die Blütezeit war jedoch vorbei.

Auf der anderen Seite beflügelte die Unzulänglichkeit des politischen Systems auch eine neue Generation von irischen Politikern, diesmal aber Realpolitiker anstelle von träumenden Revoluzzern. Führend unter ihnen war **Daniel O'Connell**. 1823 gründete er die Catholic Association mit dem Ziel der Emanzipation, nur fünf Jahre später wurde er zum Parlamentsmitglied für Clare gewählt. Im Jahre 1829 schon begann die Emanzipation der Katholiken Irlands.

Rund ein Jahrzehnt später fühlte sich O'Connell so sicher, dass er eine weitere Vereinigung gründete, deren einziges Ziel die Auflösung der Union mit England war. Um die Popularität seiner Forderung zu unterstreichen, hielt er „Monster Meetings" ab, eines der beeindru-ckendsten fand in **Tara** (S. 222) statt. Hunderttausende kamen zu diesen Großkundgebungen, die ein eindeutiges Wiedererstarken des irischen Selbstbewusstseins dokumentierten. Ein Selbstbewusstsein, das kurz danach von einer Katastrophe stark angegriffen wurde.

Zwischen 1845 bis 1849 kam es beim Kartoffelanbau zu mehreren Missernten, die zur sogenannten **Großen Hungersnot** (The Great Famine, S. 241) führten. Die Kartoffel war die Nahrungsgrundlage für weite Teile der Landbevölkerung. Die Knollenfrucht bot zwar nur eine extrem einseitige Ernährung, doch ohne Kartoffeln war diese gar nicht mehr gewährleistet. Problematisch wurden die primitiven Anbaumethoden. Ein Fruchtwechsel wurde nicht durchgeführt, und man bevorzugte eine billige, aber anfällige Kartoffelsorte. Und als ausgerechnet diese Sorte von einer Seuche befallen wurde, versagte die Ernte. Mehrfach, denn der Boden hatte keine Chance, sich zu erholen. Die Kartoffelfäule wurde von Generation zu Generation weitergetragen.

Hilfsprogramme für die hungernde Landbevölkerung waren oft an nicht katholische Kirchen gebunden und wurden grundsätzlich mit Misstrauen betrachtet. Teilweise begründet: Manch findiger Kirchenmann versuchte, über den Suppenlöffel zu missionieren. Und mancher nur auf Profit bedachte Landbesitzer schaffte es, höherwertige Lebensmittel zu exportieren, während seine eigenen Landarbeiter unterhalb des Existenzminimums vegetierten. Relativ schnell setzte ein **Massensterben** ein – Hunderttausende, eventuell sogar mehr als eine Million Menschen, fielen dem Hunger zum Opfer, direkt oder über Mangelkrankheiten.

um 1880	Ende des 19. Jhs.	
Agrarunruhen, die sich zum „Landkrieg" ausweiten.	Gemäßigte Politiker wie Redmond streben eine Selbstverwaltung für Irland an („Home Rule"), während radikalere Elemente wie Griffiths die Trennung von London	(„Sinn Fein") fordern. Den meist protestantischen Loyalisten ist beides suspekt.

Für die Überlebenden blieb oft nur ein letzter Ausweg: **Emigration**. Die massive Auswanderung der Iren, vor allem in die USA, setzte ein. Und außer der Kleidung, die sie am Leib trugen, exportierten diese Iren vor allem eins in die „Diaspora" (heute ein fester Begriff in Irland, S. 316) – den Hass auf die Engländer. Ein Hass, der 1858 zur Gründung von zwei miteinander in Kontakt stehenden **revolutionären Vereinigungen** führte. In Irland bildete sich die Irish Republican Brotherhood (IRB), in den USA die Fenian Brotherhood. Das waren nicht nur Debattierclubs, schon 1867 kam es zu bewaffneten Aktionen in Cork und Dublin.

Nahezu gleichzeitig kam es in Irland selbst wieder zu **Reformen**. Erstes Opfer war die Church of Ireland. Obwohl nur eine Minderheit dieser Glaubensrichtung angehörte, war die anglikanische Kirche Staatskirche. Im Jahre 1869 verlor der Klerus diesen Status. Ein Jahr später setzte der britische Politiker **William Gladstone** ein Gesetz durch, das Pächtern weitgehende Rechte zusprach.

Dies bedeutete allerdings keinen absoluten Schutz – als um 1880 eine neue Hungersnot drohte, kam es zu Unruhen. Die Landbesitzer reagierten nach wie vor mit Kündigungen von Pachtverträgen und scheuten auch nicht davor zurück, den Pächtern ihre Häuser über dem Kopf abzureißen. Dies war der Beginn des sogenannten **Landkriegs**, in dem die Iren mit zivilem Ungehorsam und terroristischen Akten reagierten. Gladstone versuchte weiterhin, die Situation durch neue Gesetzgebung und sogar das Versprechen von „Home Rule" zu beruhigen. Das britische Parlament allerdings wollte seiner Idee von einem selbstregierten Irland noch nicht folgen.

Nationalisten kontra Unionisten

Irische Politiker wie **Charles Steward Parnell** oder **John Redmond** wollten die irische Selbstbestimmung auf parlamentarischem Weg erreichen, in Westminster, mit rein politischen Druckmitteln. Und auch nicht unbedingt einen totalen Bruch mit Großbritannien einschließend. Parallel allerdings bildete sich in Irland eine Bewegung der desillusionierten Nationalisten. Mit dem Anspruch der völligen Selbstbestimmung als Programm- und Parteinamen: „Wir selbst", auf Irisch **Sinn Fein**. Die Radikalisierung der irischen Politik, mit der Maximalforderung einer vollkommenen Trennung von London, hatte begonnen.

Populär im Volk, im industriell geprägten und vielfach mit der Nachbarinsel verflochtenen Norden jedoch eine Horrorvorstellung. Und auch die Religion kam hier ins Spiel. Schon während des **Streiks der Hafenarbeiter in Belfast** (1907) kam es zu handgreiflichen Auseinandersetzungen zwischen katholischen und protestantischen Bevölkerungsgruppen. Der Politiker **Edward Carson** machte sich selbst zum Fürsprecher der Union und agitierte entschieden gegen jede Trennung von London. In Anlehnung an die schottische Geschichte verfasste er einen „Solemn Covenant", in dem die vor allem protestantischen und presbyterianischen Bewohner Nordirlands ihre **Treue zur englischen Krone** bekundeten und ihre Kampfbereitschaft unterstrichen. Eine Kampfbereitschaft, die keineswegs auf die politische Ebene beschränkt war.

Sowohl auf unionistischer wie auch auf nationalistischer Seite bildeten sich schnell Vereinigungen, die unter dem Vorwand des Hei-

Anfang des 20. Jhs.	1914	1916
Beginn der breiten Radikalisierung der protestantischen Mehrheit im irischen Nordosten, Carson schwört die Massen auf Konfliktkurs ein.	In Europa gibt man einen Krieg … die schon beschlossene Home Rule für Irland wird für die Dauer des Krieges auf Eis gelegt.	Der militärisch vollkommen sinnlose (und ebenso erfolglose) Osteraufstand in Dublin wird durch die Hinrichtung der Anführer zum Triumph des irischen Nationalismus.

matschutzes ihre Mitglieder paramilitärisch ausbildeten. Eben die Definition von „Heimat" war der Punkt, an dem sich die Ideale radikal unterschieden. Die **Ulster Volunteer Force** war bereit, Carsons Ideen und damit die Union mit England mit der Waffe in der Hand zu verteidigen. Und in Dublin bildeten sich die **Irish Volunteers**, deren Ziel ein einiges, freies Irland war. Eine Ironie der Geschichte: Beide Fraktionen waren bemüht, ihre Arsenale durch eingeschmuggelte Waffen aus Deutschland aufzustocken – am Vorabend des Ersten Weltkriegs war eine Destabilisierung Irlands im Kaiserreich durchaus willkommen.

Erster Weltkrieg und Osteraufstand

Der Ausbruch des Ersten Weltkriegs im Jahr 1914 stoppte dann auch die bis dahin erfolgreichste Initiative der irischen Parlamentarier, der Insel eine Selbstverwaltung zu geben. Angesichts des Konflikts auf dem Festland legte man fest, dass „Home Rule" bis auf Weiteres verschoben werden müsse. Der Krieg war aber nicht so schnell beendet.

Vor allem die Nationalisten wurden ungeduldig. Die Irish Republican Brotherhood etablierte einen geheimen Militärrat unter Führung von **Patrick Pearse** innerhalb der Irish Volunteers. Ziel: Bewaffneter Aufstand. In Deutschland bemühte sich der ehemalige britische Diplomat **Roger Casement** sogar, eine aus britischen Kriegsgefangenen ausgehobene „Irische Brigade" zu bilden. Und der radikale Gewerkschaftsführer **James Connolly** war auch der Ansicht, dass nur ein bewaffneter Sturz der britischen Verwaltung dem irischen Arbeiter die Freiheit geben würde. Die Masse der irischen Bevölkerung jedoch ließ solche Fantasien kalt: Unionisten wie auch Nationalisten meldeten sich in Massen zum britischen Militär, um gegen Deutschland zu kämpfen.

1916 schließlich kam es in Dublin zur Katastrophe. Nach einer an eine Farce erinnernden Mobilisierung wagten die irischen Nationalisten und Gewerkschafter den **bewaffneten Aufstand gegen die Briten am Ostermontag** (s. Kasten S. 154). Nach den Erfolgschancen befragt, rief James Connolly Männern fröhlich zu: „Wir werden alle sterben!" Eine Einschätzung, mit der er fast Recht behalten sollte. Die Aufständischen besetzten zwar kurzzeitig einige Teile Dublins, darunter das Hauptpostamt, doch konnten die wesentlich besser bewaffneten Briten den Aufstand binnen weniger Tage niederschlagen. Dublin lag in Trümmern, die Popularität der radikalen Nationalisten ebenso. Doch dann schafften es die Briten, ihren militärischen Sieg in eine politische Niederlage zu verwandeln: Sie füsilierten die vermeintlichen Führer des Aufstandes nach kurzem Prozess und schufen **nationalistische Märtyrer**. Die posthum als glorreiches Leitbild dienten.

Eine ganz andere Gruppe von Märtyrern wurde wenige Wochen später auf dem europäischen Kriegsschauplatz geschaffen – die Ulster Division, mehrheitlich aus Protestanten aus Nordirland gebildet, wurde an der **Somme** fast vollständig aufgerieben. Unter Unionisten bildete sich schnell eine irische Version der Dolchstoßlegende.

1918	1921	1922–23
Nationalistische irische Abgeordnete verweigern nach der britischen Parlamentswahl den Gang nach Westminster, treten 1919 in Dublin als „Irisches Parlament" zusammen.	Der Anglo-Irische Vertrag beendet den Irischen Unabhängigkeitskrieg und schafft den Freistaat Irland, aber auch Nordirland als Teil des Vereinigten Königreiches.	Im irischen Bürgerkrieg behalten Befürworter des Anglo-Irischen Vertrages die Oberhand … mit brutaleren Methoden, als sie die „Besatzer" 1916 anwendeten.

Der lange Weg zur Unabhängigkeit

Kriegsende 1918 – Gräben zwischen den Unionisten und den Nationalisten tiefer denn je. Unionisten nach wie vor nicht gewillt, den Status quo auch nur um ein Jota zu verändern. Nationalisten dagegen war London mittlerweile vollkommen egal. Und als bei der britischen Parlamentswahl die Republikaner Parlamentssitze gewannen, leistete man keinen Treueeid auf den König, trat stattdessen **in Dublin als eigenes irisches Parlament** zusammen. Irland rutschte in den Status eines „besetzten Landes".

Mit hastig zusammengestellten, schlecht vorbereiteten und an einer friedlichen Lösung des Konfliktes absolut nicht interessierten Sicherheitskräften versuchte London, die Macht auf der Nachbarinsel zu behalten. Der **Unabhängigkeitskrieg** begann, hauptsächlich als eine Art Guerillakrieg geführt. Nationalistische Freischaren teilten mit enormer Flexibilität und Mobilität gegen die „Besatzer" aus. Die britischen Truppen antworteten brutal: Gegenüber vermeintlich anti-britischen Bevölkerungsteilen wurde teilweise eine Strategie der verbrannten Erde praktiziert. Auf dem Höhepunkt des Krieges eröffneten britische Truppen im Dubliner Croke Park bei einem Fußballmatch das Feuer auf Spieler und Zuschauer. Der **erste „Blutsonntag"** war eine Kurzschlussreaktion auf eine Mordserie an britischen Agenten.

Nachdem sich die Vertreter der britischen Regierung und der irischen Nationalisten endlich wieder an den Verhandlungstisch gesetzt hatten, kam es 1921 mit dem **Anglo-Irischen Vertrag** zu einem Kompromiss. Der keine Seite richtig zufriedenstellte. Irland wurde sogar geteilt. Sechs Counties in Ulster sagten sich nach Inkrafttreten der eingeschränkten Unabhängigkeit des **„Freistaats Irland"** von selbigem los und bildeten den **eigenständigen Staat Nordirland**, in einer Union an Großbritannien gebunden. Das restliche Gebiet der Insel wurde von Dublin aus regiert. Unter britischer Aufsicht.

Während ein Teil der Iren erst einmal mit diesem realpolitischen Ergebnis zufrieden war, ging dies den radikaleren Nationalisten keineswegs weit genug. Also begann der **irische Bürgerkrieg**. Die Armee des Freistaates kämpfte für den Erhalt der erreichten Kompromisslösung, während die selbsternannte Irisch Republikanische Armee dies als Hochverrat einstufte, das Ziel einer kompletten Unabhängigkeit nicht aufgab. Unnachgiebige Härte und sture Verbohrtheit auf beiden Seiten. Die Truppen des Freistaates gingen zwar am Ende als Sieger hervor, scheiterten jedoch moralisch – man inszenierte mehr Hinrichtungen, als es die Briten jemals taten.

Die folgenden Jahre waren durch zahlreiche politische Unsicherheiten und eine ungünstige wirtschaftliche Lage des Landes geprägt. Auch zwei Nobelpreise für Literatur, 1923 an **William Butler Yeats** und 1925 an **George Bernhard Shaw**, konnten von den diversen innenpolitischen Problemen nicht ablenken. Erst als 1932 mit der Wahl von **Eamon de Valera** einer der letzten überlebenden Anführer des Osteraufstandes an die Macht kam, schien eine Periode der Stabilität zu beginnen. De Valera galt als der „starke Mann" Irlands, der eine Blut- und Bodenmystik geschickt entwickelte, um selbst die gröbsten Fehler seiner Politik als für Irlands Un-

1923	1935	1937
„Wir sind Nobelpreis" – William Butler Yeats wird für sein literarisches Werk geehrt.	Verhütungsmittel werden im Freistaat verboten – das staatlich verordnete Gottvertrauen im Ehe- oder Lotterbett ist Höhepunkt der Macht der katholischen Kirche.	Der Freistaat erklärt unilateral seine weitgehende Loslösung vom Vereinigten Königreich.

abhängigkeit unbedingt notwendig darzustellen. Wobei die Regierung eng mit der katholischen Kirche zusammenarbeitete. So eng, dass 1935 der Freistaat den Import von und Handel mit Verhütungsmitteln komplett verbot; erst ein Jahr später erfolgte das wohl weniger dringende Verbot der Irisch Republikanischen Armee als illegale Vereinigung.

1937 dann feierte de Valera, 21 Jahre nach dem Osteraufstand, seinen größten Triumph: Der Freistaat Irland ging in die Geschichte ein, als **Republik Irland** erklärte man unilateral die Unabhängigkeit von Großbritannien.

Eine Unabhängigkeit, die London zwar ein Dorn im Auge war, aber angesichts der größeren Probleme in Europa nicht absolute Priorität bekam. Als nur ein Jahr später der **Zweite Weltkrieg** ausbrach, demonstrierte Irland seine Unabhängigkeit dadurch, dass man sich für **neutral** erklärte. Hinter den Kulissen allerdings träumte die Irisch Republikanische Armee, die seit 1939 wieder Bomben in Großbritannien legte, von einem Aufflammen des Unabhängigkeitskrieges mit deutscher Hilfe. Gleichzeitig gewährte die irische Regierung den Briten einige militärische Konzessionen, die es offiziell nicht gab. Verschont vom Weltkrieg blieb Irland nicht: Vor allem auf See kam es zu Verlusten durch U-Boote und Minen, und die nordirische Hauptstadt Belfast wurde zudem als Hafen- und Industriestadt bombardiert.

Drei Jahre nach Kriegsende erklärte die Republik ihre **absolute Unabhängigkeit**, der Anspruch auf die sechs zu Nordirland gehörenden Counties wurde aber nicht fallengelassen. Während die irischen Regierungen dies realistischerweise allein durch politische und diplomatische Mittel erreichen wollten, nahm die einmal mehr totgeglaubte **Irisch Republikanische Armee** (IRA) 1954 ihre Angriffe in Armagh wieder auf. Viele Straßen und Brücken, die die Grenze überquerten, wurden zerstört – die Trennung sollte deutlicher werden.

Auf offizieller Ebene dagegen bemühte man sich um Annäherung. Das **Anglo-Irische Freihandelsabkommen** von 1966 vereinfachte den Handel zwischen Nordirland und der Republik und sorgte durch Wegfall der Einfuhrzölle für höhere Profite.

Das Problem Nordirland

1967 wurde es im Norden unruhig … die **Northern Ireland Civil Rights Association** gründete sich mit dem Ziel, gleiche Rechte für alle durchzusetzen. In der Praxis bedeutete dies, die Rechte der katholischen Bevölkerungsteile denen der protestantischen anzupassen. Keine leichte Aufgabe angesichts einer teilweise sehr verwirrenden (und meist nicht ganz direkt diskriminierenden) Gesetzgebung. Und der einsetzenden Angst der Unionisten, dass eine juristische Gleichstellung fast nahtlos in eine Eingliederung Nordirlands in die Republik führen könnte. Schon die ersten größeren Demonstrationen von Bürgerrechtlern führten zur Konfrontation mit der unionistisch dominierten und gelenkten Polizei, vor allem in Derry.

Die Situation spitzte sich 1969 noch weiter zu. Kundgebungen der Bürgerrechtsbewegung wurden von der Polizei behindert oder sogar gezielt angegriffen, unionistische Extremisten beteiligten sich an diesen Attacken oder organi-

1939–45	1948	1967
Europa hat wieder Krieg … Irland offiziell lediglich einen „Notfall". Währenddessen regnen deutsche Bomben auf Belfast.	Die Republik Irland erklärt ihre endgültige und vollkommene Unabhängigkeit und behält den Anspruch auf Nordirland in der Verfassung.	Gründung der Northern Ireland Civil Rights Association, die nach dem Vorbild der US-Bürgerrechtsbewegung Gleichberechtigung aller Bewohner fordert

Irische Freischaren

Wenn man in Irland von „Paramilitaries" spricht, dann meint man Freischaren, die ihr Irland-Konzept mit Gewalt durchsetzen wollen. Ohne jede Legitimation, außer einer meist krude selbst zurechtgezimmerten „Berufung". Der bekannteste dieser bewaffnete Haufen ist nach wie vor die nationalistische IRA.

Das Kürzel „IRA" steht für die **Irish Republican Army**, weiß jedes Kind – aber wer ist das nun genau? Erstmals wurde diese Bezeichnung für bewaffnete Nationalisten bei der grotesken Invasion Kanadas („Fenian Raids" von 1866) offiziell gebraucht. Erst im Laufe des Osteraufstandes wurde sie auch in Irland verwendet. Ein echtes, demokratisches Mandat hatte die IRA nie.

So wurde sie auch 1936 endgültig verboten, existierte jedoch im Untergrund weiter, bombte und schoss „für die Sache". 1969 führten politische und strategische Differenzen zur Spaltung; die sogenannte **Official IRA** erklärte bereits 1972 den bewaffneten Kampf für beendet, die **Provisional IRA** (PIRA, „Provos") verstärkte ihn dagegen sowohl in Irland wie auch im Ausland. Erst 1997 erklärte die PIRA einen soliden Waffenstillstand, der in den ersten Jahren des 21. Jhs. in der (angeblich) vollkommenen Entwaffnung und der Konzentration auf die politische Ebene (über Sinn Féin) endete. Man pflegt seitdem das Bild der „unbesiegten Armee".

Mit diesem Ergebnis nicht zufrieden, bildeten sich wiederum Gruppen von **„Dissidenten"**, die in Verkennung der Realität eine Fortsetzung des bewaffneten Kampfes anstrebten. Die bekanntesten Gruppen sind die Continuity IRA (CIRA) und die Real IRA (RIRA). Auch nichts Neues – schon in den 1970er-Jahren ging aus der PIRA die politisch radikalere Irish National Liberation Army (INLA) hervor.

Und auf der anderen, loyalistischen Seite? Auch hier gehört die Bildung von Freischaren seit Jahrzehnten zum Standard, werden dieselben terroristischen Aktivitäten (nur eben „für Ulster") gepflegt. Die bekanntesten Fraktionen hier sind die **Ulster Volunteer Force** (UVF, die nur den Namen der ursprünglichen Gruppierung annahm) und die **Ulster Defence Association** (UDA, auch als Ulster Freedom Fighters chargierend). Und, wie die nationalistischen Kollegen, sind auch die Loyalisten Meister im Bilden von Fraktionen … Die Red Hand Defenders und die Real Ulster Freedom Fighters etwa sind Splittergruppen, die sich trotz der Beteiligung der großen Freischaren am Friedensprozess nach wie vor an ihre Waffen und ewiggestrigen Ideale klammern.

Und noch eine Gemeinsamkeit gibt es zwischen Nationalisten und Loyalisten – da viele Freischärler nun mal nichts Ordentliches gelernt und auch Lücken im Lebenslauf hatten, erschien ihnen jede zivile Neubeschäftigung suspekt. Zumal sie ja nun auch keine Stütze mehr von den jeweiligen Organisationen bekamen. Also wechselte man fröhlich, wenn auch nicht immer erfolgreich, in das organisierte Verbrechen. Schutzgelderpressung hatte man ja schon immer betrieben, jetzt kamen eben auch noch Drogenhandel und Auftragsmorde dazu.

1969	1972	1973
Beginn ausufernder gewalttätiger Auseinandersetzungen in Nordirland, in Irland spricht man von den „Troubles".	Bloody Sunday – britische Fallschirmjäger erschießen 13 Menschen während einer Demonstration in Derry.	Die Republik Irland und das Vereinigte Königreich treten zeitgleich der Europäischen Wirtschaftsgemeinschaft bei.

sierten eigene Gegenreaktionen. Binnen weniger Wochen eskalierte die Situation. Es folgten **bürgerkriegsähnliche Zustände**. Mit Schusswaffen, Brandsätzen und Bomben verdiente sich Nordirland den Ruf der „Unruhprovinz". London griff zur Notbremse, schickte die **britische Armee nach Nordirland**, um die verfeindeten Fraktionen zu trennen und die innere Sicherheit zu stabilisieren. Der Erfolg dieser Maßnahme war kurzfristig – wurden die Soldaten von Nationalisten zunächst sogar als Beschützer begrüßt, waren sie schnell Feindbild Nummer eins. Und als Vertreter der britischen Krone legitimes Ziel für Terroraktionen der IRA.

In der Diskussion über das weitere Vorgehen in Nordirland zeigte sich auch schnell ein Riss innerhalb der republikanischen Bewegung und besonders der IRA. Die offizielle Irisch Republikanische Armee befürwortete einen mehr diplomatischen Kurs, die Provisorische Irisch Republikanische Armee dagegen schwor sich auf den Kampf mit der Waffe ein. Dies war jedoch nur der erste Akt in der fortschreitenden Zersplitterung der bewaffneten Gruppierungen in Nordirland. Eine Zersplitterung, die nicht nur auf der republikanischen Seite für wiederholte Verwirrung sorgte. Auch die unionistischen Freischaren kämpften unter diversen Namen.

1971 verschärfte sich der Konflikt erneut. Auf unionistischer Seite wurde der laute und fundamentalistische presbyterianische Prediger **Ian Paisley** zum Wortführer der Radikalen, wichtige Bürgerrechte wurden durch die Einführung von Internierung außer Kraft gesetzt und schließlich tötete die Irisch Republikanische Armee den ersten britischen Soldaten in Belfast. In dieser angespannten Situation kam es dann

Anfang 1972 zur Katastrophe: Bei einer Demonstration in Derry schossen britische Fallschirmjäger wahllos in die Menge. 13 Demonstranten starben am **„Bloody Sunday"**, umgehend brannte eine wütende Menge die britische Botschaft in Dublin nieder. Nordirland wurde unter die **direkte politische Kontrolle Londons** gestellt.

Angesichts dieser Ereignisse gerieten andere Entwicklungen nahezu in Vergessenheit. So schaffte die Irische Republik 1972 die bis dahin in ihrer Verfassung festgeschriebene „Sonderrolle" der katholischen Kirche ab. Und 1973 traten Irland und das Vereinigte Königreich gleichzeitig in die **Europäische Wirtschaftsgemeinschaft** ein. Wer sich davon allerdings eine friedliche Annäherung versprach, der hatte nicht mit den Extremisten auf beiden Seiten gerechnet. Ohne Warnung explodierten 1974 Bomben in Dublin und der Grenzstadt Monaghan, Dutzende von Zivilisten fanden den Tod. Doch dieses Verbrechen von Unionisten stand nicht allein da: Im gleichen Jahr jagte die Irisch Republikanische Armee mehrere Pubs in England in die Luft. Auch hier starben Menschen, die den Nordirlandkonflikt nur aus den Fernsehnachrichten kannten.

Die 1980er-Jahre, in beiden Teilen Irlands durch **Wirtschaftskrise** und weitverbreitete **Armut** charakterisiert, begannen auch mit einem einschneidenden Ereignis in der Geschichte des republikanischen Widerstands. Nach und nach traten 1981 mehrere Gefangene aus der IRA und der radikaleren Splittergruppe INLA (Irish National Liberation Army) in einen unbefristeten **Hungerstreik** für die Anerkennung als politische Gefangene und erweiterte Rechte. Ihnen gegenüber stand die Regierung Thatcher, die zunächst zu keinen Konzessionen bereit schien.

Mitte der 1970er-Jahre	1979	Anfang der 1980er-Jahre
Ausweitung des Nordirlandkonfliktes, vor allem Bombenattentate sowohl in der Republik Irland als auch in Großbritannien fordern zahlreiche Menschenleben.	Wir haben Papst – Johannes Paul II. besucht Irland, manche jubeln heute noch.	Irland gilt als das „Armenhaus Europas", wirtschaftlich ist die Insel am Ende, Nordirland wird durch britische Subventionen gestützt.

Ob schlechte Straßen, Wirtschaftsprobleme oder sogar das Wetter – für viele Iren scheinen die Briten an allem schuld zu sein. Egal was auf der Insel schiefgeht, über kurz oder lang kommt das Argument, dass man schließlich 800 Jahre Unterdrückung mit berücksichtigen müsse. Manche Iren haben sich so sehr in die Opferrolle hineingesteigert, dass sie voll und ganz in ihr aufgehen und sie nicht mehr ablegen können. Alles Britische ist per Definition schlecht, alle negativen Aspekte Irlands lassen sich durch „die Briten" entschuldigen.

Besucher fühlen sich oftmals an die legendäre Szene im Monty-Python-Klassiker *Das Leben des Brian* erinnert, in der die jüdischen Widerstandskämpfer die Frage diskutieren: „Was haben uns die Römer eigentlich gebracht?" Binnen kürzester Zeit finden sie Dutzende von positiven Dingen. Dennoch endet die Bestandsaufnahme mit einem abwertenden: „Aber sonst nichts!".

Das moderne Irland ist, auch wenn es Nationalisten nicht wahrhaben wollen, vollkommen von der britischen Kultur geprägt. Das beginnt bei der Sprache (kaum ein Mensch spricht im Alltag Irisch) und endet bei der Popmusik, daran ändert auch ein „keltischer" Schnörkel auf der Sackpfeife nichts. Alle irischen Literatur-Nobelpreisträger schrieben in Englisch (oder, Beckett, Französisch). Nahezu alle irischen Gesetze basieren auf dem britischen Rechtssystem. Und selbstverständlich fährt man auf der linken Seite – man stelle sich nur das Chaos an der Grenze zu Nordirland vor, wenn es anders wäre. Dennoch besteht die Tendenz, das britische Erbe unter den Teppich zu kehren.

Für Besucher, die die grüne Brille des irischen Nationalismus für einige Zeit ablegen können, ist die selektive Wahrnehmung von Vergangenheit gelegentlich verwirrend – dass der Zweite Weltkrieg in der irischen Geschichte anscheinend gar nicht stattgefunden hat, ist eigentlich nur ein Problem der Linguistik, man nennt ihn einfach „Emergency". Und wenn man anlässlich des Jubiläums 2016 aller Opfer des Osteraufstandes gedachte, auch der britischen Soldaten … dann echauffieren sich sofort selbstberufene Wächter der Nation, denn dem Erzfeind darf man auch posthum keine Handbreit nachgeben.

LAND UND LEUTE

Bobby Sands, lange Zeit „kommandierender Offizier" der Irisch Republikanischen Armee im Gefängnis, wurde während seines Hungerstreiks zum Parlamentsmitglied in London gewählt und starb als erster Beteiligter. Weitere neun Insassen ließen ihr Leben, bevor der Hungerstreik ergebnislos abgebrochen wurde. Zumindest wurde Nordirland weltweit zum Thema. Und man schuf, einmal mehr, Märtyrer „für die Sache".

Friedensprozess mit Hindernissen

Die größten Probleme Irlands, Nord wie Süd, betrafen weiterhin Wirtschaft und innere Sicherheit. Ihre Lösung konnte nur in internationaler Kooperation erfolgen – innerhalb der EU und im direkten Kontakt zwischen der Repub-

1981	1990	1998
Hungerstreik von Inhaftierten aus Reihen der IRA und INLA, zehn Männer gehen nacheinander in den kollektiven Suizid.	Mary Robinson wird Präsidentin Irlands – die Verfassung sieht den Platz der Frau weiterhin im Heim am Herd.	Karfreitagsabkommen – der weitreichende Kompromiss zwischen den wichtigsten Konfliktparteien signalisiert das Ende des Nordirland-konflikts.

lik und Großbritannien. Dabei kam es den Politikern teilweise entgegen, dass sich die ohnehin weitgehend mandatslosen Freischaren sowohl der Republikaner wie auch der Unionisten immer mehr ins gesellschaftliche Abseits bombten und schossen. Die von der Irisch Republikanischen Armee am Volkstrauertag in Enniskillen gezündete Bombe von 1987 war nur einer der Meilensteine dabei – die Masse der Bevölkerung stand einfach nicht mehr hinter solchen mörderischen Aktionen. Und die meist vergeblichen Versuche der Terroristen, ihre Taten zu rationalisieren, die Sicherheitskräfte als die eigentlich Schuldigen hinzustellen, endeten immer wieder in einem Verlust der Glaubwürdigkeit. Letzten Endes wurden die Bewaffneten an den Verhandlungstisch gezwungen, um nicht vollkommen aus dem politischen Prozess ausgeschlossen zu werden.

Verhandlungen führten mehrmals zum Waffenstillstand und 1998 schließlich zum **Karfreitagsabkommen**. Grundstein zu einer Beendigung des bewaffneten Kampfes, Wegweiser zu einer rein politischen Kompromisslösung. Die vor allem auf einer festgeschriebenen Teilung der Macht zwischen den einzelnen Interessengruppen in Nordirland basiert. Bis diese nordirische Version von Demokratie allerdings funktionierte … eigentlich tut sie es heute noch nicht so recht, wenn man ehrlich ist.

Und einige Ewiggestrige versuchen sogar, dringend notwendige Prozesse wieder rückgängig zu machen. Vielleicht das furchtbarste Beispiel war die Autobombe von Omagh, die 1998 von einer republikanischen Splittergruppe gezündet wurde und mehr als 30 Menschen in den Tod riss. Nach und nach erklärten jedoch sowohl republikanische wie auch unionistische Freischaren den bewaffneten Kampf für beendet, begannen mit der Entwaffnung ihrer Mitglieder. Lediglich einige Splittergruppen hängen noch immer alten Wahnvorstellungen von gewalttätiger Durchsetzung politischer Ziele an. Andere Splittergruppen sehen den eigenen Geldbeutel als näherliegendes Ziel – die organisierte Kriminalität wurde zur lukrativen Zweitkarriere vieler Ex-Aktivisten, Umschulung nicht groß notwendig.

„Celtic Tiger" und Kollaps

Während Nordirland sich in einen langwierigen Rehabilitationsprozess einließ und durch massive Geldmittel aus London langsam wieder lebensfähig wurde, waren die Veränderungen in der Republik während der letzten Jahre des 20. Jhs. immens. Eine kleine Revolution passierte: Eine Volksbefragung im Jahre 1996 legalisierte die **Ehescheidung**, ja sogar eine neue Eheschließung danach.

Zur Jahrtausendwende galt Irland als Insel am Rande von Friede, Freude und Eierkuchen. Die politische Annäherung zwischen Unionisten und Republikanern stand noch auf wackeligen Beinen, schien aber unaufhaltsam. Und wirtschaftlich ging es zumindest der Republik so gut wie nie zuvor: Mit Hilfe von EU-Geldern und durch Anwerbung von **multinationalen Firmen** mit niedrigen Steuersätzen erfolgte ein Sprung in die wirtschaftliche Zukunft, der sogar die asiatischen Tigerstaaten zu überflügeln schien. Der Begriff des **„Celtic Tiger"** wurde geprägt. Die Löhne stiegen, die Preise auch – aber man

Ende der 1990er-Jahre	2008	2010
„Celtic Tiger" und kein Ende … Irland wird zum bevorzugten Ansiedlungsort multinationaler Konzerne, die oft nur eine legale Steuerverminderung anstreben.	Doch Ende … nach Jahren dilettantischer Wirtschaftspolitik und gesellschaftlicher Hybris bricht das Kartenhaus der irischen Wirtschaft vollkommen zusammen.	Irland nutzt den EU-Rettungsschirm, um sich nach einem Rekorddefizit im letzten Moment vor dem Staatsbankrott zu retten. Und meckert seitdem.

konnte es sich leisten. Auch wenn Teile des irischen Wohlstandes durch „Niederlassungen" internationaler Firmen begründet wurden, die sich kaum von Briefkastenfirmen unterschieden und als eine Art ökonomischer Durchlauferhitzer eine fantastische Geldvermehrung ermöglichen. Und auch wenn viele der neuen Arbeitsplätze nur mit **Immigranten** besetzt werden konnten.

Ein kurzes Schwächeln der neuen irischen Ökonomie um 2001 wurde kollektiv ignoriert. Weder Privatleute noch der irische Staat legten Reserven an, um eventuelle schlechtere Zeiten überbrücken zu können. Im Gegenteil: Nach dem Motto „Was wir haben, können wir auch ausgeben!", wurde das Geld mit vollen Händen verteilt. Die (zumindest auf dem Papier) neureichen **Iren wurden Spekulanten** – das Apartment in Spanien, Rumänien oder Dubai wurde zum anzustrebenden Standard. Ein Spiel, das die **Banken** mit Blick auf den Profit mitspielten. **Kredite** wurden gern und häufig gegeben, sodass eine hoffnungslose Überschuldung kaum zu vermeiden war, wenn man den Kopf verlor.

Ein Beispiel war gegen Ende dieser Hochphase ein Pilot der irischen Luftwaffe – bei einem Jahresgehalt von 65 000 € schaffte es er, mithilfe seiner kreditgebenden Banken Schulden in Höhe von 8 Mio. € anzusammeln. Der Gedanke, dass die Spirale von steigenden Immobilienwerten und ständigem Kauf und Verkauf irgendwann enden würde, schien weder Kreditgeber noch Kreditnehmer zu kommen. Wobei die irischen Kreditgeber nicht einmal selbst genug Mittel hatten … und sich so fröhlich von anderen Banken, gerne in Deutschland, Geld liehen.

2008 kam es dann zum großen **Crash** – die fiktiven Werte der irischen Immobilien zeigten sich auf den Markt real nicht mehr erreichbar, als vollkommen überzogen. Das Karussell von Kauf und Verkauf stoppte plötzlich, die Bauwirtschaft brach binnen Wochen zusammen, die Banken konnten ihre eigenen Schulden nicht mehr zahlen, die auf niedrigen Steuern bei hohem Umsatz basierenden irischen Staatsfinanzen zeigten eine Nulllinie. Ohne großen Kampf, aber unter letztem, zuversichtlichem Röhren schläferte sich der keltische Tiger in kurzer Zeit selbst ein. Steigende Arbeitslosenzahlen und Steuern sowie gleichzeitig sinkende Inlandsumsätze führten zu einer nie erwarteten **Wirtschaftskrise**.

2010 verschärfte sich die Situation. Irland meldete ein Rekorddefizit, als erstes Land der EU wurde für die Republik Irland der EU-Rettungsschirm aufgespannt. EU und IWF sagten eine gigantische Finanzhilfe zu. Der Regierung in Dublin reichte es für einen Nothaushalt, gerade noch. Die gewohnten Steuergeschenke für den Wähler suchte man vergebens … im Gegenteil.

Bei Wahlen im Februar 2011 kam es zu einem Erdrutschsieg der Opposition, das Wirtschaftswunder blieb jedoch aus, das kollektive Gemüt ist mit der Gesamtsituation irgendwie unzufrieden. Zum Inbegriff der Wirtschaftskrise wurde **NAMA** – die National Assets Management Agency, Konkursverwalterin für die so manche Landschaft verschandelnden Pleiteprojekte der Bauwirtschaft, unverkäuflich dank kühl kalkulierter minderwertiger Arbeit. Pfusch am Bau war Innungsmotto auf der Suche nach dem schnellen Profit.

2015	2016	2017
Irland führt die „Homo-Ehe" per Volksentscheid ein.	Das Vereinigte Königreich stimmt für den Brexit, Nordirland eigentlich dagegen.	Mit Leo Varadkar wird ein Schwuler mit Migrationshintergrund Irlands jüngster Taoiseach.

Brexit – und was nun?

2019 sah den Brexit kommen, wieder herausgeschoben, die britische Premierministerin aufs Abstellgleis gestellt, und Tohuwabohu an allen Orten, von Brüssel nach Belfast via Ballygobackwards. Eines ist sicher, eine Zukunft mit der EU sehen die Briten nicht. Aber wird das für den Irland-Besucher nun etwas Einschneidendes bedeuten? Wohl nicht wirklich, außer einer eventuellen Passkontrolle im Grenzland. Und bei Anreise mit dem eigenen Fahrzeug via GB keinen nahezu unbeschränkten Zigaretten- und Alkoholimport mehr. Mit den zwei Währungen und zwei Jurisdiktionen auf der Insel ist man als Tourist ja auch die letzten hundert Jahre klargekommen. Also, keine Panik …

Ein Land im Umbruch

Wer nun allerdings meint, Irland sei tot, traure der Vergangenheit hinterher, der täuscht sich. Ein Beispiel ist der Niedergang der katholischen Kirche – diese hatte sich durch Affären selbst ins Abseits geschossen. Bischöfe mit geheimem Nachwuchs, pädophile Priester mit Grabbeltendenzen, Nonnen mit Magdalenenheimen, in denen „gefallene Mädchen" als Sklaven gehalten wurden. Extreme Beispiele, aber die Dominanz der Schulen durch die Rohrstock schwingenden „Christlichen Brüder" oder suspekte Schwestern hatte jeder Ire, jede Irin mitbekommen. Aber als „irgendwie normal" angesehen.

So wundert es dann nicht, dass die meisten Warnrufe der Kirche eher belustigt aufgenommen wurden, als es um gesellschaftliche Fragen, um gleiche Rechte ging. Im Mai 2015 nahm Irland, gegen alle Tradition, eine weltweite Vorreiterrolle an. In einem Referendum wurde die Ehe zwischen Homosexuellen jener zwischen Heterosexuellen gleichgestellt. Das vermeintlich erzkatholische Irland wurde somit zum ersten Land der Welt, in dem ein Bürgerentscheid dieses Thema entschied.

Als 2017 der Fine-Gael-Politiker Leo Varadkar den Chefsessel in der Regierung übernahm, spielte sein persönlicher Hintergrund im Land kaum noch eine Rolle. Ja, er ist Sohn eines indischen Immigranten, jung, und zudem offen schwul lebend, und? Vielleicht nicht „das ist gut so", aber „spielt keine Rolle" war zumindest Mehrheitsmeinung. Und unter seiner Regierung legalisierte eine Volksabstimmung 2018 sogar die Abtreibung.

Doch ganz mit Traditionen hat Irland ja nun auch nicht gebrochen … in Nordirland kollabierte die Koalitionsregierung, musste Mitte 2017 neu gewählt werden. Auf eine neue Regierung konnte man sich nicht so schnell einigen. Schließlich war der Schutz aller Sprachen in Nordirland, wie seit Langem Realität, Sinn Fein nicht genug – man benötigte einen speziellen Sonderstatus für Irisch. Das zwar kaum jemand spricht, aber wenn es der Verkomplizierung der Sache dient …

2019 endete immer noch ohne Regierung, damit verlor Belgien den Rekord.

2018	2019	2020
Nach einer Volksabstimmung wird die Abtreibung in Irland legalisiert, trotz Papst-Blitzbesuch.	Die Mieten sind höher als in den Boomjahren, Obdachlosigkeit wird ein Massenproblem.	Das Jahr des Brexit …

Regierung und Politik

Die politischen Strukturen der Republik Irland und Nordirlands können für Kontinentaleuropäer sehr verwirrend sein. Hier also der Versuch einer kurzen Übersicht.

Das politische System der Republik Irland

Irland ist eine **parlamentarische Demokratie**, an deren Spitze der Premierminister steht – auf Irisch *Taoiseach*, ein seit den 1930er-Jahren vorgeschriebener Begriff, der sich mit „Häuptling" oder auch (heute weniger populär) „Führer" übersetzen lässt. Ihm zur Seite steht der *Tanaiste*, der Stellvertreter oder auch „Thronfolger". Diese archaischen Begriffe bekommen einen etwas merkwürdigen Beigeschmack, wenn man feststellt, dass in Irland Parlamentssitze tatsächlich dynastisch besetzt zu sein scheinen. Die Nachfolge des Sohnes eines Abgeordneten als Kandidat, prompt auch als Abgeordneter, scheint schon fast der Normalfall zu sein.

Abgeordnete treten im **Dáil Éireann**, dem „Rat Irlands", zusammen. Dieses Parlament hat gemessen an der Bevölkerungszahl eine recht große Anzahl von Abgeordneten, die nach einem komplizierten **Wahlsystem** mit transferierbaren Stimmen in ihren Wahlkreisen gewählt werden. Begünstigt werden Kandidaten, die in ihrem Wahlkreis bekannt wie der sprichwörtliche bunte Hund sind. Gerade auf dem Lande ist es ein untrügliches Zeichen für eine bevorstehende Wahl, wenn Ortspolitiker auf jeder Beerdigung auftauchen, um möglichst viele Hände zu schütteln. Die Wichtigkeit der Person des Kandidaten, nicht seiner Partei, macht es für kleinere Parteien und unabhängige Kandidaten leichter, einen Parlamentssitz zu ergattern.

Die **wichtigsten Parteien** in der Republik Irland sind, in der Reihenfolge ihrer Mandate, Fine Gael, Fianna Fail, Sinn Fein und Labour. Fianna Fail und Fine Gael sind beide liberal-konservative Parteien, Sinn Fein vertritt in einem gewagten Spagatakt gleichzeitig sozialistische, nationalistische, internationalistische und konservative Standpunkte, Labour ist eher leicht

Das Custom House ist nur eines der Regierungsgebäude in Dublin.

© ISTOCK.COM/NIEVESM

Vorsicht bei den Billionen

Wer in Irland Wirtschaftsnachrichten liest, der kann schnell schwindelerregende Summen sehen. Da wird mit Billionen nur so um sich geworfen, dass man sich fragt, wo das ganze Geld herkommen soll. Besucher vom Kontinent müssen einfach umdenken und kurzerhand drei Nullen streichen. Reden Briten und Iren von einer *billion*, so meinen sie unsere Milliarde.

Wirtschaft

BIP: 385 Mrd. $ (Republik Irland), etwa 40 Mrd. $ (Nordirland, Schätzung)

Wachstum: 7,8 % in der Republik Irland

Inflation: 0,6 % in der Republik Irland

Agrarsektor: 1,6 % in der Republik Irland

Industrie: 28 % in der Republik Irland

Dienstleistungen: 71 % in der Republik Irland

rechts von den sozialdemokratischen Parteien Mitteleuropas angesiedelt.

Neben dem Dáil Éireann gibt es noch den **Seanad Éireann**, den Senat Irlands. Dies ist eine nach dem Vorbild des britischen Oberhauses geschaffene zusätzliche Kammer, die jedoch nur eine Beraterfunktion hat. Die Mitglieder des Senats werden nicht direkt vom Volk gewählt, z. T. sogar vom Taoiseach direkt ernannt. Insgesamt gilt der Senat als teurer Debattierclub, in dem altgediente Parteimitglieder ihr Gnadenbrot erhalten oder Unterstützer der Regierung belohnt werden.

Ebenfalls nur eine repräsentative Funktion hat der irische **Präsident**, der aber direkt vom Volk gewählt wird.

Das politische System Nordirlands

Eine ganz eigene Art von Demokratie herrscht in Nordirland. Die dort stärksten **Parteien**, Sinn Fein und die Democratic Unionist Party (DUP), repräsentieren die (einigermaßen gemäßigten) Extreme der Gesellschaft. Dennoch zwingt das ausgeklügelte Regierungssystem in Nordirland die beiden Parteien dazu, **gemeinsam eine Regierung** zu bilden und noch dazu alle weiteren Parteien an ihr zu beteiligen. Um die Dominanz einer Bevölkerungsgruppe zu verhindern, kann selbst eine die absolute Mehrheit erreichende Partei niemals allein regieren. Dies führt zu schwerfälligen Prozessen in der täglichen Arbeit der Regierung. Oder zu gar keiner Arbeit, wenn man sich mal wieder zerstritten hat.

Eines der größten Probleme bei der Teilung Irlands war die Tatsache, dass zahlreiche Industriebetriebe in Nordirland verblieben und die Republik Irland nach eigenem Willen hauptsächlich von der Agrarwirtschaft leben sollte. Und diese war auch noch stark von Exporten nach Großbritannien abhängig. Diese Situation hat sich in den letzten Jahrzehnten radikal geändert, nicht zuletzt durch die EU-Mitgliedschaft Irlands und die äußerst kreative Werbung um ausländisches Kapital. Gleichzeitig änderte sich die industrielle Landschaft in Nordirland durch den starken Niedergang traditionell starker Betriebe (Werften, Flugzeugbau und sogar Leinenherstellung).

Lange Zeit waren **Bauwirtschaft** und **Immobilienhandel** der größte Boom-Faktor im Wirtschaftsleben – Irland strotzte nur so von Neubauten. Investitionen, vor allem im Immobiliensektor, wurden hoch gelobt. 75 % der Iren leben im Eigenheim, das es je nach Lebensphase, zu vergrößern oder (seltener) zu verkleinern gilt, sodass Makler ein geregeltes Einkommen haben. Das Zauberwort heißt „Property Ladder", der erste Hauskauf soll nur ein Einstieg, die erste Sprosse sein. Und nach einigen Jahren muss der Kauf eines größeren Objektes fast zwangsweise erfolgen. Nach dem großen **Immobilien-Crash** von 2008/2009 stellte sich jedoch heraus, dass der gesamte Immobilienmarkt eine reine Luftblase war. In der Republik fanden sich fast 40 000 leerstehende und nicht verkaufbare Wohneinheiten vor allem im „Pendlerbereich" – bei gleichzeitigem Mangel an bezahlbarem Wohnraum in den Städten.

Der Anteil der einst wichtigen **Landwirtschaft** ist mittlerweile unter 2 % des Bruttoinlandsproduktes (BIP) abgesunken. Dabei nimmt die **Viehhaltung**, die über 80 % der landwirtschaftlichen Nutzfläche beansprucht, den größten Raum ein. Vor allem in der **Milchwirtschaft** werden noch kleine Überschüsse erzielt. Der **Ackerbau** beschränkt sich hauptsächlich auf Kartoffeln, Rüben und (für Brauereien wichtig) Gerste.

Mehr als zwei Drittel des BIP werden durch den **Dienstleistungssektor** erwirtschaftet, hieran haben die zahlreichen Niederlassungen multinationaler Konzerne und Banken einen erheblichen Anteil. So wird gerne von Politikerseite betont, dass Irland einer der größten Exporteure von Software weltweit sei. Dies ist statistisch gesehen richtig, faktisch aber irreführend – die Software wird meist nicht in Irland entwickelt, sondern hier lediglich auf Datenträger gebrannt und dann wegen der niedrigen **Unternehmenssteuersätze** weltweit versandt.

Irlands **Industrie** konzentriert sich vor allem auf die leichtere Metallverarbeitung und Aluminiumverhüttung, die Lebensmittelverarbeitung sowie die Softwareentwicklung. Bei Navan im County Meath findet sich die größte Zinkmine Europas – und immerhin die neuntgrößte weltweit. Wichtig wurde in den letzten Jahren auch die chemische und pharmazeutische Industrie. Der erfolgreichste Exportartikel von Irland nach Österreich etwa war jahrelang ... Viagra.

Exportkunden finden sich vor allem in der EU (ohne UK), danach in den USA und im UK. **Importe** dagegen kommen in erster Linie aus dem UK, dann aus der EU und erst an dritter Stelle aus den USA.

Irlands **Energiebedarf** wird durch importiertes Erdöl, Erdgas und Kohle abgedeckt, als einziger einheimischer Brennstoff steht (noch) Torf zur Verfügung, der auch industriell genutzt wird.

Religion

Christliche Kirchen

Die weitaus größte Zahl der Bewohner der Republik Irland bekennt sich zum **katholischen Glauben**. Statistisch gesehen sind etwa 82,3 % der irischen Bevölkerung Katholiken. Eine katholische Kirche ist an jedem Ort zu finden. In der Republik Irland wurde die katholische Kirche de facto zur Staatsreligion ernannt, als sich führende Politiker und ganze Regierungen wiederholt der „Väterlichen Führung" des Papstes unterstellten. Der Einfluss Roms ist nach wie vor stark zu spüren, auch wenn Benedikt XVI. schon weitaus weniger populär war als Johannes Paul II., und man bei Franziskus definitiv skeptisch ist. Der südamerikanische Pontifex ist den Iren einfach zu reformatorisch. Konservative Strömungen und obskure Graswurzel-Kulte haben regen Zulauf.

Viele religiöse Traditionen wurden vollkommen verinnerlicht und auch nicht durch die jüngst aufgedeckten Kirchenskandale beeinflusst. Also nicht wundern, wenn ein junger Ire, mit der linken Hand das Handy ans Ohr haltend, an einem Friedhof vorbeiradelt und sich spontan und unbewusst mit der rechten Hand bekreuzigt. Ein gewisses Gottvertrauen ist auf den irischen Straßen ohnehin angebracht!

Die **Church of Ireland** ist die Vertreterin der anglikanischen Kirche in Irland. Bis ins 19. Jh. als Staatskirche vorgeschrieben, verlor sie nach Abschaffung dieser Sonderstellung schnell an Einfluss. Da es in dem Land keine Kirchensteuer gibt, müssen die Gemeinden auch finanziell von ihren Mitgliedern getragen werden. Das bedeutet, dass viele Kirchen verkauft und Gemeinden zusammengelegt werden mussten. Übrigens ist die Church of Ireland laut Selbstdarstellung eine katholische Kirche, die lediglich den Papst nicht anerkennt.

Eher in Nordirland aktiv ist die **Presbyterianische Kirche**, hauptsächlich von den Nachkommen der schottischen Einwanderer getragen. Von ihr spaltete sich die Freie Presbyterianische Kirche des Ian Paisley ab. Im Gegensatz zu den vorgenannten Kirchen haben die Presbyterianer keine Bischöfe – sie hatten sich als fundamentalistische und fast basisdemokratische Strömung von solchen Strukturen losgesagt.

Christliche Splittergruppen sind in Irland unterschiedlich stark vertreten. So findet man methodistische Kirchen vor allem in Nordirland. Auch der Einfluss von Baptisten, Pfingstgemeinden, Zeugen Jehovas und Mormonen schwankt je nach Region.

Wachsenden Zulauf haben Immigranten-Kirchen, etwa afrikanische Gruppen, orthodoxe Kirchen und (katholische) polnische Gemeinden.

Weitere Religionsgemeinschaften

LAND UND LEUTE

Bedingt durch die starke Immigration aus den verschiedensten Ländern konnten sich in Irland in den letzten Jahren auch zahlreiche nichtchristliche Religionen etablieren. Die ersten **hinduistischen Tempel** wurden wahrscheinlich von den Hare Krishna errichtet, zugleich findet man in Irland **buddhistische Zentren**.

Das wohl dynamischste Wachstum kann der **Islam** aufweisen, sowohl sunnitische als auch schiitische Gemeinden sind in Irland in zahlreichen Moscheen oder Versammlungsräumen aktiv. Bislang zeigt sich die irische Bevölkerung dem Islam gegenüber weitgehend tolerant, zumal radikale Islamisten zumindest im Inland nicht allzu aktiv in Erscheinung getreten sind.

Ein Schattendasein führt dagegen die **jüdische Gemeinde**. Obwohl man noch mehrere Synagogen und auch eine Schule betreibt, scheint die Zahl der Juden in Irland ständig abzunehmen.

Scientology arbeitet in Dublin an einem großen Organisationshauptquartier – im Alltag treten die Thetanenfreunde kaum auf.

Von Irland-Romantikern oft hoffnungslos überbewertet werden die verschiedenen Gruppierungen der **Neuheiden**. Zwar gibt es zahlreiche (meist selbsternannte) Druiden, Priester und Hexen, von einer breiten religiösen Strömung kann jedoch nicht die Rede sein.

Kunst und Kultur

Architektur

Sie zählen zu den bedeutendsten Sehenswürdigkeiten Irlands: die verstreut liegenden prähistorischen Gräber, Dolmen, Kloster- und Burgruinen. Irlands Architekturgeschichte beginnt genau genommen in grauer Vorzeit – mit der Anlage verschiedener Grabhügel, die heute noch existieren. Newgrange (S. 217) ist nur eine, aber die wohl bekannteste der **prähistorischen Grabanlagen**. Über deren Konstruktion gibt es die unterschiedlichsten Theorien, die einfachste Erklärung scheint allerdings die zutreffendste zu sein: Demzufolge wurden zuerst die Steine aufgestellt, die die Wände der inneren Kammern bilden, danach wurden die Decksteine über schräge Rampen daraufbefördert. Anschließend markierte man den geplanten Grabhügel mit einer Umfriedung aus größeren Steinen. Von diesen aus wurde dann die gesamte Anlage mit Schotter und Erde bedeckt, sodass sich ein an der Spitze abgerundeter Konus ergab. Die Steine der Umfriedung verhinderten dabei ein Abrutschen der Bedeckung.

Als viele Jahrhunderte später die Hügelgräber als Steinbrüche dienten, entfernte man die Umfriedung. Resultat: Die gesamte Anlage wurde instabil, es kam zu Erdrutschen und zum Verfall. Im Extremfall blieb von einem Hügelgrab nur die aus großen Steinen errichtete zentrale Kammer stehen, dies ist der Ursprung der heute frei stehenden Dolmen. In einigen dieser Anlagen lassen sich astronomische oder geomantische Ausrichtungen feststellen, diese könnten Zufall sein. Sehr wahrscheinlich ist es jedoch, dass hier ein genauer Plan befolgt wurde. Dessen Sinn und Zweck allerdings ist uns nicht bekannt, jede Spekulation darüber driftet sehr schnell in den Bereich der Esoterik und des New Age ab.

Doch die Hügelgräber sind nicht die einzigen Zeugen aus der Vorzeit, die heute noch Rätsel aufgeben und dadurch faszinieren. Erhalten sind daneben wahrscheinlich zeremoniell genutzte Anlagen wie Tara oder Emain Macha (Navan Fort, S. 544). Einige von ihnen wurden bis in **frühchristliche Zeit**, teilweise noch über das 5. Jh. hinaus genutzt.

Nicht genau datieren lassen sich viele der Befestigungsanlagen, die auf Siedlungen hindeuten. Im ganzen Land verteilen sich Tausende von Ringforts, Überreste von kreisförmigen Wallanlagen, die wie ein Kral als Wohn- und Zufluchtsorte dienten. Eine besondere Variante davon waren die sogenannten Crannogs, künstliche Inseln in kurzer Entfernung zu einem See-ufer. Eine Übersicht zu all diesen Anlagen mit sehr genauen Rekonstruktionen finden Besucher im Irish National Heritage Park bei Wexford (S. 311). In manchen Gegenden haben sich auch massive Festungen aus Stein erhalten, deren Konstruktion von so hoher Qualität war, dass sie heute noch fast unverändert in der Landschaft stehen. Bekannte Beispiele sind der Grianán Ailigh in Donegal (s. Kasten S.507) und das an eine Klippe gebaute Dún Aengus auf den Aran Islands (S. 452).

Eine ganz andere Bautätigkeit entwickelten die Mönche, die sich in Irland an vielen abgelegenen Orten niederließen. Ihr eventuell von ägyptischen Vorbildern beeinflusstes Konzept des Klosterlebens betonte den Rückzug vom Weltlichen, Komfort war nicht das Ziel. In frei tragender Bauweise wurden aus Bruchsteinen Gebetshäuser wie das Gallarus Oratory (S. 401) und, als Unterkunft, die winzigen Bienenkorb-hütten wie etwa auf Skellig Michael (S. 388) errichtet. Erst später strebte man nach Höherem, aufwendige Klosteranlagen wie Glendalough (S. 289) und Clonmacnoise (S. 249) entstanden.

Im **Mittelalter** entwickelte sich dann Irlands ganz eigener Beitrag zur Sakralarchitektur, der **Rundturm** von etwa 30 m Höhe, vielleicht das typischste aller irischen Gebäude (s. Kasten S. 188). Dicht gefolgt vom Turmhaus, dem weitverbreiteten Festungsbauwerk des ausgehenden Mittelalters und der Renaissance. Schöne Beispiele der Baukunst aus dieser Periode sind auch die (meist heftig renovierten) mittelalterlichen Kathedralen und die Stadtbefestigung von Derry (S. 512).

Im 18. Jh. erlebte der **italienische Palaststil** ("Palladian") eine Blüte, nach südlichen Vorbildern adaptierte Gebäude wie Castletown House (s. Kasten S. 278), das irische Parlament (heute die Bank of Ireland, S. 139), Leinster House (S. 142) oder Russborough House (S. 299) entstanden. Die zweite Hälfte des 18. Jhs. brachte jedoch den etwas strengeren, klassischeren **georgianischen Baustil** ("Georgian"), für den vor allem Dublin berühmt ist. Zu den georgianischen Gebäuden gehören auch die berühmten "Doors of Dublin" (S. 146). Die aus Ziegelsteinen erbauten Häuser besitzen geschwungene Ein-

gänge mit Oberlichtern, oft sind sie in knallbunten Farben bemalt. Heute noch am besten zu erkennen etwa am Ely Place und Fitzwilliam Square, rings um den Merrion Square und in der Harcourt Street. Das viktorianische Zeitalter brachte dann die verschiedenen Formen der **Neogotik** nach Irland. Ein sehr schönes Beispiel dafür ist die St. Fin Barre's Cathedral in Cork (S. 345).

Im **20. Jh.** entstand ein Stilgemisch. Während man an vielen Orten streng konservativ baute, wurde 1928 in Cork eine Kirche im Stil des Art déco (Turner's Cross) errichtet. Ähnlich gewagt war Busáras, Dublins Busbahnhof (S. 134), der 1953 mit immensen Kosten errichtet wurde und seinerzeit als Meisterwerk des Architekten Michael Scott galt. Die letzten 20 Jahre standen im Zeichen der neuen, nach oben strebenden Architektur – zu sehen in den Dubliner Docklands oder am „Spire" (S. 128). Eines der gewagtesten Projekte, der (gleich zweimal entworfene) U2-Tower, liegt jedoch nach wie vor auf Eis. Der 130 m hohe Turm aus Glas und Metall, ein Mix aus Apartments und Büros/Geschäften, sollte u. a. ein Aufnahmestudio für U2 enthalten, das an ein auf dem Dach gelandetes Ufo erinnert. Zusammen mit dem ebenso hohen „Watchtower" auf der anderen Seite der Liffey waren eine Art „Twin-Towers"-Skyline und ein symbolisches Tor nach Irland geplant. Mit Ausbruch der Wirtschaftskrise 2008 wurden beide Projekte auf unbestimmte Zeit verschoben.

Architektonische Attraktionen kamen dennoch dazu, etwa das viel beachtete neue Bord Gáis Energy Theatre (S. 148) an den Grand Canal Docks, entworfen von Daniel Libeskind. Die schräge Glasröhre des Convention Centre in den Docklands hat dagegen weitaus weniger Aufmerksamkeit erheischt, ebenso das aus einer Bauruine der bankrotten Anglo Irish Bank entstandene Verwaltungsgebäude der Central Bank of Ireland nur etwas die Liffey hinab.

Literatur

Irland galt bereits im Mittelalter als das Land der Heiligen und der Gelehrten. Später hieß es, die Insel brächte vor allem Politiker,

Priester und Poeten hervor. Betrachtet man die hohe Zahl der Nobelpreise für Literatur und ähnliche Ehrungen, die an irische Schriftsteller gingen, dann scheint dies immer noch seine Berechtigung zu haben – wenngleich der wahrscheinlich kreativste Schriftsteller Irlands, **James Joyce** (1882–1941, *Ulysses*), nicht mit einem Nobelpreis geehrt wurde und der so geehrte **Samuel Beckett** (1906–89, *Warten auf Godot*) seine Werke auf Französisch schrieb. Und kein irischer Nobelpreisträger verwendete die irische Sprache konsequent.

Dabei hat Irland mit den ersten auf Irisch niedergeschriebenen Sagen und Legenden umfangreiche Epen und kürzere Dichtungen, vermutlich aus mündlichen Überlieferungen, vorzuweisen. Berühmt ist vor allem der Ulster-Zyklus mit dem epischen *Táin Bó Cúailnge* (S. 196). Wobei sich schon früh ein auch heute noch typischer Zug der irischen Literatur zeigte – ein Hang zur Übertreibung, zum Grotesken und zur beißenden Satire.

Die moderne irische Literatur begann mit **Jonathan Swift** (1667–1745, *Gullivers Reisen*) und **Oliver Goldsmith** (1728–74, *The Vicar of Wakefield*). Zu den bekanntesten Autoren des 19. Jhs. gehörten **Maria Edgeworth**, **John Banim**, **Gerald Griffin**, **Charles Kickham**, **William Carleton**, **George Moore**, aber auch Dracula-Erfinder **Bram Stoker** (1847–1912) und natürlich **Oscar Wilde** (1856–1900). James Joyce zerrte die oft provinziell geprägte irische Literatur definitiv in die Reihen der Avantgarde der Weltliteratur, setzte einen Meilenstein der Literaturgeschichte, machte den „Stream of Consciousness" bekannt, wenn auch nicht unbedingt für die Massen populär (einige Literaturwissenschaftler behaupten, man könne Joyce am besten in angetrunkenem Zustand verstehen).

Daneben hat Irland eine ganze Reihe bedeutender Lyriker hervorgebracht, auch hier wurden zwei mit dem Nobelpreis geehrt. **William Butler Yeats** (1865–1939) und **Seamus Heaney** (1939–2013), wohl die im Ausland bekanntesten Dichter, gelten als die Vorzeige-Poeten der

Zerrissen – der Oscar Wilde am Merrion Square lächelt melancholisch.

© SHUTTERSTOCK.COM/ARNDALE

Grünen Insel. Wobei die Werke von Heaney wesentlich leichter zugänglich sind. Ein in Irland sehr beliebter Dichter ist nach wie vor **Patrick Kavanagh** (1904–67), dessen Werke oftmals sehr volkstümlich wirken und z. T. sogar zu populären Liedern *(Raglan Road)* wurden. Populär, aber auch extrem sentimental, sind zudem die Liedtexte des **William Percy French** (1854–1920).

Die Bestseller irischer Autoren heute sind allerdings meist in die zwei Kategorien „Chick Lit" („Literatur für Hühner", Zielgruppe sind junge Frauen) und „Mis Lit" („Miseren-Literatur", möglichst emotionale Beschreibungen von Not und Elend) einzuordnen – unter ersteres Genre fallen etwa die Bücher der Politikertochter **Cecilia Ahern**, zur letzteren Gruppe dagegen zählen all die Lebenserinnerungen, die Leser fast zum Selbstmord ob so viel Leid in der Welt treiben. Während **Frank McCourt** mit *Die Asche meiner Mutter* ein noch recht humorvolles Bild seiner zweifelsohne harten Kindheit in Limerick zeichnete, geht den meisten Schriftstellern dieses Genres jede Art von Humor ab. Lachen? Keller!

Im deutschsprachigen Raum etwas weniger bekannt sind die eher auf junge Leser zielenden Fantasyromane des **C. S. Lewis** (1898–1963), die mit *Narnia* eine ganz eigene Welt entwickeln, dabei aber einen eindeutig christlichen Unterton aufweisen.

Literaturtipps auf Deutsch finden sich im Anhang, S. 608.

Malerei und Bildende Kunst

Die ersten Werke der bildenden Kunst Irlands sind wahrscheinlich die Steinschnitzereien an Monumenten wie Newgrange, über deren Bedeutung die Gelehrten heute noch rätseln. Ihre Muster wurden jedenfalls später von der als „keltisch" bezeichneten Kunst adaptiert, in die auch kontinentale Elemente mit einflossen. Diese wiederum ging direkt in die fantastische Buchmalerei des Mittelalters (*Book of Kells*, S. 141) und die Steinmetzarbeiten vor allem an den Hochkreuzen über. Bei beiden wurden realistische Darstellungen mit fantasievoller Ornamentik kombiniert, die einen heute sofort erkennbaren „irischen" (oder auch „keltischen") Stil begründeten. Das Mittelalter brachte jedoch auch Invasionen und Kriege mit sich, sodass die bildende Kunst fast zum Erliegen kam.

Erst im 17. Jh. machten irische Künstler wieder von sich reden, allerdings nach Lehrjahren in der Fremde. Walter Frederick Osborne etwa studierte und arbeitete in Frankreich, William Orpen in England. Das Celtic Revival des ausgehenden 19. Jhs. führte dann aber wieder zur Entwicklung einer eigenen irischen Kunstströmung, die sich auf die Zeit des Mittelalters zurückbesann und oftmals vor allem eine nationalistische Agenda verfolgte. Sir John Lavery, John Butler Yeats, William Orpen und Jack Yeats entwickelten, jeder auf seine Weise, eine neue irische Kunst. Weit über Irland hinaus bekannt wurde Francis Bacon.

Für einen Überblick über die irische Kunst empfiehlt sich ein Besuch in den drei großen Galerien von Dublin – der National Gallery (S. 147), der Hugh Lane Gallery (S. 124) und des Irish Museum of Modern Art (S. 153).

Musik

Traditionelle Musik in Irland ist eigentlich spontane Musik – gespielt von Amateurmusikern abends im Pub, im Rahmen einer sogenannten **Session**. Hier spielt man dann Musik, die sich aus alten, traditionellen Melodien und spontanen Improvisationen zusammensetzt, nicht stur vom Notenblatt. Klassische Instrumente dabei sind die Fiedel, die einfache Blechflöte (Tin Whistle), das Akkordeon, Gitarre und Rhythmusinstrumente wie Löffel oder Bhodhran. Sessions finden landauf, landab jeden Abend irgendwo statt. Oft nicht groß beworben, aber den örtlichen Musikfreunden wohlbekannt. Zuhörer sind stets willkommen. Den größten Fauxpas als Tourist kann man sich jedoch leisten, wenn man bei solchen Sessions mit der gerade im Andenkenladen erworbenen irischen Flöte hoffnungslos falsche Töne einbringt oder laut und ausdauernd irische Schlagermusik zu hören verlangt. Meist verbietet die irische Freundlichkeit einen direkten Rausschmiss, man kann jedoch leicht das

© DUMONT BILDARCHIV/OLAF MEINHARDT

Traditionelle Musik: Fiedel und Akkordeon gehören immer dazu.

Gespött der örtlichen Bevölkerung auf sich ziehen.

Irische **Schlagermusik** ist jene Musik, die auf dem Kontinent und in Nordamerika oftmals als **Irish Folk** gehandelt wird und die in Irland an allen Ecken und Enden zu hören ist – Musik, wie sie die „Dubliners" oder eine der zahlreichen Nachahmer-Gruppen spielten. Deren Melodien man zumindest mitsummen kann, deren Texte gerne lautstark mitgebrüllt werden, und deren „Tradition" sich oft nur auf wenige Jahre erstreckt.

Die Grenzen zwischen traditioneller Musik, Irish Folk und dem Schlager sind dabei fließend. Längst sind einige eigens komponierte und relativ moderne Lieder so populär geworden, dass sie zumindest in den Bereich der volkstümlichen Musik fallen. Sie sind nicht traditionell, haben aber mittlerweile ihre eigene Tradition. Dazu gehören die von Seán O'Riada adaptierten oder sogar extra komponierten Stücke, Lieder von Phil Coulter oder auch aus dem Ausland stammende Songs wie z.B. *Green Fields of France* oder *Dirty Old Town*. Manchmal werden sogar Songs der Pogues oder auch die von Bill Whelan eigens komponierten Melodien zum Tanzspektakel Riverdance als Irish Folk gehandelt.

Eine ganz spezielle Kategorie dabei nehmen die **Rebel Songs** ein, Hymnen für ein freies Irland und immer gegen England, in denen Helden und Märtyrer heraufbeschworen werden, heute nicht unbedingt mehr zeitgemäß, aber immer noch gerne gehört. Zu den bekanntesten Vertretern dieses Musikstils gehört die republikanische Kampfkapelle „Wolfe Tones". Übrigens gibt es diese Musik auch in Orange, die beim Oranierorden populären Lieder erklären Geschichte andersrum.

Extrem populär ist auch **Irish and Country**, ein Mix aus nordamerikanischen Rhythmen und irisch angehauchten Texten, der in den letzten Jahren gerade unter der jüngeren Landbevölkerung eine echte Renaissance erfährt. Künstler wie Nathan Carter oder Michael English, Cliona Hagan oder Lisa McHugh füllen die Säle – mit einer Mischung aus unschuldigem Sexappeal und eingängigen Melodien.

Weniger am Hut mit dieser Musik haben die zahlreichen jüngeren Touristen, die nach Dublin kommen und dort auf den Spuren von Bono wandeln möchten. **U2** gilt nach wie vor als die irische Rockgruppe schlechthin, auch wenn die Popularität der neueren Veröffentlichungen längst nicht mehr an alte Glanzzeiten heranreicht. Mittlerweile hat Irland allerdings so viele neue Musikgruppen und Solokünstler zu bieten, dass U2 eigentlich die zweite Geige spielen könnten. Dennoch gehören sie mit mehr als 175 Mio. verkauften Tonträgern an die einsame Spitze der kommerziellen irischen Charts, gefolgt von **Enya** (New Age), **Van Morrison** (Soul, Rock und Pop), den **Cranberries** (Rock) und den **Corrs** (Pop).

An dieser Stelle darf man den wohl erfolgreichsten Künstler Irlands nicht vergessen – **Daniel O'Donnell**. Der extrem weichgespülte Schlagersänger aus dem Nordwesten verkauft in Irland selbst mehr CDs als jeder andere Künstler, seine Konzerte sind regelmäßig ausverkauft.

Im Bereich des Classic Rock sind vor allem zwei Namen erwähnenswert: Der legendäre Gitarrist **Rory Gallagher** spielte zwar einen satten Blues, irische Elemente waren darin jedoch nicht unbedingt auszumachen. Ganz anders bei **Thin Lizzy** mit dem Frontmann **Phil Lynott**, sie nahmen z. T. irische Melodienfolgen und auch textliche Anspielungen auf die irischen Mythologie, Teile von irischer Poetik und mit *Whiskey in the Jar* sogar direkt irische Volksmusik in ihr Repertoire auf. Noch weiter gingen **Horslips**, die sogar mit *The Táin* ein komplett auf der frühen irischen Epik basierendes Konzeptalbum vorlegten, gleichzeitig aber mit *The Men Who Built America* ein modernes irisches Selbstbewusstsein fördern wollten.

1 Dublin

**Dublin ist keine Stadt für eine Nacht – ihre echten, über das Party- und Nepp-
viertel Temple Bar hinausgehenden Reize erschließen sich nicht auf den ersten
Blick. Erst wer tiefer eintaucht, kann beeindruckende Architektur entdecken,
die nicht voll touristisch ausgeschlachtete „Szene" finden, einige der besten
Museen der Insel besuchen. Und sich auch Natur pur gönnen, denn vor den
Toren der Stadt bieten sich zahlreiche Möglichkeiten für entspannte Ausflüge.**

Stefan Loose Traveltipps

EPIC Die interaktive Ausstellung zum Thema „Auswanderung" beleuchtet alle Aspekte des Themas multimedial. S. 135

Moore Street Ein traditioneller Straßenmarkt und in der Moore Street Mall multikulturelle Vielfalt. S. 137

Trinity College Das altehrwürdige Gemäuer hütet mit dem Book of Kells einen ganz besonderen Schatz. S. 140

Georgian Dublin Was hat es mit den typischen Stadthäusern auf sich und wer hat sie gebaut? S. 146

National Gallery Neben Meisterwerken der Kunstgeschichte ist auch George Bernhard Shaws private Gemäldesammlung ausgestellt. S. 147

Chester Beatty Library Die Sammlung umfasst einige der ältesten Bibelfragmente und prachtvolle Beispiele orientalischer Buchkunst. S. 148

Howth Robben tummeln sich im Hafen des alten Fischerorts, der ein beliebtes Ausflugsziel der Dubliner ist. S. 172

DUBLIN: UNDER THE CLOCK AT CLERY'S © BERND BIEGE

DUBLIN: GUINNESS-BRAUEREI © DUMONT BILDARCHIV / OLAF MEINHARDT

Moore Street
EPIC
Trinity College
National Gallery
Chester Beatty Library

Wann fahren? Ganzjährig Saison, günstige Preise Okt–März, bestes Wetter Juli–Sep

Wie lange? Mindestens zwei Tage

Bekannt für den georgianischen Stadtkern, Museen, Pubs, Bier und Whiskey

Beste Feste Temple Bar Trad Fest (Jahresbeginn), Saint Patrick's Festival (März), Endspiele im Hurling und Gaelic Football (Sep)

Unbedingt ausprobieren Frisch gezapftes Guinness in traditionellem Pub, Fahrt im Doppeldecker

Schöne Tagesausflüge Nach Dún Laoghaire oder Howth

Belfast
Dublin

↖ Monaghan   ↖ Dundalk

Legende:
1 Ardgillan Demesne
2 Windmühlen von Skerries
3 Malahide Castle
4 St. Doulagh's Church
5 Dunsink Observatory
6 St. Mary's Church
7 National Botanical Gardens
8 Marino Casino
9 Summit
10 Mount Prospect Cemetery
11 Mountjoy Prison
12 Zoo
13 Blessington Basin
14 Arbour Hill Cemetery
15 Croppy Acre, National Museums (Collins Barracks)
16 Memorial Gardens
17 Kilmainham Gaol
18 South Wall
19 Guinness-Brauerei
20 Grand Canal Docks
21 Irish Museum of Modern Art
22 Mount Jerome Cemetery
23 Harold's Cross
24 Sandycove
25 Pearse-Museum

Balbriggan

Balrothery

Skerries

Loughshinny

Curragha

Navan,
Cavan

Ballyboghill

Lusk

Rush

LAMBAY
ISLAND

Ashbourne

Ratoath

Donaghmore

Portraine

Donabate

MEATH

Swords

Malahide

Pace
(P&R)

DUBLIN
AIRPORT

Kinsaley

Portmarnock

IRELAND'S
EYE

Dunboyne

Clonee

Santry

Baldoyle

Howth

Howth
Head

Clonsilla

Blanchards-
town

Finglas

Coolock

HOWTH
PENINSULA

KILDARE

Leixlip

Phibsboro

Glasnevin

St. Anne's
Park

Besucherzentrum

Drumleck
Point

Galway

Lucan

Tolka

Clontarf

NORTH
BULL
ISLAND

Palmerstown

Dublin

Drimnagh

Dublin

Clondalkin

Milltown

Bay

Newcastle

Greenhills

Dundrum

Monkstown

Dún Laoghaire

Rathcoole

Tallaght

Stillorgan

Dalkey

DALKEY
ISLAND

Saggart

Ballyboden

Sandyfort

Killiney

Sorrento
Point

Limerick

Stepaside

Killiney
Bay

Brittas

Kiltiernan

KILDARE

Bray

Kilbride

Glencullen

WICKLOW

Enniskerry

Wicklow,
Enniscorthy

Irlands Hauptstadt ist viel mehr als nur das Eingangstor zur Grünen Insel, oft geschmäht von Durchreisenden mit der Binsenweisheit „Dublin ist ja nicht Irland!" Stimmt. Aber als Finanz- und Regierungszentrum, als kultureller Nabel, als größte Metropolregion der Insel geht an Dublin kein Weg vorbei, ist Dublin ein so essenzieller, ja die Existenz sichernder Teil Irlands … wie Herz und Hirn es bei den Besuchern sein sollte. Und noch mehr: Dublin selbst, pur, ohne den Rest Irlands, ist durchaus schon ein lohnendes Reiseziel. Es gibt (mit Ausnahme von Belfast vielleicht) keine lebendigere, multikulturellere Stadt auf der Insel, die so viel Vergnügen und Bildung bietet – und zudem viel Grün und Natur, nicht nur in den Außenbezirken. Sogar Bergtouren, Klippenwanderungen oder Strandspaziergänge sind rund um Dublin möglich. Verlockende Ziele sind zudem das Fischerdorf Howth, das teilweise mediterran wirkende Dún Laoghaire, die immense Nekropolis von Glasnevin oder der Phoenix Park mit seinen großen Freiflächen, auf denen Rehe frei umhertollen.

Dublin (554 554 Einw. in der Stadt selber, 1 176 179 im County – und damit etwa ein Viertel der Gesamtbevölkerung) ist auf der einen Seite eine lebendige, facettenreiche, multikulturelle **Metropole** – laut, frech, voller Widersprüche und von ganz besonderem Charme. Und andererseits ist es doch im Grunde nichts anderes als ein zu groß gewordenes Dorf. Oder besser charakterisiert: eine zentrale Kleinstadt, mit zahlreichen umliegenden Dörfern, die sich mittlerweile zusammengerauft haben. Ohne ihren jeweils eigenen Charakter ganz zu verlieren. Die meisten Dubliner kommen nicht einfach aus Dublin, sie kommen nach wie vor aus Donnybrook oder Irishtown, aus Ballsbridge oder Cabra. Im Vergleich zu vielen anderen europäischen Hauptstädten ist Dublin auch wesentlich kompakter, der zentrale Innenstadtbereich, in dem sich die meisten Sehenswürdigkeiten befinden, ist in weniger als zwei Stunden zu Fuß erforscht. Mehr Bonn als Berlin, sozusagen.

Es gibt also gar keinen Grund, so wie einige Irland-Puristen einen ideologischen Bogen um die Hauptstadt zu machen. Sie gar mit einem pikierten „Igittigitt!" in den Orkus des Vergessens zu befördern, nur als ungeliebte, aber oft

unumgängliche, Durchreisestation zum „wahren Irland" zu sehen. Klar unterscheidet sich die Hauptstadt vom Rest des Landes, doch wer die Grüne Insel in ihrer Gesamtheit erfahren möchte, der kann Dublin ebenso wenig ausklammern, wie er Nordirland oder die Tourismus-Schwerpunkte im Südwesten ignorieren sollte. Irland „kennen", ohne Dublin zu erleben, das ist nicht denkbar.

Geschichtssplitter

Die Geschichte der Stadt ist noch recht jung – relativ gesehen, denn besiedelt ist die Gegend schon seit der Vorzeit, und Ptolomäus erwähnte um 140 die „Eblana Civitas". So richtig Schwung in die Sache kam aber erst im Mittelalter, im 9. Jh. gründeten nämlich ausgerechnet die Wikinger südlich der Liffey eine Siedlung, übernahmen den irischen Ortsnamen „Dubh Linn" (wörtlich „dunkler Teich"). Nach der anglo-normannischen Invasion behielten die neuen Herrscher das Machtzentrum bei. Was die alternativ auch „Baile Átha Cliath" (wörtlich „Stadt an der Furt der Hürden", was eigentlich die irische Siedlung nördlich der Liffey war) genannte Stadt auch bis 1800 blieb – dann jedoch löste sich das irische Parlament auf, die eigentlichen Machthaber saßen in London, und Dublin sackte im Rekordtempo zur unwichtigen Provinzhauptstadt ab. Glücksfall, denn die georgianische Pracht verdankt die Stadt vor al-

DUBLIN

lem der Tatsache, dass hier niemand investieren, und folglich abreißen, wollte.

Das alles änderte sich aber wieder radikal im Rahmen der irischen Unabhängigkeitsbestrebungen; seit 1919 fungiert Dublin erneut als Hauptzentrum und Machtzentrum Irlands. Ganz Irlands? Nein – mit der politischen Teilung der Insel 1922 wurden Dublin Hauptstadt der Republik und Belfast Hauptstadt Nordirlands.

Am Parnell Square

Wer Dublins Innenstadt erkunden möchte, kann verschiedenen Wegen folgen, die sich, so kompakt ist alles beieinander, zwangsläufig überschneiden werden. Hier soll der Weg am Rand der nördlichen Innenstadt, am Parnell Square, beginnen.

Hugh Lane Gallery

Die Hugh Lane oder Dublin City Gallery, Charlemont House, Parnell Square North, ℡ 01-2225550, 🖥 www.hughlane.ie, eine städtische Galerie moderner Kunst mit dem Schwerpunkt auf dem französischen Impressionismus, zeigt einen Teil der Sammlung des Millionärs und Namensgebers Hugh Lane, die zu den interessantesten des frühen 20. Jhs. zählt. Der Rest ist in der Regel in London zu sehen. Diese ungewöhnliche Teilung hat ihren Ursprung in einem Testamentsstreit. Dabei blieb die Kollektion, zu der Werke von Rodin, Degas, Monet und Manet zählen, seit dem Tod des ursprünglichen Eigen-

tümers nicht statisch, die spektakulärste Neuerwerbung war vor einigen Jahren das komplette Studio des Malers Francis Bacon. Dieses wurde ohne Kompromisse in seinen ursprünglichen Zustand zurückversetzt, sodass es den Anschein hat, als sei der Maler gerade einmal für fünf Minuten außer Haus, um noch etwas Farbe zu kaufen. ⏰ Di–Do 9.45–18, Fr 9.45–17, Sa 10–17, So 11–17 Uhr, Eintritt frei.

Dublin Writers Museum

Das Dublin Writers Museum, 19 Parnell Square North, ℡ 01-8722077, 🖥 www.writersmuseum. com, widmet sich den zahlreichen Schriftstellern der irischen Hauptstadt. Die Ausstellung in einem sehr schön restaurierten Stadtpalais aus dem 17. Jh. konzentriert sich auf die Dichter der letzten 300 Jahre. Anhand von Gemälden, Manuskripten, Briefen und seltenen Erstausgaben wird über die verschiedenen Literaten informiert, persönliche Gegenstände ergänzen die Sammlung. Per Audioguide kann man manchen Texten lauschen – auch auf Deutsch, was allerdings bei literarischen Texten wirklich ein Sakrileg darstellt. ⏰ Mo–Sa 9.45–16.45, So und feiertags 11–16.30 Uhr, Eintritt 7,50 €.

James Joyce Centre

Nicht weit vom Dublin Writers Museum befindet sich das James Joyce Centre, 35 North Great George's St., ℡ 01-8788547, 🖥 https://.james joyce.ie, in einem georgianischen Gebäude aus dem Jahr 1784, das in *Ulysses* erwähnt wurde. Und zwar als Tanzschule des Professor Dennis J. Maginni. Faszinierend ist die Ausstellung von Biografien verschiedener Figuren aus Joyces Werk. Vorbild vieler seiner Romanfiguren waren Einwohner der Stadt Dublin. Mit der Ausstellung im James Joyce Centre kommt man dem teilweise extrem komplizierten Werk näher. Was in Dublin überhaupt erst seit Ende der 1960er-Jahre möglich ist, bis dahin war *Ulysses* als Pornografie verboten. ⏰ Mo–Sa 10–17, So 12–17 Uhr (Okt–März Mo geschl.), Eintritt 5 €.

Garden of Remembrance

Der „Garten der Erinnerung" am Parnell Square ist eine kleine Oase der Ruhe. Er soll das Andenken an alle jene Menschen aufrechterhalten, die ihr Leben für die irische Freiheit gelassen haben. Den Höhepunkt der Anlage bildet eine monumentale Figurengruppe, die die Kinder des Lir darstellt. ⏰ tagsüber, Eintritt frei.

Zwischen dem Eingang zur Parkanlage und dem Gate Theatre findet man einen kleinen Gedenkstein, den man im Vorbeigehen fast übersieht. Das graue Monument auf dem grünen Rasen zeigt eine gesprengte Kette und eine irische Inschrift, die an die Gründung der Irish Volunteers an dieser Stelle 1913 erinnert.

Parnell Monument

Das Parnell Monument, das zwischen O'Connell Street und Parnell Square auf einer Verkehrsinsel thront, war die letzte vom Bildhauer Augustus Saint-Gaudens geschaffene Statue. Sie zeigt den Politiker in wegweisender Pose vor einem Obelisken mit den alphabetisch angeordneten Namen der irischen Counties. Neben 30 bekannten Namen findet man auch Queen's County und King's County, die im 19. Jh. noch gültigen Namen der Counties Offaly (S. 248) und Laois (S. 259).

Dublin Love/Hate

„Love/Hate" war der Titel einer überaus erfolgreichen Fernsehserie über die Dubliner Unterwelt (S. 180), diese Hassliebe kann aber auch das Verhältnis vieler Dubliner zu ihrer Stadt bezeichnen. Oder den Eindruck, den Dublin auf den Besucher macht. Am besten macht man sich selbst ein Bild, wobei, je nach Gewichtung einzelner Punkte, Hass oder Liebe überwiegen kann.

Auf der negativen Seite? Meistens kann man den Dreck zuerst nennen, der die Straßen bedeckt, auf der Liffey gen Meer dümpelt, sogar Notdurft in Hauseingängen und Seitengassen – manche Ecke Dublins stinkt zum Himmel. Letzteres ist kein Wunder, wenn man alle öffentlichen Toiletten schließt. Und vielen Menschen einfach das Bewusstsein fehlt, dass man Restmüll nicht über die Schulter wirft. Oder, was auch vorkommt, unliebsamen Mitmenschen an den Hals. Denn sehr friedlich geht es in Dublin nicht immer zu, Platzhirschgehabe macht manche Begegnung mit Einheimischen zum Abenteuer. Viel gefährlicher sind allerdings die Menschenmassen, die sich vor allem am Wochenende zu Einkauf oder Partyspaß durch die Innenstadt wälzen, ohne Rücksicht auf Verluste oder Querverkehr.

Und dann die Austauschbarkeit – die Einkaufsstraßen werden von Markennamen und internationalen Ketten dominiert, man kann kaum feststellen, ob man noch in Dublin oder schon in Düsseldorf ist. Wenn da nicht die Musik wäre, die aus zahlreichen Lautsprechern blechern hervorquillt und das „Irlandfeeling" bringen soll. Spätestens nach der achtzehnten Portion „Wild Rover" wird der friedlichste Irlandfreund wild!

Auf der anderen Seite … Dublin hat durchaus seine Reize! Man nehme nur die große Zahl an kostenlosen Museen und Galerien (s. Budget-Tipp S. 131), Kultur bis zum Abwinken für lau. Und zwischendurch lockt die Pause im Park, mit einem Kaffee zum Mitnehmen wird Dublin (zumindest bei gutem Wetter) sofort ruhiger und angenehmer.

Und multikulturell. So hat zwar die irische Hauptstadt kein „Chinatown" oder ähnliche deutlich ethnisch geprägte Viertel zu bieten, es ist eher ein bunter, überraschender und Spaß machender Mix. Der Chinese entblockt das Handy neben der die Haare verlängernden Afrikanerin, beide gehen dann auf einen Happen zum Inder gegenüber, dessen Buffet selbstverständlich auch irische Standards wie Pommes Frites und Hähnchennuggets beinhaltet.

Überhaupt sind die Dubliner ein redseliger, freundlicher Volksstamm, zumindest an der Oberfläche. Aber was will man mehr? Gewiss, der eine oder andere Ausreißer gibt den Fremdenfeind und pöbelt gegen „die Neger", „Europa" oder „Enschela Mörkl" (die Bundeskanzlerin ist eine beliebte Hassfigur, der man gerne alle Schuld an der finanziellen Misere seit dem Crash von 2008 in die Schuhe schiebt). Sagen wir es einmal so … Dublin ist keine schlechte Stadt, zum Leben, zum Arbeiten, zum Besuchen. Und wer sich nicht unbedingt am Wochenende in Temple Bar allzu sehr verlustigt oder bei Nacht in dunkle Seitengassen abdriftet, der hat von Dublin auch nichts zu befürchten.

Writers' Museum
Mater Hospital
James Joyce Centre
Granby Row
Hugh Lane Dublin City Gallery
Garden of Remembrance
King's Inns
Henrietta Lane
Convent
Henrietta St.
Dominican Church
Rotunda Hospital
Parnell
St. Thomas's Church
Gate Theatre
Parnell Statue
Upper O'Connell
Dominick
St. Mary's Procathedral
Tyrone House
Ilac Shopping Centre
James Joyce Statue
Spire
O'Connell GPO
Marlborough
General Post Office
Henry St.
SMITHFIELD
St. Michan's Church
National Leprechaun Museum
Jervis Centre
St. Mary's Church
St. Mary's Abbey
Abbey Theatre
Daniel O'Connell Statue
Jim Larkin Statue
Dublin Corp. Fruit and Vegetable Market
Jervis
Arbour Hill Cemetery, Croppy Acre, National Museum (Collins Barracks), Phoenix Park
Four Courts
Ormond Quay Lower
Ha'penny Bridge
Aston Quay
Westmoreland
Millennium Bridge
National Wax Museum
Inns Quay
Ormond Quay Upper
River Liffey
Grattan Bridge
Wellington Quay
Fleet St.
Merchants Quay
O'Donovan Rossa Bridge
Wood Quay
Essex Quay
Temple Bar
Trinity College
Heuston Station, Irish Museum of Modern Art, Kilmainham Gaol, Memorial Gardens
Adam and Eve's Church
Essex St. West
Olympia Theatre
Irish Film Institute
Central Bank
Bank of Ireland
Trinity College Chapel
Christ Church Cathedral
Dame St.
Irish Whiskey Museum
Old Library
St. Audoen's Church
Dublinia
Lord Edward St.
Dublin City Hall
Andrews Lane
Douglas Hyde Gallery
Taylor's Hall
Dublin Castle
Exchequer St.
Wick Low
Iveagh Market
St. Werburgh's Church
Dubh Linn Garden
Castle Market
Convent Hall
Dawson
Tivoli Theatre
Chester Beatty Library
Bewley's Café Theatre
St. Ann's Church
Phil Lynott Statue
Gaiety Theatre
Mansion House
St. Patrick's Park
Whitefriars Church
St. Stephen's Green
Little Museum of Dublin
St. Patrick's Cathedral
Stephen's Green Shopping Centre
Fusileer's Arch
Marsh's Library
Royal College of Surgeons
National Archives
Unitarian Church
Wolfe Tone Statue
University Church
Museum of Literature
St. Stephen's Green
Iveagh Gardens

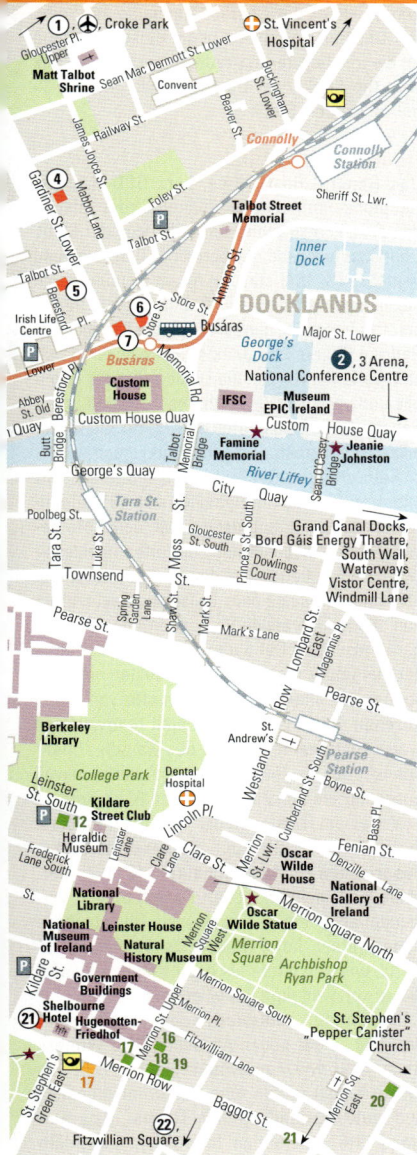

■ ÜBERNACHTUNG

1. The Croke Park Hotel
2. Maldron Hotel Parnell Square
3. Clifden Guesthouse
4. Abrahams
5. Celtic Lodge Guesthouse
6. Beresford Hotel
7. Paddy's Palace
8. Generator Hostel
9. Maldron Hotel Smithfield
10. Abbey Court Hostel
11. Arlington Hotel O'Connell Bridge
12. Abigail's Hostel
13. Temple Bar Hotel
14. Oliver St. John Gogarty's Hostel
15. The Clarence
16. Barnacles Temple Bar House
17. River House Hotel
18. Avalon House
19. Harcourt Hotel
20. Pembroke Townhouse
21. Schoolhouse Hotel
22. The Shelbourne Hotel

■ SONSTIGES

1. Blanchardstown Shopping Centre
2. Chapters
3. Arnott's
4. Old Jameson Distillery
5. Dublin Discovered
6. Guinness Storehouse
7. Liffey Valley
8. CentreButton Factory
9. Vaults Live
10. George
11. International Bar
12. George Street Arcade
13. Powerscourt Town House
14. Brown-Thomas
15. Hodges-Figgis
16. Grogan's Castle Lounge
17. O'Donoghue's Pub
18. Teeling Distillery
19. Whelan's
20. National Concert Hall
21. Dundrum Town Centre

■ ESSEN

1. Chapter One Restaurant
2. Moore Street Mall
3. Govinda's
4. The Church
5. Jimmy Chung's
6. Hansung
7. Gallagher's Boxty House
8. The Porterhouse
9. Yamamori
10. Silk Road Café
11. Market Bar
12. The Pig's Ear
13. Govinda's
14. Café en Seine
15. One Pico Restaurant
16. Cellar Restaurant (Merrion Hotel)
17. Bang Café
18. Patrick Guilbaud
19. Pearl Brasserie
20. L'Ecrivain
21. La Peniche

■ TRANSPORT

1. Taxistand
2. Fährhafen
3. Barge MV Cadhla

DUBLIN

O'Connell Street

Dublins Prachtstraße hieß unter britischer Herrschaft noch Sackville Street, als solche trug sie auch die Hauptlast der Kämpfe von 1916. Fast alle heute noch zu sehenden Gebäude mussten nach dem Osteraufstand renoviert oder komplett neu aufgebaut werden. Dennoch hat die Straße insgesamt einen sehr altertümlichen Charme, der nur durch einige moderne Gebäude empfindlich in Mitleidenschaft gezogen wird. Je nachdem, an welcher Stelle der Straße man sich gerade befindet, hat man unterschiedliche Eindrücke. Dabei lohnt sich der Blick die Häuserfassaden hinauf, von viktorianischen Uhren bis zu einem (leider nicht mehr funktionierenden) Windmesser findet man allerlei interessante Details. In der Mitte der Straße zwischen den Fahrspuren verläuft ein Fußweg mit zahlreichen Statuen.

Beachtenswert ist vor allem die Darstellung des Gewerkschaftsführers **Jim Larkin**, dessen bekanntester Ausspruch auf dem Sockel zu finden ist: „Die Großen erscheinen nur groß, weil wir auf den Knien sind – lasst uns aufstehen!" Einige Spötter behaupten allerdings auch, dass Larkin die Arme schlicht wegen der Verschwendung öffentlicher Gelder verzweifelt in die Luft wirft. Denn nur etwas weiter nördlich, direkt hinter seinem Rücken und unmittelbar neben dem Hauptpostamt, befindet sich Dublins modernstes Wahrzeichen – der sogenannte Spire.

Spire

Von Dublinern wird er auch gerne als Ghetto-Stilett oder Drogen-Nadel bezeichnet. Das mit 123 m angeblich größte freistehende Monument der Welt wurde aus rostfreiem und selbst reinigendem Stahl konstruiert. Es mag für Dublin und Irland irgendwie typisch sein, dass die Stahlnadel, die aus Anlass der Jahrtausendwende errichtet wurde, de facto erst weit nach dem Jahr 2000 fertig wurde, dass sie doch Rost ansetzt, dass die aufwendige Reinigung riesige Geldsummen verschlingt.

Joyce-Denkmal

Dem Dichter **James Joyce** wurde an der Ecke zur Earl Street ein lebensgroßes Denkmal errichtet. Amüsiert scheint der Literat das Treiben auf der Straße durch seine runde Brille zu betrachten, den Hut fesch schräg auf dem Kopf, den Gehstock wie Charlie Chaplin an der Seite. Der Dubliner Volksmund nennt diese Hommage an die irische Literaturtradition auch „The Prick with the Stick", auf Deutsch etwa „der Nervbolzen mit dem Stock".

General Post Office

Das General Post Office, kurz GPO (Dublins Hauptpostamt), in der O'Connell Street zählt zu den geschichtsträchtigsten Gebäuden der Stadt. Denn just hier fand der berühmte **Osteraufstand** von 1916 (S. 154) statt. In ihrem Bemühen, ein möglichst repräsentatives Gebäude in der Innenstadt zu besetzen, marschierten die Rebellen um Pádraig Pearse und James Connolly zum Postamt, verlasen vor ihm die Deklaration der Republik und verschanzten sich anschließend in der Schalterhalle. Eine patriotische Geste, die weder militärischen noch politischen Sinn machte.

Kein anderes Gebäude wird heute so sehr mit der vergeblichen Rebellion von 1916 identifiziert wie das Hauptpostamt. Mit dem 1916 besetzten und anschließend zerstörten neoklassizistischen Gebäude hat die heutige Hauptpost allerdings wenig gemein. Es ist eine Rekonstruktion, die jedoch einige Verbesserungen und sogar ganze neue Gebäudeteile aufweist. Neben der viel fotografierten **Fassade** sollten sich Besucher vor allem die **Schalterhalle** von innen ansehen. Diese ist zwar komplett renoviert und weist somit keine Spuren des Kampfes mehr auf, ist aber als eine altmodische und prunkvoll ausgestattete Schalterhalle einen Blick wert.

Vor einem Fenster an der Gebäudefront steht in der Schalterhalle auch die bekannte **Statue des irischen Helden Cúchulainn** (S. 198), dargestellt bei seinem letzten Kampf, tödlich verwundet an einen Baum gefesselt. Obwohl diese Statue bereits Jahre vor dem Osteraufstand entstand, wird sie heute als das passende Symbol dieser verzweifelten Rebellion angesehen.

Neben der zentralen Schalterhalle führt der Weg zu der neuen Attraktion **GPO Witness History**, 🖵 www.gpowitnesshistory.ie. In den Kellerräumen wurde eine bunte, multimediale und laute Ausstellung zum Thema „Osteraufstand 1916" geschaffen. Interessant als Einfüh-

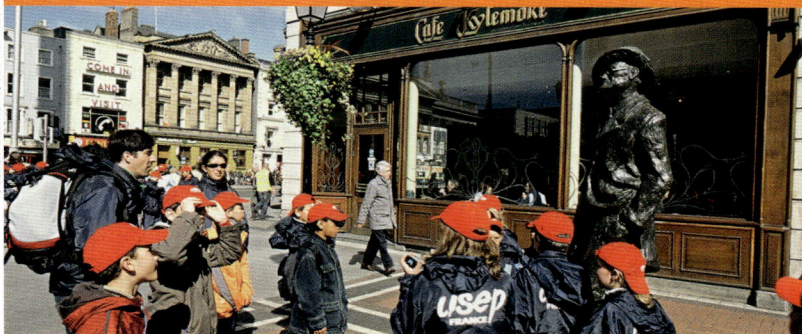

Wohl kein Dubliner Dichter ist so bekannt wie James Joyce, der seiner Heimatstadt mit dem monumentalen Werk *Ulysses* ein unvergleichliches Denkmal setzte. Die Stadt selbst spielt in diesem Buch eine mindestens so wichtige Rolle wie die Romanfiguren. Das zeigte sich schon in der Recherche, die Joyce anstellte – während er die Akteure frei erfand und sich dabei lediglich von real existierenden Personen inspirieren ließ, überprüfte er jedes Detail seiner Beschreibung Dublins genau und obsessiv. Was ihm nicht immer leichtfiel, denn er hatte Dublin schon lange den Rücken gekehrt und war der Überzeugung, dort niemals glücklich werden zu können.

Überhaupt Joyce – wer hat ihn denn jemals gelesen? Natürlich gibt es seine Werke an jeder Ecke Dublins und in allen möglichen Ausgaben zu kaufen. Natürlich steht ein Buch von James Joyce in jedem Buchschrank, der einem einigermaßen gebildeten Iren oder einem Irlandfreund gehört. Und natürlich bewerten nicht nur Universitätsprofessoren, sondern auch Krethi und Plethi James Joyce als innovativen Schriftsteller, großen Erzähler und literarischen Giganten Irlands. Gelesen allerdings haben die meisten Menschen seine Werke nur in Auszügen, die meisten Ausgaben des *Ulysses* wurden nach dem Genuss der ersten paar Dutzend Seiten mehr oder minder ehrfurchtsvoll ins Regal gestellt.

Nein – man liebt Joyce so, wie er Dublin geliebt hat. Als Ideal, als Idee, am besten aus der Entfernung genossen.

Außer am Bloomsday. Da wird Joyce plötzlich zum Volkshelden und seine Fiktion von Dublin zum Feiertag. Jedes Jahr am 16. Juni feiert Dublin den 16. Juni 1904, zumindest seit 1954. Also den Tag, an dem sich ein gewisser Leopold Bloom auf seine ganz persönliche Odyssee kreuz und quer durch Dublin begab. Das Datum hatte Joyce mehr oder minder zufällig gewählt, es war der Tag seines ersten Rendezvous.

Was passiert am Bloomsday? Museen zeigen Ausstellungen zu Joyce, mit Joyce verbundene Sehenswürdigkeiten werden besonders hübsch herausgeputzt, die Literaturkolumne der Tageszeitung erinnert und schwelgt in Plattitüden. Aber, und da unterscheidet sich der Bloomsday von so manch anderem literarischen Jubiläum, plötzlich kann man sich auch mit Figuren aus dem Roman konfrontiert sehen. Ein Teil der Tradition ist es nämlich mittlerweile, dass sich die Fans des wohl berühmtesten irischen Schriftstellers in zeitgenössische Kostüme zwängen, um dann mit dem *Ulysses* in der Hand die Wege des Leopold Bloom nachzuvollziehen und an wichtigen Stellen aus dem Werk zu rezitieren. Natürlich nur die wichtigsten Stellen, eine komplette Lesung des Wälzers würde „etwas" mehr als die darin beschriebene Zeit in Anspruch nehmen. Und viele angebliche „Kenner" nur unnötig verwirren.

rung in das Thema, vor allem der Film lässt den Mantel der Geschichte kräftig flattern – dynamischer geht „Histotainment" kaum noch.

🕐 Schalterraum tagsüber Mo–Sa frei zugänglich, GPO Witness History Mo–Sa 10–17.30, So 12–17.30 Uhr, Eintritt 14 €.

Östlich der O'Connell Street

St. Mary's Procathedral

St. Mary's Procathedral, 83 Marlborough St., 🖳 www.procathedral.ie, die „vorläufige" katholische Kathedrale von Dublin, die nie als solche anerkannt worden ist, führt ein Aschenputtel-Dasein in einer engen Nebenstraße. Im Zuge der katholischen Emanzipation hatte sich die Kirche mehrfach um ein Areal in der Stadtmitte bemüht, das Eckgrundstück dicht neben der O'Connell Street war jedoch das Einzige, das letzten Endes geeignet und genehm war. Über die Cathedral Street nähert man sich der Kirche von der Seite, das klassische Portal findet sich in der Marlborough Street. Die Prokathedrale wirkt gewaltig, ist aber architektonisch nicht unbedingt wertvoll. Ein Besuch lohnt sich also nur der Voll-

Dublin an einem Tag

Die wichtigsten Sehenswürdigkeiten liegen im Zentrum der Stadt, das man in wenigen Stunden durchstreift hat. Verzichtet man auf Besichtigungen, sind die Highlights von Dublin innerhalb eines halben Tages „abgegrast". Fußgänger sind oft schneller als Autos und Busse und können zudem Abkürzungen nehmen.

Dublin zu Fuß

Beginnend an der **O'Connell Bridge** am nördlichen Ufer der Liffey, geht es von der monumentalen Statue für Daniel O'Connell die O'Connell Street aufwärts. Linker Hand liegt das **General Post Office** (GPO, S. 128), direkt voraus der **Spire** (S. 128) und rechts die **Statue von James Joyce** (S. 128). Weiter die Straße hoch liegt das Denkmal für Parnell (S. 125), dahinter der Parnell Square mit dem **Garden of Remembrance** (S. 124), dem **Dublin Writers Museum** (S. 124) und der **Hugh Lane Gallery** (S. 124). Die Parnell Street führt zur Moore Street mit ihrem **Straßenmarkt** (S. 137). Nach einem Besuch hier geht es wieder zur Liffey, auf der O'Connell Bridge dann über den Fluss, rechts sieht man die **Ha'penny Bridge** (S. 137). Ein Stück geradeaus wird das College Green mit der **Bank of Ireland** (S. 139) und das **Trinity College** (S. 140) erreicht. Durch den kleinen Eingang geht es in den Innenbereich des College, dann rechts an der Bibliothek vorbei durch ein Gebäude hindurch zur Nassau Street.
Von der Nassau Street biegt man in die Kildare Street, hier befinden sich der **Kildare Street Club** (S. 143), die **National Library** (S. 141), **Leinster House** (S. 142) und das **National Museum** (S. 142), am oberen Ende der Straße dann **St. Stephen's Green** (S. 143). Über Merrion Row gelangt man zur Merrion Street, wo die **Regierungsgebäude** (S. 143), das **Natural History Museum** (S. 145), die **National Gallery** (S. 147) und **Merrion Square** (S. 145) liegen.
Wer nun stur geradeaus geht, erreicht binnen weniger Minuten wieder die Liffey. Es bietet sich ein guter Blick auf das **International Financial Services Centre** (S. 135) und, wenn man flussaufwärts geht, das **Custom House** (S. 134). Dem Flussufer folgend, geht es an der O'Connell Bridge vorbei zur Ha'penny Bridge, an der links ein Durchgang in das Vergnügungsviertel **Temple Bar** (S. 137) führt. Von dort zur Dame Street und dann zum **Dublin Castle** (S. 149) und zur **City Hall** (S. 149). Die **Christ Church Cathedral** (S. 152), von der aus auch die **St. Patrick's Cathedral** (S. 149) sichtbar ist, ist nur noch einige Gehminuten entfernt.
Dann geht es wieder bergab zur Liffey hinunter, die imposanten **Four Courts** (S. 156) sind im Blickfeld. Wer nun einfach dem Flusslauf wieder zum Meer folgt, landet nach einigen Minuten Fußmarsch wieder am Ausgangspunkt.

ständigkeit halber oder am Sonntag, wenn bei der Hauptmesse der Palestrina Chor singt.

Our Lady of Lourdes

Wesentlich interessanter als die Prokathedrale ist die nahegelegene Kirche Our Lady of Lourdes in der Sean McDermott Street. Die Kirche wurde in einem Arbeiterviertel errichtet und erscheint auf den ersten Blick viel zu überdimensioniert. Sie ist wegen des **Matt Talbot Shrine** besonders interessant – hier sind die sterblichen Überreste eben Matt Talbots verwahrt. Er führte ein wildes und bewegtes Leben, bis er zum katholischen Glauben fand, und sich fortan vollkommen diesem hingab. Obwohl er weiterhin seinem weltlichen Beruf im Hafen nachging, lebte er das entbehrungsreiche, asketische und fromme Leben eines Mönches. Dies machte ihn in den Augen seiner Mitbürger schnell zu einem lebenden Heiligen. Tatsächlich ist der Dubliner von der katholischen Kirche für die Heiligsprechung schon vorgemerkt.

Nur ein Stück die Straße hinunter dann die Kehrseite der katholischen Medaille – das imposante Backsteingebäude gegenüber der Rutland Street ist ein ehemaliges **Magdalenenheim**, in dem „gefallene Mädchen" Fronarbeit zur Reinigung von Sünden leisten mussten. Meist in Wäschereien, die Zufahrt hierzu ist in der Railway Street noch zu erkennen.

Connolly Station

Von der Sean McDermott Street geht es über die Buckingham Street schnell zur Connolly Station. Dieser vor allem für den Fernverkehr nach Nordirland genutzte Bahnhof ist wegen seines **klassischen Eisenbahn-Baustils** einen Blick im Vorbeigehen wert. Wer sich für die Industriegeschichte Dublins interessiert, der wird hier und in der näheren Umgebung fündig. Allerdings gehören die umliegenden Wohnviertel nicht unbedingt zu den besten Bereichen der Hauptstadt.

An einer Kreuzung etwas nördlich der Connolly Station stehen die **Five Lamps** – fünf Gaslaternen, die eine Kreuzung beleuchten. Dies ist der letzte Überrest der klassischen Innenstadt-Beleuchtung. Noch etwas weiter nördlich überquert die Straße den Royal Canal, bis zum Zweiten Weltkrieg befand sich hier noch das

---

Dublin (fast) umsonst

€ Dublin kann ins Geld gehen – wenn man nicht aufpasst! Dabei gibt es kostenlose Vergnügungen zur Genüge:

Ein **Rundgang** zu den wichtigsten Sehenswürdigkeiten (weitere Informationen im Kasten „Dublin an einem Tag") kostet außer Sohlenleder und etwas Puste gar nichts. Und dauert auch nicht unbedingt länger als die Rundfahrt mit dem Doppeldecker, auf den man ja an jeder Station wieder warten muss, wenn man aussteigt.

Und Kultur? Besuche des **National Museum** (Kildare St. oder Collins Barracks), des **Natural History Museum**, der **National Gallery**, der **National Library**, der **Hugh Lane Gallery** und auch der **Chester Beatty Library** sind ebenfalls kostenlos. Alle sind sehenswert, bieten interessante Sammlungen und sind nur wenige Gehminuten voneinander entfernt.

Straßenkünstler zeigen, vor allem im Sommer und am Wochenende, ihr Können auf der Grafton Street, teilweise mit wirklich gutem Repertoire. Und einer der besten **Chöre** Dublins, der Palestrina Chor, singt am Sonntag bei der Messe in der St. Mary's Procathedral. Wobei auch die gesungenen Messen in der Christ Church Cathedral ein musikalischer Genuss sind. **Folkmusik** bieten viele Pubs in der Innenstadt am Abend für ihre Gäste – und es fällt wirklich nicht auf, wenn man sich drei Stunden an einem Glas festhält.

Wer etwas frische Luft braucht, kann den riesigen **Phoenix Park** (S. 179) westlich der Innenstadt erforschen, in **Howth** (S. 172) oder **Dún Laoghaire** (S. 181) auf den weitläufigen Hafenpiers spazieren gehen oder am South Wall in die **Dublin Bay** laufen (S. 149).

Der öffentliche Nahverkehr ist vor allem bei letzteren Zielen ratsam, aber bezahlbar – eine **Leap Card** für Besucher kostet 10 € am Tag (S. 170).

---

dorfähnliche Quartier North Strand. Dieses wurde jedoch 1941 durch eine deutsche Luftmine dem Erdboden gleichgemacht. Dieser vollkommen überraschende Luftangriff auf das neutrale

---

Urbanes Abenteuer: der Royal Canal Way

- **Strecke**: 16 km bis Clonsilla
- **Dauer**: 3–4 Std. bis Clonsilla
- **Zeitpunkt**: nur bei Tageslicht empfehlenswert!
- **Wegbeschaffenheit**: Teile des Weges sind geteert bzw. geschottert, andere Teile Trampelpfade ohne Befestigung. Wichtig: bequeme Wanderschuhe.
- **Ausrüstung**: Proviant mitnehmen, für Notfälle kann ein Handy hilfreich sein.

Eigentlich wird der Royal Canal in Dublin nicht mehr benötigt. Einst verband dieser Wasserweg die Liffey und den Dubliner Hafen mit den Midlands, war eine wichtige Handelsroute und gleichzeitig ein Teil der Wasserversorgung für die Hauptstadt. Weder als Fernverbindung noch als Aquädukt spielt der Kanal heute noch eine Rolle. Eigentlich könnte man ihn zuschütten, auch wenn damit ein Stück industrieller Geschichte Irlands für immer verloren wäre. Geschichtsbewusstsein allerdings hat den Kanal nicht gerettet. Als Bauland wäre die Gegend zweifellos infrage gekommen, wenn sie nur besser zugänglich und die Grundstücke besser zu parzellieren gewesen wären. Vor einigen Jahren jedoch entstand die Idee, die Region als Naherholungsgebiet zu erschließen. Die Treidelpfade links und rechts des Kanals waren schließlich ideale Wanderwege auf ebener Strecke und oft, vor allem außerhalb der Dubliner Innenstadt, von viel Grün umgeben. Heute stellen sie eine Einladung für den Wanderer dar, der Dublin einmal aus einer anderen Perspektive kennenlernen möchte.

Beginn am North Strand

Ein idealer Ausgangspunkt der Wanderung ist die **Newcome Bridge**, die etwas nördlich der Connolly Station die North Strand Road über den Royal Canal führt. Das kleine Häuschen direkt an der Schleuse ist ein Schmuckstück aus dem 19. Jh., ein Cottage wie in Connemara, die Schleuse ähnelt dagegen leider meist eher einem nassen Mülleimer.

Von hier muss man einfach dem Kanal nach Norden folgen, verlaufen kann man sich nicht. In Richtung Süden würde man zwar über das Spen-

© SHUTTERSTOCK.COM/YULIA PLEKHANOVA

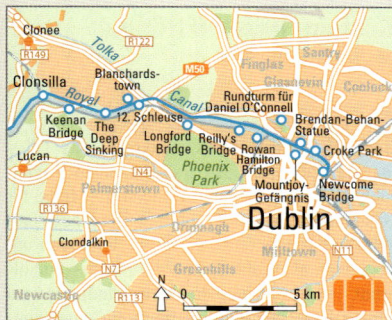

cer Dock irgendwann an die Liffey kommen, diese Wege sind jedoch nicht begehbar. Also auf nach Norden oder genauer Nordwesten. Dabei geht der erste Teil des Weges durch urbanes Hinterland – unter den Tribünen des riesigen Stadions **Croke Park** (S. 134) hindurch, an einer **Bronzeplastik des irischen Dichters Brendan Behan** vorbei und dann an den Mauern des **Gefängnisses von Mountjoy** entlang. Dass der Dichter in der Nähe des Knasts geehrt wird, ist kein Zufall, denn Behan war einer der prominentesten Insassen und verarbeitete seine Eindrücke im Theaterstück *The Quare Fellow*.

Danach folgt ein Gang durch die Industriegeschichte, diverse alte und heute oft nicht mehr genutzte Fabriken stehen direkt am Kanal. Nicht alle davon sind Schmuckstücke. Rechter Hand kann der Wanderer das gigantische Denkmal in Form eines **Rundturms für Daniel O'Connell** (S. 177) auf dem Friedhof von Glasnevin sehen.

Dublin „von hinten"

Interessant ist die Broom Bridge, heute offiziell **Rowan Hamilton Bridge** genannt. Der weltberühmte Mathematiker genoss einen Spaziergang mit seiner Frau, als ihm hier im Jahre 1843 die Lösung eines mathematischen Problems einfiel. Da er nichts zu schreiben bei sich trug, ritzte er die Formel schnell in die Steine der Brücke ein. Die Strecke bis zur nächsten Brücke, der **Reilly's Bridge**, ist einer der unattraktivsten Abschnitte des Weges, aber bald bewegt man sich durch eine ländliche Szenerie und begegnet einigen Anglern und oft auch Pferden. In der Nähe der **Longford Bridge** ist ein Umstieg auf die Bahn

zurück nach Dublin möglich, es lohnt sich jedoch, den Weg noch weiter fortzusetzen.

M50 Interchange

Eine komplizierte Schleusenanlage und eine scheinbar sinnlose Brücke, die durch einen Neubau ersetzt wurde, sorgen für Abwechslung. Spektakulär wird es dann, wenn man kurz vor Blanchardstown die **M50** überqueren muss. Das Kanalbett liegt auf einer Brücke hoch über der Autobahn, links und rechts führen weitere Brücken, Straßen, die Eisenbahnlinie und einige Versorgungsleitungen über den Abgrund. Diese komplizierte Kreuzung wurde 1996 fertiggestellt. Kurz danach kommt man zur 12. Schleuse, ab der der Kanal auch für Touristenboote genutzt wird. Obwohl die ehemaligen Industriegebäude mittlerweile in Apartments umgewandelt wurden, hat man hier noch ein wenig das Bild des alten Kanals vor sich.

Hoch über dem Kanal

Die weitere Strecke führt dann durch Wohngebiete, hier sind die Treidelpfade teilweise eng und leider auch verschmutzt, dazu häufig „Jugendtreffs" am Abend. Nach einigen Minuten gelangt man jedoch an eine der aufregendsten Stellen des Kanals, „**The Deep Sinking**", der tiefe Einschnitt. Hier wurde das Kanalbett tatsächlich in einen Hügel eingeschnitten, sodass der Treidelpfad bis zu rund 10 m über der Wasseroberfläche verläuft, direkt neben dem steil abfallenden Einschnitt. Als der Kanal noch industriell genutzt wurde, kostete dieser Abschnitt so manches Zugpferd das Leben. Auch Wanderer sollten hier ein wenig mehr darauf achten, wohin sie ihren Fuß setzen. Erst hinter der **Keenan Bridge** führt die Strecke wieder ebenerdig in normaler Höhe weiter, der Pfad ist jetzt auch wieder breiter. Kurz danach sieht man den **Bahnhof von Clonsilla**, ein idealer Punkt, um mit dem Zug den Rückweg anzutreten. Alternativ kann man sich auch zum nahegelegenen Blanchardstown Shopping Centre begeben, von wo dann zahlreiche Busse ins Zentrum fahren. Wer allerdings eine noch längere Wanderung genießen will, folgt weiter dem Kanalufer und wird nach einiger Zeit in Leixlip (S. 277) ankommen, es sei denn, man hält sogar bis Maynooth (noch weitere 6 km, S. 278) durch.

Irland ist heute noch eines der ungeklärten Rätsel in der Geschichte der Stadt.

Croke Park

Von der Kanalbrücke ist das imposante Stadion Croke Park, 🖥 www.crokepark.ie, zu sehen, eines der größten und modernsten Stadien Europas und voll und ganz den „gälischen" Sportarten gewidmet. Hier finden regelmäßig die großen Spiele statt, jedes Jahr im September die Endspiele der verschiedenen Ligen. Im Stadion selbst informiert ein **Museum** über die Geschichte der Gaelic Athletic Association (GAA), des streng nationalistischen Dachverbandes der Nationalsportarten. Ein Spiel im Croke Park mitzuerleben, ist für Sportfans unbedingt empfehlenswert, nicht zuletzt wegen der freundlichen und fast familiären Atmosphäre auch zwischen den rivalisierenden Fangruppen.

🕐 Mo–Sa 9.30–17 (Juni–Aug 18), So und feiertags 10.30 (Juni–Aug 9.30)–17 Uhr, Eintritt 7 €, mit Stadiontour 14 €. Schwindelfreie können bei gutem Wetter auch die Etihad Skyline genießen, eine Rundwanderung auf dem Dach des Stadions, etwa 17 Stockwerke hoch über Dublin. Hierfür werden 20 € fällig, Tourenzeiten aktuell im WWW abfragen.

Talbot Street Memorial

In der Talbot Street befindet sich das Talbot Street Memorial, das an eine **Serie von Autobomben** erinnert, die im Mai 1974 von loyalistischen Terroristen in der Dubliner Innenstadt zur Explosion gebracht worden waren. Hierbei und bei einem fast zeitgleichen Attentat im grenznahen Monaghan (S. 199) starben mehr als 30 Menschen.

Dublins zentraler Busbahnhof **Busáras** (Irisch für „Haus des Busses") ist für die meisten Menschen heute nur noch ein Verkehrsknotenpunkt und ein nicht gerade angenehmer Anblick. Es ist skurril, dass dieses Gebäude in der Store Street zu seiner Zeit als ein hervorragendes Beispiel der neuen irischen Architektur galt. Tatsächlich wird es in Fachbüchern heute noch zu den 1000 wichtigsten Gebäuden der Welt gezählt. Über dieses Urteil mag man streiten, zumal in unmittelbarer Nähe wesentlich ästhetischere Bauwerke stehen.

Custom House, IFSC und Docklands

Custom House

Gegenüber dem Busáras und direkt an der Liffey liegt das Custom House. Das ehemalige Verwaltungsgebäude des Zolls in Dublin, zuständig für Gesamtirland, ist ein Prachtbau. Die **klassizistische Architektur** und die weithin sichtbare Kuppel gelten als Wahrzeichen der irischen Hauptstadt, heute hat hier das **Umweltministerium** seinen Sitz. Dies wurde jedoch nur durch umfangreiche Renovierungsarbeiten möglich – in den Wirren von Unabhängigkeitskampf und Bürgerkrieg wurde das Gebäude durch die IRA niedergebrannt. In seiner Gesamtheit lässt sich das Custom House am ehesten vom gegenüberliegenden Ufer der Liffey oder von der Talbot Memorial Bridge bestaunen. Von der Stadtmitte dagegen versteckt es sich hinter einer massiven Eisenbahnbrücke.

Hat man den obligatorischen Schnappschuss vom Gesamtgebäude gemacht, lohnt sich ein Spaziergang rings um das Gebäude mit einem näheren Blick auf die **reichen Verzierungen** vor allem im Dachbereich. Hier werden u. a. die 14 wichtigsten Flüsse Irlands als allegorische Darstellungen gezeigt, und ein Loblied des freien Handels (unter der schützenden Hand Britannias) wird in Stein gesungen. Die schützende Hand machte übrigens das Custom House nur neun Jahre nach seiner Fertigstellung auch schon obsolet. Denn in Folge des Act of Union im Jahre 1800 wurden von da an alle Steuerangelegenheiten direkt in London verwaltet. Im **Garten** des Custom House finden sich noch einige Reste von Gebäudeteilen, die nicht mehr renoviert werden konnten. Ebenfalls hier befindet sich, den Blick ziemlich abschätzig in Richtung Busáras gerichtet, eine **Statue** für alle im irischen Freiheitskampf gefallenen Soldaten und Milizionäre. Die von dem Bretonen Yann Goulet geschaffene Statue hält einen verwundeten, sterbenden Krieger an sich und weist deutliche Ähnlichkeiten zur französischen Marianne auf. Was nicht nur auf Iren ungewöhnlich wirken mag, denn ausgerechnet dieser Künstler musste wegen seiner Kollaboration mit den Nazis Frank-

reich nach Ende des Zweiten Weltkriegs flucht-
artig verlassen.

International Financial Services Centre

Das IFSC, International Financial Services Centre, befindet sich gleich nebenan. In den 1990er-Jahren entstand in der irischen Haupt-stadt ein Finanzzentrum, dessen Daseins-berechtigung von Kritikern auch gelegentlich als „legale Steuerhinterziehung" beschrieben wurde. Denn der extrem niedrige Steuersatz auf Firmengewinne machte Irland als Standort so attraktiv, dass viele Global Player und Geld-institute hier Zweigstellen gründeten, wo sie Einnahmen verbuchen und von denen aus sie weltweite Rechnungen ausstellen – auch wenn die Firma oder Bank in Irland ansonsten gar nicht tätig war.

Mit dem Bus durch Dublin

Das Straßenbild rings um die O'Connell Street wird von einem Fahrzeug dominiert – dem klas-sischen Doppeldeckerbus. An sich ein genia-les Nahverkehrsmittel, denn in den rollenden Sardinenbüchsen können ungefähr 100 Passa-giere auf kleinem Raum transportiert werden. Allerdings sollte man die drei goldenen Regeln des Busfahrens in Dublin kennen!
Wer keine Leap Card hat, zahlt beim Einsteigen bar – und das ist nur mit **Münzgeld** möglich, Scheine werden nicht angenommen, Wechsel-geld gibt es nicht (nur einen „Gutschein").
Busse haben die unheimliche Eigenschaft, mit Vollgas an der Bushaltestelle vorbeizudon-nern. Das liegt meist daran, dass sich der hilf-lose Tourist nicht mit vollem Körpereinsatz als williger Passagier geoutet hat. Der Wunsch zur Mitfahrt muss deutlich geäußert werden – indem man **dem Busfahrer zuwinkt**. Niemals darauf verlassen, dass es die anderen Warten-den schon tun werden.
Der Fahrgast muss auch Bescheid sagen, wenn er wieder aussteigen möchte. Dann den meist **roten Signalknopf drücken**, damit der Fahrer weiß, dass er an der nächsten Halte-stelle halten soll.

Docklands

Ein Gang durch diese Schluchten lohnt sich, um die alten Reste der **Docks und Hafenanlagen** zu entdecken, allerdings am besten an einem Wochentag, denn am Wochenende gleicht die Gegend einer hypermodernen Geisterstadt.

Zwischen dem IFSC und der Liffey, nahe der Matt Talbot Bridge, bildet eine **Statuengruppe zur Erinnerung an die Hungersnot** und die da-raus resultierende Auswanderungswelle einen krassen Kontrast zum Reichtum der Bankge-bäude. Die abgerissenen Gestalten und der halb verhungerte Hund gewinnen deutlich an Ein-dringlichkeit, wenn gegen 9 Uhr oder um 17 Uhr nachmittags die Massen von Bankern in ihren dezenten Büro-Uniformen, die Aktentasche in der Linken und den Pappbecher-Kaffee in der Rechten, an ihnen vorbeieilen.

Überhaupt sind die gesamten Dubliner Dock-lands nicht mehr mit einem richtigen Hafen-gebiet vergleichbar. Das Viertel wurde gera-dezu hemmungslos umgestaltet und besitzt nur noch wenige Anklänge an den alten Hafen. Einige Backsteingebäude stehen zwar noch, Glas, Stahl und Beton sind jedoch die be-herrschenden Elemente. Von alter Seefahrer-Romantik ist hier nichts mehr zu spüren. Allen-falls einige Statuen, das **Segelschiff Jeanie Johnston**, 🖥 www.jeaniejohnston.ie, und gele-gentlich zu Besuch weilende Großsegler kön-nen diesen Eindruck noch erhalten. Die *Jeanie Johnston* kann mit einer Tour besichtigt werden (tgl. 10–16, Winter 11–15 Uhr, Eintritt 10,50 €), hierbei erhält man einen kleinen Einblick in die Geschichte des Schiffes und der Emigration.

EPIC – The Irish Emigration Museum

Hochinteressant ist auch das kürzlich zum bes-ten Museum Europas gekürte EPIC – The Irish Emigration Museum, 🖥 www.epicchq.com, 📞 01-9060861, am Custom House Quay im Keller des chq-Building. Direkt an der **Sean O'Casey Bridge** bietet es einen umfassenden Einblick in die **Geschichte der Iren in aller Welt**. Und zwar mit einer raffinierten Kombination von Schau-stücken, multimedialen Präsentationen und gelegentlicher Computerzauberei. Positiv: Hier wurde mal nicht auf die Tränendrüse gedrückt, Emigration wird als Fakt hingenommen, erläu-

Direkt vor dem chq-Building (Treffpunkt im Foyer beim EPIC) startet die „mobile Teestunde". Mit alten Routemaster-Bussen winden sich die **Vintage Tea Tours**, ✆ 01-6773541, 🖳 www.vintageteatours.ie, durch Straßen und Gassen. Und allen Rattern und Schaukelns des betagten Gefährtes zum Trotz wird während der Stadtrundfahrt ein stilechter Afternoon Tea serviert. Klingt abenteuerlich, ist aber herrlich entspannend und, dank guter Qualität, auch kulinarisch sehr befriedigend. Allerdings mit 47,50 € auch nicht gerade spottbillig.

tert, und nicht immer als unbedingt von Nachteil gesehen. Insgesamt eine faszinierende Sache. 🕐 Einlass tgl. 10–17 Uhr, Eintritt 15 €.

Hafen
Die noch in Betrieb befindlichen Teile des Hafens von Dublin sind weiter östlich in der Mündung der Liffey zu finden und lohnen keinen Besuch. Von der Fußgängerbrücke neben der *Jeanie Johnston* (der **Sean O'Casey Bridge**) hat man einen guten Ausblick auf das neue **National Conference Centre**, dessen Empfangshalle eine Art schräg stehende Glasröhre ist, die **Samuel Beckett Bridge**, deren Form entfernt an eine Harfe erinnert, und das Gebäude der **Central Bank of Ireland**, mit gewagter goldfarbener Fassade.

O'Connell Bridge und Umgebung

Vom Custom House aus ist der Weg zurück zur O'Connell Street durch die Abbey Street am einfachsten und angenehmsten. Rechter Hand sieht man am Irish Life Centre eine an einen keltischen Wagenlenker erinnernde Statuengruppe mit Springbrunnen, die dahinter liegende Einkaufspassage ist vernachlässigbar.

Abbey Theatre
1904 von W. B. Yeats gegründet, ist das Abbey Theatre, Abbey St., ✆ 01-8787222, 🖳 www.

abbeytheatre.ie, heute das **irische Nationaltheater** und eine nationale Institution mit einer enorm wichtigen künstlerischen Vergangenheit, ein Schmuckstück für die Stadt ist es jedoch nicht. Ein Besuch im Theater lohnt meistens (aktuelles Programm sichten). Mit etwas Glück bekommt man einen echten irischen Kulturskandal mit. Immerhin haben Vorführungen in den heiligen Hallen des irischen Dramas schon für manches Drama vor dem Eingang gesorgt, bei dem die Polizei schlichtend eingreifen musste.

O'Connell Monument
Dieses direkt an der Liffey nördlich der O'Connell Bridge stehende **Denkmal** zeigt den „Befreier" (S. 100) in würdiger Pose, umringt von Engeln und Symbolen der irischen Freiheit, angehimmelt von Arbeitern, Klerikern und vor allem der irischen Jugend. Beim näheren Hinsehen sind in einigen Statuen Löcher zu entdecken. Diese sind nicht etwa auf mangelnde Qualität der Arbeit zurückzuführen, sondern ein Resultat des Osteraufstands – es sind Einschusslöcher.

Die unmittelbar vor der Statuengruppe die Liffey überquerende **O'Connell Bridge** bildet gewissermaßen das Zentrum Dublins, Denkmal und Brücke sind die beliebtesten Treffpunkte. Eine Eigenschaft der Brücke wird dem Beobachter nicht sofort klar, am ehesten erkennt man dies in einer Luftaufnahme: Die Brücke ist tatsächlich breiter als sie lang ist!

Westlich der O'Connell Street

Ganz in der Nähe der O'Connell Bridge legen auch die 45-minütigen Flussrundfahrten auf der Liffey (unter dem Namen **„Dublin Discovered"**), Bachelors Walk, ✆ 01-4730000, 🖳 www.dublin discovered.ie, ab. Dazu wird ein extrem flaches Boot mit großzügiger Verglasung genutzt. Nun ist aber Dublin weder London noch Paris, und die Zahl der von der Liffey aus zu betrachtenden Sehenswürdigkeiten hält sich (vor allem bei Niedrigwasser) in Grenzen. Mit einer Busrundfahrt ist man als Tourist eigentlich besser bedient. Wer dennoch die Liffey-Fahrt mitmachen möchte, sollte sich erkundigen, wann Flut ist – bei hohem Wasserstand ist die Aussicht einfach besser. ⊙ März–Okt Abfahrten um 11.30, 12.30, 14.15 und 15.15 Uhr, in den Sommermonaten zusätzlich um 10.30 und 16.15 Uhr, Fahrpreis 15 €.

Die Shoppingmeilen

Die **Henry Street** geht von der O'Connell Street ab und ist eine der Haupteinkaufsstraße in der Hauptstadt. Hier finden sich große Kaufhäuser, zahlreiche kleinere Geschäfte, die selten beachtete Einkaufsarkade des GPO sowie zwei große Einkaufszentren. Besonders in der Vorweihnachtszeit ist die Straße zusätzlich von zahlreichen drittklassigen Straßenhändlern bevölkert.

Fast ständig in der Hand der etablierten Straßenhändler ist dagegen die nach Norden abzweigende **Moore Street**, in der meist weibliche Straßenhändler Obst, Gemüse, Blumen und auch Fisch anbieten. Hier kann man noch den echten Dubliner Akzent hören und muss sich auch auf die scharfe Zunge der Gewerbetreibenden einstellen. Ein ganz besonderes Einkaufserlebnis – und Dublin pur. Die Ladenreihen dahinter sind multikulturell geprägt.

Am nördlichen Ende der Moore Street ist unterirdisch die **Moore Street Mall** entstanden, in der vor allem Produkte für ethnische Minderheiten angeboten werden. Wenn Dublin so etwas wie einen orientalischen Basar hat, dann ist er hier unterhalb des Lidl zu finden. Zahlreiche Geschäfte mit afrikanischem, osteuropäischem und asiatischem Hintergrund drängen sich hier und verkaufen von Haarverlängerungen bis Unterhaltungselektronik eigentlich alles. Besonders beachtenswert: der kleine Food Court, wo man sich für kleines Geld richtig sattessen kann.

National Leprechaun Museum

In einem ehemaligen Arbeitsamt neben dem Jervis Street Shopping Centre (Twilfit House, Jervis St., 🖳 www.leprechaunmuseum.ie) hat sich das National Leprechaun Museum eingerichtet – eine Ausstellung über den typisch irischen Kobold und die Legenden vom Topf Gold am Ende des Regenbogens. Das unkonventionelle „Museum" lebt vor allem von der Führung durch Geschichtenerzähler, lohnt sich also nur bei wirklich guten Englischkenntnissen. ⊙ tgl. 10–17.30 Uhr, 10–16 €, Abendtouren (ab 18!) Fr und Sa 19.30 und 20.30 Uhr, 18 €.

Ha'penny Bridge

Dublins heimliches Wahrzeichen und das Motiv ungezählter Postkarten ist die Ha'penny Bridge – die Brücke des halben Pfennigs. Sie wurde als clevere Geschäftsidee errichtet, denn ihre Benutzung musste mit einem halben Penny („half penny", zusammengezogen „ha'penny") bezahlt werden. Heute ist Überquerung der Liffey kostenlos, auch wenn zahlreiche Bettler die Brücke nutzen und so eine neue Art von Brückenzoll zu kassieren versuchen.

Über die Ha'penny Bridge gelangt man auch direkt in Dublins beliebtestes Kneipenviertel.

Temple Bar

Temple Bar, direkt südlich der Liffey gelegen, ist das Vergnügungsviertel von Dublin – eigentlich zum Abriss freigegeben, wurde es als Künstler- und Gastronomen-Viertel renoviert und gilt seitdem als die **Party-Meile der Hauptstadt**. Ateliers, Galerien, Restaurants, Kneipen, kleine Geschäfte mit ungewöhnlichen Angeboten, Straßenkünstler und eine hauptsächlich junge, internationale Klientel haben für den Ruf gesorgt, dass es sich um Dublins Bohemeviertel handle. Nun ist es mit der Boheme nicht unbedingt weit her, letzten Endes handelt es sich bei Temple Bar um das Geschäft mit dem Vergnügen und den Touristen, ein wenig Kultur gibt es als Dreingabe und Feigenblatt.

Sicherlich kann man nirgends in Dublin so viel Unterhaltung auf so wenig Raum finden, oft kommt es einigen Besuchern aber auch zu überladen, zu laut und zu schrill vor. Dabei haben Veranstaltungen wie das jährlich Ende Januar stattfindende **Temple Bar Trad Fest**, 🖳 www.templebartrad.com, einen guten Namen, und die meisten Besucher fühlen sich auch gut unterhalten. Auf jeden Fall vermeiden sollte man diese Gegend in den Morgenstunden, vor der Mittagszeit macht Temple Bar oft einen menschenleeren, schmutzigen und bisweilen deprimierenden Eindruck.

Nach Süden hin endet der Vergnügungsbezirk am architektonisch interessanten (alten) Gebäude der **Central Bank**, 2 Foster Pl., vor dem ein goldenes Bäumchen wächst. Der Platz vor der Bank ist ein beliebter Treffpunkt. Von den Steinbänken aus lassen sich auch in Ruhe die Häuserfronten der Dame Street betrachten, die noch etwas Prunk aus dem 18. und 19. Jh. erhalten haben, meistens allerdings in den Obergeschossen.

Georges Street und Grafton Street

George's Street Arcade

Südlich von Temple Bar führt die South Georges Street bergauf nach Süden. Die George's Street Arcade, 🖥 www.georgesstreetarcade.ie, dient als ganz besonderes Einkaufszentrum. Untergebracht in einem alten Backsteingebäude mit reichlich Verzierungen, ist der lang gestreckte, überdachte Durchgang links und rechts von Geschäften gesäumt, während sich in der Mitte Rücken an Rücken Dutzende Verkaufsstände befinden. Deren Waren reichen von Oliven und Schafskäse über Briefmarken, gebrauchte Bücher und CDs, Stoffe und Kleidung aus dem Orient bis hin zu Intimschmuck. Die Atmosphäre ist entspannt und lädt geradezu zum Stöbern ein.

Whitefriars Church

Eine ganz spezielle Sehenswürdigkeit Dublins ist die Whitefriars Church, 56 Aungier St., ☎ 01-4758821, 🖥 www.carmelites.ie, die man im Vorbeigehen gerne übersieht. Der Eingang zur Kirche versteckt sich in einem typischen Stadtgebäude, durch das ein langer Gang in den eigentlichen Kirchenbereich führt. Eine Merkwürdigkeit gleich rechts neben der Tür ist eine Wassertonne, in der man normalerweise Regenwasser sammelt. Hier erläutert ein Schild, dass es sich um **Weihwasser zum Selbstzapfen** handelt. Die Tonne mit dem geheiligten Inhalt ist jedoch nicht der Grund, warum man diese Kirche besuchen sollte – wesentlich wichtiger sind die **Gebeine des St. Valentin**, die im 19. Jh. auf Geheiß des Papstes nach Dublin gebracht wurden. Alljährlich wird in der Kirche am 14. Februar, dem Valentinstag, ein besonderer Gottesdienst für liebende Paare abgehalten. Der kleine Schrein mit seiner grell-bunten Statue des Heiligen dürfte

demnach der ideale Ort sein, um um die Hand der Angebeteten anzuhalten. Besucher sollten auch die Statue „Unserer Frau von Dublin" beachten, eine mittelalterliche Holzfigur der Jungfrau Maria in einer Altarnische. Sie soll die Wirren der Reformation in verschiedenen Verstecken überstanden haben und gilt heute als eine der ältesten Heiligendarstellungen in Dublin.

Grafton Street

Die Grafton Street ist, abgesehen von der Henry Street auf der Nordseite, **Dublins wichtigste Einkaufsstraße**. Neben dem großen Kaufhaus **Brown-Thomas**, eine Dubliner Institution samt livriertem Türsteher, finden sich hier zahlreiche Niederlassungen internationaler Ladenketten, vor allen Dingen aus dem Bereich Damenmode. Im Zuge der Wirtschaftskrise kam es hier zwar zu einigen Schließungen, die Preisgestaltung der noch existierenden Geschäfte scheint dies jedoch nicht beeinflusst zu haben. Man sollte sich beim Schaufensterbummel auch nicht durch die fast ständig in den Fenstern hängenden Schilder „Ausverkauf" irritieren lassen. Selbst dramatisch mit dem Rotstift korrigierte Preise liegen hier oft noch über dem mitteleuropäischen Niveau. Viel interessanter sind allerdings die zahlreichen Straßenmusiker, die man auf der Straße antreffen kann. Die Qualität der Darbietungen reicht von grottenschlecht bis Konzertreife. Oftmals finden die Darbietungen unter dem Blick des ersten irischen Weltstars der Rockmusik statt – die **Statue des Thin-Lizzy-Sängers Phil Lynott** steht in der Chatham Street.

Das etwas versteckt gelegene **Powerscourt Townhouse**, 🖥 www.powerscourtcentre.ie, eigentlich als Stadtwohnung eines Landadeligen erbaut, ist heute eines der vielleicht attraktivsten Einkaufszentren in der irischen Hauptstadt. Der Innenraum des Hauses wurde mit einem riesigen Atrium versehen, dessen umlaufende Galerien verschiedene kleine Geschäfte beherbergen. Diese verkaufen nicht unbedingt die üblichen Souvenirs und Markenartikel, sondern einen bunten Mix von Alltäglichem und Ungewöhnlichem. Ein Bummel lohnt sich schon wegen der eigentümlichen Atmosphäre des gesamten Komplexes, das Café im Atrium lädt zudem zu einer Erholungspause ein.

Wenn etwas untrennbar mit Dublin verbunden sein soll, dann sind es „Ceol agus Craic" – Gesang und Spaß. Die Flammen auf den drei Türmen im Dubliner Stadtwappen sollten vielleicht durch eine Leuchtreklame „Party Tonight" ersetzt werden. Die Hauptstadt Irlands gilt ja bis heute als eine der Hauptstädte der Party-Generation Europas. Mit einem Handkoffer vom Billigflieger zum Hostel in der Innenstadt strömende Massen sind selbst in Zeiten der Rezession weder kleiner noch leiser geworden.

Egal wie das individuelle Konzept von Spaß und Gesang aussehen mag, Dublin bietet es. Für viele Menschen, gleich welchen Alters, beinhaltet das Konzept jedoch definitiv „traditionelle irische Musik". Aber das, was so manchem Touristen als „unverfälschte Volksmusik der Grünen Insel" Tränen der Freude und Rührung ins Gesicht treibt, bringt fundamentalistisch eingestellte Musikfreunde zum Heulen. Und wird auch gerne abfällig (aber treffend) als „Diddly-Ey-Musik" bezeichnet. Eben das, was man aus dem irischen Volksmusik-Repertoire so kennt, wenn man die „Dubliners" kopierende Amateurbands als musikalische Offenbarung einstuft. In vielen Dubliner Touristen-Kneipen von mittelmäßigen Sängern mit lauten Verstärkern vorgetragen. Und alle singen mit – bei den sentimentalen Balladen die Amerikaner am lautesten, bei den Kampfliedern der Rebellen legen dann die Deutschen los.

Wer neu in Dublin ist, wird sich der Faszination solcher Veranstaltungen kaum entziehen können. Die meisten von Touristen frequentierten Pubs bieten sie in irgendeiner Form an. Und sie können auch ganz lustig sein, wenn man sich nicht gerade unterhalten will oder lärmempfindlich ist. Gerät man allerdings aus Versehen einen oder zwei Tage später in dieselbe Kneipe, wird man schnell feststellen, wie durchorganisiert die ganze Sache ist. Die Volksmusiker treten zum exakt gleichen Moment auf, spielen das exakt gleiche Programm herunter, machen die exakt gleichen Bemerkungen ins Publikum. Man hofft, dass zumindest ihre Guinness-Gläser mit frisch gezapfter Flüssigkeit gefüllt sind.

Natürlich gibt es immer noch echte Folklore, auch in Dublin. Diese spielt sich allerdings meist ohne große Namen und ohne große Reklame ab, in kleineren Gaststätten, in denen noch die traditionelle Session gefeiert wird. Ein spontanes Zusammenspielen von Musikern, denen es mehr um den Spaß an der Freude geht als um die organisierte Fröhlichkeit. Hier hört man dann nicht die irische Schlagerparade von oben nach unten, der „Wild Rover" trinkt sich nicht der ewigen Leberzirrhose entgegen.

Am College Green

Bank of Ireland

Die das College Green beherrschende, im klassischen Stil zwischen 1729 und 1739 erbaute Bank of Ireland schrieb Geschichte. Denn das Gebäude war ursprünglich Sitz des irischen Parlaments. Als sich das Parlament im Jahr 1800 in einer weltweit einmaligen Aktion (Act of Union) freiwillig selbst abschaffte, griffen die Banker schnell zu. Die heutige Schalterhalle war der ehemalige Sitzungssaal des Parlaments und ist während der normalen Öffnungszeiten problemlos zu besichtigen. Allerdings erinnert nichts mehr daran, dass hier einst Wortduelle ausgefochten wurden. Die ehemalige Sitzungskammer des House of Lords mit ihren prachtvollen Wandteppichen kann ebenfalls besichtigt werden, hier finden am Dienstag jeweils um 10.30, 11.30 und 12.30 Uhr kostenlose Führungen statt. Besonders beachtenswert sind die Kanonen im Eingangsbereich, die keineswegs nur stilistische Elemente darstellen, sondern in früheren Zeiten die Sicherheit der Bank gewährleisten sollten – im 19. Jh. hatte das Geldinstitut sogar eine eigene bewaffnete Miliz.

The National Wax Museum Plus

Das Dubliner Wachsfigurenkabinett, jetzt The National Wax Museum Plus, 22-25 Westmoreland St., ☎ 01-6718373, 🖥 www.waxmuseum plus.ie, hat trotz mehrerer Umzüge eine lange

Tradition. Und zwar jene, dass die ausgestellten Figuren oft eine eher zufällige Ähnlichkeit mit den angeblich dargestellten Personen haben. Dies stellt allerdings für Touristen selten ein Problem dar, denn wer in Irland als Berühmtheit gilt, dessen Namen kennt man außerhalb Irlands oft gar nicht. Es kann schließlich nicht jeder ein Bono sein, den man zumindest an der Sonnenbrille sofort erkennt. ⊕ tgl. 10–22 Uhr, Eintritt 15 €.

Irish Whiskey Museum

Eine neuere Einrichtung gegenüber dem Trinity College ist das Irish Whiskey Museum, 119 Grafton St., ✆ 01-5250970. 🖳 www.irishwhiskeymuseum.ie, in dem Besucher in kompakter Form alles Wissenswerte über Irlands „Lebenswasser" erfahren und auch Proben genießen können. Nicht ganz so authentisch wie manche Destillerie, aber dafür zentral gelegen. ⊕ Tourbeginn halbstündlich tgl. 10.30–17.30 Uhr, Eintritt ab 20 €.

Trinity College

Vielleicht die wichtigste Sehenswürdigkeit in Dublin ist das Trinity College, 🖳 www.tcd.ie, dessen eher unscheinbarer und durch Statuen von Edmund Burke und Oliver Goldsmith flankierter Eingang durch einen Vorraum in den Innenhof führt. Hier, am **Parliament Square**, wird man von einem der bekanntesten Anblicke Dublins begrüßt: dem **Campanile**, einem 1853 von Sir Charles Lanyon errichteten Glockenturm mit beachtlichen 30 m Höhe. Das Trinity College hat aber eine wesentlich längere Geschichte. Ursprünglich lag an dieser Stelle ein Kloster des Augustinerordens, das im Zuge der Reformation aufgelöst wurde. 1592 gründete Königin Elizabeth I. das Trinity College Dublin als „Sitz der protestantischen Gelehrsamkeit". Katholische Studenten konnten zwar in späteren Jahren aufgenommen werden, erst ab 1970 war dies jedoch vollkommen problemlos möglich – in diesem Jahr gab die katholische Kirche ihren Bann gegen ein Studium am Trinity College auf. Die Annalen des Trinity College weisen bedeutende Namen auf: darunter Samuel Beckett, Jonathan Swift und Wolfe Tone.

Heute ist das College immer noch Universität und gleichzeitig eine Oase mitten in Dublin. Während rings um das Gelände das Verkehrs-

chaos eine wahre Kakofonie erzeugt, macht sich in den kopfsteingepflasterten Innenhöfen des College eine angenehme Ruhe breit. Gleich hinter dem Haupteingang bieten sich an den meisten Tagen an einem kleinen Schalter Fremdenführer an, die eine kurzweilige Tour über das Universitätsgelände im Programm haben. Die etwa einstündige Tour kostet nur wenig mehr als der Eintritt zum Book of Kells (im Preis inbegriffen). Billiger ist ein Rundgang auf eigene Faust. Diesen beginnt man am einfachsten auf dem **Parliament Square**, zwischen dem Haupteingang und dem Campanile.

Direkt vis-à-vis stehen sich zwei identische Gebäude gegenüber, mit dem Rücken zum Haupteingang sind dies links die **Kapelle** und rechts die **Examination Hall**. Beide wurden Ende des 18. Jhs. errichtet und haben sehr schöne Details. Der Innenraum der Kapelle ist relativ schlicht, aber durchaus gelungen. Etwas hinter der Kapelle versteckt sich die kaum weniger schöne **Dining Hall** von 1761, heute noch als Mensa genutzt. Und zwischen den beiden Gebäuden befindet sich Dublins kleinster **Friedhof**, auf dem eine Handvoll Professoren ihre letzte Ruhe fand.

Nach einer ausgiebigen Bewunderung des hohen Campanile sollte man sich dem seltsam holländisch wirkenden Backsteingebäude am Ende des Library Square (hinter dem Campanile) zuwenden. Die links auf dem Rasen zu sehende rundliche Form ist eine **Statue von Henry Moore**. Doch wesentlich interessanter sind dagegen die Häuserfronten, wobei die sogenannten **Rubrics** direkt vor einem der älteste Teil des Colleges sind. Zumindest der älteste erhaltene Teil, denn sie entstanden um 1700. Die typischen Giebel im holländischen Stil sind allerdings Ergebnisse einer späteren Umbaumaßnahme. Wird der Weg links an den Rubrics vorbei genommen, ist man am **New Square** und kann sich nach rechts wenden, wo das 1857 in venezianischen Stil errichtete **Museum Building** den Blick auf sich zieht. Neben ihm (und vor der modernen **Berkeley Library**, 1967) steht die häufig fotografierte **Skulptur Sphere within Sphere** von Arnoldo Pomodoro.

Ein Schwenk nach rechts führt dann auf den Fellows' Square, von dem auch die **Old Library**

Old Library im Trinity College Dublin

zugänglich ist. Man folgt einfach der Schlange, um einen der größten Schätze des College zu sehen: **The Book of Kells**. Die Alte Bibliothek mit ihrem spektakulären Long Room (64 m lang und die Heimat von 200 000 wertvollen Büchern) ist den Eintritt wert. ⏱ Mai–Sep Mo–Sa 8.30–17, So 9.30–17, sonst Mo–Sa 9.30–17, So 12–16.30 Uhr, Eintritt ab 11 €.

Hauptgrund dafür, dass zahlreiche Besucher diesen Eintritt zahlen, sind aber weder die fantastischen Innenräume noch die älteste Harfe Irlands, sondern eben die illuminierten Manuskripte, allen voran das *Book of Kells*. Dieses Buch ist wahrscheinlich im 8. Jh. in Schottland im Kloster Iona entstanden und während der Wikingerüberfalle aus Sicherheitsgründen nach Irland gebracht worden, wo es bis 1654 in Kells (County Meath, S. 224) aufbewahrt wurde. Das *Book of Kells*, ein Meisterstück der abendländischen Buchmalerei, enthält die vier Evangelien und ist überaus aufwendig mit ornamental gestalteten Tiermotiven sowie Flechtwerkmustern verziert. Leuchtende Farben schmücken die 340 Pergamentseiten. Um die Farbe Blau zu gewinnen, wurden sogar Lapislazuli-Steine aus Afghanistan verwendet.

Während der Kriege im 17. Jh. wurde das Buch von Kells ins Trinity College gebracht, da-mit es vor Plünderungen sicher war. Das Trinity College rückt den Kunstschatz seitdem nicht mehr raus – was die Provinz ärgert, aber wahrscheinlich die Erhaltung besser garantiert. Zu dieser Garantie gehört auch, dass Besucher nicht einfach darin herumblättern dürfen. Ein Besuch beim *Book of Kells* läuft mit nahezu militärischer Präzision ab, der Besucherstrom wird direkt vor den gläsernen Buchschrein gelotst, wo dann ein kurzer Blick auf zwei aufgeschlagene Seiten geworfen werden kann, bevor die dezente Aufforderung zum Weitergehen erfolgt. Es ist weder ein entspanntes Erlebnis noch ist es möglich, das Buch in Ruhe auf sich wirken zu lassen. Vor allem im Sommer, wenn die Warteschlange ins Unermessliche wächst, kann der Besuch beim Buch etwas frustrierend sein. Zum Glück bietet der gut sortierte Andenkenladen eine große Auswahl an Büchern zum Buch an.

Kildare Street

National Library

Die National Library, ✆ 01-6030200, 🖥 www.nli.ie, ist Irlands offizielle Sammlung aller in der Republik erscheinenden Werke. Der Bestand und der Lesesaal sind beeindruckend – lassen sich aber nicht ohne Weiteres bestaunen. Zwar kann man den Vorraum der Bibliothek ohne Probleme betreten, ein Vordringen in die tatsächlich interessanten Bereiche gelingt jedoch nur mit einem Leser-Ausweis. Dieser kann spontan (und kostenlos) beantragt werden, was jedoch etwas Zeit in Anspruch nimmt. Frei zugänglich ist dagegen die Sammlung zu Leben und Werk von William Butler Yeats, Freunde der irischen Literatur sollten sich diese nicht entgehen lassen. Yeats Biografie wie auch sein Schaffen werden in der sehr interessant gestalteten Ausstellung von allen Seiten beleuchtet. So sieht man ihn als Mystiker, als unglücklichen Liebhaber, als Patriot und letztlich vor allem als Mensch seiner Zeit. ⏱ Mo–Mi 9.30–19.45, Do–Sa 9.30–16.45, So 13–16.45 Uhr, Eintritt frei.

Leinster House

Zwischen der Nationalbibliothek und dem Nationalmuseum liegt der Haupteingang zum Leinster House, das das **irische Parlament**, den Dáil Éireann, beherbergt. Der Zutritt ist nur auf Einladung möglich, auf dem Innenhof und vor den Toren kann man jedoch mit etwas Glück Politiker bei Interviews vor den Fernsehkameras entdecken. Vor dem Leinster House sammeln sich an Sitzungstagen auch regelmäßig Protestgruppen oder unzufriedene Einzelpersonen, oftmals ein sehenswertes, weil skurriles Schauspiel. Die Polizei schreitet dabei eigentlich nur ein, wenn der Verkehr behindert wird.

National Museum of Ireland

Gleich neben dem Leinster House befindet sich das Nationalmuseum, dessen Eingang eher unscheinbar ist. Das National Museum of Ireland, ✆ 01-6777444, 🖥 www.museum.ie, wurde in den letzten Jahren in mehrere geografisch getrennte Bereiche unterteilt. In der Kildare Street widmet man sich vor allem der Vor- und Frühgeschichte der Insel bis zum Mittelalter – weitere Teile sind in den Collins Barracks (S. 155) untergebracht, im Natural History Museum (S. 145) und im National Museum of Country Life in Mayo (S. 142). Ein Besuch des Museums in der Kildare Street ist unbedingt empfehlenswert, wenn man sich auch nur ein wenig für die Geschichte Irlands interessiert. Allerdings ma-

chen die Ausstellungen teilweise einen etwas ungeordneten Eindruck, einen Rundgang chronologisch aufzubauen, wird schwierig.

Kostenlose **Führungen** werden regelmäßig angeboten, mit Hilfe eines kleinen Lageplans (in mehreren Sprachen an der Information erhältlich) kommt man auch gut alleine zurecht.

Beim Betreten des Museums durch die imposante Vorhalle gelangt man direkt in den **prähistorischen Bereich** der Ausstellung. Hier sind vor allem Bodenfunde zu bestaunen, deren materieller Wert alleine immens sein muss. Viele Schmuckstücke sind aus feinstem Gold hergestellt und weisen eine handwerkliche Kunst auf, die in krassem Widerspruch etwa zu dem ausgegrabenen Einbaum stehen. Das herkömmliche Bild von einer weitgehend primitiven Gesellschaft wird hier eindrucksvoll widerlegt. Zwar sind die Strukturen und Gebräuche dieser Gesellschaft nicht bekannt, ihre stummen Zeugen, teils Opfergaben, teils vergrabene Schätze, zeugen jedoch von Reichtum und hohem handwerklichem Geschick.

Ein Versuch, in die Glaubenswelt der prähistorischen Iren einzudringen, wird in der relativ neuen Ausstellung **Kingship and Sacrifice** (Königtum und Opfer) gewagt – hier findet man mehrere Moorleichen, die beim Torfabbau in Irland gefunden wurden. Teilweise muss es sich um hochrangige Persönlichkeiten gehandelt haben, deren Tod und anschließende Versenkung im Moor wohl rituellen Charakter hatten. Die Ausstellung versucht, diese Funde in einen europäischen Zusammenhang zu stellen.

In der sogenannten **Schatzkammer** sind hervorragende Zeugnisse der Handwerkskunst vor allem aus der frühchristlichen Zeit ausgestellt. Hier sieht man auch einige Stücke, die mit zu den bekanntesten Ikonen des „keltisch-christlichen Irlands" gehören. Dazu gehören die Brosche von Tara oder auch der Messkelch von Ardagh.

Weitere sehenswerte Teile der Ausstellungen sind die vielen Funde aus der Wikingerzeit, die anhand von Modellen „lebendig" gemacht werden. Eine etwas enttäuschende Abteilung behandelt **Irland im Mittelalter**, mehr Beschreibung denn Präsentation von Funden. Für einen Hauch Kuriositätenkabinett sorgen Mumien aus dem **alten Ägypten**, in keinem Zusammenhang mit Irland stehend. ☉ Di–Sa 10–17, So/Mo 13–17 Uhr, Eintritt frei.

Kildare Street Club

Der Kildare Street Club am Fuß der gleichnamigen Straße ist heute Heimat eines französischen Kulturinstituts und einiger Büros der National Library. Hier ist auch der irische Wappenherold beheimatet. Für die meisten Touristen ist jedoch die Außenfassade des Gebäudes faszinierender: Im Bereich der Erdgeschossfenster ziehen hellgraue Steinmetzarbeiten, die mit zu den humorvollsten Attraktionen Dublins zählen, die Blicke auf sich. Hier sind verschiedene Tiere nachgebildet, die jedoch sehr menschlichen Tätigkeiten nachgehen. So spielt ein Nagetier die Laute, an anderer Stelle sind mehrere Affen in eine Partie Billard vertieft.

St. Stephen's Green und Umgebung

Der zentral gelegene Park ist der Mittelpunkt der südlichen Innenstadt. Umringt von Regierungsgebäuden, Universitätsinstituten, Einkaufszentren und Hotels, ist „The Green" eine kleine grüne Lunge in der Innenstadt und ein beliebter Aufenthaltsort der Dubliner in der Mittagspause. Die nordöstliche Ecke beim **Shelbourne Hotel**, in dem die irische Verfassung entworfen wurde und das bereits viel Prominenz beherbergt hat, ist unübersehbar dem Revolutionär und Freiheitshelden **Wolfe Tone** gewidmet, das Arrangement von steil aufragenden Basaltsäulen hinter der leicht abstrakten Figur hat zum Spitznamen „Tonehenge" geführt. Wer sich ein wenig Zeit nehmen kann, sollte die Parkanlage in Ruhe auf sich wirken lassen, nur so entdeckt man auch die etwas versteckten Details.

Die dominierenden Elemente des Parks sind der **Teich** mit seiner wildromantischen Brücke und einigen Klippen, der Kinderspielplatz und die großen Grünflächen rings um den Musikpavillon. Daneben gibt es zahlreiche Statuen und Denkmäler zu entdecken. So ist in der südöstlichen Ecke eine **Figurengruppe mit den drei Nornen** – Urd, Verdandi und Skuld – zu se-

Verwunschener Ort

Ganz in der Nähe des St. Stephen's Green befindet sich einer der letzten Geheimtipps Dublins (jedenfalls außerhalb der Mittagszeit, wenn die Büroarbeiter einfallen) – **Iveagh Gardens**. Der Park versteckt sich zwischen hohen Gebäuden, den Haupteingang (in der Clonmel St., abgehend von Harcourt St.) findet man nicht ohne Probleme. Die Belohnung dafür: Man hat hier weitaus mehr Ruhe als in den anderen Parks. Die verschiedenen Trümmer von Statuen, über deren Ursprung nicht sehr viel bekannt ist, sorgen zusätzlich für das Flair eines verwunschenen Märchengartens.

hen, die von der Bundesrepublik Deutschland als Dank für die Nachkriegshilfe aus Irland gespendet wurde. Diagonal gegenüber, am Ende der Grafton Street, wird dagegen mit der gigantischen **Fusileer's Arch** der Toten des Burenkriegs gedacht. Etwas versteckter stehen Statuen und Büsten von **Robert Emmet**, weiteren Dichtern und Patrioten, in Erinnerung an die nationalistischen Pfadfinder der Fianna Éireann und der Rebellenführerin Constance Markiewicz. Und ein Denkmal zu Ehren von **William Butler Yeats**, Letzteres stammt von Henry Moore. Ganz ohne Statue kommt dagegen die südwestliche Ecke des Parks aus, hier ist ein überraschend romantisches Häuschen zu finden, das einst dem Parkwächter diente.

University Church

Zwischen den Iveagh Gardens und dem St. Stephen's Green liegt etwas versteckt die **Newman University Church**, offiziell „Our Lady Seat of Wisdom", 🖥 http://newman.nd.edu/university-church. Ein langer, schmaler Gang führt in das Kirchenschiff der Mitte des 19. Jhs. erbauten Kirche, die einen byzantinisch-orientalischen Eindruck macht.

Museum of Literature Ireland

Unmittelbar nebenan liegt das **Newman House**, 1738 von Richard Cassels errichtet und Teil der National University of Ireland – sowie seit Kurzem Heimat des **Museum of Literature Ireland**, kurz **MoLI**. So neu, dass bei Redaktionsschluss noch keine Details in Sachen Öffnungszeiten und Eintrittspreise bekannt waren. Aber was man so aus den Medien erschließen konnte: Ein Besuch wird sich lohnen! Also unter 🖳 www. moli.ie nachsehen …

Kirche der Unitarischen Gemeinde

Die die südwestliche Umgebung des Green dominierende **Kirche im neogotischen Stil** ist dagegen ein viel fotografiertes Kuriosum – mitten in der Stadt erhebt sich hier ein Gebäude, das keiner der herkömmlichen christlichen Kirchen zugeordnet ist, sondern von der Unitarischen Gemeinde, 🖳 www.dublinunitarianchurch.org, genutzt wird. Leider nagt an den Steinmetzarbeiten schon der Zahn der Zeit, die Autoabgase haben dem Bauwerk stark zugesetzt. Zum Glück hat sich das in den letzten Jahren gebessert, nachdem der Individualverkehr stark eingeschränkt wurde und Lastwagen fast vollkommen aus diesem Stadtbereich verbannt wurden.

Royal College of Surgeons

Nur wenig weiter nördlich steht der tempelähnliche Bau des Royal College of Surgeons,

🖳 www.rcsi.com, gewissermaßen die heilige Halle der irischen Ärzteschaft. Dieses Gebäude spielt auch in der republikanischen Tradition eine wichtige Rolle: Nachdem Rebellen im Jahr 1916 den Park besetzt hatten, erwies sich dies schnell als eine Schnapsidee. Ohne vernünftige Deckung waren die Milizionäre dem Maschinengewehrfeuer der Briten, u. a. aus dem Shelbourne Hotel, schutzlos ausgesetzt. Sie zogen sich daher in das College zurück, noch heute kann man die Einschüsse in der Steinfassade deutlich sehen.

Stephen's Green Shopping Centre und Gaiety Theatre

Weitaus schlimmere Zerstörungen des Gesamtbildes wurden jedoch angerichtet, als man Stadtplaner mit der Modernisierung Dublins beauftragte. Das **Stephen's Green Shopping Centre**, 🖳 www.stephensgreen.com, mit seiner an ein Palmenhaus erinnernden Fassade ist da eher ein positives Beispiel neuer Architektur. Und hat einen angenehm bunten Mix von Läden. Es harmoniert sogar mit dem alten **Gaiety Theatre**, 🖳 www.gaietytheatre.ie, direkt daneben.

Little Museum of Dublin

Eine recht quirlige Einrichtung ist das Little Museum of Dublin, 15 St Stephen's Green, 🖳 www.littlemuseum.ie, das einen Einblick in die Stadtgeschichte aus der Sicht des einfachen Bürgers erlaubt. Die oft wechselnden Ausstellungen sind recht bunt gemischt und wenden sich an Einheimische wie Besucher, die abseits der bekannten Highlights Dublin „persönlich" kennenlernen wollen. ⏰ tgl. 9.30–17 Uhr, Eintritt 10 €, Führung obligatorisch.

Hugenotten-Friedhof

Schräg gegenüber vom „Tonehenge" stößt man auf diesem Weg allerdings auch auf den alten Hugenotten-Friedhof, der vor allem zur Zeit der Blüte der „Bluebells" (blaue Sternhyazinthen) ein sehr romantisches Fotomotiv abgibt.

Mansion House

Im oberen Teil der Dawson Street befindet sich das Mansion House, 🖳 www.mansionhouse.ie, seit 1715 Amtssitz des Oberbürgermeisters von Dublin. In diesem eher unscheinbaren Gebäude, 1710 von Joshua Dawson als Wohnhaus gebaut, trat im Januar 1919 auch das erste irische Parlament der Neuzeit zusammen – ohne dazu offiziell befugt zu sein, von eigenen Gnaden, sozusagen.

St. Ann's Church

Etwas weiter bergab steht die St. Ann's Church, 🖥 stann.dublin.anglican.org, die anglikanische Gemeindekirche dieses Stadtteils und besonders durch eine historische, karitative Rolle bekannt: Seit 1723 werden, finanziert aus dem Nachlass Lord Newtons, in der Kirche neben dem Altar Brotlaibe in einem Regal vorrätig gehalten. Bei einer Besichtigung der Kirche kann man auch heute noch einige Brote in den Regalen stehen sehen. Keine nostalgische Deko, sondern echtes Brot, das sich Bedürftige immer noch mitnehmen dürfen.

Fitzwilliam Square

Eine der schlimmsten Freveltaten in der historischen Innenstadt Dublins spielte sich in der Nähe des idyllischen Fitzwilliam Square ab. Der größte Energieversorger des Landes, das Electricity Supply Board (ESB), hat hier in den 1960er-Jahren ein monströses Verwaltungsgebäude errichtet und dafür eine komplette Häuserzeile weggerissen. No. 29 ist der letzte Rest, von der ESB dann als Feigenblatt-Museum aufwendig renoviert, derzeit aber wegen Umbauarbeiten geschlossen. Ein Spaziergang rund um den Platz lohnt sich dennoch – die Grünfläche in der Mitte ist allerdings nach wie vor gut verschlossen und nur für Anwohner zugänglich.

Am Merrion Square

Nördlich des Fitzwilliam Square liegt ein weiterer, vielleicht der bekannteste von Dublins „Georgian Squares".

Government Buildings

Die Government Buildings, also der nominelle irische Regierungssitz, befinden sich zwischen der Merrion Row und dem Merrion Square. Sie erscheinen auf sonderbare Weise zu groß für das kleine Land. Was daran liegen mag, dass sie gar nicht als Regierungsgebäude geplant waren, sondern eines der letzten britischen Großprojekte waren – 1910 als Teil der National University of Ireland gebaut. Von hier kann auch ein schöner Blick auf die südliche Seite des Merrion Square geworfen werden. Links der eingezäunte Park, rechts reihenweise die bekannten Dubliner Stadthäuser mit ihren bunten Türen, am Ende der Straße schließlich die Kirche mit dem Pfefferstreuer.

St. Stephen's

Die Pepper-Canister Church, 🖥 www.peppercanister.ie, ist benannt nach ihrem eben an einen Pfefferstreuer erinnernden Türmchen. Aus der Entfernung schöner als bei näherer Betrachtung. Ein Abstecher lohnt sich aber vielleicht wegen der sehr schönen Statue eines Kindes, das hinter der Kirche (Mount Street Crescent) an einer Straßenlaterne spielt. Die Skulptur soll an das alte Dublin erinnern und wurde als private Initiative aufgestellt.

Natural History Museum

Das Natural History Museum, Merrion St., 📞 01-6777444, 🖥 www.museum.ie, im Dubliner Volksmund auch als „der tote Zoo" bekannt, war vor allem für seine ausgestopften Tiere bekannt. Diese waren nicht immer Meisterstücke der Taxidermie, der Panda etwa hatte nur eine mehr zufällige Ähnlichkeit mit lebenden Exemplaren und deutliche Löcher an den Stellen, wo Motten oder allzu neugierige Finger ihm im Lauf der Jahrzehnte zusetzten. Experten meinen, dass das Natural History Museum nach wie vor nur ein (allerdings ziemlich wertvolles) Exponat hat –sich selbst eben, ein typisch viktorianisches Naturkundemuseum in einer Art Zeitkapsel. 🕐 Di–Sa 10–17, So/Mo 13–17 Uhr, Eintritt frei.

Archbishop Ryan Park

Gegenüber dem Leinster House liegt einer der größten Parks der Dubliner Innenstadt. Der Merrion Square Park, oder besser der Archbishop Ryan Park, war über lange Jahrzehnte hinweg eines der begehrtesten Baugrundstücke in Dublin. An dieser Stelle sollte eine gigantische katholische Kathedrale entstehen,

Wer sich für Architektur interessiert, wird in Dublin das georgianische Erbe besichtigen. Die „Georgian Heritage" wird oft von Fachleuten heraufbeschworen. Der Laie wundert sich, was gemeint ist – und kauft sich eine Postkarte mit den berühmten „Doors of Dublin". Dabei sind beide doch dasselbe …

„Georgianisch" ist weniger ein Stil- als ein Epochenbegriff. Er umschreibt grob die Periode zwischen 1703 und 1837. Und in diesem Zeitraum saßen vor allem die (deutschen) Könige mit Namen George gleich reihenweise auf dem englischen Thron. Davor war die Renaissance, danach kam die viktorianische Periode. An Baustilen konnte „georgianisch" das späte Barock, das italienisch angehauchte „Palladian" und auch das orientalisch-verspielte „Regency" umfassen. Wenn aber im Zusammenhang mit Dublin von „georgianisch" die Rede ist, dann ist meist der von Robert Adam populär gemachte Stil des Stadthauses gemeint.

Stadthäuser waren nicht Selbstzweck, sondern Notwendigkeiten: Die Oberschicht der Britischen Inseln bestand traditionell aus dem Landadel. Und der hatte seinen Erstwohnsitz auf einigen hundert Hektar im Grünen. In die Stadt ging es nur der Geschäfte, Kultur oder Politik wegen. Also wurde ein ansehnlicher, aber nicht allzu komplizierter Zweitwohnsitz in den Zentren der Macht errichtet. In Irland war dies Dublin, Sitz des Parlamentes. Das klassische georgianische Stadthaus nach den Ideen von Adam war ein mehrstöckiger, eigentlich schlichter und recht eckiger Bau. Was man an Dekorationselementen investierte, war im Innenraum zu finden. Nach außen glich ein Stadthaus bis auf feine Details dem anderen.

Und diese feinen Details fanden sich im Eingangsbereich. Die Eingangstür im Hochparterre wurde zum Fokus des externen Dekors. Standardmäßig über eine Treppe zu erreichen, von Eisengeländern flankiert und mit einem Oberlicht versehen, war diese das wirklich individuelle architektonische Element. Die kleinen Details des Schuhabputzers, des Türklopfers oder der Gestaltung des halbrunden Oberlichtes waren es, die Geschmack und Individualität ausdrückten. Oft zusammen mit den Säulen, die die Tür einfassten. Und später mit der Farbe der Tür, denn verbesserte Lacke machten eine wirklich dauerhafte und kräftige Farbgebung möglich. Und so entstanden dann die „Doors of Dublin".

In London sah es ähnlich aus, sogar noch prunkvoller … warum also ist heute Dublin so berühmt? Die irische Hauptstadt hatte das „Glück", um 1800 bedeutungslos zu werden. Nachdem sich das irische Parlament auflöste und Politik künftig in Westminster gemacht wurde, zog auch der Landadel weiter. Die Häuser in Dublin wurden vermietet oder als Drittwohnsitz behalten. In jedem Fall aber nicht groß modernisiert und dem Zeitgeschmack angepasst. So fror dann die architektonische Entwicklung des typischen Stadthauses um 1800 ein.

die Planung sah einen neogotischen Prachtbau vor. Aus verschiedenen Gründen, einer davon war letzten Endes auch Geldmangel, kam es niemals zur Umsetzung dieses Planes. Weswegen sich der Bischof letztlich entschloss, das Gelände den Bürgern von Dublin zu schenken und als öffentlichen Park zugänglich zu machen.

Heute nutzen die Dubliner diese große **„Grüne Lunge"** für lange Spaziergänge. Ein Gang durch den Park bietet zwar nicht unbedingt die gleiche landschaftliche Abwechslung wie das nahe St. Stephen's Green, die im Park ausgestellten **Statuen und Kunstwerke** allerdings machen ihn durchaus interessant. Hier kann man eine enorme Bandbreite von Themen entdecken. Ein großer Stuhl, der in einer Art Narrenkappe endet, ist etwa dem irischen Satiriker Dermot Morgan gewidmet, der als „Father Ted" in die moderne Folklore einging. Sehr bedrückend wirkt dagegen eine Figurengruppe, die schlicht „Opfer" benannt ist und trotz ihrer Abstraktion deutlichen Schmerz ausstrahlt. Gar nicht weit entfernt geht es dann wesentlich heroischer auch um Opfer. Ein Obelisk mit einer ewigen Flamme und vier Bronzestatuen dient dem Gedenken an die gefallenen irischen Soldaten.

Das wohl spektakulärste Denkmal allerdings steht in der nordwestlichen Seite des Parks, hier

Das zweite Glücksgeschick war Irlands Neutralität im Zweiten Weltkrieg. Nicht nur blieben Dublin wirklich verheerende Bombenangriffe erspart. Auch die Sammelwut der an Metall armen Rüstungsindustrie kam nicht zum Tragen. In den britischen Städten wurden indes die Treppengeländer, Balkone, Verzierungen und alle nicht wirklich strukturell notwendigen Metallteile abgeschraubt und abgesägt, nur um etwa als Panzer ein neues Leben zu finden.

In Dublin waren es erst die Stadtplaner der Nachkriegsjahre, die wirkungsvoller als Görings Luftwaffe ganze Straßenzüge vernichteten. Wie eben am **Fitzwilliam Square** (S. 145), einem der drei großen georgianischen „Squares" in der südlichen Stadtmitte. Die anderen zwei sind **Merrion Square** (S. 145) und **St. Stephen's Green** (S. 143), Grünflächen, umgeben von einer (zumindest ursprünglich) geschlossenen Häuserfront aus georgianischer Zeit.

Interessant ist auch noch der **Mountjoy Square** auf der Northside – dieser ist wirklich fast quadratisch, und mittlerweile sehr gut restauriert worden.

wurde der irische Schriftsteller **Oscar Wilde** verewigt. Überlebensgroß lungert der Lebemann auf einem riesigen Steinblock herum. Sein Gesicht ist von einer Seite nachdenklich-traurig, von der anderen Seite mit einem süffisanten Lächeln versehen. Der bunte, farbige Effekt der Statue wurde allein durch die Verwendung verschiedenfarbiger Steinarten erreicht.

In der Nähe des großen Denkmals stehen noch zwei kleinere Säulen, die u. a. mit Bonmots von Wilde selbst versehen sind. Und mit zwei kleineren Plastiken. Die eine zeigt Wildes Frau schwanger und splitternackt, die andere einen Männertorso. Ein verwirrendes Arrange-

ment, das geradezu zur Beschäftigung mit der Biografie des Schriftstellers herausfordert. Das Haus, in dem Wilde einen Teil seiner Kindheit verbrachte, liegt übrigens auf der gegenüberliegenden Straßenseite und wird heute vom American College genutzt.

National Gallery of Ireland

Die National Gallery of Ireland, Merrion Square West, ✆ 01-6615133, ▭ www.nationalgallery.ie, ist die größte staatliche Kunstgalerie auf der Insel und beherbergt eine recht breit gestreute **Gemäldesammlung**. Schwerpunkte liegen dabei auf irischer Kunst und auf den Porträts historischer irischer Persönlichkeiten. Die Sammlung von Turner-Aquarellen ist eine kleine Kuriosität – extrem lichtempfindlich, werden sie nur im Januar aus dem Lager geholt und öffentlich gezeigt. Die ständige Ausstellung der National Gallery zeigt dagegen Werke alter Meister wie etwa Vermeer, oder auch modernerer Künstler wie Picasso und Nolde. Diese sind entweder thematisch oder chronologisch geordnet.

Ein ganz besonderer Schatz ist dabei eine Bibelszene, die von Caravaggio gemalt sein soll. Das Bild hing lange Zeit nahezu unbeachtet in einem Gebäude der Jesuiten und wurde erst vor wenigen Jahren wiederentdeckt. Ob die Zuordnung allerdings korrekt ist, darüber streiten sich auch wie vor die Gelehrten – die Nationalgalerie spricht meist vorsichtig von einer „sehr wahrscheinlichen" oder „so gut wie sicheren" Urheberschaft.

Überhaupt sind viele in der Galerie ausgestellte Werke auf indirektem Weg hierher gelangt. So hat der Nobelpreisträger George Bernard Shaw seine komplette private Gemäldesammlung dem irischen Staat vermacht. An diese großzügige Spende erinnern nicht nur kleine Bemerkungen im Museumsführer, sondern auch eine lebensgroße Statue des Dichters. ⊙ So, Mo 11–17.30, Di–Sa 9.15–17.30 Uhr (Do 20.30 Uhr), Eintritt frei, Sonderausstellungen sind jedoch kostenpflichtig.

Grand Canal Docks und Poolbeg

Der Grand Canal ist der zweite Wasserweg, der zusammen mit dem Royal Canal Dublins Innenstadt umschließt. Auch er beginnt an der Liffey und führt in die westlich gelegenen Midlands, dabei durchquert er jedoch erst mal die südlichen Vororte von Dublin. Am Ende des Sir John Rogerson Quay liegt die Einfahrt zu den Grand Canal Docks, die in den letzten Jahren zunächst gereinigt und dann teilweise von Neubauten eingerahmt wurden. So haben sie zwar einiges von ihrem post-industriellen Charme verloren, dieser bestand jedoch vor allem aus einer Atmosphäre des langsamen Verfalls.

Eine sehr mutige Architektur hat hier Einzug gehalten, Metall und Glas sind die bestimmen-

den Elemente, und das populäre **Bord Gáis Energy Theatre** von Daniel Libeskind, 🖥 www.bord gaisenergytheatre.ie, ist eines der herausragenden Gebäude. Ganz in der Nähe wurde in der South Lotts Road mit „The Gasworks" ein alter Gasspeicher in ein rundes Mietshaus umgebaut,

Buchkunst und „Heilige Schriften"

Wenn man eine Liste der in Irland unbedingt zu besichtigenden Museen macht, dann gehört die **Chester Beatty Library**, Dublin Castle, ✆ 01-4070750, 🖥 www.cbl.ie, ohne Zweifel dazu – obwohl sie mit Irland eigentlich gar nichts zu tun hat. Sie ist die Heimat der umfangreichen Sammlung des amerikanischen Unternehmers und Philanthropen Chester Beatty, dem ersten Ehrenbürger der Stadt Dublin, der seine Kunstschätze den Bürgern der Stadt hinterließ. Der vor allem durch Bergbau reich gewordene Beatty war ein Sammler, der besonders von der Buchkunst fasziniert war. Auf seinen Reisen kaufte er zahlreiche Manuskripte, Fragmente, einzelne Bücher und komplette Sammlungen. Dabei waren religiöse Texte einer der Schwerpunkte. Bei seinem Tod ging die komplette Sammlung in den Besitz der Stadt Dublin über, seit einigen Jahren ist sie in einem Gebäude hinter dem eigentlichen Dublin Castle untergebracht.

Die Sammlung ist nicht vollständig zugänglich, in teilweise wechselnden Ausstellungen werden den Besuchern jedoch einige Höhepunkte präsentiert. Besonders beeindruckend sind Bibel-Fragmente, die mit zu den ältesten Exemplaren in ihrer Gattung gehören, prachtvolle Ausgaben des Koran aus dem Nahen Osten und reich illustrierte Schriftrollen aus dem Fernen Osten. Die Ausstellungen werden durch passende Ergänzungen aus den verschiedensten Sammlungen noch lebendiger, von Werkzeugen für Ledereinbände bis hin zu kompletten Samurai-Rüstungen. Unbedingt hineinschauen sollte man auch in das Silk Road Café, 🖥 www. silkroadkitchen.ie, im Erdgeschoss, das orientalische Spezialitäten vom Feinsten bietet. ⊙ März–Okt Mo–Fr 10–17, Sa 11–17, So 13–17 Uhr, Nov–Feb Mo geschl., Eintritt frei.

ein spektakulärer Anblick. Und in den Docks kann man heute z. B. das Windsurfen lernen.

Von hier aus lässt sich auch eine kleine Wanderung am Kanal entlang unternehmen, die jedoch wegen der beidseitig verlaufenden, relativ dicht befahrenen Straßen streckenweise nicht sehr idyllisch ist. Dabei wird der Kanal aber praktischerweise auch häufig von Hauptstraßen überquert, die einen schnell in die Innenstadt zurückführen können.

South Wall

Eine ganz besondere Attraktion Dublins findet sich weiter außerhalb, an der Mündung der Liffey, und hinter der Poolbeg Power Station am Ende des South Wall. Dieser dient für die Einfahrt in den Hafen von Dublin als Brandungsschutz und ragt scheinbar endlos in die Dublin Bay hinein. Ganz am Ende steht ein **blutroter Leuchtturm** mitten in der Bucht. Die Mole ist (mit etwas Vorsicht) begehbar, und die Plattform um den Leuchtturm bietet einen einmaligen Ausblick auf die gesamte Bucht von Dublin. Wer nicht mit dem Auto unterwegs ist, kann sich von einem Stadtbus (Linie 1) beim Kraftwerk absetzen und auch wieder in die Innenstadt zurück bringen lassen, wobei man den Grand Canal überquert.

Das alte Herrschaftszentrum

Dublin City Hall

Die City Hall, Dame St., ✆ 01-2222204, 🖥 www.dublincity.ie, das alte Rathaus der Stadt Dublin, ursprünglich Sitz der Börse, ist ein prachtvoller Bau, der heute jedoch nur noch für Präsentationszwecke genutzt wird. Der Zutritt zur großen Halle mit ihren Säulen und reichen Verzierungen ist tagsüber in der Regel unentgeltlich möglich. Im Untergeschoss befindet sich ein kleines Museum zur Geschichte der Stadtverwaltung. ◷ Mo–Sa 10–17.15 Uhr, Eintritt frei.

Dublin Castle

Das Dublin Castle, 2 Palace St., ✆ 01-6458813, 🖥 www.dublincastle.ie, auf der Anhöhe des Cork Hill ist nicht das, was man im Allgemeinen unter einer Burg versteht – stellt aber das historische Herz der Stadt dar. Die Anlage hat mitt-

lerweile kaum noch den Charakter einer Festung und ist zudem ein buntes Gemisch verschiedenster Baustile, die z. T. im Laufe der Jahrhunderte stark verändert wurden. Selbst die mittelalterlichen Teile spiegeln eher den Zeitgeist späterer Jahrhunderte wider. Dennoch werden Teile der Fassade gern bei Filmaufnahmen genutzt – so turnte hier schon Jackie Chan akrobatisch herum und auch die Fernsehserie *The Tudors* griff auf Dublins „Burg" zurück.

Im Rahmen einer Führung können viele Teile des Dublin Castle besichtigt werden. Der Rundgang beginnt in der Regel mit den **State Apartments**, einst die Arbeits- und Repräsentationsräume des Vizekönigs und heute von der Republik für besondere Empfänge genutzt. Nächste Station ist die **Chapel Royal**, das altertümliche Kirchengebäude im Stil des „Gothic Revival", entworfen von Francis Johnston. Besonders beachtenswert: die Wappen der fremden Machthaber von Hugh de Lacy (1172) bis FitzAlan (1922). FitzAlans Wappen nimmt den allerletzten Platz ein; hätte die englische Herrschaft länger gedauert, wäre ein neues System notwendig geworden.

Sehr interessant ist der dritte Teil der Besichtigung, der sich unterhalb der Burg in der **Undercroft** abspielt. In einer leicht gruseligen Atmosphäre kann man hier sogar die mittelalterlichen Fundamente sehen, um die der heute unter der Erde verschwundene Fluss Dodder den „Burggraben" bildete. Hier sind auch die Reste der Verbindung zur Liffey zu sehen. ◷ Führungen tgl. 9.45–17.15 Uhr, Eintritt 12 €, eingeschränkter Zutritt mit Führung 8 €.

Ganz unterhaltsam ist auch das **Zollmuseum**, das in der Krypta der Chapel Royal eingerichtet wurde und mit einigen interessanten Ausstellungsstücken glänzt. Wo etwa kann der Normalsterbliche schon eine illegale Schnapsbrennerei sehen? Und wenn der Blick auf das spezielle, zur Bekämpfung des Drogenschmuggels konstruierte Klo fällt … ◷ Mo–Fr 10–16 Uhr, Eintritt frei.

Das Kathedralenviertel

St. Patrick's Cathedral

Die altehrwürdige St. Patrick's Cathedral, Saint Patrick's Close, ✆ 01-4539472, 🖥 www.st

patrickscathedral.ie, im 19. Jh. im gotischen Stil prachtvoll restauriert, ist streng genommen gar keine Kathedrale mehr. Der Status einer Kathedrale wird einer Kirche schließlich nur dadurch verliehen, wenn in ihr das Pult („cathedra") des Bischofs steht. Dieses Gotteshaus jedoch gehört gar keinem Bischof, stattdessen wird die dem Nationalheiligen geweihte Kirche als „Nationale Kathedrale Irlands" bezeichnet. Dieser etwas ungewöhnliche Schritt ergab sich aus politischen Gründen – nachdem die anglikanische Kirche ihren Status als Staatskirche verloren hatte und die katholische Kirche wieder volle Rechte bekam, hatte Dublin zwar zwei anglikanische Kathedralen, jedoch keine katholische. Um jeder Forderung nach Rückgabe entgegenzuwirken, wurde der Status der Nationalkathedrale geschaffen.

Die Kathedrale selber weist einige interessante Monumente und Statuen auf. Sehr auffällig ist die **Statue des Hl. Patrick**, der an dieser Stelle angeblich Menschen mit dem Wasser einer heiligen Quelle taufte und der in vollkommen untypischer Pose als Suchender dargestellt wird, fast wie ein Blinder sich vortastend. Manchem Betrachter mag diese Statue zu modern sein, sie steht auch in starkem Kontrast zu den jahrhundertealten Grabmälern. Diese sind teilweise stark verziert und im Falle des **Boyle Monument** mit der Darstellung ganzer Familien versehen. Wesentlich bescheidener nimmt sich das Grab des wohl bekanntesten ehemaligen Mitarbeiters der Kathedrale aus – **Jonathan Swift**, heute vor allem als Autor von *Gullivers Reisen* bekannt. Er und seine geliebte Stella fanden hier ihre letzte Ruhestätte.

Ein weiterer Kulturschaffender, **Turlough O'Carolan**, auch als der letzte irische Barde bekannt, wird ebenfalls mit einem Denkmal geehrt. Diese Tradition setzt sich übrigens auch außerhalb der Kathedrale fort, im benachbarten Park sind Gedenksteine für wichtige irische Schriftsteller aufgestellt. Eine ganz andere Tradition hat ihren letzten Widerhall in der **Kapelle des Ordens vom Hl. Patrick**. Von 1783 bis 1869 kamen hier die Mitglieder des Ordens zum Gebet zusammen, noch heute kann man ihre Banner und Helme sehen. Der Orden selbst allerdings ist Vergangenheit. ⏱ März–Okt Mo–Fr 9.30–17,

Sa 9.30–18, So 9–10.30, 12.30–14.30 und 16.30–18, Nov–Feb Mo–Sa 9.30–17, So 9–10.30 und 12.30–14.30 Uhr, Eintritt 8 €.

Marsh's Library

Die in unmittelbarer Nähe gelegene Marsh's Library, St. Patrick's Close, ☎ 01-4543511, 🖥 www.marshlibrary.ie, eingerichtet durch Erzbischof Marsh, ist ein Traum für Bibliophile und Bibliothekare. Erstere werden die zahlreichen uralten Bücher, viele von ihnen haben religiöse Inhalte, mit Ehrfurcht betrachten und sich an der schönen Gestaltung der Bibliothek erfreuen. Letztere werden vor allem das Sicherheitssystem bewundern – will ein Nutzer besonders wertvolle Bücher lesen, wird er mitsamt dem Buch in einen ausbruchsicheren Käfig eingeschlossen. Allein diese kuriose Art der Diebstahl-Prävention machte diese etwas versteckt gelegene Einrichtung zu einem der Highlights des alten Dublin. Die Bücherei wurde im Jahre 1701 von Sir William Robinson gebaut und hat rund 25 000 Bücher aus dem 16., 17. und 18. Jh. im Bestand, dazu eine große Anzahl an zahlreichen Schriftstücken, Manuskripten und Landkarten. Auch James Joyce und Jonathan Swift waren hier häufig zu Gast. ⏱ Mo und Mi–Fr 9.30–17, Sa 10–17 Uhr, Eintritt 5 €.

Teeling Distillery

Sollte der Sinn mehr nach Spirituosen denn nach Spirituellem stehen, dann kann die (moderne) Teeling Distillery, 13-17 Newmarket, ☎ 01-5310888, 🖥 www.teelingdistillery.com, mitten in den Liberties das nächste Ziel sein. Die informative Tour (tgl. 10–17.40 Uhr, ab 15 €) hat weniger musealen Charakter als anderswo in Dublin – denn hier wird tatsächlich **feinster Whiskey** hergestellt. Das mag dank blitzsauberer Kessel und guter Beleuchtung weniger romantisch sein, ist aber nunmal authentisch. Das die obligatorische Verkostigung am Ende (ab 18, wie immer) gehört auch dazu. Das gute Phoenix Café im Haus öffnet übrigens schon um 7.30 Uhr, hier kann man auch gut frühstücken.

Iveagh Market

Nur wenige Minuten von der St. Patrick's Cathedral entfernt, ist eine alte Markthalle, der Iveagh

Christ Church Cathedral: Dublins älteste und einzig „echte" Kathedrale ▶

Market in der Francis Street, einen kurzen Abstecher wert – schon wegen der schönen Steinmetzarbeiten. Eine ganze Reihe von Köpfen repräsentiert die Länder, aus denen die hier früher verkauften Waren kamen. Die Darstellungen bedienen sich so mancher Stereotypen, bis in rassistische Gefilde: Die Levante etwa wird von einer äußerst verschlagenen Gestalt repräsentiert. Leider liegt das Gebäude seit einigen Jahren brach, trotz eines Planes, es zu einer Art „Covent Garden in Dublin" umzuwandeln.

Christ Church Cathedral

Ein klassisches Touristenziel ist Dublins dritte Kathedrale. Auf einem Hügel über der Liffey gebaut, thront die Christ Church Cathedral, Christchurch Pl., ✆ 01-6778099, 🖥 www.christchurch cathedral.ie, auch heute noch über ganz Dublin. Sie ist die einzige „echte" Kathedrale in Dublin und wirkt immer noch „mittelalterlich". Ihr heutiges Aussehen verdankt sie jedoch der erst 1878 beendeten Renovierung, die z. T. mehr fantasievolle Rekonstruktion war. Teile der Kirche stammen heute noch aus dem 13. Jh., sind jedoch ohne besonderen Hinweis nur für Fachleute zu erkennen. Zu den ältesten Teilen der Kirche gehört die große **Krypta**, die heute als Museum genutzt wird und eine recht bunte Sammlung von Erinnerungsstücken aufweist.

Gleich zwei englische Könige, Charles II. und James II., fristen hier ein verstecktes Dasein, ihre Statuen waren nach der „Glorious Revolution" nicht mehr politisch korrekt. Ein weiterer Erzbösewicht der irischen Geschichte, der anglo-normannische Eroberer Richard de Clare, genannt **Strongbow**, soll sein Grabmal in der Kathedrale haben. Ob hier aber tatsächlich Strongbow ruht, ist nicht absolut sicher. Übrigens wird Christ Church Cathedral an jedem Silvesterabend zum zentralen Treffpunkt vieler traditionsbewusster Dubliner, die sich vom nahen Vergnügungsviertel Temple Bar losreißen können. Kurz vor Mitternacht läuten die Glocken das alte Jahr zu Grabe, das neue Jahr wird dann mit einem aufwendigen Geläut aller 19 Glocken begrüßt. 🕐 Mo–Sa 9.30–17, So 12.30–14.30 Uhr (im Sommer länger), Eintritt 7 €.

In einem ehemaligen Synodengebäude, das mit der Kathedrale über eine fast venezianisch wirkende Brücke verbunden ist, findet man die Ausstellung **Dublinia**, ✆ 01-6794611, 🖥 www. dublinia.ie – hier kann man, so die Werbung, das mittelalterliche Dublin „live" erleben. Tatsächlich handelt es sich um eine sehr sehenswerte Ausstellung, in der mit lebensgroßen Figuren, einigen nachgebauten Straßenzügen und einem gigantischen Modell die Stadt Dublin im Mittelalter dargestellt wird – Bettler, Opfer der Pest, Kaufleute und (natürlich) Rebellen inklusive. Obwohl die Präsentation ein wenig den Gedanken an Disneyland erweckt, ist sie doch für historisch interessierte Touristen den Eintritt wert. Kinder kommen voll auf ihre Kosten, vor allem auch im später ergänzten (und daher chronologisch falsch angeordneten) Teil, der Dublin zur Wikingerzeit darstellt. 🕐 tgl. 10–17.30, im Sommer bis 18.30 Uhr, Eintritt 10 €, ein Kombi-Ticket für Dublinia und die Kathedrale ist für 15 € erhältlich.

St. Audoen's Church

Nahe der Christ Church Cathedral steht Dublins einzige Kirche, die seit dem Mittelalter unverändert erhalten geblieben ist – die St. Audoen's Church, Cornmarket, ✆ 01-6770088, 🖥 www. heritageireland.ie. Das heute noch genutzte Gotteshaus stammt in wesentlichen Teilen aus dem 13. Jh. 🕐 Ende Mai–Ende Okt tgl. 9.30–17.30 Uhr, Eintritt frei.

Der umliegende Park wird noch dazu von den Resten der **mittelalterlichen Stadtmauer** begrenzt, hier hat man tatsächlich auf wenigen Quadratmetern die letzten Überbleibsel des mittelalterlichen Dublin vor sich.

Vaults Live

„Living History" im wahrsten Sinne des Wortes wird in Vaults Live, Johns Lane West, ✆ 01-5411485, 🖥 www.vaults.live, präsentiert – in einer **Theater-ähnlichen Tour durch Dublins Geschichte** lernt man in sechs Szenen längst verblichene Leute kennen. Natürlich von Schauspielern dargestellt, Zombies gibt es hier keine (die trifft man am ehesten morgens in Temple Bar). Launig, lehrreich, und irgendwie anders … komplett mit Molly Malone, Graf Dracula, St. Brigid, und dem wilden Wikinger Ikea, unter dem Pantoffel seiner irischen Gattin Brona stehend. Wie aus letzterem Beispiel schon hervorgeht, ist das kein trockener Geschichtsunterricht, sondern schlicht ein Heidenspaß. Und für das Skript zeichnet niemand Geringerer als Peter Sheridan verantwortlich. ◷ stdl. Shows starten tgl. 11–17 Uhr, Eintritt 25 € (Internet 20 €).

Kilmainham

Guinness-Brauerei

Eine echte Pilgerstätte für viele Touristen ist das **Guinness Storehouse**, Market St., ✆ 01-4084800, 🖥 www.guinness-storehouse.com, eine in einem ehemaligen Lagerhaus untergebrachte weitläufige Ausstellung über die Geschichte der Guinness-Brauerei. Bereits im 12. Jh. sollen Mönche hier Bier gebraut haben, 1759 dann kaufte Arthur Guinness die bestehende Brauerei und machte sie zu einem Weltkonzern. Die Brauerei selbst kann man nicht besichtigen, doch das Firmenmuseum, wo sogar die Lok ausgestellt ist, die früher über das riesige Fabrikgelände ratterte, gilt als die am meisten besuchte (Eintritt verlangende) Touristen-Attraktion in Irland. Bedenkt man, dass man hier eigentlich Eintritt für die gigantische PR-Veranstaltung eines Weltkonzerns bezahlt, bekommt das „kostenlose" Glas Guinness, das man anschließend ausgeschenkt bekommt, schnell einen schalen Geschmack.

Andererseits sind Guinness und Dublin synonym, das beliebteste Mitbringsel aus Irland sind Werbeartikel der Marke und ohne ein Glas des Nationalgetränks zu „genießen", kehrt kaum jemand wieder nach Hause zurück. Zudem bietet die **Gravity Bar** einen wirklich schönen Rundblick über Dublin, und die Ausstellung ist gut gestaltet und insgesamt sehr interessant. ◷ tgl. 9.30–19, Juli und Aug 9–20 Uhr, Eintritt ab 18,50 € (abhängig u. a. von der Tageszeit – zur Vermeidung von langen Warteschlangen und für Rabatt unbedingt im WWW vorbestellen).

Irish Museum of Modern Art (IMMA)

Weiter westlich und damit nicht mehr im Innenstadtbereich liegt das Irish Museum of Modern Art (IMMA), Royal Hospital, ✆ 01-6129900, 🖥 www.imma.ie, im ehemaligen Royal Hospital von Kilmainham untergebracht. Dieses beeindruckende Gebäude aus dem 16. Jh. erinnert an

Les Invalides in Paris und wurde von Sir William Robinson als Alten- und Pflegeheim für 300 Soldaten gebaut. Erst 1927 wurde das Pflegeheim geschlossen, 1991 dann erhielt das Gebäude seine neue Bestimmung. Es ist ein Museum der Gegensätze, denn das klassische Gebäude mit seiner Barock-Kapelle und den Gärten aus dem 17. Jh. kontrastiert mit den nicht unbedingt immer „leicht zugänglichen" Kunstwerken. Die Sammlung zeigt sowohl irische Gegenwartskunst als auch internationale Werke, Sonderausstellungen finden regelmäßig statt. Es werden Führungen durch die Ausstellung angeboten. ◷ Di–Fr 11.30–17.30, Sa 10–17.30, So und feiertags 12–17.30 Uhr, Eintritt frei.

Kilmainham Gaol

Eine der zahlreichen heiligen Stätten des Republikanismus in Irland ist Kilmainham Gaol, Inchicore Rd., ✆ 01-4535984, 🖥 www.kilmainhamgaolmuseum.ie. In diesem 1795 errichteten Gefängnis wurden nicht nur viele Patrioten inhaftiert, hier wurden auch die **Führer des Osteraufstands** hingerichtet. James Connolly sogar wegen seiner schweren Verletzungen auf einem Stuhl sitzend. Bei der Führung betritt man auch die Kapelle, in der Joseph Plunkett, Schriftsteller und Anführer des Osteraufstandes, am 4. Mai 1916 Grace Gifford ehelichte, bevor er zwei Stunden später exekutiert wurde. Dies ist natürlich der Stoff, aus dem Legenden geschmiedet werden. Aber auch von dieser ganz spezifisch irischen Geschichte einmal abgesehen, ist das ehemalige Gefängnis interessant.

Hier hat man die seltene Gelegenheit, eine **viktorianische Strafanstalt** in unverändertem Zustand zu sehen. In der übrigens auch ganz „normale" Kriminelle in engen Zellen schmorten. Dass Rehabilitation nicht unbedingt eine der Hauptziele an diesem Ort war, wird schon am Eingang deutlich: Über der schweren Tür zeigt ein Steinrelief in Ketten gehaltene Schlangen. Die Ausstellung im Gefängnis, das nur mit einer Führung besichtigt werden kann, beleuchtet die Geschichte von Kilmainham und betont vor allem das Schicksal der Rebellen von 1916. Wie in Irland normal, ist die Darstellung sehr heroisch und extrem patriotisch. ◷ tgl. 9.30–17.30 Uhr (im Sommer etwas länger), Eintritt mit obligatorischer Führung 8 €, unbedingt im WWW Karten zum gewünschten Tourtermin vorbestellen!

War Memorial

Unmittelbar an der Liffey und von der Hauptstraße über eine Treppe zugänglich, soll das nur selten besuchte War Memorial an die Toten des Ersten Weltkriegs erinnern. Hunderttausende von Iren dienten in diesem Konflikt in der britischen Armee, viele ließen ihr Leben vor allem auf den europäischen und vorderasiatischen Schlachtfeldern. Nach Kriegsende 1918 wurde hier mit der Errichtung einer nationalen Gedenkstätte begonnen, zu der auch eine turmartige Kammer gehörte, in der Bücher mit den Namen der Gefallenen verwahrt werden. Da Irland allerdings zu dieser Zeit einen komplett neuen Kurs einschlug und der Erinnerung an die „dem Feind dienenden" irischen Soldaten keine richtige Bedeutung beimaß, wurde das Denkmal eigentlich nie vollendet. Erst in den letzten Jahren ist es hier zu offiziellen Gedenkfeiern gekom-

Osteraufstand 1916

Wenn Dublin durch ein geschichtliches Ereignis geprägt wurde, dann war dies der Osteraufstand von 1916. Geprägt nicht nur im historischen Sinne – die Kämpfe und das z. T. heftige Bombardement durch die Briten legten Teile der Innenstadt in Schutt und Asche. Dies fällt jedoch im modernen Stadtbild kaum noch auf, denn die Zerstörungen von 1916 (und die nachfolgenden Zerstörungen im Anglo-Irischen Krieg und im Irischen Bürgerkrieg) wurden längst behoben, einige neue Gebäude sogar im alten Stil gebaut. Wer allerdings mit offenen Augen durch Dublin geht, der wird auf zahlreiche Plaketten, Gedenksteine oder auch monumentale Statuen stoßen, die an den Osteraufstand von 1916 erinnern.

Was genau passierte Ostern 1916? Nachdem verschiedene nationalistische Milizen und bewaffnete Gewerkschafter vor dem Hauptpostamt die Irische Republik ausgerufen hatten, besetzten sie einige relativ unbedeutende Gebäude. Und wurden nach ersten Anfangserfolgen von den besser organisierten, besser ausgebildeten und vor allem besser mit Nachschub ausgestatteten britischen Truppen nach und nach zusammengeschossen und schließlich zur Kapitulation gezwungen. Das Ergebnis war eine in Trümmern liegende Dubliner Innenstadt, deren Bewohner nur ein Ende des Aufstands wollten und mehrheitlich die Rebellen überhaupt nicht unterstützten. Militärisch war die Rebellion ein vollkommener Misserfolg. Nach der Kapitulation allerdings machte der Oberkommandierende der britischen Truppen den schwerwiegendsten Fehler des gesamten Osteraufstandes. Mehr als ein Dutzend Rebellen wurden kurzerhand vor ein Kriegsgericht gestellt und wegen Hochverrats zum Tode verurteilt. Obwohl dieser Vorgang rein juristisch wenig anfechtbar war, blieb er zumindest moralisch fragwürdig. Und hatte ein vollkommen überraschendes Endergebnis – mit der langen Reihe von Exekutionen hatten die Briten eine Gruppe von unsterblichen Märtyrern geschaffen, die über Nacht in das Pantheon des irischen Nationalismus katapultiert wurden.

Patrick Pearse hatte in seinen patriotischen Schriften schon immer darauf hingewiesen, dass nach seiner Meinung jede Generation von Iren einen „Blutzoll" für die Unabhängigkeit des Landes erbringen müsse. Solch eine mystische Ideologie fand selbst zu Beginn des 20. Jhs. nur wenige Anhänger. Nachdem allerdings Pearse seinen Blutzoll mit Hilfe eines britischen Exekutionskommandos im Gefängnis von Kilmainham entrichtete, wurde er zum Inbegriff des Patrioten und nicht mehr kritisierbaren Volkshelden. Seine Blut-und-Boden-Ideologie, gut im **Pearse-Museum** in seiner ehemaligen Schule St. Enda's, St. Enda's Park, Grange Rd., Rathfarnham, ✆ 01-4934208, 🖥 www.pearsemuseum. ie, dokumentiert, wirkt heute zumindest befremdlich.

Erst in den letzten Jahren hat sich die Beschäftigung mit dem Osteraufstand und den Hingerichteten von der reinen Heldenverehrung hin zu einer etwas differenzierteren Betrachtungsweise verändert. Dies ist allerdings mehr ein akademisches Phänomen, auf der Straße ist die hemmungslose Glorifizierung nach wie vor ungebrochen.

Hier saßen die Anführer des Osteraufstands ein: Kilmainham Gaol.

men. Die weitläufige Anlage lädt zu einem nachdenklichen Spaziergang ein, bei einigermaßen gutem Wetter kann man auf der Liffey Ruderer beobachten.

Heuston Station

Auf dem Weg zurück in Richtung Innenstadt kommt man an der Heuston Station vorbei, einem der prachtvollsten Bahnhöfe Dublins. Wie ein Palast den großräumigen Platz an der Liffey beherrschend, ist er ein Monument des Eisenbahnbaus im 19. Jh.

Collins Barracks und Umgebung

National Museum

Das National Museum in den Collins Barracks, 01-6777444, www.museum.ie, einer ehemaligen Kaserne mit Blick auf die Liffey und die Guinness-Brauerei, präsentiert eine bunte Mischung von Sammlungen in einem etwas verwirrend gestalteten Bau. Hier hat man das um den zentralen Exerzierplatz angeordnete Kaser-

nengebäude in seiner Grundstruktur weitgehend erhalten und die Innenräume dem neuen Verwendungszweck als Museum so gut wie möglich angepasst. Dass dies nicht ohne Kompromisse ging, wird bei einem Besuch schnell deutlich. Ohne einen Plan sind Besucher ziemlich verloren. Da das Museum viele Themenbereiche abdeckt, sollte man sich entscheiden, was man sehen möchte. Die Sammlungen asiatischer Kunst sind hier nicht unbedingt ideal untergebracht (sie würden besser in die Chester Beatty Library passen) und die zahlreichen, aber nicht besonders bemerkenswerten, elektrisch „versilberten" Gebrauchsgegenstände sind zu Recht in die (allerdings zugängliche) Rumpelkammer verbannt.

Die zwei interessantesten Ausstellungen in diesem Museum haben mit bewaffneten Konflikten zu tun. Nachdem vor einigen Jahren die stark romantisierende und an Heldenverehrung kaum zu übertreffende Ausstellung über den irischen Freiheitskampf aus der Kildare Street ausgelagert wurde, entstand sie hier als eine wesentlich differenziertere **Darstellung des Kampfes um Unabhängigkeit** und seiner Nachwirkungen neu. Hier kann man nun die Geschichte dieser Rebellion im Detail studieren, wobei jetzt dankenswerterweise die Fakten überwiegen und Emotionen wie Legenden etwas in den Hintergrund gestellt wurden.

Thematisch teilweise eng verwandt ist die zweite große Ausstellung, **Soldiers and Chiefs**, die sich mit der irischen Militärgeschichte seit etwa 1600 befasst. Dabei wird einerseits die militärische Geschichte Irlands dargestellt, andererseits wird der oft nicht unerhebliche Beitrag irischer Soldaten an Konflikten in aller Welt aufgezeigt. Dies zieht sich von den „Wildgänsen" über österreichische Kampfflieger des Ersten Weltkriegs bis hin zu irischen UN-Friedensmissionen im Kongo oder Libanon hin. Neben Buch- und Souvenirläden hat das Museum auch ein relativ großes Café. ⏲ Di–Sa 10–17, So, Mo 13–17 Uhr, Eintritt frei.

Bedeutende Friedhöfe

Der große Park zwischen dem Museum und der Liffey ist übrigens der sogenannte **Croppy Acre**, ein Massengrab für hingerichtete Rebellen von 1798, „Croppies" genannt.

Ein weiteres Massengrab mit erheblicher patriotischer Bedeutung befindet sich vom Eingang aus gesehen hinter dem Museum, der **Arbour Hill Cemetery**, ✆ 01-8213021, 🖥 www.heritage ireland.ie, ein ehemaliger Militärfriedhof, tagsüber frei zugänglich. Die interessante Kirche des Friedhofs ist die offizielle Kirche der irischen Streitkräfte. In ihr hängt ein fast überwältigender militärischer Fahnenschmuck in sehr kräftigen Farben. Ein Großteil der Grabsteine auf dem Friedhof wurde mittlerweile von den Gräbern entfernt und an die Friedhofsmauern gestellt, sodass die eigentlichen Gräber nicht mehr genau identifizierbar sind. Wesentlich wichtiger als die Grabstätten von britischen Soldaten waren dem irischen Staat die nicht eindeutig markierten Gräber der im Gefängnis von Kilmainham (S. 153) hingerichteten Führer des Osteraufstandes. Deren Leichname wurden hastig in einem gemeinsamen Grab verscharrt, das heute von einem großen Denkmal deutlich hervorgehoben wird. ⏲ Mo–Fr 8–16, Sa 11–16, So 9.30–16 Uhr.

Wer sich beim obligatorischen Foto beobachtet fühlt, der spürt vielleicht den Blick eines modernen Gefängniswärters auf seinen Schultern – ein verglaster Wachturm des benachbarten Gefängnisses bildet einen herben Kontrast zu Denkmal und Grabstätten.

Smithfield und Four Courts

Östlich der Collins Barracks befindet sich der Stadtteil Smithfield, heute bei Touristen am ehesten durch die ehemalige Whiskey-Brennerei Jameson bekannt. Die Bewohner von Dublin verbinden den Stadtteil vor allem mit dem Pferdemarkt an der Bow Street. An jedem ersten Sonntag im Monat wurden hier auf dem unnachgiebigen Kopfsteinpflaster Pferde und Ponys gehandelt. Eine fast ausgestorbene Tradition – Polizeikontrollen vertrieben die meisten (unregistrierten) „Hobbyzüchter".

Old Jameson Distillery

Auf dem Werksgelände der ehemaligen Old Jameson Distillery, 7 Bow St., ✆ 01-8072353, 🖥 www.jamesonwhiskey.com, befindet sich heute ein Museum, in dem man eine Tour auf den Spuren des „Wassers des Lebens" unternehmen und die Produkte des Hauses Jameson probieren kann. Übrigens wurde in früheren Jahrhunderten für die Herstellung der Alkoholika Wasser aus dem Royal Canal verwendet, vielleicht ein Argument gegen den Genuss allzu alten Whiskeys. ⏲ So–Do 10–17.30, Fr und Sa 10–19 Uhr, Eintritt 22 €.

Zur Destillerie gehörte auch ein eigenes kleines Kraftwerk, das für Dampfenergie sorgte und gleichzeitig als Wärmequelle diente. Der große Schornstein steht heute noch, auf der Spitze des **Chimney** wurde nachträglich eine verglaste Aussichtsplattform installiert, die bequem mit einem Aufzug erreicht werden konnte – mittlerweile ungenutzt.

Four Courts

Die Four Courts sind Irlands wichtigste Gerichtshöfe. Den besten Standort, um ein Foto des repräsentativen Komplexes mit seiner zentralen Kuppel zu schießen, hat man allerdings vom anderen Ufer der Liffey aus. Übrigens sind die Four Courts eine Rekonstruktion des ursprünglich 1786–1802 errichteten Gebäudes, das bei den

Die Mumien, die zu Dracula wurden

Etwas versteckt neben den Four Courts ragt der Turm der mittelalterlichen **St. Michan's Church**, Church St., ☎ 01-8724154, in die Höhe. Diese Kirche gehört mit zu den sehenswertesten der Stadt. Sie ist zwar weder bombastisch geschmückt noch von besonderem architektonischen Interesse, die geschnitzten Musikinstrumente im Orgelbereich lassen jedoch auch den flüchtigen Beobachter aufmerken. Wenn man dann noch erfährt, dass auf der Orgel Georg Friedrich Händel selbst seinen *Messias* erstmals gespielt haben soll, dann begreift man, wie nahe einem Geschichte hier ist. Ein spezieller Stuhl für Sünder, in dem Gemeindemitglieder ihre Verfehlungen öffentlich machen mussten, ist ein weiteres außergewöhnliches Ausstellungsstück.

Die wirklich interessanten Seiten der Kirche, für die man sich einer kostenpflichtigen Führung anschließen muss, liegen jedoch hinter soliden Stahltüren im Kellerbereich des Gebäudes. Hier befinden sich Katakomben, in denen u. a. die sterblichen Überreste von hingerichteten Rebellen und adligen Familien ihre letzte Ruhestätte haben. Ein offenes Gewölbe am Ende des Ganges zeigt dann die Besonderheit dieser Katakomben – eine Kombination von Umweltfaktoren hat dafür gesorgt, dass die Leichen nicht verwesten, sondern langsam mumifizierten. Die Identifikation der Toten als Kreuzritter oder Dieb mag zwar etwas an den Haaren herbeigezogen sein, ihrer Faszination tut dies jedoch keinen Abbruch. Auch wenn es etwas makaber erscheinen mag, dass man hier an Leichen herumfummeln darf. Immerhin sagt man in Dublin, dass es Glück bringt, die Hand des „Kreuzritters" zu schütteln. Übrigens soll niemand Geringerer als Bram Stoker zur Schar der früheren Touristen an diesem Ort gehört und dabei gleich die Inspiration für seine unsterbliche Romanfigur Dracula gefunden haben. ⏱ Mo–Sa zu wechselnden Zeiten, Führung 5 €.

Kampfhandlungen des frühen 20. Jhs. stark beschädigt worden war.

ÜBERNACHTUNG

Nördliche Innenstadt (Stadtbezirke D1, D3, D7)

Paddy's Palace, 5 Beresford Pl., Lower Gardiner St., Dublin 1, ☎ 01-8230822, 🖥 www.paddys palace.com. Hostel in der Nähe des Custom House, gegenüber dem Busbahnhof – gute Verkehrsanbindung, aber auch Innenstadtlärm. Bett im Schlafsaal 10–20 € je nach Saison, DZ ❶–❷

€ **Abrahams**, 82 Lower Gardiner St., Dublin 1, ☎ 01-8550600, 🖥 www.abrahams hostel.com. Georgianisches Gebäude, zum Hostel umgebaut, in einer Straße voller Billigunterkünfte. Nahe O'Connell St. und Connolly Station, nicht unbedingt die beste Gegend Dublins. Schließfächer, Küche und Automaten mit Snacks und Getränken. Bett im Schlafsaal 9–20 € (saisonabhängig), DZ ❶–❷

Generator Hostel, Smithfield Sq., Dublin 7, ☎ 01-9010222, 🖥 www.staygenerator.com. Relativ neues Hostel (früher residierte hier das exklusivere „Chief O'Neill's") mit relativ ruhiger Lage und gutem Komfort – inkl. Bar, Restaurant, Kinoraum, Wäscherei, Jacuzzi. Bett im Schlafsaal 10–20 € (saisonabhängig), DZ ❶–❷

Abbey Court Hostel, 29 Bachelor's Walk, Dublin 1, ☎ 01-8780700, 🖥 www.abbey-court. com. Hostel direkt an der O'Connell Bridge, nur wenige Schritte vom Stadtzentrum entfernt, mit günstiger Verkehrsanbindung, die sich aber auch in früh beginnendem Verkehrslärm niederschlägt. DZ oder Zimmer mit 4–12 Betten, teilweise Privatbad und Schließfächer. Selbstversorgerküche und Restaurant. Bett im Schlafsaal 13,50–20 € (saisonabhängig), DZ ❶–❷

€ **Celtic Lodge Guesthouse**, 81/82 Talbot St., Dublin 1, ☎ 01-8788810, 🖥 www. celticlodge.ie. Einen Katzensprung von der O'Connell St. entfernt, bietet diese Pension 29 relativ kleine Zimmer mit einfacher Ausstattung, das echte „Keltengefühl" wird dabei eher nicht aufkommen. Preis und Lage machen dieses Haus am ehesten attraktiv. ❷–❸

€ **Clifden Guesthouse**, 32 Gardiner Pl., Dublin 1, ☎ 01-8746364, 🖥 www.thekey collections.com. Ein 200 Jahre altes georgianisches Gebäude nördlich des Custom House mit

Mal eben Dublin, mit spontaner Unterkunftssuche vor Ort? Vergiss es, Reisender! Mittlerweile muss man zur Vorbuchung, und zwar so früh wie möglich, raten. Nicht nur zur **Hauptsaison** von St. Patrick's Day (17. März) bis Ende Oktober. Zu den Endspielen der GAA im September und großen Konzertereignissen waren Zimmer schon immer rar oder teuer. Heute aber konkurriert man dazu noch direkt mit einer ganz anderen Zimmerknappheit – hervorgerufen durch Obdachlosigkeit (bzw. Mangel an bezahlbarem Wohnraum) in der Hauptstadt, mit der Anmietung der billigsten Buden auf dem freien Markt gekontert. Fakt ist, dass manche Hoteltrakte langfristig als Notunterkünfte genutzt werden. Da Übernachtungen in Dublin so oder so ins Geld gehen können, ist bei Besuchern der Trend zum **Hostel** in der Innenstadt ungebrochen. Nachteile müssen in Kauf genommen werden, denn die meisten Hostels in Dublin sind zwar zentral gelegen, nachts aber nicht unbedingt erholsam. Eine ruhige Nacht versprechen eher die sehr teuren, traditionellen **Hotels** oder auch moderne, aber gesichtslose Ketten. Lärmschutzfenster sind dabei oftmals wichtiger als alles andere – abgesehen von der Lage in einer ruhigen Seitenstraße. Übrigens kann man ein gutes 2-Bett-Zimmer im Zentrum von Dublin auch gelegentlich für 80 € inklusive reichhaltigem Frühstücksbuffet ergattern. Mit Glück. Dublins billigste Unterkünfte findet man traditionell rings um den südlichen Abschnitt der **O'Connell Street** und im Vergnügungsviertel **Temple Bar**, hier sind die meisten Hostels und auch Billighotels angesiedelt. Je weiter man sich von diesen zwei „Brennpunkten" entfernt, desto ruhiger werden die Straßen der Nacht.

Wer sich einen Überblick zur Hotelsituation verschaffen will, der sollte gezielt **Internetportale** nutzen und dabei auch die Bewertungen lesen. Empfehlenswert sind: Booking.com, 🖥 www.booking.com; Ebookers, 🖥 www.ebookers.de; Tripadvisor, 🖥 www.tripadvisor.com.

Ein wichtiger Tipp ist auch der Besuch der Internetseite des Hotels selbst – manchmal kann man hier kurzfristig Angebote finden, die unter den langfristig ausgehandelten Kontingentpreisen der Internetportale liegen. ❷

15 Zimmern. Das verwinkelte Gebäude bietet einen annehmbaren Standard, hat aber kleine Zimmer und eine einfache Ausstattung. ❷

Arlington Hotel O'Connell Bridge, Bachelors Walk, O'Connell Bridge, Dublin 1, 📞 01-8049100, 🖥 www.arlington.ie. Hotel für Leute, die im Eingangsbereich viel Trubel vertragen können und nicht stark lärmempfindlich sind, eine gut-besuchte Bar mit Unterhaltungsprogramm gehört zum Hotel. 130 Zimmer, zentrale Lage. Ungeheuer populär bei Reisegruppen aus den USA, eine gewisse Elefantenhaut gegenüber deren oft auffälligem Auftreten sollte man mitbringen. ❸–❹

Beresford Hotel, Store St., Dublin 1, 📞 01-8134700, 🖥 www.beresfordhotelifsc.com. Dieses Hotel im Zentrum, früher als „Isaac's Hotel" bekannt, ist idealer Ausgangspunkt für Stadtbesichtigungen. Es hat 103 Zimmer und befindet sich unmittelbar neben dem Busáras und nahe der Connolly Station. Relativ ein-facher, aber durchaus annehmbarer Standard. ❷–❹

The Croke Park Hotel, Jones's Rd., Dublin 3, 📞 01-8714444, 🖥 www.doylecollection.com. Modernes Hotel in der Nähe des Stadions, etwas außerhalb der Innenstadt, aber noch bequem zu Fuß von der O'Connell St. erreichbar (morgens auch kostenloser Shuttlebus ins IFSC). Gute Zimmerausstattung, wenn auch insgesamt etwas anonym. Bei Veranstaltungen im Croke Park schnell ausgebucht. ❹–❺

Maldron Hotel Parnell Square, Parnell Sq. West, Dublin 1, 📞 01-8716800, 🖥 www.maldronhotelparnellsquare.com. Hotel der Mittelklasse in sehr günstiger Lage, zur Hugh Lane Gallery sind es nur wenige Schritte. Das erst vor wenigen Jahren komplett neu gebaute Hotel befindet sich an einer verkehrs-reichen Straße, man nimmt deren Geräusche allerdings kaum wahr. Große, sehr bequeme Zimmer und ein reichhaltiges Frühstücksbuffet.

Gäste können im Restaurant überraschend günstig speisen. ❸–❺

Maldron Hotel Smithfield, Smithfield, Dublin 7, ☎ 01-4850900, 🖥 www.maldronhotelsmithfield. com. Ein weiteres Hotel der Maldron-Gruppe mit ähnlichem Standard wie das Maldron am Parnell Sq., etwas außerhalb der Innenstadt, aber mit einer LUAS-Haltestelle nur wenige Schritte entfernt. Nahe an den Four Courts und dem National Museum (Collins Barracks) gelegen, auch der Phoenix Park ist zu Fuß erreichbar. ❸–❺

Südliche Innenstadt (Stadtbezirke D2, D4)

Abigail's Hostel, 7-9 Aston Quay, Dublin 2, ☎ 01-6779300, 🖥 www.abigailshostel.com. Fußgängerfreundliche Anbindung an Temple Bar und nur einen Steinwurf von O'Connell St., O'Connell Bridge und der Ha'penny Bridge. Fast 30 Gästezimmer, alle mit Privatbad. Mäßiges Kontinental-Frühstück inkl. ❶–❷

€ **Barnacles Temple Bar House**, 19 Temple Ln., Dublin 2, ☎ 01-6716277, 🖥 www. barnacles.ie. Hostel im Herzen von Temple Bar, Nachtruhe teilweise eingeschränkt. Die Zimmer im hinteren Teil des Hauses sind ruhiger. Hoher Wert wird auf Sauberkeit gelegt. Gästeküche, Schließfächer und Gepäckaufbewahrung sind vorhanden. Insgesamt eines der empfehlenswerteren Billighostels in der Stadt. Bett im Schlafsaal 20 €, einfaches DZ ❷

🌳 **Avalon House**, 55 Aungier St., Dublin 2, ☎ 01-4750001, 🖥 www.avalon-house.ie. Etwas abseits in durchaus ruhiger Innenstadtlage, aber mitten in Dublin und in Gehweite von Temple Bar. Ökologisch freundlich durch Nutzung von Wind- und Sonnenenergie! Kostenloses Kino, kostenlose Stadtrundgänge und leichtes Frühstück im hauseigenen Café. Nach Meinung vieler Backpacker vielleicht das beste Dubliner Hostel, wenn man auf sehr günstige Preise achtet. Bei den Familienzimmern kann aber preislich ein normales Hotel schnell eine sinnvolle Alternative sein. Bett im Schlafsaal 10–20 € (saisonabhängig), DZ ❶–❷

€ **Oliver St. John Gogarty's Hostel**, 18-21 Anglesea St., Dublin 2, ☎ 01-6711822, 🖥 www.gogartys.ie. Hostel mitten in Temple Bar in Einheit mit dem gleichnamigen

Pub – vom Guinness-Hahn direkt ins Bett. Keine Gäste unter 12 Jahren. 3 Bars und 1 Restaurant im Hause. Nachtruhe kurz. Bett im Schlafsaal 10–20 € (saisonabhängig), DZ inkl. Frühstück ❶–❷

River House Hotel, 23/24 Eustace St., Temple Bar, Dublin 2, ☎ 01-6707655, 🖥 www.river househotel.com. Dieses familiengeführte Hotel mit 29 Zimmern befindet sich direkt im Vergnügungsviertel Temple Bar. Mangelnde Nachtruhe gleicht ein kräftiges Frühstück aus. Die Ausstattung ist einfach, aber eine echte Alternative zu den Hostels. ❷–❸

€ **Temple Bar Hotel**, Fleet St., Temple Bar, Dublin 2, ☎ 01-6773333, 🖥 www.temple barhotel.com. Idealer Ausgangspunkt für Stadtbesichtigungen. Das Hotel hat 129 günstige Zimmer, zwar insgesamt etwas unpersönlich, aber durchaus von akzeptablem Standard. Relativ ruhige Zimmer, trotz des vor der Tür herrschenden Trubels. ❷–❹

Harcourt Hotel, 60-65 Harcourt St., Dublin 2, ☎ 01-4783677, 🖥 www.harcourthotel.ie. St. Stephen's Green und Grafton St. sind in der Nähe. Teilweise leichte Lärmbelästigung durch den oft mit Gebimmel vorbeifahrenden LUAS. Das Hotel hat 51 Zimmer. Kleinere Reparaturen werden anscheinend nur im Jahrestakt durchgeführt, sodass nicht schließende Fenster oder Toilettentüren vorkommen können. ❷–❺

Wohnen bei Bono

Direkt an der Liffey und mitten in Dublin gelegen, ist das exklusive Hotel **The Clarence**, 6-8 Wellington Quay, Dublin 2, ☎ 01-4070800, 🖥 www.theclarence.ie, im Besitz von niemand Geringerem als Bono und bietet 49 Zimmer für zahlungskräftige Gäste an. Mit dem U2-Frontmann allerdings kommt man nicht in Kontakt, und auch Rock'n'Roll wird in der noblen Herberge eher kleingeschrieben. Das Boutique-Hotel mit dem etwas ungepflegt wirkenden Äußeren ist zwar Pilgerstätte der Fans, aber letztlich doch nur eines der vielen Investitionsobjekte der Bandmitglieder. Allerdings steigen hier schon gelegentlich Kollegen aus dem Rock-Olymp ab. ❻

Pembroke Townhouse, 90 Pembroke Rd., Ballsbridge, Dublin 4, ✆ 01-6600277, 🖥 www.pembroketownhouse.ie. Hotel in einer ruhigen Seitenstraße nahe der Innenstadt mit 48 Zimmern in 3 alten, aber vollkommen renovierten georgianischen Häusern. Geschmackvolle Inneneinrichtung mit sehr gemütlichen Zimmern (die einen Tick größer sein könnten), hervorragendes Frühstück à la carte. Wenige Parkplätze. ❸–❻

Schoolhouse Hotel, 2-8 Northumberland Rd., Dublin 4, ✆ 01-6675014, 🖥 www.schoolhousehotel.com. Haus mit viel Charakter, direkt am Grand Canal und in einem alten Schulgebäude. Große Betten, viele mögliche Extras. Einrichtung schön altmodisch, aber sehr gut in Schuss und mit allem Komfort. ❺–❻

The Shelburne Hotel, 27 St. Stephen's Green, Dublin 2, ✆ 01-6634500, 🖥 www.theshelbourne.ie. Dublins klassisches Luxushotel direkt am St. Stephen's Green mit 265 Zimmern, vor einigen Jahren aufwendig renoviert. Perfekte Innenstadtlage. Was das Shelbourne an Komfort bietet, setzt Maßstäbe – die Zimmerpreise sind dementsprechend hoch. Im Gegensatz zum Clarence eher konservativ eingerichtet. ❻

Hotels am Flughafen

Wegen ihrer großen Entfernung zum Zentrum eignen sich die Flughafenhotels in erster Linie für Leute, die am nächsten Morgen früh weiterreisen müssen (vor allem preisgünstige Flüge starten oft extrem früh).

Maldron Hotel Dublin Airport, Dublin Airport, ✆ 01-8080500, 🖥 www.maldronhoteldublinairport.com. Direkt auf dem Flughafengelände gelegen, bietet dieses Hotel in einem uninspirierenden Flachbau alles, was der Reisende braucht – Bett, Essen, Bar. Auf den Shuttleservice kann man verzichten, die Terminals sind 3–5 Min. Fußweg entfernt. ❷–❹

Premier Inn Dublin Airport, Airside Retail Park, Swords, Co. Dublin, ✆ 01-8957777, 🖥 www.premierinn.com. Etwa 2,4 km nördlich des Flughafens, hat dieses Hotel ebenfalls ein volles Angebot. Der Shuttleservice (kostenpflichtig) kann bei sehr früher Flugzeit unpraktisch sein, ein Taxi oder zur Not auch Schusters Rappen sind dann gefragt. ❷–❹

Restaurants findet man überall in der Innenstadt von Dublin – von Fastfood-Ketten bis zu Gourmetpalästen. Die größte Dichte ist dabei vor allem in und um Temple Bar anzutreffen – neben dem Kerngebiet selbst auch in der Dame Street, der South George Street und, auf der anderen Liffeyseite, rund um die O'Connell Street. Hier verkehren Studenten, Angestellte und Touristen gleichermaßen.

Nördliche Innenstadt (Stadtbezirke D1, D3)

Chapter One Restaurant, 18/19 Parnell Sq., Dublin 1, 🖥 www.chapteronerestaurant.com. Klassisch-französische Küche und gute Käseauswahl. Spezialitäten: langsam gekochte Fleischgerichte und Fischplatte. ⏰ Di–Fr 12.30–14 und 19.30–22.30, Sa 19.30–22.30 Uhr spezielles (preiswerteres) „Pre-Theatre Menu" Di–Sa 17.30 Uhr.

The Church, Ecke Jervis St./Mary St., Dublin 1, 🖥 www.thechurch.ie. Ehemalige Kirche mit gestutztem (weil baufälligem) Turm, jetzt als Café, Bar und Restaurant genutzt. Essen und Trinken im Beichtstuhl sind möglich, Preise

Vegetarisch – garantiert!

Wenn es eine Restaurantkette in Dublin gibt, wo man mit gutem Gewissen als Vegetarier einkehren kann, dann ist das **Govinda's**. Hier gibt es nur Karma-freie Küche, zubereitet und mit einem Lächeln serviert von den Hare-Krishna-Jüngern. Qualität, Preis und vor allem Geschmack befriedigen auch anspruchsvolle Gäste, die mit dem Kantinenambiente leben können. Viele der in der Küche verwendeten Gemüse werden auf Inisrath („Hare Krishna Island", S. 559) selbst angebaut. Hervorragend sind die Lassis (Joghurtgetränk, auch mit Frucht vermischt) und die süßen Nachspeisen. Mittlerweile kann man allerdings nur noch zweimal in Dublin speisen, ohne sein Karma zu belasten: 83 Middle Abbey St. und 4 Aungier St., 🖥 www.govindas.ie. ⏰ Mo–Sa 12–21, Ersteres auch So 12–19 Uhr.

tendieren (dem Ambiente angemessen) nach oben ... ⏰ Mo–Do 10.30–23, Fr, Sa 10.30–1.30, So 11.30-23 Uhr.

€ **Hansung**, 22 Great Strand St., Dublin 1, ✆ 01-8874405. Koreanischer Supermarkt mit kleinem Restaurant (Marke „koreanische Mensa"). Hervorragendes, frisch zubereitetes Essen zu günstigen Preisen. Besonders gut: *Kimbap* (koreanisches Sushi). ⏰ Mo–Sa 10–21, So 11.30–20.30 Uhr.

€ **Jimmy Chung's**, 8 Eden Quay, Dublin 1, 🖥 www.jimmychungs.com. Der Chinamann für den kleinen Geldbeutel mit einem sehr reichhaltigen und vor allem qualitativ hochwertigen Buffet zum Pauschalpreis. ⏰ tgl. 11.45–16.30 und 17–22.30 Uhr.

€ **Moore Street Mall**, Moore St. (unter dem Lidl), Dublin 1. Faszinierender Mix der verschiedensten Kulturen, mehrere Cafés und ein „Foodcourt". Wechselnde asiatische, afrikanische und osteuropäische Mieter. ⏰ tgl. 10–19 Uhr.

Südliche Innenstadt (Stadtbezirke D2, D4)

Bang Café, 11 Merrion Row, Dublin 2, ✆ 01-4004229, 🖥 www.bangrestaurant.com. Kunstwerke schmücken das moderne Restaurant auf 3 Ebenen. Gute Auswahl an einfachen bis hin zu aufwendigeren Gerichten. Gute Cocktails, vernünftige Preise, aber Reservierung erforderlich. ⏰ Mo–Sa ab 17.30 Uhr, Mi–Sa auch mittags.

Café en Seine, 40 Dawson St., Dublin 2, 🖥 www.cafeenseine.ie. Keine Kosten gescheut wurden bei der kürzlichen Grundrenovierung. Populär bei den „beautiful people" der irischen Hauptstadt. Gut: Steak-Sandwich oder Quiche mit Salat. ⏰ Mo, Di 12–24, Mi–Sa 12–3, So 12–23 Uhr.

Cellar Restaurant im Merrion Hotel, Upper Merrion St., Dublin 2, 🖥 www.merrionhotel.com. Entspannende Atmosphäre, gute Küche mit Produkten der Saison. Noch vernünftige Preise. ⏰ tgl. 17.30–22, Mo–Fr auch 12.30–14 Uhr.

Tea Room im Clarence Hotel, 6-8 Wellington Quay, Dublin 2, 🖥 www.theclarence.ie. Das Hotelrestaurant hat einen separaten Eingang in der Essex St. Klassische Gerichte. Gute hausgemachte Brote. „Market Menus" (Kombination von 5 kleineren Gerichten) sind eine Spezialität

und noch relativ erschwinglich. ⏰ Mo–Sa 17.30–22.30, So 12–16 und 17.30–21.30, Mi–Sa auch 12.30–14.30 Uhr.

L'Ecrivain, 109a Lower Baggot St., Dublin 2, ✆ 01-6611919, 🖥 www.lecrivain.com. Restaurant auf zwei Ebenen. Klassisch-französische Küche mit modernem Einfluss. Spezialitäten je nach Saison, wie Austerngerichte oder Kaninchen. Die Gerichte werden individuell garniert. Tee und Kaffee in guter Auswahl. Gehobenere Preise. ⏰ Di–Sa 17.30–22.30, Fr auch 12.30–14 Uhr.

One Pico Restaurant, 5-6 Molesworth Pl., Schoolhouse Ln., Dublin 2, ✆ 01-6760300, 🖥 www.onepico.com. Ruhig gelegenes, feines Restaurant. Klassische Küche. Traditionelle Fleischgerichte. Gerichte individuell garniert. 8-Gänge-Probiermenü, vegetarische Gerichte auf Anfrage. Mittagessen und Pre-Theatre-Menus sind preiswert. ⏰ Mo–Sa 12–14.30 und 17.30–21.30 Uhr.

Patrick Guilbaud, 21 Upper Merrion St., Dublin 2, ✆ 01-6764192, 🖥 www.restaurant patrickguilbaud.net. Dublins wohl feinstes Restaurant. Beste moderne, französische Küche. Themen-Menüs wie „Meer und Land" oder „Gallic Flair". Haus-Spezialität: Ente. Die Schokoladen-Nachspeisen sind unbedingt empfehlenswert. ⏰ Di–Fr 12.30–14, Sa 13–14, Di–Sa 19–22 Uhr.

Pearl Brasserie, 20 Merrion St. Upper, Dublin 2, ✆ 01-6613572, 🖥 www.pearl-brasserie.com. Gemütliches Restaurant im Erdgeschoss. Schwerpunkt: Fisch und Meeresfrüchte. Gutes Eis, Kaffee mit hausgemachter Schokolade. Vernünftige Preise, Reservierung ratsam. ⏰ Mo–Sa 12–14.30 und 18–22.30 Uhr.

The Porterhouse, 16-18 Parliament St., Temple Bar, Dublin 2, 🖥 www.theporterhouse.ie. Pub mit Mikro-Brauerei (10 Biersorten). Probierauswahl. Speisen sind eine Kombination aus traditioneller und innovativer Küche, gut sind Beef & Guinness Kasserolle oder Irish Stew.

€ **Market Bar**, Fade St., Dublin 2, 🖥 www.marketbar.ie. Einfach ausgestattete Bar in der George's Street Market Arcade. Gute, schmackhafte Portionen, dafür so gut wie keine Privatsphäre. Sehr laut. ⏰ Mo–Do 12–23.30, Fr, Sa 12–1.30, So 12–23 Uhr.

Klassisch irische Küche?

Die irische Küche hat den Ruf, außer Kartoffeln und verkochtem Gemüse nur einfallslose Fleisch- und Fischportionen zu servieren. Weit gefehlt – es gibt mehr. Wer in Dublin richtig traditionell (und gut) irisch essen will, der hat gleich zwei Adressen in der südlichen Innenstadt zur Auswahl:

Gallagher's Boxty House, 20/21 Temple Bar, Dublin 2, ☎ 01-6772762, 🖥 www.boxty house.ie. Qualitativ gute Küche, umfangreiche Speisekarte, wegen der Lage in Temple Bar oft überlaufen. ⏱ tgl. 11–22.30 Uhr.

The Pig's Ear, 4 Nassau St., Dublin 2, ☎ 01-6703865, 🖥 www.thepigsear.ie. Etwas verstecktes Restaurant mit traditionellen irischen Favoriten, kreativ zubereitet. Und ja, Schweineohren gibt es auch. ⏱ Mo–Sa 12–14.45 und 17.30–22 Uhr.

Beide Restaurants sind eher teuer, bieten jedoch auch günstigere Menüangebote (drei Gänge zwischen 20 und 25 €, Details jeweils auf den Internetseiten).

La Peniche, Grand Canal, Mespil Rd., Dublin 4, ☎ 087-7900077, 🖥 www.lapeniche.ie. Restaurant auf einer im Grand Canal fahrenden Barge. Authentische französische Küche, preislich im mittleren Bereich – besonders das Buffet ist mit rund 20 € für zwei Vorspeisen und zwei Hauptgerichte attraktiv.

🏛 **Silk Road Café**, Chester Beatty Library, Dublin Castle, Dublin 2, ☎ 01-4070770, 🖥 www.silkroadkitchen.ie. Im Erdgeschoss des Museums gelegenes Restaurant mit exotischer Küche aus dem Mittelmeerraum und Nahen Osten. Geflügel- und Lammgerichte sowie Vegetarisches stehen täglich auf dem Speiseplan. Gute Süßwaren. Vernünftige Preise.

Yamamori, 73 South Great George's St., Dublin 2, ☎ 01-4755001, 🖥 www.yamamori.ie. Japanisches Restaurant mit weitgehend authentischen Gerichten und guter Sushi-Auswahl. An der Koordination des Service bei größeren Gruppen kann es hapern. ⏱ So–Do 12–22.30, Fr, Sa 12–23.30 Uhr.

UNTERHALTUNG UND KULTUR

Weitaus mehr als 90 % der Besucher Dublins scheinen als kulturellen Höhepunkt einen Besuch im Pub oder sogar einen „Pub Crawl" (wörtlich: Kriechen von Kneipe zu Kneipe) anzustreben. Tatsächlich wäre ein Besuch in Dublin ohne einen Besuch in einem Dubliner Pub irgendwie unvollständig. Zum Glück findet sich ein Pub an jeder Ecke; einfach hineinschauen und bei Gefallen bleiben, ist die Devise. Wer sein Abend- oder Kulturprogramm jedoch etwas genauer planen möchte, der sollte sich folgende Dubliner Attraktionen samt aktuellem Programm im Vorfeld ansehen:

Pubs

George, 89 South Great George's St., Dublin 2, ☎ 01-4782983, 🖥 www.thegeorge.ie. Dublins beliebteste Schwulenkneipe, in der jedoch auch „Normalos" willkommen sind. Die Betonung liegt auf Spaß, einen Besuch wert sind die Bingo-Abende am Sonntag ab 18.30 Uhr

🏛 **Grogan's Castle Lounge**, 15 South William St., Dublin 2, ☎ 01-6779320. Einer der wirklich noch einigermaßen traditionellen Pubs in der Innenstadt, sehr beliebt bei Künstlern und allen jenen, die sich ihnen nahe fühlen. Prominenz wird man allerdings eher nicht erblicken.

Oliver St. John Gogarty's, 18-21 Anglesea St., Dublin 2, ☎ 01-6711822, 🖥 www.gogartys.ie. Bunter Pub im Zentrum von Temple Bar, zeitweise absolut überlaufen und hauptsächlich von Touristen heimgesucht. Einen Blick wert ist allerdings die regelmäßig am Nachmittag stattfindende Einführung in traditionelle irische Musik und Tanz. Hier kann man leichtfüßig wie eine Elfe (oder ein Elefant) „Riverdance" unter fachlicher Anleitung nachtanzen.

Whelan's, 25 Wexford St., Dublin 2, ☎ 01-4780766, 🖥 www.whelanslive.com. Wahrscheinlich der beste Platz in Dublin, um neue (oder auch bekannte) Singer-Songwriter zu erleben. Unter anderem Oscar-Preisträger Glen Hansard ging hier zeitweise ein und aus.

Konzerte

3Arena, North Wall Quay, Dublin 1, ☎ 01-8198888, 🖥 www.3arena.ie. Der führende

Wer an irischer Musik interessiert ist, der kommt am **O'Donoghue's Pub**, Merrion Row 15, ✆ 01-6607194, 🖥 www.odonoghues.ie, nicht vorbei. Dies ist im Kern ein immer noch traditioneller, relativ kleiner Pub, in dem regelmäßig irische Folklore gespielt wird. Legendär wurde die Gastwirtschaft dadurch, dass hier die irischen Folk-Legenden "Dubliners" ihren ersten gemeinsamen Auftritt hatten. Im O'Donoghue's spielte im Laufe der Zeit so ungefähr jeder Musiker, der in der irischen Folk-Szene Rang und Namen hat. Ein Geheimtipp ist die Kneipe jedoch schon seit Jahrzehnten nicht mehr, und viele Besucher, die hier ein unverfälschtes Folklore-Erlebnis erwarten, zeigen sich mehr oder minder enttäuscht. Und dennoch: Das O'Donoghue's bietet auch heute noch ein sauber gezapftes Pint und ein sehr gutes Musikprogramm.

Veranstaltungsraum für große Konzerte und Produktionen in Dublin, über den LUAS bequem mit der Innenstadt verbunden.
Button Factory, Curved St., Temple Bar, Dublin 2, ✆ 01-6709202, 🖥 www.buttonfactory.ie. Konzertsaal mitten in Temple Bar und bekannt für Auftritte auch bekannter Künstler, Indie-Bands und der Stars von morgen.
International Bar, 23 Wicklow St., Dublin 2, ✆ 01-6779250, 🖥 www.international-bar.com. Wer genug hat von irischer Folklore oder Popsongs und Fußball auf Großbildschirm, der wird in der International Bar aufatmen. Hier beherrschen am Abend Jazz und Blues das Programm.
National Concert Hall, Earlsfort Terrace, Dublin 2, ✆ 01-4170000, 🖥 www.nch.ie. Konzertsaal nahe dem St. Stephen's Green mit einem recht breiten Programm vor allem klassischer Musik, u. a. spielt hier das RTÉ National Symphony Orchestra.

Kino
Irish Film Institute, 6 Eustace St., Dublin 2, ✆ 01-6795744, 🖥 www.ifi.ie. Vielleicht der beste Ort in Dublin, um sich Filme jenseits der aktuellen Hollywood-Trends anzusehen. In bester Programmkino-Tradition wechseln sich Klassiker und Avantgarde ab. Sehr oft sind auch irische Produktionen zu sehen, die außerhalb der Insel so gut wie unbekannt bleiben.

Theater
Abbey Theatre, 26/27 Lower Abbey St., Dublin 1, ✆ 01-8787222, 🖥 www.abbeytheatre.ie. Irlands Nationaltheater, gegründet von W. B. Yeats, das neben teilweise umstrittenen Neuproduktionen auch immer wieder ältere irische Stücke inszeniert.
Bord Gáis Energy Theatre, Grand Canal Sq., Docklands, Dublin 2, ✆ 01-6777999, 🖥 www.bordgaisenergytheatre.ie. Architektonisch interessantes Theater, das ein buntes, aber wenig ambitioniertes Unterhaltungsprogramm bietet.
Gate Theatre, Cavendish Row, Parnell Sq., Dublin 1, ✆ 01-8744045, 🖥 www.gatetheatre.ie. Theater am nördlichen Ende der O'Connell St., das vor allem Klassiker und irische Stücke zur Aufführung bringt.
Gaiety Theatre, South King St., Dublin 2, ✆ 01-6771717, 🖥 www.gaietytheatre.ie. Dieses große und älteste Theater Dublins in der Nähe des St. Stephen's Green bietet ein sehr abwechslungsreiches Programm, das aber meistens auf einen sehr breiten Geschmack zugeschnitten ist. Am Wochenende verwandelt es sich in eine Diskothek.
Olympia Theatre, 72 Dame St., Dublin 2, ✆ 01-6793323, 🖥 www.olympia.ie. Etwas in die Jahre gekommenes, aber gleichzeitig sehr gemütliches Theater mit dem Flair einer viktorianischen "Music Hall" und einem gemischten Programm, das sich sehr stark am populären Zeitgeschmack orientiert.

FESTE UND FESTIVALS

Januar
Das **Temple Bar Trad Fest**, 🖥 www.templebartrad.com, Ende Januar/Anfang Februar, ist ein Festival traditioneller irischer Musik mit gemischtem Programm im "Vergnügungsviertel" Temple Bar (S. 137). Aufführungsorte sind z. B. die Christ Church Cathedral und die Button Factory in der Curved Street.

Februar

Im Februar findet das **Dublin International Film Festival**, 🖥 www.diff.ie, statt, das sich teilweise an den großen Filmfestivals orientiert, aber nicht immer auch die großen Namen anzieht.

März

Das **Saint Patrick's Festival**, 🖥 www.stpatricks festival.ie, ist eine knapp siebentägige, stark kommerzialisierte Festlichkeit rund um den 17. März. Höhepunkt ist die Parade durch die Innenstadt am St. Patrick's Day selbst, die jedoch eher US-amerikanisch als „echt irisch" wirkt. Was nicht wundert: Die Idee wurde aus den USA importiert.

Juni

Bloom in the Park, 🖥 www.bloominthepark. com, ist Dublins Gartenfestival, das im Phoenix Park (S. 179) stattfindet. Hobbygärtner strömen selbst bei strömendem Regen am Bank Holiday Weekend Anfang Juni hierhin.

Genießer dagegen lieben **Taste of Dublin**, 🖥 www.tastefestivals.ie, das Gourmetfestival im Juni, bei dem zahlreiche bekannte Köche in den Iveagh Gardens (S. 143) ihr Können unter Beweis stellen. Nicht unbedingt zum „Sattessen" geeignet.

Am 16. Juni, dem **Bloomsday**, 🖥 www.james joyce.ie, feiert Dublin James Joyces *Ulysses* und vor allem sich selbst. Das Fest beginnt regelmäßig am Martello Tower in Sandycove (S. 181).

August

Ein Muss für den Pferdefreund ist die **Dublin Horse Show**, 🖥 www.dublinhorseshow.com, im August. Springreitturnier und mehr …

September

All-Ireland Finals, 🖥 www.gaa.ie, ein wichtiges Event. Jedes Jahr am 1. und 3. Wochenende im September finden im Croke Park die Finalspiele der Counties um die Trophäen im Fußball und Hurling statt. Touristen geraten hier nur zufällig oder mit viel Glück hinein, da das ausgeklügelte Vorverkaufssystem die Vorbestellung von Tickets fast unmöglich macht.

Das **Dublin Fringe Festival**, 🖥 www.fringefest. com, im September ist ein „alternatives" Theaterfestival mit viel Kleinkunst und Produktionen, die immer wieder das Publikum schockieren. Teilweise treten hier die „Stars von morgen" auf. Ende September und Anfang Oktober findet das **Dublin Theatre Festival**, 🖥 www.dublin theatrefestival.com, statt, ein mehr traditionelles Theaterfestival mit interessanten Produktionen und einigen großen Namen.

Oktober

Der **Dublin Marathon**, 🖥 www.kbcdublin marathon.ie, ist das Laufereignis Ende Okt, am letzten Montag des Monats. Für Zuschauer am interessantesten ist der Start, wenn teilweise bunt kostümierte Athleten loslaufen.

Dezember

Immer mal wieder reanimiert wird die Idee eines **Weihnachtsmarktes** in der Adventszeit, etwa am St. Stephen's Green oder in den Docklands. Für Besucher aus dem UK „underwhelming", für Kontinentaleuropäer ein schlechter Witz. Ab nach Belfast (S. 576)!

Die internationalen Marken sind in Dublin oft um 10–30 % teurer sind als auf dem Kontinent. Die zwei **Haupteinkaufsstraßen** von Dublin sind die **Henry Street** (abzweigend von der O'Connell St. am GPO) und die **Grafton Street** (zwischen St. Stephen's Green und Trinity College). Die Grafton Street ist vielleicht einen Tick nobler mit mehr Boutiquen und dem alteingesessenen Kaufhaus **Brown-Thomas** (dessen Weihnachtsdekoration der Schaufenster jedes Jahr ein Erlebnis ist). Dafür hat die Henry Street das ebenso alteingesessene Kaufhaus **Arnott's**. Ansonsten spielt sich der Einkaufsbummel der meisten Iren in großen Zentren ab, die fast an nordamerikanische Malls erinnern.

Kaufhäuser und Einkaufszentren
Innenstadt

ILAC Shopping Centre, zwischen Henry St. und Parnell St., 🖥 www.ilac.ie. ⏱ Mo–Mi 9–18.30, Do 9–21, Fr, Sa 9–19, So 11–18.30 Uhr.

Jervis Centre, Mary St., Ecke Jervis St., 🖥 www.jervis.ie. ⏰ Mo–Mi 9–18.30, Do 9–21, Fr, Sa 9–19, So 11–18.30 Uhr.
Stephen's Green Shopping Centre, am St. Stephen's Green, 🖥 www.stephensgreen. com. ⏰ Mo–Mi 9–19, Do 9–21, Fr und Sa 9–19, So 11–18 Uhr.
Powerscourt Town House, zwischen William St. und Clarendon St. (S. 138), 🖥 www.powers courtcentre.com. ⏰ Mo–Mi, Fr 10–18, Do 10–20, Sa 9–18, So 12–18 Uhr.
George Street Arcade, zwischen South Great George's St. und Drury St., 🖥 www.georges streetarcade.ie. ⏰ Mo–Mi und Sa 9–18.30, Do–Fr 9–19, So 11–18 Uhr.

Außenbezirke

Außerhalb der Innenstadt wachsen die Malls fast ins Unermessliche, auf der grünen Wiese (oder ehemaligem Industriegelände) wurden drei der größten Einkaufszentren Europas errichtet:
Blanchardstown Centre, erreichbar mit Buslinie 39 und 70 von der Innenstadt, 🖥 www. blanchardstowncentre.ie. ⏰ Mo–Fr 9–21, Sa 9–19, So 11–18 Uhr.
Dundrum Town Centre, erreichbar mit LUAS (Green Line) von der Innenstadt, 🖥 www.dundrum.ie. ⏰ Mo–Fr 9–21, Sa 9–19, So 10–19 Uhr.
Liffey Valley Centre, erreichbar mit Buslinien 25 oder 66 von der Innenstadt, 🖥 www.liffeyvalley. ie. ⏰ Mo, Di, Sa 9.30–19, Mi–Fr 9.30–21, So 11–19 Uhr.

Märkte

Food Markets, in Temple Bar, Meeting House Sq., und in Dún Laoghaire, People's Park. ⏰ jeden Sa 11–16 bzw. jeden So 10–16.30 Uhr.
Buchmarkt in Temple Bar, Temple Bar Sq. Buchliebhaber können hier u. U. fündig werden, vielfältiges, gemischtes Angebot. ⏰ Sa und So 11–18 Uhr.
„**Peoples Art**", 🖥 www.peoplesart.ie. Gemälde verschiedenster Richtungen sieht man an mehreren Sommerwochenenden an den Gittern des St. Stephen's Green hängen. „Peoples Art" dient als reine Ausstellung und auch Verkaufsschau unbekannterer Künstler.

Monatliche Schnäppchenjagd
Dublin Flea Market – überdachter, klassischer Flohmarkt am letzten Sonntag jeden Monats im Digital Hub in der Thomas St., Dublin 8, 🖥 www. dublinflea.ie. Rund 60 Stände. ⏰ 11–17 Uhr.
Liberty Market – nicht unbedingt Dublins feinste Gegend, aber der Markt von Resterampe bis China-Ramsch ist einen Besuch wert. Meath Street, Dublin 8, ☎ 01-2808683, 🖥 www.liberty market.ie, ⏰ Do 10–15.30, Fr 10–16, Sa 10–17, So 11.30–16.30 Uhr.

Buchhandlungen

Dublin als Literaturzentrum sollte natürlich auch erwähnenswerte Buchhandlungen haben, leider sind einige aber in den letzten Jahren geschlossen worden.

Schon in Joyces Werken wird jedoch **Hodges-Figgis**, 56-58 Dawson St., Dublin 2, erwähnt – heute gehört der sich über mehrere Stockwerke und in verwinkelter Architektur ausbreitende Laden zur Waterstones-Gruppe, bietet aber vielleicht die beste Buchauswahl in Dublin. ⏰ Mo–Mi, Fr 9–19, Do 9–20, Sa 9–18, So 12–18 Uhr.

Irlands größter unabhängiger Buchladen ist **Chapters**, Ivy Exchange, Parnell St., 🖥 www.chapters.ie. Die Auswahl ist einfach überwältigend und die Sonderangebote sind beeindruckend, auch die Auswahl an Büchern, CDs und DVDs aus zweiter Hand kann sich sehen lassen. ⏰ Mo–Sa 9.30–18.30, So 12–18.30 Uhr.
Wer gezielt Dubliner Literaten will – das **Dublin Writers Museum** (S. 124) hat einen eigenen Buchladen im Hinterhaus, mit einer feinen Auswahl.

Musik

Claddagh Records, 2 Cecilia St., Temple Bar, Dublin 2, 🖥 www.claddaghrecords.com. Hier gibt es eine gute Auswahl irischer Musik auf CD (und DVD). Ein weiterer Laden findet sich jetzt im Haus 5 Westmoreland St.
Walton's, Blanchardstown Centre, Dublin 15, 🖥 www.waltons.ie. Wer sich für irische Musik „zum Selbermachen" interessiert, findet Tin Whistles und Bodhrans in zahlreichen Souvenirgeschäften. Ein wesentlich anspruchsvolleres

Angebot hat dagegen Walton's. Hier bekommt man von der Blechflöte bis zur Konzertharfe wirklich alles, inklusive Noten und Lehrbüchern. ⏰ Mo–Sa 9–18 (Do, Fr bis 21), So 12–18 Uhr.

Kunsthandwerk und Souvenirs
Eine breite Auswahl an Designerstücken und Kunsthandwerk bieten vor allem drei (schon kaufhausähnliche) Geschäfte in der Nähe des Trinity College:

Avoca, 11-13 Suffolk St., Dublin 2, ✆ 01-6774215, 🖥 www.avoca.ie. Das Angebot umfasst schwerpunktmäßig Textilien, aber auch andere Artikel, sehr gutes Café. ⏰ Mo–Mi, Sa 9.30–18, Do–Fr 9.30–19, So 11–18 Uhr.

Designyard, 25 South Frederick St., Dublin 2, ✆ 01-4741011, 🖥 www.designyard.ie. Teilweise etwas „kalt", nüchtern wirkend und vor allem auf Schmuck und Skulpturen spezialisiert. ⏰ Di–Mi, Fr 10–17.30, Do 10–20, Sa 10–18 Uhr.

Kilkenny Shop, 6 Nassau St., Dublin 2, ✆ 01-6777066, 🖥 www.kilkennyshop.com. Wahrscheinlich das größte Kaufhaus für Kunsthandwerk in Irland, leider oft durch hier eintreffende Busladungen von vor allem asiatischen und nordamerikanischen Touristen überlaufen. Café im Obergeschoss. ⏰ Mo–Sa 9.30–18, So 12–18 Uhr.

Wer vor der Abreise noch Souvenirs benötigt: Fast überall in Dublin sind die Läden von **Carroll's**, 🖥 www.carrollsirishgifts.com, zu finden. Von Kitsch bis zu Keksen, von Guinness-Fanartikeln bis zu Golfsocken bekommt man hier alles, was die Erinnerung an Irland wachhält. ⏰ Mo–Sa 9–21, So 10–19 Uhr.

TOUREN

Stadtrundfahrten und -rundgänge
Am beliebtesten sind die **Hop-on-Hop-off-Touren in Doppeldeckerbussen**, die in einem Rundkurs an allen wichtigen Sehenswürdigkeiten anhalten und den ganzen Tag genutzt werden können. Die einfachsten Zusteigemöglichkeiten bestehen in der O'Connell St. und auf der Nordseite des St. Stephen's Green (hier lauern auch Ticketverkäufer auf Laufkundschaft), grundsätzlich kann man jedoch auch an jeder Station zusteigen und ein Ticket (gilt 1 Tag,

ca. 20 €) beim Fahrer kaufen, eine Stadtkarte mit den Haltestellen gibt es dazu. Die ersten Busse fahren um 9 Uhr, dann geht es mit einer Frequenz von 15–30 Min. bis etwa 19 Uhr „rund", eine komplette Rundfahrt dauert etwa 1 1/2 Std. Die beiden großen Anbieter sind **Dublin Bus**, 🖥 www.dublinsightseeing.ie, und **BigBus Dublin**, 🖥 www.bigbustours.com – die Routen sind fast identisch, und beide Firmen bieten sowohl mehrsprachigen Kommentar „aus der Konserve" oder englischen Live-Kommentar an. Der Vorzug ist dem Live-Kommentar zu geben, wenn die Sprachkenntnisse ausreichen: Zum einen ist dieser wesentlich spontaner, zum anderen ist die Qualität der Kopfhörer in den multilingualen Bussen oftmals sehr, sehr schlecht. Ungewöhnliche Stadtrundfahrten ohne Aussteigen bieten **Viking Splash Tours** (S. 144) und **Vintage Tea Tours** (S. 136) an.

🧳 Der **Ghostbus** hat die wohl interessanteste Tour durch Dublin im Programm, 🖥 www.dublinsightseeing.ie. Er startet abends (Abfahrt am Dublin Bus HQ, O'Connell St., Mo–Sa 20, Fr und Sa auch 21 Uhr, etwas über 2 Std., rund 30 €, unbedingt vorbuchen) und bringt die Gäste mit Schauspielern und nächtlichen Friedhofsbesuchen zum Erschauern. Ein Erlebnis für sich, auch wenn man nicht unbedingt das typische Dublin der Tourismuswerbung sieht. Am besten macht man die Tour allerdings im Winter, im Sommer ist es für den echten Gruseleffekt einfach noch zu hell. Das beste Gruselfeeling stellt sich zwischen Oktober und März ein, wenn es zur Abfahrtszeit schon richtig dunkel ist – aber Vorsicht: Um Halloween sind die Touren schon sehr früh ausverkauft.

Wer Dublin zu Fuß erkunden möchte, der kann sich einem **Stadtrundgang** anschließen – gute Auswahl bietet **Hidden Dublin Tours**, 🖥 www.hiddendublintours.com, von ganz normalen (kostenlosen) Führungen bis zu schaurigen Nachttouren. Oder man entscheidet sich für eine Stadtwanderung von **Pat Liddy**, 🖥 www.walkingtours.ie – der Geschichts- und Architekturexperte und sein Team haben wirklich Dublins schönste und interessanteste Ecken im Programm (ab 12 €).

Bootsfahrten

Dublin Discovered, Bachelors Walk, Dublin 1, ☎ 01-473000, 🖥 www.dublindiscovered.ie, fährt regelmäßig den Fluss auf und ab (3/4 Std., ab 10,50 €, S. 136).

Barge MV Cadhla, Charlemont Place Jetty, Dublin 6, ☎ 01-4979519, 🖥 www.canalboat restaurant.ie. Sie kreuzt zum Dinner auf dem Grand Canal (2 Std., ab 45 € inkl. dreigängiges Menu), man sieht eher die weniger bekannten (wenn auch recht interessanten) Ecken Dublins direkt am Kanal.

Kutschfahrten

Am St. Stephen's Green und am Guinness Storehouse stehen (zumindest in der Sommersaison) **offene Kutschen**, mit denen Rundfahrten oder Kurzstrecken durch die Innenstadt möglich sind (Preise und Dauer verhandelbar). Wegen der hohen Verkehrsdichte allerdings nicht immer ein uneingeschränktes Vergnügen.

SONSTIGES

Autovermietungen

Die Autovermietungen haben einen Sitz am Flughafen und in der Stadt. Infos dazu auf den Websites (S. 80, Travelinfos).

Fahrradverleih

Dublin lässt sich auch mit dem Fahrrad erkunden – wobei man die Innenstadt besser meiden sollte. Gut ausgebaute Wege bestehen jedoch etwa an der nördlichen Küste nach Howth und im Phoenix Park. Der beste Vermieter ist **River Cycles**, 8 Ushers Quay, ☎ 086-2656258, 🖥 www.rivercycles.com, Tagesmiete 10 €.

Eine Alternative sind die **Dublin Bikes**, 🖥 www. dublinbikes.ie, eigentlich eine Nahverkehrsinitiative, die aber über ein 3-Tages-Ticket (5 €, dazu kommen Gebühren je nach Nutzungsdauer) auch für Besucher nutzbar wurde. Nachteil des Systems ist eine Beschränkung auf die Innenstadt, eine Abhängigkeit von der tatsächlichen Verfügbarkeit an den Mietstationen und eine Bevorzugung von Kurzzeitmietern – 8 Std. sind bei River Cycles schon günstiger.

Geld

Im Zentrum von Dublin findet man alle paar Meter einen **Bankautomaten** (ATM), entweder an einer Filiale oder in Geschäften. Aber aufgepasst – in den Abendstunden, vor allem am Freitag und Samstag, kann der Bargeldbestand dieser Automaten schnell abnehmen. Und: Viele Trickgauner positionieren sich an den Automaten rund um die Vergnügungsstätten, also immer alle fünf Sinne beisammen haben.

Informationen

Dublin Tourism Office O'Connell Street, 14 Upper O'Connell St., Dublin 1. Infos auch unter 🖥 www.visitdublin.com.
Dublin Tourism Office Airport, jeweils im Ankunftsbereich der Terminals 1 und 2.

Internetcafés

Internetcafés findet man nur noch selten – Terminals mit Geldeinwurf auch in Einkaufszentren und Hotels. Die zunehmende Verbreitung der Smartphones und zahlreiche WLAN-Angebote werden auch diese über Kurz oder Lang hinraffen. Wer kostenloses WLAN in Dublin braucht, sollte sich zuerst an die Unterkunft wenden. Kostenloses WLAN für Kunden bieten auch etwa Dublin Bus und Bus Éireann sowie zahlreiche Restaurants und Cafés, u. a.

No-Go-Areas in Dublin?

Jein … man kann eigentlich eine generelle Warnung für Dublin aussprechen, sich von deutlich alkoholisierten Menschen und herumstreunenden Gruppen Halbwüchsiger fernzuhalten. Dublin hat einen Hauch von Wilder Westen, der Colt sitzt locker. Aber besser gesagt die Faust und leider auch das Messer. Haste mal ne Zigarette? Ne? Hier haste meine gerade Rechte! Problemgebiete sind vor allem am Abend und in der Nacht O'Connell Street, die Seitenstraßen drum herum und der Liffey Boardwalk. Und jeder Pub oder Nachtclub, aus dem sich zur Sperrstunde die Massen auf den Weg machen. Die beste Taktik? Andere Straßenseite, keine Diskussion, und um Himmels Willen niemals auf ein Handgemenge einlassen.

Starbucks, Costa, Esquire, McDonalds und Supermacs, teils ist eine Registrierung mit E-Mail erforderlich. Kurios, aber vielleicht ein Zeichen des allgemeinen Online-Wahns: Auch die Krankenwagen der Firma LifeLine sind deutlich gekennzeichnet mit WLAN an Bord unterwegs.

Medizinische Versorgung

Wer einen Arzt (General Practitioner, GP) oder die Notfallaufnahme eines Krankenhauses (Accident and Emergency, A&E) aufsuchen muss, bekommt die entsprechenden Adressen und Telefonnummern der nächstgelegenen Praxis oder Klinik in seiner Unterkunft. Die wichtigsten Krankenhäuser mit Notfallaufnahme im Innenstadtbereich sind:
Mater Hospital, Eccles St., Dublin 7, ✆ 01-8032000.
St. Vincent's Hospital, Elm Park, Dublin 4, ✆ 01-2214000.
Zur medizinischen Versorgung s. auch S. 59.

Notfall

Bei einem akuten Notfall sind **Rettungsdienst**, **Polizei** oder **Feuerwehr** unter der europäischen Notfallnummer ✆ 112 oder der irischen ✆ 999 zu erreichen. Man wird dann zuerst mit einem Mitarbeiter verbunden, der nach der Art des Notfalls, dem gewünschten Dienst und der Region, in der man sich befindet, fragt. Danach wird die Verbindung in die jeweilige Leitstelle weitergeschaltet. Weitere Hinweise S. 66.

Polizei

Stationen der Garda, 🖥 www.garda.ie, sind deutlich beschriftet und mit einer blauen Laterne gekennzeichnet – nicht alle sind jedoch 24 Std. besetzt. Die in der Dubliner Innenstadt wichtigsten Stationen sind:
Pearse Street Garda Station, 1-6 Pearse St. (gegenüber Trinity College), Dublin 2, ✆ 01-6669000.
Store Street Garda Station, Store St. (gegenüber Busáras), Dublin 1, ✆ 01-6668000.

Post

Das komplette Spektrum aller Postdienstleistungen deckt das **General Post Office**, O'Connell St., ab, allerdings verkaufen auch viele kleinere Postämter (Liste auf 🖥 www.anpost.ie) und Ladengeschäfte Briefmarken. Postkästen sind grün und im Innenstadtbereich häufig zu finden. S. dazu auch S. 65.

Stadtbus

Das Busverkehrssystem wird von **Dublin Bus**, 🖥 www.dublinbus.ie, und Go-Ahead, 🖥 www.goaheadireland.ie, mit einer gelb-blauen Flotte bedient. Leider verläuft fast das gesamte Busnetz sternförmig von der Innenstadt; Querverbindungen sind kaum oder nur mit sehr geringer Frequenz vorhanden.
Die meisten Buslinien kommen in die Nähe der Liffey; an den Quays, in der Abbey Street und O'Connell Street gibt es die meisten **Haltestellen**. Am Busáras dagegen fahren nur die Flughafenbusse ab, ansonsten ist der Busbahnhof den (im Stadtverkehr nicht nutzbaren) Überlandbussen vorbehalten. **Buspläne** und weitere Informationen sowie Apps gibt es auf der Webseite von Transport for Ireland 🖥 www.transportforireland.ie. Einfache Fahrten im Innenstadtbereich kosten ohne Leap Card schon um 2 € (Barzahlung nur mit Münzen möglich).

LUAS

Im Innenstadtbereich verkehrt der **LUAS**, 🖥 www.luas.ie, Dublins moderne Straßenbahn. Sie ist mit nur zwei Strecken überschaubar und kann eigentlich nur den südlichen Vororten zum Nutzen gereichen. Die **Red Line** führt von Connolly Station über den Busáras (hier beginnt auch ein Abzweig in die Docklands und zum Veranstaltungszentrum „3Arena", Haltestelle The Point) durch die Abbey Street und am National Museum in den Collins Barracks vorbei bis nach Saggart und Tallaght. Sie ist durch ihre Verbindung zwischen Innenstadt und Phoenix Park (Heuston Station) am ehesten für Touristen interessant, die einfache Fahrt kostet ca. 2 €. Die **Green Line** beginnt in Broombridge und führt über O'Connell St. und am St. Stephen's Green vorbei über Sandyford bis nach Brides Glen.

Legend:
- DART
- Commuter
- LUAS Red Line
- LUAS Green Line
- Fährterminal

Northern Intercity and Commuter
Belfast
Dundalk
Drogheda
Laytown
Gormanston
Balbriggan
Skerries
Rush & Lusk
Donabate
Malahide
Portmarnock
Clongriffin
Bayside
Sutton

N3 Parkway
Dunboyne
Hansfield

Longford · Maynooth · Leixlip Louisa Bridge · Leixlip Confey · Clonsilla · Coolmine · Castleknock · Phoenix Park / Navan Road Parkway · Ashtown · Broombridge · Drumcondra

Sligo Intercity and Commuter

Cabra
Phibsborough
Grangegorman
Broadstone - DIT
Dominick
Parnell
Howth Jc. · Howth
Kilbarrack
Raheny
Harmonstown
Killester
Clontarf Road

O'Connell Upper
O'Connell - GPO
Maryborough
Connolly
George's Dock
Spencer Dock

Kildare · Newbridge · Sallins · Hazelhatch / Celbridge · Adamstown · Kishoge · Clondalkin/Fonthill · Parkwest / Cherry Orchard · Museum · Smithfield · Four Courts · Jervis · Abbey St. · Busáras

Southern and Western Intercity and Commuter

Westmorland · Trinity · Tara St. · Mayor Sq. – NCI · The Point
Heuston · Dawson · Pearse
St. James's · Fatima · St. Stephen's Green
Rialto · Harcourt St. · Charlemont St. · Sandymount
Suir Rd. · Ranelagh · Grand Canal Dock · Sydney Parade
Goldenbridge · Landsdowne Rd · Booterstown
Drimnagh · Blackrock
Blackhorse · Beechwood · Seapoint
Cowper · Salthill / Monkstown
Milltown · Dún Laoghaire Mallin
Windy Arbour · Sandycove / Glasthule

Belgard · Kingswood · Red Cow
Fettercairn · Kylemore · Bluebell
Cheeverstown · Cookstown
Citywest Campus · Hospital
Fortunestown · Tallaght
Saggart

Dundrum
Balally
Kilmacud
Stillorgan
Sandyford
Central Park
Glencairn
The Gallops
Leopardstown Valley
Ballyogan Wood
Carrickmines
Laughanstown
Cherrywood
Brides Glen

Glenageary
Dalkey
Killiney
Shankill
Bray Daly
Greystone

Rosslare Intercity and Commuter

DART und Commuter Services

Wichtigste Bahnstrecke in Dublin ist der **DART**, 🖥 www.irishrail.ie, eine S-Bahn zwischen Malahide oder Howth nördlich und Greystones südlich von Dublin. Der DART verkehrt tagsüber etwa alle 20 Min. In der Innenstadt sind Connolly Station, Tara Street und Pearse Station die wichtigsten Haltepunkte. Die interessantesten Ziele liegen auf dem südlichen Abschnitt: Blackrock, Dún Laoghaire, Dalkey, Killiney und Bray. Rückfahrttickets gibt es auch am Automaten. Zusätzlich besteht der **Vorortverkehr** (Commuter Services) auf dem Fernstreckennetz.

Leap Card – Dublin entdeckt Verbund

Seit wenigen Jahren gibt es in Dublin einen Tarifverbund von Bus und Bahn, man kam sozusagen mit der üblichen Verspätung im 20. Jh. an. Wer mehr als einmal am Tag öffentliche Verkehrsmittel nutzt, ist heute meist mit einer **Leap Card** (Netzkarte, auch für DART und LUAS gültig) gut bedient, die für Touristen auch z. B. in einer günstigen Dreitages-Version für etwa 20 € erhältlich ist (Visitor Card). Alle Informationen unter 🖥 www.leapcard.ie, zu den Touristenkarten auch auf Deutsch.

Die Linien hier sind:
- Connolly Station bis Dundalk über (u. a.) Malahide, Skerries, Balbriggan und Drogheda
- Connolly Station bis Mullingar über (u. a.) Drumcondra, Ashtown, Clonsilla, Leixlip und Maynooth
- Connolly Station bis Arklow über (u. a.) Dún Laoghaire, Bray und Wicklow
- Heuston Station bis Kildare über (u. a.) Clondalkin und Newbridge

Die Frequenz der Vorortzüge ist auf den Berufsverkehr ausgerichtet, weshalb sie für Touristen nur mit etwas Planung sinnvoll nutzbar sind.

Taxi

Taxistände befinden sich am Flughafen, an allen größeren Bahnhöfen und Einkaufszentren sowie in der Innenstadt etwa am St. Stephen's Green oder in der O'Connell Street. Ist das Taxi frei (Schild beleuchtet), kann es auch per Handzeichen herangerufen werden. Im Hotel lassen sich Taxis am besten telefonisch von der Rezeption bestellen. Eine Fahrt von der Innenstadt zum Flughafen kostet bis zu 35 €, eine Fahrt vom Guinness Storehouse zur O'Connell Bridge kann schnell mit 10 € zu Buche schlagen.
Wer plant, mehr als einmal das Taxi zu nutzen, kann mit der **mytaxi-App** schnell und zuverlässig bestellen, 🖥 www.mytaxi.com.

TRANSPORT

Busse

Eigentlich alle Fernverbindungen ab Dublin beginnen am **Busáras**, direkt neben dem Customs House, hier starten die Busse von **Bus Éireann**, 🖥 www.buseireann.ie, ins gesamte Land.
Die günstigsten Fahrpreise erhält der, der im Internet vorbestellt. Bus Éireann bietet auch Buspässe (S. 78) speziell für Touristen an, die Webseite gibt Auskunft über das aktuelle Angebot. Einen konkreten Fahrpreis für die einzelnen Strecken zu nennen, ist wegen der ständigen Änderungen und zahlreichen Sonderangebote sinnlos. Als Faustregel gilt: Wer beim Fahrer kauft, hat den teuersten (wenn auch nicht unbedingt besten) Sitz.

Hier die wichtigsten Verbindungen:
BELFAST, tgl. zur vollen Stunde, 2 1/2 Std.
CORK, 6x tgl. zwischen 8 und 18 Uhr, 4 1/2 Std.
DONEGAL, 9x tgl. zwischen 7 und 24 Uhr, 4 1/4 Std.
GALWAY, tgl. zwischen 7 und 21 Uhr zur vollen Stunde, 3 1/2 Std.
KILLARNEY mit Umsteigen in Limerick, 5x tgl. zwischen 8.30 und 16.30 Uhr, mind. 5 1/2 Std.
LIMERICK, stdl. zwischen 7.30 und 18.30 Uhr, zusätzlich 20 Uhr, 3 3/4 Std.
MONAGHAN, mind. 16x tgl. zwischen 6.15 und 22.45 Uhr, 2 Std.

Mit dem Fahrradtaxi unterwegs

Umweltschonend sind die eigentümlichen „Fahrradtaxis" der Initiative ecocabs, die vom Frühjahr bis zum Herbst in der Innenstadt verkehren und bis zu zwei Personen zwischen den Haltepunkten kostenlos befördern. Getragen von Werbeeinnahmen sollen diese ein „alternatives Verkehrssystem" promoten. Ein wenig abenteuerlich zwischen den Doppeldeckerbussen ist es schon … Die Pedalmobile, 🖥 www.ecocabs.ie, können am **St. Stephen's Green**, am Nordende der **Grafton Street** und in der **O'Connell Street** bestiegen werden. Trinkgeld ist willkommen!

ROSSLARE HARBOUR, stdl. zwischen 5.30 und
21.30 Uhr, auch Nachtbusse, 3 1/4 Std.
SLIGO, mind. 5x tgl. zwischen 8 und 20.45 Uhr,
4 Std.
TRALEE, mit Umsteigen in Limerick, tgl. alle
2 Std. zwischen 7.30 und 17.30 Uhr, etwa 5 Std.
WATERFORD, mind. 7x tgl. zwischen 7.15 (So 10)
und 20 (So 21.30) Uhr, mind. 3 Std.

Eisenbahn

Dublins Hauptbahnhöfe sind **Connolly Station**
im nordöstlichen Zentrum, Amiens St, und
Heuston Station im Westen. Von hier bestehen
diverse Verbindungen in die Provinzen und
nach Nordirland. Die genauen Fahrpläne und
vor allem preisgünstige Tickets sind im Internet
bei **Irish Rail**, 🖳 www.irishrail.ie, erhältlich.
Die wichtigsten Linien ab Dublin sind:

Dublin Connolly – Wicklow – Arklow – Gorey –
ROSSLARE
Dublin Heuston – Kildare – Carlow – Kilkenny –
WATERFORD
Dublin Heuston – Kildare – Portarlington –
Limerick Junction – Mallow – CORK bzw.
KILLARNEY
Dublin Heuston – Kildare – Portarlington –
Limerick Junction – Limerick – ENNIS
Dublin Heuston – Kildare – Portarlington –
Athlone – GALWAY
Dublin Heuston – Kildare – Portarlington –
Athlone – Manulla Junction – WESTPORT bzw.
BALLINA
Dublin Connolly – Mullingar – Longford –SLIGO
Dublin Connolly – Drogheda – Dundalk –
Newry – BELFAST

Flüge

Rund 13 km nördlich vom Stadtzentrum liegt der
Flughafen von Dublin, ☎ 01-814111, 🖳 www.
dublinairport.com. Von hier aus starten Maschinen in alle Welt (mit Umsteigen zumindest – die
weitaus meisten Verbindungen bestehen innerhalb Europas, in die USA und in die Golfstaaten).
Am Ausgang stehen Taxis bereit, die einen nach
der Ankunft für rund 35 € in die Innenstadt bringen. Für Kleingruppen kann ein Großraumtaxi
mit 7 Sitzen (wird extra herangewinkt) eine gute
Alternative zu den Flughafenbussen sein.

Flughafentransport

Dublin Airport ist im öffentlichen Nahverkehr
ausschließlich mit dem Bus erreichbar.
Dublin Bus: Linie 16A bietet ab der O'Connell St.
zwischen 6.40 Uhr und kurz vor Mitternacht
eine lange Fahrt mit vielen Zwischenstopps,
ca. 3 €. Schneller (und etwa doppelt so teuer)
sind die Busse 746, 747 und 748 (Airlink),
die den Flughafen direkt mit der Innenstadt
verbinden (O'Connell St. oder Busáras, verkehren zwischen 5.10 und 23.30 Uhr),
🖳 www.dublinbus.ie.
Aircoach bietet rund um die Uhr bequeme
Verbindungen vom Flughafen in die Innenstadt
(etwa 7 €, Haltestellen vor großen Hotels) und
weiter ins südliche Dublin bis nach Greystones,
🖳 www.aircoach.ie.
Airport Hopper bedient Leixlip, Tallaght, Liffey
Valley, Lucan und Clondalkin, 🖳 www.airport
hopper.ie.
Nach Dundrum kommt man mit **Dublin
CityScape**, 🖳 www.cityscapetours.ie.

Fernbusse vom Flughafen

Aircoach, 🖳 www.aircoach.ie, nach BELFAST
und CORK.
Ardcavan, 🖳 www.ardcavan.com, Mo–Sa über
das Stadtzentrum Dublin nach GOREY, ENNI
SCORTHY und WEXFORD.
Bus Éireann, 🖳 www.buseireann.ie, die
meisten Fernverbindungen laufen über den
zentralen Busbahnhof Busáras, erreichbar mit
Dublin Bus Airlink 747 oder 748.
Citylink, 🖳 www.citylink.ie, tagsüber stdl.
direkt nach GALWAY.
Dublin Coach, 🖳 www.dublincoach.ie, fährt
nach PORTLAOISE, KILDARE, WATERFORD,
KILKENNY, LIMERICK, ENNIS, TRALEE und
KILLARNEY.
Eireagle, 🖳 www.eireagle.com, fährt nach
GALWAY und LIMERICK.
GoBe, 🖳 www.gobe.ie, Nonstop-Verbin-
dungen zwischen Dublin Airport und CORK.
GoBus, 🖳 www.gobus.ie, mehrmals
tgl. nach GALWAY über Dublin Stadt-
zentrum.
JJ Kavanagh Coaches, 🖳 www.jjkavanagh.ie,
tgl. nach KILKENNY, CLONMEL, LIMERICK,
WATERFORD und TRAMORE.

John McGinley Coaches, ⌨ www.john
mcginley.com, nach ARDEE, MONAGHAN,
OMAGH und weiter nach DONEGAL.
Translink, ⌨ www.translink.co.uk, Goldline
Express vom Dubliner Flughafen nach BELFAST
oder DERRY.
Wexford Bus, ⌨ www.wexfordbus.com, tgl.
nach WEXFORD über Gorey, Camolin, Ferns und
Enniscorthy.

Nördliches Umland von Dublin

Wer Dublin City nach Norden verlässt, kommt
rasch in sehr ländliche Gegenden, und selbst die
noch dicht an der Stadt liegenden Vororte haben sich eine gewisse Eigenständigkeit bewahrt.
Howth und Malahide etwa sind Kleinstädte für
sich und locken mit ganz eigenen Reizen.

Howth und Umgebung

Der alte Fischerort **Howth** ist mit dem DART
leicht zu erreichen und daher ein beliebtes Ausflugsziel der Dubliner, die an Sommerwochenenden die Fahrt hierher in vollen Zügen genießen. Der Status als Ausflugsort zeigt sich schon
in der Restaurantdichte, sogar der Ausgang des
Bahnhofs führt praktisch durch einen Pub. Vom
Bahnhof aus wendet man sich nach links und
kann den Ort erforschen. Scharf links liegt der
Fischereihafen, schnell erkennbar an mehreren industriell genutzten Gebäuden, der großen
Schiffshebeanlage und den Fischkuttern am Kai.

Einige **Fischhändler** haben ihre Läden direkt
gegenüber und verkaufen heimische wie exotische Fische. Eine tolle Option für Selbstversorger, für alle anderen Besucher lohnt zumindest
ein Blick ins Schaufenster. Wer mit totem Fisch
wenig anfangen kann, sollte sich auf die Suche
nach den weitaus lebendigeren Meeresbewoh-
nern machen – im Hafenbecken tummeln sich
regelmäßig einige **Robben**. Meistens warten sie
opportunistisch auf Fischreste, die sowohl die
Fischer wie auch die Laden- und Restaurant-

besitzer publikumsgerecht im Hafenbecken entsorgen. Ein kleines Kuriosum, im wahrsten Sinne
des Wortes, findet sich am Ende der Straße. Die
ersten Fußstapfen König Georgs auf irischem
Boden wurden hier für die Ewigkeit in Stein gemeißelt. Das Kunstwerk ist zwar etwas verwittert, macht aber deutlich, dass zumindest dieser
König nicht auf großem Fuß lebte.

Obwohl der Hafenleuchtturm nur einen
Katzensprung entfernt scheint, muss man auf
dem Weg zu ihm den gesamten Binnenhafen
umrunden, ein beliebter und erfrischender Spaziergang. In der Nähe des **Leuchtturms** erinnert eine Gedenkplakette an den organisierten
Schmuggel von Waffen für die „Irish Volunteers" – an dieser Stelle machte der Schriftsteller Erskine Childers mit seiner Jacht Asgard
fest und brachte so die in Hamburg erworbenen
Schusswaffen in die Hände der patriotischen
Miliz. Dieses Howth Gun Running genannte Ereignis ist auch heute noch Teil der republikanischen Folklore. Childers selbst wurde allerdings
im Irischen Bürgerkrieg nach kurzem Prozess
hingerichtet – wegen illegalen Waffenbesitzes.
Sein Sohn, Erskine Childers Jr., wurde dagegen
später irischer Präsident.

In der Nähe des Leuchtturms legen Boote
zur kleinen Insel **Ireland's Eye**, ⌨ www.island
ferries.net, ab. Nach einer kurzen Überfahrt
kann man sich dieses winzige Eiland in aller Ruhe ansehen. Interessant sind die Reste der ehemaligen Kirche von Kilmacnessan, die einst sogar einen Rundturm getragen haben soll.

Wesentlich interessanter (und einfacher zu
organisieren) ist eine Wanderung hinauf zum
Summit (Bergspitze) mit einem anschließenden
Cliff Walk, also Spaziergang entlang der Klippen.
Um auf die Bergspitze zu kommen, kann man
einfach der Hauptstraße durch den Ort folgen
oder auch einen Bus von der Promenade aus
nehmen. Wer zu Fuß geht, sollte zumindest kurz
die Ruine der **St. Mary's Church** mit ihren zwei
Kirchenschiffen und alten Grabmälern betrachten. Direkt neben der Kirche findet man auch
das kurioseste Grab Dublins, statt eines Grab-
steins ragt ein Stück Eisenbahn-Schiene aus
dem Boden. Hier liegt ein Unbekannter begraben, der bei den Bauarbeiten für die örtliche
Straßenbahnlinie ums Leben kamen.

Nach einem doch recht anstrengenden halbstündigen Aufstieg zur Bergspitze hat man einen sehr guten Ausblick über die Bucht von Dublin. Vom Parkplatz auf dem Summit erreicht man auch den **Wanderweg um die Klippen** herum. Hält man sich links, kommt man in etwa einer Stunde wieder zum Hafen zurück und kann unterwegs den Ausblick auf den Leuchtturm genießen, der auf einer Klippe den Eingang zum Hafen von Dublin markiert.

Wer nach einer Tour durch Howth noch Energie hat, der kann zusätzlich noch **Howth Castle** ansehen, ein mehrfach renoviertes Gebäude, das ursprünglich aus dem 15. Jh. stammt. Das Gebäude selbst ist nur an speziellen Tagen oder für angemeldete Gruppen zugänglich, die Parkanlagen, teilweise jetzt als Golfplatz genutzt, sind jedoch weitläufig, 🖥 www.howth castle.com.

In einigen ehemaligen Wirtschaftsgebäuden ist das **National Transport Museum** (Heritage Depot, Howth Demesne, ✆ 01-8320427, 🖥 www.nationaltransportmuseum.org) untergebracht, das viele Freunde alter Autos begeistert. Allerdings ist die Sammlung so gedrängt abgestellt, dass sich eine Besichtigung nur für echte Liebhaber lohnt. 🕐 Sa, So und Bank Holidays 14–17 Uhr, Eintritt 3 €.

© SABINE BOSZ

Beshoff Bros in Howth – Pilgerstätte der Fischgourmets

Bull Island

Ein beliebtes Naherholungsgebiet für viele Dubliner ist Bull Island, ursprünglich eine Sandbank, die nach der Errichtung der nördlichen Hafenmole entstand. Sie ist dem Ufer vorgelagert und über zwei Brücken erreichbar. Die Dünenlandschaft auf der Insel steht unter Naturschutz, nicht zuletzt wegen der nur hier lebenden Mäuseart. Ganz normale Mäuse hatten sich im Laufe der Zeit auf Bull Island niedergelassen, waren aber im hellen Sand schnell Beute von Raubvögeln geworden. In einem Selektionsprozess überlebten nur die hellsten Mäuse, sodass heute eine Population von hellen, sandfarbenen Nagetieren die Dünen durchstreift. Um sie zu sehen, braucht man allerdings sehr viel Geduld und vor allem sehr gute Augen.

Die Beobachtung der zahlreichen Wasservögel, darunter auch im Winter hier Station machende nicht einheimische Arten, ist schon einfacher. Ein **Besucherzentrum** im nördlichen Teil der Insel gibt Hilfestellung dabei. Die meisten Besucher allerdings fahren nur wegen des Strandes auf die Insel, hier kann man stundenlang am Meer faulenzen oder wandern.

Der einzige Wermutstropfen ist die Tatsache, dass Teile des Strandes von Autos befahren werden dürfen. Vorsicht beim Parken: Zu leicht kann man sich im Sand festfahren. Außerdem auf Ebbe und Flut achten!

St. Anne's Park

Gegenüber von Bull Island liegt auf der anderen Seite der Uferstraße der ausufernde St. Anne's Park, einer der größten öffentlichen Parks in Dublin, ehemals ein Landgut der Familie Guinness. Bekannt ist die Anlage vor allem durch ihre **Rosengärten**, die zur Blütezeit Blumenfreunde aus nah und fern anziehen. Aber

NÖRDLICHES UMLAND VON DUBLIN | Howth und Umgebung **173**

DUBLIN

auch abseits der großen Blüte ist der Park für lange Spaziergänge in gezähmter Natur ideal und lockt mit großen Freiflächen, Kinderspielplätzen, dem hübschen Uhrturm, einigen künstlich errichteten Ruinen und antiken Tempeln sowie der von der Bucht hereinwehenden frischen Seeluft. Am Wochenende kann es sehr voll werden, aber unter der Woche kann man oftmals Stunden alleine in einem verwunschenen Park verbringen. Der Park ist übrigens auch bei Nacht ohne Weiteres zugänglich, dies sei jedoch nicht empfohlen.

Casino Marino

Das Casino Marino, Cherrymount Crescent, Malahide Rd., Marino, ✆ 01-8331618, 🖥 www.casinomarino.ie, ist keine Spielbank, sondern eine Art **Lustschloss**, etwas abseits der Straße nach Dublin auf einem großen Gartengelände in der Nähe des Fairview Park. Die Konstruktion des 1762 errichteten Baus grenzt ans Geniale, denn nichts ist hier, wie es auf den ersten Blick scheint. Kein großer, zentraler Raum, sondern viele kleine Räume empfangen die Besucher, die das klassizistische Bauwerk durch einen Eingang in der Tempelfassade betreten. Schornsteine sieht man nicht. Doch natürlich musste in Irland, wie sollte es anders sein, trotz aller ästhetischer Erfordernisse, geheizt werden, also ließ der Architekt den Rauch der Kamine und Öfen schlicht durch die ornamentalen Vasen im Dachbereich abziehen. Das Casino ist heute noch weitgehend in seinem Originalzustand erhalten und für an Architektur interessierte Besucher Dublins ein Muss. ⏰ Mai und Okt tgl. 10–17, Juni–Sep tgl. 10–18 Uhr, Eintritt 7 €.

Gleann-Na-Smol, Nashville Rd., Howth, ✆ 01-8322936, 🖥 www.gleannnasmol.com. Kleine Pension nur 5 Min. von der Ortsmitte von Howth, nahe am Meer und mit Möglichkeit zu Klippenwanderungen. Zum Frühstück werden auch selbst gebackenes Brot und Marmelade aus eigener Herstellung serviert. ❸
King Sitric, East Pier, Howth, ✆ 01-8325235, 🖥 www.kingsitric.ie. Kleines Hotel, das mit dem gleichnamigen (hervorragenden) Fisch-

restaurant eine Einheit bildet und dessen Zimmer alle Meerblick haben. Gemütliche, traditionelle Einrichtung. Direkt am Hafen, Busse in die Dubliner Innenstadt fahren vor der Haustür ab. ❻
King Sitric Fish Restaurant, East Pier, Howth, 🖥 www.kingsitric.ie. Eines der besten Fischrestaurants im Großraum Dublin, aber nicht das günstigste. Unbedingt reservieren. Im Erdgeschoss ist das etwas informellere Bistro des Sohnes, hier kann man auch auf gut Glück hineinschneien.

Stadtbus

Dublin Bus, 🖥 www.dublinbus.ie, betreibt Buslinie 31 zwischen Howth und der Innenstadt (Eden Quay), die etwa alle halbe Stunde St. Ann's Park und Bull Island passiert und in Howth sowohl den Hafen als auch den höchsten Punkt „The Summit" ansteuert.

Bahn

Der **DART**, 🖥 www.irishrail.ie, verbindet zwischen 6 Uhr und Mitternacht etwa alle 30 Min. Howth mit der Innenstadt (Connolly Station, Tara St. und Pearse Station) und dann mit Bray oder Greystones. Von den Stationen Harmonstown oder Killester kann man in etwa einer Dreiviertelstunde nach Bull Island wandern. Für das Marino Casino den DART nach Clontarf nehmen, danach etwa 20 Min. Fußweg.

Malahide

Der Dubliner Villenvorort Malahide liegt 15 km nördlich des Zentrums direkt am Meer und galt lange Zeit als bevorzugte Wohngegend. Der kleine Hafen wird von Sportbooten dominiert. Den touristischen Anziehungspunkt bildet jedoch das **Malahide Castle**, ✆ 01-8462184, 🖥 www.malahidecastleandgardens.ie, eine durch verschiedene Umbauten eher schlossähnliche Burg mit großem Parkgelände (**Talbot Botanic Gardens**).

Das Anwesen war bis vor einigen Jahrzehnten noch in Privatbesitz und bewohnt, dann wurde es von der Stadt Dublin gekauft und zur Besucherattraktion umgewandelt. Besichtigungen der stellenweise recht düsteren Innenräume der Burg und der Gärten sind möglich. Das Gebäude wurde mit historischen Möbeln und Gemälden aus dem Bestand der Nationalgalerie sehr überzeugend ausgestattet und vermittelt einen guten Eindruck vom Schlossleben in vergangenen Jahrhunderten. ⏱ tgl. 9.30–16.30 Uhr, Eintritt 14 €.

ESSEN

Bon Appetit, 9 St. James Terrace, 🖥 www.bonappetit.ie. Luxuriös eingerichtetes Restaurant. Hohe Kochkunst, aber zu den Hauptzeiten auch hohe Preise (günstigere Menüs am frühen Abend). Die mit einem Michelin-Stern geehrte Küche unter Leitung von Oliver Dunne kann als „kontinental" mit französischem Touch bezeichnet werden. Besonders empfehlenswert sind die Fleischgerichte mit feinstem Aberdeen Angus. Klavierspieler am Wochenende. ⏱ aktuelle Zeiten unbedingt im WWW abfragen.

Dublins schönste Kirche?

Etwa 4 km südlich von Malahide steht einsam und verlassen in der Landschaft die kleine **St. Doulagh's Church** (Malahide Rd., Balgriffin), ein mittelalterliches Kleinod, das nur wenige Touristen besuchen. Auch diese Kirche ist im Laufe der Jahrhunderte stark verändert worden. Der Kern des Gebäudes stammt aus dem 13. Jh. und hat noch ein Dach aus Stein, der Turm dagegen wurde erst rund zwei Jahrhunderte später errichtet. Die Kirche soll von Eremiten genutzt worden sein, kleine Zellen dabei als Unterkunft gedient haben. In der Nähe befindet sich auch noch eine Brunnenanlage, die wohl auch als Pilgerstätte genutzt wurde. Die bauliche Gestaltung ist jedenfalls recht aufwendig. ⏱ Besichtigungen im Sommer So 15–17 Uhr, Aushang an der Kirche beachten oder rechtzeitig die Gemeinde über 🖥 www.malahide.dublin.anglican.org kontaktieren.

Swords

Etwa 14 km nördlich des Zentrums und in der Nähe des Flughafens von Dublin ist Swords schon fast eine Kleinstadt für sich – vor einigen Jahren war es sogar noch ein großes Dorf, bis sich hier einige internationale Firmen mit ihren Service-Niederlassungen etablierten. Für die meisten Touristen ist Swords eine Landschaft von Call Centern und unübersichtlichen Kreisverkehren, die es möglichst schnell zu durchqueren und dann zu vergessen gilt. Doch mitten im Ortskern finden Besucher zwei Attraktionen, die ein wenig das Flair des mittelalterlichen Irland heraufbeschwören.

Stark renoviert wurde **Swords Castle**, das dem Erzbischof von Dublin gehörte und irgendwie den Eindruck einer gerade aufgebauten Filmkulisse vermittelt. ⏱ Mo–Sa 9.30–16 Uhr, Eintritt frei.

Etwas versteckt neben der anglikanischen Kirche in der Church Road steht der **Rundturm** von Swords, der letzte Rest eines mittelalterlichen Klosters und einer der letzten wirklich noch gut erhaltenen Türme dieser Art. Er konkurriert nicht nur mit dem Kirchturm, sondern auch mit sehr hohen Bäumen im Kirchhof selbst.

Von Swords aus sind auch die am Meer gelegenen nördlichen Vororte Dublins gut erreichbar.

Lusk

Lusk liegt 22 km nördlich des Zentrums und ist vor allem für seine ungewöhnliche **Kirche** mit Baustilen aus mehreren Jahrhunderten berühmt. Das Kirchenschiff selbst wurde erst 1847 errichtet und diente der Church of Ireland als Gemeindekirche. Dabei wurde ein spätmittelalterlicher Kirchturm wieder verwendet. Dieser wiederum hat einen Rundturm aus dem 10. oder 11. Jh. als einen der Ecktürme inkorporiert. Das gesamte Arrangement entbehrt nicht einer gewissen Dramatik, auch wenn es teilweise etwas künstlich wirken mag. Der Rundturm ist heute noch fast 27 m hoch, die konische Kappe fehlt jedoch, und durch die Einbeziehung in den mittelalterlichen Turm sind einige Fenster verlorengegangen. Heute befindet sich in der Kirche das **Lusk Heritage Centre**, ✆ 01-8331618, 🖥 www.heritageireland.ie. ⏲ telefonisch erfragen, Eintritt frei.

Skerries

Auf den ersten Blick erscheint Skerries (30 km nördlich des Zentrums) nicht übermäßig interessant, doch ein Spaziergang am Hafen und am Strand lässt erkennen, warum dies ein beliebtes Ausflugsziel für die Dubliner ist. Hier kann man frische Seeluft tanken, Robben beobachten, gleich mehrere **Martello-Türme** sehen, im Meer baden und sich hinterher in einem der zahlreichen Pubs und Restaurants wieder aufwärmen. An Wochenenden ist Skerries regelmäßig ziemlich gut besucht, wenn irgend möglich, sollte man also unter der Woche hier eintreffen.

Die auffälligste Sehenswürdigkeit des Ortes sind die **Windmühlen von Skerries**, ✆ 01-8495208, 🖥 www.skerriesmills.org. Diese sind noch betriebsfähig und in ihnen werden die Technik und das Handwerk des Müllers veranschaulicht. Teilweise kann man auch hier gemahlenes Mehl oder frisch gebackenes Brot mitnehmen. Da mittlerweile die meisten irischen Windmühlen verschwunden sind und nur noch einige als Museumsstücke erhalten wurden, ist diese Gruppe von Mühlen schon bemerkenswert. Besonders lohnt sich der Besuch am Samstag, dann findet auf dem Gelände zusätzlich ein Obst- und Gemüsemarkt statt. ⏲ tgl. 10–17.30 Uhr (Winterhalbjahr bis 16.30 Uhr), Eintritt 8 €.

Vorsicht beim Baden!

Viele Strände Irlands genießt man besser als Spaziergänger denn als Badegast – das Wasser ist vor allem im Großstadtbereich einfach schmutzig. Balbriggan und Skerries etwa kämpften in den vergangenen Jahren mit dem Problem, dass die Wasserqualität weit unter den europäischen Mindestanforderungen blieb. Grund: menschliche Fäkalien im Wasser!

Red Bank House, 5-7 Church St., ✆ 01-8491005, 🖥 www.redbank.ie. 18 elegante Zimmer mit sehr gemütlicher Einrichtung. Hat einen ganz eigenen Charme und kann auch als Basis für einen längeren Aufenthalt dienen. ❹
Das Restaurant in dem ehemaligen Bankgebäude (der Tresorraum ist heute Weinkeller) ist auch für „Laufkundschaft" offen. Gerichte werden nach lokalen Persönlichkeiten benannt. Die Desserts sind berühmt – Platz lassen.

Balbriggan

In dem eher unscheinbaren Ort 35 km nördlich des Zentrums lädt allein der Sandstrand zum Verweilen ein. Wesentlich interessanter ist aber ein Besuch auf der **Ardgillan Demesne**, Skerries, ✆ 01-8492212, 🖥 www.ardgillancastle.ie, einem sehr großen Anwesen oberhalb von Balbriggan mit schönen Aussichten aufs Meer und über die Ostküste. Das Herrenhaus ist restauriert worden, eine Besichtigung möglich, aber nicht unbedingt unverzichtbar. Die meisten Besucher geben sich mit einem Abstecher in das Café zufrieden und erforschen dann die ausgedehnten Parkanlagen. Diese beginnen direkt am Haus mit formellen Gärten und erstrecken sich über weite Gebiete, in denen sich immer wieder neue herrliche Aussichten bieten. ⏲ Park tgl. ab 9 Uhr bis kurz vor Sonnenuntergang kostenlos, Touren durch das Haus tgl. ab 11 Uhr, 6,50 €.

Stadtbus
Fast das gesamte Busverkehrssystem wird von **Dublin Bus**, 🖥 www.dublinbus.ie, bedient, nur in Balbriggan gibt es einen Stadtbusverkehr von **Bus Éireann**, 🖥 www.buseireann.ie (unter City/Town Services). Swords, Lusk, Skerries und Balbriggan sind alle mit der Linie 33 (ab Abbey St.) erreichbar.

Bahn
Der **DART** verbindet Malahide mit der Innenstadt (Connolly Station, Tara St. und

Pearse Station). Daneben gibt es den Vorortverkehr zwischen Connolly Station und Dundalk
über (u. a.) Malahide, Lusk, Skerries und
Balbriggan, 🖳 www.irishrail.ie.

Im Nordwesten von Dublin

Blessington Basin

Das Blessington Basin im Ortsteil Phibsboro,
Blessington St., ist ein Kuriosum – früher wurde dieses Becken direkt aus dem Royal Canal
gespeist und diente u. a. der Versorgung der
Jameson-Destillerie mit „Frischwasser". Nachdem diese Aufgabe wegfiel, nutzten Anwohner
das Reservoir recht enthusiastisch als Müll-
kippe. Später allerdings erkannte man das Potenzial als Naherholungsgebiet, reinigte das
Wasserbecken und befestigte die Wege ringsherum, sodass sich hier heute ein kleiner, fast
nur von unmittelbaren Anwohnern genutzter
Park befindet.

Mountjoy Prison

Kaum noch einen Hauch von Romantik hat das
Mountjoy Prison, nahe Glangarriff Parade, bekannt als zeitweise Wohnstätte des Dichters
Brendan Behan und Ort einer der spektakulärsten Gefängnisausbrüche von IRA-Häftlingen, bei
dem ein gekaperter Hubschrauber einfach im
Innenhof landete und Passagiere aufnahm. Das
Gefängnis wurde mehrfach renoviert, sodass
sein viktorianischer Charakter heute nur noch
teilweise erkennbar ist. Auffallend sind die hohen Schornsteine, die hier nicht dem Rauchab-
zug dienen, sondern Teil der Ventilationsanlage
sind. Zu ihrer Zeit waren sie der Inbegriff des
humanen Strafvollzugs, da sie für frische Luft
in den Zellen sorgten. Ein Stück südlich vom
Gefängnis finden Besucher am Royal Canal eine
Parkbank mit der Statue Brendan Behans – neben der Brücke, die die N1 über den Kanal führt.

Mount Prospect Cemetery

Der Vorort Glasnevin ist vor allem durch den
riesigen Friedhof Mount Prospect Cemetery,
Finglas Rd., ✆ 01-8301133, 🖳 www.glasne
vintrust.ie, bekannt, auf dem mehr Dubliner begraben liegen, als die Stadt heute Einwohner
hat. Er wurde von einem Konsortium geplant und
gegründet, zu dem auch der „Befreier" Daniel
O'Connell gehörte. Dabei ging es aber nicht um
Geld, sondern vor allem um Religion – auf den
meisten Friedhöfen waren katholische Zeremonien verboten, sie gehörten fest zur anglikanischen Kirche. So schuf man dann in Glasnevin
eine letzte Ruhestätte, für die es keine Bestimmungen über das Zeremoniell gab, sodass hier
gewissermaßen durch die Hintertür ein „katholischer Friedhof" entstand.

Heute erstreckt sich der Friedhof mit über
1 Mio. Grabanlagen über ein nur schlecht zu
überschauendes Gelände (zu dem auch eine
ausgelagerte Anlage gehört), und man muss
sich entweder einer Führung anschließen oder
zumindest mit dem eigentümlichen Nummerie-
rungssystem der Grabstätten anfreunden, um
bestimmte Gräber zu finden. Glücklicherweise liegen die meisten „wichtigen" Gräber in
relativer Nähe zum Haupteingang. Dazu gehört
u. a. das nicht zu übersehende Mausoleum von
Daniel O'Connell selbst, auf dem die gigantische Nachbildung eines Rundturms errichtet
wurde. George Petrie, der den Bau dieses Monuments als Berater begleitete, wollte keine
Garantie für die strukturelle Stabilität übernehmen. Und ursprünglich sollte der Rundturm nur
Teil eines patriotischen Arrangements sein, auf
die geplante „typisch irische" Kapelle und ein
Hochkreuz verzichtete man jedoch später. Die
Grabstätten rund um den Turm und das in die
Erde versenkte Mausoleum bilden die „Erste
Adresse" des Friedhofs, hier findet man auch an
prominenter Stelle das Grab des in London hin-
gerichteten Patrioten **Roger Casement**.

Etwas weiter entfernt liegen sowohl **Eamon
de Valera** als auch **Michael Collins** begraben,
und selbst im Tod gingen sie auf Abstand voneinander. Und beide sind gleichzeitig ein gutes
Stück Weg vom „Republican Plot" entfernt, in
dem nebeneinander zahlreiche Patrioten und

Nationalisten ihre letzte Ruhestätte fanden. Selbst wer sich mit der Geschichte des irischen Freiheitskampfes nur oberflächlich beschäftigt hat, wird hier eine Menge bekannter Namen entdecken. Ein gewisses Gefühl von „Bekanntheit" wird ein Teil der Besucher übrigens auch beim Anblick des Monuments für die Toten des Osteraufstandes empfinden, bei dem die Bildhauerin Dora Sigerson einen sterbenden jungen Mann in die Arme der personifizierten „Mutter Irland" legte – jede Ähnlichkeit mit der Pietà von Michelangelo ist nicht rein zufällig.

In vollen Kontrast dazu steht die Grabstätte des Politikers **Charles Stewart Parnell**, eine weite Rasenfläche mit einem Findling, den nur der Nachname des Verstorbenen ziert. Wo genau Parnell hier begraben liegt, das ist ein Mysterium. Gemäß seinem letzten Wunsch wurde er in einem anonymen Armengrab beerdigt. Sind diese Pflichtpunkte des Besuchs erledigt, sollten mehrere Stunden eingeplant werden, um den Friedhof weiter zu erforschen.

Die ältesten Teile befinden sich vom Eingang aus gesehen rechts, die viktorianischen Grabstellen sind auch in ihrem teilweise stark ver-

fallenen Zustand noch sehr sehenswert. Dabei ist auch die Friedhofsmauer zu beachten, die nicht nur sehr hoch angelegt wurde, sondern in unregelmäßigen Abständen einige Wachtürme aufweist. Dies sind nicht nur stilistische Elemente, sie wurden früher von den Nachtwächtern des Friedhofs genutzt. Deren Einsatz war erforderlich, da die anatomischen Institute immer wieder Nachschub an frischen Leichen für die Studierenden benötigten.

Während man in den alten Teilen des Friedhofs auch einige Gräber mit Bezug zu den Werken von James Joyce finden kann (eine Episode des *Ulysses* spielt auf diesem Friedhof), wird man bei neueren Grabstätten eher die ausufernde Fantasie der Gestalter bemerken. So sind Grabsteine mit den Emblemen von Fußballclubs (meist aus der englischen Liga) keine Seltenheit. Neu dazugekommen ist ein modernes, sehenswertes **Museum**, von dem aus auch geführte Friedhofstouren starten. ⏲ Friedhof tagsüber frei zugänglich, Plan beim Museum erhältlich, Museum Mo–Fr 10–17, Sa, So 10–18 Uhr, Eintritt für Museum 6,75 €, thematische Führungen oder Besteigung des O'Connell Tower extra.

Polo im Phoenix Park – kein alltägliches Spektakel

© DUMONT BILDARCHIV / OLAF MEINHARDT

National Botanic Gardens

Direkt an den Friedhof von Glasnevin grenzen die National Botanic Gardens, 6/7 Finglas Rd., ℂ 01-8040300, 🖥 www.botanicgardens.ie, an, die mit ihrem Mitte des 19. Jhs. erbauten Palmenhaus und ihrer reichen Sammlung von einheimischen und exotischen Pflanzen ein ideales Areal für lange Spaziergänge in gepflegter Umgebung darstellen. ⏲ Mo–Fr 9–16.30, im Sommer bis 17, Sa, So 10–16.30, im Sommer bis 18 Uhr, Eintritt frei.

Dunsink Observatory

Über die Dunsink Lane (abgehend von der N3, Navan Rd.) erreicht man das Dunsink Observatory, 🖥 www.dias.ie, Dublins Sternwarte. Diese ist im Rahmen von „Open Nights" vor allem im Winter regelmäßig für jedermann offen, man muss sich jedoch per Internet anmelden. Die jeweils nächste Öffnung ist auf der Webseite angegeben.

TRANSPORT

Stadtbus
Dublin Bus, 🖥 www.dublinbus.ie, bedient die westlichen Vororte mit hoher Frequenz, etwa Linien 38 oder 70, nach Glasnevin Linie 13 (Botanic Gardens) oder 40 (Cemetery).

Bahn
Im Vorortverkehr werden Connolly Station und Ashtown verbunden, die Frequenz ist eher gering, 🖥 www.irishrail.ie.

Phoenix Park

Der weltbekannte Phoenix Park, 🖥 www.phoenixpark.ie, im Westen Dublins ist mit 707 ha Fläche einer der größten städtischen Parks überhaupt. Wer das Gelände zu Fuß durchwandern will, sollte schon einen ganzen Tag einplanen. Einige Reiseführer berichten von Öffnungszeiten – der Phoenix-Park ist jedoch Tag

Romantik im Dämmerlicht?

Der Phoenix Park ist im Dunkeln eher zu meiden, wenn man nicht spontane Bekanntschaften schließen will, die nicht immer zu den Highlights eines Urlaubs gehören. Andererseits kommt die Natur dann erst richtig zum Leben – so kann man im letzten Büchsenlicht schon recht beachtliche Dachse bei der Nahrungssuche (etwa an Mülleimern) beobachten. Also: Rechtzeitig an den Rückweg denken!

und Nacht über das Haupttor in der Parkgate Street im Süden zugänglich (man hat 1932 die Gitter dort zeitweise abmontiert und dann nicht wiederfinden können). Im Norden ist das Castleknock Gate immer geöffnet. Es ist jedoch nicht unbedingt empfehlenswert, den Park nachts als Fußgänger zu nutzen.

Ursprünglich wurde das gesamte Gelände als Jagdrevier eingezäunt und angelegt, eine komplette Umfriedung mit Mauern sollte dafür sorgen, dass die extra importierten Hirsche und Rehe nicht den Jagdgesellschaften entgingen. Die Jagd wird heute allerdings nur noch einmal im Jahr durchgeführt. Außer dem Wild, das sich in großen Herden frei über das Parkgelände bewegt und sogar bis auf wenige Meter an Menschen herangeht, besitzt der Park zahlreiche weitere Anziehungspunkte.

Park-Häuser

An erster Stelle steht für viele die Residenz des Präsidenten, früher des Vizekönigs – Áras an Uachtaráin. Das sehr repräsentative weiße Gebäude wurde von 1751–54 von Nathaniel Clements gebaut. ⏲ Sa, Eintrittskarten müssen im Besucherzentrum des Parks (s. u.) am selben Tag beantragt werden.

Schräg gegenüber liegt die **Residenz des Botschafters der USA**, hinter der sich das gigantische **Papstkreuz** auf einem künstlich aufgeschütteten Hügel erhebt. Hier hatte Johannes Paul II. im Jahr 1979 vor rund 1 Mio. Gläubigen die Messe gefeiert. Wesentlich älter und für viele Menschen auch interessanter ist das etwas versteckt in der Nähe liegende **Ashtown Castle**, ein typisches Turmhaus. Direkt daneben ist in einer alten Stallung das **Besucherzentrum des Parks** untergebracht. Die Ausstellung zur Geschichte des Parks ist interessant, das Café im Haus unbedingt empfehlenswert. ⏲ tgl. 9.30–18 Uhr, Jan–März Mo/Di geschl.

Weitere Gebäude im Park sind das altmodische Verwaltungszentrum der **Ordnance Survey Ireland** (OSI, kartografische Behörde), das aufwendig restaurierte **Farmleigh House** (offizielles Gästehaus der Republik Irland, geöffnet an den meisten Tagen zwischen 10 und 17 Uhr, 🖥 www.farmleigh.ie, Hausführungen 8 €), ein altes Krankenhaus, das Hauptquartier der irischen Polizei und ein stark befestigtes Munitionslager (**Magazine Fort**) hoch über der Liffey, das während des Osteraufstandes eine wichtige Rolle spielte und rechtzeitig zum Kriegsbeginn 1939 von der IRA leergeräumt wurde. Diverse Sportfelder runden das Bild ab, wobei die hier ausgeübten Sportarten nicht gerade typisch irisch sind, darunter etwa Polo und Cricket.

Dublin Zoo

Eine der wichtigsten Attraktionen im Park ist jedoch nach wie vor der Dublin Zoo, ☎ 01-4748900, 🖥 www.dublinzoo.ie, der vor allem am Wochenende ganze Horden von Besuchern anzieht und trotz hoher Eintrittspreise ungebrochen beliebt ist. Der Tierpark gehört mit zu den ältesten Einrichtungen dieser Art und wurde u. a. durch Hollywood berühmt – der brüllende Löwe zu Beginn der MGM-Filme wurde hier aufgenommen. In den letzten Jahren ist der Zoo erheblich erweitert und verbessert worden, in Zusammenarbeit mit internationalen Tiergärten wurde der Tierbestand durch Abgabe und Tausch optimiert. Besonders beeindruckend sind die Sibirischen Tiger in ihrem Freigehege, die sich an Glaswänden bis auf 2 cm den Besuchern nähern können. Oder auch das „versteckte" Elefantengehege oder die weitläufige Savanne, in der verschiedene Tierarten wie in freier Wildbahn in Afrika beobachtet werden können. ⏲ tgl. ab 9.30 und bis mind. 16 Uhr, Eintritt 19,50 €.

Das fröhliche Loch in der Wand

Nicht mehr im Park, aber dicht dran (und zwar mit dem Rücken an der Parkumfriedung) ist der **Hole in the Wall Pub**, Blackhorse Av., ☎ 01-8389491, 🖥 www.holeinthewallpub.com, gebaut Mitte des 17. Jhs. und eigentlich ein Schlauch miteinander verbundener kleiner Häuser. Das etwas unübersichtliche, aber recht gemütliche Etablissement gilt als der längste Pub in Irland.

TRANSPORT

Von der **Bahnstation Phoenix Park** zum Park selbst ist es noch ein ziemlich langer Fußweg. Wesentlich leichter wird es, wenn man mit dem LUAS bis zur **Heuston Station** fährt und dann zu Fuß geht – weitere Informationen auf 🖥 www.phoenixpark.ie.

Südlich von Dublin City

Mount Jerome Cemetery

Im dorfähnlichen **Harold's Cross** ist der Mount Jerome Cemetery einen längeren Spaziergang wert, neben Glasnevin der zweite der großen viktorianischen Friedhöfe in Dublin. Da diese Anlage keine wichtigen Politiker und Patrioten aufzuweisen hat, fehlt sie in vielen Stadtführern einfach. Der Friedhof ist jedoch nicht minder interessant, zahlreiche große Grabmale und Mausoleen zeugen vom Willen der Verblichenen (oder ihrer Hinterbliebenen), auch nach dem Tod noch wichtig zu erscheinen. Eine der spektakulärsten Grabstätten trug dabei die überdimensionale Statue eines Hundes, der auf dem Mantel seines längst ertrunkenen Herren jaulend auf dessen Rückkehr wartet. Angeblich hatte sich diese Szene am Unglücksort ereignet. Das beeindruckte jedoch einige Vandalen wenig – der Kopf des Hundes wurde wiederholt gestohlen und zeitweise zur eigenen Sicherheit getrennt vom Körper verwahrt.

Eine andere Art von Vandalismus hatte mit einem „prominenten" Toten zu tun: Der Dubliner Unterweltboss Martin „The General" Cahill wur-

Der kleine Hafenort Dalkey etwas südlich von Dún Laoghaire ist ein beliebtes Ausflugsziel, die fast spielzeughaft wirkende Innenstadt mit ihren kleinen Burgen verströmt einen ganz eigenen Charme. Früher war Dalkey bekannt als „Stadt der sieben Burgen", zwei sind noch sehr gut erhalten. Eine der Burgen dient als **Dalkey Heritage Centre**, Castle St., ☎ 01-2858366, 🖳 www.dalkeycastle.com, und informiert über die Geschichte des Ortes. ⏰ Mo und Mi–Fr 10–17.30, Sa/So 11–17.30 Uhr, Eintritt 9 €.

Auch ein Spaziergang entlang der Hauptstraße vermittelt ein gutes Gefühl für den Ort. Vom Hafen aus sind Fahrten nach Dalkey Island möglich. Auf der kleinen Insel locken ein Vogelschutzgebiet, ein Martello-Turm und der Rest einer mittelalterlichen Kirche.

© BERND BIEGE

de hier beerdigt, sein Grabstein bald zerstört. Mittlerweile ist die Leiche sogar aus Sicherheitsgründen in ein anonymes Grab umgebettet worden. ⏰ Mo–Sa 8.30–16, So 10–16 Uhr, 🖳 www.mountjerome.ie.

Dún Laoghaire und Umgebung

Bei Dún Laoghaire (ausgesprochen etwa „Danlieri") südlich von Dublin liegt ein weiterer Hafen, den selbst Könige nutzten. So etwa Georg IV. für die Passage zurück nach Großbritannien im Jahr 1821. Eine so große Ehre, dass der Besuch dem Ort für eine ganze Zeit den Namen **Kingstown** einbrachte. Wesentlich mehr Bootsverkehr erzeugt heute allerdings der Jachthafen, in dem gleich mehrere Clubs aktiv sind.

Der Spaziergang hinaus auf den Pier nimmt einige Zeit in Anspruch und bietet sowohl eine schöne Aussicht auf den Ort selbst als auch auf die gesamte Bucht von Dublin. Mit etwas Glück sind sogar Robben zu beobachten. Eine kleine Kuriosität ist ein Steinhaus auf dem Pier, das etwas an einen ägyptischen Tempel erinnert und einen hohen Mast aufweist. Hier installierte Rev. Thomas Romney Robinson Mitte des 19. Jhs. den **ersten Windmesser der Welt**, den er kurz

zuvor am Trinity College erfunden hatte. Sein Gerät funktionierte noch bis fast ans Ende des 20. Jhs., wurde dann aber von einer moderneren Wetterstation abgelöst.

Die **Innenstadt** von Dún Laoghaire bietet sich ebenfalls für einen kleinen Spaziergang an, viele Häuser wirken irgendwie mediterran. Im Gegensatz zum nahen Dublin wirkt Dún Laoghaire verspielt, fast frivol. Den Eindruck, den auch der filigrane Trinkbrunnen am Eingang zum Hafen und das deutlich im italienischen Stil gehaltene Rathaus schräg gegenüber vermitteln.

Für an der maritimen Geschichte Irlands interessierte Menschen ist ein Besuch im **National Maritime Museum**, Haigh Terrace, 🖳 www.mariner.ie, reizvoll. Die Ausstellung ist in einer ehemaligen Seefahrerkirche untergebracht und präsentiert kleinere Boote, Schiffsmodelle und zahlreiche Artefakte der irischen Seefahrt. ⏰ tgl. 11–17 Uhr, Eintritt 6 €. Direkt gegenüber sieht man die spektakuläre, aber nicht unumstrittene **Bibliothek** von Dun Laoghaire.

Sandycove

Ein sehr schöner Spaziergang führt von Dún Laoghaire nach Süden, immer am Meer entlang, bis Sandycove erreicht wird. Wenn man dann plötzlich auf einer Felsnase einen nackten Mann

Klettergarten im Steinbruch Dalkey

Wer Lust auf ein etwas halsbrecherisches Abenteuer hat, kommt in den ehemaligen Steinbrüchen von Dalkey auf seine Kosten. Hier sind mittlerweile verschiedene Routen abgesteckt und markiert, von der Übungswand für den Anfänger bis zur Herausforderung für den erfahrenen Kletterer. Der **Dalkey Quarry** hat den Ruf der besten Felsenkletteranlage Irlands. Kein Wunder, verzeichnet die irische Bergsteigervereinigung hier doch nicht weniger als **300 Routen**.

Auf dem „Gipfel" angekommen, wird der irische Alpinist mit einem herrlichen Ausblick belohnt. Zumindest, wenn das Wetter mitspielt. So liegen im Norden fast ganz Dublin und die Dublin Bay unter einem, im Süden locken die Wicklow Mountains und im Osten, gleich hinter dem Meer, die Berge von Wales.

Mehr Informationen zu Dalkey bietet die Webseite 🖳 www.hikeandclimb.ie.

herumspringen sieht, ist das keine optische Täuschung! Sondern ein ganz normaler Tag in der Badeanstalt. Denn auf dieser Felsformation befindet sich die altehrwürdige Badestelle **40 Foot**, nicht viel mehr als ein paar Betonstufen, die in das eiskalte Wasser der Bucht von Dublin führen. Wer hier ins Wasser steigt, der ist garantiert kein Weichei. Und meistens nackt.

Nur wenige Schritte weiter steht ein weiteres Museum für Dublins bekanntesten Dichter. Der **James Joyce Tower** in Sandycove ist ein alter Martello-Turm, der den Hafen von Dublin zu Napoleons Zeiten gegen Angriffe von See sichern sollte. Nachdem die Türme als Festungsanlagen nicht mehr benötigt wurden, verkaufte sie der Staat an private Nutzer. So kam dieser Turm schließlich in die Hände von Oliver St. John Gogarty, einem irischen Schriftsteller, der ihn als Refugium für das Wochenende nutzte und auch Freunde einlud. Darunter James Joyce. Dessen Aufenthalt hier war nicht unbedingt friedlich, denn die anderen Gäste hatten ihn als Zielscheibe ausgewählt und mit dem Gewehr auf ihn angelegt. Da nun aber Joyce den Turm in seinem Werk *Ulysses* zum geo-

grafischen Beginn der Handlung machte, ist er untrennbar mit Dichter und Werk verbunden und beherbergt seit einigen Jahren auch ein **Joyce-Museum**, 🖳 www.joycetower.ie. Unbedingt empfehlenswert für alle Fans von James Joyce. 🕐 tgl. 10–16, im Sommer 10–18 Uhr, Eintritt frei.

Killiney

Als südlichster Zipfel von Dublin ist letztlich Killiney ein sehr begehrtes Stück Erde, hier haben zahlreiche begüterte Dubliner ihre Wohnung mit Blick aufs Meer. Wer sich eine solche Behausung nicht leisten kann, der kann zumindest den Strand genießen, etwa bei stundenlangen Spaziergängen direkt am Meer. Allein schon die Straße nach Killiney hinein bietet einen wunderbaren Ausblick.

ÜBERNACHTUNG UND ESSEN

Royal Marine Hotel, Marine Rd., Dún Laoghaire, 📞 01-2300030, 🖳 www.royalmarine.ie. Das sehr zentral an der Hauptstraße gelegene Hotel mit 228 Zimmern ist ein guter Ausgangspunkt für Spaziergänge im Ort. Nach Renovierung sehr gutes Haus, die Zimmer sind jetzt modern, aber komfortabel eingerichtet. Zum Hafen sind es nur wenige Schritte, gute Anbindung nach Dublin über den DART und Busse. Durchaus eine Alternative zu den teuren Stadthotels. ❹–❻

Jewel in the Crown, 54 Upper George's St., Dún Laoghaire, 📞 01-2845481, 🖳 www.jewelinthecrowndunlaoghaire.ie. Von außen unscheinbares indisches Restaurant, oft als „old school" beschrieben. Sehr gute Speiseauswahl zu vernünftigen Preisen, freundliche, aber nicht aufdringliche Bedienung. 🕐 tgl. 12–24 Uhr.

UNTERHALTUNG UND KULTUR

Civic Theatre, Tallaght, Dublin 24, 📞 01-4627477, 🖳 www.civictheatre.ie. Kommunales Kunst- und Kulturzentrum mit wechselndem Programm, Klassiker ebenso wie moderne Stücke, Tanztheater, Konzerte oder Aufführungen für Kinder.

The Mill Theatre, Dundrum Town Centre, Dublin 14, ☎ 01-2969340, 🖳 www.milltheatre.ie. Kultur im Einkaufszentrum, hauptsächlich Tourneetheater und Konzerte.

Pavilion Theatre, Marine Rd., Dún Laoghaire, ☎ 01-2312929, 🖳 www.paviliontheatre.ie. Mittelgroßes Theater mit einem bunten Mix, der aber sehr stark familienorientiert ist. Teilweise Auftrittsort bekannter Künstler und sehenswerter Tourneetheaterproduktionen, da gut von Dublin City aus erreichbar.

TRANSPORT

Stadtbus

Das gesamte Busverkehrssystem in den südlichen Vororten wird von Dublin Bus, 🖳 www.dublinbus.ie, bedient. Von Dublin Innenstadt fährt die Linie 46 nach Dún Laoghaire, Linie 8 nach Dalkey.

Bahn

Der **LUAS**, 🖳 www.luas.ie, fährt einen Teil der südlichen Vororte an und bietet eine schnelle Verbindung zur Innenstadt. Die **Red Line** führt von Connolly Station über den Busáras (hier beginnt auch ein Abzweig in die Docklands und zum Veranstaltungszentrum „O2") nach Tallaght. Die **Green Line** beginnt am St. Stephen's Green und zieht sich am großen Dundrum Shopping Centre vorbei bis nach Sandyford.
Wichtigste Bahnstrecke in den Süden von Dublin ist der **DART**, 🖳 www.irishrail.ie, zwischen der Innenstadt und Greystones, etwa alle 20 Min. Die interessantesten Haltestellen: Blackrock, Dún Laoghaire, Dalkey und Killiney. Der nicht so häufige, auf Pendler ausgerichtete Vorortsverkehr auf dem Fernstreckennetz der **Irish Rail** kann ebenfalls genutzt werden. Die Strecke von Connolly Station nach Arklow führt über Dún Laoghaire, 🖳 www.irishrail.ie.

Nordosten

Irlands Nordosten war lange eine Region im Dornröschenschlaf – Grenzland, wo gar manche Straße an den Resten einer gesprengten Brücke endete, und wo gleichzeitig scheinbar wenige Attraktionen zu finden waren. Friedensprozess sei Dank, auch dieser landschaftlich und kulturell interessante Teil Irlands ist wieder voll erschlossen. Und dabei oftmals so herrlich altmodisch, wie man es in den Touristenmagneten des Südwestens mittlerweile vermisst.

Stefan Loose Traveltipps

Drogheda In einem verglasten Schrein ruht der Schädel des 1681 hingerichteten und später heiliggesprochenen Erzbischofs Oliver Plunkett. S. 187

Monasterboice Auf dem ehemaligen Klostergelände stehen ein alter Rundturm und das vielleicht schönste Hochkreuz Irlands. S. 190

Mellifont Die Klosterruine war die erste Bastion der Zisterzienser in Irland. S. 190

Shannon Pot Von der Quelle bahnt sich Irlands längster Fluss seinen 370 km langen Weg zum Meer. S. 207

County Cavan für Foodies Gutes Essen gibt es im Nordosten nicht nur bei Fernsehkoch Neven Maguire. S. 208

COUNTY CAVAN © BERND BIEGE

DROGHEDA © BERND BIEGE

Shannon Pot

County Cavan

Monasterboice
Mellifont
Drogheda

Wann fahren? Von Juli–Sep ist das Wetter am schönsten und es gibt kleine Dorffeste.

Wie lange? Zwei bis drei Tage

Bekannt für Seen, die Halbinsel Cooley, kleine Orte und rustikale Pubs mit ursprünglichem Ambiente

Beste Feste Tain March Festival in der gesamten Region (Frühsommer), Taste of Cavan (Aug), Virginia Show (Aug)

Outdoor-Tipp Wandern auf der Halbinsel Cooley, Cavan Burren mit dem Cuilceach

Unbedingt ausprobieren Boxty (Kreation aus Kartoffeln und Mehl)

Der Nordosten

Zahlreiche landschaftliche Gegensätze kennzeichnen den Nordosten der Republik Irland, der aus drei Counties besteht. Louth (auf Irisch Lú), das kleinste County der Insel, erstreckt sich an der Ostküste. Zu ihm zählt auch die gebirgige Halbinsel Cooley. Im Westen grenzt Louth an das County Monaghan, das vor allem durch die Hügellandschaft der Drumlins gekennzeichnet ist: von Gletschern der Eiszeit abgeschliffene, etwas an Bienenkörbe erinnernde Anhöhen. County Cavan schließlich ist die Seenplatte im Hügelland, aus dem der 667 m hohe Cuilcagh Mountain in den Himmel ragt. Mit internationalem Gipfel, genau auf der Grenze zu Nordirland.

Der Nordosten ist auch heute noch Grenzregion, kann nach vollzogenem Brexit sogar noch spürbarer werden – Louth, Monaghan und Cavan schmiegen sich um die südliche Grenze Nordirlands, waren lange Zeit vom nördlichen Hinterland abgeschnitten. Mitte des 20. Jhs. sorgte die Border Campaign der IRA dafür, dass zahlreiche Grenzübergänge verschwanden. Oft bildeten Flüsse die Grenze, die von Brücken überquert wurden, ein beliebtes Ziel für Bomben beider Seiten. Als Ende der 1960er- und vor allem in den 1970er-Jahren die Situation eskalierte, wurden die verbliebenen Übergänge von Norden her entweder vollkommen blockiert oder mit so starken Kontrollpunkten versehen, dass ein schneller Besuch in Nordirland kaum noch möglich war. Das Resultat: Die Bewohner der drei Counties orientierten sich nach Westen, Süden oder (mit Ausnahme von Louth) Osten. Und der Nachbar im Norden geriet in Vergessenheit.

Für Irlandbesucher war die „Abnabelung" des Nordostens der Republik vom nordirischen Hinterland in gewisser Weise ein Segen. Abgeschnitten vom andernorts üblichen Touristenverkehr galt die Gegend lange Zeit als „Ende der Welt". Das einzige wirklich moderne Besucherzentrum wurde – mit deutschem Geld und zu Ehren des Würzburger Ortsheiligen Kilian – in Mullagh (S. 210) errichtet.

Die anderen touristischen Attraktionen blieben weitestgehend unberührt und so, wie es in Irland vor Beginn des Massentourismus üblich war: frei zugänglich, ohne teuren Schnickschnack.

County Louth

Louth ist nicht nur das kleinste County Irlands. Es zählt trotz der historischen Klöster von Monasterboice und Mellifont und der vergleichsweise großen Städte Drogheda und Dundalk auch zu den unbekannteren Regionen des Landes. Zu Unrecht, denn der Landstrich am Meer hat durchaus seine Reize. Am spektakulärsten ist die Halbinsel Cooley zwischen dem Carlingford Lough und der Dundalk Bay. Hohe Berge direkt am Meer, steinzeitliche Denkmäler und ein wundervoller Blick auf die Mourne Mountains im Norden (S. 537) lohnen den Abstecher von der Autobahn Dublin–Belfast. Und auch Drogheda, die Stadt am Boyne mit ihrem mittelalterlichen Stadttor, ist ein lohnenswertes Ziel. Nicht nur, aber auch wegen Oliver Plunkett.

Drogheda und Umgebung

Auf den ersten Blick erscheint Drogheda, die „Stadt der Brücke", die sich zu beiden Seiten des Boyne erstreckt, touristisch wenig attraktiv zu sein. Die Hauptstraße von Dublin nach Belfast führt mittlerweile als M1 schnell an der Stadt und ihren etwa 40 000 Einwohnern vorbei. Die alte Straße, sich quälend durch die Stadt windend, jedoch erlaubt einige Blicke über den Fluss auf ein Stadtbild, das sich zwischen Mittelalter und Moderne nicht so recht entscheiden kann. Dennoch: Drogheda wartet mit einigen interessanten Sehenswürdigkeiten auf.

Es waren wohl die Wikinger, die im Jahre 910 an der Mündung des Boyne eine erste große Siedlung gründeten. Im 12. Jh. dann erbauten die Normannen eine Brücke über den Fluss, dehnten die Siedlung nach Süden hin aus und schützten sie durch den Bau einer mächtigen Burganlage. Im Mittelalter entwickelte sich Drogheda zu einer der bedeutendsten Städte Irlands, besaß eine imposante Stadtmauer, wurde reich und selbstbewusst. Die Stadt hatte eine eigene Münze, seit 1465 eine Universität und war zeitweise Tagungsort des irischen Parlamentes. Am 11. September 1649 aber war Schluss mit der bürgerlichen Idylle. Oliver Crom-

Irlands phallische Wegweiser – Rundtürme

Kein Gebäude ist so typisch irisch wie der Rundturm. Und um kein anderes ranken sich so viele Geschichten, Legenden, Mythen. Dabei liest sich die Historie dieser Turmbauten längst nicht so prosaisch. Denn die Rundtürme waren doch eigentlich nichts anderes als frühe Vorläufer der Kirchtürme, allerdings mit einigen Nebenfunktionen.

Typische Vertreter dieser runden, in den Himmel aufragenden Bauwerke sind extrem schlank und rund 30 m hoch. Ihr Eingang liegt mehrere Meter über dem Boden und ist die einzige größere Öffnung, durch die Licht und Luft in die aus massiven Natursteinen gemauerten Türme gelangt. Das Innere des Turms ist mit Zwischendecken aus Holz versehen, die Stockwerke sind mit Leitern untereinander verbunden, winzige Fensteröffnungen sorgen für – sehr schwaches – Licht. Nur im obersten Stockwerk gibt es in der Regel vier Fenster, die nach den vier Himmelsrichtungen ausgerichtet sind. Den Abschluss bildet ein spitzes Dach aus Stein.

Schmuck? Oder sinnvolle Planung?

Was aber war Sinn und Zweck solcher Gebäude? Da alle Rundtürme zu Klosteranlagen gehörten – oftmals sind sie der sichtbarste Rest der Gesamtanlage –, dienten sie wahrscheinlich als optische und akustische Wegweiser. Zum Gottesdienst wurde im obersten Stockwerk eine Glocke geläutet, die wegen der enormen Höhe kilometerweit zu hören war. Und der hohe Turm konnte Reisenden gleich anzeigen, wo das nächste Kloster lag. Gerade diese Funktion entpuppte sich jedoch auch als Problem. Viele Klöster horteten begehrenswerte Güter: von Honig und Met bis hin zu kostbarem Kirchenschmuck. Und so war es kein Wunder, dass etwa die Wikinger, sobald sie einen Rundturm am Horizont erblickten, gleich wesentlich enthusiastischer ruderten. Angesichts dieser Bedrohung erhielt der Turm eine zweite Funktion: Dank der soliden Bauweise und des hohen Eingangs konnte man ihn zugleich als relativ sichere Schatzkammer nutzen.

Übrigens ist heute noch weitgehend ungeklärt, wie die nicht immer sehr sportlichen Mönche eigentlich in den Turm gelangten. Über eine Leiter, so die naheliegende Idee. Diese hätte man aber wegen der Zwischendecken kaum in den Turm bekommen. Und hätte der Eingang dann nicht gleich ebenerdig eingerichtet werden können? Auch Mönche an einer Strickleiter sind eine leicht groteske Vorstellung. Eventuell gab es eine aus Holz gezimmerte Treppe, die bei nahender Gefahr schnell eingerissen werden konnte; die steinerne Treppe am Rundturm von Clondalkin lässt erahnen, wie so etwas ausgesehen haben könnte.

Wirre irische Erklärungsversuche …

Über die Jahrhunderte haben die Rundtürme aber auch zahlreiche mit blühender Fantasie gesegnete Historiker beschäftigt. Ihrer Meinung nach waren die eigentlich nur in Irland zu findenden Gebäude

wells Truppen eroberten die Stadt und es kam zu einem grauenhaften Massaker. Der Name Cromwell ist in Drogheda nach wie vor verhasst. Die Stadt hatte jedoch ihre Lektion gelernt, nach der Schlacht am Boyne (S. 227) ergab sie sich sofort den Truppen König Williams.

Sehenswertes
St. Lawrence Gate
Die mittelalterliche Stadtmauer ist fast vollkommen verschwunden, doch das St. Lawrence Gate aus dem 13. Jh. blieb vollständig erhalten und bildet nach wie vor einen der Zugänge in den Innenstadtbereich. Zwar erfüllt es keine Verteidigungsaufgaben mehr, doch flößt es als Symbol der Macht den Betrachtern immer noch ein wenig Ehrfurcht ein. Übrigens war das St. Lawrence Gate nur eines von insgesamt zehn Stadttoren.

St. Peter's Church of Ireland
Hinter dem Stadttor bietet sich ein wenig einheitliches Bild, Häuser aus der georgianischen

Der Turm von Devenish, markant mitten im See

so gut konstruiert, dass sie nicht von Iren gebaut worden sein konnten. Also entwickelte man Theorien, wie der irische Rundturm nach Irland gekommen sein könnte. Eine besagt, dass dänische Wikinger ihn mitgebracht hätten. Die Details, dass es bei der Errichtung der ersten Rundtürme noch keine sesshaften Wikinger in Irland gab, und dass es in Dänemark keine Rundtürme gibt … nun ja, nicht jede Theorie kann perfekt sein. Eine andere Erklärung lieferte der selbsternannte Historiker Henry O'Brien im 19. Jh. Ihm zufolge kamen die Rundtürme aus Asien nach Irland. Mit Mönchen. Als Manifestationen eines buddhistischen Phalluskultes. Sigmund Freud hätte sicherlich einige Sätze zur phallischen Erscheinung dieser Monumente verlieren können, aber wie und wann alle weiteren Spuren des Buddhismus in Irland von der Bildfläche verschwanden, das wäre auch für ihn schwieriger zu erklären gewesen.

Periode und einige Neubauten wechseln sich ab, repräsentative Gebäude und kleine Wohnhäuser bilden Kontraste. Zu den interessantesten Gebäuden in der Innenstadt gehören die Kirchen. Die beiden wichtigsten davon sind Petrus geweiht, die St. Peter's Church of Ireland wurde Mitte des 18. Jhs. errichtet und bietet zusammen mit ihrem Kirchhof einen sehr schönen Anblick, auch wenn die Farbe Grau hier eindeutig dominiert. Interessant sind vor allem einige alte Grabsteine und -stelen, in der Friedhofsmauer befindet sich z. B. die lebensgroße Darstellung eines verwesenden Leichnams. Mit solchen Monumenten wurden die Nachkommen daran erinnert, dass die Zeit nach dem Tode unweigerlich den Verfall bringt. Der Innenraum birgt sehenswerte Stuckarbeiten.

St. Peter's Catholic Church
Die nicht weit entfernt und sehr zentral gelegene St. Peter's Catholic Church im neogotischen Stil ist vor allem wegen **St. Oliver Plunkett** ei-

nen Besuch wert. Der mumifizierte Kopf dieses 1681 hingerichteten Erzbischofs von Armagh wird hier als Reliquie in einem Schrein aufbewahrt. Plunkett war, als sich die Gesetze gegen die Katholiken im Lande verschärften, in den Untergrund gegangen und hatte Abertausenden von Menschen die Firmung erteilt. 1679 wurde er als angeblicher Hochverräter festgenommen und zum Tode am Galgen verurteilt. 1975 wurde er heiliggesprochen.

Magdalene Tower

Etwas abseits befindet sich der Magdalene Tower. Die Stadt überragend, war dies der **Glockenturm eines Dominikanerklosters**. Rings um ihn befinden sich moderne Gebäude, was den aus dem 14. Jh. stammenden Turm wie einen Fremdkörper erscheinen lässt.

Drogheda Museum

Über die Stadtgeschichte informiert das Drogheda Museum, ✆ 041-9833097, 🖥 www.mill mount.net, das vis-à-vis der Innenstadt unübersehbar auf dem Millmount liegt und über die St. Mary's Bridge und Pitcher Hill in etwa 10 Min. zu Fuß zu erreichen ist. Dies war der ursprüngliche Standort der Burg von Drogheda, später wurde hier ein Martello Tower zum Schutz des Hafens errichtet. Das Museum befindet sich heute in den ehemaligen Militäranlagen. Die Ausstellung selbst ist bunt gemischt: Die Exponate reichen von historischen Boyne Curraghs (kleine Boote aus Leder und Weidengeflecht), die lange von den Fischern benutzt wurden, über Morseapparate bis hin zu einer beachtlichen Sammlung an Handfeuerwaffen. Mit diesen sollen sowohl Cromwell wie auch die späteren Besatzungstruppen bekämpft worden sein. Ein kurioser Fund waren die Fenian Rifles (Waffen verbotener nationalistischer Milizen), die mehr als ein Jahrhundert auf dem Dachboden der Franziskanerabtei in ihrem Versteck schlummerten. 🕐 Mo–Sa 10–17.30, So und feiertags 14–17 Uhr, Eintritt 6 € mit Besuch des Aussichtssturms.

Monasterboice

Nur etwa 6 km nordwestlich von Drogheda liegt bei Timullen das ehemalige Kloster von Monasterboice, dessen 28,5 m hoher **Rundturm** das höchste Bauwerk in der Umgebung ist. Dabei ist der Rundturm nur eines der vielen Relikte der hier im 5. Jh. von dem Heiligen Buite gegründeten Klosteranlage. Sie entwickelte sich im Laufe der Jahre zu einem der wichtigsten Klöster Irlands, ist heute allerdings fast völlig von dem immer noch genutzten Friedhof „geschluckt" worden. Am auffälligsten ist der Rundturm, der mitten auf dem Friedhof steht und fast vollständig erhalten ist. Lediglich im Oberteil fehlt ein Stück des Turmkörpers selbst, wie auch die typische konische Kappe. Die beiden Kirchen neben dem Turm sind ebenfalls heute ohne Dach und insgesamt schmucklos.

Das eigentliche Juwel an diesem Ort ist **Muiredach's Cross**, ein 5,10 m hohes Hochkreuz aus dem 10. Jh., wahrscheinlich das schönste Irlands. Es ist komplett erhalten und die ausgesprochen schönen Steinmetzarbeiten sind auch nach 1000 Jahren noch sehr gut zu erkennen. Sie dienten dazu, der einfachen Bevölkerung die biblischen Geschichten nahezubringen. Auf der westlichen Seite sind vor allem Bilder aus dem Leben Christi zu sehen, die östliche Seite dagegen zeigt einen Bildermix aus vielen Epochen. An der Basis etwa sieht der Betrachter, wie Adam und Eva die verbotene Frucht pflücken, direkt daneben erschlägt Kain schon seinen Bruder Abel. Dem Kreuz aufwärtsfolgend, erkennt man den Kampf zwischen David und Goliath, Moses und die Israeliten in der Wüste, die drei Weisen aus dem Morgenland und dann das Jüngste Gericht, inklusive der Darstellung des Teufels. Beachtung verdient der untere Teil: Man erkennt den Humor des Steinmetzes an zwei Männern, die sich gegenübersitzen und gegenseitig an den langen Bärten ziehen.

Das nicht weit entfernte **West Cross** oder Tall Cross (6,50 m hoch) ist eines der größten Hochkreuze Irlands, seine Steinmetzarbeiten sind jedoch wesentlich stärker verwittert. Auch hier findet sich ein relativ bunter Mix an Motiven: von den Jünglingen im Feuerofen über die Taufe Christi und den Kuss des Judas bis hin zu Kreuzigung und Himmelfahrt.

Mellifont

Etwa 10 km nordwestlich von Drogheda liegt **Mellifont Abbey**, Tullyallen, ✆ 041-9826459,

🖳 www.heritageireland.ie, eine Klosteranlage, die erst 1142 gegründet wurde und zum Zisterzienserorden gehörte. Den Befehl zur Gründung gab der Hl. Malachy, Erzbischof von Armagh, der das Klosterwesen in Irland reformieren wollte. Dabei war er stark vom Heiligen Bernhard von Clairvaux beeinflusst. Am Fluss Mattock, etwa 10 km nordwestlich von Drogheda, errichteten die Mönche das erste Kloster ihres Ordens in Irland und führten damit die neuen Ordensregeln und auch eine neue Architektur ein, die zum Vorbild zahlreicher anderer Klosterbauten wurde. Ein großer Teil der Abtei liegt heute in Ruinen, man kann jedoch die einstige Größe der Anlage erahnen.

Besonders herausragend ist das **Lavabo** aus dem 13. Jh., ein Waschhaus der Mönche, dessen Seitenwände noch etwa zur Hälfte erhalten sind. Im Zuge der Reformation wurde Mellifont dann 1539 aufgelöst. ⏲ Besucherzentrum Mai–Sep tgl. 10–18 Uhr, Eintritt 5 €, die Anlage selber ist immer zugänglich.

ÜBERNACHTUNG UND ESSEN

Orley House, Dublin Rd., 3 km südlich des Zentrums in Bryanstown, ☎ 041-9836019, 🖳 www.orleyhouse.com. Recht ruhiges und bequemes B&B. Die Besitzer arrangieren auch Ausflüge samt Picknickkorb. Moderne, komfortable Ausstattung. ❷

Westcourt Hotel, West St., ☎ 041-9830965, 🖳 www.westcourt.ie. Ideal im Zentrum der Stadt gelegenes, etwas altmodisches Hotel mit 27 Zimmern. Bar und Restaurant sorgen für das leibliche Wohl, der hauseigene Nachtclub an Wochenenden für regen Betrieb bis in den frühen Morgen. ❸

€ **Kieran's Deli**, 15 West St., ☎ 041-9838728, 🖳 www.kieransdeli.com. Mehr Laden und Schnellimbiss als Restaurant, wenngleich man in dem kleinen Restaurant/Café recht angenehm sitzt. Bekannt ist der Laden, in dem man auch frühstücken kann, für eine gute Auswahl an hervorragend zubereitetem Schweinefleisch. ⏲ Mo–Sa 8.30–17 Uhr.

Pizzeria, Bull Ring, 37 James St., ☎ 041-9801006, 🖳 www.pizzeriadrogheda.ie. Italienisches Restaurant, das köstliche selbst

gemachte Pizzen (und andere italienische Spezialitäten) serviert. Die Qualität ist ausgezeichnet, und vor allem das „Early Bird Menu" ist auch preislich sehr attraktiv. ⏲ Mo–Do 12.30–22.30, Fr, Sa 12.30–23, So 12.30–22 Uhr.

UNTERHALTUNG UND KULTUR

Droichead Arts Centre, Stockwell St., ☎ 041-9833946, 🖳 www.droichead.com. Das örtliche Kulturzentrum bietet ein abwechslungsreiches Programm (Theatervorstellungen, Filmabende, Konzerte und vieles andere).

Cagney's Bar, 3 Dyer St., ☎ 041-9810744. Traditioneller Pub mit Musikprogramm und einer beeindruckenden Cocktail-Auswahl.

Arc Cinema, West St., ☎ 041-9844330. Kino mit mehreren Vorführungen parallel, geboten wird meist aktuelles Hollywood-Kino.

SONSTIGES

Festivals

Das **Drogheda Arts Festival** Ende April/Anfang Mai (May Bank Holiday Weekend), 🖳 www.droghedaartsfestival.ie, ist ein buntes Kulturfest. Über das verlängerte Wochenende versammeln sich Musiker, Theaterensembles, Tanzgruppen, Schriftsteller, Comedians und bildende Künstler in der Stadt, um an verschiedenen Orten Einblick in ihre Arbeit zu geben. Die Bandbreite reicht dabei von „kommerziell" bis „Avantgarde", multikulturelles Flair.

Informationen

Tourist Information Drogheda, Mayoralty St., Ecke Bessexwell Ln., ☎ 041-9837070. Kleines Informationsbüro. Infos auch unter 🖥 www.drogheda.ie. ⊕ Mo–Fr 9–17 Uhr.

NAHVERKEHR

Das **Busnetz in der Stadt Drogheda** wird von Bus Éireann, 🖥 www.buseireann.ie (Stichwort City/Town Services), betrieben. Für Touristen weniger interessant, da vom Busbahnhof aus alle örtlichen Sehenswürdigkeiten zu Fuß gut erreichbar sind.

TRANSPORT

Busse
Fernbusse starten am **Busbahnhof** an der John St., Ecke Donore Rd., ☎ 041-9835023. Wichtig sind vor allem die Nord-Süd-Verbindungen nach Belfast und Dublin. Verbindungen nach Westen sind selten, sodass der Umweg über Dublin sinnvoll sein kann.
DUBLIN (Linie 110X), Mo–Fr zwischen 5 und 23.30 Uhr teils im 20-Min.-Takt zum Flughafen oder in die Innenstadt, 3/4–1 Std. Langsamere Verbindung über Balbriggan und Swords mit Linie 101, 1 1/4 Std.
DUNDALK, NEWRY und BELFAST (Linie 1 oder 200), tagsüber etwa stdl.

TRIM (Linie 188), via Navan, 8x tgl., etwa alle 2 Std.

Eisenbahn
Zugverbindungen bestehen nach Norden und Süden ab dem **Bahnhof** an der Hauptstraße nach Dublin, 2 km südlich des Zentrums. Da Bahnfahrten nicht preisgünstiger oder schneller sind, ist der Bus meist die bessere Alternative. Die Fahrpläne der Pendlerzüge zwischen Dundalk und Dublin sind auf den Bedarf der Arbeitnehmer ausgerichtet, mit diesen erreichen Besucher jedoch auch die Küstenorte südlich von Drogheda. Ferner kann der Intercity zwischen Belfast und Dublin genutzt werden.
BELFAST, etwa stdl. zwischen 6 und 24 Uhr.
DUBLIN, über 25x tgl. zwischen 6 und 24 Uhr.

Dundalk

Im Mittelalter war Dundalk die nördlichste Stadt des sogenannten Pale, der von den Engländern kontrollierten Region rund um Dublin. Heute ist sie die letzte größere Stadt (39 000 Einw.) an der Ostküste der Republik, kurz vor Übergang in das britische Nordirland. Die Hauptstadt des County Louth bietet keine touristischen Besonderheiten. Wer aber z. B. auf dem Weg zur Halbinsel Cooley (S. 196) hier einen Zwischenstopp einlegt, der sollte das **Rathaus** und das **Gericht** im Zentrum besichtigen, beide Gebäude stammen

Ardee – Mythologie, Burgen und Durchgangsverkehr

Der etwas abseits des Weges zwischen Drogheda und Dundalk gelegene Ort Ardee ist einen Abstecher wert. Nicht nur, weil der Legende des Táin Bó Cúailnge (S. 198) nach hier Cúchulainn seinen Milchbruder Ferdia im Kampf tötete, sondern weil der Ort einen noch immer mittelalterlich geprägten Kern ausweist. Zwischen den kleinen, altmodisch wirkenden Geschäften der Hauptstraße findet sich eine gute Handvoll Burgen. Eigentlich mehr befestigte Wohnhäuser, aber solide und trutzig widerstehen sie dem Zahn der Zeit. Der vor allem durch Abgase an ihnen nagt – da Ardee an der Kreuzung der N2 und viel befahrener Querverbindungen liegt, die sich zudem durch den Ortskern schlängeln, kann man das ein schöne Bild eigentlich nur am Sonntagmorgen richtig genießen. Und Freunde der irischen Mythologie dürfen sich am Denkmal ergötzen, das den keltischen Kriegern direkt an der N2, nördlich der Brücke über den Dee, gesetzt wurde. Der siegreiche, aber trauernde Cúchulainn trägt Ferdias Leiche. Es war nichts Persönliches, es ging nur um die Sache. Vielleicht eine bessere Zusammenfassung irischer Geschichte als die weitaus bekanntere Statue des Baum-gebundenen Cúchulainn im Dubliner GPO (S. 128).

aus dem 19. Jh. Neben der dem heiligen Nikolaus gewidmeten katholischen Kirche aus dem 18. Jh. lohnt ein Blick in die 1848 erbaute **St. Patrick's Cathedral**. Ihr Entwurf orientierte sich sehr stark an der Kapelle des King's College in der englischen Universitätsstadt Cambridge.

Das **County Museum** in einer alten Destillerie, Roden Pl., Jocelyn St., ✆ 042-9392999, 🖥 www. dundalkmuseum.ie, veranschaulicht die Geschichte des Ortes. Die ausgestellten Industrieerzeugnisse lassen jedoch ein wenig Wehmut über den teilweise spürbaren Niedergang der Stadt in den letzten Jahren aufkommen. Begrüßt werden die Besucher von einem Heinkel-Kabinenroller – dieses Meisterstück deutscher Nachkriegstechnik lief tatsächlich einmal in Dundalk vom Band. Etwas skurriler sind dann schon Oliver Cromwells angeblicher Rasierspiegel und der Mantel, den William of Orange bei der Schlacht am Boyne getragen haben könnte. ⏲ Di–Sa 10–17 Uhr, So, Mo und feiertags geschl., Eintritt 2 €.

€ **Greengates B&B**, 2 Knock Shee Ave., ✆ 042-9322047, 🖥 www.greengates blackrock.com. Familiäres B&B im sehr ruhigen Vorort Blackrock, 4 km südlich von Dundalk, nahe am Meer. Mehrfach ausgezeichnet als besonders gastfreundlich und komfortabel. Die warmen und freundlich eingerichteten Zimmer verfügen über Du/WC und TV. Sehr gutes Frühstücksbuffet. Ein Haus so richtig zum Wohlfühlen. ❶

€ **Keernaun House**, Dublin Rd., Cocklehill, ✆ 042-9321795, 🖥 www.keernaunhouse. ie. Guesthouse in ruhiger Umgebung. Sehr gute Auswahl beim Frühstück, für jeden Geschmack ist etwas dabei. Als Alternative zum „Full Irish" sind z. B. süße Pfannkuchen im Angebot. ❶
Crowne Plaza Hotel, Green Park, ✆ 042-9394900, 🖥 www.cpireland.crowneplaza.com. 129 Zimmer stehen in dem noblen 4-Sterne-Hotel zur Verfügung, alle mit Plasma-TV. Vom Hotel Blick aufs Meer und die Cooley Mountains. Die Zimmer sind modern, praktisch, aber relativ gesichtslos, der Service ist effizient. Früh buchen. ❹

Fitzpatrick's Bar & Restaurant, Rockmarshall, Jenkinstown, etwa 12 km östlich von Dundalk, ✆ 042-9376193, 🖥 www.fitzpatricks-restaurant. com. Die Bar bietet Hausmannskost zu normalen Preisen, das Restaurant eine gute Auswahl an Fisch- und Meeresfrüchte-Gerichten sowie Grillspezialitäten. Die Portionen sind groß, die Preise etwas gehoben. Im Sommer sitzt man auf einer schönen Außenterrasse inmitten einer Blumenoase. Radverleih!

📖 **Spirit Store**, George's Quay, ✆ 042-9352697, 🖥 www.spiritstore.ie. Ausgesprochen beliebte Kneipe direkt am leicht heruntergekommenen Hafen von Dundalk (erkennbar am großen Warnschild mit ins Wasser stürzendem Auto). Hier finden regelmäßig Veranstaltungen statt: Konzerte, Comedy etc. Eine gute Bar mit sehr lebendiger Atmosphäre.

Touristinformation Dundalk, Jocelyn St., ✆ 042-9335484. Infos auch unter 🖥 www.dundalk.ie. ⏲ wechselnd, meist werktags 9–17 Uhr.

Das Busnetz Dundalks wird von **Bus Éireann**, 🖥 www.buseireann.ie (Stichwort City/Town Services), betrieben und bietet einen eingeschränkten lokalen Fahrplan bis nach Carlingford und in den Norden nach Newry an.

Busse
Wichtig sind vor allem die Nord-Süd-Verbindungen nach Belfast oder Dublin. Verbindungen nach Westen sind selten, sodass der Umweg über Dublin sinnvoll sein kann, Infos 🖥 www. buseireann.ie oder Dundalk Bus Station, Long Walk, ✆ 042-9334075.
CAVAN (Linie 166), Mo–Fr 3–4x tgl., etwas ungünstiger Takt.
DUBLIN (Linie 100X), via Drogheda zum Flughafen und in die Innenstadt, Mo–Fr zwischen

Der Tain Way durch die Cooley Mountains

- **Strecke**: etwa 40 km
- **Dauer**: 2 Tage
- **Steigungen**: einige anstrengende Wegstücke
- **Wegbeschaffenheit**: teilweise nur ein Naturpfad, teilweise Straße
- **Ausschilderung**: recht gut
- **Karten**: OSI Discovery Series Sheet 36, 💻 www.osi.ie

Gerade einmal 40 km lang ist der ausgeschilderte Tain Way, die Rundwanderstrecke durch die Cooley Mountains, die in Carlingford beginnt. Der keineswegs überlaufene Tain Way gilt als gute „Einstiegswanderung". Doch aufgepasst! Es gibt einen wesentlich längeren Radwanderweg namens Tain Trail, dessen Ausschilderung man nicht versehentlich folgen sollte.

Die Route

Die Strecke verläuft von Carlingford über Omeath und Ravensdale quer durch die Berge und über den Golyin Pass zurück nach Carlingford. Dabei werden jedoch einige Höhenmeter überwunden (die Berge auf der Halbinsel Cooley sind erstaunlich hoch, der Gipfel des Slieve Foye bei Carlingford ragt bis auf 587 m hoch) und es geht oft durch unwegsames Gelände. Was schlichtweg bedeutet, dass die 40 km in der Regel zwei Tage beanspruchen.

Von **Carlingford** aus folgt man dem ausgeschilderten Weg zunächst in den Forst von **Slieve Foye**. In etwa dem Verlauf des Carlingford Lough folgend, geht es weiter nach Nordwesten. Die Aussicht hinüber zu den Mourne Mountains (S. 537) ist stellenweise schon jetzt schön, wird aber immer besser, je höher man steigt. Kurz vor **Omeath** biegt man nach Westen ab und steigt auf gewundenen Wegen langsam zum **Clermont Cairn** auf. Dieses frühzeitliche Hügelgrab auf einer Bergspitze beeindruckt v. a. durch seine Lage. Von hier haben Bergwanderer eine herrliche Aussicht – und können eine längere Rast einlegen.

Vom Clermont Cairn geht es dann hinab in die kleine Ortschaft **Ravensdale**, wo das Carrickdale Hotel eine ideale Übernachtungsmöglichkeit bietet (S. 196). Alternativ kann hier auch die Tour abgebrochen werden und man hebt sich die zweite Etappe für einen anderen Tag auf. Der Bus der Linie 100 fährt tagsüber (außer sonntags) etwa alle zwei Stunden durch Ravensdale und nach Drogheda, Dundalk oder Newry, von dort geht es mit der 161 nach Carlingford.

Von Ravensdale aus führt der Tain Way ein Stück nach Südosten, bevor es wieder in nordöstlicher Richtung in die Berge geht. Hier beginnt ein großzügiger Zickzackkurs, der über Berg und Tal

wieder zurück nach **Carlingford** führt. Wanderer sollten unbedingt ab und an anhalten, um den Rundblick zu genießen – im Süden liegt die irische Ostküste und man kann mit etwas Glück Drogheda und sogar Dublin zumindest erahnen. In Richtung Norden dagegen fällt der Blick auf die höheren Mourne Mountains, die zur nordirischen Küste hin abfallen und auf denen man streckenweise den Mourne Wall (S. 539) erkennen kann. Schließlich windet sich der Weg wieder an das Ufer des Carlingford Lough zurück, bis man den Ausgangsort Carlingford mit seinem mittelalterlichen Stadtkern erreicht.

Praktische Tipps

Der Tain Way wird allgemein als leichter Weg eingestuft, ein Spaziergang ist er dennoch nicht – gutes Schuhwerk und zweckmäßige Kleidung (inkl. Wetterschutz) sind auch hier erforderlich. Insgesamt sind rund 1000 Höhenmeter in teilweise längeren Steigungen zu bewältigen. Ein wenig Kondition sollte man also haben.

Erfreulich: Der durchweg gut ausgeschilderte Weg besteht vor allem aus ruhigen Nebenstraßen, Waldwegen und gut begehbaren Pfaden durch die Bergwelt. Auf eine Wanderkarte sollte man dennoch nicht verzichten.

© ISTOCK.COM/J-HOGAN

DER TAIN WAY DURCH DIE COOLEY MOUNTAINS **195**

4.30 Uhr und Mitternacht teils 2x stdl.,
2 1/4–2 1/2 Std.
DROGHEDA und DUBLIN (Linie 1), stdl.
NEWRY und BELFAST (Linie 200, Ulsterbus), stdl.

Eisenbahn
Verbindungen bestehen nach Norden und
Süden ab **Bahnhof** Carrickmacross Rd. Die
Fahrpläne der Pendlerzüge zwischen Dundalk
und Dublin sind auf den Bedarf der Arbeit-
nehmer ausgerichtet, mit diesen erreichen
Besucher jedoch auch DROGHEDA und die
Küstenorte weiter im Süden. Ferner kann der
Intercity zwischen Belfast und Dublin genutzt
werden.
BELFAST, etwa stdl. zwischen 6 und 24 Uhr.
DUBLIN, 12x tgl. zwischen 5.40 und 22.30 Uhr.

Halbinsel Cooley

Die Cooley Halbinsel ragt wie ein knorriger Finger in die irische See hinein, begrenzt im Norden
vom Carlingford Lough und im Süden von der
Dundalk Bay. Unberührte Naturlandschaften,
die längst noch nicht für den Tourismus erschlossen sind, kennzeichnen das Zentrum der
Halbinsel, die aufgrund ihrer Grenzlage zu Nordirland lange als Rückzugsgebiet republikanischer Kämpfer diente. Die Küste des Carlingford
Lough dagegen ist am Wochenende ein beliebtes Ausflugsziel der Bewohner von Dundalk und
Newry.

Zugleich ist die Cooley Halbinsel ein Platz der
Legenden, denn hier soll den irischen Sagen zufolge der *Táin Bó Cúailgne* stattgefunden haben,
der „Viehdiebstahl von Cooley". Eine epische
Auseinandersetzung zwischen Königin Meabh
von Connacht und Ulsters Über-Held Cúchulainn, bei der es tatsächlich um einen braunen
Bullen ging (s. Kasten S. 198). Übrigens ist auch
heute noch Viehdiebstahl ein weitverbreitetes
Delikt in der Grenzgegend.

Rund 6 km nördlich von Dundalk lohnt der
Proleek Dolmen einen Besuch. Mit seinem auf
40 t Gewicht geschätzten Deckstein soll er ge-
heime Wünsche erfüllen. Wirft man einen Stein
auf den Deckstein (und bleibt dieser darauf liegen), heiratet man noch im selben Jahr! So zu-

mindest will es die Legende. Der Dolmen liegt
etwas versteckt auf dem Gelände eines Golfplatzes. **Anfahrt**: Auf der R173 entdeckt man
dicht bei den Auffahrten zur Autobahn M1 (Abfahrt 18 in Richtung Carlingford) das Bally-
mascanlon Hotel an der Straße; die Einfahrt ist
gut ausgeschildert, das Hotel selbst liegt etwas zurück. Wer hier parkt, kann zu Fuß in etwa
10 Min. den Dolmen erreichen. Der Weg führt
zwischen Hotel und Parkplatz an einigen Wirtschaftsgebäuden vorbei und dann über einen
Golfplatz, bis man schließlich erst ein Ganggrab
und kurz danach den Dolmen selbst erreicht.

Die Halbinsel lässt sich per Auto (1 Std.) oder
mit dem Rad (4–5 Std., je nach Kondition und ge-
wählter Strecke) umrunden. Anschließend sollte man zumindest mit dem Auto dem steilen Weg
hinauf in die Berge folgen. Von der R173 zweigt
bei Omeath eine Straße ins Binnenland ab, die
einen wunderschönen Ausblick auf die Bergwelt ermöglicht. In der Nähe des Long Woman's
Grave, vermutlich ein Grab aus der Steinzeit
oder ein Kultplatz, können vom Parkplatz aus
Wanderungen in die Berge unternommen werden. Die Wege sind zwar nicht ausgeschildert,
aber erkennbar.

ÜBERNACHTUNG

Carrickdale Hotel, Carrickarnon, Ravensdale,
042-9380900, www.carrickdale.com.
Großes Hotel mit Pool, Spa und anderen
Annehmlichkeiten. Seit Eröffnung der Autobahn
wesentlich ruhiger geworden. Sehr beliebt bei
Hochzeitsgesellschaften am Wochenende –
Reservierung ratsam. ❷–❸

TRANSPORT

NEWRY, die **Buslinie** 161 fährt 3–5x tgl. von
Drogheda über Greenore, Carlingford, Omeath
bis nach Newry (und zurück).

Carlingford und Umgebung

Allein durch seine Abgeschiedenheit am Ende einer Halbinsel – auf der einen Seite liegt das Carlingford Lough, auf der anderen Seite der 587 m

hohe Carlingford Mountain – hat sich dieses kleine Örtchen seine Ursprünglichkeit bewahrt.

Wer das romantische Irland sucht, der ist hier richtig. Der Blick auf die schon in Nordirland liegenden Mourne Mountains vom Ufer aus ist sehr schön, die altertümliche Atmosphäre der Stadt lässt sich bei einem ausgedehnten Spaziergang genießen. Viele Häuser sind im traditionellen Kalkweiß gehalten und teilweise noch mit Reet gedeckt.

Die Anglo-Normannen errichteten hier eine Burg, um die Einfahrt zum Naturhafen des Carlingford Lough zu schützen. Die **Ruine des King John's Castle** ist aber nur eines der stark befestigten Gebäude am Ort, bemerkenswert ist auch die **alte Münze**. In der mittelalterlichen **Holy Trinity Church** zeigt ein **Besucherzentrum**, ☎ 042-9373888, 🖥 www.carlingfordheritagecentre. com, eine sehr interessante Ausstellung zur Geschichte der Stadt und des Hafens. 🕑 Mo–Fr 10–12.30 und 14–16.30 Uhr, Eintritt frei.

Das nahegelegene **Greenore** verdankt sein schönes viktorianisches Ortsbild dem Hafen und der Eisenbahn, scheint weitgehend im 19. Jh. eingefroren zu sein. Der noch aktive Hafen diente einst als Ausrüstungsort für Spezialschiffe – hier ließen sich Radio Caroline und Radio Atlanta ihre schwimmenden Sendestudios herrichten, als in den 1960ern die große Zeit der kommerziellen Piratensender begann.

Es verkehrt wieder eine **Auto- und Passagierfähre** zwischen Greenore und Greencastle im County Down, im stündlichen Pendelrhythmus tagsüber. Aktuelle Fahrzeiten und Preise sollte man kurzfristig unter 🖥 www.carlingfordferry. com erfragen.

ÜBERNACHTUNG

Carlingford ist ein beliebter Ort für einen kleinen Kurzurlaub am Meer und weist viele kleine Unterkünfte auf, vom **Campingplatz** am Giles

Táin Bó Cúailnge – der große Viehdiebstahl

Der Viehdiebstahl von Cooley lautet der vollkommen unprosaische Name für jenes Nationalepos, das den Mittelpunkt des Ulster-Zyklus bildet. Die Geschichte stammt sehr wahrscheinlich schon aus dem 7. oder 8. Jh. und ist in verschiedenen Versionen überliefert.

Die Hauptgeschichte: Medb (anglisiert Maeve), die Kriegerkönigin von Connacht, streitet sich mit ihrem Mann Ailill mac Máta um die Frage, wer reicher sei. Ailill verweist auf seinen prächtigen weißen Bullen Finnbennach, der aus Medbs Herde flüchtete, weil er keine Frau als Herrscherin ertragen konnte. Da Medb keinen vergleichbaren Bullen besitzt, entschließt sie sich spontan, den braunen Bullen Donn Cuailgne aus Ulster zu holen und so ihren Mann zu übertrumpfen. Nachdem ihr Versuch, Dáire mac Fiachna den Bullen abzukaufen, keinen Erfolg zeitigt, versammelt Medb eine Armee. Männer aus Connacht und Leinster, ergänzt durch verstoßene Ulstermen, die unter düsteren Blutprophezeiungen der Seherin Fedelm losziehen und Meath und Louth verwüsten.

Wesentlicher Widerstand kommt nur von Cúchulainn, der jede Nacht rund 100 Krieger erschlägt, Verhandlungen ablehnt und schließlich im Kampfgetümmel auch seinen Halbbruder Ferdia trifft. In der zentralen Szene des Epos kämpfen Cúchulainn und Ferdia an einer Furt bei Ardee vier Tage lang gegeneinander. Das gesamte keltische Waffenarsenal muss herhalten und Cúchulainn kann erst siegen, als er Ferdia mit dem magischen Speer Gáe Bulga trifft. Ferdia haucht so sein Leben aus, der verwundete Cúchulainn erleidet einen Nervenzusammenbruch. Am Ende der Kampfhandlungen steht Cúchulainn als Sieger da und überlässt Medb dennoch den braunen Bullen.

In Connacht angekommen, fordert der Bulle Donn Cuailgne Finnbennach zum Kampf heraus. Vor den versammelten Kriegern kämpfen die Bullen stundenlang gegeneinander, wobei sie quer durch Irland traben. Irgendwann spießt Donn Cuailgne seinen Widersacher auf und rennt dann, Finnbennachs Eingeweide an den Hörnern hinter sich herziehend, zurück nach Ulster. Dort angekommen, stirbt der Stier. Es kommt zur Versöhnung zwischen Medb und Cúchulainn sowie zwischen Connacht und Ulster.

Quay, ℡ 042-9376262, 🖳 www.gylesquay
caravanpark.ie, Zeltplatz ab 17 €, bis hin zu
teureren Hotels.
Carlingford Adventure Centre, Tholsel St.,
℡ 042-9373100, 🖳 www.carlingfordadventure.
com. Modernes Outdoor- und Freizeitzentrum
im Ortskern, das auch Unterkunft anbietet. Viele
Gruppen, daher unbedingt vorbestellen. Bett im
Schlafsaal ca. 16 € (saisonabhängig), DZ ❷

🛉 **Ghan House**, Ghan Rd., ℡ 042-9373682,
🖳 www.ghanhouse.com. Ausgezeichnetes Guesthouse in einem historischen
Gebäude, Zimmer mit Blick aufs Meer und
die Berge. Familiäre Atmosphäre, Abendessen
im Restaurant möglich. Frühzeitig buchen! ❸

ESSEN

🛉 **Ruby Ellen's Tea Rooms**, Newry St.,
℡ 042-9373385, 🖳 www.rubyellens.com.
Dieses erstmal unscheinbare Café auf mehreren
Ebenen ist mein Favorit am Ort, auch wenn das
sieben Tage die Woche von 9 bis 18 Uhr geöff-
nete Haus schon mal proppenvoll sein kann. Es
lohnt sich, auf einen Platz zu warten, oder sich
den Tisch zu teilen. Frühstückstipp: Smoked
Manx Kippers mit Ei auf Spinat. Und am Nach-
mittag sollte man sich den dreistöckigen tradi-
tionellen Afternoon Tea nicht entgehen lassen.
Schooners Restaurant im McKevitt's Village
Hotel, Market Sq., ℡ 042-9373116, 🖳 www.
mckevitts.ie. Beliebtes Restaurant, bekannt für
Fischspezialitäten, aber auch gute Lamm- und
Rindfleischgerichte. Besonders lecker ist das
Seafood Chowder, eine cremige Suppe mit
Fisch und Meeresfrüchten je nach Saison.
Preise noch normal, kann aber an Wochen-
enden und in der Saison recht voll sein.

SONSTIGES

Feste
Das **Tain March Festival** ist eine „historische
Wanderung" im Frühsommer von Rathcrogan
(S. 194) nach Bush (auf der Halbinsel Cooley).
Die Wanderer sind teils kostümiert, und selbst
die erotomane Königin Medb hat ihren (relativ
züchtigen) Auftritt. Mehr Informationen unter
🖳 www.tainmarch.ie.

Informationen
Tourist Information Carlingford, auf dem Parkplatz gegenüber dem Hafen, ℡ 042-9373033,
🖳 www.carlingford.ie. ⏱ April–Sep Mi–Mo
10–17 Uhr.

TRANSPORT

NEWRY, die **Buslinie** 161 verkehrt 3–5x tgl.
von Drogheda über Greenore, Carlingford,
Omeath bis nach Newry (und zurück).

County Monaghan

Nordwestlich an Louth schließt sich County
Monaghan an, schon ein Teil der Provinz Ulster,
aber noch zur Republik Irland gehörend. Weite
Felder und Wiesen sowie die bei der letzten Eiszeit entstandenen, von Gletschern rundgeschlif-
fenen Hügel (sogenannte Drumlins) kennzeichnen das agrarisch geprägte County, das heute
ein wichtiges Anbaugebiet von Pilzen ist. Vor einigen Jahren geriet die Region jedoch wegen
ganz anderer Reichtümer in die Schlagzeilen:
Geologen entdeckten ein sehr großes Goldvorkommen, dessen Ausbeutung sich trotz hoher
Kosten lohnen soll.

Touristisch ist die Region zwar längst nicht so
bedeutend wie manch andere in Irland, dennoch
bilden Inishkeen, Monaghan und Clones empfehlenswerte Ziele.

Monaghan Town

Der Reiz der lebhaften Countyhauptstadt Monaghan (etwa 8000 Einw.) mit ihren charakteris-
tischen Kalksteinhäusern liegt vor allem in der
Details. Ein gutes Beispiel dafür ist das **Rossmore Memorial**, ein wie ein kleiner Kirchturm
gestalteter Trinkbrunnen, der den Diamond,
den ursprünglichen Marktplatz der Stadt, ziert.
Die heutige Stadtmitte wird von einem weiteren
Platz gebildet, dem Church Square, umgeben
von Gebäuden vor allem aus dem 19. Jh. Dazu
gehört auch das **Gerichtsgebäude** im klassizistischen Stil. Der dritte große Platz in der Stadt-

mitte ist der Market Square, an dem ein sehr schönes **Markthaus** aus dem 18. Jh. die Blicke auf sich zieht. Teilweise sind die dicken Eichenbalken, die zur Konstruktion verwendet wurden, noch gut sichtbar.

Ganz in der Nähe bietet das ausgezeichnete **Monaghan County Museum**, 1-2 Hill St., ✆ 047-82928, 🖳 www.monaghan.ie, eine recht interessante Sammlung zur Heimatgeschichte von der Frühzeit bis zur Gegenwart. Da Monaghan einst für die Produktion von Leinen und Spitzen berühmt war, liegt der Schwerpunkt auf der Geschichte der Textilindustrie. Herausragendes Exponat bei den Kunstgegenständen aber ist das Kreuz von Clogher, ein Altarkreuz vom Beginn des 15. Jhs. ⏲ Mo–Fr 11–17, Sa 12–17 Uhr, Eintritt frei.

Ein kurzer Fußmarsch führt zur **Kathedrale des Heiligen Macartan**, die auf einem Hügel südlich der Innenstadt errichtet wurde. Sie entstand im Baustil des Gothic Revival, vor allem die Erkertürmchen sind beachtenswert: Aus größerer Entfernung wirken sie wie nachträglich angesetzt. Der Aufstieg zur Kathedrale lohnt sich auch wegen des Ausblicks über die gesamte Stadt.

Wer danach Erholung braucht, kann im **Rossmore Forest Park** 3 km südlich der Stadt kurze Spaziergänge unternehmen – 🖳 www.coillte.ie.

ÜBERNACHTUNG

Ashleigh House, 37 Dublin St., ✆ 047-81227. Zentral gelegenes, recht gemütliches und familiäres Haus. Die Inhaber können Freizeitangebote wie Golf, Reiten, Angeln oder auch Fahrradverleih organisieren. ❷

🏨 **Hillgrove Hotel Leisure & Spa**, Old Armagh Rd., ✆ 047-81288, 🖳 www.hillgrovehotel.com. Erstklassiges Hotel nur 1,5 km östlich des Zentrums mit 87 Zimmern, das über Thermal- und Wellnesseinrichtungen wie Sauna, Massage, Jacuzzi und viele andere Freizeiteinrichtungen verfügt. An speziellen Murder Mystery Weekends können sich Gäste auch als Detektive betätigen – Agatha Christie lässt grüßen. ❷ – ❸

🏨 **The Lodge at Castle Leslie Estate**, Co. Monaghan bei Glaslough (rund 6 km nordöstlich von Monaghan), ✆ 047-88100, 🖳 www.castleleslie.com. 30 nostalgisch anmutende Zimmer, auf einem von Wäldern und herrlichen Seen umgebenen Herrensitz. Wunderbare Wandermöglichkeiten, Kochschule im Schloss und Kurbad, dazu „Reiterurlaub" mit mehr als 50 Pferden (Reitstunde 35 €, 2-stündiger Ausritt 75 €). ❺

ESSEN

Andy's Bar & Restaurant, 12 Market St., ✆ 047-82277, 🖳 www.andysmonaghan.com. Auch als „Teach Aindí" bekannte Bar im viktorianischen Stil. Restaurant mit guter Fisch- und Steakkarte. Publikum ist bunt gemischt, Preise sind angemessen. ⏲ Di–Fr 16–22, Sa 14–22, So 13.30–21.30 Uhr.

Squealing Pig Restaurant, The Diamond, ✆ 047-84562, 🖳 www.thesquealingpig.ie. Wahrscheinlich die beliebteste Kneipe in Monaghan, mit Sports Bar, Nachtclub und einem recht preiswerten Restaurant. Hier trifft sich ein durchweg junges Publikum, am Wochenende sehr lebhaft.

UNTERHALTUNG UND KULTUR

Garage Theatre, Armagh Rd., ✆ 047-39777, 🖳 www.garagetheatre.com. Kleines Theater mit gemischtem Programm, geboten werden vor allem Tourneetheater und Konzerte, aber auch literarische Lesungen und Comedy.

Market House, Market Sq. Vor einigen Jahren restaurierte und zum Kulturzentrum umgebaute Markthalle. Wechselnde Ausstellungen und gelegentliche Kulturabende.

The Shambles, Dublin St. Schön altmodischer Pub mit bunt gemischtem Publikum. Ein sehr kommunikativer Ort, ideal, um mit Einheimischen in Kontakt zu kommen. Gelegentlich traditionelle Sessions oder modernere Livemusik.

SONSTIGES

Feste
Nordamerikanisch geprägte Musik erklingt jährlich am ersten Septemberwochenende beim **Harvest Time Blues Festival**, 🖳 www.harvestblues.ie. Konzerte finden an mehr als einem Dutzend Orten statt.

Tourist Information Monaghan, Mullacroghery, Clones Rd., ✆ 047-81122, 🖳 www.monaghan tourism.com.

TRANSPORT

Nach Monaghan gelangt man trotz des noch existierenden Bahnhofs nur noch mit dem **Bus** (Abfahrt am Depot in der North Rd. oder in der Innenstadt), die wichtigsten Verbindungen bestehen nach Dublin, Infos 🖳 www.bus eireann.ie oder Monaghan Bus Office, ✆ 047-82377.
CAVAN (Linie 175), über Cootehill, nur 1x tgl. in jede Richtung.
CLONES (Linie 162), 5x tgl.
DERRY (Linie 33), mehrmals tgl.
DUBLIN Linie 33 oder 274), Mo–Fr rund um die Uhr häufige Verbindungen zum Airport und zum zentralen Busbahnhof Busáras, 1 3/4–2 Std. Auch Verbindung nach Dublin über Ardee und Slane mit Linie 177.
OMAGH (Linie 33), mehrmals tgl.

Inishkeen

Der kleine Ort Inishkeen (auch Inniskeen genannt) liegt im äußersten Osten des County Monaghan, nur etwa 17 km westlich von Dundalk. Bekannt geworden ist das Dorf durch den irischen Dichter und Schriftsteller Patrick Kavanagh (1904–67) (S. 117), der hier geboren wurde. Bis heute halten die Dorfbewohner die Erinnerung an ihn wach, vor allem im **Patrick Kavanagh Centre** in der ehemaligen Kirche, ✆ 042-9378560, 🖳 www.patrickkavanaghcountry.com, 🕐 wechselnd. Der Dichter ist auf dem Friedhof nebenan begraben, im Centre aber wird er wieder „zum Leben erweckt". Dokumente und Artefakte informieren über Kavanagh und seine Werke.

FESTE

Mit dem **Patrick Kavanagh Weekend** in Inishkeen wird jedes Jahr Anfang November dem irischen Dichter gedacht. Das Festivalprogramm

Am Patrick Kavanagh Centre beginnt der Kavanagh Trail, ein interessanter, insgesamt etwa 10 km langer Weg durch Inishkeen und die nähere Umgebung. Die meisten Wegstrecken befinden sich in Inishkeen selbst und sind bequem zu Fuß zu erreichen, einige andere Passagen erreicht man mit dem Auto. Die Besucher werden zu Stätten geführt, die in Büchern wie *Tarry Flynn* oder *The Green Fool* Erwähnung finden. Oder die Kavanagh als Inspiration dienten. Literaturwissenschaft einmal ganz praktisch …
Übersichtspläne und weitere Informationen zum Kavanagh Trail erhält man im Patrick Kavanagh Centre oder unter 🖳 www.patrick kavanaghcountry.com, Stichwort Kavanagh Trail.

enthält von volkstümlicher Musik bis zu akademischen Vorträgen einfach alles, was zum Thema passt. Und das wohl bekannteste Gedicht von Kavanagh ertönt immer wieder als Lied: *Raglan Road*.

Clones

Nur 23 km südwestlich von Monaghan liegt der kleine Grenzort Clones. Hier erkennt man noch Reste des **Ulster Canal**, der früher den Lough Erne mit dem Lough Neagh verband. Eine Wiederbelebung dieses Kanals für touristische Zwecke wird immer mal wieder erwogen und dann vor allem wegen der hohen Kosten verschoben.

Der Hauptgrund für einen Stopp in Clones, wo im 6. Jh. ein bedeutendes Kloster gegründet wurde, ist der **Rundturm** auf dem alten Friedhof mitten im Ort. Der Turm, der auf das 10. Jh. datiert wird, ist bis auf die konische Kappe vollständig erhalten. Mit etwa 23 m Höhe ist er einer der kleineren Türme, die nur grob behauenen Steine verleihen ihm ein sehr einfaches Aussehen.

Der **Friedhof** an sich ist schon einen Besuch wert, denn zahlreiche Grabsteine aus dem 17. und 18. Jh. weisen sehr schöne Steinmetzarbei-

NORDOSTEN

ten auf. Beachtung verdient auch das wie ein kleines Haus gestaltete Grabmal aus dem 12. Jh. Hier wurden die Gebeine des Heiligen Tighernach aufbewahrt, im 6. Jh. Bischof von Clogher.

Auf dem kleinen Marktplatz von Clones befindet sich noch ein **Hochkreuz**, das eventuell früher in der Nähe des Rundturmes gestanden hat. Irgendwie scheinen dabei die Proportionen nicht zu stimmen. Der Grund: Oberteil und Unterteil gehörten ursprünglich nicht zusammen, dieses Monument wurde aus zwei Fragmenten zusammengesetzt.

Das **Hilton Park**, ✆ 047-56007, 🖥 www.hilton park.ie, ist eher etwas für betuchte Gäste. Die aber dürfen sich nicht nur auf eine hervorragende Küche und ruhige Nächte im Herrenhaus und im Himmelbett freuen. Kräuter, Obst und Gemüse werden im eigenen Küchengarten selbst angebaut, zumindest teilweise. ❻

MONAGHAN, 5x tgl. mit **Buslinie** 162 ab Haltestelle Ortsmitte.

County Cavan

Auch im County Cavan prägen Drumlins die Landschaft. Hinzu kommen zahlreiche Seen und kleine Flüsse. Gewundene Straßen führen durch die grüne, hügelige Landschaft, in der Schafe und Kühe das Bild bestimmen. Auf schnurgeraden – und nicht immer den besten – Straßen geht es durch große Moorgebiete, die sich von hier in Richtung der Midlands erstrecken.

Von den Iren wird das County übrigens wenig schmeichelhaft auch als „Pothole County" oder „Mean Shite County" bezeichnet. Für den ersten Spitznamen gibt es eine geologische Erklärung: Der Kalkboden in der Gegend bricht immer wieder ein und reißt Teile der Straßen mit sich, Schlaglöcher gehören in Cavan zum Alltag. Der zweite Spitzname dagegen erklärt sich aus der sprichwörtlichen Sparsamkeit der Einwohner dieses Landstrichs. Geld auszugeben ist den meisten Menschen hier anscheinend zuwider. Es geht sogar das Gerücht, dass Kupferdraht erfunden wurde, als sich zwei Männer aus Cavan gleichzeitig nach einem Penny bückten.

Von Clones nach Cavan

Von Clones aus führt die N54 Richtung Cavan. Auf den nächsten 8 km kommt es zum echten Grenzerlebnis – man wechselt nicht weniger als viermal zwischen der Republik und Nordirland. Aus der N54 wird für zwei kurze Teilstrecken die A3, auf der dieselbe Höchstgeschwindigkeit gilt, aber dann in Meilen angegeben. Ein oder zwei Wechselstuben bieten ihre Dienste an, in Zeiten von Bankautomaten und Kreditkarten kaum notwendig. Allenfalls der Verkauf von Feuerwerkskörpern (in der Republik illegal) scheint hier noch ein gutes Geschäft zu sein. Dies ist die Brexit-Problemzone, für die sich noch keine Lösungen abzeichnen.

Cloverhill

Ein kurzer Zwischenstopp lohnt im Dorf Cloverhill. Vor allem die neogotische **St. John's Church**, die alte Poststation, in der sich heute ein Gasthaus befindet, und der Eingang zum mittlerweile verfallenen Herrenhaus aus dem 19. Jh. sind sehenswert.

Butlersbridge

Kurz danach wird Butlersbridge erreicht, wo man den Fluss Annalee überquert. Leider war die nachträgliche Installation der Abwasserleitung an der ansonsten sehr sehenswerten alten Brücke über den Fluss nicht gerade ein Geniestreich. Direkt am Fluss steht eine **schöne Kirche**. Sehr interessant ist in der Nähe der Brücke, direkt an der Einfahrt zu einem größeren Landsitz, ein etwas zwischen Steinmauern und Bäumen **versteckter Bunker** aus Beton. Solche einfachen Verteidigungsanlagen sind an vielen Flussübergängen in der Nähe zu sehen. Sie wurden im Zweiten Weltkrieg errichtet, um eine mögliche Invasion britischer und amerikanischer Truppen von Norden her aufzuhalten – in den Augen des neutralen Irland eine größere Bedro-

© BERND BIEGE

Butlers Bridge – Irland wie im Bilderbuch

hung als eine potenzielle deutsche Invasion. Ein weiteres kleines (und wesentlich friedfertigeres) Kuriosum ist die in der Nähe des Kreisverkehrs stehende **Creamery**, eine aus Wellblech erbaute Molkerei.

ÜBERNACHTUNG UND ESSEN

Derragarra Inn, in Butlersbridge direkt am Fluss, ☎ 049-4331033, 🖥 www.murphsbistro.com. Wurde nach einem Dachstuhlbrand voll entrümpelt und etwas modernisiert, die hohe Qualität der Speisen ist geblieben. Ideal für einen Stopp zum Verschnaufen, vielleicht bei einem kleinen Snack.

The Olde Post Inn, Cloverhill, ☎ 047-55555, 🖥 www.theoldepostinn.com. Rustikales Restaurant. Spezialität: Le Coq Hardi, Hühnerbrust, gefüllt mit Kartoffeln, Äpfeln, Schinken, Kräutern, eingewickelt in Schinken und serviert mit Irish-Whiskey-Sauce. Auch vegetarische Gerichte. Es werden 6 schöne DZ vermietet. ❸ – ❹

Cavan Town

Übersetzt bedeutet Cavan so viel wie Tal oder Grube. Egal aus welcher Himmelsrichtung man sich der kleinen Stadt nähert, der Ursprung dieser Bezeichnung wird sofort klar: Zur Stadtmitte von Cavan geht es immer bergab. Die Hauptstadt des gleichnamigen County zählt gerade einmal rund 11 000 Einwohner, ruhige und erholsame Urlaubstage sind hier garantiert.

Ein Beweis für die sprichwörtliche Sparsamkeit, die im County vorherrschen soll, könnte die pompöse **Kathedrale** von Cavan sein, gewidmet den Heiligen Patrick und Felim. Mit ihrem Bau wurde 1938 begonnen, die Pläne orientierten sich teilweise an einer Kirche in Dublin, die wiederum fast eine Kopie von St. Martin's in the Fields (London) war. Man kann sagen, dass die Kathedrale von Cavan den dritten Aufguss einer guten Idee darstellt – gespart wurde auf jeden Fall am Architektengehalt. Einen Besuch ist sie auf jeden Fall wert, denn das sehr großzügig angelegte Gotteshaus ist aus verschiedenfarbigem Marmor erbaut und besitzt nicht nur sehr schöne Glasfenster von Harry Clarke, sondern auch interessante Wand- und Deckenmalereien.

Wesentlich bescheidener ist dagegen die vis-à-vis gelegene, ältere **Kirche der Church of Ireland**, hinter der die Hauptstraße des Ortes beginnt. Neben der Kathedrale ist das große **Gerichtsgebäude** noch einen Blick wert.

Die weiteren touristischen Attraktionen sind von hier rasch erreicht, die Farnham Street ist vielleicht die attraktivste Straße des Ortes. An ihr liegen interessante Gebäude, darunter das **Versammlungshaus der Freimaurer**, die **methodistische Kirche**, die **presbyterianische Kirche**, die sehr schön gestaltete **Town Hall** und etwas hinter ihr, über die Abbey Street Parade zu erreichen, die spärlichen Reste der **St. Mary's Abbey**. Im Prinzip existiert hier nur noch ein Kirchturm aus dem 16. Jh., der Rest ist Friedhof. Die Gräber sind meist unbeschriftet, eines davon ist die letzte Ruhestätte des katholischen Oberbefehlshabers Eoghan Roe O'Neill, der um 1642 für ein unabhängiges, katholisches Irland kämpfte. 1646 griff O'Neill mit päpstlichem Segen eine schottische Armee direkt an und besiegte Generalmajor Robert Monro bei Benburb. Ein Sieg, den folgende Fehlentscheidungen eines päpstlichen Legaten zunichtemachten.

Etwa 8 km westlich von Cavan Richtung Crossdoney/Killeshandra liegt der **Killykeen Forest Park**, ein beliebtes Naherholungsgebiet mit sehr schönen Wanderwegen durch die Seenlandschaft.

ÜBERNACHTUNG UND ESSEN

Cavan Crystal Hotel, Dublin Rd., ☏ 049-4360600, 🖳 www.cavancrystalhotel.com. Am Rand der Stadt gelegenes Hotel mit 85 Zimmern, Swimming Pool und gutem Restaurant. Die Umgebung des Hotels ist wenig reizvoll, dafür ist es verkehrsgünstig gelegen. ❺

Farnham Estate, Coras Point, ☏ 049-4377700, 🖳 www.farnhamestate.ie. Das Hotelrestaurant ist gut, aber eine Offenbarung ist der traditionelle Afternoon Tea, bei dem man für 25 € mit zwei Leuten satt wird – gereicht werden Sandwiches, süße Stückchen und die beliebten Scones. Reservierung erforderlich.

Opus One, elegantes Restaurant im Cavan Crystal Hotel (s. o.), bietet gute irische Küche zu vernünftigen Preisen. Exzellente Weinkarte.
The Oak Room Restaurant, 24 Bridge St., ☏ 049-4371414, 🖳 www.theoakroom.ie. Eine warme, gemütliche Atmosphäre herrscht in dem modern gestalteten Restaurant, das Gourmetgerichte und auch herzhafte Kost serviert. Zwischen 17.30 und 19.30 Uhr gibt es das „Early Bird Menu" für 25 €. ⏰ Di–Sa 17.30–21.30, So 17–21 Uhr.

UNTERHALTUNG

Brady's Bar, 16 Main St. Typischer Pub mit traditionellen Sessions am Donnerstag und Sonntag ab etwa 21.30 Uhr. Sehr beliebt bei allen Bevölkerungsgruppen, lebhafte Gespräche am Tresen über Politik, Fußball oder das Wetter sind garantiert.

Farnham Arms Hotel, Main St. Als Musikpub ist die Bar des Hotels mehrfach ausgezeichnet worden und hat auch oft ausgezeichnete Musiker zu Gast. Sessions am Mittwoch ab etwa 21.30 Uhr. Am Wochenende oft Programm mit Einzelkünstlern und Gruppen.
McCaul's, 10 Bridge St. Vor allem bei jüngeren Leuten beliebter Pub mit traditioneller Musik am Dienstag und gelegentlich am Wochenende. Bei den häufigen Blues-Sessions wird ein vollkommen anderer Ton angeschlagen. Kann schon einmal etwas lauter werden.

SONSTIGES

Feste
Im Mai weckt das bunte **Cavan Arts Festival**, 🖳 www.cavanartsfestival.ie, den Ort mit einem abwechslungsreichen Programm aus dem Winterschlaf. Theatervorstellungen, Konzerte, traditionelle Musik sowie Tanz werden geboten.

Im August findet jedes Jahr **Taste of Cavan**, 🖳 www.tasteofcavan.ie, statt, ein Futterfestival von immensen Ausmaßen – in den Hallen präsentieren sich örtliche Produzenten mit ihren besten Angeboten, von Marmelade bis Bier, von Pilzen bis Cider. Und überall brutzelt und brät es, werden Häppchen gereicht …

Informationen

Die **Tourist Information** befindet sich in der Farnham St., ✆ 049-4331942, 🖳 www.thisis cavan.ie. Achtung: Das Büro versteckt sich etwas in der Bibliothek, es ist mit dem Fahrstuhl rechts in der Vorhalle erreichbar. ⏲ Mo–Sa 10–16 Uhr.

TRANSPORT

Vom **Busbahnhof** in der Farnham St. starten die Busse, die wichtigsten Verbindungen bestehen nach Dublin, Infos 🖳 www.buseireann.ie oder Cavan Bus Office, Farnham St., ✆ 049-4331353.
DONEGAL (Linie 30), über Belturbet, Enniskillen, Belleek und Ballyshannon, mehrmals tgl.
DUBLIN (Linie 109), via Virginia, Kells, Navan und Dunshaughlin, Mo–Fr stdl. zwischen 6 und 20.30 Uhr zum zentralen Busbahnhof Busáras, 1 1/4 Std.
DUNDALK (Linie 166), Mo–Fr 3–4x tgl., schlechte Taktung.
MONAGHAN (Linie 175), über Cootehill, tgl. nur wenige Verbindungen.

Von Cavan Town Richtung Nordwesten

Rundturm von Drumlane

An Sehenswürdigkeiten eher arm, lohnt im County Cavan die Fahrt zum **Rundturm von Drumlane**, ungefähr 1 km südlich von **Milltown** an der R201 gelegen. Oberhalb des **Lough Oughter** befindet sich ein kleiner Kirchhof mit den Resten einer Kirche aus dem 13. Jh. Im 15. Jh. ausgebaut, wurde das Gotteshaus noch bis in viktorianische Zeit genutzt. Die noch immer beeindruckenden Ruinen weisen einige sehr schöne Steinmetzarbeiten auf. Bereits im 6. Jh. wurde an dieser Stelle ein Kloster errichtet, rund 600 Jahre später kam der heute nicht mehr vollständig erhaltene Rundturm dazu. Er ragt immer noch beeindruckende 11,6 m in die Höhe. Bis heute erkennt man die zwei Bauphasen: Der untere Teil des Turmes ist aus sehr schön zurechtgehauenen Steinen gebaut, beim oberen Teil wurde wesentlich einfacheres Material ver-

Die Anderswelt schlägt zurück …

Einen mehr kuriosen Aspekt hat ein Abstecher in Richtung **Ballyconnell**, wo das Slieve Russell Hotel, 🖳 www.slieverussell.ie, nicht nur einen riesigen Golfplatz, sondern auch eine steinzeitliche Grabanlage aufweisen kann. Diese war der Erweiterung eines Steinbruchs im Weg und wurde, angeblich sehr sorgfältig, hierhin verlegt. Besitzer des Steinbruchs wie auch des Hotels war Irlands reichster Mann – Sean Quinn. Einige Zeit später brach dessen Finanzimperium, das sich zusehends als äußerst dünnwandiges Kartenhaus erwies, spektakulär zusammen. Quinn ist jetzt Irlands bekanntester (und wahrscheinlich am höchsten verschuldeter) Bankrotteur, das Hotel steht unter Konkursverwaltung. Und wie munkelt man in den örtlichen Kneipen? *„Ah, shure, he should nae have messed with the fairies …"* Schuld am Niedergang sind nämlich im Volksglauben die Feen und Elfen, deren trautes Heim man nie und nimmer anrühren sollte.

wendet. Die Eingangstür und ein erhaltenes Fenster des Turmes zeugen von qualitativ hochwertiger Arbeit, ein einmaliges Detail des Turmes sind die Steinmetzarbeiten an der Außenwand, die Vögel darzustellen scheinen.

Belturbet

Der 20 km weiter nördlich gelegene Ort Belturbet ist eine klassische Grenzstadt, nur wenige Kilometer von der Grenze zum County Fermanagh und damit zu Nordirland entfernt. Zahlreiche Einkaufsmöglichkeiten sind vorhanden. Überraschend ist vielleicht die große Dichte an Gaststätten und Restaurants. Vermutlich sind sie dem großen Jachthafen zu verdanken, an dem zahlreiche Hobbykapitäne, die auf dem Lough Erne und dem Shannon-Erne-Waterway unterwegs sind, Station machen. Zwischen Ostern und Oktober bevölkern jedenfalls zahlreiche Wassersportler die Innenstadt, oft hört man dann mehr Niederländisch und Deutsch als Irisch. Unter den Besuchern sind jedoch nicht nur Boots-touristen, sondern auch zahlreiche Angler, die sich hier intensiv ihrem Hobby widmen.

© BERND BIEGE

Das County Cavan mit seinen zahlreichen Seen ist bei Petrijüngern ganz besonders beliebt. Ob vom Ufer oder vom Boot aus, wer etwas Geduld mitbringt, hat garantiert irgendwann einen Fisch am Haken. In ganz Irland ist das Angeln eine beliebte Freizeitbeschäftigung und die Ausbeute kann mitunter beachtlich sein. Makrelenangler etwa klagen gelegentlich, dass die Tiefkühltruhe zu klein sei und langsam ein Räucherofen ins Haus müsse.

Für Touristen ist eine Angelpartie kein Problem, vorausgesetzt man bringt die eigene Rute mit und besorgt sich einen Angelschein in einem der örtlichen Geschäfte (Adressen finden sich auf den unten angegebenen Webseiten). Zusätzlich muss man sich nur an die jeweiligen Fangvorschriften in Bezug auf die Saison sowie die Größe und Menge der zu entnehmenden Fische halten. Ist das alles geklärt: Petri Heil!

Hier die wichtigsten Adressen für Angler:

Unter 🖳 **www.fishinginireland.info** erhält man alle notwendigen Infos rund ums Angeln. Das Central Fisheries Board (CFB, Fischereibehörde Republik Irland) listet auch die Adressen von Angelgeschäften auf.

Die Website 🖳 **www.nidirect.gov.uk/information-and-services/outdoor-recreation-and-sport/angling** informiert amtlich über das Angeln in Nordirland.

Für Touristen auf der Durchfahrt ist ein kurzer Halt in Belturbet vor allem wegen des sehr schönen **alten Postgebäudes** an der Kreuzung hoch über dem Fluss lohnenswert. Daneben, an der Bushaltestelle, verdient eine **Statuengruppe**, die zwei wartende Teenager darstellt, Aufmerksamkeit. Sie wurde in Erinnerung an zwei Jugendliche errichtet, die genau an dieser Stelle von einer loyalistischen Autobombe getötet wurden. Selbst in so scheinbar idyllischen Provinzorten wie Belturbet hat der Bürgerkrieg tiefe Narben hinterlassen.

Interessant für Eisenbahnfans kann das kleine **Lokalmuseum** im längst überflüssig gewordenen Bahnhof von Belturbet sein – die 1885 gebaute (und ab 1995 renovierte) Anlage der Great Northern Railway zeigt einige Relikte der Eisenbahngeschichte. Öffnungszeiten stark wechselnd, am besten unter ☎ 049-9522047 nachfragen. Das Freigelände selbst (ausgeschildert ab Ortsmitte) ist einsehbar und zugänglich.

Swanlinbar

Von Belturbet in Richtung Westen führt die Route über Swanlinbar in das „alpine" Cavan und die Cuilcagh Mountains. Der kleine Ort Swanlinbar, von Jonathan Swift als die Heimat des schlechtesten Eisenerzes im ganzen Königreich beschrieben, war eine Zeit lang als Kurort bekannt. Einige Brunnen und Quellen im Nordosten hatten einen sehr hohen Anteil an Schwefel und Magnesium. Vor allem im 18. Jh. wurde ein Aufenthalt in Swanlinbar als wirksam gegen Skorbut, schlechte Nerven, Depressionen und mangelnden Appetit empfohlen. Allerdings sollen die hygienischen Zustände teilweise so schlecht gewesen sein, dass die Besucher bei ihrer Abreise kränker waren als bei der Ankunft.

Cuilcagh Mountains

Lohnend ist eine Wanderung durch die Cuilcagh Mountains, die sich von hier nach Norden bis ins County Fermanagh ziehen. Vor allem der etwa zwei Stunden dauernde Aufstieg zum 665 m hohen Gipfel des Cuilcagh ist empfehlenswert, der Blick von dort geht weit über den Lough Erne.

Shannon Pot

Auf der R200 südlich der Cuilcagh Mountains fahrend, dann auf die R206 in Richtung Blacklion wechselnd, wird bei **Glangevlin** der sogenannte Lug na Sionná oder auch **Shannon Pot** erreicht. Dieser kleine, unscheinbare Tümpel am Fuß der Cuilcagh Mountains gilt als die Quelle des großen Shannon, der von hier ungefähr 370 km bis zum Meer braucht.

Blacklion

Das nordwestliche Ende des County Cavan wird schließlich in Blacklion erreicht, einem kleinen Ort am Lough MacNean. Im Prinzip ein unscheinbarer Grenzort, der im 19. Jh. eine lebendige Marktstadt war und dann nach der Trennung Irlands einen großen Teil seines Hinterlandes verlor.

Blaubeuren-on-Shannon?

Eine gewisse Seelenverwandtschaft mit der Schwäbischen Alb kann man am Shannon Pot schon erkennen – wie der berühmte Blautopf ist es eine Karstquelle, an der sich Höhlentaucher versuchen, die einen großen Flusslauf speist und die je nach Wetterlage schön blau schimmern kann. Und auch geheimnisvolle Seejungfern wohnen im Topf. Hie Sionnan, die verbotenerweise vom Baum der Erkenntnis naschte und von den Quellwassern überwältigt wurde, dorten eben die Schöne Lau, Mörike habe sie selig. Eigentlich fast austauschbar ... aber am Shannon Pot fehlt eben eine romantische Fachwerkstadt, eine gute Verkehrsanbindung und eine echte Vermarktungsstrategie. Dennoch – unbedingt einen Abstecher wert!

Cavan Burren Park

Etwas außerhalb von Blacklion befindet sich auch der erst jüngst auf Vordermann gebrachte und auch touristisch besser erschlossene Cavan Burren Park, 🖳 www.marblearchcavesgeopark. com/attraction/burren-forest, der mit Wanderrouten und steinzeitlichen Monumenten aufwartet. Ein kleines Besucherzentrum (ohne Personal) erklärt die Geschichte der Landschaft und der menschlichen Spuren, Karten zeigen die Wanderwege an.

ÜBERNACHTUNG UND ESSEN

Belturbet

Seven Horseshoes, 12 Main St., ☎ 049-9522166, 🖳 www.thesevenhorseshoes.com. Im Zentrum gelegenes Haus mit 10 Zimmern, alle mit eigenem Bad und TV. Gemütliche Pub-Atmosphäre und günstiges Essen. ❹

Blacklion

MacNean House & Restaurant, Main St., ☎ 071-9853022, 🖳 www.macnean restaurant.com. Das Guesthouse bietet 10 Zimmer. Berühmt für seine Küche (s. Kasten S. 208), der Service im Beherbergungsteil des Hauses ist exzellent. Frühe Buchung ist erfor-

Cavan – die neue Pilgerstätte für Gourmets

Neven Maguire, der wohl **bekannteste Koch Irlands**, unterhält in **Blacklion** sein MacNean House & Restaurant, das zu Recht für die besondere Qualität der Speisen gerühmt wird. Spezialität des Hauses ist die Schweineplatte. Daneben gilt Nevens Leidenschaft auch der Herstellung von himmlischen Desserts. Dabei werden hauptsächlich lokale Produkte verwendet, die möglichst frisch auf den Tisch kommen. Und noch etwas unterscheidet das MacNean House von anderen Restaurants, die von Starköchen gleich in Serie eröffnet werden: Neven Maguire steht so gut wie jeden Tag selbst in der Küche. Die Gerichte am Sonntagmittag sind (im Verhältnis) besonders günstig. Reservierung unumgänglich – Laufkundschaft kann in der Regel nicht bedient werden.

Vorbestellung ist auch in fünf weiteren Gourmet-Treffpunkten in der anderen Ecke des County erforderlich – sowohl das **Derragarra Inn** in Butlersbridge wie auch das **Olde Post Inn** in Cloverhill (S. 203) sind so sehr für die Qualität der Speisen berühmt, dass es im Speiseraum schnell eng wird. Ebenfalls umkämpft werden die Reservierungen im **St. Kyran's** bei Virginia (S. 210) und vor allem bei den eher seltenen kulinarischen Veranstaltungen in der nahe gelegenen **Virginia Park Lodge** des Meisterkochs Richard Corrigan (S. 210). Und den hervorragenden Nachmittagstee im **Farnham Estate** (S. 204) in der Mitte des County sollte man sich auch vorbestellen.

Ganz ohne Vorbereitung kann man den Meisterköchen aber auch beim Festival **Taste of Cavan** (S. 204) direkt in den Topf gucken, denn die Küchenprominenz gibt sich her die Klinke in die Hand und kocht live auf der Bühne. Der immense Vorteil dieser zweitägigen Veranstaltung liegt jedoch darin, dass man hier auch kleine und kleinste örtliche Anbieter direkt trifft, probieren darf. Und das geht von der süßen Seite mit Moran's Marmeladen, 🖳 www.moransmegajam.ie, bis zu Herzhaftem mit der unbeschreiblichen Wurst-Auswahl bei Barry John's Sausages, 🖳 www.facebook.com/barryjohnsbutchers, und man spült dann mit Bier aus dem Haus Ó Cléirigh oder dem herrlichen Scotts Cider, 🖳 www.scottsirishcider.com, nach. Alles handgemachte Produkte aus Cavan, der weitgehend unbekannten Gourmetregion im Grenzland.

Wer nicht hinreisen mag oder kann, sei getröstet … Chef Shane Smith, der Patisseriemeister an sich, 🖳 www.chefshanesmith.ie, und Chef Adrian Martin, eine Art Peter Pan der Pfannen und Töpfe, 🖳 www.chefadrian.ie, sind bei Festivals, im Fernsehen und auch Buchregal allgegenwärtig. Und beide aus Cavan stammend.

derlich, dafür winkt eine entspannte Nacht in luxuriöser, aber zugleich auch familiärer Atmosphäre. ❺

UNTERHALTUNG

Belturbet

Die Pubs von Belturbet sind gerade am Wochenende oft fest in touristischer Hand, wenn nämlich die Bootsmieter wechseln. Das „traditionelle" Programm kann darunter leiden. Zur Freude der zahlenden Gäste (und zum Verdruss manches Traditionalisten) kommen dann schon einmal eher volkstümliche Weisen und „Schlager" zum Vortrag.

The Widows, Main St. Pub im Ortskern mit traditionellen Sessions am Sonntag. Immer recht lebhaft, kann aber auch schnell zu lebhaft werden, dann leidet der Service etwas. Am besten unter der Woche zu genießen.

Yukon Bar, Holbourn Hill. Die traditionellen Sessions am Freitag sind eine Konzession an die irische Kundschaft (und die Touristen), an anderen Tagen gibt sich dieser sehr beliebte Pub eher ein nordamerikanisches Image. Gut und gerne besucht sind die Karaoke-Abende, die unentdeckte Talente und echte Nervensägen zutage fördern. Ruhiger Abend? Eher unwahrscheinlich.

Blacklion

Frank Eddie's, Main St. Pub mit Folk am Sonntagabend. Im Prinzip der beliebteste Treffpunkt im Dorf mit bunt gemischtem Publikum.

Belturbet hat zwar noch Reste eines Bahnhofs, es fährt aber nur noch der **Bus**, Haltepunkt an der alten Post.
BELFAST (Linie 66 und 261), mehrmals tgl.
von Sligo, auch über Blacklion (Linie 66 hält direkt vor Maguire's Bistro) und Enniskillen, etwa 4 Std.
DONEGAL, mehrmals tgl., 2 1/4 Std.
DUBLIN, stdl., 2 Std.
ENNISKILLEN, über Belturbet, mehrmals tgl. in beide Richtungen.

Von Cavan Town Richtung Südosten

Ballyjamesduff

Auf dem Weg nach Virginia, das gewissermaßen am anderen Ende des County, zwischen Cavan und Navan, liegt, lohnt auf jeden Fall der Schlenker zum **Ballyjamesduff Cavan County Museum**, Virginia Rd., ✆ 049-8544070, 🖥 www.

cavanmuseum.ie, in Ballyjamesduff – trotz der engen und teilweise gewundenen Straßen abseits der N3. In diesem Museum wird die wechselvolle Geschichte des County Cavan mit vielen, nach Themen gruppierten Ausstellungsgegenständen dokumentiert. Beeindruckend ist eine neue Installation unter freiem Himmel – ein kompletter Schützengraben aus dem Ersten Weltkrieg wurde hier nachgebaut. ⏰ Di–Sa 10–17, So 14–17.30 Uhr (So nur Juni–Sep), Eintritt 5 €.

Der Ort selbst ist im Kern noch recht altertümlich und besitzt ein recht schönes Markthaus, das jetzt als Restaurant dient. Vor ihm sitzt auf einer Bank eine Bronzestatue des Dichters Percy French, der Ballyjamesduff mit dem sentimentalen *Come Back, Paddy Reilly* berühmt machte.

Mount Nugent

Nur 8 km südwestlich von Ballyjamesduff liegt der kleine Ort Mount Nugent, der im Wesentlichen aus zwei Kirchen, einem ländlichen „Supermarkt", dem kleinen Café Nan's Teapot, Tankstelle, Pub und Postamt besteht. Ganz in der

Gipfelstürmer folgen am Cuilcagh einfach dem Steg …

© SHUTTERSTOCK.COM/JOSEPH MOLLOY

Nähe befindet sich der **Lough Sheelin**, der größte See der Gegend.

Virginia

Wesentlich größer ist der sehr nette Ort Virginia, 11 km südöstlich von Ballyjamesduff, direkt an der N3. Zu Beginn des 17. Jhs. als typische Ansiedlung der Krone gegründet, wurde er zu Ehren von Königin Elizabeth I., der jungfräulichen Königin, nach ihr benannt. Eine andere Version der Geschichte allerdings besagt, dass der Ort nach der Kolonie Virginia und so nur indirekt nach der Königin benannt wurde. Bekannt ist der Ort heute vor allem für seine schöne Lage am **Lough Ramor**, ein kleines **Theater** und die **landwirtschaftliche Ausstellung** im Sommer.

Mullagh

Interessant ist auch das in der Nähe gelegene Dorf Mullagh, Geburtsort des Heiligen Kilian. Er war einer der sogenannten Frankenapostel, die das Christentum von Irland nach Würzburg brachten und im Jahr 689 das Martyrium dafür erlitten. Mullagh besitzt auch Ogham-Relikte, die im örtlichen **St. Kilian's Heritage Centre**, Virginia Rd., ☎ 046-9242433, 🖳 www.stkilians heritagecentre.ie, zu sehen sind. Dieses moderne Besucherzentrum erzählt daneben von den Reisen und Taten des Ortsheiligen und wurde in Zusammenarbeit mit dem Bistum Würzburg

eingerichtet. 🕓 Ostern–Okt Di–Fr 10–18, Sa, So 14–18, sonst Mo–Fr 10–17.30 Uhr.

ÜBERNACHTUNG UND ESSEN

Virginia

Lakeside Manor Hotel, Dublin Rd., ☎ 049-8548200, 🖳 www.lakesidemanor.ie. Am Lough Ramor gelegenes, modernes Hotel mit 31 Zimmern. Ein Boot kann gemietet werden, Bootstouren werden auf Anfrage organisiert. Am Wochenende beliebter Nachtclub im Haus – eventuell Lärmbelästigung vor allem durch Fahrzeuge. ❸–❹

Virginia Park Lodge, Ballyjamesduff Rd., ☎ 049-8546100, 🖳 www.virginiaparklodge.com. Starkoch Richard Corrigan hat diesen leicht marode gewordenen Landsitz vor einigen Jahren übernommen und kräftig aufgepeppt, komplett mit Golfplatz, Gästezimmern und Glamping-Hütten. Allerdings nicht für Laufkundschaft … rechtzeitige Reservierung empfohlen. ❹–❻

St. Kyran's, Dublin Rd., ☎ 049-8547087, 🖳 www. stkyrans.com. Restaurant, Café und Guesthouse am See, viel gelobt für eine gute, saisonal geprägte Auswahl an Leckereien. Preislich allerdings im recht urbanen Bereich – Fish 'n' Chips liegt bei satten 18,50 €. 🕓 Restaurant Mi, So 9–16, Do–Sa 9–21 Uhr.

The Mason's Apron, Main St. Kleines Café mit hervorragenden Kuchen, leckeren Snacks und glutenfreiem Brot! Auch auf der Durchfahrt einen Stopp wert. ⏰ Mo–Sa 9–18 Uhr.

UNTERHALTUNG

Ballyjamesduff
The High Stool ist ein populärer Pub direkt im Ortskern mit Session am Donnerstag ab etwa 21.30 Uhr. Sehr beliebt und daher auch meist rappelvoll. Die Zurschaustellung republikanischer Paraphernalien im Pub hat eine lange Tradition, Diskussionen zur Nordirlandfrage können hier schon einmal recht hitzig werden.

Virginia
Healy's Bar, Main St. Vielleicht der empfehlenswerteste Pub in Virginia (die Auswahl ist groß genug) mit traditionellen Sessions am Donnerstag ab etwa 21.30 Uhr. Am Wochenende meist schnell rappelvoll.

FESTE

Mitte August findet die **Virginia Show**, 🖥 www. virginiashow.com, statt, eine landwirtschaftliche Ausstellung mit Vergleichswettbewerb der Viehzüchter. Sie bietet einen Einblick in das irische Landleben und allerlei Kurzweil – und wenn es nur der Anblick von Farmern ist, die ihre Kuh mit Shampoo, Fön und sogar Haarfärbemittel wettbewerbsfähig machen!

TRANSPORT

Ab **Virginia**, Main St., fahren Busse nach: CAVAN (Linie 109), stdl. Der Bus von Dublin nach DONEGAL (Linie 30) fährt mehrfach tgl. über Virginia nach Cavan und hält auch in Belturbet, Enniskillen, Belleek und Ballyshannon.
DUBLIN (Linie 109), via Kells, Navan und Dunshaughlin, Mo–Fr stdl. zwischen 6.15 und 21 Uhr von und zum zentralen Busbahnhof Busáras, 1 3/4 Std., Infos 🖥 www.buseireann.ie oder Dublin Travel Information, ✆ 01-8366111.

Meath und die Midlands

Die Mitte Irlands, nur eine Durchreise-Region? Das muss nicht sein, denn auch abseits des „königlichen" Meath mit seinen Höhepunkten Tara und Newgrange gibt es uralte kulturhistorische und mythologische Stätten, schöne Orte mit ganz eigenem Flair, viel zu sehen … wenn man nur genau hinschaut.

Stefan Loose Traveltipps

Tayto Park Bespaßung den ganzen Tag – in Irlands Kartoffel-Freizeitpark. S. 215

2 Newgrange und Brú na Bóinne Die geheimnisumwitterten prähistorischen Anlagen sind nicht nur zur Wintersonnenwende eine Reise wert. S. 217

Tara Mystisches Erbe aus grauer Vorzeit, aber nicht pflegeleicht präsentiert. S. 222

Loughcrew Vom „Hügel der Hexe" reicht der Blick weit über die Ebene von Meath und die Hügel von Cavan. S. 229

Lough Key Forest Park Waldspaziergang in luftiger Höhe, wo sich sonst Specht und Eichhörnchen „Gute Nacht" sagen. S. 238

Clonalis House Verwahrt die Harfe des letzten Barden Irlands und eine Abschrift der ältesten irischen Gesetze. S. 242

3 Clonmacnoise Die „Heilige Stadt" am Shannon war einst Pilgerziel von Mönchen und Kirchenmännern, heute ist sie ein Muss für jeden Touristen. S. 249

KILBEGGAN, DISTILLERY © BERND BIEGE

EDGEWORTHSTOWN, MARIA EDGEWORTH © BERND BIEGE

Lough Key Forest Park · Newgrange und Brú na Bóinne · Clonalis House · Loughcrew · Tara · Tayto Park · Clonmacnoise

Wann fahren? Highlights wie Tara und Newgrange sind das ganze Jahr offen, das beste Wetter herrscht von Juli–Sep.

Wie lange? Drei bis vier Tage

Bekannt für archäologisch interessante Stätten, Herrenhäuser, Schlachtfeld am Boyne

Beste Feste Sommersonnenwende auf dem Hügel von Tara, Wintersonnenwende in Newgrange

Outdoor-Tipp Loughcrew bei Oldcastle besteigen

Unbedingt ausprobieren Mit Kindern Tayto Park, Gourmets sollten Sheridans ansteuern.

Das Herzland Irlands – das sind County Meath und die Midlands. Die Region von der Küste im Osten bis hin zum Shannon im Westen. Das County Meath, zusammen mit dem County Westmeath, war über lange Zeit das politische und (teilweise) kulturelle Zentrum Irlands. Der wohl wichtigste Königssitz des frühen Mittelalters lag auf dem Hügel von Tara, selbst heute noch hat Meath den Beinamen „Royal Meath". Die Midlands dagegen, zu denen die Counties Roscom-

mon, Longford, Offaly, Laois, Carlow und Tipperary zählen, bilden wirklich die geografische Mitte des Landes. Eine Mitte, die von ausgedehnten Ebenen mit wenigen Hügelketten, dafür aber z. T. endlos erscheinenden Mooren geprägt ist.

Für die meisten Besucher wird das County Meath interessanter sein als die Midlands. Verständlich, denn Meath tischt die irischen Sahnestücke auf, den Hügel von Tara und Newgrange. Dagegen bieten die Midlands etliche Postkarten-Ansichten, wenn man nicht das Meer mit im Bild haben will – herrliche Landschaftsimpressionen, die sich dank moderner Autobahnen jedoch meist eher dem Flaneur oder den Bootstouristen erschließen.

County Meath

Das County Meath und sein westlicher Nachbar Westmeath bildeten in grauer Vorzeit die sagenumwobene „Fünfte Provinz" Irlands. Heute mehr existent, damals das wahre Kernland der Insel. Der Sitz des Hochkönigs in Tara hat Meath den Spitznamen „Royal County" beschert, er war sozusagen losgelöst aus den klassischen Provinzen Leinster, Munster, Connacht und Ulster. Meath – wörtlich die Mitte, wenn nicht geografisch, dann auf jeden Fall spirituell. Und immer wieder umkämpft.

Viele Besucher sind überrascht von der vielgestaltigen Landschaft: Lange Sandstrände an der Irischen See, dann überwiegend grünes Flachland, in dem sich abrupt Hügel von bis zu 300 m Höhe erheben. Und genau diese sind es, die einen Besuch im County Meath so interessant machen. Von ihnen kann man weit ins Land schauen, was die die oft isoliert stehenden Anhöhen schon in grauer Vorzeit zu interessanten „Baugrundstücken" machte. Ob es die alten Hügelgräber von Loughcrew, der ehemalige Königssitz von Tara oder das vom Heiligen Patrick favorisierte Slane sind – auf den Höhen von Meath haben sich die Highlights der irischen Geschichte abgespielt. Reisende können oft von einem der Hügel bei gutem Wetter ihr nächstes Ziel schon in der Ferne erblicken.

Ashbourne und Dunboyne

Ein eher ungewöhnliches und noch dazu recht neues Reiseziel zieht vor allem Familien aus Dublin und der weiteren Umgebung an – der **Tayto Park**, 🖵 www.taytopark.ie, 6 km nordwestlich von **Ashbourne**. Diese Einrichtung ist eine Kombination aus Zoo, Abenteuerland und Natur – und Werbeträger für die Firma Largo Foods, Hersteller des Kartoffelsnacks Tayto (eine irische Kurzform von *potato* und als „Mr. Tayto" personifiziert) und Hunky Dorys (zeitweise bekannt für grenzwertige Werbekampagnen mit sexualisierendem Inhalt). Kern des Parks war die firmeneigene Büffelherde, das Aroma zu den Chips lieferte. Mittlerweile wurde der Tierbestand recht bunt erweitert, viele Spezies sind in Irland einmalig (etwa Füchse aus dem Himalaya oder Ozelots). Eine Sammlung nordamerikanischer Totempfähle, reichlich Aktivitätsmöglichkeiten für Kinder und Jugendliche sowie mehrere Restaurants (wo auch Büffel serviert wird) runden den Park ab. Ideal für Familien, aber auch als unbegleiteter Erwachsener kann man hier viel Spaß haben.

Doch Vorsicht – im Gegensatz zu US-amerikanischen Theme Parks sind im Tayto Park nicht alle Aktivitäten im billigsten Eintrittspreis inbegriffen. Wer nur schauen will, beispielsweise bei der stattlichen Sammlung von Großkatzen, wird kein Problem haben. Eine Fahrt etwa auf der größten hölzernen Achterbahn in Europa dagegen kostet extra. Dafür ist die dann auch der irischen Mythologie gewidmet, Cuchullain stand Pate. Und auch die gigantische Wasserbahn bezieht sich auf die irische Geschichte, hier hat man ein Wikingerthema gewählt. Hemmungsloser Spaßkonsum? Ja, aber eben auch ein Heidenspaß! 🕐 im Sommer tgl. 10 bis mind. 18 Uhr, im Winter kürzer, Eintritt ab 15 €, Pauschaleintritt für alle Aktivitäten ab 28,50 €, Onlinebuchung (wie so oft) günstiger.

ÜBERNACHTUNG

Ashbourne

€ **Aisling Guest House**, Dublin Rd., Baltrasna, ✆ 01-8350359, 🖵 www.aisling guesthouse.ie. Guesthouse nur 4 km nord-

Meath und Westmeath

20 km

N 0

Dundalk Bay

Blackrock · Togher · Grangebellew · Clogherhead · Termonfeckin

Castlebellingham · Annagassan · Dunleer · Ballymakenny

Drogheda · Droichead Átha · Balbriggan · Balrothery · Swords · Dublin

Monasterboice · Mellifont Abbey · Boyne Battlefield · Bettystown · Laytown · Mosney · Gormanston · Ashbourne · Ballyboghill · Naul · Lucan · Clondalkin

Louth · Collon · Irish Military War Museum · Slane · Dowth · Newgrange · Knowth · Duleek · Julianstown · Blanchardstown

Chanonrock · Ardee · Kilberry · Balrath · Ardcath · Clonalvy · Fourknocks · Garristown · Ratoath · Leixlip · Celbridge

Drumcondra · Nobber · Wilkinstown · Navan · Tara · Bective · Trim Castle · Yellow Steeple · Trim · Dunshaughlin · Summerhill · Kilcock · Maynooth · Clane

Carrickmacross · Kingscourt · Carlanstown · Kells/Ceanannas · Hill of Lloyd · Fordstown · Laracor · Rathmolyon · Longwood · Innfield · Donadea

LOUTH · Dee · Glyde · Boyne Valley · Boyne · MEATH · KILDARE · Royal Canal

Canningstown · Baileborough · Virginia · Mullagh · Carnaross · Clonmellon · Athboy · Stonyford · Ballivor · Kinnegad · Carbury · Edenderry

New Inn · Lough Ramor · Sheridan's Cheesemongers · Loughcrew Cairns · Cross Keys · Crossakeel · Delvin · Crookedwood · Killucan · Rochfortbridge · Tyrrellspass · Daingean

CAVAN · Bellanagh · Cross Keys · Ballyjamesduff · Finnea · Coole · Oldcastle · Loughcrew · Fore · Castlepollard · Collinstown · Lough Lene · Mullingar · Gaybrook · OFFALY

Crossdoney · Scrabbi · Abbeylara · Lisryan · Multyfarnham · Bunbrosna · Rathconrath · Ballynagore · Clara · Durrow Abbey · Derrygolan

Loch Gowna · Lough Sheelin · Lough Derravaragh · Lough Owel · Lough Ennell · WEST MEATH

Arvagh · Granard · Dring · Edgeworthstown · Rathowen · Ballynacargy · Moyvore · Castletown · Ballynahown · Kilbeggan

LEITRIM · Cloone · Mohill · Newtown Forbes · Ballinalee · Carriglas Manor · Longford · Ardagh · Keenagh · Ballymore · Loughanavally · Moate · Horseleap · Ballycumber

Farnaght · Drumlish · Tang · LONGFORD · Ballymahon · Ballykeeran · Athlone

Carrick-on-Shannon · Cara Droma Rúisc · Curraghroe · Killashee · Lanesborough · Kiltoom · Rindown Castle · Lough Ree · Glasson · Ballynahown · Clonmacnoise · Ballydangan

Strokestown · ROSCOMMON · Castle Forbes · Shannon · GALWAY

Belfast · Dublin

westlich des Zentrums mit 20 Zimmern. Bushaltestelle vor der Haustür. Schmucklos und modern,
aber praktisch gelegen und bequem. ❷

Dunboyne

Dunboyne Castle Hotel & Spa, ☎ 01-
8013500, 🖳 www.dunboynecastlehotel.
com. Ideal für Besuche in Dublin und Meath
gelegenes, erstklassiges Hotel mit 145 Zimmern.
Der alte Herrensitz wurde komplett renoviert,
die Zimmer sind modern und angenehm hell
sowie geräumig. ❹

UNTERHALTUNG UND KULTUR

Ashbourne

The Hunter's Moon, Main St. Traditioneller
Pub mit Sessions am Donnerstag ab 21.30 Uhr
und am Sonntagnachmittag. Letztere sind eher
„familiär" und gehen oft nahtlos ins Schlager-
genre über, was aber auch sehr unterhaltsam
sein kann.

Ratoath (bei Ashbourne)

The Venue (Theater), Main St., ☎ 01-6895600,
🖳 www.venuetheatre.ie. Ein relativ modernes
Kulturzentrum in der Ortsmitte, das den üblichen Mix von kleineren Konzerten, Tourneetheatern und lokalen Veranstaltungen bietet.
Wegen der Nähe der Hauptstadt Dublin sind die
ganz großen Namen eher selten.

2 HIGHLIGHT

Newgrange und Brú na Bóinne

Seit 1993 gehören Newgrange, Knowth und
Dowth zum Unesco-Weltkulturerbe. Und kaum
ein Irlandbesucher mag sie auslassen, die stark
mythologisierten vorzeitlichen Stätten direkt am
Ufer des meist sanft dahinfließenden Boyne.
Noch sind längst nicht alle Geheimnisse um
die Anlage gelüftet, die zugleich Kultplatz und
Grabfeld gewesen sein könnte. Die Ornamentik
der Anlage, ja ihre reine Existenz selbst, ist wie

das nahe Tara für das klassische Bild des „keltischen" Irland von immenser Bedeutung – auch
wenn diese kulturelle Zuordnung nicht vollkommen korrekt ist.

Newgrange ist nur ein Teil der mytholo-
gisch-mystischen Landschaft am Fluss Boyne
(Brú na Bóinne), die eine uns weitgehend unbekannte Steinzeit-Zivilisation eng bebaute. Neben
dem bekanntesten Tumulus zählen vor allem die
großen Hügel von Knowth und Dowth zu den
Hauptattraktionen. Lediglich Letzterer ist frei zugänglich, kann dafür aber nicht von innen besichtigt werden. Die restaurierten Hügel von
Newgrange und Knowth kann man zwar von der
öffentlichen Straße aus sehen, aber selbst das
Umland nicht ohne Führung betreten – und diese Führungen beginnen im Besucherzentrum,
auf der anderen Seite des Flusses.

Besucherzentrum

Wer nicht nur im Vorbeifahren einen Schnappschuss machen will, sollte unbedingt der Ausschilderung zum Besucherzentrum, ☎ 041-
9880300, 🖳 www.heritageireland.ie, folgen und
sich dort einer Besichtigungstour anschließen.
Der Transfer zu den Grabhügeln selbst erfolgt
mit Bussen, die in der Nähe des Besucherzentrums abfahren (etwa 5 Min. zu Fuß). Man kann
wählen, ob man nur Newgrange, nur Knowth
oder eben beide besichtigen möchte. Im Besucherzentrum selbst locken eine interessante
Ausstellung und Multimediaschau.

Um eine möglichst großen Zahl von Besuchern dieses Erlebnis zu ermöglichen, ist die gesamte Operation generalstabsmäßig geplant,
lässt wenig Spielraum für eigene Exkursionen
und Sonderwünsche. Dennoch kann es, vor
allem in der Hochsaison, zu Wartezeiten von
mehreren Stunden kommen, bis man mit einem
Bus vom Besucherzentrum nach Newgrange
gefahren wird. Dies wird einem jedoch schon im
Eingangsbereich mitgeteilt. Beste Chancen haben diejenigen, die schon früh am Tag hier eintreffen – zumal die Öffnungszeiten in den letzten
Jahren schrumpften. 🕐 tgl. ab spätestens 9.30
bis mind. 15.30 Uhr (Juni–Mitte Sep 9–17 Uhr),
Eintritt zwischen 4 € für das Besucherzentrum
und 13 € für Besucherzentrum und Besuch von
Newgrange und Knowth.

Die meisten Besucher geben Newgrange die Präferenz. Wer Zeit hat und einigermaßen früh am Besucherzentrum ankommt, sollte sich jedoch unbedingt für beide Touren entscheiden, also Newgrange und Knowth (⏰ nur April–Okt). Der architektonische Kontrast zwischen den zwei Anlagen ist tatsächlich so groß, dass sich kein Ermüdungseffekt einstellen wird.

Besichtigung

Der Bus bringt seine Passagiere zu einem kleinen Wartebereich, an dem sie später von einem sachkundigen Führer abgeholt werden. In der folgenden Dreiviertelstunde erfährt man dann einiges über die (wahrscheinliche) Geschichte der Anlage und über die verschiedenen Theorien, die es zu den reichlich vorhandenen Ornamenten auf den großen Steinen rings um das Hügelgrab gibt. Danach kommt es zum Höhepunkt der Besichtigung: In einer kleinen Gruppe betritt man das Innere der Anlage, in Newgrange dagegen muss man dabei geduckt durch einen engen Gang in die zentrale „Halle" gehen, wo mithilfe von Lichttechnik der Sonnenaufgang um die Wintersonnenwende simuliert wird. Zu dieser Zeit nämlich dringt das Licht der aufgehenden Sonne durch eine über dem Eingang liegende Öffnung bis in die hintere Kammer ein.

Newgrange

Noch einige Fakten: Der Hügel von Newgrange ist etwa 5000 Jahre alt und wurde vor rund 50 Jahren restauriert, seitdem ist er 11 m hoch bei mehr als 90 m Durchmesser und macht dank seiner Verkleidung durch Quarzsteine (diese Rekonstruktion ist umstritten, s. Kasten S. 220) etwas den Eindruck eines Ufos nach Bauchlandung. Der fast 20 m lange Gang in die innere Grabkammer wird von 43 Steinen gebildet, die Höhe schwankt zwischen 150 und 240 cm, die Breite liegt bei etwa 1 m. Die zentrale Kammer hat ein aus Steinplatten gebildetes Gewölbe, das selbsttragend ist und dank seiner Konstruktion die Kammer absolut trocken hält. Kreuzförmig von der zentralen Kammer abzweigende Nischen weisen Steinschalen auf, die früher vielleicht Opfergaben oder menschliche Überreste enthalten haben.

Zur Klaustrophobie neigende Menschen sollten von einer Besichtigung absehen, es ist eng und das Licht wird sogar ausgeschaltet. Sie können sich stattdessen mit den 97 t schweren Megalithen beschäftigen, die im Kreis die äußere Umfassung des Hügels bilden. Sie sind reichlich mit Gravuren versehen, besonders der sogenannte Schwellenstein K1 und der ihm gegenüberliegende Stein K51 weisen die weltberühmten Spiralmuster auf. Deren Bedeutung allerdings liegt vollkommen im Dunkeln, Vermutungen reichen von religiösen Darstellungen bis hin zu einer Art Landkarte. Übrigens werden diese Spiralen immer wieder gerne als „typisch keltisch" bezeichnet; keltische Kultur gab es jedoch erst Jahrtausende später in Irland. Tatsächlich wissen wir nicht, wer genau das gigantische Bauvorhaben Newgrange in Angriff nahm.

Knowth

Der nur wenige hundert Meter entfernte Grabhügel von Knowth weist ebenfalls (umstrittene) Ausrichtungen nach der Sonne auf, diese sind jedoch weitaus weniger spektakulär. Spötter behaupten, dass dies vielleicht auch an einer etwas vorsichtigeren Arbeit beim Wiederaufbau der Anlage liegen könnte. Hier wurden z. B. auch die Quarzsteine nicht als eine Art Ziermauer verarbeitet, sondern als Bodenbedeckung um das Grab genutzt. Der Hügel von Knowth hat sogar zwei Passagen, die Besucher jedoch nicht betreten können – stattdessen werden sie in einen speziell in den Hügel eingebauten „Besucherraum" geführt. Anschließend kann man sogar den Hügel selbst noch besteigen, er wurde im Mittelalter auch als Basis einer Befestigung genutzt. Und steht in seinen Abmessungen (etwa 10 m Höhe und 85 m Durchmesser) nur wenig hinter Newgrange zurück. Rund um den zentralen Hügel finden sich noch 18 weitere Erhebungen. Es wird vermutet, dass sie der Beisetzung wichtiger, aber eben nicht ganz hochrangiger Persönlichkeiten dienten. Knowth ist übrigens die einzige Anlage, die nicht von der Straße aus einsehbar ist.

Dowth

Nicht Teil der Touren vom Besucherzentrum ist der stark verfallene Hügel von Dowth, der öst-

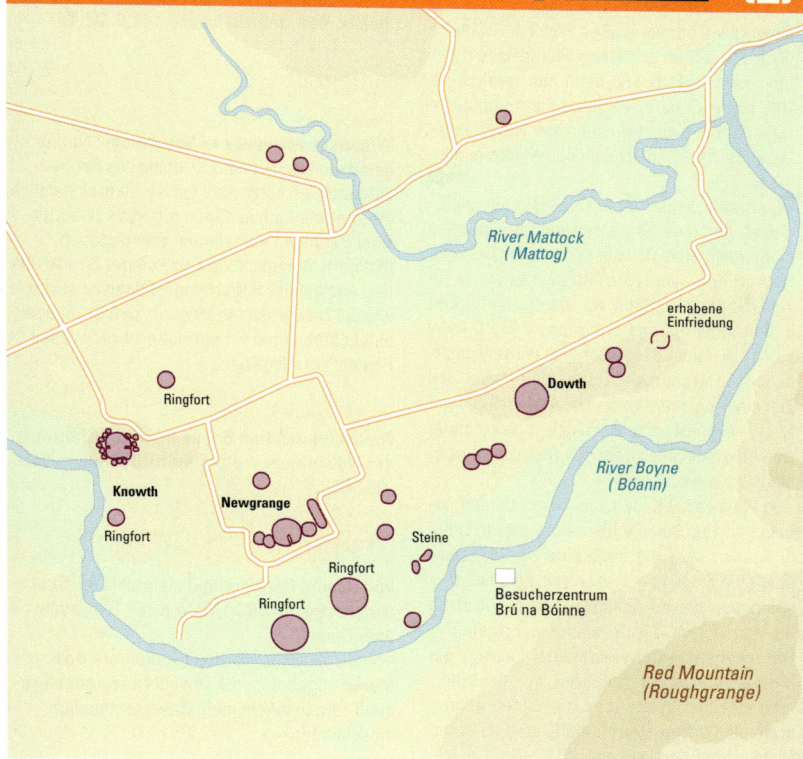

River Mattock
(Mattog)

erhabene
Einfriedung

Ringfort

Dowth

River Boyne
(Bóann)

Knowth

Newgrange

Ringfort

Steine

Ringfort

Besucherzentrum
Brú na Bóinne

Ringfort

Red Mountain
(Roughgrange)

lichste der drei großen Grabhügel, etwa 2 km Luftlinie und rund 12 km kaum beschilderte Straße vom Besucherzentrum entfernt. Diesen kann man in eigener Regie von außen besichtigen, einige Schautafeln erläutern die Geschichte und Konstruktion der Anlage. Dieses Monument ist ein gutes Beispiel dafür, wie solche Hügel aussahen, bevor sie rekonstruiert wurden. Teile des Hügels scheinen wie bei einem Erdrutsch abgesackt zu sein. Jedoch richtete kein Naturereignis diese Zerstörungen an, vielmehr waren Schatzgräber und Hobby-Archäologen am Werk.

Wenigstens braucht man heute so keine Skrupel zu haben, wenn man auf die Kuppe steigt, von der man (so das Wetter erlaubt) einen guten Blick auf Newgrange hat. Nicht begehbar ist der 8 m lange Gang in eine der beiden Grabkammern, den man jedoch nicht mit den benachbarten (ebenfalls abgesperrten) „Souterrains" verwechseln sollte, den mit steinzeitlichen Wohnanlagen in Verbindung stehenden unterirdischen Gängen und Lagerräumen.

ÜBERNACHTUNG

€ **Newgrange Lodge**, Donore, ☎ 041-9882478. Wer mitten in der historischen Landschaft von Brú na Bóinne übernachten möchte, der liegt hier nicht falsch – wenn auch entweder im Schlafsaal oder in einfachen,

Alles nur eine moderne Fälschung?

Newgrange hat ein großes Problem – nämlich in der Frage, wie echt der gleißend helle Hügel über dem Fluss Boyne denn nun wirklich ist. Und das geht tiefer als eben die Außendekoration. Bis hin zum Kernstück der Newgrange-Legende, dem Lichtspiel an der Wintersonnenwende.

Was heute kaum noch ein Besucher wahrnimmt: Vor rund 50 Jahren gab es das alles nicht, nicht einmal als Legende oder Gerücht. Newgrange war eine Ruine, teilweise in schlimmerem Zustand als Dowth heute. Erst in den 1960ern begann Professor MJ O'Kelly vom University College Cork mit wissenschaftlichen Ausgrabungen. Dabei aber immer das Ziel einer Rekonstruktion vor Augen. Die dann auch, welch Glückes Geschick, ausgerechnet zum Internationalen Jahr des Tourismus fertiggestellt wurde.

Und während O'Kelly so im Hügel herumbuddelte, da kam ihm die Idee, dass dieser Stein, und jener, dass die doch eine Art „Fenster" über dem Eingang gewesen sein könnten. Und wenn man sie nur richtig (wieder?) einsetzte, dann würde am 21. Dezember, durch die (für Besucher jetzt extra verbreiterte) Passage ein Morgenlicht in der Finsternis der Grabkammer scheinen. Nette Idee, nur einen echten archäologischen Beweis dafür gab es nicht. Nicht einmal eine Legende.

Dasselbe gilt für die imposante Außenmauer aus weißen Quarzsteinen. Denn diese war ebenso nur eine „Interpretation", die O'Kelly sich mehr oder minder aus den Fingern sog. Und die selbst mit modernen Mitteln eine bautechnische Meisterleistung darstellte. Vom extra besucherfreundlich umgebauten Eingangsbereich einmal ganz zu schweigen.

Fake? Naja, wenn man nett sein will, dann sollte man eher von einer nicht widerlegbaren Interpretation sprechen. Newgrange selber hat zweifelsohne eine astronomische Ausrichtung und wäre auch ohne Lichtspiel und Mauerbau ein Juwel in der prähistorischen Krone der Insel.

relativ kleinen Zimmern (Privaträume). Fahrradvermietung und Stellmöglichkeiten für Wohnmobile. Bett im Schlafsaal ca. 18 €, DZ ❶

SONSTIGES

Feste

Wintersonnenwende in Newgrange: Nur für geladene Gäste ist das Erlebnis des Sonnenaufgangs am kürzesten Tag des Jahres möglich, die zentrale Kammer kann nur etwa zwei Dutzend Personen aufnehmen. Wer dennoch mitfeiern möchte, kann dies von der Straße aus tun. Aus einiger Entfernung ist dann zu sehen, wie die Morgensonne langsam den Grabhügel beleuchtet, einen einigermaßen wolkenlosen Himmel vorausgesetzt.

Informationen

Tourist Information Brú na Bóinne, im Vorraum des Newgrange Visitor Centre, Donore, ☎ 041-9880305.

TRANSPORT

Von Donore (Newgrange) mehrmals tgl. Busverbindung mit DROGHEDA (Linie 163), auch über Duleek.

Von DUBLIN aus werden tgl. mehrere **Bustouren** angeboten, die sowohl Newgrange wie auch Tara in einem mehrstündigen Ausflug einschließen.

Slane und Umgebung

Von den Grabhügeln am Boyne, zumindest auf Knowth stehend, kann man bei einigermaßen gutem Wetter auch den **Berg von Slane** sehen. Dort soll im Jahre 433, also nur ein Jahr nach Beginn seiner Mission, der Heilige Patrick den irischen Hochkönig direkt herausgefordert haben. Zu Ostern entzündete der Missionar auf dem weithin sichtbaren, etwa 150 m hohen Hügel ein riesiges Feuer, das den unausweichlichen Sieg des Christentums ankündigen sollte. Eine gezielte Provokation, denn der Hochkönig hatte es ausdrücklich untersagt. Wenn jemand um diese Zeit einen Feuerzauber veranstaltete, dann war er es selbst, und zwar auf dem Hügel von Tara. Später wurden zur Erinnerung an dieses Ereignis immer wieder Klöster und Kirchen auf dem Hügel errichtet, die heute noch erkennbaren Ruinen stammen vor allem von einem Kloster der Franziskaner aus dem 16. Jh.

Der **Ort Slane** selbst ist eine reizvolle Kleinstadt, deren zentrale Kreuzung vier identische Häuser aufweist, die der Legende nach vier Geschwistern gehört haben sollen. Von ihnen führt die steile Straße hinab zur mittelalterlichen Brücke über den Boyne, die immer wieder für Verkehrschaos sorgt.

Slane Castle

Ebenfalls am Fluss Boyne liegt das Slane Castle, 🖳 www.slanecastle.ie, das im Sommer besichtigt werden kann. 🕐 aktuell auf der Website angegeben, Eintritt 12 €. Das Schloss ist jedoch wesentlich bekannter durch die **Rockkonzerte**, die Lord Mountcharles hier mehr oder minder regelmäßig im Sommer stattfinden lässt (Näheres auf der Homepage und unter „Feste). Die Veranstaltung hat einen gewissen Kultstatus

---

Navan, der Kuchen wegen

An sich hat die Stadt **Navan** dem Besucher wenig zu bieten, man beschränkt sich auf Einkaufsmöglichkeiten, einige Steinskulpturen zur Lokalgeschichte und eine mittelalterliche Brücke. Vielleicht fällt noch der McDonalds in der Innenstadt auf, schonend in einem historischen Postamt versteckt. Ganz in der Nähe, verborgen in einem Hinterhof, regiert Eimear Reynolds über ihr Backparadies – **Bakealicious** heißt das kleine Café, in dem sie selbst gemachte Kuchen und Gebäck verkauft, auch sehr guten Tee und Kaffee kredenzt. Und eben dieser kleine, unscheinbare Laden ist ein echter Grund, in Navan Station zu machen. Unter dem Motto „Happiness is Homemade" macht man sich hier übrigens hauptsächlich mit Dinkel ans Backwerk und verwendet möglichst gesunde Zutaten.
Old Cornmarket, C15 WC94, 📞 046-9023784, 🖳 www.bakealicious.ie, 🕐 Mo–Sa 9.30–18, So 12–18 Uhr.

---

und mittlerweile eine ganz eigene Tradition, die auch die Entwicklung der Rockmusik widerspiegelt: U2 etwa hatten ihren ersten Auftritt in Slane als Vorgruppe der irischen Rockband Thin Lizzy. Freunde der Landschaftsarchitektur werden eher daran interessiert sein, dass die Gärten auf einen Entwurf von Capability Brown zurückgehen. Und ganz andere Freunde hat der Whiskey, den Mountcharles jetzt brennt …

Irish Military War Museum

Modernere Geschichte bietet das **Irish Military War Museum**, 🖳 www.irishmilitarywarmuseum. com, an der Straße von Slane nach Ardee bei Collon. Eine recht bunte Sammlung von Kriegsgerät, kombiniert mit „Erlebnisstrecken" (etwa einem Schützengraben) und, ohne einen Anflug von Ironie erkennen zu lassen, Spiel und Spaß für die ganze Familie. Eigentlich nur für Hardcorefans von Militärgeschichte empfehlenswert, die dann aber wiederum gelegentlich an der Originaltreue einiger Exponate zweifeln. 🕐 Di–So 10–17 Uhr, Eintritt 10 €.

ÜBERNACHTUNG UND ESSEN

€ **Slane Farm Hostel**, Navan Rd., 📞 041-9884985, 🖳 www.slanefarmhostel.ie. Dieses Hostel auf der Farm der Familie Macken bietet ein wenig „Urlaub auf dem Bauernhof" mit Kühen, Schafen, Pferden, aber auch modernen Komfort. Fahrradverleih. Bett im Schlafsaal 20 €, DZ ❶ – ❷
The Millhouse Hotel, The Old Mill, 📞 041-9820878, 🖳 www.themillhouse.ie. Ehemalige Mühle am Flussufer des Boyne, umgebaut in ein komfortables bis luxuriöses Hotel mit 11 Zimmern. Herrlicher Blick auf den Fluss, Sauna und Restaurant. ❹ – ❺
Inside Out, Chapel St., 📞 041-9884629, 🖳 www. insideoutslane.ie. Das ehemalige „Poet's Rest" wurde nach Besitzerwechsel renoviert, hat aber weiterhin eine internationaler Speisekarte, von Schweinebauch bis Pizza.

FESTE

Im Sommer findet auf dem Gelände der Burg von Slane traditionell ein Rockkonzert statt (aber nicht mehr unbedingt jährlich). Beim **Slane Open Air** verwandeln sich die Parkanlagen für einen Tag in eine Naturarena, in der ausgewählte Headliner und oftmals auch nicht unbekannte Vorgruppen aufspielen. In der Umgebung der Burg herrscht dann allerdings auch Verkehrschaos. Eintrittskarten für diese Events sind nach Eröffnung des Vorverkaufs im Internet in der Regel binnen einer halben Stunde ausverkauft. 🖳 www.slanecastle.ie.

TRANSPORT

Von Slane (Haltestelle Hauptstraße) fahren **Busse** nach:
DROGHEDA, mehrmals tgl., 35 Min.
DUBLIN, Mo–Fr 5x tgl. zwischen 8.55 und 20.45 Uhr, 2 Std.
NAVAN, mehrmals tgl., 20 Min.

Tara

Der Hügel von Tara, zeitweilig zumindest nomineller Sitz der Hochkönige von Irland, hatte schon in prähistorischer Zeit eine hohe kultische Bedeutung, wovon ein Ganggrab zeugt. Daran mag vor allem die natürliche Beschaffenheit der Landschaft einen wesentlichen Anteil gehabt haben. Auch heute noch kann man von Tara aus einen Großteil der irischen Landmasse überblicken. Wer allerdings keltische Paläste und die Schlösser von Zauberern und Feen erwartet, der wird von Tara eher enttäuscht sein. Im Prinzip sieht man nur eine Kirche und eine Statue des Hl. Patrick, der Rest des Geländes macht im ersten Moment den Eindruck eines ungepflegten Golfplatzes. Was vor allem aus der Luft deutlich zu erkennen ist, lässt sich am Boden nur mithilfe einer Karte und viel Vorstellungskraft erschließen. Die Natur scherte sich nicht um den Mythos, und wilde Ausgrabungen taten ein Übriges.

Rundgang auf Tara

Auf dem Gelände des Hügels von Tara sind mehrere wahrscheinlich miteinander in Verbindung stehende Erdanlagen zu erkennen. Deren Benennung allerdings ist rein der Fantasie geschuldet, steht auf keinem archäologischen Fundament.

Das Zentrum bildet der **Königshof**, umschlossen von einem gewaltigen Ringwall. Diese Wallanlage hatte wahrscheinlich nur einen rein zeremoniellen Zweck und wurde nicht als Verteidigungsanlage genutzt. Im Königshof selbst sollen (zumindest zeitweise) die irischen Hochkönige ihre Residenz gehabt haben. Der **Lia Fail**, eine steinerne Säule in der Nähe von **Cormacs Haus**, soll dazu auch noch „geschrien" haben, wenn der rechtmäßige König ihn berührte. Soweit die Mythologie – eine weniger fantastische Erklärung wäre etwa ein Wagenrennen, bei dem die Radnabe der rasanten Fahrer an diesem Stein schleifte und so ein kreischendes Geräusch verursachte.

Wie üblich, gibt es sehr unterschiedliche Erklärungen für den **Hügel der Geiseln**, ein Ganggrab aus der Zeit von 1800 v. Chr. Angeblich hielt man hier Geiseln gefangen oder begrub sie an dieser Stelle. Eventuell ist der Hügel aber auch eine Grabanlage, die lange vor der Nutzung Taras durch die Hochkönige entstanden ist. So liegen Dichtung und Wahrheit nah beieinander.

Eine ganz besondere Erwartung hatte übrigens eine Besuchergruppe, die um 1900 das **Fort der Synoden**, eventuell ein Versammlungsplatz, durch unwissenschaftliche und ziellose Grabungen weitgehend zerstörte: Die „Britischen Israeliten" suchten auf Tara nichts weniger als die Bundeslade des Alten Testaments. Trotz ihres

Am schönsten im Winter

Der Winter ist die beste Zeit für einen Tara-Besuch, nur wenige Besucher finden dann den Weg hierher. Und wer sich kurz vor Morgengrauen auf den Hügel wagt, der wird bei entsprechend geringer Wolkendichte mit einem spektakulären Sonnenaufgang belohnt. Um diese Zeit teilt man die gesamte Anlage lediglich mit den zahlreichen Schafen. Für solche Besichtigungen vor Morgengrauen ist eine gute Taschenlampe sinnvoll. Das ländliche Irland ist vom sogenannten Licht-Smog noch weitgehend verschont und bei Nacht tatsächlich stockdunkel.

enthusiastischen Vandalismus mussten sie mit leeren Händen wieder abreisen.

Der sogenannte **Bankettsaal**, im Prinzip zwei parallel verlaufende Wallanlagen mit einer Vertiefung zwischen ihnen, war wahrscheinlich niemals ein Saal und wurde auch nicht für Bankette genutzt. Seine Gestaltung und Anordnung im Gesamtbild der Anlage macht es viel eher wahrscheinlich, dass es sich hier um eine Art zeremonielle Straße gehandelt hat. Bankettsaal, Fort der Synoden und Königshof bilden die wichtigsten Teile von Tara. Zahlreiche, z. T. kaum noch sichtbare Anlagen sind jedoch in der Landschaft verstreut.

Praktische Infos

Der Hügel ist 24 Stunden am Tag zugänglich, Eintritt frei. Öffnungszeiten wie Eintrittsgebühren gelten nur für das Besucherzentrum, ✆ 046-9025903, 🖥 www.heritageireland.ie, in der ehemaligen Kirche, deren Multimediaschau, sehenswert ist. ⏱ Mai–Sep tgl. 10–18 Uhr, Eintritt 5 €.

Für die Erforschung des Geländes außerhalb des Kirchhofes ist rutschfestes Schuhwerk unbedingt erforderlich, die Trampelpfade, die der Touristenstrom hinterlassen hat, sind teilweise steil und rutschig. Die Hinterlassenschaften der vielen Schafe, die das Gras auf ökologisch freundliche Art kurz halten, können für weitere Überraschungsmomente sorgen. Für Gehbehinderte ist ein Besuch nur eingeschränkt möglich, für Rollstuhlfahrer ist das Gelände absolut ungeeignet.

Der Laden von **Maguires**, 🖥 www.hilloftara. com, in der Nähe des Parkplatzes bietet eine gute Auswahl an Souvenirs, Literatur über Tara von wissenschaftlichen Abhandlungen bis hin zu Fantasieberichten aus dem Bereich New Age und allerlei Tand. Hier kann man bei Kaffee und einem kleinen Imbiss die Erforschung der Hügelanlage im Detail planen. Das Restaurant ist übrigens sehr empfehlenswert und, für die Lage zumindest, erstaunlich preiswert – das klassische Gedeck mit Tee und Scones macht garantiert satt. ⏱ tgl. 9.30–18.30 Uhr.

Gleich nebenan betreibt ein Lokalhistoriker ein kleines Antiquariat, noch ein Stück die Straße herunter bietet ein New-Age-Künstler seine Werke feil und Kurse zu allerlei esoterischen Themen an. Die Öffnungszeiten wechseln, ein

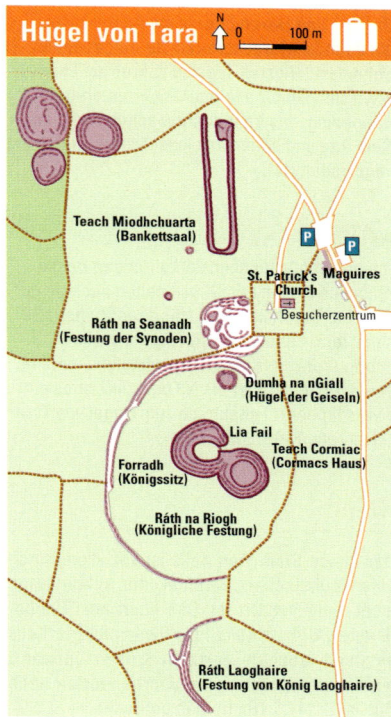

Hügel von Tara

Teach Miodhchuarta (Bankettsaal)

St. Patrick's Church — Maguires

Besucherzentrum

Ráth na Seanadh (Festung der Synoden)

Dumha na nGiall (Hügel der Geiseln)

Lia Fail

Forradh (Königssitz)

Teach Cormaic (Cormacs Haus)

Ráth na Riogh (Königliche Festung)

Ráth Laoghaire (Festung von König Laoghaire)

Besuch ist aber unbedingt empfehlenswert, um das volle Lokalkolorit zu genießen.

Rath Maeve

Nicht einmal 1 km südlich von Tara findet man eine weitere, teils stark überwucherte, Ringwallanlage – das sogenannte Rath Maeve, angeblich ein Fort der Gottkönigin Maeve. Von Tara aus auf der Straße leicht zu erreichen, aber nicht touristisch erschlossen. Dies macht das Erkennen der Strukturen wesentlich mühsamer, sorgt aber auch für ein wenig Mystik. Mystik, die vor allem in der Touristensaison vielen Besuchern bei Tara schlichtweg fehlt.

FESTE

Zur Sommersonnenwende auf dem Hügel von Tara treffen sich um den 21. Juni selbsternannte

Druiden und Hexen bereits am Abend zuvor, um dann im Morgengrauen der aufgehenden Sonne am längsten Tag des Jahres die Ehre zu erweisen. Ein für alle Interessierten offenes Happening, das irgendwo zwischen Tradition, New Age und hemmungsloser Selbstdarstellung angesiedelt ist.

TRANSPORT

Die etwa halbstündlich verkehrenden **Busse** zwischen Navan und Dublin halten auch an der R147 bei Roschoil, in der Nähe zur Stichstraße nach Tara – unbedingt den Fahrer vorher informieren, dass man hier aussteigen möchte. Von der R147 (früher als N3 bekannt) ist es ein etwas längerer Fußmarsch zum Hügel von Tara selbst (etwa 10–15 Min.).

Kells

Das kleine Städtchen Kells ist vor allem durch einen Kunstschatz berühmt, der schon lange nicht mehr vor Ort ist. Das nach dem Ort benannte *Book of Kells* (das zwar nicht in Kells entstand, aber im dortigen Kloster verwahrt wurde) wurde vor vielen Jahrhunderten nach Dublin (S. 141) in Sicherheit gebracht.

Am Ortseingang aus Richtung Navan steht rechter Hand das alte Gerichtsgebäude und davor ein **Hochkreuz**, das als Marktkreuz diente. Ein transparentes Glasdach schützt es vor Verwitterung, doch die unmittelbar vorbeidonnernden Lastwagen auf der Hauptstraße lassen es oft erbeben. Zum Glück gibt es mittlerweile Umgehungsstraßen und Verkehrsberuhigung.

Ruhiger hatten es schon immer die **Hochkreuze bei der alten Kirche**. Wobei Besucher hier ein etwas seltsames Arrangement vorfinden: Der Kirchturm, schon von weitem zu sehen, steht neben der Kirche, ohne jede Verbindung. Zusätzlich findet sich nur wenige Schritte entfernt ein massiver Rundturm. Im Kirchhof selbst befinden sich mehrere Kreuze, von denen einige nicht fertiggestellt sind. Die Arbeit wurde aus unbekanntem Grund aufgegeben, sodass Besucher heute einen faszinierenden Einblick in die Entstehung solcher Steinmetzarbeiten erhalten.

Während die Grundform des Kreuzes bereits fertiggestellt ist, sind die einzelnen Bildpaneele nur vorbereitet und scheinen seit dem Mittelalter „eingefroren" zu sein.

Andere Kreuze dagegen sind stark beschädigt. Das südliche Kreuz (South Cross) aus dem 9. Jh. ist vielleicht das vollständigste. Die reichlichen Verzierungen zeigen vor allem Szenen aus der Bibel, etwa den Sündenfall, die Jünglinge im Feuerofen, auch Daniel in der Löwengrube, Abraham, David, die Kreuzigung, Streitwagen, einige Tiere und das übliche, typisch irische Flechtwerk. Insgesamt ein Bilderbogen, der das Alte wie das Neue Testament umfasst und früher zur Illustration von Predigten genutzt wurde. Am Rande des heutigen Kirchhofs befindet sich ein **Rundturm**, der zu den höchsten in Irland zählt und bis auf seine Spitze nahezu vollständig erhalten ist. Der Kirchhof ist bei Tageslicht generell zugänglich. Sollte der Fußgängereingang neben dem Rundturm geschlossen sein, nutzt man den etwas bergab um die Ecke liegenden Haupteingang unterhalb der Kirche.

In einer kleinen Seitenstraße neben dem Kirchhof, versteckt hinter einer hohen Mauer, steht ein weiterer Teil des mittelalterlichen Klosters von Kells. Dieses wird allgemein als **St. Columbas Haus** bezeichnet, war jedoch keineswegs die Wohnung des Heiligen, der im 6. Jh.

das Kloster am Ort gründete. Stattdessen handelte es sich hier um eine frühe Kirche, die etwa im 10. Jh. gebaut wurde und deren steiles Dach in die Seitenwände übergeht, ein typisch irischer Baustil. Eine Besichtigung ist möglich, wenn man sich den Schlüssel besorgt (Hinweisschild am Tor beachten).

An der Straße von Kells nach Oldcastle begegnet man mitten im Binnenland einem Leuchtturm. Natürlich keinem echten Leuchtturm, das große Monument auf dem **Hill of Lloyd** im People's Park soll an eine prominente Familie des Ortes erinnern und bietet einen hervorragenden Ausblick über die gesamte Umgebung. Die Öffnungszeiten variieren, der Blick vom Hügel selbst ist aber auch schon lohnenswert.

ÜBERNACHTUNG UND ESSEN

Headfort Arms, Headfort Pl., ✆ 064-9240063, 🖥 www.headfortarms.ie. Hotel im historischen Ortskern mit 45 Zimmern. Gemütlich und durchaus komfortabel, neben Standard- auch luxuriöse Zimmer. Gutes Freizeitangebot: Wellness, Golf. Schöner Garten zum Entspannen, Restaurant und „Kelltic Bar". ❸

Alles Käse? Weit gefehlt …

Etwa 1,5 km westlich der Hauptstraße von Kells nach Virginia (und bei Whitegate ausgeschildert) verbirgt sich ein kulinarischer Geheimtipp – der Laden von **Sheridans Cheesemongers**, vielleicht Irlands bester Käseverkäufer, ✆ 046-9245110, 🖥 www.sheridans cheesemongers.com. Wer wirklich exzellente irische (und auch importierte) Käse aus traditioneller Produktion genießen will, der sollte unbedingt anhalten und probieren. Die passende Flasche Wein kann man auch gleich noch dazu bekommen. ⏰ Mo–Sa 10–18 Uhr. Ein örtlicher Bauernmarkt mit Produkten aus ökologischem Anbau ist zusätzlich am Samstag von 10–14 Uhr auf dem Gelände aktiv. Dazu finden im Sommer ein Food Festival und in der Adventszeit ein kulinarischer Weihnachtsmarkt statt – beide unbedingt einen Besuch wert.

Vanilla Pod Restaurant, im Headfort Arms Hotel. Modernes Restaurant mit schmackhaften und interessant angerichteten Speisen. Kalorienbombe des Hauses: Schokoladenfondue für mehrere Personen mit einer Platte frischer saisonaler Früchte. ⏰ Mo–Do 17–22, Fr und Sa 17–23, So 12.30–21.30 Uhr.

TRANSPORT

Von Kells (Haltestellen bei den Headfort Arms) fahren **Busse** nach:
DUBLIN (Linie 109), via Navan und Dunshaughlin, Mo–Fr regelmäßig zwischen 5.20 und 23 Uhr, tagsüber alle 30 Min. und z. T. sogar alle 15 Min. zum zentralen Busbahnhof Busáras, 1 1/2 Std.
CAVAN (Linie 109), stdl., 1 Std.
VIRGINIA (Linie 109), stdl., 30 Min.

Trim und Umgebung

Direkt am Fluss Boyne liegt die Kleinstadt Trim, ehemals ein Machtzentrum der Anglo-Normannen und heute noch durch seine gigantische Burganlage bekannt. Hier zeigten die Eroberer den Iren, wer künftig Herr im Haus sein würde. Eine der größten mittelalterlichen Burganlagen Irlands sicherte den Übergang über den Fluss Boyne. Was einst als Machtdemonstration gedacht war, bildet heute eine der Haupteinnahmequellen des Ortes – ohne den Festungsbau würden weit weniger Touristen den Weg hierher finden. Dabei hat Trim weit mehr als trutzige Mauern zu bieten. Noch in Sichtweite der Burg findet man eine mittelalterliche Brücke, an deren einem Ende eine große und noch gut erkennbare **Abtei** in Ruinen liegt, während an ihrem anderen Ende die **einst größte Kirche Irlands** stand. Von beiden sind nur noch Ruinen vorhanden – diese sind allerdings durchaus sehenswert. Vor allem kann man sie in aller Ruhe, ohne Führung, besichtigen, Eintritt frei. Hinweistafeln erläutern die Geschichte und die ehemalige Größe dieser Bauten.

Burg

Zentrum des Interesses der meisten Besucher ist die Burg, ✆ 046-9438619, 🖥 www.heritageire

land.ie. Auf ungefähr 1,2 ha direkt am Fluss stehen heute die Ruinen der immer noch beeindruckenden und uneinnehmbar wirkenden Festung. Eine umfassende Besichtigung ist nur mit Führung möglich. Wer den großen Bergfried von innen sehen möchte, sollte aber einigermaßen schwindelfrei sein – eine recht luftig wirkende Brücke zieht sich im Obergeschoss quer durch das Gebäude. In diesem quadratischen Bau, der von vier Ecktürmen eingerahmt wird, dokumentieren mehrere Modelle die Baugeschichte. Mittelalterliche Romantik macht sich jedoch nicht breit, das Gebäude ist leer und besitzt keine Inneneinrichtung mehr. Dafür entschädigt der Ausblick vom Dach aus. Neben dem Bergfried kann man noch Reste verschiedener Wirtschaftsgebäude und die fast vollkommen erhaltene Burgmauer sehen. Ein südlich gelegener Turm schützte früher die Zugbrücke und den Haupteingang.

Die erste Burganlage baute übrigens im Jahr 1172 Hugh de Lacy, der sich im Zuge der Eroberungen weite Teile des Landes unter den Nagel gerissen hatte. Die heute noch zu sehenden Gebäude stammen hauptsächlich aus dem 14. Jh. Eine politische Blütezeit erlebte die Burg von Trim im 15. Jh., als hier mehrfach Versammlungen des Parlaments von Irland abgehalten wurden. ⏰ tgl. Ostern–Ende Sep 10–17, Okt 9.30–16.30, Nov–Jan 9–16, Feb–Ostern 9.30–16.30 Uhr, Eintritt 2 €, inkl. Besichtigung des Hauptturms 5 €.

Yellow Steeple

Auf der anderen Seite des Boyne ragt ein weiteres Wahrzeichen der Stadt in die Höhe: der Yellow Steeple, ein im Abendlicht golden wir-

---

Alte Zeiten in Trim

Jedes Jahr findet Mitte Juni in Trim das **Haymaking Festival**, 🖥 www.trimhaymakingfestival.com, statt, auf den weiten Wiesen am Ufer des Boyne und mit Blick auf die Burg. Dabei wird mit traditionellen historischen Geräten Heu geerntet. Zudem werden alte Landwirtschaftstechniken demonstriert, Theater gespielt, Musik gemacht, und was noch so zu einem Dorffest dazugehört. Wenn das Wetter halbwegs mitspielt, unbedingt empfehlenswert.

---

kender Rest eines Kirchturms, der immerhin noch eine Höhe von 40 m erreicht. Daneben erblickt man die Reste eines Klosters, die Augustiner errichteten hier im 12. Jh. ihre Abtei. Diese wurde später in ein Herrenhaus umgebaut, danach diente sie als Schule, in der u. a. der Herzog von Wellington Bildung vermittelt bekam.

Bective Abbey

Etwa 7 km nordwestlich von Trim, etwas abseits der Straße R161 nach Navan, liegt ein wenig beachtetes mittelalterliches Kleinod, die Abtei von Bective. Dieses Kloster direkt am Fluss Boyne war eine „Tochter" von Mellifont. Die Ausschilderung ist nicht optimal – mittlerweile hat man aber immerhin einen ordentlichen Parkplatz. Zur Abtei selbst geht es jetzt über einen eigens angelegten Weg. Einige auch heute noch beeindruckende Teile der Kirche und des Kapitelhauses sowie alte Bäume bilden einen einmaligen Anblick, ein echtes Postkartenmotiv. Die Abtei wurde vom Zisterzienserorden im 12. Jh. gegründet und, eine Konzession an die niemals ganz friedlichen Zeiten in Irland, im 15. Jh. wie eine kleine Burg befestigt. In dieser Zeit entstanden auch der Kreuzgang, ein fast militärisch wirkender Wohnturm und die große Halle. Tatsächlich könnte man Bective Abbey auf den ersten Blick auch für eine verfallene Raubritterburg halten.

ÜBERNACHTUNG

€ **Bridge House Tourist Hostel**, Bridge St., Trim, ☎ 046-9431848. Einfaches, aber sauberes und vor allem ideal gelegenes Hostel mitten in Trim. Von hier sind es nur wenige Schritte bis zur Burg. Hat auch Familienzimmer. Große Preisunterschiede je nach Saison. Bett im Schlafsaal 10–20 €, DZ ❶–❷

Knightsbrook Hotel Spa & Golf Resort, Dublin Rd., Trim, ☎ 046-9482100, 🖥 www.knightsbrook.com. Viel Entspannung bietendes Hotel mit 131 modernen, komfortabel eingerichteten Zimmern. Eigener, weitläufiger Golfplatz am Haus. ❹

ESSEN

Franzini's, French's Ln., 🖥 www.franzinis.com. Gemütlich eingerichtetes Restaurant,

---

Die Schlacht am Boyne und die ewige Verwirrung

© BERND BIEGE

Verwirrung pur … die Schlacht am Boyne fand am 1. Juli 1690 statt, wird aber heute jedes Jahr am 12. Juli feierlich begangen. Zumindest in Nordirland, wo der Sieg des Protestanten William noch immer ein Grund zur Freude ist. Und wo man es mit dem Kalender nicht so genau zu nehmen scheint. Nach dem Julianischen Kalender war das Datum der Schlacht der 1. Juli, die Feier findet jedoch nach dem Gregorianischen Kalender am 11. Juli statt, und dank eines Rechenfehlers und der Verwechslung mit der Schlacht von Aughrim wurde es der 12. des Monats. Naja, die Oktoberrevolution wird in St. Petersburg ja auch im November gefeiert.

Warum aber ist die Schlacht überhaupt so wichtig? Militärisch gesehen wurde für William of Orange durch den Sieg am Boyne eigentlich nur der schnelle Marsch auf Dublin möglich, im Verlauf des Krieges gab es wesentlich wichtigere Gefechte. Aber diese eine Schlacht zeichnete sich durch eine einmalige Besonderheit aus. Denn es war das erste und einzige Gefecht, in dem die beiden konkurrierenden Könige von England persönlich ihre Armeen führten, direkt aufeinandertrafen. Was mit dem Triumph Williams und der übereilten Flucht James' endete, geradezu ein Gottesgeschenk für die Propagandisten.

Irische Nationalisten haben die Schlacht am Boyne über Jahrhunderte hinweg entweder ignoriert oder dämonisiert. Hier, so sagten sie, endete Irlands Unabhängigkeit endgültig. Was historisch Humbug ist, aber eine verständliche Gegenreaktion auf die Feierlichkeiten der Sieger. Das Siegerdenkmal wurde nach der Erlangung der Unabhängigkeit rasch gesprengt, das Schlachtfeld geflissentlich ignoriert, es konnte sogar zum Spielfeld für Grundstücksspekulationen werden. Erst im Rahmen des Friedensprozesses ließ sich der irische Staat darauf ein, das Schlachtfeld zu schützen und ein sehenswertes Museum im aufwendig renovierten Oldbridge Estate zu errichten (s. u.).

das in Trim neben der Burg zu finden ist. Gute Auswahl an internationalen Gerichten. Das Franzini's ist sicherlich nicht das billigste Restaurant in Trim, aber sehr beliebt bei Einheimischen. ⏰ Mo–Fr 17–21, Sa 17–21.30, So 14–20.30 Uhr.

INFORMATIONEN

Tourist Information Trim, Castle St., 📞 046-9437227. Kleines Informationszentrum mit angeschlossenem Café, gut für einen schnellen und preisgünstigen Happen zwischendurch.

Von Trim (Haltestellen im Ortskern) fahren **Busse** nach:
DUBLIN (Linie 111), Mo–Fr mind. 8x tgl. zwischen 6.45 und 20 Uhr zum zentralen Busbahnhof Busáras, 1 1/4 Std.
GRANARD (Linie 111), via Athboy, einige Verbindungen am Vormittag und Nachmittag, 1 1/2 Std.

Am Fluss Boyne

Ganz in der Nähe der Stadt Drogheda bildet der Fluss Boyne für einige Kilometer die natürliche Grenze zwischen den Counties Louth und Meath. Heute durch eine moderne Autobahnbrücke binnen Sekunden überquert, bildete der Fluss über viele Jahrhunderte hinweg ein enormes Hindernis. Was 1690 auch König William erfuhr, als er sich mit seinen Truppen von Norden näherte, um König James aus Dublin zu vertreiben. Die jakobitische und hauptsächlich katholische Armee unter dem Oberbefehl von James persönlich hatte das südliche Ufer des Boyne besetzt und versuchte, die vorrückenden Truppen des Protestanten William zu stoppen. Am 1. Juli marschierten Williams Soldaten (kurioserweise mit dem päpstlichen Segen) auf den Fluss zu. Binnen weniger Stunden erzwangen sie den Übergang und machten so den Weg nach Dublin frei.

Boyne Battlefield

Seit wenigen Jahren ist das Boyne Battlefield als moderne Touristenattraktion erschlossen, die meisten Besucher kommen allerdings aus Nordirland. Das Zentrum des Schlachtfeldes, von dem kaum noch Spuren vorhanden sind, lag am Fluss. Mit einer genauen Karte und einem Fachbuch ist der Verlauf der einstigen Schlachtlinien jedoch heute noch nachvollziehbar. Eine gute Einstimmung ist die Fahrt den King William's Glen auf der Nordseite des Flusses hinunter, dies war auch der Weg, den die Garden des Königs nahmen. Kurz danach kann man den Boyne bequem über eine Brücke überqueren und gelangt rechter Hand zum **Besucherzentrum**. Dieses ist im alten Herrenhaus des

Oldbridge Estate, ☎ 041-9809950, 🖥 www.battleoftheboyne.ie, untergebracht, das viele Jahre dem Verfall preisgegeben war und zu Beginn des 21. Jhs. mit erheblichen Geldmitteln restauriert wurde. Heute erstrahlt das Gebäude vor allem von außen in alter Pracht und bietet einen Blick über die Landschaft, in der einst die Schlacht stattgefunden hat.

Ausgeschilderte Wanderungen sowie Führungen über das Schlachtfeld sind möglich (Zeiten und Kosten im Besucherzentrum erfragen). Den Kern der Ausstellung bilden jedoch die Informationen über die politischen und militärischen Hintergründe der Schlacht. Dokumente, lebensgroße Figuren und eine Nachstellung der Schlacht mit modernster Lasertechnik auf einem Landschaftsmodell bringen die Ereignisse in Erinnerung. Danach geht es in ein Nebengebäude, wo ein sehr gut gemachter Film über die Schlacht von 1690 informiert. Im Innenhof sind noch Artilleriestücke zu bewundern. In dem geräumigen **Café** kann man sich anschließend erfrischen. ⏰ Mai–Sep 9–17, Okt–April 9–16 Uhr, Eintritt 5 €.

Duleek

Der 10 km südwestlich gelegene Ort Duleek ist weniger wegen seiner Verbindung zur Schlacht am Boyne interessant als vielmehr wegen seines „Geister"-Rundturms. Im Dorf befindet sich die Ruine einer Kirche, deren Turm im 15. Jh. errichtet wurde. An einer Seite scheint sich eine Art „Narbe" bis in 14 m Höhe zu ziehen, es ist deutlich zu sehen, dass hier irgendetwas fehlt. Was fehlt, ist der Rundturm, an den der Kirchturm einst angebaut wurde. Im Laufe der Zeit ist er in sich zusammengestürzt und wurde schließlich abgetragen. Bekannt ist, dass dieser Rundturm schon vor der Mitte des 12. Jhs. existiert haben muss. Ein kurioser Ort – man sieht den „Schatten", den der Rundturm in dem neueren Kirchturm hinterließ, kann ihn erahnen, aber nicht erkennen. Neben dem „Geisterturm" sind auch die **Grabmäler** in der Kirche und der **Rest eines Hochkreuzes** sehenswert.

Laytown

Von Duleek lohnt sich ein kurzer Abstecher an die Küste, auf der R150 geht es gerade nach

MEATH UND DIE MIDLANDS

Osten bis ans Meer bei **Laytown**. Dieser Ort ist, zusammen mit dem 3 km nördlich liegenden **Bettystown**, ein beliebtes Naherholungsgebiet mit schönem Strand, aber schwankender Wasserqualität. Ausgedehnte Spaziergänge am Ufer sind möglich.

Hügelgrab von Fourknocks

Sehenswert ist auch das 12 km südlich von Duleek gelegene **Hügelgrab von Fourknocks**. Es versteckt sich etwas in der Nähe des Ortes **Clonalvy** und ist selbst beim direkten Vorbeifahren nicht unbedingt auffällig – auf Google Maps findet man den Hügel unter 🖳 https://goo.gl/maps/S64c9VMjm482. Vor etwa 3500–3800 Jahren errichtet, ist das restaurierte Ganggrab wegen seiner ungewöhnlichen Bauweise vor allem für Experten einen Stopp wert, wahrscheinlich war das Dach ursprünglich aus Holz (heute Beton). Die meisten Touristen jedoch bevorzugen die in der Nähe befindlichen Gräber von Newgrange und Knowth. Oder die ganz im Westen des County Meath gelegenen Gräber bei Loughcrew, die einen großen Umweg durchaus wert sind.

Loughcrew

Dabei sind die Megalithgräber von Loughcrew, 📞 049-8541240, 🖳 www.heritageireland.ie, im Vergleich zu den anderen prähistorischen Fundstätten in Meath, relativ unbekannt. Dafür mag es vor allem zwei Gründe geben. Zum einen befinden sich die 3 km südlich des kleinen Ortes

Oldcastle gelegenen Grabhügel nicht an einer der großen Hauptstraßen, zum anderen sind sie nicht unbedingt leicht zugänglich. Hat man erst einmal auf dem Parkplatz gefunden, ist man noch lange nicht am Ziel – die *cairns* wurden nämlich auf eine der größten Hügelkuppeln der Gegend gesetzt. Ein mittelschwerer Anstieg auf weitgehend naturbelassenen Wegen ist Teil des Erlebnisses von Loughcrew. Wer die mit stabilen Eisengittern abgesperrten Ganggräber auch von innen besichtigen möchte, der muss sich einen Schlüssel besorgen (s. Hinweistafel am Parkplatz).

Doch auch ohne Schlüssel kann man einen eingeschränkten Blick ins Innere werfen und zahlreiche Ornamente in den Steinen erkennen. Dabei handelt es sich hauptsächlich um als Darstellungen der Sonne angesehene kreisförmige Symbole und abstrakte Muster. Ihre endgültige Bedeutung ist nicht geklärt, wird es wahrscheinlich auch nie werden. An der Seite des größten Grabhügels befindet sich ein Stein, der in seiner Form etwas an einen Sessel erinnert und auch im Volksmund als „Sitz der Hexe" bekannt ist (auch der irische Name des Berges bedeutet „Hügel der Hexe"). Mythologie hin oder her – einen wunderbaren Ausblick auf die Tiefebene von Meath im Süden und die Hügellandschaft von Cavan im Norden hat man auf jeden Fall. Übrigens weisen einige Grabhügel eine Ausrichtung nach der Sonne auf. ⏲ Mai–Aug tgl. 10–17 Uhr, Eintritt frei (Anlage selbst ist immer zugänglich, Öffnungszeiten gelten nur für Grabhügel).

Nur einen kurzen Weg vom Besucherparkplatz entfernt liegt das neue **Loughcrew Megalithic Centre**, 🖳 www.loughcrewmegalithiccentre.com – ein kleines (privates) Besucherzentrum mit Ausstellung, Café und Kinderspielplatz, alles in und um ein paar restaurierte Reetdachhäuser. ⏲ tgl. 11–17 Uhr.

In der Ebene unterhalb des steinzeitlichen Friedhofs liegt das **Loughcrew Estate**, 📞 049-8541356, 🖳 www.loughcrew.com, dessen Haupthaus heute jedoch nur noch als Ruine die Landschaft ziert. Die Familie Plunkett hatte hier ihren Sitz, die mittelalterliche Kirche auf dem Anwesen wurde von den Familienmitgliedern und ihren Bediensteten genutzt. Das wohl be-

Die rote Fahne aus Meath

Für alte Sozialisten ist der Abstecher zum kleinen Ort **Crossakeel** verlockend, in der Ortsmitte erinnert ein Denkmal an den größten Sohn der Stadt. Jim Connell wurde hier 1852 geboren, ging später nach Dublin und dann nach England. 1889 schrieb er die Hymne des britischen Sozialismus, „The Red Flag". In Ermangelung einer eigenen Melodie verwendete die organisierte Linke das altbekannte „O Tannenbaum". Was bei deutschen Betrachtern immer wieder Verwirrung auslöst, wenn etwa die Labour Party plötzlich brüderlich Weihnachtslieder zu singen scheint. George Bernard Shaw soll die sozialistische Hymne auch wenig schmeichelhaft als „Trauermarsch für einen toten Aal" bezeichnet haben.

kannteste Familienmitglied war Oliver Plunkett, ein irischer Kirchenmann, der im Rahmen eines (vollkommen fiktiven) katholischen Umsturzversuches vor Gericht gestellt und anschließend hingerichtet wurde. Er gilt als Märtyrer der katholischen Kirche in Irland und wurde heiliggesprochen. Sein Kopf wird in der Kirche von Drogheda (S. 187) aufbewahrt, die nahe Kirche von Oldcastle stellt einen Beinknochen des Heiligen aus und hat im Eingangsbereich zwei schöne (wenn auch historisch ungenaue) Glasfenster des irischen Künstlers Harry Clarke.

Abgesehen von der historischen Verbindung und den pittoresken Ruinen lockt Loughcrew Estate vor allem mit einer Wanderung durch die weitläufigen Parks und Gärten, im Sommer finden hier regelmäßig Opernaufführungen im Freien statt (s. „Feste"). Neu in den letzten Jahren hinzugekommen ist ein Abenteuerzentrum, das Gruppenaktivitäten anbietet. ⏰ März–Okt tgl. 12–18 Uhr, Eintritt 7 €.

FESTE

Im Juni, am Bank Holiday Weekend, findet das Opernwochenende **Loughcrew Garden Opera**, 🖥 www.loughcrew.com, statt. In den Gärten werden dann beliebte Singspiele zur Aufführung gebracht, der Erfolg ist immer ein wenig vom Wetter abhängig, trotz eigens errichteten Wetterschutzes.

Am ersten Wochenende im August, auch ein Bank Holiday Weekend, findet in der Nähe von Loughcrew das **Le Chéile Arts & Music Festival**, 🖥 www.lecheile.com, statt.

TRANSPORT

Busse
Mehrmals tgl. Verbindung zwischen DULEEK und DROGHEDA mit der Linie 163. Der Bus fährt auch über DONORE (NEWGRANGE).

Eisenbahn
Verbindung besteht nach LAYTOWN an die Küste des County Meath, diese Strecke wird häufig durch Züge zwischen Dublin und Drogheda bedient.

County Westmeath

Im Zentrum Irlands gelegen, ist Westmeath gewissermaßen die ungeliebte Stiefschwester von Meath. Während Meath die Touristenattraktionen dicht gedrängt präsentiert, ist dieses County auf den ersten Blick eher *underwhelming*. Den einzigen Bezug zur großen Mythologie bietet der Hügel von Uisneach zwischen Mullingar und Athlone.

Auch landschaftlich ist Westmeath eher unspektakulär. Neben einigen Seen rund um Mullingar und dem Shannon bei Athlone prägen vor allem landwirtschaftlich genutzte Grünflächen und sanfte Hügel das Bild. Ausgedehntes Grasland wechselt sich mit Torfmooren ab, die Straßen passen sich immer noch den natürlichen Gegebenheiten an und folgen seit Jahrhunderten dem gleichen Weg. Lediglich die neuen Autobahnen garantieren ein rasches Vorankommen. Die meisten Besucher werden diese Gegend auf der schnellen Durchfahrt „kennenlernen", auf dem Weg etwa von Dublin nach Galway. Einige Orte sind jedoch durchaus einen Zwischenaufenthalt wert.

Fore und Umgebung

Der kleine Ort, in den sich nur wenige Touristen verirren, ist ein irisches Dorf wie aus dem Bilderbuch und kann mit zahlreichen pittoresken Ruinen aufwarten. In einer Senke gründete der Heilige Fechin im 7. Jh. das erste Kloster am Ort. Dank seiner „Sieben Wunder" wurde es schnell zum Ziel vieler Pilger. Denn hier floss Wasser bergauf – eine optische Täuschung natürlich! **Fore Abbey**, von der nur noch (imposante und reizvoll gelegene) Ruinen künden, wurde im 13. Jh. von den Mönchen des Benediktinerordens erbaut. Die Kirche mit ihren zwei Türmen ist noch erhalten, ebenso Teile des Kreuzgangs und einige Wirtschaftsgebäude. Den besten Blick auf die Gesamtanlage hat man von der Straße aus oder vom runden Taubenstall auf dem Hügel hinter der Kirche.

Die kleine **Kirche** auf einer Anhöhe gegenüber dem Kloster ist wesentlich jünger und mit ihrem auffälligen Turm ein beliebtes Fotomotiv. Ein Hochkreuz im Friedhof, eine alte Kirchenruine und Teile der ehemaligen Stadtbefestigung sind die weiteren Attraktionen von Fore. Am besten stellt man den Wagen auf dem großen Parkplatz am ehemaligen Kloster ab und erkundet den Ort zu Fuß. Eventuell kann man dabei auch Pilger entdecken, die einige wie abgestorben wirkende Bäume mit bunten Stofffetzen behängen. Sie bringen Opfer an den heiligen Quellen, die hier seit vielen Jahrhunderten sprudeln.

Crookedwood

Nur 14 km weiter südlich, in der Nähe des kleinen Ortes Crookedwood, steht die nur selten besuchte **Kirche des St. Munna** aus dem 15. Jh., ein recht schmuckloser Bau mitten im Nichts. Hier hatte der Heilige schon im 7. Jh. seine eigene Kirche errichtet. Über einem der Fenster neben dem Eingang zur Kirche befindet sich eine seltsame Steinfigur. Hierbei handelt es sich um eine *Sheela na Gig*, eine groteske weibliche Gestalt, die ihre Genitalien präsentiert (s. Kasten S. 232). Eine im Mittelalter durchaus übliche Verzierung an Kirchen, die jedoch später meist moralisch entrüsteten Bilderstürmern zum Opfer fiel. Selbst im Nationalmuseum in Dublin sind diese Figuren fast schamhaft in einer Ecke unauffällig ausgestellt.

Multyfarnham und Umgebung

Der kleine Ort Multyfarnham liegt in der Nähe eines Sees, auf dem in mythologischer Vorzeit die Kinder des Meeresgottes Lir als Schwäne ihre Bahn gezogen haben sollen. Der Sage nach wurden alle Kinder Lirs von ihrer bösen Stiefmutter in Wasservögel verwandelt und verflucht, ewig in Tiergestalt zu leben. Erst nach Jahrhunderten gelang es, diesen Fluch zu brechen.

Multyfarnham Abbey

Diese Geschichte wird auch in den Glasfenstern der Multyfarnham Abbey erzählt, wo der Franziskanerorden ein Kloster mit angeschlossenem Altenheim unterhält. Die Kirche des Klosters wurde schon im Mittelalter gebaut, musste aber vom Orden über viele Jahrhunderte verlassen werden. Diese Geschichte wird in einem weiteren Glasfenster erzählt. Beachtenswert sind auch die Darstellungen des Kreuzweges in der Kirche, sehr moderne Töpferarbeiten. Im weitläufigen Park werden dagegen die Stationen des Kreuzweges in Lebensgröße präsentiert. Die Figuren sind relativ realistisch, aber durchgehend in dunklem Grau gehalten. Beeindruckend ist vor allem die Darstellung der Kreuzigung selbst, für die ein kleines Golgatha aufgebaut wurde.

Tullynally Castle

Ein sehr starker Kontrast ist das nur 22 km nordöstlich gelegene Tullynally Castle bei Castlepollard, ☎ 044-9661159, 🖥 www.tullynallycastle.com, eine der größten Anlagen dieser Art in Irland. Die Burg gehört zum Besitz der Familie Pakenham. Das erste Gebäude wurde als Turmhaus Mitte des 17. Jhs. erbaut, dann in der georgianischen Periode modernisiert und schließlich zu Zeiten von Königin Viktoria mit einer großzügigen Portion Neogotik erneut dem Zeitgeschmack angepasst. Das Ergebnis ist ein riesiges Fantasieschloss, mit zahlreichen Türmen und militärisch sinnlosen, optisch aber sehr romantischen Wehranlagen. Der Innenraum des Schlosses ist nur für größere Gruppen nach Voranmeldung zugänglich, die Außenanlagen jedoch sind im Sommer für das Publikum geöffnet. Sie stammen noch weitgehend aus der Mitte des 18. Jhs., haben aber auch sehr schöne vik-

Alte Göttin oder christliche Warnung?

Wer aufmerksam alte irische Kirchen studiert, der kann manchmal merkwürdige Skulpturen entdecken. Oft im Eingangsbereich angebracht, begrüßen ihn nackte Frauen, die in hockender Stellung ihre Schamlippen weit auseinanderziehen. Krude Steinmetzarbeiten ohne auch nur ein Quäntchen Erotik.

Diese sogenannten *Sheela na Gigs* haben wahrscheinlich einen christlichen Ursprung. Und eine moralische Aufgabe: Mit ihrer letztlich obszönen Geste sollen sie als Warnung vor der Fleischeslust dienen.

Dies allerdings ist nur die konservative Meinung, die der Interpretation im „New Age" diametral entgegensteht. Denn für Neuheiden ist Nacktheit keine Warnung, sondern die schamlose Präsentation der weiblichen Scham ein Ausdruck der Lust am Leben und alter Fruchtbarkeitsriten.

So wird dann auch die Sheela na Gig in logischer Konsequenz von AutorInnen plötzlich zur „Alten Göttin Irlands" ernannt, obwohl es hierfür in der reichhaltigen irischen Mythologie keine stichhaltigen Anhaltspunkte gibt. Die Wahrheit, so es sie denn wirklich gibt, liegt wahrscheinlich irgendwo dazwischen.

Heilige Relikte des Heidentums

Auf wesentlich festerem Boden stehen die Neuheiden, wenn sie sich mit den heiligen Quellen Irlands beschäftigen. Denn diese waren nachweislich schon vor der Missionierung Irlands religiöse Stätten. Selbst der Heilige Patrick, der im Jahre 432 seine Mission begann, beging Quellen-Recycling: Entdeckte er einen heiligen Ort irgendwo in Irland, nutzte er ihn für den christlichen Glauben weiter. Ein wenig Weihwasser, eine kurze Predigt, dann war der eben noch irgendeiner Gottheit gewidmete Platz dem einzigen, alleinigen Gott geweiht.

Das machte die Sache mit der neuen Religion natürlich auch für die missionierten Iren einfacher. Hatten sie gestern noch an der Quelle einem heidnischen Gott geopfert, konnten sie denselben Ort nach ihrer Taufe einem christlichen Heiligen zu Ehren besuchen. Ganz praktisch war dies, wenn die heidnische Gottheit gleich als heilige Gestalt aufgenommen wurde, wie es etwa in Kildare der Fall war, als die Göttin Brigid als Schutzheilige des Ortes von St. Bridget „abgelöst" wurde.

Auf der Fahrt durch Irland stößt man auch heute noch auf zahlreiche heilige Quellen. Sind sie nicht direkt ausgeschildert, erkennt man sie oft schon von Weitem an den von zahlreichen Stofffetzen und anderen Votivgaben geschmückten Bäumen und Büschen drumherum. Jedes dieser Teile steht für einen frommen Wunsch, der sich manchmal sogar aus der Art der Votivgabe erschließen lässt. Wobei man sich natürlich fragen darf, welches Ziel man durch Opferung eines Spitzen-BHs erreichen will.

Übrigens ist der Besuch an einer heiligen Quelle keineswegs den abergläubischen Landbewohnern vorbehalten. Selbst Menschen, die sich sonst äußerst skeptisch und aufgeklärt geben, schwören gelegentlich auf die Kraft des Wunsches an der heiligen Quelle. Ich selber kam einmal mit Kopfschmerzen …

---

torianische Elemente. ⏰ April–Sep Do–So 11–17 Uhr, Eintritt 7 €.

ÜBERNACHTUNG

Mornington House, 6 km südöstlich von Multyfarnham in Richtung Crookedwood, ☎ 044-9372191, 🖥 www.mornington.ie. Guesthouse im viktorianischen Stil mit prasselndem Kaminfeuer, 5 nette Zimmer mit gemütlicher, traditioneller Einrichtung. Kurzer Weg zum Lough Derravarragh. Küchenspezialität ist Rindfleisch in Guinness gekocht. ❺

Mullingar und Umgebung

Mullingar zählt wahrlich nicht zu den reizvollsten Städten Irlands. Die meisten Touristen kennen die Stadt nur von der Durchfahrt, seit Eröffnung der Umgehungsstraße vom Vorbeifahren. Viel versäumt man nicht.

Das größte Gebäude am Platze ist die **Kathedrale**. Unmittelbar vor dem Zweiten Weltkrieg erbaut, fällt sie vor allem durch ihre über 40 m hohen Türme auf. Ein kleines Museum informiert über die Kirchengeschichte und zeigt Kuriositäten wie die Messgewänder des St. Oliver Plunkett oder einen Ring der Marie Antoinette. Das Rathaus und das Gerichtsgebäude aus dem 18. Jh. bilden weitere Attraktionen.

Belvedere House

Etwa 7,5 km südlich von Mullingar steht das sehr schöne Belvedere House, ✆ 044-9338960, 🖥 www.belvedere-house.ie, eine palastähnliche Villa mit traumhafter Aussicht auf den Lough Ennel. Das Haus wurde 1740 von Richard Castle gebaut und besitzt nicht nur weitläufige Gartenanlagen, sondern auch gut erhaltene Stuckarbeiten im Stil des Rokoko. Diese mögen ein Trost für den ersten Earl of Belvedere gewesen sein, als er seine Frau wegen einer Liebesaffäre für die nächsten 31 Jahre in einem anderen Haus einsperrte. Allerdings mag der heutige Besucher auch etwas am Geisteszustand des Earls zweifeln, wenn er den Jealous Wall sieht.

Diese gigantische, künstlich gebaute Ruine wurde vom Hausbesitzer in Auftrag gegeben, damit er nicht mehr das Haus seines Bruders sehen musste. Denn dieser, obwohl jünger, hatte es gewagt, ein noch schöneres Haus in Sichtweite des Belvedere House zu errichten. Weitere pittoreske Ruinen, ein Arboretum und diverse Gärten laden zu langen Spaziergängen ein. Ein vor allem für Kinder interessanter Teil ist der „Fairy Garden", in dem man Gnome, Kobolde und Elfen entdecken kann.
⊕ Mai–Aug tgl. 9.30–20 Uhr, sonst eingeschränkt, Eintritt 8 €.

Kilbeggan

Noch 18 km weiter südlich, auf dem Weg nach Tullamore, wird der kleine Ort Kilbeggan erreicht. An sich nur ein Fleck auf der Landkarte, zieht er vor allem die Liebhaber des Whiskeys an. Hier wurde seit 1757 in **Locke's Distillery**, ✆ 01-8332833, 🖥 www.kilbegganwhiskey.com, der edle Tropfen hergestellt. Allerdings erlebte das Unternehmen seinen 200. Geburtstag nicht mehr, 1954 war die Konkurrenz der schottischen Mitbewerber endgültig zu groß, die Firma ging Pleite. Eine kleine Wiederbelebung gelang dann rund 30 Jahre später mit der Eröffnung des Whiskey-Museums, mittlerweile wird auch sehr eingeschränkt wieder Whiskey hergestellt. Bei einer Besichtigung erfahren Besucher alles Wissenswerte zum Thema Whiskey. Und mehr, als sie vielleicht wissen möchten – z. B., dass die Arbeiter früher in den Fässern baden durften. Da nimmt man dann das Probeschlückchen in der Bar dankbar, aber mit gemischten Gefühlen an.
⊕ Führungen April–Okt tgl. ab 10, Nov–März ab 11 Uhr, Eintritt ab 14 €.

Greville Arms Hotel, Pearse St., Mullingar, ✆ 044-9348563, 🖥 www.grevillearmshotel.ie. Hotel im Zentrum mit 39 recht luxuriös eingerichteten Zimmern. Kurios: Die Ulysses Bar ziert eine lebensgroße Wachsfigur von James Joyce. ❸

Bloomfield House Hotel, Belvedere, Mullingar, ✆ 044-9340894, 🖥 www.bloomfieldhousehotel. ie. Am Nordufer des Lough Ennell gelegenes Hotel mit mehr als 100 Zimmern. Komfortabel und durch die umgebenden Anlagen für einen entspannenden, etwas längeren Aufenthalt ideal. ❹

ESSEN

Kilbeggan

Das von außen unscheinbare **Pantry Restaurant** in der Locke's Distillery ist etwas altmodisch, aber preislich wie auch qualitativ empfehlenswert. Die Speisekarte bietet überwiegend Hausmannskost, bei der Portionsgröße lässt sich der Wirt nicht lumpen. Ein Besuch ist nicht von einer Besichtigung abhängig. ⊕ wie Locke's Distillery.

Mullingar wird oft mit den irischen *Pavee* (wie sie sich selbst bezeichnen) oder *Traveller* (wie sie allgemein genannt werden) in Zusammenhang gebracht, einer nicht sesshaften Minderheit am Rande der irischen Gesellschaft. Denn hier haben viele Pavee-Familien ihren (zumindest zeitweisen) Standort. Obwohl sie gemeinhin auch als „Zigeuner", *Gipsies* eben, bekannt sind, haben sie mit den Sinti und Roma bis auf den nomadischen Lebensstil keine Gemeinsamkeiten – sie sind schlicht Iren, die seit Generationen auf der Straße leben. Und es ist bis heute nicht geklärt, wann die ersten Traveller auftauchten, warum sie auf Reise gingen. Sicher ist: Kaum ein Ire will Traveller in seiner Nähe lagern sehen, sondern ist froh, wenn er die (oft defekten) Rücklichter der Wohnwagen nur noch von Weitem sieht.

Was hat dies alles nun mit den Touristen zu tun? Ganz einfach: Wer etwa denkt, nach skandinavischem Vorbild einfach am Wegesrand lagern zu dürfen, der kommt mit dem irischen Gesetz in Konflikt. Einem Gesetz, das vor allem wegen der (und gegen die) Traveller geschaffen wurde und das nicht genehmigte Übernachten auf fremdem Grund verbietet. Und per Definition ist jeder öffentliche Grund fremder Grund, somit muss man eine Sondergenehmigung vorweisen, um dort sein Zelt aufschlagen zu können. Es ist eigentlich müßig zu sagen, dass es eine solche Sondergenehmigung de facto nie geben wird. Wer sich also zu „wildem Camping" entschließt, der kann schnell mit der Garda Bekanntschaft schließen. Und um dies möglichst unangenehm zu machen, wurde das Gesetz mit einem ganz besonderen Passus versehen. Statt eines festgelegten Bußgeldes, das nur selten abschreckt, ist es die Beschlagnahme des Corpus Delicti, was die meisten Traveller fürchten. Den Bußgeldbescheid kann man so lange ignorieren, bis er verfällt oder der Staat aus Kostengründen jedes Interesse an der Verfolgung verliert. Beschlagnahmt die Polizei aber den Wohnwagen einer Familie, bedeutet dies unmittelbar Obdachlosigkeit. Bei der, und da beißt sich die Katze wieder in den eigenen Schwanz, der Staat dann allerdings in der Pflicht ist, für Abhilfe zu sorgen.

Wie auch immer – die Traveller Irlands sind als gesellschaftliche Minderheit, ja sogar als eigene Ethnie, ganz offiziell anerkannt und somit per Gesetz vor Diskriminierung geschützt. Würde die Garda sich nun bei der Durchsetzung der gesetzlichen Vorschriften vor allem auf die Traveller konzentrieren und deren mobile Wohnungen beschlagnahmen, zumindest vom Platz verweisen, könnte dies einen Rattenschwanz von Prozessen nach sich ziehen. Also muss man, theoretisch, gegen jeden Camper ohne Genehmigung einschreiten und darf auch Touristen nicht schonen.

In einer Gegend, in der Traveller selten sind, wird man wild zeltende Touristen eher ignorieren oder tolerieren. Will man aber lokal ernsthaft gegen Traveller vorgehen und sich nicht gleichzeitig dem Vorwurf der Diskriminierung aussetzen, muss man auch den deutschen Wohnwagen ins Depot schleppen.

Camper sollten sich daher unbedingt beim örtlichen Landbesitzer erkundigen, ob er sie auf seinem Land lagern lässt. Oft ist der Daumen nach oben die einzige Antwort, vielleicht noch verbunden mit der Ermahnung, keinen Schmutz zu hinterlassen. Bei öffentlichem Grund und Boden ist es allerdings sinnlos, überhaupt nach so einer Genehmigung zu fragen. Andererseits gilt auch in Irland die Binsenweisheit: „Wo kein Kläger, da kein Richter!" In der Weite der Wicklow Mountains etwa wird ein Einmannzelt in einer Mulde kaum auffallen. Das Risiko, hier von einer Polizeistreife erwischt zu werden, ist verschwindend gering. Das Gesetz allerdings bricht man immer noch. Theoretisch. Denn in der Praxis machen sich die Gardai auch nicht unnötig Arbeit.

Mullingar

Dominik's Restaurant, 37 Dominick St., ☎ 044-9396696, 🖳 www.dominiksrestaurant.ie. Modernes, freundliches Restaurant mit recht bunter Speisekarte. Die Qualität ist hoch, die Preise sind allerdings auch nicht von schlechten Eltern. Empfehlung: Ente, Lachs mit Muscheln, oder auch der Burger. Günstige

Menüs am frühen Abend – zwei Gänge, Dessert und ein Glas Hauswein für unter 25 €. ⊕ Di–Do 17–22, Fr/Sa 17–19, So 17–21 Uhr.

UNTERHALTUNG UND KULTUR

Mullingar Arts Centre, Lower Mount St., ✆ 044-9347777, 🖥 www.mullingarartscentre.ie. Das relativ moderne Kulturzentrum bietet ein wechselndes Programm, das Ausstellungen, Konzerte und auch Tourneetheater beinhaltet.

INFORMATIONEN

Tourist Information Mullingar, Market Sq., ✆ 044-9348650, 🖥 www.mullingar.ie.

TRANSPORT

Busse
Busse fahren u. a. von der Bahnstation nördlich der Newbrook Rd. ab.
DUBLIN (Linie 22), über Maynooth, Mo–Fr häufig zwischen 6.15 und 23 Uhr, ca. 3 Std.
SLIGO (Linie 23), über Longford, Carrick-on-Shannon und Boyle, mehrmals tgl., 4 Std.

Eisenbahn
Verbindung mit Mullingar besteht mehrmals tgl. über die Intercity-Strecke zwischen Dublin und SLIGO. Diese Strecke bedient auch LONGFORD, CARRICK-ON-SHANNON und BOYLE.

Athlone

Athlone wäre vermutlich ein unbedeutendes Dorf mitten im Nichts geblieben, würde der Shannon nicht Irland in zwei Teile trennen. Denn die Stadt entstand an einer der großen Ost-West-Verbindungen. An dieser Stelle konnte man den Fluss relativ sicher überqueren, und prompt ging Athlone auch in die irische Geschichte ein – hier versuchten die Jakobiten bei einer der wirklich entscheidenden Schlachten des Krieges um die englische Krone den Vormarsch des Heeres von König William zu stop-

pen. Erst mit der Erzwingung des Übergangs über den Shannon konnten Williams Truppen den Widerstand der treuen Soldaten König Jakobs brechen. Eine lange Brücke direkt im Schussfeld der Festung erschien ideal dafür.

Wer sich für irische Geschichte interessiert, wird am **Burgmuseum**, ✆ 090-6442130, 🖥 www.athloneartsandtourism.ie, nicht vorbeikommen. In der modern gestalteten Ausstellung werden die Geschichte des Ortes und vor allem die blutige Schlacht um die Brücke von Athlone zum Leben erweckt. Dem wahrscheinlich berühmtesten Sohn der Stadt, dem Tenor John McCormack, huldigt eine eigene Ausstellung, er ist vor allem in den USA bekannt geworden. ⊕ Juni–Aug Mo–Sa 9.30–18, So 10.30–18 Uhr, andere Monate kürzer und Ruhetage, Eintritt 9 €.

Die weiteren Attraktionen von Athlone sind schnell aufgezählt – die Stadt lebt heute u. a. vom Bootstourismus. Zahlreiche Kabinenkreuzer machen vor der **Schleuse** fast schon zwangsweise Station, ihre oft dem Frohsinn stark zugeneigten Besatzungen bevölkern die zahlreichen Restaurants und Pubs der Innenstadt. Daneben hat sich Athlone zum Einkaufsparadies der Midlands entwickelt, neue Einkaufszentren und zahlreiche Kaufhäuser laden zum Bummeln ein.

Lough Ree
Nur 1,5 km nördlich von Athlone erweitert sich der Shannon zum großen Lough Ree, einem sehr schönen See, auf dem auch Tagestouren angeboten werden – etwa die Fahrten mit einem „Wikingerschiff" (zumindest ist das Ausflugsboot optisch etwas nordisch gestaltet), das an einigen Tagen auch nach Clonmacnoise (S. 249) fährt. Die Boote legen gegenüber der Burg von Athlone ab. Infos bei Viking Tours Athlone, ✆ 086-2621136, 🖥 www.vikingtoursireland.ie, ab 14 €.

Eine gute Aussicht über die Seenlandschaft, mit festem Boden unter den Füßen, bietet sich direkt neben der N55 zwischen **Glasson** und Ballykeeran. Bei Glasson beginnt auch der etwa 8 km lange **Lough Ree Trail**, der hauptsächlich für Radfahrer angelegt wurde, aber auch von Fußgängern genossen werden kann. Aufmerksame Beobachter erspähen vielleicht sogar das Lough Ree Monster (s. Kasten S. 236).

Wie Loch Ness ... Seeungeheuer in Irland

Einheimische wissen schon seit Jahrhunderten, dass im **Lough Ree** ein Monster lauert. Ein Ungetüm, das Menschen nicht nur erschreckt, sondern bei Gelegenheit auch verspeist. Und nicht das einzige seiner Art in Irland ist, denn die zahlreichen größeren Seen scheinen dem weitaus berühmteren Loch Ness Konkurrenz machen zu wollen. Und immerhin haben ja auch Priester Mitte des 20. Jhs. das Monstrum vom Lough Ree erspäht! Dennoch alles nur Legende und Anglerlatein? Kryptozoologen sind sich nicht einig. Für die einen sind die verschiedenen Seeungeheuer eine Manifestation der Fantasie und keineswegs real. Für andere wiederum klingt die Theorie glaubwürdig, dass es sich hier um Lebensformen aus der Vorzeit handeln könnte, die auf irgendeine Art und Weise überlebt haben. Oder schlicht um unbekannte, aber nicht monströse Wesen.

Neben den klassischen Monstergeschichten und den Berichten der Boulevardpresse gibt es auch glaubwürdigere Erzählungen. So wurde von einem „Master Otter" berichtet, einer besonders großen Otterart. Sie wurde zwar nie nachgewiesen, ist aber vielleicht dennoch existent. Genauso wie besonders große Aale. Und deren Fortbewegung dicht unter der Oberfläche eines Sees würde eben sehr stark an eine „Seeschlange" erinnern. Im Lough Ree jedenfalls hat ein Forscher vor einigen Jahren mit einer kleinen Bootsarmada und modernem Gerät nach Nessies irischem Cousin gesucht. Ergebnis? Gleich Null. Was natürlich nicht beweist, dass es da nichts gibt. Die Legende lebt!

ÜBERNACHTUNG

Athlone

Prince of Wales, Church St., ✆ 090-6476666, 🖥 www.theprinceofwales.ie. Etwas altmodisches Hotel im Zentrum mit 46 Zimmern. Nicht unbedingt das „führende Haus". ➋

Glasson

🧳 **Glasson Country House Hotel & Golf Club**, ✆ 090-6485120, 🖥 www.glasson golfhotel.ie. Erholung, Entspannung und gutes Essen sind hier angesagt. Das Hotel bietet 65 sehr bequeme Zimmer und stellt eine echte Alternative zu den großen Hotels in Athlone dar. Zudem ist es ein guter Ausgangspunkt zur Erkundung der Mitte Irlands. ➌

ESSEN

Athlone

Kin Khao Thai Restaurant, 1 Abbey Ln., ✆ 090-6498805, 🖥 www.kinkhaothai.ie. Gemütliches Restaurant, die Köche sind tatsächlich aus Thailand. Große Auswahl, daher Empfehlung: Vorspeisenplatte für zwei. Normale Preise, aber Reservierung ratsam. ⏲ tgl. ab 17.30, Mi–Fr auch 12.30–14.30, So 13–16 Uhr.

Sean's Bar, 13 Main St, ⌨ www.seansbar. ie. Angeblich ältester Pub von Irland (Guinness-Rekord ist anerkannt), vielleicht sogar der Welt, eröffnet erstmals um das Jahr 900. Populär bei Studenten. Gute Auswahl an Sandwiches. Session am Sonntagnachmittag.

Glasson

Glasson Village Restaurant, ✆ 090-6485001, ⌨ www.glassonvillagerestaurant.ie. Genau in der Ortsmitte gelegenes Restaurant, untergebracht in einer alten Polizeistation, Küche im traditionell französischen Stil mit irischem Einfluss. Schwerpunkt Fischgerichte, in der Saison auch Wild, bei noch vernünftigen Preisen. ⏲ Di–Fr 17.30–21, Sa 18–21.30, So ab 13 Uhr.

Wineport Lodge, ⌨ www.wineport.ie. Modernes Restaurant etwa 2 km südwestlich der Hauptstraße mit schönem Ausblick auf den See. Sehr gute Weinauswahl. Unbedingt die Probierplatte „Turf-Smoked Ham" bestellen.

UNTERHALTUNG UND KULTUR

Dean Crowe Theatre, Chapel St., Athlone, ✆ 090-6492129, ⌨ www.deancrowetheatre. com. Renoviertes Theater in der Ortsmitte

Irlands erstes Öko-Gästehaus

🏠 Das **Coosan Cottage**, 2–3 km nördlich von Athlone, ✆ 090-6473468, ⌨ www. ecoguesthouse.com, war Irlands erstes Öko-Gästehaus. Das hübsche B&B im typischen Cottage-Stil ist zugleich ein modern eingerichtetes Niedrigenergiehaus. Geheizt wird mit Pellets, in speziellen Behältern wird das Regenwasser aufgefangen. In herrlicher Umgebung können Besucher hier naturnahen Urlaub verbringen. ❸

mit recht abwechslungsreichem Programm: Konzerte und gelegentliche Auftritte von Tourneetheatern oder örtlichen Schauspieltruppen.

SONSTIGES

Feste

Im Juli findet der **TriAthlone**, ⌨ www. triathlone.com, in und um Athlone statt. Die Schwimmwettbewerbe im Shannon sind auch für Zuschauer attraktiv (und wenn man nur mitfröstelt).

Informationen

Tourist Information Athlone, im Innenhof der Burg direkt neben dem Eingangstor, ✆ 090-6494630. Ist das Büro geschlossen, helfen die Mitarbeiter der Museums-Rezeption nach Möglichkeit gerne weiter. ⌨ www.athlone.ie. ⏲ wechselnd, vor allem unter der Woche während der Hauptsaison.

NAHVERKEHR

Details zum Fahrplan des **Stadtbusses** von Athlone erfährt man unter ⌨ www.buseireann. ie (Stichwort City/Town Services).

TRANSPORT

Busse

Der **Busbahnhof**, Southern Station Rd., ✆ 090-6484406, ⌨ www.buseireann.ie, liegt neben dem Bahnhof.
DUBLIN (Linie 20), Mo–Fr zwischen 7 und 22 Uhr stdl., 2 Std.
Weitere Verbindungen nach GALWAY, WESTPORT und MULLINGAR.

Eisenbahn

Der **Bahnhof**, Southern Station Rd., bietet gute Verbindungen.
Athlone liegt an den Intercitystrecken von Dublin nach Ballina, Westport und Galway. Mehrere Züge tgl. bedienen auch interessante Orte wie KILDARE, TULLAMORE, ROSCOMMON, FOXFORD, CASTLEBAR und ATHENRY.

County Roscommon

Roscommon ist eines der unbekannteren Counties in Irland. Im Osten durch den Shannon begrenzt, im Westen über lange Strecken vom Fluss Suck, ist das überwiegend flache County im Norden durch roten Sandstein geprägt ... in den Hügeln wurde früher sogar Kohle abgebaut. Weiter nach Süden verändert sich die Landschaft, die in der letzten Eiszeit entstandenen abgerundeten Hügel wechseln sich mit weiten Grasflächen und Mooren ab. Im Osten schließlich befinden sich die großen, zum Flusslauf des Shannon gehörenden Seen. Während im Norden des County die Rinderzucht dominiert, grasen auf den Wiesen im Süden vor allem Schafe. Und obwohl Roscommon nicht im Mittelpunkt des touristischen Interesses steht, werden Besucher angenehm überrascht sein. Zum einen wären da die historischen Städte Boyle und Roscommon selbst, zum anderen der wunderschöne Naturpark am Lough Key. Und richtig proppenvoll ist es hier nie.

Boyle und Umgebung

Sie gilt als die schönste Stadt im County Roscommon. Beim Bummel durch den vergleichsweise kleinen Ort entdeckt man neben der typischen georgianischen Architektur auch Überreste aus dem Mittelalter.

Abtei von Boyle

Vor allem die Abtei von Boyle, ✆ 071-9662604, 🖥 www.heritageireland.ie, ein ehemaliges Kloster der Zisterzienser und mit der weitaus berühmteren Abtei von Mellifont (S. 190) verbunden, macht noch heute einen soliden Eindruck. Dies mag z. T. daran liegen, dass das säkularisierte Gebäude im 17. Jh. zu einer Burg umgebaut wurde. Ursprünglich war die Abtei 1161 gegründet worden und hatte dann in den folgenden Jahrhunderten diverse Raubüberfälle sowohl der Anglo-Normannen als auch der Iren selbst überlebt.

Auch die allgemeine Auflösung der Klöster im Jahr 1539 hinterließ zumindest am Gebäude keine großen Spuren. So ist trotz der massiven Umbauten von 1659 noch ein großer Teil der ursprünglichen Gebäude erhalten, darunter die Kirche, der Klosterbereich, die Sakristei sowie Kellerräume und die Küche. Das Kirchenschiff ist bemerkenswert, da es sowohl romanische als auch gotische Bogen aufweist. Ein Teil der Verzierungen an den Säulen stammt noch aus den Anfangsjahren des Klosters. Das kleine Besucherzentrum vermittelt zusätzliche Informationen auf Schautafeln. Besonders gelungen ist der kürzlich erfolgte Rückbau des Kirchenschiffs, bei dem lange zugemauerte Fenster wieder freigelegt wurden; den Schutz gegen Eindringlinge übernimmt jetzt eine lichte Glaskonstruktion. ⏰ Ostern–Sep tgl. 10–18 Uhr, Eintritt 5 €.

King House

Das King House, Main St., ✆ 071-9663242, 🖥 www.kinghouse.ie, hat keine königliche Verbindung, der beeindruckende Bau ist das Stammhaus der anglo-irischen Familie King, der späteren Earls of Kingston, die hier ab 1730 für rund 50 Jahre residierten. Unter der Bevölkerung waren die Kings als strenge Herren bekannt und wenig beliebt. Heute wird das King House als eine Art Heimatmuseum und Kunstgalerie genutzt. Die Ausstellung ist bunt, von der Familie King über die Geschichte des Hauses, von gälischen Fürsten über britische Soldaten bis zu Tarzans Braut Maureen O'Sullivan. Besonders attraktiv ist es für Kinder dank diverser interaktiver Stationen und Mitmachprogramme – so kann man in mittelalterlichen Kostümen „Geschichte erleben" oder sich als Baumeister versuchen. ⏰ April–Sep Di–Sa 11–17, So 11–16, an Bank Holidays Mo 11–16 Uhr, Eintritt 5 €. Im Innenhof sind ein kleiner Kunsthandwerksladen und das empfehlenswerte Bea's Café zu finden.

Lough Key Forest Park

Nur 6 km nordöstlich der Stadt liegt der Lough Key mit dem **Lough Key Forest Park**, ✆ 071-9673122, 🖥 www.loughkey.ie. Der See mit seinen vielen Inseln ist landschaftlich äußerst reizvoll. Ursprünglich gehörte der über 500 ha große Park zum Rockingham House, doch das von Stararchitekt John Nash entworfene ehema-

lige Schloss wurde 1957 Opfer einer Brandkatastrophe. Die Wälder wurden im 17. Jh. von den Besitzern angelegt. Neben der mittlerweile teilweise ungezähmten Natur, durch die sich Wanderwege ziehen und in der auch Rotwild lebt, befinden sich mehrere Ringforts auf dem Gelände, die allerdings teilweise kaum noch erkennbar sind. Besser zu sehen sind dagegen ein Eishaus aus dem 17. Jh., eine Art natürlicher Kühlschrank. Aus derselben Periode stammt der „Tempel" am See, ein Pavillon, in dem der Naturfreund nicht ganz den Elementen der Natur ausgesetzt war. Neueren Datums ist der Beobachtungsturm mit schönem Rundblick über den Park.

Wer den See nicht nur vom Ufer aus bewundern will, der fährt mit einem Wasserbus vom Besucherzentrum (Fahrzeiten dort erfragen) auf **Church Island** und **Trinity Island** hinaus, beide Inseln besitzen Ruinen aus dem Mittelalter. Ebenfalls besuchen kann man **Castle Island**, das eine romantische Ruine aus dem 19. Jh. trägt. Die irische Forstbehörde Coillte hat in dem Anwesen mittlerweile ein sehr einladendes **Aktivitätszentrum** errichtet, das vor allem Familien mit Kindern begeistert. Eine auch für Erwachsene interessante Attraktion dabei ist die Erforschung der unterirdischen Gänge, die in Kontrast steht zum Tree Top Walk – in mehr als 9 m Höhe zieht sich ein Wanderweg mit Glaswänden (nur für Schwindelfreie!) durch den Wald. Für diese Einrichtungen werden zusätzliche Eintrittsgelder erhoben. ⏲ Informationszentrum/Café April–Aug tgl. 10–mind. 18 Uhr, andere Monate kürzer), Parkgebühr 4 €, andere Einrichtungen extra.

Arigna

In der Nähe des Lough Allen, 18 km nordöstlich vom Lough Key, befindet sich ein Museum, das einer Industrie gewidmet ist, die die meisten Besucher eher nicht mit Irland verbinden – dem Bergbau. Bei Arigna befand sich eines der (meist recht kleinen) Bergwerke Irlands, das **Arigna Mining Experience**, ✆ 071-9646466, 🖥 www.arignaminingexperience.ie. Mit seinem speziell konstruierten Besucherzentrum erinnert es an diesen Teil der Geschichte von Roscommon. Wen Enge und Dunkelheit nicht stören, der kann auch eine (geführte) Tour durch das Bergwerk wagen, die teilweise extrem beengten Arbeitsbedingungen werden anschaulich demonstriert. ⏲ tgl. 10–18 Uhr, Eintritt 10 €.

ÜBERNACHTUNG, ESSEN, UNTERHALTUNG

€ **Rosdarrig House B&B**, Carrick Rd., Boyle, ✆ 071-9662040, 🖥 www.rosdarrig.com. Nahe dem Ortskern gelegenes, sauberes und komfortables B&B mit schönen Gärten am Haus und Blick auf Berglandschaft. Gutes Frühstück, auch für Familien geeignete Zimmer (bis 5 Betten). ❷
The Stairs, The Crescent, Boyle, ✆ 071-9662405, 🖥 www.thestairsboyle.com. Das ehemalige (legendäre) Moving Stairs wurde als Gastro-Pub neu aufgemöbelt und bietet gute Küche zu vernünftigen Preisen (2-Gänge-Menü 20 €). ⏲ Mo, Do, Fr ab 17, Sa, So ab 12.30, letzte Essensbestellung immer 21.30 Uhr.
Wynne's Bar, Main St., Boyle. Sehr beliebte und belebte Bar mit altmodischer Einrichtung, die durch ihre ideale Lage in der Hauptstraße eigentlich nie zur Ruhe kommt. Der späte Freitagabend ist der traditionellen Musik gewidmet, eine sehr beliebte Session kommt ab etwa 21.30 Uhr in Gang.

INFORMATIONEN

Tourist Information Boyle, Main St., im King House, ✆ 071-9662145. ⏲ wie King House.

TRANSPORT

Busse

Die besten Verbindungen im County Roscommon bestehen mit Bus Éireann, 🖥 www.buseireann.ie, von Boyle aus, Abfahrt in der Bridge St., beim Royal Hotel. DUBLIN (Linie 23), über Carrick-on-Shannon, Longford, Mullingar, Maynooth und Dublin Airport, Mo–Fr mind. 6x tgl., ca. 4 Std. SLIGO (Linie 23), mehrmals tgl., ca. 3 Std.

Eisenbahn

Bahnhöfe mit eingeschränkten Verbindungen liegen in **Boyle** (Elphin St.) und in **Carrick-on-Shannon** (S. 489, nur wenige Meter jenseits der County-Grenze nach Leitrim). Beide sind Teil der Intercity-Strecke von Dublin nach Sligo, die mehrmals tgl. befahren wird.

Strokestown und Umgebung

Ende des 18. Jhs. entstand der Ort Strokestown, dessen ursprüngliches, recht mondän geplantes Straßenbild sich in der Innenstadt noch erhalten hat. Kleine Steintafeln an den Häusern erinnern an die Geschichte des Ortes und weisen auf interessante Punkte und die georgianische Architektur hin.

Die Hauptstraße, die vom Ortszentrum zum Eingang des **Strokestown Park House**, ✆ 071-9633013, 🖥 www.strokestownpark.ie, führt, ist außergewöhnlich breit. Fast ergibt sich der Eindruck, als seien hier drei Straßen nebeneinander in die Landschaft gebaut worden. Das palastähnliche Gebäude wurde in der ersten Hälfte des 18. Jhs. für Thomas Mahon gebaut und ist samt Originalinventar noch vollkommen erhalten. Die Familie Mahon hatte die ausgedehnten irischen Ländereien nach der Wiederherstellung des englischen Thrones von König Karl II. für treue Dienste bekommen. Nachdem man sich zuerst mit einem Turmhaus aus dem

Wenn es in der irischen Geschichte ein Thema gibt, das im Bewusstsein der gesamten Nation tief verankert ist, dabei aber schon fast mythologische Dimensionen annimmt, dann ist das die Große Hungersnot, „the Great Famine". Sie führte dazu, dass etwa ein Viertel der irischen Bevölkerung aus dem Land verschwand. Exakte Zahlen gibt es nicht, aber die meisten Schätzungen gehen davon aus, dass 1,1 Mio. Menschen an Hunger und Mangelkrankheiten starben. Eine weitere Million emigrierte, viele davon in die Vereinigten Staaten.

Die Ursache der Hungersnot – Monokultur

Was war der Grund? Im Jahr 1845 verbreitete sich eine verheerende Kartoffelfäule in vielen europäischen Regionen. Mehrere Ernten hintereinander wurden vernichtet. Was sich in anderen Ländern noch auffangen ließ, war für die irische Landbevölkerung ein Todesurteil auf Raten. Dazu trug vor allem die Monokultur bei. Die Kartoffel war das Grundnahrungsmittel für die meisten Iren, Getreide und tierische Produkte gingen zu einem Großteil in den Export. Hinzu kam das Problem, dass der Kartoffelanbau auf immer demselben Boden stattfinden musste und eigentlich nur die Sorte „Lumper" angebaut wurde. War ein Landstück erst einmal mit dem Kartoffelfäule verursachenden Pilz befallen, war eine Infektion der folgenden Aussaat unvermeidbar, wenn dem Boden nicht eine Ruheperiode gegönnt oder eine weniger empfindliche Sorte eingeführt wurde.

Habsucht und Ignoranz – tödliche Faktoren

Das zweite Problem war Profitgier. Gekoppelt mit absoluter Unfähigkeit der Regierung, die Situation in den Griff zu bekommen. Die irischen Kaufleute, egal welcher Religion sie angehörten oder wo ihre Wurzeln lagen, exportierten auch auf dem Höhepunkt der Hungersnot weiter Lebensmittel. Tatsächlich wurde auf der Insel mehr Nahrung produziert als benötigt. Diese Nahrung war jedoch teurer als die heimische Knolle und wurde außer Landes geschafft. Importe von Hilfsgütern durch die Regierung waren schwankend, z. T. Preisspekulationen unterworfen. Erst 1847 kam es zu umfangreichen Lebensmittellieferungen, vor allem von Maismehl, das jedoch für viele Iren zunächst unverdaulich blieb. Als endlich im Sommer des Jahres etwa 3 Mio. Iren über Suppenküchen versorgt wurden, besserte sich erstmals die Lage. Die Hungersnot hielt sich jedoch vor allem im Westen Irlands noch bis 1850, in einigen Gegenden sogar noch länger. Die höchsten Todesraten wurden in den Gegenden westlich des Shannon verzeichnet, die niedrigsten in den Counties Derry, Down und Wexford.

Die Hungersnot als ideologisches Problem

Die Not wurde auch dadurch verstärkt, dass viele Menschen nicht über ihren eigenen (oft religiösen) Schatten springen konnten! So wurden Versuche der Hilfeleistung durch nicht katholische Kirchen – vor allem die Quäker waren hier sehr aktiv – mit Misstrauen betrachtet. Es ging vielerorts das Gerücht, man müsse den katholischen Glauben aufgeben, um die Suppe löffeln zu können. Und in der Tat waren solche Hilfsaktionen oft mit missionarischer Arbeit verbunden.

Aber auch ganz einfache Möglichkeiten versagten. In manchen Gegenden im Westen weigerte sich die hungernde Bevölkerung, den reichlich im Meer vorhandenen Fisch zu essen – aus Gewohnheitsgründen. Das erklärt, warum die Todesstatistiken verschiedener Dörfer so weit auseinanderklafften. Was jedoch in Erinnerung blieb, war die z. T. zynische Art der Regierung, mit der Hungersnot umzugehen. Herausragendes Beispiel dafür bleibt Sir Charles Trevelyan, dem im Finanzministerium die Koordination der staatlichen Hilfe übertragen wurde. Er hing dem Dogma an, dass die Hungersnot von Gott geschickt sei, um die Iren zu mehr Selbstständigkeit zu erziehen. Mit dieser religiösen Überzeugung als Grundlage seines politischen Handelns verschleppte er die Hilfsmaßnahmen so sehr, dass man seiner ideologisch motivierten Untätigkeit Tausende von Toten anlasten kann.

MEATH UND DIE MIDLANDS

17. Jh. behalf, ließ Mahon um 1730 von dem Landsitz-Spezialisten Richard Cassels das neue Haus auf der Basis der schmucklosen Festung errichten. Der damals beliebte „Palladian Style" wurde von Cassels adaptiert. Vor allem die Wirtschaftsbereiche wie die Küche und die Stallungen sind ein bemerkenswertes Beispiel für diese typisch anglo-irische Entwicklung.

Allerdings war Strokestown Park auch für den Niedergang vieler Großgrundbesitzer typisch. Ursprünglich umfasste das Gelände 12 000 ha, nach und nach wurden die Ländereien zur Geldbeschaffung verkauft. 1979 entschied die Familie, das Haus mit nur noch 120 ha und in einem stark reparaturbedürftigen Zustand endgültig zu verkaufen. Die anschließende Renovierung des Hauses gestaltete sich sehr vernünftig und behutsam. Auf dem umliegenden Gelände konnten Teile der Zier- und Nutzgärten wieder belebt werden.

Als eine Art späte Rache der Iren an den Mahons kann man das in den Stallungen eingerichtete **Famine Museum** sehen, das die Geschichte der Großen Hungersnot dokumentiert. Dabei geht es schwerpunktmäßig um die Art und Weise, in der sich die Großgrundbesitzer der Notlage ihrer Angestellten, Arbeiter und Pächter annahmen. Major Denis Mahon, der damalige Herr auf Strokestown, zeigte sich angesichts der Katastrophe wenig fürsorglich – etwa zwei Drittel der Hungernden wurden von ihm einfach vertrieben. ⏱ 17. März–Ende Okt tgl. 10.30–17.30, Hausführungen 12, 14.30 und 16 Uhr, außerhalb dieser Zeit nur bis 16 Uhr geöffnet und Hausführung nur 14 Uhr, Eintritt (für Gebäude und Ausstellungen) 14 €.

Das Café und Restaurant im Strokestown Park House ist sehr empfehlenswert und bietet anständige Portionen guter Hausmannskost.

Castlerea

Mit der Familie O'Conor verbunden ist das bei Castlerea gelegene **Clonalis House**, ✆ 094-9620014, 🖥 www.clonalis.com, der Stammsitz der herrschaftlichen Familie – sie waren Könige von Connacht und auch Hochkönige von ganz Irland. Auf dem Gelände erkennt man noch die Reste des alten Hauses aus dem 17. Jh., das eigentliche Herrenhaus stammt jedoch aus viktorianischer Zeit. Der Krönungsstein im Park wird immerhin auf das Jahr 90 v. Chr. datiert, worüber sich allerdings streiten lässt. Das eigentliche Clonalis House ist im zeittypischen Stil unter Einbeziehung verschiedener europäischer Einflüsse gebaut worden.

Besonders beeindruckend sind die Eingangshalle in venezianischem Stil und die Sammlung historischer irischer Bücher und Dokumente in der Bibliothek. Familienporträts dokumentieren etwa 500 Jahre Geschichte. Eine ganz besondere Kostbarkeit ist die Harfe des Turlough O'Carolan, bekannt als der letzte Barde von Irland. Der blinde Musiker soll im Billardzimmer von Clonalis House einst Konzerte gegeben haben. Für Juristen könnte die Abschrift der frühesten irischen Gesetze, des *Brehon Law*, interessanter sein. ⏱ Führungen Juni–Aug Mo–Sa 11–17 Uhr, 10 €.

Rathcroghan

Bei Rathcroghan befand sich angeblich der Krönungsplatz der Könige von Connacht. Die Anlage ähnelt entfernt dem Hügel von Tara, ist jedoch

---

Ein Blick in die Landschaft(szerstörung)

Die heute noch aktiv bewirtschafteten Moore der Midlands bilden einen trostlosen Anblick – links und rechts der Straßen erstrecken sich endlose Gebiete, die einen geradezu abgebrannten Eindruck machen. Der hier abgebaute Torf hat je nach Wetterlage eine dunkelbraune bis fast schwarze Färbung. Raubbau an der Natur? In gewissem Sinne ja. Torf gehört zwar, genau wie Holz, zu den nachwachsenden Rohstoffen. Nur dauert es vergleichsweise sehr lange, bis sich Biomasse in Torferde verwandelt – nur einen Millimeter Bodentiefe im Jahr. Das Ende des intensiven Torfabbaus ist daher absehbar, einige ehemalige Abbaugebiete wurden bereits probeweise renaturiert. Die seit Jahrtausenden gewachsene Landschaft der Torfmoore ist dann allerdings fast unwiederbringlich zerstört. Erst nach vielen Hunderten von regnerischen Sommern werden sich Irlands Moore neu gebildet haben.

wesentlich kleiner. Wohl am ältesten ist ein Hügel, der künstlich angelegt wurde und ein Ganggrab sein könnte. Dafür sprechen auch die diversen Megalithgräber in der näheren Umgebung. Weitere Teile der sich in der Landschaft ausdehnenden Anlagen bestehen aus Ringforts, eines von ihnen weist einen stehenden Stein in der Mitte auf. Der Legende nach liegt hier der König Dathi begraben liegt, ein Heide, was sich jedoch ohne weitere archäologische Untersuchungen nicht beweisen lässt. Es erscheint aber sicher, dass hier bei Rathcroghan eine vorchristliche, zumindest teilweise kultisch genutzte Stätte erhalten ist.

Die weitläufige (und nicht vollständig zugängliche) Anlage ist recht gut beschildert, sodass der Besucher sich auch allein auf den Ausflug in die Vergangenheit wagen kann. Das zum Königssitz gehörige **Rathcroghan Visitor Centre** im kleinen Ort Tulsk, ☎ 071-9639268, 🖥 www. rathcroghan.ie, bietet Führungen an. ⏰ Mo–Sa 9–17, Bank Holidays und So im Sommer 12–16 Uhr, Eintritt 5 €, inkl. Führung 14 €.

Castlerea

🧳 **Clonalis House**, ☎ 094-9620014, 🖥 www. clonalis.com. Dieses Herrenhaus der O'Conors of Connacht im viktorianisch-italienischen Stil hat 4 Zimmer mit Originalmöbeln. Schlafen wie die Adligen von damals … aber bitte unbedingt mit Voranmeldung! ❻

Termonbarry

Im Ort Termonbarry, direkt an der N5 und 13 km östlich von Strokestown, wird gutes Essen aufgetischt.

Keenan's, direkt am Shannon in der Ortsmitte, 🖥 www.keenanshotel.ie. Bar mit mehr traditioneller Küche, das Steak-Sandwich mit hausgemachter Meerrettichsauce ist hervorragend. Im Restaurant internationale Küche, Empfehlung: Ente in Honig. Unterkunft im Haus möglich. ❹ **The Purple Onion Bar & Restaurant**, in der Ortsmitte, 🖥 www.purpleonion.ie. Kleines Restaurant mit nicht ganz üblichen Gerichten wie gegrillten Sardinen oder auch Wildschweinwurst. Nicht billig, doch hohe Qualität.

Interessant: Eine Kunstgalerie ist ebenfalls im Hause. ⏰ Mo–Fr 17.30–21.30, Sa 12.30–21.30, So 12.30–15.30 und 16.30–19.30 Uhr.

Busse fahren vom Ortszentrum Strokestown nach:
BALLINA (Linie 22), mehrmals tgl., 2 1/2 Std,
DUBLIN (Linie 22), via Foxford, Strokestown, Longford, Mullingar, Maynooth, mehrmals tgl., 3 Std.

Roscommon

Roscommon ist die Hauptstadt des gleichnamigen County und vor allem als Marktstadt bekannt. Gegründet wurde sie durch den Heiligen Coman als Klostersiedlung. Touristen verirren sich relativ selten in diese Gegend, obwohl der Ort einige interessante Sehenswürdigkeiten aufweist und auch reich an Geschichten ist. Am bekanntesten ist jene des letzten Henkers von Roscommon, ein frühes Beispiel für Gleichberechtigung in Irland. Eine nur als Lady Betty bekannte Frau wurde 1780 wegen Mordes an ihrem Sohn zum Tode verurteilt, der Ort hatte jedoch zu der Zeit keinen eigenen Henker. So schlug Betty dann ein Geschäft vor: Sie werde den ungeliebten Job übernehmen, wenn ihr im Gegenzug dafür das Leben geschenkt würde. Die Stadtväter gingen auf das Geschäft ein, die nächsten 30 Jahre wurden Übeltäter in Roscommon von weiblicher Hand gerichtet. Das Gefängnis, in dem die Henkerin ihrem Beruf nachging, steht heute noch in der Main Street.

Dominikanerkloster

Wesentlich friedlicher ging es im Dominikanerkloster zu, das sich etwas südlich der Stadtmitte in der Abbey Street befindet. Es wurde 1253 durch Felim O'Conor, seines Zeichens König von Connacht, gegründet. Sein Grabmal findet sich immer noch in der Nordwand des Chores. Interessant sind dabei die gleich acht bewaffneten Figuren, die über seine letzte Ruhestätte wachen. Allerdings ist der Rest der Kirche im 15. Jh. stark verändert worden.

© BERND BIEGE

Rathcroghan ist nicht der einige Ort in Irland, der als Königsstätte, als „Royal Place" ausgeschildert ist und angepriesen wird. So manchem Besucher fällt dann allerdings ob der Realität der Unterkiefer runter – beseelt von Prinz-Eisenherz-Fantasy und Braveheart-Holzhammer-Patriotismus reist man an. Und steht dann meist auf einer ondulierten grünen Wiese im Nichts.

Die Anlage von Rathcroghan ist dabei vielleicht das eklatanteste Beispiel, denn hier verweisen nicht einmal Besucherhorden und große Parkplätze auf die Wichtigkeit des Ortes. Nur ein paar Schilder und ein Besucherzentrum etwas ab vom Schuss. Einen Königspalast (oft wird statt „Place" gerne „Palace" gelesen) hat man sich nun aber anders vorgestellt.

Am ehesten diese Fantasien bedient noch der **Rock of Cashel** (S. 265), hier hat man wenigsten handfeste Ruinen in einem spektakulären Umfeld. **Tara** (S. 222) hinterlässt dagegen schon einen gedämpfteren Eindruck, die (zumindest spirituelle) Heimat des Hochkönigs von Irland ist zwar ein Publikumsmagnet, aber für den Laien nicht wirklich spektakulär. Und das königliche Vorzeigestück des Nordens, **Emain Macha** (S. 544), hat zwar ein erstklassiges Besucherzentrum, aber der Hügel selber ist … ja, ein Hügel, mit einigen Bodenwellen.

Also alles nur Etikett, keine Substanz? Nein, das nun auch wieder nicht – denn die ehemaligen Königsstätten, so unscheinbar sie heute auch wirken mögen, waren im alten Irland wichtig. Manchmal über Jahrtausende hinweg, etwa die vier hier genannten. Manch andere mögen im Nebel der Geschichte nur noch Legende sein, physisch verloren.

Worauf es hinausläuft, ist wirklich die Voreinstellung, mit der Reisende an der jeweiligen Königsstätte ankommen. Wer eine Disney-fizierte Version des Altertums erwartet, wird selbstverständlich enttäuscht werden. Ja, selbst die dringend notwendigen Einrüstungen und Renovierungsarbeiten, die Cashel seit Jahren plagen, gehen manchem Besucher auf den Geist. Logisch, man will es ohne Gerüst haben, nach uns die Sintflut.

Wer sich allerdings mit dem Ort auseinandersetzt, sich auch auf den Ort einlässt, der wird selten enttäuscht. Manchmal sollte man einfach entschleunigen, die Landschaft und die noch sichtbaren Monumente auf sich wirken lassen. Und eben nicht gleich nach dem obligatorischen Selfie zum nächsten Abhakpunkt weitereilen.

Sacred Heart Church

Interessant ist auch die Sacred Heart Church, die das Stadtbild aus der Ferne dominiert und einen verwirrenden Mix von Baustilen und Zierelementen aufweist. Die graue, neogotische Außenfassade wird durch Mosaikarbeiten mit goldenem Hintergrund aufgelockert, zwei Statuen von Engeln links und rechts des Eingangs strahlen geradezu in grellen Farben. Vor der Kirche befindet sich in einer Art Souterrain eine lebensgroße, nicht weniger farbige Darstellung der Kreuzigung. Im Innenraum wechseln sich fast klinisch weiße Bereiche und sehr bunte Darstellungen ab, einige schöne Glasfenster mit z. T. scheinbar an präraphaelitische Gemälde angelehnten Darstellungen gehören ebenso dazu wie die Darstellungen der Passionsgeschichte.

Roscommon Castle

Roscommon Castle, nördlich der Innenstadt gelegen, wurde kurz nach der Klostergründung erbaut. 1269 errichtete der Anglo-Normanne Robert d'Ufford die erste Festung an dieser Stelle, nur um sie elf Jahre später noch einmal zu bauen, nachdem sie von Hugh O'Conor dem Erdboden gleichgemacht worden war. Die immer noch imposante Anlage mit ihren runden Türmen wurde später noch ein wenig wohnlicher gestaltet, die meisten Fenster erst im 16. Jh. nachträglich eingebaut. Heute liegt die Burg allerdings weitgehend in Trümmern, ihre einstige Größe ist aber noch deutlich an den recht gut erhaltenen Außenmauern erkennbar. Die Burg ist frei zugänglich vom kleinen Stadtpark aus, der in der Regel während des Tages geöffnet ist.

ÜBERNACHTUNG UND ESSEN

Gleeson's Townhouse & Restaurant, Market Sq., ☏ 090-6626954, ▯ www.gleesonstownhouse. com. Zentrales Guesthouse mit 19 Zimmern. Ideale, komfortable Basis, um den Ort kennenzulernen und die Midlands zu erkunden. Das Restaurant steht allen offen. ❷–❹

UNTERHALTUNG UND KULTUR

In der Stadt Roscommon bieten verschiedene Kneipen häufig traditionelle Sessions an, beliebt sind vor allem **Doorly** (Mo ab etwa 21.30 Uhr), **Foxe's** (1. Di im Monat) und das **Sportsman's Inn** (Musiksession am 3. Fr im Monat), alle direkt in der Innenstadt.

▯ **J.J. Harlow's**, The Square, ☏ 090-6626468. Der vielleicht urigste Pub Roscommons wirkt wie eine Kombination aus Krämerladen und Kneipe (was viele irische Pubs eigentlich wirklich waren). Bekannt für Musik: traditionelle Session am Mittwoch ab etwa 21.30 Uhr, an anderen Abenden oft auch Jazz oder Bluegrass.

INFORMATIONEN

Tourist Information Roscommon, Harrison Hall, ☏ 090-6626342. Infos auch unter ▯ www. visitroscommon.com. ⏱ nur im Sommer Mo–Fr 10–16 Uhr.

TRANSPORT

Busse fahren vom Square nach: DUBLIN (Linie 21 und 20), über Athlone, Mo–Fr 3x tgl. zwischen 8 und 17 Uhr, 2 Std. Linie 21 fährt mehrmals tgl. nach KNOCK, CASTLEBAR und WESTPORT.

County Longford

Die Grenze zwischen den Counties Roscommon und Longford ist der Shannon, aber beide Ufer ähneln sich landschaftlich sehr. Ausgedehnte Moorgebiete, die sich mit Wäldern abwechseln, sorgen in Longford jedoch insgesamt für ein kontrastreicheres Landschaftsbild. Viehzucht bestimmt den Süden, der bereits in die irische Tiefebene übergeht, während im Norden das Land hügeliger wird und die eigentlich für das südliche Ulster typische Landschaft beginnt. Grenzland eben.

Mit Ausnahme von Bootsfreunden, die sich auf den Gewässern des Shannon tummeln, zieht Longford kaum Touristen an. Zu spärlich sind die Attraktionen im County. Allenfalls Literaturkenner werden auf Anhieb zwei von ihnen nennen können: Carrigglas Manor und Edgeworthstown.

Longford Town

Die Hauptstadt, mit rund 10 000 Einwohnern recht groß, ist im Grunde kein lohnendes Reiseziel. Von den Wikingern als Stützpunkt für Geschäfte im irischen Binnenland gegründet, ist Longford auch heute noch eher ein Verkehrsknotenpunkt und Handels- sowie Industriezentrum. Touristisch interessant ist allenfalls die **St. Mel's Cathedral**, 🖥 www.longford parish.com, mit ihren von Harry Clarke gestalteten Glasfenstern. Die Kathedrale wurde Weihnachten 2009 durch ein Feuer stark beschädigt und danach sorgfältig wieder aufgebaut. Die wertvollen Glasfenster wurden zwar beim Brand beschädigt und teilweise zerstört, glücklicherweise hatte jedoch ein Restaurator jedes Fenster bereits 1997 bis ins Detail dokumentiert, sodass alle wieder hergestellt und neu installiert werden konnten. Die Kathedrale ist in der Regel tagsüber geöffnet.

Durch die gute Lage in den Midlands eignet sich Longford zudem als Basis zur Erkundung der Umgebung.

Ardagh – Kleinod im Nichts

Ardagh gilt als **das schönste Dorf in Longford**, vor allem die rund um das „Green", einen kleinen Platz in der Ortsmitte, angeordneten kleinen Steinhäuser geben ein schönes Fotomotiv ab. Die winzige St. Mel's Cathedral (Ruine) soll zudem der Hl. Patrick persönlich gegründet haben. Der Ort wurde für die Bediensteten des örtlichen Großgrundbesitzers angelegt. Die Bauweise ist keineswegs typisch irisch, gelegentlich wird Ardagh sogar mit Cornwall verglichen.

Während sich der Ortskern sehr gut erhalten hat, ist das historische Herrenhaus kaum noch erkennbar. Lediglich das alte Kutschenhaus mit seinem kleinen Uhrturm und einige Wirtschaftsgebäude sind noch in weiten Teilen original erhalten. Die beste Aussicht auf das Dorf hat man vom Kirchhof der anglikanischen Church of St. Patrick. Hier kann man auch Fotos über die am Straßenrand geparkten Autos hinweg schießen.

Longford Arms Hotel, Spa & Leisure Centre, Main St., ✆ 043-3346296, 🖥 www.longfordarms.ie. Hotel im Zentrum von Longford Town mit 30 Zimmern. Vor wenigen Jahren renoviert und somit auf der Höhe der Zeit, jedoch immer noch etwas altmodisch wirkend. Meerwasserpool, Massagen, Aromatherapie und andere Wellness-angebote. ❸

Viewmount House, Dublin Rd., ✆ 043-3341919, 🖥 www.viewmounthouse.com. Nur 1 km südöstlich des Stadtkerns gelegenes Hotel im georgianischen Stil mit 13 unterschiedlich gestalteten, bequemen, gemütlichen Zimmern, die zu einem Aufenthalt mit Restaurantbesuch einladen. Themengärten umgeben das Hotel. Stimmungsvolles Restaurant in einem ausgebauten Stall, saisonal geprägte Speisekarte, ⏰ Mi–Sa 18.30–21.30, So 13–16 Uhr. ❹

Tourist Information Longford Town, Market Sq., ✆ 043-3342577, 🖥 www.visitlongford.ie. ⏰ im Sommer Mo–Fr 10–16 Uhr.

Busse
Auch im County Longford ist der Bus die beste Option. Busse aus Longford fahren am **Bahnhof Earl St**. ab.
BALLINA (Linie 22), via Foxford und Strokestown, mehrmals tgl., 2 1/2 Std.
DUBLIN (Linie 22 und Linie 23), via Mullingar, Maynooth und Dublin Airport, mehrmals tgl. rund um die Uhr, 3 1/2 Std.
SLIGO (Linie 23), über Carrick-on-Shannon und Boyle, mehrmals tgl., 3 1/2 Std.

Eisenbahn
Bahnhöfe mit eingeschränkten Verbindungen gibt es in **Longford Town**, Earl St., ✆ 043-45208, und in **Edgeworthstown** (an der N4). Sie liegen an der Intercity-Strecke von Dublin nach Sligo. Mehrere Züge am Tag.

Edgeworthstown

Eine Verbindung zur englischsprachigen Literatur im 18. und 19. Jh. besteht in Edgeworthstown, einem kleinen Ort mit interessantem, historischem Stadtkern. Dichterin Maria Edgeworth wurde hier 1849 in einem Herrenhaus geboren, das sie später für Besucher aus der Literaturszene öffnete, darunter William Wordsworth und Sir Walter Scott. An der Umgehungsstraße von Edgeworthstown „bewacht" die lebensgroße Bronzestatue Maria Edgeworths den Ortseingang (von Dublin kommend links an der N4).

Granard

Interessant ist auch die Kleinstadt Granard, deren Hauptstraße auf eine hoch gelegene Kirche zusteuert, bevor ein jäher Schwenk nach links

---

Die klaren Wasser des Shannon?

Wenn Bootsurlauber aus Irland zurückkommen oder man sich als „Normalbesucher" auch einmal an die Gewässer gewagt hat, dann ist oft vom ach-so-klaren Wasser die Rede. Optisch gesehen durchaus korrekt. Bei genauerer Analyse allerdings … sagen wir es einmal so: Gewässerschutz steckt in Irland noch in den Kinderschuhen, an vielen Orten regieren noch Schlendrian und schlichte Dummheit.

Eigentlich sollte man denken, dass sich in Irland niemand um das Wasser Sorgen machen muss – schließlich gibt es genug davon, die häufigen Niederschläge sorgen meist recht zuverlässig für Nachschub. Wenn da nicht der Faktor „Mensch" wäre. Kläranlagen etwa sind gerade im Pendlerbereich der Großstädte oft für eine wesentlich geringere Bevölkerungsdichte geplant und gebaut, dann aber trotz des raschen Bevölkerungswachstums nie erweitert worden. Resultat? Nach heftigen Regenfällen schwappt die Brühe schon mal über, und das stark kontaminierte Wasser läuft ungefiltert in die nächstgelegenen Gewässer.

Und wer die Ufer des Shannon mit wachem Auge betrachtet, der wird Irlands Landbevölkerung auch schon mal in Aktion sehen – gemütlich auf dem Trecker sitzend, den voll beladenen Gülletank auf einer Wiese entleerend, gleich neben dem Fluss- oder Seeufer. Danach den Tank mit Seewasser ausspülen … und was nicht gleich ins klare Wasser läuft, das sickert langsam, aber sicher in den Grundwasserkreislauf ein. Wie auch der Überlauf privater Sickergruben, auf dem Land immer noch der Standard.

So etwas hat natürlich Folgen: Experten stufen insgesamt bis zu einem Drittel der irischen Wasserversorgung in Privathaushalten als potenziell gesundheitsgefährdend ein. Manch ein Besucher darf das am eigenen Leib erfahren. Während die Iren gegen das heimische Wasser sozusagen immunisiert sind, verspürt der Gast nach Genuss eines Glases klaren Wassers rasch ein gewisses Unwohlsein.

Nun ja, wirklich lebensgefährlich ist das Shannon-Wasser nicht, man sollte nur nicht aus dem Strom trinken. Da birgt etwa die Liffey in Dublin ganz andere Gefahren, neben Fäkalienresten und Kolibakterien tummeln sich auch die Erreger der Leptospirose im Flusswasser – die Teilnehmer des jährlichen Schwimmwettbewerbs in der Liffey werden noch im Ziel von der Feuerwehr dekontaminiert. Was nichts nützt, hat man erst mal einen Schluck genommen …

Kein Wunder, dass die Dubliner auf der Suche nach frischem Wasser immer weiter ihre Kundschafter ausschicken. Und seit einigen Jahren dabei auch auf den Shannon schielen. Mit einer Pipeline, so der Gedanke, könnte man das frische Nass der Provinz ja den Hauptstädtern zugutekommen lassen. Was die Provinzler gar nicht so gut finden, ein dramatisches Sinken des Wasserspiegels und der Tod des Tourismus werden schon an die Wand gemalt.

Dabei hat der Shannon schon seit Jahren zwei direkte Verbindungen nach Dublin, durch den Grand Canal und den Royal Canal. Und Letzterer diente auch der Wasserversorgung der Hauptstadt – das Blessington Basin (S. 177) ist ein Relikt dieser Phase.

das romantische Bild zerstört und die Straße durch ein Gewerbegebiet führt. In Granard selbst lohnt sich der **Aufstieg auf den Hügel**, der gleich drei Sehenswürdigkeiten vereint. Einen kurzen Blick wert sind die **zwei Kirchen**, die ältere und schmucklosere protestantische Kirche und das steil in den Himmel ragende katholische Pendant. Hinter Letzterem geht ein Fußweg links von der Straße ab, der an einer typischen Lourdes-Gedenkstätte mit künstlicher Grotte und bunten Figuren vorbei zu einem Hügel führt, auf dem eine **Statue des Nationalheiligen Patrick** die Umgebung zu segnen scheint. Hier befand sich einst die Burg von Granard, die im Mittelalter die Umgebung beherrschte. Der Burghügel ist in der Regel für Besucher frei zugänglich, teilweise werden die Ländereien als Viehweiden genutzt.

Eine weitere, wesentlich aufwendigere Befestigung ist 5 km östlich erhalten, wo ein Teil des **Black Pig's Dyke** erkennbar ist. Die „Erdwälle des schwarzen Schweines" sind eine quer durch Irland verlaufende Befestigung, die sich etwa mit dem Danewerk in Schleswig-Holstein vergleichen lässt und die wichtigsten Verbindungswege schützen sollte. Bei Granard (zwischen Lough Gowna und Lough Kinale) sind sie 6 m hoch und bis zu 9 m breit, Gräben an beiden Seiten sorgen gleichzeitig für Drainage und bildeten zusätzliche Hindernisse für Angreifer. Eine gute Informationsseite zum Thema ist 🖵 www.blackpigsdyke.ie, sie kann auch zur Planung von Exkursionen dienen.

Corlea Trackway Visitor Centre

Die Moore der Midlands bildeten seit Jahrtausenden ein verkehrstechnisches Problem. Wer keine sicheren Umwege in Kauf nahm, der verlief sich und versank eventuell ohne jede Spur, nur um Jahrhunderte später beim Torfstechen wieder zutage gefördert zu werden. Um diese Probleme zu umgehen, wurde etwa 150 Jahre vor der Zeitenwende eine Straße durch das Moor angelegt. Dazu benutzten die Menschen der Eisenzeit Holzbohlen. Ein solcher Verbindungsweg aus der Eisenzeit kann am Corlea Trackway Visitor Centre in **Kenagh**, ✆ 043-

3322386, 🖵 www.heritageireland.ie, besichtigt werden.

Hier verlief die **Bog Road**. Der direkt auf das Moor gelegte Steg soll die längste und breiteste Straße dieser Art in ganz Europa gewesen sein. Was man allerdings im Besucherzentrum unter streng kontrollierten klimatischen Bedingungen sehen kann, ist nicht allzu beeindruckend: Gerade einmal 18 m der Strecke wurden freigelegt. Allerdings klären die Ausstellung und ein sehenswerter Film über die Bog Road Besucher darüber auf, warum selbst diese kurze Strecke von enormer archäologischer Bedeutung ist. Einige moderne Bohlenwege führen vom Besucherzentrum direkt ins Moor, teilweise kann man auch den Gang direkt über den weichen, federnden Boden genießen. ⊕ April–Sep tgl. 10–18 Uhr, Eintritt frei.

County Offaly

Offaly, das sind Sümpfe und Moorlandschaften, von den Flutgebieten des Shannon im Westen bis zum Bog of Allen (S. 281) im Westen. Dennoch: Weite Teile des County werden bestimmt durch feucht-saftige Wiesen, auf denen friedlich Kühe grasen, dazwischen immer wieder wogende Getreidefelder. Einen Kontrast zu den Niederungen bilden vor allem die Slieve Bloom Mountains an der Grenze zum County Laois.

Lange Zeit war Offaly gar nicht unter seinem wahren Namen bekannt. Im Jahr 1556 wurde hier aller Landbesitz durch die (damals katholische) Krone beschlagnahmt, an neue Siedler verteilt. Aus Dankbarkeit über diese Maßnahme benannten die Neuzugänge dann auch die neue irische Heimat um in „King's County". König war Philipp von Spanien, Ehemann der englischen Königin „Bloody Mary". Noch heute können die meisten alteingesessenen Bürger von Offaly ihren Stammbaum bis zu den Siedlern zurückverfolgen. Dabei waren es eigentlich irische Mönche, die für einen der wichtigsten Anziehungspunkte in der Gegend sorgten: das Kloster Clonmacnoise, das bis heute neben den Slieve Bloom Mountains und den Gärten des Birr Castle zu den bedeutendsten Sehenswürdigkeiten der Region zählt.

Übrigens haben Barack Obama und Brian Cowen, die ehemaligen Regierungschefs der USA und Irlands, ihre Wurzeln in Offaly. Und der Landstrich erreichte durch irischen Whiskey über die Landesgrenzen hinaus Ruhm – Tullamore Dew wurde hier produziert.

Lough Boora Discovery Park

🌳 Eine sehr interessante Einrichtung ist der in einem ausgebeuteten Torfmoor angesiedelte Park rund um den **Lough Boora**, 🖥 www.loughboora.com, in dem man vor allem wandern, Rad fahren und die (sich rapide erholende) Natur genießen kann. Nach dem hemmungslosen Raubbau am Torfmoor immerhin ein Ansatz zur Renaturierung des Geländes (was in Irland schon ein gewaltiger Öko-Bonus ist), und auch ein Naherholungsgebiet mit viel frischer Luft. Und sogar der Kunstgenuss kommt nicht zu kurz – Teile des riesigen Areals wurden zu einem Skulpturenpark, in dem z. T. sehr ambitionierte Konstruktionen die Aufmerksamkeit auf sich ziehen und, wie „A Tree in a Sculpture" von Naomi Seki, teilweise die Schwerkraft zu überwinden scheinen.

3 | HIGHLIGHT

Clonmacnoise

Als eine der bedeutendsten Attraktionen der Midlands zieht die **Klostersiedlung und Pilgerstätte** Clonmacnoise direkt am Shannon seit Jahrhunderten Besucher an. Strömten im Mittelalter Mönche und Kirchenmänner nach Clonmacnoise, gelegentlich auch räuberische Übeltäter, so sind es heute in erster Linie Touristen.

Zum Zeitpunkt der Klostergründung befand sich hier ein wichtiges Drehkreuz des inneririschen Verkehrs. Von Norden nach Süden verlief der Wasserweg des Shannon, von Westen nach Osten ein auf leicht erhöhtem Gelände verlaufender sicherer Weg durch die Moore. Just an diesem wichtigen Kreuzungspunkt erbaute

der heilige Ciarán um 540 mit königlicher Unterstützung sein Kloster. Die Blütezeit erlebte das Anwesen zwischen dem 7. und 12. Jh., damals galt Clonmacnoise als eine der wichtigsten irischen kirchlichen Einrichtungen und zugleich als Hort von Weisheit und Gelehrsamkeit. Dass innerhalb der Klostermauern auch zahlreiche Schätze aufbewahrt wurden, ist den königlichen Gönnern und Clonmacnoises Popularität als Pilgerstätte zu verdanken. So zog die Klostersiedlung am Shannon die verschiedensten Besucher an. Die Könige von Tara und Connacht fanden hier ihre letzte Ruhestätte – die Mönche von Clonmacnoise hatten sich längst vom Ideal der Armut losgesagt.

Von den Wikingern und von den Iren wurde Clonmacnoise wiederholt überfallen. Man gab sich wenig christlich und plünderte das Kloster, dabei wurden Teile der Anlage mehrfach niedergebrannt. Das endgültige Aus kam dann 1552, als englische Truppen von Athlone aus eindrangen. Heute ist das Kloster eine beeindruckende Ruinenlandschaft.

Sehenswerte Bauten

Die eigentliche Klosteranlage, die von einer Mauer umgeben ist, weist neben einer Kathedrale gleich mehrere Kirchen und zwei Rundtürme auf. Zwischen diesen befinden sich alte Grabsteine, auch ein Teil des Pilgerweges ist noch deutlich erkennbar. Besucher tun gut daran, die Anlage in ihrer Gesamtheit auf sich wirken zu lassen. Ein Spaziergang an der Außenmauer entlang lässt erahnen, wie groß allein der Kernbereich des Klosters war. Als höchstes Gebäude auf dem Gelände ragt der nicht mehr komplett erhaltene **Rundturm** fast 20 m in die Höhe und wirkt dabei wie ein Leuchtturm für den nahen Shannon. Etwas kleiner ist der **zweite Rundturm**, der direkt an die Kirche „Temple Finghin" angebaut wurde – diese Bauart markiert wahrscheinlich den architektonischen Übergang zwischen dem (hergebrachten) frei stehenden Rundturm und dem (neuen) integrierten Kirchturm.

Am imposantesten allerdings ist die **Ruine der Kathedrale**, die auf dem höchsten Punkt der Anlage das Gesamtbild dominiert. Interessant ist vor allem ihr alter Eingang, über dem die Heili-

Temple
Finghin

The Pope's
Shelter

Temple
Connor

Nun's
Church

North
Cross

Temple
Kelly

Temple
Ciarán

O'Rourke's
Tower

Athlone

Cross of the
Scriptures

Cathedral

Temple Ri

Castle

South
Cross

Temple
Dowling

Temple
Hurpan

Site of
Archdeacon's
House

Shannon
Bridge

Eingang

Informationszentrum

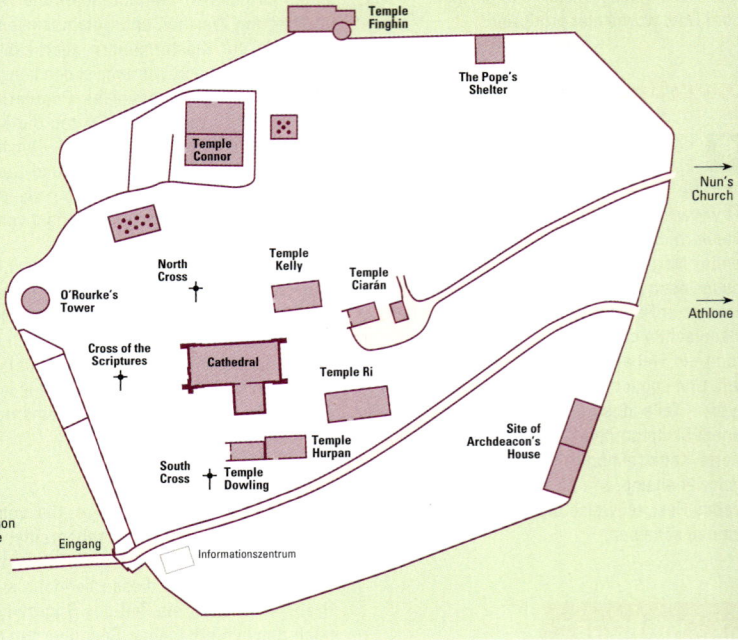

gen Franziskus, Patrick und Dominik als Steinmetzarbeiten angebracht sind. Die Tür unter den Heiligenfiguren ist auch als die „Flüstertür" (Whispering Door) bekannt, dank ihrer akustischen Eigenschaften soll sich ein geflüstertes Wort auch noch in einiger Entfernung hören lassen. Die letzten irischen Hochkönige wurden angeblich in der Kathedrale, in der Nähe des Altars, beigesetzt.

Der etwas weiter nördlich gelegene kleine **Temple Ciarán** soll das Grab des Heiligen selbst enthalten. Die weiteren Kirchen wurden teilweise als Familiengruften gebaut. Als weitere Zeugen des Mittelalters und des Klosterreichtums gelten drei Hochkreuze, von denen das **Cross of the Scriptures** (Original im Museum) am reichhaltigsten dekoriert ist. Hier wird eine

große Auswahl von Bibelszenen gezeigt, wobei die Interpretation einzelner Darstellungen nicht unbedingt eindeutig ist. Die weiteren Kreuze, der Einfachheit halber als Nordkreuz und Südkreuz bezeichnet, sind weniger bemerkenswert. Ein störendes Detail der Anlage ist „The Pope's Shelter", also der Unterstand des Papstes, der 1979 für einen von Papst Johannes Paul II. gefeierten Gottesdienst errichtet wurde und jetzt gewissermaßen an die Visite des Oberhirten erinnert. Man wünscht sich, dass an dieser historischen Stätte ein dezenteres Denkmal möglich wäre.

Nördlich des Klosterbereiches liegt noch ein zweites kirchliches Areal, das jedoch den Nonnen vorbehalten war. Folgt man vom Temple Ciarán dem Pilgerweg bergab und durch die

Umgrenzungsmauer, kommt man automatisch dorthin.

Praktische Infos

Unbedingt empfehlenswert ist das kostenpflichtige Informationszentrum am Eingang, das im Stil alter Bienenkorbhütten gebaut und so harmonisch in die Gesamtanlage integriert wurde. In einer Multimediaschau wird die Geschichte des Heiligen Ciarán und seines Klosters anschaulich dokumentiert, weitere Funde und Ausstellungen ergänzen diesen Eindruck. Ebenfalls im Museum ausgestellt ist das Hochkreuz aus dem 9. Jh., das biblische Szenen zeigt – im Außenbereich befindet sich eine Kopie. ⏰ tgl. mind. 10–17.30, Juni und Aug 9–18.30 Uhr, Eintritt 8 €. Weitere Infos unter ✆ 090-9674195, 🖳 www.heritageireland.ie.

Ein kleines Café im Informationszentrum bietet leichte Snacks und in der Regel auch einen Teller warme Suppe an. Ein weiteres Café mit Souvenirladen befindet sich direkt am Parkplatz und wird privat betrieben.

Tullamore und Umgebung

Tullamore ist vor allem durch seinen „Morgentau" bekannt, wobei hiermit nicht natürliche Kondensation gemeint ist, sondern das Ergebnis eines Destillationsprozesses. Der bekannteste Exportartikel dieses Ortes war Tullamore Dew, eine der großen irischen Whiskeymarken. Die Anbindung an den Grand Canal erlaubte den Transport zu den durstigen Kehlen in aller Welt. Heute allerdings wird der Whiskey in Clonmel hergestellt.

Tullamore Dew Heritage Centre

Touristen auf der Suche nach der Quelle des Lebenswassers werden dennoch fündig, denn in einem alten Lagerhaus wurde das Tullamore Dew Heritage Centre, Bury Quay, ✆ 057-9325015, 🖳 www.tullamoredew.com, eröffnet. Hier wird der **Weg der Whiskeyherstellung** nachgestellt und gleichzeitig gezeigt, unter welchen Arbeitsbedingungen und mit welchem Handwerkszeug hier früher das tägliche Brot verdient wurde. Alles natürlich in einer recht sauberen Umgebung, die ein wenig über die Qualität des damals verwendeten Wassers hinwegtäuschen mag. Auch die Ortsgeschichte wird dokumentiert, und als Belohnung gibt es am Ende eine kleine Verköstigung. Kleine Kuriosität am Rande – der Morgentau aus Tullamore war eigentlich gar keiner. Denn die Marke ist ursprünglich nicht Tullamore Dew gewesen, sondern Tullamore DEW. Echten Whiskey-Kennern ist diese Schreibvariante historisch wichtig. Denn die großen Buchstaben DEW standen schlicht für den Manager, Daniel E. Williams. Der wollte sich damit ein Denkmal setzen. Klappte nicht so ganz, „Dju" ging nun mal leichter über die Lippen als „Di-Ih-Dabbelju". Darauf einen Schluck … ⏰ Mo–Sa 9.30–18, So und feiertags 11.30–17 Uhr, Eintritt 16 €.

Charleville Castle

Wer sich nach diesem Genuss zum nahen Charleville Castle, ✆ 057-9323040, 🖳 www.charlevillecastle.ie, begibt, der könnte meinen, in ein Märchen oder einen altmodischen Horrorfilm geraten zu sein. Im späten 18. Jh. errichtet, ist diese Burganlage von Francis Johnston eine romantische Fantasie in Stein. Das von der Gotik stark beeinflusste Anwesen diente dem Lord Tullamore, William Bury, als Landsitz. Zum Glück

Der erste Crash

Ein heute fast legendäres Ereignis hat keine Spuren mehr hinterlassen. Ende des 18. Jhs. wurde Tullamore durch die wahrscheinlich erste Katastrophe der Luftfahrt bekannt. 1785, also nur zwei Jahre nach dem ersten Ballonflug der Brüder Montgolfier in Paris, machte ein Heißluftballon eine spektakuläre Bruchlandung mitten im Dorf. Da der die Luft im Ballon erhitzende Brenner noch in Flammen stand, fackelte durch den an sich harmlosen „Absturz" die gesamte Kildare Street ab, insgesamt mehr als 100 Häuser. Die Bewohner mögen etwas Trost darin gefunden haben, dass zwei Pubs die Katastrophe überlebten, darunter die heute noch beliebte Mallet Tavern. Ein guter Grund, um im Zeitalter der Billigflieger hier ein Glas auf die Pioniere der Luftfahrt zu trinken.

für den heutigen Betrachter wurde das Haus niemals groß verändert, die meisten Anpassungen an den Zeitgeschmack erfolgten im Innern. Der Park des Charleville Castle ist für seine Eichen bekannt, unter denen schon die Druiden gewandelt sein sollen. Historisch ist dies nicht nachzuweisen, aber die Legende passt zum Gesamtbild. Ebenfalls nicht nachzuweisen ist die oft gehörte Behauptung, Charleville Castle sei die am meisten von Spuk und Gespenstern heimgesuchte Burg Irlands. ⏲ wie die Webseite sagt: „Ring the bell for tours!"

Durrow

Etwa 7 km nördlich von Tullamore liegt der kleine Ort Durrow, 🖥 www.durrow.ie, bekannt durch das *Book of Durrow*, das neben dem *Book of Kells* einen der größten Schätze in der Bibliothek des Trinity College in Dublin darstellt. Dieses wunderschöne mittelalterliche Manuskript wurde im 7. Jh. hier im Kloster angefertigt. Von der rund ein Jahrhundert vorher entstandenen Klosteranlage ist heute nur noch wenig zu sehen. Am auffälligsten ist das Hochkreuz aus dem 10. Jh., das mit verschiedenen Bibelszenen geschmückt ist, darunter eine ganze Reihe von Darstellungen der Passion Christi.

Edenderry

Ein Abstecher von 30 km in östlicher Richtung führt in den kleinen Ort Edenderry, der vor allem durch sein schönes, typisch irisches Stadtbild begeistert. Der Umweg lohnt sich jedoch nur, wenn man auch an den Ruinen der Burg Carrickoris Castle, berühmt geworden durch ein Massaker zu Beginn des 14. Jhs., und der Franziskaner-Abtei Monasteroris, errichtet als Sühneleistung für das Massaker, interessiert ist.

Tullamore

€ **Sea Dew House**, Clonminch Rd., ✆ 057-9352054, 🖥 www.seadewhouse.com. Guesthouse, 2 km südlich des Zentrums, mit 10 Zimmern. Die familiäre Atmosphäre wurde gewahrt, obwohl das Haus in einen reinen Beherbergungsbetrieb umgebaut wurde. ❷

Bridge House Hotel, Bridge St., ✆ 057-9325600, 🖥 www.bridgehousehoteltullamore.ie. Das Hotel hat 70 bequeme Zimmer und bietet dank des Pools und verschiedener Wellnessangebote reichlich Entspannung. Dazu gibt es gutes Essen sowie Unterhaltung. Überraschend opulent eingerichtet mit zahlreichen Extras. ❹

Durrow

Castle Arms Hotel, The Square, ✆ 057-8736117, 🖥 www.castlearmshotel.ie. Hotel im Ort mit 14 Zimmern. Komfortabel, aber keineswegs ein „Burghotel". Einer der besten Angelseen, Granstown Lake, liegt ganz in der Nähe. ❹

Busse

Tullamore und einige Orte in der Umgebung sind mit dem Bus relativ einfach erreichbar, da sie direkt auf der Verbindungsachse DUBLIN–GALWAY liegen und somit viele Linien hier Zwischenstopps einlegen.
Von **Tullamore** (Haltestellen in der Ortsmitte) nach:
DUBLIN (Linie 120), via Edenderry bis Haltestelle Connolly LUAS, Mo–Fr am Vormittag und Nachmittag, 2 1/2 Std.
Von **Edenderry** (Haltestellen in der Ortsmitte) nach:
DUBLIN (Linie 120), bis Haltestelle Connolly LUAS, Mo–Fr regelmäßig zwischen 6 und 23 Uhr, teilweise im Stundentakt, 2 1/2 Std.
TULLAMORE (Linie 120), mehrmals tgl., 3/4 Std.

Eisenbahn

Die Eisenbahn ist zur Anreise gut nutzbar. Der **Bahnhof Tullamore** (Ortsmitte an der R443) liegt an der Intercity-Strecke zwischen Dublin und dem Westen. Züge nach GALWAY, WESTPORT und BALLINA machen hier regelmäßig Halt.

Birr und Umgebung

Bekannt ist die kleine Stadt Birr (5800 Einw.) als einer der im Winter kältesten Orte Irlands. Brrrr … klingt ja fast wie der Ortsname. Das sollte aber auf keinen Fall abschrecken. Denn der

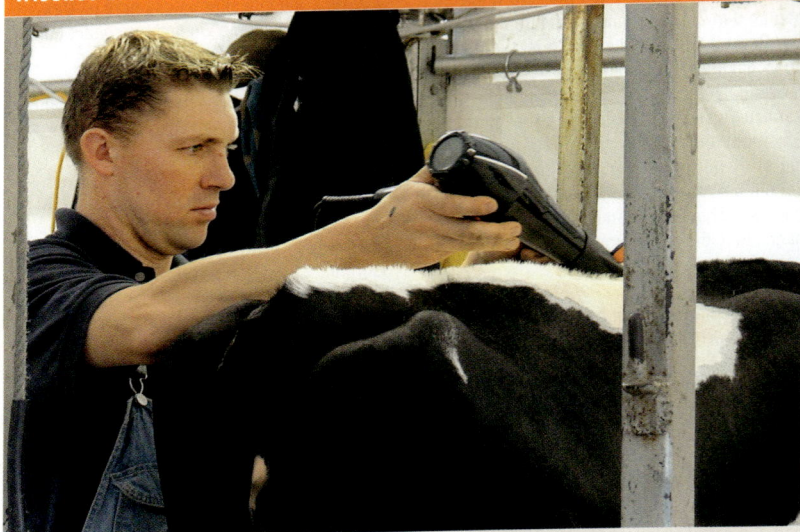

© BERND BIEGE

Waschen, Föhnen, Legen – dann gewinnt die Kuh

Wer das irische Leben auf dem Lande, ungeschminkt, kennenlernen will, der kann sich zum Urlaub auf einem bewirtschafteten Bauernhof einmieten (etwa auf 🖥 www.irishfarmholidays.com, einen Wecker braucht man dann eher selten) oder eine Show genießen. Denn steht irgendwo in der Landschaft ein Schild „Show", dann steckt dahinter meist kein Varieté oder Striplokal, sondern die örtliche Landwirtschaftsausstellung.

Die **Tullamore Show**, 🖥 www.tullamoreshow.com, im August ist eine der führenden Landwirtschaftsausstellungen in Irland und ein echtes Großereignis rund um das Thema Bauernhof. Mit Viehprämierungen, Wettbewerben, viel Essen, historischen Traktoren. Frühes Kommen sichert gute Plätze, vor allem gute Parkplätze. Weitere bekannte Shows sind im August in Virginia (County Cavan, S. 210), wo die beste Bailey's-Kuh gekürt wird, in Castlewellan (County Down, S. 537) im Juli, wegen der Umgebung allein schon reizvoll, oder auch bei Hillsborough (S. 540) die große Balmoral Show im Mai. Aber auch wenn irgendwo sonst die Schilder zur Show locken, einfach mal hingehen, Bauern und Vieh beobachten, herzhaft essen, Landluft schnuppern.

Das Mega-Ereignis an sich aber ist die irische Meisterschaft der Profipflüger – bei den **National Ploughing Championships**, 🖥 www.npa.ie, zeigt sich schnell, wer am besten mit dem Trecker der Scholle zu Leibe rücken kann. Und das Rahmenprogramm kann sich sehen lassen, kein irgendwie mit der Landwirtschaft zusammenhängender Wirtschaftszweig lässt dieses mehrtägige Ereignis aus – von Lidl und Aldi über landwirtschaftliche Versicherungen und die Hersteller von Kalbungsalarmen bis hin zum Importeur türkischer Traktoren. Und für das leibliche Wohl ist auch reichlich gesorgt … bisher sind hier weder Bauern noch Besucher verhungert oder verdurstet.

Nur mit einem sonst eher urbanen Phänomen muss man rings um all diese Veranstaltungen rechnen: Staus, Staus und nochmal Staus. Denn wenn eine Armada von Viehtransportern und Geräten im Anmarsch ist, dann entschleunigt das den Verkehr weiträumig!

Ortskern mit seinem weitgehend originalgetreu erhaltenen georgianischen Baustil ist nicht weniger interessant als Dublins Innenstadt. Die Stadthäuser besitzen noch die großen Oberlichter über den Türen, dann natürlich die typischen, mit Paneelen verzierten Türen selber, und die ornamental-praktischen Metallgitter im Eingangsbereich sowie an den Fenstern der Obergeschosse. Und da sich Birr in den letzten zwei Jahrhunderten baulich noch wesentlich weniger veränderte als das selbst schon stagnierende Dublin, erscheint das Stadtbild älter und insgesamt authentischer.

Eine der interessantesten Straßen ist die **Oxmantown Mall**, die vom zweiten Earl of Rosse geplant und angelegt wurde. Auch die **John's Mall** hat sich noch ihren ursprünglichen Charakter bewahrt. Das **Dooley's Hotel** am Emmet Square ist ein schönes Beispiel eines alten Coaching Inn – hier machte die Postkutsche Station und es wurden frische Pferde eingespannt. Viele der Geschäftshäuser in Birr sind einfühlsam renoviert worden und haben noch traditionelle Schaufensterfronten. Beachtenswert ist auch ein Denkmal in der Stadtmitte, das zu Ehren der Märtyrer von Manchester errichtet wurde – republikanischer Aktivisten, die im 19. Jh. in England vor Gericht gestellt wurden.

Beherrscht wird die Ortschaft jedoch vom **Birr Castle**, ☎ 057-9120336, 🖥 www.birrcastle.com, im Jahre 1620 erbaut als Stammsitz der Familie Parsons, denen später der Titel der Earls of Rosse verliehen wurde – Birr selbst nannte sich bis vor einigen Jahrzehnten sogar noch „Parsonstown". Die Burg ist nach wie vor im Familienbesitz, die Innenräume sind nur eingeschränkt für das Publikum zugänglich. Gegen Eintrittsgeld können jedoch ein kleines Museum und vor allem die weitläufigen Gärten besichtigt werden. Und der Besuch lohnt sich, auch wenn unmittelbar gegenüber dem Haupteingang ein an Hässlichkeit kaum zu überbietender Parkplatz die Lust darauf zu nehmen droht. Die Earls of Rosse waren nicht nur Großgrundbesitzer, sondern teilweise auch als Wissenschaftler bekannt. Der dritte Earl ließ sich 1845 den Leviathan in den Garten setzen, um „in die Röhre zu gucken". „Leviathan", eigentlich ein biblisches Untier, war der Spitzname des zu seiner Zeit weltgrößten Teleskops: Die Geschichte des Teleskops und der Astronomie werden auch in dem kleinen **Wissenschaftsmuseum** des Schlosses aufgegriffen.

Noch heute finden in Birr regelmäßige Treffen von Astronomen statt, denn in den Midlands hält sich der Lichtsmog noch in Grenzen. Weniger wissenschaftlich interessierte Menschen werden wahrscheinlich die **schönen Gärten** aus dem 17. Jh. bewundern, deren Hecken bis zu 10 m hoch sind und in denen auch viele exotische Pflanzen wachsen, denn der sechste Earl unterstützte zahlreiche botanische Expeditionen. Bei gutem Wetter kann man mehrere Stunden auf Spaziergängen durch die Anlage verbringen. ⏰ März–Okt tgl. 9–18, andere Monate tgl. 10–16 Uhr, Eintritt 9,50 €, Schlossführungen Mai–Aug Mo–Sa 10, 11.30 und 13 Uhr, 18 € (nur mit Vorausbuchung, inkl. Museum und Gärten).

Roscrea

Auch Roscrea entwickelte sich aus der üblichen Kombination von Klosteranlagen und Festung. Der Ort lässt sich gut zu Fuß erkunden. Das kleine **Heritage Centre** in der Castle Street informiert über die Ortsgeschichte und ist zentraler Anlaufpunkt für alle Attraktionen. Das **Kloster** des Heiligen Cronan ist heute nur noch in Teilen erhalten. Beeindruckend ist die komplette Giebelwand einer Kirche im romanischen Stil, die sogar noch von einem kleinen Glockenturm gekrönt wird. Der Baustil vereinigt Elemente sowohl der irischen als auch der englischen Bauweise der damaligen Zeit. Wobei der Glockenturm später angebaut wurde.

Nur wenige Meter entfernt steht allerdings der typisch irische **Rundturm**, errichtet vor 1135, der von einem Blitz getroffen und teilweise zerstört wurde. Auf die heutige Höhe von rund 20 m schrumpfte er aber erst nach weiterer Zerstörung infolge der Rebellion von 1798, als die Briten ihn um einige Meter kürzten, nachdem ein Scharfschütze der Rebellen ihn als idealen Hochstand genutzt hatte. Ein **Hochkreuz** in der Nähe des Turms entging den Zerstörungen. Die Ruinen einer Abtei des Franziskanerordens sind ebenfalls in Roscrea zu sehen.

Ein ganz anderes Kapitel der Stadtgeschichte bezeugt die Ruine des **Roscrea Castle**, einer im

Unterwegs auf dem Slieve Bloom Way

- **Strecke**: etwa 84 km
- **Dauer**: mind. 3 Tage, empfohlen wird der Weg aber eher in Etappen
- **Steigungen**: einige leicht anstrengende Wegstücke (moderate Steigungen)
- **Wegbeschaffenheit**: teilweise nur ein sehr unregelmäßiger Naturpfad (schwieriger Boden, gutes Schuhwerk unerlässlich), teilweise Straße
- **Ausschilderung**: gut
- **Karten**: OSI Discovery Series Sheet 54, www.osi.ie
- **Webseite**: www.slievebloom.ie

Etwa 25 km östlich von Birr liegen die Slieve Bloom Mountains. Ein ideales Ziel für Wanderer, denn der Slieve Bloom Way, ein langgezogener Rundweg, führt rund 84 km durch die schöne und recht einsame Gegend dieses Gebirges. Die Slieve Blooms sind nicht die spektakulärsten Berge Irlands, gehören aber zu den ältesten Gebirgen Europas. Landschaftlich erinnern sie weniger an die Alpen als vielleicht an den Harz – und nur drei Gipfel sind höher als 500 m.

Wer einen Teil des Weges (oder die komplette Runde) laufen möchte, der beginnt am besten an einem der sogenannten Trailheads, Einstiegspunkte in die Gesamtstrecke. Diese haben auch noch einen weiteren Vorteil – an ihnen findet der weniger ambitionierte Wanderer auch kürzere Wege ausgeschildert (1–4 Std.).

Trailheads

Insgesamt sechs Trailheads sind vorhanden; sie alle sind relativ komfortabel ausgestattet mit Parkplätzen sowie Informationstafeln über den Slieve Bloom Way und Wanderrouten in der Umgebung. Dank ihrer Lage können sie auch als Zwischenstationen auf der Rundwanderung genutzt werden, denn in der Nähe finden sich jeweils Bushaltestellen, Geschäfte und einige wenige Unterkünfte.

Trailhead 1 – Glenbarrow Carpark
Von Rosenallis (zwischen Mountmellick und Birr) sind Glenbarrow und dann der Parkplatz ab der R422 ausgeschildert, die Entfernung beträgt etwa 5 km.

Trailhead 2 – Brittas Woods
Bei Clonaslee Village, ebenfalls nahe der R422 gelegen. Der Wanderparkplatz liegt hier besonders günstig, nur einige Minuten Fußweg vom Dorf entfernt.

Trailhead 3 – Cadamstown Village Carpark
Das Dorf liegt direkt an der R421, zwischen Mountmellick und Birr. Der Wanderparkplatz ist eigentlich mitten im Dorf.

Trailhead 4 – Kinnitty Forest
Bei Kinnitty Village, ebenfalls an der R421 gelegen. Vom Dorf selber sind es noch etwa 3 km auf der R440 (Richtung Mountrath).

Trailhead 5 – Glenafelly Forest Carpark
Am einfachsten von Kinnitty aus zu erreichen auf der „Old Munster Road" (Richtung Glenafilly). Der

Ideal für Tagestouren sind die einzelnen Abschnitte des Slieve Bloom Way.

Wanderparkplatz ist ausgeschildert, die Entfernung zum Dorf beträgt hier fast 5 km.

Trailhead 6 – Monicknew Forest Carpark

Nahe Clonaslee, wahrscheinlich der abgelegenste von allen Wanderparkplätzen. Von Clonaslee aus ist der Weg beschildert (Richtung Mountmellick oder Mountain Drive), es sind jedoch 12 km bis hierher.

Ausrüstung

Die verschiedenen Trailheads liegen in sinnvollen Abständen beieinander. Als Fitnesslevel wird allgemein „normal" angegeben, es sind keine langen, extrem anstrengenden Abschnitte zu bewältigen. Allerdings gibt es einige sehr naturbelassene Wegstücke, sodass festes Schuhwerk und ein sicherer Tritt unbedingt Voraussetzung für Wandervergnügen sind.

Die Ausschilderungen sind generell sehr gut, schließlich werden sie ja auch jährlich beim Slieve Bloom Walking Festival (s. „Feste" S. 258) überprüft. Dennoch sollte man sich nicht ohne Wanderkarte auf den Weg machen, vor allem, wenn man auch einmal abseits des normalen Weges „forschen" will.

13. Jh. entstandenen anglo-normannischen Befestigung. Von dieser stehen allerdings nur noch Reste der äußeren Wallanlagen, der Innenhof wird dominiert vom **Damer House**. Dieses Herrenhaus im Stil der Queen-Anne-Periode (frühes 18. Jh.) besitzt auch einige sehenswerte Gartenanlagen. 🖥 www.heritageireland.ie, 🕐 April–Sep tgl. 10–18 Uhr, Eintritt 5 €.

ÜBERNACHTUNG

Aaron House, Kinnitty, Birr, 📞 057-9137040, 🖥 www.kinnittybandb.com. In Laufweite von Kinnitty Castle gelegenes Guesthouse mit 5 geräumigen und bequemen Zimmern. Gute Basis für eine Erkundung der Midlands. Traditionelles Frühstück und Buffet. ❸

County Arms Hotel & Leisure Centre, Moorpark, Birr, 📞 057-9120791, 🖥 www.countyarmshotel.com. 70 Zimmer, zu allen Sehenswürdigkeiten günstig gelegen, ruhig. Familiäre Atmosphäre, hoher Komfort. Gourmetrestaurant und Wellnessangebote, viele Freizeitmöglichkeiten. ❸

The Stables, Oxmantown Mall, Birr, 📞 057-9120263, 🖥 www.thestablesbirr.com. Stadthaus mit altmodischen, etwas beengt wirkenden, aber noch komfortablen Zimmern, einem eigenen Café (Tea Rooms) und kleinem Kaufhaus. ❸

ESSEN

Red Apple, Mill St., Birr. Gemütliches Bistro mit selbst gebackenen Kuchen und täglich wechselnden Mittagsgerichten. 🕐 Mo–Sa 9–18, So 11-16 Uhr.

The Thatch Bar & Restaurant, Crinkle, Birr, 🖥 www.thethatchcrinkill.com. Reetgedeckter Pub mit Restaurant, bietet großzügige Portionen zu vernünftigen Preisen.

Im Eingangsbereich des Birr Castle befindet sich das kleine **Courtyard Café** – hier bekommt man sehr gute Salate und der Schokoladenkuchen ist eine Kaloriensünde wert! Sitzplätze können allerdings schnell rar werden, vor allem wenn bei nicht so gutem Wetter der Außenbereich weniger attraktiv ist. 🕐 während der Sommersaison, parallel zu den Öffnungszeiten des Anwesens.

Haverty's Bar, Moorpark, Birr. Beliebter Pub mit traditioneller Musik samstags und sonntags im Sommer, ab etwa 21.30 Uhr.

The Thatch, Crinkle (s. o.). „Singing Club" trifft sich hier jeden ersten Montag im Monat.

SONSTIGES

Feste

Das **Slieve Bloom Walking Festival** Anfang Mai, 🖥 www.slievebloom.ie, ist ein „Volkswandertag" in den Slieve Bloom Mountains. Von allen Trailheads machen sich zahlreiche Wanderer auf den Weg.

Das **Birr Vintage Week & Arts Festival** im August, 🖥 www.birrvintageweek.com, bietet alte Autos und einen bunten Kulturmix. Eines der lebendigsten Feste in den Midlands.

Informationen

Tourist Information Birr, Civic Offices, Wilmer Rd., 📞 057-9120110.

TRANSPORT

Busse

Birr kann nur mit dem Bus erreicht werden, das örtliche „Netz" ist wie üblich sehr grobmaschig. Von **Birr** (Haltestellen in der Ortsmitte) geht es regelmäßig nach:
ATHLONE (Linie 72 und Linie 76), ca. 1 Std.
In Athlone ist jeweils mit Bahn oder Bus Anschluss nach DUBLIN möglich.
LIMERICK (Linie 72), ca. 1 1/2 Std.
SLIGO (Linie 76), mehr als 4 Std.
Von **Roscrea** (Haltestellen in der Ortsmitte) fahren Busse nach:
DUBLIN (Linie 12), via Portlaoise und Kildare Town, Mo–Fr stdl. zwischen 7.30 und 20 Uhr, 2 1/2 Std.
LIMERICK (Linie 12), über Nenagh, stdl., ca. 1 1/2 Std.

Eisenbahn

Vom **Bahnhof Roscrea** (Fancroft Rd.) fahren Mo–Fr 2x tgl. Züge nach LIMERICK oder BALLYBROPHY (Anschluss Richtung DUBLIN).

County Laois

Laois hat eine ähnliche Geschichte wie das benachbarte County Offaly: Auch hier wurden 1556 die Ländereien konfisziert und von der englischen Krone an ihre treuen Siedler großzügig verteilt. Königin Mary, wegen ihrer harten antireformatorischen Politik auch als „Bloody Mary" bekannt, wurde gleichzeitig Namensgeberin der neu geschaffenen Region, über Jahrhunderte hieß Laois „Queen's County".

Geografisch gesehen ist Laois das County in Irland, das wohl am ehesten dem Begriff „Midlands" entspricht. Es hat keinen direkten Zugang zum Meer, und es ist das einzige County, das nicht einmal ein Nachbar-County mit Küstenlinie besitzt. Weiter weg vom Wasser geht es also nicht, obwohl ein reger Schiffsverkehr auf dem Fluss Barrow und dem Grand Canal für eine Anbindung sorgte. Viehzucht und Getreideanbau prägen die ziemlich abwechslungsreiche Landschaft, die besonders an den Countygrenzen schön ist – im Osten am Barrow, im Westen an den Slieve Bloom Mountains.

Portlaoise und Stradbally

Wer die Midlands erkunden will, sollte die Stadt **Portlaoise** (ca. 22 000 Einw.) als Basis wählen. Zwar hat sie touristisch nicht unbedingt viel zu bieten, liegt jedoch günstig auf halber Strecke zwischen Birr und Carlow. Allerdings sollte man bei Gesprächen nicht unbedingt erwähnen, dass man nach Portlaoise will. Denn am bekanntesten ist der Ort für das Hochsicherheitsgefängnis, das einen ganz eigenen Besucherstrom mit sich bringt.

Stradbally ist vor allem durch sein großes Herrenhaus mit ausgedehnten Ländereien, dem sogenannten **Stradbally Estate**, ⌨ www.stradballyhall.ie, bekannt. Hier gibt es die verschiedensten Freizeitmöglichkeiten, darunter Reitmöglichkeiten, Paintball und Angeln. Es sind aber zwei Veranstaltungen, die das Gelände in seiner vollen Ausdehnung nutzen.

Im August findet hier zum einen die **Stradbally Steam Engine Rally**, ⌨ www.irishsteam.ie, statt, wahrscheinlich das größte Treffen von Dampfmaschinen und Oldtimern in ganz Irland. Und kurz danach wird die Nostalgie durch

Voll auf Dampf bei der Stradbally Steam Engine Rally

© BERND BIEGE

MEATH UND DIE MIDLANDS

WESTMEATH

GALWAY

OFFALY

LAOIS

TIPPERARY

KILKENNY

LIMERICK

WATERFORD

Menlough · Caltra · Castleblakeney · Dundonnell · Athlone · Moate · Horseleap · Ballynagore · Kilbeggan · Tyrrellspass · Castletown · Rochfortbridge

Glentane · Ahascragh · Durrow Abbey · Derrygolan · Daingean

Ballymacward · Ballydangan · Ballynahown · Clara · Ballycumber · Tullamore

Gorteen · Kilconnell · Ballinasloe · Clonmacnoise · Ferbane · Clodiagh · Ballinagar

Aughrim · Shannonbridge · Clondelara · Killeigh · Clonygowan · Portarlington

New Inn · Kellys Grove · Clonfert · Shannon Harbour · Cloghan · Blue Ball · Rosenallis · Mountmellick · Emo Court · Emo

Laurencetown · Clonony · Lough Boora · Clonaslee

Loughrea · Kiltormer · Eyrecourt · Banagher · Kilcormac · Cadamstown · Rock of Dunamase

Ballydavid · Killimor · Meelick · Killyoh · Kinnitty · Slieve Bloom Mountain · Portlaoise

Kylebrack · Tynagh · Abbey · Portumna · Birr · Clareen · Arderini · Mountrath · Timahoe

Woodford · Ballinderry · Ballingarry · Shinrone · Boheraphuca · Nore · Ballyroan · Abbeyleix

Borrisokane · Cloghjordan · Mt. St. Joseph Abbey · Roscrea · Borris in Ossory · Castletown · Aghaboe · Ballinakill

Mountshannon · Whitegate · Puckaun · Dunkerrin · Ballybrophy · Ballycolla

Scarriff · Portroe · Moneygall · Rathdowney · Durrow

Killaloe · Arran Mountains · Nenagh · Toomyvara · Templemore · Templetouhy · Castlecomer

Glennagalliagh · Dolla · Ballyragget · Dunmore Cave

Birdhill · Silvermine Mts. · Borrisoleigh · Johnstown · Freshford · Kilkenny

O'Briensbridge · Keeper Hill · Upperchurch · Ballycahill · Urlingford · Cill Chainnigh

Cloonlara · Newport · Rear Cross · Milestone · Thurles · Gortnahoo · Kilcooley Abbey · Stoneyford

Annacotty · Moroe · Clodiagh · Twomileborris · Ballingarry · Bennettsbridge

Limerick · Cappamore · Ballagh · Holycross · Littleton · Kilmanagh · Callan · Kells

Caherconlish · Doon · Cappagh White · Dundrum · Good's Cross · Horse · Killenaule · Knocktopher

New Pallas Green · Pallas Green · Donohill · Rock of Cashel · Hore Abbey · Cashel · Ballinure · Mullinahone · Kilmaganny · Ballyhale

Herbertstown · Holycross · Emly · Golden · Rosegreen · Cloneen · Ninemilehouse · Lukeswell

Bruff · Hospital · Tipperary · Athassel Priory · Newinn · Fethard · Ahenny · Tullaghought

Knocklong · Bansha · Lisvarrinane · Ballyderahan · Slievenamon · Carrick-on-Suir

Kilmallock · Galbally · Glen of Aherlow · Cahir · Kilsheelan · Mullinavat

Blackpool · Ballylanders · Galtymore Mt. · Cahir Castle · Clonmel · Ormond Castle · Piltown · Fiddown

Kilfinnane · Ardpatrick · Knockanevin · Burncourt · Ardfinnan · Cluain Meala · Comeragh Mts. · Clonea · Portlaw

Mitchelstown · Mitchelstown Caves · Ballylooby · Newcastle · Ballymacarbry · Curraghmore House

Kildorrery · Ballyporeen · Clogheen · The Vee · Knockmealdown Mts. · Knockanaffrin Mts. · Monavullagh Mts.

Araglin · Knocknafallia · Ballynamult · WATERFORD

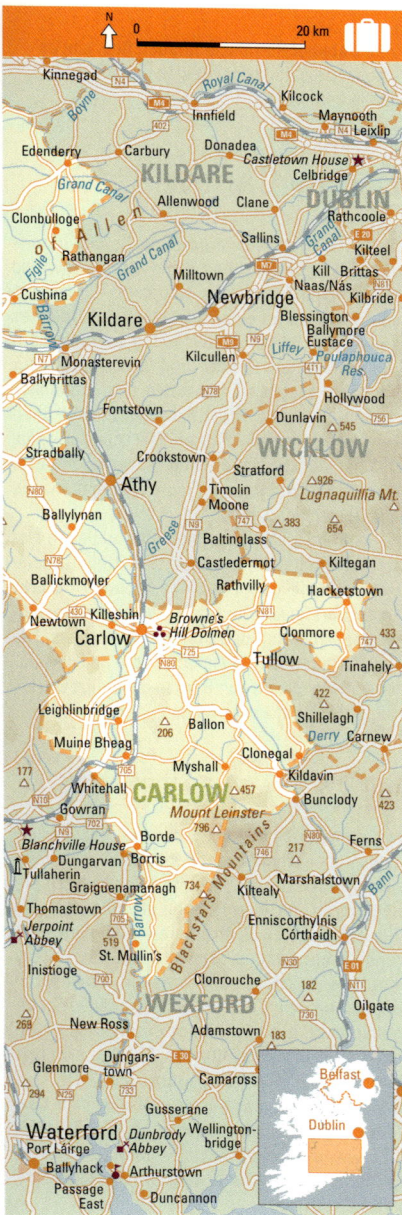

Rock und Pop abgelöst, das mehrtägige **Electric Picnic Musikfestival**, 🖳 www.electricpicnic.ie, zieht jedes Jahr Tausende von Fans an.

Ebenfalls auf dem Gelände befindet sich eine Schmalspurbahn mit Dampfbetrieb. Die **Stradbally Hall Narrow Gauge Railway** ist die älteste Museumsbahn in Irland und wurde zwischen 1969 und 1982 von Hobbyisten auf einer Spurweite von 914 mm errichtet, in vergangenen Tagen der „Standard" für viele Kleinbahnen auf der Insel. Zugbetrieb herrscht normalerweise an den Bank Holiday Weekends im Sommer und zusätzlich an speziellen Tagen.

Die Website 🖳 www.irishsteam.ie gibt nähere Auskunft und gilt auch für das **Museum der Irish Steam Preservation Society**, das im Ort Stradbally selbst zu finden ist (ISPS Steam Museum, The Green, ✆ 057-8641878). Hier hat der Verein ein buntes Sammelsurium von Dampffahrzeugen und -maschinen sowie Feuerwehren und landwirtschaftlichen Fahrzeugen zusammengetragen. 🕐 wechselnd, Eintritt 5 €.

UNTERKUNFT UND ESSEN

€ **Farran Farm Hostel**, Farren House, Ballacolla, Portlaoise, ✆ 057-8734032, 🖳 www.farmhostel.com. Hostel auf dem Land mit 45 Betten. Eine Waschmaschine ist vorhanden, Mahlzeiten und regionaler Abholservice sind möglich. Am ehesten für einen Zwischenstopp auf längeren Touren geeignet. ❶–❷

Midlands Park Hotel, Moneyballyyrrell, Portlaoise, ✆ 057-8678588, 🖳 www.midlandsparkhotel.com. Das ehemalige Portlaoise Heritage Hotel, voll renoviert, ist modern und komfortabel eingerichtet und bietet ein umfassendes Entspannungs- und Wohlfühlprogramm. ❺

UNTERHALTUNG UND KULTUR

Dunamaise Arts Centre, Church St., Portlaoise, ✆ 057-8663355, 🖳 www.dunamaise.ie. Modernes Kulturzentrum mit bunter Mischung von lokalen Ausstellungen, Vorführungen von Amateur- und Tourneetheatern sowie Konzerten.

Kanufahren auf dem Barrow

Neben dem klassischen Hausboot-Urlaub lassen sich in Irland auch fantastische Kanutouren unternehmen. Der Vorteil: Mit dem Kanu gelangt man dorthin, wo andere nicht hinkommen. Kanufahrten auf **Barrow** und **Nore** etwa sind eine Wonne – die Flüsse winden sich aus den Midlands heraus an die Südküste und bieten das wahrscheinlich ruhigste Naturerlebnis, das Irlandbesucher haben können. Außer mit Anglern und Wildtieren haben Kanufahrer kaum Begegnungen. Dafür gleiten sie lautlos durch die Landschaft, spüren, hören, sehen und riechen die Natur um sich herum, ein sinnliches Irlanderlebnis – das, vorausgesetzt man ist talwärts unterwegs, kaum körperliche Anstrengung erfordert. Geführte Touren auf dem Barrow, vielleicht die beste Art für Kanufahren im Urlaub, bietet **Flow River Adventures** an, Infos dazu unter 🖵 www.gowiththeflow.ie. Für Urlauber, die das eigene Kanu mitbringen, ist ein Besuch auf der Webseite der **Irish Canoe Union**, 🖵 www.canoe.ie, unerlässlich – hier dreht sich alles um das Kanu und die idealen Strecken für erholsame bis herausfordernde Fahrten.

INFORMATIONEN

Tourist Information Portlaoise, James Fintan Lawlor Av., ✆ 057-8621178. Infos auch unter 🖵 www.laoistourism.ie.

TRANSPORT

Busse

Von **Portlaoise** (Bahnhof) fahren Busse nach: CORK (Linie 8), via Cashel, Cahir, Mitchelstown und Fermoy, stdl., ca. 2 1/2 Std.
DUBLIN (Linie 12), stdl. zwischen etwa 7.30 (ab Dublin) und 21.30 Uhr (ab Portlaoise) in beide Richtungen via Kildare Town zum zentralen Busbahnhof Busáras, 1 3/4 Std. Auch Linie 8 verbindet 6x tgl. Portlaoise und Dublin.
LIMERICK (Linie 12), über Roscrea und Nenagh, stdl., ca. 2 Std.

Eisenbahn

Vom **Bahnhof** Portlaoise (Station Rd.), gibt es eingeschränkte Verbindungen nach DUBLIN und in den Westen.

County Carlow

Das (nach Louth) zweitkleinste County Irlands versteckt sich zwischen dem Fluss Barrow und den schönen Blackstairs Mountains. Oft vergessen, wenn es an eine Aufzählung der Counties geht. Dabei ist Carlow ein wichtiges Ackerbauzentrum, in dem Gerste- und Weizenanbau für ein recht stabiles Einkommen der Einwohner sorgen. Lediglich der Anbau von Zuckerrüben kam in den letzten Jahren fast zum Erliegen. Irischer Zucker, auch wenn immer noch unter diesen Markennamen verkauft, wird mittlerweile aus Deutschland importiert.

Zahlreiche alte Bauerngehöfte, zu denen bisweilen noch immer genutzte mittelalterliche Gebäudeteile gehören, kennzeichnen Carlow. Leider verstecken sie sich oft zwischen den modernen Anbauten und großen Vorratssilos. Die Hauptstraßen führen immer wieder an Flussläufen entlang, die oft von Burgen geschützt waren, heute meist pittoreske Ruinen.

Carlow Town und Umgebung

Mit immerhin fast 25 000 Einwohnern ist Carlow Town schon, zumindest für irische Verhältnisse, eine größere Stadt. Von den Anglo-Normannen wurde hier eine Festung errichtet, um den Fluss Barrow zu kontrollieren. Lediglich zwei runde Wehrtürme mit einem Stück Mauerwerk sind von ihr heute noch erhalten. Wesentlich interessanter ist das klassizistische Gerichtsgebäude an der zentralen Kreuzung des Ortes, das in der ersten Hälfte des 19. Jhs. errichtet wurde. Über die Geschichte des Ortes und der Umgebung gibt eine Ausstellung im **Carlow County Museum** Auskunft, ✆ 059-9131759, 🖵 www.carlowmuseum.ie, ⏰ Mo–Sa 10–16.30, im Sommer 10–17 und auch So 14–16.30 Uhr, Eintritt frei.

An die Rebellion von 1798 und die damit verbundenen Kampfhandlungen um Carlow erinnert ein **modernes Hochkreuz**, das an der Church Street ein Massengrab markiert. Eher eine Besichtigung wert ist der **Friedhof von Killeshin**, einem kleinen Dorf 5 km westlich der Stadt, dessen Kirche ein sehr schönes Portal im romanischen Stil des 12. Jhs. vorweist.

Browne's Hill Dolmen

Einer der Hauptanziehungspunkte in der Umgebung ist jedoch nach wie vor der Browne's Hill Dolmen auf dem Gelände eines größeren Anwesens 4 km östlich von Carlow. Vermutlich als Grabkammer vor etwa vier Jahrtausenden errichtet, ist dies der größte Dolmen in ganz Irland. Der die Kammer bedeckende riesige Stein wird auf ein Gewicht von etwa 100 t geschätzt.

ÜBERNACHTUNG

Carlow

Avlon House B&B, Green Ln., Dublin Rd., ✆ 059-9174222, 🖳 www.carlowbedandbreakfast.com. Das Avlon House ist ein neugebautes Stadthaus mitten in Carlow Town und eine gute Basis für eine Erkundung der Umgebung. 5 moderne, bequeme Zimmer mit höchstem Komfort. Gutes Frühstück. ❷–❸

Barrowville Town House, Kilkenny Rd., ✆ 059-9143324, 🖳 www.barrowville.com. Rund 200 Jahre altes Guesthouse mit 7 kleineren, aber gemütlichen Nichtraucher-Zimmern, nur wenige Minuten vom Ortszentrum entfernt. Sehr angenehme, unaufdringliche Atmosphäre bei hohem Komfort. Privater Parkplatz. ❷–❸

Leighlinbridge

Lord Bagenal Inn, Main St., am River Barrow, ✆ 059-9774000, 🖳 www.lord bagenal.com. Exquisites Hotel in Hafennähe mit 39 modern eingerichteten und überaus komfortablen Zimmern in einer sehr angenehmen Umgebung. Moderne Kunstwerke schmücken das Hotel, dessen Restaurant und Bar nicht nur bei Übernachtungsgästen sehr beliebt ist. Am Wochenende oft günstige Angebote. ❸–❹

St. Mullin's

Ebenfalls einen Abstecher von der schnellsten Route wert ist das **Mulvarra House**, Graiguenamanagh, St. Mullin's, ✆ 051-424936, 🖳 www.mulvarra.com. Dieses gemütliche B&B mit 5 bequemen Zimmern hat Blick auf den River Barrow und den alten Hafen von St. Mullins. Genau richtig, wenn man mal so richtig abschalten möchte. ❸

ESSEN

Clonegal

Sha-Roe Bistro, Main St., ✆ 053-9375636, 🖳 www.sha-roe.ie. Einen Abstecher wert ist das zu Recht vielgelobte kleine, gemütliche Restaurant. Empfehlenswert: Rindersteak und Lamm sowie anschließend die Käseplatte. Buchung am Wochenende erforderlich. Gehobenes Preisniveau, aber

Paragliding am Mount Leinster

Irland einmal aus der Vogelperspektive sehen, fast lautlos über die Landschaft gleiten – am Mount Leinster kann man sich diesen Wunsch erfüllen. Das Risiko eines schweren Unfalls ist dabei recht gering, sodass auch Anfänger durchaus den Sprung wagen können. Doch selbstverständlich nur im Rahmen eines Kurses!

Paraglide Adventure Ireland, 🖳 www.paraglideadventure.com, bietet solche Kurse an, u. a. am:
Black Hill östlich des Blessington Reservoir (County Wicklow),
Lough Bray im Glencree Valley (County Wicklow), und am spektakulärsten am
Mount Leinster in den Counties Wexford und Carlow.
Weitere Informationen bietet auch die Website der Irish Hang Gliding and Paragliding Association, 🖳 www.ihpa.ie.

durchaus noch tragbar. ⏰ Mi–So 19–21.30, So auch 12.30–15.30 Uhr.

Carlow Town hat ein immenses Angebot an Pubs, in denen regelmäßig auch traditionelle Sessions abgehalten werden. Der beste Tipp ist es, vor Ort einfach von Tür zu Tür zu gehen und sich dort hinzuzugesellen, wo es gerade gemütlich erscheint. Folgende Häuser haben sich noch eine eigene, meist traditionelle Atmosphäre erhalten (in Klammern jeweils die regelmäßigen Sessions, in der Regel ab 21.30 Uhr beginnend): **Carlovian Bar**, Tullow St. (1. Fr im Monat); **Miller's**, Tullow Rd. (So); **Peggy's Place**, Dublin St. (Do, Sa); **The Royal Hotel**, Dublin St. (Di); **Scraggs Alley**, Tullow St. (Mi); **Seven Oakes Hotel**, Athy Rd. (Mo); **Teach Dolmain**, Tullow St. (Do).

SONSTIGES

Feste
Das **Carlow Arts Festival**, 🖳 www.carlowartsfestival.com, Mitte Juni ist ein multikulturelles Kulturevent mit stark variierendem Programm, früher als Éigse bekannt. Geboten werden u. a. Theater, Musik und gelegentlich auch Improvisationskunst zum Mitmachen. Ein sehr buntes Festival über mehrere Tage.
Das **Carlow Autumn Walking Festival** Anfang Oktober, 🖳 www.carlowtourism.com, ist eine sehr beliebte Wanderveranstaltung für alle Fitnesslevel.

Informationen
Tourist Information Carlow, Tullow St., Carlow Town, ✆ 059-9131554, 🖳 www.carlowtourism.com.

TRANSPORT

Busse
Zwischen Dublin und Carlow (Abfahrt Kennedy Av./Little Barrack St.) verkehren sehr häufig am Tag Busse, örtliche Querverbindungen lassen meist zu wünschen übrig.

DUBLIN (Linie 4), Mo–Fr 9x tgl. zwischen 6.50 und 20.45 Uhr, 1 1/2 Std.
WATERFORD (Linie 4), Mo–Fr 9x tgl. zwischen 6.50 und 20.45 Uhr, 1 1/2 Std.

Eisenbahn
Relativ gut ist die Anbindung der Region, Bahnhöfe befinden sich in **Portarlington** (Intercity Dublin–Galway), in **Portlaoise** und in **Carlow Town** (Intercity Dublin–Waterford).

County Tipperary

Es ist ein langer Weg nach Tipperary, in eine ganz und gar ländliche Idylle. Das recht große County erstreckt sich als weite fruchtbare Ebene im Südosten der Grünen Insel. Hügellandschaften bilden natürlich Grenzen, Kühe grasen auf endlosen Weiden davor. In den etwas höher gelegenen Regionen, z. B. den Galtee Mountains, werden dagegen Schafe gehalten, die weniger Ansprüche an Weidegründe stellen. Zwar hat Tipperary keinen direkten Zugang zum Meer, die Flüsse Suir und Shannon sorgen jedoch zusammen mit dem Lough Derg für eine wasserreiche Landschaft.

Inmitten dieser bäuerlichen Landschaft sind vor allem die historischen Monumente in Cashel und Cahir für Touristen von Interesse.

Cashel und Umgebung

Eine der Hauptattraktionen im County Tipperary ist der Rock of Cashel, eine mittelalterliche Kirchenanlage auf einem weithin sichtbaren Felsvorsprung. Diese gehört zu den wohl am meisten fotografierten Plätzen in Irland und hat eine bewegte Geschichte.

Der Ort Cashel ist touristisch nicht sehr interessant, lohnt jedoch einen kurzen Spaziergang. Das Cashel Palace Hotel in der Nähe des Rock diente früher als Wohnsitz des Bischofs und ist im typischen Stil der Regierungszeit der Königin Anne errichtet und einfühlsam renoviert worden. Ein Kontrast zum Kearney Castle Hotel, bei dem die Reste der Burg aus dem 12. Jh. als Ba-

Der flexible Bischof Miler Magrath

Nicht die schönste, aber vielleicht die interessanteste Grabstelle auf dem Rock of Cashel gehört Miler Magrath (1523–1622). Der Kirchenmann war nicht nur für seine Langlebigkeit bekannt, sondern auch für seine gute Nase in Sachen religiöse Tagespolitik. Er begann seine Karriere als Franziskanermönch, verbrachte einige Jahre in Rom und schaffte es dann, zum Bischof von Down und Connor ernannt zu werden. Da ein katholischer Bischof in den Zeiten der Königin Elizabeth I. aber nicht unbedingt beliebt war, erklärte Magrath 1567 seine Loyalität zur anglikanischen Kirche. Der Lohn war die Position des Bischofs von Clogher und schließlich des Erzbischofs von Cashel. Skurrilerweise schien diese Entwicklung die katholische Kirche erst einmal gar nicht zu beunruhigen, erst 1580 entzog Rom Magrath die Bischofswürde. So ging der ansonsten für seine Geldgier und Bestechlichkeit bekannte Magrath in die Geschichte ein als der einzige Mann, der gleichzeitig Bischof der anglikanischen und der katholischen Kirche war. Einen Vorkämpfer für die Ökumene kann man ihn trotzdem nicht nennen.

sis verwendet wurden. Das **Brú Ború Cultural Centre**, 🖥 www.bruboru.ie, in Cashel informiert über die Ortsgeschichte und in der Multimediashow „Sounds of History" über irische Folklore. Besser als die „Konserve" ist jedoch das Abendprogramm im Sommer mit irischer Folklore und Volkstheater. ⏱ tagsüber (Vorstellungen nur im Sommer), Eintritt frei, Gebühren für Veranstaltungen und Multimediaschau.

Rock of Cashel

Der Felsen, 📞 062-61437, 🖥 www.heritage ireland.ie, der sich urplötzlich aus der Ebene erhebt, ist wahrscheinlich schon in der Vorzeit als Versammlungspunkt und Verteidigungsanlage genutzt worden. Sicher ist, dass sich ab dem 5. Jh. (eventuell auch schon früher) der Sitz der Könige von Munster hier befand. Diese übergaben 1101 die gesamte Anlage an die Kirche, Cashel wurde zum Bischofssitz und zum religiösen Zentrum der Umgebung. Was nicht immer unumstritten war: Überliefert ist die Geschichte eines irischen Fürsten, der aus Wut über das Verhalten des Bischofs einen Teil der Anlage niederbrannte. Vor Gericht befragt, was ihn denn dazu getrieben hätte, ausgerechnet eine Kirche in Flammen aufgehen zu lassen, gab er die ehrliche und entwaffnende Antwort: „Ich dachte, der Bischof sei noch drin!"

Das endgültige Aus kam dann 1647 durch die Truppen Oliver Cromwells, die den mittlerweile wieder befestigten Berg belagerten und nach der Eroberung bis zu 3000 Menschen hingerich-

tet haben sollen. Von diesen Ereignissen erholte sich Cashel nie wieder, gegen Ende des 18. Jhs. wurde die Kathedrale endgültig aufgegeben und dem langsamen Verfall ausgesetzt.

Heute wirkt die Anlage auf den ersten Blick noch sehr gut erhalten, aus der Nähe erkennt man jedoch die Ruinen. Lediglich der Eingangsbereich, früher als Wohnhaus des Chores und heute als Museum genutzt, wurde neu überdacht und renoviert. Dies ist, zusammen mit der kleinen Burg, der jüngste Teil der Anlage, entstanden im 15. Jh. Hier wird auch das Eintrittsgeld erhoben. ⏱ tgl. mind. 9–16.30, im Sommer bis 19 Uhr, Eintritt 8 €.

Aus der Nähe betrachtet ist der Rock of Cashel übrigens gar nicht so fotogen, wie er auf den Postkarten immer erscheint. Ein Problem der Perspektive: Da der Berg steil aus dem Flachland aufragt, hat man irgendwie immer einen ungünstigen Standpunkt. Die meisten Profifotos sind mit dem Teleobjektiv entstanden. Wer die klassische Komplettansicht sucht, muss etwas in die Landschaft hinaus. Von den Anhöhen in etwa 1–2 km Entfernung hat man den wohl besten Blick.

Bauwerke auf dem Gelände

Die ältesten Teile sind im Laufe der Zeit so sehr in die Gesamtanlage integriert worden, dass man sie suchen muss (die Ausschilderung hilft dabei). Zum Beispiel den **Rundturm**, der eventuell schon aus dem 11. Jh. stammt. Er wurde von der später erbauten Kathedrale als Glockenturm genutzt und teilweise integriert. Rund

50 Jahre später entstand die **Kapelle des Cormac**, eines der schönsten und am besten erhaltenen Beispiele der romanischen Kirchenbaukunst des 12. Jhs. Besonders die Verzierungen der Steine sind beachtenswert. Über der nördlichen Tür sieht man den Kampf zwischen einem Löwen und einem Zentauren.

Aus ungefähr derselben Zeit soll auch das **Kreuz des Hl. Patrick** stammen, das an einen Besuch des Missionars in Cashel um das Jahr 450 herum erinnern soll. Ob dieser Besuch nun wirklich stattgefunden hat oder eher ein frommer Wunsch der mittelalterlichen Könige von Munster war, ist eigentlich irrelevant. Relevant ist dagegen, dass das auf dem Freigelände sichtbare Kreuz nur eine Kopie ist, das Original ist im Museum untergebracht.

Den größten Raum auf dem Felsen nimmt die **Kathedrale** aus dem 13. Jh. ein. Sie ist im typischen Baustil der Gotik errichtet und hat massive Wände, durch die sich teilweise Geheimgänge ziehen. Wesentlich beeindruckender sind jedoch die zahlreichen Sarkophage mit ihren feinen Steinmetzarbeiten, die z. T. außergewöhnlich gut erhalten sind.

Bauwerke in der Umgebung

Rund um Cashel liegen noch die Ruinen einiger weiterer kirchlicher Anlagen. Unmittelbar am Fuß des Felsens befindet sich eine Klosteranlage aus dem 13. Jh., die **Dominican Friary**. Sie besitzt einige schöne architektonische Details, der Turm stammt jedoch aus dem 15. Jh.

In einem Feld nahe dem Rock of Cashel ist deutlich die **Hore Abbey** zu sehen, eine Zisterzienserabtei aus dem 13. Jh. Teile dieser Anlage sind noch im Original erhalten, jedoch stammt auch hier der Turm aus dem 15. Jh., zu dieser Zeit fand eine gründliche Restaurierung der Abtei statt. Kurios ist ihre Geschichte, denn eigentlich soll es sich hier um eine Gründung der Benediktiner gehandelt haben. Als jedoch das Gerücht aufkam, dass dieser Orden dem Bischof von Cashel nach dem Leben trachtete, übergab er die Abtei an die Zisterzienser.

Thurles

Der Sitz des Bischofs von Cashel und Emly liegt heute in Thurles, einer Stadt von etwa 7500 Einwohnern am Ufer des Flusses Suir. Die ältesten Bauwerke am Ort sind zwei Burgtürme: **Bridge Castle** (12. Jh.) und **Black Castle** (15. Jh.). Wesentlich jünger ist die **Kathedrale**, um 1870 nach italienischen Vorbildern gebaut und mit einem Hochaltar aus dem Barock (eine Arbeit von Andrea Pozzo aus dem 17. Jh.) versehen, der ursprünglich zu einer Kirche in Rom gehörte. In der Kathedrale findet sich auch das Grab von Erzbischof Croke, der vor allem durch seine Förderung der Gaelic Athletic Association (GAA) bekannt wurde und nach dem das Dubliner Zentralstadion Croke Park benannt ist. In Irland sind Religion, Sport und Politik nicht unbedingt getrennte Themen.

Thurles war im Mittelalter dafür bekannt, dass hier ein Splitter des „Wahren Kreuzes" zu Hause war. Die 1169 gegründete **Holy Cross Abbey**, ✆ 0504-43124, soll diese Reliquie von Isabella de Angouleme geschenkt bekommen haben, die genaue Herkunft dürfte kaum nachzuweisen gewesen sein. Auf jeden Fall sorgte die Reliquie für einen regen Ansturm von Pilgern, die schon ab 1180 vom Zisterzienserorden betreut wurden. Dieser war auch für die umfangreichen Renovierungs- und Neubaumaßnahmen des 15. Jhs. verantwortlich, die der Anlage ihre heutige Form gaben. Weitgehend im gotischen Stil erbaut, ist die Abteikirche in der Neuzeit noch einmal vollkommen restauriert worden und zieht heute wieder sowohl Touristen als auch Pilger an. Interessant ist die Wandmalerei im südlichen Querschiff, solche Verzierungen haben in Irland die Wirren während der letzten Jahrhunderte selten überdauert. Hier handelt es sich allerdings nicht um eine kirchliche Szene, sondern um drei Jäger, die einem Hirsch nachstellen.

ÜBERNACHTUNG

Cashel

Cashel Holiday Hostel, John St., ✆ 062-62330, 🖥 www.anoige.ie/cashel-holiday-hostel. Familiäres Hostel, das schon seit einigen Jahren eine einfache, aber saubere und bequeme Unterkunft bietet. Fahrradverleih, Gästeküche. Mitten im Ort, nur einen kurzen Weg vom Rock of Cashel entfernt. Bett im Schlafsaal ca. 16 €, DZ ❶–❷

€ **Cashel Lodge**, Rock House, ☎ 062-61003, 🖳 www.cashel-lodge.com. Kleines Hostel in einem sehr schönen Steingebäude zwischen dem Rock of Cashel und der Hore Abbey. Bietet durchaus gehobenen Standard in der Preisklasse und liegt einfach schön. Familienfreundlich. Auf Wunsch reichhaltiges Frühstück mit hausgebackenem Brot. ❷

🏨 **Baileys of Cashel**, Main St., ☎ 062-61937, 🖳 www.baileyshotelcashel.com. Hotel im Zentrum im georgianischen Stil mit 20 Zimmern. Sehr schön restauriert mit komfortablen, aber stilvoll „altmodischen" Zimmern und luxuriösen Extras. ❹

Thurles

€ **Fairy Fort Farm** Summerhill, Borrisoleigh, rund 10 km nordwestlich von Thurles, ☎ 086-4021659, 🖳 www.fairyfortfarm.com. Freundliche Aufnahme auf dem Gelände einer für Touristen ausgebauten Farm, die ein wenig das Image vom Hollywood-freundlichen „Old Ireland" pflegt – mit dem „Grab des unbekannten Leprechaun". Verschiedene Häuser und Zimmer. ❶–❷

Anner Hotel & Leisure Centre, Dublin Rd., ☎ 0504-21799, 🖳 www.annerhotel.ie. Am Rand von Thurles gelegenes Hotel mit 64 Zimmern. Komfortable Räume, auch wenn das Hotel irgendwie keinen echten „Charakter" besitzt. ❹

🏨 **Chez Hans**, Moore Ln., Cashel, ☎ 062-61177, 🖳 www.chezhans.net. Restaurant in ehemaliger Kirche nahe dem Rock. Spezialität: Cassoulet of Seafood, Lamm- und Rindgerichte. Kleineres Bistro Café Hans nebenan, mit eingeschränkter Speisekarte, aber gleich hoher Qualität. ◷ Di–Sa 18–22 Uhr.

UNTERHALTUNG UND KULTUR

Das **Brú Ború Heritage Centre**, 🖳 www.bruboru.ie, in der Nähe des großen Parkplatzes am Rock of Cashel, bietet im Sommer Volksmusik und Theater, das Angebot scheint sehr stark auf Touristen zugeschnitten zu sein. Dabei

haben sich jedoch traditionelle Elemente halten können, sodass hier noch kein Disneyland-Effekt aufkommt.

In Cashel bieten zahlreiche Pubs **traditionelle Sessions** und ähnliche Musikveranstaltungen an. Die Qualität ist schwankend, auch hier werden sehr starke Konzessionen an die Besucher gemacht. Wenn es wieder stiller wird, steigt die Qualität.

Davern's Bar, 20 Main St. Traditionelle Sessions am Montag und Mittwoch, auch an anderen Tagen oft Livemusik. Da der Pub schön altmodisch und verwinkelt ist, lässt sich trotzdem immer ein stilles Plätzchen finden. Wenn man will. Vielleicht der beste Pub in Cashel – aber nicht mit der gleichnamigen Luxusboutique am Ort verwechseln.

Mikey Ryan's, Ladywell St, 🖳 www.mikeyryans.ie. Sessions an jedem Dienstag und Donnerstag, an den anderen Tagen dominiert dagegen das einheimische Publikum. Oftmals weniger überlaufen als andere Gaststätten im Ortskern.

INFORMATIONEN

Tourist Information Cashel, Main St., ☎ 062-61333, Infos auch unter 🖳 www.cashel.ie.

TRANSPORT

Von Cashel (Haltestellen in der Ortsmitte) fahren **Busse** nach:
CORK (Linie 8), über Cahir, Mitchelstown und Fermoy, 6x tgl., 2 Std.
DUBLIN (Linie 8), via Portlaoise und Kildare Town, 6x tgl. zwischen 8 und 19.35 Uhr, 3 Std.

Tipperary Town und Umgebung

Tipperary Town ist zwar die Hauptstadt der Region, touristisch aber bis auf die Reste einer Klosterkirche aus dem 13. Jh. und einer alten Volksschule unbedeutend.

Athassel Priory

Etwa 15 km östlich erheben sich am Ufer des Flusses Suir die beeindruckenden Ruinen der Athassel Priory. Diese wurde 1192 von William de Burgh gegründet und den Augustinern übergeben, das Grabmal des Stifters befindet sich in der Kirche. Athassel war im Mittelalter die größte Klosteranlage Irlands, was die ausgedehnte Ruinenlandschaft auch heute noch zu bestätigen scheint. Insgesamt 1,6 ha gehören zum Gelände und die Kirche weist eine Länge von nicht weniger als 65 m auf. Die zahlreichen Gebäudereste lohnen eine Erkundung. Das Kloster ist übrigens nicht ein Opfer der Reformation unter Heinrich VIII. geworden, bereits 1447 brannte es nieder. Auch von der kleinen Stadt, die sich im Schatten des Klosters auf der anderen Flussseite entwickelte, sind heute keine Spuren mehr zu sehen.

Glen of Aherlow

Das Glen of Aherlow, 🖥 www.aherlow.com, früher der wichtigste Pass zwischen den Counties Limerick und Tipperary, ist ein sehr schönes Naherholungsgebiet nur 12 km südlich von Tipperary Town. Die malerischen Dörfer **Galbally** und **Bansha** liegen an den äußeren Enden dieses Tals, das zahlreiche Möglichkeiten für Wanderer, Radfahrer und Angler bietet. Früher war es vor allem durch Banditen und Straßenräuber bekannt.

ÜBERNACHTUNG

Tipperary

Ballyglass Country House, Glen of Aherlow Rd., Ballyglass, ✆ 062-52104, 🖥 www.ballyglasshouse.com. Landhaus aus dem 18. Jh. mit 10 komfortablen Gästezimmern am Rand von Tipperary. Viele Extraangebote für einen erholsamen Aufenthalt. Kombiniert modernen Komfort mit „old world charme". ❸

Glen of Aherlow

Aherlow House Hotel & Lodges, Glen of Aherlow, ✆ 062-56153, 🖥 www.aherlowhouse.ie. Ein Haus aus der Tudorzeit, das in den letzten Jahren einfühlsam modernisiert und in ein komfortables Hotel mit 29 Zimmern umgewandelt wurde. Eigene Hunting Lodge Bar, die auch von Einheimischen gerne genutzt wird. Restaurant, Babysitter. ❸–❹

INFORMATIONEN

Tourist Information Glen of Aherlow Fáilte Society, Coach Rd., ✆ 062-56331, 🖥 www.aherlow.com.

TRANSPORT

Busse

Tipperary Town und die Orte der Umgebung sind mit dem Bus leicht erreichbar, es bestehen regelmäßige Verbindungen nach CORK, LIMERICK und DUBLIN.

Eisenbahn

Auch die Eisenbahn ist eine Alternative, sowohl TIPPERARY TOWN als auch CAHIR, CLONMEL und CARRICK-ON-SUIR sind Haltepunkte auf der Intercity-Verbindung zwischen Waterford und Limerick Junction (mehrere Züge tgl.). Die Bahn kann schneller als die oft anhaltenden Busse sein, sich jedoch auch als teurer herausstellen (über das Internet Preise vergleichen und vorbuchen).

Cahir

Cahir (2000 Einw.) ist eine kleine Marktgemeinde, die früher vor allem als Militärstützpunkt und für ihre Mühlen bekannt war. Die Stadt selbst hat nur die Reste einer Abtei des Augustinerordens aus dem 13. Jh. zu bieten, sehenswert wegen der schön gestalteten Köpfe aus Stein, die die Fenster verzieren.

Cahir Castle

Außerhalb der Stadt, und doch mitten in ihr, steht Cahir Castle, ✆ 052-7441011, 🖥 www.heritageireland.ie. Man erreicht die Burg durch die nach ihr benannte Castle Street, bekannt durch zahlreiche Pubs. Potenzielle Eroberer standen allerdings vor einem Problem, denn die Festung wurde auf einer Felseninsel mitten im Fluss Suir erbaut. Sie hat immer noch einen starken mittelalterlichen Charakter, das ursprüngliche Festungswerk wurde jedoch im Laufe der Zeit mehrfach um- und ausgebaut.

Die Familie Butler nutzte die Burg als Stützpunkt und ließ sie im 15. und 16. Jh. stark erweitern. Der Kern ist die anglo-normannische Burg, von der jedoch nur noch die Fundamente und einige Burgmauern erhalten sind. Die Innengestaltung der Gebäude stammt teilweise aus der Mitte des 19. Jhs., ist jedoch nicht weniger beeindruckend. Hier wurde darauf geachtet, dass nicht allzu große Stilbrüche offensichtlich werden. Wegen seines guten Zustandes wurde Cahir Castle auch schon für mehrere Filmproduktionen verwendet. ⏰ tgl. mind. 9.30–16.30, im Sommer 18.30 Uhr, Eintritt 5 €.

Swiss Cottage

Einen komplett anderen Baustil zeigt das Swiss Cottage, 📞 052-7441144, 🖥 www.heritage ireland.ie, das von der Familie Butler zu Beginn des 19. Jhs. nach Plänen des Architekten John Nash gebaut wurde. Es liegt im Cahir Park (von der Ortsmitte gut ausgeschildert, etwa 20 Min. Fußweg). Hier sollte sich der Traum vom einfachen Landleben erfüllen, ohne dabei auf Luxus und Behaglichkeit verzichten zu müssen. Lord und Lady Cahir zogen sich hierher zurück, um in „bäuerlicher" Kleidung ein beschauliches Leben am Busen der Natur zu führen – während sich ihre Pächter abrackerten, um den hohen Herrschaften die Idylle zu finanzieren.

Das „Schweizerhäuschen" (das nicht sehr schweizerisch wirkt) war nach den Grundsätzen der damaligen Mode entworfen. Es musste in „natürlichen Formen" (also möglichst wie organisch gewachsen) gebaut werden, alle Fenster waren von verschiedener Größe, alle Dächer von verschiedenen Neigungswinkeln, alle Verzierungen von individuellem Design. Heute ist das Swiss Cottage im Besitz des Staates und für

It's a Long Way … Folk und Schlager

Versuchen Sie einmal, ein irisches Lied zu nennen, das auch Ihr Großvater kannte. Eine Antwort aus dem Stegreif erscheint unmöglich, aber nach mehr oder minder langem Nachdenken kommt meist eine Antwort: *It's a Long Way to Tipperary!* Das Lied wurde als Marschlied der britischen Soldaten bekannt und selbst unter den Gegnern in immerhin zwei Weltkriegen konnte man die Melodie mitpfeifen und zumindest den Beginn des Refrains mitsingen. Sogar die Mannschaft in *Das Boot* macht sich so unter Wasser gute Laune. Und da Tipperary nun einmal in Irland liegt, ist es doch ein irisches Lied … oder?

Instant-Folklore aus dem Schlagertopf

Weit gefehlt, denn es handelt sich um einen Schlager, den die beiden Engländer Jack Judge und Harry Williams 1912 schrieben und in dem Tipperary nur vorkam, damit die Textzeile rund wurde. Mit Irland an sich hatten die Autoren nichts am Hut, und das Lied hat auch kein einziges typisches irisches Element in sich. Aber es ist für immer mit Irland verbunden. Ein Schicksal, das das Lied mit anderen teilt. Etwa *Forty Shades of Green*, in dem ein junger Mann seine ebenfalls in Tipperary zurückgebliebene große Liebe beweint – geschrieben vom amerikanischen Country-Star Johnny Cash nach einem Irland-Aufenthalt. Oder *Danny Boy*, vor allem in den USA gerne gesungen, das auf einer Sammlung irischer Melodien aus der Mitte des 19. Jhs. basiert … und dessen sentimentalitätsergebener Text dem englischen Dichter Fred Weatherly zu verdanken ist. So ist manches Lied als „typisch irisch" bekannt, dessen Verbindung zu Irland nicht unbedingt der näheren Prüfung standhält.

Mit dem Wild Rover an die Nordseeküste

Natürlich gibt es in Irland nach wie vor traditionelle Volksmusik. Aber daneben gibt es auch den weiten Bereich des Folk, der in Deutschland wohl eher zwischen den volkstümlichen Musikanten und der Schlagerparade eingeordnet werden würde. Zumindest, wenn dieselben Lieder auf Deutsch gesungen würden. Als Beispiel kann man Urgesteine der irischen Volksmusik (jedenfalls nach einer recht weit gefassten Definition) nennen.

jedermann im Rahmen einer Führung zu besichtigen. ⏰ April–Okt tgl. 10–18 Uhr, Eintritt 5 €.

ÜBERNACHTUNG UND ESSEN

Cahir House Hotel, The Square, ☎ 052-7443000, 🖥 www.cahirhousehotel.ie. Im Zentrum, nicht weit von Cahir Castle und Swiss Cottage, bietet dieses Hotel 40 Zimmer mit annehmbarem Komfort der mittleren Klasse. Reservieren. ❸
The Old Convent Gourmet Hideaway, Mount Anglesby, Clogheen, ☎ 052-7465565, 🖥 www.theoldconvent.ie. Wunderschön gelegenes Guesthouse mit Restaurant, ca. 14 km südlich von Cahir. Ein 9-Gänge-Probiermenü wird für weniger entschlussfreudige Gäste angeboten. Optional: Käseplatte mit 7 irischen Käsesorten.

INFORMATIONEN

Tourist Information Cahir, Castle Car Park, ☎ 052-7441453, ✉ cahir@failteireland.ie.

TRANSPORT

Von Cahir (Haltestellen in der Ortsmitte) fahren **Busse** nach:
CORK (Linie 8), über Mitchelstown und Fermoy, 6x tgl., 1 1/2 Std.
DUBLIN (Linie 8), via Cashel, Portlaoise und Kildare Town, 6x tgl. zwischen 8 und 19.20 Uhr, 3 Std.

Mitchelstown Caves

16 km südwestlich von Cahir locken bei Burncourt die Mitchelstown Caves, ☎ 052-7467246,

Da wären die Clancy Brothers, die ab 1959 in den USA große Erfolge feierten. Ihr Repertoire reichte von nachdenklichen Balladen bis zum Gassenhauer, in letztere Kategorie fiel das maritim angehauchte *Liverpool Lou*. In Deutschland Anfang der 1970er-Jahre eher als *Hamburger Deern* bekannt. *An der Nordseeküste* hatte man ohnehin ein Faible für die irische Musik, schließlich machte Torfrock den *Wild Rover* unter diesem Titel noch banaler, als er im Original schon war. Doch nicht nur im hohen Norden konnte sich musikalische Verwirrung breitmachen. Während manche Irlandfans eine Träne verdrückten, wenn die Fureys vom *Red Rose Café* sangen, wollen sie mit der musikalisch (und auch inhaltlich) identischen *Kleinen Kneipe* des Peter Alexander nicht in Verbindung gebracht werden. Und welche Verbindung die Bee Gees mit Irland hatten, ihr *First of May* taucht auf einem Album der Wolfe Tones auf, ist bis heute rätselhaft – die republikanische Kampfkapelle hatte aber ohnehin neben vertonten Hasstiraden immer wieder Lieder im Programm, die selbst hartgesottenen Schlagerfans kalte Schauer den Rücken hinunterjagen.

Country & Irish – Blick in den musikalischen Abgrund

Die Iren sehen das Ganze wesentlich unverkrampfter, für sie ist eine eingängige Melodie eine eingängige Melodie und nicht Anlass für eine Grundsatzdebatte über Musikstile. Oder mehr oder minder willkürlich gewählte Kategorien, in die ein Künstler gepresst wird.
Das zeigt sich spätestens, wenn ein Lied in der Schublade „Country & Irish" landet. Eine Schublade, in der man nicht herumwühlen sollte, will man nicht eine spezifisch irisch-musikalische Büchse der Pandora öffnen. Wenn die durchaus erfolgreichen älteren Vertreter dieses Genres beginnen, im Walzertakt ihren Traktor oder Zuchtbullen anzuhimmeln, dann wird es Zeit für eine Zigarette draußen vor der Tür. Selbst für Nichtraucher.
Wobei, der Erfolg von Nathan Carter in den letzten Jahren zeigt, dass Country & Irish durchaus erträglich sein kann, sogar die Generationen eint. So ist denn der frischgesichtige Star das irische Pendant zu Helene Fischer. Nicht nur in seiner medialen Allgegenwärtigkeit. Auch er ist ein Re-Import in die alte Heimat, geboren wurde er in Liverpool.

🖥 www.mitchelstowncave.com, unter die Erde. Es handelt sich um ein Höhlensystem, das aus dem Kalkstein ausgewaschen wurde. Führungen (und ohne die geht es nicht unter Tage) werden für Gruppen ab mindestens zwei erwachsenen Personen angeboten. Mitchelstown war 1972 immerhin die erste Höhle in Irland, die für den modernen Tourismus erschlossen wurde. ⏰ 10 bis mind. 16 Uhr, im Winter nur am Wochenende (Webseite gibt genaue Details), Eintritt 9 €.

ÜBERNACHTUNG

Fir Grove Hotel, Cahir Hill, Mitchelstown, 📞 025-24111, 🖥 www.firgrovehotel.com. Kleines, modernes Hotel mit 14 gut ausgestatteten Zimmern 13 km südwestlich der Mitchelstown Caves. Praktische Lage für Touren. ④

Clonmel

Die mit mehr als 17 000 Einwohnern größte Stadt der Gegend war jahrhundertelang ein wichtiger Umschlagplatz für landwirtschaftliche Produkte und andere Waren und politisches Zentrum zugleich. Sowohl die Desmonds als auch die Butlers hatten hier befestigte Stützpunkte und lieferten sich im 16. Jh. einen zähen Kampf um die Vorherrschaft. Der Wohlstand der Stadt entstand durch die Mühlen und die Brauereien, die beide das Wasser des Flusses Suir nutzten. Bekannt wurde der Ort nicht zuletzt durch Charles Bianconi, der im 19. Jh. einen Kutschendienst von Clonmel nach Cahir ins Leben rief, den er später zu einem ganz Irland umfassenden Netzwerk ausbaute. Regelmäßig verkehrende Kutschen und auch die ersten Buslinien waren in Irland als „Bianconis" bekannt. Ein weiterer prominenter Bewohner der Stadt war der Schriftsteller Laurence Sterne, der hier 1713 geboren wurde.

Die Stadt selbst hat nur wenige Sehenswürdigkeiten zu bieten, interessant ist das **West Gate** über der O'Connell Street, trotz der Tudor-Architektur ein Gebäude des 19. Jhs. In derselben Zeit wurde auch die **Franziskaner-Abtei** komplett renoviert und ihr Baustil in Imitation des „Early English Style" dem Zeitgeschmack

angepasst. Der Turm stammt jedoch original aus dem 15. Jh. und in der Kirche findet man Familiengräber der Butlers aus dem 16. Jh.

Einen etwas umstrittenen Ruhm besitzt die **Main Guard**, ein Wachgebäude an der O'Connell Street: Der durch den Wiederaufbau Londons nach dem großen Feuer (1666) berühmt gewordene Christopher Wren soll es entworfen haben.

Sehenswert ist auch das **Tipperary County Museum**, Mick Delahunty Sq., 📞 052-6134550, 🖥 www.tipperarycoco.ie/museum. Die Sammlung zur Lokalgeschichte berührt alle Bereiche des Lebens, vom Militär bis zur Gaelic Athletic Association. ⏰ Di–Sa 10–16.45 Uhr, Eintritt frei.

ÜBERNACHTUNG

€ **Brighton House**, 1 Brighton Pl., 📞 052-6123665, 🖥 www.brightonhouse.ie. Guesthouse im georgianischen Stil, gegenüber vom Oakville Shopping Centre. 6 sehr gemütliche Zimmer mit wenig Platz, aber sehr schöner Inneneinrichtung. B&B ab 35 € p. P. ②–③

Kilmaneen Farmhouse, Ardfinnan, Newcastle, 📞 052-6136231, 🖥 www.kilmaneen.com. Bewirtschafteter Hof mit 3 Fremdenzimmern. Echter „Urlaub auf dem Bauernhof". ③

INFORMATIONEN

Tourist Information Clonmel, The Main Guard, 📞 052-6122960, 🖥 www.clonmeltourism.ie.

TRANSPORT

Von Clonmel (Haltestellen in der Ortsmitte, nahe Bahnhof) fahren **Busse** nach:
CORK (Linie 7), über Mitchelstown und Fermoy, 6x tgl., 3 1/2 Std.
DUBLIN (Linie 7), über Carrick-on-Suir, Kilkenny Town, Carlow, Athy und Naas, Mo–Fr mind. 6x tgl. zwischen 6.45 und 20.30 Uhr, 3 Std.

Carrick-on-Suir

Carrick-on-Suir, im Mittelalter schon durch örtliche Brauindustrie und die hier hergestellte Wolle berühmt, ist heute vor allem wegen des

Ormond Castle, ☎ 051-640787, 💻 www.herita-
geireland.ie, bekannt. Die ursprüngliche Festung
wurde Mitte des 15. Jhs. von den Butlers errichtet und war ein wenig spektakulärer Bau. 1568
jedoch renovierten die Besitzer das gesamte
Gebäude gründlich und erweiterten es. Das Resultat war ein typischer Landsitz der Tudor-Pe-
riode. Der Außeneindruck eines Herrenhauses
wird im Inneren durch eine große Halle und Galerien komplettiert. Insgesamt gilt Ormond Castle als das bedeutendste irische Bauwerk jener
Zeit. Dass dies nicht unbedingt Zufall ist, erklärt
sich aus der geplanten Verwendung: Das Haus
sollte als irischer Landsitz der Königin Elizabeth I. genutzt werden. Kürzlich aufwendig renoviert, erstrahlt das Herrenhaus jetzt in neuem Glanz. ⏱ April–Okt tgl. 10–18 Uhr, Eintritt 5 €.

ÜBERNACHTUNG

Carraig Hotel, Main St., ☎ 051-641455,
💻 www.carraighotel.com. Hotel im Zentrum
mit zwei Dutzend komfortablen, aber nicht
unbedingt aufregenden Zimmern. Ideal für
Angler. ❸

TRANSPORT

Von Carrick-on-Suir (Haltestellen in der
Ortsmitte) fahren **Busse** nach:
CORK (Linie 7), über Clonmel, Mitchelstown und
Fermoy, Mo–Fr mind. 6x tgl., 3 Std.
DUBLIN (Linie 7), über Kilkenny Town, Carlow,
Athy und Naas, Mo–Fr mind. 6x tgl. zwischen
7 und 20 Uhr, 3 1/2 Std.

MEATH UND DIE MIDLANDS

VALE OF AVOCA © BERND BIEGE

Der Osten und der Südosten

Irlands Osten – das sind neben Dublin für die meisten Besucher vor allem County Kilkenny und die Wicklow Mountains. Dabei hat doch diese Region weitaus mehr zu bieten, als man auf der meist schnellen Durchreise vermuten würde: faszinierende Küstenlandschaften, lang gestreckte Flusstäler, alpine Wanderwege und historisch bedeutsame Orte.

Stefan Loose Traveltipps

Irish National Stud Auf dem Gestüt bei Kildare befindet sich Irlands schönster japanischer Garten. S. 282

4 Glendalough An den berühmten Klosterruinen beginnen herrliche Wanderwege durch das „Tal der zwei Seen". S. 289

Wicklow Way Durch Hochmoor und über Pässe führt der Fernwanderweg in die Einsamkeit der irischen Bergwelt. S. 296

Russborough House Das imposante Gebäude aus dem 18. Jh. besitzt eine der besten Gemäldesammlungen Irlands. S. 299

Irish National Heritage Park Mehrere Tausend Jahre irischer Geschichte zum Anfassen. S. 311

Hook Head Über der steinigen Felsküste thront am Ende einer Stichstraße der älteste noch betriebene Leuchtturm Europas. S. 314

Kyteler's Inn in Kilkenny In dem Pub, in dem es bis heute spuken soll, trinkt man zur Beruhigung am besten erst mal ein Smithwick. S. 320

HALBINSEL HOOK, LEUCHTTURM HOOK HEAD © BERND BIEGE

COUNTY WEXFORD, KILMORE QUAY © BERND BIEGE

Wann fahren? Ganzjährig ausgeglichenes Wetter, günstigste Preise Okt–März, Hochsaison Juli–Sep.

Wie lange? Zwei bis vier Tage

Bekannt für Wikinger in Waterford, Wicklow Mountains, die wärmste Küste Irlands

Beste Feste Wexford Opera Festival (Okt), Pferderennen auf dem Curragh

Outdoor-Tipp Wicklow Mountains National Park, Wege um die Seen von Glendalough

Unbedingt ausprobieren Aufstieg auf den Rundturm von Kilkenny, frischen Fisch in Kilmore Quay

N   0   20 km

s. Detailplan
Kildare und Wicklow
S. 289

s. Detailplan
Kilkenny, Wexford
und Waterford
S. 308/309

DER OSTEN UND DER SÜDOSTEN

Mietwagen, Autobahn, Gaspedal … es ist immer wieder erstaunlich, wie schnell man vom Dublin Airport aus in das Hinterland kommt. Hat man erstmal den Speckgürtel der Hauptstadt hinter sich gelassen, ist man abrupt im landwirtschaftlich geprägten Irland, in Richtung Wicklow Mountains sogar schnell in rauer, fast unberührter Natur.

Wirklich rau? Naja, der Golfstrom segnet die Südostküste Irlands eigentlich mit einem besonders milden Klima. Hier scheint deutlich öfter die Sonne, es regnet nicht ganz so viel wie in den anderen Landesteilen. Dafür ist die Küstenlandschaft aber auch längst nicht so schroff und spektakulär wie im Westen. Hat aber auch Vorteile, nämlich gut zugängliche, oft seichte Strände. Hier tummeln sich im Sommer überwiegend Iren. Ferienorte typisch irischen Zuschnitts, inklusive der obligatorischen Dauercamper, säumen die Südostküste. Auch Städte wie Kilkenny oder Wexford sind beliebte Wochenendziele der Dubliner, genau wie die Bergwelt der Wicklow Mountains.

County Kildare

Gleich südwestlich von Dublin erstreckt sich das County Kildare, unbestrittenes Zentrum der Pferdezucht in Irland. Menschenleere Gegenden, in denen einem stundenlang niemand begegnet, stehen in herbem Kontrast zu den städtischen Konglomeraten direkt an der Grenze zum County Dublin. Hier liegen die Schlafstädte der Metropole, die sich immer weiter ins Land „fressen". Längst ist die Grenze zwischen dem County Kildare und Dublin fließend. Während des großen Baubooms rings um Dublin wuchsen die Wohnsiedlungen zusammen, selbst Einheimische sind sich oftmals nicht ganz sicher, wo Dublin nun tatsächlich endet, wo Kildare anfängt.

Dabei war Kildare irgendwie schon immer eine Verlängerung der Hauptstadtregion ins Land hinein. Bereits die Anglo-Normannen haben hier gegen Ende des 13. Jhs. befestigte Siedlungen angelegt, und im 19. Jh. errichteten die Briten auf dem Curragh ein gigantisches Trainingslager für ihre Soldaten. Der kalkhaltige Boden in weiten Teilen Kildares, samt üppigem Gras, begünstigt die Pferdezucht vor den Toren der Hauptstadt. Egal wo man sich befindet: Eine Koppel mit Zuchtpferden ist fast immer in Blickweite. Daher verwundert es kaum, dass Kildare bis heute Pferdefans aus aller Welt anzieht, einige der wichtigsten Pferderennen Irlands finden auf dem Curragh statt.

Den Südosten Kildares prägen Hügelketten, Ausläufer der Wicklow Mountains. Die nördlichen Regionen dagegen erscheinen oft sehr flach, wobei sie immer wieder überraschende Steigungen und recht tief eingeschnittene Flussläufe aufweisen. Im Westen dagegen, an der Grenze zu Offaly, liegt der Bog of Allen, ein riesiges, manchmal trostloses Moorgebiet.

Leixlip

Leixlip, was übersetzt „Lachssprung" heißt und auf die Lachswanderung über Stromschnellen der Liffey hinweist, ist ein gutes Beispiel für die schwierige Grenzziehung zwischen Dublin und dem County Kildare. Auch wenn der Ort einige Kilometer flussaufwärts der Liffey liegt, so gehört er doch eindeutig zum Großraum Dublin. Gigantische Fabriken von Hewlett-Packard und Intel sowie andere Industriebetriebe haben hier ihre Heimat gefunden – am Rande eines Städtchens, dessen Innenstadt immer noch im 19. Jh. zu verharren scheint. Nur Reklameschilder in grellen Leuchtfarben stören dieses Bild.

Die Sehenswürdigkeiten beschränken sich auf das nicht sehr aufregende **Leixlip Castle** und eine ganz besondere Konstruktion: den **Wonderful Barn**. Diese „Wunderbare Scheune" wurde 1743 nach einer Idee der Lady Conolly of Castletown erbaut. In der Gestalt eines Kegels errichtet, wird jedes der fünf Stockwerke durch Luken in der Außenwand bedient. Um Platz im Innenraum zu sparen, läuft die spiralförmige Haupttreppe an der Außenseite des Baus bis zur Spitze. Eine Besichtigung dieser landwirtschaftlichen Kuriosität ist nicht möglich, ein guter Blick auf den „Wonderful Barn" ist jedoch von der Brücke der R404 über die M4 zu erhaschen.

ÜBERNACHTUNG UND ESSEN

Courtyard Hotel Leixlip, Main St., ☎ 01-6295100, 🖥 www.courtyard.ie. Auf dem Gelände, auf dem Arthur Guinness einst Bier braute! 40 Zimmer auf „heiligem" Boden. Mit modernem Komfort in alten Gemäuern. Das Riverbank Restaurant im Haus ist ebenfalls sehr empfehlenswert.

TRANSPORT

Busse
Die Orte befinden sich noch im Einzugsbereich der **Stadtbuslinien** von Dublin Bus, 🖥 www.dublinbus.ie, und verkehren regelmäßig vom Zentrum Leixlips zur Innenstadt von DUBLIN (Linie 66) und nach CELBRIDGE (Linie 67).

Georgianisches Schmankerl

Südwestlich von Leixlip liegt das **Castletown House**, ☎ 01-6288252, 🖥 www.castletownhouse.ie, 1722 für den Parlamentsabgeordneten William Conolly nach Plänen des Florentiner Architekten Alessandro Galilei erbaut. Der absolut symmetrisch wirkende Bau ist eines der schönsten Beispiele eines Herrenhauses aus dieser Periode. Passenderweise hat seit 1965 die Irish Georgian Society hier ihren Sitz, die sich um die Erhaltung vor allem der Architektur des 18. Jhs. kümmert. Castletown House ist sozusagen das Vorzeigeobjekt, seine Innenräume vortrefflich in Schuss und die Stuckarbeiten vorbildlich erhalten. Dabei ist zu beachten, dass das Haus zwar 1732 fertiggestellt wurde, die Innenräume aber erst in der zweiten Hälfte des 18. Jhs. ihre derzeitige Gestaltung erhielten. Diese wurden vor allem von Lady Louisa Lennox in Auftrag gegeben. Ihren Schreibtisch aus Mahagoni können Besucher im Red Drawing Room bewundern.

Ein anderes ganz persönliches Element aus der Zeit von Lady Louisa ist der Print Room — im 17. Jh. war es durchaus üblich, Stiche direkt auf die Wand zu kleben und dann mit Bordüren zu verzieren, sodass Louisas Sammlung italienischer Stiche heute noch die Wände ziert. Wer Louisa persönlich kennenlernen möchte, sollte sich ihr Porträt im Treppenhaus zeigen lassen, die Brüder Francini verewigten sie hier in Stuck. Nicht vergessen werden darf auch die zentrale Galerie des Hauses, die üppig im sogenannten pompejanischen Stil dekoriert ist. ⏲ März–Nov tgl. 10–18, Nov, Dez Mi–So 10–17.30 Uhr, Eintritt 8 € (Haus), 3 € Gärten.

Eisenbahn

DUBLIN Connolly, mehrere Züge stdl. von und nach Leixlip.

Maynooth

Die kleine Stadt Maynooth ist hauptsächlich wegen des **St. Patrick's College**, 🖥 www.maynoothcollege.ie, bekannt, in gewisser Hinsicht das Gegenstück zum Trinity College in Dublin. Die „Pontifikale Universität" wurde 1795 eingerichtet, um irische katholische Geistliche künftig wieder im eigenen Land ausbilden zu können. Vorher war die Ausbildung weitgehend in Kontinentaleuropa erfolgt, teilweise in Rom, teilweise in Frankreich. Im Laufe der Jahre entwickelte sich das College zum größten Priesterseminar auf den Britischen Inseln. Sein Einfluss reichte dank der Missionare und Priester, welche die irischen Gemeinden im Ausland betreuten, weit über die Grenzen der Insel hinaus. Heute ist die Zahl der in Maynooth ausgebildeten und zum Priester geweihten Männer jedoch verschwindend gering. Tatsächlich ist das College längst Teil der National University of Ireland und bietet auch ganz weltliche Studiengänge an, auch Protestanten und Frauen gehören zum Alltagsbild auf dem Campus.

Die Außenanlagen des Colleges sind frei zugänglich und laden zu Spaziergängen ein. Vor allem die Gebäude aus dem 19. Jh. wirken imposant. Beeindruckend ist der Eingang zum Hauptgebäude, der von zwei schlanken Türmen flankiert wird. Rechts von ihm ist eine große Kirche direkt an das Hauptgebäude angebaut. Umrundet man diese, kommt man in einen Innenhof, in dem ein meditativer Garten angelegt wurde. Die Marienstatue ganz in der Nähe ist ein Geschenk der Diözese Los Angeles. Über eine kleine Brücke gelangen die Studenten zu den modernen neuen Gebäuden des Campus, u. a. zur Bibliothek.

Vor dieser befindet sich eine monumentale Figurengruppe, die Papst Johannes Paul II. in gebückter oder kniender Haltung zeigt, zwei Kinder in den Arm nehmend. Der Symbolismus dieser Statue, die die Fürsorge der katholischen Kirche für die Schwächsten der Gesellschaft demonstrieren soll, bekam nach den zahlreichen Skandalen um die katholische Kirche in Irland einen bitteren Beigeschmack. Zumal die Liste der geehrten Förderer und Spender hinter der Statue von Persönlichkeiten angeführt wurde, deren Ruf mittlerweile stark gelitten hat. Allen voran der damalige Bostoner Kardinal Bernard Law (1931–2017) – er war der erste hohe Kirchenmann, der der aktiven Vertuschung von Missbrauchsfällen überführt wurde; unter ihm

Die katholische Kirche, der Sex, die Sklavinnen und der Staat

Anfang des 21. Jhs. ging ein bitterböser Witz durch Irland. Was sei das irische Wort für einen Pädophilen? *Sagart* – auf Deutsch „Priester". Dieser Witz war eine Reaktion auf die zahlreichen Skandale, die seit Jahren die katholische Kirche erschütterten. Nachdem die Kirche über Jahrzehnte hinweg selbst in der irischen Verfassung einen bevorzugten Platz eingeräumt bekam und für die weitaus größte Anzahl der Iren die letzte Instanz in nahezu allen Fragen des täglichen Lebens darstellte, zerstörten Enthüllungen das Vertrauen in den Klerus. Ob nun in den Magdalenen-Heimen, in den Waisenhäusern oder in den Schulen, in kirchlichen Einrichtungen kam es zum massenhaften und wiederholten Missbrauch von Kindern und Jugendlichen. Auch viele Gemeindepfarrer nutzten ihre Vertrauensstellung aus, um sich an ihren Schutzbefohlenen zu vergreifen.

Gewiss waren dies Einzeltäter. Deren Anzahl allerdings lässt schon die Frage aufkommen, ob hier nicht ein gewisses Netzwerk geschaffen wurde, ob nicht labile Persönlichkeiten in den Dienst der Kirche traten, um so ihre persönlichen Neigungen ausleben zu können.

Was aber die ganze Sache zu einem Skandal von ungeheuerlichen Ausmaßen machte, das waren nicht die Einzeltäter, sondern die Komplizenschaft des gesamten kirchlichen Apparates. Fiel ein Pfarrer aus der Rolle, wurde er vom Bischof ohne Aktenvermerk ermahnt und dann versetzt. Und da er in seiner irischen Diözese schon lange Erfahrungen mit Jugendlichen gemacht hatte … was lag da näher, als ihn an seinem neuen Wirkungsort etwa in den USA oder in Großbritannien wieder in der Arbeit mit Jugendlichen einzusetzen? So wurde dann der Bock wiederholt zum Gärtner gemacht, so konnten pädophile Wiederholungstäter im Dienst der Kirche sogar noch Karriere machen.

Nur ein kirchliches Problem? Weit gefehlt – die weltlichen Behörden machten zumindest gute Miene zum bösen Spiel, spielten z. T. sogar mit. Wurde etwa der Garda ein Missbrauchsfall gemeldet, in den ein Priester verwickelt war, musste sich das Opfer anhören, dass man doch gegen einen Mann Gottes keine Anklage erheben könne. In einer im Jahre 2009 vorgelegten Untersuchung wurde wieder und wieder deutlich, dass der kirchliche Missbrauch auch durch staatliche Stellen gedeckt und vertuscht wurde. Und dass die Bischöfe oft in ihrer Aufsichtsfunktion versagten. Letztendlich dasselbe Ergebnis zeigte ein Bericht über die „Magdalenen-Heime", der 2013 erschien – auch hier wurde klar, dass die wie Sklaven gehaltenen „gefallenen Mädchen" vor allem dank fest zugekniffener Augen des Klerus, des Staates und auch der breiten Öffentlichkeit keine Chance hatten.

Stellt sich die Frage nach der Wiedergutmachung. Hier hatte sich die katholische Kirche Irlands mit einem geradezu fantastischen Kuhhandel schon frühzeitig aus der Verantwortung gestohlen. Als die ersten Skandale aktenkundig wurden und das Thema nicht mehr ignoriert werden konnte, traf die Kirche eine Abmachung mit dem Staat. Gegen eine auf den ersten Blick stattliche, im Nachhinein aber lächerliche Summe entließ der Staat die Kirche aus der Pflicht und garantierte, eventuell zu erwartende, über diese Summe hinausgehende Wiedergutmachungsleistungen aus Steuergeldern zu bezahlen.

wurden Priester einfach versetzt, wenn es zu Vorwürfen kam.

Neben dem Eingang zum St. Patrick's College steht die immer noch beeindruckende Ruine des **Maynooth Castle**, ☏ 01-6286744, 🖥 www.heritageireland.ie. Dieses wurde zwischen dem 13. und dem 17. Jh. genutzt, heute sind noch ein Torhaus, der massive Wohnturm und ein Teil der Befestigungsanlage erhalten. Das Gebäude ist von öffentlichem Grund gut zu betrachten, für eine nähere Besichtigung, vor allem des Wohnturms, sind allerdings die Öffnungszeiten zu beachten. ⏰ Mai–Sep tgl. 10–18 Uhr, Eintritt frei.

ÜBERNACHTUNG UND ESSEN

€ **Maynooth Campus Accommodation**, Maynooth National University of Ireland, ☏ 01-7086400, 🖥 www.maynoothcampus.com. Schlafen in der Studentenbude, eine Alternative vor allem in der vorlesungsfreien Zeit (Juli–Sep.). Je nach Verfügbarkeit vermietet die Universität ihre modernen wie historischen Studentenheime auch kurzfristig an Besucher. ❷–❸

The Glenroyal Hotel, Straffan Rd., ✆ 01-6290909, 🖥 www.glenroyal.ie. Ideal für eine Erkundung des County Kildare gelegenes Hotel mit 113 Zimmern. Sehr anspruchsvolle Innenausstattung, viele Freizeitangebote. ❸

Avenue Café, Main St., ✆ 01-6285003, 🖥 www.avenuecafe.ie. Ausgesprochen populäres Restaurant im Ortskern (am Wochenende unbedingt reservieren). Lunch Menu sehr abwechslungsreich, Abendkarte international mit sehr gutem Burger und diversen Fischgerichten. Preislich nicht unbedingt Studentenniveau. Achtung: Getränke recht teuer! ⊕ Mo–Sa 12 Uhr bis spät, So 13–22 Uhr.

TRANSPORT

Busse
Von Celbridge (Haltestellen in der Ortsmitte) nach:
BALLINA (Linie 22), über Mullingar, Longford, Strokestown und Foxford, mehrmals tgl., 4 Std.
DUBLIN (Linien 20, 22 und 23), mind. stdl., 3/4 Std.
GALWAY (Linie 20), über Athlone und Loughrea, mehrmals tgl., 3 1/2 Std.
SLIGO (Linie 23), über Mullingar, Longford, Carrick-on-Shannon und Boyle, mehrmals tgl., 4 Std.

Eisenbahn
Relativ gut angeschlossen ist dieser Teil des County Kildare. Von DUBLIN Connolly aus verkehren mehrere Züge stdl. zum **Bahnhof** an der Hazelhatch Rd. (wesentlich schneller, aber etwas teurer als Busse, weniger Züge am Sonntag, während der gesamten Woche kein Bahnverkehr zwischen Mitternacht und 6 Uhr).

Von Maynooth nach Naas

Robertstown
Während Maynooth noch am Royal Canal liegt, ist der 25 km südwestlich gelegene kleine Ort Robertstown eine typische „Hafenstadt" am

Unterwegs mit dem Kanalboot

Keine Lust auf Wandern oder Fahrradfahren? Dann lässt sich der Royal Canal auch ganz bequem auf einer traditionellen Barge erkunden. Skipper Jenny Wren, auch eine hervorragende Sängerin, schneidert ihren Gästen ein Wunschprogramm ... oder bietet Touren „von der Stange", etwa ab Leixlip oder Maynooth. Kontakt unter ✆ 087-9377588 oder 🖥 www.facebook.com/royalcanalboattrips.

anderen großen Wasserweg nach Dublin, am Grand Canal. Das ganze Dorf (250 Einw.) hat sich den Charme des 19. Jhs. bewahrt. Kleine, nostalgisch wirkende Wohnhäuser, aber auch größere Lagerhäuser, säumen das Kanalufer. Noch bis Mitte des 20. Jhs. wurde der Grand Canal für den Frachtverkehr genutzt, erst um 1960 wurden die langsamen Bargen endgültig durch Lastwagen ersetzt. Das größte Gebäude am Ort weist noch darauf hin, dass der Grand Canal einst auch für den Personenverkehr genutzt wurde, dass hier Passagierschiffe im Linienverkehr unterwegs waren. Nachtfahrten und Kajüten waren nicht vorgesehen, sodass an Orten wie Robertstown große Hotels gebaut wurden. Das leerstehende (und langsam verfallende) Old Grand Canal Hotel erinnert daran.

Newbridge
Auf dem Weg nach Süden ist es lohnenswert, die Strecke vorbei am **Hill of Allen** zu wählen. Mitten aus dem flachen Moor der Umgebung steigt dieser Berg auf, wie eine Insel aus dem Meer.

Weiter südlich gelangt man nach **Newbridge**, der Heimatstadt der wohl bekanntesten Silbermanufaktur Irlands. Hier werden aus dem Edelmetall nicht nur Gebrauchsgegenstände hergestellt, sondern auch Pokale, Trophäen und Schmuck. An das Werk angeschlossen ist ein **Museum of Style Icons**, ✆ 045-431301, 🖥 www.visitnewbridgesilverware.com, das u. a. über den „persönlichen Stil" verschiedener Prominenter informiert, von Audrey Hepburn über die Beatles und Prinzessin Diana bis zu Michael Jackson. Einen größeren Umweg lohnt es jedoch nur für absolute Hollywood- und Promi-Fans. Das firmeneigene Newbridge Silver Visitor Centre, eigentlich ein moderner Verkaufsraum mit Restaurant, ist wesentlich größer. ⏰ Mo–Sa 9.30–16.30, So und feiertags 10.30–16.30 Uhr, Eintritt frei.

Naas und Umgebung

In der Nähe der 12 km weiter östlich gelegenen Stadt **Naas**, am bekanntesten durch ihre einem gigantischen Basketball ähnelnde Kunst-Installation an der Autobahn, liegen gleich zwei Rennstrecken. Im **Mondello Park**, 🖥 www.mondellopark.ie, werden Auto- und Motorradrennen veranstaltet. Zusätzlich gibt es eine Schule für Rennfahrer, nach einem Einsteigertraining darf man mit einem echten Rennwagen einige Runden drehen.

Auf dem Rücken der Pferde dagegen geht es in **Punchestown**, 🖥 www.punchestown.com, um den Sieg, hier finden regelmäßig gut dotierte Pferderennen statt.

Technisch Interessierte sollten in das 4 km nördlich gelegene **Sallins** fahren. Hier kreuzt der

Der Bog of Allen

Der Bog of Allen zählt zu den einsamsten Gegenden im westlichen Umland von Dublin, die Straßen, so scheint es, führen hier ins Nichts. Das Moorgebiet erstreckt sich über die Counties Kildare, Laois und Offaly und bietet selbst im strahlenden Sonnenschein einen äußerst trostlosen Anblick, bei trübem Wetter oder Nebel kann es schwermütig machen. Wie hart die Arbeit in früheren Zeiten war, als der Torf hier noch per Hand gestochen wurde, erfährt man im **Bog of Allen Nature Centre**, das in einem alten Bauernhof in Lullymore, ☎ 045-860133, 🖥 ipcc.ie, untergebracht ist. Früher auch „Peatland World" genannt, beschäftigt sich das Naturschutzzentrum zudem mit der bedrohten Flora und Fauna sowie der Geschichte des Moores und bietet Naturwanderungen an. Dabei bekommen Besucher interessante Einblicke in die Nutzung dieser Moorlandschaft und in das Ökosystem. ⏰ Mo–Fr 9–17 Uhr (geschl. an Feiertagen, im Sommer auch teilweise am Wochenende geöffnet), Eintritt 5 €.

Grand Canal die Liffey. Dafür wurde 1783 der immer noch beeindruckende **Leinster Aqueduct** errichtet, eine mit Wasser gefüllte Brücke über das Wasser. Wer das nicht nur als Außenstehender bewundern will, der sollte Bargetrip, 🖥 www.bargetrip.ie, kontaktieren – die Firma bietet einen Leinster Aqueduct Cruise von etwa einer Stunde an, Kosten um 15 €, dabei wird die Brücke mit einem traditionellen Kanalboot befahren.

ÜBERNACHTUNG UND ESSEN

Gables Guesthouse & Leisure Centre, Ryston, Newbridge, ☎ 045-435330, 🖥 www.gables guesthouseandleisurecentre.com. Komfortables Guesthouse am Ufer der Liffey mit 25 Zimmern und Sportangebot für die Gäste. Pool, Fitnessraum, Sauna und Jacuzzi. ❸

The Silver Restaurant. Das an das Newbridge Silver Visitor Centre (s. o.) angeschlossene Restaurant hat ein wenig das Flair einer Kantine, ist aber dennoch empfehlenswert. Hier bekommt man tagsüber wohlschmeckende und preislich „normale" Snacks und auch komplette, bezahlbare Mittagessen.

UNTERHALTUNG UND KULTUR

Newbridge

Riverbank Arts Centre, Main St., ☎ 045-448327, 🖥 www.riverbank.ie. Das Kulturzentrum bietet ein gemischtes Programm: Theater, Comedy, Ausstellungen, Kino, Konzerte etc. Manche der Ausstellungen und Veranstaltungen können überraschend interessant sein.

Naas

Moat Theatre, Abbey St., ☎ 045-883030, 🖥 www.moattheatre.com. Nicht unbedingt ein spektakuläres Theater. Es bietet den üblichen Mix von Amateurgruppen, Konzerten und Tourneetheater. Ein Blick in den Spielplan kann lohnen, denn ab und an gastieren auch große Namen hier.

TRANSPORT

Busse

Von DUBLIN aus sind Naas und Newbridge mehrmals tgl. mit den Linien 8, 12 (beide

Express) und 126 (hält häufig) erreichbar. Eine Verbindung nach ROBERTSTOWN besteht von Newbridge aus mit der Linie 126.

Eisenbahn

Newbridge ist von DUBLIN Heuston Richtung LIMERICK/ENNIS mehrmals tgl. erreichbar. Der Fahrpreis liegt in der Regel höher als im Bus, jedoch schnellere Verbindung.

Kildare Town und Umgebung

Die Kleinstadt **Kildare** hat nur etwa 8200 Einwohner, ist aber für das religiöse wie auch sportliche Leben Irlands von ungeheurer Bedeutung. Dafür sorgen die heilige Brigid – und Rennpferde!

Kathedrale

Das größte Gebäude in Kildare ist der Heiligen Brigid gewidmet. Die Kathedrale soll just an der Stelle erbaut worden sein, an der Brigid im Jahr 480 ein Kloster gegründet hatte, in dem Mönche und Nonnen unter einem Dach zusammenlebten. Ob es sich nun bei Brigid tatsächlich um eine historische Persönlichkeit gehandelt hat oder eine vom Christentum übernommene Göttin, ist im Grunde unwichtig. Heute noch kann man die Stelle besichtigen, an der die Anhänger Brigids bis ins 16. Jh. eine ewige Flamme hüteten. Ein rituelles Feuer, das eventuell schon in vorchristlicher Zeit brannte. Die Kathedrale selbst wurde im 13. Jh. errichtet, im 19. Jh. dann vollständig restauriert. Dabei wurde der grundsätzliche Aufbau der mittelalterlichen Kathedrale beibehalten, jedoch um zeittypische Elemente ergänzt.

Der Brunnen der Heiligen Brigid

In der Nähe des Eingangs zum Irish National Stud ist auch der Weg zum **St. Brigid's Well** ausgeschildert, einer heiligen Quelle, die schon seit Jahrhunderten Pilger anzieht. Das Gelände wurde vor einigen Jahren landschaftlich schön gestaltet und lädt zum Verweilen und Nachdenken ein. Eine lebensgroße Statue zeigt die Heilige Brigid, die eine Flamme in der Hand trägt.

Rundturm

Das zweitälteste Bauwerk am Platz ist der Rundturm, der höchste zu besteigende (und mit 32 m zweithöchste insgesamt) Rundturm in Irland. Sein Standort fast direkt am Rand eines steil abfallenden Hügels machte ihn zu einer dramatischen Erscheinung. Nicht ganz gelungen ist eine spätere Renovierung, die dem Turm Burgzinnen verpasste. Ebenso ungewöhnlich, wenn auch original, ist der im romanischen Stil gehaltene Eingang zum Turm. ☉ Sommer nach Aushang, Eintritt 2 €.

Kildare Village Outlet Centre

Die Innenstadt von Kildare bietet wenige Überraschungen, selbst die hinter einem Pub versteckte Burgruine ist kaum bemerkenswert. Ein kurzer Spaziergang rings um den zentralen Platz mit seinem kleinen Markthaus und seinen Denkmälern nimmt kaum eine Viertelstunde in Anspruch.

Wesentlich mehr Zeit verbringen die meisten Besucher im Kildare Village Outlet Centre, 🖵 www.kildarevillage.com, einem nahe der Autobahn gelegenen Einkaufszentrum mit Direktverkauf großer Marken, dessen Gebäude in traditionellem Stil errichtet wurden. Der harmonische Gesamteindruck wird allerdings etwas durch die typische amerikanische Scheune zerstört, in der ein Jeanshersteller seine Waren anbietet.

Irish National Stud

Etwa 2 km südlich von Kildare liegt die große Attraktion für Pferdefreunde, der Irish National Stud, ✆ 045-521617, 🖵 www.irishnational stud.ie. Dieses Gestüt wurde ursprünglich von einem Privatmann gegründet, der vor allem das gute Wasser der Gegend für seine Zuchterfolge nutzen wollte. Im Jahr 1900 begann Colonel William Hall-Walker hier mit der Zucht von Rennpferden. Er wurde schnell als Exzentriker bekannt, da nach seiner Ansicht der Wert eines Fohlens nicht nur durch seine Erbanlagen bestimmt werde, sondern auch astrologischen Gesichtspunkten unterliege. Bis heute haben die Ställe große Dachfenster, damit die darin untergebrachten Pferde das Mondlicht genießen können.

Die Heilige Brigid hat in Irland eine ganz besondere Stellung inne, denn nach Patrick ist sie die **zweitwichtigste Heiligengestalt auf einer Insel**. Wer sonst kann sich schon mit dem Ehrentitel „Maria der Iren" schmücken? So sehr verehrt man Brigid, dass man sie zu einem nationalen Äquivalent der Muttergottes ernannte. Dagegen kommt nicht einmal Patrick mit seinen Schlangen an.

Der Legende nach war Brigid eine irische Prinzessin, deren Begeisterung für das Christentum nahezu ekstatische Formen annahm. Sie machte es zu ihrer Lebensaufgabe, die Religion von Kildare aus in ganz Irland, vor allem unter der weiblichen Bevölkerung, zu verbreiten. Im 7. Jh. war ihre Kirche fast bedeutender als die des Bischofs von Armagh.

Brigid war auch die erste Heilige, die einer in Irisch verfassten Biografie würdig war. Die Geschichten, die sich um ihre Person ranken, sind so mannigfaltig, dass man Legende und Wahrheit nicht mehr unterscheiden kann. Und genau hier liegt der Knackpunkt. Die christliche Kirche sieht in ihr in erster Linie die missionierte Prinzessin, die alles tat, um Gott gefällig zu sein. Dass sie sich selbst ein Auge ausriss, um nicht verheiratet zu werden … Vielleicht nur eine Parabel oder eine etwas übertriebene Darstellung. Und die Gerüchte von der weiblichen Bettgenossin? Oder von dem Priester, mit dem sie in eheähnlichen Verhältnissen lebte? Dichtung, reine Dichtung.

Tatsächlich wissen wir nichts von einer historischen Brigid. Aber wir wissen, dass in Kildare vor dem Christentum der Kult der Göttin Brigantia das religiöse Leben bestimmte. Und diese Brigantia hatte eben schon alle jene Eigenschaften, die der christlichen Heiligen Brigid auch nachgesagt wurden. Ein deutliches Indiz: Priesterinnen der Brigantia hüteten ein heiliges Feuer, das niemals erlöschen durfte. Und genau dieser Tätigkeit gingen später die Nonnen der Brigid nach. Am gleichen Ort.

So ist der Kult um die Heilige Brigid, der in Irland immer noch landesweit enorm wichtig ist, eventuell ein Überbleibsel von heidnischen Bräuchen. Sogar der Festtag der Heiligen, der 1. Februar, weist darauf hin. In vorchristlicher Zeit war dies das Fest Imbolc, der Beginn des Frühlings.

Ein großer wirtschaftlicher Erfolg wurde Hall-Walkers Zucht zwar nicht unbedingt, aber sie brachte ihm den Titel Lord Wavertree ein, als er 1915 das gesamte Gestüt der englischen Krone vermachte. Später übernahm der irische Staat das Gestüt. Heute besteht hier ein staatlicher Musterbetrieb für Pferdezucht, große Teile des 400 ha großen Geländes sind für Besucher zugänglich. Ein kleines Museum informiert über die Geschichte des Gestüts und der Pferdehaltung in Irland. Täglich werden um 10.30, 12, 14 und 16 Uhr Führungen durch das Gestüt angeboten.

Auf dem Gelände locken weitere Attraktionen. So z. B. eine mittelalterliche Kirche und ein Naturgarten, **St. Fiachra's Garden**, geweiht dem Schutzheiligen der Gärtner. Eine sehr schöne große Statue zeigt den frommen Mönch bei der meditativen Betrachtung einer Eichel. Wasser und Steine sind die bestimmenden Elemente des Gartens, eine Hommage an die irische Landschaft. In einem der an Bienenkorbhütten erinnernden Gebäude ist ein bizarrer „Kristallgarten" aus Waterford Crystal zu sehen.

Eine ganz besondere Anlage ist der **Japanische Garten**, der von dem Gartenbaumeister Tassa Eida geplant und angelegt wurde und zahlreiche exotische Pflanzen enthält. Der Garten ist als Meditation über den Lauf des Lebens angelegt, Höhlen, Klippen, eine japanische Brücke, ein Teehaus, Statuen, ein Miniaturdorf und letztlich ein Zen-Garten gehören dazu. Um den Weg des Lebens in diesem Garten nachzuvollziehen, sollte man sich Zeit nehmen und die Eindrücke auf sich wirken lassen. Leider kommt das meditative Element besonders an sonnigen Tagen wegen der großen Zahl an eiligen Besuchern etwas zu kurz. ⏲ Jan–Nov tgl. 9–18 Uhr, Eintritt 12,50 €.

Curragh of Kildare

Eine ganz besondere Rolle im Leben vieler Iren spielt der Curragh of Kildare, eine große Ebene 7 km östlich der Stadt Kildare, die sowohl als Armeestützpunkt wie auch als Internierungslager genutzt wurde. Wesentlich bekannter ist er allerdings mittlerweile durch die **Curragh Races**, 🖥 www.curragh.ie, eine Reihe von Pferderennen, die mit zu den ganz großen Traditionsveranstaltungen des Pferdesports in Irland gehören. Einen Tag bei den Pferderennen auf dem Curragh zu verbringen, kann ein teures Vergnügen werden, wenn man sich von der Wettleidenschaft der Iren mitreißen lässt. Allerdings ist es auch eine einmalige Gelegenheit, ansonsten eher reserviert wirkende Mitglieder aller Gesellschaftsschichten am Rande der Hysterie zu erleben, wenn „ihr" Pferd in Führung liegt. Oder eben nicht mehr.

Ebenfalls ein Teil des Curragh ist das massive Armeelager, das die Briten einst unterhielten, und das dann von der irischen Armee bis heute weiter genutzt wurde. Hier befindet sich auch das **Curragh Military Museum**, 📞 045-445342, 🖥 www.military.ie/en/public-information/defence-forces-museums/the-curragh-museum, in dem die Geschichte des Lagers und der irischen Armee Besuchern nahegebracht wird. Ein Teil der Ausstellung sind gepanzerte Fahrzeuge. ⏲ Mo, Di 10–12.30 und 14–16.30, Mi, Fr 10–12.30, Do 14–20, So 14–17 Uhr, Eintritt frei.

Silken Thomas, The Square, 📞 045-522232, 🖥 www.silkenthomas.com. Ordentliche Unterkunft mitten im Ort in einem historischen Haus aus dem 18. Jh., nur wenige Schritte von den meisten Sehenswürdigkeiten entfernt. Pub und das beliebte Restaurant Chapter 16 sind gleich nebenan. ❷–❸
Kildare House Hotel, Dublin St., 📞 045-520002, 🖥 www.kildarehousehotel.ie. Zentral gelegenes Hotel mit 21 Zimmern. Insgesamt ein traditionelles Hotel aus der Zeit vor dem großen Boom. Restaurant und Bar im Haus. ❸–❹
Dunne & Crescenzi, Kildare Village Outlet Centre, 🖥 www.dunneandcrescenzi.com. Italienisches Restaurant in guter Shopping-Lage. Köstlich sind: Risotto mit Radicchio, italienische Wurstspezialitäten und auch die Weine. Die Preise sind noch tragbar, aber nicht gerade günstig. ⏲ Mo–Mi 9.30–19, Do und Fr 9.30–20, Sa 8.30–20, So 9.30–20 Uhr.

Heritage Centre, Market Sq., 📞 045-521240, 🖥 www.kildare.ie. ⏲ Mo–Sa 9.30–13 und 14–17 Uhr.

Busse

Von Kildare (Haltestellen in der Ortsmitte) nach:
CORK (Linie 8), via Portlaoise, Cashel, Cahir, Mitchelstown und Fermoy, 6x tgl., 4 1/2 Std.
DUBLIN (Linien 8 und 12), Mo–Fr regelmäßig zwischen 6.45 und 23 Uhr, tagsüber teilweise im Stundentakt, 1 1/4 Std.
LIMERICK (Linie 12), via Portlaoise, Roscrea und Nenagh, tagsüber stdl., 2 1/2 Std.

Eisenbahn

Kildare ist tagsüber von Dublin Heuston aus gut und relativ häufig erreichbar. Fahrpreis liegt in der Regel höher als beim Bus, jedoch schnellere Verbindung. Vom **Bahnhof** Kildare, Station Rd., Züge nach GALWAY, LIMERICK und WATERFORD.

Athy und Umgebung

Am südwestlichen Ende des County Kildare liegt die kleine Stadt **Athy**, benannt nach der Furt durch den River Barrow, die schon im Mittelalter durch eine Brücke abgelöst wurde. Und um diese zu schützen, errichtete der Earl of Kildare im 16. Jh. **White's Castle**, eine massive, dabei nicht unbedingt schöne Festung. Eine zweite Burganlage, **Woodstock Castle**, schützte ebenfalls den strategisch wichtigen Übergang, nicht einmal einen Kilometer entfernt. Den nostalgisch anmutenden Ort hat man in rund einer Stunde gesehen.

Das **Shackleton-Museum**, Town Hall, Emily Sq., ☎ 059-8633075, 🖥 www.shackletonmuseum.com, bietet eine interessante Ausstellung über den Polarforscher Ernest Shackleton, geboren im nahen Kilkea House und somit der Lokalheld von Athy. Ortsgeschichte ergänzt die Ausstellung. ◷ Mo–Fr 10–13 und 14–17, So 12–16 Uhr, Eintritt 5 €.

Ballitore

Die Umgebung lädt zu einigen Ausflügen ein. Da wäre z. B. der kleine Ort **Ballitore** etwa 10 km östlich, eine von der religiösen Gemeinschaft der Quäker gegründete Gemeinde. Von der nahen prähistorischen Festung **Rath of Mulla-**

mast ist nicht mehr viel zu sehen, das kleine Museum in der Bibliothek im ehemaligen **Quaker Meeting House**, ☎ 059-8623344, erzählt aber die Geschichte des Ortes und der Umgebung. ◷ Mai–Okt Di–Sa 12–17 Uhr, Eintritt frei.

Nur 4 km südlich des Ortes befindet sich, ausgeschildert von der Hauptstraße N9, eine Kirchenruine, neben der das berühmte **High Cross of Moone** steht, ein ungefähr 6 m hohes Hochkreuz mit sehr schönen Steinmetzarbeiten. Diese zeigen die üblichen Ornamente und zwischen ihnen Szenen aus der Bibel, etwa der Auszug aus Ägypten.

Castledermot

Zwei weitere Hochkreuze stehen noch weiter südlich in Castledermot. Sie sind Teil der Ruinen eines alten Klosters, die sich in der Nähe der modernen Gemeindekirche befinden, nicht zu verwechseln mit dem späteren Franziskanerkloster weiter südlich. Eines der Hochkreuze hat ein Relief des Königs David, der eine Harfe spielt. Dies soll eine der ältesten Darstellungen dieses typisch irischen Instrumentes sein. Weitere Attraktionen sind ein Rundturm, ein romanischer Torbogen und ein in Irland sonst unbekannter „Schweinerückenstein" *(hogback)*, wahrscheinlich ein Grabstein der Wikinger.

Clanard Court Hotel, Dublin Rd., ☎ 059-8640666, 🖥 www.clanardcourt.ie. Hotel 2 km östlich des Zentrums mit 38 Zimmern, sehr hell und angenehm gestaltet, durchaus komfortabel. ❸–❹

Busse

Von Athy (Haltestellen in der Ortsmitte) nach:
CLONMEL, 5x tgl., 2 Std.
DUBLIN, 5x tgl., 2 Std.

Eisenbahn

Vom **Bahnhof** bei der Church Rd. nach:
DUBLIN, 5x tgl., 1 1/2 Std.
WATERFORD, 5x tgl., 1 1/2 Std.
Genaue Fahrpläne und Möglichkeiten, verbilligte Tickets vorzubestellen, unter 🖥 www.irishrail.ie.

DER OSTEN UND DER SÜDOSTEN

County Wicklow

Südlich an Dublin grenzen sie, die malerischen Wicklow Mountains, aber auch der schöne Küstenstreifen vom Badeort Bray bis an die Grenze des County Wexford. Die Küstenorte, mit der Bahn an die Hauptstadt angebunden, sind schon seit vielen Jahrzehnten ein beliebtes Naherholungsgebiet für die Hauptstädter. Und in letzter Zeit auch Wohnort für viele Pendler.

Deutsche Hinterlassenschaften

Bei **Glencree** ist der Weg zum **Deutschen Soldatenfriedhof** ausgeschildert. In einem ehemaligen Steinbruch, über dem ein großes keltisches Kreuz thront, befinden sich die über 100 Gräber von Soldaten und Zivilisten, die Opfer des Ersten und Zweiten Weltkriegs wurden. Mit dabei Hauptmann Dr. Hermann Görtz, der erfolgreichste Nazispion in Irland. Görtz war schon vor dem Krieg während eines Einsatzes in Großbritannien durch seinen Dilettantismus aufgefallen. Später mit dem Fallschirm über Irland abgesetzt, führte er auch auf dieser Insel zwar seinen Auftrag nicht unbedingt aus, versteckte sich aber lange erfolgreich in Dublin und hielt dem Reich die unbedingte Treue. Görtz überlebte Krieg und Internierung – als der ehemalige Spion jedoch nach Deutschland repatriiert werden sollte, beging er Selbstmord. Irische Weggefährten setzten ihn auf dem Friedhof von Glasnevin mit pseudomilitärischen Ehren bei, den Sarg schmückte selbst im Jahr 1947 noch eine selbst gemachte Hakenkreuzflagge.

Übrigens war Görtz nicht der einzige geheimnisvolle Deutsche, der sich in Wicklow herumtrieb – des Führers persönlicher Mann fürs Grobe und laut eigener Aussage „der gefährlichste Mann Europas", Obersturmbannführer Otto Skorzeny, hatte ein kleines Anwesen hier. Der narbengesichtige Mussolini-Befreier versuchte sich im Martinstown House als Land- und Forstwirt. Heute ist das im Stil der „Erdbeer-Gotik" gehaltene Haus ein luxuriöses **B&B**, ⌨ www.martinstownhouse.com.

Der selbst direkt am Meer meist sehr gebirgige Landstrich, durchzogen von langen Flusstälern mit z. T. üppiger Vegetation in windgeschützten Lagen, gilt als der „Garten Irlands". In der Woche wirkt County Wicklow oft menschenleer, dafür zieht es viele Dubliner am Wochenende an die Küste und hinauf in die Wicklow Mountains, eines der beliebtesten und schönsten Wandergebiete im Osten Irlands. Meist kommt es dann zu Verkehrsstaus, an den beliebtesten Ausflugszielen muss geduldig ein freier Parkplatz gesucht werden.

Wer also den „Garten Irlands" mit seinen großen Herrenhäusern, den herrlichen Wandermöglichkeiten und Badestränden so richtig genießen möchte, der sollte möglichst an einem Wochentag hierher kommen. Wer es eilig hat, der kann Berge und Küste auch an einem Tag erleben. Doch etwas mehr Zeit für kleine Wanderungen sollte man in beiden Landschaften schon mitbringen.

Durch die Wicklow Mountains bis Glendalough

Naturliebhaber werden die **Wicklow Mountains** schätzen mit ihren fichtenbestandenen Gletschertälern, den rauen, einsamen Hochebenen, abgerundeten Berggipfeln und kleinen Gebirgsseen, die während der letzten Eiszeit entstanden sind. Vorherrschende Gesteinsarten sind Granit und Schiefer, zahlreiche Moore bedecken die Hochebenen. Mit 926 m ist der **Lugnaquilla** der höchste Berg der Wicklow Mountains, in dessen Zentrum sich der **Wicklow Mountains National Park**, ⌨ www.wicklow mountainsnationalpark.ie, befindet. Das Infobüro des Nationalparks am Upper Lake in der Nähe der berühmten Klostersiedlung Glendalough (S. 289) informiert über die Tier- und Pflanzenwelt. Hier ist auch der Ausgangspunkt einiger ausgeschilderter Wanderrouten.

Die wenigen Straßen durch die Berge sind weder besonders gerade noch besonders breit angelegt, sie folgen den Konturen der Landschaft und sind teilweise sehr kurvenreich (bei schlechter Sicht sehr langsam fahren). Ein wei-

N
0   20 km

Rathmolyon · Summerhill · Mullagh · Newbridge House · Donabate · Portraine
Kinnegad · Longwood · Swords · Malahide
N4 · MEATH · Clonee · Portmarnock
Boyne · Royal Canal · Kilcock · Blanchardstown · Ireland's Eye
M4 · Innfield · Maynooth · M50 · Dublin · Howth
Baile Átha Cliath
Edenderry · Carbury · Donadea · Leixlip · Lucan · Dublin Bay
Celbridge · N11
OFFALY · Rathcoole · Clondalkin · Dún Laoghaire
Grand Canal · Allenwood · Clane · Saggart · M50
Lullymore · Prosperous · E 20 · M11
Clonbulloge · Hill of Allen · Robertstown · Sallins · Kilteel · Brittas · s. Detailplan Bray und Greystones S. 303
Bog of Allen · Figile · Rathangan · KILDARE · Kill · Glencree · 537 · 117
Cushina · Milltown · Naas/Nás · Kilbride · 650 · Soldatenfriedhof · Enniskerry · Bray
Curragh Military Museum · Newbridge · Punchestown · Kippure · Knockree · Bray Head
Kildare · Curragh of Kildare · M8 · N9 · 411 · Russborough House · Dargle · Delgany · Greystones
Monasterevin · Irish National Stud · Kilcullen · Ballymore Eustace · Poulaphouca Res. · Victoria's Way Indian Sculpture Park · National Garden Exhibition Centre
N7 · Barrow · St. Brigid's Well · Hollywood · Mullaghcleevaun · WICKLOW MOUNTAINS NATIONAL PARK · Newtown · Newcastle
Fontstown · Piper's Stones · Dunlavin · 545 · 756 · Roundwood · Devil's Punchbowl
Stradbally · Rath of Mullamast · Crookstown · Ballitore · Stratford · Glenmacnas-Wasserfall · Laragh · Ashford
Athy · High Cross · Timolin · Moone · Lugnaquilla Mt. · Glendalough · Wicklow Gap · Mt. Usher Gardens · Rathnew
Ballylynan · 747 · 383 · 654 · 926 · Glenmalure · Clara · Gleneally · Wicklow
LAOIS · Baltinglass · Rathdrum · Wicklow Head
Ballickmoyler · Castledermot · Kiltegan · Aghavannagh · Drumgoff · 665 · E 01 · Avondale Forest Park
Newtown · Rathvilly · Greenan Farm Museum · Meeting of the Waters · Brittas Bay
N78 · Browne's Hill Dolmen · Hacketstown · Macreddin · Avoca · M11 · Mizen Head
Carlow · Clonmore · 433 · Aughrim · 753 · 281
Tullow · Tinahely · Woodenbridge · 747
N80 · 422 · 607 · Arklow
Ballon · Shillelagh · Inch · Irische See
CARLOW · Derry · Carnew · 725 · 254 · WEXFORD
Myshall · 457 · Clonegall · Gorey
Ballintore (10 km) · Clogh
423

DER OSTEN UND DER SÜDOSTEN

teres Problem können Wetterereignisse wie Schnee oder Eis sein. Jedes Jahr im Spätherbst und Winter kommt es zu Warnungen, dass die Passstraßen über die Sally Gap oder die Wicklow Gap nicht befahrbar sind. Dennoch schaffen die ebenso regelmäßig anrollenden Tagesausflügler und Touristen, auf eben diesen nicht befahrbaren Straßen, allen Warnungen zum Trotz, stecken zu bleiben.

In der Sommersaison bestehen solche Gefahren natürlich weniger, in der Zeit sind es eher die hinter einer Kurve gemütlich auf der Straße liegenden Schafe, die dem Autofahrer gefährlich werden können. Dabei sollte man auch bedenken, dass die Straßen durch die Wicklow Mountains eigentlich gar nicht für Autofahrer gebaut wurden. Ihre Existenz verdanken wir der Rebellion von 1798, die deutlich bewies, dass das Gebiet kaum beherrschbar war und die Berge bei jeder Truppenbewegung irgendwie im Weg standen. Also legten die Briten die sogenannte **Military Road** an, mit der die Berge erstmals erschlossen wurden. Und genau auf dieser rund 200 Jahre alten Straße fährt man noch heute. Sie heißt mittlerweile R115, ist aber auch als Military Road mit dem Symbol einer Pike ausgeschildert.

Klassische Route

Eine Autotour durch die Wicklow Mountains kann verschiedene Startpunkte haben. Wer von Dublin kommt, nimmt vielleicht den klassischen Weg über die **R115**. Die Fahrt geht steil hinauf in die Berge, von einem Parkplatz kurz hinter **Glencree** bietet sich ein herrlicher Panoramablick auf Dublin. Danach allerdings ist alle Aufmerksamkeit gefordert, denn die Straße windet sich auf die **Sally Gap** zu, einen der beiden Hauptpässe in den Wicklow Mountains. Die einzigen Hinweise darauf, dass man sich noch in der Zivilisation befindet, sind allenfalls einige Sendemasten am Horizont. Noch bis in unsere Tage sind die abgelegenen Ecken der Wicklow Mountains auch bei weniger gesetzestreuen Bürgern beliebt, als Versteck vor allem.

Die auf 500 m Höhe gelegene Sally Gap selbst ist nichts weiter als eine Kreuzung im Nichts, umgeben nur von Hochmoor und einigen Ber-

gen. Die spektakuläre Landschaft wirkt so unwirklich, dass es mitunter schwierig ist, sich zu orientieren. Dankenswerterweise sind die Wegweiser an der Sally Gap mittlerweile eindeutig und werden auch regelmäßig kontrolliert und repariert. Der einfachste Weg führt weiter geradeaus, auf teilweise stark kurvigen und unregelmäßigen Straßen bis nach **Glenmacnass**. Wer den kleinen Parkplatz verpasst, fährt gerade auf einen Abgrund zu. Die Straße macht seine scharfe Linkskurve, dann wieder eine scharfe Rechtskurve, und man sieht im Rückspiegel, was man eigentlich bewundern sollte. Der kleine Gebirgsbach, der sich an dieser Stelle durch die Wicklows zieht, stürzt 80 m in dramatischen Kaskaden ein tiefes Tal, weit unterhalb der Straße sind grüne Wiesen und ein paar Bauernhöfe zu sehen.

Den besten Ausblick auf den Wasserfall bietet tatsächlich die Straße ins Tal, hier gibt es allerdings kaum Parkmöglichkeiten. Am einfachsten ist es, vor dem Wasserfall das Fahrzeug auf dem Parkplatz abzustellen (und gut abzuschließen!) und dann die Landschaft zu Fuß zu genießen. Vorsicht ist allerdings angebracht. Von der Landschaft begeisterte Autofahrer haben nicht immer ihre Augen auf der Straße. Absolute Vorsicht ist am Wasserfall selbst geboten, bitte unbedingt die Warnschilder beachten. Seit mehreren Jahren ist aus gutem Grund der Zutritt zur unmittelbaren Umgebung um den Wasserfall verboten.

Anschließend geht es rund 6 km bergab, teilweise durch kleine Wäldchen und an einsam

Skifahren und Snowboarding in den Wicklow Mountains

Man mag es kaum glauben, aber in den Wicklow Mountains ist sogar die schnelle Schussfahrt auf zwei Brettern oder einem Snowboard möglich. Dafür sorgt der **Ski Club of Ireland** (auf dem Gelände des Kilternan Golf and Country Club, 7 km nordwestlich von Bray, ✆ 01-2955658, 🖥 www.skiclub.ie). Natürlich nur im „Winter", die Hauptsaison reicht von September bis April. An Werktagen sind die Pisten von 19.30–22.30 Uhr, am Wochenende von 10–17.30 Uhr geöffnet. Sogar Skilehrer und auch Skiverleih stehen bereit.

Schnee muss dabei nicht zwingend fallen, denn die Pisten sind aus „Dendix" – eine Art grober Teppich mit Wasserfilm. Und wer auf lange Abfahrten hofft, wird vielleicht enttäuscht sein. Die Hauptpiste ist gerade mal 180 m lang, dazu kommen eine weitere 150 m lange Piste sowie zwei Anfängerpisten von jeweils 50 m Länge. Der Begriff „Alpiner Abfahrtslauf" bekommt in Irland eine neue, „kurze" Bedeutung.

Warum man nicht überall laufen darf ...

Heute sind in den Wicklow Mountains immer mehr Schilder zu sehen, die den Zugang zu bestimmten Gegenden regulieren oder mit Auflagen versehen. Dies hat zwei Gründe. Zum einen stehen weite Teile der Berglandschaft unter Naturschutz, um deren Erhalt man sich zu Recht bemüht. Zum anderen haben die Schilder Versicherungsgründe. Der Zutritt zu Privatland wurde in früheren Zeiten lockerer gehandhabt, da Spaziergänger den Landbesitzer nicht wegen eines verstauchten Knöchels vor Gericht zerrten.

Doch das hat sich geändert, Irland wurde in den letzten zwei Jahrzehnten von einer Welle sinnloser Prozesse überzogen, die allesamt der „compensation culture" zuzuordnen waren. Um solchen Prozessen vorzubeugen, haben sich viele Landbesitzer zum einfachsten Weg entschlossen und den Zutritt zu ihrem Land untersagt. Die einzige Alternative wäre eine extrem teure Haftpflichtversicherung, deren Kosten allenfalls durch Eintrittsgelder wieder zurückzuholen wären. In der freien Natur eine schlichte Unmöglichkeit.

Immerhin – eine Frau, die sich vor Gericht ein sattes Schmerzensgeld wegen eines Sturzes auf einem Bohlenweg erstritten hatte, stand nach der Revision wieder auf Null. Letztinstanzlich wurde entschieden, dass auch ein angelegter Weg des Wanderers Verpflichtung nicht aufhebt, selbst darauf zu achten, wo man hintritt. Ein Sieg der Vernunft!

---

gelegenen Häusern vorbei. Schließlich kommt man an eine Kreuzung, die in etwa das Zentrum des kleinen Dorfes **Laragh** darstellt. Von hier aus hat man die verschiedensten Möglichkeiten, die Fahrt durch die Wicklow Mountains fortzusetzen. Entweder nach Norden über die R755 in Richtung Roundwood und Enniskerry, nach Westen über die Wicklow Gap in Richtung Hollywood und Blessington oder nach Südosten durch die Täler von Clara und Avoca in Richtung Arklow. Jede dieser Strecken hat ihren ganz eigenen Reiz. Doch egal für welchen Weg man sich entscheidet: Der Besuch der nahe gelegenen berühmten Klostersiedlung von Glendalough ist erst einmal ein Muss.

4 HIGHLIGHT

Glendalough und Laragh

Ein unbestrittenes Highlight jeder Irlandreise! Glendalough, wörtlich übersetzt das „Tal der zwei Seen", beginnt in der kleinen Ortschaft Laragh, rund 40 km südlich von Dublin. Doch Glendalough wird weniger mit dem lang ge-

streckten Tal assoziiert als mit der berühmten **Klosteranlage**, deren Ruinen in reizvoller, bewaldeter Umgebung am unteren der beiden Seen liegen. Trotz des Touristensturms ist Glendalough, das im 6. Jh. von dem Hl. Kevin gegründet wurde, ein „stiller" Ort geblieben. Die Ruhe war es auch, die Kevin in diesem Tal suchte. Er begab sich sozusagen ans Ende der Welt, um ein meditatives, gottgefälliges Leben zu führen. Doch ihm folgten weitere Einsiedler und Mönche, die er in Askese unterrichtete.

Im 12. Jh. existierten in der Klostersiedlung bereits sieben Kirchen, angeblich lebten damals mehr als 3000 Menschen in dem abgelegenen Tal, das nach seinem Tod auch Bischofssitz wurde. Wiederholt wurde Glendalough das Ziel von Wikingerüberfällen. Kaum hatte sich das Kloster davon erholt, wurde es von englischen Truppen Ende des 14. Jhs. teilweise zerstört. Der Klosterbetrieb ging jedoch noch weiter, bis schließlich auf Befehl Heinrichs VIII. im Jahr 1539 die Klöster Irlands aufgelöst wurden. Danach blieb Glendalough eine beliebte Pilgerstätte, vor allem am Feiertag des Hl. Kevin, am 3. Juni.

Der **Hl. Kevin** war berühmt für seine Engelsgeduld und seine tiefen Meditationen. So ist überliefert, dass er einmal mehrere Tage im Wasser stehend mit ausgebreiteten Armen meditierte. Eine Amsel nutzte die Gelegenheit und baute auf seiner Hand ein Nest. Als der Heilige seine Meditation beendete, bemerkte er den Vogel und entschloss sich, einfach so lange ruhig stehenzubleiben, bis dieser seine Eier ausgebrütet hatte. Angeblich starb Kevin um 618 im biblischen Alter von 120 Jahren.

Rundgang

Mehrere Wege führen auf das Gelände. Der ruhigste und malerischste führt vom Besucherparkplatz aus links am Besucherzentrum vorbei und über die kleine Brücke auf die andere Bachseite, dann einfach rechts in Richtung der kleinen Kirche St. Kevin's Kitchen. Alternativ erreicht man das Klosterdorf über den Parkplatz des Hotels oder entlang der Hauptstraße, dann geht man durch das alte Friedhofstor neben dem mobilen Andenkenladen.

Wird der erste Weg gewählt, gelangt man zuerst zur **St. Kevin's Kitchen**, der vollständig erhaltenen kleinen Kirche mit ihrem eingebauten Rundturm. Es handelt sich um ein Gebetshaus aus solidem Stein mit einem sehr steilen Dach, das ebenfalls mit Steinen bedeckt ist. Obwohl das Gebäude bereits im 11. Jh. errichtet wurde, ist es noch vollkommen erhalten und hat eine sehr gute Akustik, die man durch den vergitterten Eingang testen kann. Von innen kann man die Kirche nicht besichtigen, was zu verkraften ist, da der Innenraum vollkommen schmucklos ist. Der kleine Glockenturm, eindeutig ein „Ableger" der irischen Rundtürme, wirkt fast wie ein Schornstein – daher der Name St. Kevin's Kitchen. Von hier aus ist es am einfachsten, rechts an der Friedhofsmauer entlangzugehen und hinter der Kathedrale (deren Eingang auf der anderen Seite liegt) zum immer noch intakten **Torbogen** zu gelangen. Dies ist der Rest des ehemaligen Torhauses, ein in Irland einmaliges Relikt eines solchen Gebäudes. Der doppelte Bogen wirkt auch heute noch elegant.

Zur linken Hand ragt unübersehbar der etwa 30 m hohe **Rundturm** von Glendalough empor, einer der am besten erhaltenen Türme in ganz Irland. Erbaut wurde er während der Wikingerüberfälle um 1066. Die konische Spitze, die wie bei vielen anderen Türmen dieser Art im Laufe der Zeit zerstört wurde, wurde im 19. Jh. mit hier gefundenen Steinen restauriert. So kann heute davon ausgegangen werden, dass der Turm im Wesentlichen dem mittelalterlichen Original entspricht. Die anderen Gebäude auf dem Gelände sind mehr oder weniger zerstört.

Das größte von ihnen ist die aus dem 12. Jh. stammende **Kathedrale**, die heute ohne ihr Dach dasteht. Mit etwas Fantasie kann das große Gebäude vor dem geistigen Auge wiedererstehen. Wesentlich mehr Fantasie braucht man beim **Priest's House**, in dem früher Geistliche beerdigt wurden, was zu dem leicht irreführenden Namen führte. Über der Tür ist eine kaum noch erkennbare Steinmetzarbeit angebracht, die den Hl. Kevin mit zwei anderen Mönchen zeigt. Fast vollkommen verfallen ist die etwas abseits gelegene **St. Mary's Church**.

Das angeblich Wünsche erfüllende **St. Kevin's Cross** ist ebenfalls hier zu finden – die meisten Besucher hinterlässt das schmucklose Kreuz recht unbeeindruckt.

Wanderwege entlang der Seen

Vom zentralen Klostergelände aus beginnen auch die wunderschönen, verschieden langen und gut ausgeschilderten (Übersichtskarte am Besucherzentrum) Wanderwege entlang der zwei Seen, die dem Tal seinen Namen gaben. Sie führen durch waldreiche Landschaft und sogar zu einem Wasserfall. Dem Kloster am nächsten liegt der **Lower Lake**, der mit dem wesentlich größeren **Upper Lake** über einen kleinen Bach verbunden ist. Zwischen den beiden Seen befindet sich der kostenpflichtige Parkplatz. Die Wanderung vom Kloster (bzw. vom kostenlosen Besucherparkplatz weiter westlich) hierher ent-

---

Glendaloughs dritter Rundturm

Die Ruine einer weiteren, sehr kleinen Kirche, befindet sich an der Straße Richtung Laragh. Da es hier keine Parkmöglichkeiten gibt, ist sie meist menschenleer. Am einfachsten ist es, vom Besucherparkplatz zur Kirche zu laufen. Die **Trinity Church** aus dem 12. Jh. besaß wahrscheinlich ebenfalls einen Rundturm, der ähnlich wie bei der St. Kevin's Kitchen in den Bau integriert war. So wären dann hier drei Rundtürme auf engstem Raum zu finden gewesen.

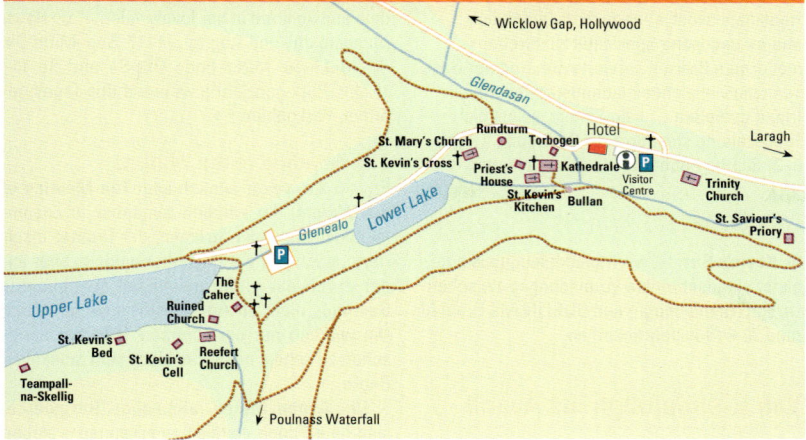

N | 0 | 500 m

Wicklow Gap, Hollywood

Glendasan

Laragh

Rundturm · Torbogen · Hotel
St. Mary's Church
St. Kevin's Cross
Priest's House · Kathedrale · Visitor Centre
St. Kevin's Kitchen · Bullan
Trinity Church
Lower Lake
Glenealo
St. Saviour's Priory

Upper Lake
The Caher
Ruined Church
St. Kevin's Bed
St. Kevin's Cell
Reefert Church
Teampall-na-Skellig

Poulnass Waterfall

lang der gut ausgebauten Wege nimmt jedoch auch nur 15–20 Minuten in Anspruch.

Am Upper Lake sind noch einige interessante Bestandteile der Gesamtanlage zu finden. Die erste davon ist **Reefert Church**, eine kleine Kirche im romanischen Stil, deren Name wohl auf die irische Bezeichnung für Königsgräber zurückgeht. Wegen dieser linguistischen Herleitung wird angenommen, dass die Kirche einen alten Friedhof markieren könnte. Nur etwas weiter steht der Rest einer Bienenkorbhütte, als **Zelle des Heiligen Kevin** bekannt und eventuell der Ursprung der gesamten Klosteranlage.

Nicht weit entfernt ist auch das **Bett des Heiligen Kevin**, eine kleine Höhle oder besser Nische, die in eine Felswand geschlagen wurde. Der Legende nach soll sich hier der Klostergründer zur Nachtruhe gebettet haben, ursprünglich könnte es jedoch eine Grabstätte aus der Bronzezeit gewesen sein. Das Bett und der kleine Teampall-na-Skellig, der an der Stelle der ersten Kirche im Tal stehen soll, sind heute nicht mehr zu Fuß erreichbar, sie sind eigentlich nur vom Nordufer des Sees aus zu sehen.

Praktische Hinweise

Die Besichtigung von Glendalough ist gratis, auch der Parkplatz am Besucherzentrum ist an den meisten Tagen kostenlos nutzbar. Eintritt zahlt man nur für das Besucherzentrum, in dem die Geschichte des Hl. Kevin und der Klostersiedlung von Glendalough anschaulich erzählt werden, ✆ 0404-45352, 🖥 www.heritage-ireland.ie, ⏱ tgl. 9.30–17, März–Okt bis 18 Uhr, Eintritt 5 €, sowie saisonal für die Parkplätze (4 €, wird aber mit dem Eintritt des Besucherzentrums verrechnet). An schönen Sommerwochenenden ist hier allerdings ohnehin kaum ein Parkplatz zu bekommen.

ÜBERNACHTUNG UND ESSEN

Lynham's Hotel, Laragh, ✆ 0404-45345, 🖥 www.lynhamsoflaragh.ie. Hotel etwa 1,5 km östlich des historischen Glendalough mit 14 Zimmern. Etwas traditionell eingerichtet, doch die Räume sind bequem und ruhig. ❸–❹
Glendalough Hotel, Glendalough, ✆ 0404-45135, 🖥 www.glendaloughhotel.ie. Hotel direkt am alten Klosterkomplex mit 44 Zimmern mit durchschnittlichem Komfort. Leichter Zugang zu den Wanderwegen. Restaurant und Pub mit fairen Preisen und recht gutem Essen. ❹
Absolut empfehlenswert im Ort selber ist das Pub-Restaurant **Wicklow Heather**, Gleandalough Rd., Laragh, 🖥 www.wicklow

DER OSTEN UND DER SÜDOSTEN

heather.ie, in dem im urigen Ambiente („Speisen im Dorfmuseum" kommt in den Sinn) vor allem Hausmannskost, aber auch die eine oder andere exotische Spezialität zu durchaus moderaten Preisen serviert wird. Und der Gast kann die vielleicht einladendsten Toiletten in Irland genießen … kein Scherz, selbst die Tageszeitung steht dort zur Verfügung. ⏱ tgl. 8–21.30 Uhr, Pubbetrieb läuft noch länger.

TRANSPORT

St. Kevin's Bus, 🖳 www.glendaloughbus.com, bietet eingeschränkte Verbindungen zwischen Laragh (Glendalough) und DUBLIN (via Bray) für rund 20 € (Rückfahrticket) an.

Von Glendalough bis Avoca

Vale of Clara

Von Glendalough bzw. Laragh führt die R755 nach Süden in das Tal von Clara, die Straße folgt dem Verlauf des Flusses Avonmore. Abenteuerlustige und Freunde der Einsamkeit können auch kurz hinter Laragh den Wegweisern nach **Glenmalure** folgen, einem tief in die Berge eingeschnittenen Tal direkt unterhalb des Lugnaquilla, das sich für wunderbare Wanderungen bestens eignet.

Kleine Ortschaften säumen den Weg durch das bewaldete **Vale of Clara**. Winzig klein ist **Clara**, der Ortskern besteht aus einer Handvoll Häusern, der Kirche und der Schule.

Avondale Forest Park

Bei **Rathdrum** geht das Vale of Clara in das **Vale of Avoca** über, die Fahrt nach Süden in Richtung Arklow führt am **Avondale Forest Park**, ✆ 0404-46111, 🖳 www.coillte.ie, vorbei.

Im Park befindet sich das **Avondale House**, Geburtshaus des irischen Politikers Charles Stewart Parnell und heute ein Museum, das ihm und seinem politischen Freiheitskampf gewidmet ist. Der Besuch lohnt sich nicht nur für geschichtsinteressierte Menschen, sondern auch für Naturliebhaber. Ein im 18. Jh. angelegtes Arboretum und die Spazierwege durch den Wald und am Fluss Avonmore entlang laden zum

Verweilen ein. Wie schon die „Dubliners" wussten, als sie sangen „Oh have you been to Avondale and lingered in her lovely vale …" ⏱ Haus/Museum Juli und Aug tgl. 11–17, Sep–Mitte Okt Di–So 11–16, Mitte–Ende Okt Sa und So 11–16 Uhr, Park ganzjährig während des Tages geöffnet, Parkgebühr 5 €.

The Meeting of the Waters

Etwa 5 km weiter südlich liegt **The Meeting of the Waters**, der wirklich romantische Zusammenfluss von zwei Strömen, der Dichter inspirierte, nach wie vor Besucher anlockt, aber leider durch ein recht unsensibel ausgebautes Gasthaus nicht an Attraktivität gewonnen hat. Um wirklich nur die schönen Teile der Landschaft zu sehen, bedarf es eines sehr selektiven Blicks.

Die **Avoca Mines**, ehemalige Bergwerke, sind heute noch deutlich zu erkennen – sieben ehemalige Dampfmaschinen-Häuser mit hohen Schornsteinen sind als Ruinen „erhalten". Dazu kommen die Spuren des Bergbaus, die z. T. schon überwachsen und so renaturiert sind, dass man kaum erkennen kann, wo der Berg beginnt und die Abraumhalde endet. Interessant ist der riesige Mottee Stone in der Nähe der alten Minen, er wurde während der Eiszeit von einem Gletscher hier zurückgelassen (auf Google Maps unter 🖳 https://goo.gl/maps/BrKX2yAY6762 verzeichnet).

Avoca

Im Gegensatz zum „Meeting of the Waters" kann sogar das Dorf Avoca, vor einigen Jahren als das irische Vorzeigedorf in der britischen Fernsehserie *Ballykissangel* bekannt geworden, trotz starker Kommerzialisierung als positives Beispiel gelten.

Das Ziel vieler Besucher ist **Avoca Handweavers**, 🖳 www.avoca.ie, eine teilweise noch traditionell betriebene Weberei, deren Stoffe aus Naturmaterialien weltweit beliebt sind. Allenfalls die Touristenbusse im Sommer und einige weniger gelungene Werbetafeln zerstören den Eindruck des lebendigen 19. Jhs. Ausgedehnte Verkaufsräume, ein sehr gutes, aber nicht unbedingt sehr preisgünstiges Café und die laut klappernden Webstühle in den Produk-

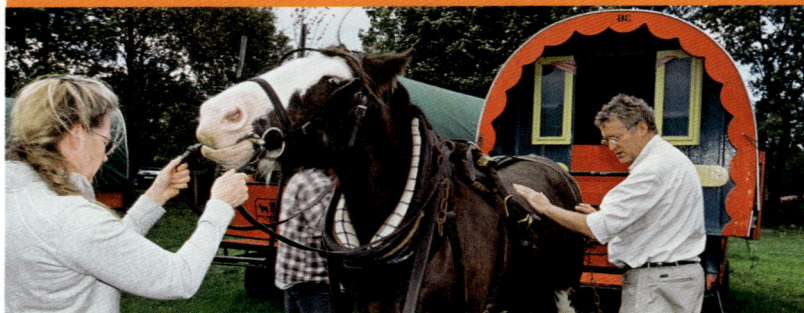

© DUMONT BILDARCHIV / OLAF MEINHARDT

Einmal mit dem Planwagen durch Irland zu fahren, ungebunden und frei wie die irischen „Traveller" (die schon lange nicht mehr mit den bunten Pferdewagen auf der Straße unterwegs sind und deren Leben in der Realität alles andere als romantisch und frei, sondern allzu oft von Diskriminierung geprägt war), ist nach wie vor ein Traum vieler Besucher. Ein Traum, der sich durchaus verwirklichen lässt, indem man einen traditionellen Barrel Top Caravan mit einem kleinen, aber kräftigen Zugpferd mietet. In den Wicklows etwa bietet die Familie Clissmann, Rathdrum, ☎ 0404-46920, 🖥 www.clissmannhorsecaravans.com, dieses (mit Mietkosten von rund 600 € für drei Nächte nicht billige) Abenteuer auf Zeit an.

Umweltfreundliche Art des Reisens

Das Konzept dabei ist denkbar einfach. Die Wagen bieten Platz für eine kleine Familie, allerdings mit sehr eingeschränktem Komfort und, das ist nun wirklich traditionell, ohne Bad und Toilette. Den Antrieb liefert ein Pferd, das meist eine unerschütterliche Gemütsruhe aufweist und dessen Vorstellung von Individualität sich darin äußert, ob es nun das Gras 10 m vor oder hinter dem Wohnwagen frisst. Wird es ausgespannt, reicht eine Handvoll Hafer, um es wieder „einzufangen" – der Mieter muss sich nicht als Cowboy betätigen. So kann man auf ökologische Weise und ganz gemächlich Irlands Landschaft kennenlernen. In kleinen Stücken jedenfalls.

Nur festgelegte Strecken

Der Traum, ganz Irland auf diese Art zu bereisen, lässt sich kaum erfüllen. Die Pferdewagen können nur auf bestimmten Strecken eingesetzt werden, ergo bewegen sie sich meist von Rastplatz zu Rastplatz in einem recht festgelegten Rahmen. Die Strecken, die man an einem Tag zurücklegen kann, sind begrenzt. Wer sich auf den Urlaub mit dem „Zigeunerwagen" einlässt, muss sich bewusst sein, dass er nur eine ganz kleine Ecke von Irland bereisen wird, diese dafür aber umso intensiver.

Vorsicht Autofahrer!

Ein Wort der Warnung ist allerdings angebracht. Als sich der Urlaub mit dem Pferdewagen etablierte, war Irland noch ein anderes Land. Die Verkehrsdichte war weitaus geringer und ein glazial langsam den Berg erklimmender bunter Einspänner wurde lachend toleriert. Heute hat sich dies geändert, der Pferdewagen bildet den Anfang eines Staus, hinter ihm erboste Tagesausflügler in ihren wesentlich schnelleren Autos und Geländewagen, die jedoch nur an wenigen Stellen der immer noch engen Straßen überholen können. Die gute Nachricht: Die Zugpferde lässt diese Situation meist vollkommen kalt. Die „Traveller auf Zeit" allerdings geraten schon einmal in Stress.

tionshallen tun ihr Bestes, den Besuchern irisches Handwerk nahezubringen und einige Euro aus der Tasche zu locken. Da der Eintritt frei ist und einige Produkte von Avoca durchaus interessant sind, ist ein kurzer Halt empfehlenswert, ehe es dann in gemütlichem Tempo nach Arklow weitergeht. An einem sonnigen Tag eine wirklich schöne Fahrt, vorbei an alten Kirchen und lieblichen Flusstälern.

ÜBERNACHTUNG

€ **Hidden Valley Holiday Park**, Rathdrum, ☏ 086-7272872, 🖳 www.irelandholiday park.com. Campingplatz etwa 1 km nördlich der Ortsmitte, einfach, aber durchaus komfortabel. Eigenes Café, auch Touren können organisiert werden, sehr schöne Zeltplätze direkt am Fluss. Verleih von Fahrrädern und Kajaks. Einfache Blockhütten für 4 Pers., 2 Nächte 180 €. Stellplatz ab 10 €.
Stirabout Lane Guesthouse, 36 Main St., Rathdrum, ☏ 0404-43142, 🖳 www.stirabout lane.com. Einfaches, familiäres B&B im Ortskern. ❷

Entlang der Westseite der Wicklow Mountains

Von Glendalough aus führt die R756 direkt auf die fast 500 m hohe **Wicklow Gap** (am Wegesrand liegen mehrere Aussichtspunkte), bis es langsam zu Tal geht und die kleine Straße schließlich bei Hollywood die geschäftige N81 erreicht.

Hollywood

Am Fuß der Wicklow Mountains steht das vielleicht meistfotografierte Ortsschild in Irland: Hollywood. Das kleine Dorf, das nur aus wenigen Häusern, einer Kirche, einer Grundschule, einem Laden und vor allem dem Hollywood Post Office (beliebtes Fotomotiv) zu bestehen scheint, ist durch seine Namensgleichheit mit der kalifornischen Filmmetropole eben einen Schnappschuss wert. Zwar ist diese ein Zufall, die Kino-Connection allerdings besteht in den Bergen

Bio-Küche vom Feinsten

🕇 Unbedingt einen Abstecher wert für Freunde der guten Küche ist **The Strawberry Tree** im herrlich gelegenen Brook Lodge Hotel, in Macreddin, 🖳 www.brooklodge.com. Es war Irlands erstes zertifiziertes Öko-Restaurant, das ausschließlich Biokost serviert. Einfach gehaltene Speisekarte. Überraschend normale Preisgestaltung. Vor allem am Wochenende unbedingt reservieren. ⏰ Di–So (im Aug auch Mo) ab 19 Uhr.

südlich Dublins tatsächlich. Darauf weisen auch verschiedene Straßenschilder hin, wie die Rundtouren mit so wohlklingenden Namen wie „Braveheart Drive" oder „Excalibur Drive" anbieten.

Historisch gesehen haben die Berge und Täler von Wicklow natürlich weder mit William Wallace noch mit König Artus eine Verbindung. Aber die legendären Filme wurden hier (zumindest teilweise) gedreht. Da sich die Landschaften ähneln, gehen die Wicklows bei Bedarf auch mal als Schottland oder Südengland durch. Und für das aktuelle Geschäft sorgt eine eigene County Wicklow Film Commission, 🖳 www. wicklowfilmcommission.com (hier findet man auch Infos zu den Rundtouren) – in den letzten Jahren wurden hier u. a. die Erfolgsserien *The Tudors* und *Vikings* gedreht.

Piper's Stones

📖 Etwa 3 km südlich von Hollywood findet man an der N81 (an der Kreuzung links abbiegen) die Piper's Stones, einen **prähistorischen Steinkreis**. Laut Legende handelt es sich hier um in Stein verwandelte Tänzer, die sich frevelhafterweise an einem Sonntag zur Musik eines Pfeifers (der einzeln außerhalb des Kreises stehende Stein) vergnügten. Der nicht mehr ganz erhaltene, aber immer noch imposante Steinkreis ist von der Hauptstraße N81 ausgeschildert, liegt aber auf dem nächsthöheren Plateau und ist vor dem Aufstieg durch Schafweiden nicht sichtbar. Interessant – hat man den Steinkreis erst einmal erreicht, findet man oft auch Spuren einer noch anhaltenden Benutzung, etwa als Votivgaben niedergelegte „*corn*

Unterwegs auf dem Wicklow Way

- **Route**: Dublin – Knockree – Laragh – Glenda-
  lough – Tal von Glenmalure – Drumgoff –
  Aghavannagh – Moyne – Tinahely – Shille-
  lagh – Clonegall
- **Länge**: 127 km
- **Dauer**: 7 Tage
- **Schwierigkeitsgrad**: wechselnd, aber
  für normal erfahrene Bergwanderer ohne
  Probleme zu meistern
- **Beschilderung**: nicht überall exakt und in
  bestem Zustand
- **Karten**: Wicklow Way Map Guide von Barry
  Dalby (EastWest Mapping)
- **Webseite**: 🖥 www.wicklowway.com

Der Wicklow Way ist einer der bekanntesten
und beliebtesten Fernwanderwege Irlands und
führt von Rathfarnham, einem Vorort Dublins,
durch die Berge bis nach Clonegall im County
Carlow. Er bietet Naturerlebnisse, die intensiver
kaum sein könnten. Dafür sorgen einsame Strecken durchs Hochmoor und über Pässe, die sonst
nur von Schafen benutzt werden, und natürlich
das abwechslungsreiche irische Wetter. Neben
gutem Schuhwerk ist eine Allwetter-Bekleidung
selbst dann empfehlenswert, wenn man nur eine
Tagesetappe wandert. Wer die ganzen 127 km
erwandern möchte, der sollte sich auf anstrengende Etappen einstellen, zudem sollten Wanderer gutes Kartenmaterial (OSI) und einen Kompass
dabeihaben. Der Wicklow Way ist zwar ausgeschildert, diese Ausschilderung ist aber nicht
immer absolut genau oder in bestem Zustand. Seit
der offiziellen Eröffnung der Wanderroute im Jahr
1983 sind einige Teilstücke nur lückenhaft gewar-
tet worden. Und selbst in unserer oft auf GPS ver-
trauenden Zeit – die Batterie ist garantiert dann
leer, wenn Sie weder vor noch zurück wissen.
Übrigens sind nicht nur plötzliche Abgründe und
schlecht zu durchquerende Moorgebiete ein Pro-

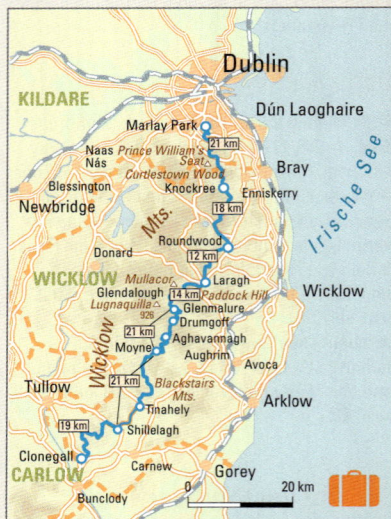

blem; wer weit genug vom vorgesehenen Pfad
abkommt, der kann sich plötzlich auf Militärgelände wiederfinden. Auf diesen abgelegenen
Gebieten werden oft Schießübungen mit scharfer
Munition und großkalibrigen Waffen durchgeführt.

Die Route

Die Strecke zieht sich von Dublin zunächst nach
Knockree, dann über Laragh und Glendalough in
das Tal von Glenmalure, weiter nach Drumgoff
und dann über Aghavannagh, Moyne, Tinahely
und Shillelagh schließlich nach Clonegall.
Die wohl schönsten Streckenabschnitte befinden
sich zwischen Dublin und Glenmalure. Zwar überquert man auf dem Wicklow Way nicht die höchsten Berge Irlands, dennoch gilt der Fernwanderweg als der „alpinste".

Für einigermaßen erfahrene und trainierte Wanderer ist Wicklow Way auch in fünf Tagesetappen zu schaffen.

An der Strecke liegen einige Jugendherbergen und andere Unterkünfte, die als Etappenquartiere genutzt werden können. In der Hauptwanderzeit sind sie oft sehr gut besucht. Wer plant, den gesamten Wicklow Way in einem Stück abzuwandern, sollte unbedingt Unterkünfte vorab reservieren. Wildes Zelten ist in den Wicklow Mountains wie überall in Irland untersagt.

1. Tag (21 km, 7 Std.)
Marlay Park bis Knockree
Die Wanderung beginnt im Parkgelände und führt dann überwiegend über Waldwege aus Dublin hinaus in die Berge. Viele Anstiege sind zu bewältigen, es wird einiges an Kondition abverlangt. Teilweise geht es über ausgedehnte Moorflächen, über Prince William's Seat und Curtlestown Wood erreicht man schließlich Knockree.

Übernachten kann man im **Knockree Youth Hostel**, ☎ 01-2767981, 🖥 www.anoige.ie, einem äußerst luxuriösen Hostel in einem umgebauten Bauernhof direkt am Wicklow Way. Familienzimmer sind vorhanden, ebenso eine „Flitterwochen-Suite". Outdoor-Aktivitäten, Fahrradverleih. ❶–❷

2. Tag (18 km, 6–7 Std.)
Knockree bis Roundwood
An diesem Tag dominiert die Berglandschaft, diese Etappe bietet die besten Fernblicke. Fast zum Greifen nah liegen rechts und links des Weges Berggipfel, die immer wieder zu einem kleinen Umweg verleiten, um von dort einen noch besseren Panoramablick zu genießen. Widerstehen Sie, wenn Sie nicht wirklich extrem fit sind. Übernachtung im **Coach House**, Main St., ☎ 01-2818157, 🖥 www.thecoachhouse.ie, einem der höchsten Pubs Irlands. ❷–❸

3. Tag (12 km, 4 Std.)
Roundwood bis Laragh (Glendalough)
Eine kurze Etappe über den Paddock Hill, hier ist das Ziel fast wichtiger (und nimmt den Rest des Tages sicher in Anspruch): Die Etappe endet in Laragh, gleich neben dem Dorf befindet sich das weltberühmte Klosterdorf von Glendalough

(S. 289). Übernachtungsmöglichkeit bietet das **Glendalough International Hostel**, The Lodge, Glendalough, ☎ 01-40445342, 🖥 www.anoige.ie. Sehr gut ausgebautes Hostel mitten im Nationalpark Glendalough, neben den üblichen Schlafsälen sind auch Privatzimmer und Familienräume vorhanden. Das Frühstück wird von Gästen immer wieder gelobt. Fahrradverleih. ❶–❷

4. Tag (14 km, 4–5 Std.)
Laragh bis Glenmalure
Noch eine kurze Tagesetappe, vielleicht lohnt sich ein morgendlicher Abstecher nach Glendalough, bevor die Touristen kommen. Danach geht es dann am Wasserfall von Poulanass vorbei und über den Gipfel des Mullacor in das idyllische, aber wirklich vollkommen menschenverlassene Glenmalure. Hier erwartet den müden Wanderer eine der einfachsten Jugendherbergen Irlands, im Prinzip nur eine Art Berghütte ohne Telefon, Strom und fließend Wasser: **Glenmalure Hostel**, Greenane, 🖥 www.anoige.ie. Dafür hat das Haus eine äußerst interessante Geschichte: Es gehörte zunächst dem Dramatiker J. M. Synge, dessen Stück Shadow of the Glen hier angesiedelt ist. Später ging das Haus in den Besitz der Nationalistin Maud Gonne McBride über, deren Tochter Iseult lebte ebenfalls eine Zeitlang hier, und sogar der deutscher Spion Görtz soll zu Gast gewesen sein. ❶

Bitte nicht wundern, wenn es hier ab und an einmal rummst – in der Nähe von Glenmalure schießt die irische Armee zur Übung.

5. Tag (21 km, 7 Std.)
Glenmalure bis Moyne
Die spartanischen Verhältnisse in der Jugendherberge von Glenmalure begünstigen einen frühen Start, schließlich ist ein sehr langes Wegstück zurückzulegen. Teilweise folgt der Weg dem Flusslauf des Avonbeg durch das Tal, eine sehr romantische Route. Danach geht es eine ganze Weile bergauf und bergab, die sparsame Vegetation sorgt für einen sehr schönen Fernblick bis hin zu den Blackstairs Mountains. Die Etappe endet in Moyne, wo das **Kyle Farmhouse**, ☎ 059-6471341, 🖥 www.kylefarm.com, eine sehr rustikale, aber bequeme Unterkunft bietet. ❷–❸

© DUMONT BILDARCHIV / RAINER KIEDROWSKI

6. Tag (21 km, 7 Std.)
Moyne bis Shillelagh

Dieser Abschnitt besteht im Wesentlichen aus einer einfachen Wanderung auf mehr oder minder stark befahrenen Straßen – die magische Bergwelt hat man eigentlich hinter sich gelassen. Es geht durch kleine Dörfer und schließlich kann man in „**The Olde Shillelagh**" unterkommen, einem B&B mit gutem Komfort und einer Werkstatt für die *shillelagh* genannten Knüppel, 🖥 www.oldeshillelagh.com. ❷ – ❸

7. Tag (19 km, 6 Std.)
Shillelagh bis Clonegall

Auf dem letzten Stück des Wicklow Way kommt man wieder mit der Zivilisation in Berührung, viele Strecken werden auf kleineren Straßen zurückgelegt. Teilweise geht es über feuchtnasse Feldwege und einige Berge. Schließlich überschreitet man die Grenze zum County Carlow und beendet die Wanderung in Clonegall (Busse nach Dublin, Wexford oder Waterford über Tullow verkehren ab Kildavin, ca. 5 km westlich).

Sicher wandern

Auch wenn die Berge von Wicklow aus der Ferne wie eine liebliche Hügelkette wirken, handelt es sich um ein durchgängiges Hochplateau mit einigen höheren Gipfeln. Der Lugnaquilla, der höchste Berg, reicht immerhin schon fast an die 1000 m heran.

Die größte Gefahr in dieser Bergregion sind **plötzliche Wetterwechsel**. Wer eben noch bei strahlendem Sonnenschein und einer leichten Brise unbeschwert in Hemd, Jeans und Turnschuhen durch die Heide wanderte, findet sich plötzlich fröstelnd und binnen Minuten durchnässt in einer Landschaft, wo die Sichtweite gerade einmal 10 m beträgt und Orientierung fast unmöglich ist. Immer wieder sind Wanderer in dem Versuch, so rasch wie möglich zum Auto zurückzulaufen, Schafspfaden gefolgt, die bisweilen an **steilen Abgründen** vorbeiführen. Und schon rutscht man ab, verstaucht sich den Knöchel oder bricht sich sogar das Bein, unterkühlt langsam und wird innerhalb der nächsten Stunden zu einem Fall für die **Bergrettung**. Die, das mag trösten, in den Wicklows relativ gut organisiert ist. Ihre meisten Einsätze betreffen tatsächlich Wanderer, die sich verlaufen haben und erschöpft irgendwo auf Hilfe warten.

Eine Möglichkeit der Sicherheitsvorkehrung ist es, **Übernachtungen** zu **reservieren**. Meldet man sich in der einen Unterkunft ab und wird in der nächsten erwartet, besteht zumindest eine gute Chance, dass man vermisst wird. Natürlich ist es umgekehrt unbedingt notwendig, in der Unterkunft Bescheid zu sagen, wenn man doch nicht kommt.

Ein Wort zu **Mobiltelefonen**: In den Wicklow Mountains funktionieren diese meistens problemlos, es gibt jedoch einige Bereiche ohne Netzdeckung. Daher nicht blind auf sie verlassen!

dollies", Figuren aus Stroh. Bitte liegen lassen und nicht als billiges Souvenir abgreifen!

Baltinglass

Baltinglass liegt etwa 18 km weiter südlich, wäre aber über die N81 relativ schnell erreichbar. Der Abstecher lohnt sich allerdings nur, wenn man ohnehin den Weg in Richtung Carlow einschlägt oder sich ganz besonders für Kirchenarchitektur interessiert. Das **ehemalige Zisterzienserkloster** von Baltinglass, im 12. Jh. als Valle Salutis gegründet, ist eine interessante Mixtur von irischen, romanischen und für den Orden typischen Einflüssen, zudem wurde es im 19. Jh. umfangreich restauriert. Der in der Nähe gelegene **Baltinglass Hill** mit seinen prähistorischen Monumenten wird vor allem wegen des Ausblicks über die nähere Umgebung bestiegen.

Blessington

Von Hollywood erreicht man rasch das rund 5500 Einw. zählende Städtchen **Blessington**, das sich ein wenig vom unverfälschten Charme eines typischen irischen Provinznestes erhalten konnte. Die Hauptstraße säumen Geschäfte, Cafés und Restaurants, zahlreiche Touristen legen hier einen Stopp ein. Wer einige Stunden an den Ufern der nahen **Blessington Lakes** verbringen möchte, die als Trinkwasserreservoir für die Hauptstadt Dublin dienen, der deckt sich am besten in Blessington mit Proviant ein. In den Seen herrscht allerdings Badeverbot, die Dubliner sehen es nicht gerne, wenn man in ihrem Trinkwasser schwimmt. Doch schon aus Sicherheitsgründen sollte man vom Baden absehen, die Ufer können steil sein, und vor allem in der Nähe des Poulaphouca-Staudammes können starke Strömungen auftauchen. Doch auch eine Fahrt um die Seen lohnt sich an schönen Tagen.

Russborough House

Auf gar keinen Fall sollte man das Russborough House verpassen, ✆ 045-865239, 🖥 www.russborough.ie. Dieses Herrenhaus etwa 4 km südlich von Blessington wurde Mitte des 18. Jhs. für Joseph Leeson, Earl of Milltown, gebaut und ist ein Meisterwerk des Architekten Richard Cassels, der auch für das nicht weit entfernte Powerscourt House verantwortlich ist. Russborough House soll die breiteste Fassade in ganz Irland haben und ist weitgehend im Originalstil erhalten geblieben. Das Äußere des Hauses ist schon beeindruckend, die Innenräume mit ihren reichen Stuckverzierungen aus der Hand der Brüder Francini (die auch in Castletown House wirkten) sind nahezu überwältigend. Bekannt ist Russborough aber vor allem für seine Gemäldesammlung, die eigentlich 1926 verkauft, dann aber rund 40 Jahre später wieder zurück ins Haus geholt wurde. Weitere Gemälde kamen aus der Sammlung von Alfred Beit, der das Haus 1952 erwarb und mit Kunstschätzen füllte. In den Jahren 1974, 1986, 2000 und 2001 kam es zu spektakulären Einbrüchen, bei denen jeweils Teile der Sammlung gestohlen wurden, zu der auch Werke von Rubens, Velázquez und Goya zählen. Ein Teil der Beute aus den verschiedenen Raubzügen konnte wieder in das Haus zurückgeführt werden, mittlerweile sollen die Sicherheitsvorkehrungen verbessert worden sein. Nicht alle Gemälde der Sammlung sind im Haus selbst ausgestellt, ein Teil wird in der National Gallery of Ireland in Dublin (S. 147) gezeigt … und gelegentlich verkauft man auch einige Stücke, um die laufenden Kosten zu decken. ⏰ Mai–Sep tgl. 10–17 Uhr (eingeschränkte Öffnungszeiten im März, April und Okt), Führung 12 €.

Lough Tay

Von Blessington ist man schnell wieder in Dublin, kann aber auch bei Kilbride auf die R759 abbiegen, die wieder zur Sally Gap hinaufführt. An der Kreuzung einfach geradeaus weiterfahren, dann führt die Straße automatisch am **Lough Tay** vorbei, der rechts in einem tiefen Tal liegt. Der Ausblick auf den See ist einer der schönsten Panoramablicke in den Wicklow Mountains, die steil um ihn herum abfallenden Felswände verstärken den Eindruck der absoluten Abgeschiedenheit noch. Dieser Eindruck allerdings täuscht, denn auf dem gepflegten Rasen neben dem See ist ein kleiner Pavillon zu erkennen, der zum **Landsitz der Familie Guinness** gehört. Die R759 endet schließlich in der Nähe des kleinen Dorfes **Roundwood** an der R755.

The Avon, Blessington Lakeshore, Burgage, ☎ 045-900670, 🖥 www.theavon.club. Das Ferienresort am Blessington Lake bietet 39 komfortable Zimmer, vielleicht eher für einen längeren Aufenthalt als für eine Zwischenübernachtung. Zahlreiche Freizeitaktivitäten wie Kanu- und Kajaktouren, Surfen und Segeln. ⑤ – ⑥

TRANSPORT

Blessington ist in das Streckennetz von **Dublin Bus**, 🖥 www.dublinbus.ie, eingebunden und wird regelmäßig von der Innenstadt aus angefahren. Die häufigsten Verbindungen mit DUBLIN (Linie 65) bestehen am Morgen und am Abend. Vom Ort selbst braucht man zu Fuß etwa 30 Min. nach Russborough House und zu den Seen.

Enniskerry

In schöner, waldreicher Umgebung liegt der kleine Ort Enniskerry, rund 20 km südlich des Zentrums von Dublin. Wichtigste Sehenswürdigkeit ist der nahe gelegene **Powerscourt-Wasserfall**, eines der schönsten Naturschauspiele in den Wicklow Mountains. Der kleine Fluss Dargle stürzt an einer steil abfallenden Granitwand 130 m in die Tiefe, gerade nach Regenfällen ein spektakulärer Anblick. ⊙ tgl. 10–15 Uhr (saisonal unterschiedlich), 6 €.

Kaum weniger spektakulär ist das **Anwesen von Powerscourt** selbst, 🖥 www.powerscourt. ie. Das Herrenhaus wurde 1731 an der Stelle einer anglo-normannischen Befestigung vom Architekten Richard Cassels erbaut. Ein Großfeuer Mitte der 1970er-Jahre zerstörte jedoch das Haus, lediglich die Außenwände blieben stehen. Mittlerweile ist es zumindest teilweise wieder aufgebaut, doch nur die Außenfassade ist noch originalgetreu erhalten geblieben. Die meisten Besucher kommen aber ohnehin wegen der **Gartenanlagen** zu Füßen des 503 m hohen Sugar Loaf Mountain, die zu den schönsten Gärten Irlands zählen und sich auf sage und

schreibe rund 190 000 m² erstrecken. Zwischen 1858 und 1875 wurde die Anlage vom siebten Viscount Powerscourt angelegt und diente fortan auch als Heimat für seine auf Reisen durch Europa gesammelten Kunstwerke. Vom Haus führt der prunkvoll gestaltete Weg über Mosaike und eine im italienischen Stil angelegte Treppe zu dem kreisrunden Triton Lake. Zwei Statuen des mythologischen Pegasus, Wappentier der hier einst ansässigen Familie Wingfield, stehen direkt am See, in dessen Mitte eine Tritonen-Fontäne für Wasserspiele sorgt.

Wanderwege durchziehen die weiteren Teile des Anwesens. Besonders bemerkenswert ist der Japanische Garten, genau wie der kleine Pepper Pot Tower eine Ergänzung aus dem 20. Jh. Älter sind die von Mauern eingefassten Gärten hinter der Laokoon-Gruppe, die teilweise als Ziergärten dienen und wo in den Gewächshäusern Pflanzen gezüchtet werden. In die Mauer einer dieser Gärten ist das sogenannte Bamberg Gate eingebaut. Dieses schmiedeeiserne Tor mit seinen reichen Verzierungen wurde Mitte des 18. Jhs. in Wien hergestellt und etwa 100 Jahre später der Kirche von Bamberg abgekauft. An die „Walled Gardens" schließt sich ein Fischteich samt Brunnen an, den einige Delphine zieren. Gleich neben ihm befindet sich ein Friedhof für die Tiere der Familie Wingfield. Hier sind nicht nur Haustiere wie Hunde und Katzen begraben, sondern auch einige verdienstvolle Pferde – und Eugenie, die mehrfach prämierte Kuh.

Die Besichtigung der Gärten nimmt mindestens eine Stunde in Anspruch, man kann hier aber auch problemlos einen halben Tag verbringen. ⊙ tgl. 9.30–17.30 Uhr, Eintritt 10,50 €. Powerscourt ist übrigens auch ein beliebtes Ausflugsziel von Dublin aus, Dublin Bus und einige Privatfirmen bieten geführte Ausflüge hierhin an.

ÜBERNACHTUNG

Enniskerry

Powerscourt Hotel, Powerscourt Estate, ☎ 01-2748888, 🖥 www.powerscourt hotel.com. Luxushotel mit 200 Zimmern in herrlicher Landschaft. Große, sehr aufwendig ausgestattete Zimmer mit allen möglichen modernen Einrichtungen, die man für den Preis erwarten kann. ❻

Glen-O-The-Downs

Glenview Hotel & Leisure Club, Glen-O-The-Downs, Delgany, ✆ 01-2873399, 🖥 www.glen viewhotel.com. Etwas günstiger ist das ebenfalls sehr luxuriöse Hotel 9 km südöstlich an der N11. Landschaftlich schöne Lage mit 70 modern ausgestatteten Zimmern und großem Freizeit-angebot. Ideal für ein Verwöhnwochenende! ❹

Gärten im „Garten Irlands"

Neben den hier schon erwähnten Gärten und Parks sind im County Wicklow zahlreiche wei-tere grüne Ziele zu finden, die Erholungssu-chende und Hobbygärtner gleichermaßen anlocken. Hier eine kleine Übersicht:
Arboretum Kilquade, ✆ 01-5313488, 🖥 www. arboretum.ie, zeigt zwei Dutzend verschiedene Gärten, die von Designern angelegt wurden: vom parkähnlichen Areal bis zum typischen Stadtgarten. ⏲ Mo–Sa 9–18, So 10–18 Uhr.
Greenan Farm Museum, 6,5 km westlich von Rathdrum, ✆ 0404-46000, 🖥 www.greenan maze.com, besitzt einen verwirrenden „kel-tischen" Irrgarten aus Hecken und einen tra-ditionellen Bauernhof. ⏲ Juli und Aug tgl., genaue Öffnungszeiten telefonisch erfragen.
Festina Lente Gardens, 2,5 km nördlich des Zentrums von Bray, ✆ 01-2720704, 🖥 www. festinalente.ie, sind ein hervorragend restau-rierter „Walled Garden" aus viktorianischer Zeit. ⏲ tgl. 10–16 Uhr.
Kilmacurragh Arboretum, in Kilbride, ✆ 0404-48844, 🖥 www.botanicgardens.ie, weist einen sehr schönen, alten Baumbestand auf. ⏲ tgl. 9–16, im Sommer bis 18 Uhr.
Victor's Way Indian Sculpture Park, 2 km nörd-lich von Roundwood, ✆ 01-2818505, 🖥 www. victorsway.eu, ist ein „Kunst- und Philoso-phiepark" und kann neben schön gestalteten Landschaften zahlreiche Skulpturen vorwei-sen, inklusive des laut eigener Angabe größ-ten fastenden Buddhas der Welt (gesund sieht der nicht gerade aus). ⏲ Mai–Sep tgl. 12.30–17 Uhr, Eintritt 5 €.

ESSEN

Avoca Terrace Café, Powerscourt House, Enniskerry, 🖥 www.powerscourt.com. Selbst-bedienungsrestaurant und Café in herrlicher Lage. Gute Salatauswahl, Spezialität: ofen-geröstetes Gemüse und Tarte mit Ziegenkäse. ⏲ tgl. 9.30–17 Uhr.

Roundwood

Roundwood mit seinen etwas über 800 Einwoh-nern liegt gerade einmal 238 m über dem Meer-esspiegel und gilt dennoch als das höchste Dorf Irlands. Im Sommer legen viele Touristen hier ei-nen Stopp ein, um sich in den Dorfpubs zu erfri-schen. Eine kleine Straße führt auf einem Damm an einem großen Trinkwasser-Reservoir vor-bei, die Pegelstation in Form eines neogotischen Burgturmes mitten im Wasser wirkt leicht skurril.

ÜBERNACHTUNG UND ESSEN

Coach House, Main St., ✆ 01-2818157, 🖥 www. thecoachhouse.ie. Urgemütliche Unterkunft in einem der höchsten Pubs Irlands, mit traditio-nellem Restaurant im Haus. ❷–❸

TRANSPORT

Roundwood liegt auf der Strecke des **St. Kevin's Bus** zwischen DUBLIN und LARAGH bzw. GLENDALOUGH (s. dort).

Die Küste des County Wicklow

Seebäder und Strände machen die Küste süd-lich von Dublin seit jeher zu einem beliebten Nah-erholungsziel für die Bewohner der Hauptstadt. Dass dabei aus einst romantischen Fischerdör-fern kommerzielle Feriendomizile geworden sind … wen verwundert es wirklich? Und auch die Nutzung als Schlafstadt für Betuchtere wuchert.

Bray

Nur einen Katzensprung hinter der Grenze des County Dublin liegt Bray, eigentlich ein verschlafenes Fischerdorf, bis gegen Ende des 18. Jhs. plötzlich die ersten Besucher aus der Hauptstadt erschienen. Die vor allem romantische Landschaften suchten. Das Meer, dazu die dramatische Klippenlandschaft südlich von Bray und der „Zuckerhut" (Sugar Loaf), der den Beginn der Berge von Wicklow markiert, sie erfüllten die Sehnsüchte und Erwartungen der Reisenden. Hier hätte sich auch Caspar David Friedrich wohlgefühlt.

Doch bald setzte der Massentourismus ein. Eine Eisenbahnstrecke wurde an der Küste entlang von Dublin nach Bray gebaut, parallel dazu begann man mit dem Bau einer kompletten Stadtanlage, die als Seebad nach englischem Vorbild geplant wurde. Selbst heute noch hat man in Bray den unwillkürlichen Eindruck, irgendwo an der englischen Südküste zu sein. Gegen Ende des 19. Jhs. hatte sich die Bevölkerung vervielfacht, die Esplanade lud zu langen Spaziergängen ein, große Häuser und Villen zeugten von Reichtum, türkische Bäder warteten auf die gestressten Einwohner Dublins.

Die Periode des Wohlstandes hielt jedoch nicht an. In den ersten Jahren des 20. Jhs. begann bereits der Niedergang des Seebades, ein kurzes Wiederaufleben erfolgte in den 1950er-Jahren. Doch seit Mitte der 1960er-Jahre ist Bray in erster Linie eine Schlafstadt vor den Toren Dublins, der Tourismus beschränkt sich hauptsächlich auf Tagesausflügler. Dank der guten Anbindung über die DART ist das mittlerweile arg in die Jahre gekommene Seebad vor allem an Wochenenden immer noch recht lebendig.

Neben der etwa 2 km langen Promenade, die vor allem von Spaziergängern genutzt wird, ist das **Sea Life Bray Aquarium**, ☎ 01-2866939, 🖥 www.visitsealife.com, vielleicht die wichtigste Attraktion des Ortes. In diesem Aquarium direkt am Meer werden einheimische und exotische Fische präsentiert. ⏱ März–Okt tgl. 10–18, sonst Mo–Fr 11–17, Sa und So 10–18 Uhr, Eintritt 13,50 €.

Schön sind auch die verschiedenen **Wanderwege** rund um Bray. Der vielleicht beste führt rund 8 km immer an der Steilküste entlang Richtung Süden bis nach Greystones. Andere Wege in die Berge der Umgebung, etwa auf den 240 m hohen Bray Head, sind ausgeschildert.

ÜBERNACHTUNG UND ESSEN

Esplanade Hotel, Strand Rd., ☎ 01-2862056, 🖥 www.esplanadehotel.ie. Altmodisches Hotel an der Küste mit 94 sehr komfortablen Zimmern, nahe der DART-Haltestelle. ❹

Hotels an der Promenade von Bray

© BERND BIEGE

N
0   2 km

Ballycorus Road R116 Rathmichael Road
M50
R119

Shankill

Ennisskerry Road
△ 275

Dublin Road
M11

Carrick Collogan Forest

Festina Lente Gardens ★

Sea Life Bray Aquarium ★
1

R117

Monastery

Upper Dargle Road

Bray
M11

8 2
①

★ **Powerscourt**
R117 N11
Enniskerry
R760

R767

Vevay Road

R767
Southern Cross Road

Killruddery House & Gardens ★

Cliff Walk
R761

Bray Head

Irische See

Hollybrook

Little Sugar Loaf △

Rocky Valley R755
Kilmacanogue

R760

Moorpark Kilmurray Cottages

Great Sugar Loaf △

Lower Windgates

Greystones

②

Coolnaskeagh

Bellevue Demesne

Ramsdown Road

Church Road

2
3

Mill Road

R755

N11

Delgany

R761

Church Road
Glen Road Church Rd R762

Kilcoole Road

Kilmacurrig Main Street

R761

Priestsnewtown

Kilpedder

Kilcoole

Belfast
Dublin

Campo de' Fiori Bistro Market, 1 Albert Ave., ☎ 01-2764257, 🖥 www.campodefiori.ie. Italienisches Bistro mit guter Auswahl an Pizzen. Die Spezialität des Hauses: Grigliatina di Pesce (Fischgrillteller). ⏲ Mi–Fr 16.30–22, Sa 13–22, So 13–21 Uhr.

UNTERHALTUNG UND KULTUR

Harbour Bar, 1 Strand Rd., ☎ 01-2862274, 🖥 www.harbourbarbray.com. Sehr freundlicher Pub mit einer Menge plüschiger Ecken, etwas bohemehaft. Am Wochenende beliebter Treffpunkt der LGBT+-Gemeinde.

Mermaid Arts Centre, Main St., ☎ 01-2724030, 🖥 www.mermaidartscentre.ie. Kulturzentrum des Ortes mit einem gemischten Programm, das neben Ausstellungen und Konzerten auch Auftritte von Tourneetheatern beinhaltet. Im Sommer wird als Konzession an die Urlauber vor Ort meist der kleinste gemeinsame Nenner des Geschmacks gesucht.

TRANSPORT

Bray wird durch den **Stadtbus Dublin**, 🖥 www.dublinbus.ie, und den **DART** (S-Bahn zwischen Howth, Bray und Greystones), 🖥 www.irishrail.ie, gut bedient, die Preise sind vergleichbar. Während sich die Fahrt mit dem Bus enorm hinziehen kann, bietet der DART eine schnelle und bequeme Verbindung. Mit dem zusätzlichen Bonus, dass die Strecke direkt an der Küste entlangführt, ab und an sogar durch kurze Felstunnel hindurch.

Greystones

Der kleine Ort mit seinem langen Strand und kleinen Hafen schien lange Zeit von der Welt vergessen zu sein. Dies änderte sich in den letzten Jahren zunehmend, neue Wohngebiete, vor allem für besserverdienende Dubliner, entstanden, und die Eisenbahnanbindung an den DART riss das ehemalige Fischerdorf fast brutal aus seinem Dornröschenschlaf. Schon immer als Naherholungsgebiet beliebt, hat sich der Besucherandrang in Greystones nun erheblich gesteigert. Die Attraktivität des Ortes, der vor gar nicht so langer Zeit noch als Geheimtipp gehandelt wurde, steht mittlerweile bedrohlich auf der Kippe.

Sehenswert in der näheren Umgebung ist **Killruddery House and Gardens** zwischen Greystones und Bray, ☎ 01-2863405, 🖥 www.killruddery.com, ein Herrensitz, der vor allem durch die Ziergärten aus dem 17. Jh. interessant ist. Ein Park, der von zahlreichen künstlich angelegten Gewässern durchzogen wird, lädt zu längeren Spaziergängen ein. ⏲ Gärten Mai–Sep tgl. 9.30–18 Uhr, April und Okt nur Sa und So, Eintritt 8,50 €, Haus nur Sa–Do 13–17 Uhr, Eintritt 15,50 € inkl. Garten.

ÜBERNACHTUNG UND ESSEN

Slievemore House, The Harbour, ☎ 01-2874724, 🖥 www.slievemorehouse.com. Direkt am Hafen in einem viktorianischen Haus schlafen, besser kann man als Besucher Greystones Charme fast nicht erfassen. Verschieden große Zimmer, auch für Familien geeignet, durchweg mit gutem Raumangebot und bequemer Einrichtung. Wenn möglich, sollte man ein Zimmer mit Seeblick nehmen … ❸

Chakra by Jaipur, Meridian Point, Church Rd. 🖥 www.chakra.ie. Traditionelles indisches Restaurant. Gut gewürzte, appetitliche Speisen, ausgezeichnete Brote und gute Saucen. ⏲ Mo–Sa 17.30–23, So 13–17 und 17.30–23 Uhr.

The Hungry Monk, Church Rd., ☎ 01-2010710, 🖥 www.thehungrymonk.ie. Altbewährte Gerichte ohne viele Schnörkel, hervorragende Weinkarte. Angemessene Preise. ⏲ Mo–Sa 17–23, So 12.30–21 Uhr.

TRANSPORT

Greystones wird durch den **Stadtbus Dublin**, 🖥 www.dublinbus.ie, und den **DART** (S-Bahn zwischen Howth, Bray und Greystones), 🖥 www.irishrail.ie, bedient, die Preise sind in etwa vergleichbar. Der DART ist jedoch schneller und bequemer, zudem geht die Fahrt an der Küste entlang.

Wicklow Town und Umgebung

Das nördlich der Brittas Bay gelegene **Wicklow Town** ist eine recht unspektakuläre Stadt, allenfalls der Ausblick über das Meer von einem Aussichtspunkt hoch über dem Hafen, an dem noch einige Kanonen stehen, erscheint auf den ersten Blick bemerkenswert. Die Reste des **Black Castle** sind ebenso unauffällig wie die wenigen Überbleibsel des Franziskanerklosters am Ort. Obwohl in dem überschaubaren Ortszentrum noch zahlreiche historische Gebäude erhalten sind, mangelt es an Atmosphäre, hier, so scheint es, mag niemand lange verweilen. Selbst die Statue zu Ehren der Rebellen von 1798 sieht so aus, als habe sie bessere Tage erlebt.

Wicklow Historic Gaol

Da ist es dann fast auch kein Wunder, dass die einzige wirkliche Sehenswürdigkeit des Ortes das **ehemalige Gefängnis** ist. Wie eine Festung beherrscht das Wicklow Historic Gaol, Kilmantin Hill, ✆ 0404-61599, 🖥 www.wicklows historicgaol.com, das südliche Ende der Innenstadt, unbeweglich und uneinnehmbar. Gegen ein Eintrittsgeld jedoch öffnen sich die Türen, und nach einer Besichtigung mag man froh sein, dass dieser Obolus auch das Verlassen des Gefängnisses wieder erlaubt. Denn das Gefängnisleben vergangener Zeiten wird hier lebensecht mit Wachsfiguren nachgestellt, ausgespart werden weder die brutalen Wärter noch die stumpfsinnigen Tätigkeiten, kurz das ganze Elend, das ein Gefängnisaufenthalt früher mit sich brachte. ⏲ tgl. 10.30–16.30 Uhr, Eintritt 9,50 €.

Mount Usher Gardens

Etwa 6 km nordwestlich von Wicklow Town liegen an der M11 bei dem kleinen Ort **Ashford** die Mount Usher Gardens, ✆ 0404-49672, 🖥 www.mountushergardens.ie, eine parkähnliche, romantische Gartenanlage, die 1868 von Edward Walpole geschaffen und längst um ein Vielfaches erweitert wurde. Eine bunte Pflanzenwelt ist hier heimisch geworden, darunter zahlreiche Exoten aus den verschiedenen Kontinenten, die zusammen mit der einheimischen Tierwelt ein ganz eigenes Ökosystem gebildet haben. Typische Blumen wachsen hier nicht, besonders beliebt bei Besuchern ist aber die Zeit, in der die Azaleen und Rhododendren blühen. Ein Geheimtipp sind die Gärten im Herbst, wenn sich das Laub der Ahornbäume färbt. ⏲ tgl. 10–18 Uhr, Eintritt 8 €.

Devil's Glen

3 km nordwestlich von Ashford lockt im Tal des Teufels, dem „Devil's Glen", ein Wasserfall. Der ansonsten recht friedlich dahinplätschernde Fluss Vartry wird hier zum Wildwasser und hat sich seit Abertausenden von Jahren seinen Weg durch den Stein „genagt". Höhepunkt ist **The Devil's Punchbowl**, in die ein Wasserfall aus über 30 m Höhe hineindonnert. Das Gebiet ist mit Wanderwegen gut erschlossen.

ÜBERNACHTUNG

Ballyknocken House & Cookery School, Glenealy, Ashford, ✆ 0404-44627, 🖥 www.bally knocken.com. Guesthouse mit 7 individuell und sehr komfortabel ausgestatteten, mittelgroßen Zimmern. Gutes Angebot von Kochkursen mit Irlands Koch-Star Catherine Fulvio. ❹

🧳 **Bel-Air Hotel**, ✆ 0404-40109, Ashford, 🖥 www.belairhotelequestrian.com. Das verwinkelte Anwesen von Bel-Air 1,6 km südwestlich von Ashford ist eine Unterkunft ganz besonderer Art. Das inmitten eines großen Parks gelegene Hotel mit 10 Zimmern befindet sich seit 1837 im Familienbesitz. Es bietet eine sehr charmante Zeitreise in das irische Gastgewerbe und das Gefühl, in einem echten Herrenhaus zu Gast zu sein. Das angrenzende Reitzentrum (für erfahrene Reiter) bietet zudem das besondere Erlebnis. Empfehlenswert sind die „Mock Hunts" im Herbst – bei diesen „Scheinjagden" geht es ohne Hunde (und ohne gejagten Fuchs) quer durch das Gelände. ❹

INFORMATIONEN

Tourist Information Wicklow, Wicklow Enterprise Park, 🖥 www.visitwicklow.ie.

TRANSPORT

Busse

Von Wicklow (Haltestellen in der Ortsmitte und am Bahnhof) nach:
DUBLIN (Linie 133), Mo–Fr zwischen 5.30 und 23 Uhr häufig zum Custom House Quay und Flughafen, knapp 2 Std. Linie 2 fährt tagsüber stdl. zum Busáras, 1 1/2 Std.

ROSSLARE HARBOUR (Linie 2), über Arklow, Gorey, Enniscorthy, Wexford, tagsüber stdl., 2 Std.

Eisenbahn
Der **Bahnhof**, Wicklow, Station Rd., ist Haltepunkt auf der Intercity-Strecke zwischen Dublin Connolly und Wexford.
DUBLIN Connolly, 5x tgl.
WEXFORD, 5x tgl.

Arklow
Die kleine Hafenstadt Arklow an der Mündung des Avoca River ganz im Süden des County Wicklow ist touristisch nicht sonderlich von Interesse, vielleicht bis auf das kleine **Marinemuseum** an der St. Mary's Road. Dafür befindet sich unweit der Flussmündung ein wirklich schöner Sandstrand. Und 15 km nördlich lockt mit **Brittas Bay** einer der beliebtesten Sandstrände an der Ostküste. Brittas Bay ist ein bevorzugter Badeort für viele Familien – und für FKK-Anhänger, die am Ende des Badestrandes ihr Refugium gefunden haben und toleriert werden, trotz Verbot (Infos zu dieser und anderen Toleranzzonen unter ⌨ www.irishnaturism.org).

ÜBERNACHTUNG

Woodenbridge Hotel, Vale of Avoca, ✆ 0402-35146, ⌨ www.woodenbridgehotel.com. Das angeblich älteste Hotel Irlands (1608) mit 23 Zimmern und Blick auf Golfplatz. Ein etwas altmodisches Hotel mit ganz eigenem Charme. ❸
Arklow Bay Conference & Leisure Hotel, ✆ 0402-26200, ⌨ www.arklowbay.com. Günstig gelegenes Hotel mit 92 Zimmern, etwas unpersönlich, aber mit guten Freizeitangeboten. ❸

INFORMATIONEN

Tourist Information Arklow, Parade Ground, Main St., ✆ 0402-32484.

TRANSPORT

Busse
DUBLIN (Linie 2), über Wicklow Town, Mo–Fr stdl. zwischen 7 Uhr und Mitternacht, mehrere Nachtbusse, 1 1/2 Std.

ROSSLARE HARBOUR (Linie 2), über Gorey, Enniscorthy und Wexford, tagsüber stdl., 1 1/2 Std.

Eisenbahn
Arklow ist Haltepunkt auf der Intercity-Strecke zwischen Dublin Connolly und Wexford.
DUBLIN CONNOLLY, 5x tgl.
WEXFORD, 5x tgl.

County Wexford

Jetzt aber raus aus dem unmittelbaren Dubliner Umland. Das County Wexford schließt sich an Wicklow an, ist der südöstliche Zipfel Irlands, begrenzt im Osten und Süden durch das Meer, im Westen durch die Blackstairs Mountains und den Fluss Barrow. Lange Sandstrände säumen die Küste, während weite Teile des überwiegend flachen Binnenlandes durch große Agrarbetriebe geprägt sind. Der Boden ist ausgesprochen fruchtbar, es ist auch recht sonnig und warm, und so gedeihen hier Erdbeeren und Getreide ganz meisterlich. Die Kehrseite: Ungezähmte Natur findet man in Wexford nur noch selten. Mit Ausnahme vielleicht der stellenweise sehr schönen Dünenlandschaft am Meer.

Historisch gesehen war Wexford immer eines der wichtigsten Tore nach Irland, schließlich ist es ja nur ein kurzer Weg von hier nach Wales. Schon die Wikinger nutzten die Gegend als Brückenkopf, später fielen hier die anglonormannischen Eroberer ein, siedelten sich auch schnell an. Zugleich ist Wexford in der irischen Geschichte auch als eines der Counties bekannt, in denen schon früh Nationalisten für die Unabhängigkeit ihres Landes stritten.

Enniscorthy

Steile Gassen führen durch den kleinen Ort Enniscorthy, der am Hang oberhalb des Flusses Slaney liegt. Mühlen und Töpfereien bedienten sich einst der Wasserkraft und prägen bis heute das Stadtbild am Flussufer. Wo viel gearbeitet wird, da wird auch viel getrunken – Enniscorthy hat eine ganze Reihe von altmodischen Pubs aufzuweisen. Den Iren hat sich Enniscorthy aber in erster Linie im Zusammenhang mit der Rebellion von 1798 ins kollektive Gedächtnis geschrieben. Die hauptsächlich mit Spießen bewaffneten Rebellen aus dem County Wexford traten am Vinegar Hill gegen etwa 20 000 gut ausgebildete britische Soldaten an. Die Schlacht endete mit einem britischen Sieg.

Enniscorthy Castle

Das **Enniscorthy Castle**, ☎ 053-9234699, 🖥 www.enniscorthycastle.ie, mit vier Türmen eine noch immer recht beeindruckend wirkende, trutzige Befestigungsanlage, das darin untergebrachte Museum zeigt Orts- und Lokalgeschichte im großen irischen Zusammenhang. ⏲ Mo–Fr 9.30–17, Sa und So 12–17 Uhr, Eintritt 6 €. In der Ausstellung im nahegelegenen **National 1798 Visitor Centre**, ☎ 053-9237596, 🖥 www.1798centre.ie, wird die gesamte Rebellion sehenswert multimedial aufbereitet. Es sind relativ wenige Artefakte zu sehen, dafür ist die Ausstellung sehr modern und vor allem abwechslungsreich gestaltet. Auch wird der Zusammenhang der Rebellion von 1798 mit den Revolutionen in Nordamerika, Frankreich und Polen in Zusammenhang gebracht. ⏲ Mo–Fr 9–17, Sommer auch Sa und So 12–17 Uhr, Eintritt 7 €.

St. Aidan's Cathedral

Eher vernachlässigt wird von vielen Besuchern die neogotische St. Aidan's Cathedral. Diese wurde Mitte des 19. Jhs. von Pugin entworfen, dem Architekten des Londoner Parlaments.

Vinegar Hill

Ein Fußweg führt in etwa einer Dreiviertelstunde auf den Vinegar Hill, wo einer der blutigsten Kämpfe während des Aufstandes von 1798 ausgetragen wurde. Nachdem Enniscorthy besetzt worden war, zogen sich die Rebellen hier oben zurück, wurden jedoch kurze Zeit später von überlegenen und besser bewaffneten englischen Truppen zum Rückzug gezwungen. Dabei starben Hunderte von Menschen, darunter Frauen und Kinder. Eine **Gedenkstätte** auf dem Berg erinnert an die Kämpfe.

Old Bridge House B&B, Slaney Pl., ☎ 053-9234641, 🖥 www.oldbridgehousebnb.com. Recht gemütliche Unterkunft in einem rund 200 Jahre alten Stadthaus, das teilweise an ein Kuriositätenkabinett erinnert. Die Einrichtung mag nicht nach jedermanns Geschmack sein, bequem und zentral ist es allemal. **❷**

Riverside Park Hotel & Leisure Club, The Promenade, ☎ 053-9237800, 🖥 www.riversideparkhotel.com. Hotel am Ufer des Slaney mit 62 Zimmern. Komfortabel und modern, aber etwas charakterlos. **❸**

🍴 **Antique Tavern**, 14 Slaney St. In dem kleinen Lokal mitten in der historischen Stadt am Fluss lässt man gerne die Erinnerung an die Rebellion aufleben. So sind heute noch Spieße zu besichtigen, die angeblich von den Rebellen stammen. Empfehlenswert ist ein Besuch um die Mittagszeit, Mo–Sa werden von 12–16 Uhr kleine Mahlzeiten zu recht günstigen Preisen serviert.

Via Veneto, 58 Weafer St., ☎ 053-9236929, 🖥 www.viaveneto.ie. Populäres Restaurant mit echt italienischer Küche. Im Angebot sind etwa 180 Weine! Hausgemachte Desserts wie Eis, Tiramisu, Biscotti, Amaretti. Reservieren. ⏲ Mi, Do 17.30–21.30, Fr, Sa 17.30-22, So 17–21 Uhr.

Feste

Beim **County Wexford Strawberry Festival** Ende Juni dreht sich alles um die Erdbeere in Enniscorthy, das wahrscheinlich wichtigste Produkt der Gegend. Man genießt dann frische Erdbeeren mit Schlagsahne, bis zum Abwinken.

Informationen

Tourist Information Enniscorthy, im National 1798 Rebellion Centre, Mill Park Rd., ☎ 053-9234699, ⏲ wie 1798 Centre.

Busse

Die **Bushaltestelle** befindet sich am Shannon Quay, am östlichen Flussufer.

DER OSTEN UND DER SÜDOSTEN

Borrisokane · Shinrone · Castletown
Cloghjordan · Borris in Ossory · Nore
Roscrea · 224 · LAOIS · Timahoe · Athy · Ballylynan
Dunkerrin · 183 · 188 · Aghaboe · Ballyroan · 334 · Graigue
237 · Ballybrophy · M7 · Abbeyleix · Ballickmoyler · Castledermot
Moneygall · Rathdowney · Ballycolla · Ballinakill · Newtown
Nenagh · Toomyvara · 481 · Durrow · 313 · Carlow
Dolla · Templemore · 201 · M8 · Ballyragget · Castlecomer · CARLOW
Templetouhy · Johnstown · 352 · Dunmore Cave · Leighlinbridge · 206
Borrisoleigh · Urlingford · Freshford · 693 · Muine Bheag
Upperchurch · Ballycahill · Gortnahoo · KILKENNY · 177 · Whitehall
Milestone · ThurlesDurlas · 335 · Kilkenny · Gowran · Kilree
TIPPERARY · Twomileborris · Cill Chainnigh · Blanchville House · Borde
428 · Holycross · Littleton Horse · Kilmanagh · Bennettsbridge · Dungarvan
Cappagh White · Ballagh · Good's Cross · Ballinure · 283 · Ballingarry · Graiguenamanagh
Dundrum · Killenaule · Kings R. · Callan · Kells · Thomastown
Donohill · Rock of Cashel · 243 · Mullinahone · Kells Priory · Stoneyford · 519
Golden · 125 · Cashel · Rosegreen · Cloneen · Knocktopher · Jerpoint Abbey · Inistioge
Tipperary · 132 · Fethard · Ninemilehouse · Kilmaganny · Ballyhale
Bansha · Newinn · 140 · 722 · Ahenny · 316 · 269 · New Ross
Lisvarrinane · Ballyderahan · Slievenamon · Tullaghought
Glen of Aherlow · Cahir · Kilsheelan · Carrick-on-Suir · Mullinavat · Dungarstown
Galtymore Mt. · 919 · Ballylooby · Clonmel · Carraig na Siúre · Piltown · Glenmore · J. F. Kennedy Arboretum
Galty Mts. · Ardfinnan · Cluain Meala · 521 · Fiddown · Dunbrody Abbey · Gusserane
Mitchelstown Caves · Clogheen · Newcastle · Comeragh Mts. · Clonea · Portlaw · Ballyhack · Arthurstown
Ballyporeen · The Vee · Ballymacarbry · Knockanaffrin · 755 · Curraghmore · Passage East · Tintern Abbey
Araglin · Mt Melleray Monastery · 442 · 792 · Kilmacthomas · Waterford · Duncannon · Fethard
Knockmealdown Mts. · Monavullagh Mts. · Seefin · Port Láirge · Tramore · Hook Peninsula
WATERFORD · Glenshelane · Ballynamult · 585 · Kill · Fennor · Dunmore East · Slade
Ballyduff · Blackwater · Cappoquin · Denkmal für Master McGrath · Stradbally · Bunmahon · Annestown · Hook Head
Tallowbridge · Lismore · 181 · Clonea Bay · Brownstown Head
Conna · Tallow · Bride · Dungarvan · Ballynacourty
Strancally Castle · Dún Garbhán · Dungarvan Harbour
Ballynoe · 302 · Ballynagaul · Helvick Head
CORK · Clashmore · An Rinn
205 · Kinsalebeg · Youghal Bay
Dungourney · Youghal · Ardmore · Saint George's
Killeagh · Eochaill
Midleton · Castlemartyr
Ballymacod · Knockadoon Head
Cloyne · Shanagarry
Ballycotton

s. Detailplan Halbinsel Hook S. 315

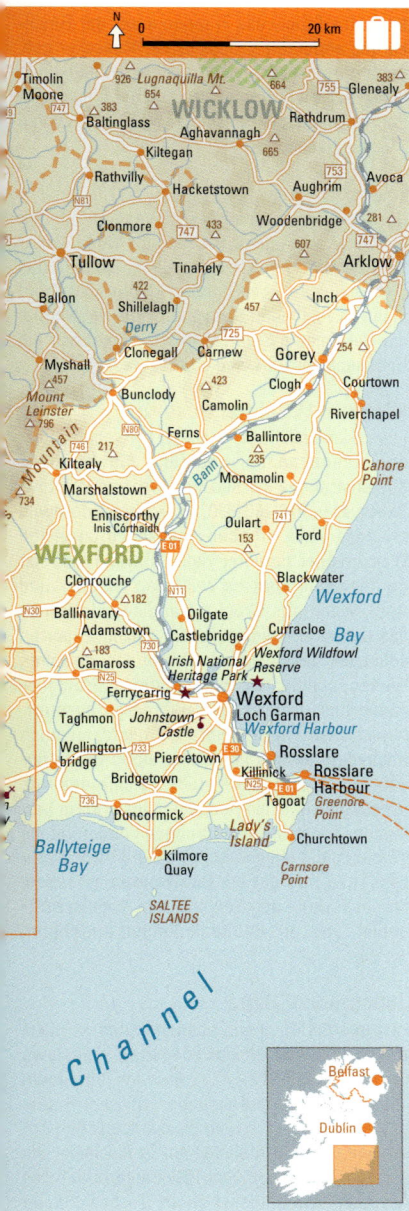

DUBLIN (Linie 2), über Gorey, Arklow und Wicklow Town, Mo–Fr regelmäßig rund um die Uhr, tagsüber stdl., 2 1/4 Std.
ROSSLARE HARBOUR (Linie 2), über Wexford, tagsüber stdl., 1 1/2 Std.

Eisenbahn

Der **Bahnhof** befindet sich am östlichen Ufer des Flusses. Züge fahren 3x tgl. nach DUBLIN, ROSSLARE und WEXFORD.

Wexford und Umgebung

Die recht lebendige Hafenstadt Wexford (Loch Garman) an der Mündung des Flusses Slaney ist eine Wikinger-Gründung aus dem Jahre 850. Trotz ihrer langen Geschichte weist die 20 000 Einwohner zählende Stadt heute kaum noch historische Sehenswürdigkeiten auf. Schmale Gassen mit hübschen Geschäften ziehen sich von der Innenstadt zum Hafen, an dem zahlreiche kleine Fischerboote vor Anker liegen und wo – unübersehbar – die Eisenbahn quer über die Hafenpromenade fährt. Der große Naturhafen an dieser Stelle machte den Ort für Fischer und andere Seefahrer seit jeher ausgesprochen attraktiv. Es war auch die Stelle, an der 1169 die Anglo-Normannen an Land gingen, um Wexford zu erobern und damit die Eroberung Irlands einzuläuten. Die immer noch sehr großen Hafenanlagen bedienten später vor allem den Pendelverkehr mit dem fast gegenüberliegenden englischen Hafen Bristol. Als das Hafenbecken zu viktorianischen Zeiten plötzlich versandete, war es jedoch jäh vorbei mit dem Geldsegen durch die Seefahrt. So ist Wexford Harbour bis heute ein großer Hafen geblieben, die „großen Pötte" aber sieht man allenfalls im nahen Rosslare.

Heute weist Wexford eine sehr lebendige Kunstszene auf, die zahlreichen Pubs bieten gute Unterhaltungsmöglichkeiten. Eine Unterhaltung mit den Einheimischen hingegen kann mitunter problematisch werden, denn in Wexford wird ein ganz eigener Dialekt gesprochen. Das sogenannte Yola, eine altertümliche Version des Englischen, hat sich hier (und viel weniger in Fingal, Dublin) noch ein wenig halten können.

DER OSTEN UND DER SÜDOSTEN

Spuren der Wikinger

Von der einstigen Wikingersiedlung sind auf den ersten Blick kaum noch Spuren vorhanden. Fachleute werden jedoch erkennen, dass Teile der Straßen in der Innenstadt immer noch auf den planerischen Grundsätzen der Nordmänner beruhen. Die Main Street windet sich geradezu wie ein Fluss durch die Stadt, von ihr gehen zahlreiche kleinere Straßen in einem eigentümlichen Muster (Heringsgrätenmuster) ab, wobei die Hauptstraße sozusagen die Wirbelsäule bildet. Die enge und fast wie ein Tunnel wirkende Keyser's Lane verband früher die Main Street direkt mit dem Hafen. Den zweiten großen stadtplanerischen Einfluss übten die Anglo-Normannen aus, die Wexford mit einer Stadtmauer zum befestigten Hafen ausbauten. Von dieser Mauer sind nur noch kleine Reste zu sehen, eines der Tore ist neben der Abtei erhalten. Das **Westgate** aus dem 13. Jh. wurde restauriert und ist das einzige der früher insgesamt sechs Stadttore, die erhalten geblieben sind.

Selskar Abbey

Die Selskar Abbey in unmittelbarer Nachbarschaft war eine Gründung des Augustinerordens aus dem 12. Jh., sie ist heute nur noch als Ruine teilweise erhalten. Ihre historische Bedeutung könnte beachtlich sein, angeblich hat hier der englische König Heinrich II. einen Teil seiner Buße für den von ihm indirekt verschuldeten Mord an Bischof Thomas Becket geleistet. 1649 wurde die Abtei aber durch Cromwells Soldaten, die nach der Belagerung in der Stadt wüteten und auch zahlreiche Zivilisten töteten, weitgehend zerstört. Die noch erhaltenen Reste stammen hauptsächlich aus dem 15. Jh.

Rund um die Main Street

Besucher werden vielleicht den **Cornmarket** an der Main Street besuchen, eine Markthalle aus dem 18. Jh. Dort steht auch die dem **St. Iberius** gewidmete Kirche von 1760, deren Innengestaltung sehenswert ist. Nicht weit entfernt ist ein Platz, der als „**Bull Ring**" bekannt ist. An dieser Stelle wurden tatsächlich Stierkämpfe ausgetragen, die letzten sollen um 1770 stattgefunden haben. Zugleich war es angeblich auch der Ort des oben erwähnten grauenvollen Massa-

kers, das Cromwells Truppen unter der Bevölkerung anrichteten. Dass es ein Massaker gab, bestreitet niemand – der genaue Ort ist jedoch historisch nicht erwiesen. Der Bull Ring ist jedenfalls heute als Denkmal für die Rebellen von 1798 ausgestaltet.

Crescent Quay

Die Touristeninformation von Wexford befindet sich am sogenannten Crescent Quay, einer halbmondförmigen Hafenanlage, an der das Denkmal eines berühmten Sohnes der Stadt steht. Es zeigt John Barry, den Vater der Marine der Vereinigten Staaten. Das Denkmal war ein Geschenk der USA an die Stadt Wexford.

Wexford Wildfowl Reserve

Etwa 6 km östlich der Stadt ist ein Vogelschutzgebiet entstanden, ungefähr 100 ha eines Küstenstreifens wurden zum Wexford Wildfowl Reserve, 076-1002660, www.wexfordwild fowlreserve.ie, erhoben. Hier leben unzählige Wasservögel, darunter viele Schwäne. Äußerst geräuschvoll wird es zwischen Oktober und April, wenn aus Grönland anfliegende Gänse das Gebiet als Winterquartier nutzen. Experten schätzen, dass etwa ein Drittel der gesamten Weltpopulation der weißbrüstigen Grönlandgänse hier in der kalten Jahreszeit anzutreffen ist. Das Schutzgebiet zieht allerdings auch Raubvögel an, die ebenfalls reiche Beute finden. Für Vogelfreunde stehen einige getarnte Unterstände und ein Beobachtungsturm zur Verfügung. Sachkundige Führungen werden oft am Wochenende angeboten, ⏲ tgl. 9–17 Uhr. Natur kann man hier gut bei **Bootstouren** genießen, die im Hafen von Wexford zum Vogelschutzgebiet und zu Robbenkolonien angeboten werden.

Johnstown Castle

Fast übernatürlich wirkt dagegen das nur 6 km südwestlich von Wexford liegende Johnstown Castle, 053-9171247, www.johnstown castle.ie, ein im aufwendigen Stil des Gothic Revival erbautes Herrenhaus mit deutlichen Anklängen an das Mittelalter, ein Spukschloss wie aus dem Bilderbuch. Seit 1945 befindet sich das Anwesen in staatlicher Hand. Zu besichtigen

Wer bei Stierkämpfen sofort an die Oper *Carmen* denkt, der liegt in Wexford nicht falsch. Jedes Jahr im Oktober findet hier das **Wexford Opera Festival**, 🖳 www.wexfordopera.com, statt, die Stadt ist sozusagen das Bayreuth Irlands. Tatsächlich ist dieses Festival das führende Ereignis in Sachen Oper auf der Insel, nicht zuletzt mangels Konkurrenz: Dublin selbst hat kein Opernhaus, und die Oper von Belfast wird meist von der leichten Muse genutzt. So hatte es das Festival von Wexford relativ leicht, sich als Institution für Musikfreunde zu etablieren. Wer allerdings zum Festival anreisen möchte, der sollte sich rechtzeitig vorher eine Unterkunft – und Tickets – buchen.

sind, je nach Stand der glazial langsamen Restauration, immer mehr Teile des Gebäudes.

Das Anwesen beheimatet auch das faszinierende **Irish Agriculture Museum**, das sich ausschließlich mit irischer Landwirtschaft befasst. Es ist in den ehemaligen Hofgebäuden untergebracht und versucht, die Landwirtschaft der vergangenen Jahrhunderte wieder zum Leben zu erwecken. Ein Teil der Ausstellung ist der Großen Hungersnot des 19. Jhs. gewidmet.

Für viele Besucher interessanter sind allerdings die Parkanlagen rings um das Herrenhaus, die mit exotischen Bäumen und bunt blühenden Sträuchern bepflanzt sind. Künstlich angelegte Seen und ein Garten im italienischen Stil sorgen für einen abwechslungsreichen Eindruck. Wie um den fantastischen Aspekt der Gesamtanlage noch zu betonen, wurden die Ruinen eines mittelalterlichen Turmhauses, des **Rathlannon Castle**, in einem dicht bewaldeten Teil des Grundstücks „versteckt". ⊕ 1. April–1. Nov Mo–Fr 9–17, Sa, So und feiertags 11–16.30, im Winter Mo–Fr 9–13 und 14–17 Uhr, Eintritt 8 €.

Irish National Heritage Park

Einen ganz anderen Einblick in die Vergangenheit gewährt der Irish National Heritage Park, ✆ 053-9120733, 🖳 www.inhp.com, bei Ferrycarrig. Über mehrere Hektar Feuchtgebiet (nach längeren Regenfällen versagt hier die Drainage

schon einmal) erstreckt sich ein Freilichtmuseum, in dem mehrere Jahrtausende irische Geschichte demonstriert werden. Der Marsch durch die Zeitalter kann in eigener Regie erfolgen, eine Führung gibt dem interessierten Besucher jedoch Gelegenheit, auch nicht sofort auffallende interessante Aspekte der Rekonstruktionen zu erkennen. Die Anlagen im Park sind originalgetreu nachgebaut und stellen vor allem Wohngebäude, aber auch Verteidigungsbauten und kultische Anlagen dar.

Der Faden der Geschichte zieht sich dabei von der Steinzeit bis zum Beginn der anglo-normannischen Besatzung, mit einem kleinen frühchristlichen Kloster und einem Wikingerhafen auf dem Weg. Im Sommer demonstrieren teilweise Darsteller in historischen Kostümen in der Anlage die handwerklichen Künste des damaligen Lebens. Da das gesamte Museum in einem dicht bewachsenen Gebiet steht, ergibt sich schnell der Eindruck, dass man wirklich weitab jeder modernen Zivilisation ist. Wenn da nur nicht die vielen anderen Touristen wären ... und die Eisenbahn, die regelmäßig auf der Hauptstrecke mitten durch das Gelände fährt. ⊕ tgl. 9.30–17.30 Uhr (Sommer bis 18.30 Uhr), Eintritt 10,50 €.

ÜBERNACHTUNG

€ **Maldron Hotel Wexford**, Ballindinas, Barntown, etwa 4 km westlich der Innenstadt an der R769, ✆ 053-9172000, 🖳 www.maldronhotelwexford.com. Sehr bequemes Mittelklassehotel mit überraschenden Extras (Sauna, Fitnessraum, Pool) und familienfreundlichen Angeboten (Babysitter) zum guten Preis. Unbedingt vor einer Buchung aktuelle Angebote im Internet abfragen! ❷–❸

Faythe Guesthouse, Swan View, Wexford, ✆ 053-9122249, 🖳 www.faytheguesthouse.com. Verwinkeltes, gemütliches, familiengeführtes Gasthaus. Burgmauern im Garten ... und eines der besten Frühstücke überhaupt, auf Wunsch mit frischem Fisch. ❷–❸

Ferrycarrig Hotel, Ferrycarrig, ✆ 053-9120999, 🖳 www.ferrycarrighotel.ie. Sehr schön am Slaney gelegenes Hotel mit 102 komfortablen Zimmern. Dafür recht günstig. Nach einem Zimmer mit Balkon fragen! ❹

Talbot Hotel Conference & Leisure Centre,
On The Quay, ☎ 053-9122566, 🖥 www.talbot
collection.ie. Großes, komfortables Hotel im
Zentrum am Hafen mit 107 großen, gut ausgestatteten Zimmern. Aufwendig renoviert und
modernisiert, ein Pool ist vorhanden. ❹

ESSEN

Wexford

Cistin Eile, 80 South Main St, ☎ 053-
9121616. Wexford hat ein wenig
Restaurantsterben hinter sich – aber der
ehemalige Koch des La Riva, Warren Gillan,
hat mit Cistin Eile für Abhilfe gesorgt. Hier
serviert er jetzt irische Küche vom Feinsten,
aber ohne große Allüren. Das Drei-Gänge-
Menü ist schon unter 30 € zu bekommen,
was will man mehr?

Curracloe

Da Paolo, Curracloe Holiday Villas,
☎ 053-9137086. Unscheinbares Restaurant neben einer Ferienhaussiedlung, das sehr
gute italienische Küche bietet. Lieblingsmenü:
Vorspeisenplatte gefolgt von Calzone, das
Ganze abgerundet mit italienischem Bier!

UNTERHALTUNG UND KULTUR

National Opera House, High St., ☎ 053-9122144,
🖥 www.nationaloperahouse.ie. Großes,
neueres Theater mit gemischtem Programm.
Teilweise sehr gute Konzerte von irischen
Künstlern.
Thomas Moore Tavern, Cornmarket, ☎ 053-
9124688, 🖥 www.thomasmooretavern.com.
Ein wirklich noch traditioneller Pub, unter
der niedrigen Decke zieht man automatisch
den Kopf ein und bis zum Beginn der häufig
stattfindenden Session (ab etwa 21.30 Uhr)
beherrschen eher ruhige Gespräche die
Szene.
Wexford Arts Centre, Cornmarket, ☎ 053-
9123764, 🖥 www.wexfordartscentre.ie.
Modernes Kulturzentrum in einer Markthalle
aus dem 18. Jh. Verschiedene Ausstellungen,
Theater-, Musik- und Tanzveranstaltungen
sowie regelmäßige Kinovorführungen.

INFORMATIONEN

Tourist Information Wexford, Crescent Quay,
🖥 www.visitwexford.ie.

TRANSPORT

Busse
Die **Bushaltestelle** befindet sich am Redmont Pl.
DUBLIN (Linie 2 oder 3), über Enniscorthy,
Gorey, Arklow, Wicklow Town und Dublin
Airport, stdl. zwischen 6.30 und 21 Uhr, dazu
einige Spät- und Nachtbusse, 3 Std.
DUNGARVAN (Linie 40), über Kilmacthomas,
mehrmals tgl., bis zu 3 Std.
ROSSLARE HARBOUR (Linie 2), mehrmals tgl.,
3/4 Std.

Eisenbahn
Der **Bahnhof** befindet sich am Redmond Pl.,
☎ 053-22522. Mehrmals tgl. Züge nach DUBLIN
und ROSSLARE, etwas bequemer und schneller
als mit dem Bus.

Rosslare und Umgebung

Der Ort gilt als einer der sonnigsten Plätze in
ganz Irland und lockt mit fast 10 km Strand, einem Golfplatz, Wanderwegen und einer Riesen-
auswahl an Pubs jedes Jahr zahlreiche Besucher an, hat ansonsten aber wenig Reize. Es ist
einer der klassischen Urlaubsorte für Iren, die
nicht den Sprung übers Meer wagen möchten.
Dieser kann 7 km südöstlich des eigentlichen
Stadtkerns vom Fährhafen von Rosslare aus
mehrmals täglich gemacht werden, bei Direktverbindungen nach Wales und nach Frankreich.

Lady's Island Lake

Interessant für Besucher ist der 10 km südlich
von Rosslare gelegene Lady's Island Lake, den
nur ein schmaler Streifen Land vom offenen
Meer trennt. Auf der kleinen Insel im See,
die über einen Damm zu Fuß erreicht werden
kann, befinden sich einige anglo-normannische
Befestigungen und die Reste eines Klosters,
im August und September finden hier vor allem
örtlich populäre Wallfahrten statt. Zwischen

dem See und dem Meer läuft auch der rund 2 km lange Küstenwanderweg.

Saltee Islands

Eine weniger bekannte Attraktion in Wexford sind die nahe gelegenen Saltee Islands, eine kleine Inselgruppe nur 5 km südlich von Kilmore Quay. Dort, wo sich einst Piraten versteckt hielten, befindet sich heute Irlands größtes Vogelschutzgebiet. An den steilen Uferklippen nisten Tausende von Vögeln. Zusätzlich nutzen viele Zugvögel die menschenverlassene Insel als sicheren Rastplatz. Ein Gedanke, den sie mit einer großen Robbenkolonie teilen. Die Inseln sind tagsüber für Besucher offen, die sich ab Kilmore Quay mit kleinen Booten übersetzen lassen können.

Das kleine Fischerdorf **Kilmore Quay** steht angeblich auf der ältesten Felsformation in Irland und weist alte Cottages mit Reetdächern und moderne Bauten zugleich auf. Ein geschäftiger, kleiner Hafenort, der zu einem Bummel einlädt.

ÜBERNACHTUNG UND ESSEN

Ferryport House, ☎ 053-9133933, 🖥 www. ferryporthouse.com. Hotel beim Fährhafen, ideal für die „letzte Nacht". 16 gut ausgestattete Zimmer, eigenes Restaurant, frühes Frühstück möglich. ❷–❸

Mill Road Farm, an der R739 fast 20 km südwestlich des Ortskerns, ☎ 053-9129633, 🖥 www.millroadfarm.com. Selbstversorger-Unterkunft auf einem Bauernhof mit zahlreichen Milchkühen und Pferden. Cottage für 3 Pers. ab 330 € pro Woche.

Silver Fox, Kilmore Quay, ☎ 053-29888, 🖥 www.thesilverfox.ie. Restaurant im Familienbesitz und als sehr gute Anlaufstelle für Liebhaber von Fischgerichten bekannt. Das Essen wird relativ schnörkellos zubereitet, befriedigt aber auch Gourmets. Unbedingt reservieren.

The Lobster Pot, Ballyfane, Carne, ☎ 053-9131110, 🖥 www.lobsterpotwexford.com. In diesem einfachen, aber typischen Pub wird hervorragendes Seafood Chowder serviert, die Wildlachsplatte ist ebenfalls empfehlenswert. Abendmenü mit bis zu 21 Fischarten. ⏰ teils nur saisonal, im Winter geschl.

Prinz Michael der Überflieger

Seit 1943 gehören die Inseln von Saltee der Familie Neale. Der etwas exzentrische Patriarch ließ sich 1956 zum „Prinzen Michael von Saltee" krönen.

Nette Idee, aber irgendwo und -wie anerkannt sind weder der Titel noch der gleichzeitige Anspruch, weder unter irische noch gar britische Herrschaft zu fallen. Einen Ausbau der Insel als Luxus-Resort hatte sich der selbsternannte Prinz, der als Hobbyflieger immer mal wieder auf dem Eiland Stippvisite machte, allerdings für die Zeit nach dem zu erwartenden Krieg mit der Sowjetunion vorbehalten. So ist der Insel-Prinz wohl eher in die Reihe der noch harmlosen irischen Exzentriker einzuordnen. Die Familie hält an der Fiktion jedenfalls fest – die Webseite 🖥 www.salteeislands. info zeigt an prominenter Stelle Bilder des Krönungsstuhls.

Übrigens spielt auch Eoin Colfers Buch *Airman*, eine Art viktorianischer Science-Fiction-Story, teilweise auf den Saltees. Die der Autor seit seiner Jugend als ideales Gefängnis ansah.

TRANSPORT

Busse

Die Busse starten am **Bahnhof Rosslare Europort** am Fährhafen, 6 km südöstlich des Zentrums. DUBLIN (Linie 2), über Wexford, Enniscorthy, Gorey, Arklow, Wicklow Town und Dublin Airport, Mo–Fr häufig rund um die Uhr, tagsüber im Halbstundentakt, 4 Std.

Eisenbahn

DUBLIN, mehrmals tgl., ähnliche Preise aber etwas bequemer und schneller als mit dem Bus. Für Individualreisende, die mit der Fähre ankommen, eventuell interessant: Fahrräder werden in den Zügen befördert.

Fähren

Rosslare Europort, ☎ 053-33114. Von Rosslare aus verkehren Fähren nach Großbritannien und Frankreich, Zielhäfen sind Cherbourg, Irish Ferries, 🖥 www.irishferries.com, Fishguard,

Stena Line, 🖳 www.stenaline.ie, Pembroke und Roscoff (beide Irish Ferries).

Halbinsel Hook

Die lang gestreckte Hook Peninsula, die an drei Seiten von Flussmündungen bzw. vom Meer selber umschlossen wird, verspricht schöne Landschaftseindrücke. Wer den „Ring of Hook" entlangfahren möchte, sollte dafür mehrere Stunden einplanen. Die Strecke selbst ist zwar gar nicht so lang (etwa 60 km), doch zahlreiche interessante Punkte laden zu einem Stopp ein. Außerdem bieten sich Wandertouren über die Halbinsel an.

Tintern Abbey

Den Auftakt zu einer Rundfahrt bietet im Osten die in einem Waldgebiet liegende Tintern Abbey, 📞 051-562650, 🖳 www.heritageireland.ie, eine Gründung des Zisterzienserordens aus dem beginnenden 13. Jh. Die Mönche profitierten von der Seenot des William Marshall, Earl of Pembroke, der hier in einen Sturm geraten und fast an der Küste zerschellt war. Wie in solchen Situationen üblich, kniete er zum Gebet nieder und gelobte, zur Feier seiner Rettung ein Kloster zu stiften. Die Ruinen von Tintern Abbey bil-

---

Essen im Schatten der Templer

📖 Auf der Fahrt zurück vom Hook Head führt die Straße automatisch durch **Templetown**, eine verstreute Ansammlung von Häusern mit einer in Ruinen stehenden Kirche und einem kleinen Pub gegenüber, der auch wohlschmeckende Snacks serviert. **Das Templar's Inn**, 🖳 www.thetemplarsinn.com, ist ein idealer Punkt für einen Zwischenstopp. Serviert werden u. a. gute Fischgerichte zwischen etwa 12 und 20 Uhr. Auf dem Friedhof der Kirche findet man einige Grabmale, die angeblich die letzte Ruhestätte von Tempelrittern sind. Auch der Name des Ortes deutet auf diese Verbindung hin. Tatsächlich war hier wohl einer der Stützpunkte des Ordens, später gingen die Ländereien an die Hospitaliter.

---

den heute noch einen dramatischen Anblick, vor allem wenn Sturmwolken über den Himmel ziehen und das Peitschen der Wellen deutlich zu hören ist. In solchen Momenten kann man William Marshall verstehen. Verschiedene Trails führen über das Klostergelände. 🕓 März–Okt tgl. 10–17 Uhr, Eintritt 5 €.

Slade

Den nächsten Stopp auf der Rundfahrt lohnt das kleine Dorf Slade, dessen Hafen immer noch von Slade Castle dominiert wird. Das Turmhaus aus dem 15. Jh. ist allerdings stark verfallen.

Leuchtturm am Hook Head

Wie neu dagegen wirkt der Leuchtturm am Hook Head, 📞 051-397055, 🖳 www.hookheritage.ie, einer der massivsten Leuchttürme in Irland und gleichzeitig der älteste noch im Dienst befindliche Leuchtturm Europas. Angeblich unterhielten Mönche im 5. Jh. hier schon ein Leuchtfeuer, aus Dankbarkeit dafür sollen die Wikinger die Mönche verschont haben. Der Leuchtturm wurde dann im Jahr 1172 errichtet, seit über 800 Jahren warnt der heute schwarz-weiß-quergestreifte Koloss vor der gefährlichen Landspitze. Heute ist er im Rahmen von Führungen auch von innen zu besichtigen. Ein Besucherzentrum in den ehemaligen Wirtschaftsgebäuden des Leuchtturms berichtet ein wenig über die Geschichte der Seefahrt in dieser Region und beherbergt auch ein kleines Café. 🕓 tgl. 9.30–18, im Sommer bis 19 Uhr, Führung 10 €.

Der wichtigste Grund, diese Sackgasse bis zum Leuchtturm zu befahren, ist jedoch die Natur. Rund um den Leuchtturm kann man die steinige Felsküste zu Fuß erforschen. Entsprechende Kleidung und vor allem festes Schuhwerk sind angebracht, die Felsen sind teilweise von Wind und Wellen sehr glatt geschliffen und können bei Feuchtigkeit rutschig werden. An manchen Stellen geht es steil bergab, hier ist erhöhte Vorsicht geboten. Besonders gefährlich ist der Küstenbereich zwar nicht, doch sollten Kinder unbedingt beaufsichtigt werden.

Duncannon

Weiter nach Norden erreicht man Duncannon, dessen breiter Sandstrand von einer Befestigung

Listerlin

★ **New Ross**
Dunbrody
Famine Ship

Raheen

N25

R735

N25

Glenmore   N25

R733

Dunganstown

Newbawn

269
John F. Kennedy Park
and Arboretum

★ Kennedy
Homestead

R735   R736

R734   Gusserane

Foulkesmill

River Barrow

★ Kilmokea
House

Campile

Clongeen

Slieveroe

R683
R680

Cheekpoint

+
Dunbrody
Abbey

Wellingtonbridge

R686

R734

R683

LITTLE
ISLAND

Ballyhack   R733

R733   R736

Waterford

R683

Arthurstown

Tintern
Abbey

Carrick-on-
Bannow

R710

Passage
East

Duncannon

Bannow
Bay

R684

Saltmills

R734

Waterford
Harbour

R737

Clammers Point

R675   R708

Harristown
Megalithic
Tomb
★

Broomhill
Point

Templetown

Fethard-on-Sea

KEERAGH
ISLANDS

Waterford
Airport ✈

Belle
Lake

R685

Creadan
Head

Baginbun
Head

R685   R684

Killea

Lumsdin's
Bay

Leperstown

Dunmore East

Sandeel
Bay

Ballymacaw

Slade

Brownstown
Head

Leuchtturm   Hook Head

Belfast

Dublin

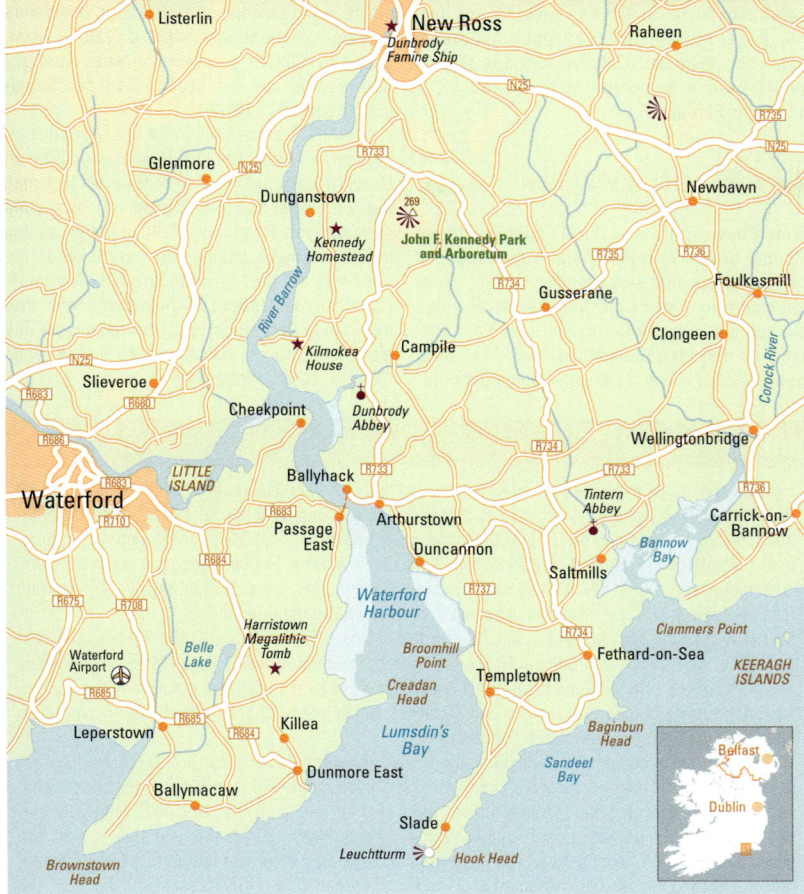

aus dem 16. Jh. überwacht wird. Diese wurde eigens gebaut, um eine mögliche spanische Landung in dieser Gegend zu verhindern. Und die nächste Burg ist nur wenige Kilometer entfernt, in Ballyhack, wo auch die Fähre nach Passage East verkehrt. Bei der Einfahrt in den Ort ist Vorsicht geboten, der Rückstau vom Fähranleger kann sich bis weit die gewundene und unübersichtliche Küstenstraße hinaufziehen. Das insgesamt fünf Stockwerke hohe **Ballyhack Castle**, ☎ 051-389468, 🖥 www.heritageireland.ie, beherbergt ein kleines Museum zur Ortsgeschichte. ⏱ Mai–Aug Sa–Mi 9.30–17 Uhr, Eintritt frei.

Abtei von Dunbrody

Die letzte Sehenswürdigkeit auf dem Ring of Hook ist die Abtei von Dunbrody, 🖥 www.dunbrodyabbey.com, eine Gründung der Zisterzienser aus dem 12. Jh. Die Anlage liegt zwar weitgehend in Ruinen, diese sind jedoch immer noch sehr beeindruckend. Die Klosterkirche aus dem 15. Jh. ist noch in Teilen erhalten. Außerdem sind noch Reste der Bibliothek, des Speisesaals und der Küche erkennbar. ⏰ Mai–Sep tgl. 11–17.30 Uhr, Eintritt 4 €.

New Ross und Umgebung

New Ross gilt als eine der ältesten Städte im County Wexford, früher befand sich hier am Fluss Barrow ein bedeutender Hafen. Heute schippern in erster Linie Touristen auf kleinen Booten die Flüsse Barrow, Suir und Nore entlang. An den alten Hafenanlagen von New Ross gehen sie vor Anker, zahlreiche kleine Geschäf-

te direkt gegenüber versorgen die Freizeitkapitäne mit dem Notwendigen. Ein Schiff allerdings sticht, wenn es denn im Hafen liegt, besonders ins Auge: Die **Dunbrody**, ✆ 051-425239, 🖥 www.dunbrody.com, ist der Nachbau eines Auswandererschiffs aus der großen Zeit der Segelschiffe Mitte des 19. Jhs.

Welche Zustände während der Großen Hungersnot, als viele Iren ihre Heimat verließen, an Bord solcher Schiffe herrschten, erfährt man auf sehr anschauliche Weise bei dem rund 40-minütigen Rundgang. Schauspieler stellen in historischen Kostümen die bedrückende Lebenswelt auf den Auswandererschiffen nach. Das Besucherzentrum informiert weiterhin über das Thema Auswanderung. Und seit einiger Zeit gibt es sogar eine Irish American Hall of Fame. ⏰ tgl. 9–18 Uhr, Eintritt 11 €.

Irlands Diaspora

Irgendwann in den frühen 90er-Jahren des 20. Jhs. kam plötzlich ein neuer Begriff auf, man sprach nicht mehr von Iren im Ausland, man sprach plötzlich von der „Irischen Diaspora". Eine Bezeichnung, die verwirrte. Denn der Begriff Diaspora, ursprünglich für das jüdische Volk gebraucht, beinhaltet eigentlich Vertreibung, Leiden und ein kollektives Trauma. In Irland dagegen stand die Diaspora einfach für alle in der Welt verstreut lebenden Menschen, die sich irgendwie der ethnischen Gruppe der Iren (wie auch immer man diese definieren will) zugehörig fühlten.

Und das sind nicht gerade wenige. Seit Beginn des 18. Jhs. haben mehr als 10 Mio. Menschen Irland verlassen, viele davon während der Großen Hungersnot zu Beginn des 19. Jhs., einige zwangsweise als deportierte Straftäter. Rund die Hälfte dieser Emigranten ging in die USA, gefolgt von Großbritannien, Kanada, Australien, Neuseeland und Südafrika. Heute gibt es ungefähr 70 Mio. Menschen rund um den Erdball, die sich als „irisch" bezeichnen.

In den USA etwa bilden die irischstämmigen Bevölkerungsteile eine der größten identifizierbaren Gruppen von Einwanderern, die „Irish Vote" ist ein wichtiger Faktor bei den Präsidentschaftswahlen. So bemüht sich dann jeder Kandidat, möglichst ein wenig irisches Blut im Stammbaum vorweisen zu können und bei einschlägigen Wahlveranstaltungen zu betonen, wie sehr ihm an den guten Beziehungen zwischen den USA und Irland gelegen ist. Man mag nun darüber philosophieren, wie wichtig der winzige Inselstaat am Westrand Europas für das mächtigste Land der Welt nun wirklich sein kann – für seine Politiker sind Wähler, die am St. Patrick's Day das grüne Kleeblatt tragen, auf jeden Fall wichtig.

Extrem wichtig ist die irische Diaspora allerdings für das irische Selbstwertgefühl. Mit einer Akribie, die man sonst nur forensischen Medizinern zutraut, werden alle möglichen und unmöglichen Prominenten darauf abgeklopft, ob sie nicht eigentlich „einer von uns" sind. Dabei spielen primäre Merkmale wie etwa die Hautfarbe oder der Name keine Rolle. Barack Obama ist Ire, zumindest ein bisschen. Wie auch Che Guevara. Oder, um die Situation etwas grotesk zu machen, der asiatisch-amerikanische Astronaut Dan Tani, der im Jahr 2008 gewissermaßen adoptiert wurde, da seine Frau Jane Egan schließlich aus Cork stammte. Allerdings scheint es auch Grenzen zu geben … Donald Trump, Enkel eines Pfälzer Migranten, wurde nicht von den Iren beansprucht.

Die weiteren Sehenswürdigkeiten von New Ross sind schnell aufgezählt. Interessant ist der **Tholsel**, heute das Rathaus, in dem früher die Zölle erhoben wurden. In diesem Gebäude hatten sich britische Truppen während der Rebellion von 1798 verschanzt. Daran erinnert auch das Denkmal eines typischen Rebellen aus dem County Wexford mit seiner langen Pike, der trotzig genau gegenüber dem Tholsel steht.

Nicht weit entfernt erkennt man die Ruine der **Kirche St. Mary's** neben einem Neubau. Die Kirche wurde ursprünglich im 13. Jh. gebaut, es sind nur noch die Seitenwände erhalten sowie einige Grabsteine aus dem Mittelalter. Zu ihrer Zeit galt sie als die größte Gemeindekirche in ganz Irland.

Kennedy Homestead

Rund 7 km südlich von New Ross, auf dem Weg zur Hook-Halbinsel, liegt in dem kleinen Ort Dunganstown die Kennedy Homestead, 🖳 www.kennedyhomestead.ie, das Haus der Vorfahren des ersten katholisch-irischen Präsidenten der USA. Eine Sehenswürdigkeit, die vor allem Touristen aus den Vereinigten Staaten und einige wenige eingefleischte Kennedy-Fans anzieht. **John F. Kennedy**, der nur wenige Monate vor seiner Ermordung Irland bereiste, wird in der Republik teilweise noch wie ein Gott verehrt. Auf der Liste derjenigen ausländischen Besucher, die tiefe Spuren in der kollektiven irischen Psyche hinterlassen haben, rangiert er zusammen mit Papst Johannes Paul II. und dem Hl. Patrick ganz oben. ⏰ tgl. 9.30–17.30 Uhr, Eintritt 7,50 €.

John F. Kennedy Park and Arboretum

Rund 6 km südöstlich des Kennedy-Hauses befindet sich der John F. Kennedy Park and Arboretum, 📞 051-388171, 🖳 www.heritageireland.ie. Der Park wurde mit Stiftungsgeldern aus den USA angelegt und 1968 in Erinnerung an Kennedy eröffnet. Die weite Parklandschaft mit rund 4500 verschiedenen Baum- und Straucharten ist ein fantastisches Naherholungsziel. Zur Rhododendren- und Azaleenblüte verwandelt sich der Park in ein farbenprächtiges Schauspiel. Angeblich sollen sich hier etwa **500 unterschiedliche Rhododendren** und etwa **150 verschiedene Azaleen** finden lassen. Beliebt ist die Fahrt hinauf auf den **Slieve Coillte**, den „Bewaldeten Berg", der als Aussichtspunkt dient. Das Besucherzentrum des Parks informiert über die Entstehungsgeschichte der Anlage und die verschiedenen Pflanzenarten. ⏰ tgl. 10–17 Uhr, im Sommer länger, Eintritt 5 €.

ÜBERNACHTUNG

€ **MacMurrough Farm Cottage**, MacMurrough, 3 km nordöstlich von New Ross, 📞 051-421383, 🖳 www.macmurrough.com. Bequeme Selbstversorger-Cottages, auch in Kurzzeitmiete erhältlich. ❷

Brandon House Hotel & Solas Croi Eco Spa, 📞 051-421703, 🖳 www.brandonhousehotel.ie. Das Hotel mit 79 mittelgroßen Zimmern oberhalb des Flusses bietet Erholung und Entspannung. Dafür sorgen Schwimmbad, Sauna, Whirlpool, ein großer Garten u.v.a. ❸–❹

🏨 **Kilmokea Country Manor**, Great Island bei Campile, 🖳 www.kilmokea.com, abseits der ausgetretenen Pfade auf einer über einen engen Damm zugänglichen Insel, ist ein an sich fast alltägliches, ehemaliges Pfarrhaus. Über Jahrzehnte hinweg wurden allerdings der Garten und ein weiteres Grundstück zu einer botanischen Sammlung vom Feinsten, mit Raritäten von allen Kontinenten – komplett mit archäologischen Funden und einem Teehaus. Hier kann man einen Zwischenstopp einlegen und entspannen – oder gleich das ganze Wochenende verbringen. Das Haus selbst wurde in ein Guesthouse der oberen Klasse verwandelt, in altmodisch und bequem eingerichteten Zimmern schläft es sich nach dem hervorragenden Abendessen wie in Abrahams Schoß. Das hat natürlich seinen Preis. Eine Übernachtung mit Frühstück kostet bereits 120 € p. P. Ein Besuch in den Gärten ist mit 7 € schon erschwinglicher, ⏰ März–Mai und Sept, Okt Mi–So, Juni–Aug tgl. 10–17 Uhr.

ESSEN

Aldridge Lodge, Duncannon, 📞 051-389116, 🖳 www.aldridgelodge.com. Helles Restaurant mit komfortablen Lederstühlen. Täglich wechselnde Menüs, Schwerpunkt liegt auf Fisch und Meeresfrüchten. Vernünftige Preise, aber unbedingt reservieren.

DER OSTEN UND DER SÜDOSTEN

€ **Café Nutshell**, 8 South St., New Ross. Gutes Frühstück, reichliches Angebot an Backwaren ab etwa 11 Uhr. Suppen, Salate, Quiches sowie einige klassische Tellergerichte (Fisch, Meeresfrüchte).

UNTERHALTUNG UND KULTUR

St. Michaels Theatre Centre for the Arts, ✆ 051-421255, 🖥 www.stmichaelsnewross. com. Eines der typischen kombinierten Theater- und Kulturzentren, in denen neben lokalen Veranstaltungen und Ausstellungen auch Konzerte und Tourneetheater stattfinden. Das Programm ist bunt gemischt, die meisten Termine liegen im Sommer und um Weihnachten herum.

SONSTIGES

Feste
Das **New Ross Piano Festival**, 🖥 www. newrosspianofestival.com, findet am letzten Wochenende im September statt. Ein Festival rund um das Klavier, starke Betonung auf Klassik, von begnadeten Amateuren bis hin zu (zumindest in Irland) bekannten Künstlern.

Informationen
Tourist Information New Ross, beim Dunbrody Famine Ship, ✆ 051-421857, 🖥 www.dunbrody. com.

TRANSPORT

Busse fahren von New Ross beim Dunbrody Inn nach:
WATERFORD (Linien 5, 40, 55), KILKENNY (Linie 374), ENNISCORTHY (Linie 5), WEXFORD (Linie 40 und 55) und DUBLIN (Linie 5).

County Kilkenny

Das County Kilkenny liegt wie ein Keil zwischen Wexford und Waterford, am Fluss Suir treffen die drei Counties aufeinander. Die sanfte Hügellandschaft mit ihren sattgrünen Wiesen wurde im Mittelalter zum bevorzugten Siedlungsgebiet

der Anglo-Normannen, doch nur noch einige wenige Ruinen erinnern an diese Epoche. Heute zieht Killkenny immer noch fremdes Volk, aber eben vor allem Wanderer und Ausflügler an – auf der Suche nach dem „Bilderbuch-Irland", samt Bier. Dabei ist das wasserreiche County in erster Linie ein intensiv genutztes Agrargebiet, eines der wohlschmeckendsten Biere Irlands, jedenfalls aus Massenproduktion, kommt nun wirklich von hier: Smithwicks.

Bekannt ist Kilkenny auch für seinen Marmor, der in Wirklichkeit ein sehr dunkler Kalkstein ist. In dem hübschen mittelalterlichen Städtchen gleichen Namens, das Touristen magisch anzieht, sind zahlreiche Häuser aus dem Kilkenny Marble erbaut. Was ihnen ein ausgesprochen schmuckes Aussehen verleiht. Bei Regen aber schnell depressiv wirkt. Dennoch: Impressionen, die Besuchern lange im Gedächtnis bleiben. Genau wie die Ruinen von Jerpoint Abbey und Kells Priory sowie das Städtchen Inistioge, das zu den schönsten des Countys zählt.

City of Kilkenny

Bekannt ist das charmante Städtchen (rund 25 000 Einw.) am Fluss Nore für seine an einigen Stellen noch erhaltene „mittelalterliche" Bausubstanz und das rege Nachtleben, das sich vor allem an den Wochenenden in den urigen Pubs abspielt. Schmale Gassen, gesäumt von meist älteren Häusern, überwiegend aus örtlichem „Marmor" erbaut. In Wahrheit ein sehr dunkler Kalkstein, fast schwarz, Kilkenny Marble eben. Über die Jahrhunderte ist Kilkenny organisch gewachsen, ein buntes Gemisch von Baustilen ist die Folge. Bauliche Veränderungen etwa aus der georgianischen Periode wurden bisweilen nur an der Vorderfront der Häuser vorgenommen, während die Rückseite noch den älteren Baustil aufweist. So wird ein Spaziergang durch die Stadt vor allem für Architektur-Liebhaber zu einem ganz besonderen Erlebnis. Zahlreiche Details lassen sich entdecken, die eine Zeitreise durch die Architekturgeschichte darstellen. Richtig „Mittelalter" mag das nicht unbedingt sein, aber es wirkt eben altmodisch. Und wer dabei zwischendurch verschnaufen muss –

Kilkenny ist eine bekannte Bierstadt, Pubs gibt es hier in Hülle und Fülle.

Geschichtlich wird Kilkenny vor allem mit den im Jahr 1366 vom Parlament beschlossenen Statuten von Kilkenny assoziiert. Diese führten eine irische Variante des Apartheidsystems ein. Anglo-Normannen wurde es verboten, eine Ehe mit Iren einzugehen, Irisch zu sprechen und sogar irische Kleidung zu tragen. Um dies etwas zu erleichtern, wurde es Iren im Gegenzug verboten, in Städten oder befestigten Orten zu wohnen. Eine strikte Trennung zwischen der herrschenden Schicht und den Ureinwohnern war die Folge, konnte sich aber auf Dauer nicht behaupten. 1650 besetzte Oliver Cromwell die Stadt, ließ jedoch die gegnerische Besatzung in allen Ehren abziehen.

Die Innenstadt von Kilkenny ist klein und übersichtlich, binnen zehn oder 15 Minuten schafft man es zu Fuß, alle Sehenswürdigkeiten zumindest von außen zu betrachten. Dennoch sollte man einen ganzen Tag für die Stadtbesichtigung einplanen, alleine die Burg von Kilkenny hoch über dem Nore nimmt einige Stunden in Anspruch.

Kilkenny Castle

Der Baubeginn des Kilkenny Castle, ☎ 056-7704100, 🖥 www.kilkennycastle.ie, datiert auf das Ende des 12. Jhs. Rund 200 Jahre später gelangte die Festung in den Besitz der Familie Butler, eine der führenden anglo-normannischen Adelsfamilien in Irland, die hier bis in die 1930er-Jahre ihr Zuhause hatte. Die Burg blieb noch rund drei Jahrzehnte im Besitz der Familie, die enormen Kosten für die Instandhaltung zwangen die Besitzer jedoch, sich von dem Anwesen zu trennen. Und so schenkten sie das verlassene und heruntergekommene Gemäuer dem irischen Staat.

Wer heute die teilweise restaurierte Anlage betritt, bemerkt sofort, dass der Burg eine Mauer fehlt. Mittlerweile ist der Innenhof ein offenes U, der gesamte westliche Teil wurde einfach abgerissen. Der Festungscharakter blieb allenfalls noch durch die massiven Rundtürme erhalten, die enorm dicken Mauern wurden durch zahlreiche Fenster durchbrochen. Zusammen mit den Außenanlagen erweckt die Burg

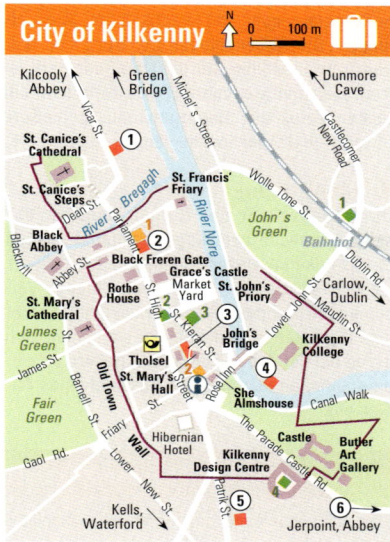

City of Kilkenny

■ ÜBERNACHTUNG
① Kilkenny Inn Hotel
② Kilkenny Tourist Hostel
③ Lanigan's Hostel
④ Kilkenny River Court
⑤ Butler House
⑥ Fanad House

■ ESSEN
1 Campagne
2 Marble City Bar
3 Kyteler's Inn
4 Kilkenny Design Centre

■ SONSTIGES
1 Watergate Theatre
2 Tynan's Bridge House

heute mehr den Eindruck eines Fantasieschlosses, dieser Eindruck setzt sich in den Innenräumen fort. Teile davon sind im Rahmen einer Führung zu besichtigen. Die verschiedenen Wohnräume wie die Bibliothek und das Esszimmer sind jedoch ausgesprochen sehenswert.

Der interessanteste Teil der Führung führt jedoch in die **Long Gallery**, die Anfang des 19. Jhs. von den Butlers ausgebaut wurde und einen Teil der Kunstsammlung enthält. Die altertümliche Holzdecke wurde dabei teilweise durch ein Glasdach ersetzt, das den Raum angenehm beleuchtet. In den ehemaligen Personalräumen im Untergeschoss befindet sich heute zusätzlich die **Butler Art Gallery**, ☎ 056-7761106, 🖥 www.

butlergallery.com, mit wechselnden Ausstellungen. Die Außenanlagen der Burg sind teilweise im formellen Stil gehalten, der Park im französischen Stil, von hier aus kann man die besten Fotos des Hauptgebäudes schießen. ⏱ tgl. 9–16 Uhr (im Sommer länger), Führung 8 €.

Kilkenny Design Centre

Direkt gegenüber der Burg beherbergt das schlossähnliche ehemalige Stallgebäude heute das Kilkenny Design Centre, ✆ 056-7722118, 🖥 www.kilkennydesign.com. Hier haben verschiedene Handwerker und Kunsthandwerker ihre Werkstätten und Studios, sie lassen sich gerne bei der Arbeit über die Schultern schauen und helfen auch bei der Auswahl eines Andenkens.

Shee Alms House

Von der Burg erreicht man die Innenstadt über verschiedene Wege. Am besten folgt man der Rose Inn Street in Richtung des Flusses Nore und besucht etwa auf der halben Strecke das ehemalige Armen- und Krankenhaus Shee Alms House, 🖥 www.kilkenny.ie. Hier befindet sich das Informationszentrum, das Stadtpläne und Informationen zu aktuellen Veranstaltungen bereithält. Anschließend führt ein kurzer Weg weiter bergab zur links abzweigenden St. Kieran's Street, eine der zwei Hauptstraßen in der Innenstadt.

Kyteler's Inn

Sie ist die etwas weniger attraktive Straße, die aber an der **St. Mary's Hall** vorbeiführt und

Alice Kyteler, die Hexe von Kilkenny

Die schwarze Katze, die das Wirtshausschild von Kilkennys bekanntestem Pub **Kyteler's Inn** ziert, sollte abergläubischen Menschen zu denken geben. Denn mit ihr hatte es eine übernatürliche Bewandtnis, sie assistierte der Dame Alice Kyteler bei Hexenwerk und schändlichen Taten. Oder auch nicht, denn ob Dame Alice nun wirklich eine Hexe war, eine vollkommen unschuldige Frau oder eine Serienmörderin, das wird sich wohl niemals endgültig klären lassen.

Im Jahr 1324 jedenfalls wurde sie zusammen mit ihrem Sohn aus erster Ehe, William Outlaw, und ihrer Magd Petronilla verhaftet. Die Anklage lautete auf Hexerei. Alice wurde vorgeworfen, zugunsten ihres Sohnes allerlei dunkle Machenschaften getrieben zu haben. Verdächtig erschien sie aus mehreren Gründen.

Da war zum einen die interessante Ehegeschichte der Dame Alice. Obwohl sie immer noch unter ihrem Mädchennamen Kyteler bekannt war, waren bereits vier Ehemänner durch ihr Bett gegangen. Dies an sich legte schon den Verdacht eines etwas lockeren Lebenswandels nahe. Nahm man dann noch die Tatsache dazu, dass Alice alle ihre Ehemänner überlebte und von jedem Todesfall finanziell recht gut profitierte, war ein gesundes Misstrauen wohl nicht unangebracht. Und dann gab es noch ihren heißgeliebten Sohn, der in Kilkenny als erfolgreicher Geschäftsmann lebte. Wer Erfolg hat, der hat auch Neider. William Outlaw hatte zudem zahlreiche Schuldner. Ein Teil seiner Geschäfte bestand nämlich darin, seinen werten Mitbürgern Geld gegen Zins zu leihen. Eine Tätigkeit, die im Mittelalter mehr als verpönt war. Geldverleiher galten – die Geschichte der Juden zeigt dies deutlich – als so unerwünscht wie die Beulenpest.

Wie nun Petronilla in die ganze Sache involviert war, ist nicht genau geklärt – als Mittäterin gefangen, legte sie jedoch ein erpresstes und wenig glaubwürdiges Geständnis ab, das Urteil folgte auf dem Fuße. Unter großem Zeremoniell wurde sie auf dem Marktplatz von Kilkenny per Scheiterhaufen von ihren Sünden gereinigt, die wahrscheinlich erste Hinrichtung dieser Art in Irland. Die Stadt hatte ihr Spektakel und auch ihren Sündenbock. Was vor allem Alice Kyteler nützte, denn mit Hilfe von einigen adligen Freunden (und wohl auch nach Zahlung diverser Bestechungsgelder) trat sie die Reise nach England an. Und ward in Kilkenny nicht mehr gesehen.

Petronilla dagegen sieht man heute noch, spätestens nach einigen Gläsern Smithwicks – angeblich soll sie im Kyteler's Inn spuken.

schließlich die berühmteste Kneipe des Ortes erreicht, das **Kyteler's Inn**, 🖥 www.kytelers inn.com. In diesem großen Gebäude, angeblich das älteste von Kilkenny, soll die bekannteste Einwohnerin von Kilkenny gelebt haben, Dame Alice Kyteler (s. Kasten S. 320).

Grace's Castle

Kurz hinter dem Kyteler's Inn trifft die St. Kieran's Street auf die High Street und beide vereinen sich hier zur Parliament Street. Zur rechten Hand steht Grace's Castle, eine zu Beginn des 13. Jhs. gebaute Festung, die später als Gefängnis diente und nach einem aufwendigen Umbau im 18. Jh. zum Gericht wurde. Hier werden auch heute noch Verhandlungen abgehalten. In diesem Gebäude fanden die Rebellen des Aufstands von 1798 den Tod.

Rothe House

Fast genau gegenüber erhebt sich das Rothe House, ☎ 056-7722893, 🖥 www.rothehouse. com, ein **Kaufmannshaus aus der Tudor-Zeit** mit einem schönen Aussichtsfenster und den Arkaden, die in früheren Zeiten typisch für das Stadtbild in Kilkenny waren. Ehemals im Besitz der Familie Rothe, wird das Gebäude samt Hinterhöfen heute als Museum genutzt. Die Sammlung befasst sich mit der Stadtgeschichte und regionaler Archäologie, interessant ist auch die Sammlung alter Kleidungsstücke. Der „mittelalterliche Garten" hinter dem Haus ist zwar schön angelegt und für Gartenfreunde interessant, echtes Mittelaltergefühl kommt jedoch ob der umliegenden modernen Bebauung nicht auf. ⏰ Mo–Sa 10–17, So 12–17 Uhr, Eintritt 7,50 €.

Kathedrale von Kilkenny

Etwas weiter nördlich liegt die dem Heiligen Canice gewidmete Kathedrale von Kilkenny, ☎ 056-7764971, 🖥 www.stcanicescathedral.com, die im 13. Jh. im Stil der frühen Gotik errichtet wurde und neben der ein wesentlich älterer **Rundturm** auf eine vorher bestehende Klosteranlage hinweist. Obwohl die Kathedrale Mitte des 17. Jhs. von Cromwells Truppen stark beschädigt und als Pferdestall missbraucht wurde, erkennt man immer noch den mittelalterlichen Baustil. Besonders interessant ist der Kontrast zwischen dem

Kilkenny Marble, aus dem die Mauern errichtet wurden, und den hellen Säulen aus importiertem Kalkstein. Die Grabmale aus verschiedenen Jahrhunderten weisen teilweise aufwendige Dekorationen auf, einige der beachtenswertesten gehören der Familie Butler.

Das älteste Grabmal allerdings erinnert an den Sohn von Henry de Ponto, einen ansonsten vollkommen vergessenen Landadligen, es stammt aus dem Jahr 1285. Rund 100 Jahre älter ist ein Taufstein in der Kirche. Der von Grabsteinen umgebene, 30 m hohe Turm kann bestiegen werden, der Lohn ist eine Aussicht über die gesamte Innenstadt. ⏰ April, Mai und Sep Mo–Sa 10–13 und 14–17 (So nur nachmittags), Juni–Aug Mo–Sa 9–18, So 13–18, andere Monate Mo–Sa 10–13 und 14–16 Uhr (So nur nachmittags), Eintritt Kathedrale 4,50 €, Rundturm 9 €, Kombiticket 7 €.

Black Abbey

Nicht weit von der Kathedrale befindet sich die Black Abbey, eine Klostergründung der Dominikaner aus dem Jahre 1225. Nach der Auflösung der Klöster wurde das Gebäude im 16. Jh. als Gericht genutzt, mittlerweile sind jedoch wieder Mönche hier zu Hause und setzen die Tradition des Klosterlebens in Kilkenny fort. Interessant sind die reich verzierten Decken der Kirche, aber auch die Buntglasfenster und nicht zuletzt eine Darstellung der Heiligen Dreifaltigkeit aus dem 14. Jh. gehören zu den Hauptsehenswürdigkeiten.

Den Rückweg in Richtung Burg nimmt man dann am besten über die High Street, an der das sogenannte Tholsel, das alte Rathaus der Stadt, liegt.

ÜBERNACHTUNG

€ **Kilkenny Tourist Hostel**, 35 Parliament St., ☎ 056-7763541, 🖥 www.kilkenny hostel.ie. Familiäres Hostel von mittlerer Größe im Ortskern, in dem die Übernachtung im fast 275 Jahre alten Stadthaus wird allgemein als sehr angenehm beschrieben. Zur Verfügung stehen 60 Betten, aufgeteilt in Schlafsäle, Familienzimmer, 3-Bett-, DZ und Twins. Wer ein Privatzimmer wünscht, sollte auf jeden Fall telefonisch vorbestellen. Kleine Küche und Wohnzimmer, Pubs in direkter Nachbarschaft. Bett im Schlafsaal ca. 16 € (saisonabhängig), DZ ❶–❷

€ **Lanigan's Hostel**, Mary's Ln., ☎ 056-7721718, 🖥 www.hostelkilkenny.ie. Eigens als Hostel für Reisende mit schmalem

Die Katzen von Kilkenny

Über kurz oder lang wird jeder Besucher von den „**Kilkenny Cats**" hören. Sollten damit nicht die erfolgreichen Hurler des County gemeint sein, dann geht es um Streithähne. Oder besser: um zwei Katzen, die zum Sinnbild für endlose Kämpfe ohne Sieger wurden. Wie etwa der Redner im irischen Parlament, das zeitweise in Kilkenny zusammentrat … und wo sich die Politiker wie die Katzen um die Sahne gestritten haben sollen.

Der Sage nach allerdings waren es hessische Söldner, die während der Rebellion von 1798 hier zwei Katzen mit dem Schwanz aneinanderbanden, um zu sehen, wer der Stärkere war. Als ein Offizier diesen „Sport" unterbinden wollte, schnitt ein geistesgegenwärtiger Hesse den Knoten mit dem Bajonett durch. Nun lagen da aber nur noch die zwei blutigen Schwanzenden … Die Katzen, so die Erklärung der Soldaten, hätten sich wohl im Kampf gegenseitig aufgefressen.

Heute tragen die Spieler der *Gaelic Games* den Spitznamen mit Stolz. Denn Aufgeben ist nicht ihre Sache!

Budget gebaut, hat dieses Haus hauptsächlich große Schlafsäle mit mind. 10 Betten. Küche und Waschmaschine. Bett im Schlafsaal ca. 16 € (saisonabhängig), DZ ❶

Kilkenny Inn Hotel, 15-16 Vicar St., ☎ 056-7772828, 🖥 www.kilkennyinn.com. Nicht besonders aufregendes, aber sauberes 3-Sterne-Hotel im Stadtzentrum mit 30 Zimmern, alle mit TV. Restaurant, Bar, sicherer Parkplatz und sogar Babysitterservice. ❷–❸

Fanad House, Castle Rd., ☎ 056-7764126, 🖥 www.fanadhouse.com. 5 Gehminuten südlich vom Zentrum gelegenes, behindertengerechtes Guesthouse mit 12 modernen, recht geräumigen Zimmern mit Bad/Du und TV und Blick auf den Park der Burg. ❸

Kilkenny River Court, The Bridge, John St., ☎ 056-7723388, 🖥 www.rivercourthotel.com. Hotel in idealer Lage mit 90 modernen Zimmern mit Blick aufs Schloss. Pool, Wellnessangebote, gute Freizeitmöglichkeiten. ❸

🏨 **Butler House**, Patrick St., ☎ 056-7765707, 🖥 www.butler.ie. Zentral gelegenes, luxuriöses und sehr schön eingerichtetes Guesthouse in einem früher zur Burg gehörenden Gebäude mit 13 Zimmern, jedes individuell gestaltet. Man hat fast den Eindruck, im Schloss selbst zu wohnen. Frühstück wird im ehemaligen Stall serviert, heute das Kilkenny Design Centre. Bei Regen wird der Gang dorthin durch die Gartenanlagen zum „Muntermacher". Neben den schönen Gärten begeistert das Haus durch die fast vollkommene Überwucherung mit Kletterpflanzen. Dornröschen hätte sich hier wie zu Hause gefühlt. ❹

ESSEN

Campagne, 5 The Arches, Gashouse Ln., 🖥 www.campagne.ie. Restaurant im rustikalen Stil. Französisch beeinflusste Küche. Schwerpunkt liegt auf „slow cooking". Selbst gebackene Brote werden zum Essen gereicht. ☺ Mo geschl., So nur mittags (an Bank Holiday Weekends auch abends).

€ **Kilkenny Design Centre**, Castle Yard, 🖥 www.kilkennydesign.com. Restaurant im ehemaligen Stall der Burg mit großer Auswahl an warmen Gerichten. Spezialität: Huhn

Bier ist mehr als Guinness

Das Jahr 2009 stand für viele Irlandtouristen und die Werbeindustrie ganz im Zeichen eines Jubiläums – 250 Jahre war es her, dass in Dublin ein gewisser Arthur Guinness den Mietvertrag für seine Brauerei unterschrieb. Nicht unbedingt ein weltbewegendes Ereignis, aber fast eine Lizenz zum Gelddrucken. Kaum war das Jahr vorbei, schlug die Konkurrenz zu: 2010 feierte die Brauerei von Smithwicks in Kilkenny, 🖥 www.smithwicks.com, ihr eigenes Jubiläum, immerhin schon 300 Jahre sagte man sich am Nore „Hopfen und Malz, Gott erhalt's!"

Für manche Menschen mag es schon eine Offenbarung sein, dass es in Irland überhaupt ein anderes Bier als Guinness gibt. Abgesehen von den Hunderten von Importmarken aus Großbritannien, vom europäischen Kontinent, aus den USA und aus Fernost … Bier in Irland hat nicht gerade Seltenheitswert und es gibt zahlreiche örtliche Varianten. Das beginnt bei Mikro-Brauereien und endet etwa in Kilkenny bei Smithwicks.

Im Laufe der Jahre hatte sich Smithwicks sogar zu einem Bier-Exporteur entwickelt, dessen Produkte vor allem auch in Deutschland genossen wurden. Dabei allerdings war es eine Hürde, den nicht irischen Gast zur Bestellung eines „Smisswix", eines „Schmischwigs" oder eines „Smiffiks" zu bewegen. Die letzte Aussprache ist übrigens die, die dem Original an nächsten kommt. Also nannte die Brauerei ihr Export-Bier (das natürlich im deutschen Sinne kein Exportbier ist) schlicht und einfach „Kilkenny". Woraus sich die Legende entwickelte, dass Smithwicks im Ausland Kilkenny sei und dass man in Irland kein Kilkenny bekäme.

Ein Blick in die Supermarkt-Regale vor Ort belehrt den Bier-Liebhaber schnell eines Besseren. Dosen von Smithwicks und Kilkenny stehen einträchtig nebeneinander. Und bei näherem Hinsehen fällt auf, dass es sich auch um unterschiedliche Biere handeln muss, der Alkoholgehalt ist nicht gleich. Die Geschmacksprobe wird ebenfalls schnell beweisen, dass die zwei Marken für unterschiedliche Produkte stehen.

Nach wiederholten Proben allerdings kann es zu dem Effekt kommen, dass selbst ein Guinness wie ein Smithwicks schmeckt. Und dass einem am nächsten Morgen gar nichts mehr schmeckt …

---

und Brokkoli mit Lavistown-Käse überbacken. Vernünftige Preise. Man achtet auf Frische und Qualität der Zutaten. ⏲ tgl. 10–18 Uhr.
Kyteler's Inn, Kieran's St., ✆ 056-7721064, 🖥 www.kytelersinn.ie. Im beliebten Pub mit angeschlossenem Restaurantbetrieb kann man mittags zu vernünftigen Preisen speisen. Abends höhere Preise! ⏲ tgl. 12–24 Uhr.
Marble City Bar, 66 High St., 🖥 www.langtons. ie. Restaurant mit lebendiger Atmosphäre. Moderne europäische Küche. Unter dem Restaurant befindliche, traditionelle Tea Rooms mit kleinen Gerichten, Kaffee, Tee und süßen Stückchen.

UNTERHALTUNG UND KULTUR

Tynan's Bridge House, 2 Horseleap Slip, ✆ 056-7721291. In einer Nebenstraße versteckter, urgemütlicher Pub mit einer Einrichtung, die

mehrere Jahrhunderte Betrieb zu dokumentieren scheint. Ein irischer Pub wie aus dem Museum, aber leider auch sehr oft proppenvoll. Das **Watergate Theatre**, Parliament St., ✆ 056-7761674, 🖥 www.watergatetheatre.com, ist ein mittelgroßes Provinztheater mit einem gemischten Programm, neben den üblichen Tourneetheater-Gastspielen sind oftmals Konzerte und Auftritte von örtlichen Künstlern einen Besuch wert.

SONSTIGES

Feste
Graswurzelmusik aus den USA, dazu noch Weltmusik, Irish Folk und eine Menge von Straßenkünstlern mit durchaus unterschiedlichem Talent bietet das **Kilkenny Rhythm and Roots Festival**, 🖥 www.kilkennyroots.com, am Bank Holiday Weekend Anfang Mai.

Beim **The Cat Laughs Comedy Festival**,
🖳 www.thecatlaughs.com, am ersten
Wochenende im Juni sind sehr gute
Englischkenntnisse erforderlich. Mit diesen
aber entfaltet sich eine ganz neue Welt des
(teilweise rabenschwarzen) Humors.
Vorbestellung bei bekannten Künstlern
unbedingt empfohlen.

Das **Kilkenny Arts Festival**, 🖳 www.kilkenny
arts.ie, Anfang–Mitte Aug ist ein 10-tägiges
Kulturfestival mit buntem Programm von
bildender Kunst bis Tanztheater. Die Innenstadt
von Kilkenny scheint während des Festivals
aus den Nähten zu platzen.

Einen merkwürdigen Mix präsentiert das
Kilkenomics Festival, 🖳 www.kilkenomics.
com, im Winter – Wirtschaftswissenschaften
und Comedy.

Informationen

Tourist Information im Shee Alms House,
Rose Inn St., ✆ 056-7751500, 🖳 www.kilkenny.
ie. Das Büro ist nicht nur einen Besuch
wert, wenn man unbedingt Informationen
braucht, wurde es doch in einem einfühlsam
renovierten mittelalterlichen Armenhaus
untergebracht.

TRANSPORT

Busse

Busse fahren am **Bahnhof** ab. Infos unter
🖳 www.buseireann.ie oder Kilkenny Tourist
Office, ✆ 056-7751500.
DUBLIN (Linie 7), über Carlow, Athy und Naas,
Mo–Fr etwa 6x tgl. zwischen 7 und 20.30 Uhr,
2 Std.
CORK (Linie 7), über Carrick-on-Suir,
Clonmel, Mitchelstown und Fermoy, 6x tgl.,
4 Std.

Eisenbahn

Züge fahren vom **Bahnhof** an der Dublin Rd.
Mo–Fr jeweils 6x tgl. nach DUBLIN und
WATERFORD. Die Fahrpreise liegen
höher als mit dem Bus, die Strecke nach
Dublin wird jedoch in etwa 1 1/2 Std.
zurückgelegt. Fahrpläne und vergünstigte
Tickets unter 🖳 www.irishrail.ie.

Dunmore Cave

Rund 10 km nördlich der Stadt Kilkenny befindet
sich an der N78 die Dunmore Cave, Castlecomer
Rd., ✆ 056-7767726, 🖳 www.heritageireland.ie,
eine für Besucher zugängliche Tropfsteinhöhle
(nur mit Führung). Wer in die feuchte, sich über
mehrere Kilometer hinziehende Kalksteinhöhle
hinabsteigt (warm anziehen), tritt ein in die
faszinierende Welt der Stalaktiten und Stalag-
miten, die hier unten bizarre Formen geschaffen hat. Angeblich sind im Jahre 928 zahlreiche
Menschen vor den marodierenden Wikingern
in dieses Höhlensystem geflüchtet, woraufhin
die Wikinger versuchten, sie auszuräuchern. In
den 1970er-Jahren fand man hier tatsächlich
die Skelette von 44 Menschen, allesamt Frauen
und Kinder. Auch die Münzen, die man entdeckte, könnten die Theorie bestätigen. ⏰ Touren tgl.
9.30–16 Uhr, im Sommer länger, Nov–März eingeschränkt, Führung 5 €.

Bennetsbridge

Liebhaber von Keramik sollten Bennetsbridge
nicht versäumen, das direkt am Fluss Nore etwa 8 km südlich von Kilkenny liegt. In dem
schön gelegenen Ort sind zahlreiche Künstler
samt Werkstätten und Ateliers ansässig. Vor allem die international renommierte **Töpferei von
Nicholas Mosse**, 🖳 www.nicholasmosse.com,
in einer Mühle am Flussufer lohnt den Besuch.
⏰ Mo–Sa 10–18, So 13.30–17 Uhr.

Die anderen Attraktionen von Bennetsbridge
lassen sich schnell aufzählen: Zum einen ist dies
die rund 200 Jahre alte **Brücke** über den Nore
selber, die als Architekturdenkmal gilt. Zum anderen die kuriose **Polizeistation** mit ihren fast
mittelalterlich wirkenden Türmen.

ESSEN

Nicholas Mosse Irish Country Shop, The Mill,
🖳 www.nicholasmosse.com. Im Töpferei-
geschäft befindliches Café mit Blick auf Fluss.
Buntes Angebot von Cottage Pie, Lasagne und
Quiches. Spezialität sind jedoch Backwaren und
Desserts wie Chocolate Brownies und frisch

gebackene Scones. ⏰ Mo–Sa 10–18, So 13.30–17 Uhr, Café schließt je eine Stunde früher.

Jerpoint Abbey und Kells Priory

Jerpoint Abbey

Etwa 11 km südlich von Bennettsbridge liegt an der N9 die Jerpoint Abbey, 📞 056-7724623, 💻 www.heritageireland.ie, vielleicht die schönste Klosteranlage aus dem irischen Mittelalter. Gegründet wurde die Abtei 1160 von hier lebenden Mönchen des Zisterzienserordens. Nach der Auflösung der Klöster durch Heinrich VIII. ging die befestigte Anlage an den Earl of Ormonde über. Interessant erscheint, dass die älteren Teile der Abtei heute besser erhalten sind als manche jüngere Anbauten. Ein Beispiel dafür ist der dachlose **Kreuzgang** aus dem 15. Jh., der allein schon den Besuch der Klosteranlage lohnt. Auf den ersten Blick ein ganz normaler Kreuzgang mit verzierten Säulen, offenbaren sich bei näherem Hinsehen zahlreiche Details. Die Steinmetzarbeiten zeigen hohe Herrschaften, kirchliche Würdenträger, fein angezogene Damen und sogar Fabelwesen. In ihrer Bandbreite sind diese Arbeiten nahezu einmalig in Irland.

Zu den ältesten Teilen des Klosters gehört die **Kirche**, die z. T. romanischen Baustil aufweist. Die berühmtesten Grabmale allerdings stammen aus dem 16. Jh., ihre Steinmetzarbeiten können es durchaus mit denen des Kreuzgangs aufnehmen. Der Stil ist teilweise realistisch, teilweise aber auch stark ornamental, neben menschlichen Figuren sieht man zahlreiche Darstellungen, die an keltische Knotenmuster erinnern. Interessant ist auch der festungsartige **Turm** aus dem 15. Jh.

Die Geschichte von Jerpoint Abbey wird im kleinen **Besucherzentrum** dargestellt, doch sollte man in erster Linie die Ruinen der Abtei erforschen und die verschiedenen Steinmetzarbeiten, von den in Kniehöhe befindlichen Figuren auf den Grabsteinen bis zu den Verzierungen der Säulenkapitelle, auf sich wirken lassen. Dies ist keine Sehenswürdigkeit, die im Schnelltempo erfasst werden kann. ⏰ März–Sep tgl. 9–17.30, Okt tgl. 9–17, Nov–Anfang Dez 9.30–16 Uhr, Eintritt 5 €.

Kells Priory

Einen weiteren bemerkenswerten Anblick bietet **Kells Priory** etwa 15 km südlich von Kilkenny. Das ehemalige Augustinerkloster am King's River, das erst in den letzten Jahrzehnten archäologisch genau untersucht wurde, erinnert an eine Kleinstadt des Mittelalters, denn die ausgedehnte Außenmauer zieht sich von einem befestigten Wohnturm zum anderen. Insgesamt rund 12 000 m² Klostergelände wurden so geschützt – und der merkwürdige Anblick führte zum örtlichen Spitznamen „Seven Castles".

Rund 25 km nordöstlich sind an der R697 die Reste des Rundturms von **Kilree** und ein Hochkreuz zu sehen – ebenfalls Erinnerungen an die Religionsgeschichte der Gegend.

Inistioge

Ein Idyll! Der in einem bewaldeten Tal am Fluss Nore gelegene Ort ist so pittoresk, dass hier immer wieder Filme gedreht wurden. Dafür sorgen nicht zuletzt die gut erhaltenen Häuser aus dem 18. Jh. und die alte Steinbrücke mit zehn Bogen, die den Nore so malerisch überspannt. Auch die Ruinen der aus dem frühen Mittelalter stammenden Befestigung, die das Tal des Flusses überblicken, sollte man nicht versäumen. Im Ort mit seinem kleinen gemütlichen Dorfplatz endet (oder beginnt) übrigens auch der **South Leinster Way**, eine beliebte Fernwanderroute (S. 326).

Eine wesentlich kürzere, rund 1 km lange Wanderung führt zur **Woodstock House Demesne**, 📞 087-8549785, 💻 www.woodstock.ie, einem ausgedehnten Parkgelände mit Arboretum. Von hier oben auf dem Mount Alto genießt man einen herrlichen Ausblick auf das Tal, durch das sich die Nore windet. In den **Tea Rooms** im renovierten Wintergarten (nur im Sommer geöffnet) lässt sich gut „auftanken". ⏰ April–Sept tgl. 9–19.30, sonst 9–16 Uhr, Eintritt 4 € (bei Ausfahrt in Münzen zu zahlen!).

ÜBERNACHTUNG

Charlefield Farmhouse, The Rower (R700), 📞 051-422386. Recht rustikale, aber sehr bequeme Unterkunft in einem etwa 200 Jahre

Wanderung auf dem South Leinster Way

- **Strecke**: etwa 107 km
- **Dauer**: 4 Tage, aber einige Wanderer bevorzugen einen zusätzlichen Halt in Graiguenamanagh
- **Steigungen**: nur moderate Anstiege
- **Wegbeschaffenheit**: teilweise Naturpfad, teilweise Straße
- **Ausschilderung**: streckenweise verbesserungswürdig, Karte unerlässlich
- **Karten**: OSI Discovery Series Sheets 68, 75 und 76, 🖥 www.osi.ie

Der Weg, der sich durch die Berglandschaft der Counties Carlow und Kilkenny bis (gerade so) nach Tipperary hineinzieht, ist rund 100 km lang und führt von Kildavin (bei Bunclody) über Borris, Graiguenamanagh, Inistioge, Lukeswell, Mullinavat und Piltown bis Carrick-on-Suir. It's a long way …

Empfehlenswert: die Nord-Süd-Route

Rund vier Tage wird man unterwegs sein und dabei auf den 107 km insgesamt 1490 Höhenmeter überwinden. Als National Waymarked Trail ist der Weg, der einen mittleren Schwierigkeitsgrad besitzt, relativ gut ausgeschildert. Große, anstrengende Steigungen sind nicht gegeben. Leider ist der South Leinster Way kein Rundkurs, sodass man auch den Rückweg planen muss. Es empfiehlt sich, die populäre Route von Norden nach Süden zu wählen, von Carrick-on-Suir kann man mit dem Zug heimreisen.

Von Kildavin aus führt der South Leinster Way fast immer nach Südwesten und durchquert dabei unterschiedliches Terrain. Besonders auf den stark mit Heide bewachsenen Wegstücken am Mount Leinster und am Brandon Hill ist etwas Vorsicht geboten, man sieht nicht jedes Kaninchenloch sofort und stolpert leicht. Sehr erholsam ist dagegen der Teil des Weges, der sich am Fluss Barrow entlangzieht. Andere Streckenabschnitte führen über kaum noch erkennbare, fast verwunschen wirkende Parkanlagen oder durch Nadelwälder.

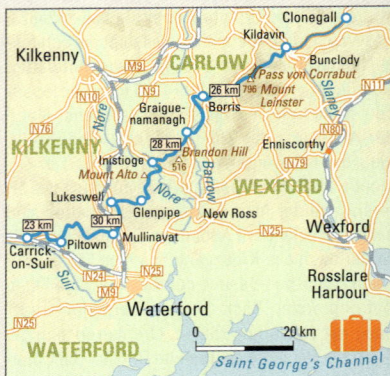

Die kleinen, durchaus noch beschaulichen Orte Borris, Inistioge und Graiguenamanagh liegen am Weg. Dort und in Mullinavat gibt es Übernachtungsmöglichkeiten, zudem kann man hier einen erholsamen Abend in einem der Pubs verleben. Die idealen Etappen des South Leinster Way gestalten sich wie folgt:

1. Tag (26 km)
Von Clonegall bis Borris

Zunächst geht es etwas über 4 km auf der Straße in das kleine Dorf Kildavin, danach führt der Weg in die Wälder und hinauf in die Moore am Mount Leinster. Es geht hier recht steil bergan, am Pass von Corrabut ist eine Pause sicher notwendig. Danach aber läuft man bequem bergab, bis man schließlich in der netten Ortschaft Borris ankommt. Übernachtungsmöglichkeit hier etwa Brenda's B&B, Viaduct View, Kilcoltrim, 📞 059-9771860, 🖥 www.brendasbandb.ie. 3 Zimmer, relativ modernes und komfortables Haus. ❷–❸

© FOTOLIA / BJÖRN ALBERTS

2. Tag (28 km)
Von Borris bis Inistioge

Die Wanderung beginnt angenehm, der Weg folgt dem Fluss Barrow. Bis nach Graiguenamanagh kann der Wanderer die Natur in vollen Zügen genießen, ohne groß auf den Weg achten zu müssen. Danach allerdings geht es über den Brandon Hill und eine teilweise etwas verwirrende Strecke von Waldwegen und Straßen bis nach Inistioge. Ein Dorf wie aus dem Heimatfilm, weswegen es auch schon romantischer Schauplatz mehrerer Filme war. Das Nachtlager kann im Grove Farmhouse, Ballycocksuist, ✆ 056-7758467, aufgeschlagen werden. ❷–❸

3. Tag (30 km)
Von Inistioge bis Mullinavat

Wie am zweiten Tag beginnt die Wanderung mit einem längeren Stück am Fluss, diesmal ist es der Nore. Es schließt sich eine anstrengendere Strecke über den 276 m hohen Mount Alto nach Glenpipe an. Danach geht es über Lukeswell zum Etappenziel Mullinavat. Hier ist vor allem das Rising Sun Guesthouse beliebt, Main St., ✆ 051-898173, 🖥 www.therisingsun.ie. Das in der Ortsmitte gelegene altmodische Steingebäude hat nicht nur eine wunderschöne Optik und sehr bequeme Zimmer, auch für Essen und Trinken wird bestens gesorgt. ❷–❸

4. Tag (23 km)
Von Mullinavat bis Carrick-on-Suir

Nicht unbedingt jedermanns Sache ist dieser letzte Abschnitt des South Leinster Way, der sich auf Asphaltstraßen hinzieht (und dies beginnt schon bei Lukeswell). Diese sind zwar noch relativ ruhig, lassen aber etwas vom Naturerlebnis einer Wanderung vermissen. Insgesamt verläuft mehr als die Hälfte des Weges auf befestigten Straßen.

Wichtig: gutes Kartenmaterial

In den letzten Jahren haben immer wieder Wanderer auf dem South Leinster Way bemerkt, dass die Ausschilderung besser sein könnte, eine gute Karte ist daher unverzichtbar.

alten Bauernhof, der noch bewirtschaftet wird. Hier steht man mit den Hühnern auf, wenn man will. Sehr gutes Frühstück, teilweise mit eigenen Produkten frisch aus Stall und Garten. ❷–❸

TRANSPORT

Inistioge ist nur donnerstags mit der **Buslinie 374** von NEW ROSS oder KILKENNY aus erreichbar.

Graiguenamanagh

Die kleine Marktstadt am Fluss Barrow ist in erster Linie wegen der **Abtei von Duiske** bekannt, befand sich hier doch die größte Kirche des Zisterzienserordens in Irland. Das Kloster wurde zu Beginn des 13. Jhs. gegründet, noch heute wird das mittelalterliche Gotteshaus als Gemeindekirche genutzt. Verschiedene An- und Umbauten haben allerdings im Laufe der Zeit ihr Antlitz stark verändert. Erhalten blieben eine sehr schöne romanische Tür, die aus solider Eiche bestehende Dachkonstruktion und ein Teil des mittelalterlichen Fußbodens. Außerdem besitzt sie zwei Hochkreuze aus dem 9. Jh. Einen ganz eigenen Charme hat der Knight of Duiske, ein sehr schönes Grabmal aus dem 14. Jh., das den Ritter in seiner Rüstung zeigt. Seine gekreuzten Beine sollen darauf hindeuten, dass er an einen Kreuzzug teilgenommen hat.

ÜBERNACHTUNG UND ESSEN

Brandon View B&B, Ballyling Lower, ☎ 059-9724625, 🖥 www.brandonviewbandb.com. Kleines, familiäres B&B mit recht großen Zimmern, alle mit eigenem Bad, nur 6 km südlich des Ortskerns an der R729. Interessant für Familien: Babysitter kann arrangiert werden. ❷–❸
Waterside Restaurant, ☎ 059-9724246, 🖥 www.watersideguesthouse.com. Beliebtes und nicht allzu teures Restaurant mit hausgemachtem Brot und einigen sehr empfehlenswerten Wildgerichten (in der Saison). Bekannt sind auch die geräucherten Aale, nicht unbedingt alltäglich in Irland. Oft Livemusik im Anschluss an das Essen.

County Waterford

Obwohl die Berge von Comeragh und Monavullagh mit über 700 m hohen Gipfeln die Mitte des County dominieren und die Knockmealdown Mountains für einen sehr gebirgigen Übergang ins County Tipperary sorgen ... eigentlich ist Waterford doch im Herzen nur dem Meer zugewandt. Die wichtigsten Ortschaften liegen schließlich an der Küste, sind seit Jahrhunderten als Häfen bekannt, allen voran Waterford City. Immer mehr Sommerfrischler tummeln sich in den Sommermonaten in Orten wie Dunmore East, Ardmore oder Tramore, die neben Badevergnügen an langen Sandstränden auch herrliche Spaziergänge entlang der herrlichen Küste versprechen.

Wirtschaftlich gesehen spielt neben dem zunehmenden Tourismus immer noch der Fischfang eine wichtige Rolle, zahlreiche Fischerorte säumen die Küste. Im Binnenland dagegen prägen Weiden mit Milchkühen, Schafen, auch Ackerflächen das Bild. Wer sich aufmacht, die stille Bergwelt zu ergründen, wird auch immer wieder auf interessante Relikte aus der Jungsteinzeit stoßen.

Waterford City

Irlands wahrscheinlich älteste Stadt wurde von den Wikingern schon im Jahr 914 gegründet. Die Invasoren hatten den sicheren Hafen entdeckt, als sie vom offenen Meer aus in den Fluss Suir einbogen. Dabei scheinen sie auch gleich eine Nahrungsgrundlage ausgemacht zu haben, denn der skandinavische Name des Ortes bedeutet „Fjord der Hammel". Später übernahmen, wie üblich, die Anglo-Normannen Siedlung und Hafen. Unter ihnen und ihren Nachfolgern entwickelte sich die Stadt zu einer Hochburg der englischen Herrschaft in Irland. Man zeichnete sich besonders dadurch aus, dass man am Ende der Rosenkriege (1455–87) die Zeichen der Zeit erkannte und den ersten Tudor, Heinrich VII., fast bedingungslos unterstützte.

Im Lauf der Jahrhunderte entwickelte sich dieser tidenabhängige Binnenhafen zum wichtigsten Hafen des irischen Südostens. Ab dem

18. Jh. wurde der Handel durch die immer stärker wachsende Industrie ergänzt, die wiederum die guten Schiffsverbindungen für den Export von Gütern nutzen konnte. Ein Hauptprodukt war dabei Glas, noch bis ins 21. Jh. war Waterford für seine Glasarbeiten, vor allem für das hier hergestellte Bleikristall berühmt.

Zwar ist der kommerzielle Schiffsverkehr in der Stadt mittlerweile stark zurückgegangen, direkt im Zentrum aber ist eine große Marina für Jachten und Motorboote angelegt worden. Und obwohl Waterford 53 500 Einwohner hat, eine für irische Verhältnisse sehr hohe Zahl, ist die Innenstadt überschaubar geblieben. Man kann sie in weniger als einer Stunde durchwandern und alle wichtigen Sehenswürdigkeiten genießen.

Holy Trinity Cathedral

Als Ausgangsort empfiehlt sich der **Clock Tower** (Uhrturm) direkt am südlichen Ufer des Suir. Ihm gegenüber liegt die **Holy Trinity Cathedral** (Kathedrale der Heiligen Dreifaltigkeit), die die zahlreichen kleinen Geschäfte an der Hafenfront in den Schatten stellt. Die Kirche wurde Ende des 18. Jhs. erbaut und lohnt alleine wegen der barocken geschnitzten Kanzel und der bemalten Säulen einen kurzen Blick ins Innere. Danach geht der Weg weiter am Hafen entlang.

Reginald's Tower

Dem Fluss folgend, ist rechter Hand der massive Reginald's Tower zu sehen. An dieser Stelle sollen die Wikinger ihre erste Befestigung gebaut haben, die ihnen nachfolgenden Anglo-Normannen ersetzten sie mit wesentlich stärkeren Anlagen. Ungefähr 3 m dick sind die Mauern des runden, gedrungen wirkenden Turmes, der die Hafeneinfahrt beherrscht. Angeblich soll es das erste irische Gebäude sein, bei dem nicht einfach Steine aufeinandergeschichtet wurden, sondern bei dem Mörtel zum Einsatz kam. Was eine ziemliche Geruchsbelästigung gewesen sein muss, denn der damalige Mörtel bestand aus einer Mischung aus Flussschlamm, Kalk, Tierhaaren und Blut.

Meagher-Statue

Am Reginald's Tower führt dann The Mall, eine breite Straße, vom Hafen weg Richtung Zentrum, hier fällt die Statue des amerikanischen Generals Meagher auf, ein Sohn der Stadt Waterford. Als irischer Revolutionär wurde er aufgrund seiner Beteiligung an der Rebellion von 1848 nach Australien deportiert, von dort konnte er in die USA fliehen. Seine wahre Berufung fand er im Krieg zwischen der Union und den Konföderierten Staaten, hier befehligte er auf Seiten der Union eine irische Brigade.

Rathaus

Nur ein Stück die Straße hinauf steht das **Rathaus** der Stadt, 1788 von John Roberts erbaut und äußerlich weitgehend im Originalzustand erhalten. Teil des Gebäudes ist das **Royal Theatre**, ein seltenes Beispiel dafür, dass Politik und Kunst unter einem Dach koexistieren können. Andererseits behaupten Spötter, dass sich im Rathaus mehr Komödien und Tragödien zutragen als im Theater.

French Church

Etwas versteckt hinter dem Komplex befindet sich die historische French Church. Der Name täuscht – die Kirche war ursprünglich Teil eines Klosters aus dem 13. Jh. Erst 1693 bekam das Gebäude seine French Connection, als ein Teil nämlich zur Gemeindekirche der ansässigen Hugenotten wurde. Der Rest des Klosters diente in dieser Zeit sowohl als Armenhaus wie auch als Hospiz. Ein kleines Museum an der Kirche zeigt archäologische Funde.

Christ Church Cathedral

Nicht allzu weit entfernt ragt Christ Church Cathedral auf. Diese Kirche wurde in der zweiten Hälfte des 18. Jhs. vom örtlichen Architekten John Roberts an der Stelle einer alten Wikingerkirche entworfen, dem wir große Teile des heutigen Stadtbildes verdanken. Die korinthischen Säulen an der Außenfront der Kathedrale kontrastieren mit einem Relikt aus früheren Zeiten im Innenraum. Dort befindet sich die realistische Darstellung eines teils verrotteten Leichnams aus dem 15. Jh., ein damals beliebtes Memento mori. Andere Grabmäler sind weniger morbide, aber deswegen auch nicht weniger interessant. In der Kirche finden häufig Konzerte statt. Von der Kathedrale aus lässt sich die Innenstadt gut

Auf keinen Fall versäumen sollte man das mit modernster Technik ausgestattete **Waterford Museum of Treasures**, ☎ 051-304500, 🖥 www.waterfordtreasures.com. Dieses preisgekrönte Museum dokumentiert in sehr lebendiger Weise die Stadtgeschichte von den Wikingern bis zum 19. Jh. Mit Hilfe eines Audioguides und dank der audiovisuellen Medien ist der Betrachter fast hautnah dabei, etwa wenn die Wikinger von einem ihrer Beutezüge heimkehren oder wenn der Thronprätendent Warbeck die Stadt belagert. Außerdem werden zahlreiche kunsthandwerklich interessante Exponate, die Schätze der Stadt, stimmungsvoll präsentiert.

Dazu gehören z. B. Schmuckstücke aus der Wikingerzeit, sakrale Gegenstände, die unter der anglo-normannischen Herrschaft entstanden sind, sowie die Great Charter Roll von 1372. Ebenfalls zu sehen: einige schöne Stücke des in Waterford hergestellten Bleikristalls. Die Dauerausstellung ist in drei verschiedenen Gebäuden in der Stadtmitte untergebracht – alle in bequemer Laufweite, man beginnt am besten am Reginald's Tower. ⏰ Mo–Fr 9.15–18, Sa 9.30–18, So und feiertags 11–18 Uhr, etwas kürzere Öffnungszeiten von Sep–Mai, Eintritt 10 €.

erforschen, vor allem die georgianische Architektur ist in den letzten Jahren mit viel Einfühlungsvermögen wiederhergestellt worden. Dazu gehört u. a. die beeindruckende Chamber of Commerce in der St. George Street.

Historischer Stadtkern

In einen wesentlich älteren Teil der Stadt findet allerdings noch, wer der Mall und der anschließenden Parnell Street einige hundert Meter folgt; hier steht der **Watch Tower**. Dieser ist ein Teil der alten **Stadtbefestigung**, die auch entlang der Castle Street noch gut zu erkennen ist. Vom Watch Tower aus gelangt man über John Street und Michael Street ebenfalls wieder in die Innenstadt. Folgt man den Straßen in Richtung des Uhrturmes, liegt in einer kleinen Seitengasse der Rest des ehemaligen Dominikanerklosters.

Die sogenannte **Blackfriars Abbey** war von 1226 bis 1541 in der Hand der Mönche.

House of Waterford Crystal

Eng mit Waterford verbunden ist geschliffenes Glas; das House of Waterford Crystal, 28 The Mall, 🖥 www.waterfordvisitorcentre.com, bietet Werkstattführungen an. Bei einem Eintrittspreis von 14,50 € ein sehr teures Vergnügen.

ÜBERNACHTUNG

€ **Portree Guesthouse**, 11 Mary St., ☎ 051-874574, 🖥 www.portreehostel.ie. Kleineres Haus im Herzen von Waterford, nur 3 Min. zu Fuß vom Bahnhof. Neben einfachen Unterkünften werden auch etwas bequemere Zimmer vermietet. Zur Auswahl stehen Mehrbett- sowie DZ. Die Mitarbeiter sind sehr hilfsbereit. ❷

€ **Travelodge Waterford**, N25 Cork Rd., ☎ 051-358885, 🖥 www.travelodge.ie. Budgethotel, mit eher charakterlosen, aber relativ großen und bequemen Zimmern mit Platz für 3 Erwachsene oder 2 Erwachsene und 2 Kinder. TV vorhanden. Unbedingt vor Anreise auf die z. T. sehr günstigen Angebote im Internet achten. ❶–❸

Granville Hotel, Meagher Quay, ☎ 051-305555, 🖥 www.granvillehotel.ie. Den Fluss Suir überblickendes, etwas exklusiveres Hotel mit 100 Zimmern in sehr zentraler, aber verhältnismäßig ruhiger Lage. Komfortabel, aber ohne echten Charakter. ❸

Waterford Marina Hotel, Canada St., ☎ 051-856600, 🖥 www.waterfordmarinahotel.com. Am Fluss Suir gelegen, nur 5 Min. Fußmarsch zum Stadtkern. 81 durchweg mittelgroße und bequeme Zimmer. Gute Parkmöglichkeiten. ❸

ESSEN

La Boheme, 2 George St., ☎ 051-875645, 🖥 www.labohemerestaurant.ie. Hell gehaltenes Restaurant mit französischer Hintergrundmusik und französischer Küche. Schwerpunkte sind Fisch und Meeresfrüchte, aber auch Lamm, Rind, Kaninchen und Kalbsgerichte. Spezialität: Lobster in Cognac flam-

biert. Französische Käseplatte. Reservieren.
🕐 Mo–Sa 17.30 Uhr bis spät, Fr auch mittags.
McLeary's, 122 Parade Quay, ☎ 051-853444,
🖥 www.mclearys.ie. Nicht mehr im Keller:
Das Restaurant hat jetzt Blick auf den Fluss –
aber immer noch die abwechslungsreiche
Speisekarte und gleich hohe Qualität. Empfehlung: Seeteufel *(monkfish)*. 🕐 Mo–Sa 12–15 und
17–22 Uhr.
Waterford Castle Hotel & Golf Club, The Island,
Ballinakill, Waterford, ☎ 051-878203, 🖥 www.
waterfordcastleresort.com. Restaurant im Hotel
bietet Dinner bei Klaviermusik. Hervorragendes
Essen mit traditionellen Gerichten und auch
internationaler Küche. Gehobene Preise. Etwas
bessere Kleidung erscheint hier angebracht,
wenn man sich nicht vollkommen deplatziert
fühlen will. 🕐 So–Do 18.30–20.30, Fr–Sa
18.30–21 Uhr.

UNTERHALTUNG UND KULTUR

Garter Lane Arts Centre, O'Connell St., ☎ 051-
855038, 🖥 www.garterlane.ie. Kulturzentrum in
einem Gebäude aus dem 18. Jh. Es bietet ein
oftmals mehr intellektuelles Programm, Kleinkunst, Ausstellungen, Filmvorführungen.
Theatre Royal, The Mall, ☎ 051-874402,
🖥 www.theatreroyal.ie. Die große alte Dame
des Theaters in Waterford, teils noch altmodische Innengestaltung und ein Auditorium,
das gelegentlich zu groß erscheinen kann. Hier
finden auch die Aufführungen des Light Opera
Festivals statt.

FESTE

Im August am Bank Holiday Weekend findet mit
dem **Spraoi**, 🖥 www.spraoi.com, ein Straßen-
theater samt Weltmusik statt, ein sehr buntes
und überaus beliebtes Festival, bei dem sich der
gesamte Südosten in der Stadt zu versammeln
scheint.

SONSTIGES

Informationen
Waterford Discover Ireland Centre, 120 Parade
Quay, ☎ 051-875823.

Touren
Das 10 km westlich gelegene Kilmeadan, sonst
durch guten Käse bekannt, zieht seit einigen
Jahren auch mit der **Waterford & Suir Valley
Railway**, ☎ 051-384058, 🖥 www.wsvrailway.ie,
Besucher an. Nicht unbedingt die gute alte
Dampfeisenbahn, aber immerhin eine alter-
tümliche Schmalspurbahn. Sie nutzt die alte
Strecke zwischen Kilmeadan und Carriganore
auf 6 km Länge, teilweise geht es direkt am
Fluss Suir entlang. 🕐 April–Sep, tgl. zur vollen
Stunde zwischen 11 und 16, So 12 und 17 Uhr,
Tickets kosten 9 €.

NAHVERKEHR

Ein **Stadtbus** bedient Waterford City, 🖥 www.
buseireann.ie (unter City/Town Services). Für
Touristen am ehesten interessant sind die
Busse (Haltestellen in der Ortsmitte und an den
Quays) nach Passage East und Dunmore East.

TRANSPORT

Busse
Der **Busbahnhof** liegt am Merchant's Quay,
schräg gegenüber der Touristeninformation,
dort sind auch aktuelle Fahrpläne einsehbar.
Infos unter 🖥 www.buseireann.ie oder Waterford Bus Office, ☎ 051-879000 oder 873401.
DUBLIN (Linien 4, 5 und 6), u. a. über Kilkenny
und Carlow, mind. 8x tgl. zw. 5.45 und 20 Uhr,
3–3 3/4 Std.
KILLARNEY (Linie 40), über Dungarvan und Cork,
mehrmals tgl., 4 Std.
TRAMORE (Linie 36), mehrmals tgl., 3/4 Std.
WEXFORD (Linie 40), über New Ross, mehrmals
tgl., 1 1/2 Std.

Eisenbahn
Der **Bahnhof Plunkett** liegt am nördlichen Ufer
des Flusses, etwa 500 m vom Zentrum entfernt
und direkt an der Brücke.
DUBLIN, 6x tgl. über Kilkenny, Carlow, Athy und
Kildare, 2 1/2 Std.
LIMERICK, Mo–Fr 3x tgl., mind. 3 Std (lange War-
tezeit beim Umsteigen in Limerick Junction).
Der Fahrpreis liegt i. d. R. höher als beim Bus
(bei Buchung über das Internet allerdings oft

erhebliche Sparmöglichkeiten), doch die Fahrzeit ist kürzer und es besteht sogar ein Buffetservice.

Aufgepasst: Wenn eine Bahnfahrt geplant wird, sollte man sich nach Brückenöffnungen („bridge lift") erkundigen – wird die Brücke für Schiffe angehoben, kommt man schlicht nicht von der Innenstadt zum Bahnhof!

Passage East

Rund 12 km östlich von Waterford liegt der Hafenort Passage East. Hier, so will es die Überlieferung, sollen angeblich die Anglo-Normannen 1170 gelandet sein. Heute ist der Ort allenfalls bekannt wegen seiner kleinen **Fähre nach Ballyhack**, County Wexford. Über diese kann man bei der Fahrt nach Osten einige Kilometer sparen, 🖥 www.passageferry.ie.

Dunmore East

Dunmore East, 13 km südlich von Passage East, markiert das südliche Ende des Naturhafens von Waterford. Gegenüber liegt der Leuchtturm von Hook Head im County Wexford. Auf einer steilen Straße gelangt man in die Innenstadt, die dank zahlreicher Freizeitmöglichkeiten, herrlicher Strände und einem Segelhafen vor allem in den Sommermonaten sehr lebendig ist. Einen besonderen Charme verleihen dem Ort, der auch bekannt ist für seine roten Sandsteinklippen, die reetgedeckten Cottages an der Hauptstraße.

Im Ort selbst bietet der Ladies Cove Bademöglichkeiten, ein weiterer, recht langer Strand erstreckt sich südlich des Ortes. Einen wunderbaren Ausblick über die Flussmündung und in das County Wexford genießt man von dem auf einigen Hügeln hoch über dem Meer gelegenen Golfkurs des Ortes. Hier handelt es sich allerdings um Privatgelände, in der Bar im Clubhouse darf man jedoch auch als Nichtmitglied ein Getränk und den Ausblick genießen.

Einen ungewöhnlichen Anblick bietet der kleine **Leuchtturm** im Hafen, der im frühen 19. Jh. errichtet wurde und die Form einer dorischen Säule imitiert.

The Strand Inn und Townhouse, Dock Rd., 📞 051-383174, 🖥 www.thestrandinn.com, Guesthouses (check-in immer im Strand Inn direkt am Meer) in zentraler Lage mit schönen Zimmern, einige mit herrlichem Meerblick. ❸–❹

Azzurro at the Ship, Dock Rd., 📞 051-383141, 🖥 www.azzurro.ie. Restaurant mit traditioneller italienischer Küche, aber auch internationalem Einschlag. Besonders interessant sind die Fischgerichte aus frischen Zutaten „direkt vom Kutter". Empfehlung: Pizza di Mare, eine große Pizza mit wirklich viel Belag. 🕐 tgl. abends, Mai–Sep auch mittags.

Tramore

Tramore, übersetzt „der große Strand", macht seinem Namen alle Ehre. Es handelt sich um einen der populärsten Urlaubsorte für Familien, im Sommer schnellt die Einwohnerzahl für etwa 10 000 für kurze Zeit rasant in die Höhe. Folge: Fastfood-Buden, Diskotheken und der übliche touristische Nippes bestimmen das Ortsbild. Viele der Besucher mieten sich in einen Caravan Park ein, in dem sogenannte Mobile Homes den gestalterischen Höhepunkt darstellen. Rechteckige Blechkisten irgendwo zwischen Wohnwagen und Container, Dauercamping auf irische (und britische) Art. Als Urlaubsunterkunft gar nicht einmal so unpraktisch, als ästhetisches Element einer Küstenlandschaft ungefähr so wertvoll wie eine am Straßenrand weggeworfene Mülltüte. Wenn in Tramore der Regen kommt und der 5 km lange Sandstrand nicht einmal die Hunde vor die Tür lockt, dann kann so ein Caravan Park schon Depressionen auslösen.

Zum Glück und zur Errettung geplagter Eltern gibt es **Splashworld**, 🖥 www.splashworld.ie, eine große Wasserlandschaft mit Rutschen, die auch wetterunabhängig feuchtes Vergnügen vor allem für junge Besucher bietet. Aktuelle 🕐 im Internet, Eintritt ab 7 €.

An sonnigen Tagen dagegen sind die Freizeitmöglichkeiten in und um Tramore fast unbegrenzt. Ungewöhnlich ist der **Metal Man** von Tramore, ein Seezeichen der sehr visuellen Art. Statt eines Leuchtturms errichtete man hier eine übergroße Matrosenfigur aus Metall, lebensecht bemalt und den Weg in den Hafen weisend. Ein ähnlicher Metallmann steht in Rosses Point, County Sligo (S. 480).

ÜBERNACHTUNG

€ **Beach Haven Hostel und Beach Haven House**, Tivoli Terrace, ✆ 051-390208, 🖥 www.beachhavenhouse.com. Bequemes, familiäres Hostel in einem fast 200 Jahre alten, renovierten Stadthaus. DZ und Schlafsäle vorhanden. Die bequemere Alternative bietet das Beach Haven House nebenan, etwas teurere Zimmer mit mehr Komfort und Service, teilweise Meerblick. Sehr familienfreundlich, auch Babysitterservice kann arrangiert werden. Bett im Schlafsaal ca. 18 € (saisonabhängig), DZ ❶–❷

Killerig House, Lower Branch Rd., ✆ 051-381075, 🖥 www.killerigbandb.com. Georgianisches Stadthaus, vor einigen Jahren renoviert und in ein kleines Hotel umgebaut. Günstig zum Strand und zur Innenstadt gelegen. ❸

SONSTIGES

Aktivitäten
Für Wanderer mit Interesse an Geologie kann der **Copper Coast European Geopark**, 🖥 www.coppercoastgeopark.com, sehr interessant sein – er zieht sich etwa von Tramore nach Dungarvan und hat seinen Namen von den alten Kupferminen. Insgesamt 25 km sehr schöne Küstenlinie sind zu erforschen, mit kleinen „Schmuggelbuchten", die sehr versteckt liegen.

Informationen
Tourist Information Tramore, Railway Sq., ✆ 051-381572, 🖥 www.tramore.ie.

TRANSPORT

Bushaltestelle vor der Tourist Information. DUBLIN, Mo–Fr 8x tgl. zwischen 6.50 und 18.40 Uhr, 3 1/2 Std.

Dungarvan

Dungarvan verdankt seine Existenz dem großen Naturhafen an der Mündung des Flusses Colligan. Der Ort selbst schmiegt sich an den Fluss, eine Brücke aus dem Jahr 1815 mit einem für die damalige Zeit immensen Brückenbogen verbindet die Stadtteile miteinander. Langsam wird die ehemalige Industriestadt, die in den letzten Jahren einen Strukturwandel erlebt hat, auch von Touristen entdeckt.

Dungarvan Castle
Bei einem Rundgang stößt man auf Relikte der Vergangenheit. Das älteste ist das 1185 errichtete und teils renovierte Dungarvan Castle, das die Stadt und den Hafen am Flussdelta schützte. Von der ehemaligen Festung sind allerdings nur noch Ruinen übrig. Ein Besucherzentrum in der ehemaligen Kaserne informiert über die geschichtliche Bedeutung der Burganlage. Von hier werden Führungen angeboten, 🖥 www.heritageireland.ie, ⏰ Mai–Sep tgl. 10–18 Uhr, Eintritt frei.

Abtei des Augustinerordens
Rund 100 Jahre später entstand die Abtei des Augustinerordens auf der anderen Seite des Flusses, bezeichnenderweise auch Abbeyside genannt. Von den ursprünglichen Gebäuden aus dem Jahr 1290 sind nur noch wenige Reste vorhanden, den Turm der Anlage wurde erst im 15. Jh. gebaut. Mittelalterlich, aber nicht genau datierbar, ist der Old Gable Wall neben der Kirche St. Mary's. An sich wäre eine solche Wand wenig bemerkenswert, wären da nicht die kreisrunden Öffnungen, von denen niemand eigentlich so richtig weiß, welchen Sinn und Zweck sie hatten.

Waterford County Museum
Das kleine Waterford County Museum im ehemaligen Markthaus, ✆ 058-45960, 🖥 www.dungarvanmuseum.org, neben der Burg bietet mehr Informationen über die Geschichte von Dungarvan. Eine nicht immer glückliche Geschichte, denn der Hafen versandete bereits im Mittelalter, und während einer der vielen irischen Rebellionen wurde die Stadt 1582 komplett nieder-

gebrannt. Das Stadtbild des heutigen Dungarvan wird vor allem durch die große Wiederaufbauaktion des Herzogs von Devonshire geprägt, der Anfang des 19. Jhs. die Stadt nach modernen Plänen fast komplett neu errichten ließ. ⏲ Mo–Fr 10–17 Uhr, Spende.

Ziele in der Umgebung

Attraktiv ist Dungarvan heute vor allem als Basis für einen Urlaub an der Südküste. Einige schöne Strände, sowohl in Dungarvan selbst als auch in der näheren Umgebung, locken vor allem einheimische Sommerurlauber an. Wer eine ausgesprochen schöne Wanderung unternehmen möchte, kann von Dungarvan aus mit einem Boot nach **Ballynagaul** übersetzen (auf Aushänge der Bootsbetreiber achten oder in Geschäften erkundigen), von diesem Fischerdorf geht ein etwa 2 km langer Wanderweg zum **Helvick Head**. Von hier aus hat man einen Rundblick über Dungarvan Harbour und Teile der Südküste des County Waterford – übrigens eines der wenigen verbliebenen Gaeltacht, also irischsprachiger Gebiete, im Südosten der Insel.

ÜBERNACHTUNG UND ESSEN

Park Hotel, Leisure Centre & Holiday Homes, ✆ 058-42899, 🖥 www.parkhoteldungarvan. com. Hotel mit 86 elegant eingerichteten Zimmern, außerdem 15 Ferienwohnungen. Kann in der Sommersaison recht voll und lebendig sein. Wellness- und Fitnessangebote im Haus. Unbedingt Pauschalangebote im Internet beachten, z. T. sehr interessante Preise. ❹

Das moderne Restaurant **The Tannery**, 10 Quay St., ✆ 058-45420, 🖥 www. tannery.ie, das liebevoll zubereitete, saisonale Gerichte serviert, zählt zu besten der Stadt. In den Räumen eines ehemaligen Lederlagers verwöhnt seit 1997 Starkoch Paul Flynn gemeinsam mit seiner Frau Máire seine Gäste. Geboten wird traditionelle irische Küche mit europäischen Einflüssen. Ein Highlight ist z. B. die Irish Farmhouse Cheese Platter, aber auch der gebackene Seehecht ist ein Augen- und Gaumenschmaus. Wer sparen möchte: Die Tarife des Mittagessens und des frühen Abendessens sind günstiger. Angeschlossen ist eine

In Erinnerung an Master McGrath

Eine kleine, im Vorbeifahren oft übersehene Kuriosität ist das an der N72 gelegene Denkmal für Master McGrath (an der Kreuzung mit der R672, auf Google Maps 🖥 https://goo.gl/maps/ht8oMkzxKwJ2). Ein echter Volksheld – der Mitte des 19. Jhs. fast weltberühmte Windhund gehörte zu den Spitzensportlern seiner Zeit und wurde nur in einem einzigen Rennen geschlagen. Über ihn und seine Erfolge gibt es zahlreiche Geschichten und sogar Volkslieder.

Kochschule. Eine sehr angenehme Unterkunft ist im **Tannery Townhouse** möglich. ❹

UNTERHALTUNG UND KULTUR

The Moorings, Davitt's Quay, ✆ 058-41461, 🖥 www.mooringsdungarvan.com. Gaststätte direkt am Hafen mit Biergarten und buntem Unterhaltungsprogramm von traditioneller Musik bis zu Discoabenden. Fischgerichte sind als Snacks oder im angeschlossenen kleinen Restaurant erhältlich, die gute Qualität hat jedoch ihren Preis.

FESTE

Beim **West Waterford Festival of Food** im April, 🖥 www.westwaterfordfestivaloffood.com, dreht sich ein paar Tage lang alles um das gute Essen, ob traditionell oder experimentell, ob Rohkost oder in feinster Weinsauce gesotten. Neben zahlreichen öffentlichen Veranstaltungen warten auf die Besucher auch viele Spezialangebote in den Restaurants.

INFORMATIONEN

Tourist Information Dungarvan, The Courthouse, ✆ 058-41741, 🖥 www.dungarvantourism.com.

TRANSPORT

Von Dungarvan (Haltestellen in der Ortsmitte) fahren **Busse** nach:

DUBLIN (Linie 40 und 4), über Waterford, Carlow und Kildare, Mo–Fr mind. 6x tgl. zwischen 7 und 18 Uhr, 3 1/2 Std.

Ardmore

Der kleine Ort Ardmore mit seinen bunt getünchten Häusern (500 Einw.) erwacht im Sommer und bei gutem Wetter zu Leben. Kein Wunder: Ein sehr schöner Strand, einige herrliche Klippenwanderwege und ein interessanter Ortskern mit einigen traditionellen Pubs machen Ardmore zum beliebten Urlaubs- und Ausflugsziel.

Der erste Besucher, der in dieser Gegend aktenkundig wurde, kam allerdings nicht zur Erholung. Der Hl. Declan, ein walisischer Mönch, wirkte hier als Missionar und gründete im 5. Jh. sein eigenes Kloster, lange also, bevor der Hl. Patrick in Irland tätig gewesen sein soll. Noch heute wird St. Declan in Ardmore verehrt. Die Reste seiner Klosteranlage sind erhalten, allerdings stammen die meisten Gebäude aus dem 12. Jh. Besonders beeindruckend ist die dem Hl. Declan gewidmete Kathedrale. Sie wurde im romanischen Stil erbaut, die Westfront besitzt immer noch einige sehr schöne Steinmetzarbeiten, die von Bogen eingefasst werden. Die Statuen und Reliefs zeigen verschiedene Szenen aus der Bibel.

Wesentlich höher als die Kathedrale ist der **Rundturm**, der neben ihr 30 m in die Höhe ragt und als einer der besterhaltensten in ganz Irland gilt. Ungewöhnlich ist allerdings, dass sich mehrere „Bänder" aus Mauerwerk in fast regelmäßigen Abständen um ihn ziehen. Im Inneren des Turms sind die Kragsteine, die die Zwischendecken tragen, mit grotesken Gesichtern versehen – ebenfalls nicht typisch für solche Bauwerke. Der Turm von Ardmore ist wahrscheinlich der jüngste Rundturm überhaupt. Neben ihm erkennt man ein kleines Gebetshaus, das angeblich das Grab des Hl. Declan darstellt.

Ungefähr 1 km östlich stehen die Ruinen einer weiteren Kirche, der **Dysert Church**. Diese sind weitaus weniger sehenswert, markieren aber gut den Weg zum **heiligen Brunnen des Declan**. Hier startet ein schöner, ca. 5 km langer Klippenwanderweg. Ein Findling am südlichen Ende des Strandes wurde als **St. Declan's Stone** bekannt – an dieser Stelle ist Declan angeblich an Land gegangen – und soll zusammen mit dem Quellwasser eine heilende Wirkung haben. Ein Bad, kombiniert mit einem Aufenthalt unter dem Findling, hilft, so heißt es, gegen Rheuma. Wer hinterher immer noch Schmerzen hat, kann sich allerdings nicht über irreführende Werbung beschweren: Die Kur tritt nur ein, wenn der Kurgast wirklich ohne Sünde ist. Man fragt sich automatisch, wie viele Rheumapatienten hier die Zähne zusammengebissen haben und ihren Mitreisenden versicherten, dass sie sich schon viel besser fühlten.

ÜBERNACHTUNG UND ESSEN

Duncrone B&B, ✆ 024 94860, ⌨ www.duncronebandb.com. Modernes und komfortables Haus mit gutem Komfort und mittelgroßen Zimmern, alle mit eigenem Bad und TV. Ruhige Lage und sehr gut für Familien geeignet. Eher modern eingerichtet mit viel Naturholz, sehr sauber und hell. ❷–❸

Cliff House Hotel, ✆ 024-87800, ⌨ www.cliffhousehotel.com. Direkt in die Klippen erbautes Hotel mit 39 Zimmern. Spektakulärer Luxus am Ende der Welt, ideal zum Abschalten. Mit Spa und großem Verwöhnprogramm. Eigener Anleger für Gäste, die das 5-Sterne-Hotel mit der eigenen Jacht ansteuern wollen. Sehr gutes Restaurant mit ausgewählter Weinkarte. Preislich insgesamt sehr hoch angesiedelt, am ehesten ein Ziel für ganz besondere Anlässe. ❻

White Horses Restaurant, Main St., ✆ 024-94040. Angenehmes Restaurant mit gutem Service und empfehlenswerter Küche. Vom zweiten Frühstück bis zum Abendessen kann hier alles eingenommen werden, die Speisekarten (und Preise) wechseln je nach Tageszeit. Die vegetarischen Gerichte lohnen einen Versuch, auch das Fischangebot ist sehr gut.

TRANSPORT

Busse bieten mehrmals tgl. Verbindungen nach CORK und YOUGHAL (Linie 240.

Lismore und Umgebung

Das verschlafene Städtchen am Fluss Blackwater, südlich der Knockmealdown Mountains, galt als eine der wichtigsten Stätten der Gelehrsamkeit im mittelalterlichen Irland. In einem Kloster, das im 7. Jh. gegründet wurde, sollen sich zahlreiche Gelehrte mit wissenschaftlichen Fragestellungen beschäftigt und ihr Wissen weitergegeben haben. Zu den prominenten Besuchern zählte auch Alfred, König von Wessex. Von diesem Kloster findet man heute keine Spuren mehr, Lismore wird vielmehr durch die Burg dominiert.

Lismore Castle

Lismore Castle, ☎ 058-54424, 🖥 www.lismore castle.com, wurde schon 1185 gebaut, eventuell sogar auf den Grundmauern des eben erwähnten Klosters. Zu Beginn des 17. Jhs. gelangte die Festung in den Besitz der Familie Boyle, der Herzöge von Cork. So wurde die Burg dann auch zum Geburtsort des Naturwissenschaftlers **Robert Boyle**, oft als „Vater der Chemie" bezeichnet. Ein Revolutionär, der die bis dahin mehr mystische Alchimie zur exakten Wissenschaft machte, seine Werke in allgemein verständlichem Englisch publizierte und sich gleichzeitig für eine Aussöhnung zwischen Religion und Wissenschaft einsetzte. Das Castle, das sich heute dem Betrachter zeigt, ist allerdings eine umfassende Restaurierungsleistung aus dem 19. Jh. Bei den Arbeiten entdeckte man durch Zufall auch das *Book of Lismore* aus dem 15. Jh., das Auskunft gibt über das Leben irischer Heiliger sowie die abenteuerlichen Fahrten des Venezianers Marco Polo (heute im Nationalmuseum in Dublin).

Die Burg befindet sich nach wie vor in Privatbesitz – der Herzog von Devonshire nutzt sie als seinen irischen Landsitz. Für Besucher offen sind nur die wunderschönen Gartenanlagen mit Alleen, blühenden Magnolien und einzelnen Skulpturen, die auf die Galerie Castle Arts verweisen, die sich im Westflügel des Schlosses befindet (wechselnde Ausstellungen, Infos unter 🖥 www.lismorecastlearts.ie). Da diese Gärten einen angenehmen Spaziergang am Flussufer ermöglichen, lohnt sich das Eintrittsgeld. ⏰ März–Sep tgl. 10.30–17.30 Uhr, Eintritt 8 €.

Lismore Heritage Centre

In Lismore selbst sollten Besucher das Lismore Heritage Centre, ☎ 058-54975, 🖥 www.discover lismore.com, nicht auslassen, dessen Hauptthema der Hl. Carthage ist, der im 7. Jh. ein Kloster am Ort gründete. Eine Audiovisionsshow macht mit der Geschichte des Ortes bekannt, und in einem „Escape Room" kann man auf den alchemistischen Spuren des Robert Boyle wandeln. ⏰ Mo–Fr 9.30–17.30, Mai–Okt auch Sa 10–17.30 und So 12–17.30 Uhr.

Cathedral of St. Carthage

Die 1633 auf den Grundmauern eines mittelalterlichen Gebäudes errichtete Cathedral of St. Carthage der Church of Ireland ist wegen ihrer verschiedenen Bauelemente sehenswert. Ihr Bauherr war Richard Boyle, der angeblich Teile der ursprünglich im 7. Jh. errichteten Kirche St. Carthage wiederverwendete. Im 19. Jh. wurde diese im neogotischen Stil stark verändert, um dem Zeitgeschmack besser zu entsprechen. Bemerkenswert ist ein Glasfenster, das von Edward Burne-Jones, einem der führenden Präraffaeliten, entworfen wurde.

Cappoquin

Nur 7 km östlich von Lismore liegt das kleine Dörfchen **Cappoquin** am Fluss Blackwater, der hier immer noch einen Tidenhub aufweist und vor allem unter Petrijüngern beliebt ist. Ansonsten sind es die Landschaft und das schöne Flusstal, die Besucher anziehen. Sehr beliebt ist **Glenshelane**, zu erreichen auf der R669 und nur ein kurzes Stück östlich von Cappoquin.

Gleann Siothláin

Gleann Siothláin, das „Tal der Elfen", läuft fast gerade nach Norden und ist stark bewaldet, der Glenshelane River fließt mitten hindurch. In ihm kann man zur Laichzeit Lachse beobachten, die sich abmühen, flussaufwärts zu gelangen. Ein sehr gut ausgebautes Netz von Wirtschafts- und Wanderwegen erlaubt kurze wie längere Spaziergänge durch den Mischwald. Dabei können aufmerksame Wanderer immer wieder Rehe, Marder, Füchse, Otter und Eichhörnchen beobachten, in der Dämmerung auch Fledermäuse und Dachse.

ÜBERNACHTUNG UND ESSEN

Lismore House Hotel, Main St., Lismore, ✆ 058-72966, 🖥 www.lismorehousehotel.com. Zentral gelegenes Hotel mit 29 renovierten Zimmern, teilweise etwas verwinkelt und eng wirkend, aber durchaus komfortabel. ❷–❹

Richmond House, Cappoquin, ✆ 058-54278, 🖥 www.richmondhouse.net. Das aus dem 18. Jh. stammende Landhaus im georgianischen Stil bietet 9 Zimmer, teilweise schön altmodischplüschig, aber mit modernen Extras. Im Sommer lockt ein hübscher Garten ins Freie. Restaurant auch für Nicht-Gäste geöffnet, das „Early Bird Menu" ist besonders empfehlenswert. ❹

Wer wirklich seine Ruhe haben will, kann nach vorheriger Anmeldung im Gästehaus der **Mount Melleray Abbey**, Cappoquin, 🖥 www.mount mellerayabbey.org, übernachten. Seit 1833 schweigen hier die Trappisten. Besucher haben die Gelegenheit, am Klosterleben teilzunehmen oder sich einfach der Kontemplation hinzugeben. Übrigens hat das Kloster auch ein kleines Museum und ein nettes Café (🕐 Di–So 12–16.30 Uhr).

FESTE

Beim **Immrama Lismore Festival of Travel Writing**, 🖥 www.lismore-immrama.com, im Juni dreht sich ein Wochenende lang alles um Reiseliteratur und Reiseschriftsteller; international bekannte Autoren und teilweise überraschend gute Nachwuchstalente geben sich ein Stelldichein und entführen die Besucher in die weite Welt.

TRANSPORT

Bus Éireann bietet derzeit nur am Sonntag eine Verbindung von Lismore und Cappoquin nach DUNGARVAN (Linie 366).

Der Südwesten

Irlands Südwesten ist das Sehnsuchtsziel der meisten Reisenden: abwechslungsreiche Landschaften, subtropische Vegetation, lange Sandstrände und zerklüftete Klippen. Der Atlantik donnert an die Küste, darüber thronen Irlands höchste Berge, drei legendäre Halbinseln sind touristisch voll erschlossen. Felseninseln mit längst verlassenen, aber nicht vergessenen Siedlungen prägen sich für immer ins Gedächtnis ein – mittlerweile auch dank Jedi-Verbindung.

Stefan Loose Traveltipps

St. Ann's Shandon in Cork City Gegen Geld kann man die berühmten Kirchenglocken von Cork in Schwingung bringen. S. 345

Old Midleton Distillery Die größte Whiskey-Destillerie des Landes besitzt den größten Brennkessel der Welt. S. 354

Mizen Head Eine spektakuläre Brücke führt zum Leuchtturm an Irlands südwestlichstem Punkt. S. 364

Garinish Island Italien trifft Irland in einer fantastischen Gartenanlage. S. 367

Dursey Island Die Seilbahn hinüber auf die Insel sorgt für Nervenkitzel. S. 370

Ring of Kerry Die bekannteste Rundstrecke der Insel gehört zum Pflichtprogramm. S. 384

Skellig Michael Der Aufstieg zum Kloster auf der Insel ist ein Abenteuer nur für absolut Schwindelfreie. S. 388

5 Halbinsel Dingle und die Blasket Islands Viel Abwechslung bietet die vielleicht schönste Halbinsel Irlands. S. 394

KENMARE © BERND BIEGE

SKELLIG MICHAEL © DUMONT BILDARCHIV/JÜRGEN MODROW

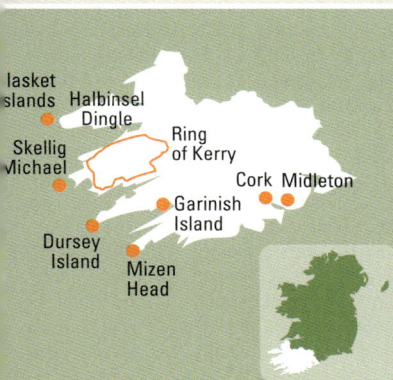

Wann fahren? Günstigste Preise (aber weniger Zimmer) von Okt–März, Hochsaison von Mai–Sep, vor allem im Juli/Aug

Wie lange? Drei bis vier Tage, besser sieben

Bekannt für Küstenlandschaften mit fast südländischer Vegetation, eine eigene Erzählkultur und einen handzahmen Delphin

Beste Feste? Puck Fair, Killorglin (Aug), Rose of Tralee (Aug), Listowel Writers Week (Juni)

Unbedingt ausprobieren Schnellkurs in irischer Sprach- und Kulturgeschichte im Blasket Centre, Weg zum Leuchtturm am Mizen Head, Corks English Market

Eigentlich verwundert es kaum, dass sich der Südwesten mit all seinen Superlativen zum touristischen Brennpunkt entwickelt hat. An dem die Iren selbst, aber auch zahlreiche Touristen aus Europa und Nordamerika ihren Urlaub verbringen. Und die Gegend um Killarney ist auch die Wiege des Irlandtourismus, mit Gütesiegel des englischen Königshauses sozusagen.

Doch ein Individualreisenden muss jetzt keine Sorge plagen: Irlands Südwesten hat immer noch genug einsame Plätze, an denen man gar nicht merkt, wie populär diese Gegend eigentlich ist. Nur muss man auch etwas den Mut finden, sich abseits der ausgeschilderten Routen und ausgetretenen Wege zu bewegen, möglichst ohne der Herde zu folgen, um eben diese Abgeschiedenheit heute noch zu erleben. Oder man wählt bewusst die eher „unattraktiven" Monate, in denen die Massen längst wieder zum heimischen Herd zurückgefunden haben.

County Cork

Das größte County Irlands ist gleichzeitig das kontrastreichste. Die bizarren Felsbuchten im Westen, die kleinen Fischerhäfen, in denen bunte Boote im Wasser schwappen, das tiefblaue Meer und die subtropische Vegetation erfüllen das Bild, das sich die meisten Menschen von dieser Ecke Irlands machen. Doch rings um Cork City, immerhin zweitgrößte Stadt der Republik, dominieren Industrieanlagen und Verkehrswege sowie großflächige Wohnsiedlungen. Das soll Irland sein? Aber einige Kilometer außerhalb der Innenstadt versöhnt sich das reale Bild wieder mit der Idealvorstellung, etwa im schmucken Städtchen Cobh. Der Irlandtraum der meisten Besucher wird allerdings in West Cork wahr, wo bei Mizen Head die Südwestspitze Irlands schroff zum Atlantik hin abbricht, die nächste menschliche Besiedlung New York heißt. Irland wie aus dem Bilderbuch.

Wer nach Irland reist, um die Einsamkeit zu suchen, der wird im County Cork durchaus fündig. Und wem mehr nach Kneipenbummel und Party ist, der ist in fast allen größeren Orten richtig, vor allem aber in Cork City. Vielleicht ist

das große County im Südwesten Irlands doch die akzeptable Synthese, wenn man sowohl das moderne als auch das traditionelle Gesicht der Insel kennenlernen (und gleichzeitig Dublin meiden) möchte. Ein Mikrokosmos, der sich selbst gern als das „Rebel County" bezeichnet.

Cork City

Auffällig an der Stadt Cork (über 125 000 Einw.) ist die Insellage. Nun sind viele befestigte Städte in Irland an Flüssen oder Meeresbuchten gegründet worden, Cork aber war von Anbeginn an eine natürliche Festung mitten im Fluss. Heute noch befindet sich das Zentrum der Stadt auf einer Insel im Fluss Lee, der allerdings kaum mehr ein Hindernis für die einfallenden Horden bildet. Immerhin: Westlich der Innenstadt trennt sich der Lee nach wie vor in zwei Teile, bekannt als nördlicher bzw. südlicher Kanal, nur um östlich der Innenstadt wieder zusammenzufließen und dann in den Cork Harbour, einen riesigen natürlichen Hafen, zu münden. Insgesamt eine ideale Stelle für die Gründung einer Siedlung, die ihren Namen von den Flussmarschen erhielt – auf Irisch *corcaigh*.

Geschichte

Einer der ersten bekannten Siedler war angeblich der Heilige Finbarr, um 650 gründete er hier ein Kloster – wahrscheinlich etwa dort, wo sich heute die nach ihm benannte Kathedrale erhebt. Eine Siedlung folgte, die sich rasch zur Stadt entwickelte. Nicht immer eine friedliche Entwicklung, denn Iren, Wikinger, Anglo-Normannen und englische Siedler schlugen sich hier fleißig die Schädel ein. Belagerungen und radikale Veränderungen der Machtverhältnisse gehörten in Cork zum Alltag, ebenso großflächige Zerstörungen. Diese veränderten das Stadtbild bis ins 20. Jh. immer wieder, das moderne Cork wurde so die vielleicht am „europäischsten" wirkende irische Stadt. Vielen Besuchern fehlt im Gegenzug das „typisch irische Flair".

Im 18. Jh. dominierte Cork das Exportgeschäft, der Ort beheimatete einen riesigen internationalen Buttermarkt. Irische Butter als begehrenswertes Handelsobjekt weit über die Grenzen der Insel hinaus, wie heute eigent-

lich – die Butterbörse kann immer noch besichtigt werden. Ein weiteres kulinarisches Exportgut der Stadt war Pökelfleisch, das vor allem als Schiffsproviant verkauft wurde. Unterdessen war die Mehrheit der Einheimischen jedoch auf die Kartoffel als Grundnahrungsmittel angewiesen, sodass während der Kartoffelfäule zahlreiche Bewohner der Stadt emigrierten. Und der Wirtschaftszweig Schiffsproviant brach ein, als die schnelleren und zuverlässigeren Dampfschiffe schlicht weniger brauchten.

Cork ließ sich aber nicht unterkriegen, konnte sich zu einem Industriezentrum entwickeln, Weltfirmen wie Ford und Dunlop errichteten hier Fabriken. Später wurden diese abgelöst durch Unternehmen vor allem aus den Bereichen Chemie und Mikroelektronik.

Sehenswertes

Eine erste Erkundung der Stadt sollte auf jeden Fall zwischen den beiden Kanälen des Flusses Lee beginnen. In früheren Zeiten wurde die Innenstadt oft mit den Handelsstädten in den Niederlanden verglichen, ein Teil der heutigen Straßen waren ursprünglich Grachten. Diese sind aber längst aufgefüllt worden.

English Market

Im Zentrum befindet sich eine altehrwürdige Institution, der English Market, www.english market.ie, unverzichtbarer Bestandteil einer Stadtbesichtigung. Seit 1610 wird hier vor allem Obst und Gemüse gehandelt, von den allgegenwärtigen Kartoffeln bis hin zu exotischen Früchten, sowie Fisch und Meeresfrüchte. Neben den Auslagen beeindrucken die architektonischen Feinheiten des Gebäudes. ⊙ Mo–Sa 8–18 Uhr (feiertags geschl.).

Father-Matthew- und Rory-Gallagher-Statue

Die benachbarten Straßen Grand Parade und St. Patrick's Street sind die wichtigsten Einkaufszonen der Stadt. Am nördlichen Ende der St. Patrick's Street erinnert die **Father-Matthew-Statue** an den Pfarrer der örtlichen Holy Trinity Church, der als Gründer der Abstinenzbewegung in

DER SÜDWESTEN

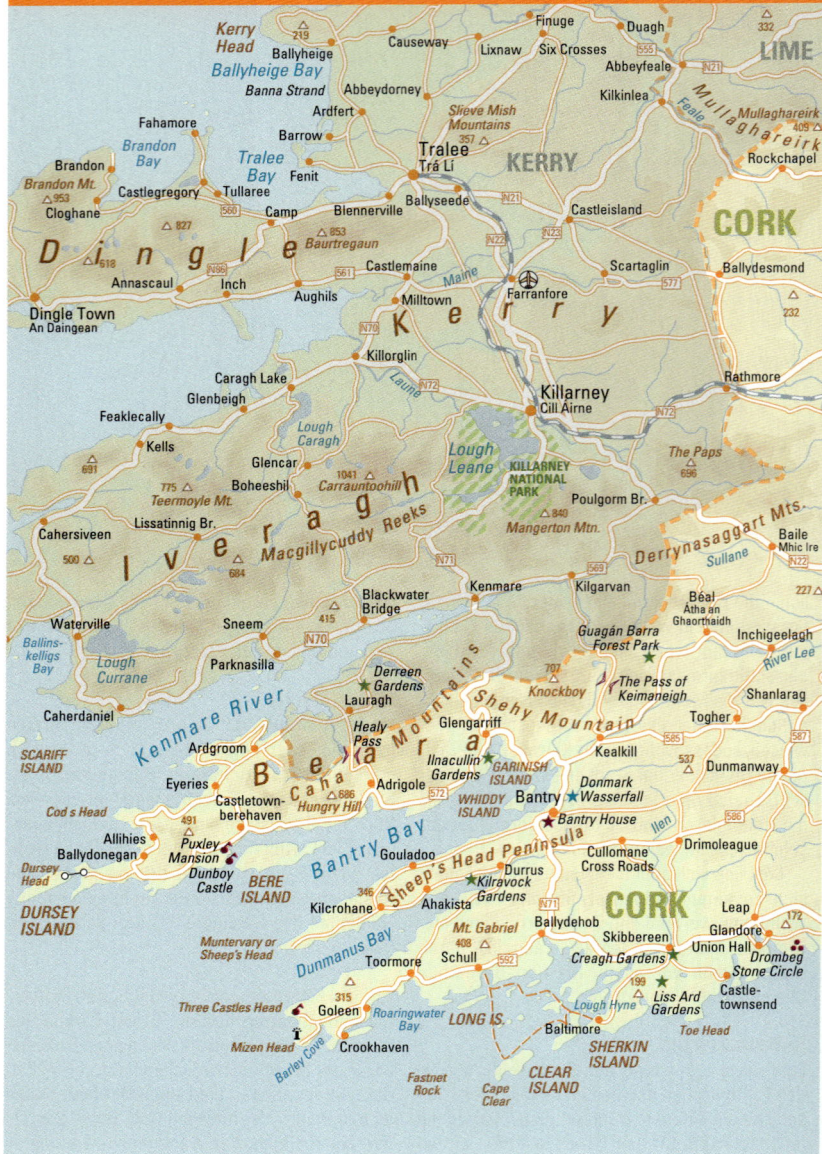

DER SÜDWESTEN

Kerry Head
Ballyheige
Ballyheige Bay
Banna Strand
Abbeydorney
Ardfert
Barrow
Fahamore
Brandon
Brandon Mt.
△953
Cloghane
Castlegregory
Tullaree
Camp
△827
△618
Annascaul
N86
Inch
Aughils
Dingle Town
An Daingean
Brandon Bay
Tralee Bay
Fenit
Blennerville
Tralee
Trá Lí
Ballyseede
Slieve Mish Mountains
357 △
△853
Baurtregaun
561
Castlemaine
Maine
Milltown
Farranfore
N70
Killorglin
Causeway
Finuge
Lixnaw
Six Crosses
Duagh
Abbeyfeale
Kilkinlea
332 △
555
N21
405 △
Mullaghareirk
Mullaghareirk Mts.
Rockchapel
Castleisland
N21
N22
N23
Scartaglin
577
Ballydesmond
232 △
Rathmore
LIME
KERRY
CORK

Caragh Lake
Glenbeigh
Feaklecally
Kells
Glencar
Boheeshil
691 △
775 △
Teermoyle Mt.
Lissatinnig Br.
Cahersiveen
500 △
1041 △
Carrauntoohill
Macgillycuddy Reeks
684 △
Laune
N72
Killarney
Cill Áirne
Lough Leane
Lough Caragh
KILLARNEY NATIONAL PARK
△849
Mangerton Mtn.
Poulgorm Br.
The Paps
696 △
N72
Baile Mhic Íre
N22
Derrynasaggart Mts.
Suilane

Waterville
Ballinskelligs Bay
Lough Currane
Caherdaniel
SCARIFF ISLAND
Sneem
415 △
Parknasilla
Blackwater Bridge
N70
Kenmare
Kenmare River
Kilgarvan
569
Béal Atha an Ghaorthaidh
Guagán Barra Forest Park
701 △
The Pass of Keimaneigh
Knockboy
Shehy Mountain
Inchigeelagh
River Lee
Shanlarag
Togher
585

Cod s Head
Allihies
Ballydonegan
Dursey Head
DURSEY ISLAND
Caherdaniel
Ardgroom
Eyeries
Castletown-berehaven
491 △
Puxley Mansion
Dunboy Castle
BERE ISLAND
Muntervary or Sheep's Head
△686
Hungry Hill
Adrigole
572
Derreen Gardens
Lauragh
Healy Pass
Beara
Caha Mountains
Glengarriff
Ilnacullin Gardens
GARINISH ISLAND
WHIDDY ISLAND
Bantry
Bantry Bay
Gouladoo
Sheep's Head Peninsula
Dunmanus Bay
Kilcrohane
346 △
Durrus
Ahakista
Kealkill
Donmark
Wasserfall
Bantry House
Cullomane Cross Roads
Drimoleague
Kilravock Gardens
N71
Ballydehob
Mt. Gabriel
408 △
Schull
592
Creagh Gardens
Skibbereen
Union Hall
Leap
172
Glandore
Drombeg Stone Circle
Castletownsend
537 △
Dunmanway
586
Ilen
CORK

Three Castles Head
Goleen
Mizen Head
Barley Cove
Crookhaven
Fastnet Rock
315 △
Roaringwater Bay
LONG IS.
Cape Clear
CLEAR ISLAND
Baltimore
SHERKIN ISLAND
Lough Hyne
199 △
Liss Ard Gardens
Toe Head
Toormore

RICK

Mahoonagh △274
Kilmeedy
Rockhill
Ballyagran
Broadford
Charleville
Dromcolliher   Ráth Luire
Milford
Mts. △260
Freemount △578
Dromina
Liscarroll
Newmarket △194
Castlecor
Kanturk
Boherboy
Ballyclogh
Banteer
Lombardstown
Millstreet △418
Boggeragh Mountains
△646   Rylane   Grenagh
Musheramore   Cross   Donoughmore
Crean's △190
Cross Roads
Macroom   Coachford   Dripsey
Carrigadrohid   Crookstown
Reservoir
Kilmichael   Garranes
Ring Fort
Cappeen △220   Temlemartin   Cross Barry
Ballineen   Enniskean
Bandon   Bandon
Ballingurt
Lios-na-gCon   Timoleague
Ringfort
Michael Collins   Clonakilty △141
Memorial Ctr.
Ross   Inchydoney
Carbery   Island   Butlerstown
Court-
Galley   macsherry
Head   Bay   Seven
Heads

Bruree
Kilmallock
Knocklong
Ballygran
Blackpool
Ardpatrick
Kilcolman △519
Castle
Buttevant
Doneraile
Awbeg
Killavullen
Mallow   Mala
Ballymacmoy
House △429
Nagles Mountains
Glenville
Watergrasshill
CORK
Blarney
Blarney   White's Cross
Castle
R. Lee   Cork
Corcaigh
Ballincollig   Blackrock Castle
Douglas
Passage West
Monkstown
Carrigaline
Ballinhassig
Inishannon
Belgooly
Kinsale   Charles Fort
Kilbrittain
Lispatrick
Courtmacsherry
Old Head
of Kinsale
Frower Point △129

Knockanevin
Kilcolman
Kildorrery
Castletownroche   Anne's Grove
Glanworth
Kilworth
Ballyhooly
Fermoy
Rathcormack
Conna
Ballynoe
Ballincurrig △197
△205
Carrigtwohill
Midleton
Cobh
An Cóbh
Cork
Harbour
Ringaskiddy   Whitegate
Crosshaven
Power
Head

Galbally
Ballylanders
Kilfinnane
Galtymore Mt. △919
Galty Mountains
Mitchelstown
Araglin △304
Knockmealdown Mts. △795
WATERFORD
Ballyduff △178
Blackwater
Tallowbridge
Tallow
Dungourney △627
Abtei von Molana △205
Youghal
Eochaill
Killeagh
Castlemartyr
Cloyne
Ballymacod
Ballymaloe
Shanagarry
Ballycotton
Guileen

Knocklong
Kilmallock
Bansha
Newinn
Lisvarrinane
Glen of Aherlow △N24
Cahir
Ballylooby
Ardfinnan
TIPPERARY
Clogheen
Ballyporeen
Knocknafallia △795
Cappoquin
Lismore
Bride
Knockadoon
Head
Youghal
Bay

Fota Wildlife Park
FOTA
ISLAND   FotaHouse

Saint George's Channel

Belfast
Dublin

DER SÜDWESTEN

DER SÜDWESTEN

200 m

Belfast
Dublin

TRANSPORT
1 Brittany Ferries
2 Busbahnhof

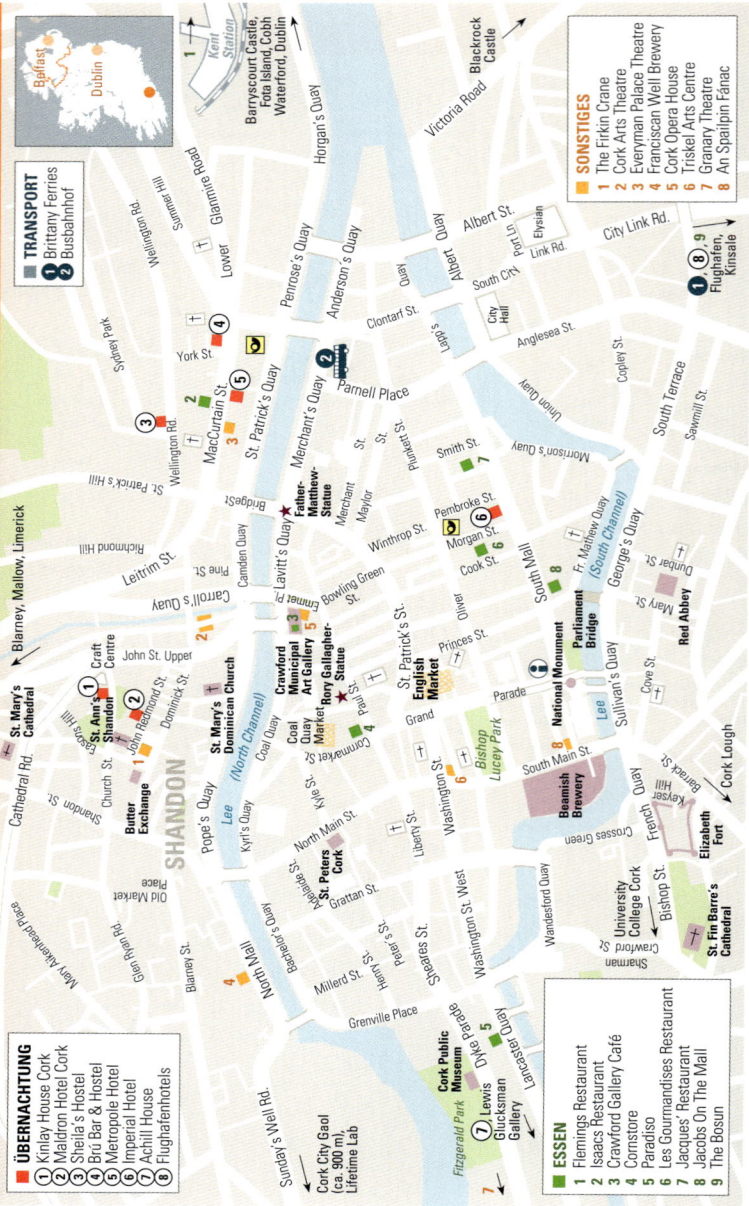

SONSTIGES
1 The Firkin Crane
2 Cork Arts Theatre
3 Everyman Palace Theatre
4 Franciscan Well Brewery
5 Cork Opera House
6 Triskel Arts Centre
7 Granary Theatre
8 An Spailpín Fánac

ÜBERNACHTUNG
1 Kinlay House Cork
2 Maldron Hotel Cork
3 Sheila's Hostel
4 Brú Bar & Hostel
5 Metropole Hotel
6 Imperial Hotel
7 Achill House
8 Flughafenhotels

ESSEN
1 Flemings Restaurant
2 Isaacs Restaurant
3 Crawford Gallery Café
4 Cornstore
5 Paradiso
6 Les Gourmandises Restaurant
7 Jacques' Restaurant
8 Jacobs On The Mall
9 The Bosun

Barryscourt Castle,
Fota Island, Cobh
Waterford, Dublin

Kent Station

Blackrock Castle

Victoria Road

Horgan's Quay

Glanmire Road

Summer Hill

Lower

Wellington Rd.

Sydney Park

York St.

MacCurtain St.

St. Patrick's Quay

Parnell Place

Penrose's Quay

Anderson's Quay

Clontarf St.

Albert St.
Albert Quay
South Crct.
Port Ln.
Link Rd.
Elysian
City Link Rd.
Flughafen,
Kinsale

City Hall

Anglesea St.

Copley St.

South Terrace

Sawmill St.

Smith St.

Morrison's Quay

Union Quay

Plunkett St.

Father-Matthew-Statue

Merchant's Quay

Bridge St.

Lavitt's Quay

Merchant

Maylor

Pembroke St.

Winthrop St.

Morgan St.

Cook St.

South Mall

Fr. Mathew Quay

(South Channel)

George's Quay

Dunbar St.

Mary St.

Red Abbey

St. Patrick's Hill

Richmond Hill

Leitrim St.

Pine St.

Camden Quay

Carroll's Quay

Bowling Green

Emmet Pl.

Oliver

St. Patrick's St.

Princes St.

Paul St.

English Market

Grand Parade

Bishop Lucey Park

National Monument

Parliament Bridge

Lee

Sullivan's Quay

Cove St.

Cork Lough

Craft Centre

John St. Upper

Dominick St.

St. Mary's Cathedral

St. Ann's Shandon

John Redmond St.

St. Mary's Dominican Church

Crawford Municipal Art Gallery

Rory Gallagher-Statue

Coal Quay Market

Cornmarket St.

Cathedral Rd.

Shandon St.

Church St.

Butter Exchange

SHANDON

Pope's Quay

Kyrl's Quay

Lee (North Channel)

Coal Quay

Washington St.

South Main St.

Beamish Brewery

Keyser Hill

Barrack St.

Elizabeth Fort

French St.

Bishop St.

Crosses Green

Mary Aikenhead Place

Glen Ryan Rd.

Blarney St.

Bachelor's Quay

North Mall

North Main St.

Kyle St.

Liberty St.

Adelaide St.

St. Peters Cork

Grattan St.

Peter's St.

Henry St.

Sheares St.

Washington St. West

Wandesford Quay

University College Cork

Crawford St.

Shaman

Old Market Place

Sunday's Well Rd.

Cork City Gaol
(ca. 900 m),
Lifetime Lab

Fitzgerald Park

Cork Public Museum

Lewis Glucksman Gallery

Dyke Parade

Lancaster Quay

Grenville Place

Millerd St.

St. Fin Barre's Cathedral

Blarney, Mallow, Limerick

Brittany Ferries

Irland (was wie ein inhärenter Widerspruch klingt) in die Geschichte einging. Ein weiterer bekannter „Sohn der Stadt", der Rockmusiker **Rory Gallagher**, hat sein Denkmal an der Ecke von Paul Street und Carey's Lane. Dass der Blues-Gitarrist in Donegal geboren wurde und erst später mit seinen Eltern nach Cork kam … ein unwichtiges Detail.

National Monument
Wer vom English Market nur einige Minuten die Grand Parade hinunterläuft, trifft auf das **National Monument**, eine vielleicht etwas extravagant wirkende Gedenkstätte für alle zwischen 1798 und 1867 gestorbenen irischen Patrioten. Im 19. Jh. war Cork eine der Hauptstätten der Bewegung der Fenians, die u. a. den bewaffneten Kampf für die Unabhängigkeit Irlands befürworteten.

Der nahe gelegene **Bishop Lucey Park** beherbergt noch einen Rest der alten **Stadtmauer** und Teile des Eingangsportals des alten Getreidemarktes. Etwas östlich bildet die **Parliament Bridge** einen „politischen" Kontrast zum National Monument. Sie wurde 1806 als Ersatz für eine weggespülte Brücke nach Plänen des Architekten William Hargrave aus Kalkstein errichtet und sollte an die Union von Irland und Großbritannien erinnern.

Red Abbey und Elizabeth Fort
Über die Mary Street ist es nur ein kurzer Weg zur **Red Abbey**, einem ehemaligen Kloster der Augustiner. Die Reste der Anlage stammen aus dem 13. Jh. und gelten als das älteste noch erhaltene Gebäude von Cork. Westlich davon liegt ein weiteres Relikt aus vergangenen Jahrhunderten, das heute fast romantisch wirkende **Elizabeth Fort**. Diese festungsartige Anlage stammt aus dem 16. Jh., wurde 1835 in ein Gefängnis umgewandelt und war zuletzt eine Polizeiwache der Garda. Noch weiter westlich erhebt sich die Kathedrale von Cork.

St. Fin Barre's Cathedral
Die St. Fin Barre's Cathedral, 🖥 www.cork cathedral.webs.com, ist dem Klostergründer und Schutzheiligen der Stadt gewidmet und wurde nach einem Entwurf von William Burges

im neogotischen Stil erbaut. Die mit gleich drei Türmen versehene Kathedrale gilt seit ihrer Fertigstellung im Jahre 1870 als einer der prachtvollsten Sakralbauten in Irland. Die filigran dekorierten Deckengewölbe mit prachtvollen Gemälden, die kunstvollen Glasfenster und die zahlreichen beachtenswerten Steinmetzarbeiten ziehen viele Besucher in ihren Bann. ☉ Mo–Sa 9.30–17.30, So April–Okt 13–14.30 und 16.30–17.30, feiertags 9.30–17 Uhr, Eintritt 6 €.

Crawford Municipal Art Gallery
Ebenfalls viel Zeit kann man in der Crawford Municipal Art Gallery, Emmet Pl., ✆ 021-4907852, 🖥 www.crawfordartgallery.ie, verbringen, die sich nördlich des English Market in der Nähe des Opernhauses befindet. Das Gebäude selbst stammt aus dem frühen 18. Jh. und war früher Sitz der Zollbehörde, dann ab Mitte des 19. Jhs. eine Schule für Kunsthandwerk. Im Jahr 1884 baute der kunstbeflissene Magnat William Horatio Crawford das Gebäude extensiv aus, schuf neue Studios und vor allem Ausstellungsräume. Dank seiner Großzügigkeit verfügt Cork heute über eine erstklassige Sammlung irischer Kunst aus dem späten 19. und frühen 20. Jh. Die Sammlungen britischer und internationaler Künstler sind wesentlich kleiner, können aber auch wichtige Namen wie Miró aufweisen. Mit zur Attraktion der Galerie gehört für viele Besucher ein Abstecher ins Restaurant, in dem moderne irische Küche serviert wird. ☉ Mo–Sa 10–17 (Do bis 20), So 11–16 Uhr, Eintritt frei.

St. Mary's Church
Wird der nördliche Kanal des Lee auf der Christy Ring Bridge überquert, kommt direkt am Pope's Quay die Dominikanerkirche **St. Mary's** in Sicht, die mit ihrem klassizistischen Säulenportal den Zugang zum **Shandon Quarter** zu bewachen scheint. Die in der ersten Hälfte des 19. Jhs. entstandene Kirche hat eine besondere Attraktion: Der Hauptaltar besitzt eine Marienstatue aus Elfenbein, die im 14. Jh. von einem flämischen Künstler geschaffen wurde.

St. Ann's Shandon
Wesentlich interessanter ist allerdings die weiter nördlich stehende Kirche St. Ann's Shandon,

Church St., ✆ 021-4505906, 🖥 www.shandon-bells.ie, die von ihrer Position auf einem Hügel ganz Cork zu überblicken scheint. Erbaut wurde sie 1722 mit recht unterschiedlichen Fassaden: Zwei bestehen aus Kalkstein, die anderen beiden aus rotem Sandstein. Die große Wetterfahne an der Spitze des Kirchturms stellt einen goldenen Lachs dar und soll sowohl den Fischfang im Fluss wie Jesus repräsentieren. Während die Wetterfahne in Cork allgemein als zuverlässig gilt, haben die Uhren im Kirchturm ihm einen wenig schmeichelhaften Spitznamen eingebracht – „Four-Faced Liar", der Lügner mit den vier Gesichtern. Aufgrund technischer Probleme schafften die Uhren es, vier verschiedene Zeiten anzuzeigen. Dieser Zustand wurde erst 1986 im Zuge einer aufwendigen Reparatur beseitigt, der Spitzname blieb. Der Kirchturm mit seinem spektakulären Ausblick über die Innenstadt kann bestiegen werden, in ihm kann man auch selbst die Shandon Bells, das Glockenspiel, läuten. ⏱ Juni–Sep Mo–Sa 10–17, So 11.30–16.30, Nov–Feb Mo–Sa 11–15, So 11.30–15, März–Okt Mo–Sa 10–16, So 11.30–16 Uhr, Eintritt 5 €.

Butter Exchange

Nur wenige Schritte von der Kirche liegt die historische Butter Exchange, O'Connell Sq., ✆ 021-4300600, 🖥 www.thebuttermuseum.com, die Butterbörse, die Cork einst reich gemacht hat. Erstmals wurde hier 1770 Butter versteigert, das zum wichtigen Exportgut wurde. Ende des 19. Jhs. sollen etwa eine halbe Mio. Fässer Butter pro Jahr hier verkauft worden sein, 1924 kam das Ende des Butterhandels. Doch in dem Gebäude erinnert heute noch ein Museum an den einst größten Buttermarkt der Welt. Andere Teile der Börse wurden um 1980 in Studios und Werkstätten für Kunsthandwerker umgewandelt. ⏱ März–Okt tgl. 10–17 Uhr, Eintritt 4 €.

Cork City Gaol

Die etwa 200 m nördlich gelegene Kathedrale **St. Mary's** muss man nicht zwingend gesehen haben. Wesentlich interessanter ist es, die rund 2 km lange Strecke zum ehemaligen Staatsgefängnis zurückzulegen. Das **Cork City Gaol**, Convent Av., ✆ 021-4305022, 🖥 www.corkcitygaol.com, ist so hergerichtet worden, wie es die Insassen im 19. und 20. Jh. erlebt haben. Über Kopfhörer erhält man die notwendigen Informationen, während man durch die düsteren Gefängniszellen spaziert. Die Zustände, die hier herrschten – und wo etwa die Tretmühle eine wichtige Rolle spielte –, hatten wenig mit modernem Strafvollzug gemein. Angeschlossen ist ein **Museum zur Geschichte des Radios**. ⏱ April–Okt tgl. 9.30–17, sonst 10–16 Uhr (plus spezielle „Nachttouren"), Eintritt 10 €.

Cork Public Museum

Die Geschichte der Stadt Cork und der gesamten Region wird im Cork Public Museum, Fitzgeralds Park, ✆ 021-4270679, 🖥 www.corkcity.ie, illustriert. Der Bogen reicht von der Freiheitsbewegung und den Fenians bis hin zu den Spitzen, die als typisches regionales Produkt galten. Das Museum im Fitzgerald Park hat in einem schönen, im georgianischen Stil gehaltenen Stadthaus eine Heimat gefunden. ⏱ Di–Fr 10–16, Sa 11–16, So (nur Mai–Sep) 14–16 Uhr, Eintritt frei.

University College Cork

Das University College Cork, UCC, 🖥 www.ucc.ie, etwas weiter südlich, hat weitere historische Sammlungen, die jedoch nur auf Anfrage und mit Voranmeldung zu besichtigen sind. Bereits 1845 gegründet, kann diese Universität einige architektonisch schöne Teile aufweisen. Interessant ist vor allem die Honan Chapel, deren Glasfenster von Sarah Purser und Harry Clarke gestaltet wurden.

Lewis Glucksman Gallery

Bemerkenswert ist auch die Lewis Glucksman Gallery, ✆ 021-4901844, 🖥 www.glucksman.org, die schon durch ihre moderne Architektur die Blicke auf sich zieht und einen Querschnitt durch die zeitgenössische irische Kunst präsentiert. ⏱ Di–Sa 10–17, So 14–17 Uhr, Eintritt frei, aber Spende von 5 € wird „vorgeschlagen".

Lifetime Lab

Wer etwas mehr Zeit in Cork verbringen will, sollte eventuell auch noch das Lifetime Lab, Lee Rd., ✆ 021-4941500, 🖥 www.lifetimelab.ie, besuchen. In dem ehemaligen Wasserwerk werden den Besuchern vor allem Umweltthemen in-

teraktiv nahegebracht. ⊙ Mo–Sa 9–17 Uhr, in den Sommermonaten auch Sa, So und feiertags 11–17 Uhr, Eintritt 5 €.

St. Peters Cork

St. Peters Cork (ehemals Cork Vision Centre), North Main St., 🖳 www.stpeterscork.ie, mit seinen wechselnden Kunst- und Kulturausstellungen bietet weitere intellektuelle Zerstreuungen.

Die Umgebung von Cork

Blackrock Castle

Cork ist umgeben von einer sehr schönen Landschaft, vor allem im Tal des Flusses Lee, der bei starken Regenfällen jedoch gerne auch einmal über die Ufer tritt. Direkt am Fluss, nicht einmal 2 km östlich des Zentrums, steht das märchenhaft wirkende **Blackrock Castle**. Lord Mountjoy errichtete die Festung zunächst im Jahr 1582, um den Hafen zu schützen. Knapp 250 Jahre später brannte das Originalgebäude nieder, das Anwesen wurde dann 1830 nach Plänen des Architekten Pain komplett neu errichtet. Mittlerweile gehört die Anlage der Stadt und wurde renoviert – als **Blackrock Castle Observatory**, ✆ 021-4326120, 🖳 www.bco.ie, ist es jetzt eine Sternwarte mit zahlreichen astronomischen Ausstellungen. ⊙ tgl. 10–17 Uhr, Eintritt 7 €.

Barryscourt Castle

Das nur 16 km weiter östlich an der N25 gelegene, rechteckige Barryscourt Castle, 🖳 www. heritageireland.ie, bildet einen deutlichen Kontrast zu den runden Formen von Blackrock. Diese Burg gehörte der Familie Barry, die hier vom 12. bis zum 17. Jh. ihren Stammsitz hatte. Das erhaltene Turmhaus aus dem 15. Jh. (mit einigen Änderungen aus dem 16. Jh.) wirkt auf den ersten Blick wie viele andere irische Burgen. Ungewöhnlich ist allerdings die rund 50 m lange Bankettshalle, die den westlichen Teil der Burganlage dominiert. Derzeit ist die Anlage aber nur von außen zu bestaunen.

ÜBERNACHTUNG

Cork Airport

Cork Airport Hotel, ✆ 021-4947500, 🖳 www. corkairporthotel.com. Hotel in Laufweite vom Terminal mit Shuttlebus, 81 Zimmer mit gehobener Ausstattung. ❸

Cork International Airport Hotel, ✆ 021-4549800, 🖳 www.corkinternationalairporthotel. com. Hotel am Flughafen mit 146 Zimmern, Shuttlebus. ❸

Cork City

€ **Brú Bar & Hostel**, 57 MacCurtain St., ✆ 021-4559667, 🖳 www.bruhostel.com. Ebenfalls sehr zentrales Hostel mit akzeptablem Standard, Familien- sowie 4- und 6-Bett-Zimmer, alle mit eigenem Bad. Wäscherei-service. Zum Hostel gehört auch die Brú's Bar, ein geselliger Treffpunkt am Abend. Bett im Schlafsaal 16 € (saisonabhängig), DZ ❶–❷

€ **Kinlay House Cork**, Bob & Joan's Walk, Shandon, ✆ 021-4508966, 🖳 www.kinlay housecork.ie. Hostel in der Stadt mit 171 Betten, darunter Schlafräume mit Etagenbetten sowie private Familienzimmer. Die hervorragende Lage macht die einfache Ausstattung des Hauses wett. Wäschereiservice für 8 €. Bett im Schlafsaal 16 € (saisonabhängig), DZ ❶–❷

€ **Sheila's Hostel**, 4 Belgrave Pl., Wellington Rd., ✆ 021-4505562, 🖳 www.sheilas hostel.ie. Sehr großes Haus in der Stadtmitte, für Gäste werden auch kleine Snacks und sogar ein Glas Wein angeboten. Wer selber kochen will, findet eine große Küche. Daneben bietet das Hostel einen „Kinoraum". ❶–❷

Achill House, Western Rd., ✆ 021-4279447. Das Guesthouse bietet 6 individuell gestaltete Zimmer mit großer Frühstücksauswahl von kalt bis warm. Man fühlt sich in diesem familiären Haus schnell willkommen. ❸

Maldron Hotel Cork, John Redmond St., Shandon, ✆ 021-4529200, 🖳 www.maldronhotel shandoncorkcity.com. 101 Zimmer, nur 2 Min. von der Patrick Street. Das Haus ist modern, die Zimmer sind zweckmäßig, aber komfortabel eingerichtet. Unbedingt im Internet nach günstigen Pauschalangeboten schauen. ❸–❹

Metropole Hotel, MacCurtain St., ✆ 021-4643700, 🖳 www.themetropolehotel.ie. Hotel mitten in Corks Innenstadt mit 112 Zimmern. Die Lage ist der große Vorteil dieses Hauses, die Zimmer sind sehr komfortabel, aber nicht besonders aufregend. ❹

Imperial Hotel, South Mall, ☎ 021-4274040, 🖳 www.imperialhotelcork.com. Um 1813 errichtetes Gebäude, umgewandelt in ein Wohlfühl-Hotel mit 130 Zimmern im Herzen von Cork. Empfehlenswert für alle, die ein wenig Luxus schätzen und nicht auf den Euro achten müssen. ❺

ESSEN

Cornstore, 40a Cornmarket St., 🖳 www.corn store.ie. Restaurant im „Manhattan Style". Spezialität während der Saison: Lobster. Hausgemachte Desserts.

Crawford Gallery Café, Emmet Pl., 🖳 www. crawfordartgallery.ie. Eines der beliebtesten Restaurants. Traditionelle irische und moderne internationale Gerichte. Vegetarisch genießen: Bohneneintopf auf Mittelmeerart. Hervorragende hausgemachte Backwaren. ⏰ Mo–Sa 8.30–16, So 11-16 Uhr.

Flemings Restaurant, Silver Grange House, Tivoli, 🖳 www.flemingsrestaurant.ie. Klassisch-moderne französische Küche. Wildgerichte und der Apfelkuchen mit hausgemachtem Eis sind besonders gut.

Isaacs Restaurant, 48 MacCurtain St., 🖳 www. isaacsrestaurant.ie. Modernes Restaurant mit einer Kombination aus internationalen Einflüssen und traditionell irischer Küche. Gute Weinkarte mit einigen Überraschungen. ⏰ Mo–Sa 12.30–14.30 und 17.30–22, So 18–21 Uhr.

Jacobs On The Mall, 30a South Mall, 🖳 www. jacobsonthemall.com. Restaurant in einem ehemaligen türkischen Bad. Moderne europäische Küche mit kreativer und farbenfroher Speisenzusammenstellung. Sehr feine Steaks. ⏰ Mo–Sa 17–22 Uhr.

Jacques' Restaurant, 23 Oliver Plunkett St., 🖳 www.jacquesrestaurant.ie. Modernes Restaurant mit speziellem Augenmerk auf Fisch und Lamm, teilweise mit orientalischen Einflüssen. Vernünftige Preise, wenn man auf die Menüangebote („Early Dinner", teilweise ab 21.30 Uhr) zurückgreift. ⏰ Mo 10–16, Di–Sa 10–22 Uhr.

Les Gourmandises Restaurant, 17 Cook St., 🖳 www.lesgourmandises.ie. Kleineres Lokal mit täglich wechselnder Speisekarte.

Crab Sandwich wird als Vorspeise empfohlen. Zum Dessert gibt es französische und irische Käse oder einen der besten Kaffees in Cork. Etwas teurer. Das Restaurant bemüht sich, Lieferanten aus der Region zu bevorzugen und bezieht das meiste Gemüse aus ökologischem Anbau. ⏰ Mo 18–21, Di–Sa 18–21.30 Uhr.

Paradiso, 16 Lancaster Quay, Western Rd., 🖳 www.paradiso.restaurant. Einfaches Restaurant mit guten vegetarischen Gerichten und traumhaften Desserts wie „Blackberry Fool" oder „Strawberry Pavlova". Bio-Weine. Vielleicht die gesündeste (wenn auch nicht billigste) Art, sich in Cork satt zu essen. ⏰ Mo–Sa 17.30–22 Uhr.

The Bosun, The Pier, Monkstown, 🖳 www. thebosun.ie. Die Bar serviert als Besonderheit Känguru, das Restaurant legt den Schwerpunkt auf Fisch und Meeresfrüchte, bietet aber auch Steak und sehr gute Entengerichte. Empfehlenswert ist das Early Bird Bar Menu zum Festpreis (15–21 Uhr, drei Gänge für 27 €).

UNTERHALTUNG UND KULTUR

An Spailpin Fánac, 29 South Main St., ☎ 021-4277949. Traditioneller Pub, den es seit sage und schreibe 1779 gibt. Zur rustikalen Innenausstattung zählt ein offenes Feuer. Sehr häufig finden hier traditionelle Sessions statt.

Cork Arts Theatre, Camden Court, Carroll's Quay, ☎ 021-4505624, 🖳 www.corkartstheatre. com. Kulturzentrum mit stark variierendem Angebot, von populärer Kunst bis hin zu experimentellem Theater.

Cork Opera House, Emmet Pl., ☎ 021-4270022, 🖳 www.corkoperahouse.ie. Corks größtes Haus, das für verschiedene Aufführungen genutzt wird, aber nur äußerst selten für Opern. Stattdessen finden hier Konzerte, Musicals und Theaterstücke statt.

Everyman Palace Theatre, 15 MacCurtain St., ☎ 021-4501673, 🖳 www.everymancork.com. Theater mit wechselndem Programm, sowohl eigene Produktionen wie auch Tourneetheater.

Franciscan Well Brewery, 14 North Mall, ☎ 021-4210130, 🖳 www.franciscanwell brewery.com. Kleine Brauerei mit angeschlossenem Pub (man blickt vom Gastraum direkt auf

den Braukessel), vor allem wegen des großen Biergartens und der vielen Bierfestivals beliebt.
Granary Theatre, Granary, Mardyke, ☎ 021-4904272, 🖳 www.granary.ie. Kleineres Theater, abwechslungsreiches Programm von unterschiedlicher Qualität und sehr unterschiedlichem Anspruch.

The Firkin Crane, John Redmond St., ☎ 021-4507487, 🖳 www.firkincrane.ie. Veranstaltungsraum für sehr unterschiedliche Ausstellungen, Happenings, Tanz und Aufführungen, teilweise sehr interessante Konzerte.

Triskel Arts Centre, Tobin St., Off South Main St., ☎ 021-4272022, 🖳 www.triskelartscentre.ie. Kulturzentrum, in dem Filme und Ausstellungen gezeigt werden oder Theater gespielt wird. Teilweise auch sehr traditionelle und folkloristische Aufführungen.

FESTE

Chöre von Klassik bis Pop geben sich im Mai zum Bank Holiday Weekend beim **Cork International Choral Festival**, 🖳 www.corkchoral.ie, ein Stelldichein. Die Qualität ist unterschiedlich, insgesamt aber hörenswert.

Mitte Juni findet für zwei Wochen das **Cork Midsummer Festival**, 🖳 www.corkmidsummer.com, statt. Unter dem sehr losen Thema der Mittsommernacht lässt sich alles subsummieren, von Kunst bis Karneval; es geht nicht um Spiritualität, sondern um Spaß.

Beim **East Cork Early Music Festival** im Herbst, 🖳 www.eastcorkearlymusic.ie, kommt Musik aus der Zeit vor 1750 an verschiedenen Orten zur Aufführung, oftmals einige sehr beachtenswerte Konzerte auch von international bekannten Künstlern.

Von Dixieland bis hin zum experimentellen Jazz erklingt alles Mögliche beim **Guinness Cork Jazz** Ende Oktober, 🖳 www.guinnessjazz festival.com. Cork wird zwar nicht zu New Orleans oder New York, für Freunde dieser Musikrichtung aber durchaus interessant. Die langen, dunklen Nächte im November laden dazu ein, ins Kino zu gehen. Das **Cork Film Festival** Mitte November, 🖳 www.corkfilmfest. org, bietet allerdings Filme, die nicht unbedingt in den Mainstream passen. Gelegentlich

interessante Aufführungen irischer Filmschaffender.

INFORMATIONEN

Tourist Information Cork Airport, Arrivals Hall, ☎ 021-4838018.
Tourist Information Cork City, Grand Parade, ☎ 021-4255100, Infos auch unter 🖳 www. corkcity.ie.

NAHVERKEHR

In Cork City verkehrt ein **Stadtbus**, 🖳 www. buseireann.ie (unter City/Town Services), der für Touristen aber weniger interessant ist, denn eigentlich lassen sich alle interessanten Punkte der Stadt zu Fuß leichter erreichen.

TRANSPORT

Busse

Der **Busbahnhof** befindet sich am Parnell Pl., Ecke Merchant's Quay, Infos unter 🖳 www. buseireann.ie oder Cork Bus Station, ☎ 021-4508188 oder 4557178.
BANTRY (Linie 236), bis zu 7x tgl., 2 Std.
CHARLEVILLE (Linie 51), stdl., 1 1/2 Std.
DUBLIN (Linie 8), via Fermoy, Mitchelstown, Cahir, Cashel, Portlaoise und Kildare Town, 6x tgl. zwischen 8 und 18 Uhr, 4 1/2 Std. Die langsamere Linie 7 fährt von Cork über Fermoy, Mitchelstown, Clonmel, Carrick-on-Suir, Kilkenny Town, Carlow, Athy und Naas nach Dublin, 6 1/4 Std.
KILLARNEY (Linie 40), stdl., 1 1/2 Std.
KINSALE (Linie 252), Mo–Fr bis zu 14x tgl., 1 1/2 Std.
LIMERICK (Linie 51), stdl., 2 Std.
SKIBBEREEN (Linie 237), Mo–Fr bis zu 7x tgl., 2 Std.
TRALEE (Linie 40), stdl., 2 Std.
Mit unterschiedlicher Frequenz nach BLARNEY, CROSSHAVEN, BALLINGCOLLIG, MACROOM, MIDLETON und BANDON.

Eisenbahn

Der **Bahnhof** liegt in der Lower Glanmire Rd. und ist u. a. mit Buslinie 205 vom Zentrum aus zu erreichen.

DUBLIN-HEUSTON Mo–Fr zwischen 5 und 20.30 Uhr etwa stdl. direkt, mind. 2 1/2 Std. TRALEE mehrmals tgl., 2 Std.

Fähren
Der Hafen von Cork wird gerne von Kreuzfahrtschiffen genutzt, zudem bestehen Fährverbindungen nach Roscoff (Frankreich) und Santander (Spanien) mit **Brittany Ferries**, 🖵 www.brittanyferries.ie, die Fahrtzeit von Cork nach Roscoff beträgt 14 Std., nach Spanien das Doppelte.

Flüge
Cork Airport, 🖵 www.corkairport.com, rund 8 km südlich des Zentrums, ist in den letzten Jahren stark modernisiert worden. Die Zahl der Flüge erscheint jedoch rückläufig. Es bestehen Verbindungen nach München, Salzburg und Zürich.
Flughafenbusse sorgen für eine schnelle und zuverlässige Verbindung zwischen dem Flughafen und der Innenstadt mit der Linie 226. Zudem kann man mit den Bussen der Gesellschaft **Citylink**, 🖵 www.citylink.ie, mehrmals tgl. direkt vom Flughafen nach LIMERICK (2 Std.) und GALWAY TOWN (3 1/2 Std.) weiterfahren.

Fota Island

Etwa 18 km südöstlich von Cork liegt die Insel Fota, die jedoch durch eine gute Anbindung über Straßen und Eisenbahnen viel von ihrem Inselcharakter verloren hat. Sie ist ein beliebtes Ausflugsziel für die Bewohner Corks und auch touristisch von Interesse.

Fota House
Das attraktive Fota House, ✆ 021-4815543, 🖵 www.fotahouse.com, lockt mit weitläufigen Gartenanlagen. Das Herrenhaus wurde Anfang des 19. Jhs. im typischen Stil der Regency (benannt nach der Regentschaft des Prinzen Georg, später König Georg IV. von England) erbaut und in den letzten Jahren aufwendig renoviert. Es beherbergt heute eine interessante Kunstsammlung. Beachtenswert ist auch das Arboretum, das zahlreiche Bäume und Büsche aus Asien

und allen Teilen Amerikas aufweist, die im milden Klima von Cork gedeihen. ⏲ April–Okt tgl. 10–17 Uhr (So ab 11 Uhr), Eintritt 9 €.

Fota Wildlife Park
Noch exotischer, wenn auch mehr in Sachen Fauna, geht es gleich nebenan zu, im Fota Wildlife Park, ✆ 021-4812678, 🖵 www.fotawildlife.ie, dem vielleicht familienfreundlichsten und „interaktivsten" Zoo Irlands. Die Mehrzahl der Tiere lebt hier in großen Freigehegen oder läuft frei auf dem Gelände umher. Mit etwas Glück kann der einfühlsame Besucher zu zahlreichen Tieren sehr nahen Kontakt aufnehmen, bei den Lamas z. B. ist das aber nicht unbedingt empfehlenswert. Und auch in der Nähe der flinken und vor allem recht diebischen Lemuren sollte man etwas vorsichtig sein, diese Kletterkünstler sind vor allem auf Nahrungsmittel (oder das, was danach aussieht) scharf.

Nicht frei dagegen werden die Geparden gehalten – Fota ist eine der erfolgreichsten Zuchteinrichtungen für diese bedrohte Tierart. Der Tierpark von Fota empfiehlt sich vor allem für Besucher, die längere Spaziergänge mögen, denn die großzügige Anlage weist längere Wege auf. ⏲ tgl. 10–18 Uhr, Eintritt 16,70 €.

Cobh

Die Hafenstadt Cobh am östlichen Ufer des Cork Harbour war von Mitte des 19. bis Mitte des 20. Jhs. einer der wichtigsten Häfen des Transatlantikverkehrs. Was der Stadt, die damals noch ihren englischen Namen Queenstown trug, gleich in mehrfacher Hinsicht traurige Berühmtheit einbrachte. Zunächst wurde Cobh als **Hafen ohne Rückkehr** bekannt, von dem aus die Schiffe voller Emigranten Richtung Westen in die USA aufbrachen. In den Zeiten der Großen Hungersnot war die Hafenmauer von Cobh für Hunderttausende das letzte Stück irischer Erde, das sie unter den Füßen hatten. Während diese Auswanderer noch mehr oder minder freiwillig auf die Schiffe stiegen, waren andere Passagiere zwangsweise hier – in der ersten Hälfte des 19. Jhs. wurden ungefähr 40 000 Strafgefangene von Cobh aus nach Australien deportiert.

In späteren Jahren war der Ort immer noch als Auswandererhafen bekannt, die Verhältnisse hatten sich jedoch etwas verbessert. Zum einen waren die Auswanderer nicht mehr total geschwächt und dem Hungertod nahe, zum anderen war die Überfahrt durch die Einführung von Dampfschiffen wesentlich kürzer geworden. Zum Teil rekordverdächtig kurz, denn hier begann auch die Jagd um das „Blaue Band", die Auszeichnung für die schnellste Atlantiküberquerung. Eine Auszeichnung, die vielleicht auch der Kapitän des wohl berühmtesten Schiffes, das jemals Cobh verließ, im Sinn hatte – Captain Smith, Kommandant der *Titanic*. Der angeblich unsinkbare Luxusdampfer nahm auf seiner Jungfernfahrt hier das letzte Mal Passagiere, Kohle und Proviant auf, bevor ihn ein Eisberg auf den Grund des Meeres sinken ließ. Nur wenige Jahre später kam es zu einer weiteren Tragödie. Die *Lusitania* wurde unweit des Old Head of Kinsale von einem deutschen U-Boot torpediert. Die meisten Überlebenden dieser heute noch umstrittenen Versenkung wurden in Cobh an Land gebracht, die meisten Leichen hier in Massengräbern beigesetzt.

Von all diesen Tragödien bekommen Besucher heute auf den ersten Blick nichts mit. Stattdessen präsentiert sich Cobh als eine bunte Stadt mit breiter Uferpromenade, altmodischen Häusern und teils schon mediterranem Flair. Doch verschiedene Denkmäler erinnern an die Vergangenheit: Direkt am Hafen etwa stehen die Statuen der Geschwister Moore, Annie scheint einen letzten Blick auf Irland zu werfen. Diese Statuen sind nur Teil eines Gesamtkunstwerks, die andere Hälfte zeigt die Ankunft der jungen Irin auf der Einwandererinsel Ellis Island (New York), wo sie die erste „Kundin" war. Nicht weit entfernt steht auch ein kleines Denkmal für die Opfer der *Titanic*. Wesentlich größer und den zentralen Platz des Ortes beherrschend ist das Denkmal in Erinnerung an die *Lusitania*, das u. a. die trauernden und sichtlich erschöpften Fischer des Ortes zeigt, die an den Rettungsmaßnahmen teilhatten.

Dominiert wird Cobh von der gigantischen **St. Colman's Kathedrale**, die im neogotischen Stil auf einem Hügel über der Stadt errichtet wurde und mit ihrem extrem hohen Kirchturm

Die kleine Stadt Cobh zehrt heute noch von der Tragödie – sowohl der massiven Hunger-Auswanderung in die „Neue Welt", wie auch dem späteren Untergang der *Titanic* auf dem Weg dorthin.

Wer sich mit der Geschichte der Emigration auseinandersetzen möchte, der sollte sich die Ausstellung The Queenstown Story nicht entgehen lassen, die im **Cobh Heritage Centre**, Deep Water Quay, ✆ 021-4813591, 🖥 www.cobhheritage.com, gezeigt wird. Untergebracht ist sie in dem viktorianischen Bahnhof, über den nach 1862 zahlreiche Auswanderer und andere Passagiere ihr Schiff erreichten. Die Geschichte der Deportationen und des Massenexodus wird anhand zahlreicher zeitgenössischer Ausstellungsgegenstände und mit Hilfe von Multimedia-Displays anschaulich nahegebracht. So meint man, selbst an Bord eines dieser „coffin ships" zu sein, die während der Großen Hungersnot für Millionen verzweifelter Menschen zur letzten Rettung wurden. ⏰ tgl. 9.30–18, Winter bis 17, Sa und So ab 11 Uhr, Eintritt 10 €.

Das **Titanic Experience Cobh**, 20 Casement Sq., 🖥 www.titanicexperiencecobh.ie, schlägt dagegen Kapital aus dem letzten Zwischenstopp des Ozeanriesen. Mit nachgebauten Kabinen, Multimediaschau und Modellen wird dem Besucher die erste und letzte Fahrt der *Titanic* nahegebracht. ⏰ tgl. 9–18, Winter 10–17.30 Uhr, Eintritt 9,50 €.

weithin sichtbar ist. Das Gebäude weist einige interessante Steinmetzarbeiten auf, die Dramatik der Lage wird jedoch nicht durch einen besonders dramatischen Innenraum ergänzt. Der Weg durch die engen Gassen hinauf zur Kathedrale lohnt sich jedoch schon wegen des Überblicks über den Ort und den Hafen von Cork.

Commodore Hotel, Westbourne Pl., ✆ 021-4811277, 🖥 www.commodorehotel.ie. Das Hotel bietet 42 Zimmer, teilweise mit Blick auf den

Hafen. Die Inneneinrichtung ist zweckmäßig und komfortabel zugleich, mit etwas altmodischen Accessoires. Unbedingt ein Zimmer mit Blick aufs Wasser verlangen! ❸
Waters Edge Hotel, Cobh, ✆ 021-4815566, 🖥 www.watersedgehotel.ie. Hotel im Hafenbereich neben dem Museum mit 19 Zimmern. Recht gemütlich, gut für einen entspannenden Aufenthalt. Wobei die Aussicht über den Hafen einer der großen Pluspunkte ist, zusammen mit dem guten Restaurant im Haus. ❸–❹

UNTERHALTUNG

Kelly's, Westbourne Pl., ✆ 021-4811994, ist vielleicht der lebhafteste Pub in Cobh, urgemütliche Inneneinrichtung mit viel Holz, fast immer zu einem Schwätzchen aufgelegte Gäste und die wichtigsten Sportereignisse im Fernseher. Eine typische Kneipe ohne Schnörkel und ohne Konzession an Irland-Klischees.

TRANSPORT

Halbstündlich verkehren zwischen 6.30 und 22.30 Uhr **Züge** zwischen CORK und Cobh, über Fota, etwa 25 Min.

Blarney

Wird im englischen Sprachraum eine Aussage als übertrieben, wenn nicht gar als unhaltbarer Blödsinn eingeschätzt, dann sagt man oft „It's a load of Blarney!" Diese Einstufung stammt von Königin Elizabeth I. Denn als der Herr von Blarney Castle immer fantastischere Begründungen lieferte, warum er seinen Verpflichtungen nicht nachkommen könne, riss der jungfräulichen Königin irgendwann der Geduldsfaden. Und sie setzte den Ortsnamen schlicht mit unglaubwürdigen Ausflüchten gleich. Heute ist „Blarney" grob gesprochen jede Geschichte, die man nicht glaubt.

Und man mag es kaum glauben, dass Blarney heute als Hort der eleganten Beredsamkeit gilt und die Schlossherren es geschafft haben, dass Besucher gutes Geld dafür zahlen, einen alten Stein zu küssen. Dabei ist der Stein von Blarney,

hoch oben im **Blarney Castle**, ✆ 021-4385252, 🖥 www.blarneycastle.ie, noch nicht einmal ein echter „Blarney". Die an sich interessante Ruine, ursprünglich 1446 von Dermot McCarthy als Familiensitz gebaut, unterscheidet sich nicht wesentlich von vielen anderen Gebäuden dieser Art in Irland. Der entscheidende Vorteil gegenüber der Konkurrenz steckt jedoch hoch über dem Boden und ist über 127, bei Feuchtigkeit etwas rutschige Stufen erreichbar.

Hier befindet sich der **Stein von Blarney**, der der Sage nach Menschen dazu befähigt, besser zu kommunizieren. Um dieses Ziel zu erreichen, müssen sich die Besucher auf dem Rücken liegend über den schwindelerregenden Abgrund hängen und dann den Stein küssen. Helfer achten dabei darauf, dass man nicht mit einem letzten, wenig eloquenten Aufschrei in die Tiefe stürzt. Dass Menschen für dieses zweifelhafte Vergnügen bezahlen und dass Blarney zu einer der bekanntesten Touristen-Attraktionen in Irland wurde, ist eines der ungelösten Rätsel der Welt. Aber vielleicht haben die Marketingexperten ja einfach den richtigen Stein geküsst. Wie auch immer: Blarney hat mehr als den Stein zu bieten, vor allem die wunderschönen Gärten sind wesentlich attraktiver. ◷ tgl. 9–17 Uhr oder länger, Eintritt 18 €.

Das nahe gelegene **Blarney House** ist übrigens nicht immer der Öffentlichkeit zugänglich, Details sind auf der Webseite der Burg zu finden. Willkommen dagegen ist jeder Tourist im Dorf selbst, eine ganze Reihe Pubs und verschiedene Geschäfte mit Andenken und Kunsthandwerk erwarten ihn. Durchaus lohnenswert kann ein Besuch in den **Blarney Woollen Mills**, ℡ 021-4516111, 🖥 www.blarney.com, sein, hier werden vor allem Stoffe und typische Kleidung verkauft. ⊙ Mo–Sa 9.30–18, So 10–18 Uhr.

ÜBERNACHTUNG

Muskerry Arms, The Square, Blarney, ℡ 021-4385200, 🖥 www.muskerryarms.com. Pub samt Guesthouse im Zentrum von Blarney mit 11 Zimmern. Einfach, aber mit ganz eigenem Charme. Große Familienzimmer. Teilweise Dachmansarden, sodass ein etwas beengter Eindruck entstehen kann. ❷–❸

Ashlee Lodge, Tower, Blarney, ℡ 021-4385346, 🖥 www.ashleelodge.com. Guesthouse nur 2 km westlich des Blarney Castle mit 10 Zimmern. Recht gemütlich, familiäre Atmosphäre. ❸–❹

Blarney Woollen Mills Hotel, Blarney, ℡ 021-4385011, 🖥 www.blarneywoollenmillshotel.com. Hotel im alten Mühlenkomplex mit 48 Zimmern. Sehr komfortabel, allerdings in seiner Vermittlung eines sehr auf nordamerikanische Besucher zugeschnittenen Irlandbildes teilweise gewöhnungsbedürftig. ❺

TRANSPORT

Busse verkehren in unterschiedlicher Frequenz nach CORK.

Midleton

Der kleine, lebendige Ort Midleton wäre wahrscheinlich keine große Erwähnung wert, wenn hier nicht das „Wasser des Lebens" geflossen wäre. Der Ort besitzt die größte Whiskey-Destillerie Irlands, u. a. wird hier Jameson hergestellt. Für die Besucher wurde die historische Anlage aus dem 18. Jh. sorgfältig renoviert und als Museum eingerichtet – die **Old Midleton Distillery**, Distillery Walk, ℡ 021-4613594, 🖥 www.jamesonwhiskey.com, ist ein Muss für den Whiskey-Freund. Mit Hilfe von Multimedia-Installationen, Modellen und alten Maschinen wird die Geschichte dieses typisch irischen Erzeugnisses lebendig.

Während der rund einstündigen Tour werden die verschiedenen Bereiche wie die Mühlen, die Brennöfen und auch die Warenhäuser besichtigt. Den krönenden Abschluss bildet eine kleine Verköstigung. Wer sich für historische Technik interessiert, wird sich wahrscheinlich am meisten für die noch funktionsfähige Wassermühle begeistern, die Freunde des Hochprozentigen dagegen eher ehrfurchtsvoll vor dem mit über 30 000 Gallonen größten Brennkessel der Welt stehen. ⊙ Touren tgl. etwa zwischen 10 und 16 Uhr, Eintritt ab 22 €.

ÜBERNACHTUNG UND ESSEN

💶 **An Stor Midleton Tourist Hostel**, Drury's Ln., ℡ 021-4633106, 🖥 www.anstor.ie. Einfaches, aber ordentliches Hostel mit 50 Betten in verschieden großen Räumen. Gut ausgestattete Küche für Selbstversorger, aber auch Frühstück und Abendessen im Angebot. Bett im Schlafsaal 16 € (saisonabhängig), DZ ❶–❷

White Lodge B&B, Shanagarry North, ℡ 021-4646107, 🖥 www.whitelodgebb.com. Nahe am Strand von Ardnahinch gelegenes B&B, ideale Basis für die Erkundung der Umgebung. Leichtes Abendessen und Lunchpakete können mitgebucht werden. ❸

Ballymaloe House, Shanagarry, 🖥 www.ballymaloe.com. Restaurant mit sehr gutem Ruf in einem großen Landsitz an der R629 – direkt mit der bekannten Ballymaloe Cookery School verbunden. Schwerpunkt sind Gerichte nach Hausmannsart. Gute Weinauswahl für Weinkenner. Die Atmosphäre ist freundlich, aber nie ausgelassen. Preislich nicht ohne: Mittagsmenü 40 €, am Abend sind 75 € der Einstiegspreis.

🧳 Für Gourmets ist ein Abstecher in das **Restaurant im Bayview Hotel**, Ballycotton, 🖥 www.thebayviewhotel.com, direkt oberhalb der Küste, empfehlenswert. Geboten wird hervorragende französische Küche. Ein besonderes Angebot sind Gerichte, die aus drei Varianten eines Grundgerichtes bestehen, etwa „Fishy, Fishy, Fishy" oder „Three Little Pigs". Hervorragende Desserts, gute Auswahl irischer und importierter Käsesorten. Preislich im gehobenen Bereich.

TRANSPORT

Busse fahren nach CORK, wechselnde
Frequenz, Mo–Fr tagsüber zeitweise halbstdl.

Youghal

Einer der interessantesten Orte in Cork liegt im
östlichsten Zipfel des County an der Mündung
des Flusses Blackwater: Youghal, ausgesprochen
in etwa „jaal" oder „joal". Im Mittelalter war dies
eine wohlhabende Hafenstadt, bis sie 1579 vom
Earl of Desmond zerstört wurde. Sie wurde später
von Königin Elizabeth I. ihrem zeitweisen Favoriten Sir Walter Raleigh zum Geschenk gemacht
und entwickelte sich danach unter Richard Boyle zu einer der „closed boroughs" in Irland: von
starken Garnisonen verteidigte und nur von englischen, protestantischen Siedlern bewohnte Ortschaften. Zeitweise befand sich hier sogar das
Hauptquartier von Oliver Cromwells Truppen. Das
heutige Stadtbild wird hauptsächlich von Häusern aus dem 18. und 19. Jh. dominiert. Doch
auch die größtenteils im 16. Jh. erbaute Stadtbefestigung ist noch in Teilen erhalten.

Clock Gate

Von den einstigen Befestigungsanlagen ist
heute das mehrstöckige Clock Gate, Uhrturm,
🖥 www.youghalclockgate.ie, das wortwörtlich herausragende Überbleibsel. Es war ei-

Raleigh und Boyle – zwei Legenden in Cork

Wie kaum andere, so repräsentieren bis heute Sir Walter Raleigh und Richard Boyle die Umwälzun-
gen der Tudorzeit und die englische Herrschaft – zwei Opportunisten, die in Irland ihr Glück suchten.
Raleigh war das, was man am Hof der Königin Elizabeth I. mit wohligem Schauer einen „Gentle-
man Adventurer" nannte. Mitte des 16. Jhs. in eine arme Familie in Südwestengland hineingeboren,
machte er Karriere beim Militär. Nachdem er während der Desmond Rebellion Irland kennengelernt
hatte und sich am Hof das Wohlwollen der Königin erschmeicheln konnte, schenkte diese ihm nicht
weniger als 17 000 ha Land in der Provinz Munster. In Youghal, so heißt es, hat er sogar Kartoffeln
aus Amerika in seinem Garten angebaut und dazu ein Pfeifchen Tabak aus Virginia geschmaucht.
Wohl eher eine Legende. Raleighs Unternehmungen in Virginia und Venezuela waren nicht gerade
Erfolgsgeschichten. Als er dann auch noch über eine Liebesaffäre den Zorn der Königin auf sich
zog, sank sein Stern. Um 1600 wurden die meisten seiner Besitzungen in Munster durch Rebellen
verwüstet, sodass er sie zwei Jahre später zum Dumpingpreis von 1500 £ an einen gewissen Richard
Boyle verkaufte.
Boyle war einige Jahre jünger als Raleigh und kam 1588 nach einem abgebrochenen Jurastudium
von London auf die Insel. In Rechtssachen erwies sich der Neuankömmling als so gewieft, dass er
binnen kürzester Zeit eine ganze Reihe von Besitzungen sein eigen nennen konnte. In der besten
Tradition des Winkeladvokaten pickte er sich umstrittene Landbesitzurkunden heraus, erhob einen
eigenen Anspruch und setzte diesen dann auch vor Gericht durch. Weitere Reichtümer brachte
seine erste Frau mit in die Ehe. Den Spottpreis für Raleighs Besitzungen zahlte er quasi aus der
Portokasse. Zu dieser Zeit war er schon hoher Verwaltungsangestellter, seine effiziente Arbeit
wurde 1603 mit dem Ritterschlag belohnt. 1620 ernannte ihn die Krone zum ersten Earl of Cork.
Oliver Cromwell meinte später bewundernd, hätte es einen Earl of Cork in jeder irischen Provinz
gegeben, hätten die Iren nie wieder eine Rebellion auf die Beine stellen können. Da war Raleigh
schon lange tot – wegen Piraterie und Verstoßes gegen seine Bewährungsauflagen wurde das
bereits 1603 wegen Hochverrats gegen ihn verhängte Todesurteil im Jahr 1618 endlich vollstreckt.
Seine letzten Worte: „Nun schlag zu, Mann!"

DER SÜDWESTEN

nes der Stadttore von Youghal, in seiner heutigen Form besteht der Turm jedoch erst seit dem späten 18. Jh. Eine Zeitlang diente er auch als Gefängnis. Heute zeigt man Ortsgeschichte mit historisch kostümierten Geschichtenerzählern. ⊕ Juni–Sep tgl. 11–16 Uhr, Eintritt 9,50 €.

North Main Street

Von den Resten der Stadtmauer aus lässt sich ein schöner Blick über die Mündung des Flusses Blackwater genießen, die hier auch die Grenze zum County Waterford bildet. Durch das **alte Stadttor**, das heute den teilweise starken Verkehr in der Innenstadt etwas behindert, gelangt man direkt in die **North Main Street**, die parallel zum Blackwater verlaufende Hauptstraße. In dieser haben sich gleich mehrere **historische Gebäude** erhalten.

Red House

Ungewöhnlich ist das Red House, ein im holländischen Stil erbautes Stadthaus von 1710, das an den einstigen Reichtum der Kaufleute von Youghal erinnert. Einen Kontrast dazu bilden die aus elisabethanischer Zeit stammenden Armenhäuser (Almshouses) nur wenige Meter weiter.

Tynte's Castle

Gegenüber erblickt man das **Tynte's Castle**, einen Wehrturm aus dem 15. Jh., der einst am Fluss stand, bevor dieser seinen Lauf veränderte. Das nahe **Myrtle Grove** hingegen ist ein seltenes Beispiel eines nicht befestigten und dennoch existenten Hauses aus der Tudorzeit. Es gehörte Sir Walter Raleigh, die Fassade mit ihren drei Giebeln bietet einen für Irland äußerst seltenen Anblick.

Church of St. Mary

Nicht zu vergessen ist auch die im gotischen Stil gehaltene Church of St. Mary mit ihren Grabmälern und bunten Glasfenstern, auf denen u. a. die verschiedenen Wappen der örtlichen Familien zu sehen sind. Hier findet sich auch das Grab des Richard Boyle.

Leuchtturm

Auf einem Abhang über der Flussmündung thront der kleine Leuchtturm der Stadt. Die al-

tertümliche Gesamterscheinung des Hafens von Youghal führte sogar Hollywood hierher. John Huston verfilmte hier den Klassiker *Moby Dick* mit Gregory Peck in der Rolle des besessenen Kapitäns Ahab. Die meisten Besucher der Stadt allerdings kommen wegen der langen Sandstrände.

Aherne's, 163 North Main St., 🖳 www.ahernes.net. Guesthouse mit sehr gemütlichen Zimmern, zu dem auch eine Seafood Bar gehört. Hervorragende Fischgerichte, aber auch das Lamm ist empfehlenswert. Eine Spezialität des Hauses sind Muscheln mit Spinat. In der Bar werden einfache Gerichte serviert, viel Fisch und Meeresfrüchte. ⊕ tgl. ab 18.30 Uhr. ❸

The Nook Bar – Treacy's Pub, 20 North Main St. Angeblich der älteste Pub von Youghal, sehr gemütlich ohne große Prätentionen. Oft traditionelle Musik, ansonsten kommt man auch schnell in ein anregendes Gespräch.

Busse (Expresslinie 40 oder Linie 260), fahren zwischen 7 und 23 Uhr 19x tgl. über Midleton nach CORK, 50 Min. oder 1 1/4 Std.

Am Blackwater River

Der Fluss Blackwater, der bei Youghal ins Meer mündet, ist Irlands zweitlängster Fluss nach dem Shannon. Er entspringt in den Hochmooren von Kerry und fließt dann Richtung Osten durch das County Cork, bis er schließlich bei Cappoquin im County Waterford plötzlich seinen Lauf Richtung Süden verändert. Der Fluss, der durch das bewaldete Tal fließt, ist berühmt für seine braunen Forellen, die mit Genehmigung geangelt werden dürfen. Von Youghal aus führt der romantische **Blackwater Valley Drive** bis nach Mallow. Verschiedene Ruinen säumen den Flusslauf, wobei die ehemalige **Abtei von Molana** das romantischste Bild abgibt.

Fermoy

Auf der Strecke liegt der 1789 von dem Schotten John Anderson gegründete Ort Fermoy, ein beliebtes Zentrum für Angler. Vor allem Lachs, Rotauge und Bachforelle sind die begehrte Beute, regelmäßige Meisterschaften die Höhepunkte des Veranstaltungskalenders am Ort.

Ballymacmoy House

22 km weiter westlich in Richtung Mallow steht über dem Fluss bei Killavullen das Ballymacmoy House, Stammsitz der Familie Hennessy. Ihr in Frankreich hergestellter Cognac ist weltweit bekannt. Der irische Beitrag zur französischen Trinkkultur begann 1740, als Richard Hennessy aus Killavullen als Söldner nach Frankreich ging. Nach einer schweren Verletzung quittierte er den Dienst und ließ sich schließlich 1765 in der Gegend Cognac nieder, wo er anfing, die örtliche Spezialität herzustellen.

Mallow

Vom Cognac zum Wasser: Mallow galt im 18./19. Jh. als beliebter Kurort, war in den letzten Jahren aber mehr durch die (mittlerweile zum Erliegen gekommene) Zuckerproduktion bekannt. Das Stadtbild ist nach wie vor durch den ehemaligen Kurbetrieb geprägt, zahlreiche Wohnhäuser aus dem 18. Jh. und das noch erhaltende Kurbad lassen etwas vom Glanz vergangener Zeiten erahnen. Das alte Gericht und die Markthalle sowie der Glockenturm in der Innenstadt sind weitere Besonderheiten. Am interessantesten sind jedoch vielleicht die noch immer im „Spa Glen" sprudelnden Brunnen. Weitere Überbleibsel des mondänen Kurbetriebes sind ein Badehaus und eine Rennbahn.

Die Geschichte der Stadt wird im **Mallow Heritage Center**, 27/28 Bank Pl., ℰ 022-50302, 🖳 www.mallowheritagecentre.com, erzählt, das sich in der Nähe der Ruine des Mallow Castle befindet. ◷ Mo–Fr 10.30–13 und 14–16 Uhr (Fr nachmittags geschl.).

Kanturk

Einen kurzen Abstecher ist vielleicht noch der nordwestlich gelegene Ort Kanturk wert, er bietet das typische Bild einer irischen Marktstadt und weist mit seiner niemals vollendeten Festung (ein etwas zu ambitioniertes Bauprojekt der MacCarthys aus dem 17. Jh.) ein kleines Kuriosum auf.

ÜBERNACHTUNG UND ESSEN

Springfort Hall Hotel, Mallow, ℰ 022-21278, 🖳 www.springfort-hall.com. Im Landhausstil errichtetes Hotel mit 49 Zimmern im Blackwater Valley, 7 km nördlich des Ortskerns. Sehr komfortabel und gute Basis für Ausflüge in die nähere Umgebung. ❹

Restaurant Longueville House Hotel, Mallow, ℰ 022-47156, 🖳 www.longue villehouse.ie. Bietet Gerichte vor allem aus regionalen Produkten wie Lamm oder Schwein. In der Saison wird Kaninchen empfohlen. Die hausgemachte Schokolade zum Dessert nicht vergessen.

TRANSPORT

Busse
Von Fermoy nach:
DUBLIN (Linie 8), via Mitchelstown, Cahir, Cashel, Portlaoise und Kildare Town, 6x tgl. zwischen 8 und 18.35 Uhr, 4 Std. Die langsamere Linie 7 fährt über Mitchelstown, Clonmel, Carrick-on-Suir, Kilkenny Town, Carlow, Athy, und Naas nach Dublin, ca. 4 Std.

Eisenbahn
Die besten Verbindungen vom und zum **Bahnhof** Mallow, Limerick Rd., bietet die Bahn:
CORK 7x tgl., 1/2 Std.
DUBLIN 8x tgl., 2 1/2 Std.
TRALEE 8x tgl., 1 1/2 Std.

Kinsale

Segeljachten, schmale Gassen, bunt gestrichene Häuser, viel Fisch: Kinsale zählt zu den Bilderbuch-Städtchen der Insel und könnte ohne große Vorbereitung als Filmkulisse dienen. Manch einem mag das schon zu viel des Guten sein. Kinsale, so sagen manche Kritiker, wirke künstlich – obwohl der Ort eigentlich nur sorgfältig restauriert wurde. Eines jedenfalls lässt sich nicht diskutieren: Kinsale mit seinen zahlreichen Restaurants, Cafés, Bars und Pubs ist die kulinarische Hauptstadt Irlands. Das jährlich im Oktober stattfindende Kinsale Gourmet Festival ist ein Höhepunkt im Kalender vieler Gourmets. In Kinsale eine Restaurantempfehlung zu geben, ist eigentlich ein sinnloses Unterfangen – fast alle sind hervorragend. Bei einem Bummel durch die Innenstadt stößt man rasch auf die wichtigsten Sehenswürdigkeiten des Ortes.

Desmond Castle

Desmond Castle, ✆ 021-4774855, 🖥 www.heritageireland.ie, auch als das „Französische Gefängnis" bekannt, ist ein befestigtes Wohnhaus aus dem frühen 16. Jh., das der Earl of Desmond erbauen ließ und das zeitweise als Waffenlager, Zollgebäude und Gefängnis diente. Unter anderem für napoleonische Soldaten, daher der Name. Heute ist hier das internationale **Weinmuseum** ansässig, ein Gemeinschaftsprojekt von örtlichen Restaurantbetreibern, Historikern und der irischen Regierung, das die Rolle der irischen Emigranten im Weinhandel beleuchten soll. 2019 wurde das Gebäude für Renovierungsarbeiten vorläufig geschlossen.

St. Multose Church

Wesentlich älter ist die St. Multose Church, eine ursprünglich im normannischen Stil errichtete Kirche, die im Laufe der Jahrhunderte zahlreiche Veränderungen erfuhr. Beachtenswert sind das romanische Portal, ein Taufstein aus dem Mittelalter sowie die vor allem aus dem 17. Jh. stammenden Grabsteine.

Kinsale Regional Museum

Weitgehend im Originalzustand erhalten ist das heute als Kinsale Regional Museum, ✆ 021-4777930, 🖥 http://homepage.eircom.net/~kinsalemuseum/index.html, genutzte alte Gerichtsgebäude, in dem 1915 die Versenkung der *Lusitania* gerichtlich untersucht wurde und das als Markthalle eine weitere Funktion erfüllte. Hier wird man über die Stadtgeschichte informiert, eines der interessantesten Ausstellungsstücke ist dabei die große Tafel, auf der die im Jahr 1788 geltenden örtlichen Steuern und Zölle aufgelistet sind. Ein Kuriosum sind die fast wie die Kleidung von Mönchen wirkenden langen, schwarzen Mäntel mit Kapuze, die für die Frauen der Gegend in früheren Zeiten typisch waren. ◷ Sa 10–17, So 14–17 Uhr, Spende.

Stadtbild

Die größte Sehenswürdigkeit ist aber Kinsale selbst, das verwinkelte Straßenbild mit den fein säuberlich herausgeputzten kleinen Häusern, an einem sonnigen Tag vielleicht der fleischgewordene Traum vieler Irlandfans. Oftmals hat man das Gefühl, dass die rund 3500 Einwohner des Ortes von der mehrfachen Menge an Touristen überrannt werden. Überrannt wurde hier übrigens auch im Jahre 1601 eine Armee aus irischen und spanischen Soldaten, die den wichtigen Hafen und letzten Endes Irland für das katholische Europa sichern sollten. Dies widersprach natürlich vollkommen der Politik des protestantischen England, dessen Truppen in der Schlacht von Kinsale siegreich blieben. Mit dieser verheerenden Niederlage begann der endgültige Zusammenbruch der irischen Selbstständigkeit.

Charles Fort

Von Kinsale aus soll im 18. Jh. der Seemann Alexander Selkirk zu einer langen Reise aufgebrochen sein, seine Geschichte wurde später unter dem Titel *Robinson Crusoe* bekannt. Das letzte, was Selkirk von Kinsale sah, war vielleicht die ausgedehnte Festung Charles Fort, Summer Cove, ✆ 021-4772263, 🖥 www.heritageireland.ie, die die Einfahrt zum Hafen von Kinsale seit der zweiten Hälfte des 17. Jhs. schützt. Die Anlage ist ein Paradebeispiel der Festungsbaukunst, jedenfalls in der Theorie. In der Praxis hatte sie einen großen Nachteil: Zwar beherrschte sie die Einfahrt zum Hafen, war jedoch auf einer etwas ungünstig gelegenen Landzunge errichtet worden. Das Gelände, auf dem die Festung steht, liegt unterhalb der umliegenden Hügelketten und machte Charles Fort für Angriffe vom Festland aus stark verwundbar.

Dies zeigte sich schon 1690, als die Armee Wilhelms von Oranien die Festung von den Jakobiten nach kurzer Belagerung eroberte. Die britischen Truppen behielten die Anlage jedoch in Betrieb, obwohl die Bedeutung von Kinsale als Marinebasis nach dem 18. Jh. stark sank. Erst 1922 zog die Garnison ab und übergab die Festung an die Regierung des Irischen Freistaates. Kurz danach wurden Teile des Gebäude von der IRA niedergebrannt. Nachdem der Gesamtkomplex viele Jahre in einer Art Dornröschenschlaf gelegen hatte, wurde er als eine der am besten erhaltenen Festungen mit sogenannten Stern-Bastionen in Europa für das Publikum geöffnet. Ein Teil der Gebäude ist restauriert und wird als Museum genutzt. ⏲ tgl. 10–17, Sommer 18 Uhr, Eintritt 5 €.

Old Head of Kinsale

Einen vielleicht noch besseren Ausblick hinaus aufs Meer als vom Charles Fort hat man vom 15 km südlich gelegenen Old Head of Kinsale, einer in die See hineinragenden Klippe mit einem schönen Leuchtturm. Besucher werden jedoch vom Sicherheitsdienst des exklusiven Golfclubs an einem stacheldrahtbewehrten Tor aufgehalten. Rein juristisch ist das umstritten. Der Ausblick von der Burg bei Ballylane, kurz vor dem Golfplatz, ist jedoch auch sehr schön.

ÜBERNACHTUNG

€ **Dempsey's Hostel**, Eastern Rd., ✆ 021-4772124, 🖳 www.dempseyhostel.com. Einfaches Hostel mit 3 Schlafsälen und 4 Familienzimmern. Sauber und meistens auch recht ruhig (Partygruppen werden nicht untergebracht). Bett im Schlafsaal 16 € (saisonabhängig), DZ ❶ – ❷
Jim Edwards, Market Quay, ✆ 021-4772541, 🖳 www.jimedwardskinsale.com. Zentrales B&B, im hauseigenen Restaurant werden Fischgerichte serviert, teilweise aus dem Tagesfang. ❸
The Old Bank House, 11 Pearse St., ✆ 021-4774075, 🖳 www.oldbankhousekinsale.com. Guesthouse im Ortskern mit 17 individuell gestalteten Zimmern, alle mit TV. Morgens wird das „Gourmet Irish Breakfast" mit teils hausgemachten Produkten serviert. ❹

ESSEN

In Kinsale eine Restaurantempfehlung zu geben, ist ein Wagnis. Besucher sollten einfach die Straßen entlangschlendern und sich (immer mit einem Blick auf die Preistafel) das Wunschessen aussuchen.
Fishy Fishy, ✆ 021-4700415, 🖳 www.fishyfishy. ie. Ein guter Tipp für Fischfreunde ist das Restaurant direkt am Hafen, hier zaubern Martin und Marie Shanahan hervorragende Gerichte. In allen Restaurants von Kinsale gilt: Unbedingt telefonisch vorbestellen!
The Bulman & Toddies Restaurant, Summercove, ✆ 021-4772131, 🖳 www.thebulman.ie. Restaurant, das schwerpunktmäßig Fisch und Meeresfrüchte serviert – und oft übersehen wird.

UNTERHALTUNG UND KULTUR

An Seanachai, 6 Market St., ✆ 021-4777077, 🖳 www.anseanachai.ie. Sehr großer Pub, an vielen Abenden wird irische Musik live gespielt.
Harbour Bar, Scilly, ✆ 021-4772528. Eine kleine Bar wie aus einem leicht überdrehten Hollywood-Film, in dem eine originelle irische Bar dargestellt werden sollte. Die Inneneinrichtung schwebt zwischen Sperrmüll und Omas guter Stube. Das Ganze ist aber kein künstlich erzeugter Effekt, sondern allein dem Geschmack des Wirts zu verdanken. Der auch gerne die Geschichte jedes einzelnen Möbelstücks erklärt.
Eigenen Charme hat auch das **Spaniard Inn**, ✆ 021-4772436, 🖳 www.thespaniard.ie, mit seiner dunklen Holzverkleidung. Ist allerdings recht touristisch.

FESTE

Der kleine Ort verteidigt seinen Ruf als kulinarische Hauptstadt Irlands im Oktober beim **Kinsale Gourmet Festival**, 🖳 www.kinsale restaurants.com, mit einem Überangebot an gutem Essen und exotischen Kreationen. Probefuttern über zwei Tage etwa 200 €.

INFORMATIONEN

Tourist Information Kinsale, Emmet Pl., Ecke Pier Rd., ✆ 021-4772234, Infos auch unter 🖳 www.kinsale.ie.

Bushaltestelle an der Pier Rd.
CORK (Linie 226), Mo–Fr bis zu 14x tgl., 1 1/4 Std.

Clonakilty und Umgebung

Clonakilty wurde als englischer Stützpunkt um 1588 gegründet und hat sich zu einer kleinen Marktstadt entwickelt. Der Geburtsort von Michael Collins war bis ins 19. Jh. bekannt für die Herstellung von Leinen, heute ist Clonakilty eher für die Herstellung von schwarzem Pudding bekannt.

Das nette Ortsbild ist vor allem durch die georgianischen Gebäude am Emmet Square und einige renovierte Häuser an der Hafenfront geprägt. Sehenswert ist das **West Cork Regional Museum**, The Old Methodist School, Western

Rd., ☎ 023-8833115, das in der alten Schule untergebracht ist und sich vor allem mit der Industriegeschichte des Ortes befasst. ⏱ wechselnd, telefonisch erfragen, Spende 1 € erbeten.

Etwas weniger wissenschaftlich geht es in dem kleinen Eisenbahn-Museum am **Model Village**, ☎ 023-8833224, ⌨ www.modelvillage.ie, zu, das einige alte Waggons und den nicht mehr genutzten Bahnhof zu neuem Leben erweckt hat. Auf dem Freigelände sind vor allem Kinder und Modellbauer von einer großen Eisenbahnanlage begeistert, die bekannte Gebäude aus der Umgebung und dem Ort selbst zeigt. ⏱ tgl. 11–17, Sommer 18 Uhr, Eintritt 8,50 €.

Lios-na-gCon Ringfort

Das Lios-na-gCon Ringfort, Darrara, 4 km östlich der Stadt, zählt zu den frühmittelalterlichen Wohnburgen. Obwohl nicht original erhalten, sondern weitgehend rekonstruiert, lohnt ein kur-

Michael Collins

Spätestens seit mit Liam Neeson in der Hauptrolle sein dramatisches Leben verfilmt wurde, weiß alle Welt, wer Michael Collins war. Oder meint es zumindest zu wissen, denn um den Freiheitskämpfer und Politiker ranken sich so viele Legenden, dass es kaum noch möglich ist, sein Leben und seine (mutmaßlichen) Beweggründe objektiv zu erfassen. Er teilt auch heute noch, immerhin mehr als 80 Jahre nach seinem Tod, Irland in zwei Lager. Für die einen war er der Patriot, der Realpolitiker, der Irland in die Unabhängigkeit führte. Für die anderen war er der Verräter, der Nordirland an die Briten verkaufte.

Beim Osteraufstand dabei

Wer war Michael Collins wirklich? Als junges Mitglied der Irish Volunteers nahm er 1916 in Dublin am Osteraufstand (S. 154) teil, durch sein mutiges Verhalten wurde er schnell in der republikanischen Bewegung bekannt. An sich nicht mehr als ein einfacher Soldat, nutzte er die Gunst der Stunde und ließ sich in das durch die britischen Hinrichtungen entstandene Machtvakuum hineinziehen. Binnen kurzer Zeit gehörte Michael Collins zum inneren Zirkel. Dabei bewies er nicht nur auf politischem Gebiet sein Geschick, er organisierte den Geheimdienst der Republikaner, baute ein Netz von Informanten auf und betrieb aktiv Gegenspionage. Aktiv bis in die letzte Konsequenz, auf seinen Befehl wurde eine Gruppe von britischen Spionen in Dublin in einer konzertierten Aktion ermordet, die Racheaktion der Briten führte zum Blutsonntag im Croke Park.

Collins, der Realpolitiker

Hatte sich Collins in dieser Zeit unnachgiebig und kompromisslos gezeigt, kam bei den Verhandlungen mit den Briten über eine Unabhängigkeit Irlands plötzlich seine mehr diplomatische, realistische Seite zum Vorschein. Er war maßgeblich an den Verhandlungen beteiligt, die eine teilweise Unabhängigkeit erreichten. Der irische Freistaat wurde gegründet, nachdem die Republikaner auf Nordirland verzichtet hatten. Michael Collins war Unterzeichner des Vertrages, sein Kommentar war prophetisch: „Ich habe mein eigenes Todesurteil unterschrieben!"

zer Besuch. Der Zutritt zum Fort ist nur gelegentlich möglich, die früher bestehenden regelmäßigen Öffnungszeiten sind dem Rotstift zum Opfer gefallen.

Inchydoney

Wer mehr Lust auf Natur hat, der macht sich auf den Weg nach Inchydoney, hier gibt es einen schönen **Sandstrand** und ein kleines **Vogelschutzgebiet**.

ÜBERNACHTUNG

Bay View House, Old Tomoleague Rd., 023-8833539, www.bayview clonakilty.com. Liebevoll gestaltetes und eingerichtetes B&B mit herrlichem Rosengarten und Blick zur Clonakilty Bay. Wintergarten vorhanden. Am Morgen wird ein reichhaltiges Frühstück serviert. ❸

UNTERHALTUNG

De Barra's, 55 Pearse St., 023-8833381, www.debarra.ie. Ein Pub, in dem man sich nicht satt sehen kann, nahezu jede

---

Was sich dann relativ schnell bewahrheiten sollte, denn kurz nach der Beendigung des irischen Unabhängigkeitskrieges begann der Bürgerkrieg zwischen den Vertrags-Befürwortern und den Vertrags-Gegnern. Erstere waren als „Freistaatler" bekannt, Michael Collins wurde der erste Oberkommandierende der neuen Armee des Freistaates. Dieser gegenüber stand die IRA, die die Konzession der Abgabe von Nordirland als Verrat an der irischen Sache ansah. Und sofort zum bewaffneten Kampf gegen die einstigen Kameraden überging. In der spektakulärsten Aktion dieses Kampfes wurde dann auch Michael Collins, als er mit einem bewaffneten Konvoi durch Cork fuhr, von der IRA erschossen.

Im Feuergefecht erschossen

Genauer gesagt in **Béal na mBláth** (oder Bealnablath), einem kleinen Dorf an der R585. Hier hatte die IRA im August 1922 einen Hinterhalt gelegt. Überfallen wurde ein Konvoi der irischen Regierungstruppen, die Michael Collins begleitete. Dieser lehnte den Ratschlag seiner Begleiter ab, einfach Gas zu geben und sich dem Gefecht zu entziehen. Stattdessen lieferte er sich einen längeren Schusswechsel, bei dem er durch die einzelne Kugel eines Scharfschützen in den Kopf getroffen wurde. Doch gibt es diverse Verschwörungstheorien, wer nun wirklich was getan hat. Heute kann man die Stätte, an der jedes Jahr am dem 22. August nächsten Sonntag eine von der Partei Fine Gael dominierte Gedenkfeier abgehalten wird, besuchen.

Streitthema: Collins oder de Valera

Durch diesen frühen Tod ging Collins in das Pantheon der irischen Freiheitshelden ein. Allerdings nicht ohne Widerspruch, denn die Vertragsgegner ließen niemals vergessen, dass es Michael Collins war, der mit seiner Unterschrift Nordirland an die Briten abtrat. Diese realpolitische Entscheidung ist selbst heute noch umstritten. Da sein größter Konkurrent und Neider, Eamon de Valera, über Jahrzehnte weg die Macht in Irland innehatte, wurde Collins' Beitrag zum irischen Unabhängigkeitskampf bis fast in die 1980er-Jahre mehr oder minder totgeschwiegen.

Wandfläche ist mit irgendwelchen Fotos, Zeitungsausschnitten oder anderen Dingen zugepflastert, die nicht unbedingt immer Sinn ergeben, aber zum Nachdenken anregen kön-nen. Sehr anregend ist meist auch die Musik, die eigentlich jeden Abend live gespielt wird.

INFORMATIONEN

Tourist Information Clonakilty, 25 Ashe St., ✆ 023-8833226, Infos auch unter ⌨ www. clonakilty.ie.

TRANSPORT

Bushaltestelle vis-à-vis von Harte's Spar. CORK (Linie 237 oder 252), über Bandon, mehrmals tgl., 3/4–1 1/4 Std. SKIBBEREEN (Linie 252), mehrmals tgl., 3/4 Std.

Skibbereen und Umgebung

Skibbereen ist vielen Fans von irischer Mu-sik vor allem durch das gleichnamige Lied der „Dubliners" bekannt, das mit einem bedrohli-chen *Revenge for Skibbereen* abschließt und in das der legendäre Ronnie Drew ganze Jahrhun-derte Elend, Unterdrückung und Rachegelüs-te packte. In dieser Gegend forderte die Große Hungersnot zu Beginn des 19. Jhs. wahrschein-lich die meisten Todesopfer unter der Bevölke-rung, und so wurde der im 17. Jh. von Englän-dern gegründete Ort Skibbereen zum Synonym für das Elend der *Potato Famine* (S. 241). Über die Große Hungersnot informiert sehr anschau-lich das **Heritage Centre**, Upper Bridge St., ✆ 028-40900, ⌨ www.skibbheritage.com. In einer Multimediaschau werden die dramati-schen Lebensumstände jener Zeit dargestellt. Angeschlossen ist auch eine Ausstellung über den 5 km südlich gelegenen Lough Hyne, ein vom Meer gespeistes Naturschutzgebiet. ⏲ März–Okt Di–Sa 10–18 Uhr, im Sommer auch Mo, Eintritt 6 €.

Am Rathausplatz im Zentrum von Skibbereen erinnert das Denkmal der **„Maid of Erin"** an die erfolglosen irischen Rebellionen von 1798, 1803, 1848 und 1867.

Skibbereen ist heute ein guter Ausgangs-punkt für die Erforschung der südwestlichen Ecke von Cork, eine Gegend, die auch zahlrei-che Künstler anzog. So waren hier im 19. Jh. im Drishane House bei Castletownsend die bei-den Schriftstellerinnen Violet Martin und Edith Somerville zuhause.

Natur und Kunst verbinden sich in vielen Gär-ten der Umgebung. Herausragend sind die **Liss Ard Gardens** am Lough Abisdealy, ✆ 028-40000, ⌨ www.lissardestate.com, wo auf rund 16 ha die verschiedensten Möglichkeiten der Land-schaftsgestaltung auf faszinierende Weise har-monieren. Etwas gezähmter wirkt die Natur da-gegen in den **Creagh Gardens**, ✆ 028-22121. Direkt am Meer ist hier, ungefähr 5 km südlich von Skibbereen an der Straße nach Baltimore, eine romantische Gartenlandschaft mit zahlreichen seltenen Pflanzen entstanden. ⏰ wechselnd, telefonisch zusammen mit aktuellen Eintrittspreisen erfragen.

ÜBERNACHTUNG UND ESSEN

€ **Russagh Mill**, Castletownsend Rd., 📞 028-22451, 🖥 www.russaghmillhostel.com, Hostel in einem alten Mühlengebäude in Skibbereen. Einfache Zimmer, für Gruppen kann ein komplettes Outdoor-Programm organisiert werden. ⏰ März–Okt. **❶**–**❷**

🏨 **Grove House Cottages**, 📞 028-22957, 🖥 www.cottagesforcouples.ie. Rund 4 km östlich von Skibbereen findet sich Unterkunft in einem der romantisch-verschrobenen Cottages, im Stall, oder sogar im Baumhaus. **❹**–**❻**

🌳 **Glebe Gardens**, 68 Bridge St, Marsh, 📞 028-51948, 🖥 www.glebegardens.com. Hier werden hervorragende, aus eigenem (oder zumindest örtlichem) Anbau kreierte Gerichte serviert. ⏰ Mo–Sa 10–17, Do–Sa auch 18–21 Uhr, Mittagstisch ca. 12 €, Abendessen ab 20 €.

€ **Mary Ann's Bar & Restaurant**, Castletownshend, Skibbereen, 📞 028-36146. Alter Pub von 1846, Schwerpunkt liegt auf erschwinglichen Fisch- und Meeresfrüchtegerichten mit selbst gebackenem braunem Brot. Abrundung durch hausgemachte Desserts oder lokal hergestellten Käse.

SONSTIGES

Aktivitäten und Touren
Atlantic Sea Kayaking, Reen Pier, 📞 028-21058, 🖥 www.atlanticseakayaking.com. Hier kann man das Kajakfahren auf dem offenen Meer lernen und interessante Touren buchen, etwa eine Nacht-Wasserwanderung oder eine Tour durch Cork City. Preise saisonal verschieden, aktuelle Kurs- und Tourenzeiten direkt erfragen.

Informationen
Tourist Information Skibbereen, Town Hall, 📞 028-21766. Infos auch unter 🖥 www.skibbereen.ie.

TRANSPORT

Die **Bushaltestelle** befindet sich in der Main St. CORK (Linie 237), Mo–Fr bis zu 7x tgl., 2 Std.

Baltimore

Das kleine Dorf Baltimore hat eine bewegte Vergangenheit und eine ganz besondere Verbindung zum arabischen Raum: 1631 landete hier eine Truppe von Freibeutern und Janitscharen, nahm rund 100 Männer, Frauen und Kinder gefangen und verschleppte sie als Sklaven nach Nordafrika. Solche Überfälle waren zwar nicht unüblich, der Raubzug von Baltimore aber war die größte Aktion ihrer Art an der irischen Küste. Heute ist der Ort immer noch durch das Meer geprägt.

Das auffälligste Bauwerk am Ort ist nicht etwa das restaurierte, ursprünglich im 15. Jh. gebaute **Dun na Sead Castle** (📞 028-20735, 🖥 www.baltimorecastle.ie, ⏰ März–Okt tgl. 11–18 Uhr), sondern der **Baltimore Beacon**. Dieser gigantische, weiß angestrichene Kegel dient als Seezeichen für die zahlreichen Sportboote, die den Hafen bevölkern. Im Hochsommer zieht es Segler, Taucher und Angler gleichermaßen nach Baltimore, die vorgelagerte Inselwelt bietet beste Bedingungen für die sportliche Freizeitgestaltung.

Inseln vor Baltimore
Sherkin Island
Von Baltimore aus verkehren Boote nach Sherkin Island. Die Insel weist nicht nur die Ruinen einer Abtei und einer Burg auf, sondern auch einige Pubs und vor allem einen sehr schönen Sandstrand. Dabei ist sie nur einen Katzensprung vom Festland entfernt.

Clear Island
Wesentlich weiter ist der Weg nach **Clear Island** und zum **Cape Clear**, einem Gaeltacht. Bekannt ist die Insel vor allem für herrliche Naturlandschaften, einsame Buchten und das Vogelschutzgebiet. Zahlreiche Klippen und ein fantastischer Ausblick auf die Inselwelt im Norden und Nordosten sind die Hauptanziehungspunkte. 150 Menschen leben auf der Insel, die neben

einigen frühchristlichen Monumenten zwei Schulen besitzt, in denen die irische Sprache gelehrt wird.

Die Insel ist auch von **Schull** (Skull) erreichbar, die Fahrt von dort dauert jedoch wesentlich länger.

Fastnet Rock

Von Clear Island sind auch Fahrten zum oder besser um den Fastnet Rock möglich, eine Felsenklippe. Bekannt dafür, dass sie den südlichsten Punkt Irlands bildet, dass hier eines der wichtigsten Leuchtfeuer steht und dass hier regelmäßige Jachtrennen stattfinden: Beim Fastnet Race stechen seit 1925 alle zwei Jahre Boote in Cowes (Isle of Wight, im Süden Großbritanniens) in See, wenden am Fastnet Rock und fahren wieder zurück, insgesamt eine Strecke von fast 1000 km.

Roaringwater Bay

Die Inseln in der Roaringwater Bay, nördlich von Cape Clear, bilden ein sehr schönes Landschaftspanorama, die vom Meer regelrecht zerschnittenen Felsen aus rotem Sandstein haben eine ganz eigene Faszination. Am besten sind sie vom Meer aus zu genießen, etwa mit einer Ten Islands Tour, 🖳 www.sherkinisland.eu/ten-island-tours (Kosten variabel, je nach Auslastung, aktuell erfragen).

ÜBERNACHTUNG UND ESSEN

The Waterfront, The Sq., Baltimore, ✆ 028-20600, 🖳 www.waterfrontbaltimore.ie. Guesthouse im Ortskern mit 13 Zimmern und Ausblick auf Bucht und Inseln. Recht komfortabel, gute Basis für ausgedehnte Spaziergänge entlang der Küste. ❸

Für jeden Geschmack etwas bieten die hauseigenen Restaurants **Le Jolie Brise** (Pizzeria) und **The Lookout** (moderne internationale Küche bei hervorragendem Ausblick).

FESTE

Das **Baltimore Wooden Boat Festival**, 🖳 www.baltimorewoodenboatfestival.com, Ende Mai ist ein Wochenendtreffen alter, meist aufwendig

und sehr schön restaurierter Boote aus Holz. Es dominieren die kleinen Arbeitsboote, die einstmals für die irischen Küsten so typisch waren. Beim **Cape Clear International Storytelling Festival**, 🖳 www.capeclearstorytelling.com, am ersten Septemberwochenende haben die Geschichtenerzähler das Sagen. Ein faszinierendes Erlebnis für Leute, die auch einmal stillsitzen und einfach zuhören können.

AKTIVITÄTEN UND TOUREN

Einwöchige Tauchkurse bietet das **Baltimore Diving Centre**, ✆ 028-20300, 🖳 www.baltimore diving.com, für etwa 500 €. Erfahrene Taucher können hier auch einen Tauchurlaub mit Wracktauchen und anderen Unterwasseraktivitäten buchen.

Whalewatch West Cork, Baltimore Harbour, ✆ 028-33357, 🖳 www.whalewatchwestcork. com, bietet gezeitenabhängig sachkundig geführte Kurztouren (ca. 50 €) zur Beobachtung von Walen, Delphinen und anderen Meeresbewohnern an. Es können auch Kurse in Naturfotografie und -videografie gebucht werden.

TRANSPORT

Busse

Mehrmals tgl. mit **Linie 251** nach SKIBBEREEN, eingeschränkter Verkehr am Samstag, keine Verbindungen am Sonntag.

Fähren

Mehrmals tgl. verbinden Fähren Baltimore mit SHERKIN ISLAND, 10 Min., ca. 10 €, 🖳 www. sherkinisland.eu, und CAPE CLEAR ISLAND, 45 Min., Hin- und Rückfahrt ca. 18 €, Infos unter 🖳 www.capeclearferries.com.

Halbinsel Mizen Head

Die südwestlichste Ecke Irlands, die wie ein knorriger Finger in die See ragt, ist in weiten Bereichen Natur pur. Felslandschaften mit kargem Bewuchs und einigen stoischen Schafen beherrschen das Bild, das Meer ist fast immer in Sichtweite. Hier liegen schmucke, noch immer recht altmodisch wirkende Orte wie **Ballydehob**, in den 1960er- und 1970er-Jahren kurzfristig die Hippie-Metropole Irlands. Heute ist der Fremdenverkehr die wichtigste Einnahmequelle.

Die Fahrt nach **Mizen Head**, ℆ 028-35225, 🖳 www.mizenhead.ie, dem spektakulären Kap mit seinem dramatisch auf einem vorgelagerten Felsen stehenden **Leuchtturm**, ist auf keinen Fall für Menschen empfehlenswert, die unter Höhenangst leiden. Vom Parkplatz des kleinen Besucherzentrums erreicht man den Leuchtturm (Signalstation) über eine Brücke, deren Bau 1910 eine technische Meisterleistung darstellte. Fotografien und Dokumente in den ehemaligen Dienstgebäuden verdeutlichen dies. Heute stellt sie eher eine Herausforderung für Touristen dar, die ein wenig Nervenkitzel suchen. Denn die Brücke überspannt einen schwindelerregend tiefen Abgrund, begrenzt von Kalksteinwänden, an denen Wind und Wellen seit Jahrtausenden nagen. Tief unten schwimmen einige Robben in der kleinen Bucht. Meistens unbeachtet, denn an den Hinweis „Nicht nach unten sehen!" halten sich fast alle Besucher. ⏲ April–Okt tgl. 10.30–17, Juni–Aug tgl. 10–18, Wintermonate Sa und So 11–16 Uhr, Eintritt 7,50 €.

Halbinsel Sheep's Head

Die am Sheep's Head endende Halbinsel zwischen der Bantry Bay im Norden und der Dunmanus Bay im Süden besitzt einige sehr schöne Sandstrände bei **Ahakista** sowie **Kilcrohane** und bietet herrliche Aussichten und eine bizarre Klippenlandschaft direkt am Meer. In dieser Gegend befinden sich auch zahlreiche sehr attraktive Ferienhäuser, die in der Regel wochenweise und über Agenturen vermietet werden.

Bantry und Umgebung

Am Ende der tief eingeschnittenen Bantry Bay liegt, umgeben von den zerklüfteten Caha Mountains, das 3300-Seelen-Örtchen **Bantry**. In die Schlagzeilen geriet es gleich zweimal: Schon 1689 wollten hier französische Schiffe keineswegs selbstlos den Kampf James II. um die eng-

lische Krone unterstützen. 1796 tauchten plötzlich wieder welsche Segel am Horizont auf, kurz danach ging eine ganze Armada in der Bucht vor Anker. An Bord u. a. der irische Patriot Wolfe Tone, eine Gruppe seiner bewaffneten Mitstreiter im Kampf um die irische Freiheit und erneut eine ganze französische Invasionsarmee, die (selbstverständlich wieder vollkommen uneigennützig) gegen die Briten marschieren sollte. Zu diesem langen Marsch kam es jedoch nicht, das irische Wetter vereitelte die Invasion und zwang die Franzosen zum frühzeitigen Rückzug. Die aktuellste Schlagzeile betraf ebenfalls ein französisches Schiff. 1979 lag der Öltanker *Betelgeuse* am Terminal von Whiddy Island – 50 Menschen starben, als das Schiff und Teile der Anlagen Feuer fingen und explodierten. Seitdem steht der Ölhafen als Industrieruine leer.

Bantry House

Bantry selbst ist ein recht lebendiger Ort mit zahlreichen Einkaufsmöglichkeiten, seine wichtigste Attraktion ist das Bantry House, ℆ 027-50047, 🖳 www.bantryhouse.com, das seit 1765 der Familie White gehört, ehemals die Earls of Bantry. Den Adelstitel erwarb sich die Familie durch den mutigen Einsatz von Richard White zur Verteidigung von Bantry gegen die französischen Invasoren. Zwar mussten seine hastig zusammengezogenen Milizen nicht kämpfen, sein Enthusiasmus wurde jedoch von König Georg III. belohnt. Das Haus wurde ursprünglich um 1700 erbaut, später allerdings erheblich erweitert und durch die die Bucht überblickende Nordfassade ergänzt.

Das **Haus** und die **Gärten** sind mittlerweile für das Publikum zugänglich und erlauben Einblicke in den typischen Lebensstil des irischen Landadels. Das reichaltig mit Kunstgegenständen und wertvollen Möbeln ausgestattete Innere des Hauses, das einer wahren Schatzkammer gleicht, verdankt seine Pracht vor allem der Sammelleidenschaft des zweiten Earl of Bantry, der Mitte des 19. Jhs. in ganz Europa einkaufte. So sollen sich im Rose Room hängende Wandteppiche früher im Besitz von Marie Antoinette befunden haben, und im Esszimmer findet sich ein Kronleuchter mit Blumen aus Meissner Porzellan. Eingelassen in den Fußboden sind Mosaiken aus Pompeji, in früheren Zeiten war solcher „Transfer" von Kulturgut durchaus normal.

Ein Café und ein kleiner Laden sind ebenfalls im Hauptgebäude untergebracht. Der Earl ließ auch die im italienischen Stil gehaltenen Gärten anlegen. Der Rosengarten seines Vaters dagegen war in der strengen englischen Art entworfen. Für die Außenanlagen sollte man sich ein wenig Zeit nehmen, vor allem die „Treppe in den Himmel" mit ihrer einmaligen Aussicht über das Haus und die gesamte Bucht ist mehr als nur einen kurzen Blick wert. ⏰ April/Mai und Sep/Okt Di–So, Juni–Aug tgl. 10–17 Uhr, Eintritt 6 € (Garten) bzw. 11 € (inkl. Hausbesichtigung). Übernachtung ist im Bantry House auch möglich, aber sehr teuer (Details dazu auf der Homepage).

Donemark Falls

Nur 2 km nördlich der Stadt, auf dem Weg nach Glengarriff, lohnt noch ein ganz besonderes Naturschauspiel den Stopp – die Donemark Falls, über deren Kaskaden sich der Fluss Mealagh auf spektakuläre Weise dem Meer nähert. Der Fluss und einige Seen in der Nähe sind auch unter Anglern sehr beliebt.

Aran Lodge, Ballylickey, ☎ 027-50378, 🖥 www. aran-lodge.com. Guesthouse 5 km nördlich des Ortes mit großem Garten und Blick über die Bantry Bay. Sehr familienfreundlich, Lunchpakete und auch ein Babysitter können mitgebucht werden. ❸

Doire Liath Guesthouse, Newtown, ☎ 027-50223, 🖥 www.bantrybedandbreakfasts.com. Sehr schönes und familiäres Guesthouse, nur etwa 800 m nördlich des Stadtzentrums. Bekannt für ein sehr gutes Frühstück und hausgemachtes Brot. Babysitter kann arrangiert werden. ❸

Westlodge Hotel, Bantry, ☎ 027-50360, 🖥 www. westlodgehotel.ie. Familienorientiertes Hotel mit 90 Zimmern. Recht komfortabel und mit gutem Service. Vermietet werden auch Cottages. ❹

O'Connor's Seafood Restaurant, The Square, 🖥 www.oconnorseafood.com. Familien-

geführtes Restaurant im maritimen Look. Bietet gutbürgerliche Küche mit Schwerpunkt Fisch, aber auch Lammspezialitäten. Ermäßigte Preise für Mittagessen und am frühen Abend. ⏰ tgl. ab 12 Uhr.

The Brick Oven, The Quay, 🖥 www.thebrick ovenbantry.com. Pizza aus dem traditionellen Ofen, groß, gut belegt und vor allem lecker. Preislich noch erschwinglich, deswegen auch bei Jugendlichen recht beliebt. ⏰ nach Saison und Andrang wechselnd.

Crowley's, Wolfe Tone Sq., ☎ 027-50029. Typischer Pub in der Innenstadt, beliebt bei Einheimischen vor allem wegen seiner guten Sessions am Mittwochabend.

Feste

Das **West Cork Chamber Music Festival** in Bantry, 🖥 www.westcorkmusic.ie, findet Ende Juni/Anfang Juli eine Woche lang statt. Geboten wird Kammermusik, das kulturelle Highlight an diesem Ende der Welt. Empfehlenswert eigentlich nur für Freunde dieser Musikrichtung. Nur eine Woche später startet man mit dem **West Cork Literature Festival**, 🖥 www.west corkmusic.ie, noch einmal kulturell durch – die Dichter und Denker nehmen Bantry in Beschlag.

Informationen

Tourist Information Bantry, The Old Courthouse, The Square, ☎ 027-50229, Infos unter 🖥 www. visitbantry.ie.

Mit dem **Bus** von Bantry nach:
CORK (Linie 236), bis zu 7x tgl., 2 Std.
Im Hochsommer auch nach KENMARE, GLENGARRIFF und KILLARNEY.

Glengarriff und Umgebung

Das geschützt gelegene, lebhafte Örtchen, beliebter Ausgangspunkt für die Fahrt auf dem Ring of Beara, ist seit jeher ein bevorzugtes Feriendomizil. Dass die Gegend überhaupt so beliebt wurde, verdankt sie nicht zuletzt dem Golfstrom, der für fast subtropische Vegetation sorgt. Nördlich des Ortes gedeihen nicht nur die **Glengarriff Woods** (schöne Wanderwege führen durch den Naturpark), sondern auch exotische Pflanzen.

Glengarriff selbst liegt am Glengarriff Harbour, einer kleinen Ausbuchtung am Ende der Bantry Bay. Schon auf den ersten Blick wird klar, dass dieses etwas zu groß geratene Dorf einzig und allein für den Tourismus lebt. Entlang der Hauptstraße findet sich eine schwer zu überblickende Anzahl von Andenkenläden, Restaurationsangeboten, Pensionen und anderen Wirtschaftsbetrieben, die den Gast und vor allem seine Euros willkommen heißen. Der Spagat zwischen hemmungslosem Kommerz und traditioneller Gastfreundschaft gelingt nicht immer. Dennoch hat sich ein wenig vom viktorianischen Charme gehalten, und der große Vorteil von Glengarriff ist nach wie vor die etwas abgeschiedene Lage.

Man erreicht den Ort über zwei Wege. Der bequeme Weg führt von Süden her über Bantry. Der wesentlich dramatischere kommt von Norden aus Kenmare im County Kerry. Die N71 (Nationalstraße nennt sich dieser bessere Pfad!) windet sich durch die Bergwelt über den Caha Pass und durch den Turner's Rock Tunnel. Die schon sehr früh einsetzende Beschilderung, dass diese Straße nicht für größere Fahrzeuge geeignet ist, hat ihren guten Grund. Spätestens am Tunnel muss so manch ungläubiger Fahrer den Rückweg antreten.

Garinish Island

Mit einem Boot ist die kleine **Insel Ilnacullin**, besser bekannt als Garinish Island, ☎ 027-63040, 🖳 wwww.heritageireland.ie, in einer Viertelstunde von Glengarriff aus erreicht. Seit etwa 100 Jahren befindet sich auf der Insel eine geradezu fantastische **Gartenanlage** mit zahlreichen Magnolien und Kamelien sowie den hier fast schon üblichen Rhododendren. Vor 1910 war die Insel allenfalls durch ihren zur Abwehr einer möglichen französischen Invasion errichteten **Martello Tower** bekannt. Dann jedoch ließ Annan Bryce, ein Geschäftsmann aus Belfast, hier von Harold Peto Gärten im italienischen Stil anlegen. Diese Arbeit beschränkte sich nicht

nur auf das Pflanzen von Blumen und Bäumen, die gesamte Landschaft wurde neu gestaltet. Und nicht nur die Landschaft, denn gleichzeitig wurden auch klassizistische Bauten errichtet, darunter ein griechischer Tempel.

Hier im Südwesten Irlands wurde ein Garten geschaffen, der einem die Illusion verleiht, in Italien zu sein. Ausgefeilte Planung und das milde Klima machten es möglich. Besonders schön ist der Garten im Sommer, der hier schon früh beginnt. Ab Mai setzt die Hauptblütezeit ein, und spätestens im Juni („weather permitting!") bietet die reichhaltige Flora eine Symphonie der Farben. Aber auch außerhalb dieser Saison, und außerhalb des italienischen Teils des Gartens, hat Garinish Island einiges zu bieten. So ist ein eigener Bereich Farnen aus Neuseeland gewidmet. Und ein im japanischen Stil angelegter Garten begeistert durch sehr schöne Bonsai-Bäume. ⊙ April–Okt ab etwa 10 bis mind. 16 Uhr, Eintritt 5 € (die Überfahrt zur Insel kostet etwa 10 € und muss gesondert bezahlt werden).

Auf der Fahrt nach Garinish Island sind häufig Robben zu beobachten, die hier im Naturhafen leben und sich mitunter ausgiebig auf den kleinen Felseninseln sonnen. Auch Rundfahrten zu den verschiedenen Robbeninseln werden angeboten.

ÜBERNACHTUNG UND ESSEN

Das **Glengarriff Eccles Hotel**, an der Bantry Bay gegenüber von Garinish Island, ☎ 027-63093, 🖳 www.eccleshotel.com, ist eines der ältesten Hotels Irlands mit 66 Zimmern. Hier haben schon George Bernard Shaw und William Butler Yeats logiert. ❷–❹
Glengarriff Park Hotel, The Village, ☎ 027-63000, 🖳 www.glengarriffpark.com. Modernes Hotel im Zentrum mit 26 recht großen und hellen Zimmern. Sehr rustikale Einrichtung. Mit Bar und Bistro. ❷–❹
In Glengarriff gibt es zahlreiche Einkehrmöglichkeiten – an der Hauptstraße finden sich Cafés und Pubs.

🔲 **Blue Loo Bar**, ☎ 027-63167. Wer etwas Besonderes sucht, sollte auf die Blue Loo Bar zusteuern. In diesem eher einfachen, aber sehr bunt bemalten Pub werden die besten

West Cork und Halbinsel Beara

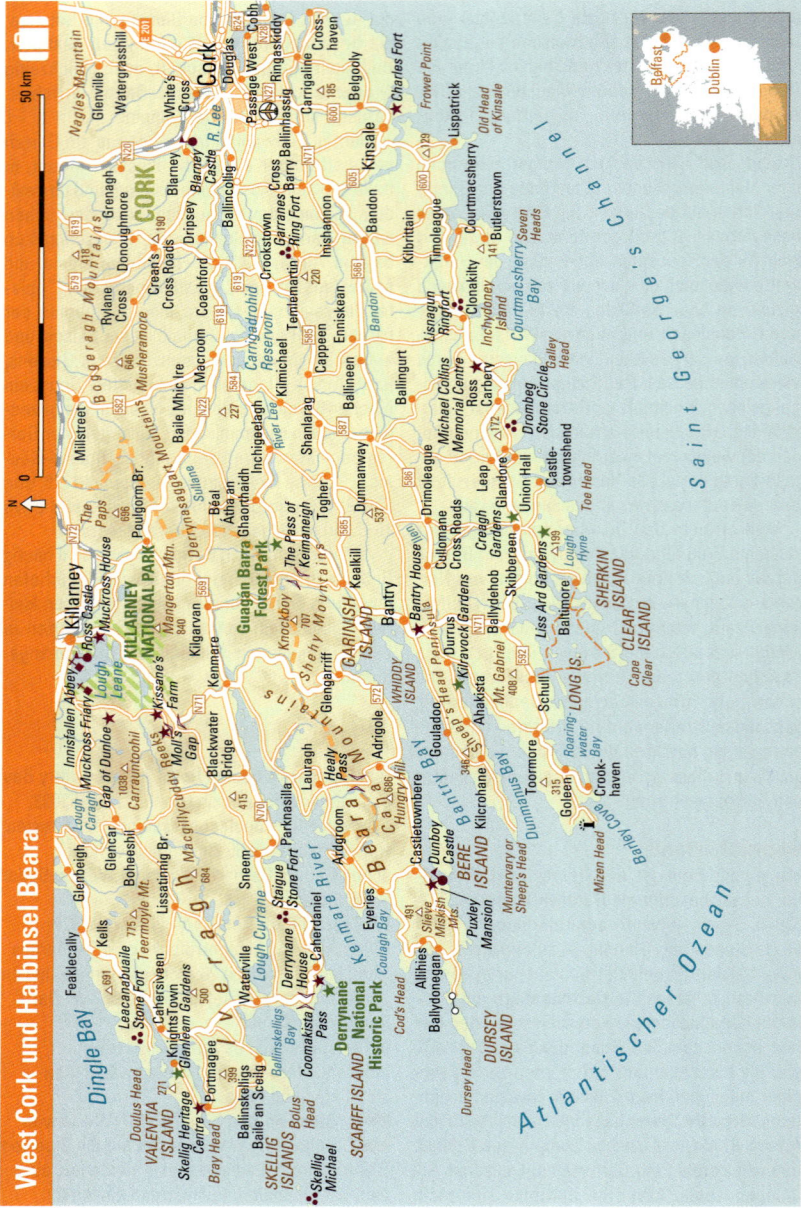

Sandwiches des Ortes zubereitet. Die Klientel ist so bunt wie das Wandgemälde.

INFORMATIONEN

Tourist Information Glengarriff, Main St.,
🖳 www.glengarriff.ie.

TRANSPORT

Busse nach:
CASTLETOWNBERE (Linie 236), mehrmals tgl., 50 Min.
CORK (Linie 236 oder 252), über Bantry und Bandon, mehrmals tgl., 2 1/2 Std.

Halbinsel Beara

Kahle Landschaften, schroffe Felsen und malerische Dörfer – die Beara Peninsula droht langsam, dem nur etwas weiter nördlich, jenseits des Kenmare River gelegenen Ring of Kerry den Rang abzulaufen. Zumal die ungefähr 140 km lange Ring of Beara, 🖳 www.ringofbeara.com, rund um die Halbinsel ähnliche Landschaftseindrücke bietet. Dass sie zum Geheimtipp unter Irlandfreunden werden konnte, hat sie keineswegs nur sich selbst zu verdanken – der Ruf des Ring of Kerry als „typische Touristenroute" hat dazu geführt, dass die auf Individualität pochenden Massen den Ring of Beara zu ihrer typischen Touristenroute erkoren haben.

Fahrt auf dem Ring of Beara

Der klassische Einstiegspunkt in den Ring of Beara ist **Glengarriff**. Von hier bildet die R572, die am Nordufer der Bantry Bay entlangläuft, den ersten Teil der Route über Adrigole und Castletownbere bis zum „Ende der Welt", das von der Seilbahn nach Dursey Island markiert wird.

Der Ring of Beara verlässt Glengarriff in südwestlicher Richtung und führt unterhalb des Shrone Hill an der Küste entlang. Bei **Adrigole** geht es kurz landeinwärts, danach aber sofort wieder nach Süden und dann nach Westen. Der oft bedrohlich aussehende und wenig vertrauenserweckend benannte *Hungry Hill* liegt jetzt zur Rechten, links taucht Bere Island auf.

Castletownbere

Nach wenigen Kilometern ist der Hafenort Castletownbere, Heimat von *McCarthy's Bar* (S. 609), erreicht. Bei entsprechendem Wind ist das Hauptprodukt des Ortes sofort zu riechen: In Castletownbere liegt ein großer Teil der irischen Fischereiflotte, darunter einige der größten Trawler überhaupt. Was den Vorteil hat, dass man im Ort immer gut Fisch essen kann und der „Fang des Tages" sich oft auf den Speisekarten niederschlägt. Ansonsten hält sich der Ort mit ein wenig Tourismus und der Versorgung des Umlandes mit dem Lebensnotwendigen über Wasser. In früheren Zeiten spielte auch der Schmuggel eine wichtige Rolle im örtlichen Wirtschaftsleben. Castletownbere ist keine schöne Stadt, aber interessant genug für einen Spaziergang.

Wanderungen mit Panoramablick

Wer auf die Berge kraxelt, wird mit einem fantastischen Ausblick über die gesamte Bantry Bay im Osten, hinüber zum Sheep's Head im Süden, auf Fair Head im Westen und die hinter Castletownbere im Norden aufragenden **Slieve Miskish** Mountains belohnt. Die gesamte Strecke beträgt rund 15 km und ist in fünf Stunden zu bewältigen, sodass ein Tagesausflug möglich ist. Vom **Pier** aus geht der Weg zunächst landeinwärts und folgt dann der Beschriftung des **Beara Way** nach Osten, wo der **Martello Tower** und ein einsam stehender Monolith auf den Wanderer warten. Danach geht es zwischen den Gipfeln von **Coomastooka** und **Knockanallig** in Richtung Westen, der Weg führt am Signalturm vorbei und schließlich zum **Leuchtturm am Ardnakinna Point**. Von dort geht es nach Norden, langsam wieder zurück in bewohntes Gebiet und schließlich zum **Pier**. Zu beachten ist, dass hinter dem Signalturm eine sehr schlecht erkennbare Strecke des Weges liegt, hier sollte vor allem bei schlechterem Wetter die etwas östlich vom Signalturm nach Norden führende Straße als Alternative genutzt werden. Eine gute Karte sollte man sich aus der OSi-Reihe besorgen, wenn man nicht auf den Hauptwegen bleibt!

DER SÜDWESTEN

Abstecher zur Bere Island

Von Castletownbere aus verkehrt auch die Fähre nach **Bere Island**, 🖥 www.bereisland ferries.com. Die Insel ist ideal für kurze oder längere Wanderungen für jede Fitness-Stufe, bei denen man meist mutterseelenallein in der freien Natur ist. Dabei empfiehlt es sich, eine Karte und vielleicht einen Kompass mitzuführen; die Insel ist nicht groß, die Wege aber sind nicht immer gut überschaubar. Wichtig ist es auch, die Abfahrtzeiten der Fähren im Kopf zu haben.

Puxley Mansion

Etwa 4 km südwestlich von Castletownbere liegen das **Dunboy Castle** und das **Puxley Mansion**. Von der Burg sind kaum noch Überreste erkennbar, sie wurde Anfang des 17. Jhs. im Rahmen von Kriegshandlungen zerstört. Ganz in der Nähe errichteten dann die Großgrundbesitzer aus der Familie Puxley ihr stattliches Herrenhaus. Sie hatten im 19. Jh. durch die Kupfervorkommen auf der Halbinsel ein beachtliches Vermögen angesammelt. Und wurden zum literarischen Vorbild einiger Personen in Daphne du Mauriers Roman *Hungry Hill*. Das Herrenhaus stand über Jahrzehnte als Ruine da und war ein beliebtes Ausflugsziel sowie Fotomotiv. In den Zeiten des „Celtic Tiger" sollte ihm neues Leben eingehaucht werden, mit kompletter Renovierung und Umbau zum Luxushotel. Jetzt ist jedoch, in Ermangelung von Geldmitteln, aus der romantischen Ruine eine weitaus weniger romantische Bauruine geworden.

Dursey Island

Ab Castletownbere geht es dann wieder weiter nach Westen, wo irgendwann der Weg endet. Zumindest für Autofahrer, denn am äußersten Ende der Beara Halbinsel geht es nur noch mit der **Seilbahn** weiter nach Dursey Island. Eine Touristenattraktion für sich – nicht die Insel, sondern die Seilbahn, die einzigartig in Irland ist. Mit ihr werden Personen, Waren und gelegentlich auch Vieh über das tosende Meer vom Festland zur kleinen Insel Dursey gebracht. Eine Insel, die außer zwei kleineren Ansiedlungen, einer Straße und einigen Seevögeln nichts zu bieten hat, und doch von einsamkeitsliebenden Wanderern geschätzt wird.

Allihies

Nach dem Besuch der Seilbahn muss für eine kurze Strecke dieselbe Straße zurückgenommen werden, danach zweigt man nach links und nach Norden ab, auf die R575 nach Allihies. Dies war bis in die 1930er-Jahre ein intensiv genutztes Bergbaugebiet, weit mehr als 1000 Menschen arbeiteten hier in den Kupferminen. Unter Arbeitsbedingungen, die immer noch direkt aus der viktorianischen Zeit zu stammen schienen. Auch heute noch können Besucher die Überbleibsel der Kupferindustrie deutlich sehen, zahlreiche Schornsteine und Abraumhalden stehen als stumme Zeugen in der Landschaft.

Von Allihies nach Lauragh

Danach wird die Landschaft einsamer und schöner, im Norden liegen die **Coulagh Bay**, **Ballycrovane Harbour** und dahinter die breite Mündung des Kenmare River. Und hinter ihm sieht man, zumindest bei gutem Wetter, Eagles Hill auf der Halbinsel Iveragh, hier verläuft der benachbarte Ring of Kerry. Auf dem weiteren Weg begeistert die an der Vorgeschichte interessierten Reisenden meist der **Ardgroom Stone Circle**, andere werden sich eher die bunten Häuser des kleinen Dorfes **Eyeries** ansehen. In der Ortschaft **Lauragh** schließlich sind die **Derreen Gardens**, ☎ 064-83588, 🖥 www.derreengarden.com, zumindest für Gartenfreunde einen kleinen Abstecher wert. ⏰ tgl. 10–18 Uhr, Eintritt 7 €.

Caha Mountains oder über den Healy Pass?

In Lauragh, das schon im County Kerry liegt, muss eine Entscheidung gefällt werden. Für die Vollendung des Ring of Beara bieten sich hier zwei Möglichkeiten an, beide führen zurück nach Glengarriff. Die herkömmliche und etwas kürzere Strecke führt über die R574 und mitten durch die **Caha Mountains**. Eine steile Strecke, die jedoch in der Nähe des 325 m hohen **Healy Pass** sehr schöne Ausblicke in alle Richtungen bietet. Bei schönem Wetter ein echter Genuss, bei Regen und Nebel eine echte Herausforderung. Danach führt die Straße bergab nach Adrigole und dann wieder über die R572 zurück nach Glengarriff, mit einem Blick auf Whiddy Island und Bantry im Abendlicht. Die Alternative ist die Weiterfahrt auf der R571 bis fast nach Kenmare

Eine Wanderung auf Dursey Island beginnt an der Seilbahn und nimmt fast fünf Stunden in Anspruch, der Rundweg hat eine Länge von 14 km. Direkt an der „Landestelle" folgt man einer kleinen Straße nach Westen. Es geht vorbei an einer Klosterruine und den letzten Resten der Burg auf der kleinen, vorgelagerten **Insel Illanebeg**, der kurz danach folgende „Ort" **Ballynacallagh** besteht ebenfalls fast nur noch aus Ruinen. Seit dem Zweiten Weltkrieg sind fast alle Bewohner weggezogen. Im weiteren Verlauf der Straße sind bronzezeitliche Monumente, das Dorf **Kilmichael** und schließlich der Rest des Örtchens **Tilickafinna** zu sehen. Von hier aus geht es dann immer geradeaus bis zum **Dursey Head**. Auf der kleinen, vorgelagerten Insel **The Calf** erkennt man noch die Überreste eines Leuchtturms. Für den Rückweg ist ab Tilickafinna wieder der Beara Way ausgeschildert, der an einem Signalturm vorbei über den Felsrücken nach Ballynacallagh führt. Die Straße bringt dann den ermüdeten Wanderer zurück zur Seilbahn. Informationen zu deren eingeschränkten Fahrtzeiten und aktuellen Kosten finden sich unter ⌨ www.durseyisland.ie.

und dann über die oben schon beschriebene N71 nach Glengarriff. Beide Strecken haben ihren Reiz.

ÜBERNACHTUNG

Allihies

€ **Allihies Hostel**, ✆ 027-73107, ⌨ www. allihieshostel.net. Haus mitten im Dorf, das von Vater und Tochter betrieben wird, die bereitwillig Auskunft zur Region geben. Sehr gut geeignet für Familien mit Kindern, Spielplatz in der Nähe, Familienzimmer vorhanden. Fahrradverleih kann arrangiert werden. ⊕ März–Okt. ❶–❷

Sea View Guest House, Cluin Village, ✆ 027-73004, ⌨ www.allihiesseaview.com. Guesthouse mit 10 Zimmern in abgeschiedener Lage. Basis für einen Tagesausflug auf Dursey Island oder einfach zum Entspannen. ❸

Castletownbere

Sea Breeze B&B, ✆ 027-70508, ⌨ www. seabreez.com. Etwa 1,5 km östlich von Ortskern und Fähre nach Bere Island, schöne große Zimmer mit Blick auf den Hafen oder die Caha Mountains. TV, gutes Frühstück. ❸

Eyeries

Coulagh Bay House B&B, ✆ 027-74013, ⌨ www.coulaghbayhouse.com. B&B nahe dem Ortskern mit angenehmen großen Räumen, die auch eine schöne Aussicht auf Coulagh Bay

oder die Caha Mountains bieten. Besonders schön: von einem sehr großen Wintergarten aus kann man die teilweise spektakulären Sonnenuntergänge gemütlich beobachten. ❸

Lauragh

€ **Glanmore Lake Hostel**, ✆ 064-6683181. Ein ehemaliges Internat etwas außerhalb des Ortes, das zu einer durchaus gemütlichen Jugendherberge umgewandelt wurde (nur von Mai bis September geöffnet). Am Fuß des Healy Pass und ideal für Wanderer auf dem Beara Way gelegen. Familienzimmer vorhanden, müssen aber vorbestellt werden. Bett ab 16 €.

ESSEN

€ Kulinarische Entdeckungen kann man auf der Beara Halbinsel kaum machen – am ehesten lohnt es sich, in Castletownbere einzukehren, im **Copper Kettle** am Square, ✆ 027-71792. Günstiger isst man hier, wo relativ einfache „Sattmachportionen" serviert werden. Auf die guten Backwaren sollte man trotzdem nicht verzichten.

UNTERHALTUNG

Auch wenn es mittlerweile ein Klischee ist, bei einem Besuch darf der Abstecher in **MacCarthy's Bar**, Main St., Castletownbere, ✆ 027-70014, nicht fehlen. Ja, genau, es ist der Pub auf dem Titelbild von Pete McCarthys

DER SÜDWESTEN

Unterwegs auf dem Beara Way

- **Strecke**: Beara Way gesamt: 196 km; beschriebene Route: 116 km (ohne Abstecher)
- **Dauer**: mind. 6 Tage
- **Steigungen**: insgesamt sind 5300 m Steigung zu bewältigen, teilweise über steile Strecken
- **Wegbeschaffenheit**: allgemein gut, etwa 40 % befestigte Straßen, abseits davon sind die Wege z. T. unbefestigt und überwuchert
- **Ausschilderung**: an einigen Stellen schlecht sichtbar oder fehlend, Kartenmaterial und Kompass sind unerlässlich
- **Karten**: OSI Discovery Series Sheet 84 und 85, 🖥 www.osi.ie
- **Website**: 🖥 www.bearatourism.com/beara-way.html

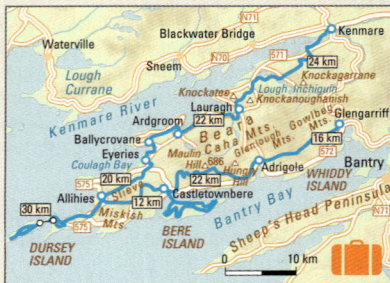

Die Halbinsel Beara liegt auf der Grenze zwischen den Counties Kerry und Cork und ragt fast 50 km in den Atlantik hinein. Verglichen mit den großen Halbinseln des Südwestens ist sie immer noch wenig erschlossen. Außer Landwirtschaft und Fischerei gibt es hier kaum Erwerbsmöglichkeiten, sodass in den 1990er-Jahren mehr als 400 Landbesitzer an der Schaffung des Beara Way teilnahmen, der den Tourismus fördern sollte. Der fast 200 km lange Fernwanderweg beschreibt eine kreisförmige Route, der klassische Start- und Zielpunkt ist Glengarriff. Viele Wanderer bevorzugen es, nur Teile der Strecke zu gehen. Auch die folgende Streckenempfehlung schließt den Kreis nicht, sie beginnt in Glengarriff und endet schon in Kenmare, beinhaltet jedoch die schönsten Abschnitte des Rundweges.

Die Route

1. Tag (16 km)
Von Glengarriff nach Adrigole
Durch die Wälder von Glengarriff geht es hinein in die Glenlough Mountains. Dabei werden sowohl Feldwege als auch Straßen benutzt, teilweise geht es über Weideland und auch eine Strecke am Fluss Magannagan entlang. Nahe dem Gowlbeg Mountain wird ein Pass überquert, bis man das Dorf Adrigole erreicht, in dem man übernachten kann. Wegen einiger Steigungen muss mit rund fünf Stunden Zeit für die Wanderung gerechnet werden.

2. Tag (22 km)
Von Adrigole nach Castletownbere
Dieses Wegstück, das einige wunderschöne Ausblicke über die Bantry Bay bietet, wird schon etwas anstrengender. Der Weg weist viele Steigungen auf und zieht sich über Feldwege an den Hängen des Hungry Hill und des Maulin Hill entlang. Nach sechs Stunden erreicht man Castletownbere, einen Fischereihafen mit einer Reihe guter Unterkünfte. Eine Option nach dieser Etappe ist ein Tagesausflug nach Bere Island (20 km) mit weiterer Übernachtung in Castletownbere.

3. Tag (12 km)
Von Castletownbere nach Allihies
Die nächste Teilstrecke führt durch die Slieve Miskish Mountains, teilweise durch Tannenwälder, aber auch über offenes Terrain mit herrlichen Aussichten. Teilweise führt der Weg an den Ruinen alter Siedlungen vorbei, der Zielort Allihies schließlich ist noch von einigen längst aufgege-

benen Kupferminen eingefasst. Man kann sich Zeit lassen – die Wanderstrecke ist in drei Stunden zu bewältigen. Von Allihies aus besteht die Option, am nächsten Tag zu Fuß und mit der einmaligen Seilbahn Dursey Island (s. Kasten S. 371) zu besuchen. Dies wäre insgesamt ein Ganztagsausflug, bei dem etwa 30 km zu Fuß zurückgelegt werden müssten. Die Übernachtung wäre jeweils in Allihies.

4. Tag (20 km)
Von Allihies nach Eyeries
Meist an der Küste entlang geht es über alte Straßen, die früher von den Bergwerken genutzt wurden, entlang der Coulagh Bay nach Eyeries. Die Aussicht auf den in das Meer fließenden Kenmare River ist teilweise sehr schön. Bei Ballycrovane führt der Weg an einem fast 5 m hohen stehenden Stein vorbei. Es gibt einige Steigungen auf dieser Strecke, die etwa sechs Stunden in Anspruch nimmt. Die Übernachtung erfolgt in Eyeries.

5. Tag (22 km)
Von Eyeries nach Lauragh
Von Eyeries geht es danach über die steilen Flanken des Gortbrack und am Cleanderry Harbour vorbei in das nette kleine Dorf Ardgroom, dann weiter nach Lauragh. Auf der Strecke sind einige

Reste prähistorischer Anlagen zu entdecken, die meisten Wanderer wird jedoch die Natur beeindrucken, vor allem am Ende der Tagesetappe. Die Vegetation ist hier fast subtropisch. Am Ende der Wanderstrecke, die in etwa sechs Stunden zu bewältigen ist, sollte die Übernachtung in Lauragh vorbestellt sein.

6. Tag (24 km)
Von Lauragh nach Kenmare
An den Ausläufern der Caha Mountains und Lough Inchiquin entlang führt diese Tagesetappe. Die Landschaft ist sehr abwechslungsreich, der Weg führt zwischen den Bergen Knockatee und Knockanoughanish über einen Pass, dann an den Hängen des Knockagarrane hoch, von wo aus eine Seenlandschaft zu bewundern ist. Bei Lough Inchiquin schließlich findet sich noch ein Steinkreis, bei dem eine Rast eingelegt werden sollte, bevor man über einen tatsächlich atemberaubenden Pass nach Kenmare gelangt. Die Tagesstrecke weist einige steile Stücke auf, mit ungefähr sechs Stunden ist auf jeden Fall zu rechnen. Danach kann man in einer bequemen Unterkunft in Kenmare (S. 385) ausspannen.

Praktische Tipps
Karten, ein Kompass und ausreichend Tagesverpflegung sind unerlässlich.

Die zerklüftete Küste der Halbinsel Beara wirkt oft bizarr.

© DUMONT BILDARCHIV/JÜRGEN MOORDW

Bestseller *McCarthy's Bar* (mit Bildbearbeitung wurde das erste „a" entfernt, damit es besser auf dem Titel wirkte). Und ja, er sieht immer noch genauso aus. Obwohl die kleine Kneipe samt Lebensmittelladen mittlerweile von Touristen teilweise überrannt wird, ist sie zumindest einen Blick wert. An ruhigen Tagen lässt sich hier auch gut eine kurze Pause einlegen.

TRANSPORT

Mehrere **Busse** tgl. nach CORK (Linie 236) von Castletownbere über Glengariff, Bantry und Bandon, 3 1/4 Std.

County Kerry

Kerry ist der irische Traum, von unzähligen Filmen, Büchern und Erzählungen genährt. So vertraut aus dem TV, als sei man schon dagewesen. Eine Landschaft voller Kontraste: mit schroffen Bergen, einsamen Küstenlandschaften, dem tosenden Atlantik und kleinen, verwunschenen Badebuchten. Grüne Wiesen erstrecken sich auf den Hochebenen und wechseln sich mit grauen Steinwüsten ab. Enge Straßen winden sich durch die herbe Landschaft und bieten weite Panoramablicke. Die wichtigsten Sehenswürdigkeiten von Kerry befinden sich auf zwei Halbinseln, die in den Atlantik hineinragen. Im Norden ist dies die Halbinsel von Dingle, direkt unterhalb die Halbinsel von Iveragh, die von dem mittlerweile fast legendären Ring of Kerry erschlossen wird.

Früher war zwar nicht alles besser, aber Kerry ein abgelegener Flecken, in den sich Reisende, die die irische Einsamkeit genießen wollten, mühsam durchschlugen. Heute hat sich dies geändert. Erst kam die Eisenbahn, mit eigenem Hotel, auch die Straßen sind besser geworden, und der irische Billigflieger Ryanair sorgte dafür, dass auf dem winzigen Kerry Airport in Farranfore, nur 15 km nördlich der Tourismus-Hochburg Killarney, im Sommer regelmäßig gut gefüllte Boeings voller erlebnishungriger deutscher Touristen landeten. Von Einsamkeit konnte da keine Rede mehr sein. Doch Kerry ist

nach wie vor eine Reise wert, auch wenn die wichtigsten Sehenswürdigkeiten in den Sommermonaten an manchen Tagen überlaufen sind. Wer Kerry in den Wintermonaten besuchen möchte, muss ebenfalls frühzeitig buchen, denn das Angebot an Unterkünften ist dann stark reduziert.

Killarney und Umgebung

Killarney ist die Touristenmetropole im Südwesten Irlands schlechthin. Seit Generationen zieht es Iren, Briten, Kontinentaleuropäer (darunter ein großer Anteil von deutschen Touristen) und Besucher aus den USA hierher. Denn bereits 1750 begann Lord Kenmare, in Killarney eine touristische Infrastruktur aufzubauen, im 19. Jh. war die Stadt bereits wichtiger Bestandteil der Reiseroute durch Irland. Die reizvolle Landschaft, die das Städtchen umgibt, war der ursprüngliche Grund, warum sich hier der Tourismus als Haupteinnahmequelle etablieren konnte. Killarney ist Irland aus dem Bilderbuch, selten ist die Natur malerischer, zugänglicher und gleichzeitig wohlgeordnet. Spätestens seit Königin Viktoria hier die liebreizende Landschaft mit ihren Seen und Bergen entdeckte, ist der kleine Ort in Kerry eines der meistbesuchten Touristenziele in Irland überhaupt, wovon zahlreiche Hotelbauten zeugen.

In der Innenstadt wechseln sich enge, von traditionellen Häusern gesäumte Gassen mit stark befahrenen Straßen ab, an denen Boutiquen und Andenkenläden ihre ohnehin schreiend bunten Schaufenster mit scheinbar ewig gültigen Ausverkaufs-Ankündigungen in Neonfarben plakatieren. Wer gut zu Fuß ist, hat den Stadtkern binnen einer halben Stunde erkundet – ein bunter Jahrmarkt vor irischer Kulisse.

St. Mary's Cathedral
Auffällig ist die St. Mary's Cathedral, ein im neogotischen Stil Mitte des 19. Jhs. entstandenes Prachtgebäude, geplant vom bekannten Architekten Pugin. Hier sammelten sich die von der Großen Hungersnot betroffenen Landbewohner in der Hoffnung auf Hilfe und Erlösung. Im Kirchhof kann man heute noch die Massen-

West Cork und Kerry haben eine fast endlos lange Küstenlinie mit fast unerschöpflichen Möglichkeiten, Waren aller Art unauffällig an Land zu bringen. Mit kleinen Buchten, die vom Festland aus uneinsehbar und deren Zugangswege nur wenigen Menschen und Ziegen bekannt sind. Kleine Höhlen, die ideale Warenlager abgeben. Kleine Häfen und Slipanlagen, wo wenig Fragen gestellt werden und ein weiteres Motorboot kaum auffällt. So nimmt es nicht wunder, dass hier früher etwa französischer Brandy in größeren Mengen ins Land kam. Und dass die Gegend auch heute noch bei einigen Transportunternehmern sehr beliebt ist.

Vor einigen Jahren wurde dies ganz besonders deutlich, als plötzlich Dutzende von wasserdicht verpackten Paketen auf dem Meere schwammen und ein Schnellboot Seenot meldete. Selbstverständlich, so beteuerten die Besatzungsmitglieder des Bootes, stünden beide Ereignisse in keinem Zusammenhang. Was ihnen niemand glaubte und ihnen kurze Zeit später langjährige Gefängnisstrafen einbrachte. Denn die von den Behörden aus dem Wasser gefischten Pakete enthielten Rauschgift von höchster Reinheit und einem Straßenwert, der dem Jahreshaushalt eines kleinen Staates entsprach. Was war passiert? Wie gelangte das Rauschgift ins Wasser? Welchen Fehler hatten die Schmuggler begangen? Sie hatten zwar einen recht guten Plan, die Rekordmenge Rauschgift nach Irland zu bringen, um von dort die weitere Verteilung nach Großbritannien zu organisieren. Die Pakete wurden von einem vorbeifahrenden Frachter übernommen und sollten mit dem Schnellboot an Land gebracht werden. Dass das Wetter nicht gerade ideal war, stellte sich als das kleinere Problem heraus. Als eklatanter Fehler erwies sich, dass man den falschen Treibstoff gebunkert hatte, sodass mitten auf See die PS-starken Motoren des Schmuggelbootes röchelnd ihren Geist aufgaben. So führte dann tatsächlich Kommissar Zufall zum größten bekannten Schlag gegen den organisierten Drogenschmuggel.

Alltag sind kleinere Funde, die oftmals auf Tipps von Informanten oder Unbekannten basieren. Wobei sich hartnäckig das Gerücht hält, dass so manche Bande unliebsame Konkurrenten verpfeift, nur um gleichzeitig 50 Seemeilen weiter das eigene Importgeschäft laufen zu lassen. Polizei und Marine sind ja beschäftigt …

gräber sehen, die schnell erforderlich wurden. Das Famine Memorial in der High Street erinnert ebenfalls an diese bitteren Zeiten.

Knockreer House

Nur wenige Gehminuten von der Kathedrale entfernt liegt in einem schönen Garten das Knockreer House, ein altes Herrenhaus und beliebtes Fotomotiv. Hier ist das Killarney National Park Education Centre untergebracht, in dem Kurse und andere Veranstaltungen für gebuchte Gruppen stattfinden.

Die wirklich bedeutenden Sehenswürdigkeiten liegen jedoch weit außerhalb der Stadt.

Gap of Dunloe

Ein beliebtes Ausflugsziel von Killarney aus ist die Gap of Dunloe. Das stellenweise **spektakuläre Tal** erstreckt sich zwischen den Macgillycuddy's Reeks und dem auch immerhin 822 m hohen Purple Mountain. Am einfachsten zu erreichen ist die Gap of Dunloe von der Hauptstraße aus, man folgt einfach den Wegweisern zum Kate Kearney's Cottage, 🖥 www.katekearneyscottage.com – vom einfachen „cottage" kann allerdings bei diesem Touristenmagneten keine Rede mehr sein. Hier verlassen die meisten Wanderer ihr Fahrzeug. Wer nicht wandern möchte, kann alternativ reiten oder mit einem der hier anzumietenden Pferdewagen durch das Tal fahren. Einer der Seen, der **Serpent Lake** (See der Schlange), soll übrigens der Orkus gewesen sein, in den der Hl. Patrick die Schlangen verbannt hat. Die Landschaft links und rechts der Straße aber ist die eigentliche Attraktion, ab dem Cottage sind es etwa 2,1 km gen Süden bis zur Aussichtsstelle auf dem Pass.

DER SÜDWESTEN

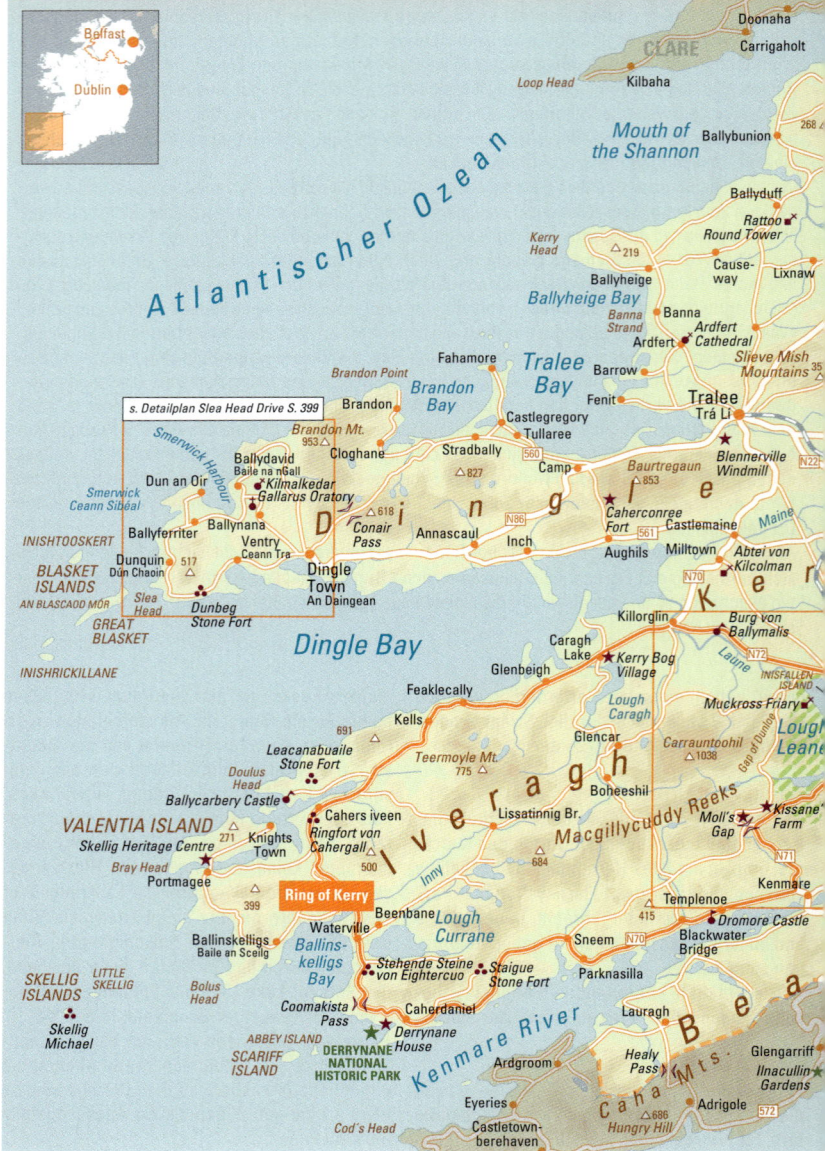

Belfast

Dublin

Doonaha
Carrigaholt

CLARE

Loop Head
Kilbaha

Mouth of
the Shannon
Ballybunion

268

Ballyduff

Rattoo
Round Tower

Kerry
Head
219

Cause-
way
Lixnaw

Ballyheige

Ballyheige Bay

Banna
Strand
Banna
Ardfert
Cathedral
Ardfert

Fahamore

Tralee
Bay
Barrow

Slieve Mish
Mountains
35

Brandon Point

Brandon
Bay
Fenit
Tralee
Trá Lí

Atlantischer Ozean

s. Detailplan Slea Head Drive S. 399

Brandon

Castlegregory

Tullaree

Smerwick Harbour

Brandon Mt.
953

Cloghane
Stradbally
560

Camp
Baurtregaun
853

Blennerville
Windmill
N22

Ballydavid
Baile na nGall

Dun an Oir

Kilmalkedar
Gallarus Oratory

D
i
n
g
l
e

Caherconree
Fort
561

Castlemaine

Smerwick
Ceann Sibéal

Ballynana

618

Conair
Pass

Annascaul

Inch

Maine

Inisteooskert

Ballyferriter

Ventry
Ceann Trá

N86

Aughils

Milltown

Abtei von
Kilcolman

N70

K
e
r

BLASKET
ISLANDS

Dunquin
Dún Chaoin
517

Dingle
Town
An Daingean

AN BLASCAOD MÓR

Slea
Head

Dunbeg
Stone Fort

GREAT
BLASKET

Killorglin

Burg von
Ballymalis

Dingle Bay

Caragh
Lake

Kerry Bog
Village

Laune

N72

INISHFALLEN
ISLAND

INISHRICKILLANE

Glenbeigh

Muckross Friary

Feaklecally

Lough
Caragh

Lougl
Lean

Kells

691

Glencar

Carrauntoohil
1038

Gap of Dunloe

Leacanabuaile
Stone Fort

Teermoyle Mt.
775

Boheeshil

Moll's
Gap

Kissane
Farm

Doulus
Head

Cahers iveen

Lissatinnig Br.

Macgillycuddy Reeks

Ballycarbery Castle

VALENTIA ISLAND
271

Skellig Heritage Centre

Knights
Town

Ringfort von
Cahergall

500

Inny

684

Kenmare

Bray Head

Portmagee

399

Ring of Kerry

Beenbane
Lough
Currane

Templenoe

415

Dromore Castle

N70

Blackwater
Bridge

SKELLIG
ISLANDS

LITTLE
SKELLIG

Bolus
Head

Waterville

Ballinskelligs
Baile an Sceilg

Ballins-
kelligs
Bay

Stehende Steine
von Eightercuo

Staigue
Stone Fort

Sneem

Parknasilla

Skellig
Michael

Coomakista
Pass

Caherdaniel

Kenmare River

Lauragh

B
e
a

SCARIFF
ISLAND

ABBEY ISLAND

DERRYNANE
NATIONAL
HISTORIC PARK

Derrynane
House

Ardgroom

Healy
Pass

Caha Mts.

Glengarriff

Ilnacullin
Gardens

Cod's Head

Eyeries

686
Hungry Hill

Adrigole

572

Castletown-
berehaven

s. Detailplan Killarney National Park S. 381

€ **Black Valley Hostel**, ☏ 064-6634712, 🖥 www.blackvalleyhostel.com. Ein von der Zivilisation weitgehend abgeschnittenes Hostel, das jedoch eine perfekte Übernachtung bei einer Wanderung auf dem Kerry Way bietet. 45 Betten in Schlafsälen und Familienzimmern, kleiner Laden während der Hauptsaison. Unbedingt reservieren. Bett im Schlafsaal 16 € (saisonabhängig).

Sugan Hostel, Lewis Rd., ☏ 064 6633104, 🖥 www.suganhostelkillarney.com. Nur 2 Min. zu Fuß von der Bushaltestelle und dem Bahnhof, und dank strenger Regeln (keine Partygruppen, kein Alkohol) relativ ruhig. Abends trifft man sich beim Torffeuer im Gemeinschaftsraum. Bett im Schlafsaal 16 € (saisonabhängig).

Fossa Holiday Hostel, Fossa, ☏ 064-6631497, 🖥 www.fossacampingkillarney.com. Hostel etwa 5 km westlich von Killarney mit 40 Betten. Kreditkarten werden akzeptiert, auch Camping möglich. Ein Stellplatz kostet 15 €, Bett im Schlafsaal 16 € (saisonabhängig).

Killarney Railway Hostel, Fairhill, ☏ 064-6635299, 🖥 www.killarneyhostel.com. Großes Hostel gegenüber der Bahnstation, recht ruhig und sauber. Rezeption hilft bei der Buchung von Touren und Fahrrädern. Bett im Schlafsaal 16 € (saisonabhängig), DZ ➊

Neptune's Town Hostel, Bishop's Ln., New St., ☏ 064-6635255, 🖥 www.neptuneshostel.com. Zentrales, recht modernes Haus mit einer großen Variation an Unterkunftsarten vom Schlafsaal bis zum Familienzimmer. Wird von Reisenden mit Kindern sehr gelobt. Bett im Schlafsaal 16 € (saisonabhängig), DZ ➊

🛏 **Murphy's of Killarney**, 18 College St., ☏ 064-6631294, 🖥 www.murphysof killarney.com. Recht gemütliches Guesthouse direkt im Stadtkern, mit 20 bequemen Zimmern. Diese wurden kürzlich renoviert und auf einen modernen Standard gebracht. Bar und Restaurant im Haus sind jedoch noch schön traditionell gehalten. Achtung – nicht unbedingt das leiseste Haus in Killarney, denn im Pub tanzt der Bär. ➌

Castle Lodge Guesthouse, Muckross Rd., ☏ 064-6631545, 🖥 www.castlelodgekillarney.ie.

Guesthouse am Eingang zum Nationalpark, etwa 1 km südlich des Stadtkerns mit 24 recht komfortablen Zimmern. Wer ein geräumiges Zimmer haben möchte, sollte dies bei der Buchung unbedingt sagen – teilweise sind die Räume etwas knapp geschnitten. ❸

Killarney Plaza Hotel & Spa, Town Centre, ☎ 064-6621111, 🖥 www.killarneyplaza.com. Elegantes Hotel im Stadtkern, rund 200 Zimmer, relativ anonym, aber mit sehr guter Ausstattung. Swimming Pool und Wellnessangebote. ❹–❺

Muckross Park Hotel & Spa, Lakes of Killarney, ☎ 064-6623400, 🖥 www.muckrosspark.com. Luxushotel im Nationalpark mit 68 Zimmern und eigener Golfanlage. Sehr ruhig. Bietet alles, was man sich für einen erholsamen Aufenthalt wünschen kann, etwa mehrere Bars und Restaurants und ein Fitness- und Verwöhnprogramm im eigenen Spa. ❻

ESSEN

🍴 **Gaby's Seafood**, 27 High St., ☎ 064-6632519. Mehrfach ausgezeichnetes, hervorragendes Restaurant mit einer (trotz des Namens) recht umfangreichen Auswahl bis zu Lamm und vegetarischen Gerichten. Erstklassige Qualität, die jedoch ihren Preis hat. Reservieren.

Killarney und seine „Jarveys"

Im Stadtzentrum von Killarney warten zahlreiche *jarveys*, die seit Generationen mit der Pferdekutsche Touristen kreuz und quer durch die Stadt fahren. Eine solche Fahrt gehört zum Standardprogramm einfach dazu – wobei es zur Hochsaison schwierig wird, eine freie Kutsche zu finden. In der Nebensaison dagegen überschlagen sich die Kutscher geradezu im Lobpreis auf ihre Leistung und unterbieten sich gegenseitig in dramatischen Wettbewerben. Manchmal wird man den Eindruck nicht los, dass dies alles ein abgekartetes Spiel ist und die Droschkenkutscher eine Art südwestirische Mafia bilden. Dem Reiseschriftsteller Pete McCarthy jedenfalls waren die *jarveys* äußerst suspekt. Ein angenehmes Vergnügen ist die Kutschfahrt durch Stadt und Park dennoch.

Murphy's Bar, 18 College St., ☎ 064-6631294, 🖥 www.murphysofkillarney.com. Traditioneller Pub mit verschiedenen Speisen als Imbiss oder auch Hauptmahlzeit. Das benachbarte **Lord Kenmare's Restaurant** ist ebenfalls empfehlenswert, jedoch etwas teurer.

Park Hotel, Kenmare Pl., ☎ 064-6635555, 🖥 www.killarneyparkhotel.ie. Großflächiges Restaurant mit moderner Möblierung. Vernünftige Speisekarte, klassisch-kreative Küche. Klaviermusik. Reservieren.

UNTERHALTUNG UND KULTUR

Für Killarney gilt: einfach den Straßen der Innenstadt folgen, auf Musik und Unterhaltung lauschen und dann irgendwo hineinschlüpfen und eine Zeit lang verweilen. Das Angebot an Unterhaltung deckt das komplette Spektrum von Rockmusik bis hin zur aktuellen irischen Schlagerparade ab, dazu Comedy und Tanzabende von traditionell bis Gesellschaftstanz.

Buckley's Bar im Arbutus Hotel, College St., ☎ 064-6631037, 🖥 www.arbutuskillarney.com. Als Pub mit traditioneller Musik bekannt und das „Herz der Volksmusikszene" – im Sommer ist hier jeden Abend Session.

The National Events Centre, Muckross Rd., ☎ 064-6671555, 🖥 www.inec.ie. Buntes Programm, das vor allem auf die zahlreichen irischen Besucher zugeschnitten ist, mit Musicalshows, Theater, Konzerten und Comedy.

O'Connor's in der High St., ☎ 064-6631115. Ein beliebter Pub mit Unterhaltungsprogramm. Unglücklicherweise ist das Haus recht klein und daher schnell überfüllt.

EINKAUFEN

Wer sich mit „typisch irischen Souvenirs" eindecken will, hat in Killarney die große Auswah – von Kunst bis Kitsch und nicht unbedingt immer zu Schnäppchenpreisen. Letzteres ist allerdings ein Verkaufsargument im **Killarney Outlet Centre**, Fair Hill, ☎ 064-6636744, 🖥 www.killarneyoutletcentre.com. Bis zu 70 % Rabatt auf Markenware, allerdings nicht immer aus der aktuellen Kollektion. ⏰ Mo–Sa 10–18, So 12–18 Uhr.

Killarneys Straßen sind selten so leer …

AKTIVITÄTEN UND TOUREN

Reitausflüge durch die Natur bietet **Killarney Riding Stables**, Ballydowney, ✆ 064-6631686, 🖥 www.killarney-riding-stables.com, an. Dabei rangiert das Angebot von Kurzritten ab einer Stunde bis zur einwöchigen Tour durch Kerry. Wandertouren veranstaltet **Killarney Guided Walks**, ✆ 087-6394362, 🖥 www.killarney guidedwalks.com. Vom zweistündigen Spaziergang durch den Ort selbst bis zum Erklimmen des Carrauntoohil wird hier ein abwechslungsreiches Programm angeboten.

Wer es bequem und doch romantisch-schön haben möchte, kann eine **Killarney Day Tour**, ✆ 064-6631068, 🖥 www.killarneydaytour.com, buchen: Vom Ortskern geht es mit dem Bus zu Kate Kearney's Cottage, von dort per Pferdewagen durch die Gap of Dunloe zum Lord Brandon's Cottage, weiter mit dem Boot zum Ross Castle und dann wieder mit dem Bus zurück.

INFORMATIONEN

Tourist Information Killarney, Beech Rd., ✆ 064-6631633, Infos auch unter 🖥 www. killarney.ie.

NAHVERKEHR

Flughafenbusse verkehren zum **Kerry Airport**.

TRANSPORT

Busse

Die **Bushaltestelle** befindet sich neben dem Bahnhof, Infos unter 🖥 www.buseireann.ie oder Killarney Bus Station, ✆ 064-6630011.
CORK (Linie 40), stdl., 1 1/2 Std.
LIMERICK (Linie 14), tagsüber mehrfach, 2 1/2 Std.
TRALEE (Linie 40), stdl., 3/4 Std.

Eisenbahn

Der **Bahnhof** liegt in der Park Rd.
Killarney liegt auf der Strecke von TRALEE nach CORK bzw. DUBLIN (meist mit Umsteigen in Mallow). Tgl. etwa 8 Züge pro Richtung, ca. 3 1/4 Std.

Flüge

Der **Kerry International Airport**, 🖥 www. kerryairport.ie, in Farranfore, ein einfacher Flughafen etwa 15 km nördlich von Killarney, wird von Ryanair, 🖥 www.ryanair.com, auch direkt ab Deutschland (Frankfurt-Hahn und Berlin-Schönefeld) angeflogen. Die Zahl der Flüge ist extrem schwankend.

Killarney National Park

Der direkt südlich von Killarney gelegene **Killarney National Park**, 🖳 www.killarneynationalpark.ie, ist Biosphärenreservat und zugleich Irlands Vorzeige-Naturschutzgebiet. Der Park hat insgesamt eine Fläche von mehr als 100 km² und umfasst mehrere Seen, darunter den Lough Leane, Muckross Lake und den Upper Lake, dichte Wälder, karge Felslandschaften und einige landwirtschaftliche Flächen. Skurrilerweise sind die meisten Touristen erst einmal von den fast überall prachtvoll blühenden Rhododendren begeistert, die sich allerdings zu einer wahren Landplage entwickelt haben und denen die Parkbehörde radikal zu Leibe rückt. Die importierten Gehölze schaffen es nämlich, das natürliche Ökosystem zu zerstören. Deshalb werden die Büsche mit Stumpf und Stiel ausgerottet und verbrannt.

Muckross House

Die zumindest spirituelle Mitte des Nationalparks bildet das 1843 erbaute Muckross House,

---

Eine Farm in Irland

Wie das irische Farmleben in den 30er-Jahren des letzten Jahrhunderts aussah, erlebt man hautnah auf den **Muckross Traditional Farms**, ✆ 064-6670144, 🖳 www.muckross-house.ie, 7 km südwestlich des Ortskerns im Muckross Estate (und gut ausgeschildert). Hühner gackern, Pferde werden vor den Pflug gespannt und Schweine artgerecht gehalten. Mehrere Bauernhöfe wurden in ihren traditionellen Zustand zurückversetzt und auf historische Anbaumethoden umgestellt. Sie sind weitgehend für das Publikum geöffnet, das Personal gibt gerne Erklärungen. ⏲ Juni–Aug tgl. 10–18, Mai und Sep 13–18, März, April und Okt an Wochenenden und Feiertagen 13–18 Uhr, Eintritt 9,25 €.

✆ 064-6670144, 🖳 www.muckross-house.ie, ein **viktorianisches Herrenhaus**, dessen Inneneinrichtung den typischen Geschmack der Epoche wiedergibt. Es wird seit Langem nicht mehr für Wohnzwecke genutzt und ist ein reines Museum. Interessant wird es vor allem durch den Kontrast zwischen den herrschaftlichen Obergeschossen und den traditionellen Werkstätten im Untergeschoss. In den Ateliers arbeiten Töpfer, Buchbinder und Weber nach alten Handwerkstechniken, in einem kleinen Laden kann man die Produkte erstehen. Die zum Haus gehörigen Gärten begeistern vor allem durch ihre botanische Vielfalt, die allerdings oftmals Importware ist. Vor allem die riesigen Rhododendren, die hier noch gehegt und gepflegt werden, und die Azaleen sorgen während der Blüteperiode für ein überwältigendes Farbenmeer. Dabei geraten dann die mehr formellen und weniger bunten Wasser- und Steingärten schnell ins Hintertreffen der Aufmerksamkeit. ⏲ tgl. 9–17, Juli und Aug bis 19 Uhr, Eintritt 9,25 €.

Muckross Abbey

Die **Muckross Abbey**, ein ehemaliges Kloster der Franziskaner in der Nähe der Muckross Traditional Farms, ist die am besten erhaltene Einrichtung des Ordens in Irland. Die Mönche wurden zwar 1652 während der Feldzüge des Oliver Cromwell vertrieben, es kam jedoch nicht zu allzu starken Zerstörungen. Beachtenswert sind der im Verhältnis zum Kirchenschiff sehr breite Turm und der vollständig erhaltene Kreuzgang mit seinen angrenzenden Gebäuden, die oberen Stockwerke mit Seeblick.

Der Blick schweift hier über den **Lough Leane** oder (etwas bescheidener) Lower Lake, den größten der bekannten Seen von Killarney, der zusammen mit dem kleinen **Muckross Lake** und dem langgezogenen **Upper Lake** eine zusammenhängende Wasseroberfläche bildet.

Ross Castle

Die meisten Touren über den See beginnen am Ross Castle, ✆ 064-6635851, 🖳 www.heritageireland.ie, einer Festungsanlage aus dem 15. Jh. Die Burg ist zwar nicht mehr vollständig erhalten, flößt aber durch ihre Lage und durch ihr massives Turmhaus auch heute noch Respekt

N

0   10 km

Killorglin

Láune River

Fossa

Killarney
Cill Áirne

Beaufort

Fossa Holiday Hostel

Killarney Riding Stables

Knockrear House

St. Mary's Cathedral

BROWN ISLAND

Ross Castle

Kate Kearney's Cottage

INNISFALLEN ISLAND

Tomies Wood

Muckross Abbey

Fleck River

Serpent Lake

Lough Leane

Gap of Dunloe

KILLARNEY NATIONAL PARK

DINIS ISLAND

Muckross House, Muckross Traditional Farms

Muckross Lake

Macgillycuddy Reeks

Purple Mountain

Torc Mountain

Lough Guitane

Upper Lake

Torc Waterfall

Devil's Punch Bowl

Cappagh River

Black Valley

Ladies' View

Derrycunnihy Cascade

Mangerton Mountain

Moll's Gap

Kilgarvan

Belfast

Dublin

Kenmare

ein. Einen Respekt, der Cromwells General Ludlow vollkommen fehlte, als er die als uneinnehmbar geltende Festung erobern wollte. Ob es nun ein ausgeklügelter Plan oder ein großer Zufall war, Ludlow brachte während der Belagerung nicht nur militärische Strategien, sondern auch eine alte Legende ins Spiel. Um die Burg besser beschießen zu können, nutzte er ein Boot auf dem Lower Lake als Artillerie-Plattform. Das brachte die Verteidiger in Panik, denn es hieß, dass Ross Castle nur durch einen Angriff vom See aus erobert werden könne. Die Kapitulation erfolgte auf dem Fuße, sodass die heute zu besichtigende Festung von den größten Zerstörungen verschont blieb. ⏱ März–Okt tgl. 9.30–17.45 Uhr, Eintritt 5 €.

Bootstour auf dem See

Am Anleger vor dem Ross Castle hat man die Wahl. Etwas bequemer und vor Regen geschützt fährt man auf den relativ großen **Wasserbussen**, die jedoch nur einen eingeschränkten Teil des Sees befahren können. Wesentlich flexibler ist dagegen eine Fahrt mit einem der **offenen, kleinen Boote**. Bei entsprechendem Verhandlungsgeschick – und finanziellen Anreizen – kann

Hillwalking auf dem Carrauntoohil

- **Dauer**: etwas unter 4 Std. für den Aufstieg, 6–7 Std. insgesamt
- **Wegbeschaffenheit**: teilweise gut, im Bereich der Devil's Ladder aber schwierig, kein ausgebauter Weg
- **Beschilderung**: keine, aber Weg gut erkennbar
- **Karten**: Ordnance Survey Ireland Discovery Series, Sheet 7
- **Weitere Informationen**: 🖳 www.kerrymountainrescue.ie/carrauntoohil-route-descriptions

Die Macgillycuddy's Reeks, im Irischen die Schwarzen Berge genannt, sind die fast alpine Region der Iveragh-Halbinsel und teilweise dicht bewaldet, eine Seltenheit in Irland. Fast unmittelbar am Ufer des Atlantiks ragen Irlands höchste Berge in den Himmel. Und der höchste davon ist der Carrauntoohil, dessen Gipfel immerhin 1038 m über dem Meeresspiegel liegt. Die Aussicht von hier oben ist dementsprechend dramatisch: Im Norden erkennt man bei gutem Wetter die Bucht von Dingle, das gesamte Seengebiet von Killarney liegt dem Bergwanderer zu Füßen, und der Atlantik erscheint zum Greifen nahe.

Nur für erfahrene Bergwanderer

Vor dieses Naturerlebnis hat Gott aber den Schweiß gesetzt – auf den Gipfel führt keine Seilbahn, der gesamte Aufstieg sollte auch nur von erfahrenen Bergwanderern gewagt werden. Man sollte sich vor Ort nach den Aufstiegsmöglichkeiten und den aktuellen Wegeverhältnissen erkundigen. Denn auch wenn **Cronin's Yard** (🖳 www.croninsyard.com) als idealer Startpunkt gilt, können aktuelle Wetterverhältnisse den Aufstieg vom Lough Acoose sinnvoller machen. Welche Route man auch immer wählt, festes Schuhwerk, geeignete Kleidung, ein paar Vorräte und vor allem eine gute Karte sind ein Muss. Ebenso, wie einer Person Bescheid zu sagen, wohin die Wanderung geht und wann man voraussichtlich zurückkommt. Ein mitgeführtes Handy hat nicht unbedingt überall Empfang.

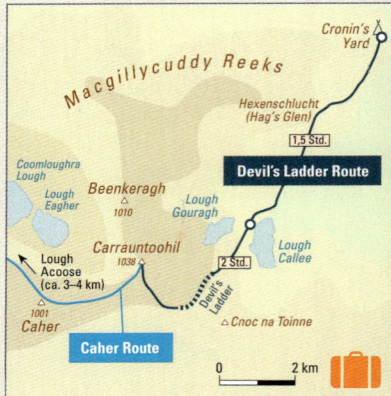

Die Route

Beginnt die Wanderung an der Jugendherberge, dann ist der Aufstieg durch die **Hexenschlucht (Hag's Glen)** bis zum **Lough Callee** auch von ungeübten Wanderern in rund 90 Minuten zu schaffen. Hat man allerdings das Reich der Hexe verlassen, beginnt hinter dem Bergsee gewissermaßen die Hölle – der nächste Teil des Weges ist als „Devil's Ladder", also die Leiter des Teufels, bekannt. Dies sollte zu denken geben, etwa zwei Stunden schwieriger Weg führen hier zum Gipfel. Die Mannschaft der Bergrettung wird es den nur an Flachland oder ausgebaute Wege gewöhnten Wanderern danken, wenn sie nach einem Picknick am Lough Callee ihre Schritte einfach wieder bergab wenden und gar nicht erst versuchen, die Teufelsleiter zu erklimmen. Seit einigen Monaten wird zudem in diesem Bereich instabiler Boden mit abrutschenden Felsen gemeldet. Am Ende der Devil's Ladder aller-

Irlands Berge bieten Wanderern alle Schwierigkeitsstufen.

dings wird der Boden wieder leicht begehbar, der Weg biegt scharf nach rechts ab und folgt dann einem Kamm bis zum Gipfel.

Weitere Touren

Für erfahrene Bergwanderer beginnt mit der Bezwingung des Carrauntoohil erst der Spaß, denn die auch etwas über 1000 m hohen **Beenkeragh** und **Caher** wollen zusätzlich noch erklommen werden. Mit ihnen hätte der ambitionierte Bergfreund schon drei der höchsten Berge Irlands „im Sack". Touren kreuz und quer durch das Gebiet sind möglich, sollten aber nur von erfahrenen Bergwanderern mit entsprechender Ausrüstung gewagt werden. Es ist nicht ungewöhnlich, dass sich plötzlich das Wetter ändert und binnen weniger Minuten eine dichte Wolkendecke auf die Berge legt. Der Wanderer sieht zwar dann immer noch die Hand vor Augen, aber nicht unbedingt rechtzeitig die stark abschüssige Stelle, an der er eigentlich noch den festen Weg vermutet hätte.

man die Inhaber auch zu ausgiebigen Touren nach individuellen Wünschen überreden. Die Kosten für alle Touren sind je nach Saison und Nachfrage flexibel. Die Standardtour ab Ross Castle führt auf den Lower Lake hinaus (die Burg liegt in einer geschützten Bucht) und dann südlich mit einem kleinen Schlenker in den Upper Lake und den Muckross Lake. Eine Alternative zur üblichen Bootstour ist eine Fahrt auf die kleine Insel Innisfallen. Sie beherbergte früher ein Kloster, in dem zu Beginn des 13. Jhs. die Annalen von Innisfallen, eine sehr umfangreiche mittelalterliche Chronik, verfasst wurden (heute im Museum in Oxford). Die Klosterruinen sind interessant, aber nicht spektakulär, eine kleine Kirche aus Sandstein ist das auffälligste Relikt.

Torc-Wasserfall

Nicht mit dem Boot erreichbar ist der gut versteckt im Wald gelegene Torc-Wasserfall, der direkt mit dem Muckross Lake verbunden ist und ihn speist. Er befindet sich etwa 4 km südlich des Muckross Houses, der Parkplatz ist ausgeschildert. Über einen eigens ausgebauten Weg kann man an der Seite des Wasserfalls in den Wald hineinwandern. Solche Wanderungen auf den Wirtschaftswegen können zu überraschenden Begegnungen führen, wer sich leise verhält, wird mit etwas Glück recht nahe an das frei lebende Rotwild herankommen.

Ring of Kerry

Der 180 km lange Ring of Kerry entlang der Halbinsel Iveragh gehört zum Pflichtprogramm eines jeden Irland-Touristen. Es ist die wohl bekannteste Rundstrecke auf der Insel, mit einem fast mythologischen Status und einer nahezu magnetischen Anziehungskraft auf alle Besucher, die die Abgeschiedenheit der Region erleben möchten. Was durchaus möglich ist – allerdings am ehesten außerhalb der Saison. Denn die Popularität der Strecke und ihr viel gesungenes Lob in jedem Reiseführer haben dafür gesorgt, dass man hier in den Sommermonaten eher seinen Nachbarn aus der schwäbischen Heimatstadt denn die Einsamkeit der Westküste vorfindet. Einzig wer früh aufbricht, um gewissermaßen die Poleposition am Ring zu haben, kann die Landschaft noch ohne Autokolonnen erleben. Dummerweise ist auch dieser Tipp in jedem Reiseführer zu finden.

Allerdings ist der landschaftlich reizvolle Ring of Kerry selbst bei der Fahrt im Konvoi einen Besuch wert: Zahlreiche kleine Inselchen liegen im Atlantik, herrliche Strände säumen die einsame Küste, Berge erheben sich im Landesinneren und stille Klöster laden zum Verweilen ein. Wer den Ring of Kerry aus vollen Zügen genießen möchte, sollte sich allerdings Zeit lassen, Pausen einlegen und das Fahrzeug auch einmal verlassen. Tatsächlich gibt es eingeschworene Fans, die nicht nur den üblichen einen Tag, sondern eine Woche oder mehr auf der Rundtour verbringen.

Von Killarney nach Kenmare

Wo man die Fahrt beginnt, ist im Grunde egal. Da viele Besucher zunächst Killarney ansteuern, sei hier der Startpunkt. Von **Killarney** aus folgt die Strecke den Wegweisern und führt dann am Seeufer entlang in Richtung Süden, die Straße windet sich bald den Berg empor und führt an

---

Linksrum oder rechtsrum? Die Ring-Frage …

Hier wird die Route im Uhrzeigersinn vorgeschlagen … wobei doch viele Tourismusvermarkter gerne alle gegen den Uhrzeigersinn schicken wollen. Was ist nun richtig? Um es klar zu sagen: Ein „richtig" oder „falsch" gibt es nur für Busse und Lastwagen, die müssen wegen einer Engstelle nahe Killarney immer gegen den Zeiger. Heißt umgekehrt, dass man im Uhrzeigersinn den Bussen ausweichen muss, gegen den Uhrzeigersinn hinter ihnen herzuckelt. Was nun nerviger ist? Mag jeder selbst entscheiden.

Subjektiv gesehen hat man die besten Aussichten bei der Fahrt im Uhrzeigersinn, aber an denen steigt man ja ohnehin aus. Wenn man sich wenigstens etwas Zeit lässt.

Ladies' View – der vielleicht beste Blick auf die Seen von Killarney?

der Haltestelle **Ladies' View** vorbei hinauf zur Moll's Gap. Die „Aussicht der Damen" erinnert an jene Damen, die einst Königin Viktoria nach Killarney begleiteten und an diesem Ort die Aussicht über das Tal und die Seen genossen. Eine Aussicht, die auch heute noch wunderschön ist. Soll die einige hundert Meter bergab gelegene romantische Ruine fotografiert werden, an der der Weg hierher vorbeiführte, ist der kurze Fußmarsch vom Parkplatz der Ladies' View die sicherste Option. Vor allem auf den Bergstrecken des Ring of Kerry kann wildes Parken am Straßenrand schnell zu Blechschäden, mindestens aber zu Verkehrsbehinderungen führen.

Moll's Gap

An der Moll's Gap schließlich hat man einen fantastischen Ausblick auf die Täler der Umgebung, jedenfalls solange keine Wolken über dem engen Pass hängen und man es schafft, den vom Anblick eher wenig reizvollen Supermarkt für Kunsthandwerk mit angeschlossenem Café zu ignorieren, 🖳 www.avoca.com. Wer hier auf dem Parkplatz Station macht und die nähere Umgebung zu Fuß erkundet, sollte unbedingt erhöhte Vorsicht auf der Straße walten lassen: Angesichts der überwältigend schönen Land-

schaft achten viele Autofahrer nicht auf Fußgänger. Mehrsprachige Warnschilder erinnern daran, doch bitte auf der linken Seite zu fahren. Unfälle mit Geisterfahrern sind auf dem Ring of Kerry keine Seltenheit.

Kenmare

Von der Moll's Gap führt die Straße teilweise dramatisch bergab in Richtung des kleinen Ortes Kenmare, dem man einen kurzen Besuch abstatten sollte. Landschaftlich schön an der Mündung des Flusses Sheen gelegen, hat sich die Innenstadt, obwohl ganz auf den Tourismus ausgerichtet, noch relativ unverfälscht erhalten. Das gesamte Stadtbild macht einen sehr geplanten, aufgeräumten Eindruck. Ein Eindruck, der nicht täuscht: Der Erste Marquess of Lansdowne, ein Nachkomme des Stadtgründers William Petty, ließ die gut hundert Jahre vorher von seinen Vorfahren gegründete Siedlung 1775 komplett verändern und zu einem Musterstädtchen machen. Seine Planung ging dabei bis ins Detail, wovon heute noch die verzierten Fassaden an den Hauptstraßen zeugen.

Das bekannteste Produkt aus Kenmare ist **Spitze**. Während der Großen Hungersnot wurden die Frauen und Mädchen des Ortes in einer

DER SÜDWESTEN

© DUMONT BILDARCHIV/OLAF MEINHARDT

Die **Skelligs** und auch die weiter nördlich liegenden **Blaskets** sind die bekanntesten unbewohnten Inseln vor der irischen Küste. Als eindrucksvolle Stätte des frühchristlichen Mönchtums oder Hort der irischsprachigen Dichtkunst sind sie in das Bewusstsein der Iren eingegangen.

Was heute fast vergessen ist: Zahlreiche Inseln vor der Küste waren bis vor wenigen Jahrzehnten noch bewohnt, lebten in einer Art archaischer Selbstverwaltung mit einem „König" an der Spitze. Doch die Versorgung der Inselbevölkerung lag seit Jahrhunderten im Argen, und der moderne Staat Irland musste eine harte Entscheidung fällen. Die kleineren Inseln, die vor allem im Winter oft komplett von der Außenwelt abgeschnitten waren, ließen sich nicht mehr mit überschaubaren Kosten versorgen. Von Nahrung bis medizinischer Hilfe musste vieles, in manchen Fällen alles, von außen kommen. So begann man mit einem Umsiedlungsprogramm. Nach und nach wurden die Bewohner auf das Festland oder auf größere Inseln gebracht, wo ihnen mit staatlicher Hilfe ein neuer Start ermöglicht wurde. Aus der Sicht des Festlandbewohners und vor allem des Beamten in Dublin eine schnelle und saubere Lösung.

Aus der Sicht der Inselbewohner ein kompletter Verlust der Heimat, oftmals auch des gesamten sozialen Umfeldes und der Tradition. Manche alte Leute, die ihr komplettes Leben auf der Insel verbracht hatten, mögen sich nicht anders gefühlt haben als Emigranten, die von Irland nach Australien oder in die USA gingen. Oder vielleicht wie Indianer, denen der „Weiße Mann" ein neues Reservat zuwies.

Art Beschäftigungsmaßnahme von den Nonnen des Klosters St. Clare's in der Technik der Spitzenherstellung unterwiesen. Hieraus entwickelte sich eine kleine Industrie und Spitzen aus Kenmare sind ein beliebtes Mitbringsel geworden.

Etwa 200 m westlich der Ortsmitte findet man den sogenannten Druidenkreis (Druid's Circle), einen prähistorischen Steinkreis von etwa 15 m Durchmesser mit einem Dolmen in der Mitte. Diese Anlage liegt in der Nähe des Flusses abseits der Market Street. Welchen Sinn der Steinkreis hatte, weiß man nicht. Der Volksmund munkelt allerdings nach wie vor von heidnischen Menschenopfern, die hier dargebracht worden sein sollen. Mit den Druiden jedenfalls hat er nichts zu schaffen, als die auf der Insel auftauchten, war der Steinkreis bereits antik.

Von Kenmare bis Ballinskelligs

Ab Kenmare verläuft der Ring of Kerry Richtung Westen an der Küste entlang. Verschiedene kleinere Sehenswürdigkeiten sind ausgeschildert oder liegen unverkennbar am Wegesrand, so die aus dem frühen 19. Jh. stammende Kirche des Ortes Templenoe oder auch die Burgruine bei Dromare.

Sneem

Der nächste Abschnitt der Strecke führt dann etwas von der Küste weg Sneem, einem kleinen Ort mit auffallend bunten Häusern, der noch etwas vom Flair des 19. Jhs. besitzt. Hier treffen sich vor allem Angler, selbst die Kirche aus dem 16. Jh. (heute die Church of Ireland zugehörig) hat als Wetterfahne einen Lachs auf dem Dach. Sneem bietet sich als Übernachtungsstation an, vor allem für Angler und Bergsteiger, die in der Umgebung gute Freizeitmöglichkeiten finden.

Staigue Fort

Wesentlich interessanter ist jedoch für viele Besucher das gut 12 km weiter westlich auf einer Anhöhe liegende und nur auf einer sehr engen, bei Castlecove abzweigenden Straße zugängliche Staigue Fort. Die Natursteine, aus denen die ringförmige Befestigung erbaut wurde, wurden ohne Mörtel zusammengefügt und trotzen so seit vielen Jahrhunderten Wind und Wetter. Diese Befestigung gilt als eines der besten erhaltenen Monumente seiner Art in ganz Irland. Die Mauern sind im Durchschnitt 4 m dick und 5 m hoch und die gesamte Anlage hat einen Durchmesser von rund 27 m. Sie diente vermutlich einem örtlichen Fürsten als Burg. Das Alter der Anlage ist unbestimmt – mindestens 1600 Jahre soll sie auf dem Buckel haben.

Derrynane House

Einblicke in einen wesentlich jüngeren Abschnitt der irischen Geschichte bekommt man im 12 km südwestlich gelegenen Derrynane House, ✆ 066-9475113, 🖥 www.heritageireland. ie, einem Herrenhaus aus dem 17. Jh., in dem der „Befreier" Daniel O'Connell (S. 177) lebte. Das Haus ist heute ein Museum, das dem großen Politiker des 19. Jhs. gewidmet ist. Eine audiovisuelle Präsentation bringt das Leben und Wirken des Politikers nahe, im Haus selbst ist weitgehend der Zustand Mitte des 19. Jhs. erhalten geblieben. ⊙ März–Sep tgl. 10.30–18, Okt Mi–So 10–17, Nov–Mitte Dez Sa und So 10–16 Uhr, Eintritt 5 €.

Neben dem Haus selbst sind die Parkanlagen zu besichtigen, in denen Palmen und exotische Pflanzen wachsen. Durch das große Gelände ziehen sich zahlreiche Naturlehrpfade, die eine Erkundung der Dünenlandschaft erleichtern.

In einigem Abstand zum Strand liegt **Abbey Island**, die kleine Insel kann bei Ebbe zu Fuß erreicht werden. Vorher sollte sich der Wanderer allerdings darüber informieren, wann die Flut wieder einsetzt, um eine unfreiwillige Übernachtung auf dem Eiland zu vermeiden.

Zur Bucht von Ballinskelligs

Bald danach verläuft die Straße fast gerade nach Norden, es wird zunächst der **Coomakista Pass** (210 m) überwunden, etwas rechts der Straße sind kurz danach die **stehenden Steine von Eightercua**, vier zwischen 1,80 und 3 m hohe und in einer Reihe stehende Megalithen, zu sehen.

Bald führt der Weg über eine Landenge, links liegt die **Bucht von Ballinskelligs** und damit das offene Meer, rechts der **Lough Currane**. Dieser See wird hauptsächlich von Anglern genutzt. Church Island etwa besitzt eine Kirche aus dem 12. Jh. mit einem in Irland seltenen romanischen Portal sowie Reste eines Klosters und eines Friedhofs. Noch geheimnisvoller wirkt eine versunkene Burgruine im Süden des Sees. Festungsanlagen sind auch am Ufer des Sees zu sehen, bei Beenbane etwa ein Steinfort in Form eines Hufeisens. In der Nähe sind auch Reste von **Bienenkorbhütten** erkennbar. Diese runden Wohnbauten waren zwar nicht unbedingt luxuriös, konnten wegen ihrer Bauweise aber Wind und Wetter trotzen.

Im weiteren Verlauf der Rundfahrt wird dann der Fluss Inny überquert. Kurz hinter der Brücke verläuft der klassische Ring of Kerry geradeaus weiter auf der N70. Wer jetzt Lust auf eine weniger stark befahrene Strecke und einen längeren Umweg hat, der biegt nach links in Richtung **Ballinskelligs** ab und gelangt dann schon bald an die Atlantikküste, von der aus ein Blick auf die Skelligs möglich ist.

DER SÜDWESTEN

Das **Skellig Experience**, ☎ 066-9476306, 🖥 www.skelligexperience.com, in der Nähe der Brücke nach Valentia Island erzählt die Geschichte dieser einst von Mönchen genutzten Inselgruppe und informiert über die zahlreichen Seevögel, die heute auf der Insel leben. ⊕ Juli und Aug tgl. 10–19, Mai, Juni und Sep tgl. 10–18, sonst März–Nov Mo–Fr 10–16.30 Uhr, Eintritt 5 €.

Skellig Islands

Die rund 12 km westlich der Küste gelegenen **Skellig Islands** sind unwirtliche Felsen, die sich abrupt aus dem Meer erheben. Die Hauptinsel, Great Skellig oder auch **Skellig Michael** genannt, ist etwa 17 ha groß und im Prinzip nicht mehr als ein schroffer Felsbrocken, auf dem etwas Gras wächst. Dennoch gehört die Insel zum Unesco-Weltkulturerbe, denn rund 200 m über dem Meeresspiegel befindet sich der Rest einer einsam gelegenen und nur schwer zugänglichen mittelalterlichen Klosteranlage, in der vom 6. bis zum 12./13. Jh. irische Mönche in völliger Zurückgezogenheit lebten. Rund 600 unregelmäßige, schlüpfrige Stufen führen steil nach oben in schwindelerregende Höhen zu den Klosterbauten, die im 6. Jh. ohne Mörtel aus Naturstein errichtet wurden. Die winzigen Bienenkorbhäuser dienten als Unterkünfte, zu sehen sind auch kleine Gebetshäuser.

Obwohl die Mönche hier fast vollkommen vom Rest der Menschheit zurückgezogen lebten, müssen sie gezwungen gewesen sein, einen gewissen Kontakt aufrechtzuerhalten – sonst wären sie vermutlich verhungert oder an Mangelernährung gestorben. Denn Skellig Michael ist nicht für Landwirtschaft geeignet; das einzige Produkt, das es hier im Überfluss gab (und heute noch gibt), sind die Eier der Seevögel. So kletterten die Mönche zu den Nestern, raubten die Eier, tauschten sie dann gegen Getreide, Werkzeuge und Tierhäute ein. Letztere brauchten sie zur Erstellung ihrer Manuskripte. Ein weiteres Handelsgut der Mönche war das Fleisch von Robben. Erst im 12. Jh. zogen die frommen Neströber in die nahe Abtei der Augustiner von Ballinskelligs um. Die Vögel blieben.

Heute pendeln zumindest im Sommer täglich Boote zwischen dem Festland (Abfahrt an der Brücke nach Valentia Island) und Skellig Michael, z. T. bei stürmischer See, vorbei an der Vogelinsel **Little Skellig**, die nicht betreten werden darf. Ein Besuch auf Skellig Michael, wo man bei einigermaßen gutem Wetter anlegen kann und wo Tausende Tölpel beheimatet sind, wird vom Gekreische der Seevögel begleitet, die wenig scheu sind. Der Aufstieg zum Kloster ist nicht unbedingt ungefährlich. Nur wirklich schwindelfreie Menschen sollten ihn wagen, denn der Abstieg (und um den kommt niemand herum) ist ein wahrer Tanz über dem Abgrund. Der alte Tipp „nicht nach unten schauen" ist hier vollkommen sinnlos, da man sich auf die Stufen konzentrieren muss, um nicht den Tritt zu verlieren. Es gibt immer wieder Todesfälle auf Skellig Michael – meist vermeidbarer Art. Wer nicht schwindelfrei ist, keinen absolut sicheren Tritt hat oder unter Herz-Kreislauf-Problemen leidet, sollte den Aufstieg zum Kloster vermeiden.

Hier eine Auswahl von Fähren, die die Skelligs anlaufen – genaue Fahrtzeiten und die Frage, ob diese im Einzelfall auch dort landen (dürfen), sollten Urlauber im Vorfeld aktuell klären: **Casey's**, ☎ 066-9472437, 🖥 www.skelligislands.com

Sea Quest, ☎ 066-9476214, 🖥 www.skelligsrock.com

Dingle Boat Tours (ab Dingle), ☎ 066-9151344, 🖥 www.dingleboattours.com

Von Valentia Island nach Killarney
Portmagee

Bei **Portmagee** führt eine Brücke hinüber auf die überwiegend karge, von Felsen und Steinen geprägte **Valentia Island**, die einmalige Aus- und Anblicke bietet. Alleine das Panorama der Atlantikküste vom 240 m hohen Bray Head lohnt den Abstecher auf die Insel. Die Straße auf der landschaftlich reizvollen Insel Valentia ist allerdings zeitweise eine Sackgasse – am östlichen Ende der Insel verkehrt nur zu bestimmten Zeiten und nur in den Sommermonaten eine Fähre, ☎ 087-2418973, zum Festland.

Cahersiveen

Der Ausschilderung des Ring of Kerry weiter folgend, kommt man nach 15 km in die „Hauptstadt" der Halbinsel Iveragh, nach **Cahersiveen**, das über ein wenig spektakuläres, aber typisch altmodisches Ortsbild verfügt. Ein kleines Heritage Centre in der ehemaligen Polizeikaserne, The Barracks, ☎ 066-4010430, 💻 www.theoldbarrackscahersiveen.com, beschäftigt sich mit der Ortsgeschichte. 🕐 wechselnd, telefonisch erfragen, 4 €.

Der Star-Wars-Wahn

Einen ganz neuen Schub von Besuchern bringt seit 2015 Hollywood … schließlich hatte sich ein gewisser Luke Skywalker, seines Zeichens letzter Jedi und lebende Legende, auf Skellig Michael niedergelassen. Oder zumindest auf einer Insel in einer Galaxie weit, weit weg, die dem irischen Eiland verdammt ähnlich sieht. Jedenfalls wurde tatsächlich hier gedreht, und Mark Hamill durfte unter dem Schutz der irischen Marine Weisheiten von sich geben. So wurde dann der Rückzugsort irischer Einsiedler zum Vorzeigeanwesen der Pseudophilosophie aus der Disney-Schmiede.

Das Tourismusgewerbe sagte „Dankeschön!" Denn nicht nur an ollen Kamellen interessierte Besucher schlugen jetzt hier auf, sondern auch irgendwelche Nerds in Sturmtruppen-Kostümen, auch so mancher Darth-Vader-Epigone fuchtelte Selfie-wirksam mit dem Lichtsäbel aus der Spielzeugabteilung herum.

Weiterer Dank kam von Disney selber, denn nicht nur hatte Irland unter Aufbietung der Streitkräfte und Dehnung der Denkmalschutzvorschriften die Filmarbeiten ermöglicht, nein, man hatte auch ein Steuergeschenk in Millionenhöhe bekommen. Irische Filmförderung für einen Blockbuster, der wahrlich keine Förderung brauchte.

Gefilmt wurde aber nicht nur auf Skellig Michael, auch andere Orte wurden mittlerweile zu Schauplätzen des Sternenkriegszyklus. Ceann Sibeal bei Ballyferriter (S. 400), Mizen Head im County Cork (S. 364), und auch „ganz oben" Malin Head im County Donegal (S. 508). Gewissermaßen die Wild Atlantic Way mit Meister Yoda – dessen Porträt dann auch schon mal so manchen altehrwürdigen Pub ziert. Gruseln den Freund irischer Kultur es tut …

Zeugen der Vergangenheit

4 km westlich des Ortes befinden sich die Ruinen des **Ballycarbery Castle** aus dem 15. Jh. und die einige Jahrhunderte älteren **Ringforts von Cahergall und Leacanabuaile**, beide sind recht gut erhalten.

Kerry Bog Village

Für viele Touristen interessanter ist allerdings das rekonstruierte Kerry Bog Village, Ballincleave, ☎ 066-9769184, 💻 www.kerrybogvillage.ie, bei Glenbeigh. Hier kann man sich direkt in das 19. Jh. zurückversetzt fühlen. Ein komplettes Dorf aus dem 19. Jh. wurde recht originalgetreu nachgebaut und steht jetzt zur Besichtigung offen. Ein Freilichtmuseum, das über das Leben auf dem Lande im irischen Westen informiert – mit irischen Wolfshunden und Kerry-Bog-Ponys. 🕐 tgl. 9–18 Uhr, Eintritt 6,50 €. **Glenbeigh** selbst ist ein kleiner, wirklich schön gelegener Ort, der als Urlaubsziel für Angler und mit dem etwa 3 km westlich gelegenen Strand von Rossbeigh auch für Badefreunde bekannt ist.

Killorglin

Letzte größere Station des Ring of Kerry ist das kleine Killorglin, ebenfalls eine irische Kleinstadt wie aus dem Bilderbuch. Selbst wenn man nur durchfährt: Das Denkmal der wichtigsten Persönlichkeit dürfte wohl ins Auge fallen – ein Ziegenbock! Immerhin ist ja jährlich ein Ziegenbock für einige Tage „König" hier (s. Kasten S. 392). Eine Tradition, die mal auf Oliver Cromwell, mal auf Daniel O'Connell zurückgeführt wird. Die aber sehr wahrscheinlich auf vorchristliche Fruchtbarkeitsrituale zurückgeht.

Zurück nach Killarney

Von Killorglin geht es schließlich über die recht gut ausgebaute N72 zurück nach Killarney, hier schließt sich der Ring of Kerry. Auf der letzten Teilstrecke sind vor allem die Ruinen der **Abtei von Kilcolman** aus dem 13. Jh. und der **Burg von Ballymalis** aus dem 16. Jh. interessant. Von der sehr hohen Burgruine, immerhin baute man hier schon vier Geschosse ein, hat man einen guten Blick auf die Bergwelt der Macgillycuddy's Reeks.

Halbinsel Iveragh: der Kerry Way

- **Strecke**: bis zu 214 km (inkl. zahlreicher Nebenstrecken)
- **Dauer**: bis zu 9 Tage (inkl. zahlreicher Nebenstrecken)
- **Steigungen**: insgesamt 5310 Höhenmeter, teilweise in langen Strecken
- **Wegbeschaffenheit**: insgesamt gut, aber einige Strecken über schwieriges und sehr feuchtes Terrain
- **Ausschilderung**: insgesamt gut, aber Karten und Kompass unerlässlich
- **Karten**: OSI Discovery Series Sheets 70, 78, 83, 84 und 85, 💻 www.osi.ie
- **Infos**: 💻 www.kerryway.com

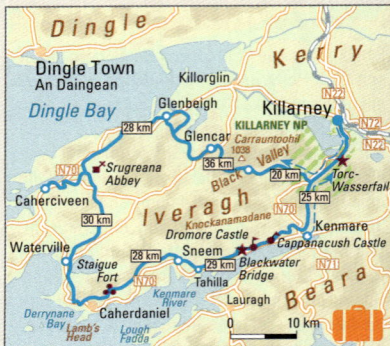

Die Halbinsel Iveragh ist mit rund 60 km Länge die größte Landspitze, die an der Küste von Kerry in den Atlantik hineinragt. Dabei kann sie mit so herrlichen Gegenden wie den Seen von Killarney und den Bergen der Macgillicuddy Reeks aufwarten. Die zwei höchsten Gipfel Irlands, Carrauntoohil mit 1038 m und Caher mit 1001 m, sind hier zu finden. Der als Kreis angelegte Kerry Way lässt den Wanderer sowohl die einsamen Hochmoore als auch die fast an die Tropen erinnernde Südküste erleben. Doch dieses Erlebnis hat seinen Preis: Zwischen den Übernachtungsmöglichkeiten können lange Streckenabschnitte liegen, einige Etappen können sehr einsam und anstrengend sein. Ob man den gesamten Kerry Way in Tagesetappen abwandert oder eine gezielte Auswahl trifft, hängt von der eigenen Kondition ab. Die hier vorgeschlagene Route beinhaltet nicht alle Wegstücke, sondern stellt eine Auswahl der besten Strecken dar.

Die Route

1. Tag (20 km)
Von Killarney nach Black Valley
Das erste Teilstück führt aus Killarney hinaus in den Killarney National Park, am Torc-Wasserfall vorbei über Straßen und Feldwege nach Black Valley. Insgesamt eine leichte Wanderung entlang von Seeufern und durch Wälder, in denen man mit etwas Glück Rotwild zu Gesicht bekommt. Übernachtung in der Jugendherberge im Black Valley.

2. Tag (36 km)
Vom Black Valley nach Glenbeigh
Auch wenn diese Strecke mit 36 km sehr lang erscheint (und viele Wanderer lieber in Glencar eine Zwischenübernachtung einlegen), sie ist machbar. Die Wege sind gut ausgeschildert und die Steigungen nicht allzu anstrengend, lediglich ein Ausläufer des Carrauntoohil muss überwunden werden. Die Übernachtung kann dann im Sleepy Camel Hostel erfolgen.

3. Tag (28 km)
Von Glenbeigh nach Cahersiveen
Auf den nächsten Kilometern folgt der Kerry Way vor allem alten Verbindungsstraßen durch die Hochmoore und nutzt schließlich die alte Postkutschenroute. Man durchquert verschiedene Ansiedlungen, teilweise mehr einzelne Gehöfte denn richtige Dörfer, bis schließlich der nette kleine Ort Cahersiveen erreicht wird. Eine Übernachtung im Sive Hostel wird empfohlen.

4. Tag (30 km)
Von Cahersiveen nach Waterville
Langsam wird die Berglandschaft verlassen und das Küstenpanorama überwiegt. Außer der am Weg liegenden Ruine der Srugreana Abbey ist es eigentlich nur die Natur, die für visuelle Eindrücke sorgt. Als Übernachtung in Waterville ist das Old Cable House vielleicht der beste Tipp.

5. Tag (28 km)
Von Waterville nach Sneem
Das erste Teilstück beginnt auf der Promenade von Waterville und folgt dann dem Verlauf der Küste, bei einigermaßen gutem Wetter sind herrliche Ausblicke auf Derrynane Bay und Lamb's Head möglich. Ab Caherdaniel führt die Strecke dann mehr durch das Binnenland, es werden das gut erhaltene Staigue Fort und eine schöne alte Brücke passiert, danach geht es mit Ausblick auf die Halbinsel Beara langsam bergab nach Sneem. Hier sind zahlreiche Unterkünfte zu finden.

6. Tag (29 km)
Von Sneem nach Kenmare
Zunächst muss sich der Wanderer durch ein Moor über die leicht anstrengende Höhe von Knockanamadane kämpfen. Danach wird der Weg einfacher und führt durch kleine Waldgebiete bis in den Fischerort Tahilla. Anschließend geht es über Lough Fadda und Blackwater Bridge, an Dromore Castle und Cappanacush Castle vorbei, nach Kenmare. Auch hier existiert eine breite Auswahl an Unterkünften, die man jedoch fast das ganze Jahr vorab buchen sollte.

7. Tag (25 km)
Von Kenmare nach Killarney
Das letzte Stück des Weges ist zwar nicht lang, fordert aber noch einmal viel Kondition. Der Weg aus Kenmare heraus geht recht steil bergan, bis man schließlich von den Bergen aus den Killarney National Park vor sich liegen sieht. Durch diesen erreicht der Wanderer letztlich wieder Killarney.

Praktische Tipps
Ins Gepäck gehören ausreichend Lebensmittel sowie Getränke. Tagesetappen sollten nach Möglichkeit mit der Unterkunft am Zielort abgesprochen werden, sodass die Bergrettung benachrichtigt werden kann, wenn sich der Wanderer nicht meldet. Mobiltelefone sind auf vielen Abschnitten der Strecke unzuverlässig bis unbrauchbar, ein knallrotes T-Shirt und eine Taschenlampe können dagegen wertvolle Dienste bei der Signalgebung leisten.

Torc-Wasserfall bei Killarney

ÜBERNACHTUNG

Ballinskelligs

€ **Skellig Lodge**, ℡ 066-9479942, ⌨ www.skelliglodge.com. Hostel im Dorf mit Blick auf die Ballinskelligs Bay. Schlafsäle sowie kleinere Zimmer, auch für Familien. Bett im Schlafsaal 16 € (saisonabhängig), DZ ❶–❷

Caherdaniel

Traveller's Rest, gegenüber Tankstelle, ℡ 066-9475175, ⌨ www.hostelcaherdaniel.com. Einfaches, altmodisches Hostel mit Schlafsälen und Privatzimmern, direkt im Ort und in bequemer Wanderentfernung zum Staigue Fort oder Derrynane House. ⏱ Feb–Nov. Bett im Schlafsaal 16 € (saisonabhängig), DZ ❷

Cahersiveen

€ **Sive Hostel**, 15 East End, ℡ 087-2754561. Verschiedene Zimmertypen, gemütlicher Gemeinschaftsraum mit Kamin. Wer mag, kann hier auch sein Zelt aufschlagen. Organisiert Bootsfahrten nach Skellig Michael. ❷

Wo der Bock zum König wird

Jeden August findet in **Killorglin** die traditionelle **Puck Fair**, ⌨ www.puckfair.ie, statt, während der ein Ziegenbock (frisch gefangen, denn wild muss er sein) zum König gekrönt wird und über das Dorf „herrscht". Nicht gerade ein Vergnügen für das eingesperrte Tier. Während des Festivals sind Ort und Umgebung hoffnungslos überlaufen. Die Puck Fair ist übrigens eines der wenigen irischen Volksfeste, die sich nicht nach Wochenenden richten, sondern immer am gleichen Datum stattfinden – in diesem Fall vom 10. bis zum 12. August. Neben einem traditionellen Markt, auf dem vor allem Pferde und Rinder verkauft werden, bieten diese Tage Vergnügungen von Jahrmarkt bis Konzert. Wer sich ins Getümmel stürzen möchte, sollte möglichst frühzeitig eine Unterkunft vor Ort buchen. Wie alt dieses Festival ist, ist umstritten – zu Beginn des 17. Jhs. waren die Feierlichkeiten jedoch schon lange etabliert.

Glenbeigh

The Sleepy Camel Hostel, ℡ 066-9768660, ⌨ www.thesleepycamel.com. Großes Haus mit Schlafsälen und auch Privatzimmern, Fahrradverleih möglich. Küche, Ess- und Wohnzimmer sowie Garten vorhanden. Geschäfte, Restaurants und Pubs in der Nähe, Rezeption hilft bei der Buchung von Aktivitäten in der Umgebung. Frühstück inkl. Bett im Schlafsaal 16 € (saisonabhängig), DZ ❷

Kenmare

Fáilte Hostel, Shelbourne St., ℡ 087-7116092, ⌨ www.kenmarehostel.com. Sauberes Hostel mit Schlafsälen, kleineren Zimmern und auch Familienzimmern. Ins Zentrum ist es nur ein kurzer Fußweg. ⏱ April–Okt. Bett im Schlafsaal 16 € (saisonabhängig), DZ ❷

€ **Greenwood Hostel**, Templence, ℡ 089-2081009, ⌨ www.greenwoodhostel.com. Budgetunterkunft etwa 10 km westlich von Kenmare, am Ring of Kerry und Kerry Way. 20 Betten in 5 DZ sowie 2 Familienzimmer mit 4 bzw. 6 Betten. Das Gemeinschaftszimmer mit Bibliothek, offenem Kamin und Klavier sowie die Küche sorgen für zwanglosen Kontakt der Gäste untereinander. Bei schönem Wetter lockt die Terrasse im Garten. Das Haus hat einen eigenen Aussichtsturm. ❷

🏨 **Coachman's Townhause**, 8 Henry St., ℡ 064-6641311, ⌨ www.thecoachmans.com. Kleines und recht gemütliches und zugleich elegantes Hotel im Stadtkern mit 10 Zimmern. Hell und freundlich. Restaurant und Bar im Haus. ❸

🏨 **Foley's Townhouse**, Henry St., ℡ 064-6642162, ⌨ www.foleyskenmare.com. Guesthouse im Stadtzentrum mit 10 Zimmern mit Bad und TV. Schönes Restaurant mit Fischgerichten, fangfrisch direkt aus der Bucht, gelegentlich Livemusik. ❸

Sea Shore Farm Guesthouse, Tubrid, ℡ 064-6641270, ⌨ www.seashorekenmare.com. Guesthouse mit 6 Zimmern, etwa 1,5 km westlich des Stadtzentrums. Gut für Spaziergänge an der Bucht entlang. Etwas abseits vom Trubel der Innenstadt und daher ruhiger. ❹

Killorglin

The Grove Lodge, Killarney Rd., ☎ 066-9761157, 🖥 www.grovelodge.com. Modernisiertes, aber immer noch familiäres Guesthouse mit relativ großen Zimmern. Ruhige Lage am Fluss mit eigenen Gärten und einem wunderschönen Ausblick auf die Berge, nur 5 Min. Fußweg ins Ortszentrum. Auch für Selbstversorger geeignet, für Familien können Babysitter arrangiert werden. ❷–❸

Carrig Country House, Caragh Lake, ☎ 066-9769100, 🖥 www.carrighouse.com. Dieses Guesthouse im viktorianischen Stil hat 17 Zimmer mit gehobener Ausstattung, umgeben von Gärten mit einer sehr großen Pflanzenvielfalt und alten Wäldern. ❺

Portmagee

The Moorings, ☎ 066-9477108, 🖥 www.moorings.ie. Gemütliches Guesthouse mit 16 Zimmern, alle mit TV und Hafenblick. Die Bridge Bar nebenan sorgt für Unterhaltung mit Musik. ❸

Sneem

Tahilla Cove Country House, Tahilla, ☎ 064-6645204, 🖥 www.tahillacove.com. Guesthouse an der Küste mit 9 Zimmern, alle mit TV. Weitläufige Gartenanlage und sogar ein privater Pier stehen Gästen zur Verfügung. An kalten Tagen lockt ein prasselndes Kaminfeuer. ❸

Sneem Hotel, Goldens Cove, ☎ 064-6675100, 🖥 www.sneemhotel.com. 69 Zimmer mit gehobenem Komfort, durchweg sehr hell und geräumig. Außerdem Apartments für Selbstversorger. Das hauseigene Restaurant bietet fangfrischen Fisch und (in der Saison) Austern direkt aus dem Meer. ❹

Valentia Island

The Ring Lyne, Chapeltown, ☎ 066-9476103, 🖥 www.theringlyne.com. Seit über 30 Jahren im Familienbesitz, ist dieses Haus vor allem bei Anglern beliebt. Bar und Restaurant, teilweise wird traditionelle Musik im Haus gespielt. Oder man lauscht einfach beim Guinness dem Anglerlatein. ❷

Waterville

€ **The Old Cable Historic House**, ☎ 066-9474233, 🖥 www.oldcablehouse.com. Unterkunft in einem urgemütlichen Haus mit Geschichte, das erste Transatlantikkabel sorgte hier für eine direkte Verbindung mit den USA. Sehr guter Service im Haus, familienfreundlich, ein Babysitter kann gestellt werden. Fahrradverleih, auch Bootsfahrten zu den Skelligs werden arrangiert. ❷

Brookhaven Country House, New Line Rd., ☎ 066-9474431, 🖥 www.brookhavenhouse.com. Familiäres Guesthouse am Ring of Kerry, 6 Zimmer mit Meerblick und TV. Gehobener Standard. ❸

ESSEN

Cahirsiveen

Quinlan & Cooke, 3 Main St., ☎ 066-9472244, 🖥 www.qc.ie. Gemütliches Restaurant mit spanisch beeinflusster Küche. Spezialität: Krebse, Prawns und Tintenfisch. Jede Vorspeise kann auch als Hauptgericht bestellt werden. Vernünftige Preise.

Kenmare

Das Restaurant **Sheen Falls Lodge**, ca. 2,5 km vom Ortskern entfernt auf der Südseite der Kenmare Bay, 🖥 www.sheenfallslodge.ie, nutzt einen Wasserfall als dramatischen Hintergrund. Klassische Küche mit dem hier unvermeidlichen Fisch und Meeresfrüchten. Vegetarische Gerichte, auch 6-Gänge-Probiermenü für Unentschlossene. Gäste können sich ihren Tropfen im Weinkeller selbst auswählen.

Mulcahy's Restaurant, Main St., 🖥 mulcahys kenmare.ie. Modernes Restaurant, etwas ungewöhnliche Küche mit japanischen und thailändischen Einflüssen. Vorspeisen mehr exotisch, Hauptgerichte mehr traditionell. Frühes Abendessen ist preiswert.

No. 35 Café Restaurant, 35 Main St., 🖥 www.no35kenmare.com. Restaurant mit gemütlicher Atmosphäre, Schwerpunkt Fisch und Meeresfrüchte. Klassische Desserts sowie einige ungewöhnliche Hausweine. Angemessene Preise. ⏱ tgl. ab 17.30 Uhr.

DER SÜDWESTEN

Packie's Restaurant, 35 Henry St., 🖥 www.packiesrestaurant.ie. Kleines, gemütliches Restaurant mit netter Atmosphäre bei Kerzenschein. Traditionelle Küche mit internationalen Trends. Favorit aber immer noch: Classic Irish Stew. Reservieren.

Park Hotel, Shelbourne St., 🖥 www.parkken mare.com. Hotelrestaurant im traditionellen Stil, Schwerpunkt Fisch und Meeresfrüchte, auch Lobster. Feierlich wird vor dem Servieren jedes Gericht präsentiert. Schluss- und Höhepunkt: das fast theatralische Irish Coffee Ritual.

The Lime Tree Restaurant, Shelbourne St., 🖥 www.limetreerestaurant.com. Restaurant in attraktivem Steingebäude mit moderner Kunstgalerie. Traditionelle Küche mit internationalem Einfluss. Tipp: Munster Cheese als Nachspeise.

Killorglin

Nick's Seafood Restaurant & Piano Bar, Lower Bridge St., 🖥 www.nicks.ie. Eines der bekanntesten alten Restaurants Irlands. Klassische französische Küche mit irischem Akzent. Eigene Austernzucht und (wie der Name schon sagt) Klaviermusik. Angemessene Preise. ⏲ Di–So 17.30–22 Uhr.

Sol y Sombra Wine & Tapas Bar, Old Church of Ireland, Lower Bridge St., 🖥 www.solysombra. ie. Restaurant in ehemaliger Kirche von 1816. Kombination von irischen Zutaten und aus Spanien importierten Spezialitäten. Größere Tapas zum Teilen. Manchmal Livemusik. ⏲ Mi–Mo ab 18 Uhr.

INFORMATIONEN

Tourist Information Cahersiveen, Church St., ✆ 066-9472589.

Tourist Information Kenmare, Kenmare Heritage Centre, ✆ 064-6641233.

Tourist Information Waterville, Main St., ✆ 066-9474646.

TRANSPORT

Die Buslinien 270, 279 und 280 befahren den **Ring of Kerry** zumindest teilweise und steuern Killorglin und Killarney mit Kenmare, Sneem, Waterville, Cahersiveen und Glenbeigh an.

Halbinsel Dingle

Die Halbinsel von Dingle ist die nördlichste der drei bekannten, in den Atlantik hineinragenden Halbinseln im Südwesten Irlands. Mit etwa 50 km Länge und 21 km Breite erscheint sie relativ klein, bietet aber eine ungeheure Vielfalt an Landschaften, von fast endlosen Stränden bis hin zu hohen Bergen. Zahlreiche Ringfestungen, Kirchen und Bienenkorbhütten bilden touristische Anziehungspunkte. Obwohl Dingle eine ähnlich reizvolle Landschaft wie die südliche „Schwester" Iveragh besitzt, hat es die Halbinsel nicht geschafft, sich genauso zu vermarkten. Dabei zählt sie, benannt nach dem netten Küstenort Dingle, zu den schönsten Plätzen Irlands. Eine der Hauptattraktionen ist der Delphin Fungi, der seit 1983 vor der Küste von Dingle lebt und die Wirtschaft ankurbeln hilft.

Dingle

Der winzige Ort Dingle, hier leben nur rund 2100 Menschen ständig, hat sich in den letzten Jahrzehnten zu einer irischen Legende entwickelt. Hier, so heißt es immer wieder, sei Irland noch so richtig irisch. Hier wird genau jene heile (irische) Welt geboten, die die meisten Touristen suchen. Ein Hafen, in dem alte Fischerboote dümpeln, kleine, bunte Häuser, Pubs mit traditioneller Musik … Dingle bietet im Sommer die Postkarten-Ansicht, die jeder Besucher aus unzähligen Bildbänden und Fernsehfilmen kennt. Im Winter dagegen ist Dingle fast eine Geisterstadt.

Abgesehen vom schmucken Gesamtbild hat der Hafenort nur wenige Attraktionen. Dazu zählt **Dingle Oceanworld**, The Wood, ✆ 066-9152111, 🖥 www.dingle-oceanworld.ie, ein Aquarium direkt am Hafen. Dies bietet als besonderes Extra einen Glastunnel, durch den man sich „unter Wasser" bewegen kann. In den Aquarien tummeln sich schillernde, farbenprächtige Fische, deren Lebensräume nachgestaltet wurden, aber auch Haifische, Rochen und Piranhas. Einige der ungefährlichen Meeresbewohner kann man so-

DER SÜDWESTEN

© BERND BIEGE

Böse Zungen behaupten, dass Dingle der einzige Ort der Welt ist, dessen Ökonomie auf einem verhaltensgestörten Delphin beruht. Etwa 1983 bemerkte man erstmals, dass ein einzelner Delphin sich die Bucht von Dingle als Zuhause ausgesucht und begonnen hatte, mit den Fischern zu interagieren. Nachdem dies nicht eine vorübergehende Erscheinung war, sondern der schnell unter dem Namen Fungi (oder auch Fungie) bekannt werdende Delphin für immer hierblieb, wurde er zur ausgewachsenen Touristen-Attraktion. Schnell wurden Bootsfahrten zum Delphin eingerichtet, mit Geld-zurück-Garantie, wenn der Delphin nicht zum Boot kommt. Und sogar „Schwimmen mit Fungi" gehört zum Programm, in Kälteschutzanzügen hoffen die Menschen, dass ihnen der Meeressäuger eine Audienz gewährt.

Ganz normal ist dies alles nicht. Delphine sind eigentlich Tiere, die in Gruppen leben. So ist es schon ein schlechtes Zeichen, wenn sich ein Delphin zum Einzelgänger entwickelt. Nun scheint sich Fungi aber eine Ersatzfamilie gesucht zu haben, erst die Fischer von Dingle, dann die Touristen. Und so scheint er auch in der Tat keine Probleme damit zu haben, regelmäßiger als mancher Angestellte seinen Pflichten als Touristen-Attraktion Nummer eins des Ortes nachzukommen.

Wie lange die Sache mit Fungi allerdings noch gutgeht, steht in den Sternen. Immerhin hat er mindestens drei Jahrzehnte auf dem Buckel und die Lebensdauer eines Delphins ist auf durchschnittlich 20 bis maximal 40 Jahre begrenzt. Nach Fungis Tod wird Dingle die Realität einholen und das Delphin-Geschäft schlicht Vergangenheit sein.

Oder auch nicht – schon in der Vergangenheit war gelegentlich das Gerücht aufgekommen, dass mit dem Delphin von Dingle nicht alles koscher sei. So munkelte man, dass der Original-Fungi schon lange in die ewigen Jagdgründe eingegangen sei, sich die Tourismus-Industrie eines trainierten Ersatz-Delphins bediene. So attraktiv diese Verschwörungstheorie auch klingt … sie ist nicht unbedingt wahrscheinlicher als die Annahme, dass es sich bei Fungi tatsächlich um einen langlebigen, eigentlich verhaltensgestörten, opportunistischen und dennoch (relativ) wilden Delphin handelt.

DER SÜDWESTEN

Wandern auf dem Dingle Way

- ■ **Strecke**: 168 km
- ■ **Dauer**: etwa eine Woche (je nach Kondition)
- ■ **Steigungen**: insgesamt etwa 2590 m, teilweise auf steilen Strecken
- ■ **Wegbeschaffenheit**: insgesamt gut
- ■ **Ausschilderung**: insgesamt gut
- ■ **Karten**: OSI Discovery Series Sheets 70 und 71, 🖥 www.osi.ie
- ■ **Infos**: 🖥 www.dingleway.com

Der Dingle Way ist als Rundweg über die wunderschöne Halbinsel angelegt, der klassische Start- und Zielpunkt ist Tralee. Die aufregendsten Strecken befinden sich westlich des Städtchens Dingle.

Die Route

1. Tag (18 km, 275 Höhenmeter)

Von Tralee bis Camp

Es geht an den Ausläufern der Slieve Mish Mountains entlang, die einige schöne Blicke übers Meer bieten. Eine Reihe von Ruinen sorgt für Abwechslung in einer Landschaft, die oft nur von grünen Wiesen und Schafen dominiert wird.

2. Tag (17 km, 350 Höhenmeter)

Von Camp bis Annascaul

Aus Camp heraus führt eine Straße zunächst bergauf, danach geht es wieder in ein Tal voller Moore und kleiner Wälder, der kleine Ort Inch und sein langer Sandstrand sind zu sehen. Die Gap of Maum wird auf alten Pfaden überwunden, ein stehender Stein dient zeitweise als Orientierung. Danach geht es bis Annascaul bergab.

3. Tag (21 km, 410 Höhenmeter)

Von Annascaul bis Dingle

Von Annascaul führt der Weg nach Killmury Bay, dann ins Landesinnere und schließlich über den Connor Pass nach Dingle. Kein leichter Spaziergang, sondern bis zum Erreichen der höchsten Stelle eine ziemliche Anstrengung. Allerdings lohnt sich der Ausblick auf jeden Fall.

4. Tag (etwa 20 km, 345 Höhenmeter)

Von Dingle bis Dunquin

Aus Dingle wieder heraus, wird es aufregend. Über Ventry Beach und am Mount Eagle entlang geht es zum Slea Head, vorbei an zahlreichen Zeugen der Vergangenheit. Übernachtung dann in Dunquin.

5. Tag (24 km, 70 Höhenmeter)

Von Dunquin bis Cuas

Auf fast ebener Strecke, immer entlang der Atlantikküste, führt der Weg über Coumeenoole Beach (heute noch zehrt der Ort vom Ruhm des Films *Ryan's Daughter*) und Smerwick Harbour bis Cuas.

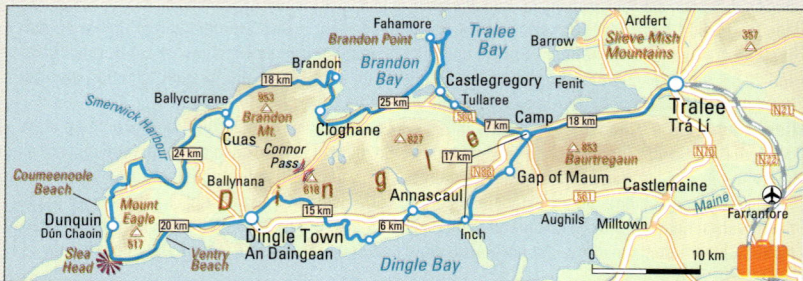

Immer wieder geht es auf dem Dingle Way an Steilküsten entlang.

6. Tag (18 km, 825 Höhenmeter)
Von Cuas bis Cloghane
Nach dem sehr entspannenden Tag am Meer geht es nun in die Berge, auf einer für das Militär angelegten Straße über einen Pass unterhalb des Gipfels des Brandon Mountain. Ist man endlich oben, geht es dann gleich wieder bergab in Richtung Brandon Bay und Cloghane.

7. Tag (25 km, 85 Höhenmeter)
Cloghane bis Castlegregory
Die Erholung folgt auf dem Fuß, nach der Bergstrecke führt der Weg an der Nordküste entlang. Strand und Meer beherrschen das Bild, teilweise verläuft die Strecke auf der Straße. Die letzte Übernachtung kann in Castlegregory erfolgen.

8. Tag (25 km, 220 Höhenmeter)
Castlegregory bis Tralee
Zunächst an der Nordküste entlang, dann über die Ausläufer der Slieve Mish Mountains, geht es zurück zum Ausgangsort der Wanderung, nach Tralee.

Praktische Tipps

Wer den Dingle Way entlangwandert, wird teilweise in B&Bs übernachten müssen, Hostels am Wegrand gibt es nicht überall. Man sollte unbedingt die **Unterkünfte** mit Hilfe der örtlichen Touristeninformation oder im Internet vorbuchen. Sonst kann es passieren, dass man zusätzliche Kilometer laufen muss, nur eine teure oder im schlimmsten Fall gar keine Unterkunft mehr findet. Das Gute: Es gibt ein großes Angebot an Unterkünften, sodass man die Etappen individuell zusammenstellen und sehr flexibel planen kann.

Ein Wort der Warnung ist jedoch für die Strecke zwischen Cuas und Cloghane angebracht: Hier muss unbedingt auf das **Wetter** geachtet werden, bei schlechter Sicht oder starkem Regen ist die Überquerung des Passes nicht empfehlenswert.

gar anfassen. Ideal, wenn man mit Kindern einen regnerischen Tag überstehen muss. ⏰ tgl. 10–18 Uhr, Eintritt 15,50 €.

Wer Dingle aus einer ganz neuen Perspektive kennenlernen will, der sollte die Wanderung zu dem bei Reenbeg hoch über der Bucht sichtbaren Seezeichen wagen. Vom Hafen aus gesehen steht der Marker auf einem Hügel rechts der Passage in Richtung Meer. Der massive **Steinkegel** (rund 8 km vom Ortskern entfernt) markiert die Einfahrt zum Hafen und hat, damit keine Verwirrung aufkommt, ein Hinweisschild in Form einer auf den schmalen Sund zeigenden Hand. Über einige Feldwege ist der Anstieg zu diesem primitiven, aber äußerst effektiven Signal möglich. Der Lohn der Mühe ist ein Panoramablick auf die Atlantikküste und die tief unter einem liegende Bucht von Dingle. Mit etwas Glück sieht man im Norden nicht nur die zahlreichen Boote, die auf der Suche nach Fungi hin und her kreuzen, sondern im Süden, in der Dingle Bay, auch wirklich wilde Delphine, Wale und gelegentlich Haie.

Slea Head Drive

Einer der schönsten Ausflüge, die die Halbinsel zu bieten hat, ist der gut ausgeschilderte Slea Head Drive. Dieser Rundweg, der immer der R559 folgt, führt zu den wichtigsten Sehenswürdigkeiten und schönsten Stellen am Atlantik. Ein idealer Tagesausflug von Dingle aus, die Strecke ist nicht einmal 40 km lang.

Der Rundweg beginnt in Dingle, man fährt zunächst in Richtung Westen an der Bucht entlang, bald teilt sich die R559 – da die Straße, egal welche Richtung man einschlägt, auf jeden Fall wieder an diese Kreuzung zurückführt, ist es egal, welche Straße man nimmt. Am einfachsten ist der Weg geradeaus, im Uhrzeigersinn.

Ventry

Unmittelbar südlich des kleinen Ortes Ventry bildet eine weitere Bucht einen natürlichen Hafen. Sie ist nicht so populär wie der benachbarte Naturhafen von Dingle, da sie trotz leichterer Navigation weniger Schutz bei Sturm bietet.

Dunbeg Fort

Etwa 6 km südwestlich des Ortes thront auf einer Klippe Dunbeg Fort, eine aus groben Stei-

nen gebaute **Küstenfestung aus der Eisenzeit**. Ihre Lage machte eine Umschließung durch den Feind unmöglich. Im Laufe der Zeit sind Teile der Mauern erodiert und auch teilweise über die Klippe gestürzt, doch ist es auch „von außen" beeindruckend. Interessant: Das Fort selbst ist in runder Form erbaut, auch ein darin stehendes Haus ist rund, der Innenraum des Hauses allerdings weist wieder einen eckigen Grundriss auf. Unterirdische Gänge zeugen weiter von einer komplexen Architektur.

Auf der anderen Seite der Straße wird das Steinfort ergänzt durch einige **Bienenkorbhäuser**, Zeugen eines früheren, religiös bedingten Tourismus – sie wurden angeblich als Unterkunft für Pilger auf ihrem Weg zum Mount Brandon oder gar nach Skellig Michael gebaut. In der Umgebung hat man mehr als 400 dieser Bauwerke gezählt, dazu kommen einige unterirdische Anlagen und fast 20 stehende Steine. An solchen Monumenten interessierte Besucher sollten sich mit einer genauen Karte von OSI, 🖥 www.osi.ie, in der Umgebung von Fahan unbedingt auf Entdeckungstour begeben.

Slea Head

Ab hier fährt man fast immer am Abgrund entlang, links der Straße nagt das Meer unermüdlich an den Klippen. Die nächste Station ist dann schon Slea Head, der südwestlichste Zipfel der Dingle-Halbinsel. Ein überwältigendes Panorama breitet sich vor einem aus, die bizarren Felsenklippen der Blaskets ragen aus dem selten ruhigen Wasser des Atlantiks. Die Kombination von engen Straßen, dramatischer Aussicht und einer nicht weniger dramatischen Rechtskurve machen diesen Punkt des Weges zumindest „interessant". Die gigantische, in die Felsenwand eingepasste Kreuzigungsszene rechts der Straße sorgt zusätzlich dafür, dass viele Touristen abgelenkt sind und so den winzigen Parkplatz am Aussichtspunkt schnell verpassen. Da dieser Parkplatz nur wenigen Fahrzeugen Platz bietet, kommt es besonders in den Sommermonaten öfter zum Verkehrschaos. Wildes Parken ist allerdings nicht zu empfehlen. Auf jeden Fall sollte man vor Erreichen des Slea Head langsamer werden und aufmerksamer fahren.

Dunmore Head

Wer keinen Parkplatz erwischt, kann alternativ noch 3 km weiter fahren und am Dunmore Head, dem westlichsten Punkt Irlands, einen nicht weniger dramatischen Ausblick genießen.

Dunquin und die Blasket Islands

Die nächste Etappe führt zum kleinen Ort **Dunquin**, wo sich alles um die Blaskets dreht. Eine Inselgruppe, die dem Festland dramatisch vorgelagert ist und für die Dunquin die Verbindung zur Außenwelt darstellte, als sie noch bewohnt war.

Die **Blasket Islands** werden von den Iren vor allem mit einer Person assoziiert: mit Peig Sayers. Die auf zeitgenössischen Fotos vor allem als alte Frau mit Kopftuch zu sehende Inselbewohnerin wurde zwar nicht auf den Blaskets geboren, machte sie aber berühmt. Denn Volkskundler und Linguisten wurden im späten 19. Jh. im Zuge des „Celtic Revival" auf sie aufmerksam, als sich die Kunde verbreitete, dass sie einen schier unerschöpflichen Schatz an Geschichten und Erzählungen in unverfälschtem Irisch zum Besten geben konnte. Die gesammelten Geschichten von Peig Sayers sind seitdem ein nahezu unumstößlicher Bestandteil des Irisch-Unterrichts an den Schulen – und hängen den meisten Schülern zum Halse heraus. Für die Sprachwissenschaft und die Volkskunde waren sie jedoch ein Gottesgeschenk. Jeden Sommer (im Winter war das Wetter einfach zu schlecht) eilten Wissenschaftler auf die Inseln, zeichneten Sprache und die Geschichten der Bewohner auf und regten gleichzeitig die Einheimischen an, doch selbst zur Feder zu greifen. Was auch einige taten – die Blaskets wurden zum Inbegriff der irischsprachigen Literatur des Westens. Dass sich eine so reiche Erzähltradition und eine schon fast ausgestorben geglaubte Sprache hier halten konnten, hatte einen einfachen Grund. Die Blaskets waren nur an guten Tagen mit dem Boot erreichbar und somit weniger attraktiv für Zuwanderer.

So waren die Inseln Mitte des 20. Jhs. in einem Winter so lange von der Außenwelt abgeschnitten, dass akuter Versorgungsmangel herrschte und man sich direkt mit einem Telegramm an Eamon de Valera in Dublin wenden musste, um Hilfe zu bekommen. Die langfristige Reaktion des irischen Staates war radikal, die Inseln wurden als nicht bewohnbar eingestuft, ihre Einwohner umgesiedelt. Auch dies war eine irische Lösung für ein irisches Problem – da man die Versorgung der Insel nicht sicherstellen konnte, riss man die dort seit Generationen lebenden Familien aus ihrem gewohnten Umfeld. Seit 1953 sind die Inseln faktisch unbewohnt. Heute haben sie den Status eines National Historic Park.

Heute haben die schroffen Felsen und die unwirtliche Landschaft einen ganz eigenen Charme, sodass der abenteuerliche Ausflug für viele Menschen ein unvergleichliches Erlebnis wird. Die Ruinen der Kirche auf der Hauptinsel **Great Blasket** ziehen immer noch viele Besucher an, der Ausblick von der 285 m aus dem Meer ragenden Felsenklippe ist in seiner wildromantischen Schönheit unvergleichlich. Von solchen Impressionen beseelt, ist es leicht zu verstehen, dass die auf Blasket lebenden Menschen als „die glücklichsten Menschen der Welt" mythologisiert wurden.

Selbst die noch weiter im Atlantik liegende kleine Nebeninsel **Inishtooskert** mit den Ruinen einer Klosteranlage macht trotz der oft unruhigen Überfahrt den Eindruck einer Märchenwelt. Spätestens jetzt fragt man sich, warum hier niemand von den glücklichen Menschen mehr lebt. Ein Museum in der Nähe gibt die Antworten.

Wer es bequemer haben will und vor allem eine intensive Einführung in die Geschichte der Inseln, die Grundlagen der irischen Sprache und die reichhaltige Literatur der Inselbewohner haben möchte, der ist am besten im **Blasket-Centre in Dunquin**, ℘ 066-9156444, 🖳 www.blasket.ie, auf dem Festland aufgehoben. Dieses moderne Zentrum in Sichtweite der Inseln erzählt die Geschichte der Blaskets und ihrer Bewohner. Die sehr umfangreiche und gut dokumentierte Ausstellung und ein kurzer, aber sehr guter Film vermitteln die wichtigsten Informationen, der recht gut sortierte Buchladen lädt zur weiteren, selbstständigen Beschäftigung mit dem Thema ein. Nicht minder einladend ist das große Café, dessen Fensterfront einen Anblick hinaus aufs Meer ermöglicht, ohne dass einem die Kaffeetasse davonfliegt. Die Statue eines Inselbewohners in Regenkleidung verdeutlicht, wie ein ganz normaler Tag auf den Blaskets aussehen konnte. ◷ März/April–Okt tgl. 10–18 Uhr, Eintritt 5 €.

Ballyferriter

Der Ringstraße weiter folgend geht es nach dem Aussichtspunkt von **Clogher Head** wieder in Richtung Osten, die Straße verläuft nicht mehr in Küstennähe bis nach **Ballyferriter**, einem weiteren typisch irischen Dorf, dessen kleine Häuser vor allem durch den farbenfrohen Anstrich auffallen. Hier scheint sich in den letzten Jahrhunderten nicht sehr viel verändert

---

Trips auf die Blasket Islands

Verschiedene Charterboote verkehren von Dunquin und Dingle auf die Blasket Islands. Dauer, Frequenz und Preis der Überfahrten sind abhängig von Saison, Wetter und Andrang. Hier eine Auswahl:
Blasket Island Ferries ab Dunquin, ℘ 085-7751045, 🖳 www.blasketisland.com
Blasket Islands Tours ab Ventry, ℘ 086-3353805, 🖳 www.marinetours.ie
Dingle Boat Tours ab Dingle, ℘ 066-9151344, 🖳 www.dingleboattours.com

---

zu haben. Das kleine **West Kerry Museum** des Ortes, ℘ 066-9156333, 🖳 www.westkerrymuseum.com, gibt Einblicke in die Heimatkunde. ◷ wechselnd, Eintritt ca. 2 €.

Vernachlässigen kann man die sogenannte Goldene Festung, **Dun an Oir**, nahe Ballyferriter, deren Besatzung von etwa 800 irischen und spanischen Soldaten sich 1580 den Engländern ergab und dennoch niedergemetzelt wurde. Außer ein paar Mauerresten und einem Gedenkstein ist hier nichts mehr zu sehen.

Riasc

Nur 10 km weiter östlich befindet sich die aus dem 7. Jh. stammende ausgegrabene **Klosteranlage von Riasc**. Sie gewährt einen Einblick in die Struktur eines irischen Klosters, das sich stark von den auf dem Kontinent entstandenen Klosteranlagen unterscheidet. Die Reste eines Bethauses und ein verzierter *pillar stone* (ein stehender Stein mit christlichen Motiven, der als Vorläufer der irischen Hochkreuze gilt) sind die auffälligsten Überbleibsel der Anlage, die vermutlich im 12. Jh. verlassen wurde.

Kilmalkedar

Zwei weitere Zeugnisse aus der Zeit des frühen Christentums folgen auf dem Rundweg. Bei **Kilmalkedar** erkennt man die Überreste einer romanischen Kirche aus dem 12. Jh., die interessante Steinarbeiten aufweisen. Der eigentliche Anziehungspunkt ist jedoch der Friedhof, auf dem neben christlichen Kreuzen und einer Sonnenuhr auch Steine zu sehen sind, die heidnischen Ursprungs gewesen sein sollen. Kilmalkedar ist ein Beispiel für einen schon vor der Christianisierung heiligen Ort, der dann von der neuen Religion übernommen und weiter genutzt wurde. Die vorchristliche Geschichte liegt allerdings im Dunkeln. Im 7. Jh. wurde hier ein Kloster errichtet, das oft in Verbindung mit dem Hl. Brendan gebracht wird. Nicht weit entfernt stehen auch das mittelalterliche **St. Brendan's House** und eine Kapelle, **St. Brendan's Oratory**.

Brandon Mountain

Trotz der sprachlichen Ähnlichkeit steht der nahe gelegene Brandon Mountain keineswegs in Verbindung mit dem heiligen Seefahrer, der von hier aus mit einem kleinen Boot in See gestochen und über Grönland schließlich Amerika erreicht haben soll.

Mehrere Wanderwege führen auf den Berg, der am letzten Juliwochenende Ziel zahlreicher Pilger ist. Auf dem Berg selbst finden sich Reste frühchristlicher Anlagen, sein größter Pluspunkt ist jedoch die Aussicht über das Meer und die Halbinsel von Dingle. Die Wege sind gut ausgeschildert und bei geeignetem Wetter können auch untrainierte Wanderer, die über ausreichend Kondition verfügen, den Brandon Mountain „bezwingen".

Für die Besteigung bieten sich zwei Routen an: Die meisten Bergwanderer starten in **Ballybrack**, der Anstieg erfolgt auf einem relativ einfachen, nicht allzu steilen Weg. Wesentlich herausfordernder ist der Anstieg von Osten, beginnend in **Cloghan** – steil und teilweise nur auf Händen und Knien zu meistern.

Gallarus Oratory

Nur 3 km südlich von Kilmalkedar steht eine der am besten erhaltenen frühchristlichen Kirchen, das **Gallarus Oratory**, ☎ 066-9155333, 🖥 www.heritageireland.ie, ein wie ein umgedreht in der Landschaft liegendes Boot geformtes Gebetshaus, dessen Seitenwände und Dach aus Natursteinen ohne Mörtel erbaut wurden. Übrigens sagte allein der Name schon aus, dass es sich hier um die Religion von Eindringlingen handelte. Gallarus heißt übersetzt „Haus der Fremden". Über den Ursprung dieses kleinen Gebäudes, das mit zu den größten archäologischen Schätzen der frühchristlichen Zeit zählt, ist wenig bekannt – es könnte zwischen dem 6. und 9. Jh. erbaut worden sein. Ein kleines Besucherzentrum informiert über die Geschichte und die Bauweise der Kapelle, der Innenraum des Gebetshauses ist allerdings recht unspektakulär. Die meisten Besucher sind mit der Außenansicht alleine schon zufrieden. ☉ wechselnd, Eintritt für das Besucherzentrum ca. 3 €.

Von dem Gebetshaus aus ist auch das **Gallarus Castle** recht gut zu sehen, eine typische Burgruine aus dem 16. Jh. Nach dem Besuch des Gallarus Oratory führt die Straße dann wieder zurück zum Ausgangsort Dingle.

Annascaul

Ardrinane House, ☎ 066-9157119, 🖥 www.ardrinane.com. Relativ einfaches, aber bequemes B&B direkt gegenüber dem South Pole Inn. Frühstück „à la carte", auch Lunchpakete können geordert werden. ❷

Camp

Camp Junction House, Camp, ☎ 087-2430704, 🖥 www.campjunctionhouse.com. Modern ausgestattetes Haus mit großen, hellen Räumen, hervorragendem Frühstück und (bei gutem Wetter) einer Aussicht, für die man anderswo Eintritt verlangt! Auch Apartments für längere Aufenthalte als Selbstversorger. ❷–❸

Castlegregory

€ **Fitzgerald's Euro Hostel**, Strand Rd., ☎ 066-7139951. An einen Laden und Pub angeschlossene, einfache Unterkunft in Doppel-, 2- und 6-Bett-Zimmern, große Küche für Selbstversorger. Bett im Schlafsaal 16 € (saisonabhängig), DZ ❶

Cloghane

€ **Mount Brandon Hostel**, am Dingle Way direkt am Fuß des Mount Brandon, ☎ 085-1363454, 🖥 www.mountbrandonhostel.com. Verschiedene Unterkunftsmöglichkeiten vom Schlafsaal bis zum Familienzimmer, sogar ein Apartment mit 4 Betten steht zur Verfügung. Abholung vom Kerry Airport oder aus Tralee kann arrangiert werden. ☉ März–Okt/Nov. Bett im Schlafsaal 16 € (saisonabhängig), DZ ❶–❷

Cuas

An Bóthar, ☎ 066-9155342, 🖥 www.botharpub.com. Die ideale Kombination: Restaurant (empfehlenswert: Fisch und Lamm), Pub und B&B in einem Haus mitten im Ort und direkt am Dingle Way. Rustikale Unterkunft, auch in Familienzimmern. ❷–❸

Dingle

€ **The Hideout Hostel**, Dykegate St., ☎ 066-9150559. Im Herzen von Dingle und nur wenige Minuten von der Bushaltestelle,

DER SÜDWESTEN

Irische Romantik pur auf dem Slea Head Drive

Unterkunft in Schlafsälen oder Privatzimmern. Fahrradverleih in unmittelbarer Nähe. Waschmaschine. Bett im Schlafsaal 16 € (saisonabhängig), DZ **2**

€ **Alpine House**, Mail Rd., ✆ 066-9151250, 🖥 www.alpineguesthouse.com. Guesthouse nur 300 m südlich vom Zentrum mit 10 Zimmern, alle mit TV, einige mit schönem Meerblick. Geboten werden den Gästen warmes Frühstück oder Buffet sowie Lunchpakete. **2** – **3**

Castlewood House, The Wood, ✆ 066-9152788, 🖥 www.castlewooddingle.com. Angenehm ruhiges Guesthouse am Ufer der Dingle Bay mit 12 individuell eingerichteten, eleganten Zimmern, alle mit TV und Bad mit Jacuzzi, viele mit Blick auf die Bucht. **3**

Coastline Guesthouse, The Wood, ✆ 066-9152494, 🖥 www.coastlinedingle.com. Guesthouse am Hafen mit 8 Zimmern. Genau richtig für Gäste, die abends ein wenig in den Trubel von Dingle eintauchen wollen, aber in der Unterkunft etwas Privatsphäre benötigen. **3**

Pax House, Upper John St., ✆ 066-9151518, 🖥 www.pax-house.com. Großartige Ausblicke auf die Bucht von Dingle bietet dieses Guesthouse mit 12 hübschen Zimmern, die alle über TV und Kühlschrank verfügen. **3**

ESSEN

Annascaul

South Pole Inn, ✆ 066-9157388. Der früher vom Polarhelden Tom Crean betriebene Pub bietet in einem sehr traditionellen Ambiente von mittags bis etwa 20 Uhr sehr gutes Bar Food.

Castlegregory

€ **Milesian**, ✆ 087-4607499. Restaurant in einem alten Cottage mitten im Dorf mit einer recht internationalen Speisekarte, Fisch und Lamm sind sehr zu empfehlen. Günstige Menüs am frühen Abend (zwei Gänge für 12,50 €).

Dingle

An Café Liteártha, Dykegate Ln., ✆ 066-9152204. Mittlerweile legendäres Café im Ortskern von Dingle, angeschlossen an einen Buchladen mit sehr guter Auswahl an irischer Literatur. Bietet einfache, aber wohlschmeckende Backwaren zu einem starken Kaffee. ⏱ in der Hauptsaison tgl. 9–19 Uhr.

Lord Baker's Restaurant & Bar, ✆ 066-9151277, 🖵 www.lordbakers.ie. Angeblich ältester Pub in Dingle. An der Bar ist die Empfehlung: Chowder mit hausgemachtem Sodabrot oder Krebsscheren in Butter. Dessert-Favorit im Restaurant: Traditional Plum Pudding mit Brandy-Sauce. Sonntags zum Mittagessen unbedingt reservieren. ⏰ Fr–Mi 18–21.30 Uhr.
The Chart House Restaurant, The Mall, ✆ 066-9152255, 🖵 www.thecharthousedingle.com. Restaurant in attraktivem Steingebäude, geboten wird traditionelle Küche mit internationalem Einfluss. Gute Auswahl an frischem Gemüse. Unbedingt den irischen Käse, serviert mit hausgemachten Haferkeksen und Weintrauben, probieren. ⏰ tgl. ab 18 Uhr, in Nebensaison eingeschränkt.

UNTERHALTUNG UND KULTUR

Dingle gilt als der Ort mit der höchsten Dichte an Pubs im irischen Südwesten, wahrscheinlich könnte man die gesamte ständige Bevölkerung des Ortes aus dem Regen in irgendwelche Gastwirtschaften holen. Dennoch kann es im Sommer schwierig werden, noch einen Platz in der Kneipe zu finden. Alle Kneipen versuchen, mit Musik und Gesang die Gäste zu erfreuen.
An Droichead Beag, Lower Main St., ✆ 066-9151723, 🖵 https://androicheadbeag.com. Hier kann man die lebhaftesten Abende verbringen – eigentlich ist in dem auf Alt getrimmten Pub jede Nacht populäre, traditionelle Musik zu hören.
Ein Bier im Eisenwarenladen gefällig? Das **Foxy John's**, diese altehrwürdige Institution, Main St., ✆ 066-9151316, bietet nicht nur ein frisch gezapftes Pint, sondern auch gleich Einkaufsmöglichkeiten. Früher der Standard in vielen irischen Kleinstädten, heute ein Relikt aus längst vergangenen Zeiten.
Hillgrove, Spa St., ✆ 066-9131000, 🖵 www.hillgrovedingle.com. Wer Gefiedel und Geflöte dringend entfliehen muss (wie etwa viele der jüngeren Bewohner Dingles), sollte sich ins Hillgrove aufmachen. Dies ist Dingles Nachtclub der Wahl für alle diejenigen, die modernere Musik bevorzugen. Unterkunft im Haus möglich.

Beim **Dingle Film Festival**, 🖵 www.dingle filmfestival.com, einem kleineren Filmfest mit örtlichem Bezug im März, wird der „Gregory Peck Award" vergeben. Unter den Gästen sind teilweise auch international bekannte Stars, der Schwerpunkt liegt jedoch auf dem irischen Film.
Féile na Bealtaine, 🖵 www.feilenabealtaine.ie, ist ein Frühlingsfest, das Ende April/Anfang Mai begangen wird. Örtliche Kulturangebote, Ausstellungen, Konzerte und Kinderfeste.
Dingle Food Festival, 🖵 www.dinglefood.com. Bei diesem interessanten Festival an einem Wochenende Anfang Oktober dreht sich alles um den leiblichen Genuss, teils werden lokale, teils internationale Spezialitäten angeboten. Nicht unbedingt eine eigene Reise wert, aber wenn man schon mal in der Nähe ist …

AKTIVITÄTEN

Wer seinen Aufenthalt in Dingle etwas abenteuerlich gestalten möchte, ist bei **Irish Adventures**, Burnham, ✆ 087-4190318, 🖵 www.irishadventures.net, richtig. Die Abenteuerprofis bieten eine enorme Bandbreite an Aktivitäten und stellen ganze Wochenprogramme zusammen. Zum Angebot gehören Wanderungen, Bergsteigen, Kanu- und Kajaktouren, Reiten, Radfahren und auch Winterwanderungen durch die Bergwelt. Anfänger können hier erste Schritte unter Anleitung tun, Fortgeschrittene mit Begleitung ihre Grenzen austesten.
Etwas weniger abenteuerlich geht es im **Dingle Activities Centre**, Gallarus, ✆ 087-2460507, 🖵 www.dingleactivities.com, zu. Hier werden Wanderungen, Bootsfahrten und andere Aktivitäten organisiert. Besonders interessant sind die „Edge of the World Walks", die die Teilnehmer mit den Naturschönheiten der Gegend, den archäologischen Stätten und auch einer Reihe alter Pilgerwege bekannt machen.
Sehr gut organisiert sind die Reitausflüge von **Dingle Horse Riding**, The Stables, Baile na Buaile, ✆ 066-6152199, 🖵 www.dinglehorse riding.com. Diese führen teilweise am Strand entlang, teilweise durch die Bergwelt. Auch einwöchige Trekkingtouren.

TOUREN

Viele Besucher kommen extra nach Dingle, um dem mittlerweile international bekannten **Delphin Fungi** die Referenz zu erweisen. Eine ganze Flotte von **Booten** verlässt nahezu nonstop den Pier in der Ortsmitte, um Touristen in die Nähe des Meeressäugers zu bringen – zu einem Fahrpreis von stattlichen 16 € für knapp eine Stunde. Immerhin … taucht das Vieh nicht auf, gibt es vom Fährmann das Geld zurück. Weitere Infos bietet 🖵 www.dingledolphin.com.

INFORMATIONEN

Tourist Information Dingle, The Quay, ✆ 066-9151188. Infos auch unter 🖵 www.dingle-peninsula.ie.

TRANSPORT

Busse fahren ab **Dingle Town** nach KILLARNEY (Linie 276), mehrmals tgl., ca. 1 1/2 Std.
Die **Dingle-Halbinsel** mit dem Bus zu bereisen, kann problematisch werden – Bus Éireann betreibt nur ein sehr dünnes Netz. Folgende Buslinien, die teilweise nur an ein oder zwei Tagen in der Woche verkehren, stehen zur Verfügung:
- **273** Tralee, Camp, Castlegregory, Cloghane und zurück.
- **275** Tralee, Camp, Dingle und zurück.
- **276** Kreisverkehr von Dingle über Slea Head und Clogher Head nach Dingle zurück.
- **281** Killarney, Castlemaine, Inch, Dingle und zurück (nur in den Sommermonaten).

Der gute Ton

Sehr attraktiv für viele Besucher ist die **Töpferei von Louis Mulcahy**, Clogher, ✆ 066-9156229, 🖵 www.louismulcahy.com. Hier werden in Handarbeit Töpferwaren geschaffen, die traditionelle Formen mit modernen Elementen verbinden. Die kunsthandwerklichen Produkte sind mittlerweile international sehr beliebt, aber nicht unbedingt billig (wenn auch 15 % unter dem sonst im Handel geforderten Preis). 🕓 tgl. mind. 10-17.30 Uhr.

Von Dingle nach Tralee

Für den Weg von Dingle nach Tralee gibt es drei Möglichkeiten. Die schnellste führt über die N86 quer durchs Land. Bitte vermeiden – denn die Alternativen sind besser.

Die Route über die R560 und den **Connor Pass** (auch Conair genannt) ist zweifelsohne die spektakulärste. Die Straße windet sich von Dingle nordöstlich bis zu einer Höhe von 456 m, wo ein großer Parkplatz zum Stopp einlädt. Die Aussicht vom Connor Pass ist wirklich schön. Zwischen den über 600 m hohen Bergen links und rechts der Straße sind im Süden die Dingle Bay und im Norden die Brandon Bay zu sehen, dahinter der Atlantik und bei gutem Wetter die Küsten von Kerry. Tief unter dem Betrachter befinden sich kleine Seen und eine reichhaltige Flora – eigentlich alle alpinen Pflanzen, die in Irland wild wachsen, sind hier an einem Ort vereint. Vom Parkplatz aus sind einige Wege in die Berglandschaft erkennbar, ein Spaziergang lohnt sich. Danach geht es über Stradbally nach Camp und dann auf der N86 nach Tralee.

Möglichkeit Nummer zwei ist die N86 bis kurz vor Anascaul, dann rechts ab auf die R561 nach Inch. Hier gibt es Meer und weiten Strand – der auch aus Filmen bekannte **Inch Strand** ragt meilenweit in die Dingle Bay hinein. Mit etwas Glück können von den abgelegeneren Teilen der sandigen Halbinsel aus Seeotter, Robben und Delphine beobachtet werden. Anschließend folgt man der R561 bis nach Castlemaine, dann der N70 nach Norden bis nach Tralee.

Tralee und Umgebung

Die kleine Stadt **Tralee** hat mit ihren rund 25 000 Einwohnern schon fast den Charakter einer Großstadt, jedenfalls für die Verhältnisse im irischen Südwesten. Als Hauptstadt von Kerry ist der Ort vor allem verwaltungstechnisch wichtig, dazu auch als Einkaufsstadt. Und immerhin ist Tralee seit einigen Jahren auch Standort eines Nationaltheaters. Viel wichtiger erscheint allerdings oft das Theater, das um die „Rose von Tralee", 🖵 www.roseoftralee.ie, veranstaltet wird – einen Schönheitswettbewerb im August, bei dem die schönste, talentierteste und vor allem irischste „Rose" ermittelt wird, und den ganz Irland verfolgt.

Kerry County Museum

Obwohl sich Tralee bemüht, vom Image der „Rosenstadt" etwas wegzukommen, ist man definitiv noch weit davon entfernt, ein zweites Killarney oder auch Bunratty zu werden. Erste Schritte dazu sind aber getan, denn der Freizeitpark des Kerry County Museum, Ashe Memorial Hall, Denny St., ☎ 066-7127777, 🖥 www.kerry museum.ie, mit seiner interaktiven Show „Kerry the Kingdom" und Mittelalter „live" im „Geraldine Experience" ist weit entfernt von den meist eher betulichen Museen in anderen Counties. Ein wenig erinnert das Ganze an Disneyland, wenn man dank der Multimedia-Präsentation durch die mittelalterlichen Straßen läuft und dabei die typischen Gerüche in der Nase hat. Vor allem Kinder werden es lieben, Geschichte zum Anfassen zu erleben, nicht trocken, sondern als echtes Leben in alten Gemäuern. Und auch der Lerneffekt des Museums ist recht hoch.

Sehr interessant ist auch der Tom Crean Room. Crean, geboren 1877 in Annascaul, war Seemann bei der Royal Navy und nahm an mehreren Expeditionen des Polarforschers Captain Scott teil. Später segelte er auch mit Sir Ernest Shackleton in die Antarktis. Nach dem Ersten Weltkrieg verließ er die Marine, kaufte in Annascaul einen Pub und nannte ihn „The South Pole". Bis zu seinem Tod im Jahr 1938 zapfte er dort noch selber. ⏲ Juni und Aug tgl. 9.30–17.30 Uhr, sonst eingeschränkt, Eintritt 5 €.

Windmühle von Blennerville

Ein weiterer Museumsbereich, der mit Leben gefüllt wurde, ist das Gebiet rund um die Windmühle von Blennerville, Windmill St., ☎ 066-7121064, 🖥 www.blennerville-windmill.ie, am westlichen Ortsrand. Die um 1800 gebaute Mühle ist das größte Exemplar ihrer Art in Irland, das noch funktionsfähig erhalten ist. Die Produktion von Mehl wird jedoch nur noch im Rahmen des Museumsbetriebes vorgenommen, bei Besichtigungen lernen die Besucher altes Handwerk direkt kennen. ⏲ tgl. 9.30–17.30 Uhr oder länger, Eintritt 7 €.

Rings um die Mühle wurde ein kleines, einigermaßen traditionell gehaltenes, Einkaufszentrum eingerichtet, in dem von Kunsthandwerk bis zu Kaffee und Kuchen alles zu bekommen ist, was das Herz begehrt.

Ardfert Cathedral

9 km nordwestlich von Tralee befindet sich der Kirchenkomplex der Ardfert Cathedral, ☎ 066-7134711, 🖥 www.heritageireland.ie, der eng mit dem heiligen Seefahrer Brendan in Verbindung gebracht wird. **Brendan** selbst soll um das Jahr 484 ganz in der Nähe geboren worden sein und hier ein Kloster gegründet haben. Die in Ruinen liegende Kathedrale stammt jedoch aus dem 12. Jh. und weist mit ihrem romanischen Portal und den „blinden" Arkaden eine nicht unbedingt typische Bauform auf. Ein Seitenschiff ist als Museum restauriert worden und erläutert die Geschichte der Kathedrale und der umliegenden kirchlichen Gebäude. Direkt neben der Kathedrale liegt ein relativ großer Kirchhof mit interessanten Grabmalen und noch zwei weiteren Kirchen. Teampall na Hoe ist ebenfalls im romanischen Stil erbaut, der benachbarte Teampall na Griffon dagegen im gotischen Stil. Teampall, wörtlich Tempel, ist eine der möglichen irischen Bezeichnungen für eine Kirche – der Name „Tempel der Greifen" klingt zwar fast heidnisch, bezieht sich aber eigentlich nur auf einige Fabelwesen, die neben einem Fenster in den Stein gehauen wurden. Ihr genauer Ursprung und auch ihre Bedeutung sind weitgehend unbekannt. Nicht mehr direkt auf dem Gelände der Kathedrale, aber nur einen kurzen Fußmarsch entfernt, liegen die Ruinen einer Abtei des **Franziskanerordens**. Das Kloster wurde zwar schon Mitte des 13. Jhs. gegründet, die noch erhaltenen Gebäudereste stammen jedoch aus dem 15. Jh. ⏲ März–Sep tgl. 10–18 Uhr, Eintritt 5 €.

Banna-Strand

Gewissermaßen zum Pflichtprogramm aller Touristen, die Irland auf den Spuren der Freiheitskämpfer bereisen möchten, gehört der nahe gelegene Banna Strand, nach einem Volkslied auch als *lonely Banna Strand* bekannt. Obwohl man sich an schönen Sommertagen hier nicht unbedingt alleine und verlassen fühlt, war dies wohl der Eindruck, den der Strand 1916 auf Roger Casement machte. Der irische Patriot wurde hier von einem deutschen U-Boot abgesetzt, obwohl die mit einem getarnten Frachter parallel auf dem Seeweg nach Irland befindliche Waffenlieferung abgefangen wurde und auch das vereinbarte Signal für die Landung Casements ausblieb. Der ehemalige britische Diplomat wurde umgehend festgenommen, nach London gebracht und dort wegen Hochverrats hingerichtet. Der Strand wurde auch bei den Filmarbeiten zu David Leans Rebellenepos *Ryan's Daughter* genutzt. Und dass der Schmuggel von Kriegsmaterial über das Meer hier noch lange üblich war, zeigte sich deutlich, als der bekannte Sinn-Fein-Politiker Martin Ferris 1984, damals noch als IRA-Mann, wegen ebensolcher Aktivitäten ins Gefängnis kam.

Crag Cave

Selber in den Untergrund gehen kann man in der Crag Cave bei Castleisland, ☏ 066-7141244, 🖥 www.cragcave.com. Eine halbstündige Tour durch die erst vor einigen Jahren entdeckten Höhlen kostet aber immerhin 12 €. Die bizarre,

vor etwa einer Million Jahren entstandene Höhlenlandschaft ist interessant, aber nicht unbedingt ein Muss. 🕐 tgl. 10–18 Uhr, Jan–Mitte März nur Fr–So, Eintritt 15 €.

ÜBERNACHTEN UND ESSEN

€ **Castle Hostel**, Castle St., ☏ 066-7125167, 🖥 www.castlehostel.ie. Dieses Hostel mitten in der lebendigen Stadt bietet Zimmer verschiedener Größe. Fahrradverleih ist möglich, Ausflüge in die nähere Umgebung können über die Rezeption arrangiert werden. ❷

Meadowlands Hotel, Oakpark, ☏ 066-7180444, 🖥 www.meadowlandshotel.com. Hotel mit 57 Zimmern und Restaurant, spezialisiert auf Fischgerichte „frisch gefangen". Sehr schön gestaltete Räume in einem altmodischen, zum Verweilen einladenden Stil, aber mit allem modernen Komfort. ❸

Umgeben von herrlichen Gärten und weiten Wäldern liegt das luxuriöse **Ballyseede Castle**, Ballyseede, ☏ 066-7125799, 🖥 www.ballyseedecastle.com. In diesem Gemäuer mit 23 elegant eingerichteten Zimmern kann man sich einmal wie ein König oder eine Königin fühlen. Sehr komfortabel, aber nicht für Reisende mit schmalem Budget geeignet. ❺

Finnegan's Cellar Restaurant, 17 Denny St., ☏ 087-6241837. Hervorragendes Restaurant im Keller eines im frühen 19. Jh. aus den Trümmern der Burg erbauten Hauses. Die internationale Speisekarte bietet etwas für jeden Gaumen und Geldbeutel. Besonderer Tipp: Lammgerichte! 🕐 tgl. 17–22 Uhr.

UNTERHALTUNG UND KULTUR

Baily's Corner, Ashe St., ☏ 066-7126230. In dem sehr beliebten Pub treten örtliche Musiker auf, die meisten davon sind regional mehr oder minder bekannte Singer-Songwriter mit eigenem Material.

Seán Óg's, Bridge St., ☏ 066-7128822, 🖥 www.sean-ogs.com. Die sehr lebhafte Bar ist bekannt für traditionelle Musik am Abend. Kann sich sehr schnell füllen und am Wochenende auch schon einmal aus allen Nähten platzen. Auch B&B möglich.

FESTE

Im Frühjahr findet an einem langen Wochenende das **The Shindig Traditional Music and Set Dancing Festival Weekend** in Tralee statt. Geboten werden Gesang, Tanz und Geschichtenerzähler, also traditionelle Unterhaltung ohne modernen Schnickschnack. Man erhält einen faszinierenden Einblick in irische Volkskultur ohne „touristische Aufarbeitung".

INFORMATIONEN

Tourist Information Tralee, Ashe Hall, Denny St., ✆ 066-7121288. Infos auch unter 🖥 www.tralee.ie.

TRANSPORT

Busse
Die **Bushaltestelle** liegt beim Bahnhof, Infos unter 🖥 www.buseireann.ie, oder Tralee Casement Station, ✆ 066-7164700.
CORK (Linie 40), via Killarney, stdl., 2 Std.

LIMERICK (Linie 13), tagsüber mehrfach, 2 1/2 Std.

Eisenbahn
Der **Bahnhof** Tralee, John Joe Sheehy Rd., ist mit Mallow (1 1/2 Std.), CORK (etwa 2 Std.) und DUBLIN (meist mit Umsteigen in Mallow, etwa 4 Std.) verbunden, am Tag etwa 8 Züge je Richtung.

Ballybunion

Ballybunion ist ein Urlaubsort, wie er im Buche steht. Allein die Sandstrände und die raue, von Klippen und Höhlen geprägte Küste machen den Ort zu einem Favoriten unter irischen Urlaubern. Am Strand, über dem sich eine romantische Burgruine erhebt, ist jedoch Vorsicht geboten, bei Flut werden rasch Bereiche abgeschnitten und Strömungen sorgen für gefährliche Verhältnisse. Der örtliche Wasserrettungsdienst arbeitet mit Kettenfahrzeugen und direkt am Badestrand erinnert eine Gedenktafel an frühere Opfer.

Die Strandburg von Ballybunion

© BERND BIEGE

Der Ort bietet reichlich Freizeitmöglichkeiten und einige der besten Golfplätze Irlands. Mit mittlerweile internationaler Berühmtheit: Eine lebensgroße Statue vor der örtlichen Polizeistation zeigt Bill Clinton beim Einlochen. Wer es jedoch mit einem anderen Amerikaner hält – Mark Twain charakterisierte Golf als „einen verdorbenen Spaziergang" –, der kann die etwa 5 km langen Wanderwege an den Klippen genießen oder den wegen seiner Meeresnähe sehr hoch erscheinenden und in Wirklichkeit nur 264 m hohen Knockamora Hill besteigen. Die vielleicht beste Zeit, Ballybunion zu besuchen, liegt jedoch definitiv außerhalb der irischen Ferien, besser noch außerhalb der Sommersaison.

Listowel und Umgebung

Abgesehen von dem technischen Wunderwerk der Einschienenbahn ist **Listowel** vor allem dadurch bekannt, dass es hier mehr Pubs als Wohnhäuser geben soll. Eine schnell erstellte Statistik straft dieses Vorurteil zwar Lügen, genug Gelegenheit für einen netten Abend gibt es allerdings schon. Und viele der Hausfassaden sind ideale Fotomotive mit teils typisch irischen Stuckarbeiten. Wie in Irland so häufig, gehören Gastwirtschaften und Poeten eng zusammen. Jedes Jahr im Juni findet in Listowel die **Writers' Week**, 🖥 www.writersweek.ie, statt. Bei dieser Woche der Schriftsteller geben sich junge Talente und bekannte Autoren die Klinken der Pubs in die Hand. Das andere Großereignis des Ortes ist ein landwirtschaftliches Fest Ende September, bei dem auch traditionelle *matchmaker* (Heiratsvermittler) ihren großen Auftritt haben.

Listowel Castle

Die immer noch imposanten Reste des Listowel Castle, ✆ 086-3857201, 🖥 www.heritageireland.ie, am Square sind zumindest einen kurzen Blick wert, die Ruine ist mittlerweile wieder für Besucher zugänglich. ⏰ Ende Mai–Anfang Sep tgl. 9.30–18 Uhr, Eintritt frei.

Garden of Europe

Eher kurios ist der Garden of Europe, Childers Park, der in zwölf Abteilungen die EU-Staaten von 1995 präsentiert (mit typischen Pflanzen) und neben einer Schiller-Büste auch ein Holocaust-Denkmal enthält.

Rattoo Round Tower

16 km westlich von Listowel ist ein besonders schöner Rundturm mitten in einer kargen Landschaft zu sehen. Vom ehemaligen **Kloster von Rattoo** sind zwar nur noch wenige Ruinen vorhanden, der 28 m hohe Turm allerdings macht den Eindruck, als sei er erst vor wenigen Jahren erbaut worden Tatsächlich ist er einige hundert Jahre älter als die neben ihm stehende Kirche. Dabei beeindruckt vor allem, dass er aus dem Nichts aufzuragen scheint.

Carrigafoyle Castle

Eine ideale Verteidigungsposition an der Mündung des Shannon hatte Carrigafoyle Castle bei Ballylongfort, ein von den örtlichen O'Connors gebautes Turmhaus aus dem 15. Jh. Die militärische Geschichte zeigte allerdings schnell, dass selbst diese Position keine absolute Sicherheit brachte. Vor allem von englischen Truppen wurde das Haus mehrfach belagert und auch geplündert. Die letzte Belagerung erfolgte durch die Truppen Oliver Cromwells, die 1649 die Festung als Ruine hinterließen. Immerhin eine romantische Ruine, die heute zahlreiche Besucher anzieht. Teile der Befestigungsanlagen sind noch erhalten, am deutlichsten von ehemaliger Größe zeugt der teilweise erhaltene Turmbau selbst. Die fantastische Aussicht, die auch weite

---

Die revolutionäre Einschienenbahn

Listowel war in früheren Zeiten durch eine Eisenbahn mit Ballybunion verbunden. Diese kuriose Einschienenbahn nach dem **System Lartigue**, ✆ 068-24393, 🖥 www.lartiguemonorail.com, zog sich wie ein gigantischer Weidezaun quer durch die Landschaft und erwies sich schnell als extrem unpraktisch, sodass von den Schienen bis zu den Lokomotiven alles auf dem Schrott landete. Eine moderne Rekonstruktion ist heute am Ortsrand zu sehen. ⏰ Mai–Sep 13–16.30 Uhr (jedoch nicht während der Listowel Race Week), Eintritt 6 €.

Teile der Shannon-Mündung einschließt, ist alleine schon einen Abstecher wert.

Lislaughtin Abbey

Die 13 km nördlich von Listowel bei Ballylongford gelegene ehemalige Lislaughtin Abbey, im 15. Jh. vom Franziskanerorden gebaut, ist eine andere sehenswerte Ruine. Naturliebhaber werden sich allerdings eher an das Südufer der Shannon-Mündung begeben, einige versteckte Strände laden hier zum Faulenzen ein.

ÜBERNACHTUNG

Listowel

€ **Billeragh House Hostel**, Billeragh, ☎ 087-9880431. Unterkunft in einen schönen alten Haus aus dem 18. Jh., entweder im Schlafsaal oder in einem Privatzimmer. Auch für Familien geeignet. Rezeption hilft bei der Planung von Ausflügen in die Umgebung. Bett im Schlafsaal 16 € (saisonabhängig), DZ ❶–❷

Tarbert

€ **The Ferry House Hostel**, The Square, ☎ 068-36555. Großes Haus aus dem 18. Jh., das modernen Komfort in historischer Umgebung bietet. Wer die letzte Fähre verpasst, kann hier recht gemütlich die Nacht verbringen. Bett im Schlafsaal 20 € (saisonabhängig), DZ ❶–❷

UNTERHALTUNG

John B Keane's, 37 William St., Listowel. Eine wohltuende Abwechslung unter den zahlreichen Pubs, die oft ohne Grund nach bekannten Schriftstellern oder Musikern benannt sind: Der irische Dramatiker John

Abkürzung nach Norden

Wer von hier weiter in den Norden reisen möchte, muss nicht den Umweg über die Stadt Limerick nehmen. Zwischen Tarbert und Killimer verkehrt eine **Fähre über den Shannon**, ☎ 065-9053124, 🖥 www.shannonferries.com. Die 20-minütige Überfahrt und eine Gebühr von 20 € (Pkw inkl. Passagiere) ersparen einen Umweg von über 100 km.

B. Keane selbst hat hier früher den Zapfhahn bedient, heute ist seine ehemalige Kneipe ein kleines, lebendiges „Museum", in dem es immer noch reichlich zu trinken gibt.

SONSTIGES

Feste
Anfang Juni findet die **Listowel Writers Week**, 🖥 www.writersweek.ie, ein Literaturfestival mit sehr buntem Programm, statt. Von Nachwuchstalenten bis zu internationalen Preisträgern treten hier die unterschiedlichsten Autoren vor das Publikum. Auch Workshops für Hobbyautoren werden angeboten. Vielleicht das beste Literaturevent in Irland.

Informationen
Tourist Information Listowel, Saint John's Church, The Square, ☎ 068-22590, Infos auch unter 🖥 www.listowel.ie.

TRANSPORT

Bushaltestelle am zentralen Platz (Square). LIMERICK (Linie 13), mehrmals tgl., 2 Std. TRALEE (Linie 13), mehrmals tgl., 3/4 Std.

DER SÜDWESTEN

Der Westen

Abwechslungsreich, rau, aber reizvoll – kein Wunder, dass Westirland eine der populärsten Reiseregionen Irlands ist. Den Westen zu definieren ist allerdings nicht leicht. Von der Mündung des Shannon bis ins nördlichste County, Donegal, so kann man etwa sagen. Hier findet man das Irland aus dem Bilderbuch: eindrucksvolle, vereinsamte Naturlandschaften, malerische Orte, lebhafte Pubs und abgelegene Inseln, auf denen man auftanken kann.

Stefan Loose Traveltipps

Craggaunowen Castle Hier wird keltische Geschichte „live" in Szene gesetzt. S. 426

6 **Burren** Wer genau hinsieht, wird in der kargen Landschaft das blühende Wunder erleben. S. 431

7 **Aran Islands** Die Inseln sind bestes Wanderterrain. S. 450

Inishbofin Idyllische Einsamkeit für Genießer. S. 459

Cong Seinen Ruhm verdankt der kleine Ort vor allem einem Hollywoodstreifen. S. 462

Croagh Patrick Ein alter Pilgerpfad führt auf den heiligen Berg Irlands. S. 468

Achill Island Bis heute ist die größte Insel Irlands untrennbar mit dem Namen Heinrich Böll verbunden. S. 471

8 **Carrowmore** Einer der ältesten „Friedhöfe" des Landes und Stoff für zahlreiche Spekulationen. S. 484

9 **Slieve League** Die fantastische Klippenlandschaft erhebt sich fast 600 m über das Meer. S. 498

ENNIS: FLEADH NUA-FESTIVAL © DUMONT BILDARCHIV / OLAF MEINHARDT

ARAN ISLANDS © DUMONT BILDARCHIV / OLAF MEINHARDT

Slieve League
Carrowmore
Achill Island
Croagh Patrick
Cong
Inishbofin
Aran Islands
Burren
Craggaunowen Castle

Wann fahren? Galway und Sligo sind im Sommer sehr voll, Donegal ist im Winter fast menschenleer – das vom Atlantik geprägte Wetter ist wechselhaft und von November bis April oft extrem rau.

Wie lange? Eine Woche, besser länger

Bekannt für abgelegene Orte, Tagesausflüge auf die Atlantikinseln

Beste Feste Galway Arts Festival (Juli), Ennis Trad Festival (Nov), Yeats Festival (Juli/Aug) in Sligo und Earagail (Juli) in Donegal

Outdoor-Tipp Klippenwanderungen auf Achill Island und am Slieve League

N
0   50 km

Atlantischer

Slieve League
Donegal

s. Detailplan Sligo und Leitrim S. 480
Donegal
Bay
INISHMURRAY

FERMANAGH

Lower
Lough
Erne

s. Detailplan Galway und Mayo S. 442/443

47
46

32
Enniskillen

Lough Melvin
Lake Glencar
Manorhamilton

Corclogh
Ballycastle
Killala
Bay

Sligo Bay
Carrowmore
Sligo
Sligeach

Lough Macnean
Upper
4

Upper
Lough
Erne

INISHKEA

Bangor
Killala

N59

Ballysadare
Lough Gill

SLIGO

Ballinamore

Ballina
Béal an Átha
Charlestown

N17

Lough
Allen

Erne

LEITRIM

722
BALLYCROY
NATIONAL PARK

668
672
807

N26

Moy
N5
N17

N4
Drumshanbo
280

Carrick-on-Shannon
Cora Droma Rúisc

Nephin Beg Range
714

Lough
Conn

N58
N26
Swinford
Knock
Airport

Boyle
N61

**ACHILL
ISLAND**

Mulrany
Newport
Castlebar
Caisleán an
Bharraigh

N5
N17
N83

Ballaghaderreen

ROSCOMMON

CLARE ISLAND

Clew Bay
Westport

N60

Ballyhaunis
Castlerea

Strokestown
LONG-

INISHTURK

765
Croagh
Patrick

N5

MAYO

N84
Lough
Carra

Claremorris

N60
N61

Lanesborough
Roscommon
N5
Longford

INISHBOFIN
INISHSHARK

619
Killary
Harbour

Lough
Mask

N17

Ballymoe

N60
Lough
Ree

FORD

CONNEMARA
NATIONAL PARK
Leenane

Ballinrobe

N63

N61

WEST-

Clifden
Connemara
Maam Cross

Cong

N84

N59

*Lough
Corrib*

GALWAY

N17
N63

Athlone

MEATH

N6
Clara

Connemara
Airport

Galway
Gaillimh

N18
N6

Ballinasloe

Shannon
N80
Brosna

N4
M4
N6

Clonmacnoise
Shannonbridge

s. Detailplan Limerick und Clare S. 414

Galway Bay

N67

N66

N65

Suck

OFFALY

ARAN ISLANDS
OILEÁIN ÁRAINN
The Burren
Gort

Slieve Aughty Mts.

Portumna

N52
Birr

529

*Lough
Derg*

N65

BURREN
NATIONAL PARK

N18

Borrisokane
Roscrea

*Liscannor
Bay*

Crusheen

Whitegate

N52
N7
N62

Ozean

N85

CLARE

Ennis
Inis

Craggaunowen

E 20
Nenagh

Mal Bay

N68
N18
E 20

Silvermine Mts.
695

Kilrush

Shannon
Airport

N75
N8
M8

Tarbert

N69
River Shannon

Limerick
Luimneach

TIPPERARY

Glin
Rathkeale

Golden Vale

Mouth
of the
Shannon

N69
N21

LIMERICK

N24

Cashel

555
Abbeyfeale
Kilmallock
Tipperary

N24

Fenit
Tralee
Trá Lí

Mullaghareirk Mts.
Charleville
Ráth Luirc

Ballylanders
919
Galty Mts.

Belfast

Dublin

953
Castlegregory

853
N22
N21

KERRY

Buttevant
N8
N73

N8
E 201

Castlemaine
Farranfore

Limerick, County wie Stadt, finden oft wenig Beachtung, die meisten Besucher zieht es schnell vom Shannon ins County Clare mit seinen weltberühmten Cliffs of Moher und dem einsamen Burren. Oder gleich weiter nach Galway, die von Studenten geprägte und dementsprechend quirlige Stadt. Dahinter lockt dann schon das ursprüngliche Connemara, einst von Michel Sardou mit seinen *Lacs du Connemara* zum Klischee-Irland an sich gekrönt. Doch weiter nördlich, jenseits Irlands einzigem Fjord, Killary Harbour, lockt dann schon County Mayo samt „heiligem Berg" Croagh Patrick und Irlands größter Insel, Achill Island. Auch so ein ewiges Irland-Klischee und vor allem im deutschsprachigen Raum durch Heinrich Bölls *Irisches Tagebuch* bekannt geworden. Wenn auch noch nicht ganz so verniedlicht wie etwa im Film *The Quiet Man* mit John Wayne, der in Mayo gedreht wurde.

Landschaftlich schön sind auch die Counties Sligo und Leitrim, wobei die Berge rund um Sligo Town und der sich nach Leitrim hinein erstreckende Glencar Lake ebenfalls mit einem berühmten Künstler verknüpft sind – W. B. Yeats, der hier sein mystisch-magisches Irland ersponn. Donegal schließlich, nördlicher als Nordirland im „Süden" gelegen, bietet aufregende Landschaften und Küstenstreifen, in denen man stundenlang keinem anderen Menschen begegnen kann. Im Winter auch tagelang.

County Limerick

County Limerick, an den Südufern des Shannon angeschmiegt, ist meist Flachland, saftig-grüne Wiesen und Äcker erstrecken sich gelegentlich bis zur Langweiligkeit dahin. Der Stadt Limerick selber, auch dem gleichnamigen Umland, mangelt es an wirklich großen, international bekannten Sehenswürdigkeiten. Also nehmen die meisten Besucher die Autofähre zwischen Tarbert im County Kerry und Killimer im County Clare, umgehen Limerick einfach und schnell. Ein Fehler, denn Klöster und Burgen gibt es auch hier. Kunst- und Geschichtsinteressierte sollten das Hunt Museum oder King John's Castle besuchen, die trutzigste Normannenfestung

am Übergang über den Shannon. Den fünfzeiligen, humorvollen Reim, den „Limerick", kann man dabei aber ruhig stecken lassen – seine Namensgebung erscheint nahezu zufällig (s. Kasten S. 418).

Limerick City

Limerick, drittgrößte Stadt der Republik Irland mit rund 95 000 Einwohnern, hat immer wieder gewaltig unter Image-Problemen gelitten, obwohl sie in der Tudorzeit als Irlands schönste Stadt galt. Schnee von gestern. Der Pogrom von Limerick vertrieb um 1904 weite Teile der jüdischen Gemeinde, 1919 rief man den kurzlebigen *Sóibhéid Luimnigh*, den Sowjet von Limerick, aus, Mitte des 20. Jhs. siechte die Wirtschaft am Rand des Kollapses dahin. Und zu Beginn des 21. Jhs. wurde Limerick dann zum Synonym für Gewalt und sich immer mehr ausweitende Familienfehden. Heute ist es ruhiger geworden, auch wenn das teure Stadtentwicklungsprogramm von der Wirtschaftskrise liquidiert wurde, und auch die Ernennung zur Nationalen Kulturstadt für das Jahr 2014 sorgte nicht unbedingt für den „Aufschwung West".

So sind viele mit Enthusiasmus begonnene Projekte stecken geblieben, die Stadt befindet sich in einer Art permanentem Zwischenzustand. Und trotz wirtschaftlich etwas entspannteren Zeiten, Universität, sanierten Stadtbereichen im Zentrum und am Flussufer, dem modernen Riverpoint Complex – das Außenbild Limericks wird nach wie vor von der „Asche meiner Mutter" bestimmt. Doch das in *Angela's Ashes* beschriebene graue, kalte, immer überflutete Limerick, wie es der junge Frank McCourt vor vielen Jahrzehnten erlebt hat, wird man heute nicht finden. Kaum ein Besucher weiß zudem, dass bei der Verfilmung die Aufnahmen der „Elendsviertel" nicht in Limerick, sondern in Cork und Dublin entstanden sind.

Die Stadt verdankt ihre ganze Existenz im Prinzip ihrer Rolle als Verkehrsknotenpunkt: Fernstraßen, Eisenbahnstrecken, der Shannon und der Shannon Airport sorgen für reichlich Verkehr. Land-, Wasser- und später Luftwege begünstigten schon immer die Industrieansied-

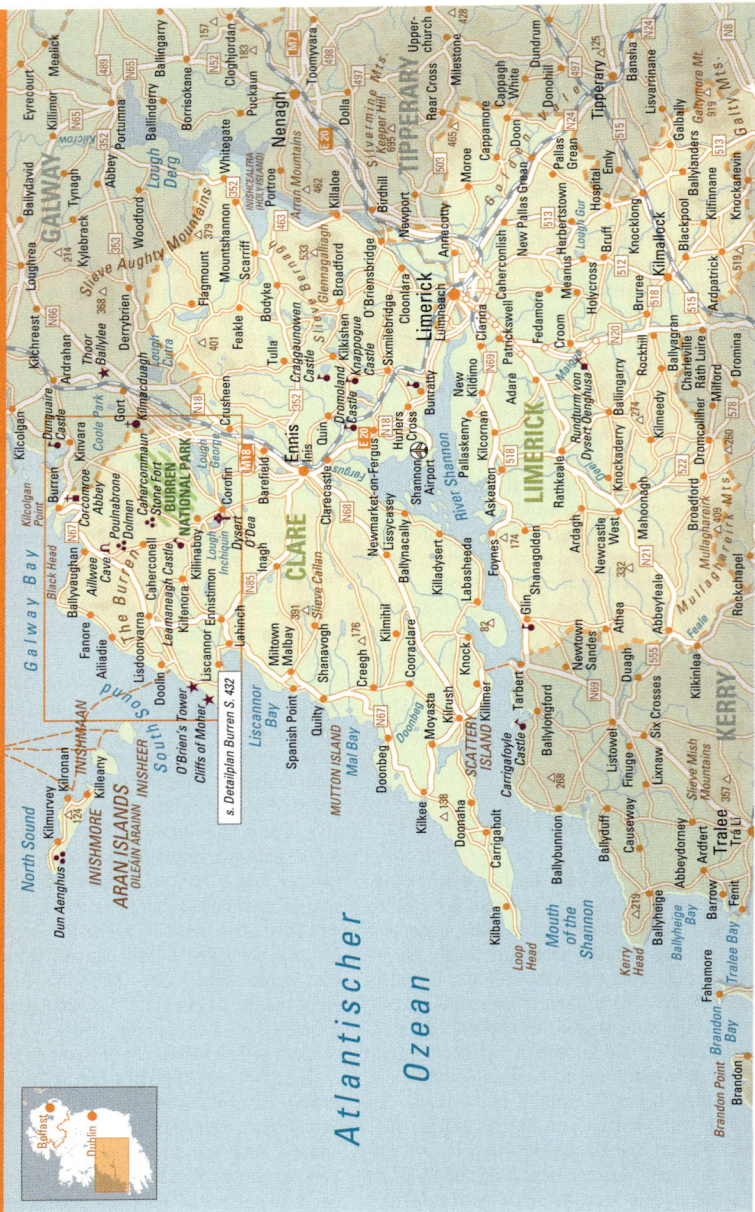

Irlands Megaattraktion im Westen, so jedenfalls die Werbebotschaft, ist der ultimative irische Roadtrip, der **Wild Atlantic Way**, 🖥 www.wildatlanticway.com. Eigentlich keine große Neuerung, denn man hat schlicht teilweise seit Jahrtausenden bestehende Attraktionen nur neu ausgeschildert, unter ein gemeinsames Thema gestellt: „Wilder Atlantik". Galgenähnliche Markierungen aus Stahl inbegriffen.

Von Cork bis Donegal zieht er sich nun an der Westküste entlang. Keine Landzunge, kein touristisch erschlossenes Anwesen, keine auch noch so kleine Straße mit einem „scenic view" wird ausgelassen. Was natürlich bedeutet, dass dieser Weg für die meisten Urlauber weniger das Ziel ist, sondern mehr Stress. Ihn komplett abzufahren, und dabei noch zu genießen, ist nur mit reichlich Zeit möglich. Im Vorfeld wurde der Wild Atlantic Way noch von allen am Tourismusgeschäft hängenden Menschen begrüßt, beworben, als das Beste im Westen bezeichnet. Die Realität holte die Jubler schnell ein, Kritik machte sich breit. Kritik der vielleicht etwas lachhaften Art.

Die im Zentrum der Vermarktung stehende örtliche Idylle wurde, der besseren Ausschilderung sei es geklagt, von fremdländischen Horden, alle auf derselben Tour, unterbrochen. Der Wocheneinkauf bei Tesco oder Lidl, der Weg zur Arbeit, alle wurden länger – wagten es die Touristen doch gar, langsamer als die erlaubte Höchstgeschwindigkeit zu fahren. Und dann kamen auch noch die falschen Touristen, etwa die mit den Wohnwagen und Reisemobilen. Nicht nur die Straßen verstopfend, sondern auch sich selbst versorgend. Geister, die man rief.

Aber Schluss der langen Rede, nun zum Sinn des Wild Atlantic Way an sich.

Lohnt sich die Tour? Auf jeden Fall! Immerhin hat sie sich ja schon immer gelohnt, bevor die Tourismusvermarkter aktiv wurden, mit flottem Namen und Ausschilderungen. Als ich die Strecke vor rund 25 Jahren tatsächlich erstmals in voller Länge abfuhr, da war ich auch begeistert. Ich wusste nur noch nichts vom Wild Atlantic Way …

lung vor Ort. Neben den älteren Industrien, z. B. der Verarbeitung von Getreide oder Tabak, kamen in den letzten Jahrzehnten immer mehr Hightech-Betriebe dazu. Und die Ansiedlung multinationaler Unternehmen machte Limerick zu einem Schmelztiegel – zahlreiche Arbeitskräfte kamen aus dem Ausland, oft zur Verärgerung der heimischen (aber meist nicht qualifizierten) Arbeitslosen.

Besucher, wenn auch nicht unbedingt Touristen, haben in Limerick Tradition – im 9. Jh. segelten die Wikinger in die Mündung des Shannon, warfen Anker, ließen sich nieder. Eine rein geschäftliche Entscheidung. Denn die Nordmänner waren die ersten ausländischen Besucher, die die ausgedehnten Wasserwege des Shannon so richtig zu schätzen wussten. Allerdings nicht als Freizeitrevier – von Limerick aus konnte man weite Teile Irlands und viele Klöster bequem und schnell per Boot plündern.

Nachdem die Wikinger wieder vertrieben oder assimiliert waren, wechselten sich Iren und Anglo-Normannen als Herrscher von Limerick ab. 1210 wurden im Auftrag von König John eine stabile Brücke und eine noch stabilere Burg errichtet. Limerick wurde zu einer „englischen" Stadt und einer der wichtigsten Stützpunkte im irischen Westen. „English Town" im Norden des Innenstadtbereiches, wo fast alle historischen Sehenswürdigkeiten dicht gedrängt liegen, gehört heute zu den ältesten Stadtteilen. In den verschiedenen Kriegen des 17. Jhs. wurde Limerick gleich mehrfach belagert, und als sich 1691 Tausende niedergeschlagene Jakobiten der siegreichen Armee König Williams III. ergaben, garantierte eben der im „Vertrag von Limerick" nicht nur freien Abzug, sondern auch viele Freiheiten. Dabei vergaß William, die Zustimmung des englischen Parlaments einzuholen, und seine Unterschrift war somit das Papier nicht wert, auf dem er sie leistete. Vertrag nichtig, König machtlos, der Exodus der irischen Soldaten und Adligen vor allem in das von Ludwig XIV. beherrschte katholische

DER WESTEN

Frankreich begann. Über den angeblichen „Vertragsbruch" jammert ganz Irland noch heute.

King John's Castle

Direkt am Flussufer erhebt sich trutzig King John's Castle, King's Island, ✆ 061-711222, ⌨ www.kingjohnscastle.com, die um 1210 errichtete Hauptfestung des Ortes. Den besten Blick auf die englische Festung, die Limerick und den Shannon immer noch beherrscht, hat man übrigens vom anderen Ufer des Flusses aus. Hier steht auch ein Gedenkstein für den Vertragsabschluss von 1691. Nach einer aufwendigen Restaurierung erstrahlt die imposante Festung heute wieder in altem Glanz. Die starken Festungsmauern und die fünf runden Türme der Anlage verleihen ihr auch heute noch etwas Uneinnehmbares. Nähert man sich der Burg über die Brücke, ist links der Bischofspalast aus dem 18. Jh. zu sehen, danach passiert man die alte Zollstation. Die schon in ihren Ausmaßen imposante Burg dient heute als **Museum**, das anhand verschiedener Ausgrabungsfunde und mithilfe einer Multimediaschau über die Geschichte Irlands – und der Stadt Limerick – informiert. Vielleicht einer der interessantesten Funde ist das Tagebuch eines Soldaten, in dem er den Verlauf der Belagerung von Limerick beschreibt. ⊕ tgl. 9.30–17, im Sommer bis 18 Uhr, Eintritt 11,70 €.

St. Mary's Cathedral

Etwa 200 m südlich der Burg erhebt sich die **St. Mary's Cathedral**, ⌨ www.saintmaryscathedral.ie, gegründet im 12. Jh. Sie wurde im 15. Jh. wesentlich erweitert, sodass heute nur wenige Teile der alten Kirche erhalten sind, darunter das in romanischer Bauweise gefertigte Westportal. Im Innenraum fällt vor allem das Chorgestühl auf. Dies wurde 1489 aus Eichenholz geschnitzt und ist für seine Miserikordien bekannt. Diese „Notsitze" sind mit fantasievollen Schnitzereien versehen, darunter zahlreichen Engeln, aber auch Greifen und anderen Fabelwesen. Insgesamt gilt das Chorgestühl als in Irland einmalig. Auch die Grabmäler in der Kathedrale gehören zu den Sehenswürdigkeiten – verblassen aber etwas gegenüber der Aussicht von dem fast 40 m hohen Turm der Kathedrale. In der Nähe der Kathedrale zieht sich **George's Quay** am Fluss entlang, beliebt sind die zahlreichen Straßencafés.

Limerick City Gallery of Art

Am östlichen Ende der Mallow Street liegt der kleine Stadtpark, der **People's Park**, in dem die städtische Kunstsammlung ihr Zuhause gefunden hat. Die Limerick City Gallery of Art, Pery Sq., ✆ 061-310633, ⌨ www.gallery.limerick.ie, zeigt eine recht gemischte Auswahl sowohl internationaler als auch irischer Kunst. Zu den bekanntesten Iren in der Ausstellung darf man Jack Butler Yeats rechnen, Bruder des Dichters und wahrscheinlich der bekannteste irische Maler des 20. Jhs. ⊕ Mo–Mi, Fr und Sa 10–17.30, Do 10–20, So 12–17.30 Uhr (feiertags geschl.), Eintritt frei.

Hunt Museum

Ein ehemaliges Zollgebäude beherbergt heute die Sammlung des Archäologen und Kunstsammlers John Hunt, der ungefähr 2000 Einzelstücke erwerben konnte. Das Hunt Museum, Rutland St., ✆ 061-312833, ⌨ www.huntmuseum.com, ist die **zweitbeste Sammlung mittelalterlicher Kunst in Irland** – übertroffen nur vom Nationalmuseum in Dublin. Mittelalterliche Kirchenkunst aus ganz Europa wird ergänzt durch zahlreiche irischer Artefakte. Deren Datierung beginnt in der Bronzezeit, ein weiterer Schwerpunkt ist das frühe Christentum in Irland, abgerundet wird die Sammlung durch Stücke aus dem Mittelalter. Vor allem die aus der Bronzezeit stammenden Exponate sind einen Besuch wert. Zu ihnen gehören reich verzierter Goldschmuck und ein sehr schöner Schild, der wahrscheinlich zeremoniellen Zwecken diente. Auch einige große Namen der Malerei sind vertreten, so Gauguin, Picasso und Renoir. Ein Bronzepferd soll gar auf Leonardo da Vinci zurückgehen. ⊕ Mo–Sa 10–17, So und feiertags 14–17 Uhr, Eintritt 7,50 €.

Stadtzentrum

Etwa 200 m südlich des Hunt Museum führt die **Sarsfield Bridge** über den Shannon. Die in der ersten Hälfte des 19. Jhs. erbaute Brücke wäre keine Erwähnung wert, wenn sie nicht als Nachbildung der Pariser Pont Neuilly entstanden

N
0   200 m

ÜBERNACHTUNG
1 Travelodge Ennis Rd
2 Travelodge Castletroy
3 Maldron Hotel Limerick

ESSEN
1 The Curragower
2 The French Table

SONSTIGES
1 Dolan's Pub and Warehouse
2 South's

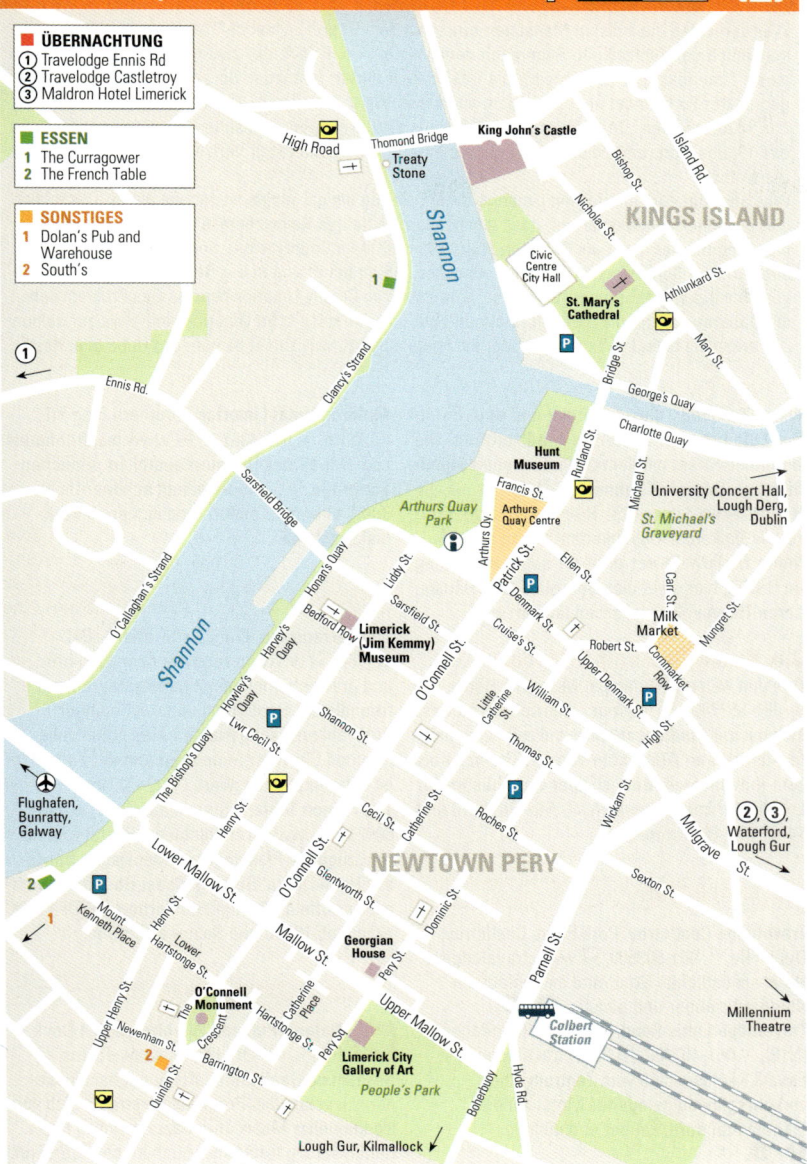

High Road

Thomond Bridge

Treaty Stone

King John's Castle

Island Rd

Bishop St.

Nicholas St.

KINGS ISLAND

Shannon

Civic Centre City Hall

Athlunkard St.

St. Mary's Cathedral

Mary St.

Clancy's Strand

Bridge St.

George's Quay

Charlotte Quay

Ennis Rd.

Sarsfield Bridge

Hunt Museum

Francis St.

Rutland St.

Michael St.

University Concert Hall, Lough Derg, Dublin

St. Michael's Graveyard

Arthurs Quay Park

Arthurs Quay Centre

Arthurs Qy

Ellen St.

Carr St.

Milk Market

Mungret St.

O'Callaghan's Strand

Honan's Quay

Liddy St.

Sarsfield St.

Patrick St.

Denmark St.

Cruise's St.

Commarket Row

Shannon

Bedford Row

Harvey's Quay

Limerick (Jim Kemmy) Museum

O'Connell St.

Little Catherine St.

William St.

Upper Denmark St.

Robert St.

High St.

Howley's Quay

Shannon St.

Thomas St.

The Bishop's Quay

Lwr Cecil St.

Henry St.

Cecil St.

Catherine St.

Roches St.

Wickam St.

Flughafen, Bunratty, Galway

Lower Mallow St.

O'Connell St.

Glentworth St.

NEWTOWN PERY

Sexton St.

Mulgrave St.

2, 3, Waterford, Lough Gur

Mount Kenneth Place

Henry St.

Lower Hartstonge St.

Mallow St.

Dominic St.

Georgian House

Parnell St.

Millennium Theatre

Upper Henry St.

Upper Newenham St.

The Crescent

Catherine Place

Hartstonge St.

Pery St.

O'Connell Monument

Pery Sq.

Upper Mallow St.

Colbert Station

Quinlan St.

Barrington St.

Limerick City Gallery of Art

People's Park

Bohernbuoy

Hyde Rd.

Lough Gur, Kilmallock

DER WESTEN

Was verbinden die meisten Menschen zuerst mit dem Begriff „Limerick"? Außerhalb Irlands wahrscheinlich den fünfzeiligen Reim nach dem Muster A-A-B-B-A, der zwangsläufig humorvoll sein muss. Limericks gibt es von derb bis intellektuell und in fast jeder Sprache der Welt. Zuerst in gedruckter Form findet man sie in dem anonymen Werk *The History of Sixteen Wonderful Women*, das 1820 erschien. Der Siegeszug des Reimes setzte sich im englischen Sprachraum während des 19. Jhs. fort, und Edward Lear gilt als einer der geistreichsten Vertreter dieser Branche der Dichtkunst.

Was aber hat der Limerick mit Limerick zu tun? Wenig bis gar nichts, sagen die einen. Tatsächlich gibt es keinen Hinweis darauf, dass der heutige Name des Reimschemas in irgendeinem Zusammenhang mit der Stadt am Shannon steht. Oder mit dem County. Aber, und darauf verweisen vor allem irische Sprachwissenschaftler gerne, es gab im Inhalt und in der Reimform ähnliche Spottgedichte irischen Ursprungs. Und diese waren eben im County Limerick populär. Das Problem dabei: die Datierung. Denn die irischen Spottgedichte und der klassische Limerick sind etwa zur selben Zeit erstmalig belegt. Was dann wieder die Frage aufwirft, was zuerst da war: das Huhn oder das Ei.

wäre. Zwischen dieser Brücke und dem Bahnhof befindet sich Limericks Stadtzentrum. Die O'Connell Street mit dem obligatorischen **Standbild des Daniel O'Connell** (S. 100) gilt als die Hauptstraße Limericks. Hier findet man zahlreiche Einkaufsmöglichkeiten. Die quer verlaufende Mallow Street erinnert sogar ein wenig an Dublin, hier sieht man georgianische Häuser, deren Türen in vielen Farben lackiert sind.

Jim Kemmy Municipal Museum

Das Jim Kemmy Municipal Museum, Henry St., ✆ 061-557740, 🖥 museum.limerick.ie, befasst sich mit der **Stadtgeschichte** und zeigt eine breite Auswahl an Artefakten von der Steinzeit bis zum Industriezeitalter, ist aber am ehesten für Lokalhistoriker interessant. ⏲ Mo–Fr 10–13 und 14–17 Uhr, Eintritt frei.

ÜBERNACHTUNG

Travelodge Castletroy, Park Point, Castletroy, Dublin Rd, ✆ 061-603500, 🖥 www.travelodge.ie. Hotel am östlichen Stadtrand mit einfachem Standard, sauber und günstig. ❷–❹
Travelodge Ennis Road, Ennis Rd. Roundabout (N18), ✆ 061-457000, 🖥 www.travelodge.ie. Etwa 3,5 km westlich vom Zentrum, aber verkehrsgünstig gelegenes Motel mit einfachem Standard, sauber und günstig. ❷–❹

Maldron Hotel Limerick, Southern Ring Rd., Roxboro, ✆ 061-436100, 🖥 www.maldronhotels.com. Modernes Dreisternehotel am südlichen Stadtrand, in nicht unbedingt schöner Umgebung, aber mit Komfort (und sicherem Parkplatz). ❸–❹

ESSEN

The Curragower, Clancy's Strand, ✆ 061-321788, 🖥 www.curragower.com. Kleineres und preislich noch günstiges Restaurant mit freundlicher Bedienung und reichhaltiger Auswahl an Fischgerichten. Das gehaltvolle Seafood Chowder (eine Art maritimer Eintopf) ist sehr empfehlenswert. ⏲ 12–20 Uhr.
The French Table, 1 Steamboat Quay, ✆ 061-609274, 🖥 www.frenchtable.ie. Restaurant mit großzügigem Platzangebot. Klassische französische Gerichte. Günstig: Roast Beef Sandwich mit Kartoffeln. Vorzügliche Sorbets. ⏲ Di–Fr ab 12 und ab 18, Sa und So nur ab 18 Uhr.

UNTERHALTUNG UND KULTUR

Dolan's Pub and Warehouse, 3-4 Dock Rd., ✆ 061-314483, 🖥 www.dolans.ie. Geräumige Gastwirtschaft mit angeschlossenem Liveclub, das Programm erstreckt sich von traditioneller Musik über Jazz bis hin zu Pop. Relativ häufig treten hier auch irische Stars auf.

DER WESTEN

Millennium Theatre, Moylish Park, ☎ 061-322322, 🖳 www.litmt.ie. Theater mit wechselndem Programm, häufig Tourneetheater und familiengerechte Inszenierungen rund um die Weihnachtszeit.

South's, 4 Quinlan St., ☎ 061-318850. Der ideale Pub für literarische Nostalgiker, hier betrank sich der Vater von Frank McCourt mit wachsendem Enthusiasmus. Mit dem in *Angela's Ashes* beschriebenen Lokal hat dieses mittlerweile renovierte Gasthaus allerdings nur noch wenig zu tun.

University Concert Hall, Plassey, ☎ 061-331549, 🖳 www.uch.ie. Das irische Kammerorchester ist hier zu Hause, daneben verschiedenste Konzerte, Musicals und oft auch Comedy.

Feste

Das **e v+ a**, 🖳 www.eva.ie, ist ein mehrwöchiges Festival moderner Kunst, das alle zwei geraden Jahre (also 2020, 2022 …) auswärtige Künstler in die Stadt holt und zudem ein Forum für lokalen Nachwuchs bietet.
Beim **Limerick Christmas Racing Festival**, 🖳 www.limerickraces.ie, dem Pferderennen, das am 2. Weihnachtstag beginnt, werden über mehrere Tage hinweg Rennen der verschiedensten Art geboten.

Informationen

Tourist Information Limerick, 20 O'Connell St., ☎ 061-317522, 🖳 www.limerick.ie, ⏰ Mo–Sa 9–17 Uhr.

TRANSPORT

Busse

Die Busse starten vom Vorplatz des Bahnhofs aus. Infos unter 🖳 www.buseireann.ie oder Limerick Travel Information, ☎ 061-313333 oder 319911.
DUBLIN (Linie 12), via Nenagh, Roscrea, Portlaoise und Kildare Town, Mo–Fr stdl. zwischen 7 und 20 Uhr, 3 3/4 Std.
CHARLEVILLE (Linie 51), stdl., 1/2 Std.
CORK (Linie 51), stdl., 2 Std.
GALWAY (Linie 51), stdl., 1 1/2 Std.

KILLARNEY (Linie 14), tagsüber häufig, 2 1/2 Std.
TRALEE (Linie 13), über Adare, tagsüber häufig, 2 1/2 Std.

Eisenbahn

Der **Bahnhof** liegt im Süden Limericks in der Parnell St..
DUBLIN Heuston, Mo–Fr stdl. zwischen etwa 7 und 21 Uhr, 3 1/4 Std.
ENNIS, nicht ganz so häufig, 3/4 Std.
WATERFORD, über Limerick Junction (ein Umsteigebahnhof im Nichts, östlich von Limerick), mehrmals tgl., 4–5 Std.

Flüge

Vom **Shannon Airport**, 26 km nordwestlich von Limerick, 🖳 www.shannonairport.ie (S. 426), starten Flüge nach Europa und Nordamerika. Ein **Shuttlebus** von der Innenstadt (Busbahnhof) zum Flughafen wird von Bus Éireann, 🖳 www. buseireann.ie, betrieben.

Umgebung von Limerick City

Von Limerick aus lassen sich schöne Tagesausflüge unternehmen. Einer davon führt in südliche Richtung zum Lough Gur und weiter nach Kilmallock.

Lough Gur

Rund um den Lough Gur 20 km südlich von Limerick hat man im 19. Jh. nach der Absenkung des Wasserspiegels Spuren einer größeren Steinzeitsiedlung entdeckt. Menhire, Gräber und Ringforts zeugen davon, dass hier vor rund 5000 Jahren Menschen ansässig waren. Das Gebiet rings um den See ist heute als **Archäologie-Park** ausgewiesen. Die verschiedenen Steinkreise, Ganggräber und Befestigungen dokumentieren die große Bandbreite vorzeitlicher Architektur, aber auch mittelalterliche Wehranlagen sind zu sehen. Aus dem späten Mittelalter stammen Black Castle und Bouchier's Castle, aus dem 17. Jh. die aus heutiger Sicht merkwürdig benannte Ruine der New Church. Am Westufer des Sees befinden sich die **Lios-Steinkreise**, der größte davon hat einen Durchmesser von 47 m und besitzt über

DER WESTEN

100 Monolithen. Er zählt zu den größten prähistorischen Stätten in Irland.

Das in Form von Steinzeithütten angelegte **Lough Gur Stone Age Centre**, Bruff, ✆ 061-385186, 🖥 www.loughgur.com, informiert anhand von Exponaten, Modellen und Videofilmen über die Geschichte der Siedlung und die Ausgrabungen, deren bedeutendster Fund, ein rund 2700 Jahre alter Schild, heute allerdings im Nationalmuseum in Dublin zu bewundern ist. 🕐 Mo–Fr 10–16, Sa, So und feiertags 12–16 Uhr, im Sommer länger, Eintritt 5 €.

Kilmallock

16 km südlich des Lough Gur liegt der kleine Ort Kilmallock, der im Mittelalter nach Dublin und Kilkenny der größte Ort Irlands war. Besonders interessant ist die **Kirche St. Peter und Paul**, die aus dem 13. Jh. stammt und wahrscheinlich auf den Resten einer Klostersiedlung errichtet wurde. Nach den Ortsnamen zu urteilen, wäre diese etwa im 7. Jh. von dem Hl. Mocheallóg gegründet worden. Einen Hinweis auf dieses Kloster liefert der Rundturm, der als Kirchturm in den Neubau integriert worden ist. Der Stumpf des Turmes ragt 3 m in die Höhe, der Rest wurde später neu erbaut. Die den Heiligen Peter und Paul gewidmete Kirche ist nicht unbedingt eine architektonische oder künstlerische Kostbarkeit, aber allein durch ihre Größe immer noch beeindruckend. Beachtenswert sind verschiedene Gräber in der Kirche.

Nicht weit entfernt stehen auf der anderen Seite des Flusses die Ruinen einer **Abtei des Dominikanerordens**, die von den Truppen Oliver Cromwells 1648 geplündert wurde und danach langsam verfiel. Die Anlage entstand in ihren wesentlichen Teilen zwischen dem 13. und 15. Jh., heute ist die Kirche mit ihrem 27 m hoch emporragenden Turm der größte noch erhaltene Bau. Die Steinmetzarbeiten am Kirchengebäude sowie auch an den erhaltenen Grabmälern sind von hoher Qualität.

Neben diesen beiden kirchlichen Anlagen sind vor allem das alte Stadttor **Blossom's Gate** und das aus dem 14. Jh. stammende **King's Castle** einen Besuch wert.

Nicht entgehen lassen sollte man sich das kleine **Stadtmuseum**, 9 Orr St, ✆ 063-98259, das nicht nur eine Sammlung zum Alltagsleben im 19. und frühen 20. Jh. besitzt, sondern auch ein großes Modell der Stadt, das bezeugt, wie Kilmallock im 16. Jh., auf dem Höhepunkt seiner Bedeutung, ausgesehen haben muss. 🕐 erfragen, Eintritt frei.

Deebert House Hotel, Kilmallock, ✆ 063-31200, 🖥 www.deeberthousehotel.com. Hotel am Fuße der Ballyhoura Mountains im historischen Ort mit insgesamt 20 Zimmern. Ursprünglich diente das Gebäude als Mühle. Herrliche Freizeitmöglichkeiten, allem voran Wander- und Radtouren. ❸–❹

Entlang der Shannon-Bucht

Askeaton

Der Ort Askeaton ist vor allem durch seine von den Fitzgeralds gegründete **Abtei** bekannt, die zum Franziskanerorden gehörte. Ungewöhnlich ist der aus schwarzem Marmor gefertigte Kreuzgang aus dem 15. Jh. Daneben ist auch eine Darstellung des Hl. Franziskus erhalten geblieben. Der Rest der Klostergebäude ist in einem relativ guten Zustand, sodass man ein eindrucksvolles Bild einer mittelalterlichen Klosteranlage erhält. Die weltliche Macht demonstriert dagegen das **Desmond Castle** (15. Jh.), dessen Ruine auf einer Insel im Fluss steht.

Foynes

Der Flughafen Foynes war ein Hafen für „echte Flieger" – hier landeten in den 30er- und 40er-Jahren des 20. Jhs. die ersten Transatlantikflüge. Für die damalige Zeit riesige Flugboote nutzten die Mündungsbucht des Shannon, um ihre Passagiere aus Nordamerika auf irischem Boden abzusetzen. Später wurde der Transatlantikverkehr über den nahen Shannon Airport abgewickelt, in Foynes aber erinnern immer noch Reste der damaligen Anlagen an die Pioniertage der zivilen Luftfahrt. Sie werden jetzt als **Foynes Flying Boat & Maritime Museum**, ✆ 069-65416, 🖥 www.flyingboatmuseum.com, genutzt. Zu sehen ist u. a. der Nachbau eines

DER WESTEN

Passagierflugzeugs der damaligen Zeit, und zwar in voller Größe. Übrigens ist im Coffee Shop des einstigen Terminals der Irish Coffee erfunden worden. Der Whiskey sollte den Kaffee für die bei Kälte und Regen wartenden Passagiere etwas stärker machen. ⊕ Mitte März–Mitte Nov tgl. 9.30–17 Uhr (oder länger), Eintritt 12 €.

Glin

Im Grunde ist Glin ein unbedeutendes Dorf, das aber durch die seit über 700 Jahren hier herrschenden Knights of Glin bekannt ist, ein Zweig der Familie Fitzgerald. Der erste Stammsitz liegt in Ruinen, aber in der Nähe des Dorfes befindet sich das fantastische **Glin Castle**, erbaut im Jahr 1780. Nur einige Jahre später änderte sich der Zeitgeschmack, und kurz nach 1820 konnten die Besitzer dem Drang nicht widerstehen, ihren Herrensitz in ein neogotisches Anwesen zu verwandeln, mit Burgzinnen und einem etwas düsteren Äußeren.

Adare und Umgebung

Rund 16 km südwestlich vom Limerick zieht Adare mit seinen reetgedeckten Cottages ganze Busladungen von Touristen an. Zwar kann einem der Rummel gelegentlich die Freude verderben, an ruhigeren Tagen jedoch ist Adare ein Schmuckstück. Nur eben kein typisch irisches Schmuckstück, denn der Ort wirkt irgendwie „typisch englisch". Was daran liegt, dass der komplette Ort einst vom Earl of Dunraven nach englischem Vorbild aus dem Boden gestampft wurde. Im 19. Jh. schuf sich der Adlige so ein kleines Stück England im County Limerick.

Adare Heritage Centre

Das Adare Heritage Centre, Main St., ✆ 061-396666, ⌨ www.adareheritagecentre.ie, dokumentiert die Geschichte des Ortes recht anschaulich, ein kurzer Film macht es etwas lebendiger. Zusätzlich können hier auch sehr informative Führungen durch Adare gebucht werden, lohnt sich. Souvenirshopping ist auch möglich, ebenso steht ein Café bereit. ⊕ tgl. 9–18 Uhr.

Adare Manor

Bei den Dunravens dürfen Besucher heute einund ausgehen … sofern sie es sich leisten können. Das stattliche, neogotische Adare Manor ist ein **Schlosshotel** mit Gourmetrestaurant, ⌨ www.adaremanor.com. Der etwa 900 ha umfassende Park wurde zum Golfplatz umgewandelt, und ein verfallenes Franziskanerkloster dient nur noch als pittoreske Ruine und Hindernis.

Church of the Most Holy Trinity

Sehenswert ist die Church of the Most Holy Trinity, die katholische Kirche im Ortskern, die eigentlich zu einem Trinitarierkloster aus dem 13. Jh. gehörte. Übrigens eine Besonderheit in Irland, denn es handelte sich um das einzige Kloster dieses Ordens auf der Insel. Von dieser mittelalterlichen Gründung spürt man jedoch nur noch wenig, denn im 19. Jh. wurde die Kirche umfassend verändert und ihrer Rolle als Gemeindekirche angepasst. Ein Konvent ist heute noch angeschlossen. Ganz in der Nähe der Kirche befindet sich der **Washing Pool**, der früher der gesamten Gemeinde als Gelegenheit zum Wäschewaschen diente.

Abtei

Eine weitere Abtei, diesmal der Augustiner, steht nahe der Brücke über den Maigue, sie stammt ursprünglich aus dem 14. Jh. Diese Anlage ist im 19. Jh. nicht nur bautechnisch stark umgewandelt worden, sie wurde auch zur protestantischen Gemeindekirche mit angeschlossener Schule. Der Kreuzgang der ehemaligen Abtei wird ebenfalls seit jener Zeit als Mausoleum von den verstorbenen Earls of Dunraven genutzt.

Desmond Castle

Auf der anderen Seite der Brücke befindet sich das aus dem 13. Jh. stammende Desmond Castle, das Cromwells Truppen 1657 endgültig zerstörten (Besichtigung über das Adare Heritage Centre in den Sommermonaten, geführte Tour 10 €).

Rundturm von Dysert Oenghusa

Nur 10 km südlich von Adare, etwa 3 km westlich des kleinen Dorfes **Croom**, befindet sich mit dem Rundturm der letzte Rest einer Klostergründung aus dem 8. Jh. Die hier von dem

Hl. Oenghus ins Leben gerufenen Klostergemeinschaften waren bemüht, das Lotterleben ihrer Glaubensbrüder zu reformieren und die Klöster wieder nach den Grundsätzen der Armut und Selbstaufgabe zu führen. Weswegen sie sich sehr abgelegene Plätze aussuchten. Der Rundturm ist heute nur noch knapp über 20 m hoch. Im 12. Jh. erbaut, fehlen ihm das obere Stockwerk und die konische Kappe.

Historisch gesehen besitzt die Gegend übrigens deutsche Einflüsse. Bereits im 18. Jh. wurden hier Flüchtlinge angesiedelt, die ihre Heimat in der Pfalz verlassen mussten. Die Landschaft zwischen Adare und Rathkeale wird deswegen auch gelegentlich „the Palatine" genannt. Noch heute lassen sich einige typische Namen auf diese deutsche Erbschaft zurückführen.

Rathkeale

Der kleine Marktort ist heute eher durch die Einbrecherbande der „Rathkeale Rovers" bekannt, war aber einst das Zentrum der deutschen Emigranten aus der Pfalz, die sich in dieser Region niederließen. Wer sich für ihre Geschichte interessiert, sollte das **Irish Palatinate Heritage Centre**, ✆ 069-63511, 🖳 www.irishpalatines. org, an der N21 besuchen. ⏰ Juni-Aug Di-Do und So 14–17 Uhr, sonst nur nach Vereinbarung, Eintritt 7 €.

2,5 km westlich von Rathkeale liegt das **Castle Matrix**, ✆ 069-64284, eine Turmburg aus dem 15. Jh., deren altertümliche Inneneinrichtung erhalten geblieben ist. Insgesamt eine gelungene Restaurierung.

Fitzgerald's Woodlands House Hotel & Spa, Knockanes, Adare, ✆ 061-605100, 🖳 www. woodlands-hotel.ie. Gut gelegenes Hotel mit 94 Zimmern und Angeboten für die ganze Familie. Oft preiswerte Pauschalarrangements über das Internet. Angebote wie die „Midweek Overnight Spa Escape" kombinieren Unterkunft, Essen und vor allem Verwöhnangebote zu einem attraktiven Preis. ❷–❹

Adare Manor Hotel & Golf Resort, Adare, ✆ 061-396566, 🖳 www.adaremanor.com. Ehemaliger Wohnsitz der Earls of Dunraven im neogotischen Stil, jetzt ein Luxushotel mit 62 Zimmern. Für Urlauber, die wirklich einmal den Schlossherren geben wollen. Golf-, Angel- und Reitmöglichkeiten. Exotische Gerichte werden im Schlossrestaurant serviert. ❻

€ **The Wild Geese Restaurant**, Rose Cottage, Main St., Adare, ✆ 061-396451, 🖳 www.thewild-geese.com. Restaurant in hübschem Cottage, das gute moderne irische Küche bietet: schmackhaftes, selbst gebackenes Brot und als Spezialität Lamm. Selbst gemachte Desserts. Sehr günstig ist das Mittagsmenü am Sonntag, Tisch dann nach Möglichkeit vorbestellen! ⏰ Di–Sa Mittagessen 11.30–15, Dinner ab 18, So nur 12.30–15 Uhr.

Tourist Information Adare im Adare Heritage Centre, 🖳 www.adarevillage.com.

DUBLIN, Mo–Fr zwischen 7.30 und 19 Uhr stdl.

County Clare

Das County Clare, nördlich der Mündung des Shannon beginnend und sich bis zur Südküste der Galway Bay hinziehend, bietet einige Highlights, die Irlandreisende einfach (zumindest einmal) gesehen haben sollten: die Cliffs of Moher und die raue, nicht enden wollende Atlantikküste, den bunten Ort Ennis, das verkommerzialisierte Lisdoonvarna und seinen alljährlichen Heiratsmarkt, das (vielleicht etwas überbewertete) Irish-Folk-Legendendorf Doolin, und natürlich den trostlosen, dennoch interessanten Burren.

Ennis

Die Hauptstadt des County Clare (ca. 25 000 Einw.) galt einst als Irlands Musterstädtchen in puncto digitales Zeitalter. Ob Internetanschlüsse oder andere Vernetzung, Ennis wurde ein leuchtendes Beispiel dafür, wie schnell sich Irland in das 21. Jh. katapultieren konnte. Und wenn es hier, weit außerhalb des Dubliner Speckgürtels, möglich war – dann konnte Irlands Vollversorgung nicht weit sein. Völlig verfehlter Optimismus, denn in Ennis holte die Realität den digitalen Traum schnell ein: Die Infrastruktur wurde nicht den schnell wechselnden Verhältnissen und neuen Technologien angepasst, wurde marode. Irlands digitale Metropole bewegte sich binnen weniger Jahre zu einem mehr oder minder schlecht versorgten Durchschnittsort zurück. Broadband in Irland? Immer noch ein Trauerspiel. So war es dann irgendwann Zeit, sich auf die alten Traditionen des Ortes zurückzubesinnen, das mittelalterliche Ennis wurde abgestaubt.

Ennis Friary

Gegründet wurde der Ort im 13. Jh. von den O'Briens, örtlichen Königen, die etwa um 1240 ein Kloster des Franziskanerordens ins Leben riefen. Die meisten Ruinen der Ennis Friary, Abbey St., ℰ 065-6829100, 🖳 www.heritage ireland.ie, stammen allerdings aus dem 14. und 15. Jh. Bekannt ist das Grabmal der Familie MacMahon, dessen Steinmetzarbeiten in Alabaster ihresgleichen suchen. Das ist umso bemerkenswerter, da die Inneneinrichtung und auch die weiteren Gedenksteine in der alten Abtei schon recht üppig dekoriert sind. Eine schöne Arbeit ist auch die Franziskus-Darstellung am Kirchturm. In den besten Zeiten des Klosters waren rund 1000 Menschen hier zu Hause. ⊙ April–Okt tgl. 10–17, Ostern–Sep tgl. 10–18 Uhr, Eintritt 5 €.

Innenstadt

Der Ort selbst ist berühmt für seine zahlreichen aufwendig gestalteten **Häuserfronten**, mit bunten **Türen**, **Ladenschildern** und teilweise netten **Wandgemälden**. So wird ein Spaziergang durch die Innenstadt von Ennis zur Entdeckungsreise. Direkt neben der Abtei befindet sich ein schön erhaltenes Haus aus dem 17. Jh., jetzt als Restaurant genutzt. Vom Zentrum des Ortes aus, markiert durch die Statue des „Befreiers" Daniel O'Connell (er war der örtliche Abgeordnete im Parlament von Westminster), führt die nach dem Politiker benannte Hauptstraße an zahlrei-

chen **bunten Pubs und Läden** vorbei, aber auch an älteren Gebäuden wie einem Torbogen aus dem 17. Jh. oder einem mittelalterlichen Turm.

Queen's Hotel

Freunde der irischen Literatur sollten sich das Queen's Hotel in der Francis Street nicht entgehen lassen – immerhin wird es in James Joyce' Dublin-Epos *Ulysses* kurz erwähnt.

Clare County Museum

Ein weiterer Politiker wird im Clare County Museum, Arthur's Row, ℰ 065-6823382, 🖳 www. clarelibrary.ie/eolas/claremuseum, geehrt, das sich vor allem mit Ortsgeschichte beschäftigt, aber auch Erinnerungsstücke an den Revolutionär und Staatsmann **Eamon de Valera** vorweisen kann. ⊙ Di–Sa 9.30–13 und 14–17.30 Uhr (an Samstagen eines Bank Holiday Weekends und im Winter Mo geschl.), Eintritt frei.

Rowan Tree Hostel, Harmony Row, ℰ 065-6868687, 🖳 www.rowantree hostel.ie. Großes, sauberes Hostel in der Innenstadt, bietet sowohl Privatzimmer mit eigenem Bad als auch Schlafsäle. In der Café-Bar bekommt man Pizza, Pasta und kleine Snacks. Bett ab 16 € (saisonabhängig), DZ ❶–❷

West County Hotel, Clare Rd., ℰ 065-69600, 🖳 www.treacyswestcounty.com. Modernes Hotel am Stadtrand mit Konferenz- und Freizeitangeboten. Kann während der Schulferien sehr „lebendig" werden. Gutes Preis-Leistungs-Verhältnis (auf Internetangebote achten). ❸–❹

The Cloisters, Abbey St., ℰ 065-6868198, 🖳 www.cloisterrestaurant.ie. Das Restaurant ist in einem ehemaligen Klostertrakt untergebracht und bietet „gutbürgerlicher Küche", irische und internationale Gerichte zu passablen Preisen. Unbedingt reservieren, Cocktails sehr empfohlen! ⊙ Di–Sa 12–15 und 17.30–21, So 12.30–21 Uhr.

Brogan's, 24 O'Connell St., ℰ 065-6829859. Überraschend großer Pub, in dem am Dienstag und Donnerstag sehr gute traditionelle Sessions laufen.

Cruise's, Abbey St., ☎ 065-6841800. Der Pub in Ennis mit dem wohl umfangreichsten Musikprogramm, im Sommer auch sehr beliebt wegen seines großen Außenbereiches.

Glor Ennis, Causeway Link, ☎ 065-6843103, 🖥 www.glor.ie. Modernes Kulturzentrum mit gutem Programm, von Konzerten über Theateraufführungen bis hin zu Kino- und Comedy-Abenden sowie Ausstellungen. Sehr oft wird hier traditionelle irische Musik gespielt.

Darüber hinaus gibt es in Ennis viel Straßenmusik, die von sehr unterschiedlicher Qualität sein kann, aber an jeder Ecke zu erklingen scheint …

SONSTIGES

Feste
Ende Mai findet das **Fleadh Nua**, 🖥 www. fleadhnua.com, statt, ein traditionelles Musikfestival mit zahlreichen Veranstaltungen in der gesamten Stadt. Recht informelle Atmosphäre mit viel Straßenmusik.
Beim **Ennis Trad Festival**, 🖥 www.ennistrad fest.com, wird Mitte November eine Woche lang traditionelle irische Musik geboten.

Informationen
Tourist Information Ennis, Arthurs Row, ☎ 065-6828366, 🖥 www.visitennis.com.

TRANSPORT

Busse
Beim Bahnhof ist auch der **Busbahnhof**, Infos unter 🖥 www.buseireann.ie oder beim Ennis Bus Office, Station Ct., ☎ 065-6824177. DUBLIN (Linie 300), via Limerick, Mo–Fr regelmäßig zwischen 7.20 und 18.20 Uhr, teilweise im Stundentakt, 3 1/2 Std. Weitere Verbindungen nach CORK und GALWAY mit Linie 51, nach LAHINCH mit Linie 12.

Eisenbahn
Ab dem **Bahnhof**, Station Ct. fahren regelmäßig Züge nach LIMERICK (40 Min.), von dort weiter nach DUBLIN Heuston (3 1/4 Std. ab Limerick).

Südöstlich von Ennis

Auch wenn die Cliffs of Moher und der Burren locken, südöstlich von Ennis gibt es zuvor einige interessante Orte und Sehenswürdigkeiten zu entdecken.

Quin

Romantisch und oft menschenleer präsentiert sich die Ruine einer Franziskanerabtei, die etwa 13 km südöstlich von Ennis, beim Dörfchen Quin, 1433 errichtet wurde. Die Mönche erbauten ihr Kloster auf den Ruinen einer normannischen Festung, der letzte Abt starb 1820 und wurde auf dem Klostergelände beigesetzt. Der Kreuzgang gilt als einer der schönsten in ganz Irland. In der Nähe lohnt auch die **Kirche des Hl. Finghin** aus dem 13. Jh. einen kurzen Blick. ⏰ Di–Fr 10–17, Sa und So 9–16 Uhr.

Beim Bau der Eisenbahnlinie zwischen Ennis und Limerick stießen übrigens Arbeiter 1854 auf einen immensen Goldschatz aus prähistorischer Zeit. Einige der Stücke befinden sich heute im Nationalmuseum in Dublin.

Knappogue Castle

Etwa 4 km südöstlich von Quin liegt das Knappogue Castle, ☎ 061-711200, 🖥 www.shannon heritage.com, das 1467 von den McNamaras errichtet wurde und fast 350 Jahre im Familienbesitz blieb. Lediglich unter der Herrschaft Oliver Cromwells musste die Familie für etwa zehn Jahre ihre Burg räumen. Im Unabhängigkeitskrieg spielte Knappogue als Unterschlupf der republikanischen Truppen eine Rolle. Heute ist die Burg restauriert, das zentrale Turmhaus entspricht noch weitgehend dem mittelalterlichen Original, viele andere Teile der Anlage sind allerdings im Stil der Neogotik „nachgebessert" worden. Das dürfte jedoch die meisten Besucher weniger stören, denn die Inneneinrichtung erfüllt alle Ansprüche an eine mittelalterliche Burg – in der heute von April bis Oktober Abendbankette (Eintritt 48 €) veranstaltet werden, die in Gewandung und Repertoire deutschen Mittelalterfesten eng verwandt sind. Nicht das Mittelalter wie es war, sondern wie es hätte sein sollen – wenn Walt Disney die Ausstattung und Colonel Sanders das Catering übernimmt..

Bunratty

Trubel erfüllt die Burg von Bunratty 24 km südöstlich von Ennis und 16 km nordwestlich von Limerick samt dem Museumsdorf im Sommer. Hier ergänzt sich die Show um das Mittelalter allerdings noch perfekt mit dem „auld country" – eine Bezeichnung, mit der vor allem die irische Diaspora das Bild eines idealisierten Irlands aus dem 19. Jh. verbindet. **Bunratty Castle & Folk Park**, ☏ 061-711200, 💻 www.bunrattycastle.ie, sind daher eine Institution, die auf kaum einer Rundfahrt fehlen darf. ⊕ tgl. 9–17.30 Uhr, Eintritt 17 €.

Die Burg von Bunratty, die ursprünglich auf einer Insel im Shannon lag, bevor die Fluss seinen Lauf veränderte, wurde im 15. Jh. an der Stelle einer älteren Festungsanlage errichtet und diente im 16. und 17. Jh. als Stützpunkt der mächtigen O'Briens, Earls von Thomond. Der Great Earl verstarb 1624, der derzeitige Zustand der Burg wurde weitgehend an seine Lebenszeit angepasst. Dies stellte dann auch die Blütezeit von Bunratty dar. Im 19. Jh. wurde die große und schon lange nicht mehr zeitgemäße Anlage aufgegeben. Als Mitte des letzten Jahrhunderts Lord Gort das Anwesen erwarb, kaufte er eine Ruine. Diese wurde dann aber weitgehend originalgetreu restauriert und gezielt zur Touristenattraktion ausgebaut. So ist Bunratty heute eine Burg im Stil des frühen 17. Jhs., die meisten Einrichtungsgegenstände wurden allerdings aus verschiedenen Orten zusammengetragen.

Es ist den Beteiligten hoch anzurechnen, dass die Burg letztlich doch wie aus einem Guss wirkt und sich nicht allzu groteske Fehler eingeschlichen haben. Dies wäre allein schon wegen des ungewöhnlichen äußeren Erscheinungsbildes schnell möglich, die hohen Torbögen an der Nord- und Südseite sind keineswegs typisch und verleihen der ansonsten quadratisch wirkenden Anlage einen eigenen Charakter. Nach wie vor müssen Besucher klettern, der Haupteingang befindet sich im 1. Stock. Früher ein probates Mittel, um ungewünschten Besuch abzuhalten. Nicht zuletzt auch mithilfe sogenannter Mordlöcher, durch die man heißes Wasser oder auch flüssigen Teer auf anklopfende Menschen schütten konnte.

Das Innere der Burg wird dominiert von der großen Halle, die im Stil der Tudor-Zeit renoviert wurde und wahrscheinlich den am reichsten ausgestatteten Raum sowohl in früherer Zeit als auch heute bildet. Allerdings sind die Privatgemächer des Earl eine harte Konkurrenz, in ihnen fällt vor allem der aus Deutschland stammende Kronleuchter auf, eine skurrile Kombination aus menschlichen und tierischen Elementen. Kaum weniger reich ausgestattet sind die Gästezimmer auf der Südseite des Gebäudes, die eine geradezu fantastische Deckengestaltung aus dunklem Holz aufweisen. Bei vielen Besuchern am beliebtesten ist allerdings der Raum, in dem früher die militärische Besatzung von Bunratty wohnte, passend Main Guard (Hauptwache) genannt. In diesem Raum werden die sehr beliebten mittelalterlichen **Bankette von Bunratty** (ca. 60 €) abgehalten, während denen Besucher bei einem einfachen Mahl – es wird mit den Fingern gegessen – mit Musik und kleinen „historischen" Darbietungen unterhalten werden.

Zu Füßen der Burg liegt der **Bunratty Folk Park**, der nichts mit dem Mittelalter zu tun hat, sondern ein traditionelles irisches Dorf des späten 19. Jhs. nachstellt: mit Cottages, Bäckern, Schmiede, Schule, Post und Webereien. Die meisten Gebäude sind Rekonstruktionen, einige wurden aber auch von anderen Orten hierher versetzt. So war das erste Gebäude ein Bauernhof, der dem Bau des Shannon Airport weichen musste. Daraus ist mittlerweile ein ganzes Dorf geworden, zu dem eine mit vielen Läden bestückte Hauptstraße und Wohnbauten von einfachen Arbeitersiedlungen bis hin zu georgianischen Häusern gehört. In den Sommermonaten beleben „Bewohner" in historischen Kostümen den Park, die hier auch traditionellen Handwerkstechniken nachgehen. Leider ist der Park an schönen Sommertagen meist hoffnungslos voll.

ÜBERNACHTUNG

Bunratty Grove, Low Rd., Bunratty, ☎ 061-369579. Guesthouse etwa 3 km nördlich vom Schloss und Folk Park mit 6 z. T. recht großen Zimmern. Freundliche Atmosphäre. Familienunterkunft zu erschwinglichen Preisen. ❷

UNTERHALTUNG UND KULTUR

Durty Nelly's, Bunratty House Mews, ☎ 061-364861, 🖥 www.durtynellys.ie. Der fleischgewordene Traum von einem echten, traditionellen, irischen Pub – in den es im Sommer vor allem Touristen zieht. Hoffnungslos überbewertet, aber enorm populär.

TRANSPORT

Busse

Bunratty ist mit der **Buslinie 300** (Limerick–Ennis) sowie **343** (Limerick–Shannon Airport) tagsüber mind. stdl. erreichbar.

Flüge

Der **Shannon Airport**, etwa 5 km westlich von Bunratty, 🖥 www.shannonairport.com, ist ein Flughafen für Transatlantikverbindungen, innerhalb Europas sind die meisten Verbindungen auf irische Urlauber zugeschnitten. Busverbindungen zum Flughafen bieten Bus Éireann, vor allem von Limerick, Cork und Galway, 🖥 www.buseireann.ie, und JJ Kavanagh (Limerick und Dublin Airport), 🖥 www.jjkavanagh.ie. Touristeninformation in der Ankunftshalle, ☎ 061-471664.

Craggaunowen

Dieses Freilichtmuseum 20 km südwestlich von Ennis, das „lebendige Geschichte" vermitteln will, bietet einen vollkommen anderen Eindruck vom „alten Irland" als etwa Bunratty. Auf dem Gelände des **Craggaunowen Castle**, Kilmurray Sixmilebridge, ☎ 061-711200, 🖥 www.shannonheritage.com, wird seit den 1960er-Jahren auf Anregung von John Hunt (S. 416) versucht, die Kultur der Bronzezeit und der Kelten wiederaufleben zu lassen. Hunt wurde dazu von den Ausgrabungen inspiriert, die er am Lough Gur im County Limerick wissenschaftlich begleitete. Mit dem Craggaunowen-Projekt versuchte er, seine theoretischen Erkenntnisse in der Praxis zu belegen und Teile des Alltagslebens zu keltischer Zeit zu rekonstruieren. In den Sommermonaten demonstrieren Helfer in traditionellen Kostümen alte Handwerksarbeiten oder führen Besucher durch die hauptsächlich nachgebauten Anlagen.

Dazu gehören eine frühchristliche Siedlung in einem Ringfort und, wesentlich dramatischer, ein „Crannog". Dies sind künstlich angelegte Inseln in Ufernähe, auf denen kleine Siedlungen entstanden, die leicht verteidigt werden konnten. Solche Inselfestungen wurden in Irland noch weit bis ins 16. Jh. genutzt. Kleinere Ausstellungsteile zeigen u. a. eine Straße aus Holzbohlen, die eigentlich aus der Eisenzeit stammt und aus Longford hierher gebracht wurde, und ein *fulacht fiadh*. Diese in die Erde eingelassenen Kochstellen gehören heute noch zu den relativ häufigen archäologischen Hinweisen auf prähistorische Siedlungen. Ein modernes Ausstellungsstück, das jedoch für die Erforschung der irischen Geschichte und Legendenwelt von enormer Wichtigkeit war, ist ein von Tim Severin nach traditionellen Methoden gebautes Boot aus Leder, das ihn von Irland nach Amerika trug. Damit bewies Severin, dass die angebliche Reise des Hl. Brendan über den Atlantik durchaus keine Allegorie oder Fantasie gewesen sein musste. ⊙ Ostern–Sep tgl. 10–17 Uhr, Eintritt 10 €.

Killaloe und Ballina

Killaloe liegt 50 km östlich von Ennis und gilt als Geburtsort des beinahe legendären Hochkönigs und Wikingerbezwingers Brian Boru (940–1014). Heute ist der Ort vor allem dadurch bekannt, dass hier für die meisten Bootstouristen die Fahrt auf dem Shannon feucht-fröhlich endet. Die relativ wenigen Anlegeplätze sind oft besetzt, Parken in zweiter und dritter Reihe ist normal.

Kurios: Die beliebtesten Gaststätten und Restaurants am Ort liegen schon in einem anderen County – und zwar in **Ballina**, County Tipperary. Die beiden Ortsteile, eigentlich vollkommen unabhängige Orte, trennt eine aus dem 16. Jh. stammende Brücke. Killaloe, westlich des Shannon gelegen, bietet die historischen Sehenswürdigkeiten, und im altmodischen Ortskern beginnen mehrere Wanderwege, s. 🖥 www.iwai.ie/waterway-walks.

Beachtenswert ist vor allem die dem Hl. Flannan gewidmete **Kathedrale** mit ihrem hohen Turm. Die Kirche wurde um das Jahr 1200 gebaut, an Stelle einer einige Jahre zuvor zerstörten Kirche, von der das schöne romanische Portal übernommen worden sein soll. Das interessanteste Artefakt hier ist ein Ogham-Stein, eine Stele aus Naturstein mit den irischen Ogham-Schriftzeichen. Speziell dieser Stein ist jedoch etwas ganz Besonderes, denn er weist zudem eine Inschrift in skandinavischer Runenschrift auf. Neben der Kathedrale steht ein kleines Gebetshaus, **St. Flannan's Oratory**, das auch im 12. Jh. erbaut worden sein soll und wohl als Reliquiar diente.

The Lakeside Hotel, 📞 061-376122, 🖥 www.lakesidehotel.ie. Hotel direkt am Shannon mit geräumigen, recht modern eingerichteten Zimmern, viele mit schöner Aussicht. Großes Schwimmbad mit Wasserrutschen im Haus. Restaurant und Bar – ein Geheimtipp ist der traditionelle „Afternoon Tea" mit Sandwiches und Scones. ❸–❹

Mountshannon

25 Straßenkilometer nördlich von Killaloe liegt das Dorf Mountshannon, 🖥 www.mountshannon.com, das sich trotz Kommerzialisierung durch Bootstourismus noch seinen gemütlichen Charakter erhalten hat. Das Dorf (250 Einw.) besteht im Kern vor allem aus Häusern aus dem 18. Jh., die sich malerisch an den Hafen drängen. Heute lebt man hauptsächlich vom Tourismus und vom Lough Derg. Neben den Bootstouristen sind es die Angler, die den Ort bevölkern. Gute Wanderwege führen am Ufer des Sees entlang, 🖥 www.iwai.ie/waterway-walks, wer mag, kann ein Fahrrad leihen.

Von April bis September verkehren von Mountshannon aus Boote nach **Inishcealtra** (Holy Island, auch oft „Iniscealtra" geschrieben, 📞 061-921615, 🖥 www.holyisland.ie). Auf dieser 2 km entfernten Insel befinden sich die Ruinen eines Klosters aus dem 7. Jh., das durch den Hl. Caimin gegründet wurde und bis ins 17. Jh. Pilger anzog. Bereits vom Ufer aus kann man den nicht mehr komplett erhaltenen, 27 m hohen Rundturm sehen, neben ihm befinden sich mehrere Kirchen, die Zelle eines Eremiten und ein alter Friedhof.

Beim **Mountshannon Festival of Arts**, 🖥 www.mountshannonarts.net, wird im Mai/Juni etwa eine Woche lang ein Kulturfestival mit Ausstellungen und Vorführungen geboten, teilweise sehr regional und traditionell geprägt.

Südwestlich von Ennis

Die breite Mündung des Shannon und dann die Atlantikküste beherrschen den Süden und den Westen des County. Hier ist man weit vom Meer entfernt, die zerklüfteten Einbuchtungen zwingen einen zu Umwegen – die aber immer wieder an landschaftlich reizvollen Stellen vorbeiführen.

Kilrush und Umgebung

In der Shannonmündung liegt, nur 10 km nordwestlich der Autofähre zwischen Tarbert und Killimer, das Hafenstädtchen Kilrush. Der Ort gehört zu den „Heritage Towns" Irlands, Städte, die sich durch ein besonders schönes, altes Stadtbild auszeichnen. Gebäude aus dem 18. Jh., der Blütezeit des Ortes, prägen den Ort bis heute, der sich zu einem beliebten Wassersportzentrum und Touristenstädtchen entwickelt hat.

Von der neuen Marina aus finden regelmäßig Bootstouren auf den Shannon statt, bei denen man (mit etwas Glück) wilde Delphine beobachten kann, z. B. mit **Dolphin Discovery**, 🖥 www.discoverdolphins.ie (mind. 2 Std., ab 26 €).

Scattery Island
Angeboten werden auch Bootsfahrten auf die vorgelagerte, seit mehr als 30 Jahren unbewohnte Scattery Island in der Flussmündung des Shannon, über die meist der Wind pfeift. Der Hl. Denan gründete hier im 6. Jh. eine Klostersiedlung, deren Ruinen samt mehrerer Kirchen man heute bewundern kann. Ungewöhnlichste Attraktion der Insel ist jedoch der Rundturm, mit 35 m Höhe einer der höchsten in Irland. Hin kommt man mit Scattery Island Tours, ✆ 085-2505514, 🖥 www.scatteryislandtours.com.

West Clare Railway
Zwischen Kilrush und Kilkee „verkehrt" im Bereich Moyasta von Mai bis September die West Clare Railway, ✆ 065-9051284, 🖥 www.westclarerailway.ie, auf etwas über 2 km Strecke. Das kleine Eisenbahnmuseum ist nicht unbedingt umwerfend, aber für Bahnfans ist es einen Abstecher wert.

Vandeleur Walled Garden
Sehr schön ist der Vandeleur Walled Garden, Killimer Rd., Kilrush, ✆ 065-9051760, 🖥 www.vandeleurwalledgarden.ie, der im 19. Jh. den Herrschaftssitz der Vandeleurs umgab, einer Großgrundbesitzerfamilie, die für ihren gnadenlosen Umgang mit säumigen Pächtern oder Schuldnern berüchtigt war. Viele Bewohner Kilrushs, die den Zahlungsaufforderungen nicht nachkamen, wurden von ihnen vertrieben. In einem großen Waldgebiet findet sich ein von alten Steinmauern umgebener Ziergarten, der aufwendig umgestaltet wurde. Interessante Details sind ein Labyrinth, Wasserspiele und ein Gewächshaus aus viktorianischer Zeit, das heute noch genutzt wird. Hobbybotaniker begeistert die Flora, die dank des vorherrschenden Mikroklimas auch seltene und empfindliche Pflanzen beinhaltet. Diverse Sammlungen und Ausstellungen ergänzen den Garten ebenso wie ein kleines Café. ⏲ Di–Sa 10–17 Uhr, Eintritt frei.

€ **Katie O'Connor's Holiday Hostel**, Francis St., Kilrush, ✆ 065-9051133, 🖥 www.katieshostel.com. Recht einfaches Hostel im Städtchen mit 30 Betten. Fahrradvermietung im Haus. Bett im Schlafsaal ca. 16 € (saisonabhängig).

Keane's, Lisdeen, Kilrush, ✆ 065-9056302, 🖥 www.keaneskilkee.com. Urgemütlicher Pub mit Restaurant, in dem u. a. sehr schmackhafter Fisch auf „Cajun"-Art serviert wird. Im Sommer reservieren. Auch B&B und Ferienwohnungen. ⏲ nur am Abend.

Tourist Information Kilrush, Frances St., ✆ 065-9051577. ⏲ nur im Sommer Mo–Sa tagsüber.

Busse nach ENNIS (Linie 336), Mo–Fr vor allem vormittags und mittags, 1 Std.
Eingeschränkte Busverbindung nach KILKEE und LAHINCH mit der Linie 333.

Kilkee
Etwa 13 km weiter westlich lockt der beliebte Urlaubsort Kilkee mit einem der attraktivsten Badestränden in der Region. Viele irische Familien verbringen hier ihren Urlaub, folglich ist Kilkee im Sommer völlig überlaufen. Der Ort hat sich zwar noch etwas vom viktorianischen Charme erhalten, ein Schmuckstück ist er allerdings nicht. Dennoch lohnt der Weg hierher, denn bei Kilkee beginnt der 30 km lange **Loop Head Drive**, eine Rundtour entlang der Küste der gleichnamigen Halbinsel. Rau und windumtost präsentiert sich die Landschaft, am Loop Head dann bietet sich ein fantastischer Ausblick von den Steilklippen auf den Atlantik und, über die Shannonmündung hinweg, auf die nördliche Küste von Kerry.

The Strand, The Strand Line, ✆ 065-9056177, 🖥 www.thestrandkilkee.com. Ruhiges Guesthouse am Meer mit 6 bequemen Zimmern, alle

Craggaunowen – das Boot der Severin-Expedition auf Brendans Spuren

mit TV. Sandstrände und Bademöglichkeiten in der Nähe. Angeschlossen ist ein seit 130 Jahren familiengeführtes Restaurant. Schwerpunkt: Fisch und Meeresfrüchte, Steak und Lamm. ❸

🛏 **Morrissey's Seafood Bar & Grill**, Doonbeg, ✆ 065-9055304, 🖥 www.morrisseys doonbeg.com. Ein Abstecher in das 15 km weiter nördlich gelegene Doonbeg lohnt sich aus kulinarischen Gründen. Der alte Pub bietet gute Steak- sowie Fischgerichte und Meeresfrüchte. Köstlich sind die Desserts. Auch Übernachtung möglich.

INFORMATIONEN

Tourist Information Kilkee, O'Connell Sq., ✆ 065-9056112, Infos auch unter 🖥 www.kilkee.ie.

TRANSPORT

Busse nach ENNIS (Linie 336), über Kilrush, Mo–Fr mind. 2x tgl., vormittags und mittags, 1 1/4 Std.

Lahinch

Das etwa 30 km westlich von Ennis gelegene Lahinch bietet ein weniger reizvolles Stadtbild, ist aber mittlerweile für seine Sportmöglichkeiten bekannt und lockt neben zwei 18-Loch-Golfplätzen vor allem mit Surfsport Touristen an. An der **Promenade** lassen sich lange Spaziergängen am Meer unternehmen. Wenn das Meer mitspielt – in den letzten Jahren haben hier einige heftige Stürme mit Monsterwellen zugeschlagen.

Etwas vom Wege ab ragt der sogenannte **Spanish Point** in den Atlantik hinein, eine Landspitze mit vielen Klippen und einem nahen schönen Sandstrand. Beide zusammen führten zu dem etwas makabren Namen, denn am Strand wurden die Leichen der Besatzungen spanischer Schiffe angetrieben, die vorher an den Klippen zerschellten. Diese Schiffe waren Teil der spanischen Armada, die nach der gescheiterten Invasion Englands über Schottland und Irland die lange Flucht nach Hause antreten musste.

ÜBERNACHTUNG UND ESSEN

Lahinch Surf Hostel, Church St., ✆ 065-7081040, 🖥 www.lahinchhostel.ie. Mittel-großes Hostel (Bett ab 17 €) in zentraler Lage, nur einen Steinwurf vom Strand und den Surfern entfernt, die

Cliffs of Moher können von hier als Tagesausflug zu Fuß erreicht werden. Das lebendige Nachtleben von Lahinch kann allerdings ein frühes Einschlafen behindern. ❶–❷

Lahinch West Coast Lodge, Station Rd., ✆ 065-7082000, 🖳 www.lahinchaccommodation.com. Hostel mit Schlafsaal (Bett saisonabhängig 10–20 €) oder Privatzimmer, sehr stark auf „moderne Rucksacktouristen" ausgerichtet (man kann etwa DVD-Player leihen). Fahrradverleih, Transfer zum Hostel kann arrangiert werden. Bett im Schlafsaal ca. 20 € (saisonabhängig), DZ ❶–❷

€ **Barrtrá Seafood Restaurant**, Miltown Malbay Rd., ✆ 065-7081280, 🖳 www.barrtra.com. Kleines Restaurant in traditionellem Cottage. Schwerpunkt: lokal gefangener Fisch und Meeresfrüchte. Gutes vegetarisches Angebot. Spezialität: Lobster. Vernünftige Preise. ⊘ Mai–Sep Mi–Sa 17.30–21, Juli und Aug auch 13.30–16.30, So 12–19 Uhr, andere Monate im Internet aktuell abrufen.

TRANSPORT

Busse nach ENNIS (Linie 333), Mo–Fr mind. 2x tgl., vormittags und mittags, 1 Std.

Liscannor

Auch das benachbarte kleine Fischerdorf Liscannor bietet wenig Grund für einen längeren Aufenthalt, am interessantesten ist die nahe gelegene Ruine der **Kirche von Kilmacreehy** aus dem 15. Jh.

ÜBERNACHTUNG UND ESSEN

🛏 **Vaughan's Anchor Inn**, Main St., ✆ 065-7081548, 🖳 www.vaughans.ie. Traditioneller Pub mit Restaurant. Viele Reminiszenzen an die Schifffahrt. Gutbürgerliche Küche mit modernen Einflüssen. Einheimische loben die reichhaltigen gemischten Fischteller. Gute Brote. Normale Preise. Tipp: Abendessen vor 19 Uhr, danach wird's voll. Angeschlossen ist ein nettes B&B, alle Zimmer mit Bad und TV, das Wasser wird über Solarenergie erwärmt. ❷–❸

Cliffs of Moher

Nahezu senkrecht ragen sie aus dem sturmumtosten Atlantischen Ozean empor: die Cliffs of Moher, die berühmten Steilkippen aus dunklem Kalkstein an Irland Westküste. Vom Hag's Head im Süden, wo man den besten Blick auf die Klippenlandschaft genießt, erstrecken sie sich auf 8 km Länge bis zur Landzunge von Aillenasharragh. Den höchsten Punkt erreicht die Hochfläche mit rund 214 m am **O'Briens Tower**, dem klassischen Aussichtspunkt, an dem sich auch das Besucherzentrum mit der Multimediaausstellung **Atlantic Edge** befindet. Hier herrscht im Sommer ein derartiger Massenandrang, dass es kaum gelingt, die eindrucksvolle Naturlandschaft zu genießen. Jäh bricht die Hochfläche ab, der Übergang von der grünen Wiese zum freien Fall ist nur ein Schritt. Lange gab es keine Warnungen, nach einigen Abstürzen wurde dann ein Sicherungsgitter angebracht.

Der Tower selbst hat keine praktische Funktion. Er wurde im viktorianischen Zeitalter für Touristen errichtet, die die Klippen aus einem noch höheren Blickwinkel genießen wollten. Der Blick vom Turm aus unterscheidet sich nur wenig von dem Blick, den man auch vom Erdboden aus hat; durch die erhöhte Perspektive hat man allerdings ein wenig das Gefühl, wie eine Möwe über die Klippen zu fliegen. 🖳 www.cliffsofmoher.ie, ⊙ tgl. 9–17 Uhr, im Sommer länger, Juli und Aug sogar bis 21 Uhr, Eintritt 8 € (bei Online-Vorbestellung 4 €), O'Brien's Tower 2 € extra.

Die Cliffs of Moher sind ein unverzichtbarer Bestandteil fast jeder Pauschaltour durch Irland. Vor einigen Jahren wurde hier ein neues, modernes Besucherzentrum errichtet, das die Entstehung der Naturlandschaft erklärt und in der Show „Atlantic Edge" noch einmal multimedial präsentiert. Gleichzeitig wurde der Zugang zum Klippenrand sehr restriktiv – was angesichts der wirklich tödlichen (und meist unterschätzten oder aus falscher Chuzpe heruntergespielten) Gefahr des Absturzes sinnvoll war.

Wer sich nicht mit den Eintrittsgebühren anfreunden kann und auch nicht darauf erpicht ist, die immerhin 8 km langen Klippen von dem einzigen Standort aus zu bewundern, den garantiert auch Millionen von anderen Besuchern

DER WESTEN

schon genutzt haben (die Cliffs of Moher sind Irlands am meisten besuchte Naturattraktion), der sollte seine Wanderstiefel einpacken. Sowohl von Doolin im Norden (1 1/2 Std.) als auch von Liscannor im Süden (2 Std.) aus gibt es ausgeschilderte **Wanderwege an der Küste entlang**. Diese bieten einen wesentlich abwechslungsreicheren (und zudem kostenlosen) Blick auf die Steilküste als nur die unmittelbare Umgebung des O'Brien's Tower. Vor allem der Abstecher direkt an der Küste entlang zum Hag's Head (ca. 1 Std.), südlich des O'Brien's Tower, lohnt sich wegen des Ausblicks und der relativen Einsamkeit. Wichtig: Von der Straße zu den Klippen besteht ein Wegerecht für Fußgänger, theoretisch darf für den reinen Zugang kein Eintritt verlangt werden.

TRANSPORT

Die **Buslinie 337** zwischen Lahinch und Doolin fährt 3x tgl. direkt an den Cliffs of Moher vorbei.

6 HIGHLIGHT

Der Burren

Der Burren ist auf den ersten Blick kahl und grau, eine weite, steinige Karstlandschaft, die sich im Norden des County Clare vom Atlantik bis nach Galway erstreckt. Das ist jedenfalls der erste, falsche Eindruck, bis sich einem die etwas versteckte Schönheit dieser ganz besonderen Landschaft erschließt. Anscheinend endlose Steinwüsten ziehen sich links und rechts der Straße hin, die den Eindruck einer **Mondlandschaft** vermitteln. Hier wohnt kein Mensch, hier hausen nur wenige Tiere, und die Flora beschränkt sich auf das Notwendigste. General Ludlow, ein Scherge Cromwells, fasste die Gegend in etwa diesen Worten zusammen: „Ein wildes Land, in dem es nichts gibt – kein Wasser, einen Mann zu ertränken; kein Baum, um ihn daran aufzuhängen; keine Erde, um ihn darin zu verscharren." Immerhin waren seine Prioritäten deutlich klar ...

Tatsächlich findet man jedoch ab und an einen vom Wind zerzausten, winzig kleinen, schiefen Baum im Burren. Fast immer einzeln stehend und oft auf Postkarten oder auch „stimmungsvoller" Fotokunst zu bewundern. Wasser gibt es dagegen häufiger, meist kommt es von oben, und vor allem im Winter sammelt es sich sogar in den sogenannten Turloughs, flachen Senken. Mit der Erde wiederum hat die Landschaft so ihre Probleme, denn auf dem Kalkstein findet sie keinen festen Halt, sodass allenfalls in den zahlreichen Rissen, die das gesamte Plateau durchziehen, kleinere Anhäufungen zu finden sind.

Hier wächst dann auch die typische, **ungewöhnliche Flora** des Burren, die Naturfreunde begeistert, dem (oft spärlichen) Licht entgegen. So kann eine Rinne im Boden bei näherer Betrachtung plötzlich zahlreiche Geranien beherbergen, die im Juni farbenprächtig blühen. Wenige Meter weiter sind vielleicht andere Blüten sichtbar, die eigentlich ins Hochgebirge gehören. Der Burren ist einer der wenigen Orte auf der Erde, wo Mittelmeerpflanzen und Pflanzen aus dem Alpenraum direkt nebeneinander vorkommen. Und zwischen Mai und August bietet die karge Landschaft stellenweise eine wahre Blütenpracht, die aber zwischen den Kalksteinblöcken im Verborgenen gedeiht.

Bunt ist auch das **Tierleben**. Fast 30 Schmetterlingsarten kommen im Burren vor, und eine große Zahl von Vögeln ist hier zu beobachten, von den Seevögeln direkt an der Küste bis zum selteneren Kuckuck im Binnenland. Und die wenigen feuchten Wiesen der Umgebung bieten im Winter Quartier für Hunderte von Schwänen, die ihre isländische Heimat gegen ein milderes Klima eingetauscht haben. Säugetiere dagegen sieht man weniger. Das liegt z. T. daran, dass sie nachtaktiv sind und auch jede natürliche Deckung geschickt ausnutzen. Den Dachs oder den Fuchs zu entdecken, das ist schon ein besonderes Erlebnis. Den rötlichen irischen Hasen dagegen kann man mit etwas Glück auch tagsüber sehen. Und relativ häufig begegnet man wilden Ziegen, die selbst auf den unmöglichsten Felsvorsprüngen (und gelegentlich der Straße) das Wegerecht beanspruchen.

Burren: Mondlandschaft? Keineswegs, man muss sich nur Zeit lassen und die Augen offen-

Galway Bay

Black Head

Gleninagh Castle
Gleninagh Mountain △ 317

Bishop's Quarter

Newtownlynch
Doorus Peninsula
Aughinish
Burren
Aughinish Bay
Rossalia
Kinvara Bay
Dunguaire Castle
Kinvara

Ballyvaughan
Newtown Castle
Bell Harbour
Corcomroe Abbey
Oughtmama Churches

Fanore
Caherbulloog
The Burren
Newtown
Slieve Elva
Slievecarran △ 324
Cappagh More

Craggagh
Aillwee Cave

Ailladie
Knockanes △ 345
Coolea
Croagh South
N67
Gleninsheen Wedge Tomb
Poulnabrone Dolmen
Pollack
251
Cortaclare Mountain
Turloughmore Mountain

Megalithic Tombs
R479
Glenslane
Cahercommaun Stone Fort
Cappaghkennedy Megalithic Tomb
Leitra
Boston

Ballylackan Castle
Cregg
Killmoon
Cahermacnaghten Stone Fort
Caherconnell Stone Fort
Carron
Glasgevnagh Hill 231
L. Trevaun

R479
The Wood Cross
Lisdoonvarna
R476
Caherconell
R480
BURREN NATIONAL PARK
L. Bunny

Doolin
Doolin Cave
Crosscornau
Ballyshanny
Leamaneagh Castle
Creevagh
Knockans Mountain
Ballyeighter L.

Doonagore Castle
R478
Cathedral
Kilfenora
R476
Clenquin
Caherbullaun
L. Muckanagh

Knockevin
Kilshanny
R481
River Fergus
Lough Inchiquin
Killinaboy
L. George

Cliffs of Moher
O'Brien's Tower
Lickeen
Lickeen
Toormore
Corofin
L. Cullaun

Lislarkin
N67
Derry
Clifden Hill 188
L460
Lough Atedaun

Derreen
R478
Ennistimon
N67
Dysert O'Dea Church & Round Tower

Liscannor
Lahinch
Cullenagh River
Hags Head
Liscannor Bay
R476

Belfast
Dublin

halten. Und überhaupt … wann regnet es schon auf dem Mond? Mit Niederschlag muss man nämlich hier immer rechnen.

Für Wanderer sind die auch über die **Green Roads** (alte, z. T. nicht befestigte Wege, die schon seit Jahrhunderten durch die einsame Karstlandschaft führen) geleiteten Wanderwege interessant, die von einer halben Stunde bis zu einem ganzen Tag dauern können. Eine komplette Auswahl und weitere Infos unter 🖵 www.burren.ie/what-to-do/walking-routes.

Doolin

Drei winzige Dörfer bilden den Ort Doolin, der als Metropole der irischen Folklore und traditionellen Musik weltberühmt geworden ist. Auf der einen Seite vom Atlantik, auf der anderen Seite vom Burren nahezu eingeklemmt, war Doolin, nur 6 km nördlich der Cliffs of Moher, über Jahr-

hunderte hinweg das „Ende der Welt" und lediglich durch den Schiffsverkehr zu den Aran Islands bekannt. Das änderte sich radikal, als der Ruhm der Gebrüder Russell den kleinen Ort im Atlas der (zumindest irischen) Musikgeschichte knallrot markierte. Der bekannteste der drei Brüder war Micho Russell (1915–94), der vor allem mit der Tin Whistle, der typisch irischen Blechflöte, bekannt wurde und auch auf internationalen Festivals auftrat. Er war, wie es ein Plattentitel sagte, „Ireland's Whistling Ambassador". Doolin wurde zum Geheimtipp für Rucksackreisende, die auf der Suche nach dem einfachen dörflichen Leben und handgemachter Musik zugleich waren. Auch wenn die Russells seit einiger Zeit schon ihre letzte Ruhe gefunden haben, von ihrem Ruhm zehrt der Ort noch heute.

So besteht der Ortskern nur aus wenigen Gebäuden, von denen die Hälfte Pubs und die andere Hälfte Geschäfte sind, die sich auf irische Musik spezialisiert haben. Wer von diesem Anblick nicht begeistert ist, fährt auf der Suche nach dem wahren, traditionellen Doolin weiter und landet am noch weniger inspirierenden Fähranleger. Endstation.

Im Lauf der Jahre sind zahlreiche B&Bs und Hostels im Umland entstanden, das Dorf erstreckt sich mittlerweile auf die weitere Umgebung, besteht längst nicht mehr nur aus traditionellen Häusern. Und kurz zusammengefasst ist Doolin keineswegs ein Garant für musikalische Qualität, mittlerweile auch vollkommen kommerzialisiert. Die Zeiten, in denen nur wenige musikverständige Rucksacktouristen sich zu den Bauern durchschlugen, die sich in Gus O'Connor's Pub die langen Winterabende mit handgemachter Musik verkürzten, sind lange vorbei. Doolin bietet immer noch viel Folk, aber ob es die Reise wert ist, das bleibt jedem selbst überlassen.

Wem der ganze Rummel zu viel wird, der kann in der **Doolin Cave**, ✆ 065-7075761, 🖥 www.doolincave.ie, in den Untergrund gehen. Im Gegensatz zu den „Green Holes of Doolin" ist diese Höhle ohne Tauchgerät und Erfahrung im Höhlentauchen zu Fuß und mit Führung zugänglich. ◷ März–Nov tgl. 10–18 Uhr, Eintritt 15 €.

Doonagore Castle, zwischen Doolin und der R478, ist ein beliebtes Fotomotiv – ein romantischer Turm wie aus dem Märchen.

ÜBERNACHTUNG UND ESSEN

€ **Aille River Hostel**, Fisher St., ✆ 065-7074260, 🖥 www.ailleriverhosteldoolin.ie. Dieses sehr beliebte Hostel in einem 300 Jahre alten Cottage liegt zentral und nahe der wichtigsten Pubs von Doolin. Wegen seiner lobenden Erwähnung in vielen Reiseführern oftmals komplett ausgebucht. ◷ März–Mitte Nov. Bett im Schlafsaal ca. 16 € (saisonabhängig), DZ ❶–❷

€ **Doolin Inn and Hostel**, Fisher St., ✆ 087-2820587, 🖥 www.doolinhostel.ie, Großes Hostel mit 60 Betten in Privatzimmern und Schlafsälen, Bushaltestelle und Beginn des Wanderweges zu den Cliffs of Moher. ◷ Mitte Feb–Mitte Nov. Bett im Schlafsaal ca. 16 € (saisonabhängig), DZ im komfortableren Doolin Inn, 🖥 www.doolininn.ie, ❷–❸

Ballinalacken Castle Country House & Restaurant, Coast Rd., ✆ 086-3613719, 🖥 www.ballinalackencastle.com. Ehemaliger Wohnsitz von Lord O'Brien, erbaut 1840. 12 Zimmer mit Aussicht auf die Cliffs of Moher, Aran Islands oder Connemara. Das Restaurant ist spezialisiert auf Fischgerichte. Die echte Alternative zum immer wieder beschworenen „alternativen" Doolin. ❹

€ **Roadford House Restaurant**, Killagh, ✆ 065-7075050, 🖥 www.roadford restaurant.com. Modernes Restaurant mit gutbürgerlicher Küche, Verwendung finden Zutaten aus lokalem Anbau. Gute Brote. Vernünftige Preise – besonders beim „Value Menu". Hier ist dann das Schwein in Honigsenf sehr empfehlenswert. Roadford House bietet auch B&B und Unterkünfte für Selbstversorger. ◷ saisonal stark unterschiedlich, telefonisch erfragen.

UNTERHALTUNG UND KULTUR

Doolin ist bekannt für seine Musik und seine Pubs, die sich redlich um ihre Gäste bemühen: **MacDiarmada's**, Roadford, ✆ 065-7074700, wird von den Einheimischen bevorzugt; **McGann's**, Roadford, ✆ 065-7074133, hier gibt's typisches Pubfood zu guter Musik; **O'Connor's**, Fisher St., ✆ 065-7074168, in dieser Kneipe am Wasser ist es meist rappelvoll. Auch Esslokal. Einige Leute schwören, dass bei O'Connor's die beste Musik gemacht wird, die meisten Menschen werden allerdings keinen Unterschied zwischen den anscheinend nonstop laufenden Sessions feststellen können. Man sollte sich einfach dazugesellen, wo noch Platz ist.

FESTE

Am letzten Wochenende im Februar wird beim **Russell Festival**, 🖥 www.michorussellweek end.ie, die Erinnerung an die legendären Russell-Brüder mit viel handgemachter Musik gepflegt.

TRANSPORT

Busse
ENNIS (Linie 350), Mo–Fr mehrmals tgl., 1 1/2 Std.

Den Burren Way entlang

- **Wegstrecke**: 123 km
- **Dauer**: 5 Tage
- **Steigungen**: moderat, keine schwierigen Steilstrecken
- **Wegbeschaffenheit**: gut bis sehr gut, große Teile des Weges befinden sich auf befestigten Straßen
- **Ausschilderung**: gut
- **Karten**: OSI Discovery Series Sheets 51 und 57, 🖥 www.osi.ie

Der Burren Way ist eine insgesamt 123 km lange Strecke, die nicht als Rundweg angelegt ist. Wer auch den verschiedenen Abzweigungen folgt, wird entsprechend länger unterwegs sein. Der „Kern" der Strecke ist der Weg von Lahinch bis Corrofin – eine Wegstrecke von knapp 80 km, die jedoch durch einige doppelt zu laufende Stücke (zum Erreichen der Trailheads) länger wird. Die meisten Wanderer werden allerdings kaum den gesamten Weg ablaufen, sondern ihn in Teilstrecken genießen.

Die Route

Die Strecke wurde in fünf Abschnitte unterteilt, die jeweils einen halben bis ganzen Tag in Anspruch nehmen. Sie werden von den jeweiligen Trailheads markiert, an denen sich auch Übernachtungsmöglichkeiten befinden. Wer zum Ausgangspunkt zurückkehren muss, der nimmt den Bus oder ein Taxi. Die spektakulärsten Strecken befinden sich zwischen Lahinch und Doolin und dann wieder zwischen Lisdoonvarna und Ballyvaughan.

Lahinch bis Doolin (18 km)

Der Burren Way beginnt in der Surfmetropole Lahinch, von hier aus geht es an der Küste entlang und über die weltberühmten Cliffs of Moher nach Norden, die Etappe endet in Doolin, der Hauptstadt der traditionellen irischen Musik. Dau-er: Tagestour, zwischen den Orten verkehren die Buslinien 50 und 337.

Doolin bis Lisdoonvarna (12 km)

Von Doolin aus geht es dann weiter nach Lisdoonvarna, eine nicht ganz so aufregende Strecke, die immer mehr ins Binnenland führt. Dauer etwa 3 Std., Buslinie 50.

Lisdoonvarna bis Ballyvaughan (ca. 25 km)

Diese Strecke führt über den Karstrücken des Burren und bietet sehr schöne Ausblicke sowohl auf den Atlantik mit den Aran Islands als auch auf die Galway Bay. Dies ist ein sehr einsames Wegstück, ein absoluter Kontrast zu den quirligen Touristenorten Lisdoonvarna und Ballyvaughan. Dauer etwa 5–6 Std., Buslinie 50.

Von Ballyvaughan bis Carron (25 km)

Es geht ins Binnenland und an zahlreichen prähistorischen Monumenten vorbei. Dauer etwa 5–6 Std., zurück geht es mit dem Taxi, entweder von Tom Connoly, ☎ 065-7077220, oder Mary McNamara, ☎ 065-7077084.

Die Cliffs of Moher, nur eines der Highlights auf dem Burren Way

Von Carron bis Corofin (18 km)
Die letzte Etappe führt durch eine endlose, graue Landschaft links und rechts des Weges. Wer sich nicht für die Geologie des Burren begeistern kann und mehr Abwechslung auf einer Wanderung braucht, der sollte die letzten zwei Etappen aussparen. Rückfahrt nach Carron mit dem Taxi (s. o.) bzw. nach Lahinch mit dem Bus 333.

Etwa 5 km südlich von Carron zweigt zusätzlich der **Loop Walk** nach Osten ab, der den Burren Walk auf seine gesamten 123 km bringt, aber aus dem Burren in das seenreiche Flachland führt.

Praktische Tipps
Der Burren ist relativ grau und ermüdet die Augen schnell. Wanderern wird daher eine auffällige, bunte Kleidung empfohlen. Da ein Teil des Weges auf relativ viel befahrenen Straßen liegt, können unaufmerksame Autofahrer für Schrecksekunden sorgen, wenn man „Tarnkleidung" bevorzugt. Auf jeden Fall mitzuführen sind Essen und Getränke. Zwischen den einzelnen Trailheads sind die Einkaufsmöglichkeiten rar gesät bzw. überhaupt nicht vorhanden.

Variante
Wer wirklich nur die Highlights der Gegend erleben möchte, der könnte auch nur die erste Etappe des Burren Way wandern und dann von Doolin aus gleich mit der Fähre auf die Aran Islands übersetzen. Auf diese Weise hat man einige der schönsten Punkte Irlands in nur zwei Tagen gesehen.

DEN BURREN WAY ENTLANG **435**

GALWAY (Linie 350), Mo–Fr mehrmals tgl., 2 Std. Eingeschränkte Verbindungen am Wochenende.

Schiffe

Schiffe zu den Aran Islands (ab ca. 25 €, S. 450) und teilweise auch zu den Cliffs of Moher (ab ca. 15 €) verkehren regelmäßig vom Hafen von Doolin aus:

Cliffs of Moher Cruises, 🖳 www.cliffs-of-moher-cruises.com;

Doolin Ferries, 🖳 www.doolinferries.com;

Doolin Ferry Company, 🖳 www.doolinferry.com.

Lisdoonvarna

Am westlichen Rand des Burren gelegen, war Lisdoonvarna dank seiner Heilquellen zu viktorianischen Zeiten vor allem als Badeort bekannt, noch heute erinnern Relikte an diese Epoche. Zur Kur kommt allerdings kaum noch jemand hierher. Eher schon, um in den zahlreichen Pubs des typisch irischen Ferienortes einige Bierchen zu trinken oder während des **Matchmaking Festival**, 🖳 www.matchmakerireland.com, zarte Bande zu knüpfen.

Die Quellen sind immer noch in Betrieb und liefern Wasser, das Jod, Eisen, Schwefel und Magnesium enthält. Eine angeblich gesunde Mischung, die man zumindest in den Sommermonaten im Gesundheitszentrum zu sich nehmen kann. Damit den wenigen Kurgästen und vielen Besuchern garantiert nicht langweilig wird, bietet der kleine Ort zusätzliche Vergnügungen wie Tennis- und Minigolfplätze sowie eine Art Jahrmarkt.

ÜBERNACHTUNG UND ESSEN

The Burren Hostel, Kincora Rd., ✆ 065-7074036, 🖳 www.sleepzone.ie. Sehr großes Hostel für mehr als 120 Gäste, früher ein 3-Sterne-Hotel. Modern eingerichtet, zweckmäßig mit gutem Komfort und den wichtigsten Extras wie Selbstversorger-Küche und Waschraum. Bett im Schlafsaal ca. 16 € (saisonabhängig), DZ ❶–❸
Rathbaun Hotel, Main St., ✆ 065-7074009, 🖳 www.rathbaunhotel.com. Günstig und zentral gelegenes, familiäres Hotel mit nur 10 Zimmern. Sehr populär bei Touristen, da hier von Juni–Sep jeden Abend bis Mitternacht

Livemusik ertönt. Restaurant mit kleiner Speisekarte. ❷–❸

Sheedy's Country House Hotel & Restaurant, ✆ 065-7074026, 🖳 www.sheedys.com. Kombination aus klassischer und moderner irischer Küche. Hausgemachtes Eis, frische Sorbets. Besonders empfehlenswert sind der Lachs in Knoblauch und das Lamm direkt vom Burren. Das Hotel stammt aus dem 18. Jh. und ist traditionell-gemütlich eingerichtet. ❸–❺

UNTERHALTUNG

Roadside Tavern, River Rd., ✆ 065-7074084, 🖳 www.roadsidetavern.ie. In diesem traditionellen Pub wird häufig Livemusik gespielt, Gespräche mit anderen Gästen ergeben sich schnell. Noch nicht so kommerzialisiert wie manch andere Gaststätte am Ort.

SONSTIGES

Einkaufen

Burren Smokehouse Visitor Centre, ✆ 065-7074432, 🖳 www.burrensmokehouse.ie. Hier dreht sich alles um Räucherlachs aus möglichst frischem Fang, verfeinert mit Zutaten aus biologischem Anbau. ⏰ monatlich variierend, meist zwischen 11 und 15 Uhr.

Feste

Beim **Burren Slow Food Festival**, 🖳 www.slowfoodclare.com, Mitte Mai dreht sich alles für ein paar Tage um den Genuss am Kochen und Gekochten. Workshops und Vorträge.

Das **Matchmaking Festival**, 🖳 www.matchmakerireland.com, den ganzen September durch ist der Ball der einsamen Herzen auf Irisch. Einen Monat lang wird dem Hedonismus gefrönt, meistens allerdings auf eine sehr sittsame Art. Zumindest, bis der Alkohol Wirkung zeigt. Auch wenn sich das Fest gerne einen traditionellen Anstrich gibt, viele Veranstaltungen sind sehr kommerziell und schrill.

TRANSPORT

ENNIS (Linie 350), Mo–Fr mehrmals tgl., 1 1/4 Std.,

GALWAY (Linie 350), Mo–Fr mehrmals tgl.,
1 3/4 Std.
Eingeschränkte Verbindungen am Wochenende.

Black Head

Der Küstenstraße von Doolin nach Norden folgend, erreicht man in weniger als einer halben Stunde Black Head. Rechts von der Straße steigt der Burren auf, im Atlantik liegen zur linken Hand die Aran Islands, und geradeaus geht es direkt in die Galway Bay, über die der kleine Leuchtturm von Black Head wacht. Durch den Kontrast zwischen dem grauen Kalksteinplateau mit seinen bizarren Rissen und dem oft tiefblauen Meer im Hintergrund ein beliebtes Fotomotiv. Die Straße wendet sich kurz vor dem Leuchtturm nach Südosten und führt am einsamen **Gleninagh Castle** vorbei in das kleine Fischerdorf Ballyvaughan.

Ballyvaughan

Das charmante Örtchen an der Galway Bay, einst wichtiger Fährhafen für den Schiffsverkehr zu den Aran Islands, ist in den Sommermonaten als Ferienort so beliebt, dass die Navigation durch das Dorf die gesamte Aufmerksamkeit erfordern kann. Will man die alten Häuser mit ihren Schieferdächern betrachten, ist die Suche nach einem Parkplatz zwar mühsam, aber auf jeden Fall sicherer. Ballyvaughan bietet sich als Ausgangspunkt für die Erkundung des Burren geradezu an.

Ein Abstecher nach **Bishop's Quarter**, der Landspitze 2,5 km nordöstlich von Ballyvaughan mit ihrer geschützten Bucht und der schönen Aussicht, ist lohnenswert, genau wie der Fußweg vom Hafen zum Seevogelreservat (ausgeschildert, ca. 1 Std.).

ESSEN

🌳 **Gregans Castle Hotel**, The Burren,
📞 065-7077005, 🖥 www.gregans.ie. Das elegant möblierte Restaurant bietet moderne europäische Küche. Täglich wechselndes 9-Gänge-Probiermenü. Favorit: Burrenlamm. Feine Auswahl an lokalem Käse. Ökologisch angebautes Gemüse und Kräuter aus der Region finden Verwendung. Leckere Afternoon Teas ab 14 Uhr. ⏰ tgl. 12.30–16, Abendessen 18–21 Uhr.

TRANSPORT

Ballyvaughan wird von der **Buslinie 50** bedient, die nach LISDOONVARNA und GALWAY fährt.

Aillwee Cave

Gut ausgeschildert und landschaftlich schön gelegen ist Aillwee Cave, etwa 5 km südlich von Ballyvaughan, 📞 065-7077036, 🖥 www.aillwee cave.ie. Das Besucherzentrum ist aus örtlichem Stein errichtet und so geschickt in die Natur integriert worden, dass man es erst im letzten Moment wahrnimmt. Ein gutes Beispiel dafür, dass sich Tourismus und Naturschutz nicht gegenseitig ausschließen müssen. Die Höhle ist zwar nur eine von Tausenden in der Gegend, jedoch die einzige, die touristisch erschlossen ist. Das Besucherzentrum informiert über die geologische und biologische Besonderheit des Burren, danach geht es in einer geführten Tour unter die Erde. Nach einem langen Tunnel passiert man verschiedene Höhlen, die vor Tausenden von Jahren u. a. als Winterquartiere für Bären dienten. Und sogar einen unterirdischen Fluss kann man hier sehen, der allerdings nach extrem starken Regenfällen die Besichtigungen behindert. ⏰ tgl. 10–17 Uhr, Sommer länger, Eintritt 15 €.

Zusätzlichen Eintritt (15 €, Kombiticket 22 €) kostet ein Besuch im Raubvogel-Bereich, dem **Burren Bird of Prey Centre**. Zahlreiche Greifvögel, darunter Falken, Adler und Geier, bieten hier regelmäßige Flugvorführungen. ⏰ wie Höhlen.

Poulnabrone Dolmen

4 km südwestlich der Aillwee Cave steht schon das erste Steinfort, Cahermore bei Ballyalaban, nur eines von vielen prähistorischen Monumenten, die überall verteilt in der menschenleeren Einsamkeit zu finden sind. Der Burren muss in der Vorzeit intensiver genutzt und bewohnt worden sein, als es heute der Fall ist. Das Cahermore Stone Fort und der Gleninsheen Wedge Tomb (auch vollkommen falsch als Altar von Druiden bezeichnet) sind allerdings nur Stationen auf dem Weg zu einer der bekanntesten

DER WESTEN

Sehenswürdigkeiten der Gegend, dem Poulna-brone Dolmen. Der Standort dieses Relikts ist nicht zu verfehlen, mittlerweile ist wegen des starken Zulaufs sogar ein Parkplatz eingerichtet worden. Errichtet wurde der Dolmen, dessen Deckplatte auf den Spitzen einiger stehender Steine ruht, vor etwa 4000 bis 5000 Jahren.

Viele Besucher sind allerdings etwas enttäuscht, denn durch geschickt gewählte Aufnahmewinkel wirkt der Dolmen auf der Mehrzahl der Fotos und Postkarten gigantisch. Steht man dann vor ihm, sieht man die echten Ausmaße, die immer noch beeindruckend sind, aber eben nicht mehr haushoch in den Himmel ragend. Bei den Ausgrabungen am Poulnabrone Dolmen wurden Skelettreste von nicht weniger als 17 Erwachsenen und 16 Kindern gefunden. Zwischen 3800 und 3200 v.Chr. sollen sie hier begraben worden sein. Die Funde am wesentlich unbekannteren **Gleninsheen Wedge Tomb** an der R480 waren allerdings spektakulärer, ein dort ausgegrabener goldener Kragen ist heute im Nationalmuseum zu sehen.

Carron

An einem der höchsten Punkte im Burren gelegen, ist das kleine Dorf Carron (oder Carran) vor allem als Geburtsort von Michael Cusack, dem Gründer der Gaelic Athletic Association, bekannt. An ihn erinnert eine kleine Ausstellung in seinem restaurierten Geburtshaus – aber eher für GAA-Fans interessant. Etwa 10 km südwestlich des Ortes befindet sich, schwer zu finden, das dreifache Ringfort **Cahercommaun**, 🖥 www.megalithicireland.com/Cahercommaun%20Cliff%20Fort.htm.

Suppen und Quiches. Traditionelle Backwaren. Verschiedene Tees und Saftsorten. Sonntags Mittagessen nur mit Reservierung. Seit mehr als 40 Jahren werden hier Duftwässerchen hergestellt, die von der Flora des Burren inspiriert wurden und die man in dem Laden kaufen kann. Die Namen verheißen echt irisches Flair: Man of Aran, Ilaun, Frond and Fraoch. ⏰ Mitte März–Okt tgl. 10–17 Uhr.

Leamaneagh Castle

Die malerisch oder – je nach Wetterlage – auch bedrohlich auf einer Anhöhe über der Kreuzung R476/R480 gelegene, die Landschaft beherrschende (und nicht zugängliche) Burgruine war ursprünglich ein Turmhaus der O'Briens. Dieses wurde im 17. Jh. zu einem Herrenhaus umgebaut, wobei heute noch deutlich der ältere Teil erkennbar ist. Um das Haus selbst ranken sich Legenden. Eine der bekanntesten dreht sich um Maire Rua, deren Ehemann, der Burgherr Coonor O'Brien, im Krieg gegen die Protestanten starb. Um den Familienbesitz für ihren Sohn zu retten, heiratete Maire kurzer Hand einen Offizier der gegnerischen Partei und befand sich wieder auf der Gewinnerseite. Dieser zweite Ehemann allerdings fiel nach kurzer Zeit einem tragischen Unfall zum Opfer …

Kilfenora

Das Örtchen Kilfenora ist die Hauptstadt des Burren. Die Ausstellung im **Burren Centre**, ✆ 065-7088030, 🖥 www.theburrencentre.ie, beschäftigt sich intensiv und auf interessante Weise mit Geologie und Biologie des Burren – und mit dem Einfluss, den der Mensch hier genommen hat. Der Besuch kann die Tour durch den Burren perfekt abrunden. ⏰ März–Okt tgl. 10–17 Uhr, Eintritt 6 €.

Wer sich mehr für Geschichte und Religion interessiert, der sollte die **Kathedrale** von Kilfenora nicht versäumen. Die ursprünglich aus dem 12. Jh. stammende Kirche liegt teilweise in Ruinen, ist ohne Dach den Elementen hoffnungslos ausgesetzt. Dennoch ist sie eine der regulären Kathedralen in Irland. Die Diözese von Kilfenora hat allerdings keinen eigenen Bischof, sondern untersteht direkt dem Papst. Eine historische Merkwürdigkeit, auf die gerne hingewiesen wird. Interessant sind vor allem die Steinmetzarbeiten an der Kathedrale und die verschiedenen Hochkreuze auf dem Friedhof. Das bekannteste davon ist das **Doorty Cross**, auf dem das Abbild eines Bischofs zu sehen ist – eine eher seltene Verzierung auf diesen Kreuzen.

€ **Linnane's Pub**, Main St., ✆ 065-7088157. Traditioneller Pub ohne Schnörkel, aber mit sattmachendem Speiseplan voll Hausmannskost. Besonders „Bacon and Cabbage" ist sehr schmackhaft, macht aber auch durstig! ⏰ 12–23 Uhr, Essen bis ca. 21 Uhr.

Vaughan's Pub, Main St., ✆ 065-7088004, 🖥 www.vaughanspub.ie. Großer Pub mitten im Ort, typische irische Küche und köstliche Fischgerichte, im Sommer lockt der Biergarten ins Freie. Am Abend oft Musik und traditionelle Session, mehrmals in der Woche auch traditionelle Tanzabende im ehemaligen Stall, man darf auch gerne mittanzen.

Corofin

Der winzige Ort, dessen **Heritage Centre** v. a. der Ahnenforschung dient, 🖥 www.clareroots.com, ist recht nett anzusehen und einen Spaziergang wert. Fotofreunde finden hier „typisch irische" Motive, u. a. die vielen Angler am Fluss.

Dysert O'Dea

Die Burg von Dysert O'Dea, Corofin, ✆ 065-6837401, 🖥 www.dysertcastle.com, beherrscht die Umgebung bis heute. Das Turmhaus aus dem 15. Jh. wurde auf einen steinigen Hügel gebaut, heute werden hier archäologische Funde aus der Region ausgestellt. Das kleine Museum in der Burg berichtet über die Geschichte der Umgebung, die anschließend auf markierten Wander- und Radwegen erforscht werden kann. Nicht weniger als zwei Dutzend archäologisch interessanter Punkte sind weniger als 3 km von der Burg entfernt zu finden. ⏰ Mai–Sep tgl. 10–18 Uhr, Eintritt 7 €.

Klostersiedlung des Hl. Tola

Etwa 3 km östlich der Burg befinden sich die Reste der Klostersiedlung des Hl. Tola, gegründet im 8. Jh. Heute hat sich die Natur den größten Teil des Klosters wieder zurückgeholt, die meisten Ruinen sind überwachsen. Sehr gut zu sehen ist allerdings immer noch der romanische Torbogen mit seinen reichen Steinmetzarbeiten, zu denen auch über 20 Gesichter gehören. Ein Hochkreuz aus dem 12. Jh. sowie der Stumpf eines Rundturms stehen ebenfalls auf dem ehemaligen Klostergelände. Weitere Zeugen der Vergangenheit sind die Ruinen einer Burg und zwei steinerne Ringforts.

€ **Corofin Village Hostel**, Main St., ✆ 065-6837683, 🖥 www.corofincamping.com. Hostel mit 30 Betten. Zelten ist auf dem Gelände ebenfalls möglich. Bett im Schlafsaal inkl. einfachem Frühstück 20 €, Stellplatz ab 20 €.

Buslinie 333 verbindet Corofin mit LISDOONVARNA und ENNIS.

County Galway

Galway – mit diesem County verbindet man wohl in erster Linie den Landstrich Connemara, Synonym für einsame Landschaften voller Moore und Berge, reich an Legenden. Stimmt schon. Doch da wäre dann auch noch die quicklebendige Universitätsstadt Galway selbst, Partytown und Irlandtraum in einem. Kontrast nicht weit entfernt bieten die Aran Islands. Raue Inseln, zum Symbol geworden für den Überlebenswillen der Menschen am Meer. Doch selbst hier ist man heute selten allein; vor allem der Tagestourismus boomt. Ist, muss man fairerweise sagen, aber auch das Einzige, was auf den Inseln Geld bringt.

Galway City

Galway, zweitgrößte Stadt in Irlands Westen mit immerhin fast 80 000 Einwohnern, zieht sich zu beiden Seiten des River Corrib entlang, dort wo er via Galway Bay in den Atlantik fließt. Das historische Stadtzentrum mit seinen engen Kopfsteinpflastergassen, den farbenfroh gestrichenen Pubs und Cafés, aus denen schon am Tage irische Musik erklingt, liegt am Ostufer des Flusses. Hier wird die Stadt im Sommer zu einer großen Bühne. Musiker, Schauspieler, Jongleure, Puppenspieler, Pflastermaler verzaubern ihr Publikum, wenn sie denn ob der massiven Konkurrenz anderer Straßenkünstler eines finden und halten können. „Galway ist toll!" So der Tenor der meisten Irland-Touristen. Und in der Tat: Die Stadt ist jung, lebendig, nicht zuletzt dank der zahlreichen Studenten. Voller Kultur. Und mit einem herrlichen Strand bei Salthill gesegnet, den man von der Stadtmitte aus über eine lange Promenade in etwa einer Viertelstunde zu Fuß erreicht.

Dabei ist Galway doch irgendwie nach wie vor eine Kleinstadt. Würde man sie auf ihre ständigen Einwohner reduzieren, wäre sie sogar nur ein besseres Dorf. Als Bildungszentrum der Westküste samt Universität und Fachhochschule kann man mehr Studenten als „normale Einwohner" aufweisen. Dazu kommt der ungebrochen starke Zustrom von Touristen. Sprachschulen haben sich zum wichtigen Wirtschaftszweig entwickelt, laut schnatternde Gruppen Jugendlicher sorgen für ein babylonisches Sprachgewirr allerorten.

Die Highlights der Stadt sind allerdings binnen kürzester Zeit abgeklappert, kaum mehr als zehn Gehminuten trennen die meisten Attraktionen, in einer Stunde ist man „fertig". Die Tour mit einem der Busse, die Stadtrundfahrten anbieten, dauert da schon fast länger – aber auch nur, weil diese Busse die Fußgängerzonen im Innenstadtbereich umständlich umfahren müssen. Eine Wohltat, denn vor einigen Jahren röhrten die Doppeldecker noch durch die selbst heute noch gelegentlich klaustrophobisch wirkende Shop Street.

Eyre Square

Eine Besichtigung von Galway sollte am **Eyre Square** (der den Kennedy Park umschließt) beginnen, dem zentralen Platz von Galway, der in den letzten Jahren aufwendig renoviert wurde und als einer der beliebtesten Treffpunkte in der Stadt gilt. Die Gebäude, die den Platz umgeben,

stammen vorwiegend aus dem 19. Jh. Mit ihrer typischen Stadtarchitektur erinnern sie an das Galway alter Zeiten. Zwei Relikte aus früheren Jahrhunderten sind besonders erwähnenswert. Gegenüber der Bushaltestelle auf der nordwestlichen Seite des Platzes sieht man den **Browne Doorway**, den letzten Rest eines Kaufmannshauses aus dem 17. Jh. Der **Brunnen** neben diesem Torbogen stellt ein traditionelles Segelschiff dar. Wesentlich spektakulärer allerdings ist das Einkaufszentrum, das **Eyre Square Centre**, 🖥 www.eyresquarecentre.com, das man durch einen unauffälligen Eingang erreicht. Mitten in dieser modernen Ladenpassage steht der Kunde plötzlich vor der mittelalterlichen **Stadtmauer von Galway**. Mit den zwei erhaltenen Türmen wurde dieser Teil der Stadtbefestigung aus dem 17. Jh. auf ansprechende Weise in das moderne Gebäude integriert.

Die abgehenden Straßen William Street und Shop Street gelten als die Haupteinkaufsstraßen der Stadt und werden von zahlreichen Straßenkünstlern als Bühne genutzt.

Lynch's Castle

Oft übersehen wird Lynch's Castle, Shop St., Ecke Abbeygate St., die aus dem 14. Jh. stammende **Stadtburg** von Galway. Das befestigte, aber wenig an eine Burg erinnernde Herrenhaus der Familie Lynch, an dessen Fassade Wasserspeier und Wappen englischer Könige angebracht sind, wird heute als Bank genutzt. Hier lebte die Familie Lynch, eine der angesehensten des Ortes, die zwischen 1485 und 1654 immer wieder den Bürgermeister von Galway stellte.

Collegiate Church of Saint Nicholas

Nur wenige Schritte weiter findet man die Collegiate Church of Saint Nicholas, 🖥 www.st nicholas.ie, ein weiteres Stück Mittelalter in Galway. Die Kirche wurde um 1320 erstmals errichtet, dann im 15. und 16. Jh. erweitert und kurz danach durch Cromwells Truppen stark beschädigt. Die puritanische Soldateska nutzte das Gebäude als Pferdestall! Da die Kirche ziemlich gedrängt und von anderen Gebäuden umgeben in der Innenstadt steht, ist man beim Betreten des Gotteshauses überrascht von der Größe des Innenraums. Die Architektur der Kirche

Galway geht nicht ohne Claddagh-Ring: In vielen Schaufenstern, auch als gemaltes Symbol, ist er vielfach zu bewundern. Ein Ring, sie alle ewig zu binden: Zwei Hände halten ein Herz, auf dem eine Krone ruht. Ein Symbol der ewigen Liebe. Oder ein subtiler Wink, dass man noch zu haben ist. Denn je nach Tragweise zeigt man an, ob Herz und Hand noch zu haben sind. Zeigt das Ring-Herz nämlich mit seiner Spitze zum Herzen des Trägers (oder der Trägerin), ist von einer festen Beziehung auszugehen. Zeigt es nach außen, also zur Fingerkuppe, dann ist die Bahn frei.

Der Ring, oder besser gesagt das Motiv mit den Händen, dem Herz und der Krone, soll die Erfindung eines jungen Mannes eben aus dem Dorf Claddagh gewesen sein. Wie die Legende erzählt, geriet er in die Gefangenschaft muslimischer Seeräuber, die ihn in schmachvolle Sklaverei verschleppten. Um sich dort ein Zubrot zu verdienen, betätigte er sich als Silberschmied. Und dabei entwarf er dann auch den Ring, der ihn vor allem an seine in der Heimat (hoffentlich) auf ihn wartende Verlobte erinnern sollte. Als er nach einiger Zeit wieder nach Galway zurückkehrte, überreichte er seiner Liebsten dieses Schmuckstück und sie lebten glücklich bis ans Ende ihrer Tage. Oder so.

Heute ist der Claddagh-Ring das Symbol, das neben Kleeblatt und der Harfe am meisten mit Irland in Verbindung gebracht wird. Oder auch mit einem undefinierten „Keltentum" (Glasgows „Simple Minds" etwa nutzten das Symbol gerne). Und da der Ring auch ein Liebessymbol ist, wurde er zum beliebten Mitbringsel, um das sich eine ganze Industrie entwickelte. Abgesehen von Fingerringen in zahllosen Variationen und Preisklassen – die Symbolik des Ringes ziert heute nahezu jeden Gegenstand, der sich als Souvenir eignet. Vom Geschirrtuch bis zur Wandplakette, vom Schokoriegel bis zum Backförmchen gibt es eigentlich nichts, was man nicht in diesem Design finden kann. Spötter sagen, dass es bis zum Claddagh-Kondom nicht mehr allzu lange dauern kann.

Dabei streiten sich die Experten um den Ursprung der Legende. Zweifler behaupten, dass das Symbol des Claddagh keinesfalls von einem Iren erfunden wurde, sondern aus dem Mittelmeerraum nach Irland gelangte. Was selbstverständlich der Geschichte vom Sklaven im Morgenland keinen Abbruch tut – schließlich kann ja der treue Verlobte wirklich das Symbol nach Irland gebracht haben. Fatal wäre es allerdings, wenn man feststellen würde, dass das so untrennbar mit Irland und vor allem Galway verbundene Design ein schnödes Imitat war, die Kopie eines Schmuckstücks, das man einem Seemann aus Italien oder Spanien abgeknöpft hatte. Oder das er nach durchzechter Nacht versetzen musste.

Wo auch immer die Wahrheit liegt: Heute jedenfalls ist der Ring, sind die zwei Hände, Herz und Krone untrennbar mit der irischen Hafenstadt Galway verbunden. Und lässt man den Kitsch links liegen, dann kann man mit einem Claddagh-Ring sicherlich ein Stück Irland immer mit sich tragen. Oder eben seiner Liebsten schenken. Auf dass sie so treu sei, wie es einst die Verlobte des Sklaven aus Galway war.

ist relativ schlicht, vor allem der westliche Eingangsbereich aus dem 15. Jh. und einige aus Stein gehauene Fabelwesen sind beachtenswert. Die Kirche wird heute von der Church of Ireland genutzt und ist dem Schutzpatron der Seefahrer gewidmet. Hier befinden sich auch die Grabanlagen der Familie Lynch.

Galway Cathedral

Einen kurzen Fußmarsch entfernt, aber auf der anderen Seite des Flusses Corrib, steht die ebenfalls dem Hl. Nikolaus gewidmete katholische Galway Cathedral, ⌨ www.galwaycathedral.ie. Sie wurde erst 1965 mit grauem Stein und Marmor aus dem benachbarten Connemara

DER WESTEN

Benwee
Head
Broad Haven
Erris Head
Portacloy
Corclogh
Doonama Point
Belmullet
Béal an Mhuirthead
The
Mullet
INISHKEA
NORTH
Aughleam
Each Léim
INISHKEA
SOUTH
DUVILLAUN MORE

Pollatomish
Portaloy
Barnatra
Glenamoy
Gleann na Muaidhe
Carrowmore
Lough
Bangor
Gaoth Sáile
Blacksod Bay

Porturlin
Port Durlainne
Belderrig
Céide
Fields
Ballycastle
232
314
132
380
232
313
332
152

Downpatrick
Head
Rathlackan
Rathfran
Abbey
Killala
Bay
Killala
Moyne Abbey
Rosserk Friary
Crossmolina
Béal an Atha
Ballina

Easky
Kilglass
Enniscrone
Culleens

N59
Lough Conn

s. Detailplan Achill Island S. 472

Slievemore
Croaghan Mtn. 671
Achill 668
Head
Dooagh Keel
466
ACHILL
ISLAND Cliffs
Cloghmore

Doona
Dugort
Achill Sound
Curraun
543
Mulrany
714
383
Lough
Feeagh
Carrickahowley
Castle

Ballycroy
BALLYCROY
NATIONAL PARK
722
629
Nephin Beg Range
700
807
Beltra
Beltra
Lough
Newport
430
Turlough

312
Nephin
Strade Abbey
Pontoon
Foxford
Bellavary
Swinford
N58
Knock
Airport
Bohola
Kilkelly

Moy
Shieve Gamph or The Ox Mts
Cloonacool
417
Mullany's
Cross
370 Aclare
Banada
Charlestown
N26
N5
294
297

463
CLARE ISLAND
Louisburgh
Roonagh Quay
Killadoon
INISHTURK
INISHBOFIN
INISHSHARK
Bofin
Cleggan
Clew Bay
National Famine Memorial
Murrisk
Croagh Patrick
765
Westport
Caisleán an Bharraigh
Castlebar
MAYO
N5
Ballintuber
Abbey
Balla
Kiltamagh
260
N17
Knock
N60
Ballyglass
Claremorris
Brickeens
Ballindine
Milltown
148

335
273
Cregganbaun
Doo Lough
Pass
Delphi
Aghagower
Killavally
Liscarney
Partree
Lough
Carra
N84
394
N59
331
Killary Mweelrea
Harbour
Rossroe
Letterfrack
Kylemore Abbey
619
Leenane
673
Maumtrasna
Partry Mountains
Tourmakeady
Lough
Mask
Ballinrobe
Hollymount
Kilmaine
N17
Sinking
332
334
336

CONNEMARA
N. P.
The Twelve Pins
Clifden
Dan O'Hara's
Homestead
730
703
Finnisclin
Joyce Country
Maum
418
Neale
Clunbur
Cong Abbey
Cong
Shrule
Tuam
Belclare
345
65
N83
168

Mannin
Bay
Ballyconneely
Denkmal für
Alcock und Brown
Roundstone
Lough
Inagh
342
Cashel Bay
Derryrush
Recess
Maam Cross
INCHAGOILL
ISLAND
Oughterard
Ross Errilly
Abbey Headford
Lough Corrib
Ardnasodan
Aucloggeen
N59
301
341
347
Glengowla Mines
Aughnanure
Castle
Carrowmoreknock
Brigit's
Garden
293
N84
N63

Glinsk
Glinsce
Cárna
Scríob
355
340
Ros Muc
Killciaran
Cill Ciaráin
Casla
Moycullen
Ballindooly
Castle
Claregalway
N17
336
166
155
Galway
Gaillimh
Oranmore

Kilkieran Bay
Lettermullen
Leitir Meallán
Carraroe
An Cheathrú Rua
Rossaveel
Ros an Mhil
Connemara
Airport
Inveran
Indreabhán
Spiddle
An Spidéal
Barna
Salthill
Clarinbridge
N18
N6
336

Atlantischer
Ozean

Belfast
Dublin

Kilcolgan
Point
Kilcolgan
Dunguaire
Castle
Ardrahan
Kinvara
Thoor Ballylee
Kilmacduagh Gort
L Cutra
N18

North Sound
Galway Bay
Black Head
Burren
N67
Fanore
Ailiadie
Ballyvaughan
Caherconell
BURREN
NATIONAL PARK
The Burren
L George

s. Detailplan Aran Islands S. 451
Kilmurvey
Kilronan
INISHMORE
ARAN ISLANDS
OILEÁIN ÁRAINN
Killeany
124
INISHMAAN
INISHEER
South Sound
Doolin
Lisdoonvarna
Kilfenora
Killinaboy
CLARE

gebaut und sollte vor allem ein massives Manifest des Glaubens darstellen. So dominiert die Kathedrale die Umgebung zweifelsohne, ist aber nicht unbedingt ein Schmuckstück. Der dunkle Innenraum scheint hoffnungslos überdimensioniert, beeindruckend sind jedoch die Fresken und Mosaikarbeiten im Bereich der Kuppel. Eher skurril sind zwei Mosaiken in der Chapel of the Resurrection, die sowohl den irischen Revolutionär Patrick Pearse wie auch US-Präsident John F. Kennedy als Heilige zu zeigen scheinen.

Spanish Arch

Über die Wolf Tone Bridge weiter südlich erreicht man wieder das Stadtzentrum und Spanish Arch, den viel gerühmten „spanischen" Torbogen. Keine Stilbeschreibung: Die Befestigungsanlagen wurden 1584 gebaut, um den damals noch außerhalb der Stadt liegenden Hafen zu schützen. Und in der Nähe des Torbogens sollen eben vor allem spanische Handelsschiffe festgemacht, ihre Ware gelöscht haben. So der Name. Übrigens: Im späten Mittelalter kam auch ein gewisser, damals noch vollkommen unbekannter Christopher Columbus nach Galway. Ein Gedenkstein in Brückennähe erinnert daran ... schließlich soll er hier auch den Beweis für Land jenseits des Atlantiks gefunden haben. Wie genau nun dieser Beweis aussah, das bleibt im Dunkeln – das einzige Land, das von hier aus zu sehen wäre, sind die Aran-Inseln. Spanish Arch ist zwar ein beliebtes Postkartenmotiv, das Interessanteste an den Mauerresten sind jedoch die zahlreichen Menschen, die den Platz davor als Treffpunkt und Freizeitanlage nutzen.

Stadtmuseum

Hinter der Schutzmauer steht das neue Gebäude des Stadtmuseums, Spanish Parade, ✆ 091-532460, 🖥 www.galwaycitymuseum.ie. Neben Ausstellungen zur Stadtgeschichte und zur Verwicklung irischer Soldaten in die europäischen Kriege ist vor allem die Sammlung von Currachs interessant. Diese aus Leder gebauten Boote waren einstmals Irlands wichtigster Beitrag zur Seefahrerei – und werden teilweise heute noch genutzt. ⏱ Di–Sa 10–17, im Sommer auch So 12–17 Uhr, Eintritt frei.

Salthill

Der kleine Ort Salthill liegt nur 1,5 km südwest-lich von Galway, geht jedoch nahtlos in ihn über. Mit einem Stadtbus in wenigen Minuten erreich-bar, gilt Salthill als der Badestrand von Galway. Die Promenade zieht sich eine beachtliche Stre-cke am Meer entlang, auf der einen Seite lockt ein sauberer Strand, auf der anderen Seite rei-hen sich Hotels, Restaurants, Geschäfte und Unterhaltungsmöglichkeiten aneinander. Bei besserem Wetter kann man sich fast wie an der Riviera fühlen. Zumindest bis zu dem Moment, an dem man den großen Zeh ins Wasser hält und plötzlich daran erinnert wird, dass man jetzt im Nordatlantik steht. Man muss es ganz ehrlich sagen: Nur abgehärtete Menschen springen in Irland ins Meer. Und nur die Härtesten springen nicht sofort wieder raus. Insofern ist Salthill we-niger ein Badeort als ein Ort zum Ausspannen, zum Flanieren und zum Genießen der frischen Meeresluft. Jedenfalls so lange, wie diese einem nicht das Eis aus der Tüte fegt.

Bei Regen kann das **Galway Atlantaquaria**, Seafront Promenade, ☎ 091-585100, 🖥 www.nationalaquarium.ie. Kurzweil bringen – in die-sem interessanten, aber nicht sehr großen Aquarium sind Besucher den Meeresbewoh-nern ganz nah ausgesetzt und dabei doch im Trockenen. ⏱ tgl. 10–17, Sa und So bis 18 Uhr, Eintritt 13 €.

Galway

Salmon Weir Hostel, 3 St. Vincent's Av., Wood Quay, ☎ 091-561133, 🖥 www.salmonweirhostel.com. Ruhiges Hostel 500 m nördlich der Innenstadt, das hilfreiche Personal wird sehr gelobt. Gewöhnungsbedürftig sind die nicht nach Geschlechtern getrennten Toiletten und Duschen (Einzelkabinen). Bett im Schlaf-saal ab 12 € (saisonabhängig).

Sleepzone Hostel, Bothar na mBan, Wood Quay, ☎ 091-566999, 🖥 www.sleepzone.ie. Sehr großes Hostel mit über 200 Betten direkt in der Innenstadt, kann vor allem an Sommerwochenenden recht turbulent sein. Sehr beliebt gerade bei jungen Reisenden. Große Küche für Selbstversorger, Terrasse,

Safe für Wertsachen, Gepäckverwahrung. Bett im Schlafsaal ca. 15 € (saisonabhängig), DZ ❶–❷

Snoozles Hostel, Forster St., ☎ 091-530064, 🖥 www.snoozleshostelgalway.ie. Großes Hostel mit über 100 Betten nur einen Steinwurf vom Eyre Sq. entfernt, modern und zweckmäßig eingerichtet (auch für Rollstuhl-fahrer geeignet). Personal hilft bei der Planung von Tagestouren, eigenes Internetcafé, Alkohol-verbot. Bett im Schlafsaal ca. 15 € (saison-abhängig), DZ ❶–❷

Harbour Hotel, Dock Rd., ☎ 091-894800, 🖥 www.harbour.ie. Modernes Hotel in zentra-ler Lage, auch das zugehörige Bistro-Restau-rant Dillisk on the Docks ist empfehlenswert. ❸–❹

Salthill

Marian Lodge Guesthouse, 2 Burrenview Heights, Knocknacarra Rd., Salthill Upper, ☎ 091-521678, 🖥 www.marian-lodge.com. An die Promenade angrenzendes Guesthouse mit 6 Zimmern, recht familiäre Atmosphäre. Organisiert auch Tagesausflüge. ❸

Galway Bay Hotel, Conference & Leisure Centre, The Promenade, ☎ 091-514645, 🖥 www.galwaybayhotel.com. Mit Blick auf Gal-way Bay und den Strand von Salthill bietet das Hotel 153 Zimmer. Pool, Sauna und Fitnessan-gebote. Programm für Kinder, gutes Essen (spe-ziell Fischgerichte). Vielleicht das beste Haus, wenn es ein wenig Verwöhnung sein darf. ❹

Cava Bodega, 1 Middle St. Mews, ☎ 091-539884, 🖥 www.cavarestaurant.ie. Spanische Küche. Neben Tapas auch komplette Menüs sowie nordafrikanisch geprägte Gerichte. Reservieren. ⏱ Mo–Mi 17–22, Do 17–22.30, Fr 16–23, Sa 12–23, So 12–21.30 Uhr.

The Huntsman Inn, 164 College Rd., ☎ 091-562849, 🖥 www.huntsmaninn.com. Großes Restaurant etwas abseits des Innenstadttrubels mit einer Speisekarte, die tagsüber Hausmannskost zu erschwinglichen Preisen bietet, abends dann auch exotische und etwas teurere Gerichte. Die hausgemach-

■ ÜBERNACHTUNG
1. Sleepzone Hostel
2. Salmon Weir Hostel
3. Snoozles Hostel
4. Harbour Hotel
5. Galway Bay Hotel
6. Marian Lodge Guesthouse

■ ESSEN
1. The Huntsman Inn
2. Cava Bodega
3. McDonagh's Seafood House
4. The Twelve Hotel

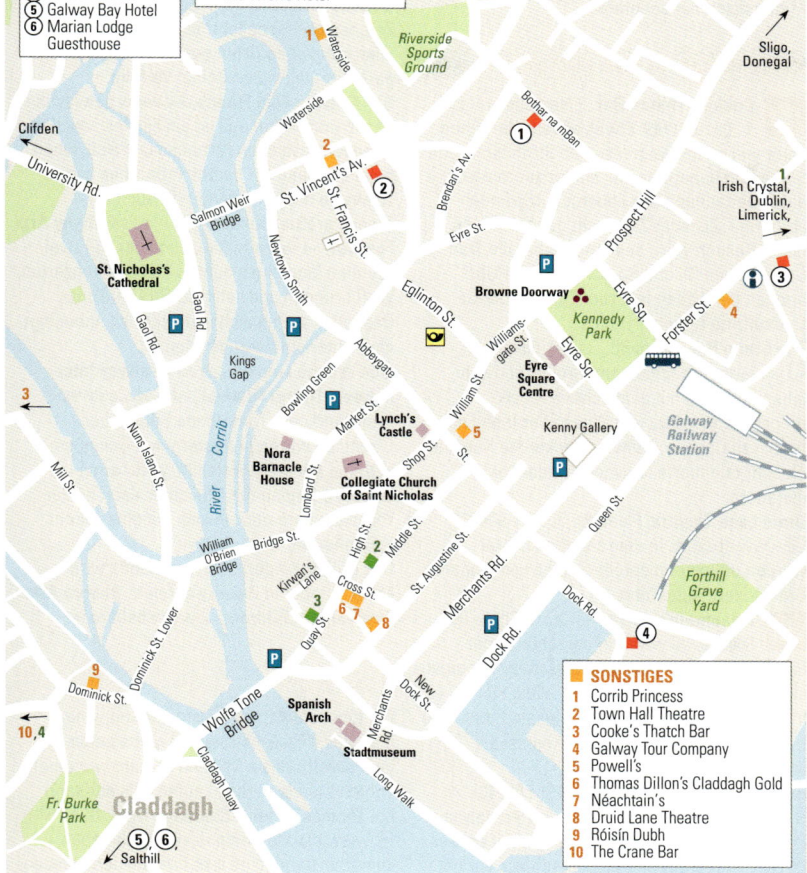

Sligo, Donegal

Clifden

University Rd.

Waterside

1

Riverside Sports Ground

Bothar na mBan

1

2

St. Vincent's Av.

2

St. Francis St.

Brendan's Av.

Eyre St.

1, Irish Crystal, Dublin, Limerick,

3

Salmon Weir Bridge

St. Nicholas's Cathedral

Gaol Rd.

Newtown Smith

Eglinton St.

Browne Doorway

Kennedy Park

Prospect Hill

Eyre Sq.

Forster St.

4

Gaol Rd.

Kings Gap

Abbeygate

Williamsgate St.

Eyre Sq.

Eyre Square Centre

Galway Railway Station

Nuns Island St.

River Corrib

Bowling Green

Market St.

Lynch's Castle

William St.

5

Kenny Gallery

Mill St.

Nora Barnacle House

Lombard St.

Shop St.

Collegiate Church of Saint Nicholas

William St.

Queen St.

Forthill Grave Yard

William O'Brien Bridge

Bridge St.

High St.

2

Middle St.

St. Augustine St.

Merchants Rd.

Dock Rd.

Kirwan's Lane

Cross St.

3

6 7

8

Dominick St. Lower

9

Quay St.

Merchants Rd.

Dock Rd.

New Dock St.

■ SONSTIGES
1. Corrib Princess
2. Town Hall Theatre
3. Cooke's Thatch Bar
4. Galway Tour Company
5. Powell's
6. Thomas Dillon's Claddagh Gold
7. Néachtain's
8. Druid Lane Theatre
9. Róisín Dubh
10. The Crane Bar

Dominick St.

10,4

Wolfe Tone Bridge

Spanish Arch

Stadtmuseum

Fr. Burke Park

Claddagh

Claddagh Quay

Long Walk

5 6

Salthill

DER WESTEN

---

ten Steakburger und die exzellenten Fischfrikadellen unbedingt probieren! ⏲ Mo–Sa 8–21.30, So 9.30–21 Uhr.

€ **McDonagh's Seafood House**, 22 Quay St., ☎ 091-565001, 🖥 www.mcdonaghs.net. Eines der beliebtesten Restaurants in Galway,

wegen seiner exzellenten Fischgerichte mehrfach ausgezeichnet, Verwendung finden nur frische Zutaten. Das Restaurant bietet schon ein 2-Gänge-Menü für unter 20 € an, wer es noch billiger möchte, nimmt Fish 'n' Chips „auf die Hand". ⏲ Mo–Sa 17–22 Uhr

(Restaurant), Mo–Sa 12–23, So 14–21 Uhr (Fish 'n' Chip Bar).

The Twelve Hotel, Barna Village, 🖥 www.thetwelvehotel.ie. Hotelrestaurant mit sehr guter Weinkarte. Spezialitäten sind etwa Aal und Kaninchen. Klaviermusik am Wochenende. Mittagstisch nur sonntags.

UNTERHALTUNG UND KULTUR

Cooke's Thatch Bar, 2 Newcastle Rd., ☎ 091-521749. Etwas abseits der Innenstadt und schon wegen seines Strohdachs eine Seltenheit (innerhalb der Stadtmauern war diese Bedachung aus Feuerschutzgründen verboten). Zu jeder Zeit recht gemütlich und einen Besuch wert, besonders aber die Trad Sessions am Mi und So (jeweils ab 21 Uhr) bringen den Laden fast zum Platzen. Do–So Liveauftritte örtlicher Bands.

The Crane Bar, 2 Sea Rd., ☎ 091-587419, 🖥 www.thecranebar.com. Großer und sehr lebendiger Pub mit gemischtem Musikprogramm von Jazz und Blues über Irish Folk bis hin zu Country. Teilweise bekannte Künstler, oft sehr talentierte Newcomer oder Lokalmatadore.

Druid Lane Theatre, Flood St., ☎ 091-568660, 🖥 www.druid.ie. In dem kleinen Theater werden oft experimentelle Stücke von jüngeren Dramatikern aufgeführt.

Néachtain's, 17 Upper Cross St., ☎ 091-568820, 🖥 www.tighneachtain.com. Einer der beliebtesten Pubs in Galway mit einer sehr freundlichen Atmosphäre. Viele Einheimische verkehren hier. Es gibt lokale Biersorten („Galway Hooker") und jeden Abend Folk Musik.

Róisín Dubh, Dominick St., ☎ 091-586540, 🖥 www.roisindubh.net. In den letzten Jahren immer mehr kommerzialisierter Pub mit großer Dachterrasse, der allerdings nach wie vor mit einem sehr guten Musikprogramm aufwarten kann. Man sollte jedoch nicht unbedingt Folklore erwarten.

Town Hall Theatre, Courthouse Sq., ☎ 091-569777, 🖥 www.tht.ie. Das etwas konservativere Gegenstück zum Druid Lane, bietet vor allem bekanntere Standards und Musicals.

Das **Cúirt International Festival of Literature**, 🖥 www.cuirt.ie, im April ist ein mehrtägiges Literaturfest, z. T. treten auch prominente irische Schriftsteller auf.

Galway Sessions, ganz Galway steht im Juni im Zeichen traditioneller irischer Musik, die an allen möglichen Orten gespielt wird und einen garantiert bis in den Schlaf verfolgt.

Das **Galway Film Fleadh**, 🖥 www.galwayfilmfleadh.com, Mitte Juli ist ein Filmfestival, das irgendwo zwischen Arthouse und Hollywood balanciert und ein buntes Programm bietet. Teilweise mit prominenten Besuchern.

Irlands größtes Kulturfestival, das **Galway Arts Festival**, 🖥 www.giaf.ie, bietet im Juli zwei Wochen lang einen bunten Mix aus Konzerten, Vorführungen und sehr viel Straßenkunst. Besucher sollten sich in dieser Zeit unbedingt eine Unterkunft vorbestellen.

Eine Woche lang dauert das **Galway International Oyster Festival**, 🖥 www.galwayoysterfest.com, Mitte/Ende September. Eigentlich waren es Austern und Guinness in Irland ein preiswertes Mahl für arme Leute, zu Beginn der Muschelsaison an der Westküste bringen sie sich mit aller Macht in Erinnerung.

Das größte Kinderkulturfest Irlands wird Mitte Oktober in Galway gefeiert, **Baboró Arts Festival for Children**, 🖥 www.baboro.ie.

EINKAUFEN

Die Innenstadtstraßen sind ein Shoppingparadies. Musikinstrumente gibt es etwa bei **Powell's** in der William St., und wer einen echten Claddagh Ring kaufen will, der kann bei **Thomas Dillon's Claddagh Gold**, Quay St., 🖥 www.claddaghring.ie, nicht fehlgehen – immerhin handelt es sich hier um den ältesten Claddagh-Schmied am Ort. Ein uralter **Markt**, 🖥 www.galwaymarket.com, findet jedes Wochenende rings um die St. Nicholas Church statt. Hier findet man neben viel Obst, Gemüse und anderen Leckereien auch Marktstände, die allen möglichen Krimskrams verkaufen.

DER WESTEN

Wer ein Faible für Pferde hat, sollte das **Moycullen Riding Centre**, Poulnaclough, Moycullen, ☏ 087-2043944, ⌨ www.moycullenriding.com, ansteuern. Hier können mehrstündige Ausritte durch die Natur gebucht werden, Kosten je nach Dauer und Saison.

Von Galway aus gibt es zahlreiche Möglichkeiten für Tagestouren – ein besonders reichhaltiges Angebot bietet die **Galway Tour Company**, ⌨ www.galwaytourcompany.com, mit Tagestouren in den Burren und zu den Cliffs of Moher, nach Connemara oder auch auf die Aran Islands.

Eine sehr angenehme Art, die nähere Umgebung kennenzulernen, sind auch die Bootsfahrten mit der **Corrib Princess**, ☏ 091-563846, ⌨ www.corribprincess.ie, die den Corrib entlang an landschaftlich schönen Stellen und alten Burgen vorbeiführen, ab 16 €.

In Galway City selber werden zahlreiche Busrundfahrten und Rundgänge angeboten – aktuelle Informationen hält die Touristeninformation bereit. Eine Rundfahrt im offenen Doppeldecker ist angesichts der geringen Größe der Stadt aber eher sinnlos.

INFORMATIONEN

Tourist Information Galway, Aras Failte, Forster St., ☏ 091-537700, ⌨ www.galwaytourism.ie. Nicht weit vom Eyre Sq., Vermittlung von Unterkünften, Tipps und Hinweise zu Bus- und Bootstouren. ⊙ Mo–Fr 9–17.30 Uhr.

NAHVERKEHR

Bus Éireann bietet einen **Stadtbus** in Galway an, der für Touristen allerdings nur auf der Strecke nach Salthill interessant ist, ⌨ www.buseireann.ie (unter City/Town Services). Abfahrtspunkte am Eyre Square und an der Promenade.

TRANSPORT

Busse

Vom **Bushof** südöstlich des Eyre Square fahren die Fernbusse ab, Infos unter ⌨ www. buseireann.ie oder Galway Travel Information, ☏ 091-562000.

DUBLIN (Linie 20), via Loughrea, Athlone und Maynooth, stdl. zwischen 6.30 und 21 Uhr, 3 1/2 Std. Ebenfalls regelmäßig nach Dublin (schneller als Bus Éireann durch weitaus weniger Haltestellen) fährt das Privatunternehmen GoBus, ⌨ www.gobus.ie. Direkte Verbindungen bestehen auch nach ENNIS, LIMERICK und CORK (Linie 51), nach CONG und CASTLEBAR (Linie 52), nach ROSSAVEAL (Linie 424) und nach OUGHTERARD, ROUNDSTONE und CLIFDEN (Linie 419).

Eisenbahn

Zwischen etwa 5 und 22 Uhr besteht eine regelmäßige Zugverbindung zwischen Galway (Bahnhof in der Station Rd.) und DUBLIN Heuston, an Wochentagen etwa 1x stdl., 2 1/2 Std.

Schiffe

Schiffe zu den Aran Islands verkehren von **Rossaveal**, ⌨ www.aranislandferries.com (Shuttlebus vom Stadtzentrum Galway um ca. 9 Uhr, Kosten inkl. Bus und Fähre 34 €), oder **Doolin** (S. 432).

Flüge

Linienflüge zu den Aran Islands, ⌨ www.aerarannislands.ie, ab dem Connemara Regional Airport sind gar nicht so teuer (ca. 50 €) und durchaus eine Alternative zur Fähre, die Flüge dauern nur wenige Minuten. **Rundflüge über die Aran Islands** werden in den Sommermonaten ebenfalls nach Vereinbarung angeboten, hierbei werden auch die Cliffs of Moher angeflogen. **Shuttlebusse** von Galway City fahren regelmäßig zum Flug- und Fährhäfen.

Rund um Galway City

In der näheren Umgebung der Stadt locken zahlreiche Orte und Sehenswürdigkeiten zu einem Ausflug.

Kinvara

30 Straßenkilometer südlich von Galway, an einem Seitenarm der Galway Bay, liegt die kleine

Hafenstadt Kinvara. Vor allem das auf einem Felsen am Ufer erbaute und perfekt restaurierte **Dunguaire Castle**, 🖳 www.dunguairecastle.com, zieht Besucher an. 1520 von der Familie O'Hynes errichtet, ging es rund hundert Jahre später an eine reiche Familie aus Galway. Diese verkaufte die Burg 1924 an den Arzt, Politiker und Schriftsteller Oliver St. John Gogarty, der mit der Restaurierung begann. Literarische Größen wie W. B. Yeats, Lady Gregory, George Bernard Shaw, Edward Martin und J. M. Synge waren hier zu Gast. Heute befindet sich die Anlage in Händen der regionalen Planungsgesellschaft Shannon Development. Diese hat die Burg zur Touristenattraktion umfunktioniert und veranstaltet hier von April bis Oktober abends „mittelalterliche" Bankette. ⏲ Besichtigungen April–Sep tgl. 10–16 Uhr, Eintritt 8 €, Bankett 63 €.

TRANSPORT

Kinvara ist am besten mit der **Buslinie 50** erreichbar, die Lisdoonvarna und Galway verbindet.

Gort

Etwa 15 km südöstlich liegt weiter im Binnenland die alte Marktstadt Gort, geprägt von Häusern aus dem 18. Jh. Der Ort selbst hat kaum Sehenswürdigkeiten zu bieten. Etwa 3 km nordwestlich liegt jedoch Coole Park, ein Muss für Liebhaber irischer Literatur.

Coole-Garryland Nature Reserve, ☎ 091-631804, 🖳 www.coolepark.ie – Coole Park war der Wohnsitz von Lady Gregory (1852–1932), Dramatikerin und eine der bedeutendsten Sammlerinnen von Folklore und Märchen. Daneben machte sie sich einen Namen als Gastgeberin für die literarische Crème de la Crème Irlands. So findet man im Park eine Blutbuche, den sogenannten Autogramm-Baum, in dem sich die illustren Gäste verewigen konnten. George Bernard Shaw, W. B. Yeats und auch Sean O'Casey ritzten hier ihre Initialen ein. Vielleicht nicht unbedingt die besten Werke dieser Schriftsteller, aber eine kuriose Erinnerung an alte, große Zeiten. Denn Erinnerung ist alles, was von Coole Park blieb. Das Herrenhaus wurde 1941 zerstört. Die interessante Ausstellung über den Park und den literarischen Zirkel der Lady Gregory ist daher in einem ehemaligen Wirtschaftsgebäude untergebracht. Im umliegenden Naturschutzgebiet kann man zudem herrliche Spaziergänge machen. ⏲ Park und Naturschutzgebiet ganzjährig tagsüber, Besucherzentrum und Tearooms Ostern–Sep tgl. 10–17 Uhr, Eintritt frei.

Noch mehr Dichter gefällig? Etwa 7 km nordöstlich von Gort liegt in einer wildromantischen Flusslandschaft **Thoor Ballylee**, 🖳 www.yeatsthoorballylee.org, ein vierstöckiger Wohnturm, ursprünglich im 16. Jh. gebaut, und Anfang des 20. Jhs. von **William Butler Yeats** gekauft. Der Dichter lebte hier von 1921–29. ⏲ Mai Mo–Fr 10–14, Sa und So 11–17, Juni–Aug tgl. 10–18 Uhr, Eintritt 7 €.

ESSEN

Eine Pause auf dem Weg von Galway nach Kinvara oder Gort wert ist das **Moran's Oyster Cottage**, The Weir, Kilcolgan, 🖳 www.moransoystercottage.com. Ein charaktervoller, am Wasser gelegener, reetgedeckter Pub. Schwerpunkt: Austern. ⏲ Mo–Do, Fr und Sa 12–22, So 12–21.30 Uhr (Pub bleibt aber jeden Tag länger offen).

TRANSPORT

Gort ist am besten mit den **Buslinien 51** und **55** erreichbar, die Ennis und Galway verbinden.

Kloster Kilmacduagh

In den Ruinen des Klosters Kilmacduagh, 4 km westlich von Gort, blieb einer der größten irischen Rundtürme erhalten. Er ist 34 m hoch und steht leicht schief in der Landschaft. Der in fast 8 m Höhe gelegene Eingang ist heute über eine Treppe erreichbar. Ebenerdig befinden sich die daneben liegende Kathedrale aus dem 12. Jh., die dem Hl. Johannes geweihte Kirche und weitere Gebäude und Kapellen. Besucher sollten sich Zeit nehmen, die vielen schönen Steinmetzarbeiten an den Gebäuden zu bewundern. In der Kathedrale selbst fallen Darstellungen der Kreuzigung auf, aber auch schmückende Motive aus der Tier- und Pflanzenwelt sind vorhanden.

Loughrea

Loughrea, die kleine Stadt am Lough Rea (nicht zu verwechseln mit dem nordöstlich gelegenen, wesentlich größeren Lough Ree), ist für seine dem Hl. Brendan gewidmete Kathedrale bekannt. Um 1900 erbaut, weist diese nicht nur eine für Irland etwas ungewöhnliche Architektur auf, sondern auch sehr schöne Ausschmückungen im Innenraum. Viele davon erinnern im Stil an das „Celtic Revival".

Das **Dartfield Horse Museum and Heritage Centre**, Kilrickle, Loughrea, ✆ 091-843968, 🖳 www.dartfield.com, ist eine ganz besondere Einrichtung: Auf einem rund 200 Jahre alten Gutshof hat der örtliche Pferdezüchter Willie Leahy ein Museum rund um das Pferd eingerichtet. Besonderes Augenmerk gilt den Connemara-Ponys, ist er doch der weltweit erfolgreichste Züchter dieser Rasse. Neben einem Museum mit historischen Kutschen und alten Werkzeugen findet man Läden für Reiterbedarf. Natürlich gibt es auch Reitmöglichkeiten ab 30 € pro Stunde, 400 Pferde sind hier untergestellt, manche davon stehen zum Verkauf. ⏲ tgl. 9–18 Uhr.

TRANSPORT

DUBLIN (Linie 20), via Athlone und Maynooth, stdl. zwischen 7 und 21 Uhr, 3 Std.

Athenry

Der rund 25 km östlich von Galway gelegene Ort Athenry ist vor allem durch das sentimentale Lied *The Fields of Athenry* bekannt, das die Große Hungersnot thematisiert. Eine typische, teilweise sehr verwinkelte Marktstadt mit mittelalterlicher Stadtmauer, in der noch viele alte Gebäude existieren. Hauptattraktion ist jedoch die **Burg**, 🖳 www.heritageireland.ie, in der Mitte des 13. Jhs. durch Meiler de Bermingham errichtet. Hier erinnern interessante Steinmetzarbeiten in Form und Ausführung an die Abteien von Cong (S. 462) und Boyle (S. 238). ⏲ Ostern–Sep tgl. 9.30–18, Okt Mo–Do 9.30–17 Uhr, Eintritt 5 €.

ÜBERNACHTUNG UND ESSEN

Raheen Woods Hotel, ✆ 091-875888, 🖳 www.raheenwoodshotel.ie. Günstig gelegenes Hotel

Ein Garten voll Spiritualität

Bei Roscahill lockt **Brigit's Garden**, ✆ 091-550905, 🖳 www.brigitsgarden.ie, eine 2004 eröffnete, sich über 4,5 ha erstreckende Gartenanlage mit vier kreisförmig gestalteten Gärten, die zugleich die vier Jahreszeiten symbolisieren. Jeder der vier Bereiche repräsentiert eines der großen keltischen Feste: Samhain (1. Nov, heute „Halloween"), Imbolc (1. Feb, heute als St. Brigid's Day gefeiert), Bealtaine (1. Mai, „Walpurgisnacht") und Lughnasa (1. Aug, Herbstbeginn). Diese Feiertage spiegeln gleichzeitig den Lauf des Lebens wider. In der Gartenanlage, durch die sich ein hübscher Naturpfad schlängelt, befindet sich auch die größte Sonnenuhr Irlands. Regelmäßig finden hier Veranstaltungen mit z. T. spirituellem Charakter statt. ⏲ tgl. 10–17.30, im Winter bis 17 Uhr, Eintritt für Gärten 6,50 €.

🏠 Öko-Eintritt: Bei der Benutzung öffentlicher Verkehrsmittel erhalten Besucher einen Rabatt von 1 €.

mit 50 Zimmern. Für Essen und Unterhaltung der Kinder wird gesorgt – wer abends seine Ruhe haben will, kann die Kleinen stundenlang im „Kardio Kids" auspowern lassen. Übrigens: Das Hotel arrangiert in Zusammenarbeit mit örtlichen Reitställen auch Ausritte und ganze Reiterurlaube. ❸

TRANSPORT

Athenry ist nur von Galway mit der **Buslinie 418** erreichbar.

Lough Corrib und Lough Mask

Mit rund 200 km² ist der **Lough Corrib** der größte See der Republik Irland, er besitzt zugleich rund 365 Inseln. Dabei wirkt der See gar nicht riesig, er ist zwar fast 50 km lang, oft aber nur einige hundert Meter breit. Der landschaftlich schön gelegene und fischreiche See zieht in erster Linie Angler an, die es auf Forelle, Lachs, Hecht und Aal abgesehen haben. Ausflugsboote von Galway aus verkehren bis **Cong** (S. 462). Interessant ist auch die **Insel Inchagoill**, auf der die

DER WESTEN

Ruinen einer frühchristlichen Klosteranlage und einer romanischen Kirche stehen (Bootsverbindung s.u.).

Lough Mask liegt nördlicher und ist mit rund 89 km² Fläche auch nicht klein. Der See wird von den Forellenfischern bevorzugt.

Oughterard und Umgebung

Etwa 27 km nordwestlich von Galway gilt der kleine Ort Oughterard mit seiner altertümlichen Atmosphäre, seinen Kunsthandwerkern und vor allem seinen netten Pubs als „Tor zu Connemara". Mit den Bergen des Joyce Country in der Ferne, wird die von Seen, Wiesen und Moor geprägte Landschaft westlich des Anglerzentrums immer beeindruckender.

Zugleich lässt sich „Connemara von unten" erleben – in den ehemaligen **Glengowla Mines**, ✆ 091-552021, 🖥 www.glengowlamines.ie, wurde nach dem Ende des Silber- und Bleiabbaus 3 km westlich von Oughterard an der N59 ein Besucherbergwerk eingerichtet. Fast die gesamten Betriebsgebäude sind erhalten und erwecken teilweise den Eindruck, hier sei die Zeit stehengeblieben. ◷ März–Okt tgl. 10–17 Uhr, Eintritt 11 €.

Rund 3 km südöstlich ragt auf einem Felsen im Fluss Drimneen das beeindruckende **Aughnanure Castle**, ✆ 091-552214, 🖥 www.heritage ireland.ie, sechs Stockwerke hoch empor. Die erste Festung an dieser Stelle soll Mitte des 13. Jhs. erbaut worden sein, die heutige Burg ist allerdings späteren Datums und aufwendig renoviert worden. Von hier aus kontrollierte der Clan der O'Flahertys das gesamte Land zwischen Lough Corrib und Galway bis hin zur Küste. Im 16. Jh. gehörten sie zu den erbittertsten Gegnern der Engländer. Die Burg kann von innen besichtigt werden. ◷ März–Okt tgl. 9.30–18 Uhr, Eintritt 5 €.

SONSTIGES

Aktivitäten

Wer in Oughterard angeln möchte, bekommt im Laden von **Thomas Tuck** in der Ortsmitte, 2 Main St, ✆ 091-552335, alles, was das Anglerherz begehrt – vom Köder über die komplette Ausstattung bis hin zu Tipps, wo sie am besten beißen.

Informationen

Tourist Information Oughterard, Main St., ✆ 091-552808, Infos auch unter 🖥 www.oughterardtourism.com.

TRANSPORT

Busse

Oughterard ist von Galway oder Clifden mit der **Buslinie 419** erreichbar.

Boote

Am Ufer des Lough Corrib befindet sich die Anlegestelle der **Corrib Cruises**, 🖥 www.corribcruises.com. Mit den komfortablen Booten erreicht man im Sommer Cong (S. 462) und auch Inchagoill (S. 449), Ticket ca. 30 €.

7 **HIGHLIGHT**

Aran Islands

Einsamkeit mitten im Meer – was früher eher ein Schicksalsschlag war, das ist heute die viel beschworene Idylle des von der modernen Welt kaum berührten Irlands. Insgesamt sieben Inseln bilden die Aran Islands, drei davon sind bewohnt: Inishmore, Inishmaan und Inisheer. Die kahlen, zerklüfteten, vom Atlantik umtosten Kalksteininseln sind geologisch betrachtet nichts anderes als die Fortsetzung des Burren. Karg, grau, aber aus den Felsritzen sprießen im Frühling bunte Blumen, die Landschaft wird reizvoll. Dazu locken die Reste alter Festungen, die verschlungenen Wege zwischen den allgegenwärtigen Steinmauern.

N 0 5 km

ROCK IS.

North Sound

Onaght

Portmurvy

Bungowla △105

BRANOCK IS.

Kilmurvey Oatquarter

Oghil Wedge Tomb

Teampall Chiaráin

Oghil Steinfort Dún Eochla

Dún Aengus Leuchtturm 123

Kilronan

INISHMORE STRAW IS.

Galway Bay

Killeany Bay

Killeany

Dún Dúchathair

Teampall Bheanáin Iararna Kinbally

Puffing Holes Gregory's Sound

Synge's Chair Dún Conor

St. Enda

INISHMAAN

Cill Cheannannagh

Teach Synge

Moher

Dún Fearbhaigh

Ballyhees

O'Brien's Castle

Teampall Caomhain

Tobhar Éinne

Cill na Seacht Niníon

Foul Sound

Atlantischer Ozean

Belfast

Dublin

South Sound

INISHEER Leuchtturm

Unwillkürlich fragt man sich aber auch bald, warum Menschen sich ausgerechnet hier angesiedelt haben. Ursprünglich waren es wohl einige Mönche, die sich zur Kontemplation in der Einsamkeit niedergelassen hatten, ein hartes Leben als erstrebenswert ansahen. Erst nach den Cromwell'schen Kriegen begann die echte Besiedlung der Inseln durch hierher geflüchtete Bauern und Fischer.

Wind und Wetter setzten den Arans schon immer so zu, dass sich eigentlich nicht einmal Erde auf ihnen hält und jede Art von Landwirtschaft unmöglich ist. Als Reaktion auf diesen Mangel schafften die Anwohner Sand und Algen vom Meeresrand auf die Plateaus, umringten die Parzellen mit groben Steinmauern und schufen so ihre „Gärten" und damit sichere Räume für das Vieh, das ihnen Nahrung und Rohstoffe lieferte.

Der wichtigste Grund, die Aran Inseln zu besuchen, ist jedoch die raue Natur – von hier aus kann man etwa 120 km irische Westküste sehen oder stundenlang in die endlosen Weiten des Atlantik hinausträumen, bis die Sonne langsam und sehr spät hinter dem Horizont versinkt.

Inishmore

Mit rund 12 km Länge und maximal 3 km Breite ist Inishmore überschaubar, weniger als 1000 Menschen leben hier ständig. In einer fast grauen Landschaft, teils auf einer steinigen Hochebene, wo die berühmten Mauern oft der einzige Hinweis auf menschliche Besiedlung sind. Und wo es fast immer windig ist, man ohne das Geräusch der Wellen etwas vermisst und die Natur eigentlich alles daran setzt, die Menschen von hier zu vertreiben.

Kilronan

Kilronan, der Fährhafen und im Sommer recht schmucke Hauptort, verbindet die Insel mit dem Festland. Hier ist das Zentrum des Tourismus auf den Aran Islands – es gibt Unterkünfte, Inseltouren werden feilgeboten, und auch für das leibliche Wohl wird gesorgt. Ein kleines Bilderbuchdorf, hinter dem die Einsamkeit beginnt. Das kleine **Heritage Centre**, ℡ 099-61355, nur drei Gehminuten vom Fähranleger entfernt, erläutert Besuchern die Geschichte und Kultur der Inseln. Und bis zu sechs Mal am Tag wird hier das 75-minütige Epos *Man of Aran* gezeigt.

⊙ April, Mai, Sep, Okt tgl. 11–17, Juni–Aug tgl. 10–19 Uhr, Eintritt 5,50 €.

Südlich von Kilronan

Auf einer Wanderung von etwa 5 km sind das Black Fort oder **Dún Dúchathair**, die „**Puffing Holes**", die ehemalige Klosteranlage von **St. Enda**, und **Teampall Bheanáin**, eine frühchristliche Kirche, zu entdecken.

Ring of Aran

Wendet man sich dagegen nach Nordwesten, kann der Ring of Aran gelaufen werden (ca. 12 km), mit herrlichen Aussichten auf die Galway Bay und Connemara, den Teampall Chiaráin, den Leuchtturm und natürlich das dramatisch auf einer Klippe thronende Steinfort von Dún Aengus (oder Dún Aonghasa).

Dún Aengus

Dún Aengus ist weltberühmt, das Steinfort an der Südküste im Westteil der Insel gilt als **eine der größten prähistorischen Festungsanlagen Irlands** und ist vielleicht die spektakulärste überhaupt. Dabei werden nur knapp 45 m Land unmittelbar vor dem tödlichen Abgrund geschützt, die Erbauer kämpften wortwörtlich mit dem Rücken zur Steilwand. Das Plateau direkt am Atlantik ermöglichte keinen Angriff von See her, der Feind musste sich über Land nähern und dabei vor allem vier (halbe) Ringwälle überwinden. Eine nahezu uneinnehmbare Festung, die jedoch relativ leicht ausgehungert werden konnte und die heute einen fantastischen Blick über das Meer ermöglicht. An den Klippenrand sollten jedoch nur schwindelfreie Menschen herantreten.

Kilmur und Killeany

Einen wesentlich besseren Kontakt zum Meer genießt man an den Stränden von **Kilmurvey** und **Killeany**. An sonnigen Tagen kann man sogar ein kurzes Bad wagen, sonst ist eher ein Strandspaziergang angebracht.

ÜBERNACHTUNG UND ESSEN

Kilronan Hostel, Kilronan, ✆ 099-61255, 🖥 www.kilronanhostel.com. Nur einen kurzen

Fußmarsch vom Hafen entfernt bietet dieses Hostel eine bequeme Unterkunft. ❶–❷
Kilmurvey House, Kilronan, ✆ 099-61218, 🖥 www.aranislands.ie/kilmurvey-house. 150 Jahre altes Landhaus mit 12 Zimmern. Direkt neben dem Dun Aonghasa Besucherzentrum und 3 Min. vom Strand entfernt. Im hauseigenen Restaurant werden abends typisch irische Gerichte serviert, viele Zutaten aus eigenem Anbau. ❸
Pier House, Kilronan, ✆ 099-61417, 🖥 www. pierhousearan.com. Guesthouse in Laufweite von Sandstrand, Pub und historischen Ruinen mit 12 Zimmern. Ruhig und mit herrlicher Aussicht. ❸ Das angeschlossene **Pier House Restaurant** begeistert mit überraschend vielfältiger, aber nicht spottbilliger Küche. Besonders empfehlenswert (wenn im Angebot) ist

Aran-Pullover – aus Tradition

Mit den Aran Islands verbinden die meisten Menschen dicke Pullover und einen alten Schwarz-Weiß-Film. Im Dokudrama *Man of Aran* inszenierte Robert J. Flaherty 1934 den entbehrungsreichen Alltag der Bewohner dieser Inseln, dramatisch spannend, historisch recht zweifelhaft. In ihren dicken Pullovern fuhren etwa Männer aufs Meer hinaus, auf der Jagd nach Haifischen – das war schon damals Geschichte.

Apropos Pullover – man sagt, dass jede Familie eigene Strickmuster verwendete, gewissermaßen das „Hausdesign" exklusiv. Der makabre Grund: Wurde mal wieder eine Wasserleiche angespült, war eine Identifizierung nach Augenschein meist kaum noch möglich, dafür sorgten Wind, Wellen, Felsen und allerlei fleischfressendes Meeresgetier. DNS und CSI gab es auch noch nicht. Aber der typische Familienpullover erleichterte die Aufarbeitung des Todesfalls immens. Das heutige Hauptsouvenir war somit gewissermaßen die Erkennungsmarke des Fischers.

Allerdings liegt die Vermutung nahe, dass die meisten der „alten Muster" gar nicht so alt sind, sondern eher folkloristischem Wunschdenken entsprangen.

der frische Hummer direkt aus dem Meer.
🕐 tgl. 11–17 und 18–22 Uhr.

Tigh Fitz, Killeaney, 📞 099-61213, 🖥 www.tigh fitz.com. Hervorragendes Guesthouse in der Nähe des Flughafens, besonders das Irish Breakfast wird oft gelobt. ❸

UNTERHALTUNG UND KULTUR

📙 **Joe Watty's Bar**, Kilronan, 📞 086-0494509, 🖥 www.joewattys.ie. Nach Meinung vieler Besucher (und auch Einheimischer) der beste Pub auf den Inseln, mit traditioneller Musik fast jeden Abend. Serviert auch Essen, kann aber teilweise in Qualität und Service schwanken.

AKTIVITÄTEN UND TOUREN

Die meisten Menschen werden die Aran Islands zu Fuß erkunden wollen – aber auch mit dem **Fahrrad** kann es reizvoll sein. Wer auf Inishmore einen Drahtesel mieten will, ist bei **Aran Bicycle Hire** willkommen, 📞 099-61132, 🖥 www.aran islandsbikehire.com.

Touren mit dem **Minibus** über die Insel sind kein Problem – bei Ankunft der Fähren stehen regelmäßig mehrere bereit, die Touristen zu den Highlights zu bringen. Ebenfalls hier starten die traditionellen **Pferdekutschen** auf ungefähr den selben Routen. Die Preise sind je nach Saison unterschiedlich.

INFORMATIONEN

Tourist Information Aran Islands, Kilronan, Inishmore, 📞 099-61263. Nahe dem Fähranleger. Gepäckaufbewahrung und Geldwechsel.

TRANSPORT

Fähren

Schiffe zu den Aran Islands verkehren zumindest im Sommer regelmäßig vom Hafen von **Doolin**: **Doolin2Aran Ferries**, 🖥 www.doolin2 aranferries.com, **Doolin Ferries**, 🖥 www.doolin ferries.com, **Doolin Ferry Company**, 🖥 www. doolinferry.com.

Eine weitere, ganzjährige Verbindung besteht von **Rossaveal** (mit Zubringerbus ab Galway

City): **Aran Island Ferries**, 🖥 www.aranisland ferries.com.

Die verschiedenen Fährunternehmen betreuen auch den Verkehr zwischen den einzelnen Inseln, sie werden nacheinander angesteuert. Details der Fahrpläne und Fahrpreise jeweils auf den Webseiten. Ein Ticket von Doolin ist bereits für unter 20 € zu bekommen, ab Rossaveal muss man mit 25 € rechnen (Shuttlebus Galway 9 € extra).

Flüge

Der Luftverkehr auf die Inseln liegt in Händen von **Aer Arann Islands**, 🖥 www.aerarannislands. ie, und wird mit kleinen Propellermaschinen durchgeführt. Diese starten am **Connemara Regional Airport** (Zubringerbusse ab Galway City) und landen auf den Flugfeldern der drei Hauptinseln. Diese sind jeweils etwas außerhalb der Orte, Transfer mit Minibus kann über die Fluggesellschaft organisiert werden. Ticket ca. 50 €.

Inismaan

Inishmaan ist wesentlich ärmer an Attraktionen als Inishmore – was von Vorteil ist. Die kleinere Insel wird von weniger Besuchern angesteuert, sodass man hier die Natur noch ungestörter genießen kann. Die meisten Einwohner leben in der Nähe des Fähranlegers bei **Moher** an der Ostküste der Insel, die einzige weitere Siedlung ist **Kinbally** an der Westküste, von wo man einen sehr schönen Ausblick auf Inishmore hat.

In Moher bekommt man alle notwendigen Informationen inkl. Übersichtskarten, die man zum Besuch der Insel braucht – am besten im Laden der Cooperative, 🕐 Mo–Fr 9–13 und 14–17 Uhr. Ein ausgeschilderter **Rundweg** von 8 km (gelbe Pfeile/Symbole) führt an den wesentlichen Sehenswürdigkeiten vorbei: **Teach Synge**, das von J. M. Synge einmal bewohnte Häuschen (🕐 nach Vereinbarung, 📞 099-73066, Eintritt 3 €) und **Synge's Chair** (eine windgeschützte Felsformation an der Westseite), wo sich der Dramatiker angeblich von der dramatischen Szenerie inspirieren ließ. **Cill Cheannannagh**, eine vor mehr als tausend Jahren erbaute Steinkapelle, und **Dún Fearbhaigh**, eine mittelalterliche Steinfestung, sind die ältesten Zeugnisse menschlicher Besiedlung.

Wandern auf Inishmore

- **Strecke**: Südroute etwa 5–6 km, Ring of Aran etwa 18 km
- **Dauer**: Südroute 2 Std., Ring of Aran 4–5 Std.
- **Start- und Zielpunkt**: Kilronan
- **Steigungen**: moderat
- **Wegbeschaffenheit**: gut
- **Ausschilderung**: gut, mit gelben Pfeilen und Wanderer-Symbolen

Wanderungen auf den Aran Islands haben einen großen Vorteil – man braucht kaum Kartenmaterial (eine Übersichtskarte der Insel reicht) und kann sich eigentlich nie verlaufen. Irgendwann landet man immer am Meer und kann dann einfach der Küstenlinie bis zur nächsten Siedlung folgen. Dies sollte man allerdings nicht zu wörtlich nehmen, denn vom Wanderweg bis zum Meer können es viele Dutzend Meter sein, steil bergab. Ein wenig Vorsicht ist also angesagt, vor allem bei stürmischem Wetter. Die beiden beliebtesten Wanderungen gehen von Kilronan auf Inishmore aus und nehmen jeweils, je nach Kondition und vor allem Pausen zum Genießen der Aussicht, etwa drei Stunden bis einen halben Tag in Anspruch.

Die Südroute

Von der Hafensiedlung Kilronan aus geht es zunächst auf die Straße Richtung Süden und dann schon bald südöstlich auf das Black Fort oder **Dún Dúchathair** zu. Dies liegt von der Straße aus auf der anderen Seite der Insel, die hier aber nicht einmal 1 km breit ist. Eine große Ausschilderung ist nicht nötig, die kreisrund aus Stein gebaute Festung ist immer am Horizont zu sehen, man geht einfach auf sie zu.

Von der Festung aus wendet man sich dann nach Südosten und läuft, mehr oder weniger an der Kante entlang, zu den **„Puffing Holes"** (rund 45 Min.), Vorsicht ist angebracht – vor allem in der Nähe der Puffing Holes, jener Felsspalten,

die von den Klippen bis zum Meer hinabreichen. Bei starkem Seegang knallen die Wellen so stark auf die Insel, dass das Meerwasser durch diese Spalten bis an die Oberkante der Klippen gedrückt wird und dann wie die Fontäne eines Wals aus dem Boden schießt. Ein ungeheuer beeindruckendes und lautes Naturschauspiel. Von hier aus ist auch ein guter Blick auf Inishmaan möglich.

Anschließend folgt man einfach wieder der Küstenlinie Richtung Nordwesten. Am Inselflughafen vorbei (und am Tigh Fitz, wo im Sommer mittags ein Imbiss eingenommen werden kann) geht es zu der ehemaligen Klosteranlage von **St. Enda** und den Resten des **Teampall Bheanáin**, einer dem Hl. Benen geweihten frühchristlichen Kirche. Über die Hauptstraße gelangt man wieder zurück nach Kilronan.

Ring of Aran

In die entgegengesetzte Richtung führt der „Ring of Aran", auf der Straße nach Norden wird Kilronan verlassen, an Joe Watty's Bar vorbei und dann rechts ab in den Wald von Aran. Es verwundert etwas, dass die kleine Ansammlung von Bäumen an dieser Stelle einen solch großen Namen trägt, doch schließlich ist dies die einzige „bewaldete" Gegend der Inseln. Die Galway Bay liegt direkt vor einem, und auf dem Festland sind die Berge von Connemara zu sehen.

Teampall Chiaráin, die Kirche des Hl. Kieran, ist die erste Sehenswürdigkeit auf dem Weg. Sie wird jedoch verblassen gegen das eigentliche Ziel der Wanderung, das dramatisch auf der Klippe gebaute, halbkreisförmige Steinfort von **Dún Aengus** (oder Dún Aonghasa). Für diese einmalige Anlage, gegen Angriffe von Land aus geschützt durch mehrere Verteidigungsanlagen, und vom Meer aus durch die etwa 100 m hohen Klippen uneinnehmbar, sollte man sich mindestens eine Stunde oder mehr Zeit nehmen.

Danach geht der Weg weiter zum **Leuchtturm**, der an der höchsten Stelle der Insel steht. An klaren Tagen hat man jetzt den besten Ausblick auf die Inseln und die Westküste Irlands. Nordwestlich liegen die Berge von Connemara, östlich den Galway Bay und nur ein kleines Stück südwestlich die Cliffs of Moher. Hat man sich für eine Übernachtung auf der Insel entschlossen, ist dieses Panorama bei Sonnenuntergang unvergesslich.

Zurück nach Kilronan folgt man einfach der Straße, am kreisrunden Steinfort Dún Eochla vorbei.

Praktische Tipps

Wer auf den Arans wandern will, sollte auf jeden Fall rutschfestes Schuhwerk tragen. Der Untergrund bietet fast überall reichlich Gelegenheit zum Ausrutschen, in der Nähe der Klippen kann dies tödlich enden. Auch ein guter Regenschutz ist angebracht, das Wetter kann hier sehr schnell umschlagen.

Sollte man sich tatsächlich dazu entschließen, vom Leuchtturm aus den Sonnenuntergang zu bewundern und erst danach nach Kilronan zurückzukehren, kann eine Taschenlampe gute Dienste leisten. Im Sommer allerdings hält sich das Zwielicht oftmals lange genug, um auf eine künstliche Beleuchtung verzichten zu können.

Atlantikklippen bei Dún Aengus

An Dun, ☎ 087-6806251, 💻 www.inis meainaccommodation.ie. Sehr gemütliches B&B mit eigenem Restaurant, hervorragendem Frühstück und sogar Sauna und Massage, herrlich nach einem langen Wandertag. Die Inhaber können die besten Tipps für Wanderungen auf den Inseln geben. ❸

Inis Meain Restaurant & Suites, Inis Meain, 💻 www.inismeain.com. Modernes Restaurant, das (nach Anmeldung per E-Mail) gutbürgerliche Küche bietet, Verwendung finden lokale Zutaten, hauptsächlich Fisch und Meeresfrüchte sowie Gemüse aus eigenem Anbau. Die Unterkünfte im Haus sind meist schon im Vorjahr ausgebucht!

Inisheer

Inisheer ist die kleinste der drei Hauptinseln und liegt dem Festland am nächsten, nur rund 8 km Luftlinie von Doolin entfernt. Die Hauptsiedlung **Ballyhees** an der Nordküste, wo auch die Fähren anlegen, ist Ausgangsort für den rund 12 km langen Rundwanderweg (3–4 Std.) um die Insel. Die Strecke ist gut ausgeschildert (gelbe Pfeile/Symbole) und weist keine besonderen Schwierigkeiten auf. Am Weg liegen **Tobhar Éinne**, ein alter „Heiliger Brunnen", der **Leuchtturm** am Fardurris Point (südlichster Punkt der Insel mit Blick auf die Cliffs of Moher), die alte Kapelle **Cill na Seacht Ninîon**, **Teampall Caomhain** und **O'Brien's Castle**.

Am sehenswertesten (vom Fähranleger in östlicher Richtung in 15 Min. erreicht) ist der **Teampall Caomhain**, eine Kirche, die im 19. Jh. unter einer Düne wiedergefunden wurde. Die kreuzförmige Anlage dient heute noch am 14. Juni als Wallfahrtsziel der Inselbewohner. Und soll ganz besondere Kräfte freisetzen – es heißt, wer die Nacht zum 14. Juni hier schläft, kann von allen Krankheiten geheilt werden. Gelegentlich sieht man wirklich noch Pilger, die die Nacht an diesem meistens recht ungemütlichen Ort verbringen.

Bru Radharc Na Mara Hostel, ☎ 099-75024, 💻 www.bruhostelaran.com. Einfaches, aber durchaus komfortables Hostel mit 39 Betten. Waschmaschine, Fahrradverleih. Bett im Schlafsaal ca. 16 € (saisonabhängig), DZ ❶–❷

Tigh Ruairí B&B, ☎ 099-75002. Mit seinen vielen (relativ kleinen) Zimmern eher ein einfaches Hotel, aber mit allem Inselkomfort: Pub, Laden und Souvenirshop sind im Haus. Einfaches Bar-Food am Abend. ❸

Fisherman's Cottage Restaurant, ☎ 099-75073, 💻 www.southaran.com. Einfach gehaltenes Restaurant, in dem tagsüber Kaffee, Kuchen und leichte Snacks serviert werden, abends isst man à la carte, wobei viele irische Spezialitäten auf der Speisekarte stehen. Wenn irgend möglich, werden örtlich erzeugte Produkte, fang-frischer Fisch und Fleisch von Insellämmern verwendet. Kochschule im Haus!

Tigh Ned, ☎ 099-75004, 💻 www.tighned.com. Über 100 Jahre alter Pub ohne große Schnörkel, aber mit angenehmer Gesellschaft und guter Musik am Abend.

Connemara

Malerische Halbinseln mit zerklüfteten Küsten, kleinen Stränden und Fischerhäfen ragen in den Atlantik. Das Hinterland weite Heide- und Moorgebiete, dazwischen kleine, einsame Seen, am nördlichen Horizont die über 700 m hohen Gipfel der Maumturk Mountains und der Twelve Pins (auch Twelve Bens), das ist Connemara im Postkartenformat. Nicht nur bekannt für den gleichnamigen Whiskey und die robusten Ponys, die hier stellenweise noch halbwild leben, sondern auch für die Sprache: Die Region zwischen der Galway Bay, dem Killary Harbour und dem Lough Corrib ist eines der größten Gaeltacht-Gebiete Irlands.

Zentrum Connemaras ist der an sich recht beschauliche, aber dennoch dem Tourismus gewidmete Ort Clifden. Zu den malerischsten Orten dagegen zählt das Fischerdörfchen Roundstone, und mit dem Killary Harbour besitzt Connemara den einzigen richtigen Fjord der Insel. Zudem lockt die vorgelagerte Insel Inishbofin zu einem Besuch.

Der kürzeste Weg nach Connemara führt über die N59 von Galway nach Nordwesten, die sich ab Maam Cross unterhalb des Leckavrea Mountain hinzieht. Wer es eilig hat, kann jetzt direkt südlich der Twelve Pins bis nach Clifden durchfahren. Lohnenswert aber ist der Umweg entlang der Küste auf der R341.

Roundstone

Der kleine Fischerort schmiegt sich an die teilweise sehr steile Küste und hat auf den ersten Blick wenige Konzessionen an das 21. Jh. gemacht. Das leicht desolate Flair eines klassischen irischen Küstenortes ist stellenweise erhalten geblieben, traditionelle Schiffe dümpeln noch immer im Hafenbecken. Und jedes Jahr findet hier eine Regatta mit den schwarzen „Galway Hookers" statt.

Auf dem Gelände eines ehemaligen Franziskanerklosters südlich des Ortszentrums haben sich Werkstätten und Ateliers für Kunsthandwerker angesiedelt. Hier produziert auch Malachy Kearns, der berühmteste Bodhran-Hersteller Irlands, bei **Roundstone Musical Instruments**, IDA Craft Centre, ☎ 095-35808, 🖥 www.bodhran.com. Wer sich eine Trommel zulegen will, kann sich hier aus einer schier unerschöpflichen Auswahl sein Lieblingsinstrument herauspicken, schallgeschützte Kabinen zum Ausprobieren sind vorhanden. An vielen Tagen ist der Meister selbst in der Werkstatt zu sehen, wenn er nicht gerade im kleinen Café unauffällig in der Ecke sitzt. Eine Bodhran aus Roundstone ist ein Qualitätsinstrument, dabei aber durchaus noch erschwinglich. Daneben werden auch andere Musikinstrumente verkauft, angeschlossen ist außerdem ein kleines Folk Museum sowie ein Geschenkartikelladen.

Von Roundstone aus sind Wanderungen auf den **Mount Errisbeg** möglich, der einsame Berg ist zwar keine 300 m hoch, bietet aber durch seine einsame Lage am Meer schöne Ausblicke. Zum Gipfel und zurück sind es rund 6 km. Auf das Baden in der **Gorteen Bay**, einem beliebten Treffpunkt von Surfern, sollte man jedoch verzichten – es ist einfach zu kalt. Ein Strandspaziergang lohnt da eher.

Roundstone House Hotel, ☎ 095-35864, 🖥 www.roundstonehousehotel.com. Zentrales, auf eine angenehme Art altmodisches Hotel mit 12 etwas engen, aber gemütlichen Zimmern. Pub und Restaurant im Haus – man kann auch eine Partie Dart gegen die Stammgäste spielen. ❹

O'Dowd's Seafood Bar & Restaurant, ☎ 095-35809, 🖥 www.odowdsseafoodbar.com. Direkt vom Fischerboot auf den Tisch, besser kann man Fisch nicht genießen. Saisonal wechselnde Gerichte. Sehr empfehlenswert ist die „Seafood Platter". ⏰ tgl. 12–21 Uhr.

Roundstone ist von Galway oder Clifden mit der **Buslinie 419** erreichbar.

Von Roundstone nach Clifden

Die R341 umrundet weiter das Roundstone Bog, bei **Ballyconneely** lohnt sich ein Abstecher zum wunderbaren **Coral Strand Beach**. Vor allem bei Sonnenuntergang kann es hier hoffnungslos romantisch sein. In der Stille wirkt das Knistern der von den Wellen immer wieder umgeschichteten Korallenreste faszinierend bis hypnotisch …

Eine etwas kuriose Erinnerungsstätte 6 km südwestlich von Clifden bei Maum ist das **Denkmal für Alcock und Brown**, eine minimalistisch-moderne Skulptur auf einem Hügel im Moor. Von Neufundland kommend, suchten sich die beiden im April 1919 nach fast 16 Stunden Flug diese Gegend für eine Landung aus, ihnen war soeben die erste Überquerung des Atlantiks ohne Zwischenstopp gelungen. Das ebene Gelände, das der Navigator Arthur Whitten-Brown dem Piloten John Alcock vorschlug, ist jedoch immer noch als Derrygimla Bog bekannt. Eine Landung in einem Moorgebiet auf schmalen Reifen war nun einmal mehr, als die Vickers Vimy vertragen konnte. So endete dann der triumphale Flug mit einer relativ glimpflichen Bruchlandung auf dem weichen irischen Boden. Alcock und Brown wurden dennoch von den Mitarbeitern der in der Nähe befindlichen Marconi-Funkstation wie Helden empfangen. In der Nähe des Denk-

DER WESTEN

mals sind noch zahlreiche Überreste der ehemaligen Funkstation zu sehen. Von hier wurden übrigens auch die ersten regelmäßigen Funksignale über den Atlantik gesendet. Transatlantische Geschichte im irischen Nichts, sozusagen.

Clifden und Umgebung

An der Mündung des Owenglin River in den Atlantik liegt am Ende der schmalen Bucht Clifden (ca. 2000 Einw.), die „Hauptstadt" von Connemara. Hier findet man gute Einkaufsmöglichkeiten, Banken und zahlreiche Gaststätten. Außerdem locken in der Umgebung schöne Strände und offene Naturlandschaften. Die Stadt wurde Anfang des 19. Jhs. vom örtlichen Großgrundbesitzer John d'Arcy gegründet, der sich hier auch eine Burg im neogotischen Stil errichten ließ. Sie ist heute nur noch als romantische Ruine erhalten. Ruin wurde überhaupt zum zentralen Thema der Familie. Die Kosten für ihre kleine Insel der Zivilisation im ansonsten wilden Connemara trieben die d'Arcys in den Bankrott. Erst der Tourismus brachte einen gewissen Wohlstand in die Gegend. Als „Basislager" für eine Erkundung von Connemara ist Clifden bestens geeignet. Und wenn der Ort auch an sich nicht viel zu bieten hat, so kann man hier auf jeden Fall nach einer Tagestour einen feucht-fröhlichen Abend verbringen.

Dan O'Hara's Homestead

7 km östlich demonstriert die Farm Dan O'Hara's Homestead das Leben in Connemara zu Beginn des 19. Jhs. Der ursprüngliche Besitzer, Dan O' Hara, war während der Großen Hungersnot nach Amerika ausgewandert. Heute ist das Connemara Heritage & History Centre, Lettershea, ℰ 095-21808, 🖳 www.connemaraheritage.com, eine Art Freilichtmuseum. Besucher werden auf einem Traktoranhänger über das Gelände gefahren, sehen Vorführungen wie dem Torfstechen zu und dürfen auch selbst am Hufeisenwerfen und Heuweitwurf teilnehmen. Einige Rekonstruktionen historischer Gebäude sind recht gelungen. ☉ April–Okt tgl. 10–18 Uhr, Eintritt 8,50 €.

Sky Road

Ein beliebter Ausflug von Clifden aus ist die Fahrt mit dem Auto oder Rad auf der Sky Road, die sich vom nördlichen Ortsausgang (Church Hill) und an den Ruinen des **Clifden Castle** und **Kingston** vorbei etwas über 10 km auf einer einsamen Landinsel entlangzieht, bis sie wieder nach Clifden zurückführt. Ihren Namen verdankt die Straße dem Eindruck, dass man wie ein Vogel an der Küste fliegt. Das Meer und einige bizarre Klippen liegen oftmals tief unterhalb der Straße.

Lough Inagh Valley

Eine sehr schöne Wanderung lässt sich durch das Lough Inagh Valley 24 km östlich von Clifden unternehmen – der rund 16 km lange Weg (Dauer ca. 4 Std.) führt durch eine einsame, wie verzaubert wirkende Bergwelt und am See entlang. Auch für ungeübte Wanderer geeignet! Infos unter 🖳 www.goconnemara.com/mountain-walks.

ÜBERNACHTUNG UND ESSEN

🏨 **The Quay House**, Beach Rd., ℰ 095-21369, 🖳 www.thequayhouse.com. Im ältesten Gebäude von Clifden bietet das Hotel 14 nicht sehr große, dafür aber sehr komfortable, nostalgisch anmutende Zimmer, z. T. mit Hafenblick. Das üppige Frühstück wird im Wintergarten serviert. ❸–❺

Abbeyglen Castle Restaurant, Sky Rd., ℰ 095-21201, 🖳 www.abbeyglen.ie. Nicht unbedingt günstiges, aber hervorragendes Restaurant im Schlosshotel. Das Connemara-Lamm ist eine Pilgerfahrt hierher wert!

🏨 **Ardagh Hotel & Restaurant**, Ballyconneely Rd., ℰ 095-21384, 🖳 www.ardagh hotel.com. Hotelrestaurant mit traumhaftem Berg- und Meeresblick. Gute Käseauswahl. Große Auswahl an Fisch und Meeresfrüchten. Hausgemachte Petits Fours zum Kaffee. Angemessene Preise.

UNTERHALTUNG UND KULTUR

In Clifden reiht sich Pub an Pub, leider sind viele zu sehr auf den Touristengeschmack zugeschnitten und erinnern an Filmkulissen. Ein wenig Nostalgie hat sich in **Lowry's Bar**, Market St., 🖳 www.lowrysbar.ie, erhalten. Hier wurde nicht viel renoviert, die handgemachte Musik ist ursprünglich und das Essen einfach und preiswert.

Feste

Beliebt ist das **Clifden Trad Fest**, 🖥 www.clifdentradfest.com, im April, gewissermaßen der folkloristische Saisoneröffner. Im August wird das Connemara-Pony zum Star. Wettbewerbe für Züchter und Reiter, z. B. Springreiten und Pferderennen, dürften beim **Connemara Pony Festival**, 🖥 www.cpbs.ie, in Clifden vor allem für Pferdefreunde interessant sein. Beim einwöchigen **Clifden Arts Festival**, 🖥 www.clifdenartsfestival.ie, Mitte September, gibt es Konzerte und Lesungen sowie Auftritte vor allem örtlicher Talente.

Informationen

Tourist Information Clifden, Galway Rd., ✆ 095-21163.

Mehrere **Busse** am Tag fahren von Clifden nach GALWAY oder WESTPORT, Linie 419 oder 421. Haltestellen dieser Strecken befinden sich auch in Kylemore, Leenane, Letterfrack, Oughterard und Roundstone.

Cleggan

Rund 12 km nordwestlich von Clifden liegt das sehr schmucke Hafenörtchen Cleggan. Der Ozean hat hier für einen bescheidenen Reichtum gesorgt, nicht nur durch Fischerei, sondern auch durch Schmuggel, der in vergangenen Zeiten eine durchaus ehrenwerte Beschäftigung darstellte. Heute beschränkt man sich darauf, Touristen die ehemaligen Schmugglerverstecke zu zeigen. Oder ihnen, gegen ein Pint oder zwei, einige garantiert wahre Geschichten zu erzählen, wie einst Zoll und Polizei ausgetrickst wurden. Im Ort können vor allem im Sommer teilweise starker Verkehr und Parkplatznot herrschen, denn die Schiffe nach Inishbofin, 🖥 www.inishbofinislanddiscovery.com, legen hier ab (Fährverbindungen s. Insel Inishbofin).

Inishbofin

Rund 9 km vom Festland entfernt liegt die kleine Insel Inishbofin, 🖥 www.inishbofin.com (6 km

Angeblich sind sie Nachkommen der letzten Pferde der Spanischen Armada: die Connemara-Ponys, die ein recht entspanntes Gemüt besitzen und so auch für Anfänger im Sattel geeignet sind. In der Nähe von Clifden gibt es zwei beliebte Reitzentren:

Das **Cleggan Beach Riding Centre**, Cleggan, ✆ 083-3888135, 🖥 www.clegganridingcentre.com, ist eine Reitschule, die auch Pony-Trekking anbietet, wobei man die Wahl hat zwischen dem Strand und den Bergen. Besonders beliebt ist der dreistündige Ritt bei Niedrigwasser über den Meeresboden nach Omey Island. Ausritte ab ca. 35 € pro Std.

Südlicher liegt **The Point Pony Trekking & Horse Riding Centre** in Ballyconneely, ✆ 095-23685, 🖥 www.thepointponytrekkingcentre.com. Direkt am Meer kann hier im Schatten der Twelve Pins fast endlos ausgeritten werden, zusammen mit erfahrenen Begleitern. Ausritte ab ca. 35 € pro Std.

lang, 3 km breit), auf der heute noch etwa 200 Menschen ständig leben. Benannt nach einer weißen Kuh, wurde die Insel im 7. Jh. vom Hl. Colman zur neuen Heimat erwählt. Der ins Exil gegangene Abt des Klosters auf der sagenumwobenen englischen Insel Lindisfarne suchte sich Inishbofin aus, weil es hier so schön abgeschieden war. Heute strömen im Sommer zahlreiche Touristen auf die eher sanft modellierte Insel, die über herrliche Sandstrände verfügt und zu Rad- und Wandertouren einlädt. Besonders empfehlenswert ist eine Wanderung etwa 2 km in Richtung Westen, von den Klippen aus bietet sich ein sehr schöner Ausblick auf die Nachbarinsel **Inishshark**. Mit etwas Glück sind von hier oben auch Wale und Delphine zu beobachten.

Sehenswert ist die **Kirche** aus dem späten Mittelalter, die den Ort markieren soll, an dem Colman sein Kloster gründete. An einen weniger friedlichen Abschnitt der Geschichte erinnert das **Festungswerk** in der Hafeneinfahrt, in dem der spanische Pirat Don Bosco seinen Unterschlupf gehabt haben soll. Und in dem nach der Eroberung von 1653 die Truppen Oliver Crom-

DER WESTEN

wells die katholischen Priester der Umgebung inhaftierten. Ein kleines **Museum** in der Nähe des Hafens informiert über die Inselgeschichte, die Öffnungszeiten sind stark variabel.

ÜBERNACHTUNG UND ESSEN

Inishbofin Island Hostel, ✆ 095-45855, 🖥 www.inishbofin-hostel.ie. Modernes Hostel in einem traditionellen Bauernhof, Schlafsaal (ab 16 € p. P.) oder Privatzimmer, auch für Familien geeignet. Vorbestellung unbedingt erforderlich (Kaution wird erhoben), auch Camping möglich. 🕑 Ostern–Sep. ❶ – ❷

Inishbofin House Hotel, ✆ 095-45888, 🖥 www.inishbofinhouse.com. Luxuriös, äußerst komfortabel und mit einem Spa sowie einem sehr guten Restaurant versehen. Livemusik am Abend in der Hotelbar, unterhaltsam bis leicht melancholisch.

TRANSPORT

Tgl. mehrmals **Fährverbindung** mit Cleggan, Tickets (20 €, für Gruppen und Familien gibt es Rabatte) können direkt am Pier gekauft oder im Internet vorbestellt werden, ✆ 095-45819, 🖥 www.inishbofinislanddiscovery.com. Achtung: In Cleggan sind Parkplätze knapp, sodass vor allem im Sommer noch eine moderate Parkgebühr fast zwingend dazukommt.

Connemara National Park

Etwa 15 km östlich von Cleggan liegt bei **Letterfrack** der Haupteingang zum Connemara National Park, 🖥 www.connemaranationalpark.ie. Auf ungefähr 2000 ha bietet er neben Moor- und Heidelandschaften auch vier der „Twelve Pins", eine Bergkette, deren höchster Gipfel Benbaun mit 750 m schon eine Herausforderung für Bergsteiger darstellt. Das Land, das früher zur Kylemore Abbey gehörte, wurde erst 1980 zum Nationalpark erklärt. Spuren der landwirtschaftlichen Nutzung wie alte Cottages finden sich heute noch, genauso wie rund 4000 Jahre alte Grabhügel aus der Megalith-Zeit.

Mit ein wenig Glück sieht man auch **Connemara-Ponys**. Diese halbwilden Pferde sollen sich angeblich von den Wracks der Spanischen Armada aufs Land gerettet haben. Der Connemara National Park ist ideal für lange Wanderungen (ausgeschilderte Wege benutzen und gute Karte mitnehmen), an Sommerwochenenden kann es jedoch relativ voll werden. Vom Bergsteigen wird abgeraten, zumindest dann, wenn man keine Erfahrungen besitzt. Der Park selbst kann das ganze Jahr über besucht werden, doch das Informationszentrum ist nur zwischen Ostern und Ende Oktober geöffnet.

ÜBERNACHTUNG UND ESSEN

€ **Connemara National Park Hostel**, ✆ 095-41222. Einfaches Haus mit 56 Betten, spezialisiert auf Wanderer. Waschmaschine. Abholung. Fahrradverleih. Akzeptiert Kreditkarten. Bett im Schlafsaal 16–20 € (saisonabhängig).

€ **The Old Monastery Hostel**, Letterfrack, ✆ 087-2349543, 🖥 www.oldmonastery hostel.com. Mitte des 19. Jhs. von einer Quäkerfamilie gebaut, wurde dieses Haus später als Kloster genutzt und ist jetzt ein Hostel mit 50 Betten in Schlafsälen oder Privatzimmern. Zum Frühstück gibt es selbst gebackenes Brot, ein vegetarisches Buffet am Abend kann vorbestellt werden. Bett im Schlafsaal 16–20 € (saisonabhängig), DZ ❶ – ❷

Rosleague Manor, Letterfrack ✆ 095-41101, 🖥 www.rosleague.com. Restaurant in einem luxuriösen Hotel. Wert wird u. a. auf traditionelle Küche gelegt – das Connemara Lamb und die Fischgerichte (fangfrisch, wenn möglich) sind exzellent. Preise allerdings im oberen Bereich.

INFORMATIONEN

Connemara National Park Visitor Centre, Letterfrack, ✆ 095-41054, 🖥 www.connemara nationalpark.ie. 🕑 März–Okt tgl. 9–17.30 Uhr.

TRANSPORT

Der Connemara National Park ist von Clifden mit der **Buslinie 419** (Fahrtrichtung Leenane) erreichbar.

Kylemore Abbey

Eines der meistfotografierten Schmuckstücke von Connemara ist Kylemore Abbey, ✆ 095-

41146, 🖥 www.kylemoreabbey.com, nur 4 km östlich von Letterfrack. Die Ausschilderung zu diesem Märchenschloss am See ist fast nicht notwendig – man folgt einfach dem Strom von Autos und Bussen. Das Gebäude wurde von Mitchel Henry, einem Industriellen aus Manchester, als Geschenk für seine Ehefrau errichtet. Dabei sparte man keine Kosten, die Landschaft wurde komplett umgestaltet, die heute existierenden Wälder eigens als Windschutz für das Schloss gepflanzt. Das Glück währte jedoch nicht lange, sowohl Ehefrau als auch Tochter des Industriellen starben, und der Witwer verließ Irland schnell wieder.

Seit dem Ersten Weltkrieg wird das Haus als Kloster durch einen belgischen Nonnenorden genutzt, dessen Schwestern damals vor der deutschen Armee hierher flüchteten und sich in Irland eine neue Existenz aufbauten. Basis dieser Existenz war bis 2010 eine der angesehensten und teuersten Mädchenschulen. Touristen können Teile des Hauptgebäudes, das Außengelände, eine kleine Kirche und die Gärten besichtigen. Die meisten Besucher werden sich jedoch, auch aus Kostengründen, mit einem Blick über den See auf das Schloss und einem kleinen Imbiss im Café und Restaurant begnügen. ⏲ tgl. 10–16.30 Uhr, in der Hauptsaison länger, Eintritt 14 €.

Killary Harbour

Killary Harbour zieht sich mehrere Kilometer ins Land hinein und schneidet einen tiefen Graben zwischen den Mweelrea Mountains im Norden und den Maumturk Mountains im Süden. Diese Lage macht den Meeresarm zu Irlands einzigem Fjord. Die N59 und R335 führen ein Stück direkt am Killary Harbour entlang. Bei **Rossroe** hatte einst der Philosoph Ludwig Wittgenstein (1889–1951) sein Domizil, an der (heute geschlossenen) Jugendherberge erinnert eine Steinplakette an ihn.

Den besten Eindruck vom Killary Fjord gewinnt man aber vom Wasser aus. Etwa 2 km westlich von Leenane liegt direkt an der N59 die Anlegestelle für Touren von **Killary Fjord Boat Tours**, Nancy's Point, ✆ 091-566736, 🖥 www. killaryfjord.com, mit einem modernen Katamaran, der den gesamten Hafen abfährt und von

dem aus an der Grenze zum offenen Meer auch teilweise Delphine beobachtet werden können. ⏲ April–Okt mehrere Fahrten tgl., 23,50 €.

Am Ende des Fjordes liegt der kleine Ort **Leenane**, der neben seiner landschaftlich reizvollen Lage vor allem das **Leenane Sheep & Wool Centre**, ✆ 095-42323, 🖥 www.sheepandwool centre.com, beherbergt, ein Museum zur Geschichte der Schafzucht und der Wollverarbeitung. Besuchenswert für Menschen, die sich für diesen Zweig der Landwirtschaft interessieren und die 7 € Eintritt zahlen möchten – der Rest kann das kleine Café genießen. ⏲ März–Okt 9.30–17.30 Uhr.

ÜBERNACHTUNG

The Connemara Hostel, Leenane, ✆ 095-42929, 🖥 www.sleepzone.ie. Mehr als 100 Betten in einem ehemaligen Jagdhaus rund 6 km westlich des Ortskerns von Leenane, die ideale Übernachtung für eine Erkundung des Killary Fjord oder der umliegenden Berglandschaften. Auch Camping ist auf dem weitläufigen Gelände möglich. Bett im Schlafsaal oder Camping ab 16 €, DZ ❶ – ❷

TRANSPORT

Leenane ist von Clifden und Galway mit der **Buslinie 419** erreichbar.

County Mayo

County Mayo, eine der einsamsten Gegenden Irlands, zumindest abseits der wenigen Städte – wer Ruhe sucht, wird sie hier finden. Kurvige Straßen winden sich durch die dünn besiedelte Region, vorbei an Bergen, Meer und Moorlandschaften ohne einen Menschen weit und breit. Der an Buchten reichen Küste sind zahllose kleine Inseln vorgelagert, direkt am Meer erhebt sich majestätisch Irlands „Heiliger Berg" Croagh Patrick. Und die schmucke Stadt Westport mit ihrer Flusspromenade, mit ihren Pubs voll Musiktradition, glänzt wie ein Juwel in der Einöde.

Südliches County Mayo

Das südliche County Mayo beginnt am Killary Fjord und ist gekennzeichnet durch weitläufige Berglandschaften mit vielen Seen, in denen man nur ab und an größere Siedlungen findet. Eine Gegend, in der man unbedingt den Fahrzeugtank immer mindestens halb voll haben sollte. Von Connemara aus geht es über die R336 in die einsame, bergige Landschaft des **Joyce Country**. Der Weg führt über einige Wendungen nach Mám, wo die R345 abzweigt und oberhalb des Castle Kirke den Lough Corrib erreicht. Zwischen diesem See und dem nördlicher gelegenen Lough Mask führt die Straße schließlich nach Cong.

Cong

In malerischer Umgebung zwischen dem Lough Corrib und dem Lough Mask gelegen, zählt das Dörfchen Cong (ca. 200 Einw.) zu den zweifellos schönsten Orten der Region. Dabei wäre es wahrscheinlich der Vergessenheit anheimgefallen, wenn hier nicht eine Legende des wilden irischen Westens von einer Legende des Wilden Westens geschaffen worden wäre. Irlands raue Region Connemara ist in den Augen vieler Iren und Amerikaner durch einen Film geprägt, der im deutschen Kino unter der gefürchteten Kategorie „Heimatfilm" gelaufen wäre: *The Quiet Man*. In diesem Epos spielt niemand Geringeres als John Wayne den in die irische Heimat zurückgekehrten Boxer mit dem goldenen Herzen, der die mit ihren flammend roten Haaren aus der Menge herausstechende Maureen O'Hara nach vielen Irrungen und Wirrungen schließlich zum Altar führt.

Eigentlich eine vollkommen belanglose Geschichte, die auch nicht unbedingt mit preisgekrönten schauspielerischen Leistungen umgesetzt wird. Die allerdings eine ländliche, irische Idylle heraufbeschwört, wie sie nur Hollywood kreieren kann. Und so findet man in Cong heute noch, Jahrzehnte nachdem die Filmteams wieder abgezogen sind, eine ganze Tourismusindustrie rund um den „Quiet Man". Busladungen von Touristen, vor allem aus den USA, wollen hier das „ursprüngliche Irland" genießen – und werden bestens bedient. Viele von ihnen pilgern stracks in das **Quiet Man Cottage Museum**, Circular Rd., ☎ 094-9546089, 🖥 www.quietmanmuseum.com, in dem man sich laut Eigenwerbung wie auf dem Filmset fühlt. Was auch daran liegen mag, dass hier Kulissenteile in ein im Film nicht genutztes Haus eingebaut wurden. ⏰ tgl. 10–16 Uhr, Eintritt 5 €.

Bestens bedient werden auch all jene, die einmal ein „richtig altes irisches Dorf" kennenlernen möchten. Cong hat alles – einen kleinen Ortskern mit hübschen Häusern, eine imposante Klosterruine und ein wildromantisch wirkendes Schloss am Rande eines Sees. Und, dies gewissermaßen als kleines Extra, einen **Dry Canal**, der zu einem Symbol der Fehlplanung wurde. Der Versuch, den Lough Corrib mit dem Lough Mask durch eine Wasserstraße zu verbinden, scheiterte – der Untergrund bestand aus so porösem Kalkstein, dass das Wasser sofort wieder versickerte. Die Schleusen und Brücken aber sind bis heute vorhanden. Zur Ehrenrettung der Planer muss man sagen, dass das Projekt nur eine Aktion zur Arbeitsbeschaffung im Rahmen der Großen Hungersnot war und so seinen eigentlichen Zweck erfüllt hatte.

Eine ebenso künstliche Attraktion ist die Burg von Cong, **Ashford Castle**, 🖥 www.ashford castle.com, heute eines der besten und teuersten Schlosshotels Irlands mit bekannter Falknerei. Um 1870 wurde das Gebäude im gotischen Stil neu gestaltet. Bauherr war Lord Ardilaun, ein Mitglied der Guinness-Familie. Die Gartenanlagen und der Park sind zugänglich, oft werden dafür aber in der Hauptsaison 5 € Eintritt erhoben, die Innenräume allerdings bleiben den kräftiger zahlenden Gästen vorbehalten.

An einem nahe gelegenen Steg machen Ausflugsboote Station, die teilweise direkt ab Galway verkehren.

Hauptattraktion des Dorfes selbst ist die **Abtei** von Cong, im 12. Jh. auf königliches Geheiß von den Augustiner-Mönchen eingerichtet. Sie übernahmen die Ländereien einer bereits bestehenden Klosteranlage aus dem 6. Jh., von der heute fast nichts mehr zu sehen ist. Besonders beachtenswert sind die künstlerisch gestalteten Torwege, die stilistisch zwischen der Romanik und der Gotik angesiedelt sind. Die ursprüngliche Klosteranlage lässt sich noch gut erken-

Ashford Castle, Hotel der Sonderklasse im Nirgendwo ▸

nen, einige Gebäude sind noch fast vollständig erhalten. Eine geradezu geniale Lösung war das kleine Haus, das die Mönche zum Angeln nutzten und das über den Fluss gebaut wurde. In einem mittelalterlichen Versuch, die Lebensmittelbeschaffung rationaler zu gestalten, entwickelten die Brüder ein automatisches System. Mehrere Leinen mit Angelhaken und Ködern wurden einfach ins Wasser gesenkt, das Anbeißen eines Fisches dann mit einer kleinen Glocke direkt in der Küche gemeldet.

ÜBERNACHTUNG UND ESSEN

€ **Lakeland House**, Lisloughrey, Quay Rd., ☏ 094-9546089, 🖳 www.lakelandhouse. net. Modernes Hostel, eine günstige Unterkunft auch für Familien und Paare. Frühstück und andere Mahlzeiten können vorbestellt werden. Jeden Abend wird *The Quiet Man* gezeigt, ob man will oder nicht. Bett im Schlafsaal ab 15 € (saisonabhängig), DZ ❶–❷

Ryan's Hotel, Main St., ☏ 094-9546243, 🖳 www. ryanshotelcong.ie. Etwas altmodisches Hotel mit Zimmern, die bequem und gut ausgestattet sind. Sowohl die Bar „The Crow's Nest" (günstige Snacks!) wie auch das „Fennel Seed Restaurant" im Haus sind sehr beliebt. ❷–❸

Delphi Resort, ☏ 095-42208, 🖳 www.delphi adventureresort.com. Das Hotel mit 36 Zimmern in traumhafter Lage bietet völlige Abgeschiedenheit. Die Zimmer haben keinen Fernseher, dafür gibt es ein sehr großes Programm an Outdoor-Aktivitäten, von Klettertouren in den Bergen bis hin zu Kajakfahrten. Und zum tiefen Entspannen die Wellnessangebote. ❸–❹

Cullen's at the Cottage, Ashford Castle, 🖳 www.ashfordcastle.com. Restaurant auf dem Schlossgelände. Mittags gibt es Sandwich, Pitta und Panini, abends schwerpunktmäßig Fisch und Meeresfrüchte. Empfehlenswert: Schinkenplatte (Platter of Cured Hams). Auch vegetarische Gerichte. Erstaunlich vernünftige Preise. ⏱ tgl. 13–17 und 18–21.30 Uhr.

Wilde's at the Lodge, Lisloughrey Lodge, The Quay, 🖳 www.thelodgeac.com. Das verwinkelte Restaurant erstreckt sich über die Räume des Obergeschosses. Klassische Gerichte mit Überraschungen. Einfache Hauptgerichte bis hin zu 6-Gänge-Menüs. ⏱ tgl. 18.30–21, So auch 13–15.30 Uhr.

SONSTIGES

Informationen
Tourist Information Cong, Old Courthouse, Abbey St., vis-à-vis der Cong Abbey, ☏ 094-9546542. Hier erhält man u. a. den „Complete Tour Guide to the Quiet Man Locations".

Touren
Am Ufer des Lough Corrib direkt am Ashford Castle befindet sich die Anlegestelle der **Corrib Cruises**, 🖳 www.corribcruises.com. Die Boote verkehren nach Oughterard (S. 450), ca. 20 €.

TRANSPORT

Die **Bushaltestelle** befindet sich in der Main St. Linie 432 fährt morgens nach GALWAY, abends zurück. Daneben bedient die Linie 422 mittags die Strecke Galway–Cong, am Di und Do kann auch die Linie 456 genutzt werden.

Castlebar und Umgebung

Die Hauptstadt des County Mayo (ca. 11 000 Einw.) ist vor allem durch das Castlebar-Rennen bekannt. Hierbei handelt es sich allerdings nicht um ein Pferde- oder Windhunderennen, sondern um ein historisches Ereignis aus der Rebellion von 1798. Als in Mayo eine Invasionsarmee aus irischen und vor allem französischen Truppen landete, übertrafen sich die Mitglieder der britischen Garnison darin, möglichst schnell die Flucht zu ergreifen. Was dann eben an ein Wettrennen erinnerte. Nur vielleicht nicht ganz so organisiert.

Das heutige Castlebar ist nicht wirklich hässlich, aber auch nicht unbedingt sehenswert. Die Fahrt dorthin lohnt sich am ehesten, wenn auf derselben Tour noch die Ruinen der **Strade Abbey** besucht werden, wo einige Heilige auf einem Grabmal anscheinend gerade über einen sehr gelungenen Scherz lachen. Weniger komisch ist das **Michael Davitt Memorial Museum**, ☏ 094-9031942, 🖳 www.museumsofmayo. com/davitt.htm, in einer ehemaligen Kirche im Ort, das an den hier begrabenen Nationalisten und Landreformer erinnert. ⏱ Mo–Sa 10–16.30, So 14-17 Uhr, Eintritt frei.

National Museum of Country Life im Turlough Village

Etwa 7 km östlich von Castlebar befindet sich mit dem **National Museum of Country Life im Turlough Village**, ☎ 094-9031755, 🖥 www.museum.ie, der einzige Teil des National Museum of Ireland außerhalb Dublins. Die ständigen Ausstellungen befassen sich mit allen wesentlichen Aspekten des Lebens der Mehrzahl der Iren in den letzten Jahrhunderten: dem Leben in der ländlichen Gemeinschaft, dem Handwerk und Handel auf dem Lande, aber auch der Freizeitgestaltung an den Abenden und am Wochenende (so es denn Freizeit gab). Die Natur kommt dabei genauso zum Zuge wie die Industrien, die sich auf dem Lande entwickeln konnten. Was vielleicht für viele Besucher recht aktuell erscheint: Eine Abteilung nennt sich „Romanticism & Reality", sie beleuchtet eindrucksvoll die oft große Kluft zwischen dem romantischen Bild des ländlichen Irland und dem tatsächlichen Leben dort. ⏱ Di–Sa 10–17, So, Mo 13–17 Uhr, Eintritt frei.

ÜBERNACHTUNG UND ESSEN

The Harlequin Hotel, Lannagh Rd., Garryduff, ☎ 094-9286200, 🖥 www.harlequinhotel.ie. Ein Hotel, das man nicht unbedingt in der Provinz erwartet. Die Inneneinrichtung ist wohltuend hell, die Zimmer sind modern und komfortabel. Sehr gute Pauschalangebote mit Abendessen im angeschlossenen Restaurant. ❸–❹

🧳 **Café Rua**, New Antrim St., 🖥 www.caferua.com. Attraktives kleines Restaurant, das bürgerliche Küche serviert. Die Zutaten stammen aus lokalem Anbau. Auch köstliche Kuchen. Interessante Getränkeauswahl. Kinderteller.

UNTERHALTUNG UND KULTUR

Linenhall Arts Centre, Linenhall St., ☎ 094-9023733, 🖥 www.thelinenhall.com. Ein modernes, kleines Kulturzentrum mit bunter Mixtur aus örtlichen Produktionen, Tourneetheater und

gelegentlichen Konzerten auch bekannterer Künstler. Immer wieder für Überraschungen gut.

INFORMATIONEN

Tourist Information Castlebar, Linenhall St., ☎ 094-9021207, 🖥 www.castlebarmayo.com.

TRANSPORT

Busse
DUBLIN (Linien 20 und 21), via Knock, Roscommon und Athlone, Mo–Fr mind. 3x tgl. zwischen 7.35 und 17 Uhr, 2 3/4 Std.

Eisenbahn
S. Westport, S. 470.

Foxford

Der Ort 22 km nordöstlich von Castlebar wurde vor einigen Jahren durch das vermehrte Aufkommen von Werwölfen bekannt, Scherzbolde hatten einen Wikipedia-Eintrag dementsprechend verändert und den heiligen Zorn von Ortspolitikern heraufbeschworen. Diese verwiesen dann auch schnell darauf, dass Foxford eigentlich wegen seiner schönen Angelmöglichkeiten im Lough Conn und der 1892 von Mutter Arsenius gegründeten **Foxford Woollen Mills**, ☎ 094-9256104, 🖥 www.foxfordwoollenmills.com, bekannt sei. Die von der Nonne aus der Taufe gehobene Stofffabrik arbeitet als Zulieferbetrieb für zahlreiche Modehäuser, ein eigenes Besucherzentrum informiert über die Geschichte und erlaubt Einblicke in die Produktion. ⏱ Mo–Sa 10–18, So 14–18 Uhr, geführte Tour durch die Weberei 5 €.

ÜBERNACHTUNG UND ESSEN

€ Sehr empfehlenswert ist das **Restaurant in den Foxford Woollen Mills** (s. o.), das eine gute Auswahl an einfachen Gerichten zu vernünftigen Preisen anbietet.

TRANSPORT

Busse
DUBLIN (Linie 22), via Strokestown, Longford, Mullingar und Maynooth, Mo–Fr 7x tgl., 3 Std.

DER WESTEN

Saint Patrick – Irlands Nationalheiliger

Patrick, Irlands Nationalheiliger, Ausnahme-Missionar, Vertreiber der Schlangen (S. 94), fast überall in irischen Kirchen verewigt und verehrt … wer war das eigentlich wirklich?

Fragen Sie bloß keinen Iren, denn dann geht das Geschichtenerzählen jenseits von Realität und Fiktion munter los. Wenn es um Patrick geht, einen hat der Ire immer noch. Aber: Was wir über Patrick wirklich wissen, das passt in einen dünnen Band. Und stammt allein aus zwei kurzen Quellen, die er selbst hinterlassen haben soll. Zum einen wäre da seine *Confessio*, ein längerer Text mit einer schier unerträglichen Selbstrechtfertigung, zum anderen sein Brief an einen Heerführer, dem er Untaten gegen die von ihm getauften Christen vorwirft und ihn dann gleich verdammt.

Die echten Fakten zu Patricks Leben sind in diesen Texten sind spärlich: Er wurde wahrscheinlich in Britannien geboren, als Kind einer wohlsituierten christlichen Familie, später dann aber als Sklave nach Irland verschleppt. Nachdem ihm die Flucht von der Insel dank göttlicher Hilfe (wie er es zumindest interpretierte, besonders wundersam scheint es nicht zugegangen zu sein) gelungen war, übernahm er die Aufgaben eines Missionars. Um das Christentum „bis ans Ende der Welt" zu verbreiten. Und da das ihm bekannte Ende der Welt nun einmal Irland war, ging er zurück auf die Insel und fing an Heiden zu taufen und christliche Gemeinden zu gründen.

Eine Aufgabe, die nicht immer ganz erfolgreich war, denn teilweise scheinen von ihm konvertierte Gruppen weiterhin unchristlichen Gepflogenheiten gefrönt zu haben, etwa der Sklaverei. Was an sich wohl kein Problem gewesen wäre, wenn sie nicht auch ihre Glaubensbrüder versklavt hätten. Solche Missetaten entfachten Patricks Zorn – und noch saurer reagierte er auf Kleriker-Kollegen, die an seiner Berufung und Mission Zweifel äußerten. Wiederholt verweist Patrick in seinen Schriften zur ultimativen Rechtfertigung darauf, dass er von Gott selbst auserwählt worden sei, Irland zu missionieren.

Der historische Zeitrahmen, in dem Patrick tätig war, ist uns nicht bekannt. Allgemein wird gesagt, dass er im Jahre 432 seine Mission in Irland begann – dieses Datum stammt jedoch erst aus dem 7. Jh. und ist unzuverlässig. Gleichzeitig wurde sein Todestag auf den 17. März festgelegt, St. Patrick's Day.

Überhaupt gehen die meisten Historiker heute davon aus, dass Patrick keineswegs der erste christliche Missionar in Irland war. Belegt ist etwa eine Mission des Palladius, die im Jahr 430 begann. Und es gibt auch deutliche Hinweise, dass bereits vor Patricks Mission christliche Gemeinden in Irland existierten.

Ein weiteres Problem ist geografischer Art, denn Patricks Wirkungskreis scheint sich deutlich auf die nördliche Hälfte der Insel zu beschränken. Der Anspruch, er habe das Christentum im Alleingang nach ganz Irland gebracht, lässt sich somit nicht aufrechterhalten.

Wobei, und da wird die Geschichte endgültig kurios, es nicht einmal gesichert ist, ob es einen Patrick gegeben hat. Im Sinne von „nur einen". Denn „Patricius" könnte durchaus ein von mehreren Missionaren geführter Ehrenname gewesen sein.

Eisenbahn

Bahnverbindung s. u., Westport.

Westport und Umgebung

Das Hafenstädtchen an der Mündung des Carrowbeg ist eine kleine Überraschung: Der Ort strahlt eine Atmosphäre des Wohlstands aus, nicht unbedingt das, was man hier, am „Ende der Welt", erwartet. Die kleine Stadt ist durch den Handel mit örtlichen Waren groß und wohlhabend geworden. Als um 1770 der Architekt James Wyatt begann, den Ortskern auf dem Reißbrett zu entwerfen, lebte Westport vor allem vom Textilexport und dem Handel mit hier gebrautem Bier und Schiefer. Vor allem der Hafen von Westport war hierbei wichtig, später nutzte die örtliche Industrie allerdings vorwiegend die Eisenbahn, zumal der Warenverkehr auch stark geschrumpft war. Während der Industriellen Revolution und der Großen Hungersnot kam es zu einem Niedergang der örtlichen Wirtschaft. Diese Talsohle hielt sich hartnäckig bis in die 1950er-Jahre, als erste neue Industrieansiedlungen entstanden und vor allen Dingen Touristen in die Gegend gelockt wurden.

Zahlreiche Pubs und Restaurants machen Westport zum attraktiven Ort für Nachtschwärmer. Vor allem die Bridge Street ist dicht gesäumt von Gaststätten. Tagsüber bietet der Ort Einkaufsmöglichkeiten für die Landbevölkerung, einige „echt irische" Fotomotive und vor allem das spektakuläre Layout der Straßen links und rechts des kanalisierten Flusses Carrowbeg. Auf dem Hügel über dem Fluss, an einer Straßenkreuzung, steht eine ungewöhnliche, überdimensional wirkende Statue des Hl. Patrick, der ausnahmsweise einmal als Sklave und Schafhirte dargestellt wird.

Matt Molloys Pub

Viele Touristen kennen Westport auch als Stadt von Matt Molloys Pub, Bridge St., 🖳 www.matt molloy.ie. Diese Kneipe trägt den Namen eines der bekanntesten Musiker des Landes, eben des Flötenspielers Matt Molloy, der mit den Chieftains Weltruhm erlangte. Diese Namensgebung ist nicht zufällig – der Musiker ist auch Inhaber der Kneipe. Es ist logisch, dass das Musikprogramm in dieser Gastwirtschaft weniger von den aktuellen Titeln der Hitparade beherrscht wird als von feinster Folklore. Wer Glück hat, kann sogar bekannte Musiker bei spontanen Gastspielen erleben.

Westport House

Etwa 3 km westlich des Zentrums findet man das Westport House, ✆ 098-27766, 🖳 www. westporthouse.ie, den **Herrensitz der Earls of Altamont**, die aus der Siedlerfamilie Browne hervorgingen. John Browne baute ab den 1750er-Jahren den Ort Westport als Ergänzung seines Landsitzes. Dieser wurde 1732 von Richard Castle entworfen und erst 1778 von James Wyatt fertiggestellt. Als Bauplatz suchte man sich das Gelände einer Burg der früheren Landbesitzer O'Malley aus. Ein deutliches Zeichen dafür, wer jetzt das Zepter in der Hand

hielt. Bei der Innenausstattung des Hauses wurde nicht gespart: von großen Treppen aus Marmor über Familienporträts im Speisesaal, von großen Kristallleuchtern bis zu Tapeten, die schon im 17. Jh. aus China importiert wurden. Ein wenig Detektivarbeit können Besucher leisten, die die Landschaftsgemälde im Obergeschoss in ihre Reiseplanung einbeziehen – sie zeigen Szenen aus der Umgebung von Westport, die teilweise heute noch deutlich erkennbar sind.

Damit der Besuch zum Vergnügen für die ganze Familie wird, hat das Anwesen auch einen See mit Booten, eine kleine Eisenbahn, einen Zoo, eine Piratenwelt, ein Museum sowie zahlreiche Unterhaltungsmöglichkeiten und Geschäfte. ⏱ Juni–Aug tgl., sonst vor allem am Wochenende (aktuelle Details auf der Website), Eintritt 13.50 €.

Clew Bay Heritage Centre

Das in Hafennähe gelegene Clew Bay Heritage Centre, The Quay, ✆ 098-26852, 🖳 www.west portheritage.com, ist ein typisches Heimatmuseum, dessen kleine Sammlung die Ortsgeschichte widerspiegelt. ⏱ April–Okt Mo–Fr ab 10 bis mind. 14 Uhr, im Juli und Aug auch So nachmittags.

National Famine Memorial

An der R335 an der Clew Bay entlang nach Westen liegt das National Famine Memorial. Der Bildhauer John Behan ließ sich hierbei von einem Auswandererschiff inspirieren, wegen der hohen Sterblichkeitsrate an Bord wurden diese auch „Coffin Ships" genannt.

Die wahre Attraktion in der Umgebung von Westport ist und bleibt aber der heilige Berg, **Croagh Patrick** – mit der Buslinie 450 von Westport aus zu erreichen.

ÜBERNACHTUNG UND ESSEN

€ **Old Mill Holiday Hostel**, Barrack Yard, James St., ✆ 098-27045, 🖳 www.oldmillhostel.com. Hostel in einem ehemaligen Lagerhaus, zentrale Lage, Schlafsäle oder Privatzimmer mit 2–3 Betten. Uriges Ambiente. Beliebter Treffpunkt ist die große Gemeinschaftsküche.

Zum Gipfel des Croagh Patrick

- **Dauer**: Aufstieg ohne Gebete mind. 2 Std., Abstieg bis zu 2 Std.
- **Steigungen**: einige sehr steile Passagen, so der Aufstieg zum Gipfel
- **Wegbeschaffenheit**: schlecht und stark erodiert, der „Weg" besteht teilweise aus einer Geröllhalde; laut Experten eine der schlechtesten Bergwanderstrecken auf den Britischen Inseln!
- **Ausschilderung**: wird nicht benötigt, der Weg ist eindeutig erkennbar
- **Ausrüstung**: Am Wegbeginn kann man Wanderstöcke kaufen oder mieten, diese können vor allem an den steilen Stellen sehr hilfreich sein.

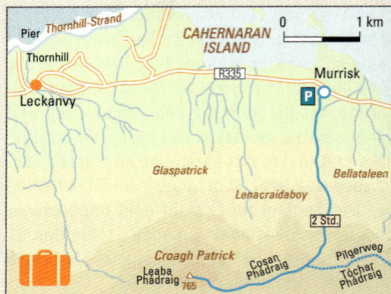

DER WESTEN

Der Croagh Patrick ist Irlands heiliger Berg: dramatisch direkt an einer Atlantikbucht 765 m in die Höhe ragend, sich konisch verjüngend und fast weiß. Einiges an diesem Bild täuscht: Der Berg befindet sich zwar tatsächlich sehr nahe am Meer, ist aber keineswegs konisch und auch nicht wirklich weiß. Spätestens beim Aufstieg wird man feststellen, dass der Bergrücken wesentlich flacher ist und der Quarzstein eigentlich grau ist. Und mehr Schotter denn Stein, diese wenig stabile Oberfläche lernt man schnell hassen.

Pilgertouren auf den Croagh Patrick

Seit ungefähr fünf Jahrtausenden sollen Anwohner den Berg für religiöse Zeremonien nutzen. Wirklich bedeutend wurde er allerdings erst, als ihn angeblich im Jahr 441 der Hl. Patrick bestieg. Der Missionar hatte keineswegs sportliche Ambitionen – auf der Bergspitze verbrachte er 40 Tage mit Fasten und Gebeten, um das Seelenheil der Iren zu retten. Anschließend, so sagt die Legende, hat er eine Glocke vom Berg geschleudert und Dämonen sowie die Schlangen aus Irland vertrieben. Das danken ihm die Iren heute noch: Unzählige Pilger wagen den etwa zwei Stunden dauernden Aufstieg auch bei zweifelhafter Fitness und sogar barfuß. Wenn das Blut aus den geschundenen Füßen auf die Steine tropft, dann soll die Buße umso wirkungsvoller sein. Ein Aberglaube, den die Amtskirche seit vielen Jahren auszurotten versucht – offiziell soll man mit Schuhwerk pilgern, egal, wie groß die Sünde ist.

Der Aufstieg

Der Aufstieg beginnt in dem kleinen Ort Murrisk, gleich neben Campbell's Pub. Von der Gaststätte führt ein recht angenehmer Weg bis zu einer großen, weißen Statue des Heiligen, Schilder informieren über die religiösen Implikationen des Aufstiegs oder über die Mietgebühr für Wanderstöcke. Bis zu diesem Punkt trügt der Eindruck von einer leichten Bergwanderung, denn kurz danach wird der Weg sehr steil und der Untergrund sehr nachgiebig. Einen Großteil der Strecke versuchen Pilger wie Wanderer, schneller auf der Geröllhalde nach oben zu gehen, als diese unter den Füßen nach unten rutscht. Selbst die geschicktesten Bergwanderer werden beim Aufstieg auf den Croagh Patrick mehr Schritte machen müssen, als sie es auf einer normalen Bergtour gewohnt sind.

Die Hochzeit der Pilger ist übrigens am Reek Sunday, dem „Sonntag des Berges", dem letzten

Der Blick von der Straße täuscht – Croagh Patrick ist eine Herausforderung.

Sonntag im Juli. Dann machen sich Tausende gleichzeitig auf den Weg, einige Meter bergauf gehend, dann ein Stück auf den losen Steinen bergab rutschend, jede Station des Weges bis zum Gipfel mit den vorgeschriebenen Gebeten erfüllend. Eine Manifestation des Glaubens, wie sie eindrucksvoller nicht sein kann. Denn selbst Greise und Kleinkinder schaffen es bis zur Kapelle auf dem Gipfel. Nicht ganz ohne Unterstützung. Für geistlichen Beistand sorgen ganze Scharen von Priestern und Bischöfen, die an den Stationen des Weges mit den Pilgern gemeinsam beten und sie auch zum Durchhalten auffordern. Auf dem Gipfel schließlich werden die Messen quasi non-stop gefeiert.

Wesentlich handfesteren Beistand leisten zahllose freiwillige Helfer, die sich mit Bandagen, Heftpflastern und Tragen um Verletzte und Er-schöpfte kümmern müssen. So mancher Pilger beendet den Tag im Erste-Hilfe-Zelt des Malteser-ordens oder muss von der Bergrettung nach unten getragen werden.

Der beste Zeitpunkt

Als Besucher muss man sich entscheiden, wann man den Croagh Patrick besuchen will. Geht es um die sportliche Herausforderung und das rein touristische Erlebnis, sind Wochentage der ideale Zeitpunkt für einen Aufstieg. Will man jedoch am religiösen Erlebnis der Pilgerfahrt teilhaben oder zumindest Zeuge dieser Pilgerfahrten werden, sollte man sich einen Sonntag oder sogar einen Feiertag aussuchen. Von Ruhe und Stille kann dann zwar keine Rede mehr sein, das Erlebnis des Aufstiegs gemeinsam mit Tausenden von Pilgern ist jedoch einmalig.

ZUM GIPFEL DES CROAGH PATRICK **469**

Bett im Schlafsaal ca. 16 € (saisonabhängig), DZ ❶ – ❷

Mulranny Park Hotel, ☎ 098-36000, 💻 www.mulrannyparkhotel.ie. Sehr komfortables und schön gelegenes Hotel mit 41 Zimmern, etwa 30 km nordwestlich von Westport, bietet Blick auf Clew Bay, Croagh Patrick und Clare Island. Moderne, komfortable Einrichtung, die auch schon im Standardzimmer anspruchsvolle Reisende zufriedenstellt. Das Nephin Restaurant im Haus bietet sehr gute internationale Küche. ❺

La Fougere, im Knockranny House Hotel & Spa, Knockranny, ☎ 098-28600, 💻 www.knockrannyhousehotel.ie. Hotelrestaurant mit Blick über die Stadt, Clew Bay und Croagh Patrick. Klassisch-moderne irische Küche. Spezialitäten des Hauses sind Lachs und Lamm. Besonderheit: Kaninchen auf französische Art. Reservieren. 🕐 tgl. 18–21.30 Uhr.

UNTERHALTUNG

Cosy Joe's, Bridge St., ☎ 098-29403, 💻 www.cosyjoesbar.ie. Vor allem bei den „Party People" beliebt, die Themennächte sind legendär (und ausgelassen).

Cronin's Shebeen, Rosbeg, ☎ 098-26528, 💻 www.croninssheebeen.com. Traditioneller Pub mit Restaurant, Trad-Musik an vielen Abenden.

John's Bar, Peter St., ☎ 087-6757961. Achtung: Hier regiert Country und Western, Inhaber John Staunton tritt regelmäßig live auf – Spaß garantiert.

INFORMATIONEN

Tourist Information Westport, Bridge St., ☎ 098-25711, Infos auch unter 💻 www.westporttourism.com. 🕐 Mo–Sa 9–17.45, So 10–17.45 Uhr.

TRANSPORT

Busse

Die **Bushaltestelle** befindet sich in der Mill St., Infos unter 💻 www.buseireann.ie oder Westport Tourist Office, ☎ 098-25711.

DUBLIN (Linien 20 und 21), via Castlebar, Knock, Roscommon und Athlone, Mo–Fr mind. 3x tgl. zwischen 7.15 und 17 Uhr, 2–3 Std.
GALWAY (Linie 52), über Castlebar, mehrmals tgl., 1 3/4 Std.

Eisenbahn

Der **Bahnhof** liegt knapp 1 km südöstlich des Zentrums, Infos unter 💻 www.irishrail.ie oder bei der Westport Railway Station, ☎ 098-25253. DUBLIN, 4x tgl. über Castlebar und Ballina (Zubringer ab Foxford) nach Dublin Heuston, 3 3/4 Std.

Louisburgh

Das kleine Örtchen 22 km westlich von Westport hat außer einem sehr hübschen Stück Atlantikküste und fischreichen Angelgründen wenig zu bieten. Interessant ist allerdings die Verbindung mit der Piraten-Königin Grace O'Malley, auch Granuaile genannt. Ihre Geschichte erzählt das kleine **Granuaile Centre**, ☎ 098-66341, 💻 www.louisburgh.ie, in der St. Catherine's Church. Dabei verzichtet das Museum auf eine allzu hollywoodmäßige Darstellung, die der erfolgreichen Geschäftsfrau und Flottenkommandeurin auch nicht angemessen wäre. Die Schiffe der Grace waren keine großen Galeonen, sondern eher kleine Ruderboote, ihre Piraten nicht Johnny Depp oder Errol Flynn. Tatsächlich handelte es sich letztlich um den O'Malley-Clan, der sich mit Gelegenheitsraub auf dem Meer und Söldnertätigkeiten auf dem Land durchschlug. Und dabei wiederholt bei den Engländern aneckte. Ob Granuaile wirklich eine irische Patriotin oder eher eine opportunistische Clanchefin war, das bleibt offen. 🕐 theoretisch Mo–Fr 10–17 Uhr, Eintritt 5 € – telefonische Anmeldung empfohlen.

Clare Island

Nur rund 130 Menschen leben ständig auf Clare Island, 💻 www.clareisland.info, der Insel mit zwei Bergen, die den Eingang zur Clew Bay beherrscht. Eine Fähre bringt Passagiere vom **Roonagh Quay** hierher und legt in der Nähe der Burg aus dem 15. Jh. an. Im 16. Jh. hatte Grace O'Malley (s. Louisburgh) auf Clare Island das Sagen, dank der strategisch günstigen Lage beherrschte sie große Teile der umliegenden

DER WESTEN

Küste. Ihr Grab findet sich in der alten Abtei des Zisterzienserordens.

Die Insel war bereits in prähistorischer Zeit als Siedlungsort beliebt, zahlreiche Ringforts aus der Eisenzeit und frühere Befestigungsanlagen an den Küsten zeugen von dieser langen Geschichte. Heute ist Clare Island vor allem bei Naturliebhabern und Wanderfreunden ein Geheimtipp. Die Moore der Insel sind mit einer reichen Pflanzen- und Tierwelt gesegnet, da ihre Ausbeutung niemals in industriellem Maße vorangetrieben wurde. Neben den vor der Küste fast schon üblichen Delphinen und Robben können auf Clare Island auch Falken und die meist sehr scheuen Otter beobachtet werden. Einige Strände laden zum Baden ein.

TRANSPORT

Busse

Murrisk und Louisburgh werden von Bus Éireann, 🖥 www.buseireann, mit der **Buslinie 450** von Westport regelmäßig angefahren.

Fähre

Clare Island ist nur mit der Fähre von Roonagh Quay aus erreichbar (Überfahrt 20 Min., ab 15 €). **Clare Island Ferries**, 🖥 www.clare islandferry.com, und O'Malley Ferries, 🖥 www.omalleyferries.com, fahren regelmäßig mit saisonal stark schwankender Frequenz. Es besteht kein Busverkehr nach Roonagh Quay, die nächste Station ist in Louisburgh (etwa 7 km). Wer dort hin will, muss sich ein Taxi nehmen oder sich zu Fuß auf den Weg machen.

Achill Island

Eine Brücke verbindet das Festland mit **Irlands größter Insel** (148 km^2 bei 128 km Küstenlinie, rund 2600 Einw.) – und obwohl man sie mühelos mit dem Auto erreichen kann und fast nicht als Insel wahrnimmt, geht etwas Abgeschiedenes von ihr aus. Einsame Strände, Hochmoore, kleine Seen, vor allem aber die atemberaubende Klippenlandschaft, an der sich die tosende See bricht, machen Achill Island zu einem fantastischen Ziel für Naturliebhaber. Fast 700 m ragen die Felsklippen am westlichen Ende der Insel, beim Croaghaun, aus dem Meer empor. Klippenwanderer, die den steilen und nicht einfachen Anstieg wagen, genießen einen fantastischen Ausblick, wie ihn vor vielen Jahren nur Seevögel und die Küstenwache hatten. Wer vom Ende der Straße bei Keem zum ehemaligen Küstenwachtposten aufsteigen will, muss sich allerdings den Weg mühsam durchs dichte (und oft stachelige) Gestrüpp bahnen.

Vor vielen Jahren war schon am Achill Sound das „Ende der Welt" erreicht, die Insel selber nur per Schiff zu erreichen. Und Schiffe machten Achill auch erstmals berühmt. Oder eher berüchtigt, denn die Piratenkönigin Grace O'Malley (S. 470) hatte hier einen weiteren Stützpunkt. Einige Orte, die an Grace O'Malley erinnern, findet man heute noch auf Achill – so etwa die Ruine des **Carrickkildavnet Castle**.

Am besten lernt man die landschaftlichen Schönheiten der Insel kennen, wenn man dem ausgeschilderten **Atlantic Coast Drive** folgt, der unmittelbar hinter der Brücke beginnt und zunächst auf die Südseite der Insel führt, dann in einem großen Bogen nach Norden und schließlich wieder zurück nach Achill Sound.

Achill Sound, das kleine Nest am Sund, ist nicht weiter aufregend – wie überhaupt die Orte auf Achill keine klassischen Reiseziele sind, sondern eher als Stützpunkte, Orientierungshilfen und Versorgungsstellen fungieren. Wie z. B. **Dugort**, wo die Hauptattraktion das (nicht zu besichtigende) **Cottage von Heinrich Böll**, 🖥 www.heinrichboellcottage.com, sein dürfte.

Der Ort hat auch einen nahen Sandstrand und einige prähistorische Monumente zu bieten.

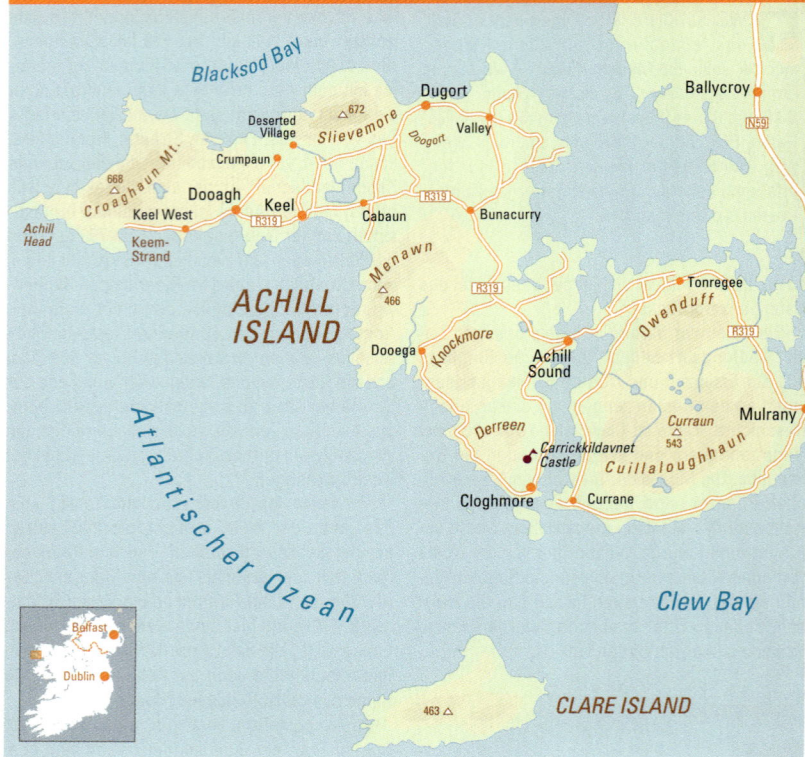

N
0   10 km

Slievemore

Noch weniger Leben findet sich unterhalb Slievemore, dem „großen Berg". Wegweiser führen zum **Deserted Village**, laut Heinrich Böll das „Skelett einer menschlichen Siedlung". Es ist schlicht ein „verlassenes Dorf", wo die primitive Hauptstraße an Ruinen von Steinhäusern vorbeiführt. Die Siedlung wurde im Zuge des Niedergangs der Landwirtschaft aufgegeben – die Häuser waren „Sommerresidenzen" von Landarbeitern, sogenannte booleys, gewissermaßen die Almhütten Irlands. Etwas weiter bergan erkennt man die Reste eines Steinbruchs, in dem Rosenquarz abgebaut wurde (einige Brocken sind bei intensiver Suche immer

noch zu finden). Danach beginnt der Aufstieg zum 671 m hohen **Slievemore**, eine der höchsten Stellen auf Achill. Bei gutem Wetter bietet sich von hier oben ein endloser Blick über den Atlantik und die irische Küste.

Die bekannten **Höhlen** unterhalb des Berges, in denen zahlreiche Robben Unterschlupf finden, sollte man jedoch nicht von hier erkunden – sie sind nur von See aus zugänglich, örtliche Bootsbesitzer bieten Touren an.

Von Keel zum Achill Head

Hauptferienort auf Achill ist **Keel**, der mehrere Kilometer lange Sandstrand macht ihn zum Favoriten für Familien. Zusammen mit dem

Bilderbuchdorf **Dooagh** vielleicht der beste Punkt, um auf Achill Station zu machen. Kleine Restaurants und zahlreiche B&Bs warten auf Besucher, wobei die Qualität durchwachsen ist.

Wer auf Achill den Nervenkitzel sucht, der ist auf dem Weg zum einsamen **Strand von Keem** am besten aufgehoben – die Straße windet sich die Küste entlang, verlangt dem Fahrer alle Konzentration ab und flößt dem Beifahrer (der in einem Rechtslenker am Rande des Abgrunds sitzt) Respekt ein. Die Aussicht ist wunderbar, wenn die Sonne scheint. Und kaum hat man sich an den einmaligen Ausblick gewöhnt, geht es steil bergab und die Sicht wird fast vollkommen von umliegenden Bergen und Klippen genommen. Wenn jedoch Nebel aufkommt oder sogar tiefhängende Wolken den Weg nach wenigen Metern verschwinden lassen, fährt man automatisch nur noch Schritttempo. Der Parkplatz ist etwa 3 m über dem Meeresspiegel. Hier beginnt ein fantastischer Bergwanderweg (1,5 km) nach Achill Head.

ÜBERNACHTUNG

Achill Sound

The Railway Hostel, ☎ 098-45187, 🖥 www.railwayhostel.ie. Einfaches, aber modernes und sauberes Hostel im ehemaligen Bahnhof. Hat in der Hauptsaison oft noch Betten frei, wenn alle anderen Hostels auf der Insel voll sind. Bett im Schlafsaal ca. 16 € (saisonabhängig), DZ ❶–❷

Dooagh

Inis Aoibhinn, Keelwest, ☎ 098-43352 oder 087-6372890. Familiäres B&B mit sehr schöner Aussicht und hellen Zimmern. Ideal für einen entspannten Aufenthalt, bei dem der Tag mit einem herzhaften und reichhaltigen Frühstück beginnen soll. ❷–❸

Dugort

High View, Golden Strand, ☎ 098-47247 oder 086-1646290. Schön gelegenes B&B nicht weit vom Strand und nahe am Heinrich-Böll-Cottage. Modern eingerichtete und doch gemütliche Zimmer, hervorragendes Frühstück. ❷–❸

Keel

€ **Richview Hostel**, ☎ 098-43462 oder 086-2315546. Einfache Unterkunft in einem alten Haus, in Wandernähe zum „Ortskern" und den Stränden. Man fühlt sich oft weniger als Gast denn als „Kumpel" des Wirts, der auch schnell (und zuverlässig) die besten Tipps parat hat, wie man den Tag verbringen kann. Bett im Schlafsaal ca. 16 € (saisonabhängig).

Achill Cliff House Hotel, ☎ 098-43400, 🖥 www.achillcliff.com. Hotel mit Meeres- und Bergblick. 10 geräumige Zimmer, alle mit Bad und TV. Sehr komfortable Unterkunft. Die Sauna im Haus wärmt an kalten Tagen so richtig durch. ❸

Joyce's Marian Villa, ☎ 098-43134, 🖥 www.joycesachill.com. Größeres, altmodisch-gemütliches Haus, Zimmer haben Komfort und genug Platz, viele dazu eine schöne Aussicht aufs Meer. Mahlzeiten werden angeboten. ❷–❹

Valley

€ **Valley House Holiday Hostel and Bar**, ☎ 085-2167688, 🖥 www.valley-house.com. Gemütliche Unterkunft in Schlafsaal oder Familienzimmer, auch Camping möglich. Das Haus hat eine „kriminelle Vergangenheit", und Synge hat seinen *Playboy of the Western World* hiervon inspirieren lassen. Übernachtung im Zelt 10 €, Bett im Schlafsaal ca. 16 € (saisonabhängig), DZ ❶–❷

ESSEN

Dooega

Mickey's Bar im Lavelle's Seaside House, ☎ 098-45116, 🖥 www.lavellesseaside-house.com. Traditioneller Pub mit sehr guter Speisekarte. Hervorragender Fisch mit selbst gebackenem Brot, in der Saison unbedingt auch Muscheln probieren. Oder den traditionellen Boxty, eine Art Kartoffelkloß, mit Beilagen.

Dooagh

Gielty's Clew Bay, ☎ 098-43119, 🖥 www.gieltys.com. Angeblich Irlands westlichster Pub und seit drei Generationen im Familienbesitz. Café mit Backwaren und Snacks, im Pub wird Hausmannskost serviert. Abends während der Saison oft Livemusik. ⏱ tgl. 10–21 Uhr.

Achill Island: Surfer in der Bucht von Keel

Dugort

€ **The Cottage Coffee Shop**, ☎ 098-43966. Hier wird noch traditionelle Hausmannskost zu vernünftigen Preisen serviert, ohne große Schnörkel, aber sättigend und auch vom Geschmack zufriedenstellend.

Keel

€ **The Beehive Craft & Coffee Shop**, ☎ 098-43134. Kleines Café am Wegesrand, nicht unbedingt von der Optik her umwerfend, aber mit sehr leckeren Backwaren aus eigener Produktion. Unbedingt für einen Nachmittagskaffee vormerken.

UNTERHALTUNG

Annexe Inn, Keel, ☎ 098-43268. Wahrscheinlich der bekannteste Pub auf Achill, vor allem wegen der Musik. Das ganze Jahr über Sessions am Wochenende, im Juli und August fast jeden Abend. Gemütlich, wenn auch teilweise etwas überlaufen.

AKTIVITÄTEN

Abgesehen von endlosen Wanderungen am Strand oder in den Bergen bietet Achill Island ein breites Spektrum an Aktivitäten:

Wer die Insel mit dem **Fahrrad** erkunden möchte, der kann u. a. bei Achill Lodge, Bunnacurry, ☎ 086-7930633, 🖥 www.achilllodge.ie, Räder mieten (ca. 20 € pro Tag).

Angeltouren auf dem Meer werden von Purteen Harbour aus durch Achill Sea Angling, Keel, ☎ 098-47257 oder 086-3211560, angeboten. Auch Ausflugsfahrten sind saisonal möglich. Unter das Wasser geht es ab derselben Anlegestelle mit dem Achill Island Scuba Dive Centre, ☎ 087-2349884, 🖥 www.achilldivecentre.com, hier werden auch **Tauchkurse** angeboten. Erfahrene Taucher mit Zertifikat können an den geführten Tauchgängen teilnehmen.

Reitausflüge können im Calvey's Equestrian and Pony Trekking Centre Keel, ☎ 087-9881093, 🖥 www.calveysofachill.com, gebucht werden, ein geführter Ausritt zum „Deserted Village" etwa kostet 70 €.

Surfen hat sich auf Achill zum Dauerbrenner entwickelt, der Atlantik bietet einige gute Wellen. Das passende Outfit verleihen sowohl Achill Surf, 🖥 www.achillsurf.com, wie auch Blackfield, 🖥 www.blackfield.com, beide organisieren auch Kurse (ab ca. 30 €/Std.).

Eine Variante mit Pfiff ist **Kitesurfing**, die Spezialisten dafür sind Pure Magic, 🖥 www.puremagic.ie, ab 60 €.

Achill auf die bequeme Art: **Rundfahrten im Kleinbus** (20 €) bietet Teach Cruachán, ⌨ www.teachcruachan.com, regelmäßig an.

Tourist Information Achill Island, Achill Sound, ✆ 098-20400, ⌨ www.achilltourism.com.

Heinrich! Mir graut vor dir!

Als ich das erste Mal auf Achill Island an einem B&B anklopfte, wurde mir nach Klärung meiner Nationalität gleich unterstellt: „You are here because of Hinrick Bull!" Huh? Nach einigen Mühen wurde klar, dass die enthusiastische Wirtin Heinrich Böll meinte. Und nach noch mehr Erklärungen erfuhr ich, dass der deutsche Dichter und Denker auf Achill Island sein Refugium hatte. Er hatte sich einst in Dugort eingemietet und nicht nur die gesunde Luft genossen, sondern auch sein *Irisches Tagebuch* geschrieben. Dauerbestseller, prägt seit 1957 der Deutschen Irlandbild. Was ja an sich nicht so schlimm wäre, hätte sich Irland in über 60 Jahren nicht leicht verändert. Wie viele Italiener kennt man, die mit Tacitus' *Germania* im Gepäck Deutschland bereisen?

Wobei, historisch und literarisch gesehen ... kein Problem. Aber wenn man Tacitus' oder Bölls Eindrücke (die teilweise schon immer an Fiktion grenzten) auch heute noch für bare Münze nimmt, dann kann es schwierig werden. Der auf dem Bärenfell sich lümmelnde edle Halbwilde, der in gottesfürchtiger Bescheidenheit lebende Inselkelte, beide sind wahrlich nicht mehr aktuell.

Dennoch schnappt sich der germanische Bildungsbürger seine viel gelesene, Sehnsucht weckende Taschenbuchausgabe des Böll-Tagebuches, bucht den Ryanair-Flug ... und erwartet dann das wahre, echte Irland, wie es Heinrich beschrieben hat. Nach wie vor sieht man die in Jack Wolfskin gekleideten Touristen mit dem dtv-Band 1 durch Irland pilgern. Es gebe dieses Irland, hat der weise Literat geraunt, man müsse es nur finden. Und so wurde das unscheinbare Tagebuch quasi zu einer Gralsbotschaft der Irlandbegeisterten. Böll, so heißt es immer wieder, immer noch, habe das wahre Irland und die wahren Iren beschrieben. Es ist nun an uns, mit seiner Hilfe diese Wahrheit wiederzufinden. Was dann vom einfachen Leser bis zu (1996) Ralf Giordano immer und immer wieder viele Menschen versuchen.

Nur um dann mehr oder minder wie ein begossener Pudel auf der grünen Insel zu stehen. Denn wenn sich die Nachkriegsimpressionen auch im Kern teilweise noch nachvollziehen lassen, die alltägliche Realität sind sie schon lange nicht mehr. Als das *Irische Tagebuch* geschrieben wurde, war Irland ein reiner Agrarstaat mit einer einfachen Lebensweise, voll unter katholischer Knute. Und heute? Zwar findet man noch immer Bauern, aber die brettern mit gigantischen Traktoren in gewagter Manier entlang viel zu enger Straßen, anstatt sich gefälligst gemütlich am Weidezaun mit vorbeigehenden Touristen zu unterhalten. Touristen, ja, sie sind nach wie vor willkommen. Aber im Zeitalter des Satellitenfernsehens und der billigen Fernreisen sind sie Geldbringer, lange nicht mehr die einzige, begehrte Verbindung zur großen Welt jenseits der Meere. Woraufhin dann oft das Lamentieren der Germanen beginnt – das echte, wahre, alte Irland sei verschwunden. Aus der Irlandtraum. Was, objektiv betrachtet, nur teilweise korrekt ist. Denn das echte und wahre Irland wird man zwangsweise erfahren, wenn man heute auf die Insel reist. Nur für das „alte Irland" muss man ins Museum gehen. Die in den Jahren „nach Böll" erwachsen gewordenen Generationen haben es hinter sich gelassen, dieses vom Klerus beherrschte, nur mit äußerster Not überlebende, seinen Bewohnern keine echte Perspektive bietende Irland der 1950er.

Und „Hinrick Bull"? Auf Achill kennt man ihn noch, denn sein Cottage in Dugort ist Pilgerstätte für zahlreiche Besucher, Heim für deutsche Stipendiaten. Einheimische werden immer sagen, dass Böll ein „famous writer" war, viel mehr wissen sie nicht. Bölls Ruhm in Irland ist ... naja, sagen wir einmal „schmal". Gelesen hat ihn so gut wie kein Ire.

Bus 440 fährt morgens von Dooagh über Keel und Achill Sound nach WESTPORT und abends zurück.

Nördliches County Mayo

Hier kommt jetzt wirklich, scheinbar zumindest, das „Ende der Welt" – wer schon im Süden des County die Einsamkeit liebte, der wird im nördlichen Mayo den Himmel auf Erden finden. Neben felsigen Küstenstreifen und einigen Bergen prägen eigentlich nur noch Moor und Heide die Landschaft, die selbst für irische Verhältnisse extrem dünn besiedelt ist. Und dabei doch einige der frühesten Spuren menschlicher Besiedlung überhaupt aufweisen kann.

Halbinsel Mullet

Die Mullet Peninsula ragt rund 30 km in den Atlantik und ist vor allem für ihre Einsamkeit bekannt, sie wird nur von wenigen Touristen besucht. Für die meisten Irlandreisenden liegt sie schlichtweg viel zu weit ab vom Schuss (wenn sie nicht den Schildern des Wild Atlantic Way treu folgen), denn hinter dem Hauptort **Belmullet** scheint die Zivilisation zu Ende zu sein. Auf den ersten Blick scheint die Mullet Peninsula außer trübsinnig machendem Moor, das sich mit kahlen Felsen abwechselt, auch wirklich nichts zu bieten zu haben. Dennoch sind einige lohnenswerte prähistorische und mittelalterliche Ruinen hier zu finden. So steht bei **Doonamo Point** der beeindruckende Rest einer Küstenbefestigung, deren aus Naturstein und ohne Mörtel aufgeschichtete Mauer rund 6 m hoch ist.

Céide Fields

Die an der Nordküste von Mayo, rund 8 km nordwestlich von **Ballycastle** in einer menschenleeren Moorlandschaft gelegenen **Céide Fields**, Ballycastle, ☎ 096-43325, 🖥 www.heritage ireland.ie, sind der größte Fundort aus der Steinzeit in Europa, wenn nicht gar weltweit. Kilometerweit erstrecken sich die bislang freigelegten Reste von Grabanlagen und Häusern sowie die Umfassungsmauern von Feldern. Eine einmalige

Attraktion, an der sich jedoch die Geister scheiden. Während einige Besucher voller Ehrfurcht die etwa 5000 Jahre alten Spuren menschlicher Besiedlung betrachten, fragen sich andere gelangweilt, was denn an den Stein- und Mauerresten so außergewöhnlich sei.

Etwa 10 km^2 Land wurden an dieser Stelle in Parzellen geteilt, dann mit Wällen aus Erde und Stein zumindest so weit vor den Winden geschützt, dass sich hier Getreide anbauen ließ und Vieh auf Grasland weiden konnte. Zusammen mit einigen Resten von Bauernhöfen aus derselben Epoche ein einmaliges Zeugnis der Landwirtschaft vor vor etwa fünf Jahrtausenden. Dass die Céide Fields überhaupt erhalten wurden, haben wir einem „Wandernden Moor" zu verdanken. Ein in der Nähe gelegenes Moorgebiet breitete sich über die mühsam angelegten Felder aus und schluckte sie schließlich vollkommen. Erst Tausende von Jahren später bauten Menschen den Torf in dieser Gegend ab und entdeckten die Überreste der alten Anlagen. Ein Teil des Moores wurde daraufhin komplett abgetragen, heute liegen die letzten Spuren der Steinzeit-Bauern wieder unter freiem Himmel.

Am besten kann man diese vom Besucherzentrum aus betrachten, das in Pyramidenform erbaut wurde und eine Aussichtsplattform besitzt, die einen Blick aus der Vogelperspektive ermöglicht. Ausstellungen erläutern nicht nur die Geschichte der Landwirtschaft an dieser Stelle, sondern informieren auch über das spezielle Ökosystem, das die prähistorischen Anlagen konservierte. Wer sich genauer dafür interessiert, der sollte die Céide Fields im Rahmen einer sachkundigen Führung besichtigen. Denn im Wesentlichen sieht man nur niedrige, in sich zusammengestürzte Mauern. ⏰ Ostern–Okt tgl. 10–17, Juni–Sep bis 18 Uhr, Eintritt 5 €.

Ballycastle

Der Ort Ballycastle selber ist schmuck und bunt, aber eigentlich nur ein Foto auf der Durchreise wert. Wesentlich interessanter sind die 7 km nördlich liegenden Klippen am **Downpatrick Head**, wo ein etwa 50 m hoher Felsturm einsam im Wasser steht. Eine Verbindung zum Festland in Form einer natürlichen Felsenbrücke soll vor einigen hundert Jahren noch bestanden haben und dann bei einem Sturm zusammengestürzt sein. Die Legende berichtet von abenteuerlichen Rettungsaktionen für die Gestrandeten.

ESSEN

Mary's Cottage Kitchen, Main St. Kleines, gutbürgerliches Restaurant. Full Irish Breakfast (ab 10 Uhr) wird sehr gelobt. Hausgemachte Suppen und Hähnchengerichte. Spezialität: Backwaren.

Ballina und Umgebung

Mit mehr als 8000 Einwohnern ist Ballina die größte Stadt im Norden Mayos. Bekannt ist der Ort als Angelzentrum, denn in den fischreichen Gewässern der Umgebung, vor allem im Fluss Moy, tummeln sich – noch – zahlreiche Lachse. Außer den Angelmöglichkeiten, Unterkünften und Pubs hat Ballina jedoch wenig zu bieten. Alle drei Sehenswürdigkeiten haben mit dem kirchlichen Leben zu tun: Der **Dolmen** beim Bahnhof soll das Grabmal einiger Brüder sein, die hier im 7. Jh. einen Bischof ermordet haben. Die geschichtliche Genauigkeit dieser Zuordnung darf infrage gestellt werden. Wesentlich jünger sind die wenigen **Ruinen einer Abtei des Augustinerordens**, gegründet im 15. Jh., und mittlerweile von der benachbarten katholischen Kathedrale weit übertroffen. Die **Kathedrale** ist relativ neu, die Glasmalereien ihr interessantestes Detail.

Rosserk Friary

Auch die Umgebung der Stadt ist vor allem durch kirchliche Attraktionen geprägt. Interessant ist eine Abtei des Franziskanerordens, die im 15. Jh. entstandene Rosserk Friary bei Abbeytown. Das Westportal ist sehr stark mit Skulpturen verziert und kann den Betrachter längere Zeit gefangen nehmen.

Moyne Abbey

Ein weiteres Franziskanerkloster, Moyne Abbey, zwischen Ballysakeery und Killala gelegen, stammt aus demselben Zeitraum, ist jedoch in seiner Ausstattung wesentlich einfacher und schmuckloser.

Kloster Rathfran

Das **Kloster Rathfran** an der Rathfran Bay (westlich von Carrowmore Lacken) dient heute eher als Orientierungsort für Besucher, die den etwa 2,5 m hohen **Oghamstein von Breastagh** und die dort zu findenden Megalithgräber sehen wollen. Sie sind spärlich ausgeschildert.

Rundturm von Killala

Eine Attraktion für sich ist der etwa 25 m hohe Rundturm von Killala. Er ist vollkommen erhalten, das konische Dach könnte jedoch nach dem 18. Jh. repariert worden sein, auch ein Teil des Turmes selbst wurde im 19. Jh. (nicht sehr gekonnt) ausgebessert. Das größte Problem ist allerdings seine von anderen Gebäuden eingeengte Lage, die eine Betrachtung teilweise erschwert. Eine kleine Kuriosität: Ein in Stein gemeißeltes Bild dieses Rundturms findet sich auf dem Taufbecken der oben schon erwähnten Rosserk Abbey. Übrigens ist Killala von historischem Interesse, denn hier landete am 22. August 1798 der französische General Jean Humbert mit einer Armee zur Unterstützung der irischen Rebellen.

ÜBERNACHTUNG UND ESSEN

Belleek Castle Hotel, ☎ 096-22400, 🖵 www.belleekcastle.com. Hochherrschaftliche Unterkunft in einem restaurierten Schloss, kombiniert mit erstklassigem Essen im Restaurant. Wer das Gefühl haben möchte, ein eigenes Anwesen mit einem großen Park zu besitzen, der ist hier richtig, muss allerdings ein großzügiges Budget einplanen. ❻

The Ice House Hotel, The Quay, ☎ 096-23500, 🖵 www.theicehouse.ie. Restaurant mit Blick auf den Fluss. Speisekarteneinteilung nach Meer und Land. Empfehlung: „Ice House Tasting Plate" (ungewöhnliche Fleischplatte mit geräucherter Ochsenzunge, scharf gewürzten Lammnieren, Rindfleisch und Black Pudding). Irische Käseauswahl. ⏰ tgl. 13–21 Uhr.

INFORMATIONEN

Tourist Information Ballina, 41 Pearse St, ☎ 096-80090, 🖵 www.northmayo.ie.

Busse

Die **Bushaltestelle** liegt an der Kevin Barry St., Infos unter 🖥 www.buseireann.ie oder Ballina Bus Office, ✆ 096-71800.
SLIGO (Linie 66), mehrmals tgl., 1 1/2 Std.
WESTPORT (Linie 66), mehrmals tgl., 1 Std.

Eisenbahn

DUBLIN, mehrmals tgl. ab Bahnhof Station Rd. über Foxford, Athlone und Kildare. Fahrzeit zwischen Westport und Dublin etwa 3 3/4 Std.

Knock

Das kleine Städtchen Knock 35 km östlich von Castlebar ist **Wallfahrtsort** und eine der wichtigsten Stätten der Marienverehrung in Europa. Der Aufstieg der kleinen Gemeinde begann 1879, als mehr als ein Dutzend Menschen plötzlich eine Erscheinung der Heiligen Jungfrau zusammen mit Joseph und dem Evangelisten Johannes sahen. Die drei hatten sich die Giebelwand der kleinen, Johannes dem Täufer gewidmeten Dorfkirche ausgesucht, um mitten in einem Sturm und umgeben von Engeln Knock einen Besuch abzustatten. Noch im selben Jahr, und zur Sicherheit auch nochmal 1936, stellte die katholische Kirche fest, dass es sich hier wirklich um eine Erscheinung der Gottesmutter gehandelt habe. Zumal es ja auch Wunderhei-

Kunstinstallationen im Nichts

„5000 Jahre ländliche Kultur", so das Motto der Jubiläumsfeier, die 1993 zu Ehren der Entdeckung der Céide Fields begangen wurde. Zu diesem Anlass wurde der **North Mayo Sculpture Trail**, 🖥 www.mayo-ireland.ie/Mayo/Towns/Ballina/TirSaile/TirSaile.htm, eröffnet, der sich zwischen der Mullet-Halbinsel und Ballina hinzieht. Ein Dutzend Künstler aus drei Kontinenten haben hier 15 teilweise sehr große Installationen geschaffen, wobei vor allem Naturmaterialien Verwendung fanden. Mit den Skulpturen, die einsam in der Landschaft verstreut sind, soll die Schönheit der Küstenlandschaft betont werden.

lungen gegeben haben soll. Seitdem zieht die Giebelwand mehr und mehr Pilger an, bis zu 1 Mio. Gläubige im Jahr reisen nach Knock, selbst Papst Johannes Paul II. und Mutter Theresa waren schon in Mayo.

Die meisten Pilger landen auf dem **Ireland West Airport**, 🖥 www.irelandwestairport.com, einem der größten Flughäfen Irlands, mitten im Nichts. Gebaut wurde er auf Veranlassung des örtlichen Priesters Monsignore James Horan (1911–86).

Heute erwartet die Besucher in Knock allerdings kein Dorf mit einer einsamen Giebelwand mehr. Hier ist der **Knock Shrine**, 🖥 www.knockshrine.ie, entstanden, „Ireland's National Marian Shrine". Der Ort der Erscheinung, also die alte Kirche, ist mittlerweile komplett mit einer gläsernen Schutzhülle versehen, die eine Kapelle bildet. Diese verschwindet fast neben der gigantischen modernen Basilika, ein Kirchenbau der Superlative, der dennoch nicht immer die Pilgermassen fassen kann und deswegen auch Lautsprecher zur Außenübertragung der Gottesdienste hat.

Direkt neben der Basilika befindet sich das **Knock Museum**, das sich mit dem Leben auf dem Lande im 19. Jh. beschäftigt und vor allem die Marienerscheinung von 1879 (und ihre Folgen, wie etwa Wunderheilungen) behandelt. 🕐 tgl. mind. 12–16 Uhr, Eintritt 4 €.

ÜBERNACHTUNG

Divine Mercy B&B, Airport Rd., Claremorris, ✆ 089-4212360. Sehr familiäres Guesthouse in der Nähe der Wallfahrtsstätte, Abendessen, Abholung mit Bus und auch Babysitter können organisiert werden. ❸

INFORMATIONEN

Knock Information Office, neben der alten Pfarrkirche, ✆ 094-9388100.

TRANSPORT

Busse

DUBLIN (Linien 20 und 21), via Athlone, Mo–Fr 3x tgl. zwischen 8 und 17 Uhr, 2 Std.

Linie 21 in Gegenrichtung bedient mehrmals tgl. CASTLEBAR und WESTPORT.

Flüge

Vom riesigen, aber nicht unbedingt luxuriösen **Ireland West Airport Knock**, ℡ 094-9368100, 🖥 www.irelandwestairport.com, gehen Linienflüge vor allem nach Europa, sowie regelmäßige Pilgerflüge nach Fatima, Lourdes und Medjugorje.

County Sligo

Zerklüftete Atlantikküste, ausgedehnte Hügelketten mit weiten Tälern, viel Einsamkeit, das ist das County Sligo. An den Stränden tummeln sich Surfer und abgehärtete Badegäste, an den Seen gehen Angler geduldig ihrer Passion nach. Geradezu spektakulär die Landschaft rund um die Stadt Sligo selbst. Direkt am Meer thronen gigantisch wirkende Berge mit großen Hochplateaus, von denen sich ein fantastischer Ausblick ergibt. Allein das Massiv des Ben Bulben, von Yeats besungen und als Hintergrund seiner letzten Ruhestätte gewählt, ist den Weg hierhin wert. Und ohne den Knocknarea bestiegen und der sagenhaften Königin Maeve Ehre erwiesen zu haben, sollte niemand die Gegend wieder verlassen.

Sligo Town und Umgebung

In herrlicher Lage an der Mündung des Flusses Garavogue breitet sich **Sligo Town** (rund 20 000 Einw.) aus. Eine Stadt, die etwas die Gemüter teilt. Denn der nach seinem an Muscheln reichen Fluss benannte Ort wird einerseits als sehr romantisch beschrieben, andererseits hat er charakterlose Neubaugebiete und einige objektiv sehr hässliche Ecken.

Yeats-Statue

Vielleicht erwarten manche Besucher auch zu viel von Sligo, das sie vor allem mit dem Poeten William Butler Yeats verbinden. Der Poet aus Metall ist heute Touristenmagnet Nummer eins: Die **Yeats-Statue** stellt den Dichter erkennbar

dar, sein Oberkörper weitet sich aber surreal in eine mit Zitaten aus seinem Werk beschriebene Fläche. Yeats familiäre Wurzeln lagen teilweise in Sligo. Sein Großvater soll von einem Türmchen auf dem Pollexfen Warehouse gerne seine kleine Handelsflotte beobachtet haben. Und mit den Brüdern Yeats, eben dem Poeten William und dem Maler Jack, gründete sich der Ruhm Sligos als Hauptstadt der Künste im irischen Nordwesten. Nicht, dass es hier viel Konkurrenz gegeben hätte. Eine sehr gute Sammlung von Literatur von und über William Butler Yeats besitzt die **Sligo Library**, Stephen St., ℡ 071-9141675, 🖥 www.sligolibrary.ie.

Model Art & Niland Gallery

Wesentlich spektakulärer ist aber die Sammlung von Werken seines Bruders, des Malers Jack Butler Yeats. Auch sein Schaffen wurde teilweise stark von Sligo geprägt. Die renovierte Model Art & Niland Gallery, The Mall, ℡ 071-9141405, 🖥 www.themodel.ie, zeigt neben wechselnden Ausstellungen bevorzugt moderner Kunst eine große Auswahl von Werken des etwas unbekannteren Yeats. Sie sind in ihrer Themenvielfalt und in der lebendigen, lebensnahen (wenn auch z. T. abstrahierten) Darstellung von Alltagsszenen einen mehrstündigen Besuch wert. ◷ Di–Sa 10–17, So 10.30–15.30 Uhr, Eintritt frei.

Yeats Memorial Building

Das Yeats Memorial Building neben der Hyde Bridge, ℡ 071-9142693, 🖥 www.yeatssociety.com, beherbergt eine Sammlung der örtlichen Yeats-Gesellschaft und wechselnde Ausstellungen. Im Sommer findet hier die **Yeats International Summer School** statt, eine der wichtigsten kulturellen Veranstaltungen in Sligo. ◷ Mo–Sa 10–17 Uhr.

St. John's Church

Die zwei wichtigsten Kirchen der Stadt sind beide nach dem Hl. Johannes benannt. Im neogotischen Stil wurde 1812 die **St. John's Church** der Church of Ireland errichtet, das geradezu klassische Kirchengebäude steht in der John Street. In der Temple Street dagegen wurde rund 60 Jahre später im neoromanischen Stil die katholische **St. John's Cathedral** gebaut.

Sligo und Leitrim

Sligo Abbey

Das interessanteste Kirchengebäude ist allerdings die **Sligo Abbey**, Abbey St., ☎ 071-9146406, 🖥 www.heritageireland.ie, die auch das älteste Gebäude der Stadt ist. Maurice Fitzgerald gründete hier 1253 ein Kloster für den Dominikanerorden. Dieses brannte rund 150 Jahre später nieder und wurde 1416 neu errichtet. Erhalten sind heute das Konventgebäude, der Kreuzgang und die Kirche. In der zweischiffigen Kirche ist nur der Chor aus dem 13. Jh. zumindest teilweise erhalten, das Querschiff dagegen wurde sogar erst im 16. Jh. errichtet. Interessant sind vor allem die Monumente und der dekorierte Altar. Das Grab des Cormack O'Crean aus dem frühen 16. Jh. etwa weist eine sehr schöne Kreuzigungsgruppe auf. ⏰ April–Okt tgl. 10–18 Uhr, Eintritt 5 €.

Wesentlich weltlichere Genüsse, aber auch im Stil der alten Zeit, bietet **Hargadon's Bar** in der O'Connell Street, ☎ 071-9153709, 🖥 www.hargadons.com, ein noch weitgehend originalgetreuer irischer Pub.

Rosses Point

Etwa 9 km nordwestlich von Sligo und direkt an der engen Einfahrt zum Hafen liegt der kleine Ort Rosses Point, in dem schon die Brüder Yeats Ferien gemacht haben. Hier sind vor allem Spaziergänge an der Küste beliebt. Dabei fällt eines der ungewöhnlichsten Seezeichen Irlands auf, ein „Iron Man". Mitten in der Einfahrt zum Hafen steht ein aus Metall gefertigter, überlebensgroßer Matrose, der den einlaufenden Schiffen mit der Hand den rechten Weg weist. Dass die Seefahrt in dieser Gegend nicht unbedingt ge-

Drumcliff ist vor allem wegen des Dichters ein Ziel, William Butler Yeats hat die hiesige Landschaft poetisch beschrieben, sich ein Grab am Fuß des Ben Bulben ausgebeten. Was er nur auf Umwegen bekam.

Aber wer war eigentlich dieser Poet, von dem man in und um Sligo scheinbar gar nicht genug bekommen kann? 1865 in Dublin geboren, wuchs er als Sohn des Malers und Kritikers John Butler Yeats in Dublin, London und Sligo auf. Die Kontraste zwischen dem Leben in der Stadt und in der tiefsten Provinz sollten ihn und sein späteres Werk stark prägen. Er etablierte sich schnell als Schriftsteller, Dramatiker und Essayist und fand schon früh Lob bei den Kritikern.

Sein Privatleben war zumindest exzentrisch, teilweise chaotisch. Er war ein Anhänger des irischen Nationalismus, Mitglied des okkulten „Order of the Golden Dawn" ... und seit seinem 24. Lebensjahr hoffnungslos in die ein Jahr jüngere Maud Gonne verliebt. Diese Liebe entwickelte sich geradezu zur Obsession, selbst nachdem Gonne eine Beziehung mit einem französischen Politiker einging und diesem Tochter Iseult gebar. Es mag für Yeats typisch gewesen sein, dass er später um die Hand eben dieser Tochter anhielt.

Yeats entwickelte sich in seiner schriftstellerischen Arbeit zu einem der führenden Vertreter des Irish Literary Revival. Seine Werke beschäftigten sich mit der irischen Mythologie, mit Natur und Geschichte und sogar mit Tagespolitik. Seine Zeile „A Terrible Beauty is Born" wird heute oftmals als treffendste Zusammenfassung des irischen Unabhängigkeitskampfes zitiert. Als anerkannter Nationaldichter und Patriot wurde W. B. Yeats von 1922–28 zum Senator des Irischen Freistaates berufen. Dies war jedoch nicht die größte Ehre, die ihm zuteilwurde: 1923 wurde ihm der Nobelpreis für Literatur verliehen.

1939 starb Yeats in Frankreich, sein Wunsch der Bestattung am Ben Bulben musste jedoch erstmal zurückstehen. In Europa begann gerade ein Krieg, das verkomplizierte die Sache etwas. Erst neun Jahre später wurden Yeats' Gebeine mit viel Bromborium nach Drumcliff bei Sligo überführt, zur jetzt wirklich letzten Ruhe.

Ein kleines Problem gibt es allerdings immer noch an Yeats' Grab – Irlands großer Dichter wurde nämlich in Frankreich zuerst in einem Gemeinschaftsgrab beigesetzt, das schon vor seinem Transfer mehrfach „entleert" wurde. Die geborgenen Skelette wurden dann, so lokale Sitte, in einem Beinhaus gelagert, sortiert nach Größe, nicht nach Namen. Und als man nach dem Krieg „Yeats Gebeine" nach Irland überführen wollte, wurden diese schnell aus der unsortierten und nicht katalogisierten Kollektion des Beinhauses zusammengesucht. Was so fehleranfällig war, dass immer wieder gemunkelt wird, dass unter Yeats' Grabstein eigentlich ein Puzzle aus französischen Knochen liegt, nicht jedoch der Poet.

DER WESTEN

fahrlos war, bezeugt auch eine weitere Statue in Rosses Point. Direkt neben der Rettungsbootstation steht das **Denkmal einer klagenden Seemannswitwe**. Heute klagen sich hier allerdings mehr die „Golfwitwen" ihr Leid: Rosses Point hat einen recht beliebten Golfkurs mit 18 Löchern, der teilweise für regionale und nationale Meisterschaften genutzt wird.

Knocknarea

Sligos Hausberge sind Ben Bulben und Knocknarea – beides Tafelberge in Meeresnähe, die einen geradezu magnetischen Einfluss auf Wanderer ausüben. Doch nicht nur auf Wanderer, denn die Berge haben etwas Mystisches und Mythisches.

Nur rund 7 km westlich von Sligo ragt der Knocknarea aus der Ebene. Vom Parkplatz aus (ab Carrowmore ausgeschildert) dauert es nur 30–45 Min. bis auf den Berg, dessen Gipfel ein weitläufiges Plateau darstellt.

Von hier oben genießt man einen schönen Rundblick über die Bucht von Sligo, den Ort selber sowie das Hinterland. Sofern man den Blick von dem großen Steinhügel auf dem Plateau losreißen kann. Dieser künstlich aufgeschichtete *cairn* hat einen Durchmesser von ungefähr 60 m und erreicht eine Höhe von etwa 11 m. Seine Entstehung wird auf die Zeit vor etwa 4500 Jahren datiert, Wind und Wetter haben ihm weniger Schäden zugefügt als die auf ihm herumkletternden Menschen. Der Sage nach soll es sich bei dem Hügel um das Grab der Königin Maeve von Connacht (S. 198) handeln. Allerdings ist dies reine Spekulation, denn es ist noch nicht einmal sicher, dass unter dem Steinhügel tatsächlich eine Grabkammer existiert. Eine gezielte Ausgrabung hat bislang nicht stattgefunden.

Ben Bulben

Von Knocknarea aus zu sehen ist auch der mehr als 500 m hohe Ben Bulben, gewissermaßen der große Bruder. Auch er ist mit der Königin Maeve verbunden, hier soll (zumindest einer Version der Geschichte nach) der Kampf mit Cúchulainn stattgefunden haben (S. 198). Bei dem es letztlich darum ging, wer den besten Zuchtbullen besitzt. Ein anderes mythologisches Tier in dieser Gegend war der große Eber, der den Ben Bulben unsi-

cher machte und dem Helden Diarmaid sogar das Leben kostete. Heute ist die größte Gefahr der Berg selbst. Der Ben Bulben kann zwar bestiegen werden, es gibt jedoch keine ausgebauten Wege, und die steilen Bergwände machen das Unternehmen (und vor allem den Rückweg) zu einem Abenteuer. Die Aussicht ist fantastisch, denn das gesamte „Yeats Country" liegt einem hier zu Füßen. Aber: Jedes Jahr stranden enthusiastische Amateure mangels klarer Abstiegsrouten auf dem Ben Bulben, daher ist ein Aufstieg für ungeübte Touristen nicht zu empfehlen.

Strandhill

Wem mehr der Sinn nach Trubel steht, der sollte seine Schritte nach Strandhill lenken. Dieses kleine Städtchen besitzt nicht nur den örtlichen Flughafen (eine Art Wiese mit Empfangsgebäude), sondern auch einen langen Sandstrand mit der dazugehörigen Infrastruktur von Eisbuden bis Pubs. Neueren Datums ist das „Seaweed Bath", hier kann man sich in einem warmen Bad oder einer Dampfkabine verwöhnen lassen, saubere Algen sorgen für den therapeutischen Effekt. Im Prinzip ein Bad im Meer in hoher Konzentration und bei weitaus angenehmeren Temperaturen. Den Surfern dagegen, die Strandhill seit einigen Jahren wegen der zuverlässigen Brandung ins Herz geschlossen haben, sind die Temperaturen ganz einerlei.

ÜBERNACHTUNG

Sligo Town

The Railway Hostel, 1 Union Pl., ☎ 087-6905539, 🖥 www.therailway.ie. Kleines Hostel in Familienbesitz, im Zentrum und nahe dem Bahnhof. Privatzimmer oder Schlafsaal ohne Geschlechtertrennung. Bett im Schlafsaal ca. 16 € (saisonabhängig), DZ ❶–❷

Glasshouse, Hyde Bridge, ☎ 071-9194300, 🖥 www.theglasshouse.ie. Sligos neuestes und spektakulärstes Hotel, direkt im Stadtzentrum und architektonisch einmalig. 116 große, modern eingerichtete Zimmer mit viel Komfort. Während des Baus wegen seiner wenig traditionellen Gestaltung umstritten, ist das Glasshouse heute eine willkommene Abwechslung im Stadtbild. ❷–❻

Rosses Point

Yeats Country Hotel, Spa & Leisure Club, ☎ 071-9117100, 🖥 www.yeatscountryhotel.com. Hotel in Laufweite vom Sandstrand mit 98 Zimmern. Konzentriert sich mittlerweile stark auf den Entspannungsurlaub mit Vollprogramm. „Eros Spa", der Name des Verwöhnzentrums, sollte allerdings keine allzu erotischen Erwartungen wecken. ❹

Strandhill

€ **Strandhill Lodge & Hostel**, Shore Rd., ☎ 085-8510889, 🖥 www.strandhill accommodation.com. An eine Surfschule angeschlossenes Hostel, nur 100 m vom Strand, Kurse und Verleih von Surfbrettern und Kälteschutzanzügen. Schlafsaal oder Privatzimmer. Bett im Schlafsaal 20 €, Privatzimmer ❶–❷

ESSEN

Sligo Town

Coach Lane Restaurant, in Donaghy's Bar, 1-2 Lord Edward St, ☎ 071-9162417, 🖥 www.coachlanesligo.com. Große Auswahl an Salaten, Pasta und Geflügelgerichten. Traditionelle Küche bis gut gewürzt wie Cajun. ⏱ tgl. 14.30–22 Uhr (Bar mit einfacherer Speisekarte), Mi–So 17.30–22 Uhr (Restaurant).

€ **Lyons Café**, Quay St, ☎ 071-9142969, 🖥 www.lyonscafe.com. Café im traditionellen Kaufhaus Lyon. Schwerpunkt: Scones und süße Sachen. Gute Kaffee- und Teeauswahl. Sandwich auf Bestellung. ⏱ Mo–Sa 9–18 Uhr.

Montmartre, 1 Market Yard, ☎ 071-9169901, 🖥 www.montmartrerestaurant.ie. Kleines französisches Restaurant. Gute Küche und interessante Präsentation der Speisen. Vernünftige Preise. Reservieren. ⏱ Di–Sa 17–23 Uhr.

Strandhill

Shells Café, ☎ 071-9122938, 🖥 www.shellscafe.com. Direkt an der Strandpromenade, ein beliebter Treffpunkt mit gutem Essen. Kann trotz Erweiterung vor einiger Zeit immer noch sehr beengt wirken, denn es ist durchgehend gut besucht. Einen Versuch ist es aber auf jeden Fall wert. ⏱ tgl. 9–18 Uhr.

UNTERHALTUNG UND KULTUR

Furey's Sheela na Gig, Bridge St., ☎ 071-9143825. Ein schöner, altmodischer Pub, in dem fast jeden Abend traditionelle Musik gespielt wird. Teilweise von Prominenten: Mitglieder der Gruppe „Dervish" tauchen hier immer wieder auf. Nett bleiben und die Band nicht an den Eurovisions-Wettbewerb erinnern …

Hawk's Well Theatre, Temple St., Sligo, ☎ 071-9161518, 🖥 www.hawkswell.com. Ein Theater, das neben dem üblichen Mix aus Gastspielen und lokalen Produktionen gerne auch einmal experimentiert. Das Programm ist nicht immer erstklassig, bietet aber meistens etwas für jeden Geschmack.

SONSTIGES

Feste

Das jährlich Ende Juli bis Anfang August stattfindende **Yeats Festival** im Rahmen der Yeats Summer School, 🖥 www.yeatssociety.com, begeistert Fans der irischen Literatur und vor allem des Nobelpreis-Dichters. Das **Sligo Live Music & Arts Festival**, 🖥 www.sligolive.ie, ist ein Kunst- und Kulturfestival, das über eine Woche lang im Oktober ein interessantes Programm von traditionell bis experimentell bietet.

Informationen

Tourist Information Sligo, Old Bank Building, O'Connell St., ☎ 071-9161201, Infos auch unter 🖥 www.sligotourism.ie.

NAHVERKEHR

Selten verkehren in Sligo Town **Stadtbusse**, die auch die Orte in der näheren Umgebung mit abdecken.

TRANSPORT

Busse

Bushaltestelle von Bus Éireann am Bahnhof, Lord Edward St., Infos unter 🖥 www.buseireann.ie oder in Sligo an der McDiarmada Station, ☎ 071-9160066.

BELFAST, mehrmals tgl. über Blacklion (Linie 66) und Enniskillen (Linie 261), etwa 4 Std.
DONEGAL TOWN (Linien 480 oder 483), über Ballyshannon, Bundoran und Drumcliff, mehrmals tgl. Dieselbe Route bedient auch Linie 64, die über Donegal Town und Letterkenny mehrmals tgl. nach DERRY führt.
DUBLIN (Linie 23), über Boyle, Carrick-on-Shannon, Longford, Mullingar, Maynooth und Dublin Airport, Mo–Fr 7x tgl. rund um Uhr, 4 Std.

Eisenbahn

Der **Bahnhof** von Sligo liegt in der Knappagh Rd. DUBLIN Connolly, über Collooney und Ballymote (S. 485), alle 2 Std. zwischen etwa 5.45 und 19 Uhr, rund 3 Std.

---

8 **HIGHLIGHT**

Carrowmore

Der **Steinzeitfriedhof** von Carrowmore, ✆ 071-9161534, 🖥 www.heritageireland.ie, 4 km südwestlich von Sligo (ausgeschildert), war wahrscheinlich die größte Anlage ihrer Art in ganz Irland. Viele der Grabhügel sind im Laufe der Jahrhunderte zerstört worden, denn die örtliche Bevölkerung sah die Anhäufungen von Steinen als ideales und vor allem kostengünstiges Baumaterial an. So ist heute unklar, wie viele Monumente hier tatsächlich einst gestanden haben. Etwa 40 bis 60 unterschiedlich gut erhaltene Ganggräber und Dolmen sind jedoch noch nachweisbar. Einige davon stehen auf Privatgrundstücken, die meisten jedoch auf öffentlichem Grund. Ihre Geschichte erzählt das kleine Besucherzentrum. ⏰ April–Okt tgl. 10–17 Uhr, Eintritt 5 €.

Der „Friedhof", eine vielleicht falsche Bezeichnung für die sich in der Landschaft verteilenden Grabhügel, wurde über einen Zeitraum von einigen Hundert Jahren im 3. Jt. vor der Zeitenwende errichtet. Also etwa zur selben Zeit wie die Pyramiden von Gizeh. Über die genaue kultische Bedeutung der irischen Mega-Megalith-Anlage

ist nichts bekannt, sie scheint jedoch teilweise in Korrespondenz mit weiter entfernt liegenden Bauten und natürlichen Punkten zu liegen. Lässt man die Landschaft auf sich wirken, werden einige Ausrichtungen deutlich. So existieren auf umliegenden Bergen weitere Grabhügel (oder zumindest künstlich errichtete Steinhügel, s. Knocknarea), die mit Gräbern in Carrowmore Linien durch die Landschaft zu ziehen scheinen.

Ob es sich hier um sogenannte Leys, also prähistorischen Markierungen folgenden Strecken, oder auch nur Zufälle handelt … ist umstritten und ewig diskutabel. Ebenso wie die Beobachtung, dass einer der noch gut erhaltenen Grabhügel sich fast mit dem weit hinter ihm am Horizont aufragenden Ben Bulben zu decken scheint. Auf jeden Fall ist die Anlage von Carrowmore mit ihrer weiteren Umgebung ein interessantes Feld für Spekulationen. Sehr anschaulich für moderne Besucher ist ein rekonstruierter Grabhügel, aus dem ein Teil wie ein Stück einer Torte herausgeschnitten wurde, sodass man ihn „von innen" besichtigen kann.

Südlich von Sligo Town

Etwa 2 km westlich des **Lough Gara** lockt bei **Monasteraden** eine heilige Quelle nach wie vor Bittsteller und Pilger an. In einen Brunnen eingefasst, ist die **Quelle der Hl. Attracta** gewidmet. Ein Relief mit der Abbildung der Kreuzigung wird für viele Besucher zum Fokus des Gebetes.

Lough Arrow

Der **Lough Arrow** zieht fast das ganze Jahr über Besucher an. Auf dem See wird geangelt und gesegelt, die meisten Menschen genießen aber einfach die Natur und die Wege rund um das Gewässer. Vor allem in der Nähe des Ortes **Ballinafad** sind wunderschöne Aussichten zu finden. Ob es auch die Aussicht war, die in grauer Vorzeit Menschen hierher zog, kann diskutiert werden. Auf jeden Fall errichteten sie in der Nähe den Friedhof von **Carrowkeel**, auf dem man heute noch 14 Ganggräber finden kann. Diese verteilen sich auf einem Hügel über dem Lough Arrow und sind am einfachsten von **Castlebaldwin** aus erreichbar. Teilweise sind die Grabhügel noch sehr gut erhalten und einer von ihnen kann es in Sachen Astronomie sogar mit Newgrange aufnehmen. Allerdings in der anderen Jahreshälfte, denn die innere Kammer dieses Baus wird am Tag der Sommersonnenwende ausgeleuchtet. Auf einer Anhöhe nahe dem Friedhof sind noch Reste einer steinzeitlichen Siedlung zu finden. Ob hier nun tatsächlich einfache Bauern lebten, die ihre Toten in den gewaltigen Grabhügeln beerdigten, ist historisch nicht belegbar. Tatsächlich kann es sich auch um die Reste einer Siedlung handeln, die eigens für die Bauarbeiter geschaffen wurde.

Ballymote

Der lebendige Ort **Ballymote** mit seinen zahlreichen kleinen Geschäften und einigen einladenden Pubs in der Innenstadt gehört nicht unbedingt zu den bekanntesten Zielen in Irland, einen Abstecher aber ist er wert. Vor allem wegen der immer noch imposanten Burgruine des **Ballymote Castle**, die mit ihren sechs runden Türmen einen für Irland eher ungewöhnlichen Anblick bietet. Die Festung wurde vom 14. bis ins 18. Jh. benutzt und kannte immer nur kurze friedliche Perioden. Auch wenn sie heute nur noch eine Hülle ist, einen Eindruck von der Festungsbaukunst des Mittelalters kann sie noch vermitteln. Im Park gegenüber der Burg findet sich noch ein Denkmal für einen ganz besonderen Mönch – Bruder Walfrid (bürgerlich Andrew Kerins) zog es nach Glasgow, wo er den legendären Fußballverein Celtic gründete.

Eagles Flying

Nur 5 km westlich von Ballymote findet sich auch eine Aufzucht- und Forschungsstation für Greifvögel, betrieben von dem deutschen Biologen Lothar Muschketat. Unter dem Namen Eagles Flying, 🖥 www.eaglesflying.com, ist die Einrichtung in den Sommermonaten zweimal täglich für Besucher geöffnet, wobei eine Flugschau mit den hier beheimateten Adlern, Geiern, Falken oder Eulen atemberaubend ist. Oftmals wortwörtlich, denn ein extrem tief über das Amphitheater gleitender ausgewachsener Adler lässt die meisten Besucher den Atem anhalten. Danach kann man sich dann im kleinen Streichelzoo wieder beruhigen … ⏰ Ostern–Nov tgl. 10.30–12.30 und 14.30–16.30 Uhr (Flugschau beginnt um 11 bzw. 15 Uhr), Eintritt 13,90 €, bei schlechtem Wetter finden die Vorführungen in einer überdachten Arena statt.

Cawley's Guesthouse, Emmet St., Tubbercurry 📞 071-9185025, 🖥 www.cawleysguesthouse.ie. Garten, Bar, Restaurant, Sessions, 14 Zimmer und Hausmannskost. Das Haus hat sich etwas vom Charme des „alten Irland" erhalten, wurde in den mehr als 100 Jahren Nutzung als Hotel aber einfühlsam renoviert und ist sehr komfortabel geworden. Die Jazz-Sessions in der Bar (im Winter) sind unter Kennern beliebt. ❸

Temple House, etwa 6,5 km westlich von Ballymote, 🖥 www.templehouse.ie. Familiensitz der Percevals und seit einigen Jahren auch als B&B für Gäste geöffnet. Wobei B&B der Gipfel der Untertreibung sein dürfte, denn man schläft in einem palastähnlichen Gebäude, zwischen Antiquitäten und Familienerbstücken, mit Blick auf den familieneigenen See, die Schafherden des Hausherren und eine ehemalige Burg des Tempelritterordens. Komfort und Luxus für den Gast, der zwischen sieben fantastisch ausgestatteten Räumen wählen kann und seine Mahlzeiten vom Familienporzellan genießen darf. Übernachtung mit Frühstück kostet hier ab 80 € p. P. Dafür gewinnt man aber auch Einblicke in das Leben der „landed gentry", der alten Großgrundbesitzer.

Nördlich von Sligo Town

Drumcliff

Drumcliff liegt 8 km nördlich von Sligo und ist heute vor allem dadurch bekannt, dass William Butler Yeats sich ausgebeten hatte, hier am Fuße des Ben Bulben begraben zu werden. Sein Großvater war in der Kirche Pfarrer. Allerdings fand die Beerdigung des 1939 verstorbenen Yeats nur mit erheblicher Verzögerung statt, denn der irische Dichter verstarb in Frankreich und musste dort aufgrund des Zweiten Weltkriegs zeitweise begraben werden. Erst 1948 wurden seine sterblichen Überreste nach Irland überführt und dann seinem Wunsch entsprechend auf dem Kirchhof von Drumcliff beigesetzt. Sein Grabstein prägt die von ihm selbst entworfene Mahnung an den Reiter, Leben und Tod mit kaltem Blick zu betrachten und dann weiter zu reiten. So ist der Grabstein dann gewissermaßen das letzte veröffentlichte Werk des Dichters.

Dies ist jedoch nicht die einzige Sehenswürdigkeit hier. Direkt an der Friedhofsmauer steht ein altes **Hochkreuz**, das um das Jahr 1000 entstanden sein soll und biblische Szenen zeigt, darunter Adam und Eva, Kain und Abel, Szenen aus dem Leben und der Passion Christi, als seltenes Motiv aber auch Daniel in der Löwengrube. Verschiedene Fabeltiere und das übliche Knotenwerk runden die Gestaltung ab. Auf der anderen Seite der vorbeiführenden Hauptstraße steht der Stumpf eines **Rundturms**. Es heißt, dass dieser Turm endgültig einstürzen soll, wenn ein wirklich kluger Mann vorbeigeht. Etwas versteckt neben dem Kirchhof und fast wie ein Parkplatzwächter wirkend, befindet sich eine sehr interessante Statue des Hl. Columba, der das hiesige Kloster gegründet haben soll. Er ist in hockender, meditativer Haltung dargestellt,

diese untypische Pose und die nicht sehr auffällige Anordnung machen ihn zu einer überraschenden Entdeckung.

ÜBERNACHTUNG UND ESSEN

Castletown House B&B, ☎ 071-63204, 🖳 www.homepage.eircom.net/~castletownhouse. Wer einmal wie Yeats im Schatten von Ben Bulben liegen möchte, ist im Castletown House gut aufgehoben – einem familiären B&B mit 3 komfortablen Zimmern (eines ein Familienzimmer) und sehr gutem „Irish Breakfast". ❷–❸
Gut essen kann man am ehesten in Sligo Town, unterwegs lohnt sich jedoch auf jeden Fall die Einkehr im **Coffee Shop** direkt an der Kirche von Drumcliff. Nur wenige Meter von Yeats' Grab entfernt, werden sehr gute und günstige Snacks und Kuchen serviert. Die nur wenige Hundert Meter weiter südlich direkt an der Hauptstraße gelegene **Yeats Tavern** bietet Essen unterschiedlicher Qualität.

FESTE

Beim **Cos Cos Sean Nós Festival**, 🖳 www.coscos.ie, in Drumcliff an einem Wochenende Anfang Mai wird traditionelle irische Musik geboten, dazu Dichterlesungen und Lyrikabende. Sehr stark ist auch der traditionelle Tanz vertreten.

TRANSPORT

Zahlreiche **Busverbindungen** bestehen von Sligo aus in alle Himmelsrichtungen, allerdings ist die Frequenz der Verbindungen oft extrem niedrig. Genaue Strecken und Abfahrtzeiten unter 🖳 www.buseireann.ie oder Sligo McDiarmada Station, ☎ 071-9160066.

Lissadell House

Etwa 7,5 km nordwestlich von Drumcliff liegt Lissadell House, ☎ 071-9163150, 🖳 www.lissadellhouse.com, heute im Privatbesitz eines Anwaltsehepaares. Das Haus samt Gärten und Sonderausstellungen steht im Sommerhalbjahr für Gäste offen (Eintritt 14 €), genaue Öffnungszeiten aktuell im WWW abrufen!

Lissadell House wurde in der ersten Hälfte des 19. Jhs. in einem an die klassische griechische Architektur angelehnten Stil gebaut und gehörte der Familie Gore-Booth. Diese zählte zwar zur anglo-irischen Oberschicht, setzte sich aber stark für die Rechte und das Wohlergehen der Bevölkerung ein. Unvergessen ist ihr Verhalten während der Großen Hungersnot, als sie eine Hypothek auf das Herrenhaus aufnahmen, um Lebensmittel für ihre Arbeiter zu kaufen. In dieser Tradition sah sich auch die berühmteste Tochter der Familie, **Constance Gräfin Markievicz** (1868–1927, der nicht ganz echte Adelstitel kam von ihrem Ehemann). Sie war eine führende Gestalt in der nationalistischen Bewegung und nahm am Osteraufstand 1916 in den Reihen der Irish Citizens Army teil. Später war sie die erste Frau, die in das britische Unterhaus gewählt wurde (sie nahm ihren Sitz jedoch nicht ein) und dann erste Arbeitsministerin Irlands. Natürlich hat auch W. B. Yeats, der öfter Gast in Lissadell war, ein Gedicht über sie und ihre Schwester Eva geschrieben.

Insel Inishmurray

Am nördlichen Ende des County Sligo führt von dem Ort **Grange** eine kleine Straße nach **Streedagh**, von wo Touren auf die seit 1948 nicht mehr bewohnte Insel **Inishmurray** möglich sind (Inishmurray Island Trips, ✆ 087-2540190, 🖥 www.inishmurrayislandtrips.com). Auch von **Mullaghmore** ist die Überfahrt möglich. Nach ungefähr 7 km Fahrt über das offene Meer ist die kleine Insel erreicht, auf der heute zahllose Vögel brüten. Ein prähistorisches Ringfort weist die Überreste eines Klosters aus dem 6. Jh. auf, das schon drei Jahrhunderte später wieder aufgegeben wurde. Die ständigen Plünderungen ließen die frommen Brüder einfach nicht zur Ruhe kommen.

Was für die Anhänger und Nachfolger des Hl. Molaise ein Problem war, ist für uns heute ein Segen: die Abgeschiedenheit. Die verlassene Klosteranlage ist zumindest in ihren Grundrissen noch fast vollkommen erhalten. Eine mehrere Meter hohe Mauer umgibt das gesamte Kloster, wahrscheinlich fünf Eingänge führten in den Innenraum. Hier finden sich noch drei Kirchen und verschiedene Hütten, beeindruckende Reste des Klosterlebens. Ein faszinierender und gleichzeitig immer noch rätselhafter Rest sind die „Fluchsteine", mit deren Hilfe man andere Menschen angeblich recht wirkungsvoll mit einem Fluch belegen kann. Was die Steine allerdings in einem christlichen Kloster zu suchen haben, lässt sich kaum noch klären.

Vielleicht wurden ja auch die drei Schiffe der Spanischen Armada verflucht, die wenige Kilometer entfernt am 6. September 1588 bei Streedagh strandeten und auseinanderbrachen. Sie waren nach der Niederlage im Ärmelkanal auf dem Weg zurück nach Spanien, von ungefähr 1500 Mann Besatzung konnten gerade einmal 300 gerettet werden. Heute steht hier, stellvertretend für alle Opfer der Armada, das **Spanish Armada Memorial**.

Glencar Lake

Der schon nach Leitrim hereinragende Glencar Lake ist ebenfalls mit William Butler Yeats verbunden, über den **Wasserfall** (bereits in Leitrim gelegen, wie zahlreiche Schilder betonen) schrieb er ein begeistertes Gedicht. Auf der Nordseite des Sees ergießt sich das Wasser eines kleinen Baches über eine beeindruckende Kaskade fast direkt in den See, vom Parkplatz am Ufer sind es nur wenige Schritte zum Wasserfall. Da diese Gegend vor allem an Wochenenden bei Tagesausflüglern ausgesprochen beliebt ist, kann es rund um den Aussichtspunkt und den Wasserfall zu Parkplatzproblemen auf der ohnehin engen Straße kommen.

County Leitrim

County Leitrim bezeichnet sich in der Eigenwerbung als „Lovely Leitrim", zählt jedoch nicht zuletzt wegen seiner Grenzlage zu Nordirland zu den am dünnsten besiedelten Regionen des Landes und ist auch touristisch nicht sehr bedeutend. Eine einsame Landschaft mit zahlreichen Seen, die Angler anlockt, und der Shannon-Erne-Kanal, an dem sich zunehmend Wassersportler tummeln, sind die Highlights. Ausgangspunkt für Touren ist das lebhafte, an Wochenenden oft überlaufene Örtchen Carrick-on-

Shannon. Von hier aus starten Freizeitkapitäne – aber auch Wanderer, die auf dem Leitrim oder dem Miners Way unterwegs durch das County sind.

Rund um den Lough Gill

Das County Leitrim beginnt schon am Lough Gill, einem im Osten von Sligo gelegenen See. Dank seines Fischreichtums tummeln sich hier vor allem Angler, die Lachse, Hechte und Forellen aus dem Wasser ziehen. Eine Rundfahrt um den See (etwa 40 km) lohnt sich wegen der landschaftlichen Schönheit, die auch schon William Butler Yeats zu einigen Gedichten inspirierte. **Dooney Rock** im Westbereich des Sees, der bekannteste Aussichtspunkt am See und erreichbar über die R287 (Ausschilderung Forest Park, hier beginnt ein Wanderweg), fand seinen Widerhall als *The Fiddler of Dooney*.

Insel Innisfree

Und die kleine Insel Innisfree im südlichen Teil des Sees ist durch das Gedicht *The Lake Isle of Innisfree* jedem Fan des Dichters und dank seiner ewig sich wiederholenden Behandlung im „Leaving Certificate" (dem irischen Abitur) nahezu jedem irischen Schulkind bekannt.

Innisfree hat außer der Verbindung zu Yeats wenig zu bieten, die Natur ist ihre Hauptattraktion. Bootsfahrten über den See sind im Sommer möglich – die *Rose of Innisfree* kreuzt dann zweimal täglich (12.30 und 15.30 Uhr) auf dem See, ✆ 071-9164266, 🖥 www.roseofinnisfree.com, ab 15 €.

Parke's Castle

Diese Fahrten beginnen am Parke's Castle, ✆ 071-9164149, 🖥 www.heritageireland.ie, einer typischen Burganlage aus dem 17. Jh. mit einem drei Stockwerke hohen Zentralbau. Das Herrenhaus wurde restauriert und ist zu besichtigen. Die Anlage wirkt sehr romantisch, ihre Geschichte ist typisch für Irland: Ursprünglich wurde hier im 16. Jh. ein Turmhaus der Familie O'Rourke gebaut, von dem jedoch nur noch wenige Reste vorhanden sind. Das Land fiel dann dem englischen Siedler Captain Robert Parke

zu, der sich ein befestigtes Haus nach seinen eigenen Vorstellungen baute. Dazu wurden die Steine aus der abgerissenen Festung der O'Rourkes verwendet. Lediglich die Fundamente und ein Teil der Befestigungsanlagen blieben erhalten. Das sehr kompakt wirkende Anwesen hat interessante Schornsteine und schöne Fenster, die Ausstellung im Inneren informiert sehr gut über die Geschichte des Hauses und den Baustil. Ein kurioses Detail ist das „Schweißhaus", eine aus Stein gebaute, kleine Hütte, die tatsächlich die irische Version der finnischen Sauna darstellt. ⏰ April–Sep tgl. 10–18 Uhr, Eintritt 5 €.

Deer Park Court Cairn

Weitere Sehenswürdigkeiten rund um den Lough Gill stammen aus den verschiedensten Perioden der irischen Geschichte. Die älteste davon ist der **Deer Park Court Cairn**, ein Hügelgrab mit nicht weniger als drei Kammern. Es liegt an der Straße nach **Manorhamilton**, sein Standort ist vor rund 5000 Jahren wahrscheinlich wegen seiner erhöhten Lage ausgewählt worden – die heute für einen sehr schönen Rundblick sorgt.

Abtei Creevylea

Im Jahr 1508 wurde die **Abtei Creevylea** gegründet, heute zum Ort **Dromahair** gehörend und ursprünglich vom Franziskanerorden genutzt. Dieser hat auch deutliche Spuren hinterlassen, unter den sehr interessanten Steinmetzarbeiten an den Säulen im Nordbereich befindet sich ein Abbild des Hl. Franziskus, der zu den Vögeln predigt. Leider ist die Abtei sonst nur noch eine, wenn auch romantische, Ruine – mit vorsorglichem Warnschild wegen teilweise Einsturzgefahr.

Hazelwood House

Hazelwood House am Nordufer des Lough Gill wurde 1731 im „Palladian Style" errichtet und ist, trotz seiner eher kleinen Abmessungen, eines der interessanteren Herrenhäuser in der Gegend. In den letzten Jahren wurde das altehrwürdige Gebäude allerdings vernachlässigt und kann nur aus einiger Entfernung betrachtet werden.

Carrick-on-Shannon und Umgebung

Die mit nicht einmal 3000 Einwohnern gesegnete Hauptstadt des County Leitrim liegt malerisch an einer Flussbiegung des Shannon. Der Shannon und der aus Dublin kommende Grand Canal waren daher verantwortlich, dass sich der Ort zu einem wichtigen Umschlagplatz entwickelte. Auch wenn die Wasserwege längst nicht mehr so intensiv genutzt werden wie noch vor hundert Jahren, profitiert Carrick-on-Shannon immer noch von ihnen. Heute sind es vor allem die Bootstouristen, die Leben und Geld in die Gegend bringen. Nachdem jahrelang hier das Revier der Freizeitkapitäne endete, hat die Wiedereröffnung des rund 125 Jahre vorher als absolut erfolglos geschlossenen Shannon-Erne-Waterway im Jahr 1993 für noch mehr Betrieb gesorgt. Vor allem im Sommer schlägt sich dies auch im Stadtbild nieder, der kleine Hafen des Ortes ist an manchen Tagen übervoll mit Hausbooten und die Pubs werden dominiert von Touristen mittleren Alters in quasi maritimer Freizeitkleidung.

Das Stadtbild von Carrick-on-Shannon hat sich noch nicht vollkommen dem Tourismus hingegeben, und es wird auf allzu reißerische Aufmachung und Reklame verzichtet. Das ist auch gut so, denn es ist eigentlich der altmodische Stil des 19. Jhs., der ein wenig den Reiz des Ortes ausmacht, dazu zählen georgianische Häuser und das alte Gerichtsgebäude. Die einzige echte Sehenswürdigkeit ist allerdings die **Costello Chapel** in der Bridge Street. Das Gebäude wurde 1877 vom Geschäftsmann Edward Costello gebaut, um als Begräbnisstätte für sich und seine Frau zu dienen. Die Abmessungen betragen 5 x 3,60 m. Heute gilt die Kapelle damit als eine der kleinsten Kapellen der Welt.

Etwa 18 km südöstlich von Carrick-on-Shannon, auf der N4 schnell erreichbar, liegt der unscheinbare Ort **Dromod**. In dessen alten Bahnhofsgebäuden hat das Eisenbahn- und Technikmuseum der **Cavan & Leitrim Railway**, 🖥 www.cavanandleitrim.com, sein Zuhause gefunden. Eine Dampflokomotive, mehrere Diesellokomotiven, alte Waggons, Feuerwehren,

🌳 Nur einen Steinwurf vom Südufer des Lough Melvin befindet sich bei Rossinver das **Organic Centre**, ✆ 071-9854338, 🖥 www.theorganiccentre.ie, eine gemeinnützige Einrichtung, die ökologische Methoden im Gartenbau und der Landwirtschaft fördern soll. Sie wurde 1995 eingerichtet und erstreckt sich über fast 8 ha, die teilweise auch für Besucher zugänglich sind (4 €). Zu diesem Zweck wurden spezielle Gärten und Gewächshäuser angelegt, die an ökologischem Anbau auf eigener Scholle interessierte Menschen inspirieren. Etwa mit Weinreben, die in den Folientunneln prächtig gedeihen. Auf dem meist sehr intensiv ausgebeuteten irischen Land ist das Organic Centre eine Ausnahmeerscheinung und eine kleine Enklave der Hoffnung in einer stark profitorientierten Landwirtschaft. 🕐 Feb–Nov Di–So 10–17 Uhr.

Und wer schon einmal da ist, sollte sich auch ein echtes Naturschauspiel ganz in der Nähe nicht entgehen lassen – die **Fowley's Falls**, bei denen sich der Fluss Glenanniff über mehrere Kaskaden durch ein tief eingeschnittenes Tal bergab stürzt. Touristisch kaum erschlossen, sieht man von einer winzigen Parkbucht und einigen Picknickbänken ab. Den Weg am besten im Organic Centre erfragen ... oder die R282 in südlicher Richtung befahren und dann kurz hinter der Abzweigung zur R281 (linker Hand) rechts über eine Brücke abbiegen.

Krankenwagen, Lastwagen, Busse und sogar Flugzeuge werden hier (mehr oder minder gut) erhalten. Aufmerksame Beobachter finden sogar ein Mini-U-Boot. Der Zugang zum weitläufigen Gelände ist nur mit Führung möglich. 🕐 April–Okt Sa und Mo 10–17, So 13–17 Uhr, Eintritt 8 €.

Aisleigh Guest House, Dublin Rd., ✆ 071-9620313, 🖥 www.aisleighguesthouse.com. Guesthouse 1 km südöstlich des Zentrums mit 10 Zimmern, alle mit Bad und TV. Insgesamt etwas enger als die großen Hotels im Zentrum,

DER WESTEN

dafür aber umso gemütlicher. In der Nähe viele Freizeitmöglichkeiten wie Reiten, Schwimmen etc. ❸

Ciuin House, Hartley, ☎ 071-9671488, 🖥 www.ciuinhouse.ie. Hotel etwa 2 km nördlich des Zentrums mit 15 Zimmern, die ruhige Lage und der traditionelle Komfort machen das Haus attraktiv. Nimmt aber auch gerne „Party-gruppen" auf. ❸–❹

Franco's, Bridge St. Auf den ersten Blick nur ein weiterer Fish 'n' Chips-Laden, aber wegen der Größe der Portionen bei fairem Preis unbedingt zu empfehlen.

The Oarsman Bar & Café, Bridge St., 🖥 www.theoarsman.com. Charaktervoller Pub. Ansprechende Mittagskarte. Restaurant mit breiterer Auswahl, köstlich sind die Desserts. Am Wochenende oft Livemusik. ⏱ Di–Sa 12–21 Uhr.

FESTE

Beim **Carrick Water Music Festival**, 🖥 www.carrickwatermusicfestival.com, im Juni steht nicht nur Händels Wassermusik auf dem Programm. Geboten werden sowohl traditionelle Musik als auch Klassik und sogar Kreuzfahrten auf dem Shannon mit Jazzkonzert.

AKTIVITÄTEN

Für Wanderer mit Interesse an Industriegeschichte könnte auch der rund 130 km lange **Miners Way** eine Idee sein, der durch die ehemaligen Bergbaugebiete führt. Kürzer ist der **Leitrim Way** (48 km), eine beliebte Route für zweitägige Wandertouren. Nähere Infos unter 🖥 www.walkingwildireland.com.

Der Shannon für Landratten

Eigentlich ist der Shannon, dieser Fluss quer durch eine Seenlandschaft, ja ein Revier für die Bootstouristen – Camper auf dem Wasser. Aber auch ohne gemietetes Hausboot kann man auf und am Fluss glücklich werden. Waterways Ireland hat die Zeichen der Zeit erkannt: Nicht länger soll der Shannon den wochenweise Tourenden mit etwas größerem Geldbeutel vorbehalten sein, man will ihn wieder zur Attraktion für alle machen. Das Zauberwort dabei: **Shannon Blueway**! Blauer Weg? Der gewöhnungsbedürftige Begriff beschreibt ein Netz von Freizeitaktivitäten am und auf dem Wasser, das sich den Shannon entlangzieht. Nicht mit einer hundertprozentigen Abdeckung, aber doch weite Teile des Fluss- und Seensystems vor allem auch für Tagesbesucher erschließend. Und eine gesunde Alternative zum endlosen Auto- oder Bootsfahren bietet, meist mehr sitzende Tätigkeiten. Wobei … sitzen muss man auch auf dem Blueway, denn Teile sind mit dem Fahrrad oder dem Kanu zu bewältigen. Aber das ist anderes Sitzen. Mit körperlicher Anstrengung verbunden.

Thema **Kanu** – auf bis zu fast 16 km langen Strecken kann man den Shannon selber und den Lough Allen Canal erkunden, die Paddel schwingend, ganz knapp über der Wasseroberfläche dahingleitend und der Natur ganz nahe kommend. Ausgewiesen sind Aktivitäten für einen halben oder ganzen Tag, teilweise auch für blutige Anfänger geeignet.

Auf festeren Wegen geht es mit dem **Fahrrad** am Shannon entlang. In Zusammenhang mit dem Leitrim County Council wird diese eher vernachlässigte Freizeitbeschäftigung gezielt ausgebaut, werden Treidelpfade befestigt oder sogar neue Wege angelegt.

Und wer es ganz ohne Hilfsmittel mag, der schnürt nur die festen Schuhe und folgt einem der zahlreichen **Wanderwege**, die man aufgemöbelt, ausgeschildert und teilweise neu angelegt hat. Mit z. T. spektakulären Mitteln; den Acres Lake bei Drumshanbo etwa begeht man auf einem eigens errichteten schwimmenden Steg. Ein wenig wackelig, aber doch sicher. So kann dann auch die letzte Landratte sagen, dass sie „auf dem Shannon" war.

Alle aktuellen Informationen zum Shannon Blueway findet man auf 🖥 www.bluewaysireland.org. Weitere Blueways, etwa am Verbindungskanal zwischen Shannon und Erne und am Royal Canal, werden derzeit ausgebaut.

DER WESTEN

Wer nicht mit dem eigenen Boot in Carrick-on-Shannon ankommt, muss dennoch nicht auf eine Shannontour verzichten – mit einem komfortablen Passagierboot bietet **Moon River**, Main St., ℘ 071-9621777, 🖳 www.moonriver.ie, regelmäßig Fahrten ab 15 € an. Während die Tagestouren ruhiger sind und sich die Mitfahrer auf die Landschaft konzentrieren, kann bei den Abend- und Nachttouren mit Bar und DJ „die Post abgehen". Interessant auch die gelegentlichen „River Sessions", bei denen bekannte Künstler auf dem Boot auftreten.

Tourist Information Carrick-on-Shannon, direkt am Hafen (Brücke), ℘ 071-9622245, Infos auch unter 🖳 www.carrickonshannon.ie.

Busse

Die **Bushaltestelle** liegt an Coffey's Pastry Case. DUBLIN (Linie 23), über Longford, Mullingar, Maynooth und Dublin Airport, Mo–Fr 7x tgl., 3 Std. SLIGO (Linie 23), über Boyle, mehrmals tgl., 1 Std.

Eisenbahn

Der **Bahnhof** befindet sich an der Station Rd., westliche Flussseite.

Carrick-on-Shannon liegt auf der Bahnstrecke zwischen SLIGO und DUBLIN, die auch über Longford Town und Dromod verläuft. Tagsüber verkehrt etwa alle 2 Std. ein Zug zwischen Sligo Town und Dublin Connolly, die Fahrzeit beträgt von Carrick-on-Shannon rund 2 1/4 Std. nach Dublin oder 45 Min. nach Sligo.

County Donegal

Donegal, das ist nun wirklich das Ende der irischen Welt. Wild, herb, rau, von den heftigen Winden des Atlantiks geprägt und gebeutelt. Eine Landschaft mit atemberaubend steilen Klippen, zerklüfteten und für Schiffe brandgefährlichen Küstenstrichen, langen und oft verborgenen Sandstränden, weiten und mehr als trostlosen Moorlandschaften. Dazwischen zahlreiche prähistorische Stätten in einem der schönsten und zugleich abgelegensten Counties des Landes. Hoch oben im Nordwesten der Insel wird Donegal zu weiten Teilen nur vom Atlantik begrenzt, der Rest fast vollkommen von der internationalen Grenze zu Nordirland. Direkte Anbindung an die Republik? Eigentlich nur über einen rund 10 km breiten „Korridor" zwischen Atlantik und Nordirland, in dem Donegal an das County Leitrim grenzt.

Diese fast vollkommen vom Rest der Republik abgeschnittene Lage hat dazu geführt, dass Donegal zu den „vergessenen Regionen" Irlands zählt. Den Gebieten, die die Dubliner Zentralregierung oftmals schlicht unter „ferner liefen" abhakt. Ein Glücksfall für den Besucher, denn hier hat sich Irland noch seine Ursprünglichkeit bewahren können. Oder müssen. Nur an ganz wenigen Orten konzentriert sich der Massentourismus, und selbst der ist (verglichen etwa mit dem Südwesten) noch erträglich. Dafür blieb manches erhalten, was anderswo sang- und klanglos versank. So wird in Donegal noch lebendiges Irisch gesprochen. Nicht das von Dublin aus über die Schulen verbreitete „Standard-Irisch", sondern der seit Jahrhunderten hier tatsächlich verwendete Dialekt. Andererseits hat sich in Donegal, wo auch sonst, die einzige Parade des „Orange Order" auf dem Boden der Republik erhalten.

Seitdem die Grenzen zwischen der Republik und Nordirland kaum noch bemerkbar sind, und solange der Brexit keinen neuen Riegel davorschiebt, ist der Weg nach Donegal leichter und vor allem kürzer geworden. Von Dublin aus sind die regelmäßig verkehrenden Busse binnen weniger Stunden dort, sie fahren einfach quer durch Nordirland.

Donegal Town

Donegal Town (etwa 2600 Einw.) ist aber erstmal Irland aus dem Bilderbuch. Das Zentrum des Ortes wird von einem großen Platz gebildet, von dem aus alle Sehenswürdigkeiten binnen weniger Minuten zu Fuß erreichbar sind. Und rings um den Platz findet man genug Einkaufsmöglichkeiten und Cafés, um eine oder zwei Stunden mit einem Bummel zu verbringen. Dabei sollte man unbedingt bei **Magee**, The Diamond, ✆ 074-9722660, 🖥 www.magee1866.com, hereinschauen. Das kleine Kaufhaus ist eine Institution und weit über die Grenzen des County bekannt. Eigentlich müsste es schon lange in Konkurs sein, denn mit der Mode geht man hier seit Beginn der Zeitrechnung konsequent nicht. Im Gegenteil: Magee ist bekannt für altmodische Kleidung, für Tweed in jeder Form, für Nachthemden im Schnitt des 18. Jhs., für Oberhemden, die schon unsere Urgroßväter leicht beschönigend als „echt traditionell" bezeichnet hätten. Und genau auf diesen altmodischen, oft auch unpraktischen Kleidungsstücken basiert der Erfolg von Magee.

Donegal Railway Heritage Centre

Etwas abseits der Innenstadt findet man im ehemaligen Bahnhofsgebäude (heute fährt hier nur noch der Bus) das Donegal Railway Heritage Centre, Tyrconnell St, ✆ 074-9722655, 🖥 www.donegalrailway.com. Hier dreht sich alles um die gute alte Dampfbahn, die einst Donegal mit einem beachtlich dichten Netz durchzog. Zahlreiche Fotos, Modelle und eine Reihe erhaltener Waggons dokumentieren die große Zeit. Getrübt wird die Freude allenfalls durch die eingeschränkten Öffnungszeiten: ⏰ Mo–Fr 10–17 Uhr, Eintritt 5 €.

Donegal Castle

In der Flussschleife oberhalb des Eske liegt Donegal Castle, ✆ 074-9722405, 🖥 www.heritageireland.ie, das im Laufe der Zeit zahlreichen Renovierungen unterworfen wurde und der ursprünglichen Burganlage kaum noch ähnlich sieht. Eigentlich stammt das Kerngebäude, eine Festung der O'Donnells, aus dem 15. Jh. Der Name des Ortes, Donegal heißt übersetzt „Festung der Fremden", hätte ihnen vielleicht zu denken geben sollen. 1607 wurden sie von ihrem Besitz vertrieben, Hugh O'Donnell zündete die Burg daraufhin an. Der neue Inhaber war der Engländer Sir Basil Brooke. Dieser übernahm die Festungsruine und baute sie im Stil der Zeit um. In die Schutzmauern wurden Fenster eingehauen und kleine Ziertürmchen sowie Giebel sorgten dafür, dass das Gebäude mehr wie ein gemütlicher Landsitz wirkte. Selbst in seinem heutigen Zustand, nur wenige Teile sind renoviert, hat das Donegal Castle etwas von einem Märchenschloss. ⏰ Ostern–Sep tgl. 10–18, sonst 9.30–16.30 Uhr, Eintritt 5 €.

Obelisk

Brooke war es auch, der die Innenstadt komplett neu plante und den zentralen Marktplatz, auch als **Diamond** bekannt, schuf. Der auffällige **Obelisk** in der Mitte des Platzes erinnert aber an ein ganz anderes Kapitel - nämlich an vier Franziskaner, die die Geschichte der Iren aus alten Überlieferungen sammelten und in einem Gesamtwerk, *The Annals of the Four Masters*, zusammentrugen. Fertiggestellt um 1630, streckt sich die Zeitlinie von kurz vor der Sintflut bis ins 16. Jh. – nicht immer historisch unbedingt zuverlässig. Einen Teil ihrer Arbeit erledigten die Mönche in der **Donegal Abbey**, erbaut 1474, heute aber nur noch in wenigen Ruinen erhalten.

Donegal Craft Village

Die meisten Besucher eilen daher weiter in das gut ausgeschilderte Donegal Craft Village, ✆ 074-9722225, 🖥 www.donegalcraftvillage.com, in dem örtliche Kunsthandwerker wie Töpfer, Weber und Goldschmiede ihre Studios und Verkaufsräume haben. Generell ⏰ Mo–Sa 10–17, im Winter Di–Sa 10–17 Uhr, einzelne Läden können davon abweichen.

ÜBERNACHTUNG

€ **Donegal Town Independent Hostel**, Doonan, ✆ 074-9722805, 🖥 www.donegaltownhostel.com. Relativ einfaches Hostel mit 40 Betten, darunter einige Familienzimmer mit eigenem Bad. Abends trifft man sich am offenen Torffeuer. Abholung auf Vorbestellung. Bett im Schlafsaal ca. 16 € (saisonabhängig), DZ ❶–❷

Ard Na Breátha, Drumrooske Middle, ✆ 074-9722288, 🖥 www.ardnabreatha.com. Guesthouse etwa 1,5 km nordöstlich des Zentrums

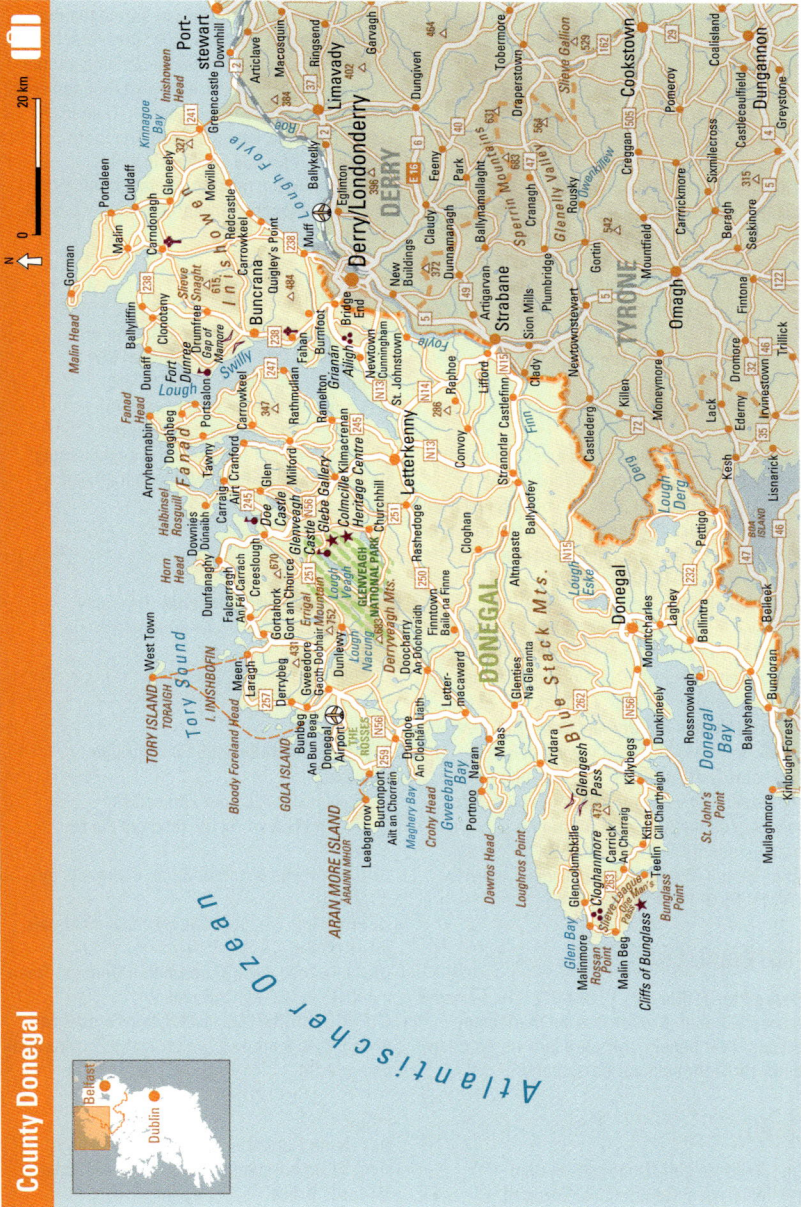

mit 6 Zimmern mit Bad, TV und Blick auf die Bluestack Mountains. Sehr bequem und ein wenig altmodisch. **❸**

Island View House B&B, Ballyshannon Rd., etwa 1 km südlich des Zentrums, ✆ 074-9722411. Familiäres B&B mit Blick aufs Meer, komfortable Zimmer mit Bad, TV, Fön und dem obligatorischen Teekocher. **❸**

Lough Eske Castle, Lough Eske, ✆ 074-9725100, 🖥 www.lougheskecastlehotel.com. Das elegante Schlosshotel mit 95 Zimmern liegt etwa 5 km nordöstlich der Stadt. Für Erholung auf dem großen Gelände, zu dem auch ein Spa mit Pool gehört, und gutes Essen ist gesorgt, dies hat allerdings seinen Preis. **❻**

ESSEN

Aroma, The Craft Village. Kleines Café mit gutem Espresso und großer Teeauswahl. Lecker: gebratene Polenta, Gemüsesuppe. Sehr gut, um sich die Angebote der Kunsthandwerker in Ruhe durch den Kopf gehen zu lassen. ⊕ Mo–Sa 9.30–17.30 Uhr.

Cedars Grill, im Lough Eske Castle Hotel, 🖥 www.lougheskecastlehotel.com. Innovative Gerichte zu vernünftigen Preisen, die Küche ist international geprägt. Am Wochenende unbedingt reservieren. ⊕ tgl. 7–11 und 18–22 Uhr.

€ **O'Hehir's Bakery and Café**, The Diamond, ✆ 074-9721511, 🖥 www.ohehirs.ie. Beliebtes Café in zentraler Lage, hinter dem Verkaufsraum verbergen sich reichlich Sitzmöglichkeiten. Sehr gute, keineswegs teure hausgemachte Snacks und süße Stückchen. Kann gegen Mittag schon mal voller werden. ⊕ Mo–Sa 9–18 Uhr.

UNTERHALTUNG

Dom's Pier 1, Quay St., ✆ 074-9722719, 🖥 www.domspier1.com. Großer Pub mit maritimem Styling, sehr beliebt und vor allem am Wochenende ein Treffpunkt der Partyszene.

FESTE

Der Juli ist in ganz Donegal von dem zweiwöchigen Kulturfestival **Earagail**, 🖥 www.

eaf.ie, bestimmt, der größten Veranstaltung im Nordwesten überhaupt. An den verschiedensten Austragungsorten findet eine unübersehbare Menge an Einzelveranstaltungen statt, darunter Konzerte, Kino, Theater, Comedy, Tanz sowie Workshops. Auch Angebote für Kinder. Wer das Earagail in vollen Zügen genießen möchte, sollte allerdings mit einem eigenen fahrbaren Untersatz mobil sein.

TOUREN

Bootstouren in die nähere Umgebung (ca. 80 Min., 20 €) bietet **Donegal Bay Waterbus**, The Pier, ✆ 074-9723666, 🖥 www.donegalbaywaterbus.com. Fahrzeiten und Frequenz der Touren sind vollkommen „tiden- und tagesabhängig" und sollten unbedingt telefonisch erfragt werden.

INFORMATIONEN

Tourist Information Donegal, The Quay, ✆ 074-9721148, 🖥 www.donegaltown.ie.

TRANSPORT

Busse

Die **Bushaltestelle** liegt am zentralen Diamond.
DUBLIN (Linie 30), über Enniskillen, Cavan und Navan, 9x tgl. rund um die Uhr, 4 Std.
GALWAY (Linie 64), über Sligo, mehrmals tgl., 3 1/2 Std.
DERRY (Linie 64), über Letterkenny, mehrmals tgl., 1 1/2 Std.
Die Linien 490 und 492 verbinden Donegal Town mit KILLYBEGS, KILCAR und GLENCOLUMBKILLE, bis Killybegs verkehren etwa 9 Busse am Tag, weiter in die Provinz geht es nur 2x tgl.

Flüge

Der kleine Flughafen **Donegal Airport** liegt rund 70 km nordwestlich von Donegal Town. Näheres S. 504.

Südliches County Donegal

Hinter Donegal Town wird es immer einsamer, verstreut liegen einige Farmen in der Landschaft, ab und an zieht sich ein Dorf an der Straße entlang. Von der Donegal Bay bis zum Lough Erne sorgen sanfte Hügel für Abwechslung. Und am Meer findet man lange Strände wie bei Rossnowlagh und Mullanacross.

Lough Derg

Etwa 10 km südöstlich von Donegal Town (auf der Straße 35 km) im Binnenland gelegen ist der **Lough Derg**, ☎ 071-9861518, 🖥 www.lough derg.org, einen Umweg wert. Viele der Besucher kommen jedoch nicht aus touristischem Interesse hierher. Sie folgen vielmehr den Spuren des Hl. Patrick, der der Legende nach auf einer Insel im See 40 Tage und Nächte betete, um sein Land von allen bösen Geistern zu befreien.

Alles in Orange

Mitte Juli ist der verschlafene Ferienort Rossnowlagh plötzlich von überregionalem Interesse, denn dem Ruf des Oranierordens folgen die Massen. Um dann auf einer gewundenen Landstraße, mitten durch die Botanik, den Flöten, Trommeln und Bannern hinterherzuziehen. Denn Rossnowlagh ist der einzige Austragungsort einer **Parade des Orange Order in der Republik Irland**. Immerhin, man befindet sich ja rein geografisch auch im Norden Irlands. Regelmäßig am Samstag vor dem 12. Juli ziehen die Männer (und einige Frauen) mit den orangefarbenen Schärpen hier von der Kirche zum Strand.
Eine durchweg friedliche Angelegenheit, wenn auch nicht ganz ohne das übliche verbale Säbelrasseln gegen die „Papisten".
Auch wenn die Parade einen bitterernsten Hintergrund hat, denn es geht um die Erhaltung der britischen Dominanz, des protestantischen Glaubens, beides fast synonym für den Orden und seine Unterstützer – in Rossnowlagh ist das jährliche Treffen der Ordensmitglieder schon mehr ein folkloristisches Spektakel, eine Art Familienfest.

Da es hier auch Eingänge zu Höhlen gab, entwickelte sich die weitere (und wesentlich unglaubwürdigere) Legende, dass Patrick an dieser Stelle auch ins Fegefeuer abgestiegen sei. Weswegen der Pilgerort auch als „St. Patrick's Purgatory" bekannt ist. In der Mitte des 12. Jhs. wurde Lough Derg enorm populär, heute finden regelmäßige Pilgerfahrten zu der eng bebauten, kleinen **Station Island** statt.

Deutlich vom Ufer des Sees sichtbar ist die 1921 erbaute Basilika, die meisten umliegenden Gebäude sind Unterkünfte für Pilger. Eine Fähre verkehrt von einem eigenen Fähranleger nördlich von **Pettigo**, Touristen werden jedoch nicht befördert. Wer Station Island besuchen will, muss an einem der festgesetzten Termine an einer Pilgerfahrt teilnehmen. Das Nonplusultra ist die große Pilgerfahrt, bei der die Gläubigen drei Tage auf der Insel verbringen, aber nur eine Nacht in einem Bett schlafen dürfen und bis auf ein Stück trockenes Brot und eine Tasse ungesüßten Tee keine Nahrung zu sich nehmen. Ein kleines Informationszentrum auf dem Festland, direkt am ab Pettigo ausgeschilderten Fähranleger, ist die einzige Konzession an weniger enthusiastische Besucher. ⏲ Nov–April tgl. 8–16, Mai–Okt 8–18 Uhr.

Rossnowlagh

Bei Rossnowlagh 20 km südwestlich von Donegal Town liegt einer von Irlands angeblich besten Stränden. Zahlreiche Badegäste, darunter viele Familien, tummeln sich hier im Sommer. Und der Atlantik mit seinen recht zuverlässigen Wellen lockt die Surfer an. Dabei ist das kleine Dorf längst nicht so überlaufen wie Bundoran, was auch an der fehlenden Infrastruktur liegen mag. Neben dem Strand sind die Klippen mit ihren Wanderwegen eine weitere naturbelassene Attraktion.

Das Museum der **Donegal Historical Society**, ☎ 071-9851726, 🖥 www.donegalhistory.com, in einer modernen Klosteranlage, die von den Franziskanern Mitte des 20. Jhs. errichtet wurde, zeigt eine kleine Sammlung von örtlichen Funden und Antiquitäten.

Ballyshannon

Ballyshannon liegt 25 km südlich von Donegal Town an der Mündung des Flusses Erne und ist dank seiner unverfälschten georgianischen Architektur allein des Stadtbildes wegen sehenswert. Steil steigen die Straßen von den Uferböschungen bergan, was dem Stadtzentrum eine besondere Note verleiht. Zumal sich außerhalb des Musik-Festivals im August nur wenige Besucher hierher verirren und der Ort noch nicht auf den Tourismus zugeschnitten ist. Dabei soll die Stadt einst von Besuchern gegründet worden sein, auf der Insel **Inis Saimer** hatte sich (der Legende nach) kurz nach der Sintflut eine kleine Kolonie von Immigranten etabliert.

Den besten Blick auf die Insel und den Erne bietet der Kirchhof der **St. Anne's Church**, in dem auch der Dichter William Allingham (1824–89), berühmter Sohn der Stadt, begraben liegt.

Interessant ist auch die Ruine der **Assaroe Abbey**, Rossnowlagh Rd., ☎ 071-9851580, die 1184 vom Zisterzienserorden gegründet wurde und heute vor allem als Friedhof sichtbar ist. Die Wassermühlen in der Nähe sind eine Rekonstruktion, sollen so aber von den Mönchen gebaut worden sein, wie das kleine Besucherzentrum erläutert. ⏰ Juni–Sep tgl. 11–19 Uhr, Eintritt frei. In Sichtweite befindet sich auch eine dem Hl. Patrick geweihte Quelle, an der die typischen Votivgaben aus Stoff von Bittstellern aufgehängt werden – und manchmal auch kleine Dankesbriefe, wenn es klappte.

ÜBERNACHTUNG UND ESSEN

Dorrian's Imperial Hotel, Main St., ☎ 071-9851147, 🖥 www.dorriansimperialhotel.com. Großes, komfortables Hotel im Zentrum mit 47 Zimmern mit Bad und TV. Auch elegantes Restaurant. ❹

TRANSPORT

ENNISKILLEN, DONEGAL TOWN und DUBLIN (Linie 30), Mo–Fr 9x tgl. Busse zwischen 7 und 22 Uhr.
SLIGO TOWN und DONEGAL TOWN (Linie 64), mehrmals tgl.
PETTIGO (Linie 486), eingeschränkt.
Weitere Infos unter 🖥 www.buseireann.ie oder Ballyshannon Bus Office, ☎ 071-9851101.

Bundoran

Der lebhafte Bade- und Urlaubsort ist vor allem bei Surfern beliebt, denn hier bietet der Atlantik gelegentlich beachtliche Wellen. An warmen Sommerwochenenden ist Bundoran jedoch meist hoffnungslos überlaufen, Fast-Food-Stände und Souvenirgeschäfte dominieren dann das Geschehen. Der Strand und Wanderungen auf der Promenade und an der Küste entlang bilden die Hauptattraktionen von Bundoran. Bei entsprechendem Seegang ist der **Aughrus Head** besonders interessant. Sein Puffing Hole ist eine Aushöhlung im Fels, dessen trichterförmige Öffnung wie ein Geysir auf spektakuläre Art Wasser speien kann.

ÜBERNACHTUNG UND ESSEN

€ **Homefield Rock Hostel**, Bay View Av., ☎ 071-9842418, 🖥 www.homefield rockhostel.com. Diese Unterkunft mit eigener Surfschule eignet sich zum Wellenreiten lernen und bewegt sich zwischen Familienzimmern und großem Schlafsaal. Thematisch soll die Innendekoration an verschiedene Rock- und Poplegenden erinnern. Fahrradverleih und das empfehlenswerte, mediterrane **La Sabbia Restaurant**, ☎ 071-9842773, im Haus. Bett im Schlafsaal ca. 16 € (saisonabhängig), DZ ❷

AKTIVITÄTEN

Bundoran hat Irlands größte Surfschule: Das **Bundoran Adventure Centre**, ☎ 071-9842418, 🖥 www.donegaladventurecentre.net, bietet neben Surfen u. a. Schnorcheln, Klippenspringen, Kajak, Klettern (am Kletterturm) und sogar Kurse für Rettungsschwimmer an. Eine etwas andere Kombination bietet die **Donegal English Language School**, ☎ 071-9841288, 🖥 www.donegallanguageschool.com, an – hier kann man Sprachkurse mit Reiturlaub oder Surfen kombinieren.

INFORMATIONEN

Tourist Information Bundoran, The Bridge, ☎ 071-9841350, 🖥 www.discoverbundoran.com.

Der Hafen von Killybegs am nördlichen Ufer der Bucht von Donegal ist einer von Irlands größten Fischereihäfen, vielleicht sogar der größte. Tatsächlich scheint der Ort in einer kleinen, geschützten Bucht auf den ersten Blick nur aus dem Hafen zu bestehen. Links das Meer und die z. T. riesigen Trawler, rechts ein wenig Ort mit Fischfabriken und nur wenigen klassischen Attraktionen für Touristen. Hier geht es nicht um die Romantik der Seefahrt, hier geht es um das knallharte Geschäft. Und dieses ist in den letzten Jahrzehnten immer schwieriger geworden.

Fragt man die Fischer selber, woran das liegen mag, dann heißt es: Früher war alles besser, die Trawler fuhren hinaus, kamen voll zurück und der Fang wurde für einen guten Preis verkauft. Dann aber kam die Piraten-gleiche Konkurrenz aus anderen Ländern, die böse EU legte auch noch Fangquoten fest, die Kosten für Treibstoff und Löhne stiegen, die Gewinne sanken, und schließlich machte sich auch noch der verdammte Fisch rar. Alles richtig, aber nur eine Seite der Medaille. Denn nimmt man das Beispiel Fangquoten, so gelten diese nicht nur für die Iren, sondern auch für die Konkurrenz. Und dass alle anderen, nur nicht die Iren, diese Quoten verletzen, ist eine populäre, aber unhaltbare These.

In Zeiten der hemmungslosen Überfischung mag man als Naturliebhaber sogar froh über Fangquoten sein. Andererseits wird so auch die Lebensgrundlage der Fischer gefährdet.

Längst sind es allerdings nicht mehr irische Originale im Tweed-Jackett, die zu zweit oder zu dritt mit einem kleinen Boot hinausrudern, ihre Netze und Leinen in Sichtweite des heimischen Kirchturms auswerfen. Die in Killybegs liegenden Trawler haben die Größe kleiner Kriegsschiffe, sind gespickt mit modernster Elektronik, die auch noch den kleinsten Heringsschwarm anpeilen kann und schnell den besten Abfangkurs berechnet. Und die Besatzung? In vielen Fällen Gastarbeiter aus Südeuropa, aus dem Baltikum, sogar aus Afrika. Letztere besonders beliebt wegen geringer Lohnansprüche und wenig Widerworten.

Viele irische Fischer standen jedenfalls in den letzten Jahren vor der Entscheidung, den Beruf endgültig an den Nagel zu hängen oder zu investieren, zu modernisieren und sich neue Fanggründe, weit weg von der irischen Küste, zu suchen. Moderne Kühltechnologie, schwimmende Fischfabriken und auf den sieben Weltmeeren funktionierende Navigationssysteme ermöglichen dies auch der Fischereiflotte von Killybegs. Bis in den Pazifik. Rein technisch kein Problem. Ob allerdings langfristig ökologisch wie ökonomisch sinnvoll, das ist eine andere Frage.

DER WESTEN

TRANSPORT

SLIGO TOWN und DONEGAL TOWN (via BALLY-SHANNON), mehrmals tgl. mit **Buslinie 64**.

Killybegs

Der größte Ort in der Nähe von Slieve League (s. u.) wirkt teilweise noch recht altmodisch, der verwinkelte Innenstadtbereich besitzt trotz einiger Modernisierungen noch immer Anklänge an das 19. Jh. Die z. T. sehr großen und solide gebauten Häuser künden von einem gewissen Wohlstand. In früheren Zeiten war Killybegs für die Herstellung von Teppichen bekannt, die sogar für das Dublin Castle und andere Schlösser weltweit verwendet wurden. Heute lebt der Ort hauptsächlich von der Fischerei, einer mittlerweile nicht mehr ganz so einträglichen Industrie. Nach einem kurzen Spaziergang durch die Stadt und am Hafen entlang, führt der Weg der meisten Besucher in eines der Restaurants, die frisch gefangenen Fisch servieren. Da die Preise hierfür enorm schwanken (wie auch die Größe der Portionen), empfiehlt sich ein kurzer Vergleich.

ÜBERNACHTUNG UND ESSEN

€ **The Ritz**, Chapel Brae, ☎ 074-9731309, 🖥 www.theritz-killybegs.com. Hotel in der Ortsmitte, trotz des großen Namens eher eine einfachere Unterkunft mit guten Möglichkeiten zur Selbstversorgung. 2 Min. vom Hafen und umgeben von Restaurants und Pubs.

❶ – ❸

€ **Mellys Café**, Main St., ☎ 074-9731093.
Alteingesessenes Restaurant mit
Schwerpunkt auf Fish 'n' Chips, serviert große
Portionen zu fairen Preisen, oft frisch vom Boot.
Wer sich hierhin begibt, will nicht das Ambiente
genießen, sondern satt werden.

9 **HIGHLIGHT**

Slieve League

Die gigantische Klippenlandschaft westlich von
Donegal Town bei **Kilcar** zählt zu den großar-
tigsten Naturschauspielen Irlands, vor allem im
Abendlicht, wenn die Klippen ständig die Farben verändern. Vom kleinen Ort **Carrick** sind es
über **Teelin** etwa 8 km bis zum Beginn des Wanderweges am Parkplatz bei Bunglass. Von hier
aus führt der gut erkennbare Weg immer an den
Klippen entlang etwa 16 km bis nach Malin Beg.

Verglichen mit den Cliffs of Moher oder den
Cliffs auf Achill Island ist die Landschaft hier
fast vollkommen natürlich erhalten, deutlich weniger Touristen finden den Weg hierher. Eingriffe
des Menschen sind minimal: nur wenige Zäune
und Mauern, eine alte Küstenwacht-Station und
ein kostenloser Parkplatz. Dafür ist der Weg
hierher etwas abenteuerlicher. Auf einer engen,
aber recht gut ausgebauten und vernünftig ausgeschilderten Straße kommt man zunächst zu
einem Viehgatter, das man selbst öffnen (und
wieder schließen) darf. Kurz danach findet sich
linker Hand ein Parkplatz über dem Meer, von
hier aus kann man den Fußmarsch zu den Klippen antreten. Was viele Touristen auch tun.

Nur um später mutigeren Autofahrern böse
Blicke zuzuwerfen, denn die Strecke ist noch ein
ganzes Stück weiter für Personenwagen offen.
Diese Fahrt allerdings ist ein kleines Abenteuer,
links geht es jäh steil den Abgrund hinunter.
Nach einigen Minuten ist dann auf einem zweiten Parkplatz für Autofahrer wirklich Schluss.
An dieser Stelle beginnt auch der wenig befestigte Wanderweg auf die Klippen hinauf und
dann an ihnen entlang. Da es sich nicht um einen Rundweg handelt, sollten Besucher im Vorfeld schon planen, wie sie die Tour gestalten
wollen. Die einfachste Lösung ist es, von Slieve League aus denselben Weg wieder zurückzulaufen (Gesamtwanderzeit ca. 4–5 Std.). Etwas
mehr Logistik ist gefragt, wenn man wirklich bis
nach **Malin Beg** durchmarschiert und sich dort
von einem freundlichen Mitreisenden mit dem
Auto abholen lässt.

An sich ist dieser Weg keine große Herausforderung. Den Aufstieg vom Parkplatz schaffen
mit kleinen Pausen, die man wegen der fantastischen Aussicht ohnehin einlegt, auch weniger geübte Wanderer. Festes Schuhwerk ist eine Grundvoraussetzung, weite Teile des Weges
bestehen aus Erde, Gestein und Geröll, bei
Feuchtigkeit kann es richtig rutschig werden.
Extreme Höhenangst sollte man nicht haben.
Absolute Schwindelfreiheit ist allerdings auch
nicht erforderlich, der Weg verläuft fast immer
in sicherem Abstand zum Abgrund. Die größte
Gefahr ist wahrscheinlich, sich zu sehr auf den
Ausblick und zu wenig auf den unregelmäßigen
Weg zu konzentrieren und dann zu stolpern. Eine
sehr enge Stelle, etwa 90 Min. von Bunglass
entfernt, kann mit einem Umweg ins Landesinnere umgangen werden (bei Wind empfehlenswert). Der **One Man's Pass**, ein rund 250 m
langer Kamm, dagegen ist für die meisten Bergwanderer problemlos zu meistern. Kurz nach
dem Gang über den Pass hat man auch Slieve
League selbst erreicht.

Der Lohn der Mühe? Natürlich der Ausblick
über die „endlose Weite" des Atlantiks. Wesentlich interessanter aber ist der Blick die Küste
entlang, an der es zahlreiche Einbuchtungen,
Höhlen und Klippen zu entdecken gibt, an denen
sich die Wellen teilweise mit Donnergetöse brechen und wo man auf keinen Fall irgendwelche
Kletterversuche wagen sollte, denn es geht fast
600 m steil nach unten.

Eine Alternative zu der oben beschriebenen Wanderung ist der Aufstieg auf den Slieve
League über den alten Pilgerweg. Dieser zieht
sich von Carrick über Teelin rund 7 km durch die
Bergwelt und ist weniger herausfordernd als
der Weg von Bunglass aus. Die Route ist nicht
ausgeschildert, aber gut erkennbar. Zielpunkt ist

DER WESTEN

Auch wenn die Cliffs of Moher wesentlich bekannter sind, Slieve League ist das Beste, was Irlands Westküste an Klippen zu bieten hat. Nicht nur, weil es sich hier um die höchsten Meeresklippen Europas handelt. Moment … sollen nicht eigentlich die Cliffs of Moher …? Ein weit verbreiteter Irrtum, der auf linguistische Spitzfindigkeiten zurückzuführen ist. Tatsache ist, dass die Cliffs of Moher vielleicht die höchsten vertikal abfallenden Klippen sind, sie stürzen sozusagen im 90-Grad-Winkel 200 m ins Meer. Gegen Slieve League sind sie aber Zwerge, denn die Steilküste von Donegal ist zwar etwas weniger steil, mit 590 m aber fast dreimal so hoch. Ende der Diskussion? Bestimmt nicht. Denn auf Achill Island (County Mayo) beansprucht auch der Slievemore für sich, die höchste europäische Meeresklippe zu sein. Und mit knapp 700 m kann man ihn fast nicht ignorieren. Auch wenn er eigentlich ein Berg ist, dessen Gesamthöhe nunmal leider nicht der Klippenhöhe entspricht.

DER WESTEN

eine alte Kapelle auf Slieve League, neben der ein „Heiliger Brunnen" Heilung von Arthritis verheißt. Der Nachteil dieses Weges: Man wird um den besten Blick auf Slieve League gebracht, der eben von Bunglass aus zu haben ist.

ÜBERNACHTUNG UND ESSEN

Teelin

Ti Linn, ✆ 074-9739077, 🖳 www.slieve leaguecliffs.ie. Direkt am Wegesrand findet sich das gemütliche Café der Clarkes, hausgemachtes Gebäck und Mittagssnacks locken. Und ein kleiner Laden für Andenken und Kunsthandwerk.

Kilcar

Derrylahan Independent Hostel, Derrylahan, ✆ 074-9738079, 🖳 www.derry lahanhostel.ie. Hostel in der Nähe von Slieve League mit Schlafsälen, Privatzimmern und Campingmöglichkeit. Die Unterkunft erfolgt auf einem voll bewirtschafteten Bauernhof etwa 3 km westlich des Ortes. Abholung von Kilcar oder Carrick möglich. Camping 8 €, Bett im Schlafsaal ab 16 €, DZ ❶ – ❷

Malin Beg

Malinbeg Hostel, Glencolumbkille, ✆ 074-9730006, 🖳 www.malinbeghostel. com. Einfaches, modernes Hostel am Ende der

Welt, ideal für lange Spaziergänge am Meer oder eine Besteigung von Slieve League (ein sehr langer Anstieg). Küche im Haus, kleiner Laden nebenan. ⏱ Jan–Okt ❶

TOUREN

Wer die Klippen von unten sehen will, muss nicht sein Leben riskieren: Ab Teelin werden **Touren mit dem Fischerboot** Nuala Star angeboten, ✆ 074-9739365 oder 087-6284688, 🖥 www.sliabhleagueboattrips.com. Ein richtig fester Fahrplan besteht nicht, je nach Nachfrage macht Skipper Paddy Tagestouren, auch Angelausflüge (die Preise werden jeweils verhandelt). Längere Touren werden von **Atlantic Coastal Cruises** mit dem Boot Pirate Queen tgl. ab Killibegs durchgeführt, ✆ 087-2214497, 🖥 www. atlanticcoastalcruises.com, Kosten ca. 30 €.

TRANSPORT

Es pendeln **Busse** der **Linie 490** zwischen DONEGAL und KILLYBEGS, 2x tgl. auch weiter nach Kilcar, Carrick und Glencolumbkille. Die Buslinie 492 von Dungloe nach Donegal verkehrt mehrmals tgl. über Killybegs und.

Glencolumbkille und Umgebung

Der kleine Ort **Glencolumbkille** (oder Glencolmcille) fast direkt an der Atlantikküste stand Mitte des 20. Jhs. mit nicht einmal 300 Einwohnern und ohne nennenswerte Industrie in mehr als einer Beziehung am Abgrund. Aber die Bewohner hatten das Glück, mit Father James Mac-Dyer einen Pfarrer vor Ort zu haben, der eine Lösung suchte und auch fand, und zwar weniger in Gebeten als in aufgekrempelten Ärmeln. Und so zerrte der Pfarrer seine Gemeinde dann gnadenlos in die moderne Zeit, ohne dabei den alten Charakter des Dorfes und die gewachsenen Strukturen zu zerstören. Er schuf eine Gemeinde, die sich wieder selbst ernähren konnte und die zugleich Besucher auf der Suche nach dem „Alten Irland" anzog.

Trotz der großen Zahl von Besuchern hat man immer noch das Gefühl, irgendwo am Ende der Welt ein fast verloren geglaubtes Irland gefunden zu haben. Dabei war das Tal des Hl. Columba, so die Bedeutung des irischen Namens, schon seit vielen Jahrhunderten ein Ziel von Pilgern. Diese besuchten vor allem die kleine Kirche in der Nähe des Dorfes Cashel, in der der Heilige gebetet haben soll. Und nicht nur gebetet, denn zwei Steinplatten sollen ihm auch als Bett zum Ausruhen zwischen den Gebeten gedient haben. Jedes Jahr am 9. Juni findet eine Wallfahrt zu Ehren des Columba statt, bei der die Pilger nach einem streng festgelegten Ritual 15 Stationen ablaufen müssen.

Hauptattraktion ist heute aber das von Pfarrer MacDyer gegründete **Folk Village Museum**, ✆ 074-9730017, 🖥 www.glenfolkvillage.com, ein kleines Freilichtmuseum, in dem das Landleben in Donegal durch die Jahrhunderte dargestellt wird. Mehrere Häuser und eine kleine Schule im traditionellen Stil sind mit allerlei Ausstellungsstücken aus dem 18. und 19. Jh. gefüllt. Dieses war nur ein Teil der Projekte des umtriebigen Pfarrers, der auch landwirtschaftliche Kooperativen gründete und vor allem die Wiederbelebung von alten kunsthandwerklichen Fähigkeiten förderte. So kann heute im Laden des Museums eine breite Palette von Andenken gekauft werden, die wirklich traditionell und vor allem vor Ort hergestellt sind, ein angenehmer Kontrast zu dem Kitsch in vielen anderen Läden. Und man hat das gute Gefühl, beim Einkaufen die Gemeinde zu unterstützen. ⏱ Ostern–Sep tgl. 10–18 Uhr, Okt kürzer (Zeiten tel. erfragen), Eintritt 6 €.

Die Umgebung von Glencolumbkille ist reich an prähistorischen Monumenten. Recht gut erhalten ist noch das Hügelgrab bei **Cloghanmore**. Die meisten Besucher aber zieht es an die Küste, Wanderwege von rund 8 km Länge gehen etwa auf die einsame, beeindruckende Halbinsel **Malinbeg** hinaus. Der kleine Badeort **Malinmor** bietet zahlreiche Möglichkeiten für Wassersport und fischreiche Gründe für Angler. Besonders reizvoll ist der nahe gelegene, aber nur über eine steile Treppe erreichbare Sandstrand, der geschützt in einer Bucht zwischen den Klippen liegt.

€ **Áras Ghleann Cholm Cille**, Malinmore, Glencolumbkille, ☎ 074-9730077, 🖥 www.arasgcc.com. Hostel mit sehr hohem Standard und der Wahl zwischen Unterkunft für Selbstversorger oder sogar Vollpension. Die Zimmer sind durchweg komfortabel und auch sehr gut für Familien mit Kindern geeignet. Unbedingt reservieren. ❶–❷

€ **Dooey Hostel**, Glencolumbkille, ☎ 074-9730130, 🖥 www.glencolmcille.ie/dooey.htm. Dieses Haus war das erste Hostel in Irland, das nicht an das Jugendherbergswerk angeschlossen war. Es befindet sich in unmittelbarer Nähe zum Freilichtmuseum und bietet Unterkunft im Schlafsälen oder Privatzimmern. Camping 8 €, Bett im Schlafsaal ca. 16 € (saisonabhängig), DZ ❶–❷

An Cistin, Glencolumbkille, ☎ 074-9730213. Relativ kleines Restaurant mit vielfältiger Speisekarte, alle Gerichte werden frisch zubereitet. Unbedingt auf die Tagesspezialitäten achten, je nach Saison werden hier frische, lokal produzierte Waren verarbeitet.

Ardara

Ardara liegt 30 km nordwestlich von Donegal Town und gilt als Hauptstadt der Stoffherstellung in Donegal, hier sind die Weber noch auf traditionelle Art aktiv und stellen den zeitlosen Tweedstoff her. Und wer nicht am Webstuhl sitzt, der strickt! Handgemachte Pullover sind der zweite große Exportartikel des Ortes, der gerade mal rund 700 Einwohner und kaum weniger Läden besitzt, die mit Stoffen und daraus hergestellter Kleidung handeln.

Eine ganze Reihe von Pubs sorgt für das leibliche Wohl der Besucher, am Abend kann man hier oft Livemusik, vor allem auf der Fiedel, erleben. Wer sich weder für Stoffe noch für Musik und Alkohol interessiert, der sollte den Weg auf die schmale Halbinsel westlich der Stadt wagen und den wenigen Schildern zum **Loughros Point** folgen. Von hier aus hat man einen sehr schönen Blick auf die Küste von Donegal.

Nesbitt Arms Hotel, The Diamond, Ardara, ☎ 074-9541103, 🖥 www.nesbittarms.com. Boutiquehotel mitten in Ardara, die Zimmer wurden vor einigen Jahren auf modernen Standard gebracht. Das Weavers Restaurant im Haus serviert sehr gute Hausmannskost. ❹

Nancy's Bar, Front St. Charaktervoller Pub, seit sieben Generationen im Familienbesitz, bekannt für hausgemachtes Chowder. Livemusik an vielen Abenden, wo sich auch akustische Versionen von Pink Floyd oder Pearl Jam unter die Traditionals mischen. Ein irischer Pub wie aus dem Bilderbuch und für alle Generationen.

Buslinie 490 zwischen DONEGAL und KILKAR fährt 2x tgl. auch nach Carrick und Glencolumbkille weiter. Linie 492 von Dungloe nach Donegal verkehrt mehrmals tgl. über Killybegs und Ardara.

Der abgelegene Nordwesten

Ohne Auto ist man in Donegals Nordwesten, dem abgelegensten Teil Irlands, verloren, ohne gute Straßenkarte auch. Während man an der Küste immer wieder auf winzige Siedlungen stößt, erstreckt sich im Binnenland die oft unwirtliche Bergwelt, Heimat zahlreicher Schafe.

The Rosses

Fantastische Impressionen bietet The Rosses, eine Küstenregion, die geprägt ist von langen Sandstränden, Felsküste, kleinen Seen und traditionellen weißen Häuschen. Die abgelegene Region ist eines der wichtigsten Gaeltacht-Gebiete Irlands, hier wird noch traditionelles Irisch gesprochen. Die Hauptstadt, wenn man überhaupt davon sprechen kann, ist **Dungloe**, eine kleine Marktstadt und Zentrum des Angelsports. Daneben ist der Ort auch bekannt für das Festival der „Mary from Dungloe", eine einfachere Version der „Rose von Tralee".

DER WESTEN

Etwa 8 km westlich der Stadt liegt die **Maghery Bay**, eine windgeschützte Bucht mit schönem Sandstrand. Empfehlenswert ist eine Wanderung von rund 3 km zum nahen **Crohy Head**. Die bizarre Klippenlandschaft mit zahlreichen Höhlen hat ihren ganz eigenen Reiz.

ESSEN

Doherty's Restaurant, Main St., ✆ 074-9521654. Familienfreundliches Restaurant mit einfacher Speisekarte und guten Portionen bei bodenständigen Preisen. Günstige Mittagskarte bis 15 Uhr.

FESTE

Ende Juli liegen Schönheit und Talent im Wettstreit miteinander. **Mary from Dungloe**, 🖥 www.maryfromdungloe.com, in Irlands Nordwesten ist nicht so berühmt wie das Theater rund um die „Rose of Tralee", aber nichtsdestotrotz ein großer Spaß für die Zuschauer.

INFORMATIONEN

Tourist Information Dungloe, The Quay, ✆ 074-9521297, 🕐 saisonal.

TRANSPORT

DUNGLOE ist von DONEGAL aus mit der **Buslinie 492** über Killybegs und Ardara mehrmals tgl. erreichbar.

Insel Arranmore

Ein wunderbares Ausflugsziel für einen oder mehrere Tage ist die Insel Arranmore, 🖥 www.arainnmhor.com, eine kleine Fähre verkehrt mindestens 5x tgl. ab Burtonport, ✆ 074-9542233, 🖥 www.arranmoreferry.com, 15 €. Aran More bietet zahlreiche Wanderwege vor allem an der Nordwestküste. Wer den Aran More Way rund um die Insel läuft (ausgeschildert), ist etwa fünf Stunden unterwegs. Noch rund 700 Menschen leben auf der Insel, die meisten im kleinen Ort **Leabgarrow** und der näheren Umgebung. Hier gibt es eine besondere Attraktion: Da die Fischer früher zu jeder Tages- und Nachtzeit

wieder nach Hause kamen und dann eine kleine Stärkung benötigten, besitzen zahlreiche Pubs eine Schankgenehmigung rund um die Uhr.

Wer auf Aran More übernachten möchte, kann dies im B&B der Familie Bonner (✆ 087-6266928) tun, zu dem auch das **Ferryboat Restaurant** gehört – beides direkt am Fähranleger.

Von The Rosses bis Fanad

Mit **Bloody Foreland** trägt der äußerste Nordwesten zwar einen etwas abschreckenden Namen, doch ist dieser nur der Beschreibung der faszinierenden Sonnenuntergänge gedankt, die das steinige Ufer fast rubinrot aufleuchten lassen.

Bunbeg

Der kleine Fischerort Bunbeg hat sich noch etwas vom Charme der alten Zeit erhalten, dennoch lassen sich hier viele Bausünden ausmachen. Teile der Landschaft wurden mit Ferienbungalows regelrecht zugepflastert.

Horn Head

Wesentlich schöner ist **Horn Head**, ein Naturparadies direkt am Atlantik mit bis zu 180 m hohen Klippen (Anfahrt von Dunfanaghy Richtung Falcarragh). Der Kontrast zu den verbauten Urlaubslandschaften nur einige Kilometer entfernt ist groß, selbst der kleine Ort **Dunfanaghy** wirkt wie ein Museumsstädtchen und der sehr schöne **Killahoey Strand** ist nur selten überlaufen.

Halbinsel Rosguill

Ebenfalls landschaftlich reizvoll ist die **Rosguill Peninsula**, auf der der 11 km lange **Atlantic Drive** die ideale Route für Touristen bietet. Besonders schön ist das **Doe Castle**, eine teilrestaurierte Burg aus dem 16. Jh., die von der schottischen Söldnerfamilie MacSweeney errichtet wurde. Die erfahrenen Soldaten hatten ein besonderes Augenmerk auf die Sicherheit, die Burg wirkt auf ihrem Standort über der Sheephaven Bay nahezu uneinnehmbar.

Halbinsel Fanad

Auch die **Fanad Peninsula** etwa 30 Straßenkilometer weiter östlich lässt sich auf einem Rundkurs erkunden. Dieser beginnt bei **Ramelton**, einer typischen Kolonistenstadt aus dem 17. Jh.

Küstenlandschaft vom Feinsten am Fanad Head ▶

DER WESTEN

Das heutige Stadtbild ist geprägt von georgianischer Architektur und den alten Lagerhäusern, die die Main Street mit ihren zahlreichen Bäumen einrahmen.

Rathmullan Flight of the Earls Heritage Centre

Das Rathmullan Flight of the Earls Centre, ☎ 074-9158178, erinnert mit einer einfachen, aber sehr anschaulichen Ausstellung an die Flucht der letzten irischen Rebellen Hugh O'Neill und Rory O'Donnell im Jahre 1607. Diese bedeutete das Ende des irischen Widerstandes gegen die Engländer und machte den Weg für die „Ulster Plantations", also die Kolonisierung des Nordens (S. 607), frei. Mit lebensgroßen Figuren und zahlreichen Schautafeln wird diese kritische Periode der irischen Geschichte zum Leben erweckt. ⏰ Juni–Aug tgl., Eintritt 2 €.

Die folgende Fahrt am Westufer des Lough Swilly entlang führt bis zum **Fanad Head**. Eine beliebte und sichere Badebucht befindet sich bei **Portsalon**, während die Küste bei **Doaghbeg** so stark verwittert ist, dass sich dort frei stehende Felsentore und bizarre Felsformationen gebildet haben.

Bunbeg Lodge an der R267, ☎ 074-9560428, 🖥 www.bunbeglodge.ie. Modernes B&B auf großem Gelände und mit einigen sehr schönen Zimmern, die Ausblicke auf das Meer bieten. Die Einrichtung ist bequem und zweckmäßig, gut auch für etwas längere Aufenthalte. Angeschlossen ist das sehr gute Bistro **The Ivy**. ❷–❸

The Mill Restaurant, Figart, Dunfanaghy, ☎ 074-9136985, 🖥 www.themillrestaurant.com. Restaurant in Uferlage, klein und gemütlich mit mehrfach ausgezeichneter Küche. Spezialität: Fischpastete, hervorragende Desserts und die irische Käseplatte. Da die Servierzeiten stark eingeschränkt sind (19–21 Uhr, Mo geschl.) ist eine Vorbestellung unbedingt ratsam. Bei dieser kann man auch gleich erfragen, was derzeit auf dem Speiseplan steht – es wird saisonal und mit frischen, örtlichen Produkten gekocht.

Ab **Donegal Airport**, ☎ 074-9548284, 🖥 www.donegalairport.ie, gibt es Flüge nach DUBLIN und GLASGOW. Interessant ist die Architektur, die beim Empfangsgebäude zwei massive Steintürme beinhaltet und an die Ringforts der Gegend erinnert. Es besteht keine Busverbindung zum Flughafen, Taxis unter ☎ 087-2618885, 3223393 oder 6536272, weitere Taxi- und Minibusunternehmen auf der Flughafenwebsite.

Tory Island

Die Atlantik-Insel Tory Island, 🖥 www.oilean thorai.com, ist vom Festland durch den Tory Sound getrennt und wegen der oft besonders heftigen Stürme und speziellen Strömungsbedingungen oft tagelang isoliert. Folge: Unter den weniger als 200 Bewohnern der Insel blieb die irische Sprache erhalten, zudem wurde eine uralte Tradition gerettet: Tory Island hat nach wie vor einen eigenen König! Wobei der Titel des Königs in Irland in etwa so viel Bedeutung wie der Titel eines Dorfbürgermeisters in Deutschland hat. Er ist nicht vererblich und eigentlich ist der König nur eine Art Identifikationsfigur, denn echte politische und wirtschaftliche Entscheidungen werden woanders getroffen.

Fähren verbinden, sofern es das Wetter erlaubt, Tory Island mit dem Festland. Die meisten Besucher kommen der herrlichen Naturlandschaft wegen und zur Vogelbeobachtung auf die Insel, zudem lassen sich wunderbare Klippenwanderungen unternehmen. Die Ruinen eines von Columba gegründeten **Klosters** stellen ansonsten die einzige Touristenattraktion dar. Nicht zu vergessen die **Dixon Gallery**, die Werke des örtlichen Künstlers James Dixon und anderer „Primitiver" zeigt. Dixon war zu lokalem Ruhm gelangt, als er 1968 behauptete, dass er besser malen könne als der gerade die Insel besuchende englische Maler Derek Hill.

Tory Island Harbour View Hotel, ☎ 074-9135920, 🖥 www.hotelory.com. Bequemes, kleines Hotel. Die angeschlossene People's Bar dient auch als Treffpunkt der Einheimischen. ❸–❹

Infos, auch zu Übernachtungsmöglichkeiten, findet man auf 🖥 www.oileanthorai.com. Die Seite bietet auch Informationen über den **Fahrradverleih**, ✆ 074-9165614, und das kleine Restaurant **Caife an Chreagáin**, ✆ 074-9135856.

Zur Insel geht es mehrmals tgl. mit der **Tory Ferry** ab Magheroarty – der jeweils aktuelle (tidenabhängige) Fahrplan findet sich unter 🖥 www.toryferry.com, ✆ 087-1993710.

Letterkenny

An der Mündung des Flusses Swilly liegt Letterkenny, mit über 12 000 Einwohnern der größte Ort im Nordwesten der Republik und dank zahlreicher Bildungseinrichtungen von Schülern und Studenten geprägt.

Im Osten der Stadt erheben sich die **Sperrin Mountains**, im Westen die **Derryveagh Mountains**; fast hat man den Eindruck, als sei man in einem Flusstal gefangen. Dabei hat Letterkenny durchaus kein provinzielles Image, denn nach der Teilung Irlands wurde die Stadt in den 1920er-Jahren zum wichtigsten Wirtschaftszentrum der Region und versorgte das ehemalige Hinterland von Derry. Der nahe **Lough Swilly** ist unter Angelfreunden berühmt.

St. Eunan's Cathedral

Sehenswert im Ort ist vor allem die **Hauptstraße**, angeblich eine der längsten in der irischen Provinz und dankenswerterweise nicht allzusehr modernisiert. Das größte Gebäude hier ist die **St. Eunan's Cathedral** mit ihrem über 60 m hohen Kirchturm. Die Kathedrale ist im neogotischen Stil im 19. Jh. errichtet worden, ihre Außenfassade wird nachts mit Flutlicht angestrahlt. Bemerkenswert sind zahlreiche Steinmetzarbeiten im „keltischen Stil", also vor allem durch Knotenmuster und Spiralen gekennzeichnet. Die farbenprächtigen Buntglasfenster und der Altar aus feinem Marmor schmücken den Innenraum.

Donegal County Museum

Das Donegal County Museum, 700 m weiter nördlich, ✆ 074-9124613, 🖥 www.donegalcoco. ie, dokumentiert Ortsgeschichte auf interessante Art, von der Steinzeit bis ins 20. Jh. – wobei die verschiedensten Aspekte beleuchtet werden. Archäologische Funde aus der Umgebung, darunter viele Artefakte aus der Eisenzeit, sind ein wesentlicher Bestandteil der Sammlung. ⊙ Mo–Fr 10–12.30 und 13–16.30, Sa 13–16.30 Uhr, Eintritt frei.

€ **Glencairn House B&B**, Ramelton Rd., ✆ 074-9124393, 🖥 www.glencairn housebb.com. Familiäres Haus mit 6 Zimmern und hervorragender Auswahl an Frühstücksoptionen. Etwa 4 km östlich des Stadtkerns am Swilly, sehr ruhige Lage. ❷

Lemon Tree Restaurant, Unit 32, Courtyard Shopping Centre, ✆ 074-9125788, 🖥 www. thelemontreerestaurant.com. Bei Studenten sehr beliebtes Restaurant, jetzt in neuen Räumlichkeiten. Aber immer noch gute Hausmanns-

Eisenbahnromantik mit Loch

Gut eine halbe Stunde südwestlich von Letterkenny, immer der R250 folgend, trifft man auf die **Fintown Railway** – eine Museumsbahn im sprichwörtlichen Nichts. Nicht einmal zu einem richtigen Bahnhof hat es gereicht, scheint es, das Betriebsgelände macht einen leicht provisorischen Eindruck. Und auf gerade einmal 5 km Gleis verkehrt nur ein Pendelzug: An Mhuc Dhubh, die schwarze Sau. Ein restaurierter Schienenbus der County Donegal Railway (S. 492), nicht unbedingt bequem, aber urig. Und mittlerweile etwas Hilfe einer Diesellok benötigend. Die Fahrt selber allerdings ... was soll man sagen? Es geht immer am Ufer des Loch Finn entland, das herrliche Bergpanorama lädt zum Träumen ein. Fintown, F90 FR94, ✆ 074-9546280, 🖥 www.fintownrail way.com, ⊙ in den Sommermonaten Zugabfahrten Mo–Sa stdl. zwischen 11 und 16 Uhr, So 13–17 Uhr, Fahrpreis 8 €.

DER WESTEN

kost sowie frisch zubereitete Pasta, Brote und Dessert sowie Pizza. ⏰ tgl. 17–etwa 21 Uhr.

UNTERHALTUNG UND KULTUR

An Grianán Theatre, Port Rd., ✆ 074-9120777, 🖳 www.angrianan.com. Das kulturelle Herz des Nordwestens mit buntem Programm aus Drama, Musik und anderen Veranstaltungen, von Folklore bis hin zu Vorträgen und Konzerten.

Cottage Bar, Upper Main St., ✆ 074-9121338. Einer der wenigen Pubs in Letterkenny, in dem sich noch echte Traditionen gehalten haben. Teilweise hat man das Gefühl, in einem kleinen (vom Kurator unaufgeräumt verlassenen) Volkskundemuseum zu sitzen, die traditionellen Sessions am Donnerstag sollen die besten in der Gegend sein.

INFORMATIONEN

Tourist Information Letterkenny, Neil T. Blaney Rd., ✆ 074-9121160, 🖳 www.govisitletterkenny.ie.

TRANSPORT

Der **Busbahnhof** befindet sich in der Port Rd., direkt beim Tesco. Informationen unter 🖳 www.buseireann.ie oder Letterkenny Bus Office, ✆ 074-9121309.
DERRY (Linie 64), mehrmals tgl., 1/2 Std.
DUBLIN (Linie 32), via Omagh und Monaghan, Mo–Fr 9x tgl., 4 Std.
SLIGO (Linie 64), via Donegal Town, mehrmals tgl., 2 Std.

Glenveagh National Park

Etwa 20 km westlich von Letterkenny liegen die **Derryveagh Mountains**. Sie werden durch ihren höchsten Berg, den 751 m hohen Errigal, dominiert. Auf den ersten Blick wirkt er schneebedeckt. Dies ist allerdings eine optische Täuschung, der Quarzstein des Berges reflektiert so viel Licht, dass er aus bestimmten Blickwinkeln fast weiß wirkt. Diese Bergkette ist ein Teil des fast 17 000 ha großen Glenveagh National Parks,

✆ 074-9137090, 🖳 www.glenveaghnationalpark.ie, Irlands größtem Naturpark. Zu ihm gehören auch die Landschaft rund um den Lough Veagh und dessen wenig vertrauenerweckend klingendes **Poisoned Glen**.

Letzteres ist ein Tal voller Marsch- und Sumpfgebiete, das von steilen Klippen eingeschlossen wird. Begegnungen mit Rotwild sind in diesem Nationalpark nicht selten, er ist die Heimat der größten Population in ganz Irland. Durch die Berglandschaft des Naturschutzgebietes führen herrliche Wanderwege. Das Besucherzentrum am Eingang informiert über die abenteuerliche Geschichte sowie die Pflanzen- und Tierwelt des Parks. Übrigens – egal, was Ihnen das SatNav flüstert, in den Glenveagh National Park kommt man nur über das Besucherzentrum, und das ist gut ausgeschildert.

Glenveagh Castle

Am nördlichen Teil des Sees Lough Veagh (Zugang nur über Besucherzentrum) befindet sich Glenveagh Castle. Das ganz aus Granit erstellte und romantisch gelegene Gebäude wurde erst 1870 von John Adair errichtet, samt Swimming Pool am Seeufer. Ohne sein Märchenschloss wäre der Mann allenfalls als Viehbaron in den USA in die Geschichte eingegangen, oder durch die äußerste Rücksichtslosigkeit, mit der er in Derryveagh fast fünfzig Familien von Haus und Hof vertrieb. Die Burg wechselte mehrfach den Besitzer und ist seit den 1970er-Jahren im Besitz des irischen Staates. Eine Besichtigung der weitläufigen und teils auf exotisch getrimmten Gärten und des Hauses ist möglich, Letzteres im Rahmen von Führungen. ⏰ tgl. 9.15–17.30, Okt–März 9–17 Uhr, Eintritt zur Burg 7 €, Shuttlebus zur Burg 3 €.

Glebe House

Wesentlich bescheidener wirkt das etwa 6 km südwestlich gelegene Glebe House, Churchill, ✆ 074-9137071, 🖳 www.heritageireland.ie, ein Gebäude aus dem frühen 19. Jh., das dem Maler Derek Hill gehörte und heute als Galerie seine Sammlung zeigt. Hier, fast „am Ende der Welt", findet man so unterschiedliche Gegenstände wie Tapeten aus der Werkstatt von William Morris und Bilder der „Primitiven Maler" von Tory Is-

Der geheimnisvolle Grianán Ailigh

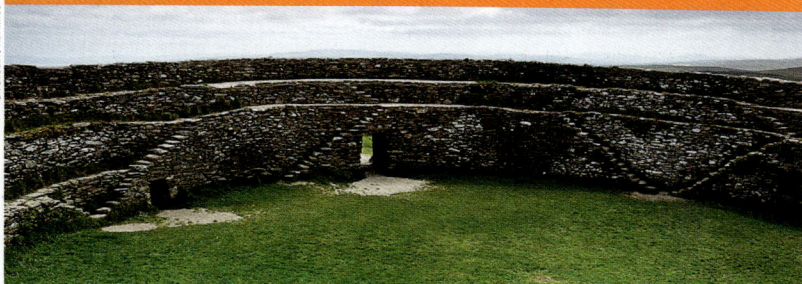

Der Grianán Ailigh ist eines der faszinierendsten Monumente des irischen Nordens, an einer strategisch günstigen Stelle auf der Landenge zwischen Lough Swilly und Lough Foyle gelegen, in 244 m Höhe auf dem Gipfel des Greenan Mountain.

Am besten beschreibt man die Anlage als ein kreisrundes, aus Naturstein errichtetes Festungswerk von 23 m Durchmesser. Die Mauer ist ungefähr 4,5 m dick und 5 m hoch. Da sie in Terrassenform angelegt ist, vermittelt der Innenraum etwas den Eindruck einer Arena mit umlaufenden Sitzreihen. Fast scheint es, als wenn die Geschehnisse auf der kreisrunden Fläche im Innenraum den Bauherren wichtiger waren als die einmaligen Aussichten in alle Richtungen. Wobei man schnell merkt, dass die durch die Terrassen gebildeten „Kreise" nicht konzentrisch sind, die oberste Galerie weist Unterschiede in der Breite auf.

Der Ursprung und das genaue Datum des Baus sind unbekannt, die gängigste Theorie besagt, dass es sich um einen 2500 Jahre alten heidnischen Tempel handelt. In frühchristlicher Zeit wurde der Grianán Ailigh dann als Schutzbau genutzt. Schnell bildete sich auch die Legende, dass hier um 450 Owen vom Hl. Patrick getauft wurde und dann das Bollwerk zum königlichen Stammsitz der O'Neills machte. Im 12. Jh. griff der König von Munster an und zerstörte den Grianán Ailigh teilweise. In der zweiten Hälfte des 19. Jhs. begann die Restauration, die letztlich zum heutigen Erscheinungsbild führte. ⏰ tgl. etwa 10–16 Uhr.

Übrigens – die heute in Burt, direkt an der Abfahrt von der N13 zur (kurvenreichen) Landstraße zum Grianán stehende Kirche **St. Aengus** wurde erst 1967 errichtet, ihre kreisförmige Architektur ist dabei aber eindeutig vom älteren Steinfort inspiriert. Ein schönes Beispiel, wie sich alte Monumente und moderne Gebäude harmonisch ergänzen können.

land. Islamische Keramik steht gleichberechtigt neben Werken von Picasso und Renoir. ⏰ wechselnd, Juli und Aug tgl. 11–18.30 Uhr, Eintritt 5 €.

Colmcille Heritage Centre

Nur 6 km weiter südlich befindet sich das Colmcille Heritage Centre, Gartan, 📞 074-9121160, 🖥 www.colmcilleheritagecentre.ie, das an Leben und Werk des Hl. Columba (auf Irisch: Colmcille) erinnert. Der Heilige soll im Jahr 521 in der Nähe geboren worden sein, angeblich markiert ein Stein in Lacknacoo die genaue Stelle. Buntglasfenster und reich verzierte Manuskripte verleihen der Ausstellung einen mittelalterlichen Touch. ⏰ Ostern–Sep Mo–Sa 10.30–17, So 13.30–17 Uhr, Eintritt 3 €.

Inishowen Peninsula

Auf weiten Strecken menschenleer, mit zerklüfteten, teils steilen Küsten, langen Stränden und einigen Wäldern gesegnet, erstreckt sich die größte Halbinsel im Norden von Donegal. Zu-

DER WESTEN

Im Zweiten Weltkrieg, noch heute in der Republik weniger dramatisch als „Emergency" bekannt, gab sich „Südirland" neutral, Nordirland hatte keine Wahl. Wie weit her es mit der Neutralität war, zeigt sich jedoch in Donegal am deutlichsten – der „Donegal Corridor" quer durch den angeblich neutralen Luftraum über dem County etwa ermöglichte es alliierten Fliegern, etwas schneller ans Ziel zu kommen. Eine Erinnerung an die viel beschworene Neutralität findet man heute noch unterhalb von Banbas Krone: Aus weißen Steinen wurde fein säuberlich das Wort „Éire" gebildet. Damit auch jeder Flieger Klarheit hatte: Hier wohnen die Friedlichen, denen werfen wir nichts aufs Haupt.

Allerdings … in Irland verkehrt sich manche Historie schnell zur Groteske. Denn nur einen Steinwurf von der Neutralitätsmarkierung entfernt hatten die bösen Briten mit irischer Genehmigung einen geheimen Horch- und Peilposten errichtet. Der dann wertvolle Daten zu deutschen Aktivitäten im Nordatlantik lieferte. Und somit direkt Kriegszwecken diente, bedient von ausländischem Militärpersonal.

gleich ist Inishowen wohl auch die interessanteste Halbinsel des County, auf einer relativ kleinen Fläche sind zahlreiche Sehenswürdigkeiten zu finden. Die große Entfernung von Inishowen zu den üblichen Touristenrouten und die jahrelange Isolation dank der Lage nordwestlich von Nordirland sorgen auch heute noch dafür, dass relativ wenige Besucher den Weg hierher finden.

Am besten erkundet man die Halbinsel auf einer Rundtour von ungefähr 160 km an der Küste entlang, als Ausgangspunkt kann der Grianán Ailigh genommen werden.

Bei **Bridge End** beginnt auf der R239 der Rundkurs in entgegengesetztem Uhrzeigersinn, ab **Muff** führt die Straße über **Carrowkeel** direkt am Westufer des Lough Foyle entlang. Bei **Moville**, von wo früher auch die Transatlantikschiffe nach Amerika ablegten, der Straße am Ufer folgen, dies ist jetzt die R241.

Greencastle

Der erste Ort, der einen kurzen Aufenthalt wert ist, ist **Greencastle**. Nomen est Omen, hier steht tatsächlich eine grüne Burg: Das Anfang des 14. Jhs. vom Herzog von Ulster, Richard de Burgo, erbaute Festungswerk ist fast vollkommen überwachsen. Zu seiner Zeit bewachte es den Eingang zum Lough Foyle, einem lang gestreckten natürlichen Hafen. Greencastle selbst ist ein kleiner Fischerort, eine Fähre verbindet ihn im Sommer mit Magilligan (🖳 loughfoyle ferry.com). Für an Seefahrt und Astronomie interessierte Besucher ist ein Blick in das **Inishowen Maritime Museum and Planetarium**, Old Coast Guard Station, ✆ 074-9381363, 🖳 www.ini showenmaritime.com, zu empfehlen. In der Sammlung befinden sich zahlreiche Artefakte, kleinere Boote und auch ein „Raketenwerfer" der Küstenwache. ⏰ Mo–Fr 9.30–17.30 Uhr, im Sommer auch Sa und So, Eintritt 5 € (Museum), 10 € (Museum und Planetarium).

Malin Head

Die Straße führt weiter zum **Inishowen Head**, einem beliebten Aussichtspunkt. Zurück in Moville, biegt man nach rechts auf die R238 in Richtung Malin ab. Im Prinzip muss man jetzt nur stur der Straße nach Norden folgen und kommt dann, auf welchem Weg auch immer, zum **Malin Head**. Dies ist der nördlichste Punkt Irlands, wohlgemerkt nicht in Nordirland liegend. Beherrscht wird die Gegend von einem Turm auf „Banbas Krone", dem höchsten Hügel der Umgebung. Der Turm wurde zu napoleonischer Zeit errichtet, um den Schiffsverkehr zu beobachten.

Carndonagh

Der nächste Halt ist dann das Kreuz von Carndonagh, direkt neben der Church of Ireland. Dieses ist ein frühchristliches Steinkreuz, das eventuell ein Vorläufer der irischen Hochkreuze ist. Die reichen Verzierungen stellen menschliche Figuren, wahrscheinlich aus der Bibel, dar und werden durch die typischen verschlungenen Knotenmuster ergänzt. In Carndonagh kann eine kleine Rast erfolgen, danach geht es auf der R238 nach Westen weiter, über **Clonotany** und dann, wenn die Westküste erreicht ist, auf der Halbinsel nach Süden über die immerhin 250 m hohe **Gap of Mamore**. Kurz hinter diesem Pass beginnt die Einfahrt zum Lough Swilly, die von der Festung bei Dunree Head dominiert wird.

Dunree Fort

Das Dunree Fort, ☏ 074-9361817, 💻 www.dunree.pro.ie, wurde Ende des 18. Jhs. zur Abwehr einer drohenden französischen Invasion gebaut und ist fast vollständig erhalten. Heute wird es als (nicht unbedingt atemberaubendes) Militärmuseum genutzt. ⏱ Mo–Fr 10.30–16.30, Sa, So 12–17 Uhr, Eintritt 7 €.

Eine Wanderung durch die ehemaligen Kasernengebäude und auf den Küstenpfaden ist auch ohne Besuch des Museums möglich, ebenso muss für den Besuch des kleinen Cafés kein Eintritt gezahlt werden. Zumal das Fort selbst seine besten Seiten im Außenbereich zeigt – der Anblick des auf die Klippe gesetzten Festungswerkes ist interessanter als die Betonarchitektur selber.

Buncrana

Rund 11 km südlich wartet die letzte Station der Rundfahrt, der beliebte Badeort **Buncrana** mit seinen 5 km langen Sandstränden und zwei Burgen. Das **O'Doherty Castle** stammt aus der normannischen Periode, das wesentlich besser erhaltende **Buncrana Castle** wurde Anfang des 18. Jhs. stark umgebaut. Von Buncrana geht es zurück zum Ausgangspunkt des Rundkurses.

Moville

€ **Moville Boutique Hostel**, Malin Rd., ☏ 074-9382378, 💻 www.movilleboutique hostel.com. Kleines Haus im umgebauten alten Gebäude eines Bauernhofes, nur etwa 700 m nördlich vom Ortskern im Wald gelegen und mit viel Charakter. Camping ist ebenfalls möglich. Gut geeignet für Leute, die bei Spaziergängen in die nähere Umgebung ausspannen wollen. ❷

Malin Head

€ **Sandrock Holiday Hostel**, Port Ronan Pier, ☏ 086-3256323, 💻 www.sandrock hostel.com. Das nördlichste Hostel in Irland, mit fantastischem Ausblick auf den Atlantik und die Küste von Donegal. Diverse Touren in die nähere Umgebung werden angeboten, Fahrräder können gemietet werden. Die Unterkunft ist einfach, aber sauber und ordentlich. Bett 15 €.

Buncrana

Tullyarvan Mill Hostel, Mill Ln., ☏ 074-9361613, 💻 www.tullyarvanmill.com. Die ehemalige Getreidemühle am Fluss Crana, nur 2 km nördlich von Buncrana, bietet eine äußerst preisgünstige Unterkunft in Schlafsälen oder Privatzimmern. Die Ortsmitte und die Strände sind innerhalb von 10 Min. zu Fuß erreichbar. Betreiber des Hostels ist eine örtliche Kooperative. Bett im Schlafsaal 15 €, DZ ❶–❷
Inishowen Gateway Hotel, Railway Rd., ☏ 074-9361144, 💻 www.inishowengateway.com. Hotel am Ufer des Lough Swilly mit 80 Zimmern. Gutes Essen und Entspannungsangebote. Unbedingt vorher auf günstige Pauschalangebote im Internet achten (z. B. zwei Nächte mit Frühstück und einem Abendessen). ❺

Malin Head

🌳 **Northern Bites**, Ballygorman, Malin Head, ☏ 086-1031199, 💻 www.malin headcommunity.ie. Direkt an der R242 neben der Star of the Sea Church im Gemeindezentrum gelegen – ein kleines Café mit leckerem Chowder unter 5 €, Kuchen und Kaffee, und dem guten Gefühl, eine örtliche Initiative zu unterstützen. ⏱ tgl. 10–15 Uhr.

Greencastle

Kealy's Seafood Bar, The Harbour, ☏ 074-9381010, 💻 www.kealysseafoodbar.ie. Traditioneller Pub. Spezialität: Seafood Chowder mit selbst gebackenem braunem Brot. Nicht billig, aber die äußerst innovativen Fischgerichte sind ihren Preis wert. ⏱ Di–So 12.30–15 und 17–21.30 Uhr.

Tourist Information Buncrana, Railway Rd., ☏ 074-9363451, Hauptsaison ⏱ Mo–Sa 9–17.30 Uhr.

DER WESTEN

Nordirland

Traditionell das Stiefkind des Irland-Tourismus, immer noch mit Gewalt und Unruhen in Verbindung gesehen – dabei bietet Nordirland doch so viel mehr für die, die sich trauen. Fantastische Naturlandschaften, herrliche Küstenregionen, einsame Seen und mit Belfast eine junge, moderne Stadt mit einem reichen kulturellen Angebot.

N
0   50 km

Campbeltown

s. Detailplan Derry, Antrim und Down S. 514/515

s. Detailplan Causeway Coast S. 525

RATHLIN ISLAND   SANDA ISLAND

Belfast
Dublin

Inishowen

Port-
stewart   Portrush
Ballycastle

North Channel

Buncrana   Lough Foyle

Mussenden
Temple
Coleraine

ANTRIM

Mountains

Limavady

Letterkenny   **DERRY**

Derry/
Londonderry

s. Detailplan Fermanagh, Tyrone und Armagh S. 542

ANTRIM

Larne

ISLAND
MAGEE

DONEGAL

Strabane

Maghera
Ballymena

s. Detailplan Großraum Belfast S. 561

Blue Stack Mts.

Ballyclare
Carrickfergus

Owenkiliew

Antrim
Bangor

Donegal   Derg

Ulster American
Folk Park ★

Cookstown

Newtown-
Abbey

Holywood

Omagh

Crumlin

Belfast
Newtownards

TYRONE

Neagh

Dungannon

Lisburn

Lower Lough Erne

Strangford
Lough

Portaferry

Lough
Melvin

Lurgan
Craigavon

DOWN

Portadown

FERMANAGH

Armagh

Banbridge
Downpatrick

Enniskillen

Upper
Lough
Erne

Navan Fort (Emain Macha)

ARMAGH

Bann

s. Detailplan Mourne Mountains S. 535

LEITRIM

Monaghan

Keady

Ulster Canal

Newry

Dundrum
Bay

Mourne Mts.

MONAGHAN

Annalee

CAVAN

Dundalk

Dún Dealgan

Erne

Wohnviertel trennten sich zeitweise sogar unilateral von der Stadt ab, im westlichen Stadtteil entstand „Free Derry", von der IRA kontrolliert. Die nahezu unausweichliche Antwort war der Einsatz von Panzern zur „Wiedervereinigung". Erst in den 1990er-Jahren entspannte sich die Situation spürbar.

Und heute? Brennen noch Barrikaden, peitschen noch immer Schüsse durch die Nacht? Weit gefehlt! Heute kann man durch Derry spazieren, ohne gleich um Leib und Leben fürchten zu müssen. Wer nicht gerade in eine politische Demonstration oder einen Aufmarsch der rivalisierenden Gruppen gerät, der erlebt Derry als ein überschaubares Städtchen mit einem für Irland einmaligen Rundweg – der alten Stadtmauer, die vollständig erhalten und als Haupt-

attraktion der Stadt weit über die Insel hinaus bekannt ist.

Stadtmauer

Da man von der insgesamt 1,5 km langen und bis zu 9 m dicken Stadtmauer auch einen guten Überblick über Derry bekommt, sollte jeder Besuch mit diesem **Rundgang** beginnen. Die Aufgänge zur Stadtmauer sind ausgeschildert, für den Rundgang benötigt man etwa eine Stunde. Ein guter Einstieg ist dabei der Aufgang an der Newmarket Street, nach dem der Weg bergan in südwestlicher Richtung auf der Mauer fortgesetzt wird. Über zwei Stadttore wird der ausgedehnte Park rund um die St. Columb's Cathedral erreicht. Von der Sternbastion fast direkt südlich der Kathedrale bietet sich ein guter Blick auf das große Gotteshaus. Ganz in der Nähe befindet sich das Tor des Bischofs (Bishop's Gate), von hier aus fällt der Blick in ein protestantisches Wohngebiet, deutlich erkennbar an den britischen Flaggen.

St. Columb's Cathedral

Im neogotischen Stil umgestaltet wurde das dominierende (und älteste) Gebäude der Innenstadt, die St. Columb's Cathedral, ☎ 028-71267313, 🖥 www.stcolumbscathedral.org. Ursprünglich zwischen 1618 und 1633 erbaut, war dies die erste von Protestanten errichtete Kirche auf den Britischen Inseln. Der relativ einfache Baustil entsprach im viktorianischen Zeitalter nicht mehr dem Zeitgeschmack, sodass die Umbauten erheblich waren, die Grundstruktur der Kirche jedoch glücklicherweise erhalten blieb. Wie auch der Bischofsthron, in den der Sessel des Bischofs Bramhall eingearbeitet wurde. Weitere Porträts von ehemaligen Bischöfen findet man als Kragsteine, die die Decke halten – 16 Skulpturen betonen die lange Geschichte des Protestantismus in Derry. Und die enge Verknüpfung von Politik und Religion in Nordirland wird wieder deutlich, wenn man auf eine der wichtigsten Reliquien in der Kathedrale stößt. Die Kanonenkugel, mit der die Aufforderung zur Kapitulation von den Truppen Jakobs II. in die Stadt geschossen wurde. Auch dies soll, so jedenfalls die Mythologie, mit einem vielstimmigen „No Surrender!" von den Stadtmauern herab quittiert worden sein. ⏱ März–Okt Mo–Sa 9–17, Nov–Feb Mo–Sa 10–14 Uhr.

Long Tower Church

Ein weiteres neogotisches Kleinod ist die Saint Columba's Church oder **Long Tower Church**, ebenfalls im 19. Jh. errichtet und die Heimat von St. Colum's Stone. Der angebliche Gebetsstein des Hl. Columban war schon in der für den Bau abgerissenen Vorgängerkirche untergebracht. Das angeschlossene, noch neue Museum **St. Columba Heritage Centre**, 59-61 Long Tower St., ☎ 028-71368491, 🖥 www.stcolumbaheritage trail.org, beschäftigt sich mit der Geschichte des Stadtheiligen und der „Wee Nuns". ⏱ April–Okt Mo–Fr 10–16, Nov–März Mo–Fr 11–15 Uhr, Eintritt 3 £.

NORDIRLAND

Southend

Beinn na Lice △
Mull of Kintyre

SANDA ISLAND

Giant's Causeway & Bushmills Railway

Dunseverick Castle
Bull Point

RATHLIN ISLAND

Benbane Head
White Park Bay
Giant's Causeway
Rathlin Sound
Rue Point
Fair Head
Rope Bridge

North Channel

Porthallintrae Ballintoy Ballycastle

Dunluce Castle
Bushmills
Derrykeighan

Knocklayd
517

△ 382

Schottland

Dervock
Stranocum

Armoy
Drumdallagh

Cushendun

Cushendall
Ossian's Grave
Glenariff

Ballymoney

Clogh Mills
Clogh

Trostan
554

Carnlough
Glenarm

Schottland

Rasharkin

Newtown-Crommelin

Mountains of Antrim

Glenarm

Kilrea

The Sheddings
436

Ballygalley

Upperlands
Cullybackey
Portglenone

Broughshane
Carncastle
Larne
Black Cave Tunnel

ISLAND MAGEE

Ballymena
Kilwaughter
Glynn

Ahoghill
Moorfields
Kells 354 △

Whitehead

Magherafelt
Lough Beg
Randalstown

Ballyclare
Doagh

Ballycarry
Ballynure

Bellaghy

Round Tower ★
Antrim
Temple-patrick

Newtown-Abbey

Carrickfergus
Helen's Bay

Bangor

COPELAND ISLAND

Toome
Ballyronan

Belfast Airport

Belfast City Airport
480

Holywood
Newtownards

Donaghadee

Millisle

Coagh
Newport Trench
Ardboe

Lough Neagh

Crumlin
Glenavy

Belfast
Dundonald

Cultra

Carrowdore

Isle of Man, Birkenhead (GB)

Aghalee

Lisburn
Carryduff

Comber
Mount Stewart Gardens
Grey Abbey

Ballywalter

Ballyhalbert
Burr Point

Moira
The Temple
Ballygowan
MAHEE ISLAND
Kloster Nendrum
Killinchy

Kircubbin
Halbinsel Ards

Portadown
Loughgall
Richhill

Lurgan
Craigavon

Hillsborough
Dromore

Gardens of Rowallane
Saintfield

Killyleagh

Cloghy

Strangford Lough

Dromara

Ballynahinch

Crossgar
Castle Ward

Portaferry
Strangford

Tandragee
Clare

Banbridge
Scarva

Kates-bridge
Legananny Dolmen
Ballyward

Saul

Downpatrick
Killard

Ballyquintin Point

Markethill
Poyntz Pass
Loughbrick-land

Clough
Tyrella

Killard

ARMAGH

Ballyroney
Castlewellan

Dundrum
Killough
Jordan's Castle
Ardglass

Newtown-hamilton
Bessbrook
Derrymore House

Rathfriland

Dundrum Bay
St. John's Point

Belleek Camlough
Mayobridge
Hilltown

Newcastle

Newry
Narrow Water Castle
Warrenpoint

Slieve Gullion
577 △

Mourne Mountains
Slieve Donard
849

746 △

Attical
Annalong

Crossmaglen Forkill
Cullaville

Omeath
Carlingford

Lisnacree
Kilkeel
Greencastle
Cranfield Point

Dundalk
Dún Dealgan

Greenore

NORDIRLAND

Bogside

Hinter der nächsten Biegung der Stadtmauer, die sich jetzt nach Nordosten wendet, wird der Blick auf ein **katholisches Wohngebiet** frei, die sogenannte Bogside. Selbst aus der Entfernung sind die bemalten Giebelwände deutlich zu erkennen, über denen die irische Trikolore weht. Dieses Gebiet bildete in den 1970er-Jahren das „Free Derry". Eine Zeit lang wurde es nicht nur von antiken Kanonen von der Stadtmauer aus überwacht, auch ein Obelisk erinnerte deutlich an die Herrschaftsverhältnisse. Als dieser von Republikanern gesprengt wurde, beschädigte er beim Zusammensturz die kleine Kirche neben

---

Zu Besuch bei den Lehrjungen

Wenn man schon in Derry ist, sollte man vielleicht auch Londonderry kennenlernen – für viele Besucher ist allein die nationalistische Schiene der wahre Weg durch die konfliktbeladene Stadt. Es lohnt jedoch, sich auch einmal mit der anderen, loyalistische Seite zu beschäftigen.

Das gelingt am besten in der **Apprentice Boys' Memorial Hall**, 13 Society St., ☎ 0044-28-71261219, 🖥 www.apprenticeboysofderry.org. Hier trafen sich die „Apprentice Boys", eine auf 13 Lehrjungen zurückgehende, teilweise an die Freimaurer erinnernde Organisation. Die Lehrjungen schlugen 1688 den anrückenden Truppen des Königs Jakob II. die Stadttore vor der Nase zu und prägten gleichzeitig den unionistischen Kernsatz „No Surrender!" („Keine Kapitulation!"). Die heutigen Apprentice Boys, ein unionistischer Verein, sind ähnlich kompromissbereit und stehen nach wie vor (fast) kompromisslos für ein protestantisch dominiertes Nordirland ein.

In einem eigenen **Museum**, 🖥 www.thesiegemuseum.org, das mittlerweile stark modernisiert wurde, kann man in die sehr eigene Welt dieses Bundes eintauchen. Inklusive der Banner der zwölf verlorenen Stämme Israels, die nach der protestantisch-unionistischen Mythologie Jahrtausende später als Protestanten in Nordirland landeten. ⏰ Mo–Sa 10–17 Uhr, Eintritt 4 £.

---

der Stadtmauer. Der weitere Weg auf der Wehranlage führt über das Butcher's Gate schließlich zur **Guildhall** (Rathaus).

Der Vorteil einer Führung auf der Stadtmauer besteht darin, dass die visuellen Eindrücke mit Hintergrundinformationen und Geschichte(n) angereichert werden, aktuelle Tourangebote (ab ca. 5 £, mind. 1 Std.) im **Tourist Information Centre**, 44 Foyle St., 🖥 www.visitderry.com.

Diamond

In dem von der Stadtmauer umgrenzten Innenstadtbereich bildet der Diamond den zentralen Platz. Das dortige riesige **Kriegerdenkmal** wurde eigentlich für die Stadt Sheffield erschaffen. Es lädt wenig zur Besinnung ein – die Statuen der britischen Soldaten nehmen teilweise extrem aggressive Posen ein.

Tower Museum

Das Tower Museum, Union Hall Pl., ☎ 028-71372411, 🖥 www.derrystrabane.com/towermuseum, informiert über die **Stadtgeschichte**. In diesem mittelalterlich wirkenden, aber erst 1615 erbauten und mittlerweile erheblich rekonstruierten Granitturm befindet sich eine preisgekrönte, sehr lebendig gestaltete Ausstellung – „The Story of Derry". Im Mittelpunkt des Interesses stehen die Einwohner, so etwa der Bischof Frederick Augustus Hervey (1763–1803), der nicht nur eine Affäre mit einer Geliebten Friedrich Wilhelms II. von Preußen hatte, sondern seine Nachwuchskleriker auch gerne nackt am Strand laufen ließ, während er sie mit der Peitsche antrieb. Ein Boot aus der Zeit des Hl. Columban und Erläuterungen zur Spanischen Armada finden sich ebenso wie eine Hommage an die US-Pilotin Amelia Earhardt, die 1932 nach ihrer Solo-Überquerung des Atlantiks bei Derry landete … weil sie es mit Paris verwechselte. ⏰ tgl. 10–17.30 Uhr, Eintritt 4 £.

Guildhall

Die Guildhall, das 1890 zwischen Fluss und Stadtmauer erbaute Rathaus, Guildhall St., ☎ 028-71377335, 🖥 www.derrystrabane.com/Subsites/Museums-and-Heritage/Guildhall, ist ein schönes Exemplar neogotischer Baukunst – und begeistert mit farbenprächtigen Glasfenstern, die die Stadtgeschichte erzählen. Nicht ganz unpar-

Derry / Londonderry

N   0 _____ 200 m

■ ÜBERNACHTUNG
1. Paddy's Palace Hostel
2. Travelodge Derry
3. St. Columb's Park House
4. Maldron Hotel Derry

■ ESSEN
1. Brown's Restaurant, Bar & Brasserie
2. Fitzroy's Bistro

■ SONSTIGES
1. Faller the Jeweller
2. Waterside Theatre
3. Cooley Jewellers
4. The Nerve Centre
5. City of Derry Crystal
6. Sandino's Café Bar
7. Donegal Shop
8. Millennium Forum
9. Badgers Bar

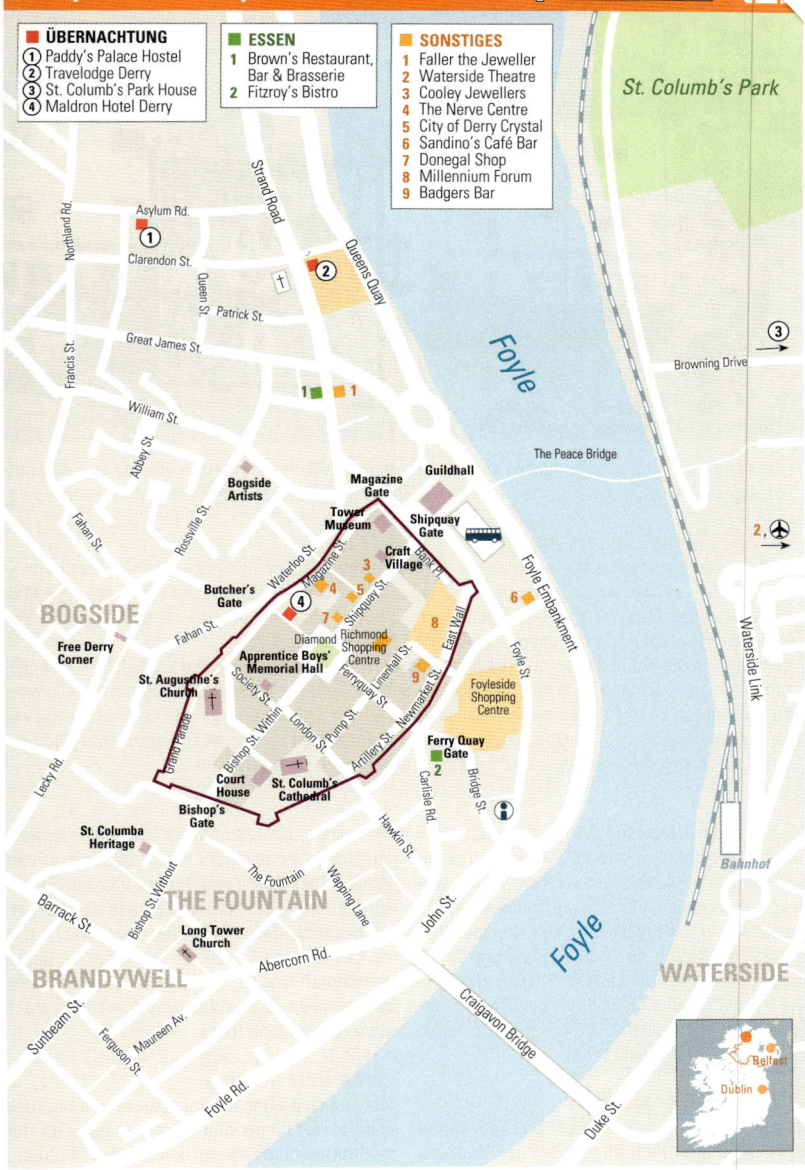

St. Columb's Park

Northland Rd.
Asylum Rd.
① Clarendon St.
Strand Road
Queens Quay
② Patrick St.
Queen St.
Francis St.
Great James St.
William St.
Abbey St.
Fahan St.
Rossville St.
Foyle
Browning Drive ③
The Peace Bridge

Bogside Artists
Magazine Gate
Guildhall
Tower Museum
Shipquay Gate
Craft Village
Butcher's Gate
Waterloo St.
Magazine St.
Shipquay St.
③
④
⑦
⑧
⑥ Foyle Embankment
Free Derry Corner
Fahan St.
Diamond
Richmond Shopping Centre
East Wall
Apprentice Boys' Memorial Hall
St. Augustine's Church
Society St.
London St.
Pump St.
Ferryquay St.
Linenhall St.
⑨ Newmarket St.
Foyle St.
Foyleside Shopping Centre
Grand Parade
Bishop St. Within
Court House
St. Columb's Cathedral
Artillery St.
Carlisle Rd.
Ferry Quay Gate
②
Bridge St.
Lecky Rd.
Bishop's Gate
St. Columba Heritage
Hawkin St.
Bahnhof
Barrack St.
Bishop St. Without
The Fountain
Wapping Lane
THE FOUNTAIN
John St.
Long Tower Church
Abercorn Rd.
BRANDYWELL
Sunbeam St.
Ferguson St.
Maureen Av.
Foyle Rd.
Craigavon Bridge
Foyle
WATERSIDE
Waterside Link
Duke St.

Belfast
Dublin

NORDIRLAND

© BERND BIEGE

„Ich fahre nach Derry." „Sie meinen nach Londonderry?" Mit diesen wenigen Worten sind die Fronten abgesteckt und man weiß, wie man sein Gegenüber politisch und religiös einordnen kann.

Ansiedlung von „Splittergruppen"

Derry wurde irgendwann in grauer Vorzeit am Foyle gegründet und erhielt dann einen beschreibenden Namen – es war die Siedlung mit den viele Eichen drumherum, „doire" auf Irisch. Als die anglonormannischen Eroberer sich Iren und Sprache gefügig machten, wurde aus „doire" schnell das wesentlich leichter auszusprechende, einfacher zu schreibende „Derry".

Dann kamen die Kolonialisten und mit ihnen die Geldgeber, Letztere meist aus England. Die englische Krone wollte Irland nach dem Motto „Teile und herrsche!" befrieden und förderte vor allem die Ansiedlung von im Mutterland weniger beliebten religiösen Splittergruppen. Und solange man die mit der neuen Situation noch weniger glücklichen Iren im Zaum hielt und die oft schottisch-presbyterianischen Kolonisten förderte, konnte jeder Investor eine fette Rendite erwarten.

teiisch in der Darstellung, aber zeittypisch. Ein Teil des Gebäudes musste 1972 nach Bombenanschlägen der IRA renoviert werden. Wobei sich zeigte, dass manche Firmen auf Tradition setzen: Campbell's in Belfast, die die Originalfenster 1890 herstellten, hatten noch die kompletten Unterlagen und konnten so perfekte Kopien erstellen. Die Uhr der Guildhall, eine Kopie der Uhr des Parlaments in Westminster, ist die größte Irlands. ⏱ tgl. 10–17.30 Uhr, Eintritt frei.

Walker's Monument

In der Society Street, neben der Apprentice Boys' Memorial Hall, findet sich das Walker's Monument, die restaurierte Statue des protestantischen Verteidigers der Stadt, Gouverneur Walker. 1977 wurde das Original von der IRA gesprengt. In einer skurrilen Episode des Bürgerkrieges rollte der Kopf Walkers ausgerechnet in ein katholisches Viertel, wo er prompt als Geisel genommen wurde. Erst nach Zahlung eines beachtlichen Kopfgeldes ging er wieder zurück in protestantische Hand.

„Free Derry Corner"

Eine weitere Erinnerung an die turbulente (und blutige) Vergangenheit Derrys findet sich nur vier Gehminuten in nordwestlicher Richtung

Londonderry – der Name als Programm

Die Gilden von London investierten gewagt und gezielt in Derry. Und weil die Kolonisten ihren Geldgebern so dankbar waren, benannten sie ihre Stadt 1613 flugs in „Londonderry" um. Derry gehörte de facto London. So stand der Namensteil „London" oft auch für Entrechtung, Enteignung und Unterdrückung. Bis 1984, als unter nationalistischen Politikern Londonderry wieder in Derry umbenannt wurde. Man hatte schlicht die Mehrheit im Stadtparlament gewonnen und machte einen eigentlich nur symbolischen Verwaltungsakt umgehend zur Chefsache. Der neue, eigentlich alte, Name ziert seitdem öffentliche Dokumente und ist Symbol des wieder erstarkten irischen Bewusstseins der Stadt. Was, es verwunderte niemanden, die unionistischen Kreise den Kolonialnamen noch zwanghafter verwenden ließ. Hatte man vorher noch ab und an salopp von Derry gesprochen, wurde Londonderry (mit deutlicher Betonung der zwei ersten Silben) jetzt zur Pflicht.

Stadtrecht ändern?

Aber Derry wäre auch nicht Londonderry, wenn so eine offizielle Umbenennung ohne juristische Schwierigkeiten verlaufen würde. Abgesehen von den jetzt auf der „anderen Seite" stehenden Nostalgikern gibt es nämlich ein handfestes rechtliches Problem: Stadtrechte. Sie sind von der britischen Krone an „Londonderry" vergeben. Wobei die Krone immer wieder betont, dass man nur von Seiten der Stadtverwaltung einen Antrag stellen müsse, der dann wohl genehmigt werden würde. Und im Rahmen einer gar nicht so spektakulären Änderung würde schnell auch das Stadtrecht mit einer neuen Urkunde wieder auf „Derry" lauten.

Aber sich als Nationalist mit einem Bittbrief untertänigst an das englische Königshaus wenden? Das geht ja nun gar nicht ...

„Stadt des Schrägstrichs"

So steckt Derry/Londonderry in einem ewigen Dilemma, aus dem es keinen Ausweg zu geben scheint. Außer eben der Doppelnennung der zwei Stadtnamen. Oder doch? Um 1982 machte der örtliche Radiosprecher Gerry Anderson die Idee populär, dass das politisch korrekte, aber hoffnungslos unhandliche Wortkonstrukt „Derry/Londonderry" einfach zu lang sei und auch gleich zwei potenziell ärgerliche Worte enthielt. Diesen unhaltbaren Zustand, so meinte er, könne man nur durch die Reduzierung auf das Wesentliche beseitigen. Und sprach künftig von „Stroke City", der Stadt des Schrägstrichs.

an der **„Free Derry Corner"**, wo der Rest eines Wohnhauses immer noch die (laufend renovierte) Inschrift „You are now entering Free Derry" trägt. Hier begann einst das „selbst verwaltete" Gebiet der katholischen Bevölkerungsteile, in dem statt der Behörden vor allem die IRA für „Recht und Ordnung" sorgte. 1972 wurde durch den Einsatz von Kampfpanzern „Free Derry" wieder der Verwaltung durch die Regierung unterstellt. Heute ist das ehemalige Armenviertel hauptsächlich wegen seiner großflächigen, meist politischen Wandmalereien ein beliebtes Touristenziel. Von hier aus konnten die Bewohner noch bis vor wenigen Jahren deutlich die von den Stadtmauern herab drohenden (antiken) Kanonen sehen ... was sie mit großflächigen politischen Wandmalereien konterten.

Die gesamte Rossville Street wird heute als **The People's Gallery** bezeichnet (wobei „the people" hier keineswegs für alle in Derry lebenden Menschen steht, wie die Bilder deutlich zeigen). Riesige Wandgemälde berichten von Widerstand und Nationalismus in einer Straße, die zu den unsichersten in ganz Nordirland gehörte und heute, den kämpferischen Wandmalereien sei Dank, eine Touristenattraktion ist. Besucht werden kann das Studio der **Bogside Artists**, 46 William St., ☎ 028-71373842, die die

Bilder geschaffen haben. Nur wenige Schritte von den Wandmalereien entfernt, werden hier die Geschichte und Arbeitsmethoden erläutert. Auch Führungen durch die Rossville Street stehen auf dem Programm. ⏲ Mo–Fr 9–18 (Do und Fr bis 21), Sa 9–19, So 10–17 Uhr, Eintritt frei, Vortrag oder geführte Tour zu den Wandmalereien ab 5 £.

ÜBERNACHTUNG

€ **Paddy's Palace Hostel**, 1 Woodleigh Terrace, Asylum Rd., ☎ 028-71309051, 🖳 www.paddyspalace.com. 41 Betten in verschieden großen Zimmern, ganz in der Nähe der Stadtmauer und unweit der Bogside. Auch Privatzimmer mit Bad. Kostenlose Stadtführungen werden angeboten, ebenso Tagesausflüge nach Donegal und zum Giants Causeway. Bett im Schlafsaal etwa 15 £ (saisonabhängig), DZ ❶–❷

€ **St. Columb's Park House**, 4 Limavady Rd., ☎ 028-71343080, 🖳 www.stcolumbsparkhouse.org. Ein ehemaliges Herrenhaus aus dem 18. Jh. mit Parkanlagen wurde umgewandelt in eine Jugendherberge, vor allem für Gruppenbuchungen, etwas außerhalb der Innenstadt. Bett im Schlafsaal etwa 15 £ (saisonabhängig).

Travelodge Derry, 22-24 Strand Rd., ☎ 08701-911733, 🖳 www.travelodge.co.uk. Sehr günstiges, modernes Hotel mitten in Derry, ideal für Familien (Zimmer für 2 Erwachsene und 2 Kinder, alle mit Bad, TV). Alle wichtigen Sehenswürdigkeiten sind zu Fuß schnell erreichbar. ❷

Maldron Hotel Derry, Butcher St., ☎ 028-71371000, 🖳 www.maldronhotelderry.com. Das einzige Hotel innerhalb der historischen Stadtmauern (vorher als „Tower Hotel" bekannt), in einer relativ ruhigen Straße, ideal zur Erkundung der Stadt. Gutes Restaurant im Haus – reservieren. ❸–❹

ESSEN

Brown's Restaurant, Bar & Brasserie, 21 Strand Rd., ☎ 028-71362889, 🖳 www.brownsintown.com. Das zwanglose, aber Michelin-empfohlene Restaurant mit eigenem Stil serviert

wechselnde, kreativ zubereitete Speisen. ⏲ Mo–Sa 12.30–22, So 17–20.30 Uhr.

Fitzroy's Bistro, 2-4 Bridge St., ☎ 028-71266211, 🖳 www.fitzroysrestaurant.com. Großes, modernes Restaurant neben dem Foyle Einkaufszentrum. Während des Tages wechselnde Speisen, viele Geflügelgerichte, auch Vegetarisches. Günstig. ⏲ Mo–Sa 11–22, So 12–21 Uhr.

UNTERHALTUNG UND KULTUR

Badgers Bar, 18 Orchard St., ☎ 028-71360763. Wunderschöner Pub aus der viktorianischen Zeit, mit viel Holz und Messing. Relativ ruhige Atmosphäre am Abend, tagsüber leicht überlaufen durch Shopper und Angestellte, die das gute (und günstige) Essen anlockt.

Millennium Forum, Newmarket St., ☎ 028-71264455, 🖳 www.millenniumforum.co.uk. Großes, modernes Theater mit einem interessanten Mix aus Drama, Oper und Konzerten.

The Nerve Centre, 7-8 Magazine St., ☎ 028-71260562, 🖳 www.nervecentre.org. Aufführungsraum und Treffpunkt für Nachwuchskünstler im Bereich Film und Musik, in der angeschlossenen Bar kann man Derrys Kunstschaffende stundenlang beim Suchen nach Inspiration oder bei künstlerischen Disputen beobachten.

Sandino's Café Bar, 1 Water St., ☎ 028-71309297, 🖳 www.sandinoscafebar.com. Der Treffpunkt für „Aktivisten", unter den Augen toter Revolutionäre und palästinensischen Flaggen wird man umfassend über die aktuellen Kampagnen informiert. Gute Nachwuchsbands am Freitagabend, Jazz- und Soul-Disco am Sonntag.

Waterside Theatre, Glendermott Rd., ☎ 028-71314000, 🖳 www.watersidetheatre.com. Kleineres Theater in einer ehemaligen Fabrik in der Nähe des Flusses mit gemischtem Programm für jeden Geschmack.

EINKAUFEN

Die wichtigsten Einkaufsmöglichkeiten bieten das **Foyleside Shopping Centre**, das **Richmond Shopping Centre** und das **Craft Village**,

NORDIRLAND

ein kleiner Platz in der Innenstadt. Hier laden kleine Geschäfte und Cafés zum Stöbern und Verweilen ein. Der Zugang ist am unteren Ende der Shipquay St. deutlich markiert.

City of Derry Crystal, 22 The Craft Village, Shipquay St., ✆ 028-71370042, 🖥 www.derry crystal.com. Sehr schöne geschliffene Glaswaren, die auch mit persönlichen Motiven und Inschriften versehen werden können. ⊕ Mo–Sa 10–17.30 Uhr.

Cooley Jewellers, 22-24 Shipquay St., ✆ 028-71362984, 🖥 www.cooleyjewellers.co.uk. Einer der traditionellen Juweliere der Stadt und Hersteller des Derry History Rings. Auf diesem sind die markanten Punkte der Stadtgeschichte verewigt, von der Klostergründung über die Belagerung bis hin zu den deutschen U-Booten und „Free Derry". Ein außergewöhnliches Souvenir. ⊕ Mo–Sa 9.30–17 Uhr.

Donegal Shop, 8 Shipquay St., ✆ 028-71266928. Ein kleines Kaufhaus des Kunsthandwerks, hier findet man neben allerlei Kitsch und Krempel sehr gute Tweed-Sachen und traditionelle Strickwaren. ⊕ Mo–Sa 9.30–17 Uhr.

Faller the Jeweller, 12 Strand Rd., ✆ 028-71362710, 🖥 www.faller.com. Noch ein Juwelier, dessen „Goldene Teekanne" über dem Eingang deutlich den Weg weist. Die Inhaber sind Nachfahren von Immigranten aus dem Schwarzwald, und bieten eine breit gestreute Kollektion von modernen, aber auf traditionellen irischen Motiven basierenden Designs an.

TOUREN

City Sightseeing Derry, Stadtrundfahrt mit dem offenen Doppeldecker von März bis Oktober, ✆ 028-71370067, 🖥 www.citysightseeingderry. com, 14 £.

Touren mit dem Taxi, maßgeschneidert auf die Wünsche der Kunden, bietet City Cabs 🖥 www. citycabsderry.com (Kosten je nach Tourumfang).

SONSTIGES

Feste

Ende Oktober spukt es beim **Halloween Festival**, 🖥 www.derryhalloween.com, dem größten (und besten) Halloween-Festival in ganz Irla etwa fünf Tage lang. Unterhaltung für die gan. Familie.

Zum **Foyle Film Festival**, 🖥 www.foylefilm festival.org, finden im November neben britischen und irischen Künstlern auch große Namen aus dem internationalen Filmgeschäft.

Informationen

Tourist Information Derry Town, 44 Foyle St., ✆ 028-71267284. Sehr große Touristeninformation mit Souvenirverkauf und breitem Angebot an Touren durch Derry und die Umgebung. Infos auch unter 🖥 www.visitderry.com. ⊕ tgl. bis 17 Uhr, im Sommer länger.

TRANSPORT

Busse

An der Foyle St. befindet sich der **Busbahnhof**. Die wichtigsten Busverbindungen von Derry aus bietet Translink, 🖥 www.translink.co.uk, mit den Goldliner-Bussen (Expressdienst) nach COLERAINE (über Limavady), BALLYMENA, ANTRIM und BELFAST. Eine weitere Route geht über OMAGH und DUNGANNON nach ARMAGH oder BELFAST.

Richtung Westen bietet Bus Éireann regelmäßigen Verkehr über Letterkenny und Donegal nach SLIGO.

Eisenbahn

Derrys **Bahnhof** liegt am Ostufer des Foyle, zwischen Bahnhof und Busbahnhof verkehren Shuttlebusse.

Eine Alternative zum Bus – schon wegen der landschaftlich schönen Strecke auf den ersten Kilometern – ist die Bahnverbindung von Derry über Coleraine, Ballymoney, Ballymena und Antrim nach BELFAST, tagsüber mind. stdl., 1 1/2 Std. Genaue Fahrzeiten sowie alle Anschlussverbindungen unter 🖥 www.trans link.co.uk.

Flüge

Der etwa 10 km nordöstlich in Richtung Limavady gelegene **City of Derry Airport**, 🖥 www. cityofderryairport.com, bietet Flüge nach England und Schottland.

Von Derry zum Giant's Causeway

Limavady

Der Ort Limavady, 🖳 www.limavady.org, 27 km nordöstlich von Derry, ist dank seiner gut erhaltenen Häuser ein schönes Beispiel der georgianischen Epoche. Weltruhm allerdings verdient man eher durch Jane Ross, die hier 1851 die aufgeschnappte Melodie des *Londonderry Air* niederschrieb. Heute bekannt mit dem sentimentalen Text des *Danny Boy* und gefürchtet auf jeder irisch angehauchten Musikveranstaltung sowie auf Beerdigungen in der „irischen Diaspora".

ÜBERNACHTUNG UND ESSEN

€ **Carrowmena Activity Centre**, 100 Carrowclare Rd., ☎ 028-77763431, 🖳 www.carrowmena.co.uk. Bequemes Hostel, auch Camping ist möglich. Fahrradverleih. Bett im Schlafsaal ca. 15 £ (saison-abhängig), DZ ❶–❷
Lime Tree Restaurant, 60 Catherine St., ☎ 028-77764300, 🖳 www.limetreerest.com. Gemütliches Restaurant, saisonale Karte. Highlight: Langsam gegartes Lamm am Knochen mit Wein und Kräutern. Im Winter geschl. ⏲ Di–Sa 17.30–21, Do und Fr auch 12–13.30 Uhr.

Downhill Demesne

Die **Downhill Demesne**, Mussenden Rd., Castlerock, ☎ 028-20731582, 🖳 www.nationaltrust.org.uk, und der dazugehörige **Mussenden Temple** zählen zu den skurrilsten Sehenswürdigkeiten in dieser Gegend. Wer das weitläufige Gelände bei dem kleinen, romantischen Torhaus betritt, ist vom Herrenhaus selbst zunächst enttäuscht. Denn lediglich die Außenmauern stehen noch und erinnern als stumme Zeugen an vergangene Pracht. Errichtet wurde das Haus 1774 von Frederick Augustus Hervey, Vierter Earl of Bristol, Bischof von Derry und landesweit bekannter Exzentriker. Zum Anwesen zählte auch der direkt oberhalb des Strandes, auf einer beachtlichen Klippe thronende Rundbau, der Mussenden Temple. Offiziell Bibliothek, inoffiziell Erinnerung an das pikante Verhältnis, das der Bischof mit seiner Cousine unterhielt. Heute ein einmaliger Aussichtspunkt über die Küste und das weit unten liegende Strandstück mit

dem passenden Namen Downhill. Übrigens – im August findet hier seit wenigen Jahren ein **Drachenfestival** statt, im Wind vom Meer kann man schließlich auch sehr gut einen fliegen lassen. ⏲ ganzjährig tagsüber, Eintritt 6,85 £.

ÜBERNACHTUNG

€ **Downhill Beach House**, Glenhassan Hall, 12 Mussenden Rd., Downhill, ☎ 028-70849077, 🖳 www.downhillbeachhouse.com. Preisgekröntes Hostel mit Schlafsälen und Privatzimmern in einer alten Villa mit fantastischen Aussichten, der längste Strand der Nordküste und das Downhill Estate sind leicht zu Fuß erreichbar. Starke Preisschwankungen je nach Saison. Bett im Schlafsaal etwa 15 £ (saisonabhängig), DZ ❷

Coleraine

An der Mündung des Bann gibt es seit rund 2500 Jahren eine Siedlung. Seit hier 1968 die University of Ulster Einzug hielt, bestimmen in der Stadt, die in erster Linie für Fischerei und Leinenherstellung bekannt war, Studenten das Bild. Etwa 3 km südlich befindet sich eines der frühesten Zentren der Zivilisation in Irland. Bei **Mountsandel** wurden fast 10 000 Jahre alte Siedlungsreste gefunden und die zahlreichen Steingräber in der Gegend zeugen von einer frühen Hochkultur.

Irgendwo soll dann auch der Held Finn McCool einen bösen Zwerg kopfüber und lebendig begraben haben, weil dieser mit seiner Zauberharfe die Frauen reihenweise verführte – der **Dolmen von Slaghtaverty** etwa 20 km südlich von Coleraine gilt als Ort der obskuren Handlung.

10 HIGHLIGHT

Giant's Causeway

Welch ein Anblick! Rund 37 000 gleichgeformte Basaltsäulen, einige davon 12 m hoch, erstrecken sich an der Nordküste Irlands, nur 3 km nördlich von Bushmills.

Der Giant's Causeway, 🖥 www.nationaltrust. org.uk, übersetzt der „Damm des Riesen", ist der einzige naturbelassene Ort Irlands auf der Liste des Unesco-Weltnaturerbes. Folgt man jedoch der Legende, ist dieses Naturwunder eigentlich gar nicht natürlichen Ursprungs. In der irischen Mythologie war es nämlich der hünenhafte Held Finn McCool, der sich hier ans Werk machte, um eine Abkürzung zu seiner Geliebten zu schaffen, die in Schottland beheimatet war. Wissenschaftler allerdings haben mit Finn und seiner großen Liebe weniger am Hut, für sie sind die seltsam gleichförmigen Basaltsäulen schlicht eine Laune der Natur. Als sich vor 60 Mio. Jahren hier noch heiße Lava aus der Erde den Weg in den Ozean bahnte, kühlte das Gestein schlagartig ab und bildete die Säulen. Und weil diese so ungewöhnlich und künstlich aussahen, dichtete man sie Finn, dem irischen Supermann, an. Tatsächlich folgten sie den Gesetzen der Kristallisierung und sind so nicht übernatürlicher als eine Honigwabe. Aber wesentlich spektakulärer.

Das Naturwunder, das sich über 5 km an den Meeresklippen erstreckt, ist frei zugänglich, doch werden Parkgebühren erhoben. Zahlen muss man auch für den Shuttlebus, der zwischen **Besucherzentrum** (eine Einrichtung des National Trust) und Giant's Causeway pendelt. Das Causeway Centre bietet zudem eine Multimediashow zur Geschichte und Mythologie der Region. ⏱ Visitor Centre tgl. tagsüber, Eintritt 12,50 £.

ÜBERNACHTUNG

Portrush

Portrush Holiday Hostel, 24 Princess St., ☎ 028-70821288, 🖥 www.portrushholidayhostel.com. Kleines Hostel mit Schlafsaal oder Privatzimmern mitten im Ort, einfache Ausstattung, aber sehr sauber. Sehr gut für Familien. Bett im Schlafsaal etwa 15 £ (saisonabhängig), DZ ❶
Atlantic View B&B, 103 Eglinton St., ☎ 028-70823647, 🖥 www.atlanticviewportrush.co.uk. Gemütliche und sehr saubere Zimmer mit Bad, üppiges irisches Frühstück. ❷–❸

Portstewart

Rick's Causeway Coastal Hostel, 4 Victoria Terrace, Atlantic Circle, ☎ 028-70833789. Klei-
nes, freundliches (aber auch etwas renovierungsbedürftiges) Hostel nur 50 m vom Meer, mit buntem Mix an Zimmern auch für Paare und Familien. ❶–❸

SONSTIGES

Feste

North West 200, 🖥 www.northwest200.org, im Mai ist Irlands größtes Sportereignis, ein Motorradrennen auf einem 200 Meilen langen Straßenkurs zwischen Portrush, Portstewart und Coleraine mit rund 150 000 Zuschauern und bekannten Vertretern des Rennsports am Start. Nichts für Weicheier: Der Streckenrekord liegt bei über 320 km/h!
Airwaves Airshow, 🖥 www.airwavesportrush. co.uk, Ende Aug/Anfang Sep donnert es vom Himmel über Portrush – ein Großflugtag mit Vorführungen über der West Bay.

Informationen

Tourist Information Portrush, Town Hall, 2 Kerr St., ☎ 028-70823333.

TRANSPORT

Man erreicht den Giant's Causeway von Portrush, Coleraine oder Ballymoney (alle haben Bahnanschluss oder Verbindung über Goldliner) mit **Regionalbussen**. Die meisten halten in Bushmills, von hier ist es etwa eine halbe Stunde Fußmarsch zum Causeway. Eine Alternative während der Sommersaison (Juni–Okt) ist der **Causeway Rambler**, ein auf Besucher zugeschnittener Busverkehr zwischen Coleraine und der Carrick-a-Rede Rope Bridge, der auch direkt am Besucherzentrum des Giant's Causeway hält (4x tgl. in jede Richtung, Tagesticket ca. 7 £). Genaue Fahrzeiten sowie Anschlussverbindungen mit Bus und Bahn unter 🖥 www.translink.co.uk.

Causeway Coast

Ein ganz besonderer Anblick an der Causeway Coast (wie der gesamte nördliche Küstenabschnitt gerne genannt wird) sind die **White**

Man kann den Giant's Causeway auf zweierlei Arten erleben: zum Anfassen oder „aus der Luft". Die meisten Touristen wählen die erste Variante und begeben sich sofort auf den rund 1500 m langen Weg vom Besucherzentrum zum Causeway selbst, der gut asphaltiert ist und schöne Ausblicke bietet. Einen wesentlich besseren Überblick hat man jedoch von den Klippen oberhalb des Causeways, wobei dabei die Details verloren gehen. Daher an dieser Stelle die Empfehlung zu einem Rundweg: Vom Besucherzentrum geht es auf dem normalen Weg zum Causeway, wo sich erst einmal die Basaltsäulen aus der Nähe genießen lassen. Danach folgt man dem Weg am Fuß der Klippen, bis rechter Hand eine Treppe zum Aufstieg erkennbar wird (Achtung, steil und manchmal rutschig, bei Gegenverkehr ist Koordination gefragt). Auf der Klippe angelangt, eröffnet sich ein großartiger Rundblick über den gesamten Causeway. Von hier kann man weiter nach Osten wandern oder sich auf den Rückweg zum westlich gelegenen Besucherzentrum begeben.

Rocks, die weißen Felsen. Ein passender Name für die Klippen 4 km östlich von Portrush, die aus dem „Ulster White Limestone", einem örtlichen Kalkstein mit Einschließungen aus Flintstein, gebildet werden. Und aus denen Wind, Wetter und auch der kommerzielle Kreideabbau teilweise bizarre Formen geschaffen haben. Normalerweise hätte dieser relativ weiche Stein schon lange abgetragen sein müssen, doch schützt ihn an der Küste von Antrim seit rund 65 Mio. Jahren eine Basaltschicht vor Erosion. Ein guter Fundort für Fossilien. Abenteuerlustige Urlauber können sich auch die Höhlen ansehen, die teilweise vom Strand aus zugänglich sind (immer auf Ebbe und Flut achten – ein bei Niedrigwasser gut zugänglicher Küstenabschnitt kann einige Stunden später mitten im Meer liegen).

Einen guten Blick auf die White Rocks aus der Vogelperspektive bietet der Parkplatz neben dem Dunluce Castle.

Dunluce Castle

Als eine der beeindruckendsten Ruinen Nordirlands erhebt sich das imposante Dunluce Castle etwa 6 km östlich von Portrush auf einer Klippe über dem Meer. Im 13. Jh. bauten Anglo-Normannen hier die erste Festung, die drei Jahrhunderte später von den MacDonnells erobert und ausgebaut wurde. Die „Lords of the Isles" konnten sich die Bauarbeiten leisten, weil sie bei der „Bergung" (besser gesagt Plünderung) des Wracks der *Girona* fleißig mithalfen. Das spanische Schiff lieferte sogar die in Dunluce Castle eingesetzten Kanonen. An einem

strategisch günstigen Standort erbaut, trotzte die Burg Wind und Wellen – zumindest bis 1639. Da nämlich soll während eines verheerenden Sturms der Küchentrakt samt sieben Bediensteten ins Meer gerutscht sein. Unterhalb der Burg verbindet die **Mermaid's Cave** Land und Meer, ein fast idealer Schmuggelweg. ◷ tgl. 10–16, im Sommer bis 18 Uhr, Eintritt 5 £.

Bushmills

Der kleine Ort Bushmills wäre wahrscheinlich nur als Wegstation zum Giant's Causeway bekannt, wenn nicht ein weltberühmter Exportartikel denselben Namen tragen würde – Bushmills Whiskey, gebrannt in der ältesten (legalen) Destillerie der Welt. Immerhin schon 1608 vergab König James I. die Brennrechte an die **Old Bushmills Distillery**, 2 Distillery Rd., ☏ 028-20733218, 🖳 www.bushmills.com. Davor hatte man aber schon mehr als 300 Jahre ohne königliche Genehmigung *uisce beagh*, das „Wasser des Lebens", unters Volk gebracht. Die Destillerie ist heute noch aktiv und die einzige Einrichtung dieser Art, die man auch besichtigen kann – im Rahmen einer Führung und mit Auflagen, denn die recht alkoholhaltige Luft kann

durch unvorsichtiges Hantieren mit offenen Flammen verpuffen. Nach einigen Minuten in den Hallen hat man jedenfalls das Gefühl, schon den halben Tag beim Whiskey verbracht zu haben. Und damit dieses nicht trügt, gibt es am Ende der Führung auch noch eine Verkostigung und die Gelegenheit zum Einkauf. ◷ Mo–Sa 9.30–16.45 (Sommer ab 9.15), So 12–16.45 Uhr, Führung 9 £ (nicht für Gehbehinderte geeignet).

Für Eisenbahnfans interessant ist die **Giant's Causeway and Bushmills Railway**, 🖳 www. freewebs.com/giantscausewayrailway, eine altmodisch-schöne Schmalspureisenbahn, die von Ostern bis September auf einer nur zwei Meilen langen Strecke zwischen dem Ort und dem Giant's Causeway verkehrt (bis zu 6x tgl., 5 £).

Bester Whisky aus Schottland

Kurioserweise gibt es im Ort Bushmills auch die unter Kennern beliebte **Scotch House Tavern**, 51 Main St., stolz auf ihr großes Whisky-Angebot – ohne das „e" geschrieben sofort als schottisches Produkt erkennbar. Einige sehr feine Sorten sind hier im Ausschank!

Carrick-a-Rede Rope Bridge

Nur 14 km östlich vom Giant's Causeway verbindet die fotogene Carrick-a-Rede Rope Bridge, 119 White Park Rd., Ballintoy, Ballycastle, ✆ 028-20769839, 🖥 www.nationaltrust.org.uk, das irische Festland mit einer vorgelagerten Insel.

Der Inselname lässt sich als „Fels im Weg" übersetzen und beschreibt ein natürliches Phänomen: Wenn die Lachse die Küste hinauf zu ihren Laichgründen schwimmen, müssen sie so dicht an der Insel vorbei, dass es zu einem Stau kommt und die Lachsfischerei zur leichten Übung wird. Also hangelten sich Fischer zur Lachssaison über eine jährlich neu errichtete Brücke auf den kargen Felsen, 25 m unter ihnen das tosende Meer. Irgendwann entdeckten Touristen dies als neuen Nervenkitzel. Und die Einheimischen stellten fest, dass man mit den Touristen auf wesentlich bequemere Art als mit den Lachsen Geld verdienen konnte – verbesserten die Brücke und kassierten ein Eintrittsgeld.

Obwohl die Brücke mittlerweile zum touristischen Pflichtprogramm gehört und zweifelsohne eine „atemberaubende" Attraktion ist, sollte man sich ernsthaft fragen, ob der Abstecher lohnt. Und sich vorher genau erkundigen, ob die Brücke überhaupt geöffnet ist. In den ersten Monaten des Jahres und bei starkem Wind wird der Felsen sinnvollerweise den Seevögeln überlassen. ⌚ tgl., Ende Feb–Mai sowie Sep und Okt 10–17, Juni–Aug 9.30–19, Nov und Dez 10.30–15.30 Uhr, Jan und größter Teil des Feb gesperrt, Eintritt 9 £.

Ballycastle

Der klassische Ferienort Ballycastle, der sich ein wenig von seinem viktorianischen Flair erhalten hat, ist (wenn nicht gerade in der Hauptsaison und am Wochenende überlaufen) einen Zwischenstopp wert. Neben einem kleinen **Museum** im Gerichtsgebäude (Castle St., ✆ 028-20762942) lockt an schönen Sommertagen vor allem der Sandstrand. Auch kann man hier das unverzichtbare Fish 'n' Chips in traditioneller Manier genießen – unter freiem Himmel, aus der Papiertüte und argwöhnisch von der gesamten Seevogelpopulation beäugt. Grundregel: Nie füttern, sonst wird man die Biester niemals los!

Rathlin Island

Von Ballycastle aus ist Rathlin Island, 🖥 www.rathlincommunity.org, zu sehen, eine relativ große Insel, erreichbar mit einer kleinen Passagierfähre, ✆ 028-20769299, 🖥 www.rathlinballycastleferry.com, unbedingt vorausbuchen (bietet auch Pauschaltouren inkl. Unterkunft, Führung und Verpflegung). Auf diesen geschichtlich wichtigen Boden flüchtete einst der schottische König Robert the Bruce vor seinen Feinden und lernte der Legende nach Geduld von einer Spinne. 1898 errichtete Guglielmo Marconi hier die erste Funkstrecke über See.

Heute zieht Rathlin vor allem Wanderer und Ornithologen an, die durch die von Heide bedeckte Insel streifen und mit etwas Glück auch Papageitaucher („Puffins") sehen. Dabei sollte man immer auf das Wetter achten, denn bei starkem Wind und Seegang fällt die Fähre unweigerlich aus. Eine unfreiwillige Nacht am Busen der Natur auf Rathlin Island ist nicht empfehlenswert. Übrigens ist Rathlin die einzige noch bewohnte Insel vor der nordirischen Küste, die Bevölkerungszahl steigt sogar wieder – die 100er-Marke wurde überschritten. Von Rathlin sind es nur noch 25 km zum schottischen Mull of Kintyre.

Bushmills

Mill Rest Hostel, 49 Main St., ✆ 028-20731222, 🖥 www.hini.org.uk/hostels/Bushmills-Hostel. Modernes Hostel direkt im Ortskern, zum Giant's Causeway sind es nur etwas über 3 km, die Old Bushmills Distillery ist nur 5 Min. entfernt. Unterkunft in Schlafsälen oder Privatzimmern mit eigenem Bad. Abends trifft man sich am gemütlichen Kaminfeuer. Bett im Schlafsaal etwa 15 £ (saisonabhängig), DZ ❶–❷

Ballycastle

Ballycastle Backpackers Hostel, 4 North St., ✆ 028-20763612, 🖥 www.ballycastlebackpackers.net. Hostel direkt im Ort und am Meer in einem Haus aus dem 18. Jh. Vermietet wird auch ein traditionelles Cottage. Die Fähre nach Rathlin ist nur 2 Gehminuten entfernt. Bett im Schlafsaal etwa 15 £ (saisonabhängig), DZ ❷

Sheep Island View Hostel, 42a Main St., Ballintoy, ☎ 028-20769391, 🖥 www.sheepislandview.
com. Sehr schön gelegenes Hostel an der Nordküste des County Antrim, 12 km östlich des
Giant's Causeway und nur etwa 2 km Fußweg
von der östlich gelegenen Carrick-a-Rede Rope
Bridge. Abholung aus Bushmills möglich. Bett
im Schlafsaal etwa 15 £ (saisonabhängig),
DZ ❶–❷

White Park Bay Hostel, 157 White-park
Rd., Ballintoy, ☎ 028-20731745, 🖥 www.
hini.org.uk/hostels/White-Park-Bay-Youth-Hos-
tel. Klassische Jugendherberge mit einer Aussicht bis nach Schottland, freundliches Personal
und sehr sauber. 15 verschieden große Zimmer,
teilweise als Privaträume. Bett im Schlafsaal
etwa 15 £ (saisonabhängig), DZ ❶–❷

Rathlin Island

Soerneog View Hostel, Ouig, ☎ 028-20763954,
🖥 www.rathlin-island.co.uk/soerneog.html.
Winziges Hostel mit 6 Betten, nur 10 Min. vom
Hafen, wirklich einfache Unterkunft. Bett im
Schlafsaal etwa 15 £ (saisonabhängig).
Coolnagrock B&B, Ballynoe, ☎ 028-20763983,
🖥 www.rathlin-island.co.uk/margaret.html.
B&B mit 3 Zimmern und Blick auf Schottland.
Abholung von der Fähre möglich, sonst 15 Min.

Nordirlands Traditionsfest

Am letzten Montag und Dienstag im August
gibt sich Ballycastle ganz traditionell und wird
zum Magneten für Zehntausende, die zur **Auld
Lammas Fair** strömen. Die Veranstaltung geht
auf ein keltisches Erntefest („Lughnasa", im Irischen auch der Monat August) zurück und ist
ein bunter Mix aus Tradition und Moderne. Von
Pferden, Schafen und Wolle über Werkzeuge
und Kleidung bis zu Spielzeug und den neuesten raubkopierten DVDs wird hier fast alles
verkauft, was man sich vorstellen kann. Dazu
gibt es Musik, viel Alkohol und die zwei traditionellen Essen: „Dulse", in der Sonne getrock-
neter Seetang, und „Yellow Man", ein Konfekt,
das in Zuckergehalt und Härte dem Zahnarzt
guten Umsatz verspricht. Infos unter 🖥 www.
causewaycoastandglens.gov.uk.

Fußmarsch zum Hafen. Recht familiär und
komfortabel. ❷–❸

Bushmills Inn, 9 Dunluce Rd., Bushmills, ☎ 028-
20733000, 🖥 www.bushmillsinn.com. Hotelrestaurant in gemütlicher Umgebung. Gut
besucht am Mittag, vor allem durch Reisegruppen. Traditionelle Küche. Reservieren.
🕐 12–21.30 Uhr.

Tourist Information Giant's Causeway, 44
Causeway Rd., Bushmills, ☎ 028-20731855,
🕐 wie Besucherzentrum.

Busse

Die Causeway Coast und die Glens of Antrim
s. unten) erreicht man von Portrush, Coleraine,
Ballymoney oder Ballymena aus (alle haben
Bahnanschluss oder Verbindung über Goldliner)
mit **Regionalbussen**.
Eine Alternative während der Sommersaison
(Juni–Okt) ist der **Causeway Rambler**, ein auf
Besucher zugeschnittener Busverkehr
zwischen Coleraine und der Carrick-a-Rede
Rope Bridge, der auch direkt am Besucher-
zentrum des Giant's Causeway hält (4x tgl. in
jede Richtung, Tagesticket ca. 7 £).
Ebenfalls sehr beliebt ist der **Antrim Coaster**,
die Buslinie 252 immer an der Küste entlang
zwischen Colerain und Belfast (Ende März–
Anfang Okt mehrmals tgl., Tagesticket 9 £).

Eisenbahn

Es pendeln tagsüber stdl. Schnellzüge zwischen
Belfast und Larne, günstig z. B. wenn man die
Fähre nach Schottland erreichen möchte.

Glens of Antrim

Die Glens of Antrim zählen zu den bekanntesten
Naturschönheiten Nordirlands und ziehen sich
von den relativ sanften Bergen bis an die Küste.

Die letzte Eiszeit sorgte dafür, dass heute neun waldreiche Täler die Gegend zwischen Ballycastle und Larne bestimmen. Auf der A2 kann man bequem zwischen den Antrim Mountains und dem Meer hindurchfahren, aber Abstecher in die Täler lohnen sich. Wer alle neun Glens of Antrim in Ruhe erkunden will, sollte viel Zeit, gute Wanderstiefel, regenfeste Kleidung und ein Zelt mitbringen. Örtlich werden Führer als Broschüren angeboten, die die besten Routen enthalten und unverzichtbar sind.

Wer weniger Zeit und Abenteuerlust mitbringt, sollte zumindest den Ausflug in den **Glenariff Forest Park**, 🖥 www.daera-ni.gov.uk, wagen, den für Touristen zugänglichsten Teil der Glens of Antrim. Der Poet William Makepeace Thackeray war von der Landschaft mit ihren kahlen Hochplateaus und bewaldeten Tälern, durch die sich die Flüsse Glenariff und Inver ihren Weg Richtung Meer bahnen, so beeindruckt, dass er Glenariff spontan „Little Switzerland" taufte. Der Park wird heute von der Forstbehörde gehegt und gepflegt, für Besucher stehen Parkplätze, ein Café mit Infozentrum und ein Netz von Wanderwegen (Karten im Infozentrum) zur Verfügung. Empfehlenswert ist auf jeden Fall der mit blauen Pfeilen markierte, 5,5 km lange **Waterfall Trail**, der auf gut erschlossenen Wegen an landschaftlich schönen Punkten vorbeiführt. ⏱ tagsüber, Zufahrt mit Pkw etwa 5 £.

Links liegen lassen kann man **Larne**, eine langweilige Industrie- und Hafenstadt, in der allenfalls die Überreste des Olderfleet Castle oder die **Fähre nach Schottland** (S. 46) Touristen anlocken.

Cushendun

Ein echtes Schmuckstück ist das kleine Dorf Cushendun, 🖥 www.cushendunweb.co.uk, das von Clough Williams-Ellis als ästhetisches Kleinod entworfen wurde, allerdings im Schatten seiner weitaus berühmteren Kreation Portmeirion (Wales) steht. Lord Cushendun setzte sich hier ein sehenswertes architektonisches Denkmal. Der gesamte Ortskern steht unter Denkmalschutz und ist eine Hommage an die „Gute Alte Zeit". Neben einem Sandstrand locken Spazierwege an der Küste sowie Höhlen südlich des Ortes.

Cushendall

Bekannt als die „Hauptstadt der Glens", ist Cushendall eigentlich nur als Kuriosum auf der Durchreise zu empfehlen. Mitten im Ort steht **Turnley's Tower**, eine Kombination von Wachturm und Gefängnis, in dem seit 1820 bevorzugt „Faule und Aufsässige" (also aus der britischen Kolonialperspektive „Iren allgemein") eingesperrt wurden.

Etwas außerhalb des Ortes sieht man noch die Ruinen der **Layde Old Church**, einer ehemaligen Franziskaner-Abtei. Knapp 1,5 km nördlich von der Ortsmitte befinden sich in der Steilküste **Höhlen**. Diese wurden auch als Wohnungen genutzt – so etwa von der legendären Nun Mary, die als frühe Heilpraktikerin (oder Hexe) das reife Alter von 100 Jahren erreichte.

Etwa 4 km westlich von Cushendall liegt der Sage nach zudem Ossian begraben, Sohn des Helden Finn McCool und als kämpferischer Barde sozusagen ein prähistorischer Bono. Jedenfalls trägt ein Megalithgrab in den Tievebulliagh Mountains den Namen **Ossian's Grave**.

Ford Farm Camping Barn, 8 Low Rd., Island Magee, Larne, ✆ 028-93353264. In eine einfache, aber ordentliche Unterkunft umgebautes Stallgebäude auf einer voll bewirtschafteten Farm am Ufer des Larne Lough. Einkaufsmöglichkeiten in gut erreichbarer Nähe. 1 Woche kostet ab 400 £.

INFORMATIONEN

Tourist Information Larne, Narrow Gauge Rd., ✆ 028-28260088. Infos unter 🖥 www.midandeastantrim.gov.uk.

TRANSPORT

Busse

Busverbindungen zu den Glens of Antrim bestehen kaum, lediglich Glenariff ist bis zu 2x tgl. mit der Linie 162 ab Carnlough (von dort besteht Verbindung nach Larne) erreichbar.

Fähre

Fährverbindungen in Richtung Großbritannien ab Larne gibt es nach CAIRNRYAN und TROON mit **P&O Irish Sea**, 🖥 www.poferries.com.

Carrickfergus

Carrickfergus beherrscht den nördlichen Teil des Belfast Lough, die heute noch erhaltene mittelalterliche Burg ist ein beeindruckendes Zeitzeugnis – aber nur ein Splitter in der bewegten Vergangenheit des Ortes. Befestigt zu Beginn des 17. Jhs., galt Carrickfergus lange als der einzige englischsprachige Ort Irlands. Was die Stadt zum idealen Landungspunkt für König William III. machte, als dieser sich mit König James II. in Irland um das Recht auf den englischen Thron schlug. Vor Carrickfergus errang auch die Marine der Vereinigten Staaten ihren ersten Sieg, als 1778 John Paul Jones über die britische HMS Drake triumphierte. Die Einwohner von Carrickfergus jubilierten dazu, denn ihnen waren die Ideale der amerikanischen Revolutionäre näher als der Deutsche Georg(e) auf dem englischen Thron.

Carrickfergus Castle

Carrickfergus Castle, Marine Highway, stammt im Kern aus dem Jahr 1180 und ist eine der größten und eindrucksvollsten Burgen Irlands. Seit Gründung durch den Anglo-Normannen John de Courcy bis 1928 beherbergte die Festung eine britische Garnison – mit einem kurzen Intermezzo, als 1760 französische Soldaten die Burg eroberten. Der Eingang zur Burg ist ein Torhaus aus dem 13. Jh., der zentrale Wehrturm mit seinen fünf Stockwerken stammt aus de Courcy's Zeiten und beinhaltet heute neben der beeindruckenden Großen Halle ein Regimentsmuseum. Jeden August findet in der Burg ein historisches Fest statt. ⏰ tgl. 9.30–17, im Sommer bis 18 Uhr, Eintritt 5,50 £.

Im Stadtkern von Carrickfergus findet man weitere mittelalterliche Zeitzeugen – das Nordtor der Stadtmauer wurde liebevoll restauriert, die 1205 ebenfalls von John de Courcy errichtete St. Nicholas' Church allerdings weist wesentliche Veränderungen aus dem Jahr 1614 auf.

Andrew Jackson Centre

Nördlich der Stadtmitte, etwa 4 km von der Burg entfernt, befindet sich das Andrew Jackson Centre, 2 Boneybefore, ✆ 028-93366455. Die Eltern des späteren US-Präsidenten wanderten von hier 1765 aus. Ihr Wohnhaus wurde abgerissen, das rekonstruierte reetgedeckte Cottage aus dem 18. Jh. vermittelt eine Vorstellung davon, wie das Heim der Jacksons ausgesehen haben könnte. Angeschlossen ist eine Ausstellung zu den US Rangers, im Zweiten Weltkrieg hier stationiert. ⏰ Mi–So 11–15 Uhr, Eintritt frei.

Gobbins Cliff Path

Östlich von Carrickfergus lockt seit einiger Zeit der renovierte und besser gesicherte Gobbins Cliff Path, The Gobbins Visitor Centre, Middle Rd., Islandmagee, ✆ 028-93372318, 🖥 www.thegobbinscliffpath.com, abenteuerlustige Wanderer an. Ein wirklich einmaliges Erlebnis, denn auf teils natürlichen, teils in den Fels gehauenen Wegen geht es die Küste entlang, bei gutem Wetter mit Blick auf Schottland. Selbst durch einen Tunnel muss man, Helme werden bereitgehalten. Der Pfad ist nur im Rahmen einer geführten Wanderung machbar, Kosten 15 €. Achtung – es besteht eine Pflicht zur Voranmeldung, unter anderem wird eine Abfrage des Gesundheitszustandes gemacht, und auch auf das korrekte Schuhwerk achten die Führer. Aktuelle Tourenzeiten bitte auf der Webseite nachschlagen, wegen Wetterbedingungen und Erosionen können sich diese schnell ändern.

ÜBERNACHTUNG UND ESSEN

€ **Ballyeamon Camping Barn**, 127 Ballyeamon Rd., ✆ 028-21758541, 🖥 www.ballyeamonbarn.com. Einfache, aber bequeme Unterkunft in einem ehemaligen Stall, der zum kleinen Hostel mit 14 Betten in der Nähe des Glenariff Forest Park umgebaut wurde. An sich nicht unbedingt etwas Besonderes. Aber: Die Inhaberin Liz Weir pflegt die Kunst der traditionellen Geschichtenerzähler, immer wieder finden Veranstaltungen hier statt. Bett im Schlafsaal etwa 15 £ (saisonabhängig), DZ ❶–❷

Loughshore Hotel, 75 Belfast Rd., ✆ 028-93364556, 🖥 www.loughshorehotel.com.

Wanderung auf dem Ulster Way

- ■ **Strecke**: Gesamtlänge knapp 1000 km
- ■ **Dauer**: mehrere Wochen
- ■ **Steigungen**: sehr viele – es geht durch alle Berggebiete Ulsters
- ■ **Wegbeschaffenheit**: gut bis sehr gut
- ■ **Ausschilderung**: gut
- ■ **Infos**: 🖥 www.walkni.com (bietet auch komplettes Kartenmaterial)

Wenn es eine Königsklasse der Wanderwege in Irland gibt, dann steht der Ulster Way an ihrer Spitze – eine komplette Umrundung setzt dem Wandererlebnis Irland die Krone auf.

Von Belfast aus wandert man im Kreis einmal durch ganz Nordirland, wichtige Stationen sind neben Belfast u. a. Strangford, Newcastle, Newry, Lisnaskea, Florence Court, Belcoo, Belleek, Castlerock-Portstewart, Ballycastle, Glenarm und Ballynure.

Die schönsten Etappen

Allerdings sind 1000 km zu Fuß kaum in einem normalen Urlaub zu schaffen. Und nicht alle Stre-

Für Schwindelfreie: die Carrick-a-Rede Rope Bridge

ckenabschnitte sind landschaftlich aufregend. Deshalb sollte man sich die schönsten Etappen rauspicken. Der Causeway Coast Way und der Abschnitt von Florence Court nach Belcoo sind auch für verwöhnte Wanderer interessant und führen durch einige der schönsten Flecken Nordirlands.

Von Florence Court nach Belcoo (16 km)

Diese Etappe über den Cuilcagh Way und einen von der Unesco ausgezeichneten Geopark ist recht kurz, hat es aber in sich: Auf Waldwegen und über Nebenstraßen geht es zum Florence Court (S. 558) und durch den Florence Court Forest Park zu den Marble Arch Caves (S. 559), dann über offenes Moorland hinauf zum 665 m hohen Cuilcagh Mountain (S. 559) und wieder hinab in das Cladagh Glen, über Blacklion nach Belcoo.

Mit der Linie 84 von Ulsterbus, 🖥 www.translink. co.uk, kann man dann wieder von Belcoo nach Florence Court zurückfahren. Hier bietet sich zur Übernachtung das **Arch House B&B**, 59 Marble Arch Rd., ✆ 028-66348452, 🖥 www.archhouse. com, an, eine bequeme Unterkunft auf einer modernen Farm. Es gibt ein reichhaltiges Frühstücksbuffet mit frischen Produkten oft vom eigenen Hof, das günstige Abendessen kann vorbestellt werden. ❸

Causeway Coast Way (52 km)

Der vielleicht aufregendste Teil des Ulster Way führt an der Nordküste entlang, auf einer der besten Routen der Welt. Von Portstewart geht es über Wanderwege, am Strand entlang oder auch einmal auf felsigen Pfaden nach Portrush, am Dunluce Castle (S. 524) vorbei zum Giant's Causeway (S. 522), dann weiter zur Carrick-a-Rede Rope Bridge (S. 526) und schließlich (auf einer recht verkehrsreichen Straße) über Ballintoy nach Ballycastle (S. 526).

Wer es weniger anstrengend haben will, beginnt in Portrush, übernachtet dann in Bushmills (S. 525) am Giant's Causeway und bricht die Tour nach der Carrick-a-Rede Rope Bridge ab. Der Causeway Rambler (S. 527), ein im Sommer eingesetzter Bus, bringt den müden Wanderer von der Brücke nach Portrush zurück.

Praktische Hinweise

Der Ulster Way wurde Ende 2009 neu definiert, einige Abschnitte haben sich geändert. Das ist vor allem dann wichtig, wenn man auf ältere Wanderführer stößt, denn die darin enthaltenen Streckenführungen sind stellenweise nicht mehr aktuell. Hilfreich ist die hervorragende Webseite zum Ulster Way (s. o.), die auch aktuelles und zuverlässiges Kartenmaterial anbietet.

Das ehemalige Clarion Hotel ist ein recht modernes und komfortables (Konferenz-)Hotel mit 68 Zimmern, Frisör und verschiedenen Restaurants. ❶–❺

Premier Inn, Alexandra Pier, Rodgers Quay, ✆ 028-93356420, 🖥 www.premierinn.com. Modernes Hotel direkt am Hafen, 1 km südlich des Zentrums, komfortabel und recht große Zimmer, kleines Restaurant. ❶–❸

INFORMATIONEN

Tourist Information Carrickfergus, 11 Antrim St., ✆ 028-93358049, Infos auch unter 🖥 www. midandeastantrim.gov.uk.

TRANSPORT

Carrickfergus ist von Belfast aus leicht mit der **Bahn** (Linie nach Larne) oder dem **Bus** zu erreichen. Zahlreiche Verbindungen bestehen den ganzen Tag über, von BELFAST aus hat man dann Anschluss an das gesamte Verkehrsnetz.

Antrim Town und Lough Neagh

Antrim, das der Region seinen Namen gab, liegt an der strategisch wichtigen Mündung des Six Mile Water in den Lough Neagh. Strategisch wichtig war in Irland häufig gleichzusetzen mit „mehrfach zerstört" – Antrim wurde 1649 von General Monro vollkommen niedergebrannt und während der Rebellion von 1798 versuchten die United Irishmen, die von Regierungstruppen gehaltene Stadt einzunehmen. So sind nur noch wenige historische Gebäude zu finden, etwa das **Courthouse** von 1762. **Antrim Castle** dagegen, erbaut 1622, wurde 1923 ein Raub der Flammen und fast vollkommen abgerissen. Lediglich die von Le Notre angelegten **Gärten** sind noch erhalten, sie erinnern etwas an sein Meisterstück Versailles.

Rundturm

Beachtenswert ist der Rundturm von Antrim im **Steeple Park**, der im 10. Jh. errichtet wurde und eines der schönsten Exemplare in Irland ist,

28 m in die Höhe ragend und weitgehend einfühlsam restauriert. Allerdings waren nicht alle Einwohner von Antrim mit diesem Klosterbau zufrieden. Eine ortsbekannte Hexe soll nach Fertigstellung in einer Protestaktion vom Turm gesprungen sein. Noch heute können Besucher sich neben dem Rundturm den Witch's Stone zeigen lassen, den Landeplatz der Hexe. In dem mit etwas Fantasie noch immer Abdrücke von Ellenbogen und Knie zu sehen sind.

Lough Neagh

Der Lough Neagh, 🖥 www.discoverloughneagh. com, ist **der größte See Irlands**, an Segler stellt er ähnliche Herausforderungen wie das offene Meer. Bekannt ist er vor allem als Überwinterungsort von rund 100 000 Wasservögeln und durch seinen Fischreichtum – allein 10 t Aale werden pro Jahr gefangen. Allerdings ist der See für Besucher nur an wenigen Stellen gut zugänglich und hat keinen echten Uferweg. Der Legende nach haben wir Lough Neagh Finn McCool zu verdanken: Der Held geriet mit einem schottischen Riesen in Streit und warf daraufhin einen Erdklumpen nach ihm. Wo Finn die Erde aufgenommen hatte, bildete sich der Lough Neagh. Und da er schlecht zielte, plumpste der Brocken mitten in die Irische See und wurde fortan als Isle of Man bekannt.

ÜBERNACHTUNG UND ESSEN

Dunsilly Hotel, 20 Dunsilly Rd., Antrim, ✆ 028-94462929, 🖥 www.dunsillyhotel.com. Komfortables Hotel mit 40 Zimmern, nur 8 km nördlich vom Belfast International Airport und nahe bei einem Einkaufszentrum. Angeschlossen sind ein Restaurant (das Carvery Menu am Sonntag ist besonders empfehlenswert) und eine Bar. ❸

SONSTIGES

Feste
Ziemlich bunt mit See und Ruinen im Hintergrund geht es bei der **Irish Game Fair**, 🖥 www. irishgamefair.com, im Juni zu. Diese Veranstaltung feierte immerhin schon ihr 40. Jubiläum und bietet auf einem weiten Gelände direkt

Immer ein Heidenspaß – Ritterturnier als Rahmenprogramm

am Lough Neagh ein Programm von Tontauben-schießen bis hin zu historischen Vorführungen – man widmet sich dem Thema „Landleben früherer Zeiten". Komplett mit leicht anachronistischem Ritterturnier, Hundewettbewerben, Wikingern aus aller Herren Länder, Fliegen-fischen nach Regeln, Western-Reiten und einem Essensangebot, das Vegetarier schnell mit Graus sich abwenden lässt. Hier hat wirklich jedes Tier seinen Platz – neben den Kartoffeln und dem Gemüse oder auch als Trophäe über dem Kamin.

Informationen
Tourist Information Antrim, 16 High St., ✆ 028-94428331.

TRANSPORT

Antrim ist ein wichtiger Verkehrsknotenpunkt und mit BELFAST per **Bahn** oder **Schnellbus** (Goldliner) verbunden. Direkte Verbindungen bestehen auch nach DERRY, entweder über Coleraine oder über Maghera und Dungiven.

Von Bangor bis zu den Mourne Mountains

Bangor
Bangor, ein typisch britisches Seebad, wie man sie auch an der englischen Süd- und Ostküste vorfindet, zählt zu den beliebtesten Urlaubsorten Nordirlands. Promenaden, Sandstrände, Imbiss-buden, Spielhalle, eine nicht besonders aufregende **Burg** im Park, die heute das North Down Heritage Centre beherbergt, und die altertümlich wirkende **Abbey Church** sind die Highlights des Ortes, der besonders an Sommerwochenenden von Touristenmassen bevölkert wird.

ÜBERNACHTUNG UND ESSEN

Marine Court Hotel, 18-20 Quay St., ✆ 028-91451100, 🖥 www.marinecourthotel.net. Populäres Hotel mit Restaurant, Pool und Musikveranstaltungen, verschieden große Zimmer mit Komfort. Wer Wert auf Ruhe legt, sollte nachfragen, ob Buchungen für größere Gruppen vorliegen. ❷–❹

19 Coffeehouse im Blackwood Golf Centre, 150 Crawfordsburn Rd., ✆ 077-83044053. Schmackhafte und schön angerichtete Gerichte. Vernünftige Preise, besonders günstig sind Mittagstisch und frühes Abendessen. ⏱ 12–21 Uhr.

INFORMATIONEN

Tourist Information Bangor, 34 Quay St., ✆ 028-91270069.

Newtownards

8 km weiter südlich am Nordende des Strangford Lough liegt das Marktstädtchen Newtownards, das schnell über die Autobahn erreicht ist. Newtownards selbst kann man schnell hinter sich lassen, ein Aufstieg zum **Scrabo Tower** im Scrabo Hill Country Park, 203A Scrabo Rd., Newtownards, ist jedoch unbedingt empfehlenswert. Selbst wenn man den romantischen Aussichtsturm nicht besteigt, der Ausblick über Strangford Lough und die Umgebung ist absolut unverzichtbar. ⏱ tgl. 9–17, im Sommer bis 18 Uhr, Turm selbst kürzere Öffnungszeiten, Eintritt frei.

Somme Heritage Centre

Für historisch interessierte Besucher erwähnenswert ist das Somme Heritage Centre, 233 Bangor Rd., etwa 3 km nördlich von Newtownards, ✆ 028-91823202, 🖥 www.somme association.com, in dem die Beteiligung der irischen Soldaten an der mörderischen Schlacht 1916 an der Somme (in der loyalistischen Psyche so fest verankert wie der Osteraufstand in der nationalistischen) eindringlich dokumentiert wird. ⏱ Mo–Do 10–16, ab April auch Sa 12–16, Juli und Aug tgl. 10–16 Uhr (stdl. Führungen, letztmals um 15 Uhr), Eintritt 5 £.

Ballycopeland Windmill

Ein interessantes Ziel ist auch die Ballycopeland Windmill, Windmill Rd., Millisle, 8 km östlich, eine der wenigen noch existierenden Windmühlen auf der gesamten Insel. Sie wird immer noch als Anschauungsobjekt genutzt, ihre kommerzielle Nutzung rentiert sich längst nicht mehr. ⏱ Juli und Aug tgl. 10–17 Uhr, in den anderen Monaten nur Außengelände.

Ards Peninsula

Die Ards Peninsula erstreckt sich südöstlich von Newtownards zwischen dem Strangford Lough und dem Meer. Wer nicht am südlichen Ende mit der Fähre übersetzen will, kann auf der einen Seite der Halbinsel herunterfahren (A20 am Strangford Lough), auf der anderen Seite wieder hoch (A2 am Meer).

Mount Stewart House and Gardens

Rund 8 km südöstlich von Newtownards liegt Mount Stewart House and Gardens, Portaferry Rd., Newtownards, ✆ 028-42788387, 🖥 www. nationaltrust.org.uk. Das aus dem 18. Jh. stammende Herrenhaus ist eines der schönsten „Great Houses" in Irland und durch seine Kunstsammlung bekannt. Um seine Attraktivität noch zu steigern, ließen die Besitzer 1780 den „Temple of the Winds" errichten, einen achteckigen Bankettsaal mit einmaliger Aussicht über den Strangford Lough. Herrenhaus und Tempel verblassen jedoch gegen die spektakulären Parkanlagen, die nach Ideen von Lady Edith um 1920 geschaffen wurden. Einige Teile wirken natürlich (wenn auch gezähmt), andere sind Meisterleistungen der Gartenbaukunst. So etwa die zur irischen Harfe gestutzte Eibe oder das Blumenbeet mit der roten Hand aus dem Wappen Ulsters (oder auch Nordirlands). Fantastisch-grotesk wird es bei den Statuen, Favoriten waren Meerjungfrauen und, gewissermaßen als Kontrastprogramm, Dinosaurier. ⏱ Lakeside Gardens tgl. 10–17, formelle Gärten und Haus 12. März–30. Okt tgl. 10–17, Tempel der Winde im Sommer So 14–17 Uhr, Eintritt 11,50 £.

Grey Abbey

Rund 3 km südöstlich liegen die Ruinen der Grey Abbey, einer von dem Normannenfürsten John de Courcy 1193 gegründeten und dann dem Zisterzienserorden geschenkten Klosteranlage. Nachdem die Abtei 1572 zerstört wurde, nutzten die Anwohner die wieder aufgebaute Kirche noch bis 1778 als Gemeindekirche. So blieb zumindest ein Teil der Anlage relativ gut erhalten. Gleich nebenan wurde 1762 das **Grey Abbey House**, ✆ 028-42788666, 🖥 www.greyabbeyhouse.com, errichtet, ein sehr feines Herrenhaus im georgianischen Stil. Der Park um die Grey Abbey wur-

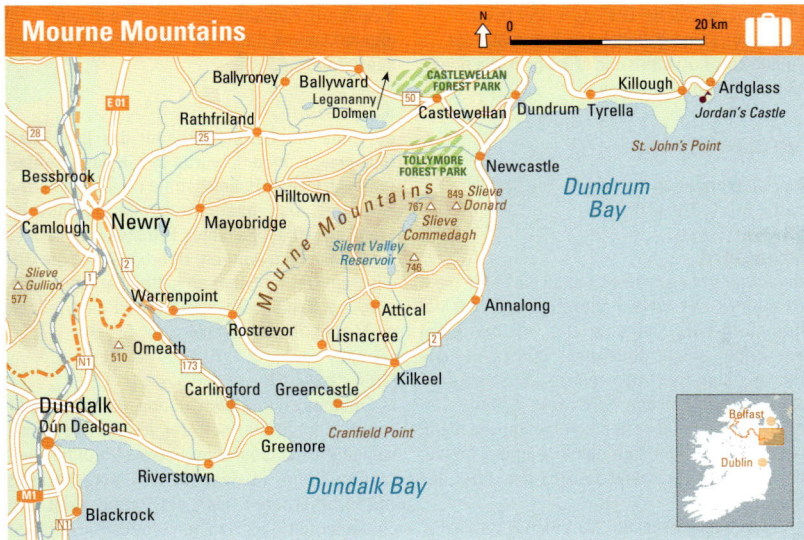

de neu angelegt, mit einem kleinen Klostergarten voller Heilkräuter. ⏰ nach Vereinbarung.

Strangford Lough

Der Strangford Lough, 🖥 www.strangfordlough.org, ist ein Naturparadies mit einem in Europa fast einmaligen Artenreichtum, gefördert u. a. durch ein großes Angebot an Plankton, das der Gezeitenstrom täglich zweimal zuverlässig in diesen einem Binnensee ähnlichen Meeresarm spült. Neben vielen Wasservögeln und Gänsen, die hier im Winter Quartier machen, geben sich Robben und bisweilen Wale und Haie ein Stelldichein.

Hervorragend zur Beobachtung von Eiderenten und Wildgänsen geeignet ist auch der Pier von **Millisle**, der direkt ins Meer führt. Oder man nimmt von **Donaghadee** aus ein Boot auf eine der **Copeland Islands**, seit Ende des Zweiten Weltkriegs ein unbewohntes Seevogelschutzgebiet.

Exploris Aquarium

In **Portaferry** lockt nahe dem mittelalterlichen Turmhaus das **Exploris Aquarium**, The Rope Walk, Castle St., 📞 028-42728062, 🖥 www.explorisni.com. Hier kann man sich als Ozea-

nograf fühlen. In speziellen Becken wurde ein „Streichelzoo" mit Seeigeln und anderen Meeresbewohner angelegt. Nicht zum Kuscheln geeignet sind dagegen die verwaisten Heuler, die in der angeschlossenen Seehundstation wieder aufgepäppelt und, soweit möglich, auf ein Leben auf eigenen Flossen vorbereitet werden. ⏰ April–Okt tgl. 10–18, Nov–März 10–17 Uhr, Eintritt 10,50 £.

ÜBERNACHTUNG UND ESSEN

Barholm Rooms and Restaurant, 11 The Strand, Portaferry, 📞 028-42729967, 🖥 www.barholmportaferry.co.uk. Schönes Hostel in einem restaurierten Gebäude aus viktorianischer Zeit mit verschieden großen Zimmern und Schlafsälen, direkt am Strangford Lough gegenüber dem Fähranleger. Das Haus befindet sich im Besitz einer Initiative zur Wiederbelebung des Ortes. Bett im Schlafsaal ca. 12 £, DZ ❶–❷

Portaferry Hotel, The Strand, Portaferry, 📞 028-42728231, 🖥 www.portaferryhotel.com. Empfehlenswert ist das sehr gute und preislich angemessene Hotelrestaurant. Mischung aus traditionell irisch-britischer und

NORDIRLAND

kontinentaler Küche. Gut und immer frisch zubereitet: Lammgerichte von Tieren aus der Region sowie Austern und Muscheln, die ebenfalls hier geerntet werden.

INFORMATIONEN

Tourist Information Portaferry, The Stables, Castle St., ☎ 028-42729882.

Strangford

Von Portaferry aus verkehrt auch die Fähre nach Strangford, 🖥 www.nidirect.gov.uk/articles/ strangford-ferry-timetable. Der Ort Strangford war wegen seiner strategisch günstigen Lage und der sicheren Ankerplätze im Strangford Lough schon bei den Wikingern beliebt. Von ihnen sieht man aber heute keine Spuren mehr, stattdessen erhebt sich das Strangford Castle, ein typisches Turmhaus des 16. Jhs., über der Passage.

Etwas übertrieben als „Nordirlands Bayreuth" bezeichnet, bietet das 3 km nordwestlich gelegene **Castle Ward**, ☎ 028-44881204, 🖥 www. nationaltrust.org.uk, im Juni ein kleines Opernfestival. Beim Bau des Herrensitzes wurde nicht gespart. Als Bernard Ward, Erster Viscount Bangor, das Prunkschloss um 1760 als neuen Familiensitz in Auftrag gab, konnte er sich mit seiner Gattin nicht endgültig über den Stil einig werden. Als Kompromiss entstand dann die Eingangsfront samt den repräsentativen Räumen im Stil des Neoklassizismus, während Lady Anne auf der Gartenseite und in ihren eigenen Räumen das kurzzeitig modische „Strawberry Hill Gothick" durchsetzte. Die ehelichen Schwierigkeiten des Landadels bescherten Irland so ein wirklich einmaliges Gebäude, das heute in der Obhut des National Trust ist. Und in den letzten Jahren immer mehr Besucher anzieht, denn hier wurden Teile der Mammutserie *Game of Thrones* gedreht. ⏱ Gärten tgl. ab 10 bis mind. 16 Uhr. Haus nur März–Okt tgl. 11–17 Uhr, Eintritt 10,50 £.

ÜBERNACHTUNG UND ESSEN

The Cuan, 6-10 The Square, ☎ 028-448812222, 🖥 www.thecuan.com. Guesthouse am Ufer des Strangford Lough mit 9 Zimmern. Familiäre Atmosphäre mit sehr gutem Komfort. Küche ist auf Fischgerichte spezialisiert. ❸–❹

Killyleagh

Sir Hans Sloane, der Gründer des Britischen Museums (London), wurde in **Killyleagh** geboren – ein kleiner Ruhmesstrahl für diesen netten Ferienort. Das beeindruckende Schloss im Stadtkern ist ein beliebtes Fotomotiv, kann aber nicht besichtigt werden. Überhaupt hat die Gegend ein Überangebot an mittelalterlichen Burgen und Schlössern, die meisten sind jedoch mehr oder minder verfallen.

Downpatrick

In Downpatrick, gleich neben der anglikanischen Kathedrale, soll der irische Nationalheilige Patrick begraben liegen. Ob unter dem großen Stein, in den „Patric" eingemeißelt wurde, überhaupt noch ein Patrick liegt und ob dieser mit dem Heiligen identisch ist, bleibt ungewiss. Sicher ist lediglich, dass es seit mindestens dem 6. Jh. hier ein christliches Kloster gab und dass Patrick von einem örtlichen Herrscher Land bei Saul geschenkt bekam. Patrick war also wohl hier – ob er noch immer da ist, dürfte zumindest fraglich sein. Zyniker sprechen von einem weiteren Marketingtrick, Wissenschaftler vermuten Patricks Grab auch in Saul oder Armagh. Nach der Kirchenmythologie Irlands dagegen findet man in Downpatrick nicht nur Patrick selbst, auch Brigid („Die Maria der Iren") und Columban sollen hier ihre letzte Ruhestätte gefunden haben. Immerhin – neben der Kathedrale ist ein massiver Stein mit dem Namen „Patrick" gekennzeichnet.

Kathedrale

Die Kathedrale von Downpatrick, 🖥 www. downcathedral.org, ist selbst aber neueren Datums und hat ein sehr romantisches, mittelalterliches Erscheinungsbild. Was jedoch trügt – das relativ kleine Gebäude wurde 1538 zerstört und fristete dann bis zur napoleonischen Zeit ein Dasein als pittoreske Ruine. Erst seit 1818 ist die Kathedrale wieder in Betrieb und heute ein Gemisch aus alten Fundamenten und neuen, historisierenden Gebäudeteilen. Durch die kompakte

NORDIRLAND

Konstruktion, die gut erhaltene Inneneinrichtung und das stimmige Gesamtbild ergibt sich der Eindruck eines Baus aus einem Guss.

Saint Patrick Centre

Unterhalb der Kathedrale befindet sich das moderne Saint Patrick Centre, 53a Lower Market St., ☎ 028-44619000, 🖥 www.saintpatrickcentre.com, mittlerweile die Hauptattraktion des Ortes. Zu Recht, denn mit Multimedia wird den Besuchern hier die Geschichte Patricks nahe gebracht – die Ausstellung beruft sich vor allem auf Patricks wenige eigene Schriften und nicht auf den Wust von später entstandenen Legenden. Wobei die Ausstellung auch nicht verschweigt, dass Patrick zu Lebzeiten nicht unumstritten war. Ein im IMAX simulierter Helikopterflug auf den Spuren Patricks am Ende des Rundgangs rüttelt selbst den müdesten Pilger wach. Ein Restaurant im Obergeschoss des Centre und ein umfangreicher Souvenirladen runden den Besuch ab. ⏲ Mo–Sa 9–17, Eintritt 5,75 £.

Down County Museum

Nach dem Besuch des Saint Patrick Centre empfiehlt sich der Rückweg über die Gehwege an den Hauptstraßen zurück zur Kathedrale, vorbei am ehemaligen Gefängnis. Hier ist heute das Down County Museum, The Mall, English St., ☎ 028-44615218, 🖥 www.downcounty museum.com, untergebracht. ⏲ Mo–Sa 10–16.30, So 13.30–17 Uhr, Eintritt frei.

The River Mill, 43 Ballyclander Rd., Ardglass, ☎ 028-44842531, 🖥 www.the-river-mill.co.uk. Gemütliche Zimmer mit gutem Komfort in einer umgebauten Wassermühle. Nach Besitzerwechsel wird das Haus jetzt als „writing and reading retreat" angeboten, Kurse möglich. ❸

Gourmets sollten in Killinchy (zwischen Killyleagh und Nendrum) das **Balloo House**, 1 Comber Rd., ☎ 028-97541210, 🖥 www.ballooinns.com, für eine Pause vormerken. Ein bekannter, netter Pub mit Restaurant. In der Bar gibt es hausgemachte Burger und auch ungewöhnlichere Gerichte wie Wild unter Kartoffelbrei (Venison Shepherd's Pie). Das Restaurant

(mit separatem Eingang) ist traditionell eingerichtet. Hier gibt es lokale Spezialitäten wie Aal und Prawns. Empfehlenswert: Chocolate Tart zum Nachtisch. Preiswert, aber unbedingt reservieren. ⏲ tgl. mittags und abends.

Tourist Information Downpatrick, The St. Patrick Centre, 53a Market St., ☎ 028-44612233.

Saul

Etwa 4 km nordöstlich von Downpatrick liegt das Dorf **Saul**, wo Patrick eines seiner ersten Klöster gründete. Sehenswert ist hier die kleine, bescheidene Kirche, die in den 1930er-Jahren zum Jubiläum von Patricks Mission (Beginn angeblich 432) errichtet wurde, 🖥 www.down cathedral.org/saul-church. Der Kirchturm erinnert an die klassischen irischen Rundtürme, die jedoch zeitlich weit nach dem Heiligen einzuordnen sind. Ein schönes Glasfenster ist fast der einzige Schmuck und zeigt Patrick selbst.

Mourne Mountains

Die Mountains of Mourne gehören zu den bekanntesten Bergen Irlands, seit der sentimentale Balladendichter Percy French sie unsterblich machte. Sie sind auch seit Jahrhunderten eine der unzugänglichsten Gegenden der Insel, von der Küstenstraße aus winden sich nur wenige Straßen ein Stück die Berge hinauf. Danach lässt sich die Schönheit dieser einsamen Gegend nur noch auf Schusters Rappen entdecken.

Tollymore Forest Park

Wer die Mourne Mountains länger als einen Tag erkunden will, der sollte am besten Newcastle (S. 538) als Basis wählen. Für Tagesausflüge hervorragend geeignet ist der Tollymore Forest Park, etwa 10 km westlich von Newcastle, 🖥 www.daera-ni.gov.uk, in dem zahlreiche Wanderwege das Tal des Flusses Shimna durchziehen. In den Park kommt man durch ein mittelalterlich wirkendes Tor.

Castlewellan Forest Park

Eine andere, von Menschen geschaffene Attraktion birgt der Castlewellan Forest Park etwa

9 km nördlich von Castlewellan, 🖳 www.daera-ni.gov.uk, in dem ein großes Labyrinth die Besucher in die Irre führt. Angelegt wurde es als symbolische Repräsentation des irischen Friedensprozesses. Mitten durch den Park fließt der Shimna River auf seinem Weg von den Mourne Mountains nach Newcastle und dort in die See. Mit etwas Glück und Geduld lassen sich hier auch Eisvögel und Otter bei der Jagd beobachten. Verschiedene schön verzierte Brücken führen über den Fluss. Das interessanteste Bauwerk aber dürfte die Einsiedelei („Hermitage") sein, eine Art künstliche Höhle.

Legananny Dolmen

Ein typisch irisches Fotomotiv ist der Legananny Dolmen beim Slieve Croob, hinter Leitrim und etwa 18 km nordwestlich von Newcastle, der zu den meistbesuchten Steinzeitmonumenten in Irland zählt. Rund 2,50 m über dem Boden und vor der natürlichen Idealkulisse der Berge scheint der massive Deckenstein zu schwer für die fast spindeldürren „Beine", die drei aufrechte Steine bilden. Ursprünglich wohl nie als freistehende Konstruktion geplant, weist der Dolmen eine beachtliche Widerstandskraft gegen Wind und Wetter auf. Falls die Wegweiser einmal wieder defekt oder verdreht sind, hier der

---

Das vergessene Kloster Nendrum

Ein Kleinod sollte sich kein Besucher entgehen lassen, auch wenn der Weg dahin etwas schwierig zu finden ist: Die ab Lisbane über die Quarry Road und Ringbell Road (ausgeschildert) zu erreichende **Klosteranlage von Nendrum**, Mahee Island liegt so abseits, dass sie über mehrere Jahrhunderte hinweg vollkommen vergessen war. Heute sieht man nur die Umgrenzungsmauern des Klostergeländes, einige Kirchenreste mit einer interessanten Sonnenuhr und den Stumpf eines Rundturms. Ein kleines Museum bietet sehr interessante Einblicke in die Geschichte dieses „vergessenen Klosters", das der örtliche Bischof erst 1844 wieder entdeckte. ⏲ Besucherzentrum Ostern–Sep tgl. 10–17, sonst So 12–16 Uhr, Eintritt frei.

Eintrag bei Google Maps: 🖳 www.goo.gl/maps/cHdJpXFgnPJ2

ÜBERNACHTUNG UND ESSEN

In den Mourne Mountains sind die Möglichkeiten extrem eingeschränkt, besser Orte ringsherum ansteuern

Annalong

The Galley, 43 Kilkeel Rd., ☎ 028-43767253, 🖳 www.thegalleyannalong.co.uk. Direkt an der Küstenstraße steht das kleine Café-Restaurant, das oft geradezu von Hungrigen belagert wird. Das hat zwei Gründe: Zum einen ist das Café klein, zum anderen werden hier die vielleicht besten Fish 'n' Chips weit und breit serviert. Zu humanen Preisen bei großzügigen Portionen. ⏲ Mo–Mi 9–20, Do–Sa 21 Uhr.

Attical

Mourne Lodge, Atticall, Kilkeel, ☎ 028-41765859, 🖳 www.themournelodge.com. Modernes Hostel mitten in den Mourne Mountains und in der Nähe des Silent Valley, für Gruppen, Familien und Einzelreisende geeignet. Verpflegung kann vorbestellt werden – die Küche ist exzellent und vor allem auf vegetarische Gerichte spezialisiert. Bett im Schlafsaal etwa 15 £ (saisonabhängig), DZ ❷

Warrenpoint

Anchor Bistro, im Balmoral Hotel, 🖳 www.balmoralwarrenpoint.co.uk. Modernes Restaurant mit Gerichten für jeden Geschmack. ⏲ tgl. 10–20 Uhr. Exklusivere Gerichte im **Loughview Restaurant** im selben Haus (nur Fr, Sa 17.30–21.30, So 12–20 Uhr). Vernünftige Preise.

TRANSPORT

Verkehrsverbindungen s. Newcastle/Transport.

Newcastle

Der kleine Badeort, in dem nur die wenigsten Besucher tatsächlich ein Bad wagen, hat seinen viktorianischen Charme erhalten und bietet mit Meer und den Bergen im Hintergrund zahlreiche Möglichkeiten für Outdoor-Aktivitäten.

Newcastle wurde im frühen 19. Jh. populär, die lange Promenade zieht sich am Meer entlang, das hier an einem sehr schönen, 5 km langen Sandstrand endet.

Slieve Donard

Von Newcastle aus lassen sich Bergtouren unternehmen, am interessantesten ist der Aufstieg auf den Slieve Donard, von dessen 849 m hohen Gipfel aus man an klaren Tagen über die Republik Irland und das gesamte Vereinigte Königreich blicken kann. Teile des Slieve Donard und der Slieve Commedagh (767 m) gehören heute dem National Trust. Ein anderer Teil dagegen gehörte seit dem 19. Jh. den Belfast Water Commissioners, zuständig für die Trinkwasserversorgung der Hauptstadt. Und so wie Dublin sein Wasser teilweise aus den Wicklows bekommt, so liefern die Mournes das kühle Nass nach Belfast.

Mourne Wall

Um das Land der Belfast Water Commissioners abzugrenzen, wurde zwischen 1904 und 1922 der Mourne Wall gebaut, eine traditionelle Steinmauer (ein „dry stone wall", also ohne Mörtel), die bei 35 km Länge nicht weniger als 15 Berggipfel überquert und insgesamt 36 km² Land (und Wasser) einfriedet. Auf den Gipfeln von Slieve Donard, Slieve Commedagh und Slieve Meelmore befinden sich die sogenannten **Mourne Towers**, kleine (und in die Mauer integrierte) Türmchen. Ein Enigma, denn die kunstvoll errichteten Bauten sind nie in Auftrag gegeben worden. Wahrscheinlich haben sich die Arbeiter selbst hier Denkmäler gesetzt, die sie auch gleichzeitig als Schutzhütten nutzen konnten.

Mourne Coastal Footpath

Nicht ganz so sportliche Besucher können alternativ den Mourne Coastal Footpath bei Bloody Bridge, rund 4 km südlich von Newcastle, nutzen – etwa 2,5 km Wanderweg mit Picknickmöglichkeiten und schönen Aussichten auf die Irische See und die Dundrum Bay.

ÜBERNACHTUNG UND ESSEN

Slieve Donard Resort & Spa, Downs Rd., ☎ 028-43721066, 🖥 www.hastingshotels. com. Luxuriöses Hotel direkt am Meer, optisch etwas an „Hogwarts Castle" erinnernd und wie geschaffen für ein langes Wochenende zum Entspannen. ❸–❺

Lesley's Lounge, im Avoca Hotel, 93-97 Central Promenade, ☎ 028-43722253, 🖥 www.avoca hotel.co.uk. Pub-Café mit guter Tageskarte und Nachmittagstee, oftmals etwas ruhiger als vergleichbare Einrichtungen in der Ortsmitte. ⏱ mit Speisen 11.30–20 Uhr.

The Shimna, 2 Main St. Freundliches Restaurant mit familiärer Atmosphäre, „gutbürgerlicher" Speisekarte und gewaltigem Frühstück (das es nicht nur am Morgen gibt). ⏱ 10–18 Uhr.

SONSTIGES

Feste

Einen Besuch wert ist die **Castlewellan Agricultural Show**, www.www.castlewellan show.com, Mitte Juli des Jahres, im schönen Forest Park geben sich Landwirte, Viehzüchter,

NORDIRLAND

Das Tal der Stille

Gut mit dem Wagen zu erreichen (Ausschilderungen ab Annalong und Lisnacree) ist der **Silent Valley Reservoir Park** in den Mourne Mountains, der eine Art „Mourne Mountains Light" bietet (mit dementsprechend hohem Verkehrsaufkommen in der Hochsaison). Der Park ist rings um einen Stausee entstanden. Von der unteren Staumauer aus geht ein geteerter Wirtschaftsweg in das Tal hinein, immer östlich des Stausees und mit schönen Panoramablicken auf die Berge. Nach etwas über einer Stunde (bei gemächlichem Tempo) erreicht man die obere Staumauer. Von hier hat man einen schönen Blick über das Tal bis ans Meer. An Sommerwochenenden wird auch ein Pendelbus angeboten, der die untere Staumauer mit ihrem höher gelegenen Gegenstück verbindet – gut geeignet, um sich den langen Weg bergauf zu sparen, um dann ganz entspannt wieder zurückzuwandern. 🖥 www. niwater.com/silent-valley, ⏱ Okt–April 10–16, im Sommer 10–18.30 Uhr, Eintritt pro Pkw 5 £.

Springreiter und auch Gourmets ein Stelldichein.
Laut wird es entlang der Promenade beim
Newcastle Festival of Flight, 🖳 www.
facebook.com/NewcastleFoF, im Sommer (meist
Aug.) – von SAR-Hubschraubern bis zum
britischen Kunstflugteam „Red Arrows" reicht
die Bandbreite der spektakulären Darbietungen.

Informationen

Tourist Information Newcastle, 10-14 Central
Promenade, ✆ 028-43722222.

TRANSPORT

Die Verkehrssituation im County Down ist etwas
komplizierter, bis nach Bangor besteht noch
eine Bahnverbindung von Belfast, die Umgebung des Strangford Lough muss dann jedoch
mit regionalen Busverbindungen bewältigt
werden. Die schnellen **Goldliner** verbinden
Downpatrick und Newcastle mit BELFAST oder
NEWRY (dort Anschluss mit Bus Éireann nach
Dublin), von Newcastle aus besteht auch eine
Goldliner-Route nach KILKEEL.
In Kilkeel besteht dann Anschluss an den
Mourne Rambler, die Buslinie 405. Sie bietet
eine schöne Rundtour durch die Mourne
Mountains inkl. Abstecher zum Silent Valley
(nur im Juli und Aug, Tageskarte kostet 6,50 £).
Genaue Fahrzeiten der Busse sowie aller
Anschlussverbindungen mit Bus und Bahn
unter 🖳 www.translink.co.uk.

Hillsborough

Der kleine Ort Hillsborough zwischen Newry und
Belfast ist definitiv einen Schlenker wert (von
der A1, der Ausschilderung folgen). Allein die
altmodische Innenstadt mit ihren gut gepflegten Häusern, dem Marktplatz und der imposanten Church of Ireland lohnt einen Spaziergang.
Daneben lockt der Wald mit einer alten Festung,
und natürlich **Hillsborough Castle and Gardens**,
🖳 www.hrp.org.uk/hillsborough-castle. Dies ist
der offizielle Palast der britischen Monarchen
in Irland, mit weiten Landschaftsgärten und immer noch einer offiziellen Funktion bei Staats-

besuchen und anderen Veranstaltungen. Diese
Funktion fällt dem Besucher in der Regel aber
allenfalls dann auf, wenn er den auf dem weitläufigen Gelände versteckten Hubschrauber-
landeplatz entdeckt. ◷ Gärten tgl. 9.30–18 Uhr,
Schlossführungen wechselnd, Haus und Garten
12,70 £, Gärten allein 8 £.

FESTE

Etwas nördlich von Hillsborough liegt der ehe-
malige Flugplatz (und Reste des aufgelösten
Internierungslagers) Long Kesh – Teile des
Geländes sind jetzt das Ausstellungszentrum
Eikon. Hier findet jährlich Mitte Mai die
Balmoral Show, 🖳 www.balmoralshow.co.uk,
statt, Nordirlands wichtigste Ausstellung zum
Thema Landwirtschaft, gleichzeitig ein großes
Familienfest. Zusätzlich gibt es noch im Dezem-
ber die etwas kleinere **Royal Ulster Winter Fair**
am selben Ort, 🖳 www.winterfair.org.uk

Newry

Die Kleinstadt Newry, eigentlich idyllisch zwischen Bergen und Meer gelegen, ist ein typischer Grenzort, der in den letzten Jahren als
Einkaufsstadt boomte. Touristisch hat der Ort
nicht viel zu bieten, die Interessen der Kaufleute
bestimmen das Bild und allenfalls die Schwäne
auf dem **Newry Canal** lassen ein wenig Irland-
Romantik aufkommen. Der Kanal diente vor
allem zum Transport von Braunkohle zwischen
dem Lough Neagh und dem offenen Meer am
Ende des Carlingford Lough. Dass in Newry die
erste anglikanische Kirche auf irischem Boden
errichtet wurde, ist heute fast unbekannt – die
Kirche **St. Patrick**, 1578 gestiftet von Sir Nicholas Bagnal, Befehlshaber der englischen Besatzungstruppen. Stattdessen wird lieber darauf
verwiesen, dass schon 1144 die Zisterzienser
ein Kloster gründeten. Newrys Bevölkerung ist
nämlich vor allem irisch-nationalistisch orientiert, was auch an dem an Heiligenfiguren erinnernden **Denkmal für die zehn Hungertoten von
1981** in der Innenstadt deutlich wird.
Interessant ist vielleicht noch eine Fahrt den
Kanal hinunter in Richtung Carlingford – kurz vor

der inneririschen Grenze entlässt das **Victoria Lock** Boote aus dem Kanal in den parallel laufenden Newry River und dann ins Carlingford Lough und die Irische See. Ein netter Picknickplatz mit Technikhistorie.

TRANSPORT

Newry liegt verkehrstechnisch sehr günstig an der **Eisenbahnverbindung** zwischen DUBLIN und BELFAST, weiterhin bestehen Verbindungen mit den **Schnellbussen von Goldliner** nach BELFAST oder NEWCASTLE, in Richtung Süden nach Dublin über DUNDALK und DROGHEDA. Nicht ganz so günstig sind die Verbindungen nach Westen, hier empfiehlt sich ein Umsteigen von der Bahn auf den Bus in Portadown oder Lisburn, Verbindungen sind dann nach ARMAGH oder ENNISKILLEN möglich.

Counties Fermanagh, Tyrone und Armagh

Die drei im Binnenland liegenden Counties Nordirlands sind landschaftlich auch ohne Küstendramatik sehr reizvoll – vielerorts bestimmen Berge und Seen die Szenerie. Dazu bieten Fermanagh, Tyrone und Armagh landschaftlich wie kulturell doch wesentlich mehr als die Midlands in der Republik. Also besser nicht einfach einen Bogen drum machen!

Slieve Gullion Forest Park

Der Slieve Gullion Forest Park, etwa 8 km westlich von Newry, ⌨ www.daera-ni.gov.uk, ist mit zahlreichen Sagen aus der irischen Mythologie verbunden. So soll hier der sagenhafte Cúchulainn, der größte Kämpfer von Ulster, die Truppen der Königin Maeve von Connacht aufgehalten haben (S. 198). Angesichts der gebirgigen Landschaft kann man glauben, dass ein großes Heer hier von einer kleinen Einheit gestoppt werden konnte. Steingräber im Park haben ebenfalls mythologische Bezüge, eines ist als das Haus

einer riesigen Hexe bekannt. Wer nicht einen der vielen Wanderwege nutzen will, kann den Park auch auf einer Rundtour im Auto genießen. Es gibt unterwegs genug Parkmöglichkeiten, um ein paar Schritte zu gehen. ⊕ tgl. von 8 Uhr bis Sonnenuntergang, Eintritt frei.

Killevy Churches

Die Killevy Churches 5 km südlich des Ortes Camlough sind die Reste zweier mittelalterlicher Kirchen. An dieser Stelle sollen schon im 5. Jh. Nonnen ein Kloster gegründet haben, das jedoch zu Beginn des 10. Jhs. von den Wikingern zerstört wurde. Das einzige Überbleibsel dieser frühchristlichen Anlage könnte ein Teil der Tür der westlichen Kirche sein, der von Experten auf das Jahr 900 datiert wird. Die Kirche selbst stammt allerdings aus dem 12. Jh. Einige Schritte östlich davon ist eine zweite, neuere Kirche entstanden, diese soll aus dem 15. Jh. stammen.

Armagh

Armagh, oft auch als „the Cathedral City" bezeichnet, ist eine der typischsten Städte Nordirlands, obwohl die vielen aus buntem Kalkstein (auch als „Marmor von Armagh" bekannt) errichteten Gebäude schon wieder einmalig sind. Das Stadtbild wurde vor allem durch den heimischen Architekten Francis Johnston geprägt, der um 1800 zahlreiche Gebäude aus örtlichem „Marmor" und im georgianischen Stil errichtete. Rund um die Mall, das parkähnliche Zentrum des Ortes, erhält man davon erste Eindrücke. Nur das Gerichtsgebäude sollte man kritischer betrachten, denn dies ist ein fast originalgetreuer Neubau, nachdem das ursprüngliche Gebäude 1993 einem Bombenanschlag zum Opfer fiel.

Mall

Die Mall, in ovaler Form gebaut und mit einem großen Park in der Mitte versehen, in dem im Sommer Cricket gespielt wird, ist auch einen längeren Spaziergang wert. Die Gebäude rund um den Platz stammen überwiegend aus der georgianischen Epoche. Auch einige baulich

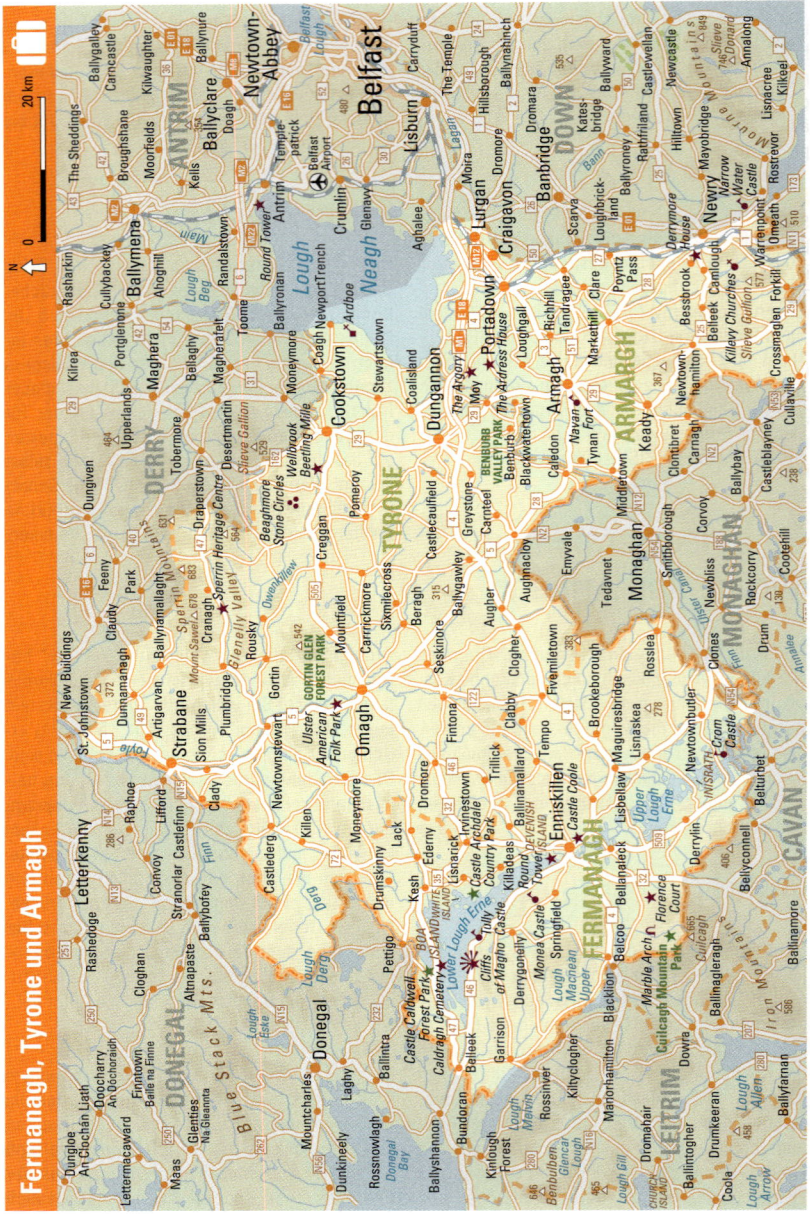

ANTRIM
Belfast
DOWN
Lough Neagh
DERRY
TYRONE
ARMAGH
MONAGHAN
DONEGAL
FERMANAGH
CAVAN
LEITRIM

20 km

interessante Kirchen sind an der Mall zu sehen. Dabei fällt vielleicht das Symbol des „brennenden Busches" auf (oft mehr einem ausgewachsenen, in Flammen stehenden Baum ähnelnd) – dies ist das Erkennungszeichen der presbyterianischen Kirche.

St. Patrick's Cathedral

Seinen historischen Rang erhält Armagh vor allem durch den Nationalheiligen Patrick, der hier im 5. Jh. eine seiner Kirchen gründete, auf deren Tradition sich die Kathedrale der Church of Ireland auf dem Vicar's Hill beruft – die St. Patrick's Cathedral, ⌨ www.stpatricks-cathedral.org. Die im 19. Jh. umfassend restaurierte Kirche weist alte Bausubstanz und frühmittelalterliche Reste auf, die heute als Ausstellungsstücke dienen. Das Grab des letzten irischen Hochkönigs Brian Boru (ermordet 1014) ist jedoch im Laufe der Jahrhunderte verschollen gegangen – eine kleine Plakette an der Kirchenmauer verweist auf die Stelle, wo es gelegen haben könnte. Nicht verschollen, aber auch nicht vollständig erhalten, ist ein Hochkreuz aus dem 11. Jh. Trotz erheblicher Restaurierung vermittelt die Kathedrale heute noch einen sehr mittelalterlichen Eindruck, der durch die umliegenden Gebäude noch verstärkt wird. Bei einem Spaziergang über den nicht sehr großen Kirchhof bieten sich interessante Perspektiven.

Robinson Library

In der Nähe der Kathedrale steht die 1771 gegründete Robinson Library, ✆ 028-37523142, ⌨ www.armaghrobinsonlibrary.co.uk, die erste außerhalb Dublins und kurioserweise per Inschrift als „Ein heilender Ort für die Seele" bezeichnet. Die Sammlung enthält u. a. ein Exemplar von *Gullivers Reisen* mit handschriftlichen Anmerkungen von Jonathan Swift, Grafiken von Hogarth und auch Bittschriften an Oliver Cromwell. ⊙ Mo–Fr 10–13 und 14–16 Uhr, Eintritt frei, Spende erbeten.

Die Dawson Street führt von hier bergab am großen **Shambles Variety Market**, Markt am Di und Fr 8–16 Uhr, vorbei zur zweiten Kathedrale.

St. Patrick's Cathedral

Im Stil der Neogotik zwischen 1840 und 1873 etappenweise gebaut, weist die ebenfalls als St. Patrick's Cathedral bekannte katholische Bischofskirche, ⌨ www.armagharchdiocese.org, einen deutlichen Hang zu fast südländisch wirkendem Prunk auf, italienische Mosaiken, reich geschmückte Buntglasfenster und viel Marmor bilden einen bombastischen Gesamteindruck, der nur durch den in den 1980er-Jahren modernisierten Altarraum gestört wird. Beeindruckend ist auch die große Freitreppe, die von der Straße zur wesentlich höher gelegenen Kathedrale hinaufführt, von hier aus hat man einen Blick über die Innenstadt.

Armagh County Museum

Das Armagh County Museum, The Mall East, in einem ehemaligen Schulgebäude informiert über die Stadtgeschichte. Zu den makabersten Ausstellungsstücken zählt der eiserne Schädel des alten Stadtgalgens. ⊙ Mo–Fr 10–17, Sa 10–13 und 14–17 Uhr, Eintritt frei.

Royal Irish Fusiliers

Das Regimentsmuseum der Royal Irish Fusiliers, Sovereign's House, The Mall, ✆ 028-37522911, ⌨ www.royalirishfusiliersmuseum.com, in der Nähe ist nur für an Militärgeschichte interessierte Besucher empfehlenswert. ⊙ Mo–Fr 10–12.30 und 13.30–16 Uhr, Eintritt frei.

The Palace Demesne

Weitere Anziehungspunkte finden sich außerhalb der Stadtmitte, aber noch fußläufig erreichbar. Die spärlichen Reste der **Franziskanerabtei** von 1266, einst die größte Abtei des Ordens in Irland, stehen linker Hand an der Auffahrt zum ehemaligen Palast des Erzbischofs (The Palace Demesne), den heute die Stadtverwaltung nutzt. Die Gärten mit der merkwürdigerweise als riesiger ionischer Tempel gestalteten Privatkapelle des Bischofs, dem Gewächshaus und den Stallungen sind zu besichtigen.

Sternwarte und Planetarium

Eine ganz besondere Attraktion ist die **Sternwarte** mit dem **Planetarium**, College Hill, ✆ 028-37523689, ⌨ www.armagh.ac.uk, in den Observatory Grounds auf dem College Hill. Dieser Hügel bietet damit gleich zwei schöne Blickrichtungen, zum einen auf die Stadt selbst, zum anderen ins All. Das Museum befasst sich mit der Astronomie und der Weltraumfahrt, teilweise können die Ausstellungsgegenstände angefasst werden. Vor allem Kinder und Jugendliche sind begeistert von den „Raumanzügen" und vielen Modellen von Raketen und Raumschiffen, Erwachsene haben mehr Ehrfurcht vor außerirdischem Gestein. ⊕ Mo 10–14, Di–Sa 10–17 Uhr, Eintritt zu den Vorführungen 8 £, Ausstellung Sa 2 £.

Nach Besuch des Planetariums sollte man unbedingt das Parkgelände dahinter erkunden, hier wurde ein **„Astropark"** eingerichtet, der das Weltall auf begreifbare Dimensionen reduziert. Oder man macht einfach am astronomisch ausgerichteten **Steinkreis** mit Blick auf die Stadt ein Picknick. Im Park findet sich auch die ursprüngliche Sternwarte, 1789 vom Erzbischof der Church of Ireland gegründet, die Himmel zu erforschen. Heute noch arbeiten hier rund zwei Dutzend Astronomen.

ÜBERNACHTUNG UND ESSEN

Armagh City Hostel, 39 Abbey St., ☎ 028-37511800, 🖥 www.hini.org.uk/hostels/Armagh-Hostel. Hostel mitten in der Stadt mit verschieden großen Zimmern und Schlafsälen. Ein neuer Zweckbau, ideal für einen Besuch in der „Cathedral City". Bett im Schlafsaal ab 17 £, DZ ❶
Armagh City Hotel, 2 Friary Rd., ☎ 028-37518888, 🖥 www.armaghcityhotel.com. Modernes Hotel direkt neben den Klosterruinen mit bequemen Zimmern und kurzem Weg in die Innenstadt. Das **Friary Restaurant** und die Callan Bar im Haus sorgen für das leibliche Wohl. ❸–❺

KULTUR

The Market Place Theatre, Market St., ☎ 028-37521821, 🖥 www.marketplacearmagh.com. Kleines Theater, das als Kulturzentrum genutzt wird und eine Vielzahl an Aufführungen von Drama bis Comedy bietet.

INFORMATIONEN

Tourist Information Armagh, 40 English St., ☎ 028-37521800, 🖥 www.visitarmagh.com. ⊕ Mo–Sa 9–17 Uhr.

TRANSPORT

Armagh hat sehr gute und häufige **Busverbindungen** mit dem Goldliner nach BELFAST. In Gegenrichtung fährt Bus Éireann gelegentlich nach GALWAY. Über DUNGANNON lassen sich zudem COLERAINE, DERRY, OMAGH und ENNISKILLEN gut erreichen.

Navan Fort

Nur rund 3 km westlich von Armagh befindet sich das **Navan Centre**, 81 Killylea Rd., ☎ 028-37521801, 🖥 www.armagh.co.uk, ein preisgekröntes und vollkommen harmonisch in die Hügellandschaft regelrecht versenktes Besucherzentrum, das zu den Highlights von Ulster gehört. Nicht ohne Grund – im nahegelegenen Navan Fort (**Emain Macha**, „die Zwillinge der Macha") residierten einst die mächtigen Könige von Ulster, schon Ptolemäus verzeichnete den Ort als „Isamnium" auf seinen Karten.

Der mächtige, künstlich geschaffene Hügel von Emain Macha wird von Wallanlagen und Aufschüttungen begrenzt, die einen Durchmesser von 250 m haben. Das an sich ist schon beeindruckend, die im Besucherzentrum anschaulich gemachte Geschichte des Ortes allerdings ist faszinierend. Eine riesige Holzkonstruktion wurde mühsam errichtet und dann aus wahrscheinlich rituellen Gründen wieder vernichtet. Die Bodenfunde, darunter auch ein Affenschädel, gaben oft mehr Rätsel auf, als sie Erklärungen lieferten. Den mythologischen Hintergrund, von der Geburt der Zwillinge der Macha bis zur epischen Schlacht zwischen Connacht und Ulster (S. 198), präsentiert eine aufwendig gestaltete Multimediaschau, eine Ausstellung widmet sich der Archäologie des Ortes.

Als drittes großes Element des Besucherzentrums wurde neben dem (auch als Picknickgelände beliebten) Parkplatz eine winzige **Siedlung der Vorzeit** rekonstruiert. Sie besteht zwar nur aus einem Haus und einem sehr stabilen Holzzaun, ist aber ein gutes Beispiel für „Lebende Geschichte". Mitarbeiter des Museums in zeitgenössischen Kostümen spielen die Rolle der Bewohner und informieren die Besucher über das Alltagsleben in der Agrargesellschaft. Waffen und Schilde sind zwar im Haus an die Wand gelehnt, die Kultivierung des kleinen Gartens oder die effektive Nutzung des in den Boden eingelassenen Backofens scheinen aber wichtiger. Wie es wohl auch im wirklichen Leben war. ◷ tgl. 10–16, im Sommer bis 17.30 Uhr, Eintritt 6,80 £.

Nach einer Stärkung im kleinen Café ist ein Spaziergang von etwa zehn Minuten zum **Hügel von Emain Macha** unbedingt zu empfehlen.

Der Apfelwein von Armagh

Das County Armagh ist für seine Apfelplantagen bekannt. Ein Großteil der Ernte wandert in die Produktion eines edlen Tropfens, des Cider. Der Apfelwein, der dem französischen Cidre oder dem hessischen Äppelwoi so gar nicht ähnelt, hat längst seinen Siegeszug in die städtischen Kneipen und Bars angetreten und sich einen soliden Marktanteil erkämpft. Eisgekühlt, verkauft sich Cider im Sommer am besten.

Die in Armagh geernteten Früchte fließen oft unter dem Markennamen Bulmers oder Magners durch die Kehlen, im Grunde dasselbe Produkt, der eine Markenname wird in der Republik Irland gebraucht, der andere nur in Nordirland. Das Problem: Im Norden gibt es auch den Import aus dem Osten. Aus Großbritannien kommt ein ganz anderer Bulmers Cider, dessen Markenrecht sich eben über das gesamte Vereinigte Königreich erstreckt.

Viel feiner im Geschmack, wenn auch oft trüber im Aussehen, sind aber oft örtliche Cider. An mehreren Orten in Armagh finden interessierte Besucher kleine Keltereien, die ihren eigenen Apfelsaft und Apfelwein herstellen. Preislich liegen ihre Produkte meistens weit über dem, was man im Supermarkt für die großen Marken bezahlt. Kenner werden aber schnell feststellen, dass man hier noch echten Apfel schmeckt. Wobei es dem individuellen Gaumen überlassen bleibt, ob es der herbe „Dry Cider" oder doch der lieblichere „Sweet Cider" sein soll. Doch Vorsicht: „Sweet Cider" mag wie Apfelsaft schmecken, enthält aber auch rund 5 % Alkohol. Mehr als manches Bier.

Auch wenn die verschiedenen Wälle und Aufschüttungen heute fast in die Natur übergegangen zu sein scheinen, so lassen sie doch die menschliche Planung deutlich erkennen. Die Aussicht vom Hügel ist „atemberaubend". Man bekommt den Eindruck, an einem ganz besonderen Ort zu sein, der vielleicht Teil einer „Heiligen Landschaft" war. In dieser Hinsicht kann es Navan Fort mit dem berühmteren Hill of Tara durchaus aufnehmen, ist jedoch weitaus weniger besucht als Tara. Für ein Picknick auf Emain Macha wäre übrigens eine bevorzugte Nahrung der Druiden angebracht – Äpfel, vielleicht in der beliebten Form des Apfelweins.

TRANSPORT

Navan Fort ist von Armagh aus mit der **Buslinie 73** zu erreichen (Richtung Killylea) – unbedingt dem Fahrer schon in Armagh Bescheid sagen, dass man am Fort aussteigen möchte.

Von Armagh nach Omagh

Benburb Valley Park

Weitere Einblicke in die wechselhafte irische Geschichte erhält man im Umland von Armagh – etwa im Benburb Valley Park, heute ein Naherholungsgebiet, in dem das Schloss im Zweiten Weltkrieg als amerikanisches Militärhospital diente. Eine kleine Erinnerung daran, dass ab 1942 das US-Militär in Nordirland sehr präsent war.

Dan Winter's House

In **Loughgall** erinnert das Dan Winter's House, 9 Derryloughan Rd., mit seinem kleinen Orange Order Museum, 🖳 www.danwinterscottage.com, in einmaliger Parteilichkeit an die „Schlacht" von Diamond Hill (1795) und die daraus folgende Gründung des Oranierordens. ◷ Mo-Sa 10.30–17.30, So erst ab 14 Uhr, im Sommer länger, Spende definitiv erbeten.

Ardress House

Wesentlich beschaulicher geht es im Ardress House, 64 Ardress Rd., Annaghmore, Portadown, ✆ 028-87784753, 🖳 www.nationaltrust.

NORDIRLAND

org.uk, zu, einem Herrenhaus, 15 km nordöstlich von Armagh an der B28. Seinen Ursprung hatte es in einem Gutshof, der dann in der zweiten Hälfte des 18. Jhs. zu einem „Great House" umgebaut wurde. Die Stuckarbeiten im klassischen Stil und eine schöne Sammlung an Möbeln aus jener Zeit machen einen Besuch interessant. An einem der Tische wurde 1921 die nordirische Verfassung unterzeichnet. Angeschlossen ist ein Bauernhof mit Schweinezucht, Apfelplantage und einem herrlichen Garten voller alter Rosenarten. ⏱ vor allem am Wochenende, genaue Zeiten auf der Website, Eintritt 6 £ (Farm und Haus).

The Argory
Noch idyllischer gibt sich The Argory, 144 Derrycaw Rd., Moy, Dungannon, ☎ 028-87784753, 🖥 www.nationaltrust.org.uk, ein kleineres Landhaus am Blackwater nur 8 km nordwestlich. Auch hier gibt es einen großen Garten, ebenfalls für seine Rosen bekannt, während das Landhaus selbst vor allem mit seinen gut erhaltenen Wandmalereien lockt. ⏱ tgl. 10–17 Uhr, im Sommer länger, das Haus ist außerhalb der Hauptsaison nicht jeden Tag geöffnet, Eintritt 7 £.

Dungannon
Etwa 12 km weiter nördlich führt die Straße nach Dungannon, einem Ort, der seit dem 14. Jh. als Machtbasis der O'Neills diente. Diese Rolle wurde mit den „Ulster Plantations" (S. 607) beendet, die Kolonisten machten die Burg dem Erdboden gleich. Dafür gründeten sie die Royal School, in der seit 1614 unterrichtet wird. Die Schule gilt als die älteste Einrichtung ihrer Art in Nordirland. Das heute genutzte Gebäude wurde jedoch erst am Ende des 18. Jhs. bezogen.

Ardboe
Etwa 25 km nordöstlich von Dungannon befindet sich am Westufer des **Lough Neagh** der Rest einer Klostersiedlung aus dem frühen Mittelalter. In **Ardboe** ließen sich wahrscheinlich im 6. Jh. die ersten Mönche nieder. Der Grund für einen Abstecher hierher ist jedoch das Ardboe Cross, ein Hochkreuz aus dem 10. Jh., wahrscheinlich das schönste in Ulster. Der Zahn der Zeit hat zwar schon etwas an ihm genagt,

der Ornamentreichtum auf den 22 Bildtafeln ist jedoch auch heute noch zu erkennen. Dabei scheint den Auftraggebern eine genaue Trennung wichtig gewesen zu sein. Die nach Osten gerichtete Seite des Kreuzes zeigt nur Szenen aus dem Alten Testament, Richtung Westen dagegen wird das Neue Testament illustriert. Nicht alle Szenen sind gleich gut erhalten.

Wellbrook Beetling Mill
Rund 8 km westlich von Cookstown ist ein ganz anderes Relikt aus der Vergangenheit der Provinz Ulster zu sehen, die heute vom National Trust geführte Wellbrook Beetling Mill, 20 Wellbrook Rd., Corkhill, Cookstown, ☎ 028-86748210, 🖥 www.nationaltrust.org.uk. Solche Mühlen waren ein wichtiger Bestandteil der Leinenindustrie, die in Ulster einen wichtigen Wirtschaftsfaktor darstellte. „Beetling" hatte nichts mit Ungeziefer zu tun, das Wort beschrieb einen sehr lauten Vorgang, bei dem durch Hammerschläge Glanz auf den Stoff gebracht wurde. Wie dies funktionierte, wird in der Ausstellung gut erklärt. Und welche Geräuschbelästigung dabei entstand, können sich die Besucher selber anhören. Angetrieben wurde die Mühle durch den vorbeifließenden Ballinderry, seit 1768 dreht sich hier das große Wasserrad. Einige Wege entlang dem Fluss laden zu Wanderungen ein. ⏱ März–Sep Sa und So 14–18, Juli, Aug Sa–Do 14–18 Uhr, Eintritt 5,50 £.

Beaghmore Stone Circles
Etwa 10 km nordwestlich von Cookstown sind die Beaghmore Stone Circles fast schon Pflichtprogramm – mit „nur" sieben Steinkreisen und bronzezeitlichen Hügelgräbern als zentrale Attraktion zwar nicht unbedingt rekordverdächtig, weitere rund zwei Dutzend Fundstellen in der Nähe machen den Ort zu einer von Irlands „sacred landscapes". In einem unwirtlichen Moor zu Füßen der Sperrin Mountains sind die steinernen Zeugen der Vergangenheit vor rund 3000 bis 4000 Jahren hier aufgestellt worden. Erst seit Ende des Zweiten Weltkriegs sind die Steinkreise überhaupt bekannt, davor waren sie viele Jahrtausende vom Moor bedeckt. Ihre Entdeckung war einer der größten archäologischen Funde in Ulster. Die Bedeutung ist manchem Be-

sucher nicht auf den ersten Blick klar, zumal hier keine überragenden Monolithen wie in Stonehenge stehen, die meisten Steine erreichen nicht einmal Hüfthöhe. Zumindest die Steinkreise und die geraden, aus Steinen gebildeten Linien in der Landschaft dienten wahrscheinlich kultischen Zwecken. Für einen Teil der Anlage ist eine Ausrichtung auf die Sonne, den Mond oder einige Planeten sehr wahrscheinlich. Drei der Steinreihen weisen etwa auf den Punkt am Horizont, an dem die Sonne am Tag der Sommersonnenwende aufgeht. Eventuell haben wir es hier auch mit einem gigantischen Observatorium aus der Steinzeit zu tun.

Sperrin Mountains

Unverfälschte Natur bieten die Sperrin Mountains. Auf Wanderungen in den bis zu 700 m hohen Bergen, die von Mooren, Heidelandschaft und kleinen Bächen geprägt sind und wo sich zahlreiche prähistorische Gräber und Menhire befinden, ist man oft ganz alleine unterwegs. Die Sperrin Mountains haben übrigens lohnenswerte Goldvorkommen. Optimisten können sogar das Goldwaschen im Bach versuchen. Die Berge sind zudem durch zahlreiche Heritage Trails, also historisch interessante Rundwege, erschlossen – ein ganzes Sortiment von Tourenvorschlägen mit Karten und Detailinformationen findet man unter 🖳 www.walkni.com/destinations/sperrin-mountains.

An Creagan Visitor Centre

Ein weiteres lohnendes Besucherzentrum ist das An Creagan Visitor Centre, Creggan, 📞 028-80761112, 🖳 www.an-creagan.com, wo auch kulturhistorische Kurse im Angebot sind. Beide Einrichtungen informieren sehr gut über die Wandermöglichkeiten im Umland und in den Sperrin Mountains.

Omagh

Etwa 32 km südwestlich der Sperrin Mountains liegt Omagh, eine lebendige Provinzstadt mit einem geschäftigen, verwinkelten Stadtkern – dieser wurde im August 1998 zum tragischen Symbol, als eine von einer IRA-Splittergruppe konstruierte Autobombe mitten im geschäftigen Trubel explodierte und 29 Menschen, darunter auch Touristen, in den Tod riss. Noch immer sitzt der Schock dieses Terroranschlags tief. Ansonsten macht die Innenstadt einen netten Eindruck, die Hauptstraße zieht sich vom Fluss bis zum Gerichtsgebäude und den Kirchen, links und rechts gesäumt von netten Geschäften, die zum Einkaufsbummel einladen.

Die Glassäule am unteren Ende der Hauptstraße, in die ein geteiltes Herz eingeschnitten ist, markiert genau die Stelle, an der die Terroristen 1998 ein mit Sprengstoff beladenes Auto geparkt hatten. Auf der anderen Seite des Flusses wurde eine sehr beeindruckende Installation zur Erinnerung an die Opfer des Attentats eingerichtet. In einem Park stehen auf hohen Stangen Spiegel. Für jedes Opfer ein Spiegel, der das Sonnenlicht reflektiert und über eine weitere Spiegelanlage in die Hauptstraße bringt. Die Namen der Opfer sind am Rand des Parks in Stein gemeißelt.

11 HIGHLIGHT

Ulster American Folk Park

Rund 8 km nordwestlich von Omagh liegt der Ulster American Folk Park, 2 Mellon Rd., Castletown, 📞 028-82243292, 🖳 www.nmni.com, eine der interessantesten Besucherattraktionen Irlands. Hier befasst man sich mit der **Emigration der Iren nach Amerika** (S. 316), die schon weit vor der Großen Hungersnot begann und stark von den protestantischen Bewohnern Ulsters mitgetragen wurde. Auf verschlungenen Wegen erforscht man in dem Freilichtmuseum die irische Landschaft und Lebenswelt etwa um 1800. Geschäfte, eine Schmiede, eine Post und andere Gebäude versetzen einen in längst vergangene Zeiten, Handwerker und Frauen in Kostümen berichten anschaulich über ihr Leben und demonstrieren historisches Handwerk. Der Weg endet in einer Kleinstadt, in deren lebensecht simuliertem Hafengebiet ein Auswandererschiff wartet ... das Besucher erst in der „Neuen Welt" wieder verlassen, wo sie dann aus einer amerikanischen Hafenstadt ins Land wandern, an den Siedlungsbauten der irischen Immigranten und Kürbisfeldern vorbei.

NORDIRLAND

Alte irische Apotheke im Ulster American Folk Park

Der Ulster American Folk Park ist (bis auf eine sehr gute Abteilung mit Modellen und Dioramen) ein Freilichtmuseum, für das man mindestens einen halben Tag Zeit einplanen sollte. Interessant ist ein Museumsbesuch auch während der verschiedenen Aktivitäts- oder Festivalwochenenden. Unter Musikfreunden hoch gelobt wird das jährliche Bluegrass-Festival im Spätsommer. ⏰ Sommersaison Mo–So 10–17, sonst Di–Fr 10–16, Sa und So 11–16 Uhr, Eintritt 9 £, an Sondertagen mit Programm höher.

ÜBERNACHTUNG UND ESSEN

Omagh

Gortin Outdoor Recreation Centre, 62 Main St., Gortin, 📞 028-81648346, 🖥 www.gortincentre.com. Hostel etwa 16 km nördlich der Stadt mit 38 Betten, auch Familienzimmer. Waschmaschine. Euros werden akzeptiert. Bett im Schlafsaal etwa 15 £ (saisonabhängig), DZ ❶–❷
Silverbirch Hotel, 5 Gortin Rd., 📞 028-82242520, 🖥 www.silverbirchhotel.com. Komfortables Hotel am Rand der Stadt mit 64 Zimmern. Guter Ausgangspunkt für Touren in die Sperrin

Mountains und den Ulster American Folk Park. ❸–❹
Grant's Licensed Restaurant, 29 George's St., 📞 028-82250900. Kein Gourmet-Tempel, aber ein ordentliches Restaurant in der Ortsmitte, das traditionelle Küche bietet. Omagh wird gastronomisch ansonsten dominiert von Fastfood-Lokalen. ⏰ 16–22 Uhr.

Portadown

Bannview Luxury Accommodation, 60 Portmore St., 📞 028-38336666, 🖥 www.bannview.co.uk. Gemisch aus Motel und B&B mit ruhigen und geräumigen Zimmern, Restaurant und Bar im Haus, sättigendes Frühstück. ❷–❸

SONSTIGES

Feste

Im Spätsommer findet das **Appalachian and Bluegrass Music Festival** im Ulster American Folk Park statt. Traditionelle, teilweise irisch beeinflusste Musik aus den USA. Ein Musikfest, bei dem die Verbindung zwischen der nordamerikanischen Volksmusik und der Musik Irlands deutlich wird.

NORDIRLAND

Tourist Information Omagh, Strule Arts Centre, Townhall Sq., ℡ 028-82247831. ⏲ Mo–Sa 10–17.30 Uhr.

TRANSPORT

Omagh (**Busbahnhof** in der Mountjoy St.) liegt an der Strecke zwischen DERRY und DUBLIN, die mehrmals tgl. von **Schnellbussen** bedient wird, entweder mit dem Goldliner 274 oder der Bus Éireann (Linie 33), jeweils ein Bus fährt etwa alle 2 Std. tagsüber.
Goldliner-Verbindungen bestehen auch (allerdings mit Umsteigen) nach ENNISKILLEN, ARMAGH und BELFAST.
3x tgl. verkehrt ein Bus zwischen Omagh und MAGHERAFELT, **Sperrin Rambler**, Linie 403, der ideal zur Erkundung der Sperrin Mountains geeignet ist. Eine Tageskarte kostet 8 £.

Enniskillen

Als Verbindungsglied zwischen dem Upper und dem Lower Lough Erne hat sich das charmante Enniskillen (ca. 15 000 Einw.), die Stadt auf der hügeligen Insel, eine herrliche Lage ausgesucht. Heute ist Enniskillen ein beliebter Ausgangspunkt für Bootstouren auf den Seen, vor allem im Sommer.

Trotz seiner langen Geschichte ist der Ort heute vor allem wegen eines tragischen Ereignisses bekannt: Am Remembrance Sunday 1987, dem britischen Volkstrauertag, zündete die PIRA eine Bombe in einem Haus neben dem Kriegerdenkmal. Elf Menschen starben. An die Opfer erinnern heute elf Tauben und eine Inschrift am Denkmal. An der Stelle des Bombenanschlags wurde ein internationales Begegnungszentrum, das **Clinton Centre**, eingerichtet. Die berühmteste der zahlreichen Schulen in Enniskillen ist die Portora Royal School, gegründet zu Beginn des 17. Jhs. von König Jakob I. Zu ihren Schülern gehörten u. a. Oscar Wilde und Samuel Beckett.

Enniskillen Castle

Eine der Hauptsehenswürdigkeiten ist das Enniskillen Castle, ⌨ www.enniskillencastle.co.uk, das den Schifffahrtsweg zwischen Lower und Upper Lough Erne beherrscht und mit seinem Doppelturm vor allem von den umliegenden Ufern ein beliebtes Fotomotiv bildet. Die Burg war einst der Stammsitz des Maguire-Clans, der von hier aus seine Macht in der Region sicherte. Im Innern zeigt heute das Heimatmuseum eine sehr interessante Sammlung zur Ortsgeschichte. Diese wird u. a. in Modellen dargestellt, die z. B. auch ein Gelage im ältesten Teil der Burg zeigen.

Genau in diesem findet sich auch ein kleineres **Militärmuseum**, ⌨ www.inniskillings museum.com, mit einer etwas unübersichtlichen Sammlung zur Geschichte der nördlichen Regimenter. Die Geschichte Enniskillens als Handelsplatz und gleichzeitig Garnisonstadt war bewegt – auch wenn die Militärpräsenz im Stadtbild heute auf einige Statuen beschränkt ist, wie etwa der Füsilier und der Dragoner am Rathausturm. Eine kleine Ironie der Geschichte mag sein, dass das größte Ausstellungsstück in der Burg weder irischen noch britischen Ursprungs ist … es handelt sich um einen deutschen Mörser, der quasi als Kriegssouvenir den Weg an den Erne fand. Insgesamt lohnt ein Besuch in der Burg, wobei der in zu kleinen Räumen untergebrachte militärische Teil der Ausstellung eher für Spezialisten interessant ist. ⏲ Mo–Fr 9.30–17, Sa 11–17, So (nur Juni–Sep) 11–17 Uhr, Eintritt 5 £.

Gotteshäuser

Von der Burg aus gelangt man auf recht steilen Gassen zwischen den verschiedenen Kirchen auf die Hauptstraße des Ortes. Auf engstem Raum wetteifern hier die anglikanische **Saint Macartin's Cathedral**, die neuere **katholische Stadtkirche St. Michael's** und eine klassizistisch gehaltene **Methodistenkirche** um das Seelenheil der Bewohner, die **Salvation Army** harrt um die Ecke auf den Einsatz. Sehenswert ist die Kathedrale, deren Öffnungszeiten aber keiner Logik unterworfen scheinen. Vom Ufer des Erne aus kann man einen merkwürdigen Wettbewerb erkennen. Die Kathedrale besaß übrigens ursprünglich einen quaderförmigen Turm, auf den dann später eine klassische Kirchturmspitze aufgesetzt wurde. Diese scheint in direkter Konkurrenz zur benachbarten katholischen Kirche entstanden zu sein. Ein in Irland nicht seltenes Phänomen: Die beiden größten Glaubensgemeinschaften bemühen sich darum, die höchste Kirchturmspitze am Ort zu haben.

Im Zentrum der Stadt

Die Hauptstraße führt von der Kirchen-Gruppe bergab und bald wieder bergan in den Stadtkern, zahlreiche kleine Geschäfte laden zum Schauen ein, viele Restaurants und Cafés sorgen für das leibliche Wohl. Besonders interessant ist der etwas abseits liegende **Buttermarket**, ein alter Markt, in dem jetzt Kunsthandwerker und Künstler ihre Ateliers und Läden haben, vielleicht der beste Ort, um ein Andenken an Enniskillen zu erstehen.

Das recht pompöse **Rathaus** auf der nächsten Anhöhe und dann, wesentlich tiefer gelegen, das streng wirkende **Gericht** repräsentieren die weltliche Macht, während die bescheidene, altmodische **Presbyterianische Kirche** gegenüber dem Gericht fast romantisch kontrastiert. Kurz danach überquert die Straße den Erne, und das oben schon erwähnte Kriegerdenkmal ist erreicht.

Cole's Monument

Neben der Zahnarztpraxis schräg gegenüber führt ein etwa 300 m langer Weg steil den Hügel hinauf zum Cole's Monument, das an einen Helden der napoleonischen Kriege erinnert, aber hauptsächlich wegen seines grandiosen Rundblicks einen Besuch wert ist. Wichtig: Das Monument ist selten geöffnet, oft muss man sich extra im Touristenbüro anmelden (neben der Busstation). Der kleine Park, in dem das Monument steht, ist mittlerweile so hoch mit Bäumen umwachsen, dass ohne die Besteigung des Monuments kaum ein Ausblick zu genießen ist. Der schöne viktorianische Konzertpavillon entschädigt in dem Fall nur wenig.

Castle Coole

2,5 km südöstlich der Innenstadt hat der National Trust mit Castle Coole, ☎ 028-66322690, 🖳 www.nationaltrust.org.uk, ein echtes Sahnestückchen der Gattung „Great Houses" für das Publikum geöffnet, wobei ein Teil des Anwesens noch von den ursprünglichen Besitzern genutzt wird. Auf einer Führung werden Teile

des Herrenhauses gezeigt, und zwar die Bibliothek, einige repräsentative Räume und ein Teil der Privaträume. Wer etwas Zeit hat, sollte seinen Besuch langfristig planen und mit dem National Trust absprechen, wann wieder eine der seltenen Führungen durch die Untergeschosse stattfindet. Castle Coole wurde nämlich so gebaut, dass Bedienstete und Lieferanten nicht die Idylle störten – sie betraten das Gebäude nur über einen langen, sogar für Pferdefuhrwerke geeigneten Tunnel. Ein interessantes Detail ist die große Presse im Keller, mit der u. a. Apfelwein hergestellt wurde. Der Weinkeller daneben ist immer noch in Benutzung und gut verschlossen. ⏱ Park tgl. 10–19 (Winter 16–19), Haus April–Aug tgl. 11–17 (im Juni Do geschl.), März, April, Mai und Sep nur Sa und So 11–17 Uhr, Einfahrt ins Gelände pro Pkw 4,50 £, inkl. Hausführung 11 £.

Round-O-Quay

Etwa 1,3 km nordwestlich der Innenstadt befindet sich der **Round-O-Quay**, ein Anleger mit einem Park, der zum Picknick einlädt. Am Round O fährt in der Saison mehrmals täglich die *Kestrel* auf den Lower Lough Erne hinaus, 🖳 www.ernetours.com, ein Aufenthalt auf **Devenish Island** (S. 552) ist inbegriffen (10 £). Zusätzlich werden abends Fahrten inkl. Essen im Killyhevlin Hotel angeboten (28 £). Allerdings sollten nicht absolut seefeste Touristen aufs Wetter achten.

🏠 **The Bridges Hostel**, Belmore St., ☎ 028-66340110. Sehr modernes und fortschrittliches Hostel in der Ortsmitte gegenüber dem Kriegerdenkmal, als Energiesparhaus errichtet. Im Haus sind auch das Clinton Centre (ein Begegnungszentrum), ein sehr gutes Café und eine Kunstgalerie. Bett im Schlafsaal etwa 15 £ (saisonabhängig), DZ ❶–❷
Westville Hotel, 14-20 Tempo Rd., ☎ 028-66320333, 🖳 www.westvillehotel.co.uk. Modernes Boutiquehotel in ruhiger Lage etwa 1 km östlich des Zentrums, das gut zu Fuß erreichbar ist. Relativ geräumige Zimmer, das **Terrace Restaurant** im Haus serviert irisch und europäisch geprägte Gerichte.

Jedes Kind weiß, dass die Iren glücklich waren, bis ihnen die Nachbarn den Spaß verdarben – in dieser extremen Vereinfachung wird bisweilen irische Geschichte präsentiert. Und zwischen den oft beschworenen Kontrahenten „Iren" und „Engländer" bleibt eine Bevölkerungsgruppe meist auf der Strecke: Die Ulster-Scots, Nachfahren der aus Schottland immigrierten (und vor allem presbyterianischen) Kolonisten.

Diese verstehen sich selbst nach Jahrhunderten noch zuallererst als aus Schottland kommende Bewohner Nordirlands, danach als Briten, vielleicht als Ulstermen, jedoch eigentlich nie als Iren. Ihre Geschichte wurde geprägt von einer starken gesellschaftlichen Isolation. Als Kolonisten und aus dem etablierten Kirchengefüge herausfallende „dissenters", sozusagen die Protestanten der anglikanischen Staatskirche.

Seit einigen Jahren bemüht sich die Ulster-Scots Agency (oder auch „Tha Boord o Ulster Scotch", 🖥 www.ulsterscotsagency.com), die spezielle Kultur der Ulster-Scots zu erhalten und zu fördern, teilweise hat man eine Gleichstellung mit den englisch-britischen oder irischen Mitbewohnern der Insel erreicht. So erscheint manche Webseite jetzt in Englisch, Irisch und Ulster-Scots, wobei wie in ganz Irland üblich 99 % der Besucher ausschließlich die englische Version nutzen.

Argwöhnisch beobachtet werden die Ulster-Scots hauptsächlich von nationalistischen Iren und ganz besonders den Wächtern der irischen Sprache und Kultur. Schließlich schöpfen alle Bevölkerungsgruppen aus einem Kulturbudget und ein neuer Mitbewerber führt fast zwangsläufig zu Einschränkungen bei den etablierten Organisationen.

Zudem wurde der Vorwurf erhoben, dass es sich bei der Kultur der Ulster-Scots um eine opportunistische Erfindung handle, um eben an diese Gelder zu kommen. Die Wahrheit liegt irgendwo dazwischen, vor allem durch ihre Religion und immer noch schottisch geprägte Sprechweise bilden die Ulster-Scots tatsächlich eine eigene Bevölkerungsgruppe. Die Frage ist nur, inwieweit man dieser Gruppe besondere Rechte einräumen, besonderen Schutz zukommen lassen soll.

Diese Frage beantworten die Sprecher der Bevölkerungsgruppe damit, dass sie lediglich dieselben Rechte und denselben Schutz beanspruchen, den auch andere Gruppen genießen. Worauf wiederum die Nationalisten kontern, dass etwa der Schutz der irischen Sprache in Irland keine Diskussion wert sei … und sich die schottischen Kolonisten schon lange hätten anpassen können. Was dann regelmäßig die nächste Runde der gegenseitigen Anfeindungen und Verdächtigungen auslöst.

Dollakis Restaurant, 2b Cross St., ☎ 028-66342616, 🖥 www.dollakis.com. Kleines Restaurant mit Schwerpunkt griechische Küche. Vernünftige Preise. ⏲ Di–Sa 12–15 und 17 Uhr bis spät.

Rebecca's Coffee Shop Mittlerweile erweitertes Café und Restaurant im Buttermarket, gute Auswahl an Gerichten und Kuchen, richtig große Salate zum Sattwerden. Besonders gut aber: Shepherd's Pie! ⏲ Mo–Sa 9.30–17 Uhr.

UNTERHALTUNG UND KULTUR

Ardhowen Theatre, Dublin Rd., ☎ 028-66325440, 🖥 www.ardhowen.com. Sehr gutes Theater etwas außerhalb der Stadtmitte mit gemischtem Programm, sehenswerte lokale Amateurproduktionen.

Bush Bar, 26 Townhall St., ☎ 028-66325210, 🖥 www.thebushbar.com. Modernisierter Pub und Bar mit Konzertraum, oft spielen Livebands. Ansonsten legen DJs auf, unterschiedliche Musikrichtungen. Beliebt auch wegen der deftigen, relativ günstigen Hausmannskost.

SONSTIGES

Einkaufen

O'Doherty's, Belmore St., 🖥 www.blackbacon. com. Der vielleicht bekannteste Schlachter der Gegend. Hier wird der berühmte Black Bacon hergestellt. Und eine eigene Zucht wilder Schweine auf einer Erne-Insel sorgt für feinste Fleischwaren. ⏰ Mo–Sa 9.30–17.30 Uhr.

Informationen

Tourist Information Enniskillen, Wellington Rd. (gegenüber Busbahnhof), ✆ 028-66323110. Infos auch unter 🖥 www.fermanaghlakelands.com. ⏰ Mo–Sa 9.30–17.30, im Sommer auch So 12–17 Uhr.

TRANSPORT

Der **Busbahnhof** liegt an der Wellington Rd. Bus Éireann fährt mehrfach tgl. den Ort mit der **Linie 30** zwischen DONEGAL und DUBLIN an. Ferner bestehen gute Verbindungen mit dem **Goldliner 261** nach BELFAST.

Rings um Lough Erne

Rund 90 Inseln liegen im **Lower Lough Erne**. Da im Mittelalter eine wichtige Pilgerroute über den See verlief, finden sich auf einigen Inseln und am Ufer die Relikte von Kirchen und Klosteranlagen.

Devenish Island

4 km nördlich von Enniskillen, und nur per Boot erreichbar, liegt Devenish Island. Wer nicht ein Mietboot oder die im Sommer ab Trory Point verkehrende Fähre nutzt, fährt bequem mit der *Kestrel* (S. 550). Auf der größten „heiligen" Insel im Lough Erne locken die **Überreste eines größeren Klosters**, das im 6. Jh. vom Hl. Molaise gegründet wurde. Der hervorragend erhaltene Rundturm ist über solide Leitern zu besteigen und bietet einen eingeengten, aber doch interessanten Rundblick über den Erne. Der enge Weg in die oberste Kammer, aus der wahrscheinlich früher die Glocken geläutet wurden, ist jedoch anstrengend. Eine Kuriosität sieht man nur von der Plattform am Turmeingang richtig – direkt neben diesem Turm befindet sich das Fundament eines zweiten Turms, über den aber nichts bekannt ist. Die St. Mary's Abbey und die Great Church aus dem 12. Jh. sind in Ruinen er-

halten, alte Grabsteine und Kreuze liegen verstreut im Gelände. In einem modernen Gebäude nahe dem Hauptanleger ist eine kleine, sehenswerte Ausstellung zur Geschichte von Devenish Island aufgebaut.

Killadeas

Weitere Monumente aus dem frühen Mittelalter finden sich rings um den Lough Erne. In Killadeas, rund 11 km nördlich von Enniskillen, spiegeln die Steinmetzarbeiten im Kirchhof den Übergang zwischen Heidentum und Christentum wider, der Bishop's Stone etwa zeigt auf einer Seite einen christlichen Priester, auf der anderen Seite ein „Mondgesicht" – ob dieses wirklich eine heidnisch-kultische Bedeutung hatte, sei einmal dahingestellt.

White Island

Nur 6 km weiter nördlich kann man vom Castle Archdale Country Park, einer ehemaligen Station für militärische Flugboote (die u. a. an der Versenkung des Schlachtschiffs *Bismarck* beteiligt waren), mit einem Boot nach **White Island** übersetzen. Auf dieser Insel befindet sich eine der schönsten Klosteranlagen am Lough Erne. Dazu zählt die Ruine einer Kirche aus dem 12. Jh. mit einem spätromanischen Portal und einer wahrscheinlich einige Jahrhunderte älteren Figurengruppe. Die acht dargestellten Gestalten laden zur Interpretation ein – sie werden generell als eine Sheila-na-Gig, mehrere Geistliche und Krieger angesehen. Ihr Ursprung ist nicht geklärt, ob frühchristlich oder adaptiert-heidnisch … da streiten sich die Experten.

Der Castle Archdale Country Park lädt zu langen Spaziergängen ein, vorbei an alten Bunkern durch einen fast verwilderten Wald mit verwunschen wirkender Burgruine und Besucherzentrum mit gutem Café im Hauptgebäude. Auf dem ehemaligen Militärgelände ist ein großer Campingplatz entstanden und die Uferbefestigungen wurden für den Wassersport hergerichtet. Auf der Landzunge, die die Hafeneinfahrt vor schlechtem Wetter schützt, erinnert ein Gedenkstein für die Besatzungsmitglieder von abgestürzten Flugzeugen an die nicht immer so friedlichen Zeiten vor rund 70 Jahren.

Kesh

Bei Kesh ist für echte Steinzeitfans ein Abstecher zum kleinen, aber gut erhaltenen **Steinkreis von Drumskinny** möglich, er liegt etwa 7 km nördlich im Nichts.

Boa Island

Boa Island, die Insel im Norden des Sees, ist mit zwei Brücken direkt ans Festland angebunden und wird so kaum noch als Insel wahrgenommen. Auf dem Friedhof von **Caldragh** (spärlich ausgeschildert, daher unbedingt langsamer fahren) stehen zwei etwa 2000 Jahre alte Steinfiguren. Das „Idol von Caldragh" ist etwas über 70 cm hoch, geschickte Aufnahmetechniken lassen es aber in Broschüren gerne gigantisch erscheinen. Bemerkenswert der „Januskopf", der auf keltische Traditionen hinweisen könnte. In unmittelbarer Nähe steht der „Lusty Man", der von der Insel Lusty Beg hierher verpflanzt wurde. Er ist noch kleiner, aber nicht weniger geheimnisumwittert. Beide Figuren sind so stark verwittert, dass die Behörden als kostengünstige Interimslösung eine Art Gartenpavillon über dem Idol aufstellten, der dem Ort jegliche Romantik und Mystik raubt. Eine Dauerlösung ist noch nicht in Sicht.

Castle Caldwell Forest Park

Der Castle Caldwell Forest Park 5 km westlich von Boa Island ist für Wanderungen ideal, ein Vogelschutzgebiet, Schlossruinen und der Erinnerungsstein für einen ertrunkenen Fiedler sind die Highlights.

Belleek

Belleek, unmittelbar an der Grenze zwischen Fermanagh und Sligo, lohnt einzig wegen der seit 1857 weltberühmten **Belleek Pottery**, 🖳 www.belleek.com, in der werktags Führungen angeboten werden und wo man (teils auch relativ günstig) hochwertiges Porzellan kaufen kann.

Cliffs of Magho

Eine Rundfahrt um den Lower Lough Erne bedarf danach am **Lough Navar Forest Drive**, 🖳 www.daera-ni.gov.uk, rund 13 km östlich von Beleek, einer Unterbrechung. Auf verschlungenen Waldwegen wird ein Parkplatz erreicht, wo die Besucher plötzlich erkennen, wie hoch sie eigentlich sind. Direkt oberhalb der **Cliffs of Magho** eröffnet sich ein fantastischer Rundblick über den Lough Erne bis hin zur Bucht von Donegal. Allerdings wurden die Klippen auch Flugzeugen zum Verhängnis – am Parkplatz finden sich Gedenksteine für von Castle Archdale aus operierende Flugboote, die in den Abhang rasten. Vom Parkplatz an den Klippen oder anderen Haltestellen am Rundkurs aus sind stundenlange Wanderungen möglich.

Tully Castle und Monea Castle

Zwei faszinierende Burgen aus der Zeit der Kolonialisierung lohnen auf dem Weg in Richtung Enniskillen einen Stopp – **Tully Castle** (direkt am Westufer des Sees, von der A46 ausgeschildert) und **Monea Castle** (an der B81, 2 km südwestlich Lough Erne). Beide sind heute nur noch (relativ gut erhaltene) Ruinen und dienten im 17. Jh. Siedlern als Wehrburg und Wohnhaus gleichzeitig. Bei Tully fallen vor allem die einfühlsam rekonstruierten Gärten ins Auge, Monea dagegen wirkt mit seinen Türmen wie ein direkt aus Schottland importiertes Bauwerk (s. auch Kasten S. 558). ⊕ Tully Castle Mai–Sep tgl. 10–18, sonst So 12–16 Uhr, Monea Castle nur fallweise geöffnet, aber von der Straße aus zu sehen, Eintritt ist frei.

Südlich von Enniskillen kann die Tour rund um den Lough Erne fortgesetzt werden, hier beginnt der **Upper Lough Erne**.

In **Bellanaleck**, einem auf den ersten Blick schmucklosen Ort, liegt direkt an der Hauptstraße das **Sheelin Antique Lace Museum**, 📞 028-66348052, 🖳 www.sheelinlace.com, in dem die örtliche Tradition der Spitzenklöppelei dokumentiert wird. Die Ausstellungsstücke stammen vor allem aus der viktorianischen Epoche und etwas modernere Arbeiten sowie „Antiquitäten" (oder eben Repliken) sind käuflich zu erwerben. ⊕ Mo–Sa 10–18 Uhr, Eintritt 3 £. Das Sheelin Restaurant und das benachbarte Café sind empfehlenswert. Aufmerksame Beobachter können zudem sehen, wie ein „antikes" Image künstlich geschaffen werden kann: So ist das Reetdach nur reine Fassade.

Mit dem Hausboot über den Lough Erne

- **Strecke**: Manor House Marine (Killadeas), Devenish Island, Enniskillen, Belturbet, Inisrath, Cliffs of Magho, Belleek, Boa Island – und wieder zurück
- **Dauer**: 8 Tage
- **Karten**: werden vom Bootsvermieter zur Verfügung gestellt

Wer mit dem Hausboot auf Irlands Binnengewässern schippert, der entschleunigt automatisch. Schneller als 5 km/h ist man nämlich eher selten, genau die richtige Geschwindigkeit, um die Impressionen rechts und links des Weges zu genießen. Und man wird zwar nur einen kleinen Ausschnitt des Landes kennenlernen, dafür aber sehr intensive Eindrücke sammeln. Eindrücke, die man von der Straße aus nicht gewinnt.

Sich den Traum zu erfüllen, einmal im Leben selbst Kapitän zu spielen, ist in Irland kein Problem. Auf den verschiedenen Binnengewässern sind die entsprechende Infrastruktur und Mietboote vorhanden, die Mindestmietzeit beträgt meist eine Woche. Selbst der Laie darf ans Steuer, denn für den Törn kreuz und quer durch Irland bedarf es keiner seemännischen Ausbildung, auch ein **Bootsführerschein ist nicht erforderlich**. Eine kurze Einweisung in das Boot und seine Technik ersetzt das Kapitänspatent, der Mieter ist in der Pflicht, sich selbst zu melden, wenn ihm etwas nicht klar ist. Den Rest bringt die Praxis. Abgesehen von Wetterereignissen und dem Abgabetermin des Bootes sind es nur noch die Öffnungszeiten der Schleusen, die den Urlaub reglementieren. Und da hat man auf dem Lough Erne schon einen Vorteil – es gibt nur eine Schleuse, und die ist meist auf Durchfahrt gestellt.

Die Route

Es gibt zahlreiche Wasserwege, die sich für einen Hausbooturlaub eignen. Der folgende Streckenvorschlag ist geeignet für Anfänger, die zum ersten Mal mit dem Hausboot unterwegs sind. Ausgangspunkt der einwöchigen Tour ist Killadeas, mit einem Boot von **Manor House Marine**, 🖥 www.manormarine.com, nördlich von Enniskillen am Ostufer des Lower Lough Erne.

1. Tag

Ankunft in Dublin oder Belfast mit dem Flugzeug, Bustransfer zum Bootshafen in **Killaleas** und Einweisung in das Boot. Lebensmittel für eine kleine Grundausstattung hat man vorbestellt. Danach die Entscheidung – auslaufen oder die erste Nacht im Hafen verbringen? Viele „Bootsneulinge" bevorzugen letztere, stressfreie Variante.

2. Tag

Abfahrt am Morgen, dann nach Süden in Richtung **Devenish Island**, wo das erste Anlegemanöver bewältigt wird (kein Hexenwerk, aber ein wichtiger Lernprozess). Landgang: Der faszinierende Rundturm auf der Insel kann bestiegen werden, bietet einen fantastischen Blick über die Landschaft. Danach weiter gen Süden, unterhalb der Burg von Portora passiert man die enge Schleuse (in der Regel ohne echten Schleusengang), in **Enniskillen** legt man an. Stege sind direkt am Rand der Innenstadt und sogar am Einkaufszentrum vorhanden. Hier kann man bequem und günstig Vorräte bunkern, am Abend dann auf ein Pint in den Pub.

3. Tag

Etwa fünf Stunden Fahrt bringen das Boot nach **Belturbet**, schon in der Republik Irland gelegen und von den „Troubles" nicht verschont. Interessant ist ein Abstecher nach **Aghalane**, wo die Überreste einer von Freischärlern gesprengten Brücke die Grenze markieren. Danach dann in Belturbet selbst festmachen, und auf Pubsuche gehen … es gibt immer noch genug!

NORDIRLAND

Donegal
Ballintra
Rossnowlagh
N15
Pettigo
Drumskinny
Kesh
Lack
Ederny
Omagh
232
DONEGAL
Ballyshannon
CASTLE CALDWELL FOREST PARK
BOA ISLAND
LUSTY BEG
WHITE ISLAND
Lisnarick
Irvinestown
TYRONE
Dromore
47
Sligo
Belleek
Castle Caldwell
Lower Lough Erne
35
32
Belleek Pottery
46
Cliffs of Magho
Tully Castle
Castle Archdale Marina
Trillick
46
Garrison
Derrygonelly
Monea Castle
Manor House Marine
Killadeas
Ballinamallard
Clabby
122
Lough Melvin
FERMANAGH
Round Tower
DEVENISH ISLAND
Tempo
Belfast
Rossinver
Lough Macnean Upper
Springfield
Enniskillen
4
280
Kiltyclogher
Castle Coole
Brookeborough
Manorhamilton
Belcoo
Lisbellaw
Maguiresbridge
Sligo
N16
Bellanaleck
Lisnaskea
Blacklion
LEITRIM
Marble Arch
Florence Court
278
32
509
Upper Lough Erne
Dowra
CUILCAGH MOUNTAIN PARK
Derrylin
Newtownbutler
Drumkeeran
665 △ Cuilcagh
406 △
INISRATH ISLAND
Monaghan
Crom Castle
458 △
Ballinagleragh
Lough Allen
207
Bellyconnell
Aghalane
Belturbet
280
Iron Mountains
CAVAN
N54
Ballyfarnan
△ 586
Leitrim, Carrick-on-Shannon
Longford
Cavan

0   10 km

N

4. Tag
Nach einer Nacht in Belturbet legt man relativ früh ab, und macht sich auf den Weg nach **Crom Castle** und dann **Inisrath** – sowohl das alte feudale Anwesen wie auch die „Hare-Krishna-Insel" mit ihrem Tempel und Gärten ist einen Besuch wert. Dann weiter nach Norden, in **Enniskillen** schließlich wieder zur Nacht festmachen.

5. Tag
Von Enniskillen geht es wieder nach Norden, und zwar zuerst nach **Tully Castle**, wo man in den Gärten etwas spazieren gehen kann, dann zu den **Cliffs of Magho** – bedrohlich am Westufer des Lower Lough Erne aufragende Steinklippen, zu deren Plateau (Lough Navar Forest Park) man vom Magho Jetty aus aufsteigen kann. Danach ist man garantiert außer Puste, also gleich in der Nähe für die Nacht festmachen. Eventuell am **Castle Caldwell**?

6. Tag
Heute sollte man auf jeden Fall **Belleek** ansteuern, ein kurzes Stück nur von Castle Caldwell, und die Heimat der weltberühmte Porzellanmanufaktur. Wer gut zu Fuß ist … rund fünf Minuten von der Fabrik entfernt ist man schon wieder in der Republik Irland, im County Donegal. Die Nacht kann man dann wahlweise in Belleek oder am Castle Caldwell verbringen.

7. Tag

Den letzten (vollen) Tag verbringt man am besten mit einer gemütlichen Fahrt nach **Lusty Beg**, hier und auf Boa Island wurden enigmatische Steinfiguren gefunden. Danach dann vielleicht zur **Castle Archdale Marina**, wo man die letzte Nacht verbringen kann, und gleichzeitig das weitläufige Gelände dieses ehemaligen Stützpunktes für Flugboote erkunden sollte.

8. Tag

Endspurt ... zur Rückgabe des Bootes bei **Manor House Marine**, und dann Transfer zum Flughafen Dublin oder Belfast (oder individuelle Weiterreise).

Wichtig: aufmerksames Fahren

Ist der Bootsurlaub in Irland also tatsächlich für jedermann geeignet, wie es die Prospekte anpreisen? Ja, wenn man auf eine gründliche Ersteinweisung besteht, die Anweisungen des Bootsvermieters beachtet und sich die Zeit nimmt, ein wenig mit dem neuen Fahrgefühl vertraut zu werden. Man sollte auf keinen Fall die erste Seemeile

Caldragh Graveyard auf Boa Island

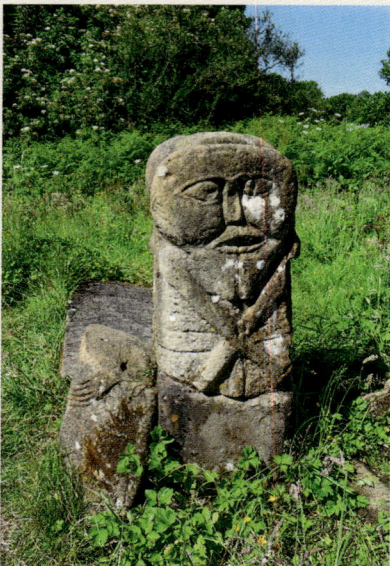

© SHUTTERSTOCK.COM/GIRL GRACE

NORDIRLAND

so angehen, als sei man bei Tirpitz persönlich in die Lehre gegangen. Auch wenn die meisten Mietboote mit dem Prädikat „unkompliziert" versehen sind, die Kollision mit einem Hindernis unter Wasser kann selbst bei geringer Geschwindigkeit fatale Folgen haben.

Weswegen man den folgenden Grundsatz unbedingt beherzigen sollte: Dienst ist Dienst und Schnaps ist Schnaps. Leider ist es auf den irischen Wasserwegen immer noch keine Seltenheit, fröhliche Freizeitkapitäne mit der linken Hand am Ruder und der rechten am Whiskeyglas zu sehen, während sich der Rest der Mannschaft lustig dem Koma entgegensäuft – gewisse Herrenpartien auf den Inland Waterways sind ein Graus für alle diejenigen, die ihnen begegnen.

Doch dies sei genug der Warnung. Denn sonst könnte schnell der Eindruck entstehen, dass ein Bootsurlaub in Irland abschreckend sei. Ganz im Gegenteil bietet die Bootspartie Entspannung, Ruhe und vor allem „Quality Time", die man mit Familie und Freunden verbringen kann.

Den richtigen Bootstyp finden

Mittlerweile gibt es zahlreiche unterschiedliche Bootstypen in verschiedenen Bauarten, Größen und Ausstattungsvarianten, was sich natürlich im Preis niederschlägt. Die Betten sind oft schmal und so angeordnet, dass eine absolute Privatsphäre für alle Mitreisenden nicht garantiert wird. Alle Boote sind mit einem kleinen Toilettenbereich ausgerüstet, der auch als Waschraum dient. Die Kombüse ist meist klein, aber zweckmäßig. Ein großes Menü wird hier nur kochen können, wer Grundkenntnisse im Jonglieren und sehr gute Fähigkeiten im Planen hat, für den täglichen Gebrauch ist es jedoch vollkommen ausreichend. Kombiniert sind in der Regel der Aufenthaltsraum, das Esszimmer, teilweise auch ein Schlafzimmer, in dem dann vielleicht noch der Steuerstand zu finden ist. Der Außenbereich des Bootes bietet meist einige Sitze und oft einen weiteren, wesentlich höheren Steuerstand. Der Stauraum an Bord ist beschränkt, ähnlich wie in einem Wohnmobil oder Wohnwagen.

Wohin am Abend?

Den Tag über schippert man über den See, am Abend wird in der Regel an einem Steg festge-

Kapitän auf dem Mietboot – auf dem Lough Erne ganz unkompliziert

macht. An besonders beliebten Punkten und vor allem in den Sommermonaten kann es dabei zu „Parkplatzengpässen" kommen. Dann werden die Kabinenkreuzer auch schon mal in zweiter oder dritter Reihe geparkt, einer am Steg selbst festgemacht, die anderen dann an schon festgemachten Booten. Im Prinzip kein Problem, bis es um die Abendgestaltung geht. Wenn dann die „Crew" des ganz außen festgemachten Bootes mitten in der Nacht, vom Guinness inspiriert und irische Folklore mit deutschem Akzent singend, über die anderen Boote ihrem eigenen Bett entgegenturnt, kann das schon zu spontanen Gefühlsausbrüchen führen. Zum Glück sind solche Erlebnisse eher die Ausnahme, Hilfsbereitschaft die Regel.

Wo findet man Versorgungsstationen?

Bei der Planung eines Bootsurlaubs ist die Versorgungssituation für viele Mieter absolutes Neuland. Mit dem Auto hat man immer eine Tankstelle in der Nähe, mit dem Boot sieht das anders aus. Tatsächlich ist die Anzahl der Tankstellen wesentlich begrenzter und der Mieter muss sich auch nicht nur um den Nachschub an Diesel kümmern. Die Frischwassertanks wollen ebenfalls regelmäßig gefüllt und das Abwasser über eine Pumpe entsorgt werden. Über die einzelnen Versorgungsstationen informieren die sehr guten Karten, die die Vermieter der Boote zur Verfügung stellen. Dabei ist darauf zu achten, dass man lediglich beim Betanken mit Hilfe rechnen kann.

Genug Zeit einplanen

Der größte Fehler, den Bootsmieter angesichts der zahlreichen landschaftlich schönen Strecken machen können? Zu meinen, dass man dieses ganze Netz von Wasserstraßen und Seen binnen weniger Tage abfahren kann. Zwar bieten einige Vermieter Einwegmieten an, aber selbst so kann die Zeit knapp werden, der erholsame Bootsurlaub zum Stress. Man sollte sich die Freiheit gönnen, auch einmal eine Stunde, einen halben Tag oder mehrere Nächte an einer schönen Stelle zu bleiben. Denn der Weg ist das Ziel!

© BERND BIEGE

Monea Castle und **Tully Castle** sind beispielhaft für die Ansiedlungen, die meist aus Schottland stammende Kolonisten in Nordirland errichteten – bekannt unter dem Sammelbegriff „Plantation Castles". Die „plantations", also die „Verpflanzung" von Schotten in das bis dahin fast unregierbare Irland, sollten der Region Wohlstand und Frieden bringen. Wohlstand im Sinne von „sicheren Steuereinnahmen", Frieden im Sinne von „die Iren in Schach halten". Neusiedler mussten sich zuallererst nicht um ein Dach über dem Kopf kümmern, eine feste Mauer ums Lager war wichtiger. Und so glichen dann die meisten Ansiedlungen eher Wehrhöfen als Herrenhäusern.

Dabei zeigen Tully und Monea, dass es hier nicht nur um eine reine Besetzung ging. Die Architektur war zwar an militärischen Maximen orientiert und man verzichtete eher auf große Fenster im Erdgeschoss denn auf Schießscharten im Eingangsbereich, dafür machte man sich innerhalb der Umfassungsmauern das Leben schon behaglich. Die Gartenanlage in Tully beweist, dass Ästhetik (und im Kräutergarten auch der Nutzwert) wichtig waren. Und dass man sich auf eine längere Nutzung der Gebäude einrichtete.

Die Geschichte jedoch holte viele Plantation Castles schnell ein. Unzufriedene Iren oder auch marodierende Nachbarn sorgten oft binnen weniger Jahre dafür, dass die Burgen und Anwesen aufgegeben wurden. Der Verlust der Kolonisten war jedoch langfristig Irlands Gewinn … romantische Burgruinen stehen bei vielen Touristen nach wie vor hoch im Kurs und Hochzeitsfotografen haben ideale Hintergründe für die Erinnerungsfotos. Sollte man daher in einer der Burgruinen einer Frau im wallenden weißen Kleid begegnen: keine Sorge. Meist ist es nicht der Geist von Lady Moira auf der ewigen Flucht vor den rebellischen Iren.

Florence Court

Nicht nur Fassade bietet Florence Court, 12 km südwestlich von Enniskillen, ☎ 028-66348249, 🖥 www.nationaltrust.org.uk, ein typisches „Great House" aus dem 18. Jh. und heute im Besitz des National Trust. Bei der rund einstündigen Führung wird allerdings nicht verschwiegen, dass fast das gesamte Interieur neu ist – in den 1950er-Jahren brannte Florence Court aus und war nur noch eine Ruine. Neben dem Hauptgebäude ist ein Spaziergang durch die weiten Anlagen mit den Nebengebäuden ein Muss, um die fast autarke Welt dieser Anwesen zu begreifen. Einen weiteren Einblick erhält man

NORDIRLAND

in den Kellerräumen, wo ein Modell die ehemaligen Bedienstetenquartiere anschaulich macht. Das hervorragende Café mit selbst gebackenem Kuchen ist zudem eine (Kalorien-)Sünde wert. Anschließend kann ein Teil der Kalorien wieder abgelaufen werden auf der Suche nach der legendären Eibe (Yew) von Florence Court, von der angeblich alle Eiben Irlands abstammen sollen. Übrigens werden aus eben diesem Holz auch kleine Souvenirartikel hergestellt, die hier und im Studio am Buttermarket in Enniskillen verkauft werden. ⏰ Gärten tgl. 10–16 (Sommer 19 Uhr), Hausführungen im Sommer tgl. 11–17 Uhr, im Mai und Juni Di geschl., im Sep Fr geschl., März und April nur am Wochenende, Eintritt 7 £, inkl. Hausführung 11 £.

Marble Arch Caves

Nur 8 km westlich liegen die **Marble Arch Caves**, Marlbank, ☎ 028-66348855, 🖥 www.marblearchcavesgeopark.com, in Irlands grenzüberschreitendem **Geopark** mit den **Cuilcagh Mountains** als Zentrum, 🖥 www.europeangeoparks.org. Ein faszinierendes Labyrinth unterirdischer Seen, Flüsse und Tropfsteinhöhlen. Ein Besuch der Tropfsteinhöhle ist nur mit Führung möglich, an den meisten Tagen wird man über einen unterirdischen Fluss eingefahren, bei Hochwasser allerdings geht es einen Treppenschacht abwärts in die Welt der geheimnisvollen Höhlen, die Ende des 19. Jhs. entdeckt wurden. Rings um die Höhlen führen Wanderwege durch das Waldgebiet, u. a. an den Kaskaden vorbei. Die Wege sind auch außerhalb der Öffnungszeiten der Höhle selber nutzbar. ⏰ März–Sep 10–16.30, Juli und Aug bis 17 Uhr, Eintritt 9,50 £.

Crom Estate

Wieder zurück am Lough Erne, bestehen bei **Derrylin** zwei vollkommen unterschiedliche Ausflugsziele. Das **Crom Estate**, Upper Lough Erne, Newtownbutler, ☎ 028-67738118, 🖥 www.nationaltrust.org.uk, ist heute ein Naturpark mit Wäldern, alten Parkanlagen und Feuchtgebieten, ideal für Wanderer, Paddler und Radfahrer, nur die Schlossruine zeugt von vergangener Größe. Wenn da nicht der Neubau des Herrensitzes aus dem 19. Jh. wäre, in seiner viktorianischen Bauweise ein perfektes Märchen- und Spukschloss. Leider nur aus der angemessenen Ferne zu bestaunen, denn es ist heute noch der Sitz des Earl of Erne, dessen Ruhe der Plebs nicht stören soll. ⏰ März–Sep tgl. mind. 10–16 Uhr, Eintritt 11 £. Im Sommer lockt ein gutes Café in das Besucherzentrum, wo man auch Boote stundenweise mieten kann.

Inisrath

Eine komplett andere Welt erreicht man mit der Fähre – ein ehemaliges Jagdhaus auf **Inisrath**, heute auch als **Hare Krishna Island**, ☎ 028-67723878, 🖥 www.krishnaisland.com, bekannt. Hier hat die ISKCON (International Society for Krishna Consciousness) einen Tempel und ein Seminarzentrum eingerichtet, in dem Besucher jederzeit willkommen sind. Allerdings sollten diese dann die Weltanschauung der Besitzer respektieren und auf Alkohol, Tabak und Fleischgenuss verzichten, so lange sie hier zu Gast

Nur ein paar kurvige Straßenkilometer vom Parkplatz der Marble Arch Caves den Berg hinauf liegt der **Cuilcagh Mountain Park**, der mit alten Ringforts und Siedlungsspuren in die Archäologie Irlands einführt und über den spärlich beschilderte Wanderwege führen. Vom 665 m hohen **Cuilcagh**, dem höchsten Punkt in Fermanagh und Cavan, genießt man eine herrliche Aussicht. Allerdings … es ist auch ein anstrengender Anstieg, den man nur bei gutem Wetter wagen sollte. Dabei geht der Weg über Kieswege, Bergpfade und auch eine beachtliche hölzerne Treppen- und Dammkonstruktion (eben die „Treppe zum Himmel"), die das Hochmoor vor den trampelnden Horden schützen soll. Ausgangspunkt ist der Parkplatz bei Legnabrocky (ca. 1 km von den Höhlen entfernt), mit sechs Stunden Wegzeit muss gerechnet werden. Eine Karte ist auf der Webseite des Geopark zum Download bereitgestellt. An sich ist der ganze Spaß kostenlos, wegen Streitigkeiten mit dem Geopark erhebt jedoch ein örtlicher Landwirt gelegentlich Wegzoll auf seinem Privatgelände.

sind. Regelmäßige Tempelfeiern finden am Sonntag statt, lediglich für die gegen Mittag fahrende Fähre wird eine Gebühr erhoben. Wer ein Mietboot hat, kann auch an dem kleinen Anleger der Insel festmachen. Wer länger bleiben will – man bietet auch Seminare an, 🖥 www.lakeisle retreats.com.

ÜBERNACHTUNG UND ESSEN

Belleek

The Thatch, 22 Main St., Café im letzten noch bestehenden original reetgedeckten Gebäude von Fermanagh. Hausgemachte Suppen und frisch zubereitete Sandwichs auf Bestellung. Populär sind gefüllte, gebackene Kartoffeln. Schmackhafte Kuchen und Muffins. ⏰ Mo–Sa 9–17, im Winter erst ab 10 Uhr.

📖 Empfehlenswert ist auch das große **Café in der Belleek Pottery** – eine reichhaltige und recht preisgünstige Auswahl von Speisen für ermüdete Porzellankäufer (oder die Laufkundschaft, die in der Eingangshalle gleich nach rechts steuert). ⏰ Mo–Fr 9–17.30, März–Sep auch Sa 9–17.30, So 14–17 Uhr.

Lisnaskea

Donn Carragh Hotel, 95-97 Main St., 📞 028-67721206, 🖥 www.donncarraghhotel.com. Traditionelles Hotel im Ort, das in den letzten Jahren modernisiert wurde und große, bequeme Zimmer bietet. Sowohl das Restaurant Fusion Brasserie als auch Maggie May's Bar sorgen für das leibliche Wohl. Gute Lage für Ausflüge in Richtung Upper Lough Erne und Marble Arch Geopark. ❸–❹

AKTIVITÄTEN

Eine sehr populäre Freizeitaktivität bei gutem Wetter ist das **Kanufahren** auf dem Lough Erne – vor allem auf dem Upper Lough Erne mit seinen zahlreichen Inseln. Zumal es sogar den etwa 50 km langen **Lough Erne Trail** gibt, eine Route für Wasserwanderer, nähere Infos unter 🖥 www.canoeni.com/canoe-trails/lough-erne. Auf der Seite findet man auch eine aktuelle Liste der Kanuverleiher, z. B. das Share Discovery Village, 📞 028-67722122, 🖥 www.

sharevillage.org, das auch komplette „Activity Holidays" anbietet.

Wer **angeln** möchte, sollte sich noch in Enniskillen an Home, Field & Stream, 18 Church St., 📞 028-66340758, 🖥 www.hfs-online.com, wenden. Hier bekommt man nicht nur die komplette Ausstattung, sondern auch fachkundige Tipps, die notwendigen Erlaubnisscheine und Kontakte zu Bootsvermietern.

TRANSPORT

Von Enniskillen aus bestehen verschiedene **Busverbindungen** rund um den Lough Erne, die meisten Haltestellen liegen jedoch an denHauptstraßen und damit etwas weiter vom See entfernt. Am ehesten nutzbar ist die **Bus Éireann-Linie 30** (Dublin–Donegal), die zwischen Belturbet und Bundoran immer dem Westufer des Sees folgt.

12 HIGHLIGHT

Belfast

Belfast (rund 270 000 Einw., mit Randgebieten 485 000 Einw.) wird bis heute mit Bomben und Straßenschlachten, kurz den „Troubles" assoziiert, dabei hat sich Nordirlands Hauptstadt längst zur hippen Shopping-, Party- und Kunstmetropole entwickelt – Widersprüche und eine gewisse innere Zerrissenheit inbegriffen.

Seine Existenz verdankt Belfast seiner Lage, die bis heute im Namen anklingt: „Beal feirste", die sandige Furt, der erste sichere Übergang über den Fluss Lagan. Im Mittelalter wurde diese Furt durch Burgen gesichert, die häufig die Besitzer wechselten und gelegentlich dem Boden gleichgemacht wurden. Über den Lagan kamen schottische Siedler und dann im 17. Jh. Hugenotten nach Belfast, die die traditionelle Leinenherstellung revolutionierten und einen Exportboom starteten. Als sich Irland 1800 de facto an England anschloss, wurde Belfast (statt bis-

Belfast Großraum (Karte mit Orten: Randalstown, Antrim, Round Tower, Crumlin, Aghalee, Glenavy, Lisburn, Carryduff, Doagh, Ballyclare, Temple-patrick, Newtown-Abbey, Belfast Zoo, Belfast Castle, Cave Hill Country Park, Belfast International Airport, Belfast, Ballynure, Ballycarry, Whitehead, Carrickfergus, Carrickfergus Castle, Mossley West, Helen's Bay, Bangor, Cultra, Holywood, Ulster Folk & Transport Museum, Newtownards, Stormont Castle, Dundonald, Scrabo Tower, Mount Stewart Gardens, Comber, Nendrum Monastic Ruins, Ballygowan, Belfast City Airport, Lough Neagh, Belfast Lough, Strangford Lough)

s. Detailplan
Belfast City S. 562/563

her Dublin) zum Fokus des Interesses und zur kulturellen Hauptstadt der Insel. Der Lagan bestimmte auch den Aufstieg Belfasts im Industriezeitalter, mit einem viel genutzten Hafen für Leinenexporte und Tabakimporte. Und später mit der riesigen Werft von Harland & Wolff. Hier wurden Ozeanriesen wie die Schiffe der White Star Line gebaut, die *Titanic* war nur das bekannteste von ihnen. Belfast wurde reich und nach der Teilung Irlands ab 1920 Hauptstadt des künstlichen Gebildes Nordirland, das vom prachtvollen Parlament im Stormont Castle aus regiert werden sollte.

Just in diesem Moment setzte die Wirtschaftskrise ein und das bislang reiche Belfast begann zu kränkeln. Ein Kränkeln, das sich bis auf eine kurze Phase wirtschaftlicher Prosperität im Zweiten Weltkrieg (durch den Kriegsschiffbau in den verhältnismäßig sicheren Belfaster Docks) und eine kurze Karriere als Flugzeugindustriestadt bis zum endgültigen Kollaps in den späten 1960er- und frühen 1970er-Jahren hinzog. Der offen ausbrechende Konflikt zwischen der objektiv benachteiligten katholischen Bevölkerung (Einstellungen bei Harland & Wolff gab es etwa nur nach Nach-

weis einer protestantischen Gesinnung) und der herrschenden Schicht führten zu einer entsetzlichen Welle von Gewalt und Terror, zum Verlust des Hauptstadtstatus, zur Verwüstung weiter Teile der Innenstadt, zum Einsatz der britischen Armee und letztlich zu einer Trennung der rivalisierenden Fraktionen mit Hilfe von „Friedenslinien" („peace lines"), die kaum weniger beeindruckend als die ehemalige Berliner Mauer waren. Und die heute noch stehen, die Tore jederzeit wieder abschließbar.

Besucher – die politische Diskussionen am besten vermeiden sollten – können heute eine Stadt genießen, die mit viktorianischer Architektur, sanierten Industriekomplexen, einer schönen Ufermeile, glitzernden Shoppingcentern und einem hervorragenden Kunst- und Kulturangebot punktet.

Donegall Square

Das Stadtzentrum ist überschaubar, eine Besichtigung beginnt am besten an oder in der City Hall.

City Hall

Das Rathaus, 🖥 www.belfastcity.gov.uk, wurde zwischen 1898 und 1906 errichtet, sein Stil ist an die Paläste der Renaissance angelehnt, aber doch typisch viktorianisch. Architekt Sir Brumwell Thomas sollte einen Prunkbau schaffen, der das Selbstbewusstsein der herrschenden Schicht widerspiegelte – mit den vier Türmen und einer gigantischen Kuppel dürfte der Auftrag erfüllt gewesen sein. Angenehm für Touristen: Im Gegensatz zu früheren Jahren kann man ungehindert in das Rathaus hineinspazieren und zumindest das beeindruckende, mit feinem Marmor verkleidete Foyer besichtigen, dessen Buntglasfenster mancher Kathedrale Konkurrenz machen könnten. Wandgemälde von John Luke, entstanden 1951, zeigen Belfasts wichtigste Berufsgruppen bei der (oft sehr stilisierten) Arbeit. Tiefer ins Gebäude eindringen kann man aber nur mit einem Termin oder bei Führungen, die mehrmals täglich angeboten werden. Der Bankettsaal mit seinen 50 m Länge ist dabei das Prunkstück, er kann mit klassischen Schlössern wie Versailles durchaus konkurrieren. ⏰ tgl. 8.30–17 Uhr, Führungen Mo–Fr 11, 14, 15, Sa, So 12, 14, 15 Uhr, kostenlos.

Die Anlagen rund um die City Hall sind ein beliebter Treffpunkt, in ihnen wird durch Statuen Belfasts Position im Britischen Empire gefestigt – Krieger, Forscher und Königin Victoria erinnern an die vergangene Pracht des Empire, an untergegangene Größe ein Denkmal für die

People's Museum, Shankill Parade

Peter's Hill

Falls Road, Garden of Remembrance, Milltown Cemetery, **5** 🔘

Divis St.

Divis Tower

■ ÜBERNACHTUNG

① Premier Inn Belfast Titanic Quarter
② Old Inn
③ Jurys Inn Belfast Hotel
④ Europa Hotel
⑤ Holiday Inn Belfast City Centre
⑥ Belfast Youth Hostel
⑦ Vagabonds Hostel
⑧ Lagan Backpackers Hostel
⑨ Global Village Hostel
⑩ Botanical Backpackers
⑪ Paddy's Palace Belfast
⑫ Windermere Guesthouse

Grosvenor Rd.

■ ESSEN

1 Belfast Castle
2 The Merchant Hotel
3 The Morning Star
4 The Kitchen Bar
5 Neill's Hill Brasserie
6 James Street South
7 Deane's Restaurant
8 Crown Liquor Saloon
9 Shu

Blythe St.

■ SONSTIGES

1 Mater Hospital
2 John Hewitt Bar
3 Olde Tyme Favourites
4 Premier Record Store
5 Royal Victoria Hospital
6 Fresh Garbage
7 White's Tavern
8 The Globe (MacCracken's)
9 Queen's Arcade
10 Belfast City Welcome Centre
11 Archives Antique Centre
12 Oakland Antiques
13 Lavery's
14 No Alibis

Donegall Rd.

Lisburn Rd. College
⑫ Wellesley
Wellington Park

■ TRANSPORT

❶ Fähranleger
❷ Titanic Boat Tours
❸ Laganside Bus Centre
❹ Translink Metro Kiosk
❺ Europa Bus Centre

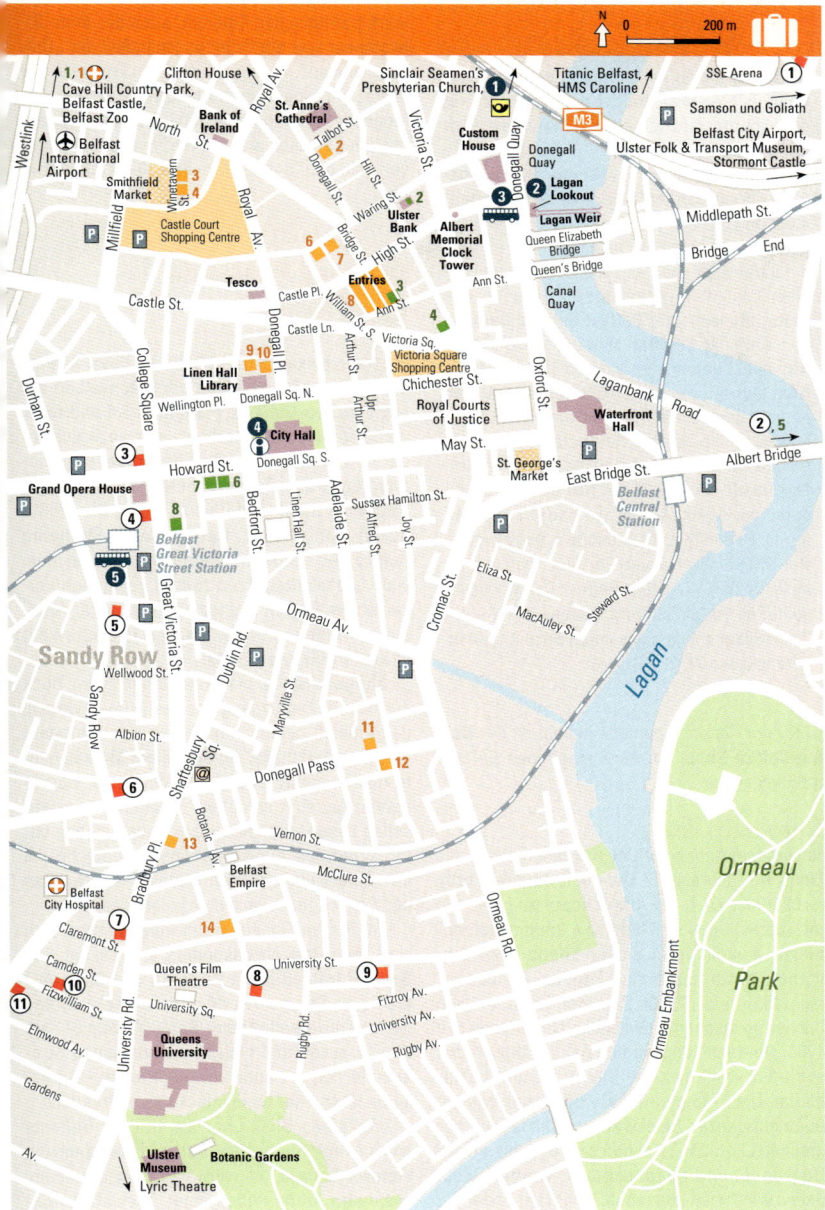

1, 1
Cave Hill Country Park,
Belfast Castle,
Belfast Zoo

Clifton House

Sinclair Seamen's
Presbyterian Church, 1

Titanic Belfast,
HMS Caroline

SSE Arena 1

Samson und Goliath

Belfast City Airport,
Ulster Folk & Transport Museum,
Stormont Castle

North

St. Anne's
Cathedral

Royal Av.

Bank of
Ireland

Westlink

Belfast
International
Airport

Smithfield
Market

Talbot St.
2

Victoria St.

Custom
House

M3

Donegall
Quay

Donegall St.

Waring St.

Lagan
Lookout 2

Middlepath St.

Millfield

Castle Court
Shopping Centre

Whitehall

3
4

Hill St.

Ulster
Bank

3

Lagan Weir

Queen Elizabeth
Bridge

Royal Av.

6

Bridge St.

High St.

Albert
Memorial
Clock
Tower

Queen's Bridge

Bridge End

7

Ann St.

Canal
Quay

Tesco

Castle Pl.

Entries
3

Castle St.

Castle Ln.

William St.

8

Ann St.

Laganbank Road

2, 5

Castle

Donegall Pl.

Castle Ln.

Arthur St.

Victoria Sq.

4

Albert Bridge

College Square

9 10

Linen Hall
Library

Wellington Pl.

Donegall Sq. N.

Upr
Arthur St.

Victoria Square
Shopping Centre

Chichester St.

Oxford St.

Waterfront
Hall

Durham St.

City Hall

Royal Courts
of Justice

Donegall Sq. S.

May St.

St. George's
Market

East Bridge St.

Belfast
Central
Station

3

Howard St.

7   6

Grand Opera House

8

Adelaide St.

Alfred St.

Sussex Hamilton St.

4

Belfast
Great Victoria
Street Station

Bedford St.

Linen Hall St.

Joy St.

Eliza St.

5

5

Great Victoria St.

Ormeau Av.

Cromac St.

MacAuley St.

Steward St.

Lagan

Sandy Row

Wellwood St.

Dublin Rd.

Maryville St.

Albion St.

Sandy Row

Shaftesbury Sq.

Donegall Pass

11

12

Ormeau

6

Botanic Av.

13

Vernon St.

Belfast
Empire

McClure St.

Ormeau Rd.

Park

Belfast
City Hospital

Bradbury Pl.

7

14

Claremont St.

Camden St.

Queen's Film
Theatre

University St.

8

9

Ormeau Embankment

10

Fitzwilliam St.

University Rd.

University Sq.

Rugby Rd.

Fitzroy Av.

11

Elmwood Av.

University Av.

Rugby Av.

Queens
University

Gardens

Av.

Ulster
Museum

Botanic Gardens

Lyric Theatre

NORDIRLAND

Belfast (fast) umsonst

€ Belfast ist keine teure Stadt, aber wer mit kleinem Budget unterwegs ist, für den könnte das folgende, kostenlose Programm von Interesse sein:

Ein **Rundgang zu den ehemaligen Brennpunkten in West Belfast** (S. 569) ist ab der Innenstadt in nur ein bis zwei Stunden bequem machbar. Danach kann man sich noch in Ruhe die Innenstadt und das Lagan-Ufer ansehen – alles liegt nahe beieinander. Besuche des **Ulster Museum**, der **Belfast Botanic Gardens** und auch der **City Hall** sind ebenfalls kostenlos, alle Sehenswürdigkeiten bieten Kultur, Geschichte und Zerstreuung. Am Abend genießt man in den Pubs der Innenstadt **Folkmusik** – ohne zusätzliche Kosten. Wer etwas frische Luft und Natur braucht, kann vom **Belfast Castle** aus den **Cave Hill** besteigen und dann den Ausblick über die ganze Stadt und bis hin zu den Mourne Mountains genießen.

Der öffentliche Nahverkehr (den man zumindest für den Weg zum Belfast Castle nutzen sollte) ist vorbildlich und kostengünstig – ein **Tagesticket** auf dem gesamten Busnetz gibt es bereits unter 5 £ (S. 78).

Opfer der *Titanic*. Ebenfalls beliebt ist der **Bobbin Coffee Shop**, ein hervorragendes Café im Rathaus selber.

Linen Hall Library

Unmittelbar neben der City Hall befindet sich die Linen Hall Library, 17 Donegall Square North, ☏ 028-90321707, 🖥 www.linenhall.com, ein oft übersehenes Highlight. Die am meisten genutzte Sammlung in dieser öffentlichen Bibliothek dürfte heute die „Political Collection" sein. Mehr als 100 000 Schriften befassen sich mit der politischen Entwicklung Nordirlands seit 1966, die Sammlung wächst nahezu täglich und stellt das wohl beste Archiv zu dieser Thematik dar. Die 1788 gegründete Bibliothek widmet auch ein ganzes Stockwerk ausschließlich der irischen Literatur. Zu sehen sind u. a. die ersten Bücher, die in Belfast gedruckt wurden. Viele davon wiederum aus republikanischer Feder mit stark patriotischen Themen, auch der erste Bibliothekar war ein Gründungsmitglied der „United Irishmen". Thomas Russell, ein Freund Wolfe Tones, leitete die Linen Hall Library in ihrer Anfangsphase, wurde aber 1803 nach der dilettantischen Rebellion unter Robert Emmet als Hochverräter gehängt. 🕐 Mo–Fr 9.30–17.30, Eintritt frei.

Donegall Place und Royal Avenue

Die Haupteinkaufsstraße Belfasts, Royal Avenue mit Donegall Place, bietet ein Wechselbad der ästhetischen Gefühle. Plattenbauten und reich verzierte Fassaden wechseln sich ab, bröckelnder Putz kontrastiert mit aufwendiger Renovierung (etwa dem Tesco-Supermarkt) oder sogar modernen Stahl- und Glasfassaden. Die größte davon gehört dem **Castle Court Shopping Centre**, 🖥 www.castlecourt-uk.com, in dem viele Ladenketten ihren zentral gelegenen Verkaufsraum fanden und wo ein recht guter Foodcourt im hinteren Teil (1. Stock) eine bunte, nicht allzu teure Auswahl bietet.

Übrigens sollte man unbedingt einen Blick aus dem Hinterausgang des Castle Court wagen, denn gleich hinter dem Einkaufszentrum steht eine alte Markthalle, der **Smithfield Market**, heute Heimat mehrerer Lädchen mit einem skurrilbunten Angebot von altem Trödel bis zu asiatischen Lebensmitteln. Die am Haupteingang sofort brutal ins Auge stechenden Teppiche mit maschinell eingewebten Motiven wie Giraffen und Comicfiguren kann man ja ignorieren.

An älteren Gebäuden im Innenstadtbereich sind zwei Banken besonders interessant: Die **Bank of Ireland** (Ecke North St. und Royal Av.) wurde im Stil des Art-déco errichtet, während die konkurrierende **Ulster Bank** (Waring St.) auf Klassik setzte und typisch viktorianische Straßenlaternen mit antiken Kriegerinnen kontrastieren lässt – der Geschmack des Jahres 1860.

Wer einen Blick über die Dächer Belfasts werfen möchte, sollte das Einkaufszentrum **Victoria Square**, 🖥 www.victoriasquare.com, ansteuern. Denn neben einer Auswahl an ex-

Gegenüber dem Smithfield Market befindet sich (man weiß nicht, wie lange … die Gegend soll seit Jahren „saniert" werden) an der Winetavern Street eine Reihe kleiner Läden. Ganz am Ende, vom Markt aus links gesehen, findet man das Süßwarengeschäft **Olde Tyme Favourites**, das die Leckereien noch nach Gewicht aus dem großen Glas verkauft und wahrscheinlich die beste Auswahl in Belfast bietet. Die Schokobananen und die Schaumgummi-Pilze mit Kokosgeschmack sind unbedingt zu probieren!

klusiven Läden bietet man auch eine Aussichtsplattform unter der Kuppel, kostenlos und mit fantastischem Rundblick.

Cathedral Quarter und Lagan Lookout

St. Anne's Cathedral

Die St. Anne's Cathedral der Church of Ireland, Donegall St., 🖥 www.belfastcathedral.org, die den Nordrand der Innenstadt markiert, wurde Ende des 19. Jhs. erbaut, die Pläne des Gebäudes stammten von Sir Thomas Drew und imitieren eine klassische Basilika im neo-romanischen Stil. Die drei Westportale mit ihren reichen Torbogen und feinen Skulpturen beeindrucken schon von außen. Im Innern staunt man dann über den Prunk der Mosaikdecke in der Taufkapelle, die aus Glassteinen in fast endloser Fleißarbeit gestaltet wurde. Als Hauptkirche von Belfast gewährte die St. Anne's Cathedral auch einer der berühmtesten und zugleich umstrittensten Figuren der nordirischen Geschichte die letzte Ruhestätte: **Lord Edward Carson** (1854–1935), Architekt der irischen Teilung, der von den Unionisten ohnehin wie ein Heiliger verehrt wird.

Beeindruckendstes Detail ist jedoch der „Spire of Hope" – da man wegen des schlechten Untergrundes nicht das Wagnis eines massiven Kirchturms eingehen wollte, hat die Kathe-

drale jetzt ein Glasdach, durch das ein Stahlpfeil in den Himmel ragt. Von außen selten wahrgenommen, aus dem Kircheninnern betrachtet aber (vor allem bei schnell vorbeiziehenden Wolken) ein fast schwindelerregendes Spektakel.

Lagan Lookout

Von der Kathedrale ist es nur ein kurzer Weg zum Lagan Lookout, 1 Donegall Quay, ✆ 028-90315444, mit einer kleinen Ausstellung zur Hafengeschichte und dem Lagan Weir, einer 1994 errichteten Staustufe zur Verbesserung der Wasserqualität. Die Fußgängerbrücke über die Stauanlage bietet gute Ausblicke auf das Hafengebiet im Norden.

Vom Lagan Lookout sind auch die zwei riesigen, gelben **Kräne der Werft Harland & Wolff** recht gut zu sehen – sie sind als „Samson" und „Goliath" bekannt und mit ihren wahrlich biblischen Abmessungen ein Wahrzeichen Belfasts geworden. Die Entfernung kann über die wahre Größe der Stahlgiganten hinwegtäuschen – die oben auf den Kränen zu sehenden Steuerhäuser haben die Abmessungen eines Einfamilienhauses. Die Werft wurde 1859 gegründet und ist immer noch eine Einrichtung der Superlative: „Samson" und „Goliath" gehören zu den größten Kränen der Welt, in derselben Position findet sich das Trockendock. Mit dem Schiffsbau selber hat man allerdings heute eher selten etwas am Hut. Nur noch rund 500 Angestellte und Arbeiter sind hier beschäftigt, mittlerweile ist man vor allem auf dem Sektor „Erneuerbare Energien" tätig, baut Anlagen für Wind- und Wasserkraft. Da das Umland der Werft mit der Zeit viele Brachflächen aufwies, wurde hier das „Titanic Quarter" als moderne Trabantenstadt in Angriff genommen … vielleicht nicht der angemessenste Name für ein Großprojekt.

SSE Arena

Vor allem mit Kindern ist ein Abstecher zur SSE (ehemals Odyssey) Arena, 🖥 www.ssearena belfast.com, am anderen Ufer interessant – das riesige Veranstaltungszentrum bietet nicht nur Restaurants und eine Eishockey-Arena, sondern auch das **W5**, 2 Queen's Quay, ✆ 028-90467700, 🖥 www.w5online.co.uk, ein interaktives Wissenschaftsmuseum, in dem nach Herzens-

Als ganz besondere Art des Tourismus führt die **Belfast Black Taxi Tour** Touristen gezielt an die „Brennpunkte". Eine Art Kriegstourismus, an dem mittlerweile gut verdient wird. Und für die die merkwürdigsten Werbetrommeln gerührt werden. So ist der Hinweis eines Anbieters, dass alle Fahrer „ehemalige politische Gefangene" seien, nicht unbedingt Vertrauen erweckend, bietet aber vielen Touristen den ersehnten Nervenkitzel, das Auto mit einem echten Aktivisten (selbstverständlich unschuldig eingesperrt) zu teilen.

Wer eine solche Tour bucht (etwa bei 🖥 www.belfasttours.com, 🖥 www.belfastcitytours.com oder 🖥 www.belfastblackcabtours.co.uk, ein- bis zweistündige Tour für rund 35 £ pro Taxi), wird am vereinbarten Treffpunkt von einem Taxi abgeholt, der Fahrer bringt einen dann in einem Rundkurs zu besonders markanten Stellen. Wie z. B. den **Divis Flats**, einem hässlichen Hochhauskomplex, der sich zum politischen Brennpunkt und Beobachtungsposten der britischen Armee entwickelte. Ein Ort, wie viele andere auch, an dem (blutige) Geschichte geschrieben wurde. Und so kann sich der Belfast-Besucher dem wohligen Schauer hingeben, dort zu stehen, wo „für die Sache" gemordet und gestorben wurde.

Außerdem steuert der Fahrer den kleinen **Garden of Remembrance** in der Falls Road an, wo die Grenze zwischen religiöser und republikanischer Ikonografie wie so oft fließend ist. Endgültig verschwindet sie dann bei den **Märtyrerporträts** des Hungerstreiks von 1981, allen voran der ewig lächelnde, langhaarige Bobby Sands, erster und immer noch bekanntester Hungertoter. Und bis zum Beginn der Aktion auch „Kommandierender Offizier" der IRA-Häftlinge.

Dann geht es weiter auf die „andere Seite" in das nur einen Steinwurf entfernte **Shankill-Gebiet**. Wobei die massive **Peace Line** gezielte Würfe enorm erschwert. Hier ist wieder loyalistisches Herzland, die überdimensionalen Wandmalereien sind der einzige Grund, warum sich Besucher hierher verirren. Helden der Bewegung werden auch hier porträtiert – allerdings mittlerweile etwas weniger martialisch. Mittendrin begegnet man Martin Luther, amerikanischen Präsidenten und Gestalten aus der irischen Sagenwelt. Niemand ist in Belfast davor sicher, von einer Gruppe geehrt (oder doch eher vereinnahmt?) zu werden.

Lohnt sich solch eine Tour nun? Ja und nein – dieselben Eindrücke können auch auf einem Fußmarsch gewonnen werden, der von der Innenstadt aus weniger als zwei Stunden in Anspruch nehmen muss und zudem die Gegenden unmittelbarer erleben lässt. Viele Kleinigkeiten fallen einem im Vorbeifahren ja gar nicht unbedingt auf. Etwa wenn der traditionell rote Briefkasten der Royal Mail einmal wieder im Kampf für ein geeintes Irland grün angemalt wurde. Oder wenn unter dem loyalistischen Dauerslogan „No Surrender" auf demselben Plakat der örtliche Klempner Werbung macht.

lust (und sicher) experimentiert werden darf. 🕐 Mo–Sa 10–18, So 12–18 Uhr, Eintritt 9,80 £, Kinder 7,50 £.

Titanic Belfast

Eine faszinierende, absolut moderne Attraktion ist Titanic Belfast, 1 Olympic Way, Queen's Rd., Titanic Quarter, 📞 028-90766386, 🖥 www.titanic belfast.com, ein Ausstellungskomplex, dessen Kern dem berühmtesten Schiff aus Belfast gewidmet ist – der *Titanic*, 1912 gesunken. Mit aufwendigen Installationen und viel Multimedia wird die Geschichte des Schiffes und der

Katastrophe sachlich und seriös nacherzählt. Im heute weitgehend ungenutzten Hafenbereich errichtet und in seiner architektonisch auffälligen Form an Bugsektionen erinnernd, ist dieses Museum die rund zehn Minuten Fußmarsch von der Odyssey Arena (u. a. am **Museumsschiff** SS *Nomadic*, 🖥 www.nomadicbelfast.com, vorbei) wert.

Wegen des schubweise starken Andrangs wird Vorausbuchung empfohlen! Die auf Bildern oft gezeigte, nachgebaute große Haupttreppe der *Titanic* ist übrigens nicht Teil der allgemeinen Ausstellung, sondern befindet sich in einem nur bei Sonderveranstaltungen zugänglichen Bankettsaal. Im Freigelände kann man allerdings das gesamte Deck der *Titanic* ablaufen – die Umrisse sind in voller Größe zu erkennen. ⏱ Okt–März tgl. 10–17, April–Sep tgl. 9–18, Juni–Aug bis 19 Uhr, Eintritt 19 £.

HMS Caroline

Nicht ganz authentisch, da mehrfach umgebaut, aber hervorragend zum Museum umgestaltet, kommt gewissermaßen nebenan die HMS Caroline, 🖳 www.nmrn.org.uk, daher – die letzte Überlebende der Skagerrakschlacht (engl. „Battle of Jutland") liegt seit vielen Jahren in Belfast vor Anker. Erst jüngst allerdings entsann man sich dieses toten Kapitals und widmete den Leichten Kreuzer zur Touristenattraktion um. Erfolgreich, denn die Ausstellung zu Schiff und Marinegeschichte ist durchweg faszinierend. ⏱ tgl. 10–17 Uhr, Eintritt 10,75 – Achtung: Betreten des Schiffs mit Pfennigabsätzen verboten.

Am Ufer des Lagan

Auf der Westseite des Lagan fällt vor allem das **Custom House** auf, weniger bombastisch als das Dubliner Pendant, aber mit seinen korinthischen Säulen und antiken Verzierungen ein beliebtes Fotomotiv. Wie auch das nahe **Clifton House**, 2a Hopewell Av., ein hervorragend erhaltenes georgianisches Gebäude von 1774, das allerdings einem profanen Zweck als Armenhaus diente. Ein dritter Klassiker Belfasts steht (jetzt wieder sicher) am Queen's Square, der „Big Ben of Belfast". Fantasiebegabte Menschen erkennen eine angebliche Ähnlichkeit mit dem Glockenturm des Londoner Parlaments. Ganz offiziell heißt der Turm **Albert Memorial Clocktower**, er wurde 1869 in Erinnerung an Königin Victorias verstorbenen Ehemann errichtet. Einige Jahre sah es auch so aus, als ob Belfast sich bald einer Verbindung zu Pisa erfreuen könne – der Turm begann sich zu neigen und musste letztlich aufwendig stabilisiert und restauriert werden. So sieht er denn heute wie neu aus.

Die **Sinclair Seamen's Presbyterian Church** am Corporation Square, ☎ 028-90715997, wurde 1857 errichtet und erinnert im Baustil an Venedig. Da wundert es auch nicht, wenn der Innenraum einen maritimen Touch hat und zahlreiche Erinnerungsstücke an die Seefahrertradition der Hafen- und Werftstadt Belfast aufweisen kann, von den bunten Glasfenstern bis hin zur Glocke des Schlachtschiffs *HMS Hood*. Direkt neben dem viktorianischen Verwaltungsgebäude der Belfast Harbour Commissioners gelegen, kann die schöne Kirche jeden Mittwochnachmittag besichtigt werden.

An der neuen **Waterfront Hall**, 🖳 www.waterfront.co.uk, einem Konzert- und Veranstaltungszentrum, vorbei führt der Weg zur May Street, an der Ecke liegen die Hallen des St. George's Market.

Südliche Innenstadt

Grand Opera House

Das Grand Opera House, 2 Great Victoria St., ☎ 028-90241919, 🖳 www.goh.co.uk, ist Belfasts Konzession an den Zuckerbäckerstil. Neben (gelegentlicher) Oper wird hier bevorzugt der leichten Muse gefrönt. In der Weihnachtssaison unbedingt empfehlenswert ist der Besuch einer „Panto" (kurz für „Pantomime", was aber keinen Rückschluss auf den Geräuschpegel zulässt), eine Art Musical- und Comedyspektakel besonders für Kinder, auf Märchen basierend. Obacht: Von Januar bis Dezember 2020 ist die Oper Baustelle, zur Renovierung geschlossen.

Crown Bar Liquor Saloon

Schräg gegenüber wartet seit Generationen der unter Denkmalschutz stehende Crown Bar Liquor Saloon, 46 Great Victoria St., auf Kundschaft – der wahrscheinlich **bekannteste Pub in Belfast**. Die Kacheln und verzierten Glasfenster sind nur ein erster Eindruck, im Innern gibt es alte Lampen, Holzschnitzereien an den kleinen Separees, viel Mahagoni, einen langen Tresen aus Marmor und … meist viel zu viele Gäste, um dies alles zu genießen. Im ersten Stock lockt ein Restaurant mit ähnlichem Ambiente, hier kann man gut bei moderaten Kosten speisen.

Vom Eingang des Crown Bar Liquor Saloon, vor dem sich seit dem Rauchverbot in Kneipen die Nikotinsüchtigen bei Wind und Wetter in

© DUMONT BILDARCHIV / OLAF MEINHARDT

Am Freitag, Samstag und Sonntag bricht im **St. George's Market**, 12-20 East Bridge St., ⌨ www. belfastcity.gov.uk, eine Geschäftigkeit aus, die einmalige Einblicke in das Belfaster Leben erlaubt. Zwischen Markthändlern und Einkaufenden spielen sich Dramen ab, nach Begutachtung der Waren starten oft Preisverhandlungen und mancher Standbesitzer preist seine Güter in Worten an, die Politikern auf der Jagd nach der Wiederwahl würdig wären. Wobei es immer noch auffällig gesittet und höflich zugeht. Insbesondere die Fischauswahl ist beeindruckend und kann nahezu jeden kulinarischen Wunsch erfüllen. Übrigens findet man hier auch viele Beispiele typischen Belfaster Humors – so bietet eine Bäckerei Titanic-Kuchen an, komplett mit dem Werbespruch „Geht gut runter!" Ansehen, staunen, probieren, Musik hören – so lässt sich ein Tag in Belfast auch sehr angenehm verbringen.

einer permanenten Nebelbank drängen, hat man einen guten Blick auf das **Europa Hotel**. Laut Experten das am meisten durch Bombenanschläge in Mitleidenschaft gezogene Hotel Europas. Die Vorderansicht ist repräsentativ-modern, die Rückansicht, etwa vom Bahnhof aus, drängt dagegen den Eindruck auf, dass eine weitere Bombe nur optische Verbesserung bringen könnte.

Sandy Row

In unmittelbarer Nähe des Europa Hotels glänzt eine Kreuzung gleichzeitig mit einer hässlichen Parkhauseinfahrt, dem modernen Plaza Hotel, einer alten und langsam verfallenden Zigarettenfabrik und dem überdimensionalen Konter-

fei eines loyalistischen Terroristen, der einen mit erhobenem Sturmgewehr in der Sandy Row, ⌨ www.sandyrow.co.uk, begrüßt. Wenn Belfast etwas im Überfluss hat, dann Kontraste! Die Sandy Row ist das klassische Arbeiterviertel und Herzland der Loyalisten. Bis vor wenigen Jahren verirrte sich hierher kaum ein Tourist. Heute laufen massenweise Besucher vom Haupteingang des Holiday Inn direkt auf eine eindeutige Wandmalerei zu. Auch wenn die Außenmauer des Hotels die Gäste dezent in eine andere Richtung drängt, so siegt doch bei vielen die Neugier, Einblicke in die hauptsächlich von Arbeitern bewohnte Gegend zu bekommen.

Golden Mile und Universitätsviertel

Am Opera House beginnt Belfasts Golden Mile, die sich nach Süden bis in die Vororte hinzieht. Neben zahlreichen kleineren Geschäften finden sich hier viele internationale Restaurants vom immer beliebten Inder (oft in pakistanischer Hand) bis hin zur gefürchteten „Fusion", bei der Einflüsse aus aller Herren Länder in einen Topf wandern und nicht immer unbedingt ein überzeugendes Ergebnis erzielen.

Queen's University

Die Great Victoria Street mündet in die University Road, in der sich wenig überraschend die Queen's University, 🖳 www.qub.ac.uk, mit rund 24 000 eingeschriebenen Studenten befindet. Charles Lanyon entwarf die Pläne, nach denen zwischen 1845 und 1894 die Hauptgebäude aus rotem Ziegelstein errichtet wurden, in einem an die Tudor-Zeit angelehnten Stil. Der Turm erscheint manchem seltsam bekannt – er ist eindeutig vom Magdalen College in Oxford inspiriert worden. Einige Cafés in der Umgebung sind beliebte Treffpunkte, wenn die Sonne nicht scheint.

Botanic Garden

Etwas südlich der Universität liegt der Botanic Garden, 🖳 www.belfastcity.gov.uk, eine viktorianische Schauanlage mit einem aufsehenerregenden Palmenhaus von 1850, unter dessen riesiger Kuppel tropische Pflanzen gedeihen. Kürzlich renoviert wurde das Gewächshaus mit der „Tropenschlucht", ein feuchtwarmes Klima simulierend. Im Kontrast dazu steht die Statue des in Belfast geborenen Lord Kelvin, dessen Kelvinskala Temperaturen ab dem absoluten Nullpunkt (also -273 °C) misst.

Ein Teil des Botanischen Gartens musste allerdings einem bunkerähnlichen Bau weichen. Diese architektonische Monstrosität ist Teil des Ulster Museums.

Ulster Museum

Das Ulster Museum, Botanic Av., ☎ 28-90383000, 🖳 www.nmni.com, erreicht mit seiner eklek-

tischen Sammlung an Kunst- und Kulturschätzen unterschiedlichster Themenbereiche nicht unbedingt Weltrang, bietet Besuchern aber einige Highlights. Neben Ausstellungen zur Geschichte Ulsters in Altertum und Mittelalter ist vor allem ein spanischer Import faszinierend – die erst 1968 geborgenen Schätze der Galeone *Girona*. Dieses Kriegsschiff war Teil der 1588 gegen England segelnden Spanischen Armada und wagte den Rückweg um Schottland und Irland herum. Die Flucht endete in der Nähe des Giant's Causeway mit einem katastrophalen Schiffbruch. Der kleine Goldsalamander aus dem Schatzfund zählt zu den bekanntesten Kunstobjekten Nordirlands. ⏰ Di–So und feiertags 10–17 Uhr, Eintritt frei.

West Belfast: Falls und Shankill

Wer sich die „verrufenen" Ecken Belfasts ansehen will, der kann zwei Viertel der Stadt leicht vom Stadtkern aus erreichen. West Belfast beginnt, aus der Castle Street kommend, unmittelbar hinter der Stadtautobahn. Als Wegweiser kann man den Turmbau am Anfang der **Divis Street** nehmen. Ein stadtplanerisches Fiasko, das sogar die fast benachbarte (und im Wesentlichen uninteressante) katholische Kathedrale aus der Skyline verdrängt. Erste Gedenktafeln zeigen, dass hier die Konfliktzonen ernsthaft beginnen.

Garden of Remembrance

Nun muss man nur der Hauptstraße folgen und sieht dann linker Hand den Garden of Remembrance, eine Art Schrein des republikanischen Widerstandes, um den herum kleine und kleinste Gassen in die verwinkelten Reihenhaussiedlungen führen, in denen vornehmlich Arbeiter zuhause sind. Hier ist das katholisch-nationalistische Herzland, die einst bedrohlichen Wandmalereien werden jedoch nach und nach durch neutralere, wenn auch „irische" Themen ersetzt.

Eine Art Freilichtmuseum ist wenig später auf der rechten Straßenseite zu sehen, **Wandmalereien**, zum Teil mit historischen Bezügen, zum Teil tagespolitisch gefärbt. Mittlerweile scheinen internationale Themen zu überwiegen, die Solidarität mit dem Widerstand der Palästinenser etwa oder die Ablehnung der anglo-amerikanischen Aktionen im Irak und in Afghanistan.

Falls Road

In der Falls Road, lange Zeit synonym mit dem republikanischen Widerstand, geht es traditioneller zu – an einer Bibliothek prangt ein Komplettporträt der zehn im Jahr 1981 verhungerten Inhaftierten von IRA und INLA (S. 104). Die Konterfeis der Opfer des Hungerstreiks sind dieselben Bilder, die man überall sieht. Allenfalls die Verzierung um sie herum fasziniert, deutliche Parallelen zu den Helden der irischen Mythologie werden gezogen.

Sinn-Fein-Büro

Und wenige Schritte weiter sieht man sich der Ikone Bobby Sands am Sinn-Fein-Büro gegenüber. Es ist faszinierend, wie sehr die republikanische Bewegung auch noch 30 Jahre nach der Beendigung des Hungerstreiks von ihren „Märtyrern" zehrt. Fast scheint es sogar, als habe die Geschichte 1981 geendet, es sind praktisch keine neueren irischen Politikmotive zu finden.

Milltown Cemetery

Folgt man der Straße noch ein Stück weiter, erreicht man den Milltown Cemetery, einen ausladenden und wenig einladenden Friedhof, auf dem nur die Gräber republikanisch-nationalistischer „Helden" von Interesse für Nostalgiker des bewaffneten Kampfes sind.

Peace Lines

Auf dem Rückweg zur Innenstadt zeigt ein Blick in die Seitenstraßen linker Hand fast immer dasselbe Bild: Die Straße endet an einer Wand. Dies sind die sog. Peace Lines, die die rivalisierenden Parteien davon abhalten sollten, sich gegenseitig an die Kehle zu gehen. Nicht schön, aber effektiv. Der Dialog unter Nachbarn wurde damit natürlich auch unmöglich, sodass man links der Friedensmauer nicht wusste, wer jetzt genau auf der anderen Seite wohnte. Es waren aber immer, das war klar, „die Anderen".

Shankill-Distrikt

Heute sind die Mauern an einigen Übergangspunkten durchlässig geworden. Wer einer solchen Straße folgt, kommt von den Falls direkt in den Shankill-Distrikt. Die Farben der Kantsteine sind hier plötzlich nicht mehr Grün-Weiß-Orange, hier wird es Blau-Weiß-Rot in Anlehnung an den Union Jack. Das protestantische Herzland ist erreicht, wortwörtlich nur einen Steinwurf entfernt.

Ästhetisch geben sich beide Gegenden wenig, allein die Wandmalereien sind von Interesse. Etwas abseits der Shankill Road sieht man in einem Wohnviertel (Shankill Parade, gegenüber dem KFC) die vielleicht bunteste Auswahl loyalistischer Ikonografie, von geschichtlichen Themen bis hin zu aktuelleren Bezügen.

People's Museum

Wesentlich rationaler wird Geschichte im People's Museum im Fernhill House, Glencairn Park, ✆ 028-90715599, betrachtet, wo die Entwicklung des Shankill-Bezirks vor allem seit der viktorianischen Zeit dargestellt wird. ☉ Mo–Sa 10–16, So 13–16 Uhr, Eintritt 2 £.

Außerhalb der Stadt

Cave Hill Country Park

Rund 8 km nördlich von Belfast, am besten über die A2 (Richtung Larne) und dann M2 zu erreichen, erhebt sich Napoleon drohend über der Stadt. So jedenfalls will es der Volksmund, der den 360 m hohen Cave Hill gerne als „Napoleon's Profile" bezeichnet. Der Cave Hill Country Park besitzt ausgezeichnete Wanderwege auf rund 300 ha (fast) wilder Natur und bietet neben langen Spaziergängen auch einen schönen Rundblick über die Stadt. Bei gutem Wetter ist im Westen der Lough Neagh zu sehen, bei bestem Wetter sogar die Isle of Man (zu der regelmäßig Schiffe aus Belfast fahren).

Belfast Castle

Etwas am Cave Hill versteckt liegt das Belfast Castle, Innisfayle Park, ℡ 028-90776925, 🖳 www.belfastcastle.co.uk, ein 1870 vom Earl of Shaftesbury errichtetes repräsentatives Schlösschen. Nachdem das Gebäude lange im Dornröschenschlaf lag, ist heute hier das **Cave Hill Heritage Centre** eingerichtet, das Infos zur Geologie und Geschichte sowie Restaurants und Laden bietet. Eine Legende besagt, dass Belfast Castle ernsthaft in Probleme geraten werde, wenn hier nicht mindestens eine weiße Katze residiert. Da sich dies nun nicht ausdrücklich auf eine lebende Katze bezog, wurden zahlreiche Katzenornamente geschaffen. ⏰ Mo 9–18, Di–Sa 9–22, So 9–17.30 Uhr.

Belfast Zoo

Die Beschreibung „in Hanglage" trifft den **Belfast Zoo**, Antrim Rd., ℡ 028-90776277, 🖳 www.belfastzoo.co.uk, wirklich sehr gut – Besucher sollten unbedingt dem ausgeschilderten Pfad folgen, der den beachtlichen Höhenunterschied zwischen dem Eingang und dem letzten Bärengehege erträglich macht. Vorbei geht es an Menschenaffen, Elefanten, diversen Großkatzen, frei herumlaufenden Lemuren, Bären, Roten Pandas, Seelöwen, Pinguinen und den Fossa aus Madagaskar, gute Aussicht auf Belfast Lough inklusive. Kurios sind neben der nicht mehr genutzten Ausstellungshalle zahlreiche Erdlöcher, aus denen kleine Präriehunde neu-

gierig die Besucher beobachten. Diese haben zahlreiche Tunnel aus ihrem nahe gelegenen Gehege gegraben und genießen hier ein kleines Stückchen Freiheit. ⏰ Winter tgl. 10–16, Sommer 10–18 Uhr, Eintritt 13 £. Belfast Zoo wie auch Belfast Castle sind mit dem Bus (Linie 1) ab der Innenstadt erreichbar.

Östliche Vororte

Auf der anderen Seite des Belfast Lough führt die A2 in Richtung Bangor, am **George Best Belfast City Airport**, 🖳 www.belfastcityairport.com, vorbei.

Ulster Folk & Transport Museum

Nach einigen Kilometern ist das Ulster Folk & Transport Museum, ℡ 028-90428428, 🖳 www.nmni.com, erreicht. Es wird von der A2 in zwei Teile geschnitten – rechts ist das Folk Museum, auch als Cultra Village bekannt, links das Transport Museum. Am längsten wird man sich im Folk Museum aufhalten, denn auf einer riesigen Freifläche wurde ein komplettes Dorf wieder aufgebaut, mit Schule, Gericht, Läden, Handwerksbetrieben, nicht weniger als drei Kirchen, einem Versammlungshaus des Orange Order, abgelegenen Gehöften und Mühlen. In viktorianische Kostüme gekleidete „Bewohner" stehen mit Rat und Tat zur Seite, wenn man Fragen hat. Wer ein „unverfälschtes" nordirisches Dorf im Westentaschenformat sucht, wird hier fündig.

Auf der anderen Seite der Schnellstraße sind die Ausstellungsstücke des Transport Museum zu finden, die aus ganz Irland stammen. Da-

NORDIRLAND

runter auch die irische Eisenbahnsammlung mit den größten jemals in Irland genutzten Lokomotiven und den Kleinbahnen der Firma Guinness. Auch Prototypen aus Belfasts Vergangenheit als Flugzeugstadt sind zu sehen, ebenso traditionelle „Zigeunerwagen" und sehr viele teils kuriose Fahrräder. Das Museum wendet sich vor allem an Technikbegeisterte, die sehr schöne Titanic-Ausstellung ist jedoch auch für den Laien interessant. ⊙ Okt–Feb Di–Fr 10–16, Sa und So 11–16, März–Sep Di–So 10–17 Uhr (Bank Holiday auch Mo), Eintritt 5 £ nur für Transport Museum, oder 11 £ für beide Museen.

Stormont Castle

Der Sitz des nordirischen Parlaments und der Regierung liegt in einem großen Parkgelände bei Stormont, ca. 8 km östlich von Belfast-Zentrum, das zwischen 7.30 und 18 Uhr für jedermann zugänglich ist. Das neoklassizistische Stormont Estate wird teilweise auch für Großveranstaltungen genutzt, die dann unter dem strengen Blick von Sir Edward Carson statt-

Herrschaftlich speisen in Stormont

Ein Geheimtipp ist immer noch der **Member's Dining Room**, ☎ 028-90521041, 🖥 www.parliamentbuildings.org, im Stormont Castle – eigentlich der Speisesaal der Abgeordneten, mit einem herrlichen Blick über die zum Parlamentsgebäude führende Allee (und Edward Carson). Heutzutage ist das noble Restaurant, das hervorragende Gerichte aus gesundem und vor allem örtlichem Anbau zaubert, für Nichtparlamentarier offen. Allerdings nur auf Voranmeldung und unter den üblichen Sicherheitskontrollen (Taschenkontrolle und Metalldetektor). Die Mühe lohnt, und der Spaß ist gar nicht so teuer – für rund 19 £ pro Person bekommt man zur Mittagszeit schon ein Dreigängemenü (Mo–Fr 12–14.30 Uhr). Schick machen muss man sich übrigens nicht, ganz so etepetete ist man in Stormont lange nicht mehr. Wer es süßer und später mag: Am Nachmittag (Mo–Fr 14–16 Uhr) wird ein grandioser Afternoon Tea mit allem Drum und Dran serviert (15,50 £ p. P.).

finden. Die Statue des unnachgiebigsten aller Unionisten bildet nach wie vor den Mittelpunkt des Eingangsbereiches. Das Parlamentsgebäude selber kann auch besichtigt werden, und zwar werktags zwischen 9 und 16 Uhr, und montags und dienstags darf man auch (sofern Platz ist) Plenarsitzungen auf der Besuchergalerie beiwohnen. Was aber meist enorm langweilig ist, zumindest bis sich Unionisten und Nationalisten wieder über irgendein obskures Detail wild in die Haare kriegen. 🖥 www.niassembly.gov.uk/visit-and-learning/visiting.

ÜBERNACHTUNG

€ **Belfast Youth Hostel**, 22-32 Donegall Rd., ☎ 028-90315435, 🖥 www.hini.org.uk/hostels/Belfast-Youth-Hostel. Sehr günstig in der Innenstadt gelegene Jugendherberge, nur 10 Min. Fußweg vom Busbahnhof oder 5 Min. von der Universität und dem Ulster Museum. Keine großen Extras, aber eine sehr gute Unterkunft. Kleines Café im Haus. Achtung: Gruppen von 6 oder mehr Personen werden nur unter bestimmten Bedingungen aufgenommen und sollten sich vorher mit dem Hostel in Verbindung setzen. Bett im Schlafsaal etwa 15 £ (saisonabhängig), DZ ❶

Botanical Backpackers, 63 Fitzwilliam St. (vis-à-vis Queens University), ☎ 0757-2950502, 🖥 www.botanicalbackpackers.co.uk. Recht kleines Hostel mit nur 22 Betten im Schlafsaal. An warmen Tagen sitzt man im Garten, an kühlen vor dem prasselnden Kaminfeuer, Selbstversorgerküche vorhanden. Bett im Schlafsaal etwa 15 £ (saisonabhängig).

€ **Global Village Hostel**, 87 University St., ☎ 028-90313533, 🖥 www.globalvillagebelfast.com. Hostel in der Nähe der Universität in einem rund 150 Jahre alten Gebäude, sowohl Unterkunft in Schlafsälen als auch in Privatzimmern. Personal kann sehr gute Tipps für Touren und Ausflüge geben, Fahrradverleih im Haus. Bett im Schlafsaal etwa 15 £ (saisonabhängig), DZ ❶–❷

€ **Lagan Backpackers Hostel**, 121 Fitzroy Av., ☎ 028-95140049, 🖥 www.laganbackpackers.com. Einfaches, aber recht komfortables Hostel in großem alten Haus, das

Frühstück mit Würstchen, Ei und gebackenen Bohnen ist inbegriffen. Die Inhaber haben strenge, aber sinnvolle Regeln gesetzt, die einen ruhigen Aufenthalt garantieren sollen. Schlafsäle sind nicht nach Geschlechtern getrennt. Bett im Schlafsaal etwa 15 £ (saisonabhängig), DZ ❶–❷

Paddy's Palace Belfast, 68 Lisburn Rd., ☎ 028-90333367, ⌨ www.paddyspalace.com. Recht lebendiges Hostel mit Schlafsaal und kleineren Zimmern in einem rund 150 Jahre alten Gebäude in der Nähe der Universität. Im Garten steht immer noch ein Luftschutzbunker aus dem Zweiten Weltkrieg. Frühstück inkl. Bett im Schlafsaal ab 10 £ (saisonabhängig), DZ ❶–❷

€ **Vagabonds Hostel**, 9 University Rd., ☎ 028-90209600, ⌨ www.vagabonds belfast.com. Preisgekröntes Hostel in der Nähe der Universität, Maxime ist eine saubere, preisgünstige Unterkunft. Privatzimmer und Schlafsäle für Gruppen. Fahrradverleih. Bett im Schlafsaal etwa 15 £ (saisonabhängig), DZ ❶–❷

Windermere Guesthouse, 60 Wellington Park, ☎ 028-90662693. Familienbetrieb etwa 3 km südwestlich des Zentrums mit Komfort, sehr sauber und freundlich, aber Zimmer nur z. T. mit eigenem Bad – dafür reichhaltiges und schmackhaftes Frühstück. ❷

🏨 **Holiday Inn Belfast City Centre**, 40 Hope St., ☎ 028-90242494, ⌨ www.ihg.com. Großes, modernes und wenig aufregendes Hotel in zentraler Lage, 250 Zimmer. Wird auch gerne von Geschäftsleuten besucht. Sehr aufmerksames Personal. ❸

Premier Inn Belfast Titanic Quarter, 2a Queen's Rd., ☎ 028-90735800, ⌨ www.premierinn.com. Großes und modernes Kettenhotel direkt am Eingang zum Titanic Quarter und neben der Odyssey Arena, zu Fuß von der Innenstadt oder Titanic Belfast für jeweils 10 Min. Begrenzte Parkplätze! ❸

Jurys Inn Belfast Hotel, Great Victoria St., ☎ 028-90533500, ⌨ www.jurysinns.com. Komfortables Hotel in sehr zentraler Lage, recht große Räume mit vielen Extras. Restaurant, Bar und Café im Haus. ❸–❹

Europa Hotel, Great Victoria St., ☎ 028-90271066, ⌨ www.hastingshotels.com/europa-

belfast. Das Flaggschiff der Belfaster Hotels, äußerlich nicht überwältigend, aber voller „innerer Werte". Zur zentralen Lage kommen große, modern ausgestattete und vor allem bequeme Zimmer mit sehr gutem Service. 3 Restaurants/Bars im Haus. ❸–❻

The Old Inn, Main St, Crawfordsburn, ☎ 028-91853255, ⌨ www.theoldinn.com. Gemütliches. preisgekröntes Hotel mit altmodischem Flair in der Nähe des Ulster Folk & Transport Museum, mit dem Bus direkt vor dem Haus ist man in einer halben Stunde in der Innenstadt, Restaurant und Bar im Haus. ❹–❻

ESSEN

Belfast war lange Zeit eine kulinarische Einöde, noch vor wenigen Jahren waren die an Straßenständen angebotenen Burger und Hot Dogs oftmals die einfachste Art der Nahrungsaufnahme. Mittlerweile haben sich aber eine Reihe guter Restaurants etabliert, neben den bekannten Großkonzernen des Fast-Food-Bereichs. Entlang der „Golden Mile" findet man zahlreiche, auch bei den Studenten sehr beliebte Cafés und Bistros. Ein echtes „Restaurantviertel" gibt es allerdings nicht.

Belfast Castle, Antrim Rd., ⌨ www.belfast castle.co.uk. Das Cellar Restaurant im Schloss bietet traditionelle Gerichte aus Ulster an. Gute Speisenauswahl mit einer günstigen Mittagskarte und etwas höheren (aber noch vernünftigen) Preisen am Abend. Kann bei starkem Besucherandrang etwas beengt wirken. ⏰ Di–Sa 12–21, So–Mo 12.30–16 Uhr.

€ **Castle Court Shopping Centre**, Castle Court, Royal Av., ⌨ www.castlecourt-uk. com. Tipp für die Innenstadt und wenn man sich nicht einigen kann – im Obergeschoss befindet sich ein großer Food Court mit bunter, wenn auch nicht atemberaubender Auswahl. Die Yangtze Noodle Bar (chinesisches Buffet) ist preislich und qualitativ empfehlenswert (auch wenn über das Konzept von „freier Auswahl" manchmal unterschiedliche Interpretationen bei Personal und Gast vorherrschen). ⏰ Mo–Mi, Fr, Sa 9–18, Do 9–21, So 13–18 Uhr.

James Street South, 21 James St. South, ☎ 028-95600700, ⌨ www.jamesstandco.co.uk. Helles

Michael Deane – Belfasts Gastro-König

Wer in Belfast richtig gut (und bei ein wenig Planung überraschend preiswert) essen möchte, kommt um Michael Deane nicht herum – immerhin konnte er ein Dutzend Jahre seinen Michelin-Stern behaupten und war damit bis zum Sternverlust 2011 der „dienstälteste" so dekorierte Meisterkoch Irlands. Mittlerweile ist er Herr eines kleinen Imperiums, mit verschiedenen Standorten in der Stadt – alle unter 🖥 www.michaeldeane.co.uk zu finden, und einige vielleicht unter Belfasts besten Gourmettipps. Geboten wird eine internationale Speisekarte mit kreativ gestalteten Vorspeisen. Schmackhafte, ansprechend präsentierte Gerichte erfreuen Gaumen wie Auge – und der Geldbeutel lässt sich durch gezielte Planung schonen. So kann man in manchen Restaurants der Deane-Kette ein Mittagessen schon für rund 10 £ ergattern.

Restaurant mit großen Fenstern und schmackhafter, gutbürgerlicher Küche. Eine der besten Weinkarten in der Stadt. Mittagessen besonders preiswert. Reservieren. ⏲ tgl. ab 12 Uhr.

The Merchant Hotel, 35-39 Waring St., 🖥 www.themerchanthotel.com. Hotelrestaurant mit klassischer Küche. Verschiedene Speisekarten zu unterschiedlichen Zeiten, 7-Gänge-Probiermenü möglich. Köstlich: die hauseigenen Varianten vieler beliebter Nachspeisen, auch im Angebot: französische und irische Käsesorten. Empfehlenswert ist der traditionelle Nachmittagstee. Vernünftige Preise.

Neill's Hill Brasserie, 229 Upper Newtownards Rd., 🖥 www.neillshill.com. Restaurant mit relaxter Atmosphäre. Gute Mittagsangebote. Nachmittags: Sehr guter Kaffee und frischgebackene Pastetchen. Abends empfehlenswert: Schlachterplatte. Vernünftige Preise. ⏲ Mo–Do 10–21.30, Fr, Sa 10–22, So 10–20.30 Uhr.

Shu, 253 Lisburn Rd., 🖥 www.shu-restaurant.com. Großes Restaurant mit saisonal wechselnder Speisekarte. Gerichte für jeden Geschmack und in jeder Preislage – vor allem das Mittags- und Vorabendangebot ist preislich wesentlich günstiger. Die sehr gute Shubar im Keller bietet Cocktails und Tanz – und freitags und samstags auch Essen in derselben Qualität wie das Restaurant.

Preiswert: Essen im Pub!

Wer auf Haute Cuisine verzichten kann, aber bei Hausmannskost satt werden will, der sollte in einem der zahlreichen Pubs von Belfast essen gehen. Zum Beispiel:

Crown Liquor Saloon, 46 Great Victoria St. Belfast's bekanntester Pub, Restaurant darüber (Inneneinrichtung aus dem Originalholz der SS *Britannic*) mit guter Küche zu erstaunlich vernünftigen Preisen. Tischzuteilung teilweise chaotisch. ⏲ 11.30–23.30 Uhr.

The Kitchen Bar, 1 Victoria Sq., 🖥 www.thekitchenbar.com. Einladender Pub neben dem modernen Einkaufszentrum. Traditionelle Gerichte wie Belfast Ham & Cabbage, Irish Stew und Beef Burgers. Berühmt für hausgemachte Pizzen. Für Biertrinker: Real Ale unbedingt probieren. ⏲ 11.30–23.30 Uhr.

The Morning Star, 17-19 Pottingers Entry, 🖥 www.themorningstarbar.com. Einer der ältesten Pubs von Belfast. Bar mit traditioneller Küche. Restaurant eher für gehobene Ansprüche. ⏲ 11.30–23.30 Uhr.

UNTERHALTUNG UND KULTUR

Musik

Belfast Empire, 42 Botanic Av., ☎ 028-90249276, 🖥 www.thebelfastempire.com. Vielleicht der interessanteste Club in Belfast, der sich in einer ehemaligen Kirche über drei Stockwerke erstreckt. Sehr gute Livebands am Wochenende, donnerstags treten Nachwuchskünstler auf. Sehr unterhaltsam sind die Comedy-Veranstaltungen am Dienstag, man sollte sich jedoch schon etwas in den Belfaster Akzent eingehört haben.

John Hewitt Bar, 51 Donegall St., ☎ 028-90233768, 🖥 www.thejohnhewitt.com.

Gegründet von einer Arbeitsloseninitiative … ein einfacher, ruhiger Pub ohne große moderne „Extras", aber mit einer erstklassigen Bierauswahl. Sehr gute Livemusik von Folk bis Bluegrass (mit etwas Jazz dazu) unter der Woche ab 21 Uhr, am Samstag ab 18 Uhr und am Sonntagnachmittag.

Lavery's, 14 Bradbury Pl., ☎ 028-90871106, 🖳 www.laverysbelfast.com. Seit fast 100 Jahren in Familienbesitz und eine Belfaster Institution mit bunt gemixtem Publikum. Unbedingt empfehlenswert mittwochs, wenn in der Back Bar örtliche Singer-Songwriter auftreten.

Kino

Queen's Film Theatre, 20 University Sq., ☎ 028-90971097 (ab 18 Uhr), 🖳 www.queensfilmtheatre.com. Programmkino an der Uni mit buntem Mix experimenteller, klassischer und obskurer Filme.

Theater

Grand Opera House, Great Victoria St., ☎ 028-90241919, 🖳 www.goh.co.uk. Opern bestimmen nicht den Spielplan, dafür umso mehr populäre Kultur in Form von Musicals und Theater-

---

Belfasts Entries und seine Pubs

Belfaster Kultur „live" und ungeschminkt findet man am besten in den zahlreichen Gaststätten der Entries, kleineren Gassen zwischen den größeren Straßen der Innenstadt … heute findet der Durstige Belfasts ältesten Pub (von 1630 immerhin!) in der Winecellar Entry, **White's Tavern**, 🖳 www.whitesbelfast.com. Auch der **Morning Star** (Pottinger's Entry, 🖳 www.themorningstarbar.co.uk) hat sich einen traditionellen Charakter erhalten können. Was den ausmacht? Ein gemischtes, einheimisches Publikum, das sich in endlosen Unterhaltungen über alle möglichen Themen ergeht oder einen Schluck für den Nachhauseweg nimmt. The Globe in Joy's Entry dagegen ist renoviert und als **McCracken's** kaum wieder zu erkennen. Alle hier genannten Entries gehen von der High Street ab.

---

stücken. Sehenswert sind die „Pantos" um Weihnachten, Kindertheater zum Mitmachen und mit einem enormen Lärmpegel.

Lyric Theatre, 88a Stranmillis Rd., ☎ 028-90381081, 🖳 www.lyrictheatre.co.uk. Sehr gutes Theater mit einem „ernsten" (und durchaus ernst zu nehmenden) Programm. Hollywoodstar Liam Neeson hatte seine ersten Bühnenauftritte hier.

Großveranstaltungen

SSE Arena, 2 Queen's Quay, ☎ 028-90739174, 🖳 www.ssearenabelfast.com. Belfasts große Konzerthalle am Lagan Weir, vor allem aber auch das Heimatstadion der Belfast Giants. Die Spiele der Eishockeymannschaft sind absolute Publikumserfolge.

Mai

Der **Belfast Marathon**, 🖳 www.belfastcitymarathon.com, am May Bank Holiday ist nach dem Marathon in Dublin die zweitpopulärste Laufveranstaltung auf der Insel, am Start sind alle Alters- und Leistungsgruppen.

Juni

Das (zumeist) erste Wochenende im Juni wird bestimmt vom **Belfast Titanic Maritime Festival**, einem Hafenfest mitten in der Stadt. Nur 100 m flussabwärts des Lagan Weir gehen Großsegler und andere Schiffe vor Anker, an Land dominieren Jahrmarkt und eine internationale „Fressmeile" das Geschehen.

Das LBGT-Fest **Belfast Pride**, 🖳 www.belfastpride.com, Ende Juni/Anfang Juli, ist das größte in Irland, mit der vielleicht buntesten Parade auf der Insel. Regelmäßig begleitet von sauertöpfischen Protesten einiger Fundamentalisten.

Juli

Beim Orangemen's Day am 12. Juli finden Paraden des Orange Order im ganzen Land statt, mittlerweile eine wesentlich friedlichere Angelegenheit als noch vor einigen Jahren. Besucher sollten keine Scheu haben, sich unter die Zuschauer zu mischen.

NORDIRLAND

Die Dhol Foundation haut beim Belfast Mela auf die Pauke.

August

Mitte August findet das Féile an Phobail, 🖥 www.wfeilebelfast.com, in West-Belfast statt, das jährliches Kunst- und Kulturfestival, organisiert von der nationalistischen Gemeinde. Mittlerweile sind die politischen Untertöne wesentlich schwächer geworden.

Am letzten Sonntag im August steigt das **Belfast Mela**, 🖥 www.belfastmela.org.uk, ein indisches (und generell asiatisches) Fest im Botanischen Garten, mit Musik, Tanz und vor allem viel gutem Essen.

Oktober

Das **Belfast Festival at Queen's**, 🖥 www.belfastfestival.com, in der zweiten Oktoberhälfte ist ein buntes Kulturfestival rund um die Uni, sehr gute Theater- und Konzertangebote, allerdings auch oft begleitet von etwas sehr überschwenglichem Benehmen der Studenten.

Dezember

Beim **The Spirit of Christmas Past**, 🖥 www.nmni.com/uftm, im Ulster Folk & Transport

Museum im Dezember wird Weihnachtsstimmung wie in längst vergangenen Zeiten verbreitet, mit Musik, traditionellen Aktivitäten für Kinder und kleinem Weihnachtsmarkt. Sehr gut (zumindest am irischen Standard gemessen) ist der **Weihnachtsmarkt** vor dem Rathaus in der Adventszeit – dicht gedrängt stehen die Buden, darunter auch deutsche Wurstbrater, italienische Süßwarenhersteller und holländische Blumenverkäufer. Und es gibt sogar Glühwein gegen die Kälte ...

EINKAUFEN

Belfast ist eine beliebte Shoppingmetropole – allerdings wird das Angebot stark vom Mainstream geprägt und die Haupteinkaufzentren (Castle Court und Victoria Sq.) bieten nicht unbedingt aufregende Exotika. Da sind die kleineren, spezialisierten Geschäfte interessanter:

Antiquitäten

Von Silberware bis zu ganzen Kaminen bekommt man fast alles am **Donegall Pass** (etwas südlich der Innenstadt zwischen Dublin Rd. und Ormeau Rd.) – bekannte Händler sind das **Archives Antique Centre** (Nr. 84-88, spezialisiert auf Silber und Guinness-Waren, 🖥 www.archivesantiques-centre.co.uk), und der große Laden von **Oakland Antiques** (Nr. 135-137, 🖥 oaklandantiques.co.uk).

Mordsbücher

No Alibis, 83 Botanic Av., 🖥 www. noalibis.com. Belfast ist das Mekka der Verbrechensfreunde – und zwar durch den kleinen, aber feinen Buchladen, in dem Mord und Totschlag zum literarischen Vergnügen wird. Abgesehen davon ist es auch eine Fachbuchhandlung für Amerikanistik und gelegentlich Auftrittsort von Jazz- und Folkkünstlern. ⊕ Mo–Sa 9.30–17 Uhr.

Musik

Premier Record Store, 3-5 Smithfield Square (hinter dem Castle Court Shopping Centre). Wer mehr auf Musik von Vinyl oder CD steht, sollte Belfasts ältesten „Plattenladen" besuchen (seit 1926 und spezialisiert auf traditionelle irische Musik). ⊕ Mo–Sa 9.30–17 Uhr.

Retro-Chic

Fresh Garbage, 24 Rosemary St., 🖥 www. freshgarbage.co.uk. Gothic, Punk und reichlich Körperschmuck. ⊕ Mo–Sa 10–17, So 14–17 Uhr.

Uhren und Juwelen

Queen's Arcade, geht vom Donegall Pl. ab. Eine der altehrwürdigsten Adressen, die sich ein wenig den Hauch des viktorianischen Zeitalters erhalten konnte und vor allem Schmuckliebhaber anzieht. Bei **Lunn's**, **Lauren May** und **The Watch Store** sollte man unbedingt zumindest ins Fenster schauen. Achtung: auf evtl. günstige Umrechnungskurse bei Zahlung in Euro achten!

TOUREN

Stadtrundfahrten sind ein bequemes Mittel, Belfast samt Vororten kennenzulernen. Am beliebtesten sind die **Hop-On-Hop-Off-Touren in Doppeldeckerbussen**, die in einem Rundkurs an allen wichtigen Sehenswürdigkeiten anhalten

und ein 48-Std.-Ticket bieten. Die einfachste Zustiegsmöglichkeit besteht in der Chichester St., ein Ticket kostet 12,50 £ (Vorbestellung online für nur 11,50 £, 🖥 www.belfastcity sightseeing.com).

Auf dem Lagan unterwegs sind die **Titanic Boat Tours** durch die ausgedehnten Hafenanlagen – bei dieser Tour sieht man, wo die *Titanic* gebaut wurde, 🖥 www.laganboatcompany.com. Eine Fahrkarte kostet 12 £.

Wer Belfast zu Fuß erkunden möchte, kann sich einem **Stadtrundgang** anschließen – die beste Auswahl bietet Belfast City Walking Tours, 🖥 www.belfast-city-walking-tours.co.uk, thematisch unterschiedlich gewichtet und je nach Teilnehmerzahl und Dauer unterschiedlich teuer (ab 5 £).

SONSTIGES

Autovermietungen

Mietwagen erhält man an den Flughäfen, teilweise auch in der Stadt. Infos unter:
Avis Rent A Car, 🖥 www.avis.co.uk;
Budget Car Rental, 🖥 www.budget-ireland. co.uk;
Europcar Ireland, 🖥 www.europcar.co.uk;
Hertz Car Rental, 🖥 www.hertz.co.uk;
National, 🖥 www.nationalcar.co.uk;
Sixt, 🖥 www.sixt.co.uk.

Informationen

Belfast City Welcome Centre, 47 Donegall Pl., 📞 028-90246609, 🖥 www.visitbelfast.com. Infos zu Belfast und zu Nordirland und ein reichhaltiges Angebot an Souvenirs. ⊕ Mo–Sa 9–17.30 (Juni–Sep bis 19), So 11–16 Uhr.
Tourist Information Belfast International Airport, Arrivals Hall, 📞 028-94484677. ⊕ Mo–Sa 7.30–19, So 8–17 Uhr.
Tourist Information George Best Belfast City Airport, 📞 028-90935372. ⊕ Mo–Sa 8–19, So 10–17 Uhr.
Infos auch unter 🖥 www.belfastcity.gov.uk.

Medizinische Versorgung

Wer einen Arzt aufsuchen (General Practitioner, GP) oder die Notfallaufnahme eines Krankenhauses in Anspruch nehmen muss (Accident

and Emergency, A&E), erhält Adressen und Telefonnummern der nächstgelegenen Praxis oder Klinik in der jeweiligen Unterkunft. Die wichtigsten Krankenhäuser mit Notfallaufnahme im Stadtbereich sind:
Belfast City Hospital, 51 Lisburn Rd., ✆ 028-90329241.
Mater Hospital, Crumlin Rd., ✆ 028-90741211.
Royal Victoria Hospital, Grosvenor Rd., ✆ 028-90240503.

Polizei

Stationen des **Police Service of Northern Ireland**, 🖳 www.psni.police.uk, sind deutlich gekennzeichnet und immer noch festungsartig ausgebaut, teilweise werden (je nach Sicherheitslage) gar keine Besucher eingelassen. Der beste Tipp ist daher, unter der allgemeinen Rufnummer ✆ 101 die Polizei zu kontaktieren und die nächstgelegene Polizeistation zu erfragen.

Post

Postämter werden immer seltener (Liste auf 🖳 www.royalmail.com), in Belfast ist das Postamt in der 12-16 Bridge St. relativ zentral gelegen. Viele Ladengeschäfte verkaufen zudem Briefmarken. Postkästen sind rot und in der Innenstadt häufig zu finden. Siehe auch S. 65

Notfall

Rettungsdienst, Polizei oder Feuerwehr sind unter der europäischen Notfallnummer 112 oder der britischen 999 zu erreichen. Ein Mitarbeiter fragt zunächst nach der Art des Notfalls, dem gewünschten Dienst und der Region. Danach wird die Verbindung in die jeweilige Leitstelle weitergeschaltet. S. auch S. 67.

NAHVERKEHR

Der vorbildlich ausgebaute Nahverkehr in Belfast ist der beste auf der gesamten Insel. Touristen allerdings werden ihn nur relativ selten nutzen, da die meisten Sehenswürdigkeiten in der Innenstadt liegen und sehr gut zu Fuß erreichbar sind. Am interessantesten dürften folgende Routen von **Translink Metro**

sein (alle fahren über das Stadtzentrum, die weitaus meisten über den Donegall Sq., nähere Infos unter 🖳 www.translink.co.uk):
Route 1 zum Belfast Castle und Belfast Zoo, Route 4 zum Stormont Estate, Route 8 zur Queen's University, Route 10 in die Falls Rd. und Route 11 in die Shankill Rd.
Wer mehrfach an einem Tag den Bus benutzen will, sollte sich am Metro Kiosk am Donegall Sq. gleich am Morgen eine **Metro dayLink Card** besorgen. Diese berechtigt zur unbegrenzten Benutzung aller Busse (3,50 £ inkl. Berufsverkehr, sonst 3 £).

TRANSPORT

Busse

Belfast hat zwei Busbahnhöfe: Das **Europa Bus Centre** in der Glengall St. (hinter dem Europa Hotel) für Verbindungen in die Counties Armagh, Tyrone, Derry, Fermanagh und das westliche Down sowie in die Republik, und das **Laganside Bus Centre** (nahe Albert Clock Tower) für Verbindungen ins County Antrim, ins östliche Down und nach Cookstown.
Der Busverkehr ist sehr gut ausgebaut, schnelle Verbindungen (Goldliner) bestehen in alle Teile Nordirlands und nach Dublin.
Genaue Fahrzeiten der Busse und Bahnen sowie aller Anschlussverbindungen unter 🖳 www.translink.co.uk. Infos zu den von Bus Éireann betriebenen Strecken unter 🖳 www.buseireann.ie.
Hier einige der wichtigsten Verbindungen:
ARMAGH (Linie 251), mehrmals tgl., 1 1/2 Std.
DERRY/LONDONDERRY (Linie 212), tgl. zahlreiche Verbindungen, 1 3/4 Std.
DUBLIN (Linie 200), tgl. zur vollen Stunde, 2 1/2 Std.
NEWCASTLE (Linie 237), Mo–Fr 3x tgl., 1 1/2 Std.

Eisenbahn

Belfast besitzt zwei wichtige Bahnhöfe: **Belfast Great Victoria Street**, Glengall St., für Züge nach Bangor, Larne Harbour, Portadown, Londonderry, Portrush, und **Belfast Central**, East Bridge St., für Züge nach Dublin.
Die wichtigsten Zugverbindungen in Nordirland führen am Südufer des Belfast Lough vorbei

nach BANGOR, am Nordufer und dann die Küste entlang nach CARRICKFERGUS und LARNE sowie über Antrim und Ballymena nach DERRY, wobei hier das letzte Stück ab Coleraine landschaftlich sehr reizvoll ist und unterhalb der Klippen direkt am Meer entlangführt.

DUBLIN, über Newry, Dundalk und Drogheda, mehrmals tgl., 2 1/4 Std. In Dublin besteht dann Anschluss an die Züge nach Wexford, Waterford, Cork, Killarney und Galway.

Fähren

Die Fährverbindungen ab dem Hafen von Belfast gehen nach Douglas auf der ISLE OF MAN (Isle of Man Steam Packet Co., 🖥 www.steam-packet.com) und CAIRNRYAN in Schottland sowie LIVERPOOL in England (Stena Line, 🖥 www.stenaline.ie).

Der Fährhafen kann vom Donegall Sq. mit der **Buslinie 96** direkt erreicht werden – mehr Infos und genaue Abfahrtzeiten unter 🖥 www.translink.co.uk.

Flüge

Der große **Belfast International Airport**, 📞 028-94484848, 🖥 www.belfastairport.com, liegt 25 km westlich von Belfast am Lough Neagh und bietet Direktverbindungen nach Übersee, Großbritannien und Europa. Der Flughafen ist am einfachsten ab dem Europa Bus Centre mit dem Bus erreichbar – **Airport Express 300** fährt tagsüber alle 15 Min., 7,50 £ einfache Fahrt. Mit dem **Taxi** kostet die Fahrt ca. 30 £ (Sammeltaxis sind vorhanden).

Der **George Best Belfast City Airport**, 📞 028-90939093, 🖥 www.belfastcityairport.com, an der A2, Sydenham Bypass Rd., zwischen Belfast und Holywood, verbindet die nordirische Hauptstadt direkt mit zahlreichen Flughäfen in Großbritannien. Der **Airport Express 600** pendelt zwischen dem Europa Bus Centre und dem George Best Belfast City Airport tagsüber alle 20 Min., 2,50 £ einfache Fahrt, genaue Fahrpläne unter 🖥 www.translink.co.uk. Alternativ nimmt man das **Taxi**, ca. 10 £.

Isle of Man

Ellen Vannin – die Insel liegt buchstäblich zwischen den Welten, aber ist sie in einem Irland-Reiseführer wirklich richtig untergebracht? Aber sicher doch, denn auf dem in Sichtweite Irlands gelegenen Eiland treffen wir auf irische Kultureinflüsse, keltische Sprache, die Spuren der Wikinger, gewürzt mit schottischen und englischen Ingredienzien. Eine multikulturelle Welt für sich, die vielleicht mehr dem Klischee des „alten Irland" entspricht als Irland selbst.

Stefan Loose Traveltipps

Douglas Wie in alten Tagen kann man vor altmodischer Hotelkulisse direkt am Meer spazieren gehen. S. 584

Tynwald Das angeblich älteste (kontinuierlich bestehende) Parlament der Welt mit jährlichem Open-Air-Happening. S. 596

Isle of Man Steam Railway Eine echt viktorianische Dampfbahn auf Schmalspur im Linienverkehr mit Wanderanschluss. S. 586

Snaefell Eine Eisenbahn macht die „Bergwanderung" mit herrlicher Aussicht auch für Ungeübte einfach. S. 591

Fremdartige Fauna Schwanzlose Katzen, Schafe mit mehr als zwei Hörnern und wild lebende Wallabys. S. 593

Bradda Head Milner's Tower zeigt deutlich, wo der beste Weitblick nach Irland zu finden ist. S. 597

Castle Rushen Eine der besterhaltenen mittelalterlichen Burgen der britischen Inseln. S. 600

WIKINGER BEIM SCHACH, © BERND BIEGE

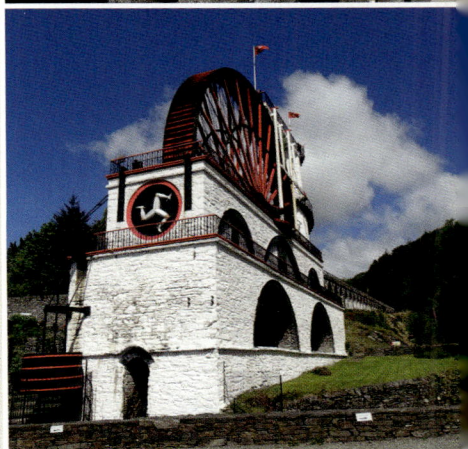

LAXEY GREAT WHEEL, © BERND BIEGE

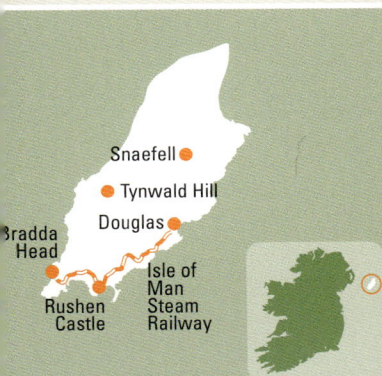

Snaefell
Tynwald Hill
Douglas
Bradda Head
Rushen Castle
Isle of Man Steam Railway

Wann fahren? Die Saison zieht sich von April bis Okt, dann ist auch das Wetter am angenehmsten.

Wie lange? Mindestens zwei volle Tage

Bekannt für alte Eisenbahnen, einen noch älteren Multi-Kulti-Mix, Räucherhering, Motorradrennen und eine merkwürdige Tierwelt

Beste Feste TT Races, Oie Voaldyn und der Tynwald Day.

Unbedingt ausprobieren Vom Snaefell aus mit den Augen sechs Königreiche suchen, danach Queenies essen

Schöne Tagesausflüge Von Douglas aus mit der Bahn hin und her …

Isle of Man

N
0   10 km

Point of Ayre Lighthouse
Point of Ayre

Rue Point
Cranstal

Belfast
Dublin

A10
Andreas

A17

A14

Isle of Man Motor Museum &
Jurby Transport Museum
Jurby Head   Jurby

A13   A10

A18
A9   A14

Ramsey Bay
Mooragh Park
Ramsey

Irische See

A3

Curraghs
Wildlife Park
Sulby

Tableland Point
Maughold

A15

A3

Sulby

A13

561
North
Barrule

Maughold
Head

Orrisdale Head

A18

Kirk Michael

A3

Slieau
Freoaghane
488

Snaefell
621

Manx Electric
Railway

Great Laxey
Wheel

Great
Laxey Mine
Railway

Snaefell
Mountain
Railway

Laxey Head

A1

Neb

487
Colden

Laxey

King Orry's
Grave

Laxey Bay

ST. PATRICK'S ISLE
Peel Castle
Peel
House of
Manannan

Tynwald Hill
479
Sheau Ruy
St. John's

Baldwin

Clay Head

Patrick

A1

Crosby

A22
A24

Douglas

Groudle Glen
Railway

Belfast

A1

Onchan
Douglas Bay Horse
Tramway

Dalby Point

Foxdale

Dhoo

Douglas
Bay

Heysham

Elby Point

A27

Dalby

A3

Home of
Rest for Old
Horses

A5

ST. MARY'S ISLE

Douglas Head

Niarbyl Bay

483
South
Barrule

Silverburn

St. Marks

A24

A26

Port Soderick

Isle of Man
Steam Railway

A25

St. Anns Head

Liverpool

Dublin

Bradda
Head

Milner's
Tower

A36

Ballabeg

Ballasalla

A5

Irische See

Port Erin
Isle of Man
Steam Railway
Museum
Cregneash

Colby

A7

Rushen Abbey

ST. MICHAEL'S ISLE

Poolwash Bay
THE
CARRICK

Port
St. Mary

Castletown
Old House of Keys
Rushen Castle

KITTER-
LAND

Scarlet
Point

Dreswick
Point

Spanish Head

CALF OF MAN

Die Isle of Man ist nicht Irland ... aber auch nicht Schottland, Wales oder England. Denn sie liegt zwischen diesen kulturell so unterschiedlichen Ländern, hat von den meisten die besten Einflüsse aufgesogen und sich dazu eine gute Portion Wikinger-Erbe erhalten. Bis hin zum ältesten, kontinuierlich aktiven Parlament der Welt, dem Tynwald. Und für den Irland-Besucher bietet sich der Abstecher zur – oder Zwischenhalt auf – der kleinen Insel geradezu an. Etwa mit der Fähre von Belfast oder Dublin, dann weiter nach Liverpool. Ein Ausflug in die Nostalgie, in ein etwas 1970er-haftes Land, wo die Geschäfte noch am späten Nachmittag und am Wochenende schließen, wo US-amerikanische Fast-Food-Ketten und Kaffeemultis eher die Ausnahme denn die Regel sind. In dem man trotz fehlender Geschwindigkeitsbegrenzungen auf den Straßen und zeitweise das Adrenalin anregender Motorradrennen automatisch entschleunigt. In dem Schaf und Hauskatze zum Hingucker werden, wenn nicht gerade ein Känguru ablenkt. In dem trutzige Türme der Rettung dienen oder auch als Gefängnis hinhalten mussten. Und in dem der Nahverkehr noch von Dampfbahn und Tram beherrscht scheint, wie bei Thomas, der kleinen Lokomotive. Ein Land, das sogar im Film das „wahre, unverfälschte Irland" mimen durfte – die beliebte, von vielen als „uririsch" angesehene Komödie *Lang lebe Ned Devine!* wurde hier gedreht.

Wobei der Zusammenhang zwischen Irland und Man schon in der alten Mythologie klar war: Als der Erbauer des Giant's Causeway, Finn McCool, mal mit einem anderen Riesen Streit hatte, warf der jenem einen Klumpen Erden hinterher. Das Loch füllte sich mit Wasser und heißt heute Lough Neagh. Und der Erdbrocken landete im Meer ... eben als Isle of Man.

Die Isle of Man im Steckbrief

Prinzipiell könnte man sagen: „Auf der Isle of Man ist alles wie im Vereinigten Königreich!" Wäre aber falsch, denn zum einen gibt es viele Unterschiede, zum anderen ist die Insel ein eigener Staat. Hier das Wichtigste, was Besucher wissen sollten, in zugegeben recht grober Form ...

Einwohner Nach der Volkszählung 2016 wohnen 83 314 Menschen ständig auf der Insel, 36 125 davon in Douglas und Onchan. Nur rund die Hälfte der Einwohner sind auch „Eingeborene".

Essen Die Speisekarte auf der Isle of Man ist entweder „bodenständig" oder „ausländisch", aber drei einheimische Spezialitäten sollte man sich gönnen: „Queenies" (kleine Pilgermuscheln), Schafgerichte vom Loaghtan und natürlich „Manx Kippers" (filetierten Räucherhering).

Geld Die Isle of Man nutzt das Manx Pound, das nur auf der Insel gültig ist (und kaum im Ausland zurückgetauscht werden kann), das gleichwertige britische Pfund Sterling wird ebenfalls genutzt. Die speziellen Münzen oder Isle of Man sind ein beliebtes Souvenir.

Geografie Die 572 km² große Insel liegt mitten in der Irischen See, „Nachbarn" sind Irland (52 km), Schottland (29 km), England (48 km) und Wales (71 km). Höchste Erhebung ist mit 621 m der Snaefell.

Geschichte Eine Besiedlung ist seit 6500 v.Chr. nachweisbar, wobei die Insel abwechselnd vom irischen, skandinavischen, schottischen und englischen Kulturkreis dominiert wurde. Den größten Machtbereich konnte man im 11. Jh. beanspruchen – als Teil des Wikingerreiches *Suðreyjar* (Sodor) zusammen mit den Hebriden.

Sprache Englisch ist Amts- und Hauptsprache, das keltische Manx wird gepflegt, ist aber gefährdet.

Staatsform und -oberhaupt Die Isle of Man ist ein autonomer Kronbesitz, verwaltet durch das seit 979 bestehende Parlament Tynwald; Staatsoberhaupt ist der Lord of Man, seit 1765 in Personalunion mit dem jeweiligen britischen Herrscher stehend.

Wetter Erwartungsgemäß oft zu „feucht und neblig" tendierend, dann wieder „sonnig aber windig", insgesamt herrscht ein gemäßigtes Klima vor.

Wirtschaft Neben dem Tourismus ist die Haupteinnahmequelle ein immer noch florierendes Geschäft mit Auslandskonten und Briefkastenfirmen, die so manche Steuervorteile bieten.

ISLE OF MAN

Douglas

Das Zentrum der Insel, wenn auch nicht geografisch. Das an der Ostküste, etwa auf halber Höhe gelegene Douglas ist Hauptstadt, Einkaufsziel, Ankunftshafen der Fähren, dazu touristisches Zentrum der Insel. Und der lokale Ballungsraum. In der Stadt und dem nördlich unmittelbar benachbarten Dorf Onchan sind 36 125 Einwohner gemeldet, über 40 % der Gesamtbevölkerung. Einen richtig „vollen" Eindruck macht das insgesamt recht beschaulich wirkende Städtchen direkt am Meer jedoch nur äußerst selten – von der Zeit der TT Races mal abgesehen, wenn schon zu früher Morgenstunde die Biker mit sattem Motorengeblubber von der Fähre rollen und etwas oberhalb der Promenaden der TT Grandstand das Zentrum der Rennwelt bildet.

Sea Terminal

Wer nicht mit dem Flieger ankommt, der lernt eine Sehenswürdigkeit von Douglas als Transitstation kennen – den Isle of Man Sea Terminal. Hier kommen die Fähren von Heysham (ganzjährig), Liverpool, Belfast und Dublin (nur saisonal) an, und die Passagiere dürfen das 1965 erbaute, halbkreisförmige Gebäude nutzen. Eines der wenigen modernistischen Gebäude der Insel, und mit seinem markanten Ausguck auf dem Dach (früher ein Restaurant) einen Schnappschuss wert. Es beherbergt zudem die Touristeninformation und einen Fahrradverleih.

Great Union Camera Obscura

Wer dann gleich einen Überblick braucht, der besteigt den südlich gelegenen Douglas Head, einen Felsvorsprung über der Hafeneinfahrt mit seiner Camera Obscura. In der dunklen Hütte werden mittels elf Linsen und einigen Spiegeln Bilder der Umgebung auf eine Tischfläche projiziert. Bei Eröffnung 1892 noch ein wahres Wunderwerk, heute mehr eine nostalgische Kuriosität. ⏰ Mai–Sep Sa 13–16, So, Fei 11–16 Uhr (oder immer, wenn die Fahne über dem Gebäude gehisst ist), Eintritt frei.

Tower of Refuge

In unmittelbarer Nähe vom Hafen zeigt sich auch der Rettungsturm auf der St. Mary's Isle

(Conister Rock), der Schiffbrüchigen Schutz gewährte. Unmittelbar vor dem Hafen? Mit gutem Grund – immer wieder scheiterten Schiffe genau auf diesem felsigen Vorsprung. Sodass Sir William Hillary, „Vater" des britischen Seenotdienstes, hier 1832 für rund 255 £ das pseudomittelalterliche Bauwerk errichtete. Theoretisch kann man bei extremem Niedrigwasser zu Fuß zum Turm, von praktischen Versuchen wird jedoch dringendst abgeraten. Es gibt ohnehin nichts zu sehen.

Der Ortskern von Douglas ist mehr ein kommerzielles Zentrum, hat jedoch auch seine Reize. Allein schon durch seine altmodisch, enge Anlage und die recht früh (17.30 Uhr) schließenden, kleinen Geschäfte.

Tynwald

Eine zentrale Rolle im Inselleben nimmt der Tynwald ein, das seit über tausend Jahren aktive Inselparlament. Und damit immerhin die älteste, kontinuierlich Sitzungen abhaltende Volksvertretung der Welt. Der isländische Alþingi ist zwar älter, war aber im 19. Jh. für 44 Jahre aufgelöst. Die genaue Geschichte des Tynwald ist allerdings etwas nebulös … und heute nutzt man auch keine Thingstätte bei Peel mehr, sondern ein im viktorianischen Zuckerbäckerstil errichtetes Gebäude in der Finch Rd., 🖥 www.tynwald.org.im, das man zu Sitzungen, aber auch im Rahmen von kostenlosen Führungen besuchen kann. ⏰ Führungen Mo 14 und Fr 10 Uhr.

St. Thomas Church

Einen ganz anderen Stil weist die St. Thomas Church, 🖥 www.stthomaschurch.im, in derselben Straße auf, von außen her trutzig-dräuend. Der Eindruck ändert sich schnell, wenn man eintritt. 1849 wurde die anglikanische Kirche noch recht konservativ errichtet. Canon E. B. Savage allerdings wollte seiner Gemeinde die Bibel bildlich näherbringen: Zwischen 1896 und 1910 ließ er durch den örtlichen Künstler John Miller Nicholson Wandmalereien erstellen. Zusammen mit den bunten Glasfenstern und dem freiliegenden Dachgerüst ergibt sich ein einmaliger Anblick. ⏰ zu Gottesdiensten, nach Vereinbarung oder am Kaffeemorgen jeden Freitag.

N
0   500 m

A22

Johnny Watterson's La.

School Rd.
Greenfield Rd.
Glencrutchery Rd.

A2
A46
Summerhill Glenn

Summer Hill

Derby Castle Station
A11 King Edward Rd.

Barrule Rd.
Willaston Cres.

Ballafletcher Rd. A21
Pendit Rd.
Tynwald Rd.

Manx Electric Railway

Little Switzerland

Duke's Ave.
Linden Grove
Victoria Ave.

Douglas Borough Cemetery

Tromode Park
Ballanard Rd.
Park Ave.

P

Noble's Park

Switzerland Rd.

Queen's Promenade

1

2

Douglas Bay Horse Tramway

Cronk Ny Greiney

Port-E-Chee Ave.
High View Rd.

St. Ninian's Rd.

Upper Duke's Rd.

Victoria Cres.

Victoria Rd.

Palace Rd.

1

A47

Bray Hill

Somerset Rd.

Ballaweytte
Withington Rd.
Duke's Rd.
Princess Rd.

Mona Dr.

Empress Dr.

1

Tromode Rd.

Stoney Rd.

York Rd.

2

A22

Marathon Rd.

A46

Castle Mona Ave.

Central Promenade

Douglas Beach

Thorny Rd.
Cronkbourne Rd.

Murrays Rd.

Douglas Bay

River Glass

Quarterbridge Rd.
Selborne Dr.
Brunswick Rd.
Woodbourne Rd.

Hilary Rd.
Park Rd.

Falcon St.

Broadway

Harris Promenade

A2

Albany Rd.

Derby Rd.

Derby Sq.

3

Villa Marina

4

ST. MARY'S ISLE (CONISTER ROCK)

Belfast Heysham Liverpool Dublin

Devonshire Cres.
Devonshire Rd.

Tennis Rd.

A42

Sydney St.

Alexander Dr.

Hawarden Ave.

Windsor Rd.
Crellin's Hill

3

St. Thomas

Senna Rd.

Manx Museum

6

2

Granville St.

Ballabrooie Way
Westminster Dr.

West Bourne Dr.

Kensington Rd.

Bucks Rd.

Finch Rd.

Loch Promenade

Strand St.

Howard St.

Tower of Refuge

5

Belfont Hill

St. Catherine's Rd.

50 St. Catherine's Drive

Demesne Rd.

Thirlwald St.

Myrtle St.

Prospect Hill

7

Duke St.

Market St.

Regent St.

Sea Terminal

8 9

Ballabrooie Dr.
Ballakermeen Dr.

Belmont Rd.

Westmoreland Rd.

Princess St.

Hill St.

Tynwald

A43

Wellington St.

Victoria St.

4 (2,6 km)

Hillside Ave.

Circular Rd.

Hope St.

Athol St.

St. George's

Lord St.

3

River Douglas

Peel Rd. A1

Douglas

North Quay

4

A41

Pulrose Rd.

Lake Rd.

A33

South Quay

Douglas Head Rd.

Fort Anne Rd.

Battery Pier

Great Union Camera Obscura

P

Isle of Man Steam Railway

A6

Old Castletown Rd.

Douglas Head

ISLE OF MAN

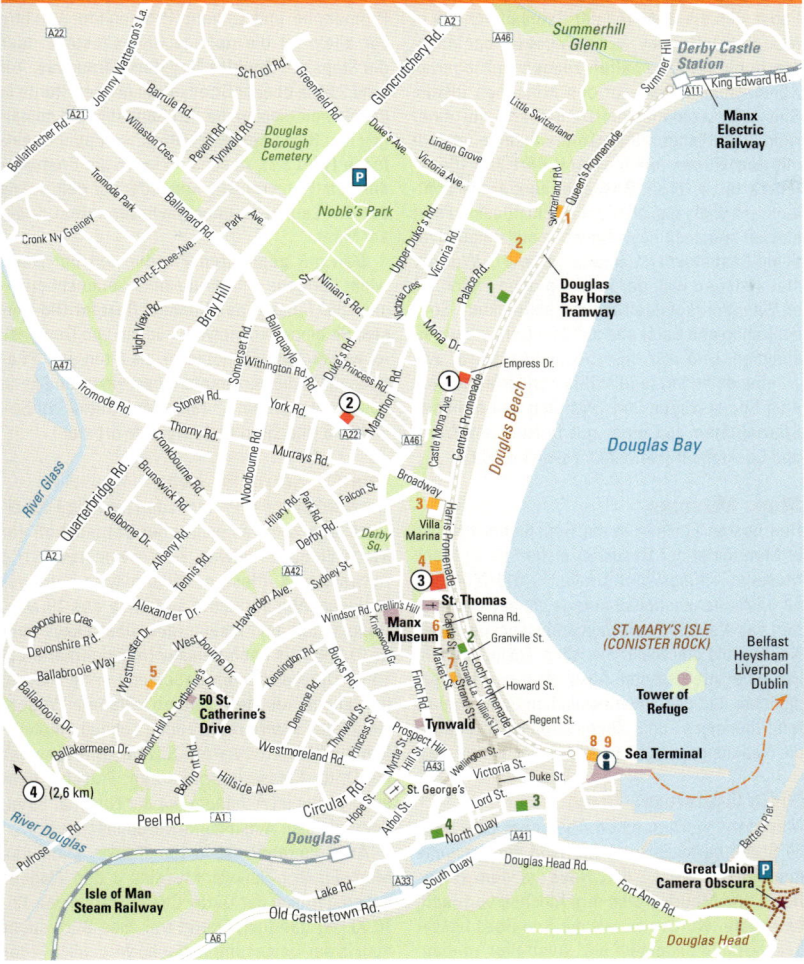

■ **ÜBERNACHTUNG**
① Glenfaba Guesthouse
② Adelphi Guesthouse
③ The Sefton Hotel
④ Saba's Glen Yurt

■ **ESSEN**
1 MoJo's
2 Jak's Bar and Steakhouse

3 Barbary Coast Grill & Bar
4 14 North

■ **SONSTIGES**
1 TT Shirts
2 Palace Cinema
3 Broadway Cinema
4 Gaiety Theatre

5 Studio Theatre
6 Devereau's
7 Lexicon Bookshop
8 Green Wheelers
9 Isle of Man Welcome Centre

Belfast

Dublin

Isle of Man Steam Railway

Am südwestlichen Rand des Stadtzentrums befindet sich am Bank Hill der Bahnhof der Isle of Man Steam Railway, 🖥 www.gov.im, der längsten noch mit Originalfahrzeugen betriebenen Schmalspurstrecke auf den britischen Inseln. Seit 1873 verbindet die Dampfbahn auf einer rund 25 km langen Strecke die Inselhauptstadt mit dem Süden, bis hin nach Port Erin (Rückfahrkarte ca. 14 £). Besucher können im Sommer mehrmals täglich die rund einstündige Fahrt starten und auch nach Belieben aussteigen (vor allem Castletown ist empfehlenswert). Wer nur mal schauen will, der ist auch ohne Fahrkarte im Bahnhof (komplett mit gut bestücktem Souvenirshop und Café) und auf dem Bahnsteig willkommen. Und wer das „besondere Extra" will … abends finden regelmäßig Sonderfahrten mit dem Speisewagen von 1904 statt, mit örtlichen Spezialitäten und einer gut bestückten Wein- und Cocktailbar (Fahrt inkl. Essen ca. 30 £).

Manx Museum

Den besten Einstieg in die Geschichte der Isle of Man findet der Besucher sicherlich im Manx Museum, 1 Kingswood Grove, ☎ 016-24648000, 🖥 www.manxnationalheritage.im, gewissermaßen das National- und Heimatmuseum der Insel. Neben Gold und Silber aus alten Wikingerschätzen, einer interessanten Ausstellung zur Naturgeschichte und den unvermeidlichen Schwerpunkten „Tourismus" und „Tourist Trophy" lockt auch die Nationalgalerie. ⏰ tgl. 10–17 Uhr, Eintritt frei.

50 St. Catherine's Drive

Musikfans werden einen Abstecher zum Haus 50 St. Catherine's Drive am Rand der Ortsmitte machen wollen … das Haus, in dem Barry, Robin und Maurice Gibb ihre Kindheit verbrachten, später wurden sie als die Bee Gees besser bekannt und allgemein als „Australier" gehandelt. Ihrem Geburtsland blieben sie jedoch verbunden, sei es durch ihre Version der inoffiziellen Nationalhymne „Ellan Vannin" oder als Designer von Briefmarken.

Promenades

Nördlich des Fährhafens ziehen sich die Promenaden bis nach Onchan – oft zusammengefasst als Douglas Promenade. Tatsächlich sind es Loch Promenade, Harris Promenade, Central Promenade und Queens Promenade. Wichtig vor allem für die richtige Bushaltestelle oder die Stops der **Douglas Bay Horse Tramway**. Auf rund 2,6 km ebener Strecke ziehen hier Pferde in der Sommersaison die Straßenbahn, ein nostalgisches Relikt der viktorianischen Epoche (einfache Fahrt 3 £). Ansonsten laden die Promenaden zum Flanieren ein, entweder vor den Hotels auf der Landseite oder gewissermaßen direkt am Meer.

Den gut gepflegten Pferden auf der Bahn winkt übrigens ein geruhsamer Lebensabend – seit 1950 fungiert das **Home of Rest for Old Horses**, Richmond Hill (etwas südlich von Douglas), 🖥 www.iomhorseshome.im, als Alten- und Pflegeheim für die verrenteten Vierbeiner. Und kann besichtigt werden. ⏰ Mitte Mai–Mitte Sep So–Fr 10–16 Uhr, Eintritt frei (Spende erbeten).

Manx Electric Railway

Am Nordende der Promenaden liegt die Endhaltestelle (und etwas weiter der Betriebshof) der Manx Electric Railway, 🖥 www.manxelectric railway.co.uk. Diese per Oberleitung betriebene Eisenbahn verbindet seit Ende des 19. Jhs. Douglas mit dem Inselnorden, über Laxey geht es 27,3 km bis nach Ramsey (Rückfahrkarte ca. 14 £). Die Aussichten dabei sind erste Klasse, vor allem aus den seitlich offenen Wagen. Nachteil: Es wird recht zugig, schnell empfindlich kühl, und die harten Sitzbänke rufen eher die Dritte Klasse in Erinnerung. Plüschig geht es dagegen im Anhänger mit der Nummer 59 zu, der einst dem Aufsichtsrat vorbehalten war.

An Sonntagen ist in der Saison auch das Manx Electric Railway Museum in den Wagenhallen nördlich der Derby Castle Station von 12–16.30 Uhr geöffnet, Eintritt frei. Eine Burg sucht man in der Umgebung übrigens vergeblich – der Name geht auf ein herrschaftliches Ferienhaus zurück, das jedoch Ende der 1960er-Jahre abgerissen wurde.

Groudle Glen Railway

Nur wenige Kilometer nördlich von Douglas geht es dann „bergauf zum Meer", so der Werbetext der pittoresken Groudle Glen Railway an der A11 zwischen Douglas und Laxey, 🖵 www.ggr.org.uk. Diese private Kleinbahn betreibt seit 1896 (mit Unterbrechung) Dampf- und Dieselzüge zu einem kleinen Teehaus über den Sea Lion Rocks. Dort kann man auch Details der Geschichte sehen, denn ursprünglich war die Bahn Teil eines viktorianischen Freizeitparks. ⏱ Mai–Sep So 11–16.30, Mitte Juni–Aug auch Mi 19–21 Uhr, Rückfahrticket 4,50 £.

ÜBERNACHTUNG

Douglas hat das größte Übernachtungsangebot auf der gesamten Insel – an den Promenaden (und in den Seitenstraßen) liegen die Herbergen von nobel bis Kaschemme dicht gedrängt nebeneinander, alle trutzig aufs Meer hinausblickend. Wobei keinesfalls jedes Zimmer Meerblick hat, das muss man schon extra bestellen (und meist auch bezahlen).

Adelphi Guesthouse, 15 Stanley View, Douglas, ✆ 01624-676591, 🖵 www.adelphihotelisleofman.co.uk. In Laufweite zum Stadtzentrum, eine kleine, etwas altmodische Pension mit gutem Standard. ❷–❸

Glenfaba Guesthouse, 5 Empress Dr., Douglas, ✆ 01624-629431, 🖵 www.glenfaba.com. In Sichtweite der Promenade in einer ruhigen Seitenstraße, sehr beliebt bei Bikern (und oft früh ausgebucht). Die Zimmer sind klein, aber komfortabel, und Inhaber Steve und Maria sehr zuvorkommend. ❸

The Sefton, Harris Promenade, Douglas, ✆ 01624-645500, 🖵 www.seftonhotel.co.im. Eines der sicherlich elegantesten Hotels an den Promenaden, mit Komfort, Fitnessclub und dem herrlichen, begrünten Atrium. Sir Norman's Theatre Bar huldigt dem auch in Albanien verehrten britischen Komödianten Norman Wisdom (1915–2010). ❹

🌳 **Saba's Glen Yurt**, Close-Ny-Howin, Main Rd., Union Mills, ✆ 07624-360553, 🖵 www.sabasglenyurt.com. 5 Min. Fahrt von Douglas entfernt findet sich das erste Öko-Resort der Insel – mit „Jurten" aus Holz. Ideal, um zur Ruhe zu kommen. Jurte für bis zu 4 Pers. ab 85 £ die Nacht (Mindestmiete meist 2 Nächte).

Die gute Nachricht gleich vorweg: Wer auf die Isle of Man will und keinen eigenen fahrbaren Untersatz mitbringt, der ist (etwas Zeit, Planung und auch Sohlenleder vorausgesetzt) dennoch gut bedient. Denn hier hat der Staat die Zügel in der Hand, teilweise wortwörtlich, und dem Volk sowie den Besuchern ein wirklich gutes Transportwesen gegönnt.

An erster Stelle muss dabei **Bus Vannin** genannt werden – denn das Unternehmen befördert rund 3,5 Mio. Passagiere pro Jahr. Wobei die Planung der Fahrten über 🖵 www.traveline.info wirklich kinderleicht gemacht wird. Und die derzeit 17 Linien (plus einige Untervarianten) fast jeden wichtigen Ort gut erreichbar machen. In brauchbarer Frequenz.

Dazu kommen in der Sommersaison die vier Heritage Railways, Museumsbahnen eben, die aber gerade für den Besucher eine prima (wenn auch preislich einschneidende) Alternative zum Bus darstellen. Mit der **Manx Electric Railway**, der **Snaefell Mountain Railway**, der **Steam Railway** und der eher kuriosen **Douglas Bay Horse Tram** kann man ein stattliches Programm bestreiten.

Wer sich um Barzahlung nicht kümmern mag – die **Go Explore Cards** erlauben die Benutzung des gesamten Streckennetzes von Bus und Bahn für einen, drei, fünf oder sieben Tage (17 £, 34 £, 41 £ bzw. 50 £, einige Nachtbusse allerdings nur halber Fahrpreis!). Und mit der **Go Explore Heritage Card** (63 £) hat man fünf Tage freie Fahrt und muss etwa im Castle Rushen oder am Great Laxey Wheel keinen Eintritt zahlen.

Weitere Informationen unter „Infrastructure" bei 🖵 www.gov.im.

ESSEN

🌳 **14 North**, 14 North Quay, 🖵 www.14north.im. Etwas eleganteres Restaurant am Hafen. Wert wird, soweit möglich, auf heimische Produkte zur richtigen Saison gelegt. Lunchmenü mit 2 Gängen 21 £. ⏱ Di–Sa 12–14.30 und 18–21.30 Uhr.

Raad ny Foillan – mit Möwen unterwegs

- **Strecke**: rund 160 km in zwölf Etappen
- **Zeitpunkt**: nicht im Winter
- **Wegbeschaffenheit**: gut, aber nicht „Bürgersteig – Ausschilderung durchweg mit blauen Wegweisern mit Möwensymbol
- **Ausrüstung**: Wanderstiefel, wetterfeste Kleidung
- **Info**: 🖥 www.visitisleofman.com/dbimgs/Raad%20ny%20Foillan_web.pdf.pdf
- **Warnhinweise**: an den Steilküsten ist besondere Vorsicht geboten, bei den Strandstrecken sollte zur Planung ein Tidenkalender zu Rate gezogen werden

Wer wirklich wandern will, für den (oder die) hat die Isle of Man eine wahrlich wunderbare Herausforderung bereit – die Raad ny Foillan, wörtlich den „Weg der Möwe". Einmal rund um die Insel, die rund hundert Meilen Küstenlinie ausnutzend. Mit herrlichen Ausblicken, stets fri-

scher Luft und der Chance, auch Delphine oder andere Meeresbewohner zu beobachten.
Für Kurzurlauber haben die Planer die Raad ny Foillan in ein Dutzend Häppchen unterteilt, die man nach Lust, Laune und Kondition anknabbern kann. Im Uhrzeigersinn angelegte Tagestouren, in der Regel auch mit öffentlichen Verkehrsmitteln erreichbar, der Rückweg zur (empfohlenen) etwas zentraleren Unterkunft ist somit einfach.

Etappe 1
Von Douglas (Millennium Bridge) nach Derbyhaven (Ronaldsway Flying Club)
20,5 km Klippen- und Küstenwanderung auf Pfaden und teilweise Straßen, bei bis zu 110 m Höhenunterschied als „moderat" eingestuft.

Etappe 2
Von Derbyhaven (Ronaldsway Flying Club) nach Port St. Mary (Alfred Pier)
19,5 km auf einem flachen Küstenpfad, mit nur 20 m Höhenunterschied als „einfach" eingestuft.

Etappe 3
Von Port St Mary (Alfred Pier) nach Port Erin
11 km auf einem auf- und absteigenden Pfad, mit 143 m Höhenunterschied noch als „moderat" eingestuft. Der Abschnitt gilt als einer der besten, ist aber bei starkem Wind mit Vorsicht zu genießen.

Etappe 4
Von Port Erin nach Niarbyl (Visitor Centre)
15 km Wanderung über eine dramatische Klippenlandschaft mit bis zu 473 m Höhenunterschied – und daher als „anstrengend" eingestuft.

Etappe 5
Von Niarbyl (Visitor Centre) nach Peel (Fenella Beach)
10 km Wanderung über ein kurzes Straßenstück, dann weiter auf Klippen- und Küstenpfaden.

ISLE OF MAN

Milner's Tower – mehr Meersicht geht fast nicht.

100 m Höhenunterschied sind Pflicht, der Ausflug auf den 141 m hohen Peel Hill Kür – insgesamt „moderat".

Etappe 6
Von Peel (Fenella Beach) nach Kirk Michael (Glen Wyllin Campsite)
11,5 km Wanderung über Straßen und Strände, der alten Bahnlinie mit 63 m Höhenunterschied folgend. Als „moderat" eingestuft.

Etappe 7
Von Kirk Michael (Glen Wyllin Campsite) nach Jurby (Sartfield Beach)
11,5 km Wanderung auf einem recht flachen Küstenpfad, dann direkt am Strand (Tiden beachten!). Der Abschnitt ist trotz 35 m Höhenunterschied als „einfach" eingestuft.

Etappe 8
Von Jurby (Sartfield Beach) nach Point of Ayre (Lighthouse)
13,5 km Wanderung direkt am Meer, auf Sand- oder Kieselstrand. Bei 8 m Höhenunterschied als „einfach" eingestuft, aber ohne Anbindung an öffentliche Verkehrsmittel.

Etappe 9
Von Point of Ayre (Lighthouse) nach Ramsey (Harbour)
9 km Wanderung direkt am Meer, auf Sand- oder Kieselstrand mit lächerlichen 5 m Höhenunterschied. Die Strecke ist wieder als „einfach" eingestuft, aber auf die Tiden muss geachtet werden.

Etappe 10
Von Ramsey (Harbour) nach Maughold (Church)
7 km Wanderung über Straßen und Klippenpfade, bei immerhin 103 m Höhenunterschied mit Einstufung „moderat".

Etappe 11
Von Maughold (Church) nach Laxey (Promenade)
14 km Wanderung über Küstenpfade, aber auch einige Straßen im Binnenland. 210 m Höhenunterschied, insgesamt als „moderat" eingestuft.

Etappe 12
Von Laxey (Promenade) nach Douglas (Millennium Bridge)
15 km Wanderung über etwas „gebirgige" Küstenpfade, aber auch im Binnenland auf Straßen bei 112 m Höhenunterschied; „moderat".

ISLE OF MAN

Barbary Coast Grill & Bar, North Quay, 🖳 www.barbarycoast.im. Sehr gut besuchtes Restaurant mit „Sattmachportionen" und breiter Cocktail-Auswahl direkt am Hafen. Empfehlenswert: die reichhaltigen „Sharing Platters" ab 26 £ für 2 Pers. ⏰ Bar tgl. 11–24, Restaurant tgl. 12–22 Uhr.

Jak's Bar and Steakhouse, 43 Loch Promenade, 🖳 www.jakspub.com. Turbulente Sports Bar mit guter Cocktail-Auswahl und 110 (familienfreundlichen) Restaurantplätzen im Obergeschoss. ⏰ Bar tgl. 11–1, Restaurant tgl. 12–22 Uhr.

MoJo's, Unit 1 Castlemona Shops, Central Promenade. Klassisch „Fish 'n' Chips" (meist zum Mitnehmen), aber auch diverse Fleischgerichte und leckere Queenies zu vernünftigen Preisen. ⏰ Mo–Fr 11.30–14 und 16.30–21, Sa 11.30–22, So 11.30–21 Uhr.

UNTERHALTUNG UND KULTUR

Broadway Cinema, Villa Marina, Harris Promenade, 🖳 www.villagaiety.com. Neueste Hollywood-Kost, aber auch Konzertfilme und Liveübertragungen.

Gaiety Theatre, südlich der Villa Marina, Harris Promenade, 🖳 www.villagaiety.com. Örtliche Produktionen, Tourneetheater, Musicals, alles meist mehr „leichte Kost".

Palace Cinema, Central Promenade, 🖳 www.palace-cinema.com. Schwerpunkt liegt auf familienfreundlichem Mainstream-Kino.

Studio Theatre, Ballakermeen High School, St. Catherine's Drive, 🖳 www.thestudiotheatre.im. Kleineres Theater mit Bühnenauftritten und Liveübertragungen kultureller Events.

EINKAUFEN

Ein Einkaufsparadies ist die Isle of Man nicht gerade, aber folgende Läden in Douglas seien dem geneigten Leser ans Herz gelegt:

Devereau's, 33 Castle St., 🖳 www.isleofman kippers.com. Manx Kippers vom Feinsten, auf Eichenholz geräuchert – aber nicht unbedingt als Mitbringsel geeignet. Also besser vor Ort verzehren. ⏰ Mo 8–13, Di–Sa 8–17 Uhr

Lexicon Bookshop, Strand St. Ein relativ kleiner, gemütlicher Buchladen mit viel Literatur zu lo-

kalen Themen und einer erklecklichen Auswahl an Souvenirartikeln. ⏰ Mo–Sa 9–17.30 Uhr.

TT Shirts, Queen's Promenade, 🖳 www.ttshirts.com. Das Emporium der TT-Bekleidung mit allem, was der Fan brauchen könnte. ⏰ in der Saison tgl. 9–21 Uhr.

TOUREN

In der Saison bieten die Eigner der **M.V. Karina** tgl. Bootstouren unterschiedlicher Länge ab Douglas Sea Terminal an, 🖳 www.iompleasure cruises.com. Der kleine Ausflugsdampfer tuckert dabei vor allem an der (relativ windgeschützten) Ostküste auf und ab. Kosten etwa 15 £.

SONSTIGES

Autovermietungen
Der lokale Anbieter **Athol Car Hire**, 🖳 www.athol.co.im, ist in Douglas präsent – eine Vorbestellung über das Internet ist unbedingt empfohlen.

Fahrradverleih
Grün und doch bequem auf zwei Rädern Douglas und Umgebung erkunden? Das klappt mit den E-Bikes von **Green Wheelers**, 🖳 www.greenwheelers.im, recht gut – direkt am Sea Terminal in Douglas werden die robusten Velos mit Lenkradkorb vermietet. Kosten ab 10 £ für 1 Std. bis zu 75 £ für 3 Tage. Tourentipps werden gleich mitgeliefert, wenn man sich nicht einer organisierten Gruppenfahrt (ab 30 £) anschließen mag.

Geld
Im Zentrum von Douglas findet man zahlreiche **Bankautomaten** (ATM), entweder an einer Filiale oder in Geschäften.

Informationen
Das **Isle of Man Welcome Centre** ist direkt im Sea Terminal untergebracht und bietet neben reichlich Informationen auch eine gute Auswahl an Souvenirs. ⏰ Mai–Sep Mo–Sa 8–18.30, So 9.30–14.30 Uhr (andere Monate eingeschränkt).

In Douglas selber verkehren zahlreiche Buslinien – die Promenaden werden von den Linien 1, 2, 11, 12, 13 regelmäßig bedient, dazu fährt im Sommer die Douglas Horse Tram auf und ab.

Nach Norden (LAXEY, RAMSEY) mit Buslinien 3, 13, 16 oder der Manx Electric Railway. Nach Süden (RONALDSWAY AIRPORT, CASTLE-TOWN, PORT ERIN, PORT ST. MARY) mit Buslinien 1, 2, 11, 12 oder der Steam Railway. Nach Westen (PEEL) mit Buslinien 5, 6.

Laxey und Snaefell

Der kleine Ort Laxey verdankt seine Existenz vor allem dem Bergbau – Blei und Zink wurden hier von unterbezahlten Kumpels aus der Erde geholt. 1929 war Schluss damit. Und die mit heute unter 1800 Einwohnern immerhin viertgrößte Siedlung der Insel erfand sich langsam als Touristenort neu. Mitgeholfen haben dabei die schon im 19. Jh. installierte Manx Electric Railway und die fast ebenso alte, aber weit spektakulärere Snaefell Mountain Railway. Und wenn man sich heute die aufpolierten Reste der Bergwerke ansieht, dann kann man fast vergessen, dass es die „gute alte Zeit" hier nie gab.

Great Laxey Wheel

Es ist das Wahrzeichen der Isle of Man – und das größte noch in Betrieb befindliche Wasserrad der Welt. Das knallrote Great Laxey Wheel von 1854, Spitzname **Lady Isabella** nach der Frau des Inselgouverneurs zum Zeitpunkt der Inbetriebnahme. Die allerdings weniger als 22,1 m Umfang aufzuweisen hatte. Heute noch dreht sich das Rad langsam und überträgt die Wasserkraft über einen gigantischen Balken an die Pumpanlage. Mit der wurde die **Great Laxey Mine,** 🖥 www.manxnationalheritage.im, (leidlich) trockengehalten, die bis in die 1930er-Jahre vor allem Blei zutage förderte. Von der stillgelegten Mine sind Teile oberhalb des Great Laxey Wheel erhalten und für Besucher aufbe-

reitet, unter Tage kann man jedoch nicht fahren. Dafür geht es für Schwindelfreie hoch hinaus: Von der Wartungsplattform des Wasserrades, über eine Wendeltreppe zugänglich, hat man einen herrlichen Ausblick. ⏱ April–Nov tgl. 9.30–17 Uhr, Eintritt 8 £.

Great Laxey Mine Railway

Die ehemalige Grubenbahn ist ein kleiner Publikumsmagnet, ein Verein lässt sie im Pendelverkehr fahren – früher diente sie jedoch rein dem Transport des Geschürften, die Arbeiter gingen zu Fuß. Immerhin benutzt die Strecke den einzigen Tunnel auf der Isle of Man, die Lokomotiven dagegen sind eher Dampfkessel auf Rädern und ein kurioser Anblick. Endhaltestelle ist in den Laxey Valley Gardens, 🖥 www.laxeyminerailway.im, ⏱ April–Sep Sa 11–16.30 Uhr, Rückfahrticket 2 £. Hier sieht man auch die ehemaligen **Laxey Mines Washing Floors** – wo die Mineralien in Waschanlagen von den wertvollen Metallen getrennt wurden. Blickfang ist ein weiteres Wasserrad mit „nur" 15,2 m Durchmesser, das **Snaefell Wheel,** genannt „Lady Evelyn".

King Orry's Grave

Etwas außerhalb von Laxey, Richtung Norden, befindet sich angeblich das Grab des Königs Godred Covan („Orry", gest. 1096). Nun ja, das Hünengrab an der Ballaragh Rd., Minorca, ist wahrscheinlich bis zu 5000 Jahre alt, und teilweise zerstört. Dennoch ein beeindruckender Anblick, zumal ein einsame Menhir wie ein Wächter über der Grabkammer steht.

Snaefell und die Bergbahn

Wer wirklich hoch hinaus will, kann von Laxey aus den **Snaefell** besteigen – mit 621 m ist der „Schneeberg" mit dem altskandinavischen Namen die höchste Erhebung auf der Irischen See. Und bietet einen Ausblick auf sechs Königreiche, wie die Werbetexte gerne verheißen. Bei gutem Wetter nur, ergänzt das Kleingedruckte. Aber es stimmt, mit etwas Glück sieht man Schottland, England, Wales, Irland und natürlich Man. Das sechste Königreich ist dann, je nach Texter, das des Himmels. Oder das des keltischen Meeresgottes Manannán. Auf dem Gipfel selbst erhebt sich ein Sendemast von wenig

An der Haltestelle Bungalow steht eine Fußgänger-Brücke mitten im Nichts. Warum das? Ganz einfach: Wenn das TT (kurz für Tourist Trophy, 🖥 www.iomttraces.com) Ende Mai bis Anfang Juni stattfindet, dann ist hier die Hölle los. Schwere Motorräder brettern über den Snaefell Mountain Course, folglich kann die Straße nicht überquert werden. Also hat man für die Bahntouristen die Brücke gebaut – die werden von Laxey auf die Talseite gebracht und können dann sicher zum Anschlusszug und mit diesem auf den Gipfel kommen.

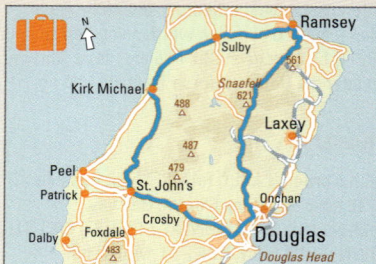

Was aber kann man beim TT sonst noch erwarten? Natürlich den Geruch von Benzin, Gummiabrieb, Leder und Schweiß. Nicht nur von den mit bis zu 218 km/h Durchschnittsgeschwindigkeit daherkommenden Aktiven, sondern auch von den meist mit dem Motorrad anreisenden Fans. Die Einwohnerzahl der Isle of Man verdoppelt sich zum TT, Parkplätze werden rar, Lederkombi und Helm bestimmen das Bild überall.

Rockertreffen? Weit gefehlt – natürlich sind auch einige 1 %er („Outlaws") dabei, die meisten Biker sind aber eher der Mittelklasse zugehörig, ihre Maschinen sauberst gepflegt und teuer, ihr Benehmen trotz der dunklen Kluft eher zurückhaltend. Wacken ist wilder.

Dennoch: Für den „normalen" Touristen bedeutet die Zeit der Tourist Trophy eher „Mitmachen oder Flucht". Die tollen Tage der Biker sind den Erholungsuchenden oft ein Graus, die sonst so beschauliche Insel wird zum Tollhaus.

Allerdings besteht auch eine gute Chance, dem Trubel auszuweichen, denn abseits des TT-Kurses ist die Insel nach wie vor ruhig. Naja, fast jedenfalls. Ganz entkommen kann man dem Rennfieber nie.

romantischer Gestaltung, aber etwas unterhalb findet man sogar ein großes Café. Und die Endhaltestelle der Snaefell Mountain Railway, einer elektrisch betriebenen Bergbahn. Seit 1895 (und zum größten Teil mit den Original-Trams) werden in einer halbstündigen Fahrt Besucher zu Berg gebracht. Etwas ruckelig, aber wesentlich bequemer als der Fußmarsch. Auf der Fahrt umrundet die Bahn den Gipfel fast vollkommen, sodass sich immer wieder andere Ausblicke bieten. 🖥 www.manxelectricrailway.co.uk, Rückfahrkarte ab Laxey 12, ab Douglas oder Ramsey 16 £.

ÜBERNACHTUNG UND ESSEN

Seascape, Pinfold Hill, Laxey, ✆ 07624-484634, 🖥 www.platinum-retreats.com. Dieses moderne Haus mit herrlicher Aussicht bietet „Platinum Retreats" – nicht billig, aber garantiert erholend. Frühstück auf dem eigenen Balkon (wenn das Wetter mitspielt), Abendessen möglich. ❻

Laxey's Diner, Mines Rd., Laxey. Essen, einfach und ohne Schnörkel, zu bezahlbaren Preisen – Haute Cuisine wird man hier auch nicht erwarten, oder? ⏲ tgl. 10–18 Uhr.

Snaefell Summit Café, Snaefell. Das Café auf dem höchsten Berg der Insel bietet durchaus hohen Durchschnitt an kleinen Gerichten, Snacks und Kaffeegedecken. ⏲ zwischen erster und letzter Tram.

EINKAUFEN

Direkt neben dem Post Office zwischen dem Bahnhof und der New Rd/A2 befindet sich ein kleiner Buchladen für **Transport Books** – in der Saison tgl. öffnet sich hier eine wahre Schatzkammer für den Eisenbahnfreund.

Die **Laxey Woollen Mills** in der Glen Rd., 🖳 www.laxeywoollenmills.com, sind für Wollfreunde einen Besuch wert, hier kann man auch Knäuel zum Selberstricken vom Loaghtan kaufen. ⊕ Mo–Sa 9–17 Uhr.

TRANSPORT

Nach Norden (RAMSEY) mit Buslinien 3, 16 oder der Manx Electric Railway.
Nach Süden (DOUGLAS) mit Buslinien 3, 13 oder der Manx Electric Railway.
Nach Westen (SNAEFELL) mit der Snaefell Mountain Railway.

Ramsey und der Inselnorden

Ganz ehrlich? Aufregend ist anders … Die mit rund 7500 Einwohnern zweitgrößte Stadt der Isle of Man ist zwar ein nettes Örtchen, aber nicht unbedingt das touristische Aushängeschild. Die meisten Menschen kommen hier an, weil es eben die Endhaltestelle der Manx Electric Railway ist. Wobei es kurioserweise die Bahn nicht einmal bis zum Bahnhof schafft, sondern an einem Haltepunkt in Sichtweite die Fahrt been-det. Danach sieht man sich um, ein Spaziergang durch die Ortsmitte ist in einer halben Stunde bequem möglich, nimmt den Zug zurück. Denn trotz einiger pittoresker Ecken (Felton's Iron-mongers in der Parliament Street ist ein beliebtes Fotomotiv) und künstlerischer Anklänge an das Wikingererbe sind die Sehenswürdigkeiten knapp bemessen – es sei denn, man wagt sich ins Hinterland.

Grove Museum of Victorian Life

Wer die viktorianische Periode wirklich anschaulich erleben will, der ist im Grove Museum, Andreas Rd., Ramsey, 🖳 www.manxnational heritage.im, richtig. Das ehemalige Wohnhaus der Familie Gibb ist eine kleine Zeitkapsel der viktorianischen Epoche und des frühen 20. Jhs., voll von zeitgenössischen Details. Auch der schön erhaltene, zeittypische Nutz- und Ziergarten ist sehenswert. ⊕ April–Okt 10–16 (Hochsaison 17) Uhr, Eintritt 6 £.

Mooragh Park

Dieses große Gelände nördlich der Mündung des Sulby und des Hafens von Ramsey ist gezielt als Freizeitpark angelegt. Komplett mit einem rund 50 000 m² großen See für (relativ) gefahr-

---

Schwanzlos oder mehrfach gehörnt – Tierwelt der Isle of Man

Wenn man die absoluten Exoten auf der Insel erwartet, folgt die Enttäuschung nicht auf dem Fuße. Dafür sorgen einige Dutzend **Wallabys**. Die kleinen Kängurus sind irgendwann aus dem Curraghs Wildlife Park ausgebüxt und fühlen sich im Inselklima pudelwohl. Richtig einheimisch sind sie zuge-gebenermaßen nicht, aber als sesshaft gewordene Immigranten darf man sie schon bezeichnen.

Ebenfalls Immigranten sind wohl die Schafe der Gattung **Loaghtan** (wörtlich „Mausbraune"), von skandinavischen oder schottischen Migranten vor vielen Jahrhunderten auf die Insel geschleppt. Die dunkle, weiche Wolle und das wohlschmeckende Fleisch sind heute wieder in Mode, die um 1950 fast ausgestorbenen Loaghtan wurden gezielt gezüchtet. Und fallen auf: Vor allem die Böcke weisen in der Regel vier, in einigen Fällen sogar sechs prachtvolle Hörner auf. Nicht unbedingt Vertrauen erweckend, wenn man ihnen gegenübersteht.

Haben die Loaghtan eine Extraportion, so sind die **Manx-Katzen** kürzer gekommen. Hintenrum. Denn die „Stumpies" haben nur einen Stummelschwanz, die „Rumpies" gar keinen … eine genetische Mutation, auch wenn von Noahs zu früh zugeschlagener Archentür bis zu rücksichtslos rasenden Motorradfahrern sich eine ganze Erklärungs-Folklore um die agilen Mäusejäger entwickelt hat. Mittlerweile wurde der Genpool der Felidae aber durch schwanztragende Immigranten wieder aufgefrischt – man muss die Manx schon richtig suchen!

Und wo sieht man die Tiere nun? Mit Glück bei Wanderungen, oder links und rechts der Bahn-strecken, nur die Augen muss man offenhalten.

---

losen Wassersport; Kanus, Kajaks und Segelboote kann man mieten. Ruhig ist es selten, dafür sorgen Skater und BMX-Jünger, aber man kann immer etwas zum Zuschauen finden. Auch nachts – der Park ist eine der zahlreichen Dark Skies Sites (Plätze ohne Licht-Smog) auf der Insel, ideal für Himmelsbeobachtungen, und besonders für die hier gelegentlich zu beobachtenden Nordlichter bekannt.

Point of Ayre

Rund 10 km von Ramsey ist der nördlichste Punkt der Insel – nicht an das Busnetz angebunden – von einmaliger Isolation. Von hier sind es nur noch 26 km bis nach Burrow Head in Schottland, die kürzeste Entfernung der Insel zu irgendeinem Nachbarn. Und die Heimat des Point of Ayre Lighthouse, ältester Leuchtturm auf der Isle of Man, an imposanter Stelle 1818 von Robert Stevenson gebaut – Opa des Schatzinsel-Autors Robert Louis Stevenson. Zusammen mit dem kleineren „Winkie"-Leuchtturm und dem gigantischen Nebelhorn ein sehenswertes Arrangement. Bei Nebel sollte man allerdings nicht in der Nähe des Letzteren stehen, wenn man anschließend noch etwas hören möchte. Der Point of Ayre ist über Bride auf der A16 erreichbar, oder eben auf dem Küstenwanderweg.

Isle of Man Motor Museum

Hier riecht es nach Metall und Maschinenöl, denn das Museum in Jurby, 🖥 www.isleofmanmotormuseum.com, widmet sich ganz und gar dem fahrbaren Untersatz. Von einem Dampfwagen aus dem Jahr 1903 über Staatskarossen bis hin zu britischen Zeitmaschinen – DeLorean mit Rechtslenkung, nur 16 wurden gebaut. Und neben Lastwagen und Feuerwehren natürlich Motorräder in Massen, mehr als 200 von ihnen. ⏰ April–Sep Do–Di 10–17 Uhr, Eintritt 12,50 £.

Feste feiern auf der Isle of Man

Wegen der kurzen Wege kann das gesamte Kulturleben der Insel eigentlich von jedem Standort aus genossen werden. Hier also einfach eine chronologische Auflistung, wobei Einträge ohne Ortsangebote „mobile" Festivitäten darstellen:

CAMRA Isle of Man Beer & Cider Festival (Anfang April): Präsentation der traditionellen Durstlöscher für die Kenner, 🖥 www.iombeerfestival.com.

Easter Festival of Plays (Ostern): Amateur-Theaterfestival im Gaiety Theatre von Douglas, sieben Tage im Rampenlicht, 🖥 www.madf.im.

Oie Voaldyn (Anfang Mai): Das Feuerfestival von Peel beschwört die Geister der Wikinger, aber in familienfreundlicher Weise, 🖥 www.peelonline.net.

TT Races (Ende Mai/Anfang Juni): Motorradrennen bis zum Abwinken, 🖥 www.iomttraces.com.

Longest Day Longest Ride (Mittsommer): Fahrradfahren für die ganz Harten, 24 Stunden Ausdauer sind gefragt, 🖥 www.ldlr.im.

Parish Walk (Mittsommer): Wanderer besuchen binnen 24 Stunden alle Kirchspiele der Insel, eine Strecke von 137 km, 🖥 www.parishwalk.com.

World Tin Bath Championships (Anfang Juli): Regatta in Castletown, bei der statt schnittiger Rennboote ausgediente Badewannen zum Einsatz kommen, 🖥 www.castletown.org.im.

Tynwald Day (5. Juli): Das gesamte Parlament und die Richter der Insel („Deemster") treffen sich auf dem Tynwald Hill und verkünden neue Gesetze, 🖥 www.tynwald.org.im.

World Championship Viking Longboat Races (Mitte/Ende Juli): Seit 1963 kämpfen hier moderne Wikinger in „Langschiffen" (der Begriff ist dehnbar) um den Weltmeistertitel, 🖥 www.facebook.com/PeelVikingLongboats.

Royal Manx Agricultural Show (Anfang August): *Der* Termin im Kalender eines jeden Landmannes, zwei Tage Trubel rund um Trecker und Nutzvieh, 🖥 www.royalmanx.com.

Isle of Man Food & Drink Festival (Mitte September): Vom Fisch bis zum Gemüse und noch viel mehr, lecker präsentiert in Douglas' Villa Marina Gardens, 🖥 www.iomfoodanddrink.com.

Jurby Transport Museum

Das andere Fahrzeugmuseum in Jurby, 🖥 www.jtmiom.im, in dem der Schwerpunkt mehr auf „Brot und Butter" denn auf schnellen und schicken Exemplaren liegt. Besonders beeindruckend in dem ehemaligen Flugzeughangar sind die alten Lastwagen, eine Straßenbahn und mehrere Doppeldeckerbusse. ⏱ Ostern–Okt Di, Sa, So 10–16 Uhr, Eintritt frei (Spende von 2 £ erbeten).

Curraghs Wildlife Park

An der Hauptstraße von Ramsey nach Peel liegt dieser kleine Tierpark, 🖥 www.curraghswildlifepark.im, der vor allem Familien mit Kindern anzieht. Sensationell ist die Auswahl der hier lebenden Tiere nicht, aber dennoch kann sich ein Besuch lohnen – zu sehen sind neben den alten Favoriten Pinguin, Erdmännchen und Lemuren auch Luchse, Fischkatzen und Rote Pandas. Plus Wallabys – von denen sich allerdings schon einige in die freie Natur abgesetzt haben. Und wer von Eisenbahn noch nicht genug hat: Im Park dreht eine beeindruckende Miniatureisenbahn des Manx Steam and Model Engineering Club ihre Runden. ⏱ Ostern–Okt tgl. 10–18 Uhr, Eintritt 9,50 £.

Ramsey Park Hotel, Park Rd., Ramsey, 📞 01624-818123, 🖥 www.classiclodges.co.uk/ramsey-park. Modernes Hotel nahe der altmodischen Promenade, Komfort direkt am Meer mit Restaurant und Piano Bar (sehr günstiger Mittagstisch für 13 £ für 2 Pers). ➌–➍

Jean Pierre's Bistro, Court Row, 🖥 www.jeanpierresbistro.com. Ein Hauch Frankreich, in einem modern eingerichteten Restaurant. Empfehlenswert ist die mit heimischem Käse verfeinerte Fish Pie vom Lunchmenu, mit £ 12,50 auch noch bezahlbar. ⏱ Mi–Sa 12–14 und 18.30–21, So 12–15 Uhr.

The Mad Hatter, Victoria Buildings, 54 Parliament St. Eine „Cake Boutique", die den Nachmittagskaffee zum Erlebnis werden lassen kann, aber auch kleine Snacks serviert. ⏱ Mo–Do 9–16, Fr, Sa 9–17, So 10–16 Uhr.

Wer viel nördlich von Ramsey unterwegs sein will, muss ein Auto haben, zu Fuß gehen, oder sich ein robustes **Fahrrad** bei **Outdoor Ramsey**, 🖥 www.outdoorsramsey.co.uk, mieten. Mit 12 £ pro Tag inkl. Helm und Schloss kein wirklich teures Vergnügen.

Nach Süden (LAXEY, DOUGLAS) mit Buslinien 3, 13, 16 oder der Manx Electric Railway.
Nach Südwesten (PEEL) mit Buslinien 5, 6.

Peel

Mit etwas über 5000 Einwohnern ist Peel die drittgrößte Stadt auf der Isle of Man, in kontinentaleuropäischen Maßstäben ein Dorf, mit malerischem Ortsbild und einer fantastischen Aussicht nach Irland. Wenn das Wetter mitspielt. Wenn nicht, dann erforscht man die historischen Wurzeln des Ortes, die trutzige Festung am Meer, die Inselkathedrale, auch Museen locken. Und mit viel Glück sieht man sogar den Stolz der heimischen Automobilindustrie: Der Peel P50, das kleinste je in Serie gebaute Auto, wurde von einem DKW-Mopedmotor angetrieben und hatte statt eines Rückwärtsgangs einen Griff zum manuellen Wenden des nur 56 kg schweren Fahrzeugs für (laut Werbung) „eine Person und eine Einkaufstasche", 🖥 www.peelcars-p50.co.uk.

Peel Castle

Eine richtige „Wikingerfestung" ist die Burg von Peel, St. Patrick's Isle, 🖥 www.manxnationalheritage.im, nicht. Ihre ersten Fundamente gehen auf einen Ritualplatz aus keltische Zeiten zurück, dann errichteten die Nordmänner an dieser exponierten Stelle eine Holzbefestigung, die meisten steinernen Ruinen heute gehen jedoch auf spätere Jahrhunderte zurück. Inklusive der imposanten, aber dachlosen alten Kathedrale St. German's. Die nichts mit heiligen Germanen am Hut hat, sondern nach dem Heiligen German von Man, einem keltischen Missionar, benannt wurde. Wer genug von den Ruinen hat, genießt den Ausblick auf das Meer, komplett mit Robben und gelegentlichen Riesenhaien. ⏲ Mai–Okt tgl. 10–17 (Sep/Okt 16) Uhr, Eintritt 6 £.

House of Manannan

Die verworrene Geschichte von Burg, Ort und Isle versucht das House of Manannan in der Mill Rd., 🖥 www.manxnationalheritage.im, dem Besucher zugänglich zu machen. Komplett mit einem Langschiff, dessen Wikingercrew sich buchstäblich teilweise im Außenbereich zu schaffen macht – ein Recke steckt halb in der Glaswand!. Überhaupt ist die raue See im Haus des Meeresgottes zentrales Thema, vom Fischer bis zum Segelmacher kommen die Männer des Meeres zum Zuge, selbst einige Schmuggler findet man. Und Erholung danach im museumseigenen Café. ⏲ tgl. 10–17 Uhr, Eintritt 10 £.

Leece Museum

Ein ganz anderes Museumskonzept verfolgt das Leece Museum, The Old Courthouse, East Quay – hier handelt es sich um ein klassisches Heimatmuseum (wozu auf der Isle of Man auch eine beachtliche Motorradsammlung gehört). Ins Leben gerufen wurde diese kommunale Einrichtung 1984 durch den pensionierten Schuldirektor Eddie Leece. Die Ausstellung zeigt einen bunten Fundus von Bildern, Dokumenten und Artefakten, nicht unbedingt nach neuesten museumspädagogischen Erkenntnissen aufbereitet. ⏲ Di–Sa 10–16 Uhr, Eintritt frei (Spende erbeten).

St. German's Cathedral

Die relativ hell, modern und aufgeräumt wirkende Inselkathedrale, Derby Rd., 🖥 www.cathedral.im, wurde Mitte des 19. Jhs. als Gemeindekirche errichtet und 1980 zur Bischofskirche erhoben. Sie ist einen Blick wert, die besten Einblicke bietet allerdings eine informative Führung (Anfragen unter ✆ 01624-844830). Der neu gestaltete Garten der Kathedrale erzählt die Geschichte des Christentums auf der Insel. ⏲ tgl. 9–18 Uhr.

Tynwald Hill

Hier lässt sich, etwas außerhalb Peels, der Hauch der Geschichte spüren: Auf den ersten Blick ist der stufige Hügel an der Main Road,

St. John's, nichts Besonderes. Aber: Hier sieht man den ursprünglichen Tagungsort des Inselparlaments Tynwald, eben eine Thingstätte. Oder besser ein Thingwald, denn das war die Bedeutung des altskandinavischen Wortes Þingvǫllr. Viel Wald ist nicht zu sehen, aber eine Art grasbewachsene Terrasse. Die eventuell einen Grabhügel unter sich birgt, aber spätestens seit dem frühen 15. Jh. für Staatsgeschäfte genutzt wird. Bis heute, denn am 5. Juli (oder dem Montag danach, das Wochenende ist heilig) trifft sich hier das Parlament mit den Juristen und dem Volk, neue Gesetze werden bekanntgegeben. Und ein Volksfest startet. Die ganze Geschichte erzählt sehr anschaulich das **Culture Vannin Tynwald & Cultural Exhibition Centre** in unmittelbarer Nähe, 🖥 www.culturevannin.im, ⏲ wochentags 9.30–16.30 Uhr, Eintritt frei (Spende willkommen). Für den waldigen Zusammenhang sorgt der nahe **Tynwald National Park & Arboretum**, auf über 100 000 m² wird die heimatliche Baum- und Pflanzenwelt in geballter Form präsentiert.

ÜBERNACHTUNG UND ESSEN

Aalin View B&B, 6 Peveril Rd., Peel, ✆ 01624-843740, 🖥 www.aalinview.co.uk. Klassisches B&B in einem viktorianischen Haus, einfühlsam und mit einem Auge auf Komfort renoviert. Sehr gutes Frühstück und Garten mit Blick auf die Burg! ❸–❹
Boatyard Restaurant, Mariners Wharf, East Quay, Peel. Bistro-artiges Restaurant mit ausgezeichneten Gerichten rund um Fisch und Muscheln – am Abend unbedingt reservieren. ⏲ Di–So 9.30–12 (Café), Di–Sa 12–14 und So 12–16 (Lunch), Di–Sa 17.45–21 Uhr (Dinner).
Cod and Castle, 16 Shore Rd., Peel. Fisch, fangfrisch, mit gerade kleingeschnittenen Chips. Ursprünglicher geht es nicht, und die Portionen garantieren Sättigung. ⏲ tgl. 11.30–21 Uhr.

TRANSPORT

Nach Nordosten (RAMSEY) mit Buslinien 5, 6. Nach Westen (DOUGLAS) mit Buslinien 5, 6. Nach Süden (PORT ERIN, PORT ST. MARY, CASTLETOWN, RONALDSWAY AIRPORT) mit Buslinien 4C, 4R, 8, 8R.

ISLE OF MAN

Port Erin und Port St. Mary

Die benachbarten kleinen Hafenorte im Südwesten der Isle of Man sind Erholung pur – nicht nur, weil sie weitab der TT-Strecke liegen. Sondern vor allem, weil man mit wenigen Schritten am Meer ist oder auf den Klippen hoch über demselben. Frische Luft ist hier Programm, unausweichlich. Und so manche beschauliche Ecke lädt dazu ein, einfach mal die Seele baumeln zu lassen. Selbst dieses abgegriffene Klischee bekommt etwa beim Blick vom Milner's Tower eine Erfrischungskur.

Cregneash

Das gute, alte Landleben live erleben – dies ist in Cregneash möglich, einem kleinen Bauerndorf, 🖳 www.manxnationalheritage.im. Besucher können in die Häuser hineinschauen, durch die Gärten wandeln und in der Umgebung am **Meayll Hill** sogar ein Steinzeitgrab entdecken. Tierwelt inklusive, hier sind Manx Cats und Loaghtan-Schafe zu Hause. Ein sehr gutes Café ist zur Erholung ebenfalls vorhanden, die Afternoon Teas lohnen sich. Achtung aber: Trotz aller Besucherfreundlichkeit ist festes, eher unempfindliches Schuhwerk angebracht. ⏱ April–Okt tgl. 10–16 (Sommer 17) Uhr, Eintritt 6 £. Teilweise hat man von Cregneash auch einen hervorragenden Blick auf die vorgelagerte Insel **Calf of Man**.

Bradda Glen und Milner's Tower

Wer in Port Erin eher mit Weitblick wandern will, für den gibt es nur ein Ziel – den Milner's Tower. Dieses Dankbarkeitsmonument mit der Optik einer Disney-fizierten Raubritterburg wurde 1871 auf dem 116 m hohen Bradda Head errichtet. William Milner war seiner Zeit ein bekannter Philanthrop, der sein Vermögen mit Panzerschränken machte. Sieht man genau hin, mag man in der Turmarchitektur auch Schloss und Schlüssel erkennen. Vor diesen optischen Genuss hat die Natur aber einen etwas längeren Fußmarsch gesetzt, von Port Erin aus geht es, der Beschilderung folgend, durch das wildromantische Bradda Glen immer bergauf. Faule seien getröstet, Klippe und Turm sind auch vom Strand aus gut zu sehen. Von der Klippe selbst allerdings kann man bei gutem Wetter Nordirland sehen.

Isle of Man Steam Railway Museum

Am Endhaltepunkt der Dampfbahn, Station Rd., Port Erin, 🖳 www.gov.im, wurde in den ehemaligen Wagenhallen ein ansehnliches Museum eingerichtet. Hier kann man in Bildern, Dokumenten und Artefakten alles Wissenswerte über die Isle of Man Steam Railway erfahren. Und auch Großgerät sehen, denn zwei Lokomotiven und einige Waggons stehen im Depot. ⏱ März–Okt tgl. 9.30–16.30 Uhr, Eintritt 2 £.

Breagle Glen B&B, St Mary's Rd., Port Erin, ✆ 01624-834614. B & B im Bungalow – nicht besonders aufregend, aber günstig gelegen und freundlich. ❸

Falcon's Nest Hotel, Station Rd., Port Erin, ✆ 01624-843077, 🖳 www.falconsnesthotel.co.uk. Etwas altmodisches, aber komfortables und vor allem sehr schön gelegenes Hotel, komplett mit Pub und Restaurant im Haus. ❸–❹

The Fish House, 1 Station Rd., Port St Mary, 🖳 www.thefish-house.co.uk. Fischladen mit einfachen Restaurant und Sandwichbar, neben Außenbordkameraden wird auch eigener Schinken angeboten. ⏱ Di–Fr 8–17, Sa 8–16, So 9–14 Uhr.

🏵 **The Sugarloaf Café**, Bay View Rd., Port St. Mary, 🖳 www.sugarloaf.im. Kleines, aber feines Café mit allem, was der Besucher braucht – Frühstück, Lunch, Kaffee, und dazu der „Cinema Club". Auf lokale, saisonale Zutaten wird besonders geachtet. ⏱ saisonal unterschiedlich, in der Hauptsaison tgl. 7.30–17 Uhr.

Whistlestop Coffee Shop, Railway Station, Port Erin. Kleines Café-Restaurant im alten Bahnhof. Günstige Suppen-Sandwich-Combos und das leckere „Fireman's Lunch" sorgt für Stehvermögen. ⏱ tgl. 9.30–16 Uhr.

Mit dem **Motorboot Shona**, 🖳 www.facebook. com/Shona-Boat-Trips-From-Port-Erin-4072306 46132188, lässt sich die maritime Umgebung von

ISLE OF MAN

Railway Rambles – Bahn-Wandern

- ■ **Strecken**: von 4 bis 20 km
- ■ **Dauer**: eine Stunde bis Tageswanderung
- ■ **Zeitpunkt**: April bis Oktober
- ■ **Wegbeschaffenheit**: durchweg recht gut
- ■ **Ausrüstung**: gute Wanderschuhe und wetterfeste Kleidung, bei Wanderung auf den Snaefell sind Stöcke hilfreich
- ■ **Info**: 🖥 www.visitisleofman.com

Von kleinen Touren „zwischendurch" bis hin zur Besteigung des Snaefell und dem Weitermarsch auf den Millennium Way über Sky Hill nach Ramsey … Diese ausgeschilderten Wege bieten Wanderspaß für alle Fitnessstufen und Zeitfenster. Das Praktische dabei: Alle Strecken sind mit der Bahn erreichbar und führen auch wieder zu einer

Bahnstation. Nun muss nur noch eine ausgesucht werden:

Baldrine nach Laxey via Axnfell und Glen Roy 5 km moderate Strecke durch ruhige Landschaften, mit dem Great Laxey Wheel als Ziel.

Ballaglas Glen nach Glen Mona via Port Cornaa 4,8 km moderate Strecke durch eines der schönsten Täler und vorbei an einer versteckten Höhle.

Ballasalla nach Grenaby via Rushen Abbey und Silverdale Glen 11,7 km einfache Strecke, dem Fluss durch Farmland und an historischen Ruinen vorbei folgend.

Ballasalla nach Port Grenaugh via Castletown und Derbyhaven 16,2 km moderate Strecke mit historischen Stadtlandschaften, Stränden und entlang dem Fluss und Meer.

Wandern auf der Isle of Man – ein ewiges Auf und Ab

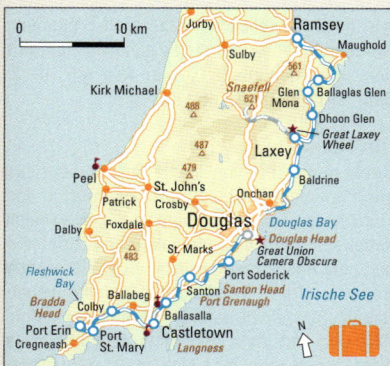

Ballure Reservoir und Wald mit Albert Tower und Ramsey Rundwanderung von 5,6 km Strecke („moderat"), manchmal matschig, aber mit tollem Ausblick.

Castletown mit Halbinsel Langness 11,6 km als einfach eingestufte Rundwanderung, mit historischen Gebäuden und reichlich Seevögeln.

Castletown mit Scarlett und Pooil Vaaish Eine weitere einfache Rundwanderung von 9,6 km, vorbei an faszinierenden Steinformationen, einem alten Steinbruch, und einem echten Wikingergrab.

Colby Station nach Colby Level Halt via Colby Glen und Cronk-e-Dhooney Knapp 6 km durch Täler, landwirtschaftliche Gebiete und am Fluss entlang, eine einfache Wanderung.

Dhoon Glen nach Laxey via Ballaragh, King Orry's Grave und Agneash Durch ein langes, aber nie langweiliges Tal geht es an einer prähistorischen Stätte vorbei zum Great Laxey Wheel, 9,65 km Strecke mit Einstufung „moderat".

Glen Mona nach Laxey Village via Snaefell Mines, Laxey Valley und Agneash Auf den Spuren der Bergleute zieht sich dieser anstrengende Weg 9 km durch die Bergwelt.

Glen Mona nach Ramsey via Maughold Village und Brooghs Eine anstrengende Wanderung von 11,2 km auf Klippenpfaden und an prähistorischen Stätten vorbei.

Laxey nach Ramsey via Agneash, Snaefell und Sky Hill 20 anstrengende Kilometer über den Gipfel, aber bei gutem Wetter mit spektakulärem Ausblick bis hin nach Schottland, England, Wales und Irland. Achtung: Diese Wanderung ist an Renntagen wegen des Verbots der Straßenquerung unmöglich!

Port Erin nach Fleshwick Bay via Bradda Glen und Bradda Head 7,5 km langer, als moderat eingestufter Rundkurs hinauf zum Milner's Tower.

Port Soderick Station nach Douglas Head via Port Soderick Glen und Marine Drive Einfache Wanderung von 7,4 km mit einigen der schönsten Küstenlandschaften der Insel ... und der alten Camera Obscura.

Port St. Mary nach Port Erin via The Chasms und Cregneash 8 km auf einer moderat eingestuften Strecke geht es über Klippen und an einem Museumsdorf vorbei.

Port St. Mary nach Port Erin via The Sound Eine ebenfalls moderat eingestufte, aber mit 12,2 km längere Strecke zwischen den alten Hafenstädten, mit guten Chancen zur Beobachtung von Meeresvögeln und -säugern.

Santon Station nach Santon Head via Glen Grenaugh und Port Grenaugh Einfacher Rundkurs von 11 km, unberührte Natur, Farmland und die prähistorische Festung Cronk ny Merriu sind die Highlights.

Volldampf zum nächsten Ziel

© BERND BIEGE

Port Erin bequem erkunden – inkl. Landaufenthalt auf dem Calf of Man. Auch die Bradda Mines unter den Klippen sind nur auf diese Art wirklich zu sehen. Kosten ab 20 £.

TRANSPORT

Nach Norden (PEEL) mit Buslinien 4R, 8R. Nach Nordosten (CASTLETOWN, RONALDSWAY AIRPORT, DOUGLAS) mit Buslinien 1, 2, 11, 12 oder der Steam Railway.

Castletown

Was erwartet man in einem Ort, der die Burg schon im Namen hat? Stimmt, und die alte Burg findet man auch schnell, genau in der Ortsmitte. Der Eingang zu ihr liegt dann schon versteckter. Wie sich auch viele Sehenswürdigkeiten eher bedeckt halten, denn Leuchtreklame und auffällige, marktschreierische Wegweiser sind hier nicht so das Ding. Eher ein gemächliches Tempo, denn allein das Flanieren im kleinen Ortskern ist schon eine Attraktion für sich. Man mag es dann auch kaum glauben, dass Castletown in alten Tagen einmal die Hauptstadt der Isle of Man war. Und den Verbrechern der Insel einen unfreiwilligen Aufenthaltsort bot. Letztere wurde man aber schon lange los, erst an Douglas, dann an Jurby.

Castle Rushen

Angeblich ist Castle Rushen, die namensgebende Burg von Castletown und folgerichtig in der Castle Street, 🖥 www.manxnationalheritage. im, eine der am besten erhaltenen mittelalterlichen Festungen auf den britischen Inseln. Darüber kann man vielleicht streiten, die ursprüngliche Bausubstanz ist allerdings wirklich noch deutlich erkennbar und seit dem 17. Jh. eigentlich nicht mehr verändert worden. Sodass Burgbesucher nicht nur einen sehr gut angelegten und informativen Rundgang vorfinden, sondern diesen auch über steile, enge Treppen meistern müssen. Der Lohn ist ein Einblick in die Geschichte der Burg, komplett mit lebensgroßen Tableaus von feudalen Festen bis zu im Gefängnis einsitzenden renitenten Bischöfen. Den

herrlichen Ausblick auf Stadt und Umgebung von den zinnenbewehrten Festungsmauern darf man auch genießen. ⏰ Mai–Aug tgl. 10–17, Sep/Okt 10–16 Uhr, Eintritt 8 £.

Old House of Keys

Direkt gegenüber von Castle Rushen liegt das alte Parlament der Insel, zurückversetzt in der Zustand von 1866, Parliament Ln, 🖥 www.manx nationalheritage.im – damals war Castletown noch die Hauptstadt der Insel. Begrüßt werden Besucher durch den Sekretär im historischen Kostüm, der einen dann in die heiligen Hallen führt und dort Platz nehmen lässt. Und wer es nicht lassen kann, mag sich an einer der „laufenden" Debatten beteiligen. Etwa zum Thema „Wahlrecht für Frauen?" Clever erdachte Multimedia-Technik lässt einen mitten drin im Geschehen sein. ⏰ „Debatten" April–Okt tgl. 11, 13.45 und 14.45 Uhr, Eintritt 6 £.

Nautical Museum

Das kleine, aber feine Marinemuseum in der Bridge St., 🖥 www.manxnationalheritage.im, beschäftigt sich vor allem mit Captain George Quayle, seinem Bootshaus und der darin lange vergessenen bewaffneten Yacht „Peggy". Wahrscheinlich der älteste erhaltene Schoner der Welt, 1789 privat gebaut und mit sechs Kanonen versehen. Auch das kuriose Leben des Politikers, Bankers und Erfinders Quayle ist ein eigenes Museum wert. ⏰ April–Okt tgl. 10–16 Uhr, Eintritt 6 £.

Manx Aviation and Military Museum

Hoch hinaus geht es dagegen im privat betriebenen Luftfahrtmuseum neben dem Ronaldsway Airport, 🖥 www.maps.org.im. Zumindest theoretisch, denn das einzige Großgerät ist ein mobiles Flugabwehrgeschütz, sonst warten Dokumente, Bilder und einige Artefakte. Kein „must see" für den Inselbesucher, aber interessant für an Fliegerei und Militär interessierte Menschen. ⏰ Sommer tgl. 10–16.30 Uhr, andere Monate nur Sa/So (aktuelle Auskunft unter ☎ 01624-829294), Eintritt frei.

Rushen Abbey

König Olaf oder genauer Óláfr Guðrøðarson spendierte den Mönchen der Congrégation de

ISLE OF MAN

Savigny ein Kloster, das aber bald als Rushen Abbey, Mill Rd., Ballasalla, 🖵 www.manxnationalheritage.im, unter die Fuchtel der Zisterzienser kam. Das Kloster wurde im 16. Jh. aufgelöst, und im 19. Jh. wollte die Inselregierung hier ein Heim für psychisch Kranke einrichten. So die kurze Geschichte dieses fast wie eine Festung wirkenden Bauwerks. Seit vielen Jahrzehnten ist es allerdings eher als Ausflugsziel bekannt und beliebt, Tanz-Tee und Disco waren statt stiller Kontemplation und Gebet gefragt. Dies alles kann man in teils interaktiven, familienfreundlichen Ausstellungen nachvollziehen, vor allem Kinder dürfen am „Monky Business" (ein nicht sehr guter Kalauer) teilhaben. ⏱ April–Okt tgl. 10–16 (Juni–Aug 17) Uhr, Eintritt 8 £.

ÜBERNACHTUNG

Sefton Express, Ronaldsway Airport, ✆ 01624-697070, 🖵 www.seftonexpress.co.uk. Günstiges und günstig gelegenes, modernes Hotel am Flughafen, ohne viel Charakter und Schnörkel, aber als Basis für Autotouren geeignet. Relativ günstiges Restaurant-Bistro im Haus. ❷–❹
The George Hotel, 1 The Parade, Castletown, ✆ 01624-822533, 🖵 www.georgehotel.im. Zentraler geht es nicht, vom Hoteleingang fällt man fast in den Burggraben. Wer dieses Risiko nicht eingehen will, wird mit Bar und Restaurant im recht komfortablen Haus zufriedengestellt. ❹

ESSEN

Mustang Sally's American Diner, 4 Arbory St., Castletown. So, wie man sich einen typischen Diner der „guten alten Zeit" in den USA vorstellt … Jukebox inbegriffen. Burger, Hot Dogs, Chips, aber alles durchaus appetitlich. ⏱ Di–Fr 15–21, Sa 12–21, So 12–20 Uhr.

The Abbey, Rushen Abbey, Ballasalla, 🖵 www.theabbey.im. Hervorragendes Restaurant direkt an der historischen Abtei, der Schwerpunkt der Speisekarte liegt auf saisonalen Produkten aus regionalem Anbau, Züchtung oder Fang. Der traditionelle Afternoon Tea (22,50 £ p. P.) ist eine Sünde wert. ⏱ Mi–So Lunch ab 12, Dinner ab 18.30 Uhr, Afternoon Tea Mi–Fr 12–15.30, Sa 12–17 Uhr, So nur nach Vereinbarung (Reservierung zu allen Mahlzeiten unbedingt empfohlen, ✆ 01624-822393).

Whitestone Inn, Station Rd., Ballasalla. Traditioneller, familienfreundlicher Pub mit einem sehr beliebten Mittagstisch – es kann schon mal eng werden. Zumal die Speisekarte mit z. B. Schafskäse-Ciabatta etwas über das übliche „Pub Grub" hinausgeht. ⏱ tgl. 12–23, warme Küche Mo–Sa 12–14 und 17–20 (Fr, Sa 21), So 12–20 Uhr.

SONSTIGES

Autovermietungen
Mehrere Autovermietungen haben einen Sitz am Flughafen Ronaldsway:
Athol Car Hire, 🖵 www.athol.co.im.
Isle of Man Rent a Car (Vertretung von Europcar, Hertz, National und Thrifty), 🖵 www.iomrac.com.
Mylchreests Car Hire (Vertretung von Avis und Budget), 🖵 www.mylchreests.com. Reservierung ist auf jeden Fall angeraten, allein der meist besseren Preise und garantierten Verfügbarkeit wegen.

Fahrradverleih
Wer am Flughafen ankommt und direkt losstrampeln will, kann sich bei **Outdoor Ramsey**, 🖵 www.outdoorsramsey.co.uk, ab 12 £ pro Tag ein Mountainbike mieten. Die Lieferung schlägt allerdings mit weiteren 20 £ zu Buche.

Informationen
Die **Flughafeninformation** im Terminal des Ronaldsway Airport, ✆ 01624-821600, fungiert auch als Touristeninformation und Verkaufsstelle für Explorer Cards.

TRANSPORT

Nach Westen (PORT ERIN, PORT ST. MARY) mit Buslinien 1, 2, 11, 12 oder der Steam Railway.
Nach Nordwesten (PEEL) mit Buslinie 4C.
Nach Nordosten (RONALDSWAY AIRPORT, DOUGLAS) mit Buslinien 1, 2, 11, 12 oder der Steam Railway.

Anhang

Sprachführer	602
Glossar	605
Bücher	608
Filme	610
Index	612
Bildnachweis	622
Impressum	623
Kartenverzeichnis	624

ANHANG

Sprachführer

In der Regel kommen Besucher in Irland mit Schulenglisch gut zurecht. Selbst wer holpriges Englisch spricht, wird dafür Lob ernten. Zwar ist Irisch nominell die erste Landessprache, doch nur ein verschwindend geringer Teil der Bevölkerung spricht Irisch im Alltag. Von Besuchern werden Irischkenntnisse gar nicht erwartet, in Ausnahmesituationen können sie jedoch hilfreich sein, manchmal das Eis brechen.

Ausspracheregeln

Im **Irischen** werden dieselben Vokale wie im Deutschen verwendet, wobei **a, e, i, o** und **u** ähnlich wie im Deutschen und kurz ausgesprochen werden. Die Vokale mit Akzent (**á, é, í, ó** und **ú**) werden lang ausgesprochen. Dazu unterteilt man die Vokale in „schlanke" und „breite" Vokale, was wiederum die Aussprache der Konsonanten vor ihnen beeinflusst. Die schlanken Vokale sind **e, é, i** und **í**. Konsonanten im Irischen werden generell wie im Deutschen ausgesprochen, allerdings kommt es bei Häufungen von Konsonanten und in bestimmten Stellungen zu interessanten Ausnahmen:

bh	wird ausgesprochen wie „v"
bhf	wird ausgesprochen wie „w"
c	wird immer als „k" gesprochen
ch	wird wie im Deutschen ausgesprochen
d	wird vor einem breiten Vokal als „d" gesprochen, vor einem schlanken Vokal eher als „dsch"
mh	wird ausgesprochen wie „w"
s	wird vor einem breiten Vokal normal ausgesprochen, vor einem schlanken Vokal und am Ende eines Wortes als „sch"
t	wird vor einem breiten Vokal normal ausgesprochen, vor einem schlanken Vokal als „tsch"
th	kann als „t" oder „h" gesprochen werden, je nach Wort – am Ende eines Wortes wird es jedoch gar nicht ausgesprochen.

Etwas Irisch für Touristen

Die folgende Aufstellung von Vokabeln und Redewendungen ist immer in der Reihenfolge Deutsch – Englisch – Irisch (ungefähre Aussprache) gehalten. In vielen Fällen ist keine irische Entsprechung angegeben, da ein Gespräch auf Irisch auf der Basis dieses sehr kurzen Sprachführers keinen Sinn macht und hier für Touristen immer die englische Sprache zu bevorzugen ist.

Eine Anmerkung zum „Elementaren": Auch wenn *Ta* und *Nil* als Ja bzw. Nein aufgeführt werden, eigentlich gibt es diese deutliche Bestätigung oder Ablehnung im Irischen gar nicht. Die Kurzformen sind modern, Traditionalisten lehnen sie ab. Wie auch die Iren generell sich selten zu einem klaren Ja oder Nein hinreißen lassen …

Elementares

Danke	Thank you	Go raibh maith agat (gɔ ra 'ma a'gətt)
Bitte? (als Nachfrage)	Sorry?	Ní thuigim. (ni: higim, wörtl. „Ich verstehe nicht.")
Bitte ... (als Aufforderung)	Please	Le do thoil (le dɔ holl, wörtl. „wenn Du willst")
Entschuldigung	I'm sorry	Gabh mo leithscéal (gɔv mɔ 'läschke:l, wörtl. „Das tut mir leid!")
Ja	Yes	Tá (ta:)
Nein	No	Níl (nil)

Begrüßungen, Verabschiedungen, Wünsche

Hallo!	Hello! Hi!	Dia duit (dia gutt, wörtl. „Möge Gott mit Dir sein!")
Wie geht's?	How are you?	Conas atá tú? (konas atɔ: tu:)
Wie heißen Sie?	What's your name?	Cad es ainm duit? (kɔd is änəm ditt)
Auf Wiedersehen! (formell)	Goodbye!	Slán leat! (slɔ:n lät, sagt der Gehende) oder Slán abhaile! (slɔ:n ä'wolle, sagt der Bleibende)
Tschüss!	Bye! See you!	Slán! (slɔ:n)
Prost!	Your health! Cheers!	Sláinte! (,slɔ:ntje)

Zahlen

Eins	One	Aon (ä:ən)
Zwei	Two	Dó (gɔ:)
Drei	Three	Trí (tri:)
Vier	Four	Ceathair (kähər)
Fünf	Five	Cúig (kuig)
Sechs	Six	Sé (sche)
Sieben	Seven	Seacht (schacht)
Acht	Eight	Ocht (ɔcht)
Neun	Nine	Naoi (näi:)
Zehn	Ten	Deich (dä)
Elf	Eleven	Aon déag (ä:ən de:jəg)
Zwölf	Twelve	Dó déag (gɔ: de:jəg)
Zwanzig	Twenty	Fiche (fəhə)

Hilfreiche englische Phrasen

Unterkunft

Haben Sie ein Zimmer für ... Person(en)?	Do you have a room for ... person(s)?
Wie viel kostet das Zimmer?	How much is the room?
Ist das Frühstück eingeschlossen?	Is breakfast included?
Darf ich/dürfen wir das Zimmer sehen?	May I/we see the room?
Ja, ich nehme/wir nehmen es.	Yes, I'll/we'll take it.
Nein danke, ich nehme/wir nehmen es nicht.	No, sorry, I/we won't take it.
Haben Sie noch andere Zimmer frei?	Do you have any other rooms free?
Auf welche Art kann ich bezahlen?	How can I pay?
Nehmen Sie Gutscheine/Kreditkarten?	Do you take vouchers/credit cards?
Könnte ich noch eine Decke bekommen?	Could I have an extra blanket?
Könnten Sie die Heizung abstellen/anstellen?	Could you turn the heating off/on?
Wo kann ich mein Auto parken?	Where can I park my car?
Wann/Wo servieren Sie Frühstück/Mahlzeiten?	When/where do you serve breakfast/meals?

Hinweisschilder

Entrance	Isteach	Eingang
Exit	Amach	Ausgang
Information	Eolais	Information
Toilets oder (vornehmer) Restrooms	Leithreas	Toiletten
Men, Gentlemen	Fir	Männer
Ladies	Mná	Frauen
Open	Oscailte	Offen
Closed	Dúnta	Geschlossen
Not in Use, Not in Service, Out of Service	As seirbis	Außer Betrieb
City Centre	An Lar	Stadtzentrum
Police (Nordirland)	Garda (Republik Irland)	Polizei

Verpflegung

Ich bin Vegetarier/ Veganer.	I am a vegetarian / vegan.
Ich bin allergisch gegen ...	I am allergic to ...
Ich esse kein .../ darf kein ... essen.	I won't/am not allowed to eat ...
Kann ich etwas (mehr) ... bekommen?	Could I have some (more) ...?

Einkaufen

Könnten Sie mir bitte helfen?	Could you help me, please?
Könnte ich etwas .../davon haben?	Could I have some .../ of that?
Was ist das? Ist das ...?	What is that? Is that ...?
Wo haben Sie ...? Ich suche nach ...	Where would you have ...? I am looking for ...
Was hat das für ein/e Größe/Gewicht?	What size/weight is that?
Haben Sie dies in einer anderen Größe/ Farbe?	Do you have this in a different size/colour?

Lebensmittel

Siehe auch S. 52 und 53, „Typisch irische Gerichte" und „Getränke".

Brot	Bread
Sodabrot (mit Soda statt Hefe)	Soda Bread
Hefebrot	Yeast Bread
Vollkorn	Wholemeal
Milch	Milk
Butter	Butter
Brotaufstrich	Spread
Margarine	Margarine
Würstchen	Sausage
Aufschnitt	Cold Meats
Wurstaufschnitt	Luncheon Roll
Käse	Cheese
Marmelade	Jam
Marmelade aus Zitrusfrüchten	Marmalade
Dorsch	Cod
Schellfisch	Haddock
Seehecht	Hake
Hecht	Pike
Seezunge	Sole
Rochen	Ray
Lachs	Salmon
Huhn	Chicken
Truthahn	Turkey
Rindfleisch	Beef
Kalbfleisch	Veal
Schweinefleisch	Pork
Schweineschinken	Bacon
Lammfleisch	Lamb
Hammelfleisch	Mutton
Wild (schließt auch Fasan ein)	Game
Kaninchen	Rabbit
Hase	Hare
Fasan	Pheasant
Hirschfleisch, Rehfleisch	Venison

Glossar

12th of July, 12. Juli Jahrestag der Battle of the Boyne (s. u.)

1690 Jahr der Battle of the Boyne (s. u.)

1798 Jahr des Aufstandes der United Irishmen gegen die britische Herrschaft, eine Invasion durch französische Truppen führte auch zum Namen „The Year of the French"

1916 Jahr des Osteraufstandes (s. Easter Rising)

Anglo-Irish War irischer Unabhängigkeitskrieg von 1919–21, beendet durch „the Treaty" (s. u.)

Anglo-Normans, Anglo-Normannen die aus England und Wales im Mittelalter vordringenden Eroberer, deren Stammbäume sich wiederum in die Normandie zurückverfolgen lassen

Apprentice Boys Lehrjungen, die die Tore der Stadt Derry vor den anrückenden Truppen König Jakobs verschlossen und so den protestantischen Widerstand einleiteten. Ihr Schlachtruf war „No Surrender!", also „Keine Übergabe!" oder auch „Keine Kapitulation!", heute noch das zentrale Motto der Unionisten

Austerity Sammelbezeichnung für alle Sparmaßnahmen nach dem Crash von 2008

Battle of the Boyne Schlacht am 1. Juli 1690 (alter Kalender, heute am 12. Juli gefeiert), bei der die von William III. geführten Truppen die Armee James II. am Boyne zum Rückzug zwangen und so den Marsch auf Dublin fortsetzen konnten

Bloody Sunday im heutigen Sprachgebrauch vor allem das Massaker, das britische Fallschirmjäger anrichteten, als sie 1972 das Feuer auf eine Menschenmenge in Derry eröffneten. Der ursprüngliche Blutsonntag fand jedoch bereits 1920 statt, als britische Einheiten im Dubliner Croke Park das Feuer auf Spieler und Zuschauer eröffneten.

Bloomsday der 16. Juni 1904 (und natürlich jeder Jahrestag davon), an dem Leopold Bloom in James Joyces *Ulysses* seine Odyssee durch die irische Hauptstadt Dublin erlebt.

Border Grenze zwischen Nordirland und der Republik

Cead Mile Failte wörtlich „100 000 Willkommen", die irische Version von „Herzlich willkommen"

Celtic Cross, Keltenkreuz eine Abart des klassischen Kreuzes, bei der die Seitenarme mit dem Schaft durch eine Art Ring verbunden sind. Eventuell wurde dies als Andeutung auf einen vorher bestehenden Sonnenkult geschaffen, wesentlich unromantischer ist jedoch die Deutung, dass der Ring lediglich eine statische Funktion zur Unterstützung der Seitenarme hatte. Nicht jedes Keltenkreuz ist aber ein „High Cross" (s. u.).

Celtic Tiger Irlands wirtschaftlicher Aufschwung in den 1990ern

Celtic Tiger Cubs in den Wohlstand hineingeborene Jugendliche mit hohem Anspruchsdenken

Church of Ireland (CoI) ehemalige Staatskirche und Teil der Anglikanischen Kirche

Connacht eine der vier Provinzen Irlands, bestehend aus den Counties Leitrim, Roscommon, Galway, Mayo und Sligo. Auch gelegentlich noch als Connaught zu lesen.

Dáil Éireann das irische Parlament

Dissidents nicht mit dem Friedensprozess einverstandene Gruppierungen

Easter Rising Osteraufstand 1916, die geplante Errichtung einer irischen Republik durch einen bewaffneten Aufstand

Éire offizieller Name der Republik Irland

Emergency irische Bezeichnung für den Zweiten Weltkrieg, der in der neutralen Republik nur als „Notfall" galt

Estate herrschaftliches Anwesen oder Wohngebiet (oder auch Kombiwagen)

Europe bezeichnet meist nur Kontinentaleuropa

European Health Insurance Card (EHIC) Europäische Krankenversicherungskarte (EKVK)

First Minister Premierminister in Nordirland

Gaeltacht Gebiet, in dem ein hoher Bevölkerungsanteil Irisch als Hauptsprache nutzt

Ganggräber, Passage Tombs Hügelgräber (s. u.), die durch einen langen Gang zu einer meist zentralen Grabkammer gekennzeichnet sind

Garda Siochana Polizei in der Republik Irland

Good Friday Agreement, Karfreitagsabkommen Juristisch eigentlich korrekt als „Belfast Agreement" bekannt, wurde das Karfreitagsabkommen am 10. April 1998 von Vertretern der wesentlichen Fraktionen in Nordirland akzeptiert. Der wichtigste Punkt war die

Einigung auf das Power Sharing (s. u.) zwischen den Fraktionen, das die Dominanz einer Bevölkerungsgruppe verhindern soll.

High Cross, Hochkreuz das klassische irische Kreuz, das in Klosteranlagen aufgestellt wurde und aus drei Teilen bestand: einer Basis, dem Kreuz selbst und einem aufgesetzten Deckstein. Die Kreuze waren mit bildlichen Darstellungen aus der Bibel versehen, dienten u. a. zur visuellen Unterstützung von Predigten und waren im Mittelalter sehr farbenprächtig angemalt. Die weitaus meisten Hochkreuze haben die Form des „Celtic Cross" (s. o.).

High King, Hochkönig nominell bis ins Mittelalter der Herrscher über gesamt Irland, in etwa mit dem deutschen Kaiser vergleichbar, dem lokale Könige die Treue schworen

Home Rule eine im 19. Jh. populäre Doktrin, nach der Irland sich selbst regieren sollte und in den meisten Entscheidungen unabhängig von London gewesen wäre

Hügelgräber allgemeiner Begriff für prähistorische Aufschüttungen, die wahrscheinlich Beerdigungszwecken dienten

Ireland offizieller Name der Republik Irland auf Englisch, meist wird die Ersatzkonstruktion „Republic of Ireland" verwendet.

Irish, Irisch Bezeichnung für die irische Sprache, die sich aus der keltischen Sprachgruppe entwickelte, auf Irisch ist „Gaeilge" die korrekte Selbstbezeichnung.

Irish Civil War, Irischer Bürgerkrieg bewaffnete Auseinandersetzung zwischen den Befürwortern des „Treaty" (s. u.) und den ein ungeteiltes Irland fordernden Republikanern, 1922/23

Jacobites, Jakobiten Anhänger des Königs James II. (lat.: Jacobus Rex) im Krieg gegen König William III., später allgemein Anhänger der Stuarts

Karfreitagsabkommen Good Friday Agreement (s. o.)

Kelten, keltisch ein eigentlich sehr ungenauer Begriff für eine mitteleuropäische Sprachgruppe, die in weiten Teilen Europas, von Irland bis in das Gebiet der heutigen Türkei, nachweisbar ist. Die Idee einer „keltischen Invasion" Irlands ist nicht wirklich haltbar, es wurden wohl eher Einflüsse von der Nachbarinsel oder dem Kontinent integriert.

Leinster eine der vier Provinzen Irlands, bestehend aus den im Osten und Südosten gelegenen Counties Carlow, Dublin, Kildare, Kilkenny, Laois, Longford, Louth, Meath, Offaly, Westmeath, Wexford und Wicklow

Liberator, the Daniel O'Connell, irischer Politiker des 19. Jhs., Vorkämpfer für die katholische Emanzipation

Loyalists, Loyalisten (Nord-)Iren, die sich der britischen Krone loyal verbunden fühlen

Midlands eine ungenaue Bezeichnung der Mitte Irlands, die je nach Interpretation in ihrer Ausdehnung stark unterschiedlich sein kann. Als allgemeinen Konsens kann man die großen Ebenen einrechnen, die von den meist gebirgigen Küstenregionen umschlossen werden.

MLA Mitglied des nordirischen Parlaments

MP Mitglied des britischen Parlaments

Munster eine der vier traditionellen Provinzen Irlands, geformt aus den südlichen und südwestlichen Counties Waterford, Cork, Kerry, Clare, Limerick und Tipperary

Nationalists, Nationalisten Befürworter eines einigen, freien Irlands

New Irish der derzeit politisch korrekte Begriff für Immigranten, die sich in Irland niedergelassen haben

North, the generischer Begriff für Nordirland, der jedoch außer Acht lässt, dass der nördlichste Teil der Insel in Donegal und damit der Republik liegt

Northern Ireland, Nordirland der zum Vereinigten Königreich von Großbritannien und Nordirland (United Kingdom, UK) gehörende Teil Irlands, bestehend aus den ehemaligen Counties Antrim, Armagh, Derry, Down, Fermanagh und Tyrone. Nordirland ist nicht mit der Provinz Ulster (s. u.) identisch.

Northern Ireland Assembly Parlament von Nordirland, das im Stormont Castle zusammentritt

Ogham irisches Schriftsystem des frühen Mittelalters, das nur in wenigen Zeugnissen erhalten ist und auf einem System von Einkerbungen beruht

Orange Order, Oranierorden 1795 gegründete Vereinigung, die eine unionistische Politik und einen teils radikalen Protestantismus betont, vor allem bei Paraden.

Osteraufstand Easter Rising (s. o.)

Paramilitaries allgemeine Bezeichnung für Gruppen, die (zumindest vorgeblich) politische Ziele mit Waffengewalt verfolgen

Pavee Eigenbezeichnung der nichtsesshaften „Travellers", einer weitgehend nomadisch lebenden Bevölkerungsgruppe

Peace Process, Friedensprozess allgemeine Bezeichnung für den (keineswegs gradlinigen) Weg hin zum Good Friday Agreement (s. o.) und die Fortsetzung dieses Weges im Rahmen des Power Sharing (s. u.)

Plantations Gesamtbezeichnung für die verschiedenen Besiedlungen Irlands durch ausländische Kolonisten, die von der britischen Krone gesponsert und teilweise mit Waffengewalt durchgesetzt wurden. Die ersten Maßnahmen dieser Art wurden 1549 durch die katholische Königin Mary („Bloody Mary") in Laois und Offaly abgesegnet. Bei den Ulster Plantations (mehr als 50 Jahre später) wurden vor allem schottische Protestanten angesiedelt.

Power Sharing zusammenfassender Begriff für die speziell nordirische Version einer demokratischen Regierungsbildung, in der es nicht nach Mehrheiten geht, sondern in der Vertreter aller Parteien (und somit Bevölkerungsgruppen) an der Regierung beteiligt sein müssen. Dies soll die Dominanz einer Fraktion verhindern und gewährleisten, dass auch die Interessen der Minderheiten vertreten werden.

Presbyterian Church, Presbyterianer die dominante religiöse Ausrichtung der Ulster-Scots (s. u.), geprägt vor allem durch Selbstverwaltung der Kirchen und Verzicht auf eine zentralistische Struktur mit Bischöfen.

Protestants, Protestanten grundsätzlich alle nicht der römisch-katholischen Kirche angehörigen christlichen Gruppierungen, gemeint sind meist die presbyterianische und die anglikanische Kirche

Police Service of Northern Ireland (PSNI) Polizei in Nordirland, hervorgegangen aus der RUC (s. u.). Im Gegensatz zur Garda Siochana (s. o.) und auch zur britischen Polizei sind die Beamten des PSNI grundsätzlich bewaffnet.

Republicans, Republikaner Befürworter eines unabhängigen, ungeteilten Irlands mit demokratischer Verfassung

Ringfort ringförmige Befestigungsanlage, die aus prähistorischer Zeit oder dem Mittelalter stammen kann. Diese Anlagen entstanden sowohl aus Stein wie auch aus einfachen Erdwällen mit Holzpalisade. In der irischen Landschaft sind heute noch zahlreiche Ringforts erkennbar und auch auf den detaillierteren Landkarten verzeichnet.

Royal Ulster Constabulary (RUC) ehemalige nordirische Polizei, im Zuge der Reformen überführt in den PSNI

Rundturm ein spezifisch irischer Bestandteil der Klosterarchitektur des Mittelalters, ein runder, schlanker Turm mit einer konischen Kappe, der wohl als Glockenturm diente. Die meisten Rundtürme waren um die 30 m hoch, viele sind nur noch teilweise erhalten.

Seanad Éireann der (politisch eher bedeutungslose) irische Senat, der teils von Interessengruppen (z. B. den Universitäten) gewählt, teils durch die politischen Parteien und den Taoiseach (s. u.) nominiert wird

Siege of Derry die (letztlich erfolglose) Belagerung der Stadt Derry durch die Jakobiten, die mit dem Zusperren der Stadttore durch die Apprentice Boys (s. o.) 1688 begann

Six Counties vor allem bei Nationalisten gebräuchliche Bezeichnung für Nordirland

Southern Ireland, the South die Republik Irland im vor allem nordirischen Sprachgebrauch

Standing Stone, Stehender Stein künstlich aufgerichteter Stein, der alleine oder mit anderen Steinen gemeinsam vorkommen kann. Allgemein wird angenommen, dass diese Steine kultischen Zwecken dienten und in einigen Fällen bestimmte Territorien markiert haben. Vereinzelt kommen Steine mit einer Beschriftung in Ogham (s. o.) vor. Reisende auf der Suche nach den mystischen Wurzeln Irlands sollten allerdings bedenken, dass einige Steine von Bauern aufgestellt wurden, damit sich das Vieh daran reiben kann.

Stone Circle, Steinkreis kreisförmige Anlage, die entweder kultischen oder astronomischen Zwecken gedient haben könnte. Steinkreise müssen nicht unbedingt aus stehenden Steinen (s. o.) bestehen.

Stone Fort, Steinfort mit einem Steinwall versehenes Ringfort (s. o.). Die Architektur kann von einer einfachen Wallanlage bis zu komplizierten Konstruktionen variieren.

Tanaiste wörtlich „Thronfolger", stellvertretender Premierminister der Republik

Taoiseach wörtlich „Häuptling" oder „Führer", ein in den 1930er-Jahren eingeführter Name für den Premierminister, der sich bewusst an zeitgenössische italienische und deutsche Amtstitel anlehnte

TD, Teachtai Dala Abgeordneter des irischen Parlaments, wörtlich „Vertreter im Rat"

Traveller in der allgemeinen Bevölkerung gebräuchliche Bezeichnung für Pavee (s. o.)

Treaty, the 1921 geschlossener Vertrag zwischen der irischen Delegation und der britischen Regierung, mit dem der Unabhängigkeitskrieg beendet und eine Teilung Irlands in den Freistaat und Nordirland festgelegt wurde

Troubles leicht beschönigende Bezeichnung für den Bürgerkrieg in Nordirland

Twentysix Counties Umschreibung für die Republik Irland

Uachtaran na hEireann wörtlich „Der Oberste von Irland", Präsident (der irische Präsident bzw. die irische Präsidentin hat eine rein repräsentative Rolle ohne echten politischen Einfluss)

Ulster eine der historischen Provinzen Irlands, die die nördlichen Counties Antrim, Armagh, Cavan, Derry, Donegal, Down, Fermanagh, Monaghan und Tyrone umfasst. Der Name der Provinz Ulster wird oftmals auch als Bezeichnung für Nordirland verwendet, dies ist grundsätzlich falsch.

Ulster-Scots Nachkommen der schottischen Siedler, die vor allem im 17. Jh. nach Ulster kamen. Bedingt durch ihre religiöse Ausrichtung (viele von ihnen sind Presbyterianer, s. o.) und ihren spezifischen Dialekt (das Ulster-Scots oder auch „Ullans" wurde offiziell als Sprache anerkannt) bilden sie immer noch eine teilweise gut identifizierbare Bevölkerungsgruppe.

Uncrowned King of Ireland, the Charles Steward Parnell, irischer Politiker des 19. Jhs und führender Vertreter der Doktrin der Home Rule (s. o.)

Unionists, Unionisten Befürworter der Union zwischen Großbritannien und Nordirland.

War of Independence, Unabhängigkeitskrieg Anglo-Irish War (s. o.)

Bücher

Mehr zu irischer Literatur S. 115.

Belletristik

Colin Bateman seziert in seinen grotesken Kriminalromanen Nordirland – gnadenlos und nach allen Seiten austeilend. Die vor allem in Belfast spielenden Romane mit Hauptfiguren wie dem (mittlerweile ehemaligen) Journalisten Dan Starkey und dem ewig anonymen Buchhändler „Mystery Man" sind messerscharfe Beobachtungen des alltäglichen Lebens (und Wahnsinns). Und der laufenden Veränderung … man muss schon Tränen lachen, wenn ein Mob einen Touristenbus in Brand setzt und die vorher unter vorgehaltener Waffe herausgescheuchten US-Touristen das als „wirklich gelungene Inszenierung" applaudieren. Empfehlung zum Einstieg: *I Predict A Riot* (Headline).

Heinrich Böll, *Irisches Tagebuch* (dtv). Das Buch gehört bis heute zur Standardlektüre aller Irlandfans (S. 475). Im Laufe der Jahre hoffnungslos veraltet … weswegen es eigentlich mit **Hugo Hamiltons** *Die redselige Insel* (Luchterhand) im Doppelpack gekauft werden sollte. Erst dann werden die mittlerweile mehr als 50 Jahre alten Böll'schen Beschreibungen zu einem runden, heute zeitgemäßen Bild.

Ken Bruen ist mit seinen Jack-Taylor-Romanen der Chronist Galways zu Zeiten des Celtic Tiger und dessen Ablebens – hier wird man keine Elegien zum „alten Irland" finden; seine Hauptfigur Jack Taylor stolpert halb betäubt durch die Niederungen und Gossen des modernen Irlands und philosophiert nihilistisch über die moderne Welt, ohne die Vergangenheit zu schönen. Starker Tobak, der am besten in Originalsprache und chronologischer Reihenfolge genossen wird. Beginnend mit *The Guards* (Brandon/Mount Eagle).

James Joyce, *Ulysses*. Vielleicht eines der genialsten Werke der irischen Literatur, in dem ein Tag in Dublin mit akribischer Genauigkeit beschrieben wird. *Ulysses* schlug für die englischsprachige Literatur insgesamt ein neues Kapitel auf – seit Ablauf des Urheberrechts ist das

Buch in zahlreichen Versionen und sich teils dramatisch unterscheidenden Übersetzungen und / oder Übertragungen erschienen. Wahrscheinlich gehört es zu den meistverkauften Werken der Weltliteratur, die nie zu Ende gelesen wurden. In den meisten Antiquariaten bekommt man es günstig in vorgelesenen und beeindruckend mit Notizen und Markierungen versehenen Versionen aus dem Fundus von Generationen von Anglistikstudenten.

Brian O'Nolan ist wahrscheinlich Irlands unbekanntester Bestseller-Autor … was an der Vorliebe des Beamten für Pseudonyme gelegen haben mag. Als **Flann O'Brien** schrieb er die skurrilen Romane The Third Policeman (Harper) und At Swim-Two-Birds (Penguin) – lesenswerte Meilensteine der irischen Literaturgeschichte und von Harry Rowohlt gekonnt ins Deutsche übertragen, als Der dritte Polizist (Suhrkamp) und Auf Schwimmen-Zwei-Vögel (Kein & Aber). Die klassischen Zeitungskolumnen unter dem Pseudonym **Myles na gCopaleen**, ursprünglich in der Irish Times erschienen, liegen in verschiedenen Sammlungen vor.

Geschichte und Gesellschaft

Irische Geschichte für Dummies von Mike Cronin (Wiley-VCH). Unterhaltsamer Schnellkurs in irischer Geschichte, in dem selbst kompliziertere Sachverhalte recht gut verdaulich erklärt werden. Ein ideales Geschichtsbuch zum Einstieg.

Wie die Iren die Zivilisation retteten von Thomas Cahill (btb). Eine populärwissenschaftliche Abhandlung darüber, wie Irland eine Zeit lang zum Hort der Bildung und des Wissens wurde, während der Rest Europas durch den Niedergang Roms und die Völkerwanderungen in tiefste kulturelle Dunkelheit stürzte. So jedenfalls die These des Autors, die nicht unumstritten ist und klare Parteilichkeit offenbart. Auf jeden Fall eine interessante Lektüre zur frühen Geschichte des Christentums und der Klöster in Irland. Zudem für die Frage erhellend, wer eigentlich das Christentum in den deutschsprachigen Raum brachte.

Gebrauchsanweisung für Irland von Ralf Sotschek (Piper). Der irische Korrespondent der taz schreibt seit Jahren über seine Erfahrungen und Eindrücke vom Leben in Irland. Und auch wenn sich viele Impressionen mittlerweile überholt haben, so bleiben seine Kernaussagen doch fast immer aktuell. Man kann Sotscheks sehr unterhaltsame Geschichten auf viele Arten lesen, die beste Wirkung entfalten sie allerdings erst mit einigen Erfahrungen im Land selber. Spätestens dann bemerkt man nämlich, dass manches zwar übertrieben klingt, aber eher noch an eine Untertreibung grenzt.

Reiseberichte

McCarthy's Bar von Pete McCarthy (Piper). Vielleicht das beste Stück Reiseliteratur, das in den letzten Jahren in Irland entstanden ist. Geografisch nicht immer zuverlässig, aber mit einem genauen Auge für irische Eigenheiten beschreibt der Autor seine Odyssee durch ein Land, das ihm vertraut und gleichzeitig vollkommen fremd ist. Dabei wechseln sich offene Bewunderung und beißender Sarkasmus in erfrischender Weise ab, McCarthys Irlandbild ist realistisch und auf weiten Strecken gut nachvollziehbar. Als Reiseführer nicht unbedingt brauchbar, als Reiselektüre unterhaltsam und ein guter Anlass, eigene Erfahrungen und Eindrücke zu reflektieren. Vom gleichen Autor empfehlenswert ist auch **The Road to McCarthy** (Sceptre), eine Mischung aus Reisebericht und Reflektion über das Thema, was eigentlich das „Irischsein" ausmacht.

Literarischer Führer Irland von Hermann Rasche und Harald Raykowski (insel). Das Reisebegleit- und -planbuch für alle, die Irland wegen seiner Literatur näher kennenlernen wollen. Von Achill Island bis Youghal werden die wichtigsten Stätten der irischen Literaturgeschichte angesteuert. Klingt trocken, ist aber für Literaturfreunde eine echte Bereicherung und ein Heidenspaß.

Sprache

Irisch-Gälisch Wort für Wort von Lars Kabel (Reise Know-How Verlag). Schnelle, aber dennoch umfassende Einführung in das Irische aus der Reihe „Kauderwelsch". Das im gleichen Verlag erschienene Buch zum **Irish Slang** (Elke Walter) kann man sich dagegen eher sparen – die Verwendung regionaler Idiome durch Touristen wirkt immer etwas seltsam.

Filme

Ungeheuer viele Filme sind in Irland gedreht worden, darunter große Produktionen wie *Excalibur*, *Braveheart* oder *Saving Private Ryan*, TV-Serien wie *The Tudors*, *Vikings* oder auch *Penny Dreadful*. Aber welche Filme sind sehenswert, wenn es um die Reisevorbereitung oder Vorfreude gehen soll? Hier eine kleine Auswahl:

Angela's Ashes („Die Asche meiner Mutter", 1999, Regie Alan Parker) Limerick im Regen, Kinder ohne Schuhe, Väter an der Flasche, aber glücklich war man doch irgendwie. Nach den Erinnerungen von Frank McCourt entstand dieser Film, der ein realistisches, aber doch an vielen Stellen aufpoliertes Bild eines Kinderlebens im Armenhaus Europas zeichnet. Zu den Stätten der Handlung finden heute in Limerick geführte Touren statt (obwohl große Teile der Slumszenen gar nicht in Limerick gedreht wurden).

Calvary („Am Sonntag bist Du tot", 2014, Regie John Michael McDonagh) Pfarrer James Lavelle (Brendan Gleeson) bekommt bei der Beichte die Geschichte einer Misshandlung zu hören … und eine Morddrohung dazu. Nicht wegen seiner Untaten, sondern weil er eben ein „guter Mann" und damit ein mehr Schlagzeilen versprechendes Ziel ist. Und so beginnt eine Reise durch Irland abseits der Tourismusbroschüren, mit Auftritten u. a. von Aidan Gillan, Chris O'Dowd, Dylan Moran und Pat Shortt.

The Commitments („Die Commitments", 1991, Regie Alan Parker) Dublin in der Wirtschaftskrise der frühen 1980er-Jahre ist der Hintergrund zu diesem Film über eine Nachwuchsband, die sich wider Erwarten durchschlägt und so einen eigenen Weg aus der Krise findet. Eine sehr ansprechende Verfilmung von Roddy Doyles gleichnamigem Roman, der ein realistisches, aber immer humorvolles Bild der Dubliner Arbeiterklasse zeichnet. Am besten zusammen im

Dreierpack mit *The Van* und *The Snapper* genießen, der Dubliner Trilogie.

Darby O'Gill and the Little People („Das Geheimnis der verwunschenen Höhle", 1959, Regie Robert Stevenson) Irland, wie es sich Walt Disney vorstellte. Komplett mit verschmitzten Landbewohnern, deren unschuldigen Töchtern, fröhlich tanzenden Gnomen, geisterhaften Todesboten und nicht zuletzt Sean Connery. Der schottische Ur-007 gibt hier den smarten Dubliner, der sein Herz an das Leben auf dem Lande (und die unschuldige Tochter) verliert. Gruseleffekte und Komödienelemente lösen sich in lockerer Reihenfolge ab. In welche Kategorie Sean Connerys Gesangseinlage genau fällt, ist schwer zu sagen.

The Field („Das Feld", 1990, Regie Jim Sheridan) Richard Harris in der Verfilmung eines Theaterklassikers von John B. Keane; hier wird ein nicht unbedingt humorvolles Bild des Umbruchs auf dem irischen Land gezeichnet. Ein Umbruch, an dem die Protagonisten zerbrechen, weil sie in ihrer konservativen Art nicht mehr aus ihrer Haut können und den Wechsel der Welt nicht mitmachen wollen.

The Guard („Ein Ire sieht Schwarz", 2011, Regie John Michael McDonagh) Brendan Gleeson als Provinzpolizist, der sich neben einer Palette persönlicher Probleme auch plötzlich dem internationalen Drogenschmuggel gegenüberstehend findet. Und dann mit einem afro-amerikanischen FBI-Agenten zusammenarbeiten muss. Die Landschaft rund um Galway liefert den typisch irischen Hintergrund, Gleeson ein köstliches Klischee nach dem anderen („I'm Irish, racism is part of my culture!").

Hunger (2008, Regie Steve McQueen) Der deutsch-irische Schauspieler Michael Fassbender stellt den IRA-Häftling Bobby Sands im Hungerstreik dar, garantiert kein Popkorn-Kino. Insgesamt eine bedrückende Studie des Hungerstreiks von 1981, der mit dem Tod von zehn Häftlingen, aber ohne spürbares politisches Ergebnis endete. Es handelt sich um eine fast dokumentarische Darstellung, die allerdings die vielschichtige Materie keineswegs umfassend beleuchtet und viele Hintergrundinformationen auslässt, um den Fokus allein auf die Menschen zu richten.

Intermission (2003, Regie John Crowley) Szenen aus dem Dubliner Leben der unteren Gesellschaftsschichten zu Zeiten des „Celtic Tiger". Der Film schwankt zwischen Tragödie und Komödie, zwischen Realismus und Fantasie, zwischen Unterhaltung und Gesellschaftskritik und kann auf verschiedenen Ebenen genossen werden. Wer längere Zeit in Dublin des späten 20. und frühen 21. Jhs. mit offenen Augen verbracht hat, wird bestätigen können, dass dies ein Film ist, den das Leben schrieb.

The Magdalene Sisters („Die unbarmherzigen Schwestern", 2002, Regie Peter Mullan) Eines der düstersten Kapitel der irischen Kirchengeschichte wird in diesem Film zwar nicht aufbereitet, aber doch publikumswirksam und weitgehend authentisch dargestellt: die sog. Magdalenenheime, in denen „gefallene" Mädchen und Frauen ein Zuhause finden sollten. Die bittere Realität war ein System von gefängnisgleicher Internierung und Sklavenarbeit, während derer die „Schützlinge" noch weiterer psychischer und physischer Misshandlung durch Nonnen und Priester ausgesetzt waren.

Man of Aran („Die Männer von Aran", 1934, Regie Robert J. Flaherty) Der Klassiker über das einsame Leben auf den Aran Islands. Von Wind und Wetter gegerbte Männer und Frauen demonstrieren, wie mit harter Arbeit auch auf dem unwirtlichsten Stück Land noch ein Auskommen zu finden ist. Vieles ist dabei stilisiert und einige Szenen sollen sogar so sehr inszeniert worden sein, dass sie wenig Ähnlichkeit mit dem echten Leben hatten, dennoch ist dieser alte Dokumentarfilm immer noch mitreißend und auf jeden Fall sehenswert. Die Jagd auf die Haie allerdings ist aus heutiger Sicht keineswegs mehr politisch korrekt.

Michael Collins (1996, Regie Neil Jordan) Liam Neeson als der vergessene Held des irischen Unabhängigkeitskrieges, mit diesem Film begann die Rehabilitation Michael Collins', nachdem ihn de Valera (hier gespielt von Alan Rickman) und seine Nachfolger fast aus der irischen Geschichte gestrichen hatten. Dublin um 1920 erwacht zum Leben in diesem sehr groß angelegten Werk, dessen historische Hintergründe stark vereinfacht, aber nicht unbedingt verfälscht werden. Großes Kino in der Tradition von *Doktor Schiwago*, mit Liebesgeschichte und tragischem Ende.

The Quiet Man („Der Sieger", 1952, Regie John Ford) John Ford und John Wayne, Regisseur respektive Hauptdarsteller ungezählter Westernfilme, im Wilden Westen Irlands, in Connemara. John Wayne spielt einen in den USA erfolgreichen Boxer, der in die Heimat zurückkehrt und prompt für große Aufregung im Dorf sorgt. Maureen O'Hara sorgt für das romantische Element, das irische Dorfleben wird ungefähr so realistisch dargestellt wie auf einer Postkarte. Der Film bestimmt nach wie vor das Irlandbild viele US-Amerikaner, die auch heute noch in sehr großer Zahl am Drehort Cong anzutreffen sind.

The Wind that Shakes the Barley (2006, Regie Ken Loach) Ein ausgedehntes Epos über Treue und Loyalität im irischen Unabhängigkeits- und Bürgerkrieg. Die politische Botschaft mag etwas sehr dick aufgetragen sein und der historische Hintergrund erscheint an einigen Stellen sehr vereinfacht und extrem parteiisch. Da der Film allerdings eindeutig auf den Bauch und weniger auf das Gehirn zielt, erscheint dies verzeihlich. Die irische Geschichte nicht unbedingt, wie sie wirklich war, sondern wie sie von vielen Betroffenen gesehen wurde.

Drehort Irland

Filme, die nichts mit Irland zu tun haben, die aber (zumindest teilweise) in Irland gedreht wurden und somit irische Landschaften zeigen, gibt es in Hülle und Fülle – von **Excalibur** bis **Braveheart**, von **Reign of Fire** bis **Hellboy II**. Dublin als Filmkulisse wurde in den letzten Jahren vor allem durch Fernsehserien populär, etwa **Ripper Street**, **Penny Dreadful**, oder auch das echt irische Verbrechensdrama **Love/Hate**. Und die ganz großen Blockbuster wie **Vikings** und sogar **Game of Thrones** wurden ebenfalls in Irland gedreht … allerdings unter sehr großzügigem Einsatz von Tricktechnik. Wiedererkennungswert oft genug fraglich.

Index

A

Abbey Island 387
Abtei von Dunbrody 315
Abtei von Kilcolman 389
Abtei von Molana 356
Achill Island 471
Achill Sound 471
Adare 421
Adrigole 369
Ahakista 365
Aillwee Cave 437
Airbnb 86
Aktivitäten 68
Aktivurlaub 32
Alkohol 54
Allihies 370
Angeln 206
Anreise 45
Antrim, County 512
Antrim Town 532
Aran Islands 450
Arboretum Kilquade 301
Architektur 114
Ardagh 246
Ardara 501
Ardboe 546
Ardee 192
Ardfert Cathedral 405
Ardgroom Stone Circle 370
Ardmore 335
Ardress House 545
Ards Peninsula 534
Arigna 240
Arklow 306
Armagh 541
Armagh, County 541
Arranmore 502
Arztbesuche 59
Ashbourne 215
Ashford 305
Ashford Castle 462
Askeaton 420
Assaroe Abbey 496
Athassel Priory 267
Athenry 449
Athlone 235

Athy 285
Aufklärung 98
Aughnanure Castle 450
Auslandskranken-
    versicherung 59
Auto 34, 79
    Anreise 46
Automobile Association 38
Avoca 292
Avondale Forest Park 292

B

Bahn 34, 77
    Anreise 46
Balbriggan 176
Ballina 426, 477
Ballinafad 485
Ballinskelligs 387
Ballitore 285
Ballybrack 401
Ballybunion 407
Ballycarbery Castle 389
Ballycastle 476, 526
Ballyconneely 457
Ballyconnell 205
Ballycopeland Windmill 534
Ballydehob 365
Ballyferriter 400
Ballyhack 332
Ballyhack Castle 315
Ballyjamesduff 209
Ballymacmoy House 357
Ballymote 485
Ballynagaul 334
Ballyshannon 495
Ballyvaughan 437
Baltimore 363
Baltinglass 299
Bangor 533
Banna, Strand 405
Bansha 268
Bantry 365
Barryscourt Castle 348
Bauernhöfe 87
Beaghmore Stone Circles 546
Béal na mBláth 361
Beara Peninsula 369
Beara Way 372
Beckett, Samuel 116

Bective Abbey 226
Bed & Breakfast 84
Behinderungen 65
Belfast 560
    Albert Memorial Clocktower
        567
    Autovermietungen 577
    Belfast Castle 571
    Belfast Zoo 571
    Botanic Garden 569
    Cathedral Quarter 565
    Cave Hill Country Park 571
    City Hall 562
    Clifton House 567
    Custom House 567
    Donegall Place 564
    Donegall Square 562
    Einkaufen 576
    Essen 573
    Falls 569
    Falls Road 570
    Feste 575
    Festivals 575
    Garden of Remembrance
        570
    Golden Mile 569
    HMS Caroline 567
    Kino 575
    Kultur 574
    Lagan Lookout 565
    Linen Hall Library 564
    Medizinische Versorgung
        577
    Milltown Cemetery 570
    Musik 574
    Nahverkehr 578
    Notfall 578
    Peace Lines 570
    People's Museum 570
    Polizei 578
    Post 578
    Queen's University 569
    Royal Avenue 564
    Sandy Row 568
    Shankill 569
    Shankill-Distrikt 570
    Sinclair Seamen's Presbyte-
        rian Church 567
    Sinn-Fein-Büro 570

ANHANG

SSE Arena 565
St. Anne's Cathedral 565
Stormont Castle 572
Theater 575
Titanic Belfast 566
Touren 577
Tourist Information 577
Transport 578
Transport Museum 571
Übernachtung 572
Ulster Folk Museum 571
Ulster Museum 569
Universitätsviertel 569
Unterhaltung 574
Waterfront Hall 567
West Belfast 569
Bellanaleck 553
Belleek 553
Belleek Pottery 553
Belmullet 476
Belturbet 205
Belvedere House 233
Ben Bulben 482
Benburb Valley Park 545
Bennetsbridge 324
Bere Island 370
Bergsteigen 68
Betrug 67
Bettystown 229
Bevölkerung 92
Bienenkorbhäuser 398
Bier 323
Bildende Kunst 117
Bioprodukte 52
Birr 253
Black Head 437
Blacklion 207
Black Pudding 362
Blackrock Castle 348
Blackwater River 356
Blackwater Valley Drive 356
Blarney 353
Blasket Islands 399
Blaskets 386
Blessington 299
Bloody Foreland 502
Blossom's Gate 420
Boa Island 553
Bog of Allen 281

Böll, Heinrich 475
Book of Kells 95, 141
Botschaften 47
Boxty 52
Boyle 238
Boyle, Richard 355
Boyne 228
Boyne Battlefield 228
Bradda Glen 597
Brandon Mountain 400
Bray 301
Brendan, hl. 405
Brexit 110
Brigit's Garden 449
Briten 107
Brittas Woods 256
Browne's Hill Dolmen 263
Brú na Bóinne 217
Bull Island 173
Bunbeg 502
Buncrana 509
Buncrana Castle 509
Bundoran 496
Bunratty 425
Bunratty Folk Park 425
Burgen
   Dysert O'Dea 439
Burg von Ballymalis 389
Burren 431
Burren Way 434
Bus 34, 78
   Anreise 47
Bushmills 525
Butlersbridge 202

C

Cadamstown Village Carpark
   256
Cafés 50
Cahersiveen 388
Cahir 268
Camogie 75
Campen 234
Campingplätze 86
Cape Clear 363
Cappoquin 336
Carlingford 196
Carrowmore 484
Carlow Town 262

Carndonagh 508
Carrauntoohil 382
Carrick-a-Rede Rope Bridge
   526
Carrickfergus 529
Carrickfergus Castle 529
Carrickkildavnet Castle 471
Carrick-on-Shannon 489
Carrick-on-Suir 272
Carrigafoyle Castle 408
Carron 438
Carrowkeel 485
Casement, Roger 102, 177
Cashel 264
Casino Marino 174
Castlebaldwin 485
Castlebar 464
Castle Caldwell Forest Park
   553
Castledermot 285
Castlerea 242
Castletown 600
Castletownbere 369
Castletown House 278
Castle Ward 536
Castlewellan Forest Park 537
Causeway Coast 523
Cavan Burren Park 207
Cavan & Leitrim Railway 489
Cavan Town 203
Cave Hill Country Park 571
Céide Fields 476
Charles Fort 358
Charleville Castle 252
Christianisierung 94, 210
Claddagh-Ring 441
Clare Island 470
Clear Island 363
Cleggan 459
Clifden 458
Cliffs of Magho 553
Cliffs of Moher 430
Cloghan 401
Cloghanmore 500
Clogher Head 400
Clonakilty 360
Clonalis House 242
Clonalvy 229
Clones 201, 202

Clonmacnoise 249
Clonmel 272
Cloverhill 202
Coasteering 68
Cobh 351
Coleraine 522
Collins, Michael 177, 360
Cong 462
Connell, Jim 230
Connemara 456, 459
Connemara National Park 460
Connemara-Pony 460
Connolly, James 102, 153
Connor Pass 404
Cooley 196
Coomakista Pass 387
Copeland Islands 535
Coral Strand Beach 457
Cork 340
　Butter Exchange 346
　Cork Public Museum 346
　Crawford Municipal Art
　　Gallery 345
　Elizabeth Fort 345
　English Market 341
　Essen 349
　Feste 350
　Geschichte 340
　Informationen 350
　Lewis Glucksman Gallery
　　346
　Lifetime Lab 346
　Nahverkehr 350
　National Monument 345
　Red Abbey 345
　St. Ann's Shandon 345
　St. Fin Barre's Cathedral 345
　St. Mary's Church 345
　St. Peters Cork 348
　Transport 350
　Übernachtung 348
　University College Cork 346
　Unterhaltung und Kultur 349
Corlea Trackway Visitor Centre
　248
County Carlow 262
County Cavan 202
County Clare 422
County Cork 340

County Donegal 491
County Galway 439
County Kerry 374
County Kildare 277
County Kilkenny 318
County Laois 259
County Leitrim 487
County Limerick 413
County Longford 245
County Louth 187
County Mayo 461
County Meath 215
County Monaghan 199
County Offaly 248
County Roscommon 238
County Sligo 479
County Tipperary 264
County Waterford 328
County Westmeath 230
County Wexford 306
County Wicklow 286
Crag Cave 406
Craggaunowen 426
Creagh Gardens 362
Cregneash 597
Crom Estate 559
Croagh Patrick 468
Crookedwood 231
Crossakeel 230
Cuilcach Mountains 207
Cuilcagh Mountain Park 559
Cuilcagh Mountains 559
Curraghs Wildlife Park 595
Cushendall 528
Cushendun 528

D

Dalkey 181
Dan O's Homestead 458
Deer Park Court Cairn 488
Delphin Fungi 404
Denkmal für Alcock und
　Brown 457
Derreen Gardens 370
Derry 512
Derry, County 512
Derrylin 559
Derrynane House 387
Derryveagh Mountains 506

Deserted Village 472
Desmond Castle 420, 421
Deutscher Soldatenfriedhof
　286
De Valera, Eamon 103
Devenish Island 552
Devil's Glen 305
Diaspora 316
Diebstahl 66
Dingle, Halbinsel 394
Dingle, Ort 394
Dingle Way 396
Doaghbeg 504
Dominican Friary 266
Donaghadee 535
Donegal Castle 492
Donegal Town 491
Donemark Falls 366
Dooagh 473
Doolin 432
Doolin Cave 433
Doonagore Castle 433
Dooney Rock 488
Douglas
　50 St. Catherine's Drive 586
　Great Union Camera
　　Obscura 584
　Groudle Glen Railway 586
　Isle of Man Steam Railway
　　586
　Manx Electric Railway 586
　Manx Museum 586
　Promenades 586
　Sea Terminal 584
　St. Thomas Church 584
　Tower of Refuge 584
　Tynwald 584
Douglas Bay Horse Tram 587
Down, County 512
Downhill Demesne 522
Downpatrick 536
Drogheda 187
Dromahair 488
Drombeg Stone Circle 361
Drumcliff 481, 486
Dry Canal 462
Dublin 120
　Abbey Theatre 136
　Archbishop Ryan Park 145

Autovermietungen 167
Bank of Ireland 139
Blessington Basin 177
Buchhandlungen 165
Chester Beatty Library 148
Christ Church Cathedral 152
College Green 139
Collins Barracks 155
Connolly Station 131
Croke Park 134
Custom House 134
Docklands 135
Dublin Castle 149
Dublin Writers Museum 124
Dunsink Observatory 179
Einkaufen 164
Einkaufszentren 164
Essen 160
Fahrradverleih 167
Feste und Festivals 163
Fitzwilliam Square 145
Four Courts 156
Friedhöfe 156
Gaiety Theatre 144
Garden of Remembrance 124
General Post Office 128
Georges Street 138
Government Buildings 145
Grafton Street 138
Grand Canal Docks 148
Guinness-Brauerei 153
Herrschaftszentrum 149
Heuston Station 155
Hugenotten-Friedhof 144
Hugh Lane Gallery 124
International Financial Services Centre 135
Internetcafés 167
Irish Museum of Modern Art 153
Irish Whiskey Museum 140
Iveagh Gardens 143
Iveagh Market 150
James Joyce Centre 124
Joyce-Denkmal 128
Kathedralenviertel 149
Kaufhäuser 164
Kildare Street 141

Kildare Street Club 143
Kilmainham Gaol 153
Kino 163
Kirche der Unitarischen Gemeinde 144
Konzerte 162
Kultur 162
Leinster House 142
Little Museum of Dublin 144
Mansion House 144
Märkte 165
Marsh's Library 150
Merrion Square 145
Mount Jerome Cemetery 180
Mountjoy Prison 177
Mount Prospect Cemetery 177
Museum of Literature Ireland 143
Nahverkehr 168
National Botanic Gardens 179
National Library 141
National Museum of Ireland 142
Natural History Museum 145
O'Connell Bridge 136
O'Connell Monument 136
O'Connell Street 128
Old Jameson Distillery 156
Osteraufstand 1916 154
Our Lady of Lourdes 131
Parnell Monument 125
Parnell Square 124
Pearse-Museum 154
Phibsboro 123
Phoenix Park 179
Polizei 168
Post 168
Pubs 162
Royal College of Surgeons 144
Smithfield 156
South Wall 149
Spire 128
St. Ann's Church 145
St. Audoen's Church 152

St. Doulagh's Church 175
St. Mary's Procathedral 130
St. Michan's Church 157
St. Patrick's Cathedral 149
St. Stephen's 145
St. Stephen's Green 143
Stadtrundfahrt 144
Stephen's Green Shopping Centre 144
Talbot Street Memorial 134
Taxi 170
Teeling Distillery 150
Temple Bar 137
Theater 163
The National Wax Museum Plus 139
Touren 166
Transport 170
Trinity College 140
Übernachtung 157, 158, 159
University Church 143
Unterhaltung 162
Vaults Live 152
War Memorial 154
Whitefriars Church 138
Dublin Zoo 180
Dugort 471
Duleek 228
Dún Aengus 452, 455
Dun an Oir, 400
Dunbeg Fort 398
Dunboy Castle 370
Duncannon 314
Dundalk 192
Dún Dúchathair 452, 454
Dunfanaghy 502
Dungannon 546
Dungarvan 333
Dungloe 501
Dunguaire Castle 448
Dún Laoghaire 181
Dunluce Castle 524
Dunmore Cave 324
Dunmore East 332
Dunmore Head 399
Dunquin 399
Dunree Fort 509
Durrow 253
Dursey Island 370, 371

ANHANG

E

Eagles Flying 485
Edenderry 253
Edgeworthstown 247
Einkaufen 48
Eisenbahn 46, 77
Elektrizität 62
Emmet, Robert 99
England 89
Ennis 422
Enniscorthy 306
Enniskerry 300
Enniskillen 549
Ermäßigungen 43
Erster Weltkrieg 102
Essen 48
Eyeries 370

F

Fahrrad 47, 82
Fährverbindungen 46
Fair reisen 54
Fanad Head 504
Fanad Peninsula 502
Fast Food 50
Fastnet Rock 364
Fauna 91
Feiertage 55
Ferienhäuser 85
Fermanagh, County 541
Fermoy 357
Fernsehen 63
Feste 55
    Isle of Man 594
Festina Lente Gardens 301
Film 610
Fischfang 497
Flora 91
Florence Court 558
Flüge
    Anreise 45
    Inlandflüge 77
Folk Village Museum 500
Fore 231
Fota Island 351
Fotografieren 56
Fourknocks 229
Fowley's Falls 489
Foxford 465

Foynes 420
Frankreich 89
Fremdenverkehrsämter 60
Fußball 75

G

Galbally 268
Gallarus Oratory 401
Galway City 439
Gap of Dunloe 375
Garinish Island 367
Geografie 91
Geopark 559
georgianisches Erbe 146
Geschichte 93
Geschichte, Schauplätze 28
Gesundheit 59
Getränke 53
Giant's Causeway 522
Gladstone, William 101
Glangevlin 207
Glasson 235
Gleann Siothláin 336
Glenafelly Forest Carpark 256
Glenariff Forest Park 528
Glenbarrow Carpark 256
Glenbeigh 389
Glencar Lake 487
Glencolumbkille 500
Glencree 286
Glendalough 289
Glengarriff 366
Glengowla Mines 450
Gleninsheen Wedge Tomb 438
Glenmacnass 288
Glenmalure 292
Glen of Aherlow 268
Glenshelane 336
Glens of Antrim 527
Glenveagh Castle 506
Glenveagh National Park 506
Glin 421
Glin Castle 421
Glossar 605
Gobbins Cliff Path 529
Gort 448
Graiguenamanagh 328
Granard 247
Grattan, Henry 99

Great Blasket 399
Great Famine 100
Great Laxey Mine Railway 591
Great Laxey Wheel 591
Greenan Farm Museum 301
Greencastle 508
Green Roads 432
Grey Abbey 534
Grey Abbey House 534
Greystones 304
Grianán Ailigh 507
Große Hungersnot 241

H

Handball 75
Handys 77
Hausboote 87
    Lough Erne 554
Hazelwood House 488
Healy Pass 370
Heaney, Seamus 116
Heilige 31
Heilige Brigid 282, 283
Helvick Head 334
Henry VIII. 97
Herrenhäuser 87
High Cross of Moone 285
High Ropes 70
Hill of Allen 280
Hill of Lloyd 225
Hillsborough 540
Hollywood 295
Hook 314
Hook Head 314
Hore Abbey 266
Horn Head 502
Hostels 86
Hotels 83
Hotelzimmer 85
Howth 172
Hungry Hill 369
Hurling 75

I

Illanebeg, Insel 371
Ilnacullin, Insel 367
Inch, Strand 404
Inchydoney 361
Informationen 60

Inishbofin 459
Inishcealtra 427
Inisheer 456
Inishkeen 201
Inishmore 451, 454
Inishmurray 487
Inishowen Head 508
Inishowen Peninsula 507
Inishshark 459
Inishtooskert 399
Inismaan 453
Inisrath 559
Inis Saimer 496
Inistioge 325
Innisfree 488
Inseln 26
Internet 77
IRA 105
Ireland's Eye 172
Irish Folk 118, 163, 270, 484
Irish National Heritage
   Park 311
Isle of Man 89, 532, 580
Isle of Man Motor Museum
   594
Isle of Man Steam Railway
   Museum 597
Iveragh 390

J

James II. 98
Jerpoint Abbey 325
Jobben 61
John F. Kennedy Park and
   Arboretum 317
Johnstown Castle 310
Joyce Country 462
Joyce, James 116, 128, 129,
   182
Jugendherbergen 86
Jurby Transport Museum 595

K

Kajak 69
Kalender 89
Kanturk 357
Kanu 69, 262
Karfreitagsabkommen 108
Katholiken 113

Kavanagh, Patrick 117
Kavanagh Trail 201
Keel 472
Keem 473
Kells 224
Kells Priory 325
Kenagh 248
Kenmare 385
Kennedy Homestead 317
Kerry Bog Village 389
Kerry Way 390
Kesh 553
Kilbeggan 233
Kilcrohane 365
Kildare 282
Kilfenora 438
Kilkee 428
Kilkenny Cats 322
Kilkenny City 318
Killadeas 552
Killahoey Strand 502
Killala, Rundturm 477
Killaloe 426
Killarney 374
Killarney National Park 380
Killary Harbour 461
Killeany 452
Killeshin 263
Killevy Churches 541
Killiney 182
Killorglin 389, 392
Killybegs 497
Killykeen Forest Park 204
Killyleagh 536
Kilmacurragh Arboretum 301
Kilmalkedar 400
Kilmallock 420
Kilmokea Country Manor 317
Kilmore Quay 313
Kilmurvey 452
Kilree 325
Kilronan 451
Kilrush 427
Kinder 62
King's Castle 420
King Orry's Grave 591
Kinnitty Forest 256
Kinsale 357
Kinvara 447

Kitesurfing 70
Klettern
   Dalkey Quarry 182
Klima 39
Klimawandel 45
Kloster Kilmacduagh 448
Knappogue Castle 424
Knock 478
Knock Shrine 478
Knocknarea 482
Kolonialisierung 97
Königsstätten 244
Kultur 114
Kunst 114
Kylemore Abbey 460
Kyteler, Alice 320

L

Lady's Island Lake 312
Lahinch 429
Landkarten 61
Landwirtschaft 112
Laragh 289
Larne 528
Lauragh 370
Laxey 591
Layde Old Church 528
Laytown 228
Leabgarrow 502
Leamaneagh Castle 438
Lebenserwartung 92
Leenane 461
Leganany Dolmen 538
Leitungswasser 53, 59
Leixlip 277
Lesben 66
Letterfrack 460
Letterkenny 505
Limavady 522
Limerick, City 413
Linksverkehr 79
Lios-na-gCon Ringfort 360
Lios-Streinkreise 419
Lisdoonvarna 436
Lislaughtin Abbey 409
Lismore 336
Liss Ard Gardens 362
Lissadell House 486
Listowel 408

Literatur 30, 115, 608
Loaghtan 593
Locke's Distillery 233
Londonderry 512
Longford Town 246
Loop Head Drive 428
Lough Arrow 485
Lough Boora Discovery
    Park 249
Lough Corrib 449
Lough Currane 387
Lough Derg 495
Lough Erne 554
Loughgall 545
Lough Gill 488
Lough Gur 419
Lough Inagh Valley 458
Lough Key Forest Park 238
Lough Mask 449, 450
Lough Neagh 532, 546
Lough Oughter 205
Loughrea 449
Lough Ree 235
Lough Ree Trail 235
Lough Sheelin 210
Lough Swilly 505
Lough Tay 299
Loughcrew 229
Loughcrew Estate 229
Louisburgh 470
Lower Lough Erne 552
Lusk 175

M

MacMurrough, Dermot 96
Maghery Bay 502
Magrath, Miler, Bischof 265
Malahide 174
Malerei 117
Malinbeg 500
Malin Head 508
Malinmor 500
Mallow 357
Manorhamilton 488
Manx Electric Railway 587
Manx-Katzen 593
Marble Arch Caves 559
Martello-Türme 176, 367
Maße 62

Maynooth 278
McCourt, Frank 117
Meayll Hill 597
Medien 63
Medikamente 59
Mellifont 190
Midleton 354
Mietwagen 34, 80
Military Road 288
Millisle 535
Milltown 205
Milner, William 597
Milner's Tower 597
Missionierung 94
Mitchelstown Caves 271
Mizen Head 364
Moll's Gap 385
Monaghan Town 199
Monasteraden 485
Monasterboice 190
Mondello Park 281
Monea Castle 553, 558
Monicknew Forest Carpark
    257
Motorrad 46, 82
Mount Leinster 263
Mount Nugent 209
Mount Stewart House and
    Gardens 534
Mount Usher Gardens 305
Mountsandel 522
Mountshannon 427
Mourne Mountains 537
Mourne Wall 539
Moyne Abbey 477
Mücken 92
Muckross House 380
Mullagh 210
Mullaghmore 487
Mullet 476
Mullingar 233
Multyfarnham 231
Musik 117

N

Naas 281
National Museum of Country
    Life im Turlough Village
    465

Nationalparks und Schutz-
    gebiete 64
National Waymarked Trail 326
Navan Fort 544
Nendrum, Kloster 538
Newbridge 280
Newcastle 538
Newgrange 217
New Ross 316
Newry 540
Newtownards 534
Nordirland 104
Northern Ireland Civil Rights
    Association 104
North Mayo Sculpture
    Trail 478
Notfall 67

O

O'Briens Tower 430
O'Connell, Daniel 100, 177
O'Doherty Castle 509
Öffnungszeiten 48
Oldbridge Estate 228
Oldcastle 229
Omagh 547
One Man's Pass 498
Organic Centre 489
Ormond Castle 273
Ossian's Grave 528
Osteraufstand 1916 102, 128,
    154
Oughterard 450

P

Paisley, Ian 106
Paragliding 263
Parke's Castle 488
Parnell, Charles Stewart 178,
    292
Passage East 332
Patrick, Heiliger 536
Pavee 234
Pearse, Patrick 102
Peel 595
Peel Castle 595
Piper's Stones 295
Plunkett, Joseph 153
Plunkett, Oliver 230

Point of Ayre 594
Politik 111
Pony-Trekking 459
Port Erin 597
Portlaoise 259
Portmagee 388
Portsalon 504
Port St, Mary 597
Post 65
Poulnabrone Dolmen 437
Presse 63
Pubs 49
Puck Fair 392
Puffing Holes 452, 454
Punchestown 281
Puxley Mansion 370

Q
Quayle George 600
Quin 424

R
Raad ny Foillan 588
Rad 34
Radfahren 70
Radio 63
Railway Rambles 598
Raleigh, Sir Walter 355
Ramelton 502
Ramsey 593
Rathcroghan 242
Rathfran, Kloster 477
Rathkeale 422
Rathlin Island 526
Rath Maeve 223
Rath of Mullagast 285
Rattoo Round Tower 408
Rebel Songs 118
Reformation 97
Regierung 111
Reisekosten 42
Reiserouten 23, 32
Reiseveranstalter 65
Reisezeiten 41
Reiseziele 23
Reiten 71
Religion 113
Restaurants 49
Riasc 400

Ringforts von Cahergall und
    Leacanabuaile 389
Ring of Aran 452, 454
Ring of Kerry 384
Riverwalking 71
Roaringwater Bay 364
Robertstown 280
Rock of Cashel 265
Roscommon 243
Roscrea 255
Rosguill Peninsula 502
Ross Castle 210
Rosserk Friary 477
Rosses Point 480
Rosslare 312
Rossnowlagh 495
Rossroe 461
Roundstone 457
Roundwood 301
Royal Canal Way 132
Rugby 75
Rundtürme 95, 115, 188
    Antrim 532
    Clones 201
    Clonmacnoise 249
    Drumcliff 486
    Drumlane 205
    Dysert Oenghusa 421
    Kells 224
    Kildare 282
    Kilkenny 321
    Killala 477
    Roscrea 255
    Swords 175
Rushen Abbey 600
Russborough House 299

S
Saint Brigid 283
Saint Patrick 466
Sallins 281
Sally Gap 288
Saltee Islands 313
Salthill 444
Sands, Bobby 107
Sandycove 181
Saul 537
Sayers, Peig 399
Scattery Island 428

Schlacht am Boyne 227
Schlösser 87
Schmuggel 375
Schottland 89
Schull 364
Schwule 66
Seen 27
Segeln 71
Selbstversorger 52
Serpent Lake 375
Shannon Blueway 490
Shannon Pot 207
Shaw, Bernhard 103
Sheela na Gigs 232
Sheelin Antique Lace Museum
    553
Sheep's Head 365
Sherkin Island 363
Sicherheit 66
    Dublin 167
Skellig Islands 388
Skellig Michael 388
Skelligs 386
Skerries 176
Skibbereen 362
Skifahren 288
Sky Road 458
Slade 314
Slane 220
Slea Head 398
Slea Head Drive 398
Slieve Bloom Way 256
Slieve Donard 539
Slieve Gullion Forest Park
    541
Slieve League 498
Slievemore 472
Sligo Town 479
Snaefell 591
Snaefell Mountain Railway
    587
Sneem 387
Snowboarding 288
South Leinster Way 325, 326
Spanish Armada Memorial
    487
Spanish Point 429
Sperrin Mountains 505, 547
Sport 68

Sportveranstaltungen 75
Sprache 93
Sprachführer 602
Sprachkurse 76
Sprachschulen 76
Stadtrundfahrt 144
Staigue Fort 387
St. Anne's Park 173
Station Island 495
Statuten von Kilkenny 97
Staus 56
Steam Railway 587
Stehende Steine von
   Eightercua 387
Steilküsten 26
Steinkreis von Drumskinny
   553
St. Enda 452
Stormont Castle 572
Stradbally 259
Strade Abbey 464
Strände 28
Strandhill 482
Strangford 536
Strangford Lough 535
Straßenverhältnisse 82
Straßenverkehr 81
Streedagh 487
Strokestown 240
Strongbow 96
Supermärkte 51
Surfen 71
Swanlinbar 207
Swift, Jonathan 150
Swords 175

T
Táin Bó Cúailnge 198
Tain Way 194
Tara 222
Tauchen 71
Taxi 83
Tayto Park 215
Teampall Bheanáin 452, 454
Teampall Chiaráin 452, 455
Telefon 77
Temple House 485
Templetown 314
The Argory 546

The Great Famine 241
The Meeting of the Waters
   292
The Rosses 501
Thurles 266
Tintern Abbey 314
Tipperary Town 267
Titanic 352
Tollymore Forest Park 537
Tone, Wolfe 99
Tory Island 504
Tralee 404
Tramore 332
Trampen 81
Transport 77
Traveller 234
Trim 225
Trinken 48
Trinkgeld 50
Trinkwasser 53
Tullamore 252
Tully Castle 553, 558
Tullynally Castle 231
Tynwald Hill 596
Tynwald National Park &
   Arboretum 596
Tyrone, County 541

U
Übernachtung 83
Ulster American Folk Park
   547
Ulster-Scots 551
Ulster Way 530
Umweltschutz 54
Unabhängigkeit 103
Upper Lough Erne 553

V
Valentia Island 388
Vale of Avoca 292
Vale of Clara 292
Valera, Eamon de 177
Vandeleur Walled Garden
   428
Ventry 398
Verhaltenstipps 87
Verkehrsregeln 81
Verkehrszeichen 81

Versicherungen 88
Victor's Way Indian Sculpture
   Park 301
Viehdiebstahl von Cooley 198
Virginia 210
Visa 88
Vögel 92

W
Wale 72
Wales 89
Wallabys 593
Wandern 29, 74, 371
Waterford City 328
Websites 60
Weiterreise 88
Wellbrook Beetling Mill
   546
West Clare Railway 428
Westport 466
Wexford 309
Wexford Wildfowl Reserve
   310
Whalewatching 72
White's Castle 285
White Island 552
Wicklow Mountains 286
Wicklow Mountains National
   Park 286
Wicklow Town 304
Wicklow Way 296
Wikinger 95
Wild Atlantic Way 415
Wilde, Oscar 116, 147
Wilhelm von Oranien 98
Wirtschaft 112
Wirtschaftskrise 106, 109

Y
Yeats, William Butler 103, 116,
   448, 481
Youghal 355

Z
Zeit 89
Zeitungen 63
Zelten 234
Zoll 89
Zweiter Weltkrieg 508

Notizen

Bildnachweis

Umschlag

Titelfoto Shutterstock.com, Amsterdam (NL)/Patryk Kosmider; Ross Castle, Killarney National Park, County Kerry

Umschlagklappe vorn Mauritius Images, Mittenwald/Cultura/George Karbus Photography; Cliffs of Moher

Umschlagklappe hinten Getty Images, München/Richard Cummins; Plunkett Street in Killarney, Kerry

Highlights

S. 8 Mauritius Images, Mittenwald/Age

S. 9 Shutterstock.com, Amsterdam (NL)/Madrugada Verde (oben)
Lookphotos, München/H. & D. Zielske (unten)

S. 10 picture-alliance, Frankfurt a. M./Design Pics (oben)
Bernd Biege (unten)

S. 11 Shutterstock.com, Amsterdam (NL)/walshphotos

S. 12/13 DuMont Bildarchiv, Ostfildern/Olaf Meinhardt

S. 14 Shutterstock.com, Amsterdam (NL)/Hugh O'Connor

S. 15 Shutterstock.com, Amsterdam (NL)/Patryk Kosmider (oben)
picture-alliance, Frankfurt a. M./Arco Images GmbH (unten)

S. 16 Huber-Images, Garmisch-Partenkirchen/Dutton Colin (oben)
laif, Köln/Vincent Kohlbecher (unten)

S. 17 Shutterstock.com, Amsterdam (NL)/Jane McIlroy

S. 18/19 Huber-Images, Garmisch-Partenkirchen/Spiegelhalter

S. 20 Huber-Images, Garmisch-Partenkirchen/Rellini Maurizio

S. 21 Corbis, Berlin/Kevin Kozicki (oben)
Mauritius Images, Mittenwald/Alamy (unten)

S. 22 Huber-Images, Garmisch-Partenkirchen/Rellini Maurizio

Regionalteil

Bernd Biege S. 36, 39, 44, 57, 121 (oben), 147, 181, 185 (2), 189, 197, 203, 206, 213 (2), 227, 244, 254, 259, 274, 275 (2), 283, 293, 302, 339 (oben), 379, 385, 395, 402, 407, 435, 441, 481, 510, 511 (2), 518, 524, 533, 548, 557, 558, 576, 581 (2), 599

Sabine Bösz S. 155, 173

DuMont Bildarchiv, Ostfildern Rainer Kiedrowski S. 298; Olaf Meinhardt S. 42, 51, 69, 90, 118, 120, 121 (unten), 129, 141, 178, 212, 251, 257, 269, 294, 338, 347, 386, 391, 411 (2), 429, 474, 499, 503, 531, 568; Jürgen Modrow S. 26, 41, 69, 339 (unten), 373, 410, 463

Fotolia, New York (USA) Björn Alberts S. 184, 327; adamico S. 507

iStock.com, Calgary (CA) saturar S. 29, 383; nievesm S. 111; J-HOGAN S. 194/195; arnekristiansen S. 455; Patryk Kosmider S. 397; Daemys S. 469

Shutterstock.com, Amsterdam (NL) Lukasz Pajor S. 25; Peter Krocka S. 30/31; Arndale S. 116; Yulia Plekhanova S. 132; Yuriy Chertok 151; Joseph Molloy S. 209; Finlay97 S. 236; girl grace S. 556; Pauldaley1977 S. 580; SILVERGULL S. 589; Henryk Sadura S. 598

ANHANG

Impressum

Irland
Stefan Loose Travel Handbücher
5., vollständig überarbeitete Auflage **2020**
© DuMont Reiseverlag, Ostfildern

Gesamtredaktion und -herstellung
Bintang Buchservice GmbH
Columbiadamm 31, 10965 Berlin
www.bintang-berlin.de
Redaktion: Sabine Bösz
Lektorat: Gudrun Rather-Klünker
Satz und Bildredaktion: Gritta Deutschmann
Karten: Katharina Grimm, Klaus Schindler
Reiseatlas: DuMont Reisekartografie, Fürstenfeldbruck

Printed in Poland

Kartenverzeichnis

Allgemeiner Teil
Bahnstrecken 79
Entfernungstabelle 81
Flughäfen und Fähren 45
Whalewatching an Irlands Küsten 72

Reiserouten
Budget-Route 38
Dublin bis Donegal und zurück 33
Durch den Südwesten 34
Durch Nordirland 37
Entlang der Westküste 35
Kulturelle Highlights 32

Touren und Wanderungen
Beara Way 372
Burren Way 434
Carrauntoohil 382
Croagh Patrick 468
Dingle Way 396
Inishmore 454
Kerry Way, Halbinsel Iveragh 390
Lough Erne 555
Raad ny Foillan 588
Railway Rambles 598
Royal Canal Way 133
Slieve Bloom Way 256
South Leinster Way 326
Táin Way 195
Tourist Trophy 592
Ulster Way 530
Wicklow Way 296

Regionalteil
Achill Island 472
Aran Islands 451
Belfast
  City 562/563
  Großraum 561
Bray und Greystones 303
Brú na Bóinne 219

Burren 432
Causeway Coast 525
Clonmacnoise 250
Cork, City 344
Cork, County 342/343
Derry, Antrim und Down 514/515
Derry / Londonderry 517
Donegal, County 493
Douglas 585
Dublin
  City 126/127
  County 122
  Nahverkehr 169
Fermanagh, Tyrone und Armagh 542
Galway, City 445
Galway und Mayo 442/443
Glendalough 291
Hook, Halbinsel 315
Isle of Man 582
Kerry, County 376/377
Kildare und Wicklow 287
Kilkenny, City 319
Kilkenny, Wexford und Waterford 308/309
Killarney National Park 381
Laois, Offaly, Carlow und Tipperary
  260/261
Limerick, City 417
Limerick und Clare 414
Longford und Roscommon 239
Meath und die Midlands 214
Meath und Westmeath 216
Mourne Mountains 535
Nordirland 513
Nordosten 186
Osten und Südosten 276
Südwesten 341
Slea Head Drive 399
Sligo und Leitrim 480
Tara, Hügel von 223
West Cork und Halbinsel Beara 368
Westen 412

ANHANG

Atlantic

Ocean

626 / 627

Meen Laragh • Malin

Dungloe

Donegal

Derry • Glenariff

NORTHERN
IRELAND

628 / 629

Lough
Neagh

Bangor

Ballina • Sligo • Enniskillen • Belfast

Westport • Col/ooney • Armagh

Leenane • Clifden • Clough

Clifden • C o n n e m a r a • Newry

Roundstone • Tulsk • Dundalk

Tuam • Ardee

Galway • Lough Ree • Kells

Athlone • Drogheda

Mullingan

632 / 633

Lisdoonvarna • Tullamore • Maynooth

Ennis • Portumna • **Dublin**

Kilrush • Lough
Derg • Portlaoise • **Dún Laoghaire**

Shannon • Wicklow

Limerick • Carlow • **630 / 631**

Tralee • Cashel • Wicklow
Mountains

D i n g l e • Killarney • Kilkenny • Arklow

K e r r y

I v e r a g h • Clonmel

B e a r a • Kenmare • **Waterford**

Cork • Wexford

Bantry

Kinsale

Irish Sea

Isle of
Man

634 / 635

A t l a n t i c

O c e a n

Malin Head

Tory Island (Toraigh)
West Town
I. Inishbofin

Fanad Lighthouse
Arryheernabin
Fanad
Portsalon
Fort Dunree
Dunaff
Clonm

Horn Head
Downies
Dúnaibh
Carraig Airt
Cranford
Carrowkeel
Drumfree

Bloody Foreland Head
Meen Laragh
Dunfanaghy
Falcarragh
An Fál Carrach
Creeslough
Doe Castle
Glen
347m.
238
247
484m.
Buncra

Gola Island
Derrybeg
Gortahork
Gort an Choirce
431m.
Glenveagh Castle
Errigal Mountain 752m
Milford
Rathmullan
Fahan
Burnfoot

Bunbeg
An Bun Beag
Gweedore
Gaoth Dobhair
Lough Veagh
Glebe House and Gallery
Kilmacrenan
Rathmelton
Grianán of Aileach
Bridge End
Newtown

Donegal Airport
Dunlewy
Dunlewy Lacung
Glenveagh National Park
Colmcille Heritage Centre
245

Burtonport
Allt an Chorráin
Churchhill
251
Letterkenny
St. Johnstown
Cunningham

Leabgarrow
Aran More Island
Árainn Mhór
Dungloe
An Clochán Liath
Derryveagh Mtns. 683 m
Rashedoge
N13
286m.
14
Dur

Gweebarra Bay
Letterma caward
Doocharry
An Dóchraidh
250
Cloghan
Convoy
Raphoe
Artiga
49

Portnoo
Naran
Maas
Fintown
Baile na Finne
Fintown Railway
Altnapaste
Stranorlar
Castlefinn
Lifford
N15
Strab

Dawros Head
Glendorrogha
Ardara
Glenties
Na Gleannta
Ballybofey
Finn
Clady
Sion Mills
Plum

Blue Stack Mts.

Folk Village An Clachán
Glen Bay
Glengesh Pass
Meenacross
473m.
Lough Eske
N15
Castlederg
Newtownstewart

Glencolumbkille
Rossan Point
Malinbeg
Carrick
An Charraig
Killybegs
262
Mountcharles
Donegal
Lough Derg
72
Killen
Moneymore
Ulster American Folk Park

Cliffs of Bunglass
Slieve League
Teelin
Kilcar
Cill Charthaigh
263
Dunkineely
Laghy
N56
Omag

Bunglass Point
St. John's Point
Rossnowlagh
Ballintra
232
Pettigoe
NORT

Donegal Bay
Ballyshannon
Belleek
Lower Lough Erne
Boa Island
Kesh
Ederny
Dromore
Lack
Fintor

Mullaghmore
Bundoran
47
Lisnarick
35
Irvinestown
46

Inishmurray
Roskeeragh Point
Cliffony
Creevykeel
Cliffs of Magho
Kinlough
Forest
Garrison
Derrygonelly
Castle Archdale Country Park
Trillick

Grange
N15
Lough Melvin
Rossinver
Round Tower
Devenish Isle
Ballinamallard
Tempo

Lissadell House
Benbulben 527m
280
Kiltyclogher
Springfield
Enniskillen
Castle Coole
Lisbellaw

Raghly
Drumcliff
Glencar Lough
N16
Manorhamilton
Belcoo
4
Bellanaleck
Maguiresb
Lisnaskea

Sligo Bay
Rosses Point
High Cross
465m.
Blacklion
509
278m.
Broc

Easky
Strandhill
Sligo
Parke's Castle
Dromahair
Gubaveeny
Marble Arch
Florence Court
32
Derrylin
Newtownbutler

Dromore West
Knocknarea
Carrowmore
Lough Gill
Church Island
Dowra
87
Crom Castle

Átha
297
Knockalongy 544m
Ballysadare
Ballintogher
Ballinagleragh
Derrynacreeve
Belturbet

Kilglass
Culleens
Coolaney
Coola
Drumkeeran
458m
Lough Allen
207
Iron Mountains
Ballyconnell
N54
Batle
Brid

Beltra
Slieve Gamph or the Ox Mts.
277m.
N17
293
Ballymote
362m.
Arigna
Ballyfarnan
586m.
Ballinamore
Newtown Gore
Killashandra

Cloonacool
Mullany's Cross
294
Tobercurry
Carrowkeel
Ballinafad
Keadew
Drumshanbo
209
Fenagh
Garvagh
Carrigallen
Crossdoney

Aclare
Banada
Bunnanaddan
Gorteen
Boyle Abbey
Boyle
Lough Key
Leitrim
202
Cloone
201
Carrigallen
Mohill

Curry
417m.
197m.
Knock Airport
Lurga
237m.
Tawnyinah
N61
Carrick-on-Shannon
Cara Droma Rúisc
Drumsna
188m.
Arvagh
786m.
Moyne

626

S. 629
S. 630

Wild Atlantic Way

SCOTLAND

North Channel

Mull of Kintyre

Beinn na Lice 428m

St. Columba's Footsteps

Southend

Sanda Island

Feochaig

Kinnagoe Bay

Inishowen Head 327m

Greencastle

Giant's Causeway

Whiterocks Beach

Portstewart

Portrush

Portballintrae

Benbane Head

White Park Bay

Bull Point

Rathlin Sound

Rathlin Island

Rue Point

Carrick-a-Rede Rope Bridge

Ballintoy

Ballycastle

Fair Head

Dunseverick Castle

Dunluce Castle

Bushmills

Bushmills Distillery

Coleraine

Articlave

Downhill

Derrykeighan

Dervock

Macosquin

Ballymoney

Ringsend

Stranocum

Armoy

Drumdallagh

Knocklayd 517m

Glenshesk

Cushendun

382m

Glendun

Cushendall

Ossian's Grave

Trostan 554m

Glenariff

Glenariff

Glenarm

Carnlough

Ballygalley

Black Cave Tunnel

Larne

Island Magee

Glynn

Whitehead

Carrickfergus

Copeland Island

Bangor

Donaghadee

Helen's Bay

Holywood

Belfast City Airport

Newtownards

Ards Peninsula

Millisle

Carrowdore

Ballywalter

BELFAST

Stormont

Belfast Castle

Ulster Folk and Transport Museum

Newtownabbey

Belfast Lough

Lisburn

Carryduff

Dundonald

Comber

Kircubbin

Ballyhalbert

Burr Point

Cloghy

Portaferry

Strangford Lough

Castle Ward

Aquarium Exploris

Strangford

Ballyquintin Point

Downpatrick

Saul

Down Cathedral

Killard

Ardglass

Jordan's Castle

St. John's Point

Dundrum Bay

Irish Sea

Mourne Mountains

Slieve Donard 852m

Newcastle

Annalong

Kilkeel

Greencastle

Cranfield Point

Dundalk Bay

S. 631

627

IRELAND

Lough Neagh

Lough Beg

Cookstown

Dungannon

Armagh

Portadown

Craigavon

Lurgan

Banbridge

Newry

Dundalk

Dún Dealgan

LONDONDERRY / DERRY

Sligo Bay
Sligo
Sligeach
Lissadell House
High Cross
Drumcliff
Rosses Point
Knocknarea
Carrowmore
Parke's Castle
Enniskillen
Castle Coole
Florence Court
Marble Arch
Crom Castle
Lough Erne
Manorhamilton
Blacklion
Belcoo
Bellanaleck
Lisbellaw
Maguiresbridge
Lisnaskea
Newtownbutler
Belturbet
Butlers Bridge
Cavan
Ballyconnell
Killashandra
Arvagh
Granard
Edgeworthstown
Longford
Roscommon
Boyle
Boyle Abbey
Carrick-on-Shannon
Cara Droma Rúisc
Carrowkeel
Ballymote
Tobercurry
Bunnanaddan
Curry
Charlestown
Knock Airport
Kilkelly
Ballyhaunis
Castlerea
Ballaghaderreen
Frenchpark
Rathcroghan
Strokestown House (Famine Museum)
Strokestown
Castle Forbes
Newtown Forbes
Ballinasloe
Clonmacnoise
Athlone
Ballymore
Belvedere House
Tullamore
Durrow Abbey
Lough Boora
Birr
Portumna
Lough Derg
Roscrea
Portlaoise
Mt. St. Joseph Abbey
Nenagh
Slieve Bloom Mountains
Slieve Aughty Mountains
Galway Airport
Athenry
Loughrea
The Turoe Stone
Thoor Ballylee
Gort
Kilmacduagh
Mountmellick
Mountrath

REPUBLIC OF IRELAND

S. 626
S. 630
S. 633

629

Raghly
Drumcliff
High Cross
Glencar Lough
Kiltyclogher
Springfield
Enniskillen
Castle Coole
Brookeborough
Rosses Point
Sligo
Stigeach
S. 626
Manorhamilton
Blacklion
Belcoo
Lisbellaw
Maguiresbridge
Lisnaskea
Rosslea
Strandhill
Parke's Castle
Church Island
Dromahair
Gubaveeny
Marble Arch
Florence Court
Derrylin
Newtownbutler
Clones
Knocknarea
Carrowmore
Beltra
Ballysadare
Collooney
Dromahair
Ballintogher
Dowra
Cuilcagh 667m
Derryline
Derrynacreeve
Crom Castle
Coolaney
Curry
Ballymote
Arigna
Ballyfarnan
Drumshanbo
Ballinamore
Newtown Gore
Garadice Lough
Killashandra
Cavan
Butlers Bridge
Ballyhaise
Stradone
Carrowkeel
Ballinafad
Gorteen
Boyle Abbey
Boyle
Leitrim
Fenagh
Garvagh
Carrigallen
Crossdoney
Bellanagh
Cross Keys
Ballaghaderreen
Ratallen Cross Roads
Carrick-on-Shannon
Cara Droma Rúisc
Drumsna
Mohill
Cloone
Arvagh
Moyne
Scrabbi
Ballyjamesduff
Frenchpark
Bellanagare
Elphin
Clogher
Dromod
Farnaght
Drumlish
Granard
Finnea
Abbeylara
Oldcastle
Loughcrew Cairns
Rathcroghan
Tulsk
Strokestown House (Famine Museum)
Strokestown
Castle Forbes
Newtown Forbes
Ballinalee
Edgeworthstown
Coole
Fore
Castlerea
Castleplunket
Ballintober
Four Mile House
Curraghroe
Killashee
Longford
Ardagh
Rathowen
Multyfarnham
Bunbrosna
Crookedwood
Ballinlough
Ballymoe
Roscommon
Lanesborough (Ballyleague)
Emmoo
Corlea Trackway Visitor Centre
Keenagh
Loughcrew
Williamstown
Glennamaddy
Creggs Passage
Athleague
Rindown Castle
Lecarrow
REPUBLIC OF IRELAND
Ballymahon
Ballymacarmy
Moyvore
Rathconrath
Mullingar
Killucan
Clonbern
Newbridge
Moylough
Ballygar
Ballyforan
Kiltoom
Tang
Glasson
Ballymore
Loughanavally
Castletown
Belvedere House
Gaybrook
Barnaderg
Mount Bellew
Menlough
Caltra
Castleblakeney
Ahascragh
Dundonnell
Athlone
Moate
Horseleap
Kilbeggan
Ballynagore
Tyrrellspass
Lochfortbridge
Monivea
Gorteen
Ballymacward
Ballydangan
Faidrum
Clara
Durrow Abbey
Derrygolan
Daingean
Ballinasloe
Aughrim
Clonmacnoise
Clonmacnoise
Ballynahown
Ballycumber
Tullamore
Kiltullagh
New Inn
Kellys Grove
Shannonbridge
Clondelara
Ferbane
Killeigh
Clonygowan
The Turoe Stone
Kiltormer
Laurencetown
Clonfert
Clonony
Cloghan
Blue Ball
Clonaslee
Rosenallis
Ballydavid
Eyrecourt
Shannon Harbour
Lough Boora
Kilcormac
Mountmellick
Emo Court
Loughrea
Killimor
Banagher
Thoor Ballylee
Kylebrack
Abbey
Birr
Kinnitty
Slieve Bloom Mountains
Mountrath
Portlaoise
Derrybrien
Woodford
Portumna
Killyon
Clareen
Arderini
Flagmount
Gorteeny
Ballinderry
Bollingarry
Shinrone
Boheraphuca
Nore
Caher
Borrisokane
Mountshannon
Whitegate
Cloghjordan
Mt. St. Joseph Abbey
Roscrea
Borris in Ossory
Castletown
Ballyroan
Abbeyleix
Bodyke
Scariff (Holy Island)
Puckaun
Dunkerrin
Ballybrophy
Aghaboe
Arran Mountains
Nenagh
S. 634
Moneygall
Errill
Rathdowney

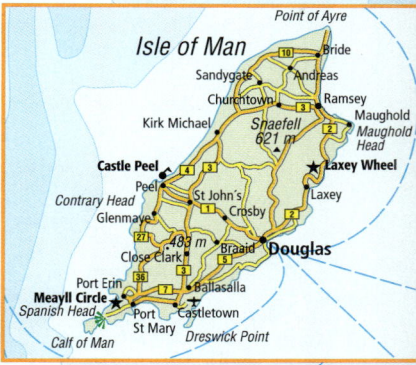

Caledon · Aughagh · Tandragee · Clare · Scarva · Downpatrick · Saul · Killard · Ballyquintin Point
Navan Fort · Tynan · Middletown · Markethill · Poyntz Pass · Loughbrickland · Katesbridge · S. 627 · Clough · Down Cathedral · Killard
Keady · Clontibret · Newtown-Hamilton · Bessbrook · Belleek · Derrymore House · Ballyroney · Castlewellan · Dundrum · Tyrella · Ardglass · Jordan's Castle
Castleblayney · Crossmaglen · Slieve Gullion Forest Park · Newry · Mayobridge · Mourne Mountains · Slieve Donard 852m · Newcastle · St. John's Point
Slieve Gullion 577m · Camlough · Narrow Water Castle · Warrenpoint · 746m · Dundrum Bay
Shantonagh · Culloville · Forkhill · Omeath · Rostrevor · Lisnacree · Annalong
Shercock · Iniskeen · Chanonrock · Blackrock · Riverstown · Boharboy · Kilkeel · Greencastle · Carlingford · Cranfield Point
Carrickmacross · Louth · Dundalk · Dún Dealgan · Cooley · Carlingford Lough
Kingscourt · Glyde · Castlebellingham · Annagassan · Dundalk Bay
Drumconrath · Ardee · Dee · Togher · Grangebellew
Nobber · Collon · Monasterboice · Clogherhead · Termonfeckin
Moynalty · Carlanstown · Wilkinstown · Ballymakenny · Drogheda · Droichead Átha
Kells · Ceanannas · Mellifont Abbey · Slane · Dowth · Bettystown · Laytown
Kilberry · Newgrange · Oldbridge · Julianstown
Knowth · Brú na Bóinne · Duleek · Gormanston · Balbriggan
Navan · Skryne · Ardcath · Balrothery · Skerries
Bective · Tara · Garristown · Lusk · Rush · Lambay Island
Trim · Trim Castle · Dunshaughlin · Ballyboghil · Ratoath · Ashbourne · Donabate · Portrane
Laracor · Summerhill · Mullagh · Newbridge House · Swords · Malahide Castle · Malahide
Dublin Airport · Portmarnock · Ireland's Eye Island
Kilcock · Clonee · Blanchardstown · Leixlip · Lucan · St. Doulagh's Church · Howth
Celbridge · Castletown House · Clondalkin · Dublin Bay
DUBLIN
BAILE ÁTHA CLIATH
Rathcoole · Saggart · James Joyce Tower · Sandycove
DÚN LAOGHAIRE
Newbridge · Naas · Nás · Kilteel · Brittas · Enniskerry · Bray · Bray Head
Russborough House · Blessington · Kippure 754m · Powerscourt House and Gardens · Great Sugar Loaf 501m · Greystones
Irish National Stud · Kilcullen · Ballymore Eustace · Poulaphouca · Djouce 727m · Delgany
Hollywood · Mullaghcleevaun 850m · Newtown · Newcastle
Dunlavin · Wicklow National Park · Glendalough · Roundwood
Crookstown · Stratford · Lugnaquillia Mt. 926m · Laragh · Ashford · Mount Usher Gardens · Rathnew
Timolin · Moone · Wicklow Mountains · Rathdrum · Glenealy · **Wicklow** · Wicklow Head
Baltinglass · Kiltegan · Aghavannagh · Meeting of the Waters · **Avondale Forest Park** · S. 635
Browne's Hill Dolmen · Hacketstown · Aughrim · Avoca · Mizen

Irish Sea

Isle of Man
Point of Ayre · Bride · Sandygate · Andreas · Ramsey · Churchtown · Maughold · Maughold Head
Kirk Michael · Snaefell 621m · Castle Peel · Peel · **Laxey Wheel** · Laxey
Contrary Head · St John's · Crosby
Glenmaye · 483 m · Braaid · **Douglas**
Close Clark · Ballasalla
Port Erin · **Meayll Circle** · Port St Mary · Castletown · Dreswick Point
Spanish Head · Calf of Man

Atlantic Ocean

Liscannor Bay
Miltown Malbay
Spanish Point
Quilty
Shanavogh
Slieve 391m
Mutton Island
Mal Bay
Creegh
176m
Doonbeg
N67
Kilmihil
Lissyca
Kilkee
Cooraclare
Doonbeg
Kilkee Cliffs ★ 138m
Doonaha
Scattery Island
Kilrush
Knock
Kilbaha
Carrigaholt
Killimer
82m
Labas
Loop Head Drive
N67
Carrigafoyle Castle ★
Tarbert
Glin Castle ★ Glin
Loop Head
Ballylongford
268m
Glin Castle
Ballybunnion
Lisselton
Newtown Sandes
Athea
Mouth of the Shannon
50 m
Ballyduff
Listowel
N69
Kerry Head
219m
Rattoo Round Tower
Lixnaw
Six Crosses
N555
Duagh
33.
Ballyheige Bay
Causeway
Finuge
Abbeyfeale
Banna Strand
Abbeydorney
Kilinlea
Ballyheige
Ardfert
Mullag
Fahamore
Barrow
Slieve Mish Mountains
357m
Brandon Point
Tralee Bay
Fenit
Tralee Tra Li
Brandon Bay
Brandon
Brandon Mt. 953m
Castlegregory
Tullaree
N21
Crag Cave ★
Cloghane
827m
N560 Camp
Blennerville Windmill
Castleisland
Ballydavid
Baile na nGall
827m
853m
Scartaglin
Ballyd
Kilmalkedar ★
Gallarus Oratory ★
Caherconree Fort ★
N577
23.
Smerwick
Ceann Sibéal Dún an Óir
Ballyhana
N86
Castlemaine
Maine
Inishtooskert
678m
Conair Pass
Annascaul
Inch
N561
Milltown
Knock
Dunquin
Ballyferriter
Aughils
Farranfore
Kerry
Dún Chaoin
Ventry Dingle Town
Wild Atlantic Way
N70
Laune
Blasket Islands 517m
Ceann Trá An Daingean
Killorglin
N72
Killarney Cill Áirne
Rathm
An Blascaod Mór
Slea Head
Dunbeg Promontory Fort ★
Kerry Bog Village ★
Aghadoe Church ★
N72
Great Blasket
Inishtearaght Island
Ross Castle ★
Muckross Friary ★
Inishrickillane
Glenbeigh
Caragh Lake
Muckross House ★
The Paps 696m
Dingle Bay
Feaklecally
Lough Caragh
Gap of Dunloe
Torc Cascade ★
Ladies View ★
Mangerton Mtn. 840m
Doulus Head
691m
Kells
Ring of Kerry
Glencar
Carrauntoohil 1041m
Killarney National Park
Poulgorm Bridge
Leacanabuaile Stone Fort ★
Teermoyle Mt. 775m
Boheeshil
Kissane's Farm ★
Derrynasaggart
Glanleam Gardens
Cahirciveen
Lissatinnig Br.
Macgillycuddy
Moll's Gap
N71
N569
Sullane
Valentia Island
Knights Town
500m
684m
Blackwater Bridge
Kenmare
Kilgarvan
Skellig Experience
271m
Bray Head
Portmagee
399m
Sneem
415m
Ring of Kerry
Béal Átha an Ghaorthaidh
Lough Currane
N70
Guagán Barra Forest Park
Ballinskelligs
Parknasilla
Skellig Islands
Baile an Sceilg
Waterville
Staigue Fort ★
Lauragh
Knockboy 707m
The Pass of Kenmaneigh
Skellig Michael ★
Bolus Head
Ballinskelligs Bay
Derrynane House ★
Healy Pass
Shehy Mountains
Tog
Coomakista Pass
Kenmare River
Glengarriff
Scariff Island
Derrynane National Historic Park
Caherdaniel
Ardgroom
Beara
N572
Inacullin Gardens ★
Kealkill
N585
537m
Cod's Head
Eyeries
Hungry Hill 686m
Garnish Island
Bantry
N586
Allihies
491m
Castletown bere
Adrigole
Whiddy Island
Bantry House ★
Dereen taggart ★
Puxley Mansion ★
Caha Mountains
Gouladoo
Cullomane Cross Roads
Drimoleague
Ballydonegan
Stone Circle
Dunboy Castle ★
Bear Island
Bantry Bay
Sheep's Head Peninsula
346m
Durrus
Kilravock Gardens ★
Leap
Dursey Head
Lehanore Hillfort ★
Kilcrohane
Mt. Gabriel 408m
Ballydehob
Wild Atlantic Way
N71
Glandore
Dursey Island
Ballyroon
Sheep's Head
Toormore
Schull
N592
Liss Ard Gardens ★
Skibbereen
Castletownshe
Dunmanus Bay
Dunlough Castle ★
315m
Goleen
Long I.
Baltimore
199m
Hyne
Toe Head
Three Castles Head
Crook-haven
Roaringwater Bay
Clear Island
Sherkin Island
Mizen Head
Brow Head
Cape Clear
Fastnet Rock ★
Barley

Barefield Tulla Bodyke Scarriff (Holy Island) Portroe Ballybrophy
Quin Abbey Kilkishen Arran Mountains Nenagh S. 629 Moneygall Errill Rathdowney Durrow
Knappogue Castle Craggaunowen Project Glennagalliagh 533m Killaloe Toomyvara 481m Templemore Templetouhy Johnstown
Hurlers Cross Sixmilebridge O'Briensbridge Birdhill Keeper Hill 695m Borrisoleigh Thurles Urlingford Kilcooley Abbey Cill Chainr
Bunratty Castle & Folk Park Newport Upperchurch Ballycahill Holycross Abbey Twomileborris Littleton Kilmanagh
LIMERICK LUIMNEACH Clare Moroe Cappamore Doon Dundrum Rock of Cashel Golden Hore Abbey CASHEL Rosegreen Mullinahone
Adare Caherconlish New Pallas Pallas Green Herbertstown Donohill Athassel Priory Newtown Fethard Ninemilehouse Kilmaganny
Croom Bruff Hospital Emly Bansha Galbally Glen of Aherlow Galtymore Mt. 919m Cahir Cahir Castle CLONMEL CLUAIN MEALA Ormond Castle Carrick-on Carraig
Kilmallock Knocklong Lisvarrinane Galty Mountains Ballylooby Ardfinnan Clogheen The Vee Mts. Comeragh Mts. Curraghmore
Kilcolman Castle Mitchelstown Caves Mitchelstown Ballyporeen Mt. Melleray Monastery Knockmealdown Mts.
Doneraile Kildorrery Glanworth Araglin Kilworth Lismore Castle Cappoquin Dungarvan Dún Garbhán
Mallow Mala Fermoy Ballyduff Tallowbridge Lismore Strandcally Castle Aglish Clashmore Helvick Head
Rathcormack Conna Tallow Ballynoe Dungourney Youghal Eochaill Ardmore Youghal Bay
Blarney Castle CORK CORCAIGH Midleton Carrigtohill Castlemartyr Ballymaloe Ballycotton
Coachford Douglas Passage West Cobh An Cóbh Cloyne Fota Wildlife Park Shanagarry Knockadoon Head
Garranes Ring Fort Carrigaline Ringaskiddy Whitegate Guileen Crosshaven Power Head
Bandon Kinsale Charles Fort Belgooly Frower Point Lispatrick Old Head of Kinsale

Clonakilty Timoleague Courtmacsherry Butlerstown Seven Heads Courtmacsherry Bay

I r i s h   S e a

Tulla
Bodyke
Scarriff (Holy Island)
Portroe
Nenagh
Ballybrophy
Ballycolla
Ballinakill
Newto

Slieve Bernagh
Arran Mountains
S. 630
Moneygall
Errill
Rathdowney
Durrow
.313m
Castlecomer
Dun Cave

Glennagalliagh 533m
Killaloe
Dolla
Toomyvara
481m
Templemore

Craggaunowen Project
O'Briensbridge
Broadford
Silvermine Mts
Keeper Hill 695m
Templetouhy
Johnstown
352m
Freshford

Sixmilebridge
Bunratty Castle Folk Park
Birdhill
Newport
Borrisoleigh
Ballycahill
Thurles Durlas
Urlingford
Gortnahoe
Kilcooley Abbey
Dun Cave

LIMERICK LUIMNEACH
Anna-cotty
Moroe
Upperchurch
Holycross Abbey
Littleton
Kilkenny Cill Chainnigh

Caherconlish
New Pallas Great
Donohill
Dundrum
Ballinure
Ballingarry
Bennettsbridge

Fedamore
Herberts-town
Pallas Green
Rock of Cashel
Golden
Cashel
Hore Abbey
Killenaule
Callan
Kells
Stoneyford

Meanus
Lough Gur
Bruff
Hospital
Emly
Tipperary
125m
Athassel Priory
Newinn
Rosegreen
Fethard
Ninemilehouse
Kilmaganny
Ballyhale
Inis

Holycross
Bruree
Knocklong
Galbally
Lisvarinane
Slievenamon 722m
Ahenny
Tullaghought

Kilmallock
Blackpool
Ballylanders
Glen of Aherlow
Cahir
Cahir Castle
Ballyderanan
Kilsheelan
Carrick-on-Suir Carraig na Siúre
Piltown

Ardpatrick
Kilfinnane
Galtymore Mt. 919m
Galty Mountains
Clonmel Cluain Meala
Ormond Castle
Portlaw

Kilcolman Castle
Buttevant
Knockanevin
Mitchelstown Caves
Clogheen
Newcastle
Knockanaffrin 755m
Curraghmore

Doneraile
Kildorrery
Mitchelstown
Ballyporeen
The Vee Mts.
Ballymacarbry
Monavullagh Mts 792m
WATERFORD PORT LAIRG

Castletownroche
Glanworth
Kilworth
Araglin
Knockmealdown Mts
Knocknafallia 795m
Mt. Melleray Monastery
Kilmacthomas

Mallow Mala
Killavullen
Fermoy
Ballyhooly
Ballyduff
Lismore Castle
Cappoquin
Seefin 595m
Lemybrien
Stradbally
Kill
Fennor

Nagles Mountains
Rathcormack
Conna
Tallowbridge
Lismore
Tallow
Blackwater
Bride
Dungarvan Dún Garbhán
Clonea Bay
Copper Coast Geopark

Grenagh
Glenville
Watergrasshill
Ballynoe
Strancally Castle
Aglish
Clashmore
Dungarvan Harbour
Helvick Head
An Rinn

Donoughmore
Blarney Castle
White's Cross
Ballincurrig
Dungourney
Kinsalebeg

Dripsey
Blarney
R. Lee
CORK CORCAIGH
Midleton
Killeagh
Youghal Eochaill
Ardmore
Youghal Bay

Ballincollig
Douglas
Carrigtwohill
Fota Wildlife Park
Castlemartyr
Ballymacod
Knockadoon Head

Garranes Ring Fort
Passage West
An Cóbh
Cloyne
Ballymaloe
Shanagarry
Ballycotton
50 m

Ballinhassig
Carrigaline
Ringaskiddy
Whitegate
Guileen
Power Head

Kinsale
Charles Fort
Cross-haven

Frower Point
Old Head of Kinsale
Lispatrick

Courtmacsherry
Butlerstown
Seven Heads

0   10   20   30 km

S. 631

Castledermot
Browne's
Hill Dolmen
N81
Rathvilly
Kiltegan
Aghavannagh
665m
Meeting of
the Waters
Avondale Forest Park
19
M11
Mizen
Head
Hacketstown
Aughrim
753
Tullow
Clonmore
747
433m
Woodenbridge
Avoca
281m
20
747
N80
Tinahely
607m
Arklow
Ballon
422m
Shillelagh
Derry
457m
Inch
854m
22
Myshall
Clonegall
725
Carnew
Gorey
457m
Bunclody
423m
Clogh
Courtown
Riverchapel
t Leinster
796m
N80
Camolin
N11
235m
Ballygarrett
746
217m
Ferns
Monamolin
Cahore Point
702
Kiltealy
Marshalstown
741
Kilmuckridge
734m
702
Enniscorthy
Inis Córthaidh
Oulart
153m
730
E 01
74m
Clonrouche
182m
N11
Blackwater
N30
Adamstown
730
Oilgate
74m
Curracloe
183m
192m
Camaross
Castlebridge
Wexford Bay
E 30
N25
Irish National
Heritage Park
Wexford
Loch Garman
Wexford Harbour
m F. Kennedy
oretum
Taghmon
Johnstown
Gusserane
Wellington
733
Castle
E 30
Rosslare
ody
Bridge
Piercetown
Rosslare Harbour
Tintern
Abbey
604m
Bridgetown
Killinick
N25
Greenore Point
736
Duncormick
E 01
Tagoat
annon
Fethard
Lady's
Island
Churchtown
Hook
Peninsula
Ballyteige
Bay
Kilmore
Quay
Carnsore
Point
de
k Head
Saltee
Islands

Wexford Bay

Blackstairs Mountains

Barr

Irish Sea

Saint George's Channel

Legende

1 : 950.000

1 cm = 9,5 km

| 0 | 10 | 20 | 30 | 40 | 50 km |

Autobahn mit Anschlussstelle	M1 13
Schnellstraße	
Fernstraße mit Nummer	3
Hauptstraße	
Nebenstraße	
Straße in Bau; Straße in Planung	
Straße für Kfz gesperrt	
Tunnel	
Eisenbahn	
Fähre, Schiffsverbindung	
Nationalpark; Naturpark	
Sperrgebiet	
Staatsgrenze	
Europastraßennummer	E 16

| Internationaler Flughafen |
| Regionaler Flughafen |
| Flugplatz |
| Sehenswürdigkeit |
| Archäologische Stätte |
| Kloster; Kirche, Kapelle |
| Klosterruine; Kirchenruine |
| Schloss, Burg; Burgruine |
| Leuchtturm |
| Museum |
| Badestrand |
| Wasserfall; Höhle |
| Berggipfel; Pass, Joch |
| Aussichtspunkt |
| Campingplatz |